Israel & Palästina

Obergaliläa
& Golan
S. 242

Haifa &
Nordküste
S. 162

Untergaliläa &
See Genezareth
S. 201

Tel Aviv
S. 115

Westjordanland
S. 275

Jerusalem
S. 44

Gaza-
streifen
S. 309

Totes Meer
S. 315

Negev
S. 335

Petra
(Jordanien)
S. 364

Daniel Robinson,
Orlando Crowcroft, Virginia Maxwell, Jenny Walker

REISEPLANUNG

REISEZIELE IN ISRAEL & PALÄSTINA

Willkommen in Israel & Palästina 4

Karte.................. 6

Israel & Palästina Top 20 8

Gut zu wissen 18

Wie wär's mit... 20

Monat für Monat 23

Reiserouten 28

Grenzübergänge 32

Mit Kindern reisen 37

Israel & Palästina im Überblick 40

JERUSALEM **44**
Abu Ghosch............ 112
Sorek-Höhle 112
Höhlen von Marissa & Bet-Guvrin............. 113
Latrun................. 113

TEL AVIV-JAFFA (JAFO) **115**
Herzliya 158
Netanya 159
Ramla................. 159

HAIFA & NORDKÜSTE **162**
Haifa.................. 163
Daliyat al-Karmel 182
Karmeliterkoster St. Elija................ 183
Atlit................... 183
Ein Hod & Ain Hud 183
Zichron Ya'acov......... 185
Mey Kedem 186
Jisr az-Zarka 187
Caesarea 188
Akko (Akkon) 192
Nahariya 199

TOTES MEER S. 315

AKKO S. 192

ALTER HAFEN, TEL AVIV S. 128

Inhalt

DIE REGION VERSTEHEN

UNTERGALILÄA & SEE GENEZARETH . 201

Nazareth 202
Kafr Kanna. 213
Sepphoris 214
Berg Tabor. 215
Kfar Tabor 215
Kfar Kisch 216
Kfar Kama 216
Jesreelebene & Ebene von Bet She'an 217
Bet She'an. 217
Belvoir 218
Bet-Alfa-Synagoge 219
Gangaroo-Tierpark 219
En Harod 220
Tiberias 221
See Genezareth 228
Nördlich von Tiberias . . . 229
Südlich von Tiberias 238
Ostufer. 239
Hamat Gader. 241

OBERGALILÄA & GOLAN. 242

Obergaliläa 243
Safed 243
Rund um den Har Meron 254
Rosch Pina. 258
Chula-Ebene 259
Kirjat Schmona & Tel Chai 260
Metulla. 261
Östlich von Kirjat Schmona 262
Golanhöhen. 264
Katzrin 265
Südlich von Katzrin 267

Nördlich von Katzrin 269
Nördliche Golanhöhen . . 271

WESTJORDAN-LAND 275

Bethlehem. 280
Ramallah & Al-Bireh 290
Jericho & Umgebung. . . . 294
Hebron 301
Nablus 303
Dschenin 307

GAZASTREIFEN . . . 309

Gaza-Stadt 314
Chan Yunis. 314
Rafah 314

TOTES MEER. 315

En Gedi. 318
Masada. 324
En Boqeq 329
Sodom 331
Neot HaKikar 333

NEGEV 335

Arad 337
Be'er Scheva 337
Sede Boker 341
Mitzpe Ramon. 345
Die Arava 350
Eilat. 354

PETRA (JORDANIEN) 364

Antikes Petra. 366
Wadi Musa. 371
Siq al-Barid (Klein-Petra) 377

DIE REGION VERSTEHEN

Israel & Palästina aktuell 380
Geschichte. 382
Volksgruppen in Israel & Palästina 400
Hummus & Oliven: Regionale Spezialitäten 406
Lebensart. 411
Regierung & Politik 415
Religion 420
Kunst 424
Natur & Umwelt 430

PRAKTISCHE INFORMATIONEN

Sicher reisen. 436
Allgemeine Informationen. 439
Verkehrsmittel & -wege 451
Gesundheit 458
Sprache 461
Register 470
Kartenlegende 478

SONDERSEITEN

Tempelberg/Al-Haram asch-scharif in 3D 56
Bildstrecke Jerusalem 88
Religiöse Stätten . . . 230
Petra-Rundgang in 3D 374

Willkommen in Israel & Palästina

Wo Asien, Europa und Afrika aufeinander treffen – sowohl geografisch als auch kulturell –, sind Israel und Palästina seit jeher ein Zentrum der Kulturen, Imperien und Religionen.

Heilige Stätten

Das Heilige Land, die Wiege des Juden- und des Christentums und den Muslimen und Bahai heilig, lädt Besucher ein, die Vielschichtigkeit von Religionen zu erleben. Zu den antiken jüdischen Stätten gehören die Klagemauer in Jerusalem und die mosaikgeschmückten Synagogen aus byzantinischer Zeit. Die Synagogen aus der Römerzeit rund um den See Genezareth wurden vielleicht einst von Juden und Christen gemeinsam aufgesucht. Reisende können die Orte erkunden, die mit Jesu Geburt (in Bethlehem), seiner Zeit als Prediger (in Nazareth und um den See Genezareth) und seiner Kreuzigung (in Jerusalem) verbunden werden. Für Muslime sind nur Mekka und Medina heiliger als *al-haram asch-sharif* (das „Edle Heiligtum") in Jerusalem – der Tempelberg –, die wohl umkämpfteste Immobilie auf Erden.

Tel Aviv

Frech, fortschrittlich, multikulturell und säkular: Tel Aviv ist ein Gewirr aus Wolkenkratzern, Radwegen, Cafés, stilvollen Bistros und Sandstränden voller muskulöser Sonnenanbeter. Die 100 Jahre alte Stadt zählt zu den weltgrößten Investitionszentren im Hightech-Sektor. Wegen ihrer Bauhaus-Architektur im Stil der 1930er-Jahre ist sie heute eine Welterbestätte der UNESCO.

Archäologie

Dank der akribischen Arbeit ganzer Archäologengenerationen können heutige Besucher z. B. die 10 000 Jahre alten Lehmziegelruinen von Jericho erkunden oder mit der Jerusalemer Davidsstadt die Welt Davids und Salomos betreten. Masada erzählt die Geschichte des Widerstands gegen die Legionen Roms. Roms Opulenz ist immer noch bei Führungen durch die Hauptstraßen und Theater von Bet Shean zu bewundern. Das Israel Museum in Jerusalem zeigt viele außergewöhnliche Funde – darunter mit der Jesaja-Rolle aus dem 1. Jh. v. Chr. eine der Schriftrollen vom Toten Meer.

Outdoor-Aktivitäten

Nur wenige Länder vereinen so viel geografische Vielfalt auf so wenig Raum. Die Entfernungen sind kurz, sodass man an einem Tag an einem Strand am Mittelmeer entspannen könnte, während man den nächsten im salzigen Wasser des Toten Meeres verbringt und den darauf folgenden mit Tauchen im Roten Meer. Man kann das Land der Länge nach auf dem Israel National Trail erwandern, in den (saisonal Wasser führenden) Strömen planschen, die Richtung Jordanien fließen, oder die Sandsteinformationen des Makhtesh Ramon erkunden. Viele Wanderwege sind zudem ideal fürs Mountainbiking.

Warum ich Israel & Palästina liebe

Von Daniel Robinson, Lonely Planet Autor

Die unglaubliche Vielfalt gehört zu den Dingen, die ich am Leben in Israel am meisten schätze. Viele Einheimische wirken wie Charaktere aus einem nahöstlichen Epos. Interessanter sind jedoch die Männer und Frauen, die Klischees und Konventionen trotzen – indem sie religiöse, kulturelle, künstlerische und kulinarische Grenzen überschreiten, um Brücken zwischen scheinbar unvereinbaren Gegensätzen zu schlagen. Die Kulisse hierfür bilden Sandstrände, verschneite Gipfel, Wildblumen in der Wüste und moderne und uralte Städte. Die Ergebnisse sind anregend, verwirrend, widersprüchlich und oft auch verblüffend lecker!

Weitere Infos zu unseren Autoren gibt's auf S. 479

Oben: Sonnenuntergang über Tel Aviv (S. 115)

Israel & Palästina

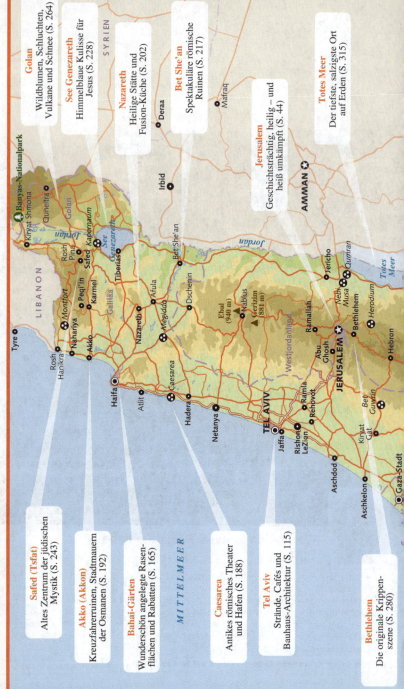

Golan
Wildblumen, Schluchten, Vulkane und Schnee (S. 264)

See Genezareth
Himmelblaue Kulisse für Jesus (S. 228)

Nazareth
Heilige Stätte und Fusion-Küche (S. 202)

Bet She'an
Spektakuläre römische Ruinen (S. 217)

Jerusalem
Geschichtsträchtig, heilig – und heiß umkämpft (S. 44)

Totes Meer
Der tiefste, salzigste Ort auf Erden (S. 315)

Safed (Tsfat)
Altes Zentrum der jüdischen Mystik (S. 243)

Akko (Akkon)
Kreuzfahrerruinen, Stadtmauern der Osmanen (S. 192)

Bahai-Gärten
Wunderschön angelegte Rasenflächen und Rabatten (S. 165)

Caesarea
Antikes römisches Theater und Hafen (S. 188)

Tel Aviv
Strände, Cafés und Bauhaus-Architektur (S. 115)

Bethlehem
Die originale Krippenszene (S. 280)

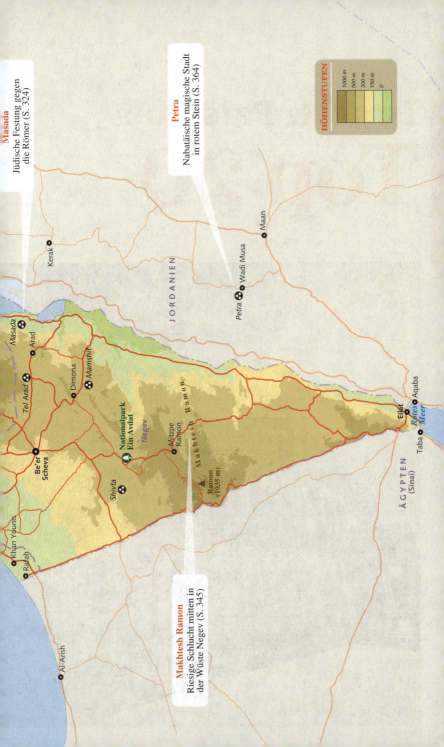

Israel & Palästina
Top 20

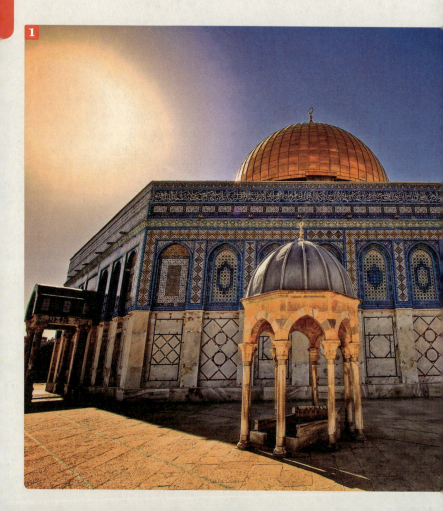

Felsendom

1 Die Kuppel schimmert golden auf der achteckigen Basis in Türkistönen: Der erste Blick auf den Felsendom (S. 53) in Jerusalem raubt jedem Besucher den Atem. Vielleicht hatten die Architekten (nicht bekannt) vor 1300 Jahren genau das im Sinn, als sie mit der Errichtung dieses herrlichen Bauwerks begannen. Einige sagen, dass man den Felsendom vom Ölberg aus am besten bewundern kann; man sollte ihn aber auch unbedingt bei einem Morgenspaziergang am Tempelberg/Al-Haram ash-Sharif aus der Nähe betrachten.

Totes Meer

2 Auf der Fahrt bergab passiert man ein Schild mit der Aufschrift „Meeresspiegel", bis schließlich das Kobaltblau des Toten Meeres (S. 315) aufblitzt – umgeben von schneeweißen Salzablagerungen, rötlichen Felsen und dunkelgrüner Vegetation. Oasenwanderungen in En Gedi führen durch steile Schluchten zu Becken mit kristallklarem Wasser und herabstürzenden Wasserfällen. Dann geht's hinauf zum Plateau der judäischen Wüste oder hinunter ans Ufer, um ein belebendes Salzbad zu nehmen. Richtung Süden warten rund um den Berg Sodom diverse Outdoor-Optionen, z. B. Radeln in trockenen Flussbetten.

 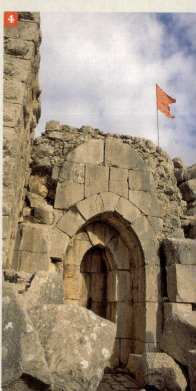

Tel Avivs Strände

3 Vor etwas mehr als 100 Jahren war Tel Aviv kaum mehr als Sand und Dünen. Heute ist es eine weitläufige Stadt mit Bars, Bistros und Boutiquen. Das Wichtigste ist aber immer noch der Strand (S. 132): Dort bräunen sich Sonnenanbeter, während Sportlichere baden, surfen, segeln oder *matkot* (Strandtennis) spielen. Alle Abschnitte haben eigene Highlights – Cafétische auf dem Sand, Strandtennis, flaches Wasser oder nach Geschlechtern getrennte Bereiche für traditionelle Juden und Muslime. Und alle bieten einen angenehmen Zugang zum tiefblauen Mittelmeer.

Golanhöhen

4 Unter der gewaltigen Nimrodburg breitet sich der „galiläische Pfannenstiel" (S. 264) aus. Ein Blick in Gegenrichtung zeigt aber: Gegen den mächtigen Berg Hermon (oft bis ins späte Frühjahr verschneit) wirkt sogar diese Kreuzfahrerbastion winzig. Richtung Jordan bzw. See Genezareth können Wanderer die Hermon-Gipfel in Angriff nehmen oder den felsgesäumten Wadis der Naturschutzgebiete Banyas und Yehudiya folgen. Da der Golan-Basaltboden ideal für den Weinbau ist, gehören die lokalen Lesen zu den besten Israels.

Nimrodburg (S. 271)

Klagemauer

5 In Israel scheinen irgendwie alle Felsen heilig zu sein. Für Juden am heiligsten sind aber die 2000 Jahre alten Steine der Klagemauer (S. 64) bzw. die Reste der Westmauer am Tempelberg. Seit Jahrhunderten kommen Juden an diesen Ort, um zu beten und die Zerstörung des Ersten und des Zweiten Tempels zu beklagen. Die riesigen Mauersteine (durch das ständige Berühren schon ganz abgenutzt) haben eine fast magnetische Kraft: Sie ziehen die Hände und Stirnen derjenigen Gläubigen an, die eine tiefe, direkte Verbindung zu Gott suchen.

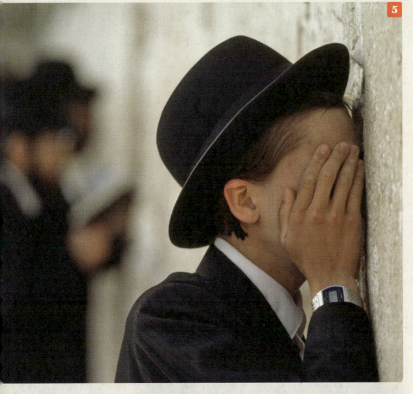

Grabeskirche

6 Die Jerusalemer Grabeskirche (S. 59) ist für viele Christen der heiligste Ort der Welt. Sie steht dort, wo Kaiserin Helena (Mutter Konstantins des Großen) einst die Kreuzigungs- und Begräbnisstelle Jesu vermutete. Die dunklen Kammern sind von Spiritualität durchdrungen: Verschiedene christliche Glaubensrichtungen bewahren hier einige ihrer ältesten Traditionen. Besucher sind eingeladen, sich der Prozession von prächtig gekleideten Geistlichen und Pilgern in schlichter Kluft anzuschließen, die im Kerzenschein durch die nach Weihrauch duftenden Gänge zieht.

Bahai-Gärten

7 Die Bahai-Gärten in Haifa (S. 165) vereinen religiösen Symbolismus und atemberaubende Aussicht. Ihre 19 Terrassen sind ein grandioser Ausdruck menschlichen Strebens nach Schönheit. Im Zentrum erhebt sich der Schrein des Bab mit seiner vergoldeten Kuppel. Unterhalb davon überziehen geometrische Blumenrabatten, gepflegte Rasenflächen, Skulpturen und Springbrunnen die einzelnen Ebenen an der Flanke des Karmel. Pilger und Touristen verspüren hier gleichermaßen eine unglaubliche Erhabenheit.

Masada

8 Kurz nach der Zerstörung Jerusalems durch die Römer flüchteten ca. 1000 jüdische Zeloten auf einen Tafelberg am Toten Meer. Beim Blick von ihrer hoch gelegenen Feste (S. 324) ist immer noch der Ring aus acht Römerlagern mit einer Belagerungsmauer erkennbar. So sind die Ereignisse des Jahres 73 n. Chr. leicht vorstellbar. Nachdem die Römer eine Rampe gebaut und Masadas Mauern durchbrochen hatten, fanden sie nur wenige Überlebende vor: Alle anderen Zeloten hatten den Selbstmord der Sklaverei vorgezogen.

REISEPLANUNG ISRAEL & PALÄSTINA TOP 20

Safed (Tsfat)

9 In den Gassen von Safed (S. 243) ist immer noch der Geist der Rabbis spürbar, die das Synagogenviertel im 16. Jh. zum weltweit wichtigsten Zentrum der Kabbala (jüdischer Mystizismus) machten. Dies gilt vor allem für die uralten Synagogen und das angrenzende Künstlerviertel mit kleinen Galerien voller fröhlicher, kreativer Judaica (jüdischer Ritualobjekte). Kabbalistische Atmosphäre versprüht auch der Hügelfriedhof, auf dem ein paar der größten Weisen des Judentums (Ari, Isaak Luria, Josef Karo) ruhen.
Markt, Synagogenviertel (S. 245)

Petra

10 Tief im roten Fels der Berge Südjordaniens versteckt sich einer der größten archäologischen Schätze der Welt: die uralte Nabatäer-Hauptstadt Petra (S. 364). Zu deren Highlights zählt das Schatzhaus im griechischen Stil, das einst komplett aus dem Sandstein geschlagen wurde und dank Indiana Jones viel kostenlose Publicity erfahren hat. Zusammen mit ihrem modernen, touristischen Nachbarort Wadi Musa liegt die „rosenrote Stadt, halb so alt wie die Zeit" nur zwei Stunden vom Yitzhak-Rabin-Grenzübergang (Eilat) entfernt.
Schatzhaus (Khazne al-Firaun; S. 366)

Caesarea

11 Dank der eindrucksvollen Ruinen kann man sich hier leicht vorstellen, wie römisches Großstadtleben vor 2000 Jahren aussah: Die Besucherscharen im Amphitheater bejubelten damals Sklaven, die gegen wilde Tiere kämpften, oder lauschten Musikern – wie auch heute noch. Herodes legte den riesigen Hafen (S. 188) einst an, um mit Alexandria zu konkurrieren. Die umgebauten Überreste zählen inzwischen zu den nettesten Orten, um Essen oder ein Bier direkt am Meer zu genießen. Wer unter die Wasseroberfläche schauen will, bucht einen Schnuppertauchgang. Hafen, Caesarea

Nazareth

12 Das Dorf, in dem Jesus aufwuchs, ist ebenfalls groß geworden und heute eine belebte Araberstadt (S. 202). Die Altstadtgassen mit osmanischen Herrenhäusern werden von Kirchen geziert, die an neutestamentarische Ereignisse erinnern. Eine neue Restaurantszene hat Nazareth zum Stern an Israels Gastrohimmel gemacht. Hier werden Köstlichkeiten aus alter Zeit mit arabischer Gastfreundschaft serviert. Alternativ gibt's Ost-West-Fusion wie frische Kräuter mit Artischockenherzen oder Pinienkerne mit Rindfleisch.

Akko (Akkon)

13 Mit Gassen, Moscheen und Säulengängen vor Karawansereien versetzt einen Akkos Altstadt zurück in osmanische Zeit. Unter der Erde wähnt man sich dann in der Kreuzfahrerzeit, in der die Hafenstadt (S. 192) die reichste im Mittelmeerraum war. Auch Marco Polo machte hier auf seinem Weg nach China Station. Besucher können durch die Gewölbesäle schlendern, in denen einst christliche Ritter speisten, oder den Spuren des Templerordens folgen. Zudem ist der Fischerhafen ein prima Ort zum Essen. Seemauer, Akko (S. 193)

REISEPLANUNG ISRAEL & PALÄSTINA TOP 20

See Genezareth

14 Bevor Juden- und Christentum zu separaten Religionen wurden, lebten Jesus und seine ersten Anhänger unter Juden am See Genezareth (S. 228) – in Dörfern wie Bethsaida oder Kapernaum, das für seine Synagoge bekannt ist. Für einen tollen Blick auf die Gegend erklimmt man den Berg der Seligpreisungen, an dem Jesus die Bergpredigt gehalten haben soll. Aus seinen Lebzeiten stammt das gut erhaltene Holzboot, das im Kibbuz Ginosar ausgestellt ist. Baden können Besucher an diversen Stränden, die oft durch Radwege miteinander verbunden sind. Berg der Seligpreisungen (S. 234)

Bet She'an

15 Ein Bummel durch das alte Bet She'an (S. 217) vermittelt einen Eindruck von der Dekadenz und Pracht des römischen Lebens in den Jahrhunderten nach Jesus. Wie Pompeji wurde die Stadt mit Straßen, Badehäusern, öffentlichen Toiletten und einem von Säulen gesäumten Cardo (Hauptboulevard) jedoch durch eine Naturkatastrophe zerstört – in diesem Fall durch das große Erdbeben von 749 n. Chr. Das Theater mit Eingangsbogen und 7000 Plätzen sieht immer noch größtenteils so aus wie im 2. Jh., als darin Bühnenstücke aufgeführt wurden (heute finden hier Konzerte statt).

Tel Avivs Architektur

16 In den 1930er-Jahren flohen jüdische Architekten aus Deutschland und brachten einen radikalen Stil mit nach Tel Aviv: den Bauhaus-Stil (alias Internationaler Stil). Ihr Erbe ist das größte Bauhaus-Ensemble der Welt – rund 4000 Gebäude mit klaren Linien, abgerundeten Balkonen und „Thermometerfenstern", durch die Licht in die Treppenhäuser fällt. Deshalb wurde die „Weiße Stadt" (S. 115) 2003 zur UNESCO-Welterbestätte erklärt. Am Erhalt der Bauhaus-Juwelen wird ständig gearbeitet: Manche sind restauriert, viele andere warten noch auf die dringend nötige Sanierung.

REISEPLANUNG ISRAEL & PALÄSTINA TOP 20

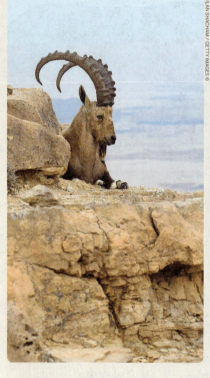

Makhtesh Ramon

17 Jerusalem wird oft als „uralt" bezeichnet. Im Vergleich zu diesem geologischen Phänomen im Herzen der Wüste Negev ist die Stadt aber jung: Die majestätische asymmetrische Schlucht (S. 345) existiert dank rund 200 Mio. Jahren der Erosion. Sie ist geprägt von Felsformationen und Sandstein voller Fossilien. Zudem tummeln sich hier z. B. Oryx-Antilopen, Gazellen, Leoparden, Steinböcke, Geier und Wildesel. All dies macht das manchmal windige und stets mysteriöse Terrain zu einer von Israels unterschätzten und faszinierendsten Attraktionen. Steinbock

Bethlehem

18 Seit fast 2000 Jahren pilgern Christen zum Geburtsort Jesu. Rund um die Geburtskirche (seit 2012 Welterbestätte) und den Manger Sq stehen Steingebäude an Gassen, die heute noch wie vor Jahrhunderten aussehen. Doch in Bethlehem dreht sich nicht alles um Früheres: Die Trennmauer zwischen der Stadt und Jerusalem ist zu einer Leinwand für Straßenkünstler geworden, von einheimischen Palästinensern bis hin zum britischen Veteranen Bansky, der das Westjordanland vor zehn Jahren erstmals besucht hat und hier immer noch durch seine Werke repräsentiert wird.

Israel Museum

19 Viele Museen brüsten sich mit dem Prädikat „Weltklasse". Doch auf das 2010 erweiterte Israel Museum (S. 86) trifft es zu: Neben dem Yad Vashem Holocaust Museum (S. 90) ist dies eine von zwei Jerusalemer Institutionen, die Ergebnis eines philanthropischen Kulturprogramms unter internationaler Mitwirkung sind. Zu sehen gibt's die Schriftrollen vom Toten Meer, Galerien (Van Gogh, Monet, Renoir) und eine archäologische Sammlung. Hinzu kommen Judaica, ethnografische Ausstellungen zum Judentum und ein Skulpturengarten mit modernen Stücken.

Nablus

20 Die zweitgrößte Stadt des Westjordanlands (S. 303) liegt zwischen dem Berg der Segnungen (Garizim) und dem Berg der Flüche (Ebal). Die palästinensischen Marktstandbetreiber rufen die Preise für ihre Waren aus, von Obst, Gemüse und Gewürzen bis zum Parfum. Noch mehr Sinnesgenuss bieten die Spezialität *kunafeh* (klebriges Gebäck) und die touristenfreundlichen Hamams. Am Garizim findet man neben einem tollen Museum auch Ruinen, die nach samaritanischem Glauben auf dem ersten Stück Land stehen, das Gott erschuf.

Marktstandbetreiber, Nablus

Gut zu wissen

Weitere Infos gibt es im Abschnitt „Praktische Informationen" (S. 435)

Währung
Israel & Palästina: Schekel (NIS oder ILS); Jordanien & Westjordanland: Jordanischer Dinar (JD/JOD); Gazastreifen: Ägyptisches Pfund (E£/EGP)

Sprachen
Israel: Hebräisch & Arabisch (Amtsspr.), Engl.; Palästina, Jordanien: Arabisch (Amtsspr.), Engl.

Visa
Deutsche, Österreicher und Schweizer brauchen für eine Reise nach Israel kein Visum. Nachfragen bei offiziellen Stellen schadet aber nicht.

Geld
Geldautomaten gibt's überall in Israel, seltener in Palästina und gar nicht an den israelischen Grenzen zu Jordanien. Kreditkarten werden fast überall in Israel akzeptiert.

Handys
Außer in sehr entlegenen Gebieten gute 900/1800-MHz-Netzabdeckung. Lokale Prepaid-SIM-Karten erhältlich.

Zeit
MEZ +1 Std..

Reisezeit

Warme bis heiße Sommer, milde Winter
Trockenes Klima
Wüste, trockenes Klima

Tiberias Okt.–Juni
Tel Aviv Okt.–Juni
Jerusalem März–Nov.
Totes Meer Okt.–Mai
Eilat Okt.–Juni

Hauptsaison (Juli & Aug.)
➡ Warm in Jerusalem, schwül in Tel Aviv, unerträglich heiß in Eilat, Tiberias und am Toten Meer
➡ Die Hotels sind teuer und Zimmer rar
➡ Um die Feiertage Pessach, Rosch ha-Schana und Sukkot herum ist ebenfalls Hauptsaison

Zwischensaison (Okt., Nov. & März–Juni)
➡ Gelegentlich Regen, meist aber warm und sonnig
➡ Wegen der Blumen sind März und April super zum Wandern
➡ Vereinzelt viel Betrieb rund um die Pessach- und Sukkotwochen

Nebensaison (Dez.–Feb.)
➡ Kühl bis richtig kalt im Norden, besonders in größeren Höhen
➡ Zu dieser Zeit machen sich viele auf in die Wärme Eilats und ans Tote Meer

Infos im Internet

Israelische Umwelt- & Parkbehörde (www.parks.org.il) Naturschutzgebiete und archäologische Stätten.

Tourismusministerium (www.goisrael.com) Hintergründe, Events und eine virtuelle Tour.

ILH-Israel Hostels (www.hostels-israel.com) Unabhängige Hostels.

This Week in Palestine (www.thisweekinpalestine.com) Kulturelles.

Lonely Planet (www.lonelyplanet.com) Infos zum Land, Hotels, Travellerforum u. v. m.

Wichtige Telefonnummern

Polizei/Notarzt/Feuerwehr	☏100/101/102
Landesvorwahl Israel	☏972
Landesvorwahl Palästina	☏972 oder 970
Landesvorwahl Jordanien	☏962

Wechselkurse

	NIS	JOD
Eurozone	1 €	4,33	0,80
Israel	1 NIS	1,00	0,18
Schweiz	1 SFr	4,15	0,77

Aktuelle Wechselkurse gibt's unter www.xe.com.

Tagesbudget

Günstig – unter 300 NIS

➡ B im Schlafsaal: 100 NIS

➡ Essen: Falafel oder Hummus und Picknickzutaten aus dem Supermarkt

➡ Reisen per Bus, Zug oder *sherut* (Sammeltaxi)

➡ Gratis baden an öffentlichen Stränden

Mittelteuer – 500–600 NIS

➡ DZ in einem Mittelklassehotel: 220 NIS/Pers.

➡ Essen: in mittelteuren Restaurants

➡ Kleiner Mietwagen für Fahrten zwischen den Städten

Teuer – mehr als 800 NIS

➡ Luxuriöses DZ oder B & B: ab 300 NIS/Pers.

➡ Essen: in feinen Restaurants

➡ Reisen mit Mittelklassemietwagen oder mit Guide

Öffnungszeiten

Die Öffnungszeiten sind regional und aufgrund von religiösen Feiertagen sehr unterschiedlich.

Banken Mo–Do 8.30 bis irgendwann zwischen 12.30 und 14 Uhr; zudem an ein paar Nachmittagen pro Woche.

Bars & Kneipen Oft bis zum frühen Morgen geöffnet.

Einkaufszentren So–Do 9.30–21.30 Uhr, Fr bis 14 Uhr

Geschäfte So–Do 9–18 Uhr, Fr bis 14 Uhr

Nachtclubs & Diskos Öffnen in Tel Aviv und Eilat jeden Tag nach Mitternacht und sind bis Sonnenaufgang geöffnet. In Haifa und Jerusalem nur Do und Fr.

Post So–Do 8–12.30 & 15.30–18 Uhr, Fr bis 12 Uhr

Restaurants Stark variierend.

Ankunft in Israel & Palästina

Ben-Gurion International Airport (Tel Aviv; S. 451) Taxi nach Jerusalem/Tel Aviv 280 NIS/150 NIS; *sherut* nach Jerusalem 64 NIS; Zug nach Tel Aviv 18 NIS.

Grenzübergang Jordan/Scheich Hussein (Jordanien; S. 33) Taxi nach Bet She'an 50 NIS.

Grenzübergang Allenby-/König-Hussein-Brücke (Jordanien; S. 34) Taxi nach Jerusalem 200 NIS.

Grenzübergang Yitzhak Rabin/Wadi Araba (Jordanien; S. 33) Taxi nach Eilat 35 NIS.

Grenzübergang Taba (Sinai, S. 34) Bus nach Eilat 4,90 NIS.

S. auch „Grenzübergänge", S. 32

Unterwegs vor Ort

Israel und das Westjordanland bieten große öffentliche Nahverkehrsnetze; Infos zu Strecken und Fahrplänen in Israel gibt's auf www.bus.co.il. Am Sabbat und an jüdischen Feiertagen fahren in Israel keine Busse und Züge.

Auto Großartig für Überlandfahrten, aber in Tel Aviv oder Jerusalem einen Parkplatz zu finden, kann ein echtes Problem sein.

Bus Umfangreiches Busnetz.

Sherut Sammeltaxis, die losfahren, wenn sie voll sind. Sie sind auf den Hauptstrecken im Allgemeinen schneller als Busse.

Zug Intercity- und Vorortzüge fahren entlang der Küste, zum Ben-Gurion International Airport und nach Jerusalem.

Mehr Infos zum Thema **Unterwegs vor Ort** s. S. 452

Wie wär's mit...

Strände

Wer ein Genussmensch ist, entspannt sich am Mittelmeer oder lässt sich auf dem Toten Meer ein wenig treiben und verwöhnt seine Haut mit Schlammpackungen. Am Roten Meer sind die buntesten tierischen Zeitgenossen unter Wasser zu finden, und der See Genezareth lädt zu einem typischen Familienurlaub ein.

Metzitzim Eine familienfreundliche Bucht südlich vom Hafen (Gebiet zum Essen & Ausgehen) von Tel Aviv. (S. 132)

Coral Beach Nature Reserve Der beste Strand von Eilat ist ein wahres Paradies für Schnorchelfreunde. (S. 355)

En Boqeq Breit, sauber und sandig – dies ist der beste kostenlose Strand am Toten Meer. (S. 330)

See Genezareth Manche Strände sind kostenlos, für manche muss man zahlen (bekommt aber auch mehr Annehmlichkeiten); erfrischend sind sie an einem Sommertag aber alle.

Herzliya Pituach Zwischen dem Jachthafen und einigen der teuersten Villen des Landes findet sich dieser Fleck mit feinem Mittelmeersand. (S. 158)

Akhziv Ganz im Norden von Israels Mittelmeerküste. (S. 200)

Wandern

Im Frühling sind Israels Hügel und Täler mit bunten Blüten bedeck, deshalb ist dies die beste Jahreszeit zum Wandern. Es gibt die verschiedensten markierten Wanderwege (S. 440), von leichten Spaziergängen für die ganze Familie bis zu mehrtägigen Trekkingtouren, für die man auch eine topografische Karte benötigt.

Israel National Trail Israels längster Wanderweg führt von der libanesischen Grenze bis ans Rote Meer.

En Gedi Zwei von Quellen gespeiste Oasen sind der Lebensraum zahlreicher Pflanzen und Tiere.

Makhtesh Ramon Dieser riesige Wüstenkrater, den man durchwandern kann, ist für seinen bunten Sandstein berühmt.

Banyas Kühles Quellwasser bildet herrliche Wasserfälle und bewässert einen regelrechten Garten Eden.

Yehudiya-Naturreservat Schluchten, Wasserfälle und Wasserbecken am westlichen Rand des Golan.

Jesusweg Wanderung von Nazareth zum See Genezareth.

En Awdat Eine versteckte, von Quellen gespeiste Oase tief in der Wüste Negev.

Weinproben

In Israels abwechslungsreichen Mikroklimaten gedeihen die Weinreben prächtig und bringen Weine von überraschender Schwere und Feinheit hervor, die jüngst internationale Preise gewonnen haben.

Golanhöhen Zur Höhenlage, dem kühlen Klima und den Vulkanböden gesellt sich hier noch erstklassiges Know-how. (S. 265)

Dalton-Ebene In den Höhenlagen von Obergaliläa, in der „israelischen Toskana", werden einige der namhaftesten Jahrgänge des Landes geerntet. (S. 256)

Negev-Hochland Hohe Tagestemperaturen, kühle Nächte, sandige Böden, die neueste Technologie in Sachen Tropfbewässerung – und etwas Inspiration von den alten Nabatäern. (S. 342)

Zichron Ja'acow Seit dem späten 19. Jh. ein Zentrum der Weinherstellung. Zichron Ja'acow liegt etwas erhöht in der nördlichen Küstenebene und hat ein typisch mediterranes Klima. (S. 186)

Alte Synagogen

Im ganzen Land wurden eindrucksvolle alte Synago-

gen, die teilweise mit ornamentalen Verzierungen und Mosaiken geschmückt sind, ausgegraben,

Bet Alpha Für ihre außergewöhnlichen Mosaiken berühmt, die einen Tierkreis, eine Menora, einen Schofar und einen Toraschrein-Bogen darstellen.

Tiberias Die Mosaiken hier zeigen zwei siebenarmige Menoras und einen Tierkreis.

Korazim Mit außergewöhnlich schönen Basalt-Steinmetzarbeiten geschmückt, die florale und geometrische Ornamente darstellen.

Sepphoris Synagoge aus byzantinischer Zeit mit einem bemerkenswert Mosaikfußboden.

Katzrin Eine Synagoge aus der Talmud-Ära, die aus schwarzem Basalt besteht.

Gamla Eine der ältesten Synagogen der Welt; sie soll aus dem 1. Jh. v. Chr. stammen.

Schauplätze des Neuen Testaments

Der historische Jesus wurde in Bethlehem geboren, wuchs in Nazareth auf, predigte in Galiläa und wurde in Jerusalem gekreuzigt. Viele dieser Orte, die mit seinem Leben und Wirken in Verbindung gebracht werden, sind heute Ziel christlicher Pilger.

Grabeskirche Der Ort, an dem der Überlieferung nach Jesu Kreuzigung und seine Auferstehung stattfanden, ist die heiligste Stätte des Christentums. (S. 59)

Geburtskirche Seit spätestens dem 4. Jh. wird davon ausgegangen, dass Jesus an dieser Stelle geboren wurde. (S. 282)

Verkündigungsbasilika Viele Christen glauben, dass hier Mariä

Oben Innenraum der Verklärungsbasilika (S. 215), Berg Tabor
Unten Nachtleben am Hafen von Tel Aviv (S. 150)

Verkündigung stattgefunden hat. (S. 203)

Kapernaum Das Zuhause Jesu während des Großteils seines Wirkens in Galiläa. (S. 235)

Berg Tabor Die Stätte Jesu Verklärung. (S. 215)

Berg der Versuchung Gilt als der Ort, an dem Jesus vom Teufel versucht wurde. (S. 296)

Nachtleben

Am Meer ein Glas galiläischen Wein trinken, sich in einer dunklen Kneipe ein Bierchen einer lokalen Kleinbrauerei schmecken lassen, unter den Balken eines alten Lagerhauses Livemusik hören oder am Strand oder in einer Disko die Nacht durchtanzen – so sieht hier das Nachtleben aus.

Hafen von Tel Aviv Cafés am Ufer, gehobene Restaurants, Livemusik und die ganze Nacht Party. (S. 150)

Cameri Theatre Moderne Theaterstücke in Tel Aviv, an manchen Abenden mit englischen Untertiteln. (S. 151)

Stadtzentrum von Ramallah Hier befinden sich einige der lebhaftesten Cafés und Bar des Westjordanlands. (S. 293)

Eilat Viele Bars, Kneipen und Clubs, von denen einige bis zur Morgendämmerung geöffnet sind. (S. 361)

Haifa Die Zentren des Nachtlebens befinden sich oben auf dem Berg Karmel sowie unten in der Deutschen Kolonie sowie im hiesigen Hafenviertel. (S. 177)

Monat für Monat

> **TOP-EVENTS**
>
> **Israelischer Unabhängigkeitstag** April/Mai
>
> **Israel Festival** Juni
>
> **Gay Pride Parade** Juni
>
> **Tsfat Klezmer Festival** August
>
> **Red Sea Jazz Festival** August

Januar

Dies ist der kühlste und feuchteste Monat des Jahres. In Jerusalem und im Norden ist es kalt, die Sonne scheint an der Küste gelegentlich und am Toten Meer und in Eilat fast durchgängig. In Jerusalem und Safed kann es auch schneien. Bei den Unterkünften herrscht Nebensaison mit entsprechenden Preisen.

Neujahrstag

Der Neujahrstag ist in Palästina ein offizieller Feiertag, in Israel ein Arbeitstag (1. Jan.).

Weihnachten (orthodox)

Das Weihnachtsfest zu Ehren der Geburt Jesu in Bethlehem feiern orthodoxe und altorientalische Kirchen, die sich an den Julianischen Kalender halten, am 6. und 7. Januar, die Angehörigen des Jerusalemer Patriarchats der Armenischen Apostolischen Kirche am 18. und 19. Januar.

Tu biSchevat

Beim „Neujahrsfest der Bäume" pflanzen die Juden Bäume und verzehren Nüsse und Früchte (25. Jan. 2016, 11. Feb. 2017, 31. Jan. 2018).

März

Nach den winterlichen Regenfällen ergrünen die Hügelhänge und Täler, und die Wildblumen blühen – eine wunderbare Zeit zum Wandern. Im Norden ist es oft regnerisch. In Sachen Unterkunftspreise herrscht Nebensaison.

Purim

Das Purimfest feiert die Errettung der Juden vor den Vernichtungsplänen des persischen Ministers Haman. Kinder und Erwachsene kostümieren sich und feiern einen Tag lang ausgelassen (23.–24. März 2016, 10.–11. März 2017, 28. Feb.–1. März 2018; in Städten mit Stadtmauer, also auch in Jerusalem, einen Tag später).

Tag des Bodens

(arab. Jom al-Ard, hebr. Jom ha-Adama) Palästinensischer Gedenk- und Protesttag gegen die Enteignung palästinensischer Ländereien durch Israel (30. März).

Karfreitag (westlich)

Feiertag zum Gedenken an die Kreuzigung Jesu in Jerusalem. Fällt auf den Freitag vor Ostersonntag (für Protestanten und Katholiken 25. März 2016, 14. April 2017, 30. März 2018).

April

Auf den Hügeln und in den Tälern stehen die Wildblumen in voller Blüte – der ideale Monat zum Wandern. Die Unterkunftspreise steigen während des Pessach und – in der Nähe von christlichen Stätten – rund um Ostern.

Pessach (Passah)

Die Juden feiern eine Woche lang die Befreiung der Israeliten aus Ägypten. Die jüdischen Familien halten einen Sederabend (rituelles Abendessen) am ersten Abend (in der Diaspora an den ersten beiden Abenden). Der Verkauf von *cha-*

RELIGIÖSE KALENDER

Jüdische Feiertage werden nach dem hebräischen Lunisolarkalender terminiert, was eine Verschiebung in einem Zeitfenster von vier Wochen zum gregorianischen (westlichen) Kalender zur Folge hat. Einige Feiertage werden in der Diaspora zwei Tage gefeiert, in Israel aber nur einen Tag.

Der islamische Kalender ist ein Mondkalender, daher liegen alle Feiertage elf oder zwölf Tage früher als im gregorianischen Kalender. Die exakten Daten werden anhand der Beobachtung des Mondes festgelegt und können leicht von den genannten abweichen.

Jüdische und muslimische Feiertage beginnen zum Sonnenuntergang und dauern bis zum Sonnenuntergang des folgenden Tages. Die hier genannten Daten beinhalten den Vorabend des Feiertages.

Östlich-orthodoxe Kirchen benutzen eine Kombination aus dem julianischen Kalender und (für Ostern) dem Osterzyklus.

Die genauen Daten religiöser Feiertage findet man auch unter www.bbc.co.uk/religion/tools/calendar.

metz (Sauerteig und daraus hergestellten Produkten) ist dann in jüdischen Gebieten verboten (in den Supermärkten werden die Produkte mit Plastikplanen abgedeckt). Am ersten und siebten Tag sind die Läden geschlossen. Viele Israelis machen Urlaub, deswegen sind Unterkünfte knapp, und ihre Preise schnellen in die Höhe (23.–29. April 2016, 10.–17. April 2017, 30. März–1. April 2018).

Mimouna
Nordafrikanische Juden feiern das Ende des Pessach mit Süßigkeiten, Picknicks und Grillfesten (29.–30. April 2016, 17.–18. April 2017, 6.–7. April 2018).

Karfreitag (orthodox)
Feiertag zum Gedenken an die Kreuzigung Jesu in Jerusalem (für östlich-orthodoxe Kirchen, 29. April 2016, 14. April 2017, 6. April 2018).

Ostern (westlich)
Feiertag zum Gedenken der Auferstehung Jesu Christi am dritten Tag nach seiner Kreuzigung; markiert das Ende der 40-tägigen Fastenzeit. Katholische Pilger drängen sich auf Jerusalems Via Dolorosa und in der Grabeskirche, manche Protestanten versammeln sich am Gartengrab. Die Protestanten und Katholiken feiern Ostern am 27. März 2016, 16. April 2017 und 1. April 2018.

Ostern (orthodox)
Feiertag zum Gedenken der Auferstehung Jesu Christi. Die Armenischen und andere altorientalische Kirchen feiern am 1. Mai 2016, 16. April 2017 und 8. April 2018.

Jom haScho'a
An diesem Trauertag gedenkt Israel der 6 Mio. Juden, darunter 1,5 Mio. Kinder, die während des Holocaust ermordet wurden. Unterhaltungseinrichtungen bleiben geschlossen. Um 10 Uhr ertönen Sirenen, und alle halten eine Schweigeminute ein (4.–5. Mai 2016, 23.–24. April 2017, 11.–12. April 2018).

Jom HaZikaron
Gedenktag für die Soldaten, die bei der Verteidigung Israels fielen, und für die Opfer des Terrorismus. Unterhaltungseinrichtungen bleiben geschlossen. Um 20 und 11 Uhr ertönen Sirenen, und alle halten eine Schweigeminute ein. Am Tag vor dem Israelischen Unabhängigkeitstag (10.–11. Mai 2016, 30. April–1. Mai 2017, 17.–18. April 2018).

Israelischer Unabhängigkeitstag
(Jom haAtzma'ut) Tag zum Andenken an die Erklärung der Unabhängigkeit Israels im Jahr 1948. Neben offiziellen Festveranstaltungen stehen öffentliche Feiern mit Livemusik, Picknicks und Wanderungen auf dem Programm (11.–12. Mai 2016, 1.–2. Mai 2017, 18.–19. April 2018).

Tag der palästinensischen Gefangenen
Die Palästinenser gedenken ihrer Landsleute, die in israelischen Gefängnissen sitzen (17. April).

Gedenktag für die Opfer des Völkermords an den Armeniern
Gedenktag der Armenier für all die Opfer der Morde an Angehörigen ihres Volks, die Kämpfer des Osmanischen Reichs während des Ersten Weltkriegs beginnen (24. April).

Mai

Die Tage sind lang und sonnig, aber es ist nicht zu heiß. In Israel, Europa und Nordamerika stehen keine Schulferien an, darum sind nur wenige Familien unterwegs. Anfang Mai gibt es häufig die letzten Regenfälle.

Tag der Arbeit
Der 1. Mai ist in Israel und in Palästinea ein offizieller Feiertag.

Leilat al-Mi'raj
(Al-Isra' wal-Mi'raj) Feiertag zum Gedenken an Mohammeds „Nachtreise" von Mekka nach Jerusalem und von dort in den Himmel (2.–3. Mai 2016, 22.–23. April 2017, 12.–13. April 2018).

Tag der Nakba
Palästinenser gedenken Al-Nakba (der Katastrophe) der Vertreibung der Flüchtlinge im Jahr 1948 (15. Mai).

Shawuot
(Wochenfest) Die Juden feiern die Übergabe der Gesetzestafeln am Berg Sinai. Traditionell werden bei dieser Feierlichkeit Milchprodukte verzehrt. Die gesamte Nacht hindurch wird außerdem die Tora studiert. In ähnlichem Umfang wie am Sabbat sind Geschäfte geschlossen, und öffentliche Transportmittel verkehren nur eingeschränkt. Die Zeit ist bei Inlandstouristen eine beliebte Reisezeit, deshalb sind die Unterkünfte eher knapp und die Übernachtungspreise hoch (11.–12. Juni 2016, 30.–31. Mai 2017, 19.–20. Mai 2018).

Lag BaOmer
Eine Pause mitten in der jüdischen Trauerzeit zwischen Pessach und Shawuot. Das Fest wird mit Picknicks, Wanderungen, und Freudenfeuern gefeiert; geheiratet werden darf auch (25.–26. Mai 2016, 13.–14. Mai 2017, 2.–3. Mai 2018).

Juni

Der Juni bringt lange Tage mit sonnigem Wetter mit sich. An der Küste ist es nicht so heiß und schwül wie im Juli und August. Regen fällt fast nie. In einigen Orten zahlt man bei Übernachtungen die Preise der Hauptsaison.

Ramadan
Für Muslime ist dies der heilige Monat des Fastens von Sonnenaufgang bis Sonnenuntergang. Nach Einbruch der Dunkelheit werden festliche Mahlzeiten zum Fastenbrechen abgehalten. Manche Büros verkürzen die Öffnungszeiten, und einige Restaurants sind geschlossen, solange es hell ist (6. Juni–6. Juli 2016, 26. Mai–25. Juni 2017, 15. Mai–14. Juni 2018).

☆ Israel Festival
(www.israel-festival.org.il) Drei Wochen voller Musik-, Theater- und Tanzveranstaltungen in Jerusalem und Umgebung; einige Veranstaltungen sind auch kostenlos.

☆ Israeli Opera Festival
(www.opera-masada.com) Hierbei finden Opernaufführungen in Masada statt (Anfang Juni).

Naksa-Tag
Palästinenser gedenken der *naksa* („Rückschlag") im Sechstagekrieg von 1967 (5. Juni).

Gay Pride Parade
Bei Israels größtem, buntestem Schwulen- und Lesben-Event wehen in Tel Aviv die Regenbogenflaggen.

Juli

An der Küste ist es feucht und schwül, aber in Jerusalem angenehm trocken. Brütende Hitze liegt über dem See Genezareth, dem Toten Meer und Eilat. Die Unterkünfte sind teuer, das gilt vor allem für die B&Bs im Norden und für Städte.

Eid al-Fitr
(Festival des Fastenbrechens) Das Ende des Ramadan wird mit drei Tagen der Festlichkeiten mit Familie und Freunden begangen (5.–6. Juli 2016, 24.–25. Juni 2017, 13.–14. Juli 2018).

August

Der heißeste Monat. An der Küste ist es schwül, aber in Jerusalem glücklicherweise trocken, während über dem See Genezareth, dem Toten Meer und Eilat schier unerträgliche Hitze lastet. Die Unterkünfte sind sehr teuer, das gilt vor allem für die B&Bs im Norden und für Städte.

Tischa beAv
(9. Tag des Monats Av) Juden gedenken der Zerstörung der Tempel in Jerusalem. In jüdischen Gegenden

bleiben Restaurants und sämtliche Unterhaltungseinrichtungen geschlossen (13.–14. August 2016, 31. Juli–1. August 2017, 21.–22. Juli 2018).

☆ Tsfat Klezmer Festival

Festival der Klezmer-Musik in Safed.

☆ Red Sea Jazz Festival

(www.redseajazzeilat.com) Eilat kocht nur so vor Jazz (letzte Augustwoche).

September

In Israel sind die Ferien vorbei und damit weniger Familien unterwegs, doch steigen die Zimmerpreise zu Rosch ha-Schana und während des Sukkot. Rund um Rosch ha-Schana und Jom Kippur sind Flüge oft ausgebucht.

✡ Rosch ha-Schana

(Jüdisches Neujahr) An den letzten beiden Tagen des Fests sind Läden und Büros wie am Sabbat geschlossen. Einige Israelis fahren in den Urlaub, deshalb sind Unterkünfte knapp und die Zimmerpreise hoch (13.–15. Sept. 2015, 2.–4. Okt. 2016, 20.–22. Sept. 2017, 9.–11. Sept. 2018).

✡ Jom Kippur

(Versöhnungstag) Ein Feiertag zum Nachdenken, Fasten – und zum Radeln auf freien Straßen. In jüdischen Gebieten sind alle Geschäfte geschlossen, es fahren keine Verkehrsmittel (auch keine Privatautos); die israelischen Flughäfen und Landgrenzen sind zu

(22.–23. Sept. 2015, 11.–12. Okt. 2016, 29.–30. Sept. 2017, 18.–19. Sept. 2018).

✡ Eid al-Adha

(Opferfest) Muslime gedenken der Bereitschaft Ibrahims (Abrahams), seinen Sohn Ismael zu opfern. Dieses Fest ist zugleich das Ende der Hadsch (jährliche Pilgerfahrt nach Mekka). Schafe werden als Opfer dargebracht (23.–26. Sept. 2015, 10.–14. Sept. 2016, 1.–4. Sept. 2017, 21.–25. Aug. 2018).

Oktober

Die Regenzeit beginnt, aber an den meisten Tagen ist es sonnig und trocken. Die Unterkunftspreise steigen während des Sukkot. Saisonal geöffnete Stätten schließen oft gleich nach dem Sukkot, das auch das Ende saisonaler Aktivitätsangebote markiert.

✡ Sukkot

(Laubhüttenfest) Während dieser Festwoche gedenken die Juden der 40-jährigen Wanderung durch die Wüste. Jüdische Familien bauen *sukkot* (Laubhütten), in denen sie essen und manchmal auch übernachten. Der erste und der siebte Tag sind öffentliche Feiertage. Die Woche ist bei Israelis eine beliebte Ferienwoche, daher sind Unterkünfte knapp und die Zimmerpreise hoch (27. Sept.–3. Okt. 2015, 16.–22. Okt. 2016, 1.–10. Okt. 2017, 23.–29. Sept. 2018).

✡ Simchat Torah

An diesem Tag endet und beginnt der jährliche Zyklus der Tora-Lesungen. In

den Synagogen wird gesungen und getanzt (4.–5. Okt. 2015, 23.–24. Okt. 2016, 11.–12. Okt. 2017, 30. Sept.–1. Okt. 2018).

✡ Islamisches Neujahrsfest

(Hidschra) Markiert den Beginn des islamischen Jahres. Geschenke und Grußkarten werden ausgetauscht (13.–14. Okt. 2015, 2.–3. Okt. 2016, 21.–22. Sept. 2017, 11.–12. Sept. 2018).

🍷 Oktoberfest

(www.taybehbeer.com) Palästinenser, Bierkrüge und Lederhosen geben sich ein Stelldichein bei diesen Feierlichkeiten rund ums Bier im hübschen palästinensischen Dorf Taybeh.

November

Manchmal ist es kühl und regnerisch, häufig aber auch sonnig. An der Küste, am Toten Meer und in Eilat ist es sogar oft angenehm warm. Die Tage sind kurz. Die Preise der Nebensaison gelten.

✡ Jitzchak-Rabin-Gedenktag

Gedenktag zu Ehren des am 4. November 1995 ermordeten Ministerpräsidenten Jitzchak Rabin. Auf dem Rabin Sq in Tel Aviv findet eine nationale Kundgebung statt.

Dezember

Manchmal ist es kühl und regnerisch, aber nicht selten auch sonnig und sogar warm. Bei Unterkünften herrschen Nebensaisonpreise, außer in christlichen Gebieten rund um Weihnachten. Die Tage sind kurz.

✨ Fest der Feiertage

(HaChag shel HaChagim) Haifas Stadtviertel Wadi Nisnas feiert Chanukkah, Weihnachten und die muslimischen Feiertage der Saison mit Kunst und Musik (Wochenenden im Dezember).

✨ Chanukka

(Lichterfest; auch: Hanukkah) Bei diesem Fest feiern die Juden die erneute Weihe des Tempels nach dem Makkabäeraufstand. Die Familien entzünden acht Abende lang Kerzen am neunarmigen Leuchter; jede Menge süßes Gebäck sorgt für Übergewicht (6.–14. Dez. 2015, 24. Dez. 2016–1. Jan. 2017, 12.–20. Dez. 2017).

✨ Geburtstag des Propheten

(Mawlid al-Nabi) Feierlichkeiten zum Geburtstag des Propheten Mohammed (22.–23. Dez. 2015, 11.–12. Dez. 2016, 31. Nov.– 1. Dez. 2017, 20.–21. Dez. 2018).

✨ Weihnachten (westlich)

Die Christen feiern die Geburt Jesu in Bethlehem. In der Geburtskirche in Bethlehem wird eine katholische Mitternachtsmesse zelebriert. Im Westjordanland ist Weihnachten ein öffentlicher Feiertag, aber nicht in Israel und im Gazastreifen (Katholiken, Protestanten und neukalendarische Orthodoxe feiern Weihnachten am 24. und 25. Dezember).

Reiserouten

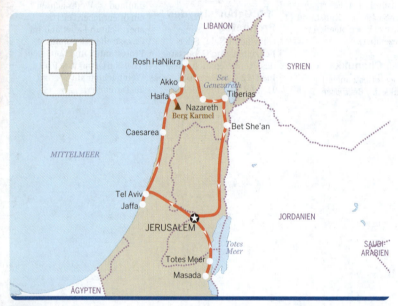

Best of Israel

Während der ersten vier Tage in und rund um **Jerusalem** bummelt man durch die Gassen der **Altstadt**, erkundet die Klagemauer und den angrenzenden Al-Haram asch-scharif (Tempelberg) und folgt der **Via Dolorosa** bis zur **Grabeskirche**. Es folgt ein Ganztagesausflug hinunter zum **Toten Meer** und zur legendären Festung **Masada** – Badezeug und Wanderschuhe nicht vergessen! Für drei Tage geht's anschließend ans Mittelmeer rund um **Tel Aviv**, die man mit Radtouren, ausgedehnten Spaziergängen, Faulenzen am Strand und feinem Dinieren verbringen könnte – oder man lässt einfach die Welt an sich vorbeiziehen. Als nächstes fährt man die Küste hinauf, um auf dem Weg nach **Haifa** das römische **Caesarea** zu besichtigen. Haifa selbst punktet mit Gipfelblick vom **Berg Karmel** und mit den **Bahai-Gärten**. Ziele des folgenden Tagestrips sind **Akko (Acre)** mit seinen Altstadtmauern und die Grotten von **Rosch HaNikra**. Der nächste Tag in **Nazareth** endet mit einem gaumenkitzelnden Fusion-Menü. Nun steht noch ein Tag in **Tiberias** auf dem Programm, um die Ufer des **Sees Genezareth** zu erkunden. Auf der Rückfahrt nach Jerusalem bilden die römischen Ruinen von **Bet She'an** den Abschluss.

 Odyssee durchs Heilige Land

Nach vier bis fünf Tagen in **Jerusalem** – z.B. mit Erkundung der **Altstadt** oder einem Halbtagestrip ins **Israel-Museum** – begibt man sich zu den erstaunlichen Höhlen bei **Bet Guwrin** und besucht unterwegs ein Weingut. Dann gibt's ein paar Tage lang Aktivitäten in und um **Tel Aviv**: Spaziergänge auf der Strandpromenade ins historische **Jaffa**, Radeln am **Yarkon** und Arbeiten an der mediterranen Bräune. Auf dem Weg gen Norden bzw. **Haifa** empfehlen wir Abstecher zu den römischen Ruinen von **Caesarea** und zum malerischen alten Ort **Zichron Ja'akow**, der für sein altes Weingut berühmt ist. Nach einer Führung durch die tollen **Bahai-Gärten** besucht man den **Berg Karmel** und das Drusendorf **Daliyat al-Karmel**. Am folgenden Tag geht's weiter nordwärts nach **Akko** (**Acer**) mit seinem zauberhaften Mix aus Kreuzfahrerruinen und osmanischen Überresten. Dann reist man – so weit es die Politik erlaubt – nach Norden, um die unterirdischen Grotten von **Rosch HaNikra** zu bewundern und landeinwärts nach **Nazareth** zu fahren: Dort warten die Erkundung christlicher Stätten sowie traditionelle arabische Köstlichkeiten und Ost-West-Fusion-Küche. Von **Tiberias** aus wird ein paar Tage lang am **See Genezareth** relaxt – für Abwechslung sorgen uralte Synagogen, christliche Stätten, ruhige Strände und nach Lust und Laune ein Raftingabenteuer auf dem **Jordan**. Nun führt der Weg ostwärts zu den **Golanhöhen**, um die Hügelruinen von **Gamla**, das Archäologische Golan-Museum in **Katzrin** und die mächtige **Nimrodburg** zu besuchen. Westwärts geht's weiter durch die üppige Vegetation des **Banyas-Nationalparks** zu den Feuchtgebieten des **Hule-Tals** mit ihren Zugvögeln. Nächste Stationen sind die idyllischen Straßen von **Rosch Pina** sowie **Safed**. Durch die Jordansenke südwärts wird die Fahrt fortgesetzt; unterwegs schlendert man in **Bet She'an** an den römischen Kolonnaden entlang und besichtigt die Palästinenserstadt **Jericho**, deren Ruinen bis in die Anfänge menschlicher Zivilisationen zurückreichen. Nach einer Nacht unterm Sternenzelt am Ufer des **Toten Meeres** steht man früh auf, um den Sonnenaufgang hoch droben in **Masada** zu genießen. Weiter südwärts in der Wüste **Negev** verbringt man ein bis zwei Tage im Umkreis von **Mitzpe Ramon**, wo man auch in den Krater **Machtesch Ramon** wandern sollte. Nach ein wenig Sonne, Meer und Schnorcheln in **Eilat** endet der Trip in der atemberaubenden „roten Stadt" **Petra** jenseits der Grenze in Jordanien.

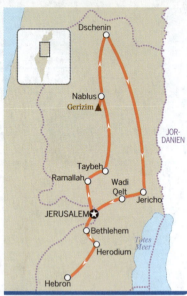

 ## Feinschmeckerroute (10 Tage)

 ## Westjordanland (1 Woche)

Erste Station ist **Jerusalem**, in dessen Altstadt viele Lokale um den Titel des besten Hummus wetteifern; zudem lohnt die kulinarische Szene rund um den Lebensmittelmarkt Mahane Yehuda einen Besuch. Das leckerste klebrig-heiße, käsig-süße *knafeh* gibt's weiter nördlich in der Stadt **Nablus** im Westjordanland, während in **Dschenins** hochwertiges Olivenöl lockt. **Nazareth** wiederum ist bekannt für seine levantinisch und europäisch geprägte Fusion-Küche. Von hier führt die kulinarische Pilgerfahrt nordostwärts zum Petersfisch des **Sees Genezareth** sowie zu den perfekt abgehangenen Steaks und dem regionalen Rotwein der **Golanhöhen**. Weiter westlich lohnt ein Stopp in **Gisch** mit seiner arabischen Küche nach galiläischer Art, alternativ wartet die vegetarische Gemeinde von **Amirim** mit fleischlosen Köstlichkeiten auf. Zum Abschluss geht's an die Mittelmeerküste, wo in **Akko (Acre)** Meeresfrüchte und Hummus und in **Haifa** kreative arabische Kost aufgefahren wird; und in **Tel Aviv** locken moderne, von Promiköchen glamourös kreierte Gerichte, die mit den Klassikern der traditionellen Lokale – Hummus, Falafel und Sabich – konkurrieren.

Vom arabischen Busbahnhof in **Ostjerusalem** geht's nach **Ramallah**, wo mit der **Muqataa** die letzte Ruhestätte Jassir Arafats besichtigt wird. Aufs nachmittägliche Kaffeeschlürfen, Hummuslöffeln und Backgammonspielen folgt das Nachtleben. Am nächsten Tag besucht man mit **Taybeh** die einzige Brauerei Palästinas und kehrt dann nach Ramallah zurück, um ein Konzert oder eine Theatervorstellung zu erleben. Anschließend fährt man durch Olivenhaine und Hügelterrassen in Richtung Norden nach **Nablus**, wo man einen Tag lang auf dem Markt stöbert, sich in einem uralten Hammam kräftig abschrubben lässt und die Samaritaner auf dem **Berg Gerizim** besucht. Weiter nordwärts warten die christlichen Stätten nahe **Dschenin** und dessen renommiertes **Freedom Theatre**. Nach Schwenks in Richtung Osten und Süden erreicht man **Jericho** und auch das außergewöhnliche Wandergebiet im **Wadi Qelt**. Südwestwärts folgt **Bethlehem** mit verwinkelten Gassen und uralten Kirchen. Zum Schluss geht's über das römische **Herodium** hinunter zum unruhigen Juwel **Hebron**, das Juden und Muslimen gleichermaßen heilig ist.

Oben Gegrillter Petersfisch, serviert am See Genezareth

Rechts Ein Straßenhändler verkauft *namura* (süßen, mit Nüssen belegten Grieskuchen).

Reiseplanung
Grenzübergänge

Grenzübergänge nach Ägypten & Jordanien

Die Grenzübergänge zwischen Israel und Ägypten sowie Jordanien, jenen beiden Ländern, mit denen Israel Friedensverträge unterzeichnet hat, stehen sowohl Touristen als auch Einheimischen offen. (Achtung: Wegen Angriffen radikaler Islamisten auf Touristen in letzter Zeit empfehlen die Regierungen der meisten westlichen Länder, von unnötigen Reisen auf die Sinai-Halbinsel abzusehen.)

Blue, Purple & Green Line

Die von der UN anerkannte Landesgrenze Israels zum Libanon wird als „Blue Line" bezeichnet, die israelisch-syrische Waffenstillstandslinie von 1974 als „Purple Line" und die Grenzlinie von vor 1967 zwischen Israel und dem damals jordanischen Westjordanland als „Green Line".

Geschichte der Grenzziehung

Bei dem geheimen Sykes-Picot-Abkommen von 1916 legten Großbritannien und Frankreich die zukünftigen Grenzen von Palästina, Syrien, dem Libanon, Transjordanien (Jordanien) und dem Irak fest.

Grenzübergänge zum Westjordanland

Tipps zum sicheren Reisen und Infos, was einen an den Grenzübergängen erwartet, finden sich auf S. 437 und 288.

Reiseplanung
Visa, Sicherheit & Einreisestempel

➡ Infos zu den Visabestimmungen für Israel und Jordanien sind auf S. 448 zu finden.

➡ Tipps, wie man sich an israelischen Grenzkontrollen am besten verhält, sowie Informationen zum Thema Sicherheitsbestimmungen gibt's auf S. 35 und 436.

➡ Touristen erhalten bei der Einreise nach Israel keinen Stempel in den Pass mehr, sondern stattdessen ein spielkartengroßes Papier.

Auf dem Landweg

Israel–Jordanien: Jordan/Scheich-Hussein-Übergang, südlich des Sees Genezareth; Yitzhak-Rabin-/Wadi-Araba-Übergang, nördlich von Eilat/Aqaba

Westjordanland–Jordanien: Übergang Allenby-/König-Hussein-Brücke, nördlich von Jericho (von Israel kontrolliert)

Israel–Ägypten: Übergang Taba, am Roten Meer, südlich von Eilat

Gaza–Ägypten: Übergang Rafah (oft geschl.)

Gebühren für Landgrenzübergänge (ohne Visumsgebühr, falls erforderlich):

LAND	EINREISE	AUSREISE
Israel	keine	107 NIS (182 NIS an der Allenby-/König-Hussein-Brücke)
Ägypten	75 £E	2 £E
Jordanien	5 JD	10 JD

Grenzschließungen

Jom Kippur Sämtliche israelischen Landgrenzübergänge und alle Flughäfen sind geschlossen.

Id al-Hidschra/Muslimisches Neujahr Die Landgrenzübergänge zu Jordanien sind geschlossen.

Id al-Adha/Opferfest Der Grenzübergang in Taba nach Ägypten und der palästinensische Abschnitt der Allenby-/König-Hussein-Brücke sind geschlossen.

Ramadan Sämtliche Grenzübergänge machen schon früh dicht.

Nordgrenze

Israels Grenzen zu Syrien und zum Libanon sind absolut dicht. Sofern man kein Angehöriger der UN-Friedensmission ist, führt der einzige Weg in diese Länder über Jordanien. War man allerdings zuvor in Israel, kann auch das kompliziert werden (s. Kasten S. 35).

Von/nach Jordanien

An den beiden Landgrenzübergängen zwischen Israel und Jordanien werden die Formalitäten schnell und effizient abgewickelt, am Übergang an der Allenby-/König-Hussein-Brücke zwischen dem israelisch besetzten Westjordanland und Jordanien funktioniert das hingegen nicht immer reibungslos.

Die israelische Ausreisegebühr kann man an der Grenze in verschiedenen Währungen oder per Kreditkarte bezahlen. Um die Bearbeitungsgebühr von 5 NIS zu umgehen, zahlt man die Ausreisegebühr vorab in irgendeinem israelischen Postamt (nur Barzahlung) oder online (https://borderpay.co.il).

Grenzübergang Jordan/ Scheich Hussein

Dieser **Grenzübergang** (☎04-609 3400; www.iaa.gov.il; ⊙So–Do 6.30–21, Fr & Sa 8–19 Uhr, an Jom Kippur & Id al-Hidschra/Muslimisches Neujahr geschl.) im Jordantal befindet sich 8 km östlich von Bet Sche'an, 30 km südlich vom See Genezareth, 135 km nordöstlich von Tel Aviv und 90 km nordöstlich von Amman. Hier herrscht weit weniger Betrieb als auf der Allenby-/König-Hussein-Brücke. Jordanien stellt für die Bürger der meisten Länder vor Ort ein Einreisevisum (40 JD) aus.

Auf der israelischen Seite der Grenze gibt es keinen Geldautomaten, aber man kann sich an dem Geldwechselschalter (während der Öffnungszeiten der Grenze) mit Bargeld versorgen.

Traveller, die nach Jordanien einreisen wollen, benötigen für die Formalitäten auf der israelischen Seite nicht mehr als eine halbe Stunde. Danach steigt man in einen Bus (7 NIS bzw. 1,50 JD, 2-mal/Std.), der einen rüber zum jordanischen Flussufer bringt (die Grenze zu Fuß zu überqueren, ist verboten).

An- & Weiterreise

Taxis (☎052 328 8977) warten an der Grenze. Diese bringen Traveller nach Bet Sche'an (50 NIS, zzgl. 5 NIS/Koffer) und zu Zielen in Israel, u.a. nach Tiberias (240 NIS), Jerusalem (550 NIS) und Tel Aviv (580 NIS).

Der Kavim-Bus 16 fährt von Bet Sche'an zum Kibbuz Ma'oz Haim (11 Min., So–Fr 5-6-mal/Tag) in fußläufiger Entfernung (1 km) westlich des Grenzübergangs.

Auf jordanischer Seite fahren regelmäßig Taxis im Linienverkehr vom/zum Westlichen Busbahnhof von Irbid (1 JD, 45 Min.). Ein Taxi nach Irbid kostet rund 20 JD, nach Amman 40 JD.

Nazarene Tours (S. 213) fährt von Nazareth über den Grenzübergang Jordan/Scheich Hussein nach Amman (80 NIS, 4½–5 Std., So, Di, Do & Sa). Abfahrt in Nazareth ist um 8.30 Uhr vor dem Büro von Nazarene Tours nahe der Bank of Jerusalem und dem Nazareth Hotel (nicht mit dem Büro von Nazarene Transport & Tourism im Stadtzentrum verwechseln!) und in Amman um 14 Uhr vor dem Royal Hotel (University St). Wer mitfahren will, muss mindestens zwei Tage im Voraus telefonisch reservieren.

Grenzübergang Yitzhak Rabin/Wadi Araba

Der nur 3 km nordöstlich von Eilat gelegene **Grenzübergang** (☎08-630 0555, 08-630 0530; www.iaa.gov.il; ⊙So–Do 6.30–20, Fr & Sa 8–20 Uhr, an Jom Kippur geschl.) ist praktisch für Trips nach Akaba, Petra und ins Wadi Rum. Weil Akaba eine Freihandelszone ist, sind die jordanischen Visa hier kostenlos. Die meisten Hotels und Hostels in Eilat bieten Tagesausflüge nach Petra an.

REISEPLANUNG GRENZÜBERGÄNGE

An- & Weiterreise

Ein Taxi von/nach Eilat (10 Min.) kostet 45 NIS. Wer mit dem Bus aus dem Norden (z. B. aus Jerusalem, Tel Aviv oder vom Toten Meer) kommt, kann sich an der Rte 90 an der Ausfahrt zur Grenze oder am Kibbuz Eilot (von wo aus man aber entlang der Rte 109 noch 2 km zu Fuß durch die Wüste stampfen muss) absetzen lassen. Sobald man in Jordanien ist, kann man mit dem Taxi nach Akaba (10 JD, 15 Min.) und von dort mit einem Minibus (Abfahrt 6–7 & 11–12 Uhr, sobald sie voll sind) weiter ins 120 km entfernte Petra (5 JD, 2½ Std.) fahren. Alternativ heuert man für die ganze Strecke von der Grenze bis nach Petra ein Taxi an (ca. 50 JD, 2 Std.).

Grenzübergang Allenby-/König-Hussein-Brücke

An diesem **Grenzübergang** (☏02-548 2600; www.iaa.gov.il; ☺So–Do 8–24, Fr & Sa 8–15 Uhr, an Jom Kippur & Id al-Adha/Opferfest geschl., Öffnungszeiten variieren) zwischen dem israelisch besetzten Westjordanland und Jordanien herrscht reger Betrieb. Er befindet sich 46 km östlich von Jerusalem, 8 km östlich von Jericho und 60 km westlich von Amman und ist der einzige, den Menschen mit Reisepass aus Palästina, darunter auch Palästinenser aus dem Westjordanland, nutzen dürfen, um von und nach Jordanien oder in ein anderes Land zu reisen. Daher ist hier ziemlich viel los, vor allem an Sonn- und Feiertagen sowie werktags zwischen 11 und 15 Uhr. Am besten kommt man so früh wie möglich zur Grenze – die Zeiten, zu denen Touristen den Übergang benutzen dürfen, könnten begrenzt sein; außerdem kommt es oft zu Verzögerungen. Israelische Staatsbürger (auch mit doppelter Staatsbürgerschaft) dürfen diesen Grenzübergang nicht nutzen.

Jordanien stellt an dem Grenzübergang Allenby-/König-Hussein-Brücke *keine* Einreisevisa aus. Die Einreiseformalitäten muss man vorab in einer jordanischen Botschaft, z. B. in Ramat Gan in der Nähe von Tel Aviv, erledigen. Wer jedoch von Jordanien aus nach Palästina und/oder nach Israel eingereist ist, benötigt bei der Rückkehr nach Jordanien über die Allenby-/König-Hussein-Brücke kein jordanisches Einreisevisum, wenn die Gültigkeitsdauer des jordanischen Visums nicht überschritten wurde – in diesem Fall sollte man einfach den Ausreisestempel vorzeigen!

Die Busfahrt über die Grenze kostet 7 JD (zzgl. 1,50 JD/Gepäckstück).

Ausreichend Bar- (am besten jordanische Dinar) und Kleingeld dabeihaben. Es gibt keine Geldautomaten, aber auf beiden Seiten der Grenze Wechselstuben.

Das Passieren dieses Grenzübergangs kann frustrierend sein, vor allem wenn man ins Westjordanland und/oder nach Israel einreisen will. Warteschlangenchaos, penibelste Sicherheits- und getrennte Gepäckkontrollen und ungehaltene Beamte sind eher die Regel als die Ausnahme. Wer in seinem Pass Stempel aus Ländern wie Syrien oder dem Libanon hat oder in weniger touristische Gebiete im Westjordanland reisen will, muss mit strenger Befragung durch die israelischen Sicherheitsleute rechnen. Für Palästinenser und Touristen gibt es getrennte Bereiche.

An- & Weiterreise

Die Sammeltaxis von **Abdo** (☏02-628 3281) und **Al-Nijmeh** (☏02-627 7466) verkehren am häufigsten vor 11 Uhr und verbinden den blau-weißen Busbahnhof gegenüber vom Jerusalemer Damaskustor mit der Grenze (30 Min., 40 NIS, zzgl. 5 NIS/Koffer). Private Taxis können bis zu 300 NIS kosten; man kann sich allerdings vom Hotel abholen lassen.

Die Egged-Busse 948, 961 und 966 fahren vom Zentralen Busbahnhof in West-Jerusalem nach Bet Sche'an (und weiter nach Norden) und halten an der Rte 90 an der Ausfahrt zur Allenby-Brücke (12,50 NIS, 40 Min., etwa stündl.). Die letzten Kilometer zu laufen, ist allerdings verboten, sodass man ein Taxi nehmen muss (50 NIS).

Von Amman aus gelangt man vom Abdali- oder vom Südlichen Busbahnhof per Sammeltaxi oder Minibus (8 JD, 45 Min.) zur Grenze; ein Taxi kostet rund 22 JD. **JETT** (☏+962 6 566 4141; www.jett.com.jo) betreibt täglich einen Bus von Abdali zur Grenze (8,50 JD, 1 Std., Abfahrt 7 Uhr).

Von/Nach Ägypten

Taba

Dieser **Übergang** (☏08-636 0999; www.iaa.gov.il; ☺24 Std.; an Jom Kippur geschl.) am

KEINE ISRAELISCHEN EINREISESTEMPEL MEHR

Arabische und muslimische Länder gehen ganz unterschiedlich mit Reisenden um, in deren Pass je Beweise für einen Aufenthalt in Israel gibt. In Jordanien und Ägypten, die Friedensverträge mit Israel geschlossen haben, entstehen keine Probleme. Das gleiche gilt für die Türkei, Tunesien, Marokko und viele der Golfstaaten sowie für Malaysia und Indonesien. Die meisten dieser Länder erlauben sogar israelischen Passinhabern unter bestimmten Umständen die Einreise.

Andererseits sind der Libanon und Iran bekannt dafür, Traveller gleich wieder ins nächste Flugzeug zu setzen, wenn sie Indizien für eine Reise nach Israel finden, z. B. einen kürzlich in Amman ausgestellten Reisepass oder auch nur ein hebräisch beschriftetes Kaugummipapier. Saudi-Arabien ist besonders streng.

Wenn also die geringste Möglichkeit besteht, dass man mit seinem derzeitig gültigen Reisepass noch in ein arabisches oder muslimisches Land reisen wird, dann sollte man tunlichst darauf achten, im Pass keine Spuren zu hinterlassen, die zeigen, dass man in Israel war. Insofern vereinfacht es die Sache, dass Israel Touristenpässe inzwischen nicht mehr abstempelt. Stattdessen erhält man das Visum auf einem einzelnen Stück Papier. Jordanien geht in der Regel genauso vor. Ägypten ist allerdings nicht so flexibel, und ein ägyptischer Stempel vom Grenzübergang Taba ist genauso ein Beweis für den Aufenthalt in Israel wie ein israelischer Stempel. Wer ohne den Taba-Stempel von Eilat nach Sinai will, kann zunächst nach Jordanien ausreisen und von Akaba die Fähre nehmen.

Einige Länder, darunter Deutschland, stellen ihren Bürgern unter Umständen mehr als einen Reisepass aus – einen für Israel, den anderen für den Rest der Welt.

Roten Meer 10 km südlich von Eilat ist derzeit die einzige geöffnete Grenze zwischen Israel und Ägypten, die Touristen nutzen können. Auf ägyptischer Seite gibt's eine Wechselstube. Bevor man diese Route wählt, sollte man die Reisewarnungen checken, da die Sicherheitslage in Süd-Sinai sehr unbeständig ist.

Man erhält hier eine 14-Tage-Genehmigung, die nur für den Sinai gilt und es einem gestattet, eines der Resorts am Roten Meer zu besuchen, die zwischen Taba und Sharm el-Sheikh liegen, bzw. zum Katharinenkloster zu reisen. Wer mehr sehen möchte, muss vor der Einreise an das ägyptische Visum denken. Man erhält es im ägyptischen Konsulat in Eilat oder Tel Aviv.

An- & Weiterreise

Der Ortsbus 15 fährt vom Zentralen Busbahnhof in Eilat zum Grenzübergang Taba (4,90 NIS, 30 Min., So–Do 8–21, Fr 8–15 & Sa 9–19 Uhr stündl.). Von der Grenze zurück nach Eilat fährt der Bus 16 (Abfahrt jeweils 40 Min. später). Ein Taxi kostet rund 30 NIS.

Grenzübergang Rafah

Mit einigen wenigen Ausnahmen hält Ägypten den Grenzübergang Rafah zwischen dem Gazastreifen und Sinai seit 2013 geschlossen. Falls er wieder geöffnet werden sollte, wird er für Touristen kaum nutzbar sein.

Israelische Grenzkontrollen

Israels rigorose Einreisemodalitäten sind für die einen ein großes Ärgernis und für die anderen ein Klacks. Man muss mit Fragen nach dem Grund der Reise, nach den letzten Reisen, nach dem Beruf, nach Bekannten in Israel und in Palästina und vielleicht sogar zum religiösen und familiären Hintergrund rechnen.

Wer sich in Israel mit Freunden oder Familienmitgliedern trifft, sollte deren vollen Namen, Adresse und Telefonnummer zur Hand haben (ideal ist auch ein Brief, der den Besuch bei ihnen bestätigt). Bei einer Hotelreservierung kann ein Ausdruck helfen – oder auch vollkommen überflüssig sein.

Sollte man bei den Grenzkontrollen in den Verdacht geraten, an pro-palästinensischen Aktivitäten teilnehmen zu wollen, oder einen arabischen bzw. muslimischen Namen haben, muss man sich auf eingehende Befragung (inkl. Durchsuchung des

Laptops) gefasst machen. Auch syrische, libanesische oder iranische Einreisestempel im Pass könnten Argwohn erregen. Wer den Fragen ausweicht oder sich in Widersprüche verstrickt, wird sicher ausführlich unter die Lupe genommen – die Sicherheitskräfte sind entsprechend ausgebildet. Was immer auch passiert – immer ruhig und höflich bleiben!

Die israelische Flughafensecurity ist die strengste der Welt – ganz gleich, ob man mit einer israelischen oder einer anderen Fluglinie fliegt. Sie setzt ganz offen auf Profiling, aber nicht unbedingt so, wie man annimmt. 1986 wurde im Gepäck der schwangeren Irin Anne Mary Murphy kurz vor ihrem Flug mit der El Al 747 in London Semtex-Sprengstoff entdeckt – es war ohne ihr Wissen von ihrem jordanischen Freund Nezar Hindawi dort platziert worden, der noch immer in Großbritannien im Gefängnis sitzt. Seitdem schauen sich die israelischen Sicherheitsleute am Flughafen Ben-Gurion und an Flughäfen im Ausland immer auch nach Personen um, die ohne eigenes Wissen als Selbstmordattentäter fungieren könnten. Junge, unverheiratete Frauen aus dem westlichen Ausland stehen bei diesen Überlegungen ganz oben auf der Liste der Wachleute.

Reiseplanung
Mit Kindern reisen

Mit Kindern zu reisen, ist in Israel und Palästina in der Regel wirklich ein Kinderspiel: Das Essen ist abwechslungsreich und lecker, die Entfernungen sind kurz, an jeder Ecke locken kinderfreundliche Aktivitäten, und die Einheimischen sind ganz vernarrt in Kinder. Allgemeine Tipps zum Reisen mit dem Nachwuchs finden sich in *Travel with Children* von Lonely Planet.

Israel mit Kindern

Die israelische Gesellschaft ist sehr familienorientiert, daher sind Kinder so ziemlich überall willkommen. An jeder Ecke wird der Traveller-Nachwuchs einheimischen Kindern begegnen, die mit ihren Eltern auf Achse sind, besonders samstags und an jüdischen Feiertagen sowie im Juli und August.

Die israelischen **Strände** sind in der Regel sauber und gut mit Cafés und sogar Spielplätzen ausgestattet. Immer großzügig Sonnenschutz auftragen, vor allem im Sommer, und während der Mittagshitze im Schatten bleiben! (Am Toten Meer ist die Sonnenbrandgefahr geringer, weil es so tief unterhalb des Meeresspiegels liegt, doch hier müssen die Kinder besonders darauf achten, kein Wasser in die Augen zu bekommen.)

Die meisten israelischen **Naturschutzgebiete** sind für Kids ein fantastisches Abenteuer, und die größeren werden an den Wanderungen im ganzen Land – von einfach bis anspruchsvoll – ihre Freude haben. In den letzten Jahren hat sich für Rollstuhlfahrer der Zugang in die Parks deutlich verbessert, damit ist auch der Besuch mit einem Kinderwagen einfacher geworden.

Tel Aviv (S. 136), **Jerusalem**, **Mitzpeh Ramon** und **Eilat** bieten eine breite Aus-

Top-Aktivitäten für Kids

Underwater Red Sea Observatory
Riffblick ganz ohne nass zu werden; außerdem gibt's ein Streichelbecken.

Rosch HaNikra
Kids werden von der Seilbahn an den Klippen und dem tiefblauen Wasser der vom Meer ausgewaschenen Grotten begeistert sein.

Wanderungen am Wasser
Eine Tour entlang eines Baches (und hindurch) ist im Sommer ein Vergnügen (z. B. in den Schutzgebieten En Gedi, Banyas, Yehudiya und Majrase).

Radfahren in der Wüste
Auf Mountainbiketouren durch die Wüste entlang eines trockenen Wadi-Bettes haben ältere Kinder und Teenager viel Spaß.

Ya'ar HaAyalim
Tierpark in Odem auf den Golanhöhen.

Gangaroo
In der Jezreel-Ebene kann man Kängurus streicheln und Loris füttern.

Mini Israel
Dieser Park auf halbem Weg zwischen Jerusalem und Tel Aviv hat 350 der bekanntesten Attraktionen Israels auf Modellgröße geschrumpft.

wahl von Dingen, die Kinder lieben werden. Die Gassen der Altstadt Jerusalems sind mit dem Kinderwagen allerdings nur schwer zu meistern.

In den meisten Einkaufszentren gibt es eine *meeschakiya* (Spielbereich) für Babys und Kleinkinder, die auch eine tolle Gelegenheit bietet, einheimischen Kindern zu begegnen (und sich gelegentlich mal eine Erkältung einzufangen), besonders an Regentagen.

Reiseplanung

Notwendige Dinge wie Wegwerfwindeln *(chitulim)*, Feuchttücher *(magavonim)*, Babynahrung *(form-oola)*, Babyfläschchen *(bakbukim l'tinok)* und Schnuller *(motzetzim)* bekommt man in Supermärkten und Apotheken, wobei sie allerdings dort meist teurer sind als z.B. in Deutschland, Österreich oder der Schweiz. Ist das Baby als wählerisch bekannt, lohnt es sich, das vertraute Milchpulver von zu Hause mitzubringen. Babynahrung in Gläschen ist ebenfalls verfügbar, wenn auch gelegentlich nur in wenigen Geschmacksrichtungen. Bio-Babynahrung kann man in manchen Läden ebenfalls kaufen. Die normalen Arzneimittel für Kinder sind leicht zu erhalten, fast alle Apotheker sprechen Englisch und helfen gern mit Tipps und Empfehlungen weiter.

Ein leichter, zusammenklappbarer Kinder-Buggy ist auf Reisen eigentlich so gut wie immer praktisch. Bei Ausflügen durch enge, kopfsteingepflasterte Gassen, treppauf, treppab durch die Jerusalemer Altstadt, Akko, Safed oder Bethlehem, freuen sich Eltern allerdings, wenn man auf eine Kindertrage bzw. ein Tragetuch zurückgreifen kann.

ERMÄSSIGUNGEN

Kinder bis zu vier Jahren erhalten in Naturschutzgebieten, archäologischen Stätten und Museen in der Regel freien Eintritt, und für Kinder zwischen fünf und 17 oder 18 Jahren sind die Eintrittspreise erheblich günstiger. Kleine Kinder erhalten in Bussen und Zügen geringe Ermäßigungen. Einrichtungen, die hauptsächlich auf Kinder abzielen, z.B. Vergnügungsparks, verlangen meistens schon bei Kindern ab drei Jahren den vollen Eintrittspreis.

Schlafen

Mit Ausnahme von ein paar B&Bs *(tzimmer-im)*, die nur Paare bewirten (z.B. in Rosch Pina), sind Kinder überall gern gesehene Gäste. In der überwiegenden Mehrzahl der Hotels, Pensionen und B&Bs können Babys und Kleinkinder im Zimmer der Eltern ohne Aufpreis schlafen (Kinderbetten werden gestellt); für ältere Kinder gilt das manchmal nicht. Hier werden Kosten anfallen. Die meisten Zimmer in Hostels und in den Unterkünften der SPNI (Society for the Protection of Nature in Israel) haben mindestens vier Betten, wodurch sie für Familien ideal sind.

Essen

Kinder sind in nahezu allen Restaurants willkommen. Sowohl Kellner als auch die anderen Gäste nehmen Kinder und die üblichen Begleiterscheinungen beim Essen gelassen in Kauf. Fast alle Lokale haben Kinderstühle, und einige bieten Kinderteller zu kleinen Preisen an. Die meisten Restaurants, mit Ausnahme der gehobeneren, sind den ganzen Tag über geöffnet. Man ist also flexibel, was die Essenszeiten angeht. Ein israelisches Frühstück ist bekanntlich reichhaltig; eine Auswahl von Frühstücksflocken gehört in der Regel dazu.

Viele Kinder begeistern sich schnell für Falafel, Hummus, Sabich (Auberginen, gekochte Eier, Kartoffeln und Salat in einem Pita-Brot) und Schawarma. Zu Beginn sollte man etwas vorsichtiger sein, da dieses Fastfood (einschließlich der Saucen und Salate) häufiger als andere Mahlzeiten ein Tummelplatz für Mikroben sein kann – Mikroben, die der eigene Körper von zu Hause nicht kennt.

Mit dem Auto unterwegs

➡ Babys im Alter von bis zu einem Jahr (empfohlen sogar bis zwei Jahre) oder leichter als 9 kg müssen in einem rückwärts gerichteten Babysitz sitzen *(moshav b'tichut)*. Ein tragbarer Babysitz, der sowohl auf dem Rücksitz als auch im Kinderwagen befestigt werden kann, heißt auf Hebräisch *salkal*.

➡ Kleinkinder im Alter von zwei bis drei Jahren (empfohlen bis vier Jahre) müssen in einem vorwärts oder rückwärts gerichteten Kindersitz sitzen.

➡ Kinder zwischen drei und acht Jahren müssen auf einer Kindersitzerhöhung sitzen.

→ In Taxis sind Kindersitze allerdings nicht vorgeschrieben.

→ Kindersitze dürfen nicht auf Sitzplätzen befestigt werden, die mit einem Airbag ausgestattet sind.

Palästina mit Kindern

Kinder werden im Westjordanland herzlich willkommen geheißen – oft sogar mit Keksen oder Kuchen. Kontakte mit einheimischen Kindern ergeben sich hier schnell. Andererseits werden die meisten Traveller es sich wohl zweimal überlegen wollen, ob sie sich der besonderen Herausforderung stellen möchten, mit dem Kinderwagen durch Städte im Westjordanland wie Ramallah, Nablus und Bethlehem zu zuckeln, denn angenehm ist das nicht – von den Kontrollen an den Checkpoints mal ganz zu schweigen. Vielleicht will der eine oder andere sich die einschüchternden, gefängnisartigen Drehkreuze in Qalandia ersparen und entscheidet sich stattdessen lieber für eine geführte Tour mit Auto und Fahrer. In jedem Fall sollte man den Kinderreisepass mitnehmen – das gilt auch für den eigenen Pass!

REISEPLANUNG MIT KINDERN REISEN

Israel & Palästina im Überblick

Jerusalem

**Geschichte
Religion
Kultur**

Altstadt
In der Altstadt laden das christliche, armenische, jüdische und muslimische Viertel samt Zitadelle (Davidsturm) und Via Dolorosa zur Erkundung ein.

Heilige Stätten
Die Klagemauer, die Grabeskirche oder der Felsendom: Mit Jerusalems vielen religiösen Stätten könnte man sich wochenlang beschäftigen.

Vielfalt
Ultraorthodoxe Juden mit Schtreimels (Pelzhüten), säkulare Juden in kurzen Hosen und Muskelshirts, palästinensische Muslime auf dem Weg zur Al-Aqsa-Moschee, christliche Geistliche in langen Roben, feministische orthodoxe Juden, Aktivisten für Schwulenrechte und freigeistige Künstler: Auf Jerusalems wunderbar facettenreichen Straßen trifft man sie alle.

S. 44

Tel Aviv-Jaffa (Jafo)

**Essen
Shoppen
Museen**

Gaumenfreuden
Tel Avivs Strände sind traumhaft, die wahre Leidenschaft der Stadt ist jedoch das Essen. Falafelstände, Hummusimbisse, Eisdielen, Cafés nach europäischer Art, Sushibars und Lokale von Promiköchen gibt's zuhauf.

Boutiquen
Tel Aviv ist Israels Shoppingparadies. Hier bringen Basare, moderne Malls und Designerboutiquen auf der Sheinken-, Dizengoff und Shabazi St die Kreditkarte zum Glühen.

Ausstellungen
Im Tel Aviv Museum of Art gibt's israelische und europäische Kunst, im Beit Hatefutsot und Eretz Israel Museum Geschichte und Kultur und im Design Museum Holon zeitgenössische Ausstellungen.

S. 115

Haifa & Nordküste

**Geschichte
Heilige Stätten
Landschaft**

Antike Häfen
Caesarea war einer der großen Häfen der Antike und 1000 Jahre später eine ummauerte Festung der Kreuzfahrer. Akko (Akkon), das Marco Polo auf seinem Weg nach China besuchte, strotzt vor mittelalterlicher und osmanischer Geschichte.

Spirituelle Gärten
Haifas unglaubliche Bahai-Gärten sind ein spirituelles Highlight für Besucher jedes Glaubens. Die Elija-Höhle gilt Juden, Christen und Muslimen als heilig.

Meeresgrotten
Die Meeresgrotten von Rosch haNikra schillern in allen erdenklichen Blautönen. Eindrucksvolle Panoramablicke aufs Mittelmeer aus der Vogelperspektive bieten sich von Haifas Promenade hoch oben auf dem Berg Karmel.

S. 162

REISEPLANUNG ISRAEL & PALÄSTINA IM ÜBERBLICK

Untergaliläa & See Genezareth

**Christentum
Archäologie
Essen**

Spuren Jesu
Maria ereilte die Verkündigung wohl in Nazareth, wo Jesus seine Kindheit verbrachte. Die Verklärung des Herrn soll auf dem Tabor geschehen sein, das Wirken Jesu konzentriert sich rund um den See Genezareth.

Römerstätten
Zu den wichtigsten Stätten zählen die römische und byzantinische Stadt Bet Sche'an, antike Synagogen im Hamat Tiberias, in Chorazin, Kapernaum und Sepphoris sowie die Kreuzfahrerburg Belvoir.

Weltküche
Nazareth ist für Fusion-Küche aus Orient und Okzident bekannt. In Kfar Kisch locken französische Küche und Käse, in Kfar Kama tscherkessische Gerichte aus dem Kaukasus.

S. 201

Obergaliläa & Golan

**Wandern
Vogelwelt
Wein**

Naturpfade
Wege für jedes Fitnesslevel warten in alpinen Höhen auf dem Hermon (über 2000 m), am Jordan (unter 200 m) und zwischen den von Klippen gesäumten Canyons der Schutzgebiete Banyas und Yehudiya.

Zugvögel
Eine halbe Milliarde Vögel ziehen durch die Chula-Ebene. Hiesige Arten und Zugvögel sind in den Sumpfgebieten der Naturschutzgebiete HaChula und Agamon HaHula zu sehen, besonders im Frühling und Herbst.

Weingüter
Viele von Israels besten Weingütern, u. a. kleine Betriebe in Katzrin, En Ziwan und Odem in den Golanhöhen und der Dalton-Ebene nordwestlich von Safed, sind für Besucher geöffnet.

S. 242

Westjordanland

**Shopping
Essen
Religion**

Basare
Der Mittelpunkt der Städte im Westjordanland sind die Basare. Auf den Märkten in Hebron, Nablus und Bethlehem kann man Obst kaufen, Süßigkeiten testen und um Kunsthandwerk feilschen.

Lokale Küche
Eine Einladung zu einem privaten Essen sollte man sich im Westjordanland nicht entgehen lassen, denn hier kommen immer nahöstliche Delikatessen auf den Tisch. Die besten Restaurants sind in Ramallah.

Heilige Stätten
Für Juden und Muslime ist die Höhle Machpela eine wichtige Pilgerstätte. Zu den christlichen Stätten zählen die Geburtskirche, der Berg der Versuchung und der Berg Garizim.

S. 275

Gazastreifen

Unzugänglich

Gaza ist aktuell definitiv kein Touristenziel. Der schmale Landstreifen ist prinzipiell nur für Journalisten, Mitarbeiter von Hilfsorganisationen und Diplomaten zugänglich und bleibt eine Gefahrenzone. Auch wenn nach dem Konflikt 2014 mit Israel Milliarden Dollar für den Wiederaufbau zugesichert wurden, wird es wohl viele Jahre dauern, bevor die stark bombardierten Städte und die beschädigte Infrastruktur im Gazastreifen den 1,8 Mio. Bewohnern wieder zur Verfügung stehen, von Travellern ganz zu schweigen. Bis dahin bleiben die politisch brisanten Städte, wunderschönen Strände, historischen Stätten und die einzigartige Kultur nur wenigen zugänglich.

S. 309

Totes Meer

**Strände
Archäologie
Wandern**

Strände

Auf dem Rücken liegend im Wasser die Zeitung lesen: Das ist zwar ein Klischee, aber in dem stark salzhaltigen Wasser des Toten Meeres absolut machbar.

Masada

Jerusalem war bereits zerstört, aber in der Bergfestung Masada widerstanden noch 1000 Juden der Belagerung durch die zehnte römische Legion. Am Ende zogen sie den Tod der Sklaverei vor.

Wüstenoasen

Das ganze Jahr über speisen Quellen die dramatischen Wüstenoasen von En Gedi und En Boqeq. Wanderer finden hier kühle Bäche, üppige Vegetation, paradiesische Wasserfälle und seltene Tiere wie die majestätischen Syrischen Steinböcke.

S. 315

Negev

**Wandern
Tauchen
Archäologie**

Wüstentouren

Der Negev ist voller Leben. Auf einer Wanderung durch die Wildnis des Makhtesh Ramon ab Sede Boker oder En Awdat lassen sich oft Kamele, Steinböcke und kreisende Greifvögel entdecken.

Korallenriffe

Wer Korallenriffe besuchen und mit tropischen Fischen schwimmen möchte, für den ist ein Schnorchel- oder Tauchausflug im Roten Meer das Richtige. Einfach untertauchen und das Spektakel genießen!

Nabatäische Stätten

Mit biblischen Ruinen wie Tel Be'er Scheva und Tel Arad sowie antiken nabatäischen Städten wie Awdat, Shivta und Mamshit gewährt die Wüste Einblicke in ihre Geheimnisse.

S. 335

Petra

**Ruinen
Wandern
Landschaft**

Rosarote Stadt

Die antike Stadt Petra trotzt jedem Superlativ. Man sollte genug Zeit einplanen, um frühmorgens das Schatzhaus zu besuchen, mittags in luftigen Höhen zu picknicken, das Kloster bei Sonnenuntergang zu bewundern und abends durch das kerzenbeleuchtete Siq zu spazieren.

Wüstenwanderungen

Von Petra aus sind einige tolle Wanderungen möglich. Engagiert man einen örtlichen Beduinen als Führer, werden die Ruinen richtig lebendig.

Berge

Bunter Sandstein, vom Wind geformte Steilwände und mit Oleander bewachsene Wadis: Petras rosarote Landschaft bildet die ideale Kulisse für die alte Architektur.

S. 364

Reiseziele in Israel & Palästina

Obergaliläa & Golan
S. 242

Haifa & Nordküste
S. 162

Untergaliläa & See Genezareth
S. 201

Westjordanland
S. 275

Tel Aviv
S. 115

Jerusalem
S. 44

Gaza-streifen
S. 309

Totes Meer
S. 315

Negev
S. 335

Petra (Jordanien)
S. 364

Jerusalem ירושלים القدس

02 / 816 000 EW.

Inhalt ➡
Sehenswertes 50
Kurse 91
Geführte Touren 92
Feste & Events 93
Schlafen........... 94
Essen 100
Ausgehen &
Nachtleben 105
Unterhaltung....... 107
Shoppen.......... 107
Praktische
Informationen...... 109
Rund um Jerusalem.. 111

Gut essen
➡ Abu Shukri (S. 100)
➡ Machneyuda (S. 103)
➡ Modern (S. 104)
➡ Pinati (S. 102)
➡ Yudaleh (S. 102)

Schön übernachten
➡ Abraham Hostel (S. 97)
➡ American Colony Hotel (S. 96)
➡ Arthur Hotel (S. 98)
➡ Österreichisches Hospiz (S. 95)
➡ Gästehaus der Christuskirche (S. 96)

Auf nach Jerusalem!

Jerusalems Altstadt, die Juden, Christen und Muslimen gleichermaßen heilig ist, gehört mit ihren unzähligen sakralen Gebäuden und Relikten zu den meistbesuchten Pilgerzielen der Welt. Wo, wenn nicht hier, trifft der oft überbeanspruchte Begriff „gelebte Geschichte" zu? Man wandelt auf den Spuren von Propheten, betet in Gebäuden, die im Auftrag von Kalifen und Königen errichtet wurden, und übernachtet in Hospizen, in denen schon Kreuzfahrer und Kardinäle ihr müdes Haupt betteten. Überall ist das Läuten von Kirchenglocken, der Ruf des Muezzin und der Klang der Schofar zu hören. Weihrauch aus den Kirchen und Aromen vom Gewürzmarkt füllen die Gassen mit den betörendsten Düften – alles in allem eine sinnliche, spirituelle Erfahrung ohnegleichen.

Auch außerhalb der Altstadt gibt es viel zu entdecken, u. a. das äußerst beeindruckende Israel-Museum und die Gedenkstätte von Yad Vashem. Und ob man nun zwei Tage oder zwei Wochen hier verweilt, Jerusalem ist das Highlight eines jeden Israel-Besuchs – und das aus gutem Grund.

Reisezeit
Jerusalem

April Angenehme Temperaturen, massenhaft Besucher, hohe Zimmerpreise.

Juli Abends wird die Altstadt angestrahlt; in den Hotels gelten Zwischensaisonpreise.

Sept. & Okt. Fantastisches Wetter, Sacred Music Festival und verhältnismäßig wenig Touristen.

Geschichte

Erster Tempel

Die erste Siedlung auf dem Gebiet des heutigen Jerusalem befand sich auf dem Ophel-Hügel, direkt südöstlich des heutigen Jüdischen Viertels. Eine kleine, kanaanäische Stadt, die in ägyptischen Texten aus dem 20. Jh. v. Chr. erwähnt wird. 997 v. Chr. wurde sie von den Israeliten unter König David erobert, der den Ort zur Hauptstadt machte.

Unter Davids Sohn Salomo wurde die Stadt nach Norden erweitert und umfasste seither auch das Gebiet des heutigen Tempelbergs/al-Haram asch-scharif. Um das Jahr 950 v. Chr. begann die Errichtung des Ersten Tempels.

Rund 17 Jahre nach Salomos Tod spalteten sich die zehn nördlichen israelitischen Stämme ab und bildeten das Königreich Israel, sodass Jerusalem nur mehr die Hauptstadt des südlichen Königreichs Juda blieb. Im Jahr 586 v. Chr. eroberte der Babylonische König Nebukadnezar II. Jerusalem, zerstörte den Ersten Tempel und führte die Bewohner Jerusalems in die Babylonische Gefangenschaft. Drei Generationen später erlaubte ihnen der persische Großkönig Kyros II. die Rückkehr.

Der zweite Tempel

Der zweite Tempel wurde um 520 v. Chr. errichtet, um 445 v. Chr. ließ Nehemia, der Statthalter von Juda, die Stadtmauern wiederaufbauen.

Das nächste wichtige Kapitel in der Stadtgeschichte begann mit der Eroberung Jerusalems durch Alexander den Großen im Jahre 332 v. Chr. Nach seinem Tod (323 v. Chr.) ergriffen zunächst die Ptolemäer, dann 198 v. Chr. die Seleukiden die Macht in Judäa. Ihrer Herrschaft setzten die Makkabäer, die in der jüdischen Literatur auch als Hasmonäer bezeichnet werden, 164 v. Chr. ein Ende. Eine der ersten Handlungen dieser über 100 Jahre herrschenden Dynastie war die Wiederherstellung des Tempels, der von den Seleukiden wenige Jahre zuvor entweiht worden war.

Die Römer

Um 63 v. Chr. eroberten die Römer unter der Führung des Pompeius die Stadt. Rund 25 Jahre später wurde Herodes der Große, ein Idumäer, als Klientelkönig über das Gebiet eingesetzt, aus dem später die römische Provinz Judäa (Iudaea) wurde. Als blutrünstiger Tyrann ließ Herodes seine Frau, einige seiner Kinder wie auch Pharisäer, die sich seiner Herrschaft widersetzten, hinrichten. Zugleich ist er jedoch für seine ehrgeizigen Bau- und Infrastrukturprojekte bekannt, zu denen auch der weitere Ausbau des Tempelbergs gehörte.

Nach dem Tod des Herodes übernahmen die Römer wieder die direkte Herrschaft und ernannten Präfekten zur Verwaltung der Stadt; der fünfte war Pontius Pilatus, der vor allem dafür bekannt ist, dass er um 30 n. Chr. die Hinrichtung Jesu anordnete.

Der Große Jüdische Krieg gegen die Römer begann im Jahr 66. Er dauerte vier Jahre und endete mit einem Sieg des römischen Heerführers und späteren Kaisers Titus. Zu seinen Ehren wurde später in Rom der Titusbogen errichtet, auf dessen berühmten Reliefs römische Legionäre beim Abtransport des erbeuteten Tempelgeräts zu sehen sind.

Nach der Zerstörung des Zweiten Tempels und der Feuersbrunst, der Jerusalem zum Opfer fiel, gerieten viele Juden in die Sklaverei und noch mehr verließen ihre Heimat. Die in Ruinen liegende Stadt diente weiter als Verwaltungs- und Militärzentrum der römischen Provinz Judäa. Um 130 beschloss Kaiser Hadrian, Jerusalem wieder aufzubauen – jedoch nicht als jüdische Stadt, da er ein erneutes Aufflackern nationaler Ambitionen befürchtete, sondern als römische mit heidnischen Tempeln und allem, was dazu gehört. In der Folge kam es unter Simon Bar Kochba zu dem misslungenen, blutigen Bar-Kochba-Aufstand (132–135). Nach dessen Niederschlagung wurde Jerusalem in Aelia Capitolina und Judäa in Syria Palaestina umbenannt. Die Römer bauten Jerusalem zwar wieder auf, verbannten die Juden aber aus der Stadt.

Byzantiner & Muslime

313 trafen sich die beiden Römischen Kaiser, Konstantin und Licinius, in Mailand und beschlossen, dass alle einst verfolgten Religionen zu tolerieren seien. Im elf Jahre später tobenden Bürgerkrieg besiegte Konstantin Licinius und wurde alleiniger Kaiser des Römischen Reiches, das nach der Reichsteilung von 395 in der Osthälfte als Byzantinisches Reich fortbestand. Während Konstantin das Christentum legalisierte, besuchte seine Mutter Helena 326–328 auf der Suche nach christlichen Stätten das Heilige Land. Es entstanden neue Basiliken und Kirchen und Jerusalem nahm schnell wieder die Ausmaße an, die sie einst unter Herodes dem Großen hatte.

Highlights

1 An der **Klagemauer** (S. 64), der heiligsten Stätte des Judentums, die spirituelle Wirkung spüren

2 Die Pilgerziele des Christentums besuchen, allen voran die hochwürdige **Grabeskirche** (S. 59)

3 Die architektonische Pracht des **Felsendoms** (S. 53) bewundern

4 Durch die engen Gassen des **Mahane-Yehuda-Markts** (S. 79) mit seinen unzähligen Gemüseständen, Cafés und Bars schlendern

5 In der **Davidsstadt** (S. 72), der Keimzelle Jerusalems, in den Untergrund gehen

6 Das **Israel-Museum** (S. 86) mit seiner außergewöhnlichen Kunst und seinen Artefakten besuchen

7 In der bewegenden **Gedenkstätte Yad Vashem** (S. 90) über die größte Tragödie des 20. Jhs. und Aussöhnung nachdenken

8 Im **Davidsturm-Museum zur Geschichte Jerusalems** (Zitadelle, S. 55) alles über die lange Geschichte der Stadt erfahren

9 Durch die farbenfrohen Suks des **Muslimischen Viertels** (S. 67) in der Altstadt bummeln

10 In der **Via Dolorosa** (S. 62) und auf dem **Ölberg** (S. 74) auf den Spuren Jesu wandeln

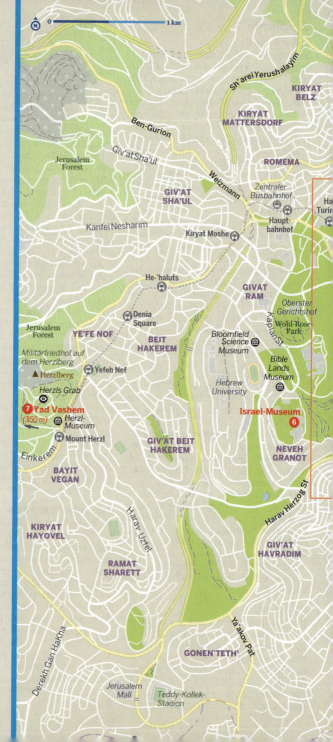

Nach langen Kriegen musste sich das Byzantinische Reich den Persern geschlagen geben, die Jerusalem im Jahr 614 einnahmen. Ihre Herrschaft währte aber nicht einmal 15 Jahre. Die Byzantiner erlangten noch einmal die Kontrolle über Jerusalem, ehe 638 arabische Truppen des Kalifen Omar ibn al-Khattab unter dem Banner des Islams durch Palästina zogen. 688 wurde der Felsendom an der Stelle errichtet, an der einst der jüdische Tempel stand. Unter den ersten muslimischen Herrschern entwickelte sich Jerusalem zu einem Zentrum für jüdische, christliche und muslimische Pilger, ab Ende des 10. Jhs. aber wehte ein neuer Wind: Der launenhafte Fatimiden-Kalif al-Hakim ließ Nicht-Muslime verfolgen und Kirchen und Synagogen zerstören – Ereignisse, die eine Ursache für den Beginn der Kreuzzüge 90 Jahre später waren.

Kreuzfahrer, Mamluken und Osmanen

Im Jahre 1099 eroberten die Kreuzfahrer Jerusalem von den Fatimiden, die gerade erst den Seldschuken wieder die Herrschaft über Palästina entrissen hatten. Nach einer fast 90 Jahre währenden Herrschaft wurde das christlich-lateinische Königreich Jerusalem 1187 von Saladin (Salah ad-Din) geschlagen, und Muslime und Juden kehrten nach Jerusalem zurück. Vom 13. bis zum 16. Jh. errichteten die Mamluken in der Stadt eine Reihe wichtiger Moscheen und Medresen.

Aber auch wenn Jerusalem ein Zentrum muslimischer Gelehrsamkeit war, ging es mit der Stadt bergab. 1517 besiegten die Osmanischen Türken die Mamluken und fügten Palästina ihrem großen Reich hinzu. Obwohl die osmanische Verwaltung später als ineffizient kritisiert wurde, werden die ersten Zeichen der osmanischen Herrschaft in Jerusalem auch heute noch bewundert: Die heute noch imposanten Mauern um die Altstadt ließ Sultan Süleyman der Prächtige Mitte des 16. Jhs. erbauen. Nach Süleymans Tod allerdings kümmerte man sich nicht sonderlich um die Stadt und die gesamte Region; ein schleichender Niedergang setzte ein. Die Gebäude und Straßen wurden nicht instand gesetzt, Korruption in der Verwaltung war an der Tagesordnung.

1856 verkündete der türkische Sultan im Zuge der als Tanzimat bezeichneten Reformen die rechtliche Gleichstellung der Untertanen ungeachtet ihrer Religion. Den Juden in Jerusalem – die zu jener Zeit die Mehrheit unter den 25 000 Einwohnern der Stadt stellten – wurde die Errichtung eines neuen Stadtviertels außerhalb der Stadtmauern erlaubt. Einige der ersten in den 1860er-Jahren begonnenen Projekte gingen auf die Initiative des in Italien geborenen jüdischen Engländers Sir Moses Montefiore zurück und wurden von ihm finanziert. Mit der schnellen Zunahme der jüdischen Einwanderung wuchsen die verstreuten Viertel zur heutigen Neustadt zusammen.

Britische Mandatsherrschaft & Teilung

Ende 1917 eroberten britische Truppen unter dem Befehl General Edmund Allenby Jerusalem von den Türken und machten die Stadt zur Verwaltungshauptstadt des vom Völkerbund geschaffenen Mandatsgebiets Palästina. In diesen Zeiten des inbrünstigen arabischen und jüdischen Nationalismus wurde die Stadt zu einer Brutstätte politischer Spannungen und zum Schauplatz von Terrorismus und mitunter auch offenen Kriegshandlungen, sowohl zwischen Juden und Arabern als auch zwischen rivalisierenden arabischen Gruppen (z. B. den Familien Nashashibi und Husseini) sowie zwischen Zionisten und Briten.

Nach dem Teilungsplan der Vereinten Nationen von 1947 sollte Jerusalem einen internationalen Sonderstatus erhalten und weder Teil des jüdischen noch des arabischen Staates werden, die auf Vorschlag der Vereinten Nationen auf palästinensischem Boden entstehen sollten. Prinzipiell akzeptierten die Zionisten diesen Plan, die arabischen und palästinensischen Führer wandten sich aber dagegen. Der Teilungsplan blieb schließlich auf der Strecke, als die Stadt und das ganze Land 1948 von den Ereignissen des Palästinakriegs erfasst wurden.

Während des Kriegs von 1948 wurden die Altstadt und Ostjerusalem mitsamt dem ganzen Westjordanland von Jordanien besetzt, während die Israelis den größten Teil der Neustadt halten konnten; zwischen den beiden Linien lag Niemandsland. Der neue Staat Israel erklärte seinen Teil Jerusalems zur Hauptstadt des Landes.

19 Jahre lang teilte Jerusalem das Schicksal Berlins und war eine geteilte Stadt. Das Mandelbaum-Tor nördlich der westlichen Altstadtgrenze war der einzige offizielle „Grenzübergang" zwischen West- und Ostjerusalem, durfte aber nur von wenigen passiert werden. Im Sechstagekrieg von 1967 eroberte Israel schließlich die Altstadt von Jordanien. Anschließend begannen die Israelis ein umfassendes Restaurierungs-, Sanierungs- und Bauprogramm.

JERUSALEM IN …

… vier Tagen

Vier Tage sind das absolute Minimum für die Besichtigung dieser Stadt – besser wäre es allerdings, gleich eine ganze Woche einzuplanen.

Den ersten Tag verbringt man in der Altstadt. Um einen Überblick zu bekommen, nimmt man am 9 Uhr an dem von Sandemans (S. 92) angebotenen **Stadtspaziergang** teil. Danach besucht man den **Tempelberg/al-Haram asch-Scharif** (S. 50), die **Grabeskirche** (S. 59) und die **Klagemauer** (S. 64; zuvor die Klagemauer-Tunneltour buchen, s. S. 64) und legt mittags einen Zwischenstopp bei **Abu Shukri** (S. 100) ein, um das beste Hummus der ganzen Stadt zu probieren. Den Tag beschließt man mit einem Mahl im Stadtzentrum.

Am zweiten Tag nimmt man den Bus der Circle Line 99 (S. 93) und erkundet die wichtigsten Sehenswürdigkeiten in Westjerusalem, u. a. das **Israel-Museum** (S. 86). Am späten Nachmittag genießt man einen Drink in einer der Bars auf dem **Mahane-Yehuda-Markt** (S. 79) und kostet schließlich die moderne israelische Küche im nahe gelegenen Restaurant **Machneyuda** (S. 103) oder **Yudaleh** (S. 102).

Am dritten Tag stehen die **Davidsstadt** (S. 72), der **Berg Zion** und die **Zitadelle (Davidsturm)** (S. 55) auf dem Programm. Abends schaut man sich die **Sound-and-Light-Show** in der Zitadelle an (unbedingt vorher buchen).

Am vierten und letzten Tag hat man schließlich die Qual der Wahl unter den vielen verbleibenden Sehenswürdigkeiten und Angeboten. Empfehlenswerte Ziele sind die Gedenkstätte **Yad Vashem** (S. 90), der **Archäologische Park** und das **Davidson Centre** (S. 65), der **Ölberg** (S. 74), das **Rockefeller Museum** (S. 79) und das **Museum on the Seam** (S. 78).

Umstrittene Hauptstadt

Da der Status Jerusalems nach wie vor umstritten ist, unterhalten alle Länder ihre Botschaften in Tel Aviv. Sowohl Israelis als auch Palästinenser betrachten Jerusalem als ihre Hauptstadt. Derzeit hat die Palästinensische Autonomiebehörde ihren Sitz im nahe gelegenen Ramallah, hofft aber, eines Tages nach Ostjerusalem umziehen zu können. Israel ist jedoch entschlossen, dies zu verhindern, und errichtete einen Sicherheitszaun, der die Stadt praktisch vollständig vom Westjordanland abschottet.

Durch die – größtenteils als rechtswidrig betrachtete – Eingliederung von Teilen des Westjordanlands hat Israel die Stadtgrenze Jerusalems erheblich erweitert. 13 jüdische Siedlungsviertel wurden inzwischen in Ostjerusalem errichtet.

Derzeit leben und arbeiten ca. 275 000 palästinensische Jerusalemer in Vierteln und Dörfern Ostjerusalems, so in der Altstadt, in At-Tur am Ölberg, in Silwan und Ras al-Amud unweit des Südrands der Altstadt sowie in Sheikh Jarrah und Shuafat nördlich der Altstadt. Einige dieser Gegenden sind modern und wirtschaftlich stabil, andere hingegen traditionell und benachteiligt. Aus einem Bericht über die palästinensische Wirtschaft in Ostjerusalem, der 2013 von der Konferenz der Vereinten Nationen für Handel und Entwicklung verfasst wurde, geht hervor, dass die israelischen Behörden eine Politik der materiellen, politischen und ökonomischen Trennung Ostjerusalems vom Rest des besetzten palästinensischen Gebiets verfolgen. Die Bewohner werden von offizieller Seite mit Problemen konfrontiert, wenn es um Unterkunft, Ausbildung, Jobs, Steuern und Interessenvertretungen geht. In dem Bericht heißt es weiter, dass die Infrastruktur Ostjerusalems – also Wasserversorgung, Kanalisation, Straßenwartung, Postdienste und Müllabfuhr – deutlich unterentwickelt ist.

Verschiedene Friedenspläne schlagen eine Teilung der Stadt vor, nach der die jüdischen Viertel in Israel und die arabischen in Palästina liegen würden. Zankapfel ist allerdings die Altstadt und vor allem der Tempelberg/al-Haram asch-scharif, der zugleich die heiligste Stätte des Judentums und nach Mekka und Medina die drittheiligste Stätte des Islams ist. Und so scheint eine friedliche Lösung derzeit in weiter Ferne zu liegen. Konstruktive und friedliche Interaktionen zwischen palästinensischen und jüdischen Jerusalemern sind rar, während die Kluft zwischen Ost- und Westjerusalem offensichtlich weiter wächst und die Zahl gewalttätiger und tödlicher Ausschreitungen zwischen Extremisten beider Bevölkerungsgruppen zunimmt.

Sehenswertes

Die wichtigsten Sehenswürdigkeiten Jerusalems verteilen sich über das gesamte Stadtgebiet. Die meisten Attraktionen befinden sich in der Altstadt. Ostjerusalem, die Davidsstadt und der Berg Zion sind von der Altstadt aus problemlos zu Fuß zu erreichen.

Auch Westjerusalem hat Sehenswertes zu bieten, z. B. das Israel-Museum, den Herzlberg, Yad Vashem und Ein Kerem. Da die Attraktionen aber hier weit auseinanderliegen, nimmt man am besten die Jerusalem Light Rail (JLR), einen Bus oder ein Taxi.

Altstadt

Am späten Nachmittag, wenn die Sonne die alten Steinbauten in goldenes Licht taucht, ist die Altstadt ein Fest für die Sinne: Kirchenglocken läuten, aus den Suks steigen die Düfte von orientalischen Gewürzen und frischen Kräutern empor, von fern ist der Ruf des Muezzin zu hören und die Bewohner machen sich durch die engen, kurvigen Gassen auf den Weg nach Hause. Morgens zeigt sich hingegen ein ganz anderes Bild, dann brummt die Altstadt vor Energie, Pilger aus der ganzen Welt besuchen die Klagemauer, den Felsendom oder die Grabeskirche, um dort zu beten. Sie kaufen auf den Suks ein und erkunden die vier faszinierenden Bezirke innerhalb der imposanten Stadtmauern.

Straßen führen rund um die Altstadt, die man durch vier Haupteingänge betritt: das Jaffator, das Damaskustor, das Dungtor und das Stephanstor (Löwentor). Die meisten Besucher betreten die Altstadt durch das Jaffator, das direkt ins Christliche und das Armenische Viertel führt. Den Rest der Altstadt erreicht man von hier nach einem kurzen Spaziergang bergab. Durch das Damaskustor gelangt man ins Muslimische Viertel, durch das Löwentor an den Anfang der Via Dolorosa und durch das Dungtor ins Jüdische Viertel (Klagemauer) sowie an den Touristeneingang zum Tempelberg. Die meisten Straßen in der Altstadt sind Fußgängerzonen.

Informationen zu den Öffnungszeiten der Kirchen finden sich unter www.cicts.org, zu den jüdischen Stätten unter www.rova-yehudi.org.il.

◉ Tempelberg/ Al-Haram asch-scharif

Tempelberg/ Al-Haram asch-scharif RELIGIÖSE STÄTTE

(Karte S. 52; ⊙ April–Sept. So–Do 7.30–11 & 13.30–14.30 Uhr, Okt.–März So–Do 7.30–10 & 12.30–13.30 Uhr) GRATIS Es gibt nur wenige Orte auf Erden, die so heilig – und zugleich so umkämpft – sind wie dieser. Auf einem Berg am Südostrand der Altstadt, den die Muslime al-Haram asch-Sharif (Das Edle Heiligtum) und die Juden Har HaBayit (Tempelberg) nennen, befindet sich ein mit Zypressen bestandener Platz, auf dem zwei der heiligsten Gebäude des Islam stehen: der Felsendom und die al-Aqsa-Moschee. Von den Juden wird der Berg hingegen als der Ort verehrt, an dem sich der Erste und der Zweite Tempel befanden.

Nach talmudischer Vorstellung ist der Tempelberg mit dem Berg Morija identisch. Von diesem soll Gott die Erde entnommen haben, aus der er Adam formte; später brachten Adam, Kain, Abel und Noah hier ihre ersten Opfer dar. Die wohl bekannteste Geschichte steht im Buch Mose (22,1–19): Um Abrahams Glauben auf die Probe zu stellen, befahl Gott ihm, seinen Sohn Isaak zu opfern. Kurz vor Vollzug des Opfers erschien jedoch ein Engel und an Isaaks Stelle wurde ein Widder geopfert. Das Alte Testament berichtet, dass David hier später einen Altar errichten ließ (2.Sam. 24,18–25).

An dessen Stelle soll Salomo den Ersten Tempel errichtet haben. Archäologische Hinweise gibt es dafür keine – und wahrscheinlich wird sich dies auch nicht ändern, da Ausgrabungsarbeiten wegen religiöser Empfindsamkeiten außer Frage stehen. Aus dem Talmud geht hervor, dass der Bau siebeneinhalb Jahre dauerte. Aus unbekannten Gründen blieb das fertige Gebäude aber 13 Jahre ungenutzt. Als es schließlich geweiht wurde, ließ Salomo die Bundeslade darin aufbewahren und ordnete ein siebentägiges Fest an.

Nachdem der Tempel mehrere Angriffe überstanden hatte, wurde er 587 v. Chr. vom babylonischen König Nebukadnezar II. zerstört. Nach Babylons Fall wurde auf Anordnung von Serubbabel, den der Perserkönig Kyros II. zum Statthalter von Juda ernannt hatte, der Zweite Tempel errichtet. Rund 500 Jahre später ließ König Herodes der Große (reg. 39–4 v. Chr.) diesen prunkvoll umgestalten und erweitern: Es wurde eine

Mauer um den Berg errichtet und der riesige (noch heute vorhandene) Platz mithilfe von Bruchsteinen und Pfeiler-Substruktionen angelegt. Die größten Steine der Umfassungsmauer des Tempelbergs (z. B. in der Klagemauer) wiegen mehr als 500 t!

Jüdische Gläubige näherten sich dem Tempelberg von Süden. Die Pilger mussten zunächst einmal die Mikwe (rituelles Tauchbad) aufsuchen, ehe sie die steilen Stufen zum Berg erklimmen durften; eine Stufe ist im nahe gelegenen Archäologischen Park (S. 65) ausgestellt. Inschriften auf Steinen warnten alle Nichtjuden, dass sie beim Betreten des Tempelbergs mit dem Tod rechnen müssten. Das Allerheiligste im Tempel durfte nur der Hohepriester betreten, und zwar nur einmal im Jahr zu Jom Kippur.

Herodes' Werk blieb nicht lange bestehen, denn schon 70 n.Chr. zerstörten die Römer den Zweiten Tempel fast vollständig. Als Symbol ihres Sieges – und vielleicht auch, weil sie die spirituelle Kraft des Ortes verspürten – ließen die Römer auf dem Tempelberg einen Jupitertempel errichten, der später in eine christliche Kirche umgewandelt wurde.

Im 7. Jh. soll der Prophet Mohammed seinen Mitbürgern in Mekka erklärt haben, er sei in einer einzigen Nacht zur „fernsten Moschee" gereist und habe dort andere Propheten beim Gebet angeleitet. Obwohl Mohammed Jerusalem nicht namentlich erwähnte, glauben die Muslime, dass sich die „fernste Moschee" auf den al-Haram asch-scharif beziehe, weswegen Jerusalem auch für Muslime eine heilige Stadt ist (der Tempelberg gilt als die drittheiligste Stätte des Islam nach Mekka und Medina). Nachdem Kalif Umar die Kapitulation der byzantinischen Stadt 638 akzeptiert hatte, richtete sich sein Interesse sofort auf den Tempelberg, auf dem er eine kleine Moschee errichten ließ. Diese wurde später durch den Felsendom (erbaut 691) und die al-Aqsa-Moschee (erbaut 705–715) ersetzt.

Unmittelbar nach dem Ende des Sechstagekriegs von 1967 übergab der israelische General Mosche Dajan die Verwaltung über den Tempelberg an die religiösen Führer der Muslime in Jerusalem. Dass eine muslimische Waqf (Stiftung) den Berg verwaltet, ist ultraorthodoxen und konservativen Juden seit jeher ein Dorn im Auge. Es gab zahlreiche Demonstrationen und Ausschreitungen, darunter auch in den frühen 1980er-Jahren gescheiterte Versuche, muslimische heilige Stätten in die Luft zu sprengen. Nach der Meinung vieler orthodoxer Rabbiner ist es Juden verboten, den Tempelberg zu besichtigen, da sie dabei unbeabsichtigt auf die heilige Stelle treten könnten, wo der Tempel einst stand.

Wer nicht in die Problematik dieser Stätte verwickelt ist, wird einen Besuch auf dem Tempelberg jedoch als einen entspannten Kontrast zu dem Lärm und dem Gedränge in den umliegenden Gassen empfinden. Der ebene, gepflasterte Platz hat die Größe von mehreren Fußballfeldern und ist von ein einer Handvoll hübschen mamlukischen Gebäuden gesäumt. Der Felsendom markiert grob die Mitte der Anlage. Unter dem Pflaster haben Forscher im 19. Jh. mehr als 30 Zisternen entdeckt, von denen einige

---

ℹ BESUCH DES TEMPELBERGS/AL-HARAM ASH-SHARIF

Neun Tore gewähren von den umliegenden schmalen Gassen Zugang zum Tempelberg. Nichtmuslimen steht als Eingang nur das Bab al-Magharība/Sha'ar HaMugrabim (Maurentor) zur Verfügung, das über einen hässlichen Bohlenweg an der Südseite des Klagemauerplatzes zu erreichen ist. Man sollte sich früh in die Schlange der Wartenden einreihen (andernfalls riskiert man, nicht hereingelassen zu werden). Bedenken sollte man zudem, dass die Stätte an muslimischen Feiertagen geschlossen und während des Ramadans nur vormittags geöffnet ist. Um an den Sicherheitskontrollen vorbeizukommen, benötigt man seinen Reisepass. Es ist möglich, das Gelände durch alle offenen Tore und nicht nur durch das Bab al-Magharība wieder zu verlassen.

Vermeintliche Aufpasser versuchen, Besucher, die ihrer Meinung nach nicht respektvoll genug gekleidet sind, völlig überteuerte Umhängetücher aufzunötigen. Um dies wirkungsvoll zu umgehen, sollten sowohl Männer als auch Frauen lange Hosen bzw. lange Röcke tragen (bitte keine Shorts). Auch Schultern, Rücken und Dekolletés müssen bedeckt sein.

Nichtmuslimen ist es nicht erlaubt, die al-Aqsa-Moschee oder den Felsendom zu betreten – wer es dennoch versucht, handelt respektlos und töricht.

In politisch unruhigen Zeiten ist die Anlage oft für Besucher geschlossen.

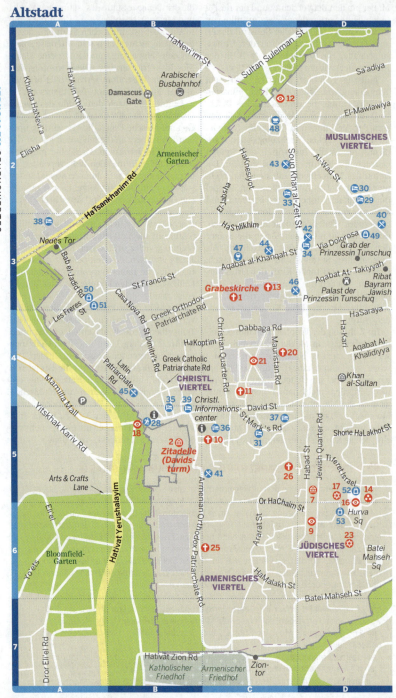

15 bis 20 m tief und bis zu 50 m lang sind. Aufgrund religiöser Bestimmungen sind sie heutzutage aber tabu.

Al-Aqsa-Moschee MOSCHEE
(Karte S. 52) Der Name al-Aqsa bedeutet „entfernteste Moschee" und bezieht sich auf den Ort, von dem aus Mohammed in den Himmel ritt, um Unterweisungen Allahs zu empfangen. Während der Felsendom eher die Funktion eines Schreins und weniger einer Moschee hat, wird die al-Aqsa-Moschee, in der bis zu 5000 Menschen Platz finden, intensiv von Gläubigen genutzt.

Die ursprünglich von dem Umayyaden-Kalifen al-Walid (reg. 709–715) in Auftrag gegebene al-Aqsa-Moschee befindet sich an der Stelle, an der die Kreuzfahrer den Ersten Tempel vermuteten. Andere hingegen sind der Auffassung, dass sich hier einst der Markt am Rand des Tempels befunden hat; möglicherweise hat Jesus hier die Tische umgestoßen und die Geldwechsler aus dem Tempelareal vertrieben (Mt 21,13).

Die durch mehrere Erdbeben zerstörte Moschee wurde mindestens zweimal wieder aufgebaut und – nachdem die Kreuzfahrer die Stadt 1099 übernommen hatten – schließlich in den Sitz der Könige von Jerusalem umgewandelt. Als Balduin II. 1131 starb, ging das Gebäude an einen zehn Jahre zuvor gegründeten Ritterorden über, dessen Mitglieder sich aufgrund ihres neuen Hauptquartiers schon bald als Tempelritter bezeichneten. Der Orden vergrößerte das Gebäude und fügte u. a. das heute noch vorhandene Refektorium an der Südmauer der Anlage hinzu; die anderen Bauten der Kreuzfahrer wurden von Saladin zerstört. Aus dessen Zeit stammt der mit aufwendigen Schnitzereien verzierte Mihrab (Gebetsnische), die nach Mekka zeigt und noch heute bewundert werden kann.

★ Felsendom RELIGIÖSE STÄTTE
(Qubbet al-Sakhra; Karte S. 52) Wenn der Tempelberg ein Schmuckkästchen ist, dann ist der Felsendom das wertvollste Juwel darin. Er ist das Symbol der Stadt und eines der am häufigsten fotografierten Gebäude der Welt. Wie der Name schon sagt, steht er auf einem Felsen, der sowohl den Muslimen als auch den Juden heilig ist. Nach der jüdischen Überlieferung soll dies die Stelle sein, an der Abraham seinen Sohn opfern wollte. Nach der islamischen Überlieferung soll hier der Prophet Mohammed in den Himmel aufgestiegen sein.

Altstadt

⦿ Highlights
1	Grabeskirche	C3
2	Zitadelle (Davidsturm)	B5
3	Davidsstadt	F6
4	Felsendom	F4
5	Klagemauer	F4

⦿ Sehenswertes
6	Al-Aqsa-Moschee	F5
7	Alone on the Walls Museum	D5
8	Verbranntes Haus	E5
9	Cardo Maximus	D6
10	Christuskirche	C5
11	Johanneskirche	C4
12	Damaskustor	C1
13	Äthiopisches Kloster	C3
14	Archäologisches Museum Wohl	D5
15	Hiskia-Tunnel	F7
16	Hurva-Platz	D6
17	Hurva-Synagoge	D5
18	Jaffator	B5
19	Archäologischer Park & Davidson Centre	E6
20	Evangelisch-lutherische Erlöserkirche	C4
21	Muristan	C4
22	Bethesda-Teich	F1
23	Rabban-Jochhanan-Ben-Sakkai-Synagogen	D6
24	Suk al-Qattanin	E4
25	Jakobuskathedrale	C6
26	Markuskapelle	C5
27	Tempelberg/Al-Haram asch-scharif	F3

⊕ Aktivitäten, Kurse & Touren
28	Mauerweg	B5

⊛ Schlafen
29	Armenisches Gästehaus	D2
30	Österreichisches Hospiz	D2
	Gästehaus der Christ Church	(siehe 10)
31	Citadel Youth Hostel	C5
32	Ecce Homo Pilgrim House	E2
33	Golden Gate Inn	C2
34	Hashimi Hotel & Hostel	D3
35	Hotel East New Imperial	B5
36	Jaffa Gate Hostel	C5
37	Lutherisches Gästehaus	C5
38	Notre Dame Guest House	A3
39	Petra Hostel	B5

⊗ Essen
40	Abu Shukri	D3
41	Armenian Tavern	C5
	Café des Gästehauses der Christ Church	(siehe 10)
42	Families Restaurant	D3
43	Ja'far Sweets	C2
44	Lina Restaurant	C3
	Notre Dame Cheese & Wine Restaurant	(siehe 38)
45	Rossini's Restaurant	B4
46	Zalatimo	C3

⦿ Ausgehen & Nachtleben
47	Amigo Emil	C3
	Café des Österreich. Hospizes	(siehe 30)
48	Cafe Rimon Himo	C2
	Versavee	(siehe 35)

🛍 Shoppen
49	Alan Baidun	D3
50	Armenian Ceramic Centre	A3
51	Fair Trade Women Cooperative	A3
52	Heifetz	D5
53	Moriah	D6

Das Gebäude entstand zwischen 688 und 691 mit Unterstützung des Umayyaden-Kalifen Abd al-Malik. Seine Motive waren praktischer und religiöser Natur – der Kalif wollte der hiesigen muslimischen Bevölkerung etwas Stolz einhauchen, damit sie dem Islam treu blieben. Und er wollte sich an hiesigen die Juden und Christen richten: Der Islam war gerecht und so allmächtig, dass ein Bauwerk errichtet werden konnte, prächtiger als jede christliche Kirche und an einem Ort, an dem sich das jüdische Allerheiligste befand.

Abd al-Malik befahl seinen byzantinischen Architekten, sich beim Bau an der Rotunde der Grabeskirche zu orientieren, ohne dabei das dunkle, triste Innere oder die nüchternen Steinfassaden christlicher Bauten zu kopieren. Stattdessen sollte die Moschee innen und außen mit hellen Mosaiken und verschnörkelten Koranversen versehen und die Kuppel mit reinem Gold überzogen werden – als leuchtendes Zeichen des Islam.

Eine Gedenktafel im Inneren erinnerte an Abd al-Malik und das Entstehungsdatum des Bauwerks. Zwei Jahrhunderte später veränderte der Abbasiden-Kalif al-Mamun die Inschrift und ließ seinen Namen eingravieren, versäumte jedoch, das ursprüngliche Datum entsprechend anzupassen. 1545 ließ Sultan Süleyman I. die stark verwitterten Mosaike außen erneuern und durch Kacheln ersetzen. Diese wurden Anfang des 20 Jhs. während einer großen Restauration abermals erneuert. Die ursprüngliche Goldkuppel existiert ebenfalls nicht mehr – irgendein Kalif ließ sie einschmelzen, um seine Schulden zu bezahlen. Die heutige Kuppel ist mit einer 1,3 mm dicken Goldschicht überzogen, die König Hussein von Jordani-

TEMPELBERG/AL-HARAM ASH-SHARIF: WER IST ZUSTÄNDIG?

Die Verwaltungs- und Sicherheitskontrolle des Tempelbergs ist sowohl für Juden als auch für Muslime ein heikles Thema. Nach dem Sechstagekrieg im Jahr 1967 überließ Israel die Verwaltung des Tempelbergkomplexes der von Jordanien kontrollierten Jerusalem Islamic Waqf, einer Stiftung unter der Aufsicht des Großmufti von Jerusalem und des Supreme Muslim Council.

1994 unterzeichneten Israel und Jordanien in der Aravasenke einen Friedensvertrag, durch den Jordanien die administrative Kontrolle über alle muslimischen Stätten in Jerusalem erhielt. Dieser Vertrag ist noch immer in Kraft, obgleich die Israelis über die Sicherheit im Muslimischen Viertel und auf dem Tempelberg wachen. Nach israelischen Regeln dürfen Nichtmuslime auf dem Gelände nicht beten (was ultranationalistische Juden erbost); muslimischen Männern unter 45 wird der Zutritt versagt, wenn die Sicherheitslage ungewiss erscheint. Palästinensern aus dem Westjordanland wird der Zugang nur an islamischen Feiertagen gewährt und dann auch nur Männern über 35 und Frauen.

en gestiftet hat. Die insgesamt 80 kg Gold kosteten den König damals 8,2 Mio. US$. Er verkaufte eigens eines seiner Häuser in London, um diese Summe aufzubringen.

Prinzipiell sind Konstruktion und Aufbau des Felsendoms noch genauso erhalten, wie Abd al-Malik es einst angeordnet hatte: Unter der 20 m hohen Kuppel liegt, umgeben von einem Holzzaun, der Felsblock, an dem angeblich Mohammeds *miradsch* (Himmelfahrt) begann. Im Koran heißt es, der Stein habe ebenfalls zu Allah in den Himmel auffahren wollen und sich von der Erde zu lösen begonnen. Mohammed aber habe ihn mit der Sohle zurück auf den Boden gedrückt, wobei er einen Fußabdruck zurückgelassen habe (angeblich ist dieser an einer Ecke des Felsens zu erkennen). Auch der jüdischen Überlieferung zufolge markiert der Stein im Felsendom den Mittelpunkt der Erde. Ein paar Stufen unterhalb des Felsens führen zu einer Höhle, die als Seelenbrunnen bezeichnet wird. Es heißt, hier wären die Stimmen der Verstorbenen zu hören, die in den Paradiesfluss fallen und sich in die Ewigkeit aufmachen. Der Mihrab in dieser heiligen Stätte soll die älteste in der islamischen Welt sein.

Jaffator

⭐ **Zitadelle (Davidsturm)** MUSEUM
(Karte S. 52; ☎ 02-626 5333, 02-626 5325; www. towerofdavid.org.il; Erw./Student/Kind 40/30/ 18 NIS; ☉ So–Do 9–16 Uhr, Juli & Aug. 9–17 Uhr, Fr & Sa 9–14 Uhr, Juli & Aug. Sa 9–17 Uhr) Die Zitadelle in imposanter, herausragender Lage mit Blick über die Altstadt wurde ursprünglich als Palast für Herodes den Großen errichtet. Sie diente später den Römern und Kreuzfahrern als Palast und wurde von den

Mamluken und Osmanen umfangreich umgestaltet. Heute beherbergt die Zitadelle das beeindruckende **Davidsturm-Museum zur Geschichte Jerusalems**, in dem die Stadtgeschichte vom 2. Jt. v. Chr. bis 1948 anhand von chronologisch angeordneten Exponaten nacherzählt wird.

Herodes konnte es nie groß und prächtig genug sein: Er ließ drei gewaltige Türme bauen; der größte war angeblich dem Pharos (Leuchtturm) von Alexandria nachempfunden, einem der Sieben Weltwunder der Antike. Die Überreste der gemeißelten Steinblöcke eines der kleineren Türme bilden nach wie vor das Fundament des wichtigsten Burgfrieds. Nach Herodes' Tod residierten römische Präfekten in dem Palast; es heißt, Pontius Pilatus soll Jesus hier verurteilt haben (Joh 18,28–19,6). Im Jahre 66 wurde die Anlage nahezu vollständig von jüdischen Aufständischen zerstört. Christen, die gut 250 Jahre später nach Jerusalem kamen, nahmen fälschlicherweise an, dass es sich bei den Ruinen um den Palast Davids auf dem Berg Zion handele – daher der Name Davidsturm. Sie errichteten an dieser Stelle eine neue Festung.

Die Zitadelle wechselte im Lauf der Geschichte mehrmals den Besitzer: Sie fiel in die Hände der Muslime und wurde später von den Kreuzrittern kontrolliert, die den Bau des Burggrabens veranlassten. Ein Großteil der erhaltenen Anlage entstand 1310 unter der Ägide des Mamluken-Sultans Malik an-Nasir. Weitere Bauten kamen zwischen 1531 und 1538 unter Sultan Süleyman dem Prächtigen hinzu, u. a. das Tor, durch das man heutzutage in die Zitadelle gelangt. Auf den Stufen nahm General Edmund Allenby am 9. Dezember 1917 die Ka-

Tempelberg/ Al-Haram asch-scharif

EINE TOUR ÜBER DEN TEMPELBERG

Der Tempelberg umfasst auf einer Fläche so groß wie ein oder zwei Häuserblocks verschiedenste bedeutende Stätten.

Vom Platz vor der Klagemauer steigt man die wacklige Holzrampe hinauf, um den Tempelberg über das Bab al-Maghariba (Dungtor) zu erreichen. Nachdem man das Tor passiert hat, geht man weiter geradeaus, um einen Blick auf die schlichte Fassade der **1 Al-Aqsa-Moschee** und die opulenten Details des **2 Felsendoms** zu werfen. Auf einem gemütlichen Rundgang um den Dom bewundert man die Gebäude in der Nähe, z. B. den sonderbaren **3 Kettendom** und den eleganten **4 Sebil Qaitbay**. Durch die Steinbögen, die als Stufen der **5 Seelenwaagen** bekannt sind, hat man einen tollen Blick auf den Ölberg.

Schließlich verlässt man den Tempelberg über das **6 Bab al-Qattanin (Baumwolltor)** und kehrt zum Klagemauer-Platz zurück, wo man einige Zeit mit der Besichtigung der **7 Klagemauer** verbringen und den **8 Archäologischen Park** samt **Davidson Centre** besuchen kann

TOP-TIPPS

» **Früh kommen** Der Tempelberg ist nur eingeschränkt zugänglich. Im trubeligen Sommer können die Warteschlangen lang sein – also früh anstellen (die Tore öffnen um 7.30 Uhr)!

» **Ab in den Untergrund** Eine interessante Weise, den Archäologischen Park zu erreichen, ist der Weg durch den Tunnel, der in 600 m Entfernung in der Davidsstadt beginnt (Tickets für den Park gibt's in der Davidsstadt).

Stufen der Seelenwaagen
Muslime glauben, dass an den Bogen am oberen Ende der Treppe am Tag des Jüngsten Gerichts Waagschalen hängen, die die Seelen der Verstorbenen prüfen.

Bab al-Qattanin (Baumwolltor)
Der mit *muqarnas* geschmückte Eingang ist das beeindruckendste Tor des Tempelbergs. Seinen Namen verdankt es dem Baumwollmarkt, (Suk al-Qattanin), der sich hinter dem Tor erstreckt.

Sebil Qaitbay
Das dreistufige, 13 m hohe Gebäude ist eines der elegantest Gebäude auf dem Tempelberg. Das Brunnenhaus wurde 1482 von Ägyptern errichtet, u Allah zu preisen, und besitzt die einzige m Arabesken verzierte Steinkuppel außerha Kairos.

Felsendom
Das Schmuckstück der Architektur Jerusalems: Unter der Kuppel befindet sich der gigantische Fels, den die Juden für das Zentrum der Welt halten und von dem Muslime glauben, dass Mohammed von hier in den Himmel gefahren ist.

Kettendom
Manche glauben, dass der Kettendom als Testlauf für den Felsendom gebaut worden ist. Der Legende zufolge hat Salomo hier eine Kette aufgehängt. Wer sie berührte und vor Gericht einen Meineid schwor, wurde vom Blitz getroffen.

Al-Aqsa-Moschee
Die „ferne Moschee" ist eine der ältesten weltweit. Sie ist 75 m lang und bietet über 5000 Gläubigen Platz. Die Kreuzfahrer haben die Moschee „Salomos Tempel" genannt und sie als Königspalast und Pferdestallung benutzt.

Bab Hitta

Salomons Thron

Sommerkanzel

Al-Kas-Brunnen

Musala-Marwani-Moschee (Ställe Salomons)

Mamluk-Arkade

Yussufdom

Bab al-Maghariba

Klagemauer-Platz

Reinigungsritual
Der Al-Kas-Brunnen zwischen Al-Aqsa-Moschee und Felsendom wird von den Muslimen für das rituelle Bad vor dem Gebet genutzt.

Klagemauer
Heute ist sie für die Juden die heiligste Stätte und an Sabbat zentraler Versammlungspunkt: Juden aus der ganzen Stadt kommen dann hier zusammen, um zu singen, zu tanzen und zu beten.

Archäologischer Park & Davidson Centre
Hier kann man den Robinsonbogen sehen, die Stufen, die zum Tempelberg führten, und ein antikes *mikwe* (jüdisches Ritualbad), in dem sich die Pilger wuschen.

pitulationserklärung der Türken an, die die 400-jährige Herrschaft der Osmanen über Jerusalem beendete.

Das äußerst sehenswerte Museum bietet viel Interessantes (wer es einrichten kann, sollte gleich nach der Ankunft in Jerusalem in dieses Museum gehen, zeigt es doch eine hervorragende Einführung in die Geschichte und Architektur der Stadt). Auf der Website des Museums steht ein hilfreicher Audioguide zum kostenlosen Download bereit. Im begrünten Hof befindet sich ein Café; und von den höchsten Befestigungsmauern hat man einen schönen Blick auf die Stadt.

An fünf Tagen der Woche findet zweimal täglich im Innenhof der Zitadelle eine beliebte 45-minütige Sound-and-Light-Show statt: Das **Night Spectacular** (Erw./Student & Kind 55/50 NIS) widmet sich der Geschichte Jerusalems. Der Beginn richtet sich nach dem Sonnenuntergang; weitere Infos gibt es auf der Website.

Jaffator   TOR

(Karte S. 52) Das Jaffator ist eines der sechs ursprünglichen Tore, die auf Veranlassung von Süleyman dem Prächtigen errichtet wurden. Es ist eigentlich ein im rechten Winkel abknickender Fußgängertunnel durch die Stadtmauer (diese Wegführung sollte eindringenden Feinden das Vorankommen erschweren – die gleiche Maßnahme wurde auch beim Damaskus-, Herodes- und Ziontor ergriffen). Die Bresche in der Mauer, durch die heute die Straße führt, wurde 1898 geschaffen, um dem deutschen Kaiser Wilhelm II. zu ermöglichen, mit Glanz und Gloria in die Stadt einzureiten.

Hinter dem Tor befindet sich auf der linken Seite die Touristeninformation (Jaffa Gate Tourist Office). Achtung: Der in der Nähe befindliche Laden mit dem Schild „Jerusalem Tourist Information Center" ist ein privater Tourveranstalter, nicht etwa die offizielle Touristeninformation! Diese befindet sich an der Ecke der Latin Patriarchate Rd.

Der arabische Name des Tors, Bab al-Khalil (Tor des Freundes), bezieht sich auf die heilige Stadt Hebron (Al-Khalil auf Arabisch). Der hebräische Name Sha'ar Yafo (Jaffator) leidet sich von der alten Straße zur Hafenstadt Jaffa ab, die hier begann.

Christuskirche   KIRCHE

(Karte S. 52; ☎ 02-627 7727; www.cmj-israel.org; Omar ibn al-Khattab Sq) Die erste protestantische Kirche im Heiligen Land wurde 1849 geweiht. Sie befindet sich gegenüber der Zitadelle und wurde von der London Society for Promoting Christianity Among the Jews errichtet. Die Gründer dieser Gesellschaft beflügelte der Glaube daran, dass die Juden irgendwann wieder die Macht im damals von den Türken besetzten Palästina ergreifen und viele Jesus Christus vor seiner Rückkehr als Messias anerkennen würden. Das erste britische Konsulat – heute eine Pension (S. 96) – befand sich auf dem Gelände.

STADTMAUERN & TORE

Jerusalems Altstadtmauern sind das Erbe Süleymans des Prächtigen. Der osmanische Sultan ließ sie zwischen 1537 und 1542 errichten. Die Arbeiten begannen an der Nordmauer mit dem Damaskustor und wurde anschließend in südlicher Richtung fortgesetzt. Zu einer Verzögerung kam es, als ein Streit darüber entbrannte, ob sich der Berg Zion und das Franziskanerkloster innerhalb oder außerhalb der Mauer befinden sollten. Um Zeit und Kosten zu sparen, entschieden sich die Baumeister schließlich, nicht den Schlenker rund um das Kloster machen, sodass die Franziskaner draußen vor den Toren blieben. Nach volkstümlicher Überlieferung war Süleyman von dieser knauserigen Maßnahme alles andere als erfreut, weshalb er den Architekten kurzerhand die Köpfe abschlagen ließ.

Fünf Haupttore gehörten zu Süleymans Entwurf (Jaffa-, Damaskus-, Herodes-, Stephans- und Zionstor). Das Goldene Tor an der Südseite des Tempelbergs/Al-Haram asch-Scharif wurde anhand der originalen Version aus der Umayyaden-Ära rekonstruiert. Das Neue Tor wurde 1887 auf Anordnung von Sultan Abdul Hamid errichtet, um einen direkten Zugang zwischen den neu errichteten Pilgerhospizen und den heiligen Stätten im Christlichen Viertel der Altstadt zu schaffen. Das Dungtor (hebräisch: Sha'ar HaAshpot = Mülltor) schließlich war zu Zeiten der Osmanen ein Nebentor, das erst in den 1940er-Jahren verbreitert wurde; nach einer gängigen Theorie verdankt es seinen Namen dem Umstand, dass in früherer Zeit das Gelände rund um das Tor die städtische Müllkippe war.

Mit Ausnahme des Goldenen Tores können heute alle Tore passiert werden.

Damit das Christentum den Juden nicht allzu fremd erscheint, wurde die Kirche im protestantischen Stil, aber mit Elementen einer Synagoge errichtet. Sowohl am Altar als auch an den Buntglasfenstern sind jüdische Symbole und hebräische Schriftzeichen deutlich sichtbar. Und wie alle Synagogen in Jerusalem zeigt auch diese Kirche zum Tempelberg/al-Haram asch-Scharif.

Mauerweg
HISTORISCHE STÄTTE

(Karte S. 52; ☏ 02-627 7550; www.pami.co.il; Erw./ Kind 16/8 NIS; ⊙ Okt.–März Sa–Do 9–16 Uhr, April–Sept. 9–17 Uhr, Fr 9–14 Uhr) Ganz ehrlich, der 1 km lange Weg oben auf der Stadtmauer ist etwas enttäuschend. Der Blick ist nicht umwerfend (von der Zitadelle ist er besser), überdies gibt es keinen Schatten, sodass der Spaziergang im Hochsommer fast schon zur Tortur ausartet. Eintrittskarten bekommt man bei dem Tourveranstalter Jerusalem Tourist Information Center in der Nähe des Jaffators. Der Abschnitt der Stadtmauer am Tempelberg ist gesperrt, man kann aber vom Jaffator entweder gen Süden zum Dungtor oder gen Norden zum Stephanstor (Löwentor) laufen.

Der südliche Teil ist im Juli und August bis 22 Uhr geöffnet. Der Abschnitt zwischen dem Jaffator und dem Stephanstor (Löwentor) ist freitags geschlossen. Die Strecke zwischen dem Jaffator und dem Damaskustor bietet die schönsten Aussichtspunkte.

◎ Christliches Viertel

Das 18,2 ha große Christliche Viertel ist eine interessante Mischung aus engen Gassen mit Souvenirläden, Werkstätten, Hospizen, Herbergen und religiösen Einrichtungen, die von 20 verschiedenen christlichen Gemeinden betrieben werden. Es beheimatet 4500 Menschen. Zentrum ist die hochwürdige Grabeskirche, eine der weltweit bedeutendsten Wallfahrtsorte.

Wenn man durch das Jaffator in die Altstadt kommt, führen links die ersten beiden Straßen mit den Namen Latin Patriarchate Rd und Greek Catholic Patriarchate Rd in die ruhige Gegend rund um das Neue Tor, wo die hiesige christliche Verwaltung ansässig ist.

Wer vom Jaffator kommend geradeaus über den Omar ibn al-Khattab Sq spaziert, gelangt über einen schmalen Durchgang zur David St mit dem Touristenbasar. Hier haben sich die Händler offenbar das Ziel auf die Fahnen geschrieben, die Koffer der Touristen mit überteuertem Ramsch zu füllen (unbedingt feilschen!). Etwa auf halber Strecke zweigt links die Christian Quarter Rd ab, eine weitere schmale Gasse voller Andenkenläden, die zur Grabeskirche führt.

Die David St endet an einer chaotischen Verkehrskreuzung: Links geht's zur Souq Khan al-Zeit St, einer der wichtigsten Verkehrsadern des Muslimischen Viertels, rechts zum Cardo Maximus und ins Jüdische Viertel. Geht man weiter bergab, erreicht man nach einer scharfen Kurve die Bab al-Silsila St, die zur Klagemauer, zu den Klagemauer-Tunnel und zum Tempelbergeingang Al-Silsila führt.

Freitags findet entlang der Via Dolorosa eine Kreuzprozession der Franziskaner statt. Los geht's am Pilgrims Reception Centre 300 m hinter dem Stephanstor (Löwentor) (Okt.–März um 15 Uhr, April–Sept. um 16 Uhr). Die Prozession lockt die Massen an, weshalb es vielleicht besser ist, den in diesem Kapitel vorgeschlagenen Stadtspaziergang (S. 62) nicht an einem Freitagnachmittag zu unternehmen.

★ Grabeskirche
KIRCHE

(Karte S. 52; ☏ 02-626 7000; ⊙ Ostern–Sept. 5–21 Uhr, Okt.–Ostern 4–19 Uhr) Eine der bedeutendsten Kirche des Christentums steht inmitten der Suks am Rand des Christlichen und Muslimischen Viertels. In den vergangenen 16 Jahrhunderten haben christliche Pilger aus aller Welt diesen Ort aufgesucht. Auch wenn sich die Kirche selbst nicht besonders majestätisch oder schön präsentiert, so haben doch die Tränen, Klagen und Gebete der Pilger dem Ort eine besondere, heilige Atmosphäre verliehen. Die Kirche ist nicht leicht zu finden - am einfachsten erreicht man sie über die Christian Quarter Rd.

Das Gotteshaus soll nach christlicher Überlieferung am biblischen Kalvarienberg bzw. Golgatha-Felsen stehen, also an jenem Ort, an dem Jesus Christus gekreuzigt wurde und wieder auferstanden ist. Daher befinden sich hier auch die letzten fünf Kreuzwegstationen. Wer sich aber einen Moment der inneren Einkehr oder des ruhigen Gebets erhofft, wird in den meisten zutiefst enttäuscht sein - die Kirche ist nahezu rappelvoll von Touristen und Pilgern. .

Helena, die Mutter Kaiser Konstantins, soll 300 Jahre nach der Kreuzigung Jesu verfügt haben, die Kirche an dieser Stelle zu errichten. Während ihrer Pilgerfahrt in die Heilige Stadt besuchte sie Hadrians Venustempel (erbaut um 135 n. Chr.) und das

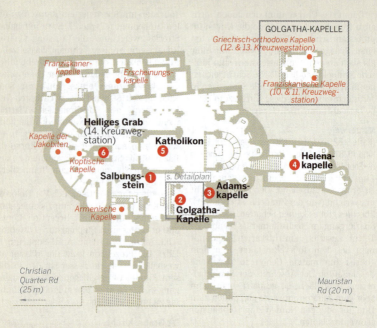

Kirchenspaziergang
Grabeskirche

DAUER 1 STD.
START SALBUNGSSTEIN
ZIEL HEILIGES GRAB

Direkt hinter dem Kircheneingang befindet sich der ❶ **Salbungsstein**, auf dem der Leichnam Jesu gesalbt worden sein soll. Der heutige Stein datiert aus dem Jahr 1810; er ist meist von Pilgern umlagert, die sich davor niederwerfen oder über ihm weinen.

Über die steile Treppe rechts neben dem Haupteingang erreicht man die zweischiffige ❷ **Golgatha-Kapelle**. Am Eingang zur ersten (franziskanischen) Kapelle befindet sich die 10. Kreuzwegstation (Jesus wird entkleidet). Die 11. Kreuzwegstation markiert die Stelle der Kreuzigung Christi, die 12. in der zweiten (griechisch-orthodoxen) Kapelle den Ort, an dem Jesus am Kreuz gestorben sein soll. In der Mitte befindet sich der Kalvarienberg, an dem ein Altar errichtet wurde; durch ein Loch im Altar können die Pilger den darunter liegenden Fels berühren. Links vom Altar kommt man zur 13. Kreuzwegstation (Jesu Leichnam wird vom Kreuz genommen und Maria übergeben).

Anschließend geht es die Treppe in der griechisch-orthodoxen Kapelle hinunter und dann rechts zur ❸ **Adamskapelle**, der Originalgrabstätte der ersten beiden Kreuzritterführer, Gottfried von Bouillon und Balduin I. (ihre Gräber wurden 1809 entfernt). Ein paar Stufen weiter unten befindet sich die ❹ **Helenakapelle**. Der Legende zufolge ließ Helena hier den Boden aufgraben, wobei drei Kreuze zu Tage befördert wurden – das Kreuz Christi soll bestimmt worden sein, indem ein Kranker, der alle drei Kreuze berührt hatte, von einem geheilt wurde.

Weiter geht's entlang der Ostmauer des zentralen ❺ **Katholikon** zu einer Holzrotunde mit der 14. und letzten Kreuzwegstation, dem ❻ **Heiligen Grab**. Da immer nur wenige Personen gleichzeitig in die Grabkammer dürfen, bildet sich vor dem Eingang meist eine lange Warteschlange. Im Innern darf man dann einige Minuten verharren, bevor man von einem Priester aufgefordert wird, zügig weiterzugehen.

Heilige Grab und zog die Schlussfolgerung, dass der Tempel errichtet worden war, um frühe Christen zu verjagen, die zuvor auf diesem Gelände gebetet hatten. Helena suchte daraufhin den Bischof von Jerusalem, Makarios, mit dem Ersuch des Kaisers auf, den Tempel zu zerstören, den Leichnam Christi auszugraben und eine Kirche für das Grab Christi zu errichten.

Bei Ausgrabungen vor Ort wurden drei Kreuze freigelegt – für Helena der endgültige Beweis, dass der legendäre Golgatha-Felsen entdeckt wurde. Der Bau der Kirche begann 326, neun Jahre später wurde sie geweiht. Bleibt die Frage, warum Jesus mitten in der Stadt gekreuzigt wurde: Doch vor 2000 Jahren erstreckte sich hier unbebautes Gelände außerhalb der früheren Stadtmauern. Erst ab dem 4. Jh. entstanden Schreine und Kirchen auf dem Gelände, die immer wieder Invasoren zum Opfer fielen und anschließend wieder aufgebaut wurden.

Als Kalif Omar Jerusalem im Jahr 638 erobert hatte, lud man ihn ein, in der Kirche zu beten. Er lehnte mit der Begründung ab, sein Volk würde die Kirche in eine Moschee umwandeln, falls er der Einladung Folge leistete, und verlieh so seinem Wohlwollen gegenüber den Christen Ausdruck. Anders sah das wohl der Kalif al-Hakim, auf dessen Veranlassung 1009 die Kirche zerstört wurde. Schon ein Jahr später wurde mit dem Wiederaufbau begonnen. Da es aber an Geld fehlte, gingen die Arbeiten nur langsam voran. Ganze 20 Jahre später stellte die kaiserliche Schatzkammer von Byzanz dann die notwendige Unterstützung bereit. Die Mittel aber reichten für eine vollständige Rekonstruktion der Originalkirche nicht aus, sodass ein Großteil des ursprünglichen Gebäudes nicht wiederaufgebaut wurde. Als eine Art Kompensation wurde in der Rotunde eine Empore und an der Ostseite eine Apsis errichtet.

Am 15. Juli 1099 wurde genau diese Kirche von den Kreuzfahrern, den neuen Herrschern über die Stadt, übernommen. Sie ließen bedeutende Änderungen vornehmen, weshalb die heutige Kirche mehr oder weniger als ein Werk der Kreuzfahrer bezeichnet werden kann, das byzantinische Wurzeln hat. Damals hatte der Haupteingang zwei Zugänge: die heutige Eingangstür und einen weiteren oben an der aus der Kreuzfahrerzeit stammenden Treppe, die in eine kleine Kapelle führte. Diese diente als zeremonieller Zugang zum Kalvarienberg und wurde nach der Niederlage der Kreuzfahrer

im Jahre 1187 ummauert; der geschnitzte Türsturz kann jetzt im Rockefeller Museum (S. 79) bewundert werden.

Ein Feuer 1808 und ein Erdbeben 1927 richteten große Schäden an. Anhaltende Differenzen zwischen den verschiedenen christlichen Konfessionen – das Gotteshaus teilen sich Katholiken, Griechisch-Orthodoxe, Armenisch-Orthodoxe, Syrer, Kopten und Äthiopier – standen bis 1959 einem umfassenden Sanierungsprogramm im Weg. Aufgrund dieser Rivalitäten befinden sich die Schlüssel zur Kirche bereits seit der Zeit Saladins im Besitz der muslimischen Familie Nusseibeh. Ihre Aufgabe ist es, die Kirche morgens auf- und abends wieder abzuschließen.

In der Kirche befinden sich seit eh und je von den Gläubigen hochverehrte Reliquien. Ursprünglich gehörte auch das von Helena entdeckte Kreuz dazu. Die Pilger, so heißt es, beugten sich zum Kuss über das Kreuz und bissen ein Stück Holz ab, um es als Erinnerungsstück mit nach Hause zu nehmen – bis schließlich nichts mehr davon übrig war. Heute beschränken sich die Pilger darauf, Öl auf den Salbungsstein zu gießen und mit einem Taschentuch aufzureiben, das sie dann als Reliquie mit nach Hause nehmen.

Besucher der Kirche sollten sittsam gekleidet sein; die Wächter sind sehr streng und lassen niemanden hinein, der an Beinen, Schultern oder Rücken unverhüllte Haut zeigt. Den Haupteingang erreicht man über die Christian Quarter Rd. Es gibt aber auch Zugänge über die Dabbaga Rd (der Zugang erfolgt von der Souq Khan al-Zeit St oder der Mauristan Rd) oder über das Dach des Äthiopischen Klosters. Ein Rundgang durch die Kirche ist auf S. 60 beschrieben.

Äthiopisches Kloster
KIRCHE

(Karte S. 52; ⊙ tagsüber) Das Kloster befindet sich abgesondert auf dem Dach der Grabeskirche. Inmitten der Ruinen eines mittelalterlichen Klosters, das von den Kreuzfahrern erbaut wurde, leben ein paar Mönche der äthiopischen Kirche. Durch die Kuppel im Zentrum des Dachs fällt Tageslicht in die Helenakrypta darunter. Eine Tür in der Südostecke führt durch eine Kapelle nach unten in den Hof der Grabeskirche.

Die Klosterwände zieren Gemälde von äthiopischen Heiligen, der Heiligen Familie und der Königin von Saba auf ihrem Jerusalembesuch. Nach äthiopischer Überlieferung zeugten die Königin von Saba und König Salomo während dieses Besuchs Erben für beide Königshäuser; einer von ihnen soll die Bundeslade nach Äthiopien gebracht haben.

Das Kloster befindet sich unter koptischem Patriarchat. Als die äthiopische Kirche Anfang des 20. Jhs. kirchenrechtliche Eigenständigkeit erlangte (zuvor war sie Teil der koptischen Kirche), wurden die Mönche aus dem koptischen Kloster verwiesen und zogen in die Hütten auf dem Dach.

Das Kloster erreicht man von der Souq Khan al-Zeit St über eine Treppe (Ausschau halten nach einem Saftstand und dem maroden Eingang zu der bekannten Konditorei Zalatimo; S. 100). Am oberen Ende der Treppe steht man direkt vor der Kapelle. Der Eingang zur Zisterne befindet sich auf der rechten, das Kloster auf der linken Seite.

Muristan
HISTORISCHE STÄTTE

(Karte S. 52) Das Wort Muristan bezeichnet im Persischen ein Krankenhaus oder Hospiz. Auf diesem Platz südlich der Grabeskirche waren einst drei mittelalterliche Kirchen mit angeschlossenen Hospizen beheimatet. Eine dieser Kirchen, die Johanneskirche, gibt es noch immer, das dazugehörige Hospizgebäude steht allerdings schon lange nicht mehr. An der Ostseite des Muristan befindet sich die evangelisch-lutherische Erlöserkirche aus 1898; zu dieser gehört auch ein im 11. Jh. errichtetes Refektorium der Kirche St. Maria Latina, die sich ursprünglich an dieser Stelle befand.

Der Muristan ist gesäumt von Läden und in seiner Mitte steht ein Springbrunnen aus dem 19. Jh. Über den Platz erreicht man zwei Suks (einer ist voll von Metzgerständen), die zur David St führen. Von der Erlöserkirche (Karte S. 52; Museum, Ausgrabungen & Turm Erw./Kind unter 14 Jahren 15/7,50 NIS; ☺ Mo–Sa 10–17 Uhr) bietet sich ein grandioser Blick auf die Dächer der Altstadt.

Johanneskirche
KIRCHE

(Karte S. 52) Die älteste Kirche Jerusalems wurde Mitte des 5. Jhs. errichtet und nach der Zerstörung durch die Perser im Jahr 614 wiederaufgebaut. Im 11. Jh. benutzten Kaufleute aus Amalfi die Mauern des ursprünglichen Gebäudes für den Bau einer neuen Kirche, die zur Geburtsstätte des Johanniterordens wurde. Die heutige Fassade mit den beiden kleinen Glockentürmen wurde später hinzugefügt. Die Kirche ist inzwischen Teil eines griechisch-orthodoxen Klosterkomplexes und über die Christian Quarter Rd zu erreichen.

Stadtspaziergang
Via Dolorosa

START VIA DOLOROSA,
1. KREUZWEGSTATION
ZIEL GRABESKIRCHE
LÄNGE/DAUER 600 M; 45 MIN.

Die Via Dolorosa („Weg der Schmerzen") ist der Weg, den Jesus gegangen sein soll, als er sein Kreuz zum Kalvarienberg trug. Ihre Geschichte reicht zurück bis in die frühen Tage der byzantinischen Pilger, die am Gründonnerstag vom Garten Gethsemane nach Golgatha zogen. Damals gab es allerdings noch keine Kreuzwegstationen.

Im 8. Jh. begannen die Pilger dann, unterwegs Halt zu machen, um einzelnen Momenten des Martyriums Christi zu gedenken. Als sich im Mittelalter die Christenheit in eine West- und eine Ostkirche spaltete, spaltete sich auch die Via Dolorosa und jede Gruppe hatte ihren eigenen Kreuzweg. Im 14. Jh. legten die Franziskaner einen Andachtsweg fest, der zwar schon einige der heutigen Kreuzwegstationen berücksichtigte, aber an der Grabeskirche begann. Diese Route war fast 200 Jahre lang die Standardstrecke. Dann aber setzten sich die europäischen Pilger mit dem Wunsch durch, dem Ablauf der Geschehnisse in den Evangelien zu folgen. Der Endpunkt war nunmehr der mutmaßliche Ort der Kreuzigung. Heute sind die allgemein anerkannten Stationen an runden Metallplatten zu erkennen.

Die ❶ **1. Kreuzwegstation** (Jesus wird von Pontius Pilatus zum Tod am Kreuz verurteilt) befindet sich auf dem Gelände der islamischen Schule Al-Omariyeh in der Nähe des Stephanstors (Löwentor). Der Eingang, eine braune Tür, befindet sich oben an der Rampe an der Südseite der Via Dolorosa neben dem Ecce-Homo-Bogen. Der Zugang wird nicht immer gestattet (am ehesten wird nach Schulschluss zwischen 15 und 17 Uhr Einlass gewährt).

Die ❷ **2. Kreuzwegstation** (Jesus nimmt das Kreuz) befindet sich gegenüber beim Eingang der Verurteilungskapelle. Die 1929 errichtete Geißelungskapelle rechter Hand soll die Stelle markieren, an der Jesus gegeißelt wurde. Hier ist an der Gewölbedecke über dem Altar eine Dornenkrone zu sehen, die Fenster rund

63

um den Altar zeigen die Menschenmenge, die den Ereignissen beiwohnte.

Einen kleinen Hügel geht es hinab zur Al-Wad St. Nachdem man links in diese eingebogen ist, erreicht man nach wenigen Schritten die ③ **3. Kreuzwegstation** (Jesus fällt zum ersten Mal); eine kleine Kapelle links des Eingangs zum Hospiz des Armenisch-Katholischen Patriarchats kennzeichnet die Stelle. Unmittelbar daneben befindet sich der ④ **4. Kreuzwegstation** (Jesus erblickt seine Mutter in der Menge der Zuschauer).

Während die Al-Wad St weiter Richtung Süden auf die Klagemauer zuläuft, zweigt die Via Dolorosa nach Westen ab. Direkt an der Abzweigung gelangt man zur ⑤ **5. Kreuzwegstation** (Simon von Cyrene wird von den Römern gezwungen, Jesus beim Tragen des Kreuzes zu helfen). Rund um eine Tür angebrachte Schilder markieren die Stelle.

Weiter die Straße hinunter kennzeichnet eine braune Holztür auf der linken Seite die ⑥ **6. Kreuzwegstation** (Veronika trocknet mit einem Tuch das Gesicht Jesu). Das „Schweißtuch der Veronika" wird heute in einem Pfeiler des Petersdoms in Rom aufbewahrt.

Nach ein paar Schritten erreicht man die belebte Souq Khan al-Zeit St. Die

⑦ **7. Kreuzwegstation** (Jesus fällt zum zweiten Mal) ist eine kleine Kapelle, auf die Schilder an der Mauer des Suks hinweisen. Im 1. Jh. befand sich hier die Stadtgrenze, durch ein Tor gelangte man hinaus ins Umland. Dieser Umstand untermauert den Anspruch der Grabeskirche als tatsächlichen Ort der Kreuzigung, Grablegung und Auferstehung.

Weiter geht es quer über die Souq Khan al-Zeit St und die Aqabat al-Khanqah St. Nach ein paar Metern sieht man auf der linken Seite einen Stein und ein lateinisches Kreuz, die die ⑧ **8. Kreuzwegstation** (Jesus tröstet die weinenden Frauen) markieren.

Danach geht's wieder zurück zur Souq Khan al-Zeit St, wo man nach rechts (gen Süden) abbiegt. Zur Rechten befindet sich eine Treppe, an deren Ende ein Pfad zur koptischen Kirche führt. Die Überreste einer Säule an der Tür kennzeichnen die ⑨ **9. Kreuzwegstation** (Jesus fällt zum dritten Mal).

Die restlichen fünf Stationen der Via Dolorosa befinden sich in der ⑩ **Grabeskirche** (S. 59). Um diese zu erreichen, geht man zurück zur Hauptstraße oder durchs Äthiopische Kloster.

🎯 Jüdisches Viertel

Anders als die geschäftigeren Viertel weiter nördlich ist das Jüdische Viertel vor allem ein Wohngebiet mit 4500 Einwohnern, modernen Steinbauten und einem zentralem Platz. Das Gebiet wurde während des Palästinakriegs 1948 schwer von der Arabischen Legion beschossen und anschließend in der jordanischen Besatzungszeit vollständig zerstört. Der größte Teil des Viertels wurde daher nach 1967 völlig neu bebaut.

Dies ist auch der Grund, weshalb hier nur wenige historische Baudenkmäler existieren – was aber durch mehrere archäologische Stätten unter heutigem Straßenniveau wieder wettgemacht wird. Einige Funde reichen bis in die Zeit des Ersten Tempels (ca. 1000–586 v. Chr.) zurück.

Das Jüdische Viertel ist der einzige Teil der Altstadt, der vollständig barrierefrei ist. Eine ausgewiesene Rollstuhlfahrerroute beginnt am Parkplatz südlich des Hurva Sq. Infos gibt's telefonisch unter ☏ 02-628 3415.

⭐ Klagemauer   RELIGIÖSE STÄTTE

(Karte S. 52) Die Erbauer der Klagemauer hätten sich wohl niemals träumen lassen, dass ihre massige Schöpfung eines Tages zum bedeutendsten religiösen Heiligtum des Judentums werden sollte. Als sie vor rund 2000 Jahren errichtet wurde, war sie nichts weiter als eine Stützmauer des Plateaus auf dem Tempelberg, auf dem der Zweite Tempel stand. Während der Tempel zerstört wurde, blieb die Mauer erhalten. Rabbinische Texte besagen, dass die Schechina (Einwohnung Gottes) die Mauer nie verlassen hat.

Nach der Zerstörung des Tempels im Jahre 70 zogen die Juden in die Diaspora, die genaue Lage des Tempels geriet in Vergessenheit. Bei ihrer Rückkehr mieden sie den Tempelberg aus Furcht, das Gelände des Allerheiligsten zu betreten, das einzig der Hohepriester betreten durfte. So begannen sie an dem Relikt des Areals zu beten.

In osmanischer Zeit entwickelte sich die Klagemauer schließlich zu wichtigsten Wallfahrtsort der Juden, die zur Mauer kommen, um zu trauern und die Zerstörung des Tempels zu beklagen (daher die deutsche Bezeichnung Klagemauer, die von den Juden nicht verwendet wird). Einst standen Häuser so dicht an die Mauer, sodass für die Betenden nur eine schmale Gasse blieb.

1948 verloren die Juden den Zugang zur Klagemauer, als Jordanien die Altstadt okkupierte und die Bewohner des Jüdischen

Viertels vertrieb. Als 19 Jahre später im Sechstagekrieg israelische Fallschirmjäger das Gelände stürmten und sich direkt bis zur Klagemauer durchkämpften, bestand eine ihrer ersten Handlung zur Sicherung der Altstadt darin, die benachbarten arabischen Häuser abzureißen und so den Freiraum für den heutigen Platz zu schaffen.

Das Areal unmittelbar vor der Mauer fungiert heute als große Synagoge unter freiem Himmel. Es ist in zwei Bereiche aufgeteilt: Der kleine, südliche Abschnitt ist den Frauen, der große nördliche Abschnitt den Männern vorbehalten. Schwarz gekleidete ultraorthodoxe Männer wippen dort auf den Absätzen vor und zurück, wiegen ihre Köpfe im Gebet und pressen sich ab und zu gegen die Mauer, um die Steine zu küssen. Freitags bei Sonnenuntergang findet sich hier stets eine große Menschenmenge ein, um den Sabbat zu begrüßen. Der Platz ist auch ein beliebter Ort für Bar-Mitzwa-Feiern, die entweder am Sabbat oder am Montag- oder Donnerstagvormittag stattfinden – eine tolle Zeit, um das Gelände zu besuchen, singen und tanzen die Familien doch, während sie sich der Mauer nähern.

UNTER DER MAUER

Klagemauer-Tunnel (☏ 8.30–17 Uhr 02-627 1333; www.thekotel.org; Erw./ Student & Kind 30/15 NIS; ⊙ So–Do 7–18, Fr 7–12 Uhr) Wer die Klagemauer aus einem anderen Blickwinkel betrachten möchte, sollte an einer Führung durch den Klagemauer-Zunnel teilnehmen. Der 488 m lange Gang folgt der nördlichen Verlängerung der Mauer. Der von Archäologen freigelegte Tunnel verläuft auf dem ursprünglichen Straßenniveau und wird von den Guides als Marktstraße bezeichnet, da vermutet wird, dass es sich dabei um eine ehemalige Einkaufsstraße handelt. Die Grundsteine sind gewaltig – einer ist ein 5870 t schweres Monstrum von der Größe eines Kleinbusses!

Man kann den Tunnel nur im Rahmen einer Führung besichtigen (hebräisch- und englischsprachige Führungen werden ganzjährig angeboten, französische nur im August). Sie dauern ca. 75 Minuten. Da sie sehr beliebt und schnell ausgebucht sind, sollte man sich mindestens eine Woche im Voraus anmelden.

DAS JERUSALEM-SYNDROM

Alljährlich kommen Millionen Touristen nach Jerusalem, um auf den Spuren von Heiligen zu wandeln. Ein paar gelangen auf der Reise aber auch zu der Überzeugung, sie selber seien Heilige. Diese medizinisch anerkannte Erkrankung, das sogenannte Jerusalem-Syndrom, tritt ein, wenn Besucher von der metaphysischen Bedeutung der Stadt überwältigt werden und sich plötzlich für biblische Gestalten halten oder der Meinung sind, das Weltende stehe unmittelbar bevor.

Die Krankheit wurde erstmals in den 1930er-Jahren von dem Jerusalemer Psychiater Dr. Heinz Herman dokumentiert, der z. B. von einer englischen Christin berichtete, die überzeugt war, die Wiederkunft Christi stehe bevor, und die deshalb regelmäßig den Scopus bestieg, um ihn mit einer Tasse Tee auf Erden zu empfangen. In jüngerer Zeit gab es einen kanadischen Juden, der sich für Samson hielt und das damit beweisen wollte, dass er die Wand seines Zimmers einschlug, um zu entkommen. Und dann gab es noch eine ältere amerikanische Christin, die glaubte, sie sei die Jungfrau Maria, und deshalb nach Bethlehem fuhr, um sich um das Jesuskind zu kümmern. Und der bisher folgenschwerste Fall ereignete sich 1969, als ein christlicher Fanatiker aus Australien Feuer in der Al-Aqsa-Moschee legte und beträchtlichen Schaden anrichtete. Er glaubte, Gott habe ihn geschickt, um den Tempelberg von allen nichtchristlichen Gebäuden zu reinigen und so der Wiederkunft des Messias den Weg zu bereiten.

Ärzte schätzen, dass pro Jahr zwischen 80 und 100 Personen am Jerusalem-Syndrom erkranken. Bei vielen waren zwar schon vorher psychische Erkrankungen aufgetreten, bei rund einem Viertel der bekannten Fälle gibt es aber keine entsprechende Vorgeschichte. Manchmal sieht man solche Leute auf der Straße mit Plakaten rumstehen, auf denen sie die bevorstehenden Ereignisse apokalyptischer Natur beschreiben. Die meisten Kranken werden in die staatliche psychiatrische Klinik Kfar Shaul am Rand von Westjerusalem gebracht. Dort werden sie überwacht und anschließend wieder nach Hause geschickt. Laut Aussage der Ärzte hält das Syndrom im Allgemeinen eine Woche an. Nach ihrer Genesung ist den Patienten der Vorfall sehr peinlich und sie möchten nicht darüber sprechen. Die Ärzte in der Klinik Kfar Shaul haben übrigens herausgefunden, dass alle Bemühungen vergeblich sind, die Patienten davon zu überzeugen, dass sie nicht die biblischen Personen sind.

Man sollte auch einen Blick auf das nicht einheitliche Mauerwerk werfen. Die großen Steine der unteren Schichten stammen aus herodianischer Zeit, was an den gemeißelten Kanten zu erkennen ist. Die Steine darüber weisen eine leicht andere Bearbeitung auf und stammen aus der Zeit der Errichtung der Al-Aqsa-Moschee. Aus der Nähe sind auch die „Kvittelchen" sichtbar, kleine Papierzettel, die die Gläubigen in die Ritzen zwischen den Steinen stecken. Die darauf geschriebenen Gebete und Bitten sollen eine bessere Chance auf Erhörung haben.

An dem Männern vorbehaltenen Abschnitt der Mauer führt ein kleiner Durchlass unter den Wilsonbogen, den einst Priester nutzten, um in den Tempel zu gelangen. Beim Blick hinunter in die beiden beleuchteten Schächte bekommt man eine Vorstellung davon, wie hoch die Mauer ursprünglich war. Frauen haben zu diesem Bereich keinen Zutritt.

Die Klagemauer ist für Angehörige aller Glaubensrichtungen ganzjährig rund um die Uhr zugänglich. Angemessene Kleidung wird erwartet. Männer müssen eine Kopfbedeckung tragen (Papier-Kippot sind vor Ort erhältlich). Fotografieren ist verboten.

Archäologischer Park & Davidson Centre

HISTORISCHE STÄTTE

(Karte S. 52; ☏ 02-627 7550; www.archpark.org.il; Erw./Student & Kind 30/16 NIS, Führung 160 NIS, Audioguide 5 NIS; ⏰ So–Do 8–17, Fr 8–14 Uhr) Die Stätte unweit des Dungtors bietet einen guten Einblick in die Geschichte des Tempelbergs und der umliegenden Gebiete. Gezeigt werden die Überreste von Straßen, Säulen, Toren, Mauern, Plätzen und Mikwes, die von Archäologen in den 1970er-Jahren freigelegt wurden. In dem modernen Besucherzentrum werden zwei Videofilme gezeigt. Ein interessanter Film zeigt die Ausgrabungsarbeiten, ein anderer die Stätte, wie sie vor 2000 Jahren aussah. Beide Filme werden auch auf Englisch gezeigt.

Beim Betreten der Stätte sieht man links die Reste der früheren Hauptstraße Jerusalems, die dem Verlauf der Klagemauer des Tempels folgte. Ausschau halten sollte man nach den Resten eines aus der herodianischen Mauer vorspringenden Bogens. Der nach einem amerikanischen Forscher aus dem 19. Jh. benannte Robinsonbogen war einst Teil einer Brücke, die den Tempelberg mit dem wichtigsten Geschäftszentrum der Stadt verband. Die Steine auf der Straße aus herodianischer Zeit unter dem Bogen sollen Teile der Klagemauer sein, die herunterfielen, als römische Soldaten den Tempel im Jahre 70 zerstörten. Ganz in der Nähe führt eine Doppeltreppe hinunter in eine Mikwe aus der gleichen Zeit. Die eine Seite war für die Badenden auf dem Weg ins Bad bestimmt, die andere für die bereits Gereinigten.

Im hinteren Teil des Geländes (also am Ölberg) stehen die Huldahtore, die aus der Zeit des Zweiten Tempel stammen. Durch sie gelangte man ursprünglich in Tunnel, die zum Gelände des Tempelbergs führten. Die in der Nähe befindliche, größtenteils wieder aufgebaute Treppe war einst der Haupteingang für Pilger auf dem Weg zum Tempelberg. Unten bei den Stufen sind noch einige weitere Mikwes zu sehen.

Führungen sollten rechtzeitig gebucht werden.

Cardo Maximus
HISTORISCHE STÄTTE

(Karte S. 52) Der Cardo Maximus, eine breite Nord-Süd-Verbindung, ist die rekonstruierte Hauptstraße aus römischer und byzantinischer Zeit. Einst durchquerte er wohl die ganze Stadt bis zum heutigen Damaskustor. Heute beginnt der Cardo südlich der David St, dem Touristen-Suk, und dient aus dem Muslimischen bzw. Christlichen Viertel kommend als Hauptzugang ins Jüdische Viertel.

Ursprünglich war der Cardo wohl eine breite, von Säulen und Arkaden gesäumte Allee. Einige im Süden gelegene Abschnitte wurden entsprechend restauriert, der Rest wurde als Arkade mit teuren Souvenir- und Judaika-Geschäften wiederaufgebaut. Schächte bieten Besuchern die Möglichkeit, einen Blick auf die Bereiche 6 m unterhalb des jetzigen Straßenniveaus zu werfen. Dort kann man Teile einer Mauer ausmachen, die aus der Zeit des Ersten und Zweiten Tempels stammt.

In der Nähe der großen Menora (siebenarmiger Leuchter) unweit des südlichen Endes des Cardo dokumentiert das **Alone on the Walls Museum** (Karte S. 52; ☎ 02-626 5923; Erw./erm. 25/12 NIS; ☺ So–Do 9–17, Fr 9–13

Uhr) die Übernahme der Stadt im Mai 1948 anhand von Berichten jüdischer Bewohner und Kämpfer. Zu der kleinen, aber interessanten Ausstellung gehören ein 15-minütiger Dokumentarfilm und eine Galerie mit Aufnahmen des Fotojournalisten John Phillips, der für das *Life* Magazine gearbeitet hat und vor Ort war, als das Viertel in die Hände der Arabischen Legion fiel.

Für dieses Museum, das Verbrannte Haus und das Archäologische Museum Wohl ist jeweils vor Ort ein Kombiticket für 45 NIS erhältlich.

Rabban-Jochanan-Ben-Sakkai-Synagogen
SYNAGOGE

(Karte S. 52; ☎ 054 665 5487; Erw./Kind 10/7 NIS; ☺ So–Do 9–16, Fr 9–13 Uhr) Die vier sephardischen Synagogen in diesem Komplex, die ihren Namen einem bekannten *tanna* (Gelehrter) aus dem 1. Jh. verdanken, können auf eine sehr unterschiedliche Geschichte zurückblicken und sehen auch recht unterschiedlich aus. Die beiden ältesten stammen aus dem ausgehenden 16. Jh. Alle vier lagen vor ihrem Wiederaufbau 1967 und 1972 in Trümmern. Zusammen mit den dazugehörigen Studierhäusern und Wohlfahrtseinrichtungen bildeten die Synagogen bis Ende des 19. Jhs. das Zentrum des geistigen und kulturellen Lebens der hiesigen sephardischen Gemeinde.

Ein früheres Gesetz sah vor, dass Synagogen benachbarte Gebäude nicht überragen durften. Aus diesem Grund wurden die Gotteshäuser tief in den Boden eingelassen – was sicherlich die Rettung dieser Bauten bedeutete, fielen sie doch der Bombardierung des Viertels im Jahr 1948 nicht zum Opfer. Allerdings wurden sie von Jordaniern geplündert und als Schafställe benutzt. Nach dem Sechstagekrieg wurden die Synagogen restauriert, wobei Überreste italienischer Synagogen, die im Zweiten Weltkrieg beschädigt wurden, zum Einsatz kamen. Die vier Gotteshäuser sind miteinander verbunden und können mit einer einzigen Eintrittskarte besichtigt werden.

Die erste Synagoge, die **Elijahu-Hanavi-Talmud-Torah-Kongregation** gleich beim Ticketschalter, ist die älteste der vier Synagogen. Ihre Bögen und die Kuppel verweisen auf byzantinische Gebäude. Zwei der Synagogen haben ihren Eingang an der Nordseite. Die **Qahal Qadosh Gadol** (Große Kongregation) wurde Ende des 16./Anfang des 17. Jhs. errichtet und zeichnet sich durch markante spanisch-maurische Fenster aus.

Die längliche **Emtza'i-Synagoge** („mittlere" Synagoge) ist die kleinste der vier. Sie entstand, als Mitte des 18. Jhs. ein Dach über dem Hof zwischen zwei der Synagogen gebaut wurde.

Durch die Türen in der Emtza'i-Synagoge gelangt man in eine kleine Ausstellung, die sich der Geschichte der Synagogen widmet, und zur **Istanbuli-Synagoge**. Die größte und jüngste der vier Synagogen wurde in den 1760er-Jahren von Immigranten aus der Stadt am Bosporus gegründet.

Verbranntes Haus MUSEUM
(Das Haus von Kathros; Karte S. 52; ☑ 02-626 5921; Tiferet Israel St; Erw./erm. 35/17 NIS; ☺ So–Do 9–17, Fr 9–13 Uhr) Jahrhunderte unter Schutt und Geröll begraben, wurde das Haus erst kürzlich freigelegt. Zerstört wurde es im Jahr 70 n. Chr., als die Römer die Stadt niederbrannten. Zu den ausgestellten archäologischen Funden gehören Münzen, Steintafeln, Öfen, Kochtöpfe und ein Speer sowie ein Steingewicht mit der Aufschrift „Kathros" (Kathros ist der Name einer Priesterfamilie, die damals in Jerusalem lebte).

In dem Museum werden viele historische Puzzleteilchen zusammengesetzt. Auch gibt es eine Multimedia-Präsentation in mehreren Sprachen, u. a. auf Englisch. Die Filmvorführungen beginnen alle 40 Minuten.

Archäologisches Museum Wohl ARCHÄOLOGISCHE STÄTTE
(Museum Herodes-Viertel; Karte S. 52; ☑ 02-626 5922; 1 HaKara'im St; Erw./erm. 18/13 NIS; ☺ So–Do 9–17, Fr 9–13 Uhr) Beim Gang vom Ticketschalter hinunter in diese archäologische Stätte sieht man die vielen Schichten, die der Stadt über die Jahrhunderte hinzugefügt wurden. Zu sehen sind die Reste von drei palastartigen Villen aus herodianischer Zeit, die 3 m unter dem heutigen Straßenniveau liegen. Die an einem Hang gegenüber vom Tempelberg gelegenen Villen wurden wahrscheinlich für Priester und ihre Familien errichtet und im Jahr 70 von den Römern zerstört. Ausgestellt sind Reste von Ritualbädern, Fresken, Badezimmern, Zisternen und farbigen Mosaikböden.

Hurva-Platz PLATZ
(Karte S. 52) Der von Fast-Food-Lokalen und teuren Schmuckläden gesäumte Hurva-Platz ist ein angenehm offener Platz inmitten des Jüdischen Viertels. Hier tummeln sich Familien, Touristen und Schülergruppen auf Studienexkursion. Die wiederaufgebaute **Hurva-Synagoge** (Karte S. 52; ☑ 02-626 5900;

www.rova-yehudi.org.il; Erw./Student 25/15 NIS; ☺ Führung auf Englisch So–Fr 12 Uhr) steht an der Westseite des Platzes und kann im Rahmen einer im Voraus gebuchten Führung besichtigt werden.

⊙ Muslimisches Viertel

Ein Spaziergang durch das Muslimische Viertel ähnelt einem Hindernislauf. Bei der Besichtigung der Sehenswürdigkeiten muss man ständig zur Seite springen, sich durchschlängeln und ducken. Da muss man schon etwas beweglich sein, um schwer beladenen Karren, rennenden Kindern, Pilgergruppen auf der Via Dolorosa und Händlern auf Kundenfang rechtzeitig ausweichen zu können.

Das Viertel hat 22 000 Einwohner und erstreckt sich vom ständig verstopften Damaskustor bis zur Bab al-Silsila St in der Nähe des Tempelbergs/Al-Haram ashSharif. Etwa 100 m hinter dem Tor erreicht man eine Straßengabelung: Linker Hand führt die Al-Wad St an unzähligen Läden vorbei, in denen von Messingtöpfen bis zu Burkas so ziemlich alles angeboten wird. Außerdem befinden sich hier auch einige Süßwarenläden. Diese Straße kreuzt die Via Dolorosa und führt direkt zur Klagemauer. Rechts der Gabelung herrscht auf der Souq Khan al-Zeit St noch mehr Betrieb als auf der Al-Wad St. Ihr Name bedeutet „Markt der Pension des Olivenöls". Man findet hier aber nicht nur Olivenöl, sondern auch Obst, Gemüse, Süßigkeiten, Kleidung, Gewürze und Nüsse.

Wer einen interessanten Einblick in diesen Teil der Stadt bekommen möchte, sollte sich freitags um die Mittagszeit hier einfinden. Am besten postiert man sich in der Nähe des Damaskustors oder am unteren Ende der Aqbat al-Takiya St und beobachtet die Massen muslimischer Gläubiger, die durch das Viertel in Richtung Al-Haram asch-Scharif zum Gebet strömen. In den Gassen werden dann frische Backwaren wie *man'aish* (Fladenbrot mit Olivenöl und einer Mischung aus getrocknetem Thymian, Salz, Sesam und Sumak) verkauft, die bei hungrigen Moscheebesuchern äußerst beliebt sind.

Damaskustor TOR
(Karte S. 52) Vor dem Damaskustor herrscht eine farbenfrohe Szenerie: Händler schaffen Waren in die Altstadt hinein und wieder heraus, israelische Grenzpolizisten fuchteln mit ihren Schlagstöcken rum, ältere Frauen aus palästinensischen Dörfern sitzen auf den Gehwegen und verkaufen Kräuter,

MAMLUKEN-ARCHITEKTUR

Im Muslimischen Viertel gibt es unzählige Gebäude, die aus dem Goldenen Zeitalter der islamischen Architektur stammen. Die meisten befinden sich in einem bedauernswerten Zustand, nichtsdestotrotz sind Spuren ihrer einstigen Pracht zu erkennen.

Dieser Teil der Altstadt wurde zu Zeiten der Mamluken (1250–1517) errichtet, einer Militärdynastie ehemaliger Sklaven, die von Ägypten aus regierten. Nachdem sie die Kreuzfahrer aus Palästina und Syrien vertrieben hatten, errichteten sie Unmengen von Moscheen, Medresen (Koranschulen), Unterkünften, Klöstern und Mausoleen und konsolidierten so die Stellung des Islam im Nahen Osten. Das Markenzeichen ihrer Architektur ist der Wechsel von dunklen und hellen Steinstreifen (eine als *ablaq* bezeichnete Technik). Typisch sind auch die kunstvollen Schnitzereien und Muster rund um die Fenster und an den Portalen.

All diese Charakteristika kann man am **Palast der Prinzessin Tunshuq** bewundern. Er wurde 1388 erbaut und befindet sich 150 m östlich des Hebron Youth Hostels an der Aqabat al-Takiya. Zwar ist die Fassade sehr verfallen, doch am obersten der drei großen Tore gibt es noch ein paar wunderschöne Marmorintarsien. Die dritte Tür unten weist ein weiteres typisches Merkmal der Mamluken-Architektur auf: steinerne „Stalaktiten", sogenannte *muqarnas*. Der Palastkomplex beherbergt heute die Department Islamic Orphanage Secondary School. Gegenüber vom Palast befindet sich das **Grab der Prinzessin Tunshuq** aus dem Jahr 1398 – sehenswert ist die geschnitzte Platte über der verschlossenen grünen Tür.

Weiter unten an der Kreuzung mit der Al-Wad St steht rechts Jerusalems jüngstes Beispiel für mamlukische Architektur, das **Ribat Bayram Jawish**. Die Fassade dieses Gebäudes von 1540 weist schöne *ablaqs* und flache *muqarnas* auf. Interessant ist der Vergleich dieses Bauwerks mit den ältesten Mamluken-Gebäuden der Stadt in der Tariq Bab an-Nazir St unweit der Al-Wad St. Sie entstanden bereits in den 1260er-Jahren, noch bevor die *ablaq*-Technik angewandt wurde. Die Straße ist nach dem Tor an ihrem Ende benannt, das (nur Muslimen) Zugang zum Tempelberg/Al-Haram asch-Scharif gewährt.

Nach etwa 100 m auf der Al-Wad St gen Süden erreicht man die nicht sonderlich einladend erscheinende Tariq Bab el-Hadid St; nachdem man den Torbogen passiert hat, erreicht man eine vollständig von majestätischen Mamluken-Gebäuden gesäumte Straße. Drei der vier Fassaden gehören zu Medresen, die zwischen 1358 und 1440 entstanden. Das einstöckige Gebäude ist ein *ribat* (Hospiz) von 1293.

Zurück auf der Al-Wad St geht man weiter Richtung Süden am Suk al-Qattanin vorbei und sieht dann auf der gleichen Seite den **Sebil Süleyman**, einen öffentlichen Brunnen aus osmanischer Zeit. Die Straße endet an einem Polizeikontrollpunkt am Eingang zu dem Tunnel, der zum Platz vor der Klagemauer führt. Über die Treppe links gelangt man auf die belebte Bab al-Silsila St und zum Bab al-Silsila (ein weiterer Eingang zum Tempelberg). Kurz vor dem Tor befindet sich das winzige **Grab der Turkan Khatun** von 1352. Die Fassade ist mit ungewöhnlich asymmetrischen geometrischen Mustern verziert.

Weitere schöne Mamluken-Gebäude mit *muqarnas* und *mashrabiyyas* (vorspringende Erkerfenster mit geschnitztem Holzgitterwerk) gibt es schließlich in der Bab al-Silsila St zu sehen. Weiter bergauf in der Nähe der Souq Khan al-Zeit St befindet sich das **Khan al-Sultan**, eine Karawanserei (Unterkunft für Reisende und Stallungen) aus dem 14. Jh. Im Inneren versteckt sich in der linken Ecke eine Treppe, die aufs Dach mit schöner Aussicht führt.

Eltern führen ihre Kinder durch die Menschenmassen und Touristen schauen sich dies alles teils verwirrt teils entzückt an.

Das Tor in seiner heutigen Gestalt stammt aus der Ära Süleymans des Prächtigen, doch schon lange vor dem Eintreffen der Osmanen hatte es hier ein Tor gegeben.

Schon in augusteischer Zeit befand sich hier der Hauptzugang zur Stadt, unter der Herrschaft des Kaisers Hadrian wurde das Tor dann erheblich vergrößert.

Eine lange verschwundene Säule, die Hadrian hatte aufstellen lassen, schmückte einst den Platz. Deshalb heißt das Tor auf

Arabisch auch Bab al-Amud (Säulentor). Auf Hebräisch ist es unter dem Namen Sha'ar Shchem (Nablustor) bekannt.

St.-Anna-Kirche
KIRCHE

(Karte S. 76; Erw./Student/Kind unter 13 Jahren 8/6/3 NIS; ☻ April–Sept. 8–12 & 14–18 Uhr, Okt.–März Mo–Sa 8–12 & 14–17 Uhr) Die St.-Anna-Kirche gilt als das schönste Beispiel für den Baustil der Kreuzfahrer in Jerusalem. Sie wurde 1138 an der Stelle errichtet, an der einst Joachim und Anna, die Eltern der Jungfrau Maria, gelebt haben sollen. Das Gebäude ist ungewöhnlich asymmetrisch und innen besonders hübsch. Der Überlieferung zufolge ist eines der tiefer liegenden Becken, die man von dem Gelände hinter der Kirche erreicht, der biblische **Bethesda-Teich** (Karte S. 52), an dem Jesus einen Kranken geheilt haben soll (Joh 5,1–18).

Nachdem Jerusalem von Saladins Mannen eingenommen worden war, diente die Kirche als Koranschule – was die Inschrift über dem Eingang belegt. Die folgenden Herrscher ließen die Kirche links liegen, sodass sie nach und nach verfiel und im 18. Jh. schließlich bis zum Dach in Unrat gehüllt war. 1856 schenkten die Osmanen die Kirche den Franzosen als Dank für ihre Unterstützung gegen die Russen im Krimkrieg. Erst zu diesem Zeitpunkt wurde das Gebäude aus dem Müllberg befreit. Auch heute ist die Kirche in französischem Besitz.

Stephanstor (Löwentor)
TOR

(Karte S. 76) Durch dieses Tor kommt man zum Ölberg und zum Garten Gethsemane. Von den Stellungen auf exakt diesem berühmten Hügel erkämpften sich israelische Fallschirmjäger am 7. Juni 1967 ihren Weg in die Altstadt.

Ursprünglich hieß das Tor Bab al-Ghor (Jordantor), es wurde dann aber als Stephanstor bekannt, nach dem ersten christlichen Märtyrer, der ganz in der Nähe gesteinigt wurde. Der hebräische Name Sh'ar Ha'Arayot (Löwentor) bezieht sich auf die beiden heraldischen Löwenreliefs an der Außenseite des Torbogens.

Suk al-Qattanin
MARKT

(Markt der Baumwollhändler; Karte S. 52) Ein Glas Pfefferminztee oder eine Tasse türkischer Kaffee im arabischen Café kurz vor dem Ende dieser stimmungsvollen Einkaufspassage ist eine nette Abwechslung bei der Erkundung des Muslimischen Viertels. Sie ging aus einem Markt aus der Kreuzfahrerzeit hervor, den die Mamluken Mitte des 14. Jhs. vergrößerten. Der am dichtesten an der Al-Wad St gelegene Teil datiert aus dem 12. Jh. Der Suk ist von Geschäften gesäumt und hat eine Karawanserei (Gasthaus) an der Südseite, wo sich auch eine Fakultät der Al-Quds-Universität befindet.

◉ Armenisches Viertel

Etwas versteckt hinter hohen Mauern und riesigen Holztüren nimmt das Leben seit fast 2000 Jahren weitgehend unbeachtet seinen Lauf.

Armenien war das erste Land der Welt, das offiziell das Christentum annahm, als sich König Trdat III. im Jahr 303 bekehren ließ. Die Armenier kamen irgendwann im folgenden Jahrhundert in die Heilige Stadt. Als das Königreich Armenien am Ende des 4. Jhs. verschwand, wurde Jerusalem zu der spirituellen Hauptstadt der Armenier. Seit jener Zeit haben immer Armenier hier gelebt, die hiesige Gemeinde umfasste einst bis zu 25 000 Menschen.

Ursprünglich beschränkte sich ihre Präsenz auf geistliche Würdenträger. Anfang des letzten Jahrhunderts strömten aber viele weltliche Armenier ins Land, um die Fliesen im Felsendom auszubessern und der osmanischen Verfolgung zu entkommen. Heute gehören der Gemeinde, die sich noch immer sehr abschottet, um die 1500 Personen an. Sie haben ihre eigenen Schulen, eine eigene Bibliothek und ein eigenes Priesterseminar und leben in einer für Besucher nicht zugänglichen „gated community".

Jakobuskathedrale
KIRCHE

(Karte S. 52; Armenian Orthodox Patriarchate Rd; ☻ Morgengebet 6.30 Uhr, Abendgebet 15 Uhr, Messe Sa 8.30 & So 9 Uhr) Glitzernde Lampen an der Decke, glänzende Symbole an allen Wänden und reich gemusterte Teppiche auf dem Fußboden verleihen dieser Kathedrale aus dem 12. Jh. eine mystische Atmosphäre, an der es vielen anderen christlichen Stätten in Jerusalem mangelt. Die Kirche wird nur für Gottesdienste geöffnet. Am eindrucksvollsten ist die Sonntagsmesse, die von dem Armenischen Patriarchen von Jerusalem abgehalten wird. Die restliche Zeit über kann man vom Hof aus die Fassade bewundern, die mit *khatchkars*, gemeißelten armenischen Steinkreuzen, verziert ist.

Die ursprünglichen Baumeister stammten aus Georgien. Im 11. Jh. errichteten sie eine Kirche zu Ehren von Jakobus an einer Stelle, von der sie annahmen, dass er dort enthauptet wurde. Er war der erste Jünger, der den Märtyrertod erlitt. Im 12. Jh. übernahmen die Armenier die Kirche im Einvernehmen mit den herrschenden Kreuzfahrern und restaurierten sie. Die blau-weißen Fliesen im Innenraum stammen aus dem 18. Jh.

Wer einen Gottesdienst besuchen möchte, sollte ordentlich gekleidet sein, Frauen mit Kopfbedeckung.

Markuskapelle
KIRCHE

(Karte S. 52; ☎ 02-628 3304; ⏰ April–Sept. Mo–Sa 9–12 & 14–17 Uhr, Okt.–März Mo–Sa 7–16, So 11–16 Uhr) GRATIS Die mittelalterliche Kapelle ist der Sitz der kleinen syrisch-orthodoxen Gemeinde in Jerusalem. Nach der Überlieferung befand sich hier das Haus von Markus Mutter Maria, das Petrus aufsuchte, nachdem er von einem Engel aus dem Gefängnis befreit worden war (Apg 12,12). Sehenswert ist im Inneren die Marienikone, die dem Evangelisten Lukas zugeschrieben wird.

◉ Berg Zion

Der Berg Zion wird von Christen als Stätte des Letzten Abendmahls verehrt. Ferner befindet sich hier eine kleine Gebetshalle, wo nach Meinung vieler Juden König David bestattet wurde. Der Komplex ist also für beide Glaubensgemeinschaften ein bedeutsamer Wallfahrtsort.

Einst wurden alle Bereiche der oberen Altstadt (inkl. Zitadelle) dem Berg Zion zugerechnet. Heute beschränkt sich diese Bezeichnung jedoch auf den Hügel südlich der Altstadt, jenseits des Ziontors.

Davidsgrab
RELIGIÖSE STÄTTE

(Karte S. 76; ⏰ So–Do 8–18, Fr 8–14 Uhr) Die 2000 Jahre nach dem Tod Davids von Kreuzfahrern errichtete ebenerdige Grabstätte ist für Juden heilig, obwohl es fragwürdig ist, ob seine sterblichen Überreste überhaupt hier liegen. (Die meisten Archäologen und Historiker halten es für wahrscheinlicher, dass

---

ARMENISCHE KERAMIK

In Jerusalem steht die Bedeutung des Felsendoms außer Frage. Und dies ist nicht nur der religiösen und historischen Wichtigkeit geschuldet. Die Restaurierung dieses prachtvollen Gebäudes im Jahre 1919 war Anlass für die Eröffnung der ersten armenischen Keramikwerkstätten in der Stadt. Damit wurde eine Kunsthandwerkstradition in Jerusalem begründet, die bis heute nicht in Vergessenheit geraten ist.

Armenische Keramiktechniken erreichten ihren Höhepunkt bereits im 17. und 18. Jh. in der Türkei, als viele armenische Familien Werkstätten in den bedeutenden Keramikzentren Kütahya und İznik betrieben. Nachdem die türkischen Armenier während des Ersten Weltkriegs zwangsdeportiert, enteignet und ermordet wurden, bewog David Ohannissian (1884–1953) einige armenische Töpfer und ihre Familien, nach Jerusalem überzusiedeln. Der armenische Keramikmeister David Ohannissian hatte zuvor selbst in Kütahya gearbeitet und war 1919 aus der Türkei nach Jerusalem geflohen. Nach seiner Ankunft war es ihm gelungen, eine Keramikwerkstatt mit Hilfe der Pro-Jerusalem-Gesellschaft in der Via Dolorosa zu eröffnen. Diese Gesellschaft wiederum war 1918 von Sir Ronald Storrs, dem Militärgouverneur von Jerusalem, und Charles Robert Ashbee, einem Architekten und führenden Designer der Arts and Crafts Movement, gegründet worden. Ohannissian und seine armenischen Meisterhandwerker begannen fortan mit der Herstellung neuer Fliesen, die die verblassten und beschädigten Originale im Felsendom ersetzen sollten.

Hiesige Handwerker behaupten, Jerusalem sei heutzutage der weltweit einzige Ort, in dem echte armenische Keramiken hergestellt werden. An den alten Techniken hat sich über die Jahrhunderte hinweg kaum etwas geändert. Sie werden noch heute für die Produktion farbenfroher Keramiken benutzt (die Blumen-, Tier- und geometrischen Muster sind handgemalt).

In der Jakobuskathedrale (S. 69) kann man wunderschöne Beispiele armenischer leuchtend blau-weißer Fliesen bewundern. In der Andreaskirche (S. 84) sind am Eingang zur Kirche und zum Gästehaus ebenfalls schöne Fliesen zu sehen. Wer Keramiken kaufen möchte, sollte das **Armenian Ceramic Centre** (Karte S. 52; ☎ 02-626 3744; www.sandrouni.com; HaAkhim St; ⏰ Mo–Sa 9.30–19 Uhr) im Christlichen Viertel, **Armenian Ceramics** (Karte S. 76; ☎ 02-628 2826; www.armenianceramics.com; 14 Nablus Rd) in Ostjerusalem oder **Arman Darian** (Karte S. 82; ☎ 054 470 2582; 12 Shlomzion HaMalka St; 🚇 City Hall) in Westjerusalem ansteuern.

David unter dem Hügel des ursprünglichen Berg Zion östlich der Davidsstadt begraben wurde.) Die Gebetshalle ist in einen Bereich für Frauen und einen für Männer unterteilt – beide führen zu einem in Samt gehüllten Grabmal. Dahinter befindet sich ein kleiner Alkoven, bei dem es sich möglicherweise um eine Synagoge aus dem 5. Jh. handelt.

Das Grab befindet sich außerhalb des Hofs vor dem Franziskanerkloster. Man erreicht es durch einen Zugang links des Wegs in den Hauptkomplex, vorbei an einem Bogen und der zum Abendmahlssaal führenden Treppe.

Abendmahlssaal
RELIGIÖSE STÄTTE

(Cencacle, Coenaculum; Karte S. 76; ⊙ 8–18 Uhr) Diese schmucklose, unspektakuläre Stätte, die – zusammen mit der Grabeskirche und der Bethlehemer Geburtskirche – zu den heiligsten Orten in der christlichen Welt gehört, war Teil der im Jahr 390 errichteten Heiligen Zionskirche. Das aus den Zeiten der Kreuzfahrer im 14. Jh. erhaltene Gebäude, das die ursprüngliche Kirche ablöste, wurde unter den Osmanen in eine Moschee umgewandelt. Aus dieser Zeit sind noch Buntglasfenster und ein Mihrab vorhanden.

Es ist sehr unwahrscheinlich, dass in dem Raum, der auch unter dem Namen Coenaculum (lateinisch für Speisesaal) oder Cenacle (von *cena*, lateinisch für Abendessen) bekannt ist, das Abendmahl stattgefunden hat. Allerdings könnte hier der Ort sein, an dem die Jünger am 50. Tag nach der Auferstehung Christi den Heiligen Geist empfingen und begannen, in „fremden Zungen" zu reden (Apg 2). Das Ereignis, an das heute das Pfingstfest erinnert, gipfelte in der Taufe von 3000 Anhängern Jesu und markierte die Geburt des Christentums.

Man erreicht den Saal über eine Treppe, die nach oben zu einer Empfangshalle führt; in Richtung Hauptkomplex gehen und nach dem gemeißelten Bogen die erste Treppe links nehmen. Alternativ nimmt man die Treppe auf dem Hof vor dem Franziskanerkloster unweit des Davidsgrabs.

Dormitio-Kirche & -Kloster
KIRCHE

(Karte S. 76; 📞 02-565 5330; www.dormitio. net; ⊙ Mo-Sa 9–17.30, So 10–17 Uhr) Diese mit Mosaiken überladene Kirche ist eine der markantesten Wahrzeichen Jerusalems. Sie steht an der Stelle, an der die Jungfrau Maria gestorben sein soll. Ihr vollständiger lateinischer Name lautet Dormitio Sanctae Mariae (Mariä Entschlafen – das Wort

„Entschlafen" steht für einen friedlichen, schmerzlosen Tod). Die heutige Kirche und das Kloster gehören dem deutschen Benediktinerorden und wurden 1906 geweiht. Wer diese Stätte besuchen möchte, sollte angemessen gekleidet sein.

Das Gebäude wurde während der Gefechte in den Jahren 1948 und 1967 beschädigt. 1967 besetzten israelische Soldaten den Turm und hatten von dort die Stellungen der jordanischen Armee auf den Festungswällen der Altstadt im Blick. Die Soldaten nannten den Turm „Bobby", da sie seine Form an die Helme der Londoner Polizisten erinnerte.

Im oberen Teil der Apsis befindet sich ein goldenes Mosaik mit der Jungfrau Maria und dem Jesuskind, darunter sind die Propheten Israels zu sehen. Die Kapellen sind jeweils einem oder mehreren Heiligen geweiht: dem hl. Willibald; einem englischen Benediktiner, der das Heilige Land im Jahr 724 besuchte; den Drei Weisen; dem hl. Josef, dessen Kapelle mit Medaillons geschmückt ist, die Könige Judas als Jesu Ahnen zeigen; und Johannes dem Täufer. Den Boden zieren Namen von Heiligen und Propheten sowie Tierkreiszeichen.

In der Krypta befindet sich ein steinernes Bildnis der schlafenden Maria auf ihrem Sterbebett, die von Jesus in den Himmel gerufen wird. In der Kapelle des Heiligen Geistes in der Apsis ist dargestellt, wie die Apostel den Heiligen Geist empfangen.

Im Café im vorderen Hof gibt's Getränke, Snacks und kostenloses WLAN.

Grab von Oskar Schindler
GEDENKSTÄTTE

(Karte S. 76; ⊙ Mo-Sa 8–12 Uhr) Das Grab des österreichischen Industriellen, der mehr als 1200 Juden vor dem Tod in der Gaskammer gerettet hat, befindet sich auf dem christlichen Friedhof auf dem Zionsberg. Steven Spielberg verfilmte seine Geschichte in dem mit einem Oscar ausgezeichneten Film *Schindlers Liste*. Den Friedhof erreicht man, indem man vom Zionstor direkt geradeaus den Hügel hinab geht. Im Friedhof geht man dann hinunter zur dritten (untersten) Ebene. Schindlers Grab ist leicht zu erkennen: Es ist stets mit etlichen kleinen Steinen bedeckt, was nach jüdischem Brauch den Respekt für den Toten signalisiert.

Kirche St. Peter in Gallicantu
KIRCHE

(Karte S. 76; 📞 02-673 1739; www.stpeter-galli cantu.org; Eintritt 7 NIS; ⊙ Mo-Sa 8.30–17 Uhr) Versteckt hinter Bäumen und dem Hang des Berges steht diese Kirche dort, wo Jesus angeblich von seinem Jünger Petrus verleugnet wurde: „Ehe der Hahn kräht, wirst du mich dreimal verleugnen" (Mk 14,66–72) (Gallicantu leitet sich vom lateinischen Wort für „Hahnenschrei" ab). Die Kirche wurde auf den Fundamenten älterer Kirchen der Byzantiner und Kreuzfahrer errichtet. Das moderne Gebäude verfügt über einen Balkon, von dem aus man einen wunderbaren Blick auf die Davidsstadt, das palästinensische Dorf Silwan und die drei Täler hat, in die Jerusalem gebettet ist.

Die Kirche erreicht man, indem man der Straße, die vom Berg Zion hinunter und um diesen herum zum Teich des Sultans führt, ostwärts folgt. Stufen aus römischer Zeit führen vom Kirchgarten hinunter zur Gihonquelle im Kidrontal.

◉ Kidrontal

Historisch gesehen ist das Kidrontal der älteste Teil Jerusalems. Die archäologischen Funde von den westlichen Hängen reichen hier mehr als 4000 Jahre in die Vergangenheit. Dies ist der Ort der legendären Davidsstadt, die allerdings schon lange bestand, ehe David sich irgendwie mit Steinen abgab. In der Gegend gibt es außerdem eine Reihe von Gräbern und Grabmälern, vor allem im Tal Joschafat. Durch seine Abschüssigkeit ist das Tal aus der übrigen Stadt nicht gut zu erreichen (den besten Zugang hat man über das Dungtor oder das Stephanstor), aber es lohnt sich, einen Vormittag der Erkundung des Geländes zu widmen.

★ Davidsstadt
ARCHÄOLOGISCHE STÄTTE
(Karte S. 52; ☑ *6033; www.cityofdavid.org.il; Erw./Kind 29/15 NIS, Film 13 NIS, Enchanted-Jerusalem-Führung Erw./Kind 16–18 Jahren 80/63 NIS, Führung auf Hebräisch Erw./Kind 60/45 NIS; ⊙ Okt.–März So–Do 8–17, Fr 8–14 Uhr, April–Sept. So–Do 8–19, Fr 8–16 Uhr; 🚍 1, 2, 38) Die Ausgrabungen begannen in den 1850er-Jahren und sind noch immer nicht beendet – ein Beweis für die reichen archäologischen Funde. Beim ältesten Teil Jerusalems handelt es sich um eine kanaanäische Siedlung, die David eingenommen haben soll. Auch soll er vor 3000 Jahren die Bundeslade hierher gebracht haben. Hauptattraktion ist der Hiskia-Tunnel, ein 500 m langer Durchgang, der hüfthoch mit Wasser gefüllt ist. Doch auch sonst gibt es eine Menge zu entdecken, weshalb man mindestens drei Stunden für den Besuch einplanen sollte.

Vom Dungtor geht man zunächst gen Osten (bergab) und nimmt dann die Straße nach rechts. Der Eingang befindet sich auf der linken Seite. Im Besucherzentrum sollte man sich (vor allem im Sommer) Wasser kaufen und sich den 3D-Film über die Stadt anschauen. Wer den Hiskia-Tunnel durchwaten will – was wirklich empfehlenswert ist –, kann sich in den Waschräumen Badesachen anziehen und seine Kleidung in einem Schließfach verstauen (10 NIS). Alternativ kann man natürlich auch Shorts tragen. Außerdem sollte man geeignetes Schuhwerk an haben (Flip-Flops oder wasserdichte Schuhe) und eine Taschenlampe mitbringen. Kleine Schlüsselanhängerlampen sind am Ticketschalter (4 NIS) erhältlich.

Im Eintrittspreis enthalten ist die Besichtigung der unterirdischen Bereiche (Warren-Schacht, Hiskia-Tunnel, Teich von Siloah, Tempelbergstufen). Die Erkundung der oberirdischen Bereiche ist kostenlos.

Am Fuß des Hügels angekommen, kann man die Tempelbergstufen oder die Straße zurücklaufen, die durch das arabische Dorf Silwan führt.

Wie eigentlich alle Stätten, die sich auf die Geschichte Jerusalems beziehen, ist auch die Davidsstadt Gegenstand israelisch-arabischer Konflikte. Konkret geht es um die Behandlung palästinensischer Bewohner in dem Viertel und Beschwerden von Archäologen darüber, dass die offizielle Beschilderung tendenziös und politisch motiviert sei.

➡ Königliches Viertel (Areal G)
Areal G, auch als Königliches Viertel bekannt, entstand im 10. Jh. v.Chr. Wahrscheinlich wurde hier eine befestigte Mauer für einen Palast auf dem Grat hochgezogen. Zur Zeit des Ersten Tempels stand das Haus eines Aristokraten (Achiels Haus) an dieser Mauer, es wurde jedoch – genauso wie der Tempel – 586 v.Chr. zerstört. Vor Ort wurden Pfeilspitzen von judäischen und babylonischen Bogenschützen entdeckt; sie erinnern an die blutige Schlacht, die hier geschlagen wurde. Archäologen haben weiterhin 51 königliche Siegel in althebräischer Schrift gefunden. Eines wurde Gemarja Ben Schafan zugeordnet, dem Schreiber des Propheten Jeremia, der in dessen Buch Erwähnung findet (Jer 36,10). Die Siegel wurden allesamt in einer Kammer gefunden, was darauf schließen lässt, dass es sich hierbei um eine Schreibstube handelte.

Warren-Schacht

Der lange, abschüssige Schacht wurde 1867 vom britischen Ingenieur Sir Charles Warren entdeckt. Er führt unterhalb der Davidsstadt zur Gihonquelle und ermöglichte den Kanaanitern in kriegerischen Zeiten einen geschützten Zugang zu Trinkwasser. Und vielleicht ist dies der Tunnel, den Davids Soldaten passierten, um die Stadt zu erobern (1.Sam 5). (Archäologen gehen heutzutage allerdings davon aus, dass seine Truppen einen anderen Tunnel nutzten.) Vom Warren-Schacht kann man bergab zum Hiskia-Tunnel am Fuß des Hügels laufen.

Hiskia-Tunnel

In dem 500 m langen unterirdischen Durchgang, steht das Wasser etwa 0,5 bis 1 m hoch. Er endet am Jüngeren Teich von Siloah, an dem Jesus einen Blinden geheilt haben soll (Joh 9,6–11). Dem Tunnel kam die Aufgabe zu, das Wasser der temperamentvollen Gihonquelle zu bändigen, das für jeweils etwa 30 Minuten in rauen Mengen aus dem Boden schießt, bevor die Quelle anschließend für mehrere Stunden versiegt – Gihon bedeutet denn auch so viel wie „hervorsprudelnd".

Vor allem wegen dieser Quelle ließen sich die Kanaaniter in dem Tal nieder und nicht auf dem höher gelegenen Gelände in der Nähe. Angeblich soll das Wasser für etwa 2500 Menschen ausreichen. Der Tunnel wurde um 700 v.Chr. von König Hiskia gebaut, um das Wasser von der Quelle in die Stadt zu leiten und im Jüngeren Teich von Siloah aufzufangen. So sollte verhindert werden, dass Eindringlinge – insbesondere die Assyrer – die Wasserquelle orten und von der Stadt abtrennen konnten (Berichte dazu im 2.Chr 32,3–4).

Der Tunnel ist stellenweise schmal und niedrig, kann jedoch problemlos durchwatet werden. Der Wasserspiegel liegt zwischen 15 und 20 cm. An manchen Stellen ist der Tunnel nicht breiter als 60 cm.

Hat man die ersten 20 m hinter sich, knickt der Tunnel scharf nach links ab. Dort blockiert eine brusthohe Mauer einen weiteren Kanal, der zum Warren-Schacht führt. Zum Ende des Tunnels hin ist die Decke etwas höher. Das liegt wohl daran, dass sich die Tunnelgräber von beiden Seiten durch das Gestein vorarbeiteten und eine Gruppe von Arbeitern die Höhe der Passage falsch einschätzte. Der Boden musste daher tiefer ausgegraben werden, damit das Wasser ungehindert fließen konnte. In dem Tunnel hat man eine hebräische Inschrift von Hiskias Ingenieuren entdeckt, die von den Bauarbeiten berichtet (eine Kopie ist im Israel-Museum ausgestellt).

Um den Tunnel zu passieren, benötigt man ca. 20 Minuten. Wer keine nasse Füsse bekommen möchte, kann einen anderen trockenen Tunnel passieren (15 Min.); diesen findet man, wenn man sich unmittelbar vor dem Eingang des Hiskia-Tunnels nach links wendet. Für Kinder unter 5 Jahren ist der Hiskia-Tunnel tabu.

Jüngerer Teich von Siloah

Beim Ausgang aus dem Hiskia-Tunnel stößt man auf ein kleines Teichbecken mit runden Steinen. Das Becken stammt aus byzantinischer Zeit: Es wurde im 5. Jh. erbaut, um dem Ort der Heilung des Blinden (Joh 9) zu gedenken. Der wahre Teich ließ sich nicht auffinden, da er unter einer hohen Schicht aus Abfall und Bauschutt begraben lag.

Älterer Teich von Siloah

Vom byzantinischen Teich führt eine Treppe zu einem offenen Gelände mit verfallenen Stufen. Über diese gelangt man zu einem kleinen Teich hinab, dem eigentlichen Teich von Siloah. Er wurde bei Ausgrabungen 2004 entdeckt, stammt aus der Zeit des Zweiten Tempels und wurde für rituelle Waschungen genutzt. Archäologen und Historikern zufolge ist dies der Teich aus der Erzählung der Johannesevangeliums.

Östliche Stufenstraße

Vom Älteren Teich von Siloah führt eine Holztreppe hinauf zur Östlichen Stufenstraße, einer antiken Steintreppe. Ein Kanalisationsgraben liegt unter den Stufen. Hier fanden Archäologen Münzen und Töpferwaren aus der Römerzeit. Es wird daher vermutet, dass der Graben während der Plünderung der Stadt 70 n. Chr. Juden als Versteck diente.

Tempelberg-Stufen

Dieser kürzlich entdeckte, 650 m lange Tunnel ist ein Entwässerungsgraben, der Wasser aus dem Bereich des Tempelbergs abführte. Das untere Ende des Tunnels liegt in der Nähe des Älteren Teichs von Siloah; von dort kann man bergauf zurück in die Altstadt laufen. Der Ausgang befindet sich nahe dem Dungtor. Achtung: Die Decke ist niedrig und der Tunnel an manchen Stellen eng! Wer besonders groß oder sehr breit gebaut ist, verzichtet besser auf die Besichtigung.

Tal Joschafat   RELIGIÖSE STÄTTE

Das Wort Joschafat (hebräisch Yehoschafat) bedeutet „Der Herr ist Richter"; der schmale

Landstreifen zwischen dem Tempelberg und dem Ölberg ist der Ort, an dem das Jüngste Gericht stattfinden soll. Im Buch Joel heißt es, dass sich hier alle Völker versammeln und über die „Heiden" (Ungläubigen) richten werden. Am südlichen Ende befinden sich einige Gräber aus der Zeit des Zweiten Tempels.

Das nördlichste ist das **Grab des Joschafat**, eine mit einem beeindruckenden Fries über dem Eingang geschmückte Grabhöhle aus dem 1. Jh. Direkt gegenüber befindet sich das **Grabmal des Abschalom**, der Legende nach das Grab von Davids Sohn (2.Sam 18,17). Gleich dahinter liegt die **Jakobusgrotte**, in der sich Jakobus versteckt haben soll, als Jesus in der Nähe verhaftet wurde. Neben der Grotte befindet sich das aus dem Fels gehauene **Grab von Sacharja**, wo nach jüdischer Überlieferung der Prophet Sacharja begraben sein soll (2.Chr 24,25).

Höchstwahrscheinlich wurden in den Gräbern – allen prominenten Namen zum Trotz – wohlhabende Adlige aus der Zeit des Zweiten Tempels bestattet. In der Jakobusgrotte z. B. fanden wohl die Bnei Hezirs, eine Familie jüdischer Priester, ihre letzte Ruhestätte.

⊙ Ölberg

Im Buch Sacharja heißt es, dass Gott hier die Toten erlösen wird, wenn der Messias am Tag des Jüngsten Gerichts zurückkehrt. Um eine möglichst gute Ausgangsposition in der Warteschlange zu haben, haben daher viele Juden beschlossen, sich hier bestatten zu lassen. Zurzeit haben auf diesem Berg etwa 150 000 Menschen ihre letzte Ruhe gefunden. Er ist der älteste kontinuierlich genutzte Friedhof der Welt. Auf dem Gelände befinden sich außerdem zahlreiche Kirchen und Stätten, die u. a. der Festnahme Jesu und – in christlicher Überlieferung – Christi Himmelfahrt gedenken.

Von der Promenade nahe dem Seven Arches Hotel hat man eine wunderbaren Panoramablick auf die Altstadt. In den frühen Morgenstunden ist das Licht am schönsten.

Himmelfahrtskirche KIRCHE
(☎02-628 7704; www.evangelisch-in-jerusalem.org; Eintritt 5 NIS; ⊙Mo–Sa 8–13 Uhr; 🚌75) 1898 überließen die Osmanen den Deutschen 8 ha Land auf dem Ölberg. Das Gelände wurde für den Bau einer Kirche und eines Hospizes verwendet. Benannt wurde der Komplex nach Auguste Viktoria, der Frau

Kaiser Wilhelms II. Die 1910 fertiggestellte Kirche ist mit Mosaiken und Fresken geschmückt. Von dem 60 m hohen Glockenturm (203 Stufen) hat man leider nur einen mäßigen Blick, da er durch ein Sicherheitsgitter beeinträchtigt wird.

Während des Ersten Weltkriegs besetzte die türkische Armee das Hospiz, das später von den Briten in ein Militärkrankenhaus umgewandelt wurde. Bis heute ist hier ein Krankenhaus untergebracht.

Russisch-orthodoxe
Himmelfahrtskapelle KIRCHE
(Karte S.76; ☎02-628 4373; ⊙April–Sept. Di & Do 10–13 Uhr, Okt.–März Di & Do 9–12 Uhr) Die an dem spitzen Kirchturm zu erkennende Kapelle ist das höchste Gebäude auf dem Ölberg. Die Kapelle markiert nach russischorthodoxer Überlieferung den Ort der Himmelfahrt Christi. Die Kapelle aus dem 19. Jh. gehört zu einem bewohnten Kloster und ist nicht leicht zu finden: nach einer schmalen Gasse Ausschau halten, die von der Hauptstraße zwischen den Läden abgeht.

Himmelfahrtsmoschee
(Himmelfahrtskapelle) RELIGIÖSE STÄTTE
(Karte S.76) Diese winzige, baufällige Kapelle übersieht man schnell. Auch sie soll die Stelle kennzeichnen, an der Jesus Christus zum Himmel aufgefahren ist (Luk 24,50–51). In byzantinischer errichtet, wurde sie von den Kreuzfahrern umgestaltet und 1198 von Saladin in eine Moschee umgewandelt. Das heutige Gebäude ist eine Rotunde auf einem achteckigen Sockel mit Steinminarett. Das Gotteshaus ist unregelmäßig geöffnet, vormittags stehen die Chancen aber gut, dass man jemanden antrifft, der das Gebäude aufschließen kann.

Im Steinfußboden des Innenraums befindet sich ein Fußabdruck, der von Jesus stammen soll. Dass heute kaum noch etwas zu erkennen ist, liegt vielleicht daran, dass Pilger in byzantinischer Zeit Stücke mitnehmen durften. Heute ist nur der rechte Fußabdruck sichtbar, der linke wurde im Mittelalter in die Al-Aqsa-Moschee gebracht.

Paternosterkirche KIRCHE
(Karte S.76; ☎02-626 4904; Eintritt 8 NIS; ⊙April–Sept. Mo–Sa 8.30–12 & 14.30–16.30 Uhr, Okt.–März Mo–Sa 8–12 & 14.30–16.30 Uhr) An dieser Stelle steht schon seit dem 4. Jh. eine Kirche. Damals ließ Helena, Mutter von Konstantin dem Großen, eine Kirche über einer Höhle errichten, in der Jesus zu seinen Jüngern gesprochen haben soll. Die Kreuz-

ℹ STADTSPAZIERGANG: ÖLBERG

Den Ölberg zu Fuß in Angriff zu nehmen, kann vor allem im Sommer recht anstrengend sein. Man kann sich die Sache etwas erleichtern, indem man oben auf dem Hügel beginnt und sich nach unten vorarbeitet. Dazu nimmt man den arabischen Bus 75 (5 NIS) an der Bushaltestelle gegenüber vom Herodestor in der Sultan Suleiman St in Ostjerusalem oder hält ihn vor dem Damaskustor an und fährt bis zur Himmelfahrtskirche (zu erkennen an dem Schild „Augusta Victoria Hospital"). Die Fahrt dauert ca. 15 Minuten. Von der Kirche gelangt man über die Hauptstraße in 15 Minuten zur russischen Himmelfahrtskapelle, zur Himmelfahrtsmoschee, zur Paternosterkirche, zu den Gräbern der Propheten und schließlich weiter unten zu den verbleibenden Sehenswürdigkeiten am Fuß des Ölbergs. Vom Mariengrab sind es dann nur noch ein paar Schritte bergauf zum Stephanstor (Löwentor) und in die Altstadt.

Die meisten Kirchen und Gärten sind vormittags geöffnet, ab 12 Uhr dann für mindestens zwei Stunden geschlossen und nachmittags ab ca. 15 Uhr wieder geöffnet.

fahrer, die annahmen, dass Jesus hier seinen Jüngern das Vaterunser lehrte, errichten dann 1152 eine neue Kirche. Das heutige Gebäude ist eine teilweise Rekonstruktion der byzantinischen Kirche mit einem Kloster aus dem 19. Jh.

Die byzantinische Kirche war unter dem Namen Eleona-Kirche bekannt, abgeleitet vom griechischen Wort *elaionas* (Olivenhain) – noch heute gibt es hier einen Olivenhain. Ferner gehört ein Karmeliterkloster zur Anlage. In dem Kloster sollte man unbedingt einen Blick auf die Majolikatafeln mit dem Text des Vaterunsers in über 160 Sprachen werfen.

Die Höhle befindet sich in einem eingefriedeten Hof vor der Kirche und ist über ein paar Stufen zu erreichen.

Gräber der Propheten RELIGIÖSE STÄTTE

(Karte S. 76; ⊙ Mo–Do 9–15 Uhr) GRATIS In dem Friedhofsabschnitt unterhalb der Aussichtspromenade befinden sich antike Grabstätten. Nach jüdischer Überlieferung soll es sich dabei um die Gräber der Propheten Haggai, Sacharja und Maleachi handeln, die im 5. Jh. v. Chr. lebten – was wie so oft von Archäologen angezweifelt wird. Die Grabstätten erreicht man über die Treppe, die direkt neben einer Fernseh-Satellitenschüssel hinunterführt. Die Anlage wird von der russisch-orthodoxen Kirche verwaltet.

Maria-Magdalena-Kirche KIRCHE

(Karte S. 76; Eintritt frei; ⊙ Di & Do 10–12 Uhr) Die sieben goldenen zwiebelförmigen Türme der russisch-orthodoxen Maria-Magdalena-Kirche gehören immer noch zu den hübschesten und überraschendsten Wahrzeichen von Jerusalem. Die 1888 von Zar Alexander III. zum Andenken seiner Mutter gestiftete Kir-

che gehört heute zu einem Kloster und verfügt über einen der besten Chöre der Stadt.

Kirche aller Nationen KIRCHE

(Todesangstbasilika; Karte S. 76; ⊙ April–Sept. 8–17.50 Uhr, Okt. –März 8–16.50 Uhr) Glänzende, goldene Mosaike schmücken die Fassade dieser neoklassizistischen Franziskanerkirche im Garten Gethsemane, die 1924 geweiht wurde. Das Mosaik zeigt Jesus, der das Leid der Welt auf sich nimmt, daher u. a. auch die alternative Bezeichnung der Kirche. In dem kaum beleuchteten Innenraum glänzen noch weitere Goldmosaiken.

Ungeachtet des Namens waren nicht alle Nationen der Welt am Bau der Kirche beteiligt: Die Wappen der zwölf Länder, die das Projekt finanzierten, sind an der Decke der Kirche dargestellt. Es ist die dritte Kirche an dieser Stelle, zuvor standen hier bereits zwei Vorgängerbauten: Die erste Kirche wurde bereits im 4. Jh. errichtet und 746 durch ein Erdbeben zerstört, die zweite war ein Oratorium, das die Kreuzfahrer über den Ruinen errichteten, 1345 aber aus unbekannten Gründen verließen.

Garten Gethsemane GARTEN

(Karte S. 76; ⊙ 8.30–12 & 14.30–17, So & Do bis 16 Uhr) In dem heute zur Kirche aller Nationen gehörenden Garten, so heißt es, soll Jesus gefangen genommen worden sein (Mk 14,32–50). In ihm stehen einige der ältesten Olivenbäume der Welt (*gat shmanim* bedeutet auf Hebräisch „Ölpresse"). Drei dieser Bäume sind nach wissenschaftlicher Untersuchung über 2000 Jahre alt. Sie sind also Zeugen all jener biblischen Geschehnisse, die sich hier abgespielt haben sollen. Der Eingang befindet sich in einer schmalen Gasse, die auf den Ölberg führt.

Jerusalem Innenstadt

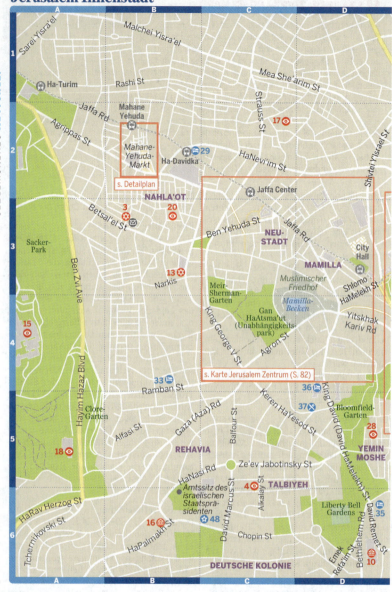

Mariengrab   RELIGIÖSE STÄTTE
(Karte S. 76; ⏱ April–Sept. 5–12 & 14.30–17 Uhr, Okt.–März ab 6 Uhr) Das Mariengrab, eine der heiligsten Stätten der Christenheit, ist ein düsterer Ort, dem Jahrtausende alter muffiger Geruch anhaftet. Alte Messinglampen spenden Licht. Nach ihrem Tod Mitte des 1. Jhs. soll Maria hier von den Jüngern bestattet worden sein. Ein Denkmal wurde erstmals im 5. Jh. errichtet, wie aber mehrere Nachfolger zerstört. Die Fassade des aktuellen Grabmals geht auf die Zeit der Kreuzritter im 12. Jh. zurück; die Krypta stammt hingegen aus byzantinischen Zeiten.

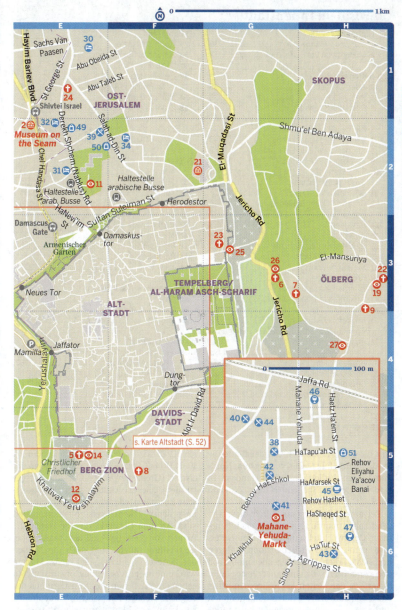

An der Hauptstraße neben den zum Grab hinabführenden Stufen befindet sich eine kleine, von einigen Säulen getragene Kuppel. Sie wurde einst zu Ehren von Mujir ad-Din errichtet, einem muslimischen Richter und Historiker, der im 15. Jh. gelebt und gewirkt hat.

⊙ Ostjerusalem

Das vorwiegend von Arabern bewohnte Ostjerusalem umfasst das Gebiet, das vor 1967 zu Jordanien gehörte. Die Grüne Linie (Grenze 1948–1967) zwischen den israelisch und jordanisch verwalteten Stadtgebieten

Jerusalem Innenstadt

◉ Highlights
1 Mahane-Yehuda-Markt G6
2 Museum on the Seam E2

◉ Sehenswertes
3 Ades-Synagoge B3
4 Beit Jalal C5
5 Dormitio-Kirche &
   -Kloster E5
6 Kirche aller Nationen G3
7 Maria-Magdalena-Kirche G3
8 Kirche St. Peter in Gallicantu F5
9 Paternosterkirche H3
10 First Station D6
   Garten Gethsemane .... (siehe 6)
11 Gartengrab E2
12 Grab von Oskar Schindler E5
13 Har El B3
14 Davidsgrab E5
15 Knesset A4
16 L.-A.-Mayer-Museum für
   Islamische Kunst B6
17 Me'a Sche'arim C2
18 Kreuzkloster A5
19 Himmelfahrtsmoschee
   (Himmelfahrtskapelle) H3
20 Nahla'ot B3
21 Rockefeller-Museum F2
   Abendmahlssaal .... (siehe 14)
22 Russisch-orthodoxe
   Himmelfahrtskapelle H3
   Andreaskirche .... (siehe 35)
23 St.-Anne-Kirche G3
24 Georgskathedrale E1
25 Stephenstor (Löwentor) G3
26 Mariengrab G3
27 Gräber der Propheten H4
28 Yemin Moshe D5

◉ Schlafen
29 Abraham Hostel B2
30 American Colony Hotel E1
31 Jerusalem Hotel E2
32 Legacy Hotel E2
33 Little House in Rehavia B4
34 National Hotel F2
35 St. Andrew's Scottish
   Guesthouse D6
   St George's Guesthouse .... (siehe 24)
36 YMCA Three Arches Hotel D4

◉ Essen
   Adom .... (siehe 10)
37 Angelica D5
38 Azura G5
   Kan Zaman .... (siehe 31)
39 Le Petit Levant E2
40 Machneyuda G5
41 Mahane-Yehuda-Markt G6
42 Mousseline G5
43 Pasta Basta H6
44 Yudaleh G5

◉ Ausgehen & Nachtleben
45 Cafelix H5
46 Casino de Paris H4
47 May 5th H6

◉ Unterhaltung
48 Jerusalem Centre for the
   Performing Arts C6

◉ Shoppen
49 Armenian Ceramics E2
50 Educational Bookshop & Cafe E2
51 Halva Kingdom H5

war die Chel Handasa St, auf der heute die Straßenbahn fährt. Die wichtigsten Nord-Süd-Achsen östlich der Chel Handasa St sind die Derekh Shchem (Nablus) Rd und die Salah ad-Din St.

Bei einem Spaziergang durch diese Gegend sollte man in dem historischen American Colony Hotel, einem der Top-Hotels Jerusalems, einen Zwischenstopp einlegen und sich stärken. Einer Legende zufolge soll der osmanische Befehlshaber Jerusalems, als er vor den Briten kapitulieren musste, eines der Betttücher des Hotels genommen und als weiße Fahne verwendet haben (das Hotel diente damals als Krankenhaus). Diese „Flagge" befindet sich heute im Imperial War Museum in London.

★ Museum on the Seam
GALERIE
(Karte S. 76; ☎02-628 1278; www.mots.org.il; 4 Chel Handasa St; Erw./Student/Kind unter 14 Jah-

ren 30/25 NIS/frei; ◷So–Mo & Mi–Do 10–17, Fr 10–14, Di 14–21 Uhr; ☒Shivtei Israel) Diese an der „Naht" (Grenze) zwischen Ost- und Westjerusalem gelegene Galerie zeigt zeitgenössische Kunstausstellungen, die gleichermaßen anspruchsvoll, kontrovers und überzeugend sind. An dem Gebäude, das die israelische Armee von 1948 bis 1967 als vorgeschobene Stellung nutzte, sind noch die Narben des Krieges sichtbar. Alle sechs Monate wird eine neue Ausstellung organisiert. Zu sehen sind Arbeiten von Künstlern aus der Gegend, die sich hauptsächlich mit Fragen rund um Konflikte, Vorurteile, Rassismus und Menschenrechte befassen.

Auf dem Dach befindet sich ein nettes Café, das sich perfekt für eine Tasse Kaffee eignet; im Erdgeschoss geht ein Souvenirladen seinen Geschäften nach. Einige Werke sind nichts für Kinderaugen.

Rockefeller-Museum
MUSEUM

(Karte S. 76; ☏ 02-628 2251; Sultan Suleiman St; ⊙ So–Mo & Mi–Do 10–15, Sa 10–14 Uhr; 🚇 Damascus Gate) GRATIS Das von vielen Besuchern vernachlässigte archäologische Museum ist allemal einen Besuch wert. Die Exponate aus prähistorischer Zeit bis zum Mittelalter werden chronologisch präsentiert. Zu bewundern sind u. a. geschnitzte Fensterstürze der Grabeskirche aus dem 12. Jh., detailverliebte Schnitzereien und Ornamente aus dem Hisham-Palast in der Nähe von Jericho – besonders sehenswert ist die außergewöhnliche Stuckkuppel des Diwan (muslimischer Versammlungsraum) – und ein erlesenes Holzmodell der Grabeskirche mit Perlmutt-Intarsien.

Das markante, an eine Burg erinnernde Gebäude wurde von dem britischen Architekten Austen St. Barbe Harrison entworfen und verdankt seine Existenz einer Spende von 2 Mio. US$, die die Rockefellers 1927 zur Verfügung stellte. Im Innenhof des renovierungsbedürftigen Gebäudes befinden sich ein Zierteich und hübsche Mosaiken.

Gartengrab
GÄRTEN

(Karte S. 76; ☏ 02-627 2745; www.gardentomb. org; ⊙ Mo–Sa 9–12 & 14–17.30 Uhr; 🚇 Damascus Gate) Die ruhige Grünfläche mitten im Jerusalemer Durcheinander wird von anglikanischen und freikirchlichen Christen als Ort der Kreuzigung, Beisetzung und Wiederauferstehung Jesu Christi angesehen. Wenngleich sie für ihre Sicht der Dinge nur wenig Unterstützung bekommen, haben sie eine ummauerte, schön gestaltete Anlage geschaffen, die für viele eher ein Ort der inneren Einkehr ist als die von den Massen besuchte Grabeskirche.

General Charles Gordon (bekannt als Gordon von Khartum) hegte Zweifel, dass die Grabeskirche tatsächlich auf dem Kalvarienberg thront, und wies stattdessen diesem Ort eine biblische Bedeutung zu: Nachdem er einen schädelförmigen Hügel direkt nördlich des Damaskustors ausgemacht hatte, veranlasste er dort Ausgrabungen. Die alten Gräber, die dabei freigelegt wurden, bestärkten ihn in seiner Überzeugung, den richtigen Ort gefunden zu haben.

Mittlerweile haben Archäologen die Gräber ins 5. Jh. v. Chr. datiert. Und manch Zyniker behauptet, die ständigen Diskussionen um das Gartengrab würden nur deshalb aufrechterhalten, weil dies die einzige heilige Stätte Jerusalems sei, die sich in protestantischem Besitz befinde.

Von der Sultan Suleiman St nimmt man die Derekh Shchem (Nablus) Rd nach Norden und biegt gegenüber von der Bushaltestelle nach rechts in die Schick St ab. Die Stätte ist auch für Rollstuhlfahrer zugänglich. Es gibt kostenlose Führungen in verschiedenen Sprachen, für alle Sprachen außer Englisch muss man sich anmelden.

Georgskathedrale
KIRCHE

(Karte S. 76; www.j-diocese.org; Derekh Shchem (Nablus) Rd; ⊙ wechselnde Öffnungszeiten; 🚇 Shivtei Israel) Christlichen Quellen zufolge soll der hl. Georg, der Schutzpatron Englands, Anfang des 4. Jhs. in Palästina als Märtyrer gestorben sein. Die nach ihm benannte Georgskathedrale wurde 1910 geweiht und wird von einer gemischt arabisch- und englischsprachigen Gemeinde besucht. Der Kirchenkomplex birgt Erinnerungen an die britische Mandatsherrschaft und Symbole für die Präsenz der Briten, u. a. ein von Königin Victoria gestiftetes Taufbecken, Gedenksteine für britische Soldaten und einen Turm zum Gedenken an König Edward VII.

Im Ersten Weltkrieg wurde die Kirche von den Türken geschlossen; die Bischofsresidenz diente als Hauptquartier der Armee. Nachdem die Briten 1917 Jerusalem eingenommen hatten, wurde der Waffenstillstand hier im Arbeitszimmer des Bischofs unterzeichnet.

⊙ Zentrum

Das Stadtzentrum, das manchmal auch als Neustadt bezeichnet wird, erstreckt sich nordwestlich der Altstadt. Die zentrale Achse ist die Jaffa Rd, die vom Tzahal Sq zum Gebiet des Mahane-Yehuda-Markts verläuft. Zwischen dem Tzahal Sq und dem Markt liegt der Zion Sq ein praktischer Orientierungs- und Treffpunkt. Für eine Innenstadt ist die Gegend angenehm verkehrsarm, große Durchfahrtsstraßen sind selten, sodass man gut zu Fuß oder per Fahrrad vorankommt.

★ Mahane-Yehuda-Markt
MARKT

(Karte S. 76; www.machne.co.il; Jaffa Rd; ⊙ So–Do 8 Uhr–Sonnenuntergang, Fr 9–14 Uhr; 🚇 Mahane Yehuda) Auf diesem wuseligen Markt trifft sich halb Jerusalem, quer durch alle Schichten. Für die Besucher der Stadt ist der Mahane-Yehuda-Markt ein faszinierendes Spektakel, für die jüdischen Bewohner der Stadt eine gute Adresse, um günstig Lebensmittel einzukaufen. Im Angebot sind frisches Obst, Oliven, Nüsse, Gemüse und alles andere, was auf dem Boden Israels wächst. Natürlich gibt's auch Gewürze, Tee, Käse, Trockenfrüchte, Tahina, Brot und Backwaren. Abends mutiert der Markt dann zu einem Treffpunkt mit Restaurants und Bars für Feinschmecker, Hipster und Touristen.

Auf dem Markt gibt es zwei Hauptstraßen, die Etz Chayim St (mit dem überdachten Markt) und die Mahane Yehuda St (mit dem Markt im Freien). Viele der Gassen zwischen diesen beiden Hauptstraßen sind nach den Produkten benannt, die dort verkauft werden: HaAfarsek bedeutet z. B. „Pfirsichstraße", HaTut „Beerenstraße" und Ha'Egoz „Walnussstraße"

Das meiste Gewusel herrscht donnerstags und freitags, wenn die Einkäufe für den Sabbat getätigt werden. Wenn der Markt am Freitag schließt, laufen ultraorthodoxe Männer umher und fordern die Standinhaber durch Trompetenstöße auf, ihre Läden zuzumachen, nach Hause zu gehen und sich auf den Sabbat vorzubereiten.

Russisches Areal
KIRCHE

(Karte S. 82; ☉ Dreifaltigkeitskirche April–Sept. Mo–Sa 9–13 Uhr, Okt.–März Mo–Fr 9–13 & Sa 9–12 Uhr; 🚌 City Hall) Dieses Gelände, das von den grünen Kuppeln der Dreifaltigkeitskirche beherrscht wird, wurde 1860 von der Russisch-Orthodoxen-Kirche erworben, um die Präsenz des Zaren im Heiligen Land zu stärken. In den letzten Jahren der britischen Mandatsherrschaft wurde das Gelände und die umliegenden Straßen in eine befestigte Verwaltungszone verwandelt, die von den Juden Palästinas nach dem verhassten britischen Außenminister Ernest Bevin spöttisch „Bevingrad" genannt wurde. Heute befinden sich hier Jerusalems Polizeizentrale und Gerichtsgebäude.

Me'a Sche'arim
VIERTEL

(Karte S. 76; 🚌 Jaffa Center) Geht man von der Jaffa Rd entlang der Strauss St Richtung Norden, gelangt man nach kurzer Zeit in ein Gebiet mit niedrigen Steinhäusern, auf deren Balkonen Wäsche zum Trocknen aufgehängt ist. Auf den Straßen sieht man schwarz gekleidete Männer mit Schläfenlocken und Frauen in langen Kleidern, denen Kinder in Anzügen hinterhertrotten. Wer glaubt, in ein osteuropäisch-jüdisches Schtetl der 1880er-Jahre geraten zu sein, befindet sich wahrscheinlich irgendwo in der Nähe des Kikar Shabbat, der wichtigsten Kreuzung von Me'a Sche'arim, Jerusalems ältestem ultraorthodoxen (Charedim-) Viertel.

Das altertümlich anmutende Me'a Sche'arim wurde von ultraorthodoxen Juden aus Osteuropa geschaffen, die ihr neues Zuhause in Jerusalem der Welt nachgestalteten, die sie aus Polen, Russland oder Ungarn kannten. Auch nach ihrem Umzug ins Heilige Land haben die Einwohner die Gebräuche, Sitten und Kleidung beibehalten, die in der jüdisch-osteuropäischen Welt des 19. Jhs. üblich waren. Die Mode ist konservativ: Die Männer tragen schwarze Anzüge und Hüte, die Frauen bodenlange Kleider und selbst im Hochsommer tragen die chassidischen Männer üblicherweise *shtreimels* (Pelzhüte) am Sabbat und an Feiertagen.

Da die Familien meist kinderreich sind, ist Me'a She'arim eines der am schnellsten wachsenden Viertel in Jerusalem. Ferner trägt es so dazu bei, dass die Religion einen immer stärkeren Einfluss in der Stadt hat. Jiddisch ist die bevorzugte Sprache im Alltag, da nach Ansicht der Ultraorthodoxen die hebräische Sprache eine heilige Sprache ist, die nur für religiöse Zwecke verwendet werden sollte. Die Tage werden oft mit Gebeten verbracht, Arbeit und Geschäfte stehen an zweiter Stelle. Das religiöse Studium wird häufig von Staatszuschüssen und ultraorthodoxen Gemeinden im Ausland finanziert.

In den konservativsten Familien rasieren sich verheiratete Frauen den Kopf und verhüllen ihn im Namen der Sittsamkeit mit einem Schal. Einigen reicht dies aber nicht. 2011 versuchten extremistische Gruppen eine Geschlechtertrennung auf einigen Bürgersteigen in Mea She'arim – Männer sollten nur die eine, Frauen die andere Seite benutzen. Selbst viele ultraorthodoxe Juden des Mainstreams lehnen dieses Vorgehen ab, das von Israels Verfassungsgericht als verfassungswidrig erklärt wurde.

Nichtsdestotrotz sollten sich Besucher des religiösen Viertel konservativ kleiden und verhalten. Dazu gehört auch, keine Fotos der Bewohner zu machen (sie könnten sich als Touristenattraktionen fühlen). Auch sollte man keine Kinder oder Mitglieder des jeweils anderen Geschlechts ansprechen. Arm in Arm zu gehen oder selbst Händchenhalten sollte man unterlassen, Küssen in der Öffentlichkeit ist absolut tabu. Wer sich an die örtlichen Bräuche nicht hält, muss mit Beschimpfungen rechnen oder wird gar mit Steinen beworfen. Und wenn sich eine Auseinandersetzung zwischen Bewohnern und Polizei anzubahnen scheint, sollte man unbedingt Land gewinnen.

ULTRAORTHODOXE KLEIDERORDNUNG

„Sittsame", nicht einmal im Ansatz freizügige Kleidung ist ein zentrales Thema im Leben der Charedim (ultraorthodoxe Juden). Frauen tragen lange Röcke oder Kleider und langärmelige Hemden oder Blusen, niemals aber Hosen. Männer tragen meist schwarze Anzüge und weiße Hemden, aber keine Krawatten. Verheiratete Charedim-Frauen bedecken ihren Kopf meistens mit einer Perücke, einem Kapuzenschal oder einem Tuch. Alle Charedim-Männer tragen irgendeine Kopfbedeckung, meistens eine der folgenden:

Kippa (*yarmulke* oder *kappl* auf Jiddisch) Sie wird von allen jüdischen Männern in Synagogen und heiligen Stätten getragen, von besonders frommen Männern auch die restliche Zeit. Die Kippa erinnert daran, dass Gott ständig über den Träger wacht. Gestrickte oder gehäkelte Kippot werden von modernen orthodoxen oder religiösen zionistischen Männern getragen. Männliche Charedim tragen oft eine schwarze Samt- oder Stoffkippa und darüber einen Hut. Einige Gruppen, etwa die Bratslaver, bevorzugen weiße Kippot. Im Allgemeinen gilt, je größer die Kippa, desto messianischer ist der Träger wahrscheinlich. In den letzten Jahrzehnten haben auch weibliche Mitglieder der Reformistischen und Konservativen Bewegungen mit dem Tragen von Kippot begonnen.

Schtreimel Diese großen runden Pelzhüte sollen ursprünglich von den Tataren stammen. Sie werden am Sabbat oder an Feiertagen von verheirateten Chassidim und „Yerushalmi"-Juden (Mitgliedern der konservativen Aschkenasen-Gemeinde der Stadt) getragen. Traditionelle *schrtreimel* aus Fuchs- oder Zobelpelzen können mehrere tausend Euro kosten, weshalb sie ihre Träger bei Regen in riesige Badekappen hüllen.

Spodik Ein weiterer Pelzhut, der am Sabbat und an Feiertagen von einigen Charedim getragen wird. Sie sind höher und dünner als ein *schrtreimel*.

Fedora An Wochentagen tragen Charedim-Männer und -Jungen schwarze Hüte. Sie haben im Allgemeinen die Form einer breitkrempigen *fedora* aus Kaninchenfell oder eines runden Huts mit breiter Krempe.

Ein weiteres religiöses Kleidungsstück ist der **tallit katan**, ein viereckiges Unterhemd mit *tzitziot* (mehr als diese geknoteten Fransen ist meistens nicht sichtbar). Die Knoten werden nach einem im Talmud beschriebenen Muster geknüpft, einige werden mit einem speziellen blauen Farbstoff, dem *t'chelet*, eingefärbt (4. Mose 15,38).

Die **peot** (*peyes* auf Jiddisch), die Schläfenlocken, die viele Chassidim und traditionelle jemenitische Männer und Jungen tragen, gehen zurück auf eine Interpretation der biblischen Vorschrift, nach der die „Ecke" (*peot*) am Kopf (3. Buch Mose 19,27) nicht rasiert werden dürfe. Laut Mischna gilt diese Vorschrift nur für Männer.

Der meiste Betrieb herrscht freitags: Die Familien strömen zum Markt, um die Vorbereitungen für den Sabbat zu treffen. Donnerstags sind die Bäckereien in dem Viertel die ganze Nacht geöffnet, um die *challot* (die traditionellen Zopfbrote) für den Sabbat zu backen. Und freitagsabends sind die Straßen rappelvoll mit Menschen, die eine Pause während des Sabbat-Festessens einlegen.

Me'a She'arim ist sowohl vom Damaskustor als auch von der Kreuzung Jaffa Rd/King George V St in ein paar Minuten zu Fuß zu erreichen.

Nahla'ot — STADTVIERTEL

(Karte S. 76; 🚇 Mahane Yehuda) Das in den 1860er-Jahren gegründete Viertel südlich des Mahane-Yehuda-Markts ist ein Labyrinth aus schmalen Gassen, in denen sich zahlreiche alte Synagogen und *yeshivot* (jüdische Religionsseminare) verstecken, manche davon in großen, von Steinmauern umgebenen Komplexen. In der interessantesten Straße des Viertels, der HaGilboa, gibt es eine Reihe historischer Wohnhäuser zu sehen; Gedenktafeln informiert jeweils über die Familie, die das Haus errichtete. Eine Straße weiter, in der HaCarmel, steht die reizvolle Synagoge Hased veRahamim mit ihren unverwechselbaren Silbertüren.

Eine der bekannteren unter den Dutzenden von Synagogen ist die **Ades-Synagoge** (Karte S. 76; Ecke Be'ersheva St & Shilo St), die 1901 von Juden aus der syrischen Stadt Aleppo (Halab) erbaut wurde. Die Synagoge ist benannt nach Ovadia und Yosef Ades, den syrisch-jüdischen Brüdern, die den Bau finanzierten. Sie entwickelte sich schnell

Jerusalem Zentrum

82

JERUSALEM SEHENSWERTES

(Map of Jerusalem Zentrum with street grid A–D and rows 1–7)

Jaffa Center

Ticho St
8

HaRav Agan
HaRav Kook St

Even Yisra'el
Albokher
13

King George V St
Ya'Avetz St
Luntz
Sherut (Sammeltaxi) nach Tel Aviv
14

Horkanos St

Ben Hillel St
27
Doro Rishonim St
9
Zion Sq
Jaffa-Rd
HaHavatzelet St
Eliyshar St
35
17
28
33
Heleni HaMalka St

24
10
Herbert Samuel St
23 41
32
39
42
44
26
30

Ben Yehuda St
HaHistadrut St
Shamai St
Darom
16
37
NAHALAT SHIV'A
Beit David
12
Yo'el Salomon St
Nakhalat Shiv'a
25
Joseph Rivlin St
Jerusalem Courtyard
Hassoreg St
20

Hillel St
Angelo Bianchini
Beit HaKneset
40
Shim'on
Ben Shatah St

5
18
Rivlin St
22
43
7
36

King George V St
Shakham
Shakham
Hevo Ha-Matmid
Hillel St

Eliezor Rivlin
Meir-Sherman-Garten
Muslimischer Friedhof

Mamilla-Becken

Gan HaAtsma'ut (Unabhängigkeits-park)

Rabbi Akiva St

Ha-Ma'aravim

Zamenhof

King George V St
Agron St
George Eliot
MAKHNE YISRAEL
Hess

Elkharizi
2
3
4
Lincoln
George Washington

Ramban St

zu einem Zentrum der syrischen *hazzanut* (Synagogengesang), in dem viele Jerusalemer Kantoren ausgebildet wurden. In dem klassisch nahöstlich geprägten Innenraum befindet sich ein Schrein aus Walnussholz, der mit einem Eselskarren aus Aleppo hierher gebracht wurde. Bis heute wird hier die seltene Tradition der *bakashot* gepflegt, kabbalistische Gesänge, die in den Wintermonaten in den frühen Morgenstunden des Sabbats angestimmt werden. Leider ist die Synagoge nur selten geöffnet.

Museum für italienisch-jüdische Kunst   MUSEUM

(Karte S. 82; 02-624 1610; http://ijamuseum.org/; 25 Hillel St; Erw./Kind 20/15 NIS; So, Di & Mi 10-17, Do 12-21, Fr 10-13 Uhr; Jaffa Center) Das rekonstruierte Innere und das Originalinterieur des Gebäudes stammen aus einer Synagoge aus dem beginnenden 18. Jh., die in Conegliano Veneto unweit von Venedig erbaut wurde. Das Museum sammelt, erhält und zeigt Judaika aus Italien von der Renaissance bis heute. Die Synagoge wurde über das Mittelmeer verschifft und hier in den 1950er-Jahren wiederaufgebaut. Heutzutage wird sie von Jerusalemern besucht, für die die antike Gottesdienstordnung römischer Juden von Bedeutung ist. Zu sehen sind u. a. Textilien, Metallarbeiten, Pergamentrollen, Toraschreine u. v. m.

Heichal Shlomo   RELIGIÖSE STÄTTE

(Karte S. 82; 02-623 0628; www.hechalshlomo.org.il; 58 King George V St) Der Sitz des Israelischen Großrabbinats ist ein großer Komplex aus den 1950er-Jahren, der die Umrisse des Salomonischen Tempels aufnimmt – Heichal Shlomo bedeutet wörtlich „Salomos Stadthaus". Sehenswert ist der halbrunde Balkon, von dem der Großrabbiner Ansprachen an die Gläubigen hielt. Das kleine **Museum** (Karte S. 82; 02-588 9005; Erw./Student & Kind 20/15 NIS; So-Do 9-15 Uhr) in dem großen Gebäude beherbergt Kunstausstellungen und zeigt Exponate zum religiösen und traditionellen jüdischen Leben. Die für ihren Chor berühmte **Große Synagoge** (1982) befindet sich gleich nebenan.

⊙ King David (David HaMelekh) Street

Die begehrtesten Grundstücke außerhalb der Altstadt liegen an der King David (David HaMelekh) St auf einem Hügel westlich des Jaffators. In der vom **King David Hotel**

Jerusalem Zentrum

◉ Sehenswertes
1	Hebrew Union College	E5
2	Heichal Schlomo	B7
3	Heichal Schlomo Museum	B7
4	Moreshet Yisrael	B7
5	Museum für italienisch-jüdische Kunst	C3
6	Russisches Areal	E2
7	Time Elevator	D4

🛏 Schlafen
8	7 Kook Boutique Hotel	C1
9	Arthur Hotel	B2
10	City Center Suites	A2
11	David Citadel Hotel	E5
12	Harmony Hotel	C3
13	Hotel Palatin	A1
14	Jerusalem Hostel & Guest House	C2
15	Mamilla Hotel	E5
16	Shamai Suites	B2

✖ Essen
17	Darna	D2
18	Focaccio Bar	B3
19	Hamarakia	E3
20	Kadosh	D3
21	Mamilla Café & Brasserie	F5
22	Mantra Restaurant & Wine Bar	D3
23	Moshiko	B2

24	Pinati	A2
25	T'mol Shilshom	C2
26	Village Green	D2

◉ Ausgehen & Nachtleben
27	Bass	A2
28	Cassette Bar	D2
29	Hakatze	F4
30	Mike's Place	D2
31	Mirror Bar	E5
32	Radio Bar	D2
33	Record Bar	D2
34	Sira	E4
35	Uganda	D2
	Videopub	(siehe 28)
36	Zabotinski	D4

◉ Unterhaltung
37	Bimot	B3

🛍 Shoppen
38	Arman Darian	E4
39	Daniel Azoulay	C2
40	Greenvurcel	C3
41	Kippa Man	B2
42	Lametayel	C2
43	Rina Zin	D3
44	Steimatzky	D2

dominierten Gegend gibt's Parks, Gärten und exklusive Restaurants. Im benachbarten Viertel **Mamilla** reihen sich neue Apartmenthäuser mit Luxuswohnungen und Blick auf die Wälle der Altstadt aneinander. Viele dieser Wohnungen gehören Juden, die die meiste Zeit des Jahres im Ausland leben. Zu den wichtigsten Wahrzeichen gehören der Komplex der Reformbewegung mit dem **Hebrew Union College** (Beit Shmuel; Karte S. 82; www.beitshmuel.co.il), dessen Gebäude teilweise von Mosche Safdie (1986) entworfen wurden, sowie das 1933 errichtete **YMCA**-Gebäude, das Arthur Loomis Harmon, Architekt des Empire State Building, plante.

Yemin Moshe
STADTVIERTEL

(Karte S. 76) Dieses grüne Viertel, Heimat der **Montefiore-Windmühle**, war Teil eines Entwicklungsplans des englischen Philanthropen Sir Moses Montefiore, der das Heilige Land Mitte des 19. Jhs. siebenmal besuchte. Die Mühle wurde 1875 erbaut, um eine jüdische Mehlindustrie zu begründen. In der Hoffnung, den Juden Jerusalems zu helfen und Abhilfe für die Überbevölkerung in der Altstadt zu schaffen, gab Montefiore einen Block mit 16 Wohnungen in Auftrag, der

heute als Mishkenot Sha'ananim („Ruhige Wohnungen") bekannt ist.

Die Mehlmühle wurde nach nur 18 Jahren aufgegeben. Durch neue, dampfbetriebene Alternativen war sie überflüssig geworden. Ende der 1940er-Jahre wurde der obere Teil dann demontiert. 2012 erhielt die Mühle eine neue Kuppel und neue, dem Original nachempfundene Flügel (finanziert von niederländischen Christen). Heute drehen sich die Flügel nur noch für Touristen und zu Bildungszwecken.

Andreaskirche
KIRCHE

(Karte S. 76; 1 David Remez St; ⊙ Museum So–Do 9–16 Uhr, Fr bis 13 Uhr) Die auch als Scottish Church bekannte Andreaskirche wurde 1927 zum Gedenken an die Eroberung der Stadt und des Heiligen Landes durch die Briten im Ersten Weltkrieg erbaut. Der Baustil vereint auf faszinierende Weise westliche und arabische Elemente. Beachtenswert sind die prächtigen armenischen Kacheln vor dem Eingang zu Pension und Kirche (sie stammen aus einer Werkstatt in der Via Dolorosa).

Der Kirchenboden birgt eine Inschrift zum Andenken an den schottischen König Robert Bruce, der sich einst gewünscht hatte, sein Herz möge nach seinem Tode in

Jerusalem begraben werden. Sir James Douglas versuchte, dieser Bitte nachzukommen, wurde jedoch unterwegs in Spanien getötet, wo er gegen die Mauren kämpfte. Roberts Herz wurde nach Schottland zurückgebracht und in Melrose begraben.

⊙ Deutsche Kolonie

In einem Café zu sitzen, einen Milchkaffee zu trinken und dabei in der Zeitung *Ha'aretz* zu blättern, scheint die tägliche Hauptbeschäftigung der Bewohner von Jerusalems Deutscher Kolonie zu sein. Diese wurde im späten 19. Jh. von Mitgliedern einer deutschen protestantischen Sekte gegründet, den Templern (nicht zu verwechseln mit den Tempelrittern aus der Zeit der Kreuzfahrer). Die Deutsche Kolonie präsentiert sich immer noch als ein hübsches, von Bäumen gesäumtes Viertel mit Templer- und arabischen Villen. Die seit jeher wohlhabend wirkende Kolonie lockt eine Mischung aus gut betuchten Einheimischen und Touristen an. Abends lohnt sich der Bummel durch die Straßen ganz besonders, gibt es doch hier zahlreiche Restaurants und Cafés, die sich als Zwischenstopp eignen.

Von der King George V St in der Innenstadt fährt man mit Bus 4, 18 oder 21 bis zur Emek Refa'im St.

First Station   HISTORISCHES GEBÄUDE
(Karte S. 76; 🖉 02-653 5239; www.firststation.co.il; 4 David Remez St; ⊙ tgl. 7 Uhr–open end) Der nach europäischem Muster entworfene Bahnhof wurde 1892 als Jerusalemer Endbahnhof der Jaffa-Jerusalem-Strecke errichtet. Bis zur Stilllegung der Bahnstrecke zwischen Tel Aviv und Jerusalem 1998 war er ununterbrochen in Betrieb. Nach Restaurierungsarbeiten öffnete er dann 2013 seine Tore wieder als Shopping- und Unterhaltungskomplex.

Dieser umfasst beliebte Restaurants und Cafés (z. B. Adom and Fresh Kitchen), eine Saftbar, eine Filiale der Eiscremekette Vaniglia, die Bar Up Stairs und eine Reihe von Geschäften. Außerdem wird ein vielfältiges Unterhaltungsprogramm geboten: einstündige Yogasitzungen (So–Do 7, Fr & Sa 8 Uhr, 20 NIS), ein Bauernmarkt (Fr ab 9 Uhr). Im Sommer wird das Gelände an der Nordseite des Bahnhofs in einen „Sandstrand" mit Wellensimulator (50 NIS/Std.) umgewandelt.

Infos über besondere Events (z. B. Open-Air-Kino während des Jerusalem Film Festivals im Juli oder Sommerkonzerte) sind der Website zu entnehmen.

⊙ Rehavia & Talbiyeh

Die beiden Enklaven wurden Anfang des 20. Jhs. errichtet und gehören zu den besseren Wohnvierteln. Talbiyeh wurde von wohlhabenden arabischen Christen, Rehavia von jüdischen Intellektuellen gegründet. Hier befinden sich auch die offiziellen Residenzen des Ministerpräsidenten und des Staatspräsidenten. Im oberen (nordöstlichen) Abschnitt der Gaza (Aza) Rd, der alten Straße nach Gaza, und in der Ramban St gibt es zahlreiche beliebte Bars und Cafés.

Talbiyeh, auch Kommemiyut genannt, kann mit einer wunderbar maßlosen Architektur aufwarten. Sehenswert ist z. B. das **Beit Jalad** (Karte S. 76; 17 Alkalay St) von einem arabischen Baumeister, der sich offensichtlich von der Bilderwelt aus *Tausendundeiner Nacht* inspirieren ließ.

Beide Viertel liegen südlich der Bezalel St und westlich der King George V St und der Keren HaYesod St.

**L.-A.-Mayer-Museum
für Islamische Kunst**   MUSEUM
(Karte S. 76; 🖉 02-566 1291; www.islamicart. co.il; 2 HaPalmach St, Rehavia; Erw./Student/Kind 40/30/20 NIS; ⊙ So, Mo & Mi 10–15, Di & Do 10–19, Fr 10–14, Sa 10–16 Uhr; 🚌 13) Das am südlichen Rand von Rehavia gelegene Museum zeigt Kunst der islamischen Kulturen von Spanien bis Indien und will die kulturelle Spaltung zwischen den Juden und ihren arabischen Nachbarn überbrücken. Das 1974 eröffnete Museum wurde kürzlich um eine Multimedia-Halle erweitert, die eine Einführung in den Islam bietet. Schwerpunkte sind islamische Sakralkunst und der Beitrag des Islams zum Wissen der Menschheit u. a. in den Naturwissenschaften, der Astronomie und Medizin. Ausgestellt werden Schmuck, Teppiche, Silber, Messing- und Glasarbeiten, Gemälde sowie große und kleine Uhren.

Zu der weltberühmten Sammlung von Uhren und Taschenuhren gehören viele Stücke, die 1983 beim berühmtesten Museumsraub Israels gestohlen und 2008 in Frankreich aufgespürt wurden.

Auf Wunsch gibt's auch englischsprachige Führungen (vorher anrufen).

⊙ Talpiot

Haas-Promenade   AUSSICHTSPUNKT
Der Hauptgrund für einen Abstecher nach Talpiot ist ein Spaziergang über die von Gärten gesäumte Haas-Promenade, die einen

spektakulären Blick auf die Altstadt bietet. Auf dem bewaldeten **Hügel des schlechten Rats** im Osten befindet sich das Jerusalemer UN-Hauptquartier, das bis 1948 Sitz des britischen Hochkommissars von Palästina war. Vom Zentralen Busbahnhof mit Bus 78 bis zur Ecke Daniel Yanovski St und HaAskan St fahren; die Busse der Circle Line 99 halten hier ebenfalls.

◉ Givat Ram & Museumsviertel

Das politische Zentrum der israelischen Regierung und zwei der bedeutendsten Museen befinden sich in dem Regierungs- und Universitätsviertel Givat Ram, südlich des Zentralen Busbahnhofs.

★ Israel-Museum   MUSEUM

(📞 02-670 8811; www.imj.org.il; 11 Ruppin Blvd, Museum Row; Erw./Student/Kind 5–17 Jahre 50/37/25 NIS; ☺ So, Mo, Mi, Do & Sa 10–17, Di 16–19, Fr 10–14 Uhr; 🚌 7, 9, 14, 35, 66) Dieses hervorragende Museum mit Israels beeindruckendsten Kulturgütern vermittelt einen ausgezeichneten Überblick über die 5000-jährige Geschichte der Region. Es umfasst einen riesigen archäologischen Flügel und einen interessanten Bereich, der sich jüdischer Kunst und jüdischem Leben widmet. Doch das ist bei Weitem nicht alles: Die Abteilung für Bildende Kunst zeigt eine bedeutende Sammlung internationaler und israelischer Kunst, während sich auf dem Museumsgelände ein Kunstgarten befindet. Und last, but not least wäre noch der Pavillon mit den „Kronjuwelen" des Museums zu erwähnen, den Schriftrollen vom Toten Meer.

Für eine Besichtigungstour sollte man mindestens einen halben Tag einplanen. Bevor es losgeht, empfiehlt es sich, im Besucherzentrum einen der kostenlosen Audioguides mitzunehmen. Wer den ganzen Tag im Museum bleibt – was viele Besucher tun – kann in dem ausgezeichneten Restaurant Modern (S. 104) zu Mittag essen. Außerdem gibt es zwei Cafés im Museum.

➡ **Schrein des Buches**

Das auffällige, an den Deckel eines Topfes erinnernde Dach dieses Pavillons ist ein symbolischer Verweis auf die Gefäße, in denen die Schriftrollen vom Toten Meer aufbewahrt wurden. Die ersten von insgesamt 800 Schriftrollen wurden 1947 gefunden. Diese können in den Zeitraum vom 3. Jh. v. Chr. bis zum Bar-Kochba-Aufstand (132–135 n. Chr.) datiert werden. Die Texte behandeln sowohl weltliche als auch religiöse Themen. Es wird vermutet, dass sie von einer asketischen jüdischen Gruppe, den Essenern, verfasst wurde, die wohl rund 300 Jahre am Toten Meer gelebt haben. Das bedeutendste Schriftstück ist die Jesaja-Rolle: Von der längsten und auch am besten erhaltenen Rolle kann eine Kopie im Museum bewundert werden. Die Ausstellung erzählt die Geschichte der Schriftrollen und der Essener. Es sind auch einige Originaldokumente zu sehen.

➡ **Archäologischer Flügel**

In diesem Flügel gibt es so viele bedeutende Stücke, dass es schwerfällt, ein einzelnes besonders hervorzuheben. Die Exponate der weltweit umfassendsten Sammlung an biblischen Stücken und archäologischen Funden aus dem Heiligen Land sind chronologisch von vorgeschichtlicher Zeit bis zum Osmanischen Reich angeordnet. Mehrere Keramiksärge in Menschenform aus dem 13. Jh. v. Chr. empfangen die Besucher im ersten Saal. Zu den weiteren beeindruckenden Exponaten zählen beispielsweise ein Mosaikfußboden von Nablus (3. Jh.) mit Szenen aus dem Leben des Achilles und die „Haus David"-Siegesstele, die in Tel Dan entdeckt wurde; die darauf erhaltene Inschrift aus der Zeit des Ersten Tempels enthält die einzige bislang gefundene außerbiblische zeitgenössische Erwähnung der Dynastie Davids.

➡ **Abteilung für jüdische Kunst & jüdisches Leben**

Die Highlights dieser Abteilung sind vier vollständige Synagogen, die aus verschiedenen Orten stammen und hier wiederaufgebaut wurden. Die aus dem 18. Jh. stammende Vittorio-Veneto-Synagoge ist mit Gold und Stuck verziert und wurde 1965 aus der italienischen Stadt Vittorio Veneto nach Jerusalem geschafft. Die drei anderen Gotteshäuser standen einst in Cochin in Indien, Paramaribo in Surinam und Horb am Main in Deutschland. Ebenfalls sehenswert ist die bemalte Sukka der Familie Deller. Die provisorisch für die Zeit des Laubhüttenfestes errichtete Holzunterkunft stammt aus dem 19. Jh. und wurde 1935 aus Deutschland nach Jerusalem geschmuggelt. Die Räume im hinteren Teil des Flügels sind jüdischen Trachten und Schmuck gewidmet.

➡ **Abteilung für Bildende Kunst**

Highlight dieser Abteilung ist die impressionistische und postimpressionistische Galerie mit Werken von Renoir, Pissarro, Degas, Sisley, Monet und Cézanne. In der Galerie für Moderne Kunst sind Werke von Schiele, Rothko, Motherwell, Pollock, Modigliani und Bacon zu bewundern. Der Pavillon für Israelische Kunst schließlich zeigt bemerkenswerte Gemälde von Reuven Rubin und Yosef Zaritsky.

➡ **Kunstgarten**

Vom Schrein des Buches führt eine gepflasterte Promenade zu dem weitläufigen Skulpturengarten, der von dem japanischen Künstler und Landschaftsarchitekten Isamu Noguchi entworfen wurde. Hier können Werke aus dem 19., 20. und 21. Jh. bewundert werden, u. a. sind Künstler wie Moore, Kapoor, LeWitt, Oldenburg, Serra, Rodin und Picasso vertreten.

Bible Lands Museum MUSEUM

(☎ 02-561 1066; www.blmj.org; 25 Stefan Wise St, Museum Row; Erw./Student & Kind 40/20 NIS; ◉ So–Di & Do 9.30–17.30, Mi 9.30–21.30, Fr & Sa 10–14 Uhr; 🚌 7, 9, 14, 35, 66) Dieses Museum, das den in der Bibel genannten Völkern und Zivilisationen gewidmet ist, präsentiert anhand einer Fülle von Artefakten die wechselseitigen Beziehungen der verschiedenen Kulturen untereinander. Die Anordnung der Exponate mag etwas verwirrend erscheinen. Am besten nimmt man an einer der kostenlosen englischsprachigen Führungen teil, die von Sonntag bis Freitag um 10.30 Uhr und mittwochs um 17.30 Uhr angeboten werden.

Das Museum wurde von dem in Polen geborenen Gelehrten Dr. Elie Borowski gegründet, der in Deutschland gegen die Nazis kämpfte und später in die Schweiz zog, wo er zu einem der führenden Händler für antike Kunst wurde. Borowski schuf dieses Museum, um die biblische Geschichte und die Geschichte des Alten Orients für Menschen verschiedener Religionen verständlich zu machen. Die Dauerausstellung, die aus seiner Privatsammlung von Kunst aus dem Alten Orient besteht, deckt den Zeitraum von den ersten Zivilisationen bis zum Beginn unserer Zeitrechnung ab.

Kinder unter 18 Jahren haben samstag- und mittwochnachmittags freien Eintritt.

Knesset WAHRZEICHEN

(Karte S. 76; ☎ 02-675 3333; www.knesset.gov.il; Ruppin Blvd, Kiryat Ben Gurion; 🚌 14, 35, 7, 7A) GRATIS Israels 120 Abgeordnete debattieren und entscheiden in der Knesset, einem Gebäude von 1966, bei dem man leider unweigerlich an die Architektur eines mehrstöckigen Parkhauses denken muss. Im Rahmen der kostenlosen einstündigen Führung sieht man die Ausschussräume, den Plenarsaal und die Chagall-Halle (mit drei Wandteppichen und einem Mosaik des großen jüdischen Künstlers aus dem 20. Jh.). Die Teilnehmer können auch einen Blick auf die Unabhängigkeitserklärung werfen. Führungen finden sonntags und donnerstags in mehreren Sprachen statt, u. a. auch auf Deutsch. Genaue Zeiten stehen auf der Website.

Besucher müssen ihren Reisepass mitbringen und angemessen gekleidet sein (keine Shorts, kurzärmeligen Hemden, T-Shirts mit politischen Slogans oder Flip-Flops). Von einer öffentlichen Galerie aus kann man auch an Knesset-Sitzungen beiwohnen, die montags und dienstags ab 16 und mittwochs ab 11 Uhr stattfinden.

Neben der Bushaltestelle gegenüber der Knesset steht eine riesige Bronze-Menora, ein Geschenk der britischen Labour Party aus dem Jahr 1956. Ihre Reliefs zeigen wichtige Personen und Ereignisse aus der jüdischen Geschichte.

Kreuzkloster KLOSTER

(Karte S. 76; ☎ 052-221 5144; Rehavia Valley; Eintritt 15 NIS; ◉ Okt.–März Mo–Sa 10–16 Uhr, April–Sept. 10–17 Uhr; 🚌 14) Das festungsartige Kloster im Tal unterhalb des Israel-Museums wurde Anfang des 4. Jhs. von König Bagrat von Georgien gegründet. Es sollte daran erinnern, dass hier der Baum wuchs, aus dessen Holz das Kreuz gezimmert wurde, an dem Jesus starb. Bagrats Kloster wurde 614 von den Persern zerstört, in der Kreuzfahrerzeit wieder aufgebaut und 1685 an die Griechisch-Orthodoxe-Kirche verkauft. Im Inneren sieht man Fresken aus dem 17. Jh. und eine Kapelle mit Fragmenten eines Mosaikbodens aus dem 6. Jh.; ein kleines Museum widmet sich der Geschichte des Klosters.

Um das Kloster zu erreichen, läuft man auf der Ramban St durch Rehavia, überquert die Hanasi Ben Zvi und folgt dem Weg, der hinunter ins Tal des Kreuzes (Emeq HaMatzleva) führt. Vom Stadtzentrum aus kommend, nimmt man am Zentralen Busbahnhof Bus 14 bis zur Haltestelle am Hayim Hazaz Blvd gegenüber von der Rehavia Ben Gurion School, unweit der großen Kreuzung mit der HaRav Herzog St.

◉ Har Hazikaron

Am westlichen Stadtrand erhebt sich zwischen Wohnblocks und Stadtwald der Har

1. Grabeskirche (S. 59)
Heilige Stätte des Christentums mit den letzten Stationen des Martyriums Jesu und seiner Auferstehung.

2. Mahane-Yehuda-Markt (S. 79)
Auf dem betriebsamen Markt wimmelt es nur so von Ständen mit frischem Gemüse und Obst.

3. Israel-Museum (S. 86)
Im Schrein des Buches werden die Schriftrollen vom Toten Meer aufbewahrt.

4. Altstadt (S. 50)
Die Zitadelle mit dem Davidsturm hat bis heute nichts von ihrer imposanten Wirkung eingebüßt.

89

3

SHRINE OF THE BOOK BUILDING AT THE ISRAEL MUSEUM. DESIGNED BY ARMAND PHILLIP BARTOS, FREDERICK JOHN KIESLER AND GEZER HELLER / PHOTO CREDIT: HANAN ISACHAR GETTY IMAGES ®

Hazikaron (Berg der Erinnerung). Zu dem hügeligem Gelände mit bewaldeten Hängen und wunderbarer Aussicht gehören auch der Herzlberg, ein Militärfriedhof und Yad Vashem, Israels bedeutendste Gedenkstätte für die Opfer des Holocaust.

★ Yad Vashem
GEDENKSTÄTTE

(☎ 02-644 3802; www.yadvashem.org; Hazikaron St; ⊙ So–Mi 9–17, Do 9–20, Fr 9–14 Uhr; ⊠ Mt. Herzl) GRATIS Eine bewegendere und beeindruckendere Museumserfahrung wird man wohl vergeblich suchen. Diese Gedenkstätte für die 6 Mio. jüdischen Opfer der Nazis ist ernüchternd, aber gleichzeitig auch faszinierend schön und erhebend. Der aus dem Alten Testament stammende Name des Museums bedeutet „ein Denkmal und ein Name" (Jes 56,5). Ein Highlight des Museums ist die Halle der Namen, in der die Namen und Personendaten von Millionen von Opfern aufgezeichnet sind.

Im Mittelpunkt von Yad Vashem steht das prismaartige **Museum zur Geschichte des Holocaust.** In seinem unteren Geschoss erzählen neun unterirdische Galerien die Geschichte der Schoah aus jüdischer Sicht. Der dreieckige Grundriss des Gebäudes symbolisiert die eine Hälfte des Davidsterns und bringt damit zum Ausdruck, dass die jüdische Gesamtbevölkerung durch den Holocaust praktisch halbiert wurde. Die Galerien stellen die Geschichte chronologisch und thematisch anhand von Artefakten, Filmen, Videos mit Berichten von Zeitzeugen, Fotos und Kunstinstallationen dar.

Die **Halle der Namen** befindet sich am Ende des Museums. In ihrer Mitte gedenkt ein Loch im Fußboden der Opfer, deren Namen man niemals erfahren wird, weil sie und ihre Familie, Freunde und überhaupt alle, die sie kannten, ermordet wurden, weshalb keiner übrig blieb, der von ihnen berichten oder für sie das Kaddisch (jüdisches Totengebet) sprechen konnte.

Unweit des Museumsausgangs befindet sich ein einzelnes Gebäude, in dem das **Museum für Holocaust-Kunst** untergebracht ist. Ganz in der Nähe gelangt man zu einem **Ausstellungspavillon** mit Wechselausstellungen und einer **Synagoge**, in denen Besucher beten können.

In der **Halle der Erinnerung** im Erdgeschoss brennt eine ewige Lampe nahe der Krypta, die die Asche von in den Vernichtungslagern Ermordeten enthält. Im Fußboden sind die Namen von 22 der berüchtigsten Lager eingelassen. Hinter der Halle gibt es weitere Gedenkstätten, u. a. das **Viehwagendenkmal**, ein Originalwaggon, der für den Transport der Juden aus den Ghettos in die Lager benutzt wurde. Der **Garten der Gerechten unter den Völkern** wurde zur Ehren der vielen Nichtjuden errichtet, die ihr Leben aufs Spiel setzten, um Juden vor den Nazis zu retten.

In der Nähe des Besucherzentrums befindet sich das außergewöhnliche wie bewegende **Denkmal für die Kinder**, das den 1,5 Mio. jüdischen Kindern gewidmet ist, die im Holocaust sterben mussten. Die düstere, in den Felsen gebaute unterirdische Gedenkstätte enthält eine einzige Flamme, deren Licht von Hunderten von Spiegeln reflektiert wird. Im Hintergrund werden die Namen ermordeter Kinder von einem Tonband abgespielt. Die Augen müssen sich hier erst an die Dunkelheit gewöhnen.

Für die Besichtigung der Yad-Vashem-Gedenkstätte, die sich über eine 18 ha große Fläche am Berg der Erinnerung erstreckt, sollte man mindestens drei Stunden einplanen. Die Straßenbahn hält in der Nähe des Herzlbergs; die Fahrt von der Station City Hall dauert 15 Minuten. An der Haltestelle Mt. Herzl angekommen, überquert man die Straße in Richtung Wald und läuft dann ca. 10 Minuten die sanft ansteigende Hazikaron St hinauf. Alternativ kann man auch auf den kostenlosen, alle 20 Minuten fahrenden Shuttle warten. Die Busse der Circle Line 99 halten ebenfalls hier.

Bitte beachten: Donnerstags schließen viele der Gedenkstätten um 17 Uhr; das Museum zur Geschichte des Holocaust, das Museum für Holocaust-Kunst, der Ausstellungspavillon und die Synagoge sind allerdings bis 20 Uhr geöffnet.

Herzl-Museum
MUSEUM

(☎ 02-632 1515; www.herzl.org.il; Herzl Blvd; Erw./Student & Kind 25/20 NIS; ⊙ So–Mi 8.30–17, Do 8.30–19, Fr 8.30–12.15 Uhr; ⊠ Mt Herzl) Die Geschichte des zionistischen Traums zeichnet das Herzl-Museum nach, das einen multimedialen Einblick in das Leben von Theodor Herzl, den Vater des modernen Zionismus, gewährt. Während der einstündigen, mehrsprachig angebotenen Führung erfährt man alles Wissenswerte über Herzls Biografie. Unbedingt im Voraus buchen!

Der im Museum behandelte Weg Herzls nahm seinen Anfang im Fin de Siècle in Paris, wo Herzl, ein in Budapest geborener, säkular gesinnter Journalist, als Korrespondent einer Wiener Tageszeitung arbeitete.

Nachdem er die antisemitischen Ausschreitungen im Zusammenhang des Hochverratsprozesses gegen Alfred Dreyfus (1894) miterlebt hatte, beschloss er, sein Leben der Schaffung eines Judenstaates zu widmen, in dem Juden vor solchen Verfolgungen und Anfeindungen geschützt wären. Seine dreijährigen Bemühungen führten 1897 zum ersten Zionistischen Weltkongress in Basel. Auch in den folgenden Jahren bis zu seinem Tod im Jahr 1904 setzte sich Herzl unermüdlich für sein Ziel ein. Herzls Grab, ein schlichter schwarzer Gedenkstein mit seinem Namen, findet sich auf einer kleinen Anhöhe westlich des Museums. In der Nähe befinden sich die Grabstätten mehrerer israelischer Ministerpräsidenten und Staatspräsidenten, darunter Golda Meir, Jitzchak Rabin und Menachem Begin.

Ein kurzer Weg Richtung Norden führt zum Militärfriedhof, Richtung Westen geht es einen unbefestigten Weg hinunter nach Yad Vashem.

◉ En Kerem

Das hübsche Dorf liegt versteckt in einem Tal am westlichen Stadtrand Jerusalems. Die arabischen Steinhäuser stehen inmitten von Libanon-Zedern und heimischen Kiefern. In der kleinen Gemeinde gibt es mehrere wichtige Kirchen, die im Bezug zu Johannes dem Täufer stehen; nicht weit entfernt davon liegt das Hadassa Medical Centre mit Fenstern von Marc Chagall. Heute ist im Ort besonders an den Wochenenden viel los, wenn die Einheimischen zum Brunchen hierher fahren.

Die Geschichte des Orts verlief recht unbedeutend, bis in die Mitte des 6. Jhs. christliche Pilger glaubten, hier den Wohnort Elisabeths, der Mutter Johannes des Täufers, gefunden zu haben. Natürlich wurden nun Schreine und Kirchen über den heiligen Stätten errichtet. Während des Israelischen Unabhängigkeitskriegs flohen die hiesigen Araber aus dem Ort, ihre Wohnungen wurden später von Einwanderern aus Marokko und Rumänien übernommen. Die wachsende Zahl an Studenten haucht dem Ort neues Leben ein.

Man erreicht En Kerem mit dem Bus 28 vom Zentralen Busbahnhof und vom Herzlberg.

Johanneskirche
KIRCHE

(☎ 02-632-3000; ⊙ April–Sept. 9–12 & 14.30–17.45, Okt.–März bis 16.45 Uhr) Das blau-weiße Interieur der franziskanischen Johanneskirche mutet europäisch an – kein Wunder, wurde die Kirche doch 1674 vom spanischen Königshaus gestiftet und errichtet. So stammen auch die Malereien von spanischen Künstlern und über dem Eingang befindet sich das Wappenschild der spanischen Könige. Vorne in der Kirche findet sich die Grotte, in der Johannes geboren worden sein soll (Lk 1,5–25 & 57–80); ein kleiner Marmorkreis unter dem Altar markiert die Stelle.

Die Kirche steht an der Straße rechts von der Hauptstraße.

Besuchskirche
KIRCHE

(⊙ Okt.– März 8–11.45 & 14.30–17 Uhr, April–Sept. bis 18 Uhr) Die moderne Kirche befindet sich an der Stelle, an der das Wohnhaus von Zacharias und Elisabet, den Eltern Johannes des Täufers, gestanden haben soll. Ihren Namen verdankt sie dem Besuch Marias bei Elisabet (Lukas 1,39-49). Das Gebet, das Maria gesprochen haben soll („Meine Seele preist die Größe des Herrn"; Lk 1,46–56) steht in 41 Sprachen an den Wänden der Kirche.

Von der Hauptkreuzung in Ein Kerem nimmt man die schmale Straße südwärts. Nach etwa zehn Gehminuten erblickt man links die Kirche.

Chagall-Fenster
SYNAGOGE

(☎ 02-677 6271; www.hadassah-med.com; ⊙ So–Do 8–15.30 Uhr) GRATIS Das Hadassah Medical Centre in En Kerem (nicht zu verwechseln mit dem Hadassah Medical Centre auf dem Skopus am anderen Ende der Stadt) ist weltweit bekannt für seine Synagoge mit Buntglasfenstern von Marc Chagall. Basierend auf das 1. Buch Mose, Vers 49 und das 5. Buch Mose, Vers 33 stellt jedes der zwölf farbenfrohen, abstrakten Glasfenster einen der Stämme Israels dar.

Man fährt vom Zentralen Busbahnhof mit der Straßenbahn bis zur Endhaltestelle (Mt. Herzl). Von dort geht es weiter mit Bus 27 bis zum Krankenhaus. Von Ein Kerem aus kann man auch laufen.

◈ Kurse

Ulpan Or
SPRACHKURS

(☎ 02-561 1132; www.ulpanor.com; 2. Stock, 43a Emek Rafa'im St, Deutsche Kolonie) Diese *ulpan* (Hebräisch-Sprachschule) wirbt damit, dass ihre Schüler dank Intensivprogramme in „Lichtgeschwindigkeit" lernen. Nach dem 90-minütigen Einzelunterricht „Cup O'Hebrew" (402 US$), bei dem auch Kaffee serviert wird, die Grundkenntnisse der hebräischen Sprache beherrscht. Die in der Deutschen Kolonie ansässige Schule hat auch ein- (1570 US$) und zweiwöchige (2648 US$) Vertiefungskurse im Angebot.

Ulpan Beit Ha'Am
SPRACHKURS

(📞 02-624-0034, 02-545-6891, Hadassah 052-831 3949; Gerard Behar Center, 11 Bezalel St; 2/3/5 Tage wöchentl. 394/613/920 NIS pro Monat; ⊙ So–Do 8–12.30 Uhr) Das Programm der Jerusalemer Stadtverwaltung bietet Hebräisch-Unterricht an.

Hebrew University Ulpan
SPRACHKURS

(📞 02-588 2600; https://overseas.huji.ac.il/hebprograms; Boyar Bldg, Hebräische Universität Jerusalem, Mt. Scopus; 100/140/200 akademische Std. 1270/1640/2250 US$) Vor allem im Sommer (Ende Juni–Ende Sept.) werden Intensivkurse in Hebräisch, gesprochenem Palästinensisch-Arabisch und modernem Hocharabisch angeboten. Die Lernmethode ist hier akademischer als in nicht-universitären *ulpans*.

Ulpan Etzion
SPRACHKURS

(📞 02-636-7310, 02-636 7326; www.jewishagency.org/ulpan-etzion; 27 David Raziel St) Israels erste Hebräischschule wurde 1949 gegründet. Sie wendet sich an Universitätsabsolventen zwischen 22 und 35 Jahren. Die fünfmonatigen Kurse beginnen im Januar und im Juli.

Al-Quds Centre for Jerusalem Studies
SPRACHKURS

(Karte S. 52; 📞 02-628 7517; www.jerusalem-studies.alquds.edu; Suk al-Qattanin, Muslimisches Viertel, Altstadt) Die Vormittagskurse dieses Instituts finden in der äußerst stimmungsvollen Al-Quds-Universität im Suk al-Qattanin statt. Das Zentrum bietet 80-stündige Kurse (4180 NIS) in gesprochenem Arabisch und modernem Hocharabisch für Anfänger und Fortgeschrittene an.

👉 Geführte Touren

Auf der Website der Stadtverwaltung sind kostenlose Karten und eine App für 15 selbstgeführte, englischsprachige Audio-Stadtspaziergänge durch die Altstadt erhältlich (www.itraveljerusalem.com; im Menü „Old City Jerusalem Essence" unter „Old City Sites and Tours" auf „Audio Walking Tours" klicken). Vier Touren im Jüdischen Viertel sind auch für Rollstuhlfahrer geeignet. Die App ist für Apple und Android erhältlich.

Achtung: Führer, die ihre Dienste nicht über die Touristeninformation am Jaffator

anbieten, haben im Allgemeinen keine Zulassung. Wer einen Guide benötigt, sollte die Touristeninformation mit der Organisation beauftragen. Ein Führer kostet zwischen 200 und 300 US$ pro halbem Tag.

Der in Jerusalem ansässige Veranstalter **Abraham Tours** (📞 02-566 0045; www.abrahamtours.com; 67 HaNevi'im St) ist dem gleichnamigen Hostel angegliedert und hat Tagestrips ins Westjordanland, nach Caesarea, Nazareth und Tiberias sowie zum Toten Meer im Angebot. Auch Ausflüge nach Petra und ins Wadi Rum in Jordanien stehen auf dem Programm.

★ Sandemans New Jerusalem Tours
STADTSPAZIERGANG

(📞 052-346 4479; www.newjerusalemtours.com; 67 Hanevi'im St) `GRATIS` Der täglich von Sandemans angebotene, kostenlose Spaziergang durch die Altstadt bietet eine äußerst empfehlenswerte Einführung (Trinkgelder werden gern angenommen, angemessen sind 50 NIS/Pers.). Man sollte die Tour gleich für den ersten Tag des Aufenthalts in Jerusalem einplanen, um sich mit der Stadt vertraut zu machen. Eine Reservierung ist nicht erforderlich. Los geht's täglich um 9, 12 und 15 Uhr. Die Führer erkennt man an ihren roten T-Shirts.

Es gibt auch kostenpflichtige Führungen durch die Altstadt und auf den Ölberg, die mehr in die Tiefe gehen (Details s. Website).

Alternativ bietet ein etwas windiger Outfitter kostenlose Stadtspaziergänge mit Start am Jaffator an. Man darf aber nichts auf ihre Masche mit dem freien Eintritt in Sehenswürdigkeiten geben (die auf diesen Touren besichtigten Sehenswürdigkeiten verlangen ohnehin keinen Eintritt). Die Guides tragen orangefarbene T-Shirts.

Free Saturday Tours
STADTSPAZIERGANG

(📞 02-531 4600; www.itraveljerusalem.com; ⊙ Sa 10–13 Uhr) `GRATIS` Die dreistündigen Stadtspaziergänge, die von der Stadtverwaltung angeboten werden, beginnen am Safra Sq (26 Jaffa St) in der Nähe der Palmen. Die zugelassenen Führer sprechen im Allgemeinen Englisch. Einige Spaziergänge führen zum Ölberg, andere ins Muslimische Viertel in der Altstadt und zum Berg Zion. Weitere Details stehen auf der Website (unter „explore/Israel tours").

Green Olive Tours
STADTSPAZIERGANG

(📞 03-721 9540; www.greenolivetours.com) Das angesehene Unternehmen in israelisch-

GOTTESDIENSTE IN JERUSALEM

Eine Vorstellung von der enormen spirituellen Bedeutung Jerusalems kann man gut bei einem Sabbatgottesdienst, einem Freitagsgebet oder Sonntagsgottesdienst bekommen. Angemessene respektvolle Kleidung versteht sich von selbst.

Der Sabbatgottesdienst beginnt in der Regel freitags kurz nach dem Anzünden der Lichter (36 Minuten vor Sonnenuntergang) sowie samstagmorgens zwischen 8.30 und 9.30 Uhr (in sephardischen und vor allem jemenitischen Synagogen kann es auch etwas früher losgehen). In jedem jüdischen Stadtviertel finden sich mehrere Synagogen, die meisten gehören zu orthodoxen oder ultraorthodoxen Gemeinden. Nahla'ot ist bekannt für die Verschiedenartigkeit der vielen winzigen Gebetshäuser; u. a. gibt es hier auch eines, das die Traditionen von Aleppo (Syrien) achtet.

Zu den traditionell nicht orthodoxen Synagogen Jerusalems gehören:

Har El (Karte S. 76; ☎ 02-625 3841, App. 201; www.kharel.org.il; 16 Shmuel HaNagid St, City Centre) Israels erste Reform-Synagoge. Sie wurde 1958 gegründet.

Kol HaNeshama (☎ 02-672 4878; www.kolhaneshama.org.il; 1 Asher St, Baka) Jerusalems größte Reformkongregation.

Moreshet Yisrael (Karte S. 82; ☎ 02-625 3539; www.moreshetyisrael.com; 4 Agron St, Rechavia) Konservativ/Masorti.

Shira Hadasha (☎ 054-817 3101; www.shirahadasha.org.il; 12 Emek Refa'im St, Deutsche Kolonie) Feministisch-orthodox.

Einzelheiten zu **Gottesdiensten** stehen auf der Website des Christian Information Centre (www.cicts.org): „Masses and Services" anklicken!

Muslime können sich dem Freitagsgebet in der Al-Aqsa-Moschee (S. 53) anschließen, allerdings nur dann, wenn keine Sicherheitsbeschränkungen bestehen. Vorher bei der Touristeninformation am Jaffator nachfragen.

arabischer Hand organisiert täglich Stadtspaziergänge durch die Altstadt (3 Std., 130 NIS), zweimal wöchentlich eine Kombi-Tour (zu Fuß und per Tram) durch Westjerusalem mit Besuch der Gedenkstätte Yad Vashem (3 Std., 260 NIS) sowie einen Spaziergang durch Ostjerusalem (3 Std., 140 NIS). Es werden auch Ausflüge ins Westjordanland angeboten.

City Bus Tour   BUSTOUR
(☎ 050-842 2473; www.citytourjerusalem.com; 2 Std. Nonstop-Tour Erw./Kind 60/48 NIS, Hop-on-Hop-off pro Tag 80/68 NIS) Der offene Doppeldeckerbus (Circle Line 99) fährt an vielen Hauptsehenswürdigkeiten Jerusalems vorbei. Kommentare in acht Sprachen. Haltestellen sind u. a.: Herodestor (gegenüber vom Rockefeller Museum), Dungtor (Davidsstadt), Berg Zion, Jaffator (Zitadelle), Haas-Promenade, Zoo, Yad Vashem, Israel-Museum/Bible Lands Museum und Knesset.

Sonntags bis donnerstags starten täglich vier Busse am Zentralen Busbahnhof (9, 11, 13.30 und 15.45 Uhr). Freitags geht's nur um 9, 11 und 13.30 Uhr los. Man kann an jeder Haltestelle zusteigen. Route und Zeiten stehen im Internet.

Feste & Events

Israel Festival   KULTUR
(http://israel-festival.org/) Dreiwöchiges Festival mit Konzerten, Tanz- und Theateraufführungen von israelischen und internationalen Künstlern. Von Ende Mai bis Mitte Juni.

★ **Lights in Jerusalem**   KUNST
(www.lights-in-jerusalem.com) Lichtshows, 3D-Lichtinstallationen und riesige Videoprojektionen in den Straßen und an wichtigen Gebäuden in der Altstadt sowie an den Altstadtmauern. Im ganzen Juli.

Jerusalem Film Festival   FILM
(www.jff.org.il) Eines der größten Filmfestivals im Nahen Osten. Die Filme werden im Juli in Kinosälen und im Freien gezeigt.

Jerusalem Beer Festival   BIER
(www.jerusalembeer.com) Im August werden im Gan HaAtsma'ut (Unabhängigkeitspark) in Mamilla über 150 israelische und ausländische Biere ausgeschenkt.

Jerusalem Wine Festival   WEIN
Dieses Event findet an vier Abenden im August im Garten des Israel-Museum statt. Es

ist wahrscheinlich das bedeutendste Weinfest Israels.

Jerusalem Sacred Music Festival
MUSIK

(www.jerusalemseason.com) Vier Tage im September präsentieren Pilger aus der ganzen Welt ihre Musik. Zum Festival gehört auch eine Nachtaufführung in der Zitadelle.

Jerusalem International Oud Festival
MUSIK

(www.confederationhouse.org) Auf diesem neuntägigen Festival Anfang November stellen internationale und israelische Oud-Spieler ihr Können unter Beweis. Es wird von dem Confederation House Centre for Ethnic Music and Poetry organisiert und findet an verschiedenen Veranstaltungsorten in ganz Jerusalem statt.

Schlafen

Die meisten Budgetunterkünfte befinden sich in der Altstadt im Muslimischen, Christlichen und Armenischen Viertel sowie im Stadtzentrum. Einfache Mittelklassehotels sind rar gesät, während es viele Spitzenklassehotels gibt, z. B. die stimmungsvollen christlichen Hospize in der Altstadt und die Boutiquehotels im Stadtzentrum. Im Jüdischen Viertel gibt es keine nennenswerten Hotels oder Pensionen.

Wer großen Wert auf authentisches Flair legt, sollte sich unbedingt in der Altstadt eine Bleibe suchen. Wem die Nähe zu Restaurants, Bars, Cafés und öffentlichen Verkehrsmitteln wichtiger ist, übernachtet im Stadtzentrum, in Mamilla oder Yemin Moshe. Und wer mit dem eigenen Auto unterwegs ist, muss in der Neustadt wohnen oder für Mamilla Parking (S. 111) unweit des Jaffators 48 NIS pro 24 Stunden hinblättern.

Je nach Saison und in Zeiten politischer Unruhen können die Zimmerpreise durch die Decke schießen oder auch in den Keller purzeln. Die hier genannten Preise beziehen sich auf die Hauptsaison von April bis Juni und von September bis Oktober sowie rund um Ostern, Weihnachten und Neujahr.

Altstadt

Wer mit einem Taxi oder Sammeltaxi in Jerusalem ankommt und in der Altstadt ein Zimmer gebucht hat, muss sich an einem der Stadttore absetzen lassen und zu Fuß zum Hotel gehen.

Gut zu wissen: Im Muslimischen Viertel kann der Ruf des Muezzin die Nachtruhe beeinträchtigen. Wer einen leichten Schlaft hat, sollte Ohrstöpsel mitnehmen.

Hashimi Hotel & Hostel
HOSTEL $

(Karte S. 52; ☎02-628 4410; www.alhashimi hotel-jerusalem.com; 73 Souq Khan al-Zeit St, Muslimisches Viertel; B/EZ/DZ 35/60/95 US$; ✳@🛜) Das Hostel in palästinensischer Hand befindet sich mitten im Suk und macht seinen Gästen jede Menge Vorschriften (kein Alkohol, Doppelzimmer nur für Ehepaare, keine Kreditkarten, keine gemischten Schlafsäle). All dies ist aber vergessen, wenn man die frisch renovierten Zimmer inspiziert hat und in den Genuss der grandiosen Aussicht von der Dachterrasse gekommen ist.

Zimmer 313 und 311 bieten einen schönen Blick auf den Felsendom. Beide Schlafsäle haben Klimaanlage, Bad und TV, der im dritten Stock bietet außerdem eine schöne Aussicht. WLAN gibt's nur in der Lobby und im vierten Stock.

Jaffa Gate Hostel
PENSION $

(Karte S. 52; ☎02-627 6402; www.jaffa-gate.hostel. com; Jaffa Gate; B 100 NIS; EZ/DZ 250/320 NIS, mit Gemeinschaftsbad 200/280 NIS; ✳@🛜) Das kleine, freundliche Hostel unter arabischer Leitung hat einen Schlafsaal (für 4 Pers.) und 23 kleine, sehr einfache Zimmer. Es gibt eine Lounge, eine kleine Dachterrasse mit Traumblick und eine Gemeinschaftsküche. Aufgrund der muslimischen Hausordnung ist Alkohol im Haus verboten. Das Frühstück ist nicht im Preis enthalten und es wird nur Barzahlung akzeptiert.

Golden Gate Inn
PENSION $

(Karte S. 52; ☎02-628 4317; www.goldengate4. com; 10 Souq Khan al-Zeit St, Muslimisches Viertel; B/DZ/3BZ 80/250/350 NIS; ✳🛜) Die Familienpension in dem stimmungsvollen, alten Haus in der Nähe des Damaskustors hat nach Geschlechtern getrennte Schlafsäle, saubere Zimmer mit Bad, Kabelfernsehen und Klimaanlage. Es gibt eine große, gepflegte Gemeinschaftsküche und eine Dachterrasse mit tollem Blick. Achtung: WLAN funktioniert nur in der Lobby, Alkohol ist verboten.

Citadel Youth Hostel
HOSTEL $

(Karte S. 52; ☎02-628 5253; www.citadelyouth hostel.com; 20 St Mark's Rd, Armenisches Viertel; Matratze auf dem Dach 55 NIS, B 70 NIS, DZ 300 NIS, EZ/DZ mit Gemeinschaftsbad 180/200 NIS; @🛜) Das perfekte Beispiel für ein Hostel mit ungenutztem Potenzial. Hier sollte man nur übernachten, wenn die Hostels Abraham,

JERUSALEM MIT KINDERN

Wenn der Nachwuchs angesichts der Fülle religiöser und historischer Stätten streikt, kann beispielsweise der ausgezeichnete **Zoologische Garten von Jerusalem** (Biblischer Zoo von Jerusalem; ☏ 02-675 0111; www.jerusalemzoo.org.il; 1 Derech Aharon Shulov; Erw./Kind 50/40 NIS; ⊙ So–Do 9–18, Fr 9–16.30, Sa 10–18 Uhr) angesteuert werden. Schwerpunkt des 25 ha großen Tierparks im Südwesten der Stadt ist die Fauna Israels, wobei vor allem Arten im Zoo leben, die in der Bibel erwähnt werden. In einem anderen Bereich sind allerdings auch bedrohte Tierarten aus anderen Teilen der Welt zu sehen. Am besten erreicht man den Zoo mit der Straßenbahn; an der Endstation am Herzlberg steigt man in Bus 33 zum Zoo um.

Kids lieben auch das **Bloomfield Science Museum** (☏ 02-654 4888; www.mada. org.il; Hebräische Universität, Ruppin Blvd; Eintritt 79 NIS, unter 5 Jahren frei; ⊙ Sa–Mi 9–18, Do 16–20, Fr 10–16 Uhr; ⊞ 9, 14), ein interaktives Museum mit jeder Menge Aktivitäten und Exponaten, die in die Naturwissenschaften einführen. Das Museum ist 25 bis 30 Gehminuten vom Stadtzentrum und zehn Minuten vom Israel-Museum entfernt. Alternativ nimmt man am Zentralen Busbahnhof Bus 9.

Ein schöner Zeitvertreib für Kinder über fünf ist der **Time Elevator** (Karte S. 82; ☏ 02-624 8381; www.time-elevator-jerusalem.co.il; Beit Agron, 37 Hillel St; Eintritt 54 NIS, Internet-Buchung 46 NIS; ⊙ So–Do 10–17, Fr 10–14, Sa 12–18 Uhr; ⊞ Jaffa Center), eine interaktive Kinoerfahrung mit sich bewegenden Sitzen, Panoramaleinwand und Spezialeffekten, die mit der Filmhandlung synchronisiert sind. Es ist ratsam, die Plätze im Voraus zu buchen.

Ein spaßiges Abenteuer für größere Kinder ist ein Ausflug in die Davidsstadt (S. 72), wo die Nachwuchsarchäologen durch den gruseligen, mit Wasser gefüllten Hiskia-Tunnel waten können. In der Altstadt gibt es ein paar Schritte nördlich des Hurva Sq (versteckt in einem Hof hinter der Breiten Mauer) einen tollen Spielplatz.

Hashimi und Jaffa Gate ausgebucht sind. Das einem Labyrinth ähnelnde, 500 Jahre alte Gebäude mit vielen schäbigen Anbauten bietet im Sommer dünne Schaumstoffmatratzen auf dem Dach, alte Matratzen in den Schlafsaalbetten, beengte, übel riechende Gemeinschaftsbäder und überteuerte Zimmer.

Petra Hostel HOSTEL $
(Karte S. 52; ☏ 02-628 6618; www.newpetra hostel.com; Omar ibn al-Khattab Sq, Jaffa Gate; Matratze auf dem Dach 50 NIS, B 70 NIS, EZ/DZ 220/320 NIS; ☎) Das in den 1820er-Jahren errichtete Haus ist das älteste Hotel in Jerusalem. Hier haben schon solch illustre Gäste wie Mark Twain und Herman Melville übernachtet. Aber leider macht der altmodische Charme die stickigen, muffigen und schmuddeligen Zimmer und Schlafsäle nicht wieder wett. Hier sollte man nur übernachten, wenn man wirklich sehr knapp bei Kasse ist und nichts dagegen hat, dass alles recht ... nun ja ... *einfach* ist.

★Österreichisches Hospiz PENSION $$
(Karte S. 52; ☏ 02-626 5800; www.austrianhos pice.com; 37 Via Dolorosa, Muslimisches Viertel; B/EZ/DZ/3BZ 26/76/118/165 €; @☎) Die burgartige Herberge wurde 1863 eröffnet. Vieles

aus der damaligen Zeit ist noch erhalten. Die großen, schlicht eingerichteten Zimmer haben gute Betten. Drei der Zimmer haben einen Balkon, zwei eine Klimaanlage (Aufpreis 5 €). Die nach Geschlechtern getrennten Schlafsäle befinden sich im Untergeschoss, wo auch die blitzblanken Gemeinschaftsbäder liegen. Das ruhige Gartencafé ist ein beliebter Treffpunkt der Gäste.

Das Hospiz befindet sich an der Ecke Al-Wad St/Via Dolorosa. Um hereingelassen zu werden, muss man an der Gegensprechanlage klingeln (die Rezeption ist von 7 bis 23 Uhr besetzt).

★Lutherisches Gästehaus PENSION $$
(Karte S. 52; ☏ 02-626 6888; www.luth-guest house-jerusalem.com; St Mark's Rd, Armenisches Viertel; Preise für EZ/DZ/3BZ auf Nachfrage; ❋☎) Hinter einer schweren Stahltür warten auf die Gäste eine einladende Lobby, eine Vielzahl von Zimmern, ein Garten, ein Lesesaal auf dem Dach und eine Lounge. Die Zimmer sind einfach, aber komfortabel eingerichtet. Das üppige Frühstücksbuffet bietet für jeden Geschmack etwas. Vom Jaffator geht man die David St hinunter, dann die erste Querstraße rechts eine schmale Treppe hinauf; die Pension liegt ungefähr 100 m weiter auf der linken Seite.

Ecce Homo Pilgrim House
PENSION **$$**

(Karte S. 96; ☎ 02-627 7292; reservation@ecce homoconvent.org; 41 Via Dolorosa, Muslimisches Viertel; B/EZ/2BZ 35/63/106 US$; 🛜) Wer schon immer mal in einem Konvent übernachten wollte, kann in diesem 150 Jahre alten Pilgerhospiz in der Via Dolorosa einchecken. Die Steinwände und die düsteren Flure erinnern an vergangene Zeiten. Die schöne Dachterrasse und der gemütliche Lesesaal laden zum Entspannen ein. In den schlicht eingerichteten, nicht klimatisierten Zimmern kann es recht warm werden. Nachts wird abgeschlossen.

Hotel East New Imperial
PENSION **$$**

(Karte S. 52; ☎ 02-628 2261; www.newimperial. com; Jaffa Gate; EZ/DZ 70/120 US$; @🛜) Der Inhaber Abu el-Walid Dajani bereitet den Gästen in seinem Hotel, das seit 1949 im Besitz seiner Familie ist, einen herzlichen Empfang und kann einiges über die Geschichte seines Hauses erzählen. Die labyrinthartige Aufteilung mag etwas verwirrend sein. Die Zimmer sind von ganz unterschiedlicher Qualität; man sollte eines der frisch renovierten Zimmer mit Blick auf die Nebenstraße verlangen, da die anderen nicht allzu gut sind. Ein aus vier Gängen bestehendes Abendessen kostet 20 US$.

Armenisches Gästehaus
B&B **$$**

(Karte S. 52; ☎ 02-626 0880; armenianguest house@hotmail.com; 36 Via Dolorosa, Muslimisches Viertel; B/EZ/DZ 39/97/136 US$; ✳🛜) Nach den vor Kurzem erfolgten Renovierungen und aufgrund der vernünftigen Preise kann man diese Pension im armenisch-katholischen Patriarchat jetzt für eine Übernachtung in Betracht ziehen. Es gibt weder einen Garten noch stimmungsvolle Gemeinschaftsbereiche (also all die Dinge, die die Pensionen der anderen Ordensgemeinschaften in der Stadt zu etwas Besonderem machen). Dafür aber bekommt man sehr saubere, moderne Zimmer mit guten Bädern und komfortablen Betten geboten

★Gästehaus der Christuskirche
PENSION **$$$**

(Karte S. 52; ☎ 02-627 7727; www.cmj-israel. org; Omar ibn al-Khattab Sq, Jaffator; EZ/DZ 128/194 US$; ✳@🛜) Die wunderbar gepflegte Pension punktet mit altmodischer Atmosphäre, mehrsprachigem Personal, fantastischer Lage und schönem Garten. Die schlicht eingerichteten Zimmer haben Steinfußböden, Gewölbedecken und gute Betten.

Es gibt Lounges, in der die Gäste bei einem kostenlosen Tee oder Kaffee relaxen können. Frühstück (im Preis enthalten), Mittagessen (20–60 NIS) und Abendessen (65 NIS) werden im Café der Pension serviert.

🛏 Ostjerusalem

Die Gegend direkt östlich vom Damaskustor befindet sich vorwiegend in palästinensischer Hand und verströmt wahres nahöstliches Flair: Straßenhändler bieten ihre Waren Kopftuch tragenden Hausfrauen an, aus den Autos dröhnt arabische Musik und die Ladenfronten und Straßen sind weit weniger geschniegelt als die oft biederen Pendants in Westjerusalem. Es gibt eine Mischung aus multinationalen und multinationalen Hotels, von denen aber nur wenige empfehlenswert sind. Die Straßenbahnhaltestellen Damaskustor, Shivtel Israel und Shimon HaTzadik sind ganz in der Nähe.

★American Colony Hotel
HISTORISCHES HOTEL **$$$**

(Karte S. 76; ☎ 02-627 9777; www.american colony.com; 1 Louis Vincent St; EZ 265 US$, DZ 310–640 US$, Suite 675–955 US$; ✳@🛜🏊) Das historische Hotel wurde 1902 erbaut und war Anfang des 20. Jhs. eine beliebte Unterkunft für wohlhabende Besucher aus dem Westen; auch heute noch steigen Promis hier gerne ab. Die eleganten, gemütlichen Zimmer sind über drei Flügel verteilt, wobei die im Originalgebäude die beste Wahl sind. Ausgezeichnetes Frühstücksbuffet.

Zu den Annehmlichkeiten zählen ein Pool, ein gut ausgestattetes Fitnessstudio, ein Café im Hof, eine Lounge in der Lobby, eine Kellerbar und ein Garten.

Jerusalem Hotel
BOUTIQUEHOTEL **$$$**

(Karte S. 76; ☎ 02-628 8982, 02-628 3282; www. jrshotel.com; Derekh Shchem (Nablus) Rd; EZ/DZ 160/240 US$; ✳@🛜; 🚉 Shivtei Israel) Mit seinen mit Fliesen verzierten Steinmauern, hohen Decken und antiken Möbeln geht dieses kleine, freundliche Hotel in einem Gebäude aus den 1890er-Jahren gegenüber dem Busbahnhof von Ostjerusalem problemlos als Boutiquehotel durch. Das Restaurant in dem mit Weinranken geschmückten Hof eignet sich an warmen Tagen perfekt für ein nettes Abendessen.

St. George's Guesthouse
PENSION **$$$**

(Karte S. 76; ☎ 02-628 3302; stgeorges.gh@j-dio cese.org; 20 Derekh Shchem (Nablus) Rd; EZ/DZ Standard 110/150 US$, Deluxe 150/180 US$;

✳@🛜; 🛏Shivtei Israel) Die ruhige Pension mit Zwei-Bett-Zimmern rund um einen schönen Gartenhof befindet sich auf dem Gelände einer 110 Jahre alten anglikanischen Kirche. Jedes Zimmer hat Betten mit schneeweißer Bettwäsche, Satelliten-TV und Wasserkocher. Der Mehrpreis für die größeren Deluxe-Zimmer mit frisch renovierten Bädern lohnt sich.

Legacy Hotel
HOTEL $$$

(Karte S. 76; 📞02-627 0800; www.jerusalem legacy.com; 29 Derekh Shchem (Nablus) Rd; Royal EZ/DZ 150/185 US$, Executive EZ/DZ 175/195 US$; ✳@🛜; 🛏Shivtei Israel) Nach Namensänderung und Facelifting präsentiert sich das ehemalige YMCA-Hostel in Ostjerusalem nun in schickem Gewand. Es gibt zwei Zimmertypen (Deluxe & Standard), beide mit Wasserkocher und Kabel-TV. Es lohnt sich, ein paar Dollar mehr für ein Deluxe-Zimmer hinzublättern, die größere Bäder und einen Balkon mit Blick auf den Ölberg haben.

Zu den Annehmlichkeiten zählen ein Restaurant im fünften Stock mit tollem Blick über die Altstadt, eine Bar in der Lobby und ein Gartencafé. Die Hotelgäste haben freien Zutritt zum Fitnessraum und Schwimmbad des YMCA nebenan.

National Hotel
HOTEL $$$

(Karte S. 76; 📞02-627 8880; www.nationalhotel -jerusalem.com; As-Zahra St; EZ/DZ/3BZ 170/200/ 270 US$; ✳🛜; 🛏Shivtei Israel) Das Design des modernen Hotels in der Nähe vom Herodestor ist wohl eher nicht preisverdächtig. Was aber für diese Unterkunft spricht, sind der gute Service, die kostenlosen Parkplätze und das dazugehörige Restaurant mit Blick auf den Ölberg (Alkohol gibt's hier allerdings nicht). Das WLAN funktioniert nur in der Lobby.

📍 Zentrum

Das Geschäftszentrum des überwiegend jüdischen Westjerusalems bietet viele Unterkünfte, Restaurants und Bars. Am Sabbat ist aber fast alles geschlossen.

Die Straßenbahn fährt die Hauptverkehrsader Jaffa Rd entlang. Sowohl die Altstadt als auch der Zentrale Busbahnhof sind gut zu Fuß zu erreichen.

⭐ Abraham Hostel
HOTEL $

(Karte S. 76; 📞02-650 2200; https://abraham hostels.com; 67 HaNevi'im St, Davidka Sq; B/EZ/DZ 114/300/480 NIS; ✳@🛜; 🛏Ha-Davidka) Kurz gesagt, das Abraham ist das Musterexemplar

eines Hostels. Der besten Backpacker-Bleibe in der City kann die Konkurrenz nicht das Wasser reichen. Sie liegt in der Nähe der Straßenbahnhaltestelle Davidka und bietet einfache, saubere Zimmer mit Bad. Neben dem geselligen Lounge-/Barbereich gibt es eine Gemeinschaftsküche. Am tollsten ist aber das riesige Unterhaltungs- und Tourenprogramm.

Man sollte versuchen, an einem Sabbat hier zu übernachten: Das Hostel organisiert ein Sabbatabendessen für bis zu 40 Personen (40 NIS). Im Angebot sind ebenfalls kostenlose Hebräisch- und Arabischkurse, Spaß garantiert auch die Happy Hour (18-20 Uhr). Schließlich sollte man an mindestens einer der geführten Touren teilnehmen. Der Eingang befindet sich in der HaNevi'im St in der Nähe der Bushaltestelle.

Jerusalem Hostel & Guest House
HOTEL $

(Karte S. 82; 📞02-623 6102; www.jerusalem hostel.com; 44 Jaffa Rd, Zion Sq; B 90 NIS, EZ 220–340 NIS, DZ 270–360 NIS; ✳@🛜; 🛏Jaffa Center) Dieses Hostel ist eine gute Option für Budgettraveller, die eine Unterkunft im Stadtzentrum suchen. Es hat saubere Zimmer mit Bad, nach Geschlechtern getrennte Schlafsäle, eine Gemeinschaftküche und eine Dachterrasse. Im Haus herrscht eine lockere Traveller-Atmosphäre, an den Wänden hängen viele Infos und man trifft auf viele andere Gäste, die gern Tipps geben.

Neben dem Hauptflügel für Backpacker gibt es in einem separaten Gebäude einen neuen Bereich mit Privatzimmern (300 NIS).

City Center Suites
APARTMENTS $$

(Karte S. 82; 📞02-650 9494; www.citycenter vacation.com; 17 King George St (Ecke HaHistadrut St); DZ 130–150 US$, Suite 165–190 US$, einfaches Wohnstudio EZ/DZ ohne Frühstück 110/130 US$; @🛜; 🛏Jaffa Center) Die allgemein gültige Beschreibung für Unterkünfte in dieser Gegend lautet: „viel Charme, aber etwas abgenutzt". Und genau aus diesem Grund sollte man sich über dieses tadellos saubere, moderne Hotel von ganzem Herzen freuen. Die 38 gemütlichen Zimmer mit Kochecke verteilen sich über zwei Gebäude in der Neustadt. Das einfache Wohnstudio ist nicht allzu beeindruckend.

Die gleichen Inhaber betreiben auch die schönen **Shamai Suites** (Karte S. 82; 📞02-579 7705; www.shamaisuites.com; 15 Ben Hillel St; Wohnstudio 140–160 US$, Suite 200–220 US$; ✳🛜; 🛏Jaffa Center).

Hotel Palatin
HOTEL $$

(Karte S. 82; ☏ 02-623 1141; www.palatinhotel.
com; 4 Agrippas St; EZ/DZ 110/155 US$; ❄ 📶;
🚇 Jaffa Center) Unweit des Zentrums von
Jerusalems Shopping- und Café-Szene ge-
legen, bietet das Hotel Palatin kleine, aber
recht gemütliche Zimmer. Die oben genann-
ten Standardpreise sind überteuert. Wer
über Internetportale bucht, kommt deutlich
günstiger weg. Der freundliche Service lässt
das Bettzeug aus Polyester beinahe wieder
vergessen.

⭐ Arthur Hotel
BOUTIQUEHOTEL $$$

(Karte S. 82; ☏ 02-623 9999; www.atlas.co.il;
13 Dorot Rishonim St; EZ/DZ 275/325 US$; ❄ @ 📶;
🚇 Jaffa Center) Es gibt viele kleine Hotels in
Jerusalem, aber nur wenige, die so gut geführt werden, wie diese klassische Unterkunft in der Nähe vom Zion Sq. Die Zimmer
kommen in unterschiedlichen Formen und
Größen daher. Am besten sind die im hinteren Gebäudeteil (man sollte nach einem
Zimmer mit Balkon fragen). Das Frühstück
ist wahrhaft beeindruckend, und der kostenlose aperitivo am Nachmittag steht bei den
Hotelgästen hoch im Kurs.

7 Kook Boutique Hotel
BOUTIQUEHOTEL $$$

(Karte S. 82; ☏ 02-580 8068; www.7kookhotel.
com; Ticho St; DZ 240–380 US$, EZ ohne Früh-
stück 216–342 US$; ❄ 📶; 🚇 Jaffa Center) Es gibt
nicht allzu viele Boutiquehotels in Jerusa-
lem, sodass die Eröffnung dieses gut gelege-
nen Hauses 2014 ein willkommenes Ereignis
war. Das 7 Kook gehört zu einem eleganten
Apartmentprojekt und bietet vier schicke
Zimmertypen: Wohnstudios, Deluxe-Zim-
mer, Familienzimmer und Suiten. Alle sind
mit komfortablen Betten, tollen Bädern mit
Badewanne, einer Espressomaschine und
einem Wasserkocher ausgestattet.

Harmony Hotel
HOTEL $$$

(Karte S. 82; ☏ 02-621 9999; www.atlas.co.il;
6 Yo'el Salomon St; EZ/DZ 275/325 US$; ❄ @ 📶;
🚇 Jaffa Center) Die geräumige Lobby mit Billardtisch, Büchern und Kamin ist vor allem
nachmittags, wenn ein kostenloser Aperitiv
angeboten wird, die Hauptattraktion in diesem gut geführten Hotel in der Nähe vom
Zion Sq. Es gibt insgesamt 50 Zimmer; die
im ersten Stock neu, die restlichen renoviert.
Wer wählen kann, sollte sich für ein Eckzim-
mer entscheiden. Kostenlose Parkplätze.

Notre Dame Guest House
PENSION $$$

(Karte S. 52; ☏ 02-627 9111; www.notredamecen
ter.org; 3 Paratroopers Rd; DZ & 2BZ 240–290 US$,

3BZ 290 US$, Suite 450–550 US$; ❄ 📶; 🚇 City
Hall) Die meisten Zimmer in dieser erstklas-
sig gelegenen und vom Vatikan betriebenen
Pension bieten einen wunderschönen Blick
auf die Altstadt und den Ölberg. Die frisch
renovierten Zimmer in diesem Gebäude aus
dem Jahr 1904 sind eine tolle Wahl, zumal
die Pension mit einem mediterranen Res-
taurant mit Gartenterrasse sowie einem Kä-
se-Wein-Restaurant (S. 102) auf dem Dach
auch fürs leibliche Wohl sorgt.

🛏 Mamilla & Yemin Moshe

St. Andrew's Scottish Guesthouse
PENSION $$

(Karte S. 76; ☏ 02-673 2401; www.scotsguest
house.com; 1 David Remez St, Yemin Moshe; EZ/
DZ/2BZ/Suite/Apt. 135/180/200/240/380 US$;
@ 📶) Das St. Andrew's auf einem Hügel mit
Blick über die Altstadt wirkt mit seinem grünen Garten und der imposanten Steinfassa-
de wie ein Stück Schottland mitten im Nahen Osten. Die Pension bietet einfache Zimmer und ein aus zwei Zimmern bestehendes
Apartment, in dem vier Personen übernachten können. Die teureren Zimmer haben einen Balkon mit hübscher Aussicht; wer in
einem Zimmer ohne Balkon übernachtet,
hat Zutritt zu einer großen Sonnenterrasse.
In allen Zimmern gibt's Wasserkocher.

Mamilla Hotel
HOTEL $$$

(Karte S. 82; ☏ 02-548 2222; www.mamillahotel.
com; 11 King Solomon (Shloma HaMelekh) St, Ma-
milla; Zi. 510–635 US$, Suite 785 US$; ❄ @ 📶 ⛵;
🚇 City Hall) Die beste Lage in ganz Jerusalem
– zwischen Alt- und Neustadt, unweit des
Jaffators – ist nur einer der Trümpfe, die
dieses schicke Luxushotel zu bieten hat. Die
großen Zimmer sind gut eingerichtet. Den
Gästen stehen mehrere Annehmlichkeiten
zur Verfügung, z. B. ein Spa mit Dampfraum
und Hammam, ein Fitnessraum, ein über-
dachter Pool, zwei Bars, ein Café und ein ita-
lienisches Restaurant auf der Dachterrasse.

David Citadel Hotel
HOTEL $$$

(Karte S. 82; ☏ 02-621 1111; www.thedavidcitadel.
com; 7 King David (David HaMelekh) St, Mamilla; Zi.
510–634 US$, Suite 1000 US$; 🚇 City Hall) Genau
wie Flughäfen sind auch einige große Hotels
kleine Städte für sich mit unterschiedlichen
Menschen, Unterkünften, Geschäften und
Freizeiteinrichtungen. Das David Citadel
mit seinen 400 Zimmern gehört ohne Frage zu dieser Sorte. Die geräumigen Zimmer
sind wunderschön eingerichtet – die Suiten

sind der pure Wahnsinn! Es gibt drei Restaurants und zu den Annehmlichkeiten gehören eine VIP-Lounge, ein Pool, ein Kinderspielzentrum, ein Spa und ein Fitnessstudio.

YMCA Three Arches Hotel · HOTEL $$$
(Karte S. 76; ☎ 02-569 2692; www.ymca3arch.co.il; 26 King David St, Yemin Moshe; EZ/2BZ/3BZ/Suite 200/220/250/290 US$; ✳@🖥🛖) Das Gebäude von 1933 ist ein bedeutendes lokales Wahrzeichen und ein toller Ort für ein paar Übernachtungen. Die 56 Zimmer sind einfach eingerichtet, könnten etwas sauberer sein und sind jeweils mit zwei Betten und Kabelfernsehen ausgestattet. Es gibt ein hoteleigenes Restaurant, einen Fitnessraum und einen Pool.

🖼 Deutsche Kolonie & Rehavia

Little House in Rehavia · HOTEL $$$
(Karte S. 76; ☎ 02-563 3344; www.jerusalem-hotel.co.il; 20 Ibn Ezra St, Rehavia; EZ 450 NIS, DZ 600–690 NIS; ✳🛖) Das Hotel in einem restaurierten Steinhaus aus dem Jahr 1942 hat etwas von einem Boutiquehotel. Es befindet sich in einem der schönsten Viertel Jerusalems (zur Altstadt sind es 1,5 km zu Fuß), hat 28 Zimmer, eine Dachterrasse und einen Speisesaal, in dem täglich streng koscheres Frühstück und am Sabbat Mittag- und Abendessen serviert wird.

Arcadia Ba'Moshava · HOTEL $$$
(☎ 02-542 3000; www.arcadiahotels.co.il; 13 Yehoshua bin Nun St; EZ/DZ wochentags 240/270 US$, Wochenende 270/300 US$; ✳@🛖; 🚌 4, 18, 21) Das 2014 nach umfassenden Renovierungen wiedereröffnete Hotel befindet sich in einer grandiosen, im arabischen Stil gehaltenen Villa von 1935. Der Name „Ba'Moshava" bedeutet „in der Kolonie" – tatsächlich ist die Lage in einer Wohnstraße unweit der Shopping- und Unterhaltungsmeile Emek Refa'im ausgezeichnet. Die Zimmer sind klein, was jedoch gut zu verkraften ist, da

---

JERUSALEM AM SABBAT

Exakt 36 Minuten vor Sonnenuntergang dröhnt freitags eine Sirene über die Hügel Jerusalems. Das Signal verkündet den Anbruch des Sabbats – und mit ihm hält eine ausgesprochen spirituelle Atmosphäre Einzug in die Straßen. In der ganzen Stadt sieht man Menschen in ihrer besten Kleidung, die entweder zur Klagemauer oder vollgepackt mit Essen zur Wohnung von Freunden oder Verwandten ziehen, um am traditionellen Sabbatessen am Freitagabend teilzunehmen. Unser Tipp: in Schale werfen und der Menge zur Klagemauer folgen, um beim Singen, Tanzen und Beten zuzuschauen und die Magie des heiligen Ortes zu erleben. Alternativ kann man auch den Sabbatgottesdienst in einer Synagoge besuchen.

Wer die Möglichkeit hat, sollte sich mit einer Jerusalemer Familie zum Sabbatessen verabreden; Übernachtungsgäste des Abraham Hostel (S. 97) im Stadtzentrum können am dortigen Festmahl teilnehmen. Ansonsten muss man sich unbedingt rechtzeitig ein Restaurant ausgucken, da die meisten Restaurants in Westjerusalem freitagabends geschlossen sind. Geöffnet sind z. B.: Rossini's Restaurant (S. 101) und die Armenian Tavern (S. 101) in der Altstadt, Le Petit Levant (S. 101) in Ostjerusalem, Adom (S. 104) in der Deutschen Kolonie sowie die Focaccio Bar (S. 102), Mantra Restaurant & Wine Bar (S. 104) und Notre Dame Cheese & Wine Restaurant (S. 102) im Stadtzentrum. Später am Abend sind viele Bars im Stadtzentrum – sehr zum Leidwesen der ultraorthodoxen Juden – geöffnet.

Während im Stadtzentrum und im Jüdischen Viertel in der Altstadt am Samstag alles geschlossen ist, ist dieser Tag für die arabischen Einwohner Jerusalems doch ein ganz normaler Wochentag, weshalb auch die meisten Sehenswürdigkeiten in den anderen Teilen der Altstadt, auf dem Berg Zion, dem Ölberg und in Ostjerusalem geöffnet sind. Außerdem kann man samstags an zwei kostenlosen Stadtspaziergängen teilnehmen: am dreistündigen Spaziergang (S. 92), der von der Stadtverwaltung angeboten wird, und am von Sandemans angebotenen Spaziergang durch die Altstadt (S. 92).

Egged-Busse und die Straßenbahn stellen am Sabbat ihren Betrieb ein. Es fahren aber ein paar Taxis sowie arabische Busse und Sammeltaxis, die jeweils am Damaskustor starten. Man kann am Sabbat also so gut wie an jedem anderen Tag Städte im Westjordanland wie Jericho oder Bethlehem besuchen. En Gedi, Masada und das Tote Meer sind beliebte Tagesausflugsziele; Tourveranstalter und Hostels bieten Pauschaltouren an.

man wahrscheinlich die meiste Zeit in der eleganten Lounge oder im grünen Garten verbringt.

Hotelgästen stehen Fahrräder zur Verfügung.

Jerusalem Garden Home B&B $$$
(050 524 0442; www.jerusalemgardenhome.com; 74 Derech Beit Lehem; EZ/DZ/3BZ 140/185/210 US$; ❋ 🛜; 🚍 43, 71-75) In dem von einem freundlichen Paar betriebenen B&B in der Nähe der Deutschen Kolonie fühlt man sich wie in eine andere Welt versetzt. Es gibt vier Zimmer für zwei bis vier Personen. Jedes Zimmer hat eine Kochecke und Kabelfernsehen. Den gleichen Leuten gehört auch das Gartenrestaurant auf der gegenüberliegenden Straßenseite, wo auch das Frühstück serviert wird.

Romema & Mekor Baruch

Allenby 2 B&B B&B $
(052 396 3160; www.dahliaandnirbnb.com/ALLENBY-2; Allenby Sq 2, Romema; EZ 180 NIS, DZ 330 NIS, DZ mit Gemeinschaftsbad 250 NIS; ❋ @ 🛜; 🚍 Central Station) Das Allenby 2, eines der beliebtesten B&Bs in Jerusalem, verbindet freundliche Atmosphäre mit ausgezeichnetem Service. Mit elf Zimmern, die über mehrere Häuser verteilt sind, ist es zugleich eines der größten Unterkünfte seiner Art in der Stadt. Die Gemeinschaftsküche und die Lage in der Nähe des Zentralen Busbahnhofs und zur Straßenbahn sammeln weitere Pluspunkte. Vorher anrufen, es gibt keine Rezeption.

Essen

🍴 Altstadt

Die meisten Restaurants in der Altstadt beschränken sich auf Hummus, Kebab, Schawarma und andere nahöstliche Gerichte. Die einzigen Ausnahmen bilden einige Restaurants rund ums Jaffator, die mediterrane Küche anbieten, und am Hurva Sq im Jüdischen Viertel, wo sich amerikanische Fast-Food-Lokale angesiedelt haben. Wer nach Einbruch der Dunkelheit noch etwas zu essen sucht, kann so seine Schwierigkeiten bekommen – die Altstadt fällt in einen tiefen Schlummer, sobald sich die Menschenmassen verflüchtigt haben.

Achtung: Viele Restaurants im Muslimischen Viertel sind während des Fastenmonats Ramadan geschlossen.

⭐ Abu Shukri NAHÖSTLICH $
(Karte S. 52; 02-627 1538; 63 Al-Wad St, Muslimisches Viertel; Hummus 20 NIS; ⏱ 9–16 Uhr; 🌱) Wer auf der Suche nach dem besten Hummus in der Altstadt ist, der liegt hier goldrichtig. Der Standardteller umfasst eine Schale frisches Hummus nach Wahl (Kichererbsen, Tahina, Ful oder Pinienkerne), eingelegtes Gemüse und ein Korb mit Pitabrot. Als Beilage sind Falafelbällchen (10 NIS) und als Getränk frisch gepresster Saft (10 NIS) zu empfehlen.

Es gibt drei Speiseräume.

⭐ Zalatimo SÜSSIGKEITEN $
(Karte S. 52; Souq Khan al-Zeit St, Muslimisches Viertel; Murtabak 14 NIS; ⏱ wechselnde Öffnungszeiten) In der Altstadt gibt es viele Schätze: Kirchen, Moscheen, Synagogen und diese Konditorei. Sie versteckt sich in einem Gewölbe unterhalb des Äthiopischen Klosters und ist berühmt für ihre *murtabak* (Filoteig gefüllt mit geklärter Butter, Zimt und Walnüssen oder ungesalzenem Schafskäse, im Ofen knusprig gebacken und mit Zuckersirup und Rosenwasser beträufelt).

Es gibt kein Schild: nach der grauen Metalltür auf halber Strecke der Treppe (hinter dem Saftstand) suchen. Da der Laden auch keine festen Öffnungszeiten hat, muss man vielleicht mehrere Anläufe machen, um ihn offen zu erwischen.

Lina Restaurant NAHÖSTLICH $
(Karte S. 52; 02-627 7230; Aqabat al-Khanqah St, Muslimisches Viertel; Hummus 18–23 NIS; ⏱ 9–17 Uhr) Das Lina ist ein guter Ort, um sich von dem Gedränge an der nahe gelegenen Grabeskirche zu erholen. Auf beiden Straßenseiten gibt es je einen Speiseraum. In beiden gibt's gutes Hummus, frisch gepressten Saft (Krug 29 NIS) und süßen Pfefferminztee (Glas 7 NIS). Die Filiale in der Souq Khan al-Zeit St ist klimatisiert und hat blitzeblanke Toiletten.

Ja'far Sweets SÜSSIGKEITEN $
(Karte S. 52; www.jafargroup.com; 40-42 Souq Khan al-Zeit St, Muslimisches Viertel; Knafeh 56 NIS/kg; ⏱ Sa–Do 8–19 Uhr) Das leuchtende Orange von Ja'fars berühmten Knafehs mag etwas abschreckend wirken (Oh Gott, das soll ich doch nicht wirklich essen!). Aber diese Süßspeise aus Filoteig, Ziegenfrischkäse und Zuckersirup wird von Palästinensern extrem gern gegessen und kann süchtig machen. Tipp: ein Glas Tee bestellen, um der Süße entgegenzuwirken!

Café des Österreichischen Hospizes
CAFÉ $

(Karte S. 52; Austrian Hospice, 37 Via Dolorosa, Muslimisches Viertel; Gebäck 23 NIS, getoastete Sandwiches 25 NIS; ⏲10–22 Uhr) Eine gute Tasse Tee in der Altstadt zu bekommen, ist keine einfache Sache (die Einheimischen lieben Lipton). Also aufgepasst, dieses Café serviert Tee von Julius Meinl in Wien! Da die Kaffeebohnen ebenfalls von Meinl kommen, werden hier auch Cappuccino-Fans glücklich. Stilecht wird das Ganze mit einem Stück Sachertorte ... leiwand!

Um in das Café zu gelangen, muss man an der Klingel am Tor Ecke Al-Wad St/Via Dolorosa läuten. Nachdem einem Einlass gewährt wurde, geht man zur Lobby der netten Pension und dann nach links. Das Café befindet sich am Ende des Flurs. Man kann drinnen und draußen sitzen.

Families Restaurant
NAHÖSTLICH $

(Karte S. 52; ☎02-628 3435; Souq Khan al-Zeit St, Muslimisches Viertel; Schawarma 20 NIS, Viertel Brathähnchen 28 NIS) Das beliebte Lokal in der wuseligsten Shopping-Meile des Muslimischen Viertels hat genau den richtigen Namen – es wurde vor 40 Jahren eröffnet und wird seither in der dritten Generation von ein und derselben Familie geführt. Der riesige Saal ist ein netter Ort, um seinen Hunger zu stillen (unbedingt Schawarma probieren). Kein Alkohol, keine Kreditkarten.

Rossini's Restaurant
INTERNATIONAL $$

(Karte S. 52; ☎02-628 2964; http://karkaronline.com/rossinis.html; 42 Latin Patriarchate Rd, Christliches Viertel; Pasta 40–70 NIS, Burger 35–45 NIS, Hauptgerichte 45–130 NIS; ⏲Mo–Sa 12–23 Uhr; ☎; 🚌 Jaffa Gate) Das beliebte und recht legere Lokal beim Jaffator ist das genaue Gegenteil der meist seriösen Restaurants in der Altstadt. Die hier angebotenen Burger, Pastagerichte und Steaks sind genau das Richtige nach einem anstrengenden Sightseeing-Tag. Die Vorspeisen sind riesig (eine Portion reicht gut und gern für zwei); auch der Hauswein wird großzügig eingeschenkt.

Café des Christ Church Guesthouse
EUROPÄISCH $$

(Karte S. 52; ☎02-627 7727; Omar ibn al-Khattab Sq, Jaffa Gate; Mittagessen 20–60 NIS, Abendessen 65 NIS; ⏲12–14 & 18.30–20 Uhr) Absolventen der Internate und Hochschulen fühlen sich in diesem Café bestimmt wie zu Hause. U. a. hält es eine Art englisches Mittagsbuffet bereit (Suppe und Brot 20 NIS, Suppe und Salat 35 NIS, Hauptgericht und Salat 50 NIS, vollständige Mahlzeit 60 NIS). Abendessen gibt es nicht immer – unbedingt vor 13 Uhr für den Abend reservieren.

Armenian Tavern
ARMENISCH $$

(Karte S. 52; ☎02-627 3854; 79 Armenian Orthodox Patriarchate Rd, Armenisches Viertel; Hauptgerichte 55–80 NIS; ⏲Di–So 11–22.30 Uhr) Zuerst die gute Nachricht: Diese Jerusalemer Institution in einem Gebäude aus der Kreuzfahrerzeit hat einen extrem stimmungsvollen Speisesaal voller Antiquitäten. Außerdem gibt's hier auch Abendessen und Alkohol. Und die schlechte Nachricht? Das Essen ist fast ungenießbar und der Service könnte auch besser sein.

✖ Ostjerusalem

Kan Zaman
INTERNATIONAL $$

(Karte S. 76; ☎02-628 3282; Jerusalem Hotel, Dereikh Shchem (Nablus) Rd; Sandwiches & Burger 30–45 NIS, Salate 30–48 NIS, Pasta 45–54 NIS; ⏲7.30–23 Uhr; ☎; 🚌 Shivtei Israel) Das Restaurant im Hof des Jerusalem Hotels hat eine mit Weinranken geschmückte Pergola. Es ist ein netter Ort für einen Drink, einen Kaffee oder eine leichte Mahlzeit. Das Essen kann aber etwas enttäuschend sein (man sollte möglichst einfache Gerichte bestellen). Montag- und freitagabends treten arabische Musiker auf.

Le Petit Levant
NAHÖSTLICH $$$

(Karte S. 76; ☎02-627 7232; www.stgeorgehoteljerusalem.com; St. George Landmark Hotel, 6 Amr ibn-Al A'as St; Mezze 4–14 US$, Hauptgerichte 22–40 US$; ⏲Do–Sa 13–22.30, So–Mi 17–22.30 Uhr; ☎; 🚌 Damascus Gate) Hier kommen köstliche libanesische und syrische Gerichte aus der Küche. Der etwas chaotische Service erinnert mitunter an die britische TV-Serie *Fawlty Towers*, dafür aber schmeckt das Essen sensationell gut – leckere Mezze, Saftiges vom Grill, schmackhaftes Fatteh (getoastetes Pita-Brot, Kichererbsen und Tahini-Joghurt-Sauce) und Salate aus knackigem Gemüse und aromatischen Kräutern. Die Terrasse eignet sich an lauen Abenden perfekt für ein Abendessen.

✖ Zentrum

Im Stadtzentrum gibt's jede Menge Restaurants und Cafés. Die meisten servieren koschere Speisen, was zugleich bedeutet, dass sie am Sabbat und an jüdischen Feiertagen geschlossen sind.

⭐ Pinati
NAHÖSTLICH **$**

(Karte S. 82; ☑ 02-625 4540; 13 King George V St; Hummus 24–34 NIS; ⊙ So–Do 8–19, Fr 8–15 Uhr; ☑; 🚇 Jaffa Center) Die Fotos von Stammkunden an den Wänden sind der Beweis für die Langlebigkeit dieses einfachen Hummus-Lokals. Es ist so beliebt, dass man zur Mittagszeit vor lauter Andrang kaum reinkommt. Das zur Hälfte aus Kichererbsen und zur Hälfte aus Ful (Saubohnencreme) zubereitete Hummus wird mit einer mächtigen, köstlichen Paste aus Knoblauch und grünem Chili serviert.

Auf der Speisekarte stehen außerdem Shakshuka (ein reichhaltiges, in der Pfanne serviertes Frühstücksgericht aus Eiern und Tomaten), Suppen und Couscous.

Mousseline
EIS **$**

(Karte S. 76; ☑ 02-500 3601; www.mousseline -jerusalem.com; 6 Rehov HaEskol; 1/2/3 Kugeln 12/18/23 NIS; ⊙ So–Do 9–21, Fr 9–14 Uhr; 🚇 Mahane Yehuda) Die Entscheidung, einen Laden am Rand des Mahane-Yehuda-Markts zu eröffnen, lässt sich mit einem Wort beschreiben: genial! Nachdem man den oft gefährlichen Einkaufswagen und ihren feilschenden Besitzern entkommen ist, trägt ein Zwischenstopp in dieser hervorragenden Gelateria dazu bei, sich von den Strapazen zu erholen. Im Angebot sind interessante Geschmacksrichtungen (z. B. Schwarzer Sesam oder Wasabi) und klassische Fruchtsorbets.

Hamarakia
CAFÉ **$**

(Karte S. 82; ☑ 02-625 7797; 4 Koresh St; Suppen 30 NIS, Salate 28 NIS; ⊙ So–Do 12.30–24, Sa 21–24 Uhr; ☑; 🚇 City Hall) Der Name des Lokals („Suppentopf") fasst die veganerfreundliche Speisekarte ziemlich gut zusammen. Man kann zwischen fünf Suppen, ein paar Salaten und Dips wählen. Der lange Gemeinschaftstisch, die offene Küche und ein Klavier sorgen für eine gesellige Stimmung. Hier kann man gut Bekanntschaften schließen und kommt manchmal ganz unverhofft in den Genuss von Livemusik (Jazz oder Grunge).

Pasta Basta
ITALIENISCH **$**

(Karte S. 76; http://pastabasta.co.il; 8 HaTut Alley, Mahane-Yehuda-Markt; Pasta 19–26 NIS; ⊙ 12–24 Uhr, Sabbat geschl.; 🚇 Mahane Yehuda) Man wählt eine Pastasorte (Penne, Fettucine, Fusilli) und eine Sauce (es gibt neun Varianten) und schon bereiten die Köche in diesem Pastalokal daraus ein schnelles und preiswertes Mahl. Man schnappt sich einen Hocker, bestellt am Tresen und beobachtet beim Warten das Markttreiben.

Moshiko
FAST FOOD **$**

(Karte S. 82; 10 Ben Yehuda St; Falafeln 8–35 NIS, Schawarma 18–45 NIS; 🚇 Jaffa Center) Jerusalemer lieben Fast Food und debattieren gern über „den besten Snack der Stadt". In den Gesprächen fällt dann fast immer der Name dieses Lokals in der verkehrsberuhigten Ben Yehuda St. Hier kommen seit 1985 Falafeln und Schawarma aus der Küche. Stammkunden genießen beides mit einem frischen Salat. Auf dem Bürgersteig gibt's ein paar Sitzgelegenheiten.

⭐ Yudaleh
ISRAELISCH **$$**

(Karte S. 76; ☑ 02-533 3442; 11 Beit Yaakov St; Vorspeisen 34–76 NIS, Hauptgerichte 58–147 NIS; ⊙ So–Do 18.30 Uhr–open end, Sa ab 21.45 Uhr; 🚇 Mahane Yehuda) Der frühreife Zwilling vom Machneyuda sieht aus wie eine hawaiianische Strandhütte. Der Laden serviert das gleiche aufregende, moderne israelische Essen wie der große Bruder, bietet aber mehr Spaß (und das will was heißen). An der Bar zu sitzen, ein paar Vorspeisen zu bestellen und den Köchen bei ihrer magisch anmutenden Arbeit zuzuschauen, ist die beste Unterhaltung, die die Stadt zu bieten hat.

Notre Dame Cheese & Wine Restaurant
FRANZÖSISCH **$$**

(Karte S. 52; ☑ 02-627 9177; www.notredamecen ter.org; 4. Stock, Notre Dame Centre, 3 Paratroopers Rd; ⊙ Mo–Do 17–24, Fr–So 12–24 Uhr; 🚇 City Hall) Hat man von hier die beste Aussicht in ganz in Jerusalem? Die Chancen stehen jedenfalls gut. Diese Wein- und Käsebar auf der Dachterrasse des Notre Dame Center ist folglich ein traumhafter Ort, um den Sonnenuntergang über der Altstadt bei einem Aperitif zu genießen. Eine bessere Auswahl an israelischen und internationalen Käsesorten gibt es in der ganzen Stadt nicht, aber auch die Weinkarte kann sich sehen lassen. Die weiteren Speiseangebote sind indes weniger spektakulär.

Focaccio Bar
MEDITERRAN **$$**

(Karte S. 82; ☑ 02-625 6428; 4 Rabbi Akiva St; Focaccias & Pizzas 30–57 NIS, Pasta 45–65 NIS, Hauptgerichte 57–109 NIS; ⊙ So–Fr 10–24, Sa 10.30–24 Uhr; ☑; 🚇 Jaffa Center) Der Koch, der in diesem beliebten Lokal für den *taboun* (Lehmofen) zuständig ist, zählt wahrscheinlich zu den am härtesten arbeitenden Menschen in ganz Jerusalem. Von morgens bis spätabends steht er am Ofen und bereitet

OTTOLENGHIS JERUSALEM

Der in Israel geborene Yotam Ottolenghi ist nicht nur Chefkoch, Autor und Fernsehmoderator, er ist so ganz nebenbei auch ein Liebling der internationalen kulinarischen Welt und inoffiziell vor allem ein einflussreicher Botschafter der Jerusalemer Kochtradition. Das Kochbuch *Jerusalem*, das er zusammen mit Sami Tamimi veröffentlicht hat, enthält kulinarische Kombinationen, die, wie er sagt, zu bestimmten Gruppen gehören, aber für jedermann bestimmt sind. Dass dies nicht nur eine inhaltsleere Floskel ist, beweist schon der Umstand, dass Ottolenghi, ein aus Westjerusalem stammender Jude, und Tamimi, ein Palästinenser aus Ostjerusalem, in ihrer Kindheit leicht unterschiedliche Varianten von ein und demselben Gericht gegessen haben. Viele unserer traditionellen Lieblingsrestaurants und -konditoreien werden in diesem Buch beschrieben, u. a. auch Zalatimo (S. 100), Abu Shukri (S. 100) und Azura.

knusprige, leckere Focaccias und Pizzas zu. Diese oder ein Pastagericht sind die beste Wahl – den Hauptgerichten fehlt es etwas an Raffinesse. Die überdachte Terrasse ist besonders bei Gruppen beliebt, wer abends alleine zum Essen hierher kommt, ist in der Bar gut aufgehoben.

Kadosh   CAFÉ $$
(Karte S. 82; ☏ 02-625 4210; 6 Shlomzion HaMalka St; Frühstück 39–58 NIS, Gebäckstücke 12–21 NIS, Sandwiches 35–44 NIS; ⏰ 7–0.30 Uhr, Sabbat geschl.; 📞; 🚇 City Hall) Das Pariser Café mit französischen Chansons kann problemlos mit der Konkurrenz in der französischen Hauptstadt Schritt halten. Kaffee und Gebäck, Sandwiches und Salate sind durch die Bank ausgezeichnet. Es gibt den ganzen Tag über unterschiedliche Frühstücksangebote, die vor allem bei den vielen treuen Stammkunden beliebt sind. Tolle Sitzplätze auf dem Gehweg.

Azura   TÜRKISCH $$
(Karte S. 76; ☏ 02-623 5204; Iraqi-Markt, an der Rehov HaEshkol St; Hummus 22–40 NIS, Hauptgerichte 22–100 NIS; ⏰ 9.30–16 Uhr, Sabbat geschl.; 📞; 🚇 Mahane Yehuda) Das Azura, einer der Lieblinge der Jerusalemer, serviert seit 1952 türkisch beeinflusste Hausmannskost. Bei

einer Umfrage nach dem besten Hummus in der Stadt hat das Azura einen der vorderen Plätze ergattert. Die Spezialität des Hauses – Auberginen, gefüllt mit nach Zimt duftendem Rinderhack und Pinienkernen – ist ein Hochgenuss. Freitags kommen die Ladenbesitzer aus dem ganzen Viertel, um das Ochsenschwanzgericht zu genießen.

T'mol Shilshom   CAFÉ $$
(Karte S. 82; ☏ 02-623 2758; 5 Yo'el Salomon St; Shakshukas 42–50 NIS, Hauptgerichte 49–83 NIS; ⏰ 8.30–23 Uhr, Sabbat geschl.; 📞📞; 🚇 Jaffa Center) Das nach einem Roman von S. Y. Agnon benannte altmodische Café lockt seit 20 Jahren Literaturfreaks an. Die Gerichte sind nichts Besonderes und die Stühle wahrscheinlich die unbequemsten, auf denen man je gesessen hat. Und dennoch hat der Ort sein Reiz, vor allem wenn Konzerte oder Lesungen stattfinden (Veranstaltungskalender auf der Website).

Das Café ist nicht leicht zu finden: Man durchquert den Steinbogen auf der Yo'el Salomon St (nach dem Pfeil Ausschau halten), läuft den Gang hinunter, biegt links ab und läuft dann bis zum Ende des Hofes – das Café befindet sich im Obergeschoss.

Village Green   VEGETARISCH, VEGAN $$
(Karte S. 82; ☏ 02-625 3065; www.village-green. co.il; 33 Jaffa Rd; Salatbar 44–59 NIS, Suppen 28 NIS, Quiches & Pasteten 36 NIS; ⏰ So–Do 9–22, Fr 9–15 Uhr; 📞; 🚇 Jaffa Center) Es gibt immer mehr Restaurants, in denen auch Veganer auf ihre Kosten kommen. Dieses koschervegetarische Restaurant hat eine Salatbar, an der man sich seine eigene Komposition zusammenstellen kann. Außerdem gibt es Suppen (mindestens acht verschiedene), Vollkornpizzas, Quiches und Pasteten. Der Service erinnert etwas an eine Cafeteria, also genau das Richtige für einen Happen auf die Schnelle. In der Deutschen Kolonie gibt es eine **Filiale** (☏ 02-566 0011; 19 Emek Refa'im St; ⏰ So–Do 10–22, Fr 9–15 Uhr).

★ Machneyuda   ISRAELISCH $$$
(Karte S. 76; ☏ 02-533 3442; www.machneyuda. co.il; 10 Beit Ya'akov St; Hauptgerichte 77–162 NIS, Degustationsmenü 265 NIS; ⏰ So–Do 12.30–16 & 18.30–23 Uhr, Fr bis 15 Uhr; 🚇 Mahane Yehuda) Mit diesem hervorragenden Restaurant in Marktnähe haben die drei Küchenchefs die Restaurantszene der Stadt auf den Kopf gestellt. Es ist weder koscher noch bieder (ganz im Gegenteil). Auf der Speisekarte finden sich Gerichte aus aller Herren Län-

der. Merkwürdigerweise fahren die Einheimischen so sehr darauf ab, dass man lange im Voraus einen Tisch bestellen muss. Die täglich wechselnde Speisekarte richtet sich nach dem Marktangebot.

Hier ein paar Tipps für diejenigen, die einen Platz ergattert haben. Erstens: Man darf nicht erwarten, mit seinen Tischnachbarn ins Gespräch zu kommen, denn die Gäste am Nachbartisch stehen höchstwahrscheinlich über den Dingen. Zweitens: Unbedingt Polenta mit Parmesan und Trüffelöl bestellen, wenn es gerade auf der Speisekarte steht.

Mantra Restaurant & Wine Bar
INTERNATIONAL $$$

(Karte S.82; ☏02-624 4994; www.mantrajerusalem.com; Jerusalem Courtyard, 31 Jaffa Rd; Hauptgerichte 62–142 NIS; ☉So–Do 18.30 Uhr–open end, Fr & Sa 13 Uhr–open end) Eigentlich bräuchte die Welt mehr solcher Restaurants wie das Mantra. Es wird nicht von Hipstern empfohlen, in der Küche agiert kein Starkoch und die Inneneinrichtung wird es nie in ein Hochglanzmagazin schaffen. Was es aber zu bieten hat, ist erstklassiges Essen, eine gut durchdachte Weinkarte und einen aufmerksamen Service.

Der Zugang erfolgt über den Jerusalem Courtyard (Eingang in der Rivlin St und dort durch den Bogen neben der Gent Bar).

Darna
MAROKKANISCH $$$

(Karte S.82; ☏02-624 5406; www.darna.co.il; 3 Horkanos St; Hauptgerichte 90–155 NIS, Menüs 175–240 NIS; ☉So–Do 12–17 & 18–22 Uhr, Sa nach Sabbat–22 Uhr; ☐Jaffa Center) Dieses seit vielen Jahren beliebte koschere Restaurant serviert in stimmungsvollem Ambiente köstliche, aromatische Gerichte aus Marokko; groß ist die Auswahl an Tagines und Couscous. Unbedingt probieren sollte man *pastilla fassia* (Pastete aus Filoteig mit einer Füllung aus Stubenküken und Mandeln) oder *mechoui* (langsam im Ofen gegarte Lammschulter). Bei der Reservierung sollte man anmerken, dass man in dem schön dekorierten Innenraum und nicht im Hof sitzen möchte.

✖ Mamilla & Yemin Moshe

Mamilla Café & Brasserie
INTERNATIONAL $$$

(Karte S.82; ☏02-548 2230; www.mamillahotel.com; 14 Mamilla Mall; Salate 48–60 NIS, Pasta 64–68 NIS; ☉So–Do 12–23, Fr 10–15, Sa 21.30–24 Uhr; ☐City Hall) Einfache Lokale sind in der Altstadt rar, weshalb dieses schicke Café mit Brasserie, das nur ein paar Schritte vom Jaffator entfernt ist, eine gute Möglichkeit für ein leichtes Mittagessen bietet. Gegessen wird in einem schön gefliesten Innenraum und auf einer Terrasse mit Korbstühlen unter Bäumen. Auf der Speisekarte stehen Pasta, Pizza, Suppen, Salate und getoastete Sandwiches.

Angelica
INTERNATIONAL $$$

(Karte S.76; ☏02-623 0056; www.angelicarest.com; 4 George Washington St; Hauptgerichte 78–148 NIS; ☉So–Do 12.30–22.30, Sa 20.30–23 Uhr; ☎) Das gehobene, elegante Grillrestaurant im amerikanischen Stil wird gern von den Gästen des in der Nähe gelegenen King David Hotels besucht. Auf der Speisekarte stehen Steaks, einige Fischgerichte, ein Burger und mitunter auch vegetarische Gerichte. Gutes, wenn auch nicht hervorragendes Essen, angenehme Räumlichkeiten, ausgezeichnete Weinkarte und aufmerksamer Service.

✖ Deutsche Kolonie

In der Emek Refa'im St gibt es zahlreiche Kettencafés und Burgerlokale, aber keine Restaurants, die eine besondere Erwähnung verdienen.

Adom
MEDITERRAN $$$

(Karte S.76; ☏02-624 6242; First Station, 4 David Remez St; Salate 46–52 NIS, Hauptgerichte 62–128 NIS; ☉So–Fr 12–24, Sa 12–16.30 & 18–24 Uhr; ☐4, 18, 21) Wer sich mit unzulänglichem Service abfinden kann, der kann sich in diesem geschäftigen Restaurant im alten Jerusalemer Bahnhof mittags und abends stärken. Terrasse, Bar und Speisesaal sind bei den gut betuchten Stammgästen, die sich hier einen Burger oder einen Salat bestellen, gleichermaßen beliebt. Besonders viel los ist am Sabbat.

✖ Givat Ram & Museumsviertel

★ Modern
ISRAELISCH $$$

(☏02-648 0862; www.modern.co.il; Israel Museum, Ruppin Rd, Givat Ram; Tapas-Teller 95 NIS, Hauptgerichte 62–120 NIS; ☉So–Do 11.30–17 Uhr, Aug. Di & Mi 11.30–23 Uhr; ☎; ☐7, 9, 14, 35, 66) Der talentierte Koch Avi Peretz zaubert köstliche, traditionelle israelische Speisen mit modernem Touch. Sein Tapas-Teller „Jerusalem" bringt die Sache auf den Punkt: sieben überaus aromatische Tapas aus verschiedenen Gemüsesorten der Saison. Dazu gibt's Brot frisch aus dem Ofen, das genauso lecker schmeckt wie es aussieht.

Der Schwerpunkt liegt auf vegetarischen Gerichten, aber es sind auch immer Fisch- und Fleischgerichte im Angebot, z. B. Barsch auf Wurzelgemüse aus Judäa oder klassisches Entrecôte mit Rotweinsauce. Nette Location mit freundlichem und tüchtigem Personal.

Ausgehen & Nachtleben

In Jerusalems Stadtzentrum gibt es viele Bars. Die besten finden sich in der Gegend um den Mahane-Yehuda-Markt, beim Zion Sq, in der Rivlin St, Ben Shatah St, Helene HaMalka St und der Dorot Rishonim St. In Ostjerusalem gehören die meisten Bars zu einem Hotel, während die Altstadt in dieser Beziehung fast so ausgedörrt ist wie die Wüste Negev.

Altstadt

Amigo Emil BAR, CAFÉ

(Karte S. 52; 02-628 8090; Aqabat al-Khanqah St, Christliches Viertel; Mo-Sa 11–21.30 Uhr) Mit gutem Gewissen kann man das Essen hier nicht empfehlen, aber Costandi, der palästinensische Betreiber, gehört zu den nettesten Typen weit und breit. Der ehemalige Banker hat sich für eine neue berufliche Karriere entschieden und beschlossen, in dieser 400 Jahre alten, ehemaligen Werkstatt seiner Familie ein Restaurant zu eröffnen. An diesem stimmungsvollen Ort kann man wunderbar ein Bier oder einen Cappuccino genießen.

Cafe Rimon Himo CAFÉ

(Karte S. 52; Damascustor, Muslimisches Viertel; 7–22 Uhr) Auf der kleinen Terrasse dieses Cafés kann man gut und gerne ein paar Stunden damit zubringen, dem hektischen Treiben rund um das Damaskustor zuzuschauen. Den Betreiber scheint es nicht zu stören, wenn man bei ihm ein Getränk bestellt und sich auch der nahe gelegenen Bäckerei ein *man'aish* dazu holt (für dieses Privileg muss man allerdings in Euro bezahlen).

Versavee BAR

(Karte S. 52; www.versavee.com; Jaffator; Frühstück 36–38 NIS, Sandwichs 28–42 NIS, Salate 26–50 NIS; 9 Uhr–open end;) Die Bar im Hof beim Hotel East New Imperial in der Nähe des Jaffators hat Alkoholisches im Angebot. Auch gibt es einfache Frühstücksgerichte, leichte Mittagsgerichte und Getränke. Die *limonata* (18 NIS) ist köstlich.

Zentrum

★ Uganda BAR

(Karte S.82; 02-623 6087; http://ugandajlm.com/; 4 Aristobulos St; So-Fr 12 Uhr–open end, Sa 14 Uhr–open end; Jaffa Center) Auftritte von DJs, Live-Gigs, Ausstellungen hiesiger Künstler und politische Diskussionen sind nur einige der Angebote, die diese alternative Bar zu etwas Besonderem machen. Sie ist benannt nach dem Land, das einst als Ort für den zionistischen Staat vorgeschlagen wurde. Das Uganda fungiert auch als Comic- und Plattenladen, serviert palästinensisches Bier (Taybeh), hat gemütliche Stühle und ist ein toller Ort für einen garantiert tollen Abend.

★ Sira BAR, CLUB

(Karte S.82; 050 486 489; 1 Ben Shatakh St; 17 Uhr–open end; City Hall) Die winzige Bar unweit der Ben Sira St ist verraucht, dunkel, überfüllt und laut. Es gibt eine Mini-Tanzfläche, die DJs haben einen ganz unterschiedlichen Geschmack und das Bier fließt bis in die frühen Morgenstunden in Strömen. Das Sira ist übrigens auch noch unter seinem alten Namen Diwan bekannt.

★ Cassette Bar BAR

(HaCasetta; Karte S.82; 1 Horkanos St; Sa-Do 20–5, Fr 14–6 Uhr; Jaffa Center) Die winzige Bar betritt man von der Straße (nach der mit alten Tonbandkassetten geschmückten Metalltür Ausschau halten) oder von hinten durch die Record Bar nebenan. Das hippe Publikum zecht bis spät in die Nacht und lauscht Alternative Music.

Der **Videopub** (Karte S.82; 1. Stock, 1 Horkanus St; Mo-Do & Sa-So 20–4, Fr 22–4 Uhr; Jaffa Center) im Obergeschoss ist eine beliebte Schwulenbar. Mitglieder der hiesigen schwullesbischen Gemeinde treffen sich in diesem winzigen Laden, um etwas zu trinken und zu tanzen (Do & Sa ist besonders viel los).

Record Bar BAR

(HaTaklit; Karte S.82; 7 Helene Hamalka St; 16.30–3 Uhr oder länger; Jaffa Center) So sieht es aus: Die Stammkunden beginnen hier an den Tischen im Freien ihren Abend, genießen zwei Drinks zum Preis von einem (16.30–21 Uhr) und checken ab, wen man anbaggern könnte, bevor es weiter in die Cassette Bar, den Videopub oder die Radio Bar geht.

Radio Bar BAR

(HaRadio; Karte S.82; 5 Helene HaMalka St; 20 Uhr–open end; Jaffa Center) Die Bar am Sitz

SCHWULEN- & LESBENSZENE IN JERUSALEM

Aufgrund der starken Präsenz gleich dreier Weltreligionen ist die Jerusalemer Schwulen-, Lesben-, Bi- und Transsexuellenszene wesentlich zurückhaltender als in Tel Aviv. In der Öffentlichkeit ausgetauschte Zärtlichkeiten, besonders zwischen gleichgeschlechtlichen Paaren, werden in orthodoxen jüdischen Gegenden und in Ostjerusalem nicht toleriert. Zwei Locations, an denen man sich nicht verstecken oder verstellen muss, sind der **Videopub**, eine glitzernde Bar mit winziger Tanzfläche, und das **Hakatze** (Der Rand; Karte S. 82; http://hakatze.com; 4 Shoshan St; ⊙ 21 Uhr–open end; 🚇 City Hall), eine kleine Bar in einer ruhigen Gasse südlich vom Safra Sq, wo montags ab 23 Uhr Transvestitenshows sowie donnerstags und freitags Partys steigen.

Ende Juni zieht die **Jerusalem Gay Pride Parade** durch die Straßen der Stadt. Das ist aber eher ein ernsthafter politischer Marsch ohne jede Partystimmung.

Weitere Infos über die schwul-lesbische Gemeinde bekommt man im **Jerusalem Open House** (☎ 02-625 0502; www.joh.org.il; 1. OG, 2 HaSoreg St; ⊙ Mo–Do 11–15 Uhr; 🚇 City Hall). Sonntags bis donnerstags von 10 bis 17 Uhr können sich Neuankömmlinge über das aktuelle Programm in der Community informieren. Das Haus veranstaltet eine große Auswahl an Events, viele auch in englischer Sprache.

des unabhängigen Internet-Radiosenders Voice of Free Jerusalem gehört zu dem Platten-/Kassetten-/Video-Barbetrieb und wird von entsprechendem Publikum besucht. Die Stammgäste genehmigen sich hier einen Drink, plaudern und lauschen den Sendungen.

Cafelix
CAFÉ

(Karte S. 76; www.cafelix.de; 20 Haetz Ha'em St, Mahane-Yehuda-Markt; ⊙ So–Do 7–22, Fr 7–12 Uhr; 🚇 Mahane Yehuda) Jerusalems einzige Filiale der Kaffeerösterei aus Tel Aviv nimmt ihren Job ernst – es sind kühle Tropfen und verschiedene Espresso im Angebot und die Baristas lieben es über alles, mit den Gästen über die Herkunft der Bohnen zu plaudern. Von den Plätzen auf den Bänken kann man wunderbar das Geschehen auf dem Markt beobachten.

Casino de Paris
BAR

(Karte S. 76; Mahane-Yehuda-Markt; ⊙ So–Do 12–2, Sa 21–2 Uhr; 🚇 Mahane Yehuda) Zur Zeit der britischen Mandatsherrschaft war dieses Gebäude ein Offiziersclub. Das sogenannte Casino de Paris beherbergte unten eine Bar und im zweiten Stock ein Bordell. Heute werden in dieser Indoor-Outdoor-Bar Tapas, Pizzas und viele Sorten israelischer Spezialbiere serviert (z. B. das wohlklingende Dancing Camel).

Mirror Bar
BAR

(Karte S. 82; www.mamillahotel.com; Zwischengeschoss, Mamilla Hotel, 11 King Solomon (Shloma HaMelekh) St; ⊙ So–Do 20–2, Sa 21–2 Uhr; ☎; 🚇 City Hall) Gedämpfte Beleuchtung, bequeme Sitze und talentierte Barkeeper sorgen dafür, dass diese Bar eine beliebte Adresse für einen Schlummertrunk ist. Der lange Tresen mit dem von hinten angestrahlten Alabaster ist fast so toll wie der Service (und das will was heißen). Mittwochs legen DJs Weltmusik auf.

Im Sommer ist auch die Bar auf der Dachterrasse etwas Besonderes. Man benötigt aber schon etwas Glück, hier einen Platz zu ergattern, da der traumhafte Blick auf die Altstadt bei Sonnenuntergang kein Geheimnis ist.

Bass
CLUB

(Karte S. 82; ☎ 054 460 4492; 1 HaHistadrut St; ⊙ Mo–Sa 9–18 Uhr; 🚇 Jaffa Center) Der Name ist Programm. Die Wände dieses Dance Clubs beben unter den dumpfen Klängen von Electronica, Trance und House. Hier stehen die besten DJs der Stadt und gelegentlich auch internationale DJs am Plattenteller. Einmal in der Woche gibt es eine Roots-Reggae-Show. Das aktuelle Programm posten die Macher des Clubs auf ihrer Facebook-Seite.

May 5th
BAR, CAFÉ

(Karte S. 76; 56 Ha'etz Ha'em, Mahane-Yehuda-Markt; ⊙ 11 Uhr–open end, Sabbat geschl.; 🚇 Mahane Yehuda) Ein paar Freunde, die den 5. Mai zu ihrem ganz persönlichen Feiertag erklärt haben, betreiben diese winzige Bar in der Hauptstraße des Markts. Es ist ein geselliger Ort, an dem man gut einen Kaffee oder einen Drink genießen kann. Auf dem Schild über dem Eingang steht verwirrenderweise „Danesi Caffè".

Zabotinski KNEIPE
(Karte S. 82; 2 Shim'on Ben Shatah St; ⊙ So–Fr 19–2 Uhr, Sa 13 Uhr–open end; 🛜; 🚌 City Hall) Die nach dem in Russland geborenen Zionisten Ze'ev Jabotinsky (1880–1940) benannte Kneipe ist eine von vielen in der Shim'on Ben Shatah St. Das Essen kann man vergessen, dafür aber ist das Bier kalt und es gibt viele Plätze draußen auf dem Gehweg.

Mike's Place KNEIPE
(Karte S. 82; ☎ 054 799 1220; www.mikesplace bars.com; 33 Jaffa Rd; ⊙ 11 Uhr–open end, Sabbat geschl.; 🚌 Jaffa Center) Mike's Erfolgsrezept ist kein Geheimnis: Guinness, Open-Mic-Abende, Rockbands und Sport auf Großleinwänden. Die Kneipe am oberen Ende der Rivlin St hat ein paar Tische im Freien, die sich wunderbar zum Leutebeobachten eignen.

 Deutsche Kolonie

Coffeemill CAFÉ
(☎ 02-566 1665; 23 Emek Refa'im St; ⊙ So–Do 7–24, Fr 7–15 Uhr; 🚌 4, 18, 21) Das intellektuell angehauchte, mit Titelseiten des *New Yorker* und Holzschubladen voller exotischer Kaffeebohnen dekorierte Café eignet sich perfekt für ein Stück Kuchen und einen starken Kaffee.

 Unterhaltung

Theater & Klassische Musik
Jerusalem hat eine reiche Musik- und Theatertradition. Infos zu aktuellen Veranstaltungen bekommt man unter www.itravel jerusalem.com oder in der Freitagsausgabe der *Jerusalem Post*. Karten können vorab über **Bimot** (Karte S. 82; ☎ 02-622 2333; 8 Shamai St; 🚌 Jaffa Center) bestellt werden.

Jerusalem Centre for the Performing Arts KONZERTSTÄTTE, THEATER
(Jerusalem-Theater; Karte S. 76; ☎ 02-560 5755; www.jerusalem-theatre.co.il; 20 David Marcus St, Talbiyeh) Dieser Komplex umfasst einen Konzertsaal, mehrere Theaterbühnen und ein Café. Einige Vorführungen im Sherover Theatre haben englische Übertitel. Das Haus ist auch die Heimat des Jerusalem Symphony Orchestra. Außerdem werden in diesem Zentrum Comedy, Musik, Kindertheater und Tanzvorführungen geboten.

International Convention Center KONZERTSTÄTTE
(ICC; ☎ 02-655 8558; www.iccjer.co.il; 1 Shazar Blvd; 🚌 Central Station) Heimstätte des **Israel Philharmonic Orchestra** (www.ipo.co.il).

Livemusik

Zappa in the Lab LIVEMUSIK
(☎ *9080; www.zappa-club.co.il; 28 Hebron Rd) Die kleine Livemusiklocation befindet sich in einer ehemaligen Lagerhalle der Bahn und bietet Jazz, Folk, Rock und Pop. Sie ist jeden Abend geöffnet. Was wann geboten wird, steht im Internet oder kann telefonisch erfragt werden.

Yellow Submarine LIVEMUSIK
(☎ 02-679 4040; www.yellowsubmarine.org.il; 13 HaRechavim St, Talpiot) Dieser Veranstaltungsort, der sich zum Ziel gesetzt hat, Musik und Musiktalente zu fördern, bietet ganz unterschiedliche Live-Performances. Details stehen auf der Website.

Sport

Teddy-Kollek-Stadion FUSSBALL
(Malha) Das 22 000 Zuschauer fassende Teddy-Kollek-Stadion ist die Heimat der Fußballclubs Beitar Jerusalem, Hapoel Jerusalem und Hapoel Katamon Jerusalem. Karten kann man noch am Spieltag kaufen. Das Stadion liegt in der Nähe der Jerusalem (Malha) Mall. Hin geht es vom Busbahnhof mit Bus 6.

 Shoppen

Jerusalem ist der beste Ort des ganzen Landes, wenn man auf der Suche nach Judaika ist (in Safed gibt's ebenfalls eine große Auswahl). In der Altstadt befinden sich in der Cardo ein paar zuverlässige Geschäfte.

Die beste Adresse für Judaika und Kunst ist die Yo'el Salomon St im Stadtzentrum. Wer nicht nur ein paar Souvenirs kaufen möchte, sollte die Judaika-Läden in der David St in der Altstadt meiden, da die Gegenstände hier nicht unbedingt mit den jüdischen Vorschriften übereinstimmen (egal, was die Verkäufer einem erzählen) und meistens von minderer Qualität sind.

 Altstadt

⭐ **Alan Baidun** ANTIQUITÄTEN
(Karte S. 52; ☎ 02-626 1469; www.baidun.com; 28 Via Dolorosa, Muslimisches Viertel; ⊙ Sa–Do 10–19 Uhr) Nur wenige der Waren, die in den Souvenir- und Kunsthandwerksläden in der Altstadt verkauft werden, sind von hoher Qualität (und das ist wahrscheinlich noch optimistisch formuliert). Aber Gott sei Dank gibt es Alan Baiduns Geschäft, in dem absolut exquisite Antiquitäten – mit Zertifikat für den Export und Ursprungszeugnis – zu

haben sind. Bevor man den Laden betritt, sollte man sicherstellen, dass die Kreditkarte nicht schlapp macht.

⭐ Fair Trade Women Cooperative
KUNSTHANDWERK

(Karte S.52; HaAhkim St, Christliches Viertel; ⏰Mo–Sa 8–19 Uhr; 🚇Jaffa Gate) Die seit Langem in Jerusalem ansässige wohltätige **Arab Orthodox Society** (www.araborthodoxsociety.com) verkauft bestickte Kleidungsstücke, Taschen, Geldbeutel und Kissen. Alle Artikel werden in dem Melia Art and Training Center, einer Frauenorganisation im Westjordanland, hergestellt. Dieses Zentrum hat es sich zur Aufgabe gemacht, die palästinensische Tradition der Kreuzstickerei zu wahren und gleichzeitig für sich und ihre Familien ein Einkommen zu sichern.

Heifetz
JUDAIKA, SCHMUCK

(Karte S.52; 📞02-628 0061; www.bennyheifetz.com; 22 Tiferet Israel Rd, Jüdisches Viertel; ⏰So–Do 10–17, Fr 10–14 Uhr) In seinem Atelier mit Laden am Hurva Sq kreiert der Goldschmied Benny Heifetz sowohl Judaika (Mezuzot, Leuchter, Challa-Bretter etc.) als auch Schmuck mit jüdischen Motiven. Das schöne zeitgenössische Design seiner meist aus Silber hergestellten Stücke, hebt sich erheblich von den ansonsten hier angebotenen Stücken ab – ein Besuch bei Heifetz lohnt sich also ohne Frage.

Moriah
SCHMUCK

(Karte S.52; 📞02-627 4050; www.moriah-collection.com; 7 Beit-El St, Jüdisches Viertel; ⏰So–Do 10–18, Fr 10–14 Uhr) Das exklusive Geschäft in einem schönen alten Haus unweit der Hurva-Synagoge verkauft Schmuck aus Gold, Diamanten und Fragmenten von Steinen, die auf der Suche nach Spuren des Zeitalters der Patriarchen bei archäologischen Ausgrabungen gefunden wurden.

🏠 Ostjerusalem

Educational Bookshop & Cafe
BÜCHER

(Karte S.76; 📞02-628 3704; www.educationalbookshop.com; 19 Salah ad-Din St, Ostjerusalem; ⏰8–20 Uhr) Journalisten, Mitarbeiter von Hilfsorganisationen, Aktivisten und anderweitig politisch Interessierte kehren bei ihren Streifzügen durch Ostjerusalem hier regelmäßig ein. Es gibt eine beeindruckende Auswahl an Büchern und DVDs zum Nahostkonflikt sowie eine beachtliche Auswahl an Zeitschriften und palästinensischen Musik-CDs.

Sunbala
KUNSTHANDWERK

(📞02-672 1707; www.sunbula.org; 15 Derekh Shchem (Nablus) Rd, Ostjerusalem; ⏰So–Do 13–18 Uhr; 🚇Shimon Hatzadik) Der nicht profitorientierte Laden hilft palästinensischen Kunsthandwerkern durch die Förderung und den Verkauf von traditionellem Kunsthandwerk wie Stickereien, Flechtarbeiten, Webarbeiten, Schnitzereien und Olivenölseife. Es gibt zwei Geschäfte in Jerusalem, eins im St. Andrew's Guesthouse (S. 98) in der Neustadt und eins hier in Ostjerusalem. Alle Gegenstände sind handgefertigt.

🏠 Neustadt

Daniel Azoulay
JUDAIKA

(Karte S.82; 📞02-623 3918; www.ketubahazoulayart.com; 5 Yo'el Salomon St, Stadtzentrum; ⏰Mo–Do & Sa 10–19.30, Fr 10–15 Uhr; 🚇Jaffa Center) Daniel Azouley ist rund um den Globus bekannt für sein handbemaltes Porzellan und seine wunderschönen *ketubahs* (jüdische Eheverträge).

Greenvurcel
JUDAIKA, SCHMUCK

(Karte S.82; 📞02-622 1620; www.greenvurcel.co.il; 27 Yo'el Salomon St; ⏰So–Do 10–22, Fr 10–14 Uhr, Sa 1 Std. nach Sabbat–23 Uhr; 🚇Jaffa Center) Der Silberschmied Yaakov Greenvurcel entwirft und produziert Judaika und Silberkunst einschließlich Schmuck.

Rina Zin
BEKLEIDUNG

(Karte S.82; 📞02-674 4488; www.rinazin.com; 13 Shimon Ben Shetach; 🚇City Hall) Die israelische Modedesignerin Rina Zin verwendet Naturstoffe (Leinen, Baumwolle, Wolle) in gedeckten Farbtönen für die Herstellung ihrer legeren, aber dennoch eleganten Kleidungsstücke für Frauen jeden Alters. Die Strickwaren und kaftanartigen Kleider sind besonders hübsch.

Steimatzky
BÜCHER

(Karte S.82; 33 Jaffa Rd; ⏰Mo–Do 8.30–20, Fr 8.30–14 Uhr; 🚇Jaffa Center) Die Buchladenkette hat mehrere Filialen in der ganzen Stadt, u. a. diese in der Jaffa Rd und eine andere in der **Deutschen Kolonie** (43 Emek Refa'im St). Gute Auswahl an englischsprachigen Romanen und Reiseführern.

Lametayel
OUTDOOR-BEDARF

(Karte S.82; 📞077 333 4509; www.lametayel.co.il; 5 Yo'el Salomon St; ⏰So–Do 10–20, Fr 10–14 Uhr; 🚇Jaffa Center) Karten und Reiseführer – auch von Lonely-Planet – sowie hochwertiges Campingzubehör und Outdoorausrüstung.

Halva Kingdom
ESSEN & TRINKEN

(Karte S. 76; ☏ 02-540 2071; 12 Haetz Ha'em St, Mahane-Yehuda-Markt; ⊗ So–Do 8 Uhr–Sonnenuntergang, Fr 8–14 Uhr; ☒ Mahane Yehuda) In dem in der ganzen Stadt bekannten Tahina-Laden sollte man sich zunächst unbedingt anschauen, wie mit den großen runden Stein Sesamkörner zu einer Paste gemahlen werden und dann natürlich einen Topf (25 NIS) für Zuhause kaufen.

Kippa Man
ACCESSOIRES

(Karte S. 82; ☏ 02-622 1255; 5 Ben Yehuda St; ☒ Jaffa Center) Avi Binyamin, Jerusalems berühmter Kippa Man, verkauft in seinem Geschäft in der verkehrsberuhigten Ben Yehuda St viele verschiedene Kippot (Jarmulkes; Scheitelkäppchen). Man kann sich auch eine maßschneidern lassen.

ℹ️ Praktische Informationen

GEFAHREN & ÄRGERNISSE

Demonstrationen und Aufmärsche von Juden und Arabern sind in Jerusalem nichts Ungewöhnliches. Auch wenn es im Allgemeinen ruhig bleibt, sollte man wachsam sein, für den Fall, dass die Situation eskaliert (Krisenherde sind das Damaskustor und der Tempelberg). Der Ölberg ist nicht immer die freundlichste Gegend; man ist hier besser nicht allein unterwegs, insbesondere Frauen ohne Begleitung sind öfters Belästigungen ausgesetzt und werden angepöbelt. Ultraorthodoxe jüdische Gruppen bewerfen mitunter Busse mit Steinen, zünden Mülltonnen an und legen sich am Shabbat Sq in Mea Sche'arim mit der Polizei an. Selbst an ruhigen Tagen kann die Stimmung kippen, wenn Touristen – vor allem in aufreizenden Klamotten – dort herumschlendern.

GELD

Die besten Wechselkurse bieten die privaten Wechselstuben in der Neustadt (rund um den Zion Sq), in Ostjerusalem (Salah ad-Din St) und in der Altstadt (Jaffator). Sie verlangen alle keine Provision. Achtung: Viele der Wechselstuben schließen freitags recht früh und bleiben den ganzen Samstag geschlossen.

Geldautomaten von Mizrahi und Leumi gibt's in der ganzen Stadt, u. a. auch am Zion Sq im Stadtzentrum.

INFOS IM INTERNET

www.gojerusalem.com Für Touristen nützliche Website mit Veranstaltungskalender.

www.itraveljerusalem.com Extrem nützliche Website der Stadtverwaltung.

www.jerusalem.com Überblick über die Stadt, ihre Sehenswürdigkeiten und Veranstaltungen. Eine virtuelle Tour führt durch die Stadt.

MEDIZINISCHE VERSORGUNG

Hadassah Medical Centre Ein Kerem (☏ 02-677 7201; www.hadassah.org.il) Das altehrwürdige, gemeinnützige Krankenhaus auf dem Ein-Kerem-Campus hat eine rund um die Uhr geöffnete Notaufnahme.

Hadassah Medical Centre Skopus (☏ 02-584 4333; www.hadassah.org.il) Das gemeinnützige Krankenhaus auf dem Campus des Skopus hat eine rund um die Uhr geöffnete Notaufnahme und eine kinderärztliche Notaufnahme, die ebenfalls 24 Stunden erreichbar ist.

Orthodox Society (☏ 02-627 1958; Greek Orthodox Patriarchate Rd; ⊗ Mo–Do 9–14, Fr 9–14, Sa 9–13 Uhr) Im Christlichen Viertel in der Altstadt betreibt die Orthodox Society eine günstige ärztliche und zahnärztliche Klinik, in der auch Traveller behandelt werden.

Super-Pharm (☏ 077 888 1450; 9 Mamilla Mall; ⊗ 8.30–23 Uhr, Sabbat geschl.) Die Apotheke reicht sich zwischen dem Jaffator und dem Stadtzentrum.

Terem (☏ 1 599 520 520; www.terem.com; 80 Yirmiyahu St, Romema; ⊗ 24 Std; ☒ Central Station) Hervorragende Klinik, in der alles von leichten Beschwerden bis zu Notfällen behandelt wird. Die Klinik ist fünf Gehminuten vom Zentralen Busbahnhof entfernt.

NOTFALL

Ambulanz (☏ 101)

Feuerwehr (☏ 102)

Polizei (☏ 100; 107 Jaffa Rd, Mahane Yehuda)

Touristenpolizei (Armenian Orthodox Patriarchate Rd)

POST

Hauptpost (Karte S. 82; ☏ 02-624 4745; 23 Jaffa Rd; ⊗ So–Do 8–18, Fr 8–12 Uhr)

TOURISTENINFORMATION

Christian Information Centre (Christliches Informationscenter; Karte S. 52; ☏ 02-627 2692; www.cicts.org; Omar ibn al-Khattab Sq; ⊗ Mo–Fr 8.30–17.30, Sa 8.30–12.30 Uhr) Dieses Büro gegenüber von der Zitadelle wird von Franziskanern betrieben und erteilt Infos über christliche Stätten in der Stadt.

Jaffa Gate Tourist Office (Touristeninformation am Jaffator; Karte S. 52; ☏ 02-627 1422; www.itraveljerusalem.com; Jaffa Gate; ⊗ Sa–Do 8.30–17, Fr 8.30–13.30 Uhr) Haupttouristeninformation Jerusalems. Hier bekommt man kostenlose Stadtpläne, Infos und Tipps und kann sich auch Guides vermitteln lassen. Es ist das zweite Büro hinter dem Jaffator und darf nicht verwechselt werden mit dem „Jerusalem Tourist Information Center", einem privaten Touristikanbieter nebenan mit i-Punkt über der Tür.

Touristen-Hotline (☏ *3888) Wer Servicefragen hat oder Hilfe von der israelischen Polizei,

AUSFLUG IN DIE JERUSALEM HILLS

Die Jerusalem Hills gehören zu den fruchtbarsten Gegenden Israels, einem dicht bewaldeten Teil des Judäischen Berglands mit Jerusalem mittendrin. Schon vor Jahrtausenden zogen Pilger auf ihrem Weg in die Heilige Stadt über die Hügel und bauten und gründeten unterwegs Klöster, Kirchen und Schreine.

Heute befinden sich auf den nach Kiefern duftenden Hügeln einige der besten Weinberge und -güter. Leider haben nur wenige Weingüter einen Verkostungsraum. Probieren kann man ihre Weine aber im **Cramin Resort** (☏ 08-638 7797; www.isrotel.com; Kiryat Anavim; Zi. ab 360 US$; ❄ @ 🛜 🏊), einem noblen Spahotel in Kiryat Anavim, 15 Autominuten von Jerusalem entfernt. Neben Luxuszimmern, einer Terrasse mit Pool und schickem Spa, in dem man sich auf therapeutische Wein-Anwendungen (mit Wein- und Traubenprodukten) spezialisiert hat, verfügt dieses Resort über eine Weinbar und ein Restaurant, wo man Weine großer Güter wie Yatir, Katlav, Flam, Ella Valley, Soreq und Tzora verkosten kann.

den Dienststellen des Innenministeriums oder den Flughafenbehörden benötigt, kann diese Nummer anrufen. Sie ist rund um die Uhr besetzt.

ℹ An- & Weiterreise

AUTO

Die meisten Autovermietungen mit Sitz in Jerusalem erlauben es nicht, mit ihren Autos nach Palästina zu fahren (die Rte 1 zum Toten Meer und die Rte 90 nach Norden zum See Genezareth oder gen Süden nach Eilat sind aber kein Problem). Es gibt zwei Ausnahmen: Dallah Rent a Car (S. 453) in Ostjerusalem mit Büro im American Colony Hotel und **Green Peace** (☏ 02-585 9756; www.green peace.co.il; Shu'fat, Ostjerusalem) ebenfalls in Ostjerusalem.

Die meisten großen internationalen und nationalen Autovermieter unterhalten Büros in der King David St.

BUS

Die Busse in alle größeren Städte und Ortschaften Israels starten am **Zentralen Busbahnhof** (www.bus.co.il; Jaffa Rd; 🚍 Central Station).

Sie fahren u. a. nach Tel Aviv (Bus 405, 19 NIS, 1 Std., alle 15 Min.), Haifa (Bus 940, 947 od. 960, 44 NIS, 2 Std., alle 15 Min.), Tiberias (Bus 962, 44 NIS, 2½ Std., stündl.), Masada (Bus 421, 444 oder 486, 44 NIS, 1¾ Std.), Be'er Scheva (Bus 446 oder 470, 31,50 NIS, 1¾ Std., 2-mal stündl.) und Eilat (Bus 444, 82 NIS, 5 Std., 4-mal tgl.).Die Fahrt nach Eilat sollte man im Voraus buchen, da die Busse auf dieser Strecke oft voll sind.

Busse zu Zielen in Ostjerusalem wie dem Ölberg (Bus 75, 5 NIS) fahren am **Arabischen Busbahnhof** in der Sultan Suleiman St in Ostjerusalem in der Nähe des Herodestors ab; sie sind blau-weiß lackiert.

Busse in die nördlichen Teile des Westjordanlands, z. B. nach Ramallah (Bus 18, 7 NIS), starten am **Arabischen Busbahnhof** in der Derekh Shchem (Nablus) Rd, der Straße direkt vor dem Damaskustor. Die Busse sind grün-weiß.

Nach Bethlehem den Bus 21 (8 NIS) vom **Arabischen Busbahnhof** westlich des Damaskustors bei der Straßenbahnhaltestelle nehmen. Die Busse, die hier abfahren, sind blau-weiß. Nach Hebron geht es mit Bus 21 bis Bab al-Zqaq, wo man in einen Bus nach Hebron (5 NIS) umsteigen muss.

Allgemein gilt: Blau-weiße Busse steuern Orte im südlichen Westjordanland an, grün-weiße im nördlichen Westjordanland.

SCHERUT (SAMMELTAXI)

Scheruts (auf Arabisch *servees*) sind wesentlich schneller als Busse, fahren häufiger und kosten nur ein paar Schekel mehr. Am Sabbat sind sie das einzige öffentliche Verkehrsmittel zu Zielen in Israel. Scheruts nach Tel Aviv (wochentags 24 NIS/Pers., Sabbat 34 NIS/Pers.) starten an der Kreuzung HaRav Kook St/Jaffa Rd unweit vom Zion Sq. In Tel Aviv halten sie direkt vor dem Zentralen Busbahnhof.

TAXI

Die Taxipreise in Israel werden von der Regierung festgesetzt: Hotels am Toten Meer (wochentags/Sabbat 499/608 NIS), Flughafen Ben-Gurion (268/320 NIS), Tel Aviv (319/383 NIS), Nazareth (785/960 NIS), Haifa (780/960 NIS) und Eilat (1417/1756 NIS).

ℹ Unterwegs vor Ort

AUTO

Blau-weiße Bordsteinkanten kennzeichnen die einzigen Parkplätze, die von Nichtjerusalemer genutzt werden dürfen. Wer hier parkt, benötigt einen Parkschein, der an Automaten erhältlich ist (5,70 NIS/Std.) und aufs Armaturenbrett gelegt werden muss. Alternativ kann man sich beim Handy-Parksystem **Pango+** (☏ *4500; http://en.pango.co.il/) registrieren lassen. Abends und am Sabbat ist das Parken in den Straßen Jerusalems im Allgemeinen gratis.

> ## ⓘ RAV-KAV-KARTEN
>
> Wer sorgenfrei in der Stadt herumfahren möchte, sollte sich eine „anonyme" (*anonimi*) Rav-Kav Smart Card (5 NIS) am öffentlichen Egged-Ticketschalter am Zentralen Busbahnhof oder beim Busfahrer kaufen und diese dann mit einer bestimmten Anzahl von Fahrten (à 6,90 NIS, mind. 2 Fahrten) oder gleich mit einem Mehrfachticket laden; Letzteres kostet für 10 Fahrten 55,20 NIS (man spart also 20 %).
>
> Leere Karten können an den Fahrkartenautomaten der Straßenbahnhaltestellen, in Bussen oder an dem Egged-Schalter im Zentralen Busbahnhof in der Nähe von Plattform 22 aufgeladen werden. Sie sind in der Straßenbahn und in allen Bussen im Großraum Jerusalem (nicht jedoch in Ostjerusalem und in dem Egged-Touristenbus 99) für jeweils eine Fahrt mit beliebig häufigem Umsteigen 90 Minuten lang gültig. Ein Kind fährt in Begleitung eines zahlenden Erwachsenen gratis. (Achtung: Für Kinderwagen muss man zwischen 7 und 9 Uhr eine extra Fahrkarte lösen).
>
> Weitere Details unter http://jet.gov.il.

Mamilla Parking (Karte S. 76; ☎ 02-636 0027; 17 Kariv St; 1. Std. frei, jede weitere Std. 12 NIS, ganzer Tag 48 NIS ; ⊙ 6–2 Uhr) Bequem und sicher; in der Nähe des Jaffators.

BUS

Jerusalem verfügt über ein gutes innerstädtisches Busnetz (6,90 NIS/Fahrt). Streckeninfos, Fahrpläne und nützliche Netzpläne kann man unter www.jet.gov.il downloaden.

Rav-Kav-Karten gelten in allen Bussen im Großraum Jerusalem, ausgenommen sind jedoch Busse in Ostjerusalem und der Egged-Touristenbus 99.

FAHRRAD

Das hügelige Jerusalem ist ein ziemlich anstrengendes Pflaster für Radler. Wer ein Rad mieten oder an einer Fahrradtour teilnehmen will, sollte sich an die Touristeninformation am Jaffator wenden. Dort ist eine Liste mit empfehlenswerten Fahrradvermietern erhältlich.

Den Gästen des Hotels Arcadia Ba'Moshava in der Deutschen Kolonie stehen Fahrräder zur Verfügung, das Abraham Hostel kann Leihräder organisieren.

VOM/ZUM FLUGHAFEN

Der Flughafen Ben-Gurion liegt 52 km westlich von Jerusalem an der Rte 1 nach Tel Aviv. Scheruts warten rund um die Uhr am Taxistand vor der Ankunftshalle für internationale Flüge. Los geht's, wenn sie voll besetzt sind. Fahrten zu allen Zielen an der vorgegebenen Strecke – u. a. Paratrooper Rd beim Jaffator, Straßenbahnhaltestelle City Hall – kosten 41 NIS pro Person. Wer im Stadtzentrum abgesetzt werden möchte, zahlt 69 NIS. Plätze können nicht im Voraus gebucht werden.

Scheruts werden vom **Taxiservice Nesher** (☎ 1 599 500 205, 02-625 7227) angeboten, der auch Touren zum Flughafen anbietet. Die Scheruts verkehren ebenfalls rund um die Uhr, holen Fahrgäste in den Unterkünften in Jerusalem (oder in der Nähe der Stadttore, wenn man in der Altstadt wohnt) ab und kosten 69 NIS pro Person. Unbedingt 24 Stunden im Voraus buchen.

Ein Taxi kostet wochentags 268 NIS, an den Wochenenden 320 NIS.

TRAM

Die 2011 in Betrieb genommene **Jerusalem Light Rail** (JLR; ☎ *3686; www.citypass.co.il) besteht aus nur einer Linie, die vom Herzlberg im Westen der Stadt zur Endhaltestelle Heyl HaAvir in Pisgat Ze'ev im äußersten Nordosten der Stadt führt. Die 13,9 km lange Strecke hat 23 Haltestellen, u. a. am Zentralen Busbahnhof, am Mahane-Yehuda-Markt und am Damaskustor. Außer am Sabbat fährt sie täglich von 5.30 bis 24 Uhr alle 10 Minuten, samstags fährt die erste Bahn eine Stunde nach Sabbatende. Tickets (6,90 NIS) sind am Automaten an den Haltestellen erhältlich und müssen in der Bahn entwertet werden.

TAXI

Taxifahrten innerhalb des Stadtzentrums kosten zwischen 25 und 50 NIS. Man sollte immer darauf bestehen, dass das Taxameter eingeschaltet wird. Taxis bestellen kann man bei **Hapalmach Taxi** (☎ 02-679 2333).

Achtung: Die Taxifahrer am Jaffator sind dafür bekannt, dass sie sich weigern, das Taxameter einzuschalten, um dann den Fahrgästen überhöhte Preise abzuknöpfen. Wer an diesem Tor ein Taxi benötigt, sollte in die Touristeninformation in der Nähe gehen und sich eins rufen lassen. Auch die Fahrer, die beim Mariengrab auf dem Ölberg auf Fahrgäste warten, machen ihre Taxameter nur widerwillig an.

RUND UM JERUSALEM

Es gibt zahlreiche Sehenswürdigkeiten in der Nähe von Jerusalem, die man im Rahmen eines halb- oder ganztägigen Ausflugs besichtigen kann.

Abu Ghosch

🎵 02 / 6500 EW.

Das am Hang gelegene arabische Städtchen Abu Ghosch liegt 13 km westlich von Jerusalem an der Autobahn nach Tel Aviv. Es eignet sich perfekt für einen schönen Halbtagesauflug. In der Bibel ist der Ort unter dem Namen Kiryat Ya'arim (Stadt der Wälder) bekannt, wo die Bundeslade 20 Jahre lang aufbewahrt worden sein soll, ehe David sie nach Jerusalem brachte (1.Chr 13,5–8). Heute ist der Ort Anwärter auf den Titel Hummus-Hauptstadt Israels.

Zwei Kirchen wecken das Interesse der Besucher. Die Kirche **Notre Dame de l'Arche d'Alliance** (Unsere Liebe Frau von der Bundeslade; 🕐 8.30–11.30 & 14.30–17.30 Uhr), 1924 auf dem Hügel oberhalb der Stadt erbaut, ist samt Marienstatue weithin sichtbar. Sie gehört den französischen St.-Joseph-Schwestern und soll nach deren Überlieferung an der Stelle von Abinadabs Haus stehen, in dem die Bundeslade verwahrt wurde (1.Sam 7,1). Die Kirche steht auf den Fundamenten einer größeren byzantinischen Kirche, Teile des Mosaikfußbodens des Vorgängerbaus sind noch erhalten.

Die **Auferstehungskirche** (📞 02-534 2798; 🕐 Mo–Mi, Fr & Sa 8.30–11.30 & 14.30–17.30 Uhr) ist eine der am besten erhaltenen und schönsten Kreuzfahrerkirchen Israels. Sie wurde gegen 1140 erbaut und in späterer Zeit als Moschee und Stall benutzt. 1907 wurde das Gebäude abermals als Kirche geweiht. Sie steht neben einer Moschee; um sie zu finden, muss man nur nach dem Minarett im Tal Ausschau halten.

🍴 Essen

Das Städtchen Abu Ghosch ist in ganz Israel für seine **Hummus-Restaurants** bekannt. Viele davon heißen Abu Shukri – und alle behaupten, das Original zu sein. In Wirklichkeit steht aber keines dieser Restaurants in irgendeinem Zusammenhang mit dem weltberühmten Lokal ähnlichen Namens in Jerusalems Altstadt.

ℹ️ An- & Weiterreise

Superbus 185 fährt nach Abu Ghosch. Er startet auf dem Shazar Blvd gegenüber vom Jerusalem International Convention Center, nahe dem Zentralen Busbahnhofs (9,60 NIS, 20 Min., alle 30 Min.).

Sorek-Höhle

Die **Sorek-Höhle** (📞 02-991 1117; www.parks.org.il; Erw./Student/Kind 29/25/15 NIS; 🕐 April–Sept. Sa–Do 8–16, Fr 8–15 Uhr, Okt.–März bis 15/14

Rund um Jerusalem

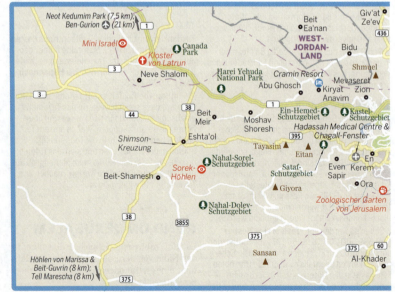

Uhr) gehört zu den spektakulärsten Naturwundern Israels. Sie wurde 1967 zufällig entdeckt, als Steinbrucharbeiter eine Felswand sprengten und auf die unterirdische Kaverne stießen. In dem auch als Awschalom-(Absalom-)Höhle bekannten Hohlraum gibt es Stalaktiten, Stalagmiten und Felspfeiler in jeder nur erdenklichen Form und Größe. Die Höhle befindet sich etwa 20 km westlich von Jerusalem an der Straße von Ein Kerem und ist nur mit einem eigenen fahrbaren Untersatz zu erreichen.

Höhlen von Marissa & Bet-Guvrin

גן לאומי בית גוברין-מרשה
حديقة وطنية بيت جبرين

Die **Höhlen von Marissa & BetGuvrin** (☏ 08-681 2957; www.parks.org.il; Erw./Student/Kind 29/25/15 NIS; ⊙ April–Sept. 8–16 Uhr, Okt.–März 8–15 Uhr), die 2014 in die Liste des UNESCO-Weltkulturerbes aufgenommen wurden, sind archäologische Stätte, Naturwunder und Musterbeispiel für menschlichen Erfindungsgeist in einem. Es gibt rund 3500 unterirdische Kammern, die in den weichen Kalkstein von Niederjudäa unter den früheren Städten Marissa und Bet-Guvrin gegraben wurden. Einige dieser Höhlen

sind auf natürliche Art entstanden, hier hat Wasser den weichen Kalkstein erodieren lassen. Andere wiederum sollen auf das Konto der Phönizier gehen, die das Gestein zwischen dem 7. und 4. Jh. v. Chr. für den Bau des Hafens von Aschkelon benötigten. In byzantinischer Zeit wurden die Höhlen von Mönchen und Eremiten bewohnt; an einigen Wänden sind noch Kreuzzeichen erkennbar. Einer der ersten Graffitikünstler soll Johannes der Täufer gewesen sein.

Bei der Ausgrabung von Tell Marescha wurden Überreste einer Synagoge aus dem 3. Jh. und diverse Zeugnisse der Griechen und der Kreuzfahrer entdeckt, die heute allesamt im Jerusalemer Rockefeller-Museum ausgestellt sind. Einige ebenfalls hier gefundene byzantinische Mosaiken befinden sich heute im Israel-Museum in Jerusalem. Zu den Funden an Ort und Stelle gehören die Ruinen auf dem Tell Sandahanna, wo einst eine der hl. Anna geweihte Kreuzfahrerkirche aus dem 12. Jh. stand.

Am leichtesten erkunden lassen sich die Höhlen westlich von Marescha, zu denen von der Straße aus Pfade hinführen. Einige der Höhlen sind durch aufwendige Treppenanlagen mit Handläufen erschlossen. Hunderte reihenweise angeordnete Nischen lassen darauf schließen, dass die Kolonisten aus Sidon vom 3. bis 1. Jh. v. Chr. hier kleine Tauben für den Tempelkult der Aphrodite züchteten.

Der Park ist ziemlich groß, seine Sehenswürdigkeiten liegen verstreut über das Gelände. Ein Besuch ist praktisch nur mit einem Auto möglich. Man fährt auf der Rte 38 nach Süden, bis sie auf die Rte 35 trifft. Auf der Rte 35 geht es dann 2 km weiter nach Westen, wo man den Eingang des Parks sehen kann.

Latrun   اللطرون לטרון

Diese malerische Gegend mit Olivenbäumen, Zypressen und Weinreben auf halber Strecke zwischen Tel Aviv und Jerusalem ist die Heimat des **Klosters von Latrun** (www.holy-wine.com; ⊙ Mo–Sa 7.30–11.30 & 14.30–16.30 Uhr). Das 1890 von Mönchen des französischen Trappistenordens gegründete Kloster, das von Einheimischen auch Kloster der Schweigenden Mönche genannt wird, ist für sein Olivenöl und seinen Wein (Merlot, Pinot Noir, Cabernet Sauvignon, Chardonnay und Sémillon) bekannt. In einem Laden in der Nähe des Klostertors werden die hier

BUDDELN IM TELL MARESCHA

Für Hobbyarchäologen ist Israel ein großer Abenteuerspielplatz. Besonders begeistert sind die Jünger von Indiana Jones von den vielen Tells, die überall im Land zu finden sind. Unter einem Tell versteht man einen Erdhügel, der dadurch entstand, dass eine Zivilisation nach der anderen ihre Siedlung auf den Trümmern einer älteren erbaute: Neue Völker kamen an Orte, wo früher schon eine Stadt gestanden hatte, bauten auf den Ruinen dieser Stadt und blieben, bis sie aus welchen Gründen auch immer verschwanden, ihnen ein weiteres Volk folgte und alles von vorn losging. Wenn sich dieser Vorgang oft genug wiederholte – tja, dann bildeten die Siedlungsschichten schließlich einen flachen Hügel.

Wegen des weichen Gesteins und der geschichtsträchtigen Gegend hat der Tell bei Maresha jede Menge kleine historische Fundstücke zu bieten. Sommer für Sommer strömen Hobbyarchäologen hierher, tragen sorgfältig Erdschichten ab und finden häufig Tonscherben, Münzen, Öllampen und andere Zeugnisse aus längst vergangenen Zeiten.

Oft werden auch Touristen als günstige Arbeitskräfte herkutschiert. Wem das gefallen könnte, kann mit **Archaeological Seminars** (☏ 02-586 2011; www.archesem.com) Kontakt aufnehmen. Das dreistündige „Dig for a Day"-Abenteuer kostet für Erwachsene/Kinder 30/25 US$, zuzüglich Parkeintritt 29/15 NIS.

hergestellten Produkte verkauft. Besucher dürfen durch die Klostergärten schlendern.

Wer mit Kindern unterwegs ist, sollte einen Besuch von **Mini Israel** (☏ 1 700 559 569; www. minisrael.co.il; Erw./erm. 69/59 NIS; ☺ So–Do & Sa 10–17 Uhr, April–Juni & Nov.–März Fr 10–14 Uhr, Juli–Okt. wechselnde Öffnungszeiten, Dez.–Feb. geschl.) in Betracht ziehen. In diesem Themenpark stehen kleine maßstabsgetreue Modelle von 385 berühmten Attraktionen Israels. Auf der Website die Öffnungszeiten prüfen, da sie je nach Saison unterschiedlich ausfallen!

Die Busse 404, 433, 434 und 435 fahren vom Zentralen Busbahnhof in Jerusalem nach Latrun (19 NIS, 30 Min., häufig).

Rund um Latrun

Neot-Kedumim-Park   PARK

(Biblischer Landschaftspark; ☏ 08-977 0777; www.neot-kedumim.org.il; Erw./Kind 25/20 NIS; ☺ So–Do 8.30–16, Fr 8.30–13 Uhr) Das 2,5 km² große Naturschutzgebiet 9 km südöstlich vom Flughafen Ben-Gurion ist der beste Ort in Israel, um eine Vorstellung davon zu bekommen, wie die natürliche und landwirtschaftlich genutzte Landschaft im Heiligen Land zu biblischen Zeiten aussah. Vier Naturlehrpfade führen zu Orten wie ins Tal des Hoheslieds.

Tel Aviv-Jaffa (Jafo)
تل ابيب-يافا   תל אביב-יפו

♪ 03 / 414 600 EW.

Inhalt ➡
Sehenswertes.......120
Strände 132
Aktivitäten..........132
Geführte Touren.....133
Feste & Events 135
Schlafen............135
Essen 140
Ausgehen &
Nachtleben 149
Unterhaltung........151
Shoppen............152
Rund um Tel Aviv 157

Gut essen
➡ Miznon (S. 140)
➡ Orna and Ella (S. 141)
➡ Catit (S. 143)
➡ Bindella Osteria & Bar (S. 143)
➡ Ali Caravan (S. 148)

Schön übernachten
➡ Shenkin Hotel (S. 137)
➡ Hotel Montefiore (S. 137)
➡ Mendeli Street Hotel (S. 139)
➡ Old Jaffa Khan (S. 139)
➡ Beachfront Hotel (S. 138)

Auf nach Tel Aviv-Jaffa!
Israels zweitgrößte Stadt – das moderne, vor Leben sprühende und kosmopolitische Tel Aviv – ist eines der beliebtesten Ziele im Land und hat lange, sonnenverwöhnte Strände sowie Einwohner, die sich für Kaffee und kulinarische Innovationen begeistern, alle erdenklichen Sprachen sprechen und ihr Leben gern im Freien in vollen Zügen genießen.

Die zum UNESCO-Weltkulturerbe zählenden Gebäude aus der Bauhaus-Ära, denen Tel Aviv denen Namen „Weiße Stadt" verdankt sind ein besonderes Highlight. Gleiches gilt für den historischen Hafen Jaffa (Jafo) mit seinem faszinierenden arabischen Erbe. Doch die wirkliche Hauptattraktion ist der örtliche Lebensstil, der die meisten Besucher gleich in seinen Bann zieht. An einem Tag stehen aktuelle Kunstgalerien und schicke Cafés auf dem Programm und am nächsten Kunsthandwerksläden und angenehm warme Strände. Hier ein paar Tage zu verbringen, macht Spaß, und eine ganze Woche kann zur Offenbarung werden – das sollte man sich nicht entgehen lassen!

Reisezeit

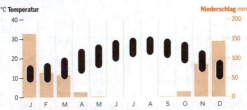

März–Mai Die Bougainvilleen blühen in leuchtendem Lila; Einheimische sitzen in Straßencafés.

Juni–Mitte Sept. Die Tel Aviv Pride Parade (Juni) sorgt für Stimmung; am Strand gibt's Abkühlung.

Dez.–Anfang März Kühles Wetter und gelegentliche Regenfälle, aber jede Menge Wintersonne.

Highlights

❶ Mit Badenden, Sonnenanbetern und Szenetypen Tel Avivs weltberühmte goldene **Strände** (S. 132) genießen

❷ Die Boheme-Bars und Boutiquen auf Jaffas historischem **Flohmarkt** (S. 130) erkunden

❸ Im **Tel Aviv Museum of Art** (S. 121) impressionistische Meisterwerke und zeitgenössische Kunst bewundern

❹ Am und rund um den **Rothschild Boulevard** (S. 118) stilvolle Cafés und UNESCO-geschützte Bauhaus-Gebäude erkunden

❺ Im Hipsterviertel **Florentin** (S. 149) durch die Bars ziehen

❻ In einem Restaurant, das von einem örtlichen **Promikoch** (S. 143) geführt wird, aufregende modern-israelische Küche entdecken

❼ Im großen, grünen **HaYarkon-Park** (S. 131) spazieren gehen, joggen oder radeln

Geschichte

Das alte Jaffa

Nach archäologischer Erkenntnis war Jaffa schon seit dem 18. Jh. v. Chr. ein befestigter Hafen. Ein ägyptisches Dokument aus den Jahren um 1470 v. Chr. vermeldet, die Stadt sei von Pharao Thutmosis III. erobert worden.

Im Verlauf der Jahrhunderte wurde die Stadt u. a. von den Assyrern (701 v. Chr.), den Babyloniern (586 v. Chr.), Alexander dem Großen (332 v. Chr.), den Ptolemäern (301 v. Chr.) und den Makkabäern (Mitte 1. Jh. v. Chr.) erobert, dann aber von den Römern vernachlässigt, die ihren eigenen Hafen Caesarea Maritima weiter nördlich beim heutigen Caesarea (Keisarija) hatten. Die aus der griechischen Mythologie bekannte Andromeda soll vor der Küste Jaffas an einen Felsen im Meer geschmiedet worden sein.

Das byzantinische Jaffa fiel 636 in die Hände der Araber. Im Jahr 1100 eroberten die Kreuzfahrer die Hafenstadt und hielten sie mit einer Unterbrechung – den Jahren von 1187, als Saladin Jaffa eroberte, bis 1191, als Richard I. Löwenherz die Stadt für die Kreuzfahrer zurückgewann – bis 1268, als die ägyptischen Mamluken sie endgültig ihrem Reich einverleibten. Die anschließenden vier Jahrhunderte der osmanischen Herrschaft (1515–1917) wurden von Napoleon kurz unterbrochen, der die Stadt 1799 eroberte und 2440 osmanische Gefangene am Strand niedermetzeln ließ.

Zu Beginn des 19. Jhs. war Jaffa kaum mehr als ein Dorf, aber der Wiederaufbau begann 1807 unter Muhammad Abu-Nabbut; in dieser Zeit wurde auch die Große Moschee, die Mahmoudiya-Moschee, errichtet. Ab den 1820er-Jahren kamen wieder Juden nach Jaffa, und am Ende des Jahrhunderts war Jaffa zu einem wichtigen Hafen für die Schiffe geworden, die gläubige Pilger und Einwanderer ins Land brachten.

In der zweiten Hälfte des 19. Jhs. entstanden mehrere neue Viertel nordöstlich der Stadtmauern von Jaffa. 1866 gründete eine Gruppe US-amerikanischer Christen aus Maine die Amerikanische Kolonie; als sich die Gruppe einige Jahre später auflöste, trat die Tempelgesellschaft, eine deutsche pietistisch-messianische Sekte, an ihre Stelle. Ende des 19. Jhs. gründeten dann Juden, die die beengten und zuweilen unhygienischen Zustände in Jaffas Altstadt leid waren, auf den Sanddünen die beiden neuen Stadtviertel Neve Tzedek (1887) und Neve Shalom (1890).

Die neue Stadt Tel Aviv

Im Jahr 1906 trafen sich 60 jüdische Familien, die aus Chişinău und Odessa stammten, unter der Führung des tatkräftigen (nichtsozialistischen) zionistischen Pioniers Meir Dizengoff (1861–1936) in Jaffa, um eine komplett neue jüdische Stadt zu planen. Sie kauften 12,8 ha unbebauter Sanddünen nördlich von Jaffa, bildeten aus dem größten Teil 60 Parzellen und veranstalteten 1909 eine mit Seemuscheln durchgeführte Lotterie, um das Gelände rund um die heutige Kreuzung der Herzl St mit dem Rothschild Blvd zu verteilen. Als Vorbild diente die englische Gartenstadt, eine geplante, autarke Siedlungsform mit vielen Freiflächen und öffentlichen Parks. Bis zum Ausbruch des Ersten Weltkriegs (1914) wurden 140 Wohnhäuser gebaut.

Der Name der neuen Stadt, Tel Aviv (Frühlingshügel), geht auf den Titel der hebräischen Übersetzung von Theodor Herzls utopischem Roman *Altneuland* zurück, wird aber auch im Tanach (Ezechiel 3:15) erwähnt.

Von Eklektizismus bis Bauhaus

Tel Avivs Ausbau kam im Ersten Weltkrieg zum Stillstand, und im Frühjahr 1917 vertrieb die osmanische Verwaltung die gesamte jüdische Bevölkerung aus Tel Aviv und Jaffa. Doch nach dem Ersten Weltkrieg setzte sich unter der britischen Mandatsverwaltung Palästinas der stürmische Ausbau der Stadt fort. Im Gefolge des Pogroms von Jaffa (1921) flohen viele Juden vor den Arabern nordwärts nach Tel Aviv, was die Einwohnerzahl der neuen Stadt auf rund 34000 Personen im Jahr 1925 ansteigen ließ.

In den 1920er-Jahren wurden in Tel Aviv rund 800 Gebäude in einem eklektischen Stil errichtet, der bewusst Orient und Okzident mit griechischen Säulen, romanischen Rundbögen, orientalischen Kuppeln, bunten Keramikfliesen und vielen Verzierungen verband.

In den 1930er-Jahren brachen neue Einwanderungswellen über die Stadt herein, u. a. kamen viele Flüchtlinge aus Nazideutschland. Aufgrund antizionistischer Streiks und Unruhen flohen die in Jaffa verbliebenen Juden Mitte der 1930er-Jahre ebenfalls nach Norden; viele Flüchtlinge bezogen Baracken am Meeresufer. Als Jaffas arabische Hafenarbeiter ab 1936 einen

TEL AVIVS BAUHAUS-ERBE

Im Zentrum von Tel Aviv stehen mehr Gebäude aus den 1930er-Jahren im Bauhaus-Stil (auch Internationaler Stil) als in jeder anderen Stadt der Welt. Darum wurde die „Weiße Stadt" (die Straßen im Stadtzentrum und im südlichen Zentrum etwa nordwestlich und westlich der Jaffa/Begin Rd) 2003 zu einer UNESCO-Welterbestätte erklärt.

Trotz aller Umbauten und des Verfalls in den letzten Jahren ist das bauliche Erbe der Weißen Stadt unübersehbar. Typisch für diese Gebäude sind horizontale Linien, Flachdächer, weiße Wände, senkrechte „Thermometer-Treppenschächte" und ein fast vollständiger Verzicht auf Bauornamentik.

Das von dem Architekten Walter Gropius gegründete und später von Ludwig Mies van der Rohe geleitete Bauhaus war eine ungeheuer einflussreiche Schule für Kunst und Gestaltung, die von 1919 bis 1933 existierte und ihren Sitz in Weimar, Dessau und Berlin hatte. Die Nazis verabscheuten den Bauhaus-Stil, den sie als „kosmopolitisch" und „entartet" betrachteten, und erzwangen nach ihrer Machtübernahme die Schließung der Schule.

Deutschjüdische Architekten, die vor den Nazis fliehen mussten, brachten den Modernismus und die Ideale des Bauhauses nach Palästina; 19 dieser Architekten hatten am Bauhaus studiert, zwei hatten mit Erich Mendelsohn (dem Pionier des Streamline-Modernismus) zusammengearbeitet und mindestens zwei weitere auch mit dem berühmten Modernisten Le Corbusier. Beim Ausbau Tel Avivs in den 1930er-Jahren (nach einem von dem schottischen Stadtplaner Sir Patrick Geddes in den späten 1920er-Jahren aufgestellten Masterplan) wurden rund 4000 weiß angestrichene Bauhaus-Gebäude errichtet – die auf typische Art den Modernismus der Mitte des 20. Jhs. verkörperten. Annähernd 1000 dieser Gebäude sind in der UNESCO-Liste aufgeführt.

Heute sind viele der Gebäude stark verfallen (das Klima setzt dem Bewehrungsstahl, den die Bauhaus-Architekten bevorzugt verwendeten, besonders stark zu), doch mehrere Hundert wurden bereits renoviert, und jedes Jahr erstrahlen nach der Restaurierung immer mehr im alten Glanz. Wunderbare Beispiele des Bauhaus-Stils finden sich am Rothschild Blvd und an dessen Querstraßen (z. B. der Mazeh und der Nahmani St), an der Bialik St nahe dem Gan-Meir-Park sowie rund um den Dizengoff Sq.

Das **Bauhaus Center** (Karte S. 126; ☎ 03-522 0249; www.bauhaus-center.com; 99 Dizengoff St; ☉ So–Do 10–19.30, Fr bis 14.30 Uhr) verkauft diverse Architekturbücher und Stadtpläne, darunter einen Führer mit Plan im Maßstab 1:6000, in dem die restaurierten Gebäude in Tel Aviv-Jaffa verzeichnet sind. Angeboten werden hier auch zwei Bauhaus-Stadtspaziergänge: Die zweistündige Führung durch die Straßen im Zentrum beginnt jeden Freitag um 10 Uhr, und die gleiche Strecke kann man auch unbegleitet mit einem ausgeliehenen MP3-Player und Kopfhörern absolvieren. Beide Optionen kosten jeweils 60 NIS pro Person. Eine viel bessere Alternative ist aber die kostenlose **Bauhaus-Tour** der Touristeninformation Tel Aviv (in englischer Sprache). Sie beginnt jeden Samstag um 11 Uhr am Rothschild Blvd 46 (Ecke Shadal St).

Boykott gegen jüdische Einwanderer und jüdische Frachtgüter organisierten, baute Tel Aviv einen eigenen Hafen. Bis zum Jahr 1939 war die Bevölkerung Tel Avivs auf 160 000 Personen angewachsen, was einem Drittel der gesamten jüdischen Bevölkerung im Mandatsgebiet entsprach. Unterdessen wurde nur wenige Kilometer weiter nordöstlich in der Templersiedlung Sarona von den deutschen Siedlern die Nazifahne gehisst.

Zur Unterbringung relativ wohlhabender Flüchtlinge aus Nazideutschland – in den ersten Jahren der Naziherrschaft durften ausreisewillige deutsche Juden einen Teil ihres Vermögens mitnehmen – begannen ebenfalls aus Deutschland geflüchtete Architekten, Apartmenthäuser in der klaren, modernistischen Formensprache des Bauhauses und des International Style zu errichten, der bald zum Markenzeichen der Stadt wurde.

Mit dem Beginn des Zweiten Weltkriegs im Jahr 1939 meldeten sich viele ortsansässige Juden als Freiwillige zur britischen Armee, und Tel Aviv wurde zu einem Stationierungsort der Alliierten, während es gleichzeitig das Zentrum des zionistischen Widerstands gegen die einwanderungsfeindliche Politik der britischen Mandatsregierung war. 1940 wurde die Stadt von der italienischen Luftwaffe bombardiert.

Ende 1947 und 1948, während die Briten ihren Rückzug aus Palästina vorbereiteten, verschärften sich die Spannungen zwischen den jüdischen und den arabischen Einwohnern. Arabische Heckenschützen beschossen vom Minarett der am Strand gelegenen Hassan-Bek-Moschee jüdische Viertel, woraufhin Verbände jüdischer Milizen der Hagana und der Irgun Jaffa, ein wichtiges Zentrum des arabisch-palästinischen Nationalismus, belagerten. Im April 1948 wurde Jaffa von den jüdischen Milizen eingenommen; die meisten der rund 70 000 arabischen Einwohner wurden vertrieben oder flohen, überwiegend nach Gaza oder Beirut.

Von der Stadt zur Metropole

Im April 1949 wurden Tel Aviv und Jaffa zu einer einheitlichen Gemeinde zusammengelegt. Gemäß einem „Gesetz über das Eigentum von Abwesenden" blieb den früheren arabischen Einwohnern die Rückkehr in ihre Wohnstätten versagt; viele der frei gewordenen Grundstücke in Jaffa wurden von jüdischen Einwohnern in Beschlag genommen. Darunter waren Tausende Juden aus Bulgarien, weshalb die Stadt als „Klein-Sofia" bekannt wurde.

In den Jahrzehnten nach der Gründung des Staates Israel wuchs Tel Aviv in alle Richtungen, sodass Nachbarorte wie Ramat Gan und Giv'atajim im Osten und Bat Jam und Cholon im Süden zu dicht bevölkerten Vorstädten wurden. Die Stadt blühte als wichtigstes Zentrum des israelischen Pressewesens, der hebräischen Literatur, des Theaters und der Künste auf. Frühere Einschränkungen hinsichtlich der Gebäudehöhe mussten aufgegeben werden, als die Behörden erkannten, dass ein weiteres Wachstum nur mehr in die Höhe möglich war und dass, wenn man keine Wolkenkratzer baute, diese wohl im benachbarten Ramat Gan errichtet (und dieser Gemeinde die Steuereinnahmen durch die neuen Einwohner bescheren) würden.

Während des Ersten Golfkriegs (1991) wurde der Großraum Tel Aviv von rund drei Dutzend irakischer Scud-Raketen getroffen, die Tausende Wohnungen beschädigten. Am 4. November 1995 wurde Premierminister Jitzchak Rabin während einer Friedenskundgebung auf dem heutigen Rabin Sq von einem rechtsextremistischen orthodoxen Juden ermordet. Im folgenden Jahr war das Stadtzentrum von einer Welle palästinensischer Selbstmordattentate betroffen. Der zuversichtliche Optimismus der Jahre des Friedensprozesses von Oslo war vorbei, erschwerend kam das Platzen der Dot-com-Blase Ende der 1990er-Jahre hinzu.

Auf dem Weg ins 21. Jh.

Das neue Jahrtausend begann mit mehr als einem Dutzend Selbstmordattentaten in der Innenstadt von Tel Aviv während der zweiten Intifada. Andererseits erholte sich die

---

TEL AVIV IN ...

...zwei Tagen

Bei nur zwei Tagen und so vielem, das erkundet werden will, muss man sich ganz schön sputen! Nach dem Frühstück in einem der **Cafés** rund um den Rothschild Blvd schlendert man durch das Viertel und bewundert die **Bauhaus-Gebäude**. Anschließend werden die Läden im historischen Viertel **Neve Tzedek** durchstöbert, ehe es ins noch geschichtsträchtigere Jaffa geht. Nach einem Mittagessen auf dem **Flohmarkt** (S. 130) steht ein Rundgang durch die **Altstadt von Jaffa** auf dem Programm. Abends genießt man dann moderne israelische Küche im **Catit** (S. 143), **Mizlala** (S. 146) oder **North Abraxas** (S. 142).

Am zweiten Tag steht nach einem Brunch am Strand im **Manta Ray** (S. 147) ein Spaziergang über die Strandpromenade an. Dann marschiert man über den **Carmel-Markt** (S. 120) ins Stadtzentrum und besucht das wundervolle **Tel Aviv Museum of Art** (S. 121). Abends isst man französisch in der **Brasserie M&R** (S. 141) oder italienisch in der **Bindella Osteria & Bar** (S. 143).

...vier Tagen

Bei zwei Tagen mehr kann man mehr Zeit am Strand und in den vielen **Museen** der Stadt verbringen. Es sind auch ein, zwei Stadtspaziergänge möglich, und man kann die fantastischen **Cafés und Bars** nach Herzenslust erkunden.

Wirtschaft vor allem durch Innovationen im Hightech-Bereich. Junge Israelis kehrten vermehrt nach Tel Aviv zurück, und ältere Viertel wie Neve Tzedek und Teile von Jaffa wurden gentrifiziert.

In den letzten Jahren hat Tel Aviv sowohl an Selbstbewusstsein, als auch an Eleganz gewonnen. Im Jahr 2003 akzeptierte die Stadt den UNESCO-Welterbestatus für seine Bauhaus-Gebäude in der Weißen Stadt – die Restaurierung dieser Gebäude schreitet voran, wenn auch eher langsam. Auch die Infrastruktur wird nach und nach ausgebaut. Erschwingliche Wohnungen werden errichtet und eine Stadtbahnlinie (von Petach Tikwa nach Bat Jam) wurde eröffnet, der weitere folgen sollen.

Sehenswertes

Die Stadt erkundet man am besten zu Fuß oder mit dem Fahrrad. Viele besondere Sehenswürdigkeiten gibt es nicht, deshalb verbringt man die meiste Zeit damit, durch die farbenfrohen und vielfältigen Viertel im und rund um das Stadtzentrum (*merkaz ha-Ir*) zu schlendern und sich an den wundervollen Stränden am Westrand der Stadt zu entspannen. Im Sommer gilt die einfache Regel, den Tag am Strand zu verbringen und abends die Restaurants und Bars zu erkunden, die zu den besten im Nahen Osten zählen. Im Winter sorgen tagsüber die Museen und Einkaufsmöglichkeiten für Abwechslung, und abends sind die Restaurants und Bars genauso toll wie im Sommer.

Der alte Hafen von Jaffa (Jafo) liegt 30 Gehminuten vom Stadtzentrum entfernt – man folgt entweder der Uferpromenade oder läuft durch das malerische Viertel Neve Tzedek. Um nach Ramat Aviv (nördlich des Flusses Yarkon) oder in die südlich der Stadt gelegene Satellitenstadt Cholon zu kommen, nimmt man einen Bus oder ein Taxi.

Stadtzentrum

Das Gebiet zwischen der Arlozorov St im Norden und der Sheinkin St im Süden wird gemeinhin als das Stadtzentrum (*merkaz ha-Ir* oder *lev ha-Ir*) bezeichnet. Hierzu gehören das Kulturviertel rund um den HaBima („Bühnen") Sq, der obere Abschnitt des Rothschild Blvd, der beliebtesten Flaniermeile der Stadt, die Einkaufszentren des Dizengoff Centre und des Karmel-Markts und die beliebten Laden- und Café-Zeilen an der Dizengoff, Allenby und der King George St.

Carmel-Markt   MARKT
(Shuk HaCarmel; Karte S. 122; ☺So–Do 8 Uhr–Spätnachmittag, Fr bis gegen 15 Uhr) Eingezwängt zwischen den ungepflegten Straßen des jemenitischen Viertels und dem verkehrsberuhigten Abschnitt der Nahalat Binyamin St bildet Tel Avivs geschäftigster Straßenmarkt in vielerlei Hinsicht das Herz der Stadt. Er ist das genaue Gegenteil der gesichtslosen, klimatisierten Shoppingmalls und Supermärkte überall sonst: ein lauter Ort mit viel Gedränge, wo Verkäufer alles von billigen Strandklamotten bis zu heruntergesetzten Designer-Accessoires anbieten und wo sich die Einheimischen mit Oliven, Pickles, Nüssen, Obst, Gemüse, Käse und frisch gebackenem Brot eindecken.

Rubin-Museum   GALERIE
(Karte S. 122; ☏03-525 5961; www.rubinmuseum. org.il; 14 Bialik St; Erw./Kind 20 NIS/frei; ☺Mo, Mi, Do & Fr 10–15, Di bis 20, Sa 11–14 Uhr) Der manchmal als Gauguin Palästinas bezeichnete, unserer Einschätzung nach aber eher an Matisse erinnernde, aus Rumänien stammende Reuven Rubin (1893–1974) wanderte 1923 nach Palästina ein und malte wunderbare Landschaften und Szenen des örtlichen Lebens in seiner neuen Heimat. Viele davon sind in dieser Galerie in seinem ehemaligen Wohnhaus zu bewundern. Die Szenen aus Jaffa und die vielen Porträts vermitteln einen faszinierenden Einblick in die Zeit der jüdischen Einwanderung und in die frühen Jahre des Staates Israel.

Bialik-Museum   MUSEUM
(Karte S. 122; ☏03-525 4530; 22 Bialik St; Erw./Student & Kind 20/10 NIS, Kombiticket Beit Ha'ir & Bialik-Museum Erw. 30 NIS; ☺Mo–Do 11–17, Fr & Sa 10–14 Uhr) Israels Nationaldichter Chaim Nachman Bialik lebte in dieser Jugendstilvilla aus den 1920er-Jahren. Die reich dekorierten Räume im Erdgeschoss prunken mit eigens angefertigten Möbeln, bunten Farben und Keramikfliesen, die die Zwölf Stämme Israels, den Davidsstern und die Tierkreiszeichen darstellen. Im Obergeschoss finden sich Bialiks Privatbibliothek, sein Arbeitszimmer und sein Schlafzimmer. Im Untergeschoss ist ein Archiv mit seinen Papieren untergebracht.

Beit Ha'ir   KULTURZENTRUM
(Rathaus; Karte S. 122; ☏03-724 0311; http:// beithair.org; 27 Bialik St; Erw./Student & Kind 20/10 NIS, Kombiticket Beit Ha'ir & Bialik-Museum Erw. 30 NIS; ☺Mo–Do 9–17, Fr & Sa 10–14 Uhr) In einer Sackgasse am Ende der Bialik St,

an der viele bemerkenswerte Gebäude im Bauhaus-Stil stehen, befindet sich dieses Kulturzentrum mit zwei Galerien für Wechselausstellungen sowie einer Dauerausstellung, die historische Fotos und Dokumente zur Geschichte der Stadt zeigen. Das 1925 errichtete Gebäude diente von 1925 bis 1965 als Tel Avivs Rathaus. Auch ein Nachbau des einst von Meir Dizengoff genutzten Büros ist zu sehen.

Helena-Rubenstein-Pavillon GALERIE
(Karte S. 122; ☑03-528 7196; www.tamuseum. com; 6 Tarsat Blvd; Eintritt 10 NIS; ☉Mo, Mi & Sa 10–18, Di & Do bis 21, Fr bis 14 Uhr) GRATIS Die von der gleichnamigen Kosmetikunternehmerin

gestiftete Galerie für zeitgenössische Kunst ist ein Anbau des Tel Aviv Museum of Art. Im Obergeschoss gibt es eine Dauerausstellung von Kunstgewerbe, aber die Hauptattraktion sind die Wechselausstellungen im Erdgeschoss, die Werke israelischer und internationaler Künstler zeigen. Das Gebäude im Bauhaus-Stil wurde 1959 eröffnet und steht gleich abseits des HaBima Sq, an dem sich Israels Nationaltheater und das Charles Bronfman Auditorium befinden.

⭐ **Tel Aviv Museum of Art** GALERIE
(Karte S. 122; ☑03-607 7020; www.tamuseum. com; 27 Shaul HaMelech Blvd; Erw./Student ab 15 Jahre 50/40 NIS, Kind bis 15 Jahre frei; ☉Mo–Mi

---

MILITÄRMUSEEN

Wer sich für Militärgeschichte oder die moderne israelische Geschichte interessiert, findet in Tel Aviv eine Reihe von Museen, die sich mit diesen Themen befassen – natürlich aus israelischer Sicht.

Das **Museum der Geschichte der Israelischen Verteidigungsstreitkräfte** (IDF History Museum; Karte S. 122; ☑03-516 1346; Prof. Yehezkel Kaufmann St, Tel Aviv Promenade; Erw./Kind & Student 15/10 NIS; ☉So–Do 8.30–16 Uhr) GRATIS zeigt in 13 Pavillons und Schuppen rund um das alte Bahnhofsgebäude von Jaffa Schützenpanzer, gepanzerte Einsatzfahrzeuge, Flugabwehrgeschütze, Gewehre und Maschinengewehre, die von den Israelischen Verteidigungsstreitkräften (hebr. auch Zahal; engl. Abkürzung IDF) seit ihrer Gründung im Jahr 1948 eingesetzt wurden. Die meisten Kids klettern gern auf den Fahrzeugen herum, für Erwachsene, die sich nicht besonders für militärisches Gerät interessieren, ist die Ausstellung eher langweilig, zumal sie nur hebräisch beschildert ist. Man erreicht den Eingang über den Parkplatz neben dem HaTachana-Zentrum.

In prächtiger Lage am Rothschild Blvd erzählt das **Hagana-Museum** (Karte S. 122; ☑03-560 8624; 23 Rothschild Blvd; Erw./Student & Kind 15/10 NIS; ☉So–Do 8–16 Uhr) die Geschichte der Gründung und Tätigkeit der paramilitärischen Organisation, aus der die Israelischen Verteidigungsstreitkräfte hervorgingen. Gegründet als Bürgerwehr, die in den 1920er- und 1930er-Jahren jüdische Farmen und Kibbuzim gegen arabische Angriffe verteidigte, half die Hagana mehr als 100 000 jüdischen Flüchtlingen bei der illegalen Einreise nach Palästina, nachdem das britische Weißbuch von 1939 eine legale Einwanderung unmöglich gemacht hatte.

Die Geschichte des Palmach, einer 1941 gegründeten Eliteeinheit der Haganah, wird im **Palmach-Museum** (☑03-643 6393; www.palmach.org.il; 10 Haim Levanon St, Ramat Aviv; Erw./Kind 30/20 NIS; ☉So–Fr nur nach Vereinbarung) in Ramat Aviv multimedial aufbereitet. Die Führung (auf Hebräisch) beginnt in der Gedenkhalle für die Mitglieder, die im Kampf für die Gründung Israels ihr Leben ließen, und konzentriert sich anschließend auf die Geschichten einzelner Soldaten. Kopfhörer liefern eine Übersetzung der Führung in andere Sprachen.

Ein kleines Museum im 1. Stock des **Jabotinsky-Instituts** (Karte S. 122; ☑03-528 6523; www.jabotinsky.org; 38 King George St; ☉So–Do 8–16 Uhr) GRATIS dokumentiert die Geschichte und die Aktivitäten der 1931 von Wladimir Zeev Jabotinsky gegründeten Untergrundorganisation Irgun (Etzel). Die Ausstellung konzentriert sich auf Jabotinskys politische, literarische und journalistische Tätigkeit und dokumentiert auch die Schaffung der Jüdischen Legion (fünf aus jüdischen Freiwilligen gebildete Bataillone, die im Ersten Weltkrieg in der britischen Armee kämpften).

Beim Besuch all dieser Museen muss man seinen Pass vorzeigen. Ein Kombiticket für fünf von der Zahal betriebene Museen (darunter das Museum der Israelischen Verteidigungsstreitkräfte und das Hagana-Museum) kostet 20 NIS.

Südliches Zentrum

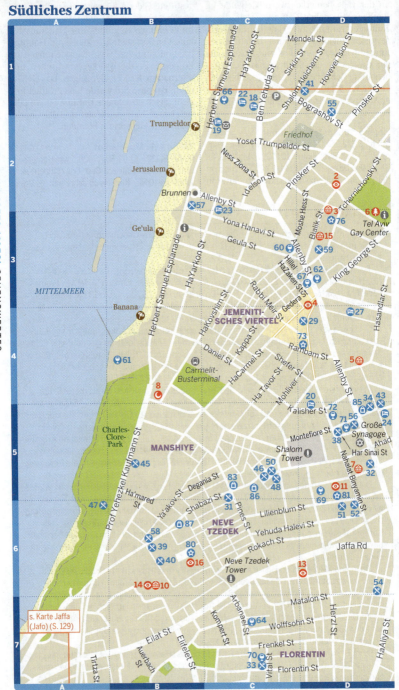

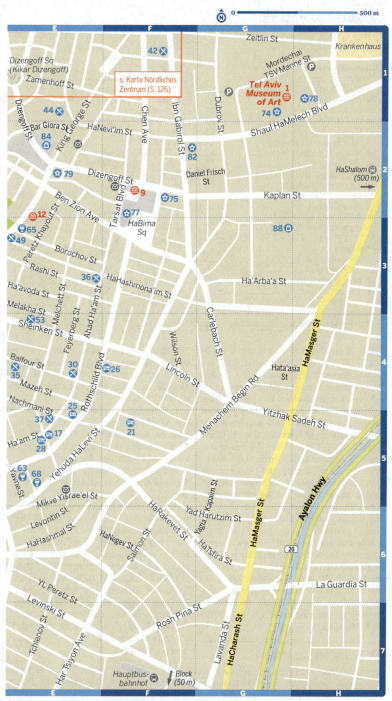

Südliches Zentrum

◎ Highlights
1 Tel Aviv Museum of Art G1

◎ Sehenswertes
2 Beit Ha'ir D2
3 Bialik-Museum.................................. D3
4 Carmel-Markt.................................... D3
5 Chelouche Gallery............................. D4
6 Gan-Meir-Park................................... D3
7 Haganah-Museum.............................. D5
8 Hassan-Bek-Moschee B4
9 Helena-Rubenstein-Pavillon................ F2
10 IDF History Museum........................... B6
11 Unabhängigkeitshalle......................... D5
12 Jabotinsky-Institut.............................. E2
13 Levinsky-Gewürzmarkt........................ D6
14 Alter Bahnhof.................................... B6
15 Rubin-Museum................................... D3
16 Suzanne Dellal Centre B6

🛏 Schlafen
17 Alma Hotel E5
18 Art Plus Hotel C1
19 Beachfront Hotel C2
20 Brown TLV D5
21 Diaghilev F5
22 Embassy Hotel C1
23 Hayarkon 48 Hostel........................... C2

24 Hotel Montefiore D5
25 Rothschild 71..................................... E5
26 Rothschild Hotel F4
27 Shenkin Hotel....................................D4
28 Townhouse Tel Aviv E5

✴ Essen
29 Agadir...D4
30 Ahathaan.. E4
31 Anita C5
32 Benedict..D5
33 Bet Lehem Hummus............................C7
34 Bindella Osteria & Bar D5
35 Cafe Lucia... E4
36 Cafe Noah... E3
37 Café Noir... E5
    Casbah Cafe............................ (siehe 33)
38 Catit..D5
39 Dallal...B6
40 Bäckerei Dallal...................................B6
41 Felafel Gabai..................................... D1
    Gala Gelateria .... (siehe 49)
42 Gelateria Siciliana.............................. F1
43 Giraffe D5
44 HaKosem...E1
45 Herbert Samuel B5
    Hotel Montefiore .... (siehe 24)
46 Lulu C5

& Sa 10–18, Di & Do bis 21, Fr bis 14 Uhr; 🚍 7, 9, 18, 38, 42, 70, 82) Das ultramoderne Gebäude des US-amerikanischen Architekten Preston Scott Cohen mit seiner eindrucksvollen Fassadengeometrie ist einer von vielen Gründen für den Besuch dieser eindrucksvollen Galerie am östlichen Rand des Stadtzentrums. Es gibt ungeheuer viel zu sehen (auch eine Menge für Kinder), aber das unumstrittene Highlight ist die herausragende Sammlung impressionistischer und postimpressionistischer Kunst im 1. Stock des Hauptgebäudes, zu der Werke von Renoir, Gauguin, Degas, Pissarro, Monet, Picasso, Cézanne, van Gogh, Vuillard, Matisse, Soutine und Chagall gehören.

Lohnend sind auch die Wechselausstellungen (von denen immer mehrere zu sehen sind), die Abteilung für Architektur und Design und die Säle mit israelischer Kunst des letzten Jahrhunderts. Die Pastel Brasserie & Bar im Museum bietet Plätze drinnen und draußen und ist eine praktische Option für ein Mittagessen.

☉ Südliches Zentrum

Tel Aviv ist eine vor Leben nur so sprühende und kultivierte Stadt, wo es praktisch an jeder Ecke Kunstgalerien, Cafés, Bars und Boutiquen zu geben scheint. Doch hier, am südlichen Rand des Stadtzentrums, steht die Kultur ganz besonders im Mittelpunkt, und hier sammeln sich die Avantgarde und die Hipster der Stadt.

In dem Keil zwischen der Sheinken und der Allenby St finden sich jede Menge gehobener Restaurants, stilvoller Cafés und Boutiquehotels. Gleich östlich folgt der untere Abschnitt des Rothschild Blvd mit seinen vielen Bauhaus-Gebäuden – an den Wochenenden strömen die Einheimischen dorthin, um sich mit Bekannten zu treffen und das gesellige Treiben zu genießen.

Das Boheme-Viertel Neve Tzedek zieht sich einen sanften Hügel hinunter zur Tel Aviv Promenade; der 1887 gegründete Stadtteil ist der älteste der neuen Stadt. Das stimmungsvolle Gewirr der schmalen Straßen mit Bars, Cafés und Läden mit avantgardistischem Kunstgewerbe verdient eine Erkundung. In den nahe gelegenen schäbigen Vierteln Florentin und Neve Scha'anan finden sich Hipster, ausländische Arbeitskräfte, Asylsuchende und der eine oder andere unermüdliche Tourist.

Maine Friendship House MUSEUM
(📞 03-681 9225; www.jaffacolony.com; 10 Auerbach St; ⊙ Fr 12–15, Sa 14–16 Uhr, an anderen Ta-

47	Manta Ray	A6
48	Meshek Barzilay	C5
	Mizlala	(siehe 38)
49	Miznon	E3
	Nachmani	(siehe 37)
50	Nana Bar	C5
51	Nanuchka	D6
52	North Abraxas	D6
53	Orna and Ella	E4
54	Ouzeria	D6
55	Pinati	D1
56	Port Sa'id	D5
57	Said Abu Elafia & Sons	B2
58	Suzanna	B6
59	Tchernihovsky 6	D3

🍷 Ausgehen & Nachtleben

60	Apolo	C3
61	Clara Beach Bar	B4
62	Deli	D3
63	Evita	E5
64	Hoodna Bar	C7
	Jackson Bar	(siehe 70)
65	Meira	E3
66	Mike's Place	C1
67	Minzar	D3
68	Radio EPGB	E5
69	Rothschild 12	D5

70	Satchmo	C7
71	Shisko	D5
72	Shpagat	D5

😊 Unterhaltung

73	Beit HaAmudim	D4
74	Cameri Theatre	G1
75	Charles Bronfman Auditorium	F2
76	Felicja Blumental Music Centre	D3
77	Habima National Theatre	F2
78	Israeli Opera	H1
79	Ozen Bar	E2
80	Suzanne Dellal Centre	B6
81	Tsuzamen	D5
82	Tzavta	F2

🛍 Shoppen

83	Agas & Tamar	C5
84	Dizengoff Centre	E2
	Lametayel	(siehe 84)
85	Notbook	D5
86	Orit Ivshin	C5
87	Ronit	B6
88	Sarona Centre	G3

gen nach telefonischer Vereinbarung) Als erstes Viertel außerhalb von Jaffas Stadtmauern wurde die amerikanische Kolonie in den 1860er-Jahren von US-amerikanischen Anhängern einer sogenannten Church of the Messiah gegründet. Über die Geschichte dieses unter einem schlechten Stern stehenden (oder auch einfach nur verrückten) Plans informiert dieses anrührende Museum. Der Mittelpunkt des verfallenen, aber charmanten Kolonieviertels ist die Kreuzung der Auerbach und der Be'er Hoffman St, 1 km nordöstlich von Jaffas Altstadt.

Im Jahr 1866 stachen 157 Männer, Frauen und Kinder mit dem Dreimaster *Nellie Chapin* in Jonesboro, Maine, in See. Mit an Bord hatten sie die Teile von 22 Holz-Fertighäusern und die neuesten landwirtschaftlichen Gerätschaften. Unter der Führung des exzentrischen und charismatischen Predigers George J. Adams, der zuvor schon von zwei mormonischen Kirchen exkommuniziert worden war, reisten sie nach Palästina, um dort die Rückkehr der Juden vorzubereiten. Das gesamte Unternehmen scheiterte schnell an Streitigkeiten, Krankheiten und der Trunksucht ihres Propheten Adams. 1868 waren nur mehr 20 Siedler verblieben, und der größte Teil des Grundbesitzes

der amerikanischen Kolonie wurde im folgenden Jahr an die deutsche Tempelgesellschaft verkauft. Erhalten sind einige der alten Häuser sowie die von der Tempelgesellschaft erbaute **Immanuelkirche** (www.immanuelchurch-jaffa.com; 15 Be'er Hofman St), die heute von norwegischen Lutheranern genutzt wird. Die feine Orgel der Kirche kommt bei Konzerten zum Einsatz.

Chelouche Gallery GALERIE
(Karte S.122; ☏ 03-620 0068; www.chelouchegallery.com; 7 Mazeh St; ⊙ Mo–Do 11–19, Fr 10–14, Sa 11–14 Uhr) Die zeitgenössische Kunstgalerie residiert in dem neoklassizistischen „Zwillingshaus", einem Gebäude mit zwei identischen Flügeln, das Joseph Berlin in den 1920er-Jahren als Wohnhaus für sich und seinen Bruder errichtete. Im Erdgeschoss befindet sich die Buchhandlung Tola'at Sfarim („Bücherwurm") mit ihrem einladenden Café.

Unabhängigkeitshalle HISTORISCHE STÄTTE
(Bet ha-'Azma'ut; Karte S.122; ☏ 03-510 6426; http://eng.ihi.org.il; 16 Rothschild Blvd; Erw./Student/Kind 24/18/16 NIS; ⊙ So–Do 9–17, Fr bis 14 Uhr) Bei unserem letzten Besuch stand gerade eine dringend erforderliche Renovierung an. In dem Gebäude, welches ursprünglich

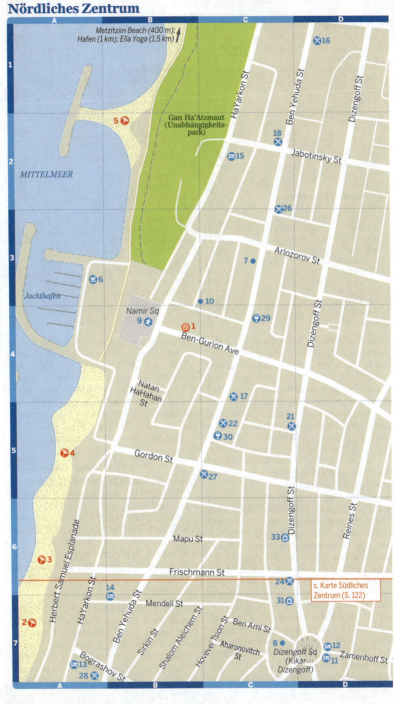

Nördliches Zentrum

◉ Sehenswertes
1	Ben-Gurion-Museum	B4
2	Bograshov Beach	A7
3	Frischmann Beach	A6
4	Gordon Beach	A5
5	Hilton Beach	B2

✈ Aktivitäten, Kurse & Touren
6	Gordon-Schwimmbad	A3
7	Israeli Center for Bicycle Tourism	C3
8	Kabbalah-Zentrum	C7
9	Surf House	B4
10	Ulpan Gordon	C3

🛏 Schlafen
11	Center Chic Hotel	D7
12	Hotel Cinema	D7
13	Lusky Hotel	A7
14	Mendeli Street Hotel	B7
15	Shalom Hotel & Relax	C2

⊗ Essen
16	Adora	D1
17	Agadir	C4
18	Benedict	C2
19	Brasserie M&R	F6
20	Fresh Kitchen	F2
21	Fresh Kitchen	C5
22	Gelateria Siciliana	C5
23	Gelateria Siciliana	F7
24	Sabich Frishman	C6
25	Said Abu Elafia & Sons	F5
26	Shila	C3
27	Tamara	C5
28	Thai House	A7

⊙ Ausgehen & Nachtleben
29	Heder 140	C4
30	Wineberg	C5

🛍 Shoppen
31	Bauhaus Centre	C7
32	Gan Ha'ir Mall	F5
33	Steimatzky	C6

das Wohnhaus von Meir Dizengoff war, einem Gründervater der Stadt und ihr erster Bürgermeister, rief David Ben-Gurion am 14. Mai 1948 den Staat Israel aus. Nach einem kurzen Einführungsfilm besichtigt man den Raum, in dem Israels Unabhängigkeitserklärung unterzeichnet wurde.

Suzanne Dellal Centre   ARTS CENTRE

(Karte S. 122; ☎ 03-510 5656; www.suzannedellal. org.il; 5 Yechiely St, Neve Tzedek) Das Gebäude in grüner Umgebung wurde 1892 als erste Schule vor den Mauern Jaffas errichtet und wurde zwischen 1984 und 1989 zu einem

Kulturzentrum umgebaut, womit die Gentrifizierung des zuvor verfallenen Viertels Neve Tzedek begann. Heute ist es eine beliebter Location für Festivals und Kulturevents mit Schwerpunkt auf Tanz sowie der Sitz der weltbekannten Bat-Sheva-Tanzkompanie.

Levinsky-Gewürzmarkt   MARKT

(Shuk Levinsky; Karte S. 122; www.shuktlv.co.il; Florentin) Der bei prominenten Chefköchen und Einheimischen gleichermaßen beliebte duftende Markt an der Levinsky St in der Nähe des Hauptbusbahnhofs wurde in den 1920ern von Einwanderern aus dem Balkan geschaffen. Feinschmecker besorgen sich hier frische Gewürze, Trockenfrüchte, Olivenöl, Käse und andere Leckereien.

◉ Strand & Hafen von Tel Aviv

Fragt man Einheimische, was sie an ihrer Stadt am meisten lieben, wird die Antwort unweigerlich lauten: „Natürlich die Strände!" Wenn die Sonne scheint, sind die Sandstrände zwischen dem Hafen von Tel Aviv und Jaffa unwiderstehlich, ganz besonders in den Sommermonaten. Die Städter strömen herbei, um auf dem Sand zu faulenzen, *matkot* zu spielen, in den Wellen herumzutollen oder sich auf den Grünflächen, z. B. im Charles-Clore-Park nahe Neve Tzedek zu entspannen. Die Strandpromenade hat getrennte Bahnen für Fußgänger und Radfahrer und wird vor allem morgens, bei Sonnenuntergang und an den Wochenenden eifrig genutzt.

Alter Hafen   HAFEN

(Namal; www.namal.co.il) Tel Avivs 1936 eröffneter Hafen erlebte seinen Niedergang, als in den 1960er-Jahren in Aschdod ein besserer, tieferer Hafen angelegt wurde. Zu Beginn des neuen Jahrtausends ließ die Tel Aviver Stadtverwaltung das Gebiet schließlich sanieren. Ein breiter Holzplankenweg, Spielplätze und Fahrradwege wurden angelegt, und aus den leerstehenden Lagerhäusern wurde ein Einkaufszentren mit Läden von klangvollem Namen (Castro, Levi's, Steve Madden usw.), das einheimische Kauflustige anlocken sollte.

An den Wochenenden wimmelt das Hafengebiet von Familien, die die Läden, Restaurants und Cafés am Ufer besuchen, während Flugzeuge es niedrig überfliegen, um auf dem nahe gelegenen Flughafen Sde-Dow zu landen. Freitags lockt ein Bio-Bauernmarkt (9–15 Uhr), am Wochenende

stürmen Massen junger Partyhungriger nach Mitternacht den Streifen mit den Bars und Nachtclubs.

Ben-Gurion-Museum   MUSEUM

(Karte S. 126; ☏ 03-522 1010; www.bg-house.org; 17 Ben-Gurion Ave; ⊙ So & Di–Do 8–15, Mo bis 17, Fr bis 13, Sa 11–14 Uhr) GRATIS Das schlichte, 1930/31 erbaute Haus in der Nähe des Jachthafens war der Tel Aviver Wohnsitz von David Ben-Gurion, Israels erstem Premierminister. In dem Gebäude, das in einem Arbeiterviertel auf Land des Jüdischen Nationalfonds (Keren Kajemet Le'Israel) errichtet wurde, wurde seit dem Tod des bedeutenden Staatsmanns kaum etwas verändert. Eine audiovisuelle Präsentation informiert über Ben-Gurions Leben und die Gründung des Staates Israel.

Alter Bahnhof   HISTORISCHE STÄTTE

(HaTachana; Karte S. 122; www.hatachana.co.il; Neve Tzedek; ⊙10–22 Uhr; 🚌18, 10, 100) Der Bahnhof nahe dem südlichen Ende der Strandpromenade war die Endstation der Strecke Jerusalem–Jaffa und von 1892 bis 1948 in Betrieb. Später wurde er von den Israelischen Verteidigungsstreitkräften (Zahal) als Depot genutzt und schließlich zwischen 2005 und 2010 zu einem Geschäfts- und Unterhaltungskomplex umgebaut, den die Einheimischen schlicht HaTachana („der Bahnhof") nennen. Man findet hier Läden, Cafés, Bars und eine Filiale der beliebten Eiscreme-Kette Vaniglia. Freitags wird hier ein veganer Markt abgehalten.

Achtung: Die Cafés und Restaurants sind am Freitagabend geöffnet, aber die Läden im Komplex schließen um 17 Uhr.

Hassan-Bek-Moschee   MOSCHEE

(Karte S. 122) Die Moschee aus weißem Kalkstein trägt den Namen des osmanischen Gouverneurs von Jaffa, der sie 1916 an der Grenze zwischen Tel Aviv und Jaffa erbauen ließ. Von jeher besitzt sie eine hohe symbolische Bedeutung für die arabischen Einwohner Jaffas.

◉ Jaffa (Jafo) & Ajami

Jaffa ist der älteste Teil von Tel Aviv und das Viertel mit der am stärksten arabisch geprägten Atmosphäre. Die drei wichtigsten Attraktionen sind der Flohmarkt in der Nähe von Jaffas Wahrzeichen, dem Uhrenturm von 1903, die Altstadt-Enklave auf dem Hügel und das Einkaufs- und Unterhaltungszentrum im Alten Hafen.

Jaffa (Jafo)

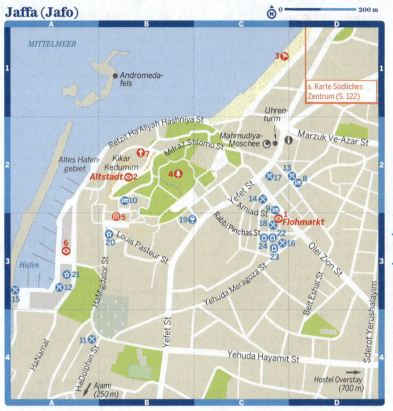

Jaffa (Jafo)

Highlights
- 1 Flohmarkt C3
- 2 Altstadt B2

Sehenswertes
- 3 Alma Beach C1
- 4 HaPisgah-Gärten B2
- 5 Ilana-Goor-Museum B3
- 6 Hafen A3
- 7 Peterskirche B2

Schlafen
- 8 Market House Hotel D2
- 9 Old Jaffa Hostel C2
- 10 Old Jaffa Khan B2

Essen
- 11 Ali Caravan A4
- 12 Container A3
- 13 Dr. Shakshuka D2
- 14 El Jamila C2
- 15 Kalimera Bar & Restaurant A3
- 16 Puaa C3
- 17 Said Abu Elafia & Sons C2
- 18 Shafa Bar C3

Ausgehen & Nachtleben
- 19 Anna Loulou Bar B3

Unterhaltung
- 20 Mayumana B3
- 21 Nalaga'at Centre A3

Shoppen
- 22 Shelley Dahari C3
- 23 Una Una C3
- 24 Zielinski & Rozen C3

SARONA CENTRE

1871 gründete eine Gruppe christlicher Pietisten aus Württemberg, die sogenannte Templergesellschaft (nicht zu verwechseln mit den Tempelrittern des Mittelalters), eine kleine landwirtschaftlich geprägte Kolonie 4 km nordöstlich von Jaffa am Ufer des Flusses Ajalon, und nannte sie Sarona. Die von den Siedlern mitgebrachten neuartigen landwirtschaftlichen und sonstigen Geräte beeindruckten die frühen Zionisten, zu denen die Templer gute, in einigen Fällen sogar freundschaftliche Beziehungen unterhielten. Die Templer wurden von den Briten gegen Ende des Ersten Weltkriegs nach Ägypten deportiert, kehrten aber 1921 zurück, erweiterten ihre landwirtschaftlichen Besitzungen und errichteten Gebäude im Bauhausstil.

Als die Nazis in Deutschland an die Macht kamen, wurden einige Bewohner Saronas zu begeisterten Anhängern Hitlers, was naturgemäß zu Spannungen mit den jüdischen Nachbarn führte. Mit Beginn des Zweiten Weltkriegs wurden die Templer zu „feindlichen Ausländern" erklärt. Sarona wurde zu einem Internierungslager; die meisten Templer deportierte man 1943 nach Australien.

Nach dem Krieg wurde das befestigte Internierungslager zu einem Militärstützpunkt der britischen Armee und zum Ziel von Angriffen seitens verschiedener jüdischer Untergrundorganisationen – der Hagana, der Irgun und der Lechi. Als die Briten im Dezember 1947 ihren Abzug vorbereiteten, übergaben sie das Lager an die jüdische Führung. Nach 1948 wurden in den alten Templergebäuden israelische Regierungsstellen untergebracht.

Mehr als 30 der historischen Gebäude der Kolonie wurden kürzlich restauriert und zu einem Geschäftszentrum umgewandelt. Inmitten eines grünen Geländes umfasst das **Sarona Centre** (Karte S. 122; ☑ 03-609 9028; http://saronatlv.co.il; Eliezar Kaplan St, Sarona) jetzt Büros, Restaurants, Bars, Cafés, Mode- und Lifestyle-Boutiquen, Kunstgalerien sowie ein Besucherzentrum, das über die faszinierende Geschichte der Kolonie informiert.

Sarona liegt an der Eliezer Kaplan St, 1 km direkt östlich vom Dizengoff Center und gleich östlich des Habima Sq.

Südlich der Altstadt und des Hafens befindet sich der Bezirk Ajami, in dem immer noch Wohnhäuser aus osmanischer Zeit Seite an Seite mit winzigen, schäbigen Fischerhütten existieren. Das Viertel war einst für Kriminalität und Drogen berüchtigt (wie in Scandar Coptis und Yaron Shanis Film *Ajami* aus dem Jahr 2009 zu sehen). Zum Ufer hin öffnet es sich zu einem großen, grünen Park und einem Plankenweg, der die Altstadt von Jaffa mit Bat Jam verbindet.

Die meisten Busse aus dem Stadtzentrum halte an der Sderot Yerushalayim, der südlichen Verlängerung der Herbert Samuel Esplanade/Kaufmann St. Man steigt an der Haltestelle nahe der Shalma (Salameh) Rd oder an jener nahe der Olei Zion St aus.

⭐ Flohmarkt   MARKT
(🕑 Marktstände So–Fr 10–15 Uhr; 🚌 Dan 10, 18, 25, 41) In den letzten Jahren wurde viel Mühe darauf verwendet, die Altstadt von Jaffa mit Blick auf den Tourismus aufzuhübschen, und die Resultate können sich durchaus sehen lassen. Die Hauptattraktion in diesem Teil der Stadt ist aber etwas weniger Gestriegeltes. Die Straßen südlich vom Uhrenturm sind Schauplatz von Jaffas beliebtem *pishpeshuk* oder *shuk ha-pishpeshim* (Flohmarkt) mit seinen Läden, entspannten Cafés, spontan eröffnenden Bars und bunten Straßenständen, an denen alte Kleider und Möbel, Schnickschnack und auch ein paar echte Antiquitäten angeboten werden.

Die Stände und Läden sind samstags geschlossen, aber die Cafés, Bars und Restaurants haben geöffnet. An Sommerabenden gibt es im Hauptmarktbereich manchmal Freiluftunterhaltung.

⭐ Altstadt   HISTORISCHE STÄTTE
(🚌 Dan 10, 18, 25, 41) Das Areal auf dem Hügel rund um den gepflasterten, von touristischen Läden und Cafés umgebenen **Kikar Kedumim** (Kedumim-Platz) liegt oberhalb des Mittelmeers. Optischer Blickfang ist die franziskanische **Peterskirche** (🕑 Okt.–Feb. 8–11.45 & 15–17 Uhr, März–Sept. bis 18 Uhr). In den umliegenden Gassen finden sich Boutiquehotels, Galerien und die eine oder andere Kunsthandwerkerwerkstatt.

Östlich vom Platz befinden sich auf dem höchsten Punkt in Jaffa die **HaPisgah-Gärten**, von denen man Richtung Norden einen schönen Blick die Küste hinauf bis nach Tel Aviv hat.

Hafen von Jaffa
HAFEN

(www.namalyafo.co.il; ☉ Mo–Mi 10–22, Do bis 23, Fr & Sa 9–23 Uhr; 🚌 Dan 10, 18, 25, 41) Der Hafen von Jaffa ist einer der ältesten bekannten Häfen der Welt. Er wird schon in der Bibel erwähnt und war der wichtigste Hafen, in dem Pilger, die das Heilige Land besuchen wollten, an Land gingen. Heute ist er in erster Linie ein Unterhaltungskomplex mit einer Promenade und Lagerhäusern, in denen Bars, Restaurants, Läden und das gemeinnützige Nalaga'at Centre zu finden sind. Letzteres umfasst eine Theaterkompanie mit blinden und gehörlosen Schauspielern sowie ein Café, in dem gehörlose Kellner, und ein verdunkeltes Restaurant, in dem blinde Kellner servieren.

Besonders viel Trubel herrscht im Hafengebiet an Sommerabenden. Dann gibt es manchmal ein kostenloses Unterhaltungsprogramm, und die Einheimischen drängen sich in den Restaurants an der Promenade.

Ilana-Goor-Museum
GALERIE

(☎ 03-683 7676; www.ilanagoormuseum.org; 4 Mazal Dagim St; Erw./Student/Kind 30/25/20 NIS; ☉ So–Fr 10–16, Sa bis 18 Uhr; 🚌 Dan 10, 18, 25, 41) Das imposante Steingebäude gleich südlich vom Kikar Kedumim wurde im 18. Jh. als Herberge für jüdische Pilger errichtet, die in Jaffa an Land gingen, und später von einer Fabrik für Seifen und Parfüme genutzt. Heute ist es Wohnsitz der örtlichen Künstlerin Ilana Goor und der Öffentlichkeit als Kunstgalerie zugänglich. Die Sammlung ist nicht jedermanns Geschmack – im Mittelpunkt stehen Stammeskunst und die Werke Goors –, aber die Innenräume und die Aussichtsterrasse sind außerordentlich schön.

◉ HaYarkon-Park & Ramat Aviv

Nördlich vom Stadtzentrum liegen jenseits des Nachal (Flusses) Yarkon der große, grüne HaYarkon-Park und das wohlhabende Wohnviertel Ramat Aviv mit der Universität Tel Aviv und einer Reihe von Museen und Kultureinrichtungen.

Beit Hatfutsot
MUSEUM

(Museum des jüdischen Volks; ☎ 03-745 7800; www.bh.org.il; Tor 2, Universität Tel Aviv, 2 Klausner St, Ramat Aviv; Erw./Student & Kind 42/32 NIS; ☉ So–Di 10–16, Mi & Do bis 19, Fr 9–13 Uhr; 🚌 Dan 7, 13, 25, 45) Das Beit Hatfutsot erzählt anhand von Objekten, Dioramen, Fotos, audiovi-

suellen Präsentationen und Datenbanken die lange Geschichte des Galut (des unfreiwilligen Exils des jüdischen Volkes) und der weltweiten jüdischen Diaspora. Zwar mögen die Aufmachung und der kuratorische Ansatz bei der Eröffnung im Jahr 1978 avantgardistisch gewesen sein, aber heute wirkt das Museum ziemlich betagt und wird sicherlich von der umfangreichen Umgestaltung profitieren, die zur Zeit im Gange ist und 2017 abgeschlossen sein soll.

Zum Museum gehören das Feher-Zentrum für jüdische Musik, das Douglas-E.-Goldman-Zentrum für jüdische Genealogie (wo Jüdische Besucher ihren Familienstammbaum registrieren lassen können) und das Visuelle Dokumentationszentrum, die weltweit größte Datenbank zum jüdischen Leben. Außerdem gibt es im Erdgeschoss eine Galerie mit Wechselausstellungen.

Eretz-Israel-Museum
MUSEUM

(Museum des Landes Israel; ☎ 03-641 5244; www.eretzmuseum.org.il; 2 Chaim Levanon St, Ramat Aviv; Erw./Student 48/32 NIS, Kind unter 18 Jahren frei, inkl. Planetarium Erw./Kind 80/32 NIS; ☉ So–Mi 10–16, Do bis 20, Fr bis 14, Sa bis 15 Uhr, Vorführungen im Planetarium So–Do 11.30 & 13.30, Sa 11 & 12 Uhr; 🚌 Dan 7, 13, 24, 25, 45, 127) Das Museum, zu dem auch die archäologische Fundstätte Tel Qasile gehört, ein antiker Hafen aus dem 12. Jh. v.Chr., hat eine große und vielfältige Sammlung, für die man mindestens einen halben Tag braucht. Zu den Sehenswürdigkeiten gehören Pavillons, in denen Gläser und Münzen ausgestellt sind, eine wieder aufgebaute Mühle, eine Ölpresse, eine ethnographische Sammlung von Volkskunst und ein Garten rund um ein prachtvolles Vogelmosaik aus byzantinischer Zeit. Eine weitere Attraktion ist das Planetarium.

Yitzhak Rabin Centre
MUSEUM

(☎ 03-745 3358; www.rabincenter.org.il; 14 Chaim Levanon St; Rundgang Erw./Student & Kind 50/25 NIS, Führung Erw./Student & Kind 60/35 NIS; ☉ So, Mo & Mi 9–17, Di & Do bis 19, Fr bis 14 Uhr; 🚌 Dan 7, 85, 29) Das 1997 zur Förderung demokratischer Werte und zur Bekämpfung sozioökonomischer Spaltungen und gesellschaftlicher Spannungen gegründete Zentrum ist auch Sitz des Israelischen Museums, das mithilfe von 150 Filmen und 1500 Fotos die Geschichte des modernen Israels und die Bemühungen um Frieden mit den Nachbarländern dokumentiert. Besucher können einen Rundgang mit einem Audioguide (in mehreren Sprachen) machen oder sich einer Führung (hebräisch & englisch) anschließen.

Das Hauptthema des Museums ist mit der Geschichte des ehemaligen Premierministers Jitzchak Rabin (1922–1995) verwoben, der wegen der Ausarbeitung und Umsetzung des Oslo-Abkommens, das die Palästinensische Autonomiebehörde schuf und dieser Teilbefugnisse über die Verwaltung des Westjordanlands und des Gazastreifens einräumte, von einem rechtsextremistischen, ultraorthodoxen Juden ermordet wurde.

Strände

Bei warmem Wetter zieht es ganz Tel Aviv zum 14 km langen, goldenen Stadtstrand, der in verschiedene Abschnitte mit je eigenem Charakter unterteilt ist. Hier genießen Jung und Alt die Mittelmeersonne, gehen baden und spielen eifrig *matkot*.

Das Wasser ist sauber, und es gibt überall Umkleidekabinen und Duschen mit Süßwasser. Bei rauer See müssen Badende aber unbedingt die Warnungen der Rettungsschwimmer beachten: Weht die schwarze Fahne, ist das Schwimmen verboten, und eine rote bedeutet, dass das Schwimmen gefährlich ist. Sichere Badezonen sind mit weißer Fahne markiert. Die Strände werden von Mai bis Oktober überwacht.

Die Strände sind im Sommer gut besucht, vor allem samstags, wenn die Massen bereits früh anrücken, um sich einen guten Platz zu sichern. Die Preise für Strandmöbel werden von der Stadt festgelegt: Strandstühle kosten 6 NIS, Sonnenschirme 6 NIS und Strandliegen 12 NIS. Die Stadt stellt Strandbesuchern kostenloses WLAN zur Verfügung. Am Metzitzim gibt es sogar eine Strandbibliothek mit Büchern in diversen Sprachen.

Metzitzim STRAND
Der nach einer Komödie von 1972 benannte Hof Metzitzim („Voyeurstrand") ist heute eine familienfreundliche Bucht mit einem kleinen Spielbereich für Kinder. Im Sommer steigen hier am Freitagnachmittag Strandpartys.

Nordau STRAND
Am „religiösen" Strand der Stadt baden Männer und Frauen getrennt voneinander. Frauen dürfen den Strand sonntags, dienstags und donnerstags nutzen, Männer wiederum montags, mittwochs und freitags. Samstags ist er für alle geöffnet, denn dann gehen strenggläubige Juden sowieso nicht an den Strand.

Hilton STRAND
(Karte S. 126) Der nach dem nahe gelegenen Hotel benannte Strand ist in drei Abschnitte unterteilt: In der Mitte befindet sich der inoffizielle Schwulenstrand der Stadt, nördlich davon der einzige offizielle Hundestrand. Im Süden stellen sich Surfer der Brandung.

Gordon, Frischmann & Bograshov STRÄNDE
(Karte S. 126) An diesen Stränden südlich vom Hilton ist Party angesagt. Die Abschnitte sind bei Tel Avivs Teenagern, Touristen und *matkot*-Spielern angesagt und bieten Sonnenliegen, Restaurants, Strandbars und einen Sportplatz. Am nahen Jachthafen findet sich das Gordon-Schwimmbad.

Alma STRAND
(Charles-Clore-Strand) Vom vielleicht attraktivsten Strand der Stadt hat man einen wunderbaren Blick über das Wasser hinüber nach Jaffa. Hier befindet sich das ungeheuer beliebte Restaurant Manta Ray (S. 147).

Aktivitäten

Die Tel Aviver sind ein aktives Völkchen und daher oft bei Joggen im nächsten Park, beim Radfahren am Strand oder im Fitnessstudio anzutreffen.

★Park HaYarkon OUTDOOR-AKTIVITÄTEN
(Ganei Yehoshua; www.park.co.il; Rokach Blvd) Jogger, Radfahrer, Skater, Fußballer und Frisbee-Fans strömen in diesen 3,5 km² großen, grasbewachsenen Park am Yarkon, die größte Grünfläche Tel Avivs – gewissermaßen das hiesige Gegenstück zum New Yorker Central Park. Im hier gelegenen Sportek Centre gibt es eine Kletterwand, Basketballplätze, einen Skatepark und Trampoline.

Gordon-Schwimmbad SCHWIMMEN
(Karte S. 126; ✆ 03-762 3300; www.gordon-pool.co.il; Tel Aviv Marina; Erw./Student & Kind So–Fr 67/57 NIS, Sa 77/67 NIS; ⏱ Mo–Do 6–21, Fr bis 19, Sa 7–18, So 13.30–21 Uhr) Das 1956 eröffnete Gordon-Freibad wurde 2009 renoviert. In der von Palmen umgebenen Anlage nahe dem Jachthafen gibt es ein 50-m-Meerwasserbecken, dessen Wasser häufig erneuert wird, sowie spezielle Becken für Kinder und Kleinkinder. Gegen Aufpreis kann man auch die Sauna, den Whirlpool und den Fitnessraum nutzen.

FAHRRADBOOM

Da Tel Aviv eine kompakte Stadt ist, kommt man hier mit dem Fahrrad bestens voran. Die Stadt besitzt heute rund 120 km ausgewiesene Radwege entlang vieler großer Durchfahrtsstraßen, durch den Park HaYarkon und entlang der Küste vom Vorort Bat Yam nordwärts über Jaffa bis nördlich vom Flughafen Sde-Dov. Eine kostenlose Karte des Radwegenetzes ist in den Büros der Touristeninformation erhältlich.

2011 führte die Stadtverwaltung **Tel-O-Fun** (6070; www.tel-o-fun.co.il) einen stadtweiten Ausleihservice ein, vergleichbar mit der Einrichtung „Call a Bike" in manchen deutschen Großstädten. Bei dem für Pendler gedachten Service kann man die grünen Fahrräder an mehr als 75 Stationen entleihen bzw. wieder abgeben. Eine Tageskarte kostet 17 NIS (Fr 14 Uhr–Sa 19 Uhr 23 NIS), eine Wochenkarte 70 NIS.

Die ersten 30 Minuten der Nutzung sind kostenlos; um eine rasche Fluktuation zu begünstigen, steigen die Gebühren anschließend progressiv von 5 NIS für 30 Minuten auf 20, 40, 80 und schließlich 100 NIS pro Stunde. Um auflaufende Gebühren zu vermeiden, gibt man einfach sein Rad zurück, wartet mindestens zehn Minuten und leiht sich ein anderes aus. Man kann mit seiner Kreditkarte an jeder Tel-O-Fun-Station bezahlen, die Anleitung gibt's aber nur auf Hebräisch, sodass man einen Einheimischen braucht, der sie einem übersetzt.

Surf House — WASSERSPORT
(Karte S. 126; 09-9574522, 03-527 5927; www.surfhouse.co.il; 169 HaYarkon St; Kurs ab 250 NIS) Die bequem nahe dem Gordon-Strand gelegene Schule bietet Anfängerunterricht im Kitesurfen, Windsurfen und Stehpaddeln.

Ella Yoga — YOGA
(03-544 4881; www.ellayoga.co.il; Hangar 4, Alter Hafen; 3 Kurse 225 NIS) Ella Yoga am Alten Hafen ist eine gute Adresse, um die Sonne zu grüßen oder seine Asanas zu üben. Angeboten werden verschiedene Kurse, von Ashtanga bis Kundalini. Zur Anmeldung und für Infos zu Schnupperkursen einfach anrufen!

Kurse

Ulpan der Universität Tel Aviv — SPRACHKURS
(03-640 8639; www.international.tau.ac.il; Ramat Aviv) Die angesehenste Universität der Stadt betreibt eine *ulpan* (Hebräisch-Schule), in der Studenten ihre Sprachkenntnisse vertiefen können. Angeboten werden u. a. ein siebenwöchiger (1700 US$) und ein vierwöchiger Intensivkurs (1450 US$). Unterkünfte auf dem Campus sind verfügbar.

Ulpan Gordon — SPRACHKURS
(Karte S. 126; 03-522 3181; www.ulpangordon.co.il; 7 LaSalle St) Die beliebteste *ulpan* in Tel Aviv verlangt von Reisenden etwa 700 NIS pro Monat.

Kabbalah-Zentrum — KURS
(Karte S. 126; 03-526 6800; www.kabbalah.com; 14 Ben Ami St) Die Kabbalah-Lehre interpretiert jüdischen Mystizismus auf ihre eigene, kalifornisch gefärbte Weise. Interessierte sind in dem Zentrum beim Dizengoff Sq richtig.

Geführte Touren

Kostenlose Stadtführungen — STADTFÜHRUNG
(www.visit-tel-aviv.com) Die städtische Touristeninformation veranstaltet drei kostenlose Stadtführungen und eine auf Trinkgeld basierende. Eine dreht sich um Kunst und Architektur an der Universität Tel Aviv, bei der zweiten beschäftigt man sich mit dem munteren Nachtleben der Stadt, die dritte widmet sich dem Tel Aviver Bauhaus-Erbe, und die vierte (bei der ein Trinkgeld bezahlt werden muss) führt durch die Altstadt von Jaffa. Eine Reservierung ist nicht erforderlich – die Details stehen auf der Website.

Delicious Israel — STADTFÜHRUNG
(052 569 9499; www.deliciousisrael.com; Führung ab 110 US$/Pers.) Die aus den USA stammende Inbal Baum wanderte 2009 nach Israel ein und etablierte schnell ihr erfolgreiches Unternehmen, das kulinarische Touren im ganzen Land veranstaltet. In Tel Aviv bietet sie u. a. einen viereinhalbstündigen Spaziergang durch Jaffa und das Stadtzentrum, eine zweieinhalbstündige Führung rund um den Levinsky-Markt, eine kürzere Tour über den Carmel-Markt, einen „Hummus-Crawl" und einen Gang zu den Straßenimbissen an.

Sandemans Tours — STADTFÜHRUNG
(www.newtelavivtours.com) Einige selbstständige Guides veranstalten im Auftrag des an-

DIE RENAISSANCE DES HEBRÄISCHEN

Für viele Israelis gilt die Wiederbelebung des Hebräischen als eine der größten kulturellen Errungenschaften der zionistischen Bewegung. Die Sprache war seit Jahrtausenden nicht mehr im Alltag verwendet worden.

In der Diaspora übernahmen die Juden die Kultur und Sprache ihrer jeweiligen neuen Heimat. In Kombination mit dem Hebräischen entstanden einzigartige jüdische Sprachen wie das Jiddische, das auf dem Mittelhochdeutschen beruht, und Ladino, das auf dem mittelalterlichen Spanisch basierende Judenspanisch. Das klassische Hebräisch blieb in heiligen Schriften und Synagogen-Gebeten erhalten, war im Alltag jedoch nur selten zu hören.

Die Renaissance des Hebräischen wurde eingeleitet, als die ersten Zionisten Mitte des 19. Jhs. damit begannen, säkulare Literatur auf Hebräisch zu veröffentlichen, und sich in den folgenden Jahrzehnten in Palästina ansiedelten. Unter ihnen war Eliezer Ben-Jehuda, 1858 in Litauen geboren. Wie die meisten jüdischen Kinder jener Zeit kam er während seiner religiösen Erziehung mit dem biblischen Hebräisch in Berührung. Als er 1881 in Palästina ankam, war er entschlossen, die archaische Sprache der Lehre und des Gebets in eine weltliche Sprache des Alltags zu verwandeln, mit deren Hilfe Juden auf der ganzen Welt miteinander kommunizieren konnten. Herzl (Begründer des modernen Zionismus) äußerte sich nie dazu, welche Sprache er für den jüdischen Staat vorgesehen hatte, wahrscheinlich war jedoch das Deutsche sein Favorit.

Als Ben-Jehuda damit begann, Hebräisch im Alltag zu sprechen, stand er vor dem Problem, moderne Erfindungen wie Züge oder Glühbirnen zu beschreiben. Er aktualisierte die Sprache und verbreitete sie gleichzeitig unter seinen Mitbürgern. Sein erstgeborener Sohn war das erste rein Hebräisch sprechende Kind der modernen Zeit.

Ben-Jehudas Ausdauer und missionarischer Eifer sowie die Arbeit an Generationen von hebräischen *ulpanim* (Sprachschulen) für neue Einwanderer zahlten sich aus: Heute gibt es rund 9 Mio. Menschen auf der Welt, die Hebräisch sprechen, darunter auch ein paar palästinensische Araber. Kurz vor dem Ausbruch des Zweiten Weltkrieges gab es im Gegensatz dazu 11 bis 13 Mio. Jiddisch sprechende Menschen; heute sind es nicht einmal mehr 1 Mio. Das Hebräische ist die einzige ehemals „tote" Sprache, die komplett wiederbelebt wurde, und wird von sprachlichen Minderheiten wie den Iren oder Korsen oft als Inspiration und methodisches Beispiel betrachtet.

Wie in längst vergangenen Zeiten, als griechische, aramäische, persische und ägyptische Wörter im Hebräischen Einzug hielten, prägt auch die heutige Globalisierung die Sprache in Form von Wörtern und Strukturen aus dem Englischen, Deutschen, Französischen, Russischen und Arabischen. Ein klassisches Beispiel der Adoption ist das @-Symbol, das die Israels wegen der optischen Ähnlichkeit „Strudel" nennen.

Auf den Straßen Tel Avivs, das sich früher stolz als erste hebräische Stadt bezeichnete, ist auch ein wenig „Hebrish" zu hören, da die Israelis gern englische Ausdrücke (darunter auch Obszönes) mitten in hebräische Sätze platzieren. Viele israelische Slangbegriffe stammen aus dem Arabischen, darunter *sababa* (cool, o. k.) und *achla* (ausgezeichnet, süß). Die hippe, junge Generation verabschiedet sich übrigens häufig mit dem arabisch-englisch-hebräischen Mix *tov, yallah, bye* (Gut, alles klar, tschüß).

gesehenen Veranstalters zwei Führungen: die eine durch die Altstadt von Jaffa (tgl. 11 Uhr; ein Trinkgeld von 50 NIS/Pers. wird erwartet), die andere durch Jaffa und Tel Aviv (Mo, Mi & Sa 14 Uhr, 18 €/Pers.). Einzelheiten stehen auf der Website.

Mekomy Offbeat Guides
FÜHRUNG

(www.mekomy.com) Diese auf spezielle Interessen abgestimmten Führungen bringen Traveller mit örtlichen Experten zusammen, die ihre Leidenschaften (z. B. für Essen,

Kunst, Geschichte, Mode, Architektur oder Fotografie) teilen.

Israeli Center for Bicycle Tourism
RADTOUR

(Karte S.126; ☎ 077-481 4326; www.icbiketour.com; 135 Ben Yehuda St; Tour 160 NIS) Der Veranstalter bietet eine Reihe von Radtouren an, darunter täglich eine dreieinhalbstündige Fahrt zu allen wichtigen Sehenswürdigkeiten der Stadt, eine Fahrt rund um den Park HaYarkon sowie eine kleine Tour auf der

Promenade vom Alten Hafen bis zum Hafen von Jaffa.

 Feste & Events

Tel Aviv Marathon SPORT
(www.tlvmarathon.co.il) Während des Events traben Ende Februar bis zu 35 000 Teilnehmer über das Pflaster von Tel Aviv und Jaffa.

Open House Tel Aviv KULTUR
(Batim Mibifnim; www.batim-il.org) Bei dem dreitägigen Event Ende Mai können an die 150 architektonisch bemerkenswerte Eigenheime, Apartmenthäuser und öffentliche Gebäude besichtigt werden. Außerdem gibt es kostenlose Architekturführungen durch die Stadt.

Tel Aviv Pride SCHWULE & LESBEN
(www.visit-tel-aviv.com) Zur Feier von Israels schwullesbischer Gemeinde – dem größten Fest im ganzen Land – kommen in der zweiten Juniwoche Unmengen Besucher aus dem Ausland. Im Mittelpunkt steht die Pride Parade, zu den weiteren Events zählen Partys am Hilton-Strand und das **LGBT International Film Festival** (www.tlvfest.com).

Weiße Nacht KULTUR
(Laila Lavan; www.visit-tel-aviv.com) Jedes Jahr im Juni wird eine Nacht durchgemacht – dann bleiben die Kulturstätten der Stadt abends geöffnet, und es gibt kostenlose Events an verschiedenen Orten, u. a. im Ha-Tachana, in der Sarona-Kolonie, im Hafen von Jaffa, an den Stränden, auf dem HaBima Sq und dem Hatikya-Markt.

Cycling Tel Aviv SPORT
(www.sovevtlv.org.il) Das dreitägige Rad-Event Mitte Oktober steht im Zeichen des gesunden Lebens, eines aktiven Lebensstils und umweltfreundlicher Verkehrsformen. Das Hauptereignis ist ein 42 km langes Radrennen, an dem Profis, Radsportbegeisterte und Familien teilnehmen.

Schlafen

In Tel Aviv gibt's Unterkünfte aller Art und für jeden Geldbeutel, doch die ansprechendsten gehören zum ständig wachsenden Angebot der Boutiquehotels. Die beste Gegend für Traveller ist der Keil zwischen dem Rothschild Blvd, der Sheinkin St und der Allenby St im südlichen Stadtzentrum, wo es eine große Menge Cafés und Restaurants gibt. Diese Gegend liegt außerdem in Gehweite der meisten Sehenswürdigkeiten. Weiter draußen bietet Jaffa etliche stilvolle Boutiquehotels und ein munteres, arabisch beeinflusstes Straßenleben.

Die Türme der größeren Hotelketten stehen überwiegend an der HaYarkon St mit Blick auf die Strände – das ist im Sommer schön, aber in den kälteren Monaten nicht besonders angenehm.

Parkplätze auf dem Gelände sind rar. Die meisten Hotels haben aber Verträge mit nahe gelegenen Parkhäusern, wo man sein Auto für rund 65 NIS pro Tag abstellen kann. In Jaffa kann man in der Altstadt tagsüber kostenlos parken, der Parkplatz für die Nacht kostet 10 NIS.

An den Wochenenden und zu den meisten Zeiten, vor allem aber im Juli, August und rund um Feiertage wie Sukkot, Rosch ha-Schana, Chanukka und Pessach sollte man sein Zimmer vorab reservieren. Während der Tel Aviv Pride Week sind alle Hotels der Stadt ausgebucht – zu diesem Anlass so weit wie möglich im Voraus reservieren!

In den Beschreibungen unten sind die Preise der Hauptsaison angegeben; in der Nebensaison können sie um bis zu 50 % fallen.

Stadtzentrum

Brown TLV BOUTIQUEHOTEL $$$
(Karte S. 122; 03-717 0200; www.browntlv.com; 25 Kalisher St; Budget-EZ 135 US$, DZ 250–350 US$; ❄@☎) Partyfans, aufgemerkt: Dieses „urbane Hotel" ist ganz auf Feiern eingestellt! Es liegt zwar vielleicht nicht im besten Teil der Stadt, aber Szenegänger lieben die Dachbar mit Sonnenterrasse und Whirlpool, gieren nach dem Art-Event unten in der Cocktail-Lounge (Di) und sind von den Yoga-Sitzungen am Wochenende begeistert. Die Zimmer sind nicht groß, aber stilvoll; einige haben auch einen Whirlpool.

NICHT VERSÄUMEN

TROMMEL-SESSIONS VORM SABBAT

Jeden Freitag bei Sonnenuntergang beschallen hypnotische Trommelrhythmen den Dolphinarium-Strand nahe dem Charles-Clore-Park; dazu wird getanzt. Der Strand liegt gleich neben dem leerstehenden Nachtclub Dolphinarium, der aber bald neu erschlossen werden soll. Die Trommel-Sessions sind eine einmalige und stimmungsvolle Einstimmung auf den Sabbat.

Weitere Extras sind der kostenlose Fahrradverleih, Parkplätze auf dem Gelände (35 NIS/Tag) und Gutscheine für ein kostenloses Frühstück in einer Reihe schicker Cafés in Neve Tzedek.

Center Chic Hotel
HOTEL $$$

(Karte S. 126; ☎ 03-526 6100; www.atlas.co.il; 2 Zamenhoff St; EZ 189 US$, DZ 210 US$; ✳ 🖤) Der Name ist wirklich peinlich, aber dieses 50-Zimmer-Hotel in einem Gebäude im Bauhaus-Stil hat eine zentrale Lage, eine gute Ausstattung, attraktiv gestaltete Zimmer und eine hübsche Dachterrasse zu bieten. Frühstück (21 US$) gibt's im Hotel Cinema gleich nebenan, das zum gleichen Unternehmen gehört. Dort können die Gäste auch am frühen Abend einen kostenlosen Aperitif genießen.

Hotel Cinema
HOTEL $$$

(Karte S. 126; ☎ 03-520 7100; www.atlas.co.il; 1 Zamenhoff St; Zi. 240 US$, Suite 300 US$; ✳ @🖤) Filmfans wird das Dekor in diesem umgebauten Kino aus der Bauhaus-Ära gefallen. In den öffentlichen Bereichen finden sich alte Filmprojektoren und Kino-Memorabilia, in den 83 Zimmern Filmplakate und Lampen in Stativform. Das Hotel mutet trotzdem eher funktionell als glamourös an, auch wenn der frühabendliche kostenlose Aperitif auf der Dachterrasse ein gewisses Hollywood-Flair mit sich bringt. Es gibt kostenlose Parkplätze und einen kostenlosen Fahrradverleih.

Lusky Hotel
HOTEL $$$

(Karte S. 126; ☎ 03-516 3030; www.luskysuites -htl.co.il; 84 HaYarkon St; EZ/DZ/Suite 140/200/ 315 US$; ✳ 🖤) Das von einer Familie geführte Hotel bietet gut ausgestattete Zimmer mit großen Fenstern, die viel Licht hereinlassen. Die meisten haben eine Kochnische, manche auch einen Balkon mit Blick aufs Meer – das beste ist zweifellos das Penthouse mit einem Schlafzimmer und einem riesigen Balkon mit Blick auf den Strand. Autofahrer freuen sich über die kostenlosen Plätze in der Tiefgarage.

🛏 Südliches Zentrum

★ Florentine Hostel
HOSTEL $

(☎ 03-518 7551; www.florentinehostel.com; 10 Elifelet St, Florentin; B 88 NIS, DZ 280/300 NIS, EZ/ DZ ohne Bad 240/260 NIS; ✳ @🖤) Auf den ersten Blick kann das keineswegs malerische Viertel, in dem dieses Hostel steht, eher abschreckend wirken. Backpacker erkennen allerdings sehr schnell den Vorteil des Standorts, von dem aus Neve Tzedek, Florentin, Jaffa und der Strand schnell und

---

TEL AVIV MIT KINDERN

Die meisten Kinder werden an Tel Avivs **Stränden**, die von Rettungsschwimmern gut bewacht werden und Eisverkäufer und Strandcafés zu bieten haben, stundenlang Spaß haben. Erholung im Grünen verspricht der HaYarkon-Park (S. 131) mit Spielplätzen, einem kleinen Zoo und Tretbooten. In der Nähe hat der **Wasserpark Meymadion** (☎ 03-642 2777; www.meymadion.co.il; Ganei Yehoshua Park, Rokah Ave; 109 NIS, nach 13 Uhr 93 NIS; ⊙ Juni–Aug. 9–16.30 Uhr, 1. Septemberhälfte Sa) Wasserrutschen, die von kleinen Kindern geliebt, von Teenagern aber für zu zahm gehalten werden. Die Öffnungszeiten ändern sich jeden Monat, darum vorher telefonisch nachfragen! Gute Spielplätze finden sich im **Gan-Meir-Park** (Karte S. 122) an der King George St am nördlichen Ende des Plankenwegs am Alten Hafen (S. 128) und im Park am Ende der Shabazi St in Neve Tzedek, nahe dem HaTachana (Alter Bahnhof, S. 128).

Viele Einkaufszentren, darunter das **Gan Ha'ir** (Ibn Gabirol St gleich nördlich vom Rathaus) und das Dizengoff Center (S. 153), haben sehr beliebte Spielbereiche (mischakiyot) für Kleinkinder. In Cholon ist das **Israel Children's Museum** (☎ 03-650 3000; www.childrensmuseum.org.il; Mifratz Shlomo St, Peres Park, Holon; 50–65 NIS/Attraktion; ⊙ So, Mo & Fr 9–13, Di, Mi & Do 9–13 & 16–20, Sa 10–13.30 Uhr; 🚌 Dan 89, 96, 163, 172, 201) ein Erlebnis für Kinder zwischen zweieinhalb und elf Jahren. Hier gibt es u. a. einen „magischen Wald" und eine Schmetterlingsvoliere für Kleinkinder und eine magacoole „Aliens"-Attraktion für größere Kinder. Man muss vorab reservieren.

Zurück in der Stadt gestaltet sich das Essengehen mit Kindern zu jeder Tageszeit einfach und unkompliziert. Nur wenige Restaurants, Cafés und Bars lassen keine Kinder zu, und die meisten haben Hochstühle und Kinderteller. Das Kinder mit ihren Eltern auch abends beim Essen sitzen, ist hier nicht ungewöhnlich.

> **ABSTECHER**

DESIGNMUSEUM CHOLON

Ron Arads langgestrecktes, extrem elegantes, wellenförmiges Gebäude aus rotem Beton und Stahl ist eines der auffälligsten Beispiele zeitgenössischer Architektur im Großraum von Tel Aviv. Drinnen besitzt das **Museum** (☑ 073-215 1515; www.dmh.org.il; 8 Pinhas Eilon St; Erw./Kind 11–17/5–10 Jahre 35/30/20 NIS; ⊙ Mo & Mi 10–16, Di, Do & Sa bis 18, Fr bis 14 Uhr) zwei Ausstellungsflächen mit regelmäßig erneuerten Wechselausstellungen zu Mode, Mobiliar und anderen Design-Gegenständen. Es gibt hier auch ein Café und einen Design-Laden.

Cholon ist zwar eine recht trostlose Arbeitervorstadt von Tel Aviv, aber das Museum steht für das Ziel, diese Stadt in ein Zentrum von Kultur und Bildung zu verwandeln. Es befindet sich im Osten der Stadt nahe der Bibliothek, der Mediathek und dem Institut für Technologie Cholon. Die Stadt liegt nur 6 km südlich von Tel Aviv; das Museum erreicht man mit dem Dan-Bus 3 von der Allenby St, dem Dan-Bus 41 oder 89 von der Levinsky St und dem Egged-Bus 71 vom Arlozorov-Busbahnhof. Man fährt bis zur Weizman St, nahe der Hoofien St, und läuft das letzte kurze Stück. Das Museum steht hinter der Mediathek. Eine Taxifahrt vom Stadtzentrum Tel Avivs dauert 15 Minuten.

bequem zu erreichen sind. Zur Auswahl stehen acht Schlafsäle mit sechs Betten und neun kleine Privatzimmer; Pluspunkte sind die Dachterrassenbar und das muntere Unterhaltungsprogramm.

Hostel Overstay HOSTEL **$**
(☑ 057-421 0200; http://overstaytlv.com; 47 Derech Ben Tsvi St; Matratze auf dem Dach 50 NIS, B 80 NIS, DZ 260 NIS; ✳@🛜; 🚌 Dan 41) Der freundliche Eigentümer und Betreiber Omer weiß genau, was Backpacker in einem Hostel wollen: günstige Preise, sichere und saubere Zimmer, eine Gemeinschaftsküche, Bäder mit viel Warmwasser, einen entspannten Lounge-Bereich (in diesem Fall auf dem Dach) und ein umfangreiches Unterhaltungsangebot. Der einzige größere Nachteil ist die Lage an einer vielbefahrenen Straße in einem Industriegebiet südöstlich von Jaffa.

Beit Immanuel HOSTEL **$$**
(☑ 03-682 1459; www.beitimmanuel.org; 8 Auerbach St, Amerikanische Kolonie; EZ/DZ 200/ 390 NIS; 🛜) Das klösterlich wirkende Hostel befindet sich in einem Gebäude von 1884 gegenüber der hübschen lutherischen Immanuelkirche. Die Herberge wird von einer anglikanischen Missionsgesellschaft (CMJ) betrieben, die Juden davon überzeugen will, dass Jesus der Messias wäre. Die Zimmer sind sauber und komfortabel, und es gibt einen Garten und einen kostenlosen Parkplatz, aber die Atmosphäre ist nicht gerade einladend.

Das Gebäude war einst ein schickes Hotel – Kaiser Wilhelm II. übernachtete hier während seiner Palästinareise im Jahr 1898 –, das Baron Plato von Ustinov gehörte, dem Großvater des Schauspielers Peter Ustinov. Es steht an einer ruhigen Straße gleich abseits der Eilat St (der Verlängerung der Jaffa Rd).

★ **Hotel Montefiore** BOUTIQUEHOTEL **$$$**
(Karte S. 122; ☑ 03-564 6100; www.hotelmonte fiore.co.il; 36 Montefiore St; EZ/DZ 1420/1560 NIS; ✳🛜) Das Hotel mit Klasse residiert in einer denkmalgeschützten Villa aus den 1920er-Jahren in einer von Bäumen gesäumten Straße zwischen dem Rothschild Blvd und der Allenby St. Die zwölf eleganten Zimmer bieten hohe Decken, Holzböden, einen Lehnsessel, ein gut bestücktes Bücherregal, Fenster mit Doppelverglasung und großzügige Bäder. Die Wände sind – ebenso wie im schicken Bar-Restaurant im Erdgeschoss – mit moderner israelischer Kunst geschmückt.

★ **Shenkin Hotel** BOUTIQUEHOTEL **$$$**
(Karte S. 122; ☑ 03-600 9401; www.shenkinho tel.com; 21 Brener St; EZ 240–350 US$, DZ 300– 380 US$; ✳@🛜) Das Motto lautet „Die Einheimischen kennen sich am besten aus", und die tollen Empfehlungen, die das freundliche Personal zu bieten hat, bestätigen die Aussage. Das kleine, stilvolle Hotel in toller Lage hinter der Sheinkin St bietet vier attraktive Zimmertypen, Gemeinschaftsbereiche, die mit örtlicher zeitgenössischer Kunst geschmückt sind, eine Dachterrasse und eine hübsche Terrasse hinten, wo kostenlos Tee, Kaffee und Gebäck gereicht werden.

Rothschild 71 BOUTIQUEHOTEL **$$$**
(Karte S. 122; ☑ 03-629 0555; www.the-rothschild. com; 71 Rothschild Blvd; Zi. 300 US$, Suite 350–

TEL AVIV-JAFFA (JAFO) SCHLAFEN

750 US$; ❄ 🕿) Das luxuriöse Hotel in einem Bauhaus-Apartmentblock von 1934 bietet 32 schicke Einzimmerwohnungen und Suiten mit guter Ausstattung (Nespresso-Maschine, iPod-Dock, Schreibtisch). Das mitten im Trubel des Stadtzentrums gelegene Hotel ist eine prima Option für Paare, weil keine Gäste unter 16 Jahren aufgenommen werden, der Service unaufdringlich, aber effizient ist und sich ein Café im Haus befindet.

Gäste können kostenlos Fahrräder leihen und ein nahe gelegenes Fitnesszentrum nutzen. Das Frühstück ist nicht im Zimmerpreis inbegriffen, aber Croissants, Brötchen, Tee und Kaffee erhält man in der kleinen Lounge im Foyer.

Diaghilev
BOUTIQUEHOTEL $$$

(Karte S. 122; 🕿 03-545 3131; www.diaghilev.co.il; 56 Mazeh St; DZ 190–280 US$; ❄@🕿) Gemälde, Grafiken und Skulpturen schmücken die Wände und Gemeinschaftsbereiche in diesem „Kunsthotel", das in einem hübschen Bauhaus-Gebäude abseits des Rothschild Blvd residiert. Die geräumigen Zimmer bieten einen Sitzbereich, eine Kochnische und ein separates Schlafzimmer. Pluspunkte sind die ruhige Lage, die Parkplätze vor Ort (15 US$) und das hilfsbereite Personal an der Rezeption. Das Frühstück ist im Zimmerpreis nicht inbegriffen.

Rothschild Hotel
BOUTIQUEHOTEL $$$

(Karte S. 122; 🕿 03-957 8888; www.rothschild-hotel.co.il; Rothschild Blvd; EZ 1070–1350 NIS, DZ 1100–1400 NIS, Suite 1700–2800 NIS; ❄❄) Ofra Zimbalistas Chorsänger-Skulptur an der Fassade ist nur eines von vielen launigen Merkmalen dieses beispielhaften Boutiquehotels. Das Rothschild entstand noch vor dem aktuellen Boutiquehotel-Boom in Tel Aviv, aber sein Dekor hat sich wunderbar bewährt, und in Sachen Service steht das Haus immer noch an der Spitze. Das Restaurant im Haus serviert nach eigenen Angaben „zionistische Küche mit französischem Einschlag".

Alma Hotel
BOUTIQUEHOTEL $$$

(Karte S. 122; 🕿 03-630 8777; www.almahotel.co.il; 23 Yavne St; Luxus-EZ/DZ 420/470 US$, Executive-EZ/DZ 440/490 US$) Das hübsche Gebäude aus den 1920er-Jahren, das Bühnendekor und das Restaurant/die Tapasbar vor Ort sind die größten Pluspunkte dieses kürzlich eröffneten Boutiquehotels gleich abseits des Rothschild Blvd, und die Dachterrassenbar und der hübsche Garten im Hinterhof sind ebenfalls nicht zu verachten.

Gleichgültig, für welchen Zimmertyp man sich entscheidet, beide bieten viel Platz, ein großes Bett, eine Espressomaschine und ein schönes Bad mit Luxustoilettenartikeln von Sabon.

Townhouse Tel Aviv
BOUTIQUEHOTEL $$$

(Karte S. 122; 🕿 03-944 4300; www.townhouse telaviv.com; 32 Yavne St; EZ/DZ 200/240 US$, Suite 350 US$; ❄🕿) Dank vernünftiger Preise und guter Lage ist dieses 19-Zimmer-Hotel durchaus eine Überlegung wert. Es ist zwar nicht so stilvoll wie viele andere Boutiquehotels in der Gegend, bietet aber komfortable Zimmer mit großen Betten Espressomaschinen und eleganten weißen Bädern. In der kleinen Longe im Erdgeschoss erhält man das Frühstück und den ganzen Tag über Tee und Kaffee.

🛏 Strand & Hafen von Tel Aviv

⭐ Beachfront Hotel
HOSTEL $

(Karte S. 122; 🕿 03-726 5230, 03-744 0347; www.telavivbeachfront.co.il; 78 Herbert Samuel Esplanade; B 30 US$, EZ 80 US$, DZ 99 US$, ohne Bad 79 US$; ❄@🕿) Die Strandparty-Atmosphäre ist einer von vielen Gründen, um in diesem Hostel gegenüber dem Trumpeldor-Strand abzusteigen. Hier erwarten einen eine Reihe sauberer, gepflegter Schlafsäle und Zimmer – einige mit Ausblick und eigener Terrasse – sowie eine Dachbar, auf der abends kostenlos Sangria ausgeschenkt wird. Gäste erhalten kostenlos WLAN und Badetücher, wer aber am hiesigen Computer ins Internet will, zahlt 60 NIS pro Stunde. Kein Frühstück.

Hayarkon 48 Hostel
HOSTEL $

(Karte S. 122; 🕿 03-516 8989; www.hayarkon48.com; 48 HaYarkon St; B 113 NIS, Zi. 385 NIS, ohne Bad 330 NIS; ❄@🕿) Nur zwei Blocks vom Strand entfernt bietet dieses Hostel ordentliche Extras, u. a. eine Gemeinschaftsküche, eine Dachterrasse und eine Lounge mit Billardtisch und Fernseher/DVD-Player. Es gibt gemischte und ausschließlich Frauen vorbehaltene Schlafsäle; die schlichten Privatzimmer sind mit Doppelbett und Kabelfernsehen ausgestattet. Alle Schlafsäle und die Hälfte der Privatzimmer verfügen über eine Klimaanlage.

Embassy Hotel
BOUTIQUEHOTEL $$

(Karte S. 122; 🕿 03-679 9999; www.embassy-hotel-telaviv.co.il; 76 Hayarkon St; EZ 150–160 US$, DZ 160–170 US$, Suite 180 US$; ❄🕿) Ein Dekor, das an die Serie *Mad Men* erinnert, und die

Lage direkt gegenüber dem Trumpeldor-Strand stellen sicher, dass Stilbewusste, deren Budget für die Preise in den Boutiquehotels in der Rothschild-Enklave nicht ganz reicht, hier zufrieden sein werden. Am besten wählt man eine Suite, denn die sind größer als die etwas beengten Standardzimmer und bieten zudem eine Kochnische.

Port Hotel BOUTIQUEHOTEL **$$**
(☑ 03-544 5544; www.porthoteltelaviv.com; 4 Yirmiyahu St; EZ/DZ 150/160 US$; ✳ ⌖ ⌂) Das „Minihotel" (so bezeichnet es sich selbst) nahe dem Alten Hafen bietet etwas in Tel Aviv sehr Seltenes: stilvolle Unterkunft zu günstigem Preis. Die Zimmer sind zwar klein und haben keine Aussicht, sind aber sauber und komfortabel. Wichtige Pluspunkte sind die Dachterrasse und die Nähe zum Strand.

★ **Mendeli Street Hotel** BOUTIQUEHOTEL **$$$**
(Karte S. 126; ☑ 03-520 2700; www.mendelistreet hotel.com; 5 Mendeli St; ✳ @ ⌂) Im Sommer wohnt man in diesem Hotel nahe dem Bograshov- und dem Frischmann-Strand locker und glamourös. Das Foyer und das Restaurant wirken schick wie aus einer Zeitschrift für Innenarchitektur, und die topmodern gestalteten und mit guten Einrichtungen ausgestatteten Zimmer sind ebenso schick. Die Standardzimmer sind allerdings klein, daher sollte man sich vielleicht lieber für die Deluxe- oder Superior-Variante entscheiden. Das junge Personal ist charmant und äußerst hilfsbereit.

Shalom Hotel & Relax BOUTIQUEHOTEL **$$$**
(Karte S. 126; ☑ 03-542 5555; www.atlas.co.il; 216 Hayarkon St; Zi. Standard/Superior 263/303 US$; ✳ @ ⌂) Dieses als Strandhaus – allerdings eines mit 51 Zimmern – aufgemachte Wellnesshotel bietet allen Gästen eine kostenlose 15-minütige Massage in dem Behandlungsraum auf der Dachterrasse. Die Zimmer sind attraktiv, aber klein, daher nimmt man besser eines der Superior-Kategorie. Zu den Gemeinschaftsbereichen zählen eine Sonnenterrasse auf dem Dach und eine einladende Lounge im Foyer, in der ein köstliches Frühstück serviert wird.

Art Plus Hotel BOUTIQUEHOTEL **$$$**
(Karte S. 122; ☑ 03-797 1700; www.atlas.co.il; 35 Ben Yehuda St; EZ/DZ/Suite 265/290/310 US$; ✳ @ ⌂) Die Inneneinrichtung in diesem fünf Jahre alten Kunst-Themenhotel hat sich nicht gut bewährt und müsste dringend aufgefrischt werden. Glücklicherweise sorgen der neue Fitnessraum und das Spa für

Entschädigung, ebenso wie die kostenlosen Parkplätze und der kostenlose Nachmittagsaperitif. Es gibt eine Dachterrasse mit Sonnenliegen, aber die meisten Gäste faulenzen lieber am nahe gelegenen Strand.

🛏 Jaffa (Jafo)

Old Jaffa Hostel HOSTEL **$**
(☑ 03-682 2370; www.telaviv-hostel.com; 13 Amiad St; B 25 US$, EZ 70–98 US$, DZ 80–105 US$; ✳ @ ⌂; ⌂ Dan 10, 18, 25, 41) Das Hostel in einem Haus aus osmanischer Zeit am Flohmarkt ist definitiv die stimmungsvollste Unterkunft in dieser Preisklasse in Tel Aviv, aber nicht die komfortabelste. Die Preise für die Schlafsaalbetten gehen in Ordnung, und es gibt ausreichend viele Gemeinschaftsbäder, aber die Privatzimmer sind überteuert. Das Hostel besitzt eine Gemeinschaftsküche und eine Dachterrasse, von der aus man das Meer sehen kann.

Im Sommer können Gäste auch auf dem Dach übernachten (21 US$).

★ **Old Jaffa Khan** APARTMENT **$$$**
(☑ 052 866 6232; info@oldjaffakhan.com; 5 Mazar Taleh St, Old Jaffa; DZ 350 US$; ✳ ⌂; ⌂ Dan 10, 14, 25, 41) Versteckt in einer ruhigen Enklave mit Künstlerateliers in der Altstadt von Jaffa sind diese Einzimmerapartments ideal für einen romantischen Aufenthalt. Zwei gewähren Meerblick, und zwei einen eigenen Garten, aber alle sind prachtvoll. Zu den vorhandenen Einrichtungen zählen ein Whirlpool, Kabelfernsehen, eine Musikanlage und eine Kochnische komplett mit Wasserkessel und Espressomaschine. Das Frühstück kommt in einem nahe gelegenen Café auf den Tisch.

Market House Hotel BOUTIQUEHOTEL **$$$**
(☑ 03-542 5555; www.atlashotels.co.il; 5 Beit Eshel St, Jaffa; EZ 285 US$, DZ 300 US$; ✳ ⌂; ⌂ Dan 10, 18, 25, 41) Man hat nicht oft die Chance, in einem Gebäude zu übernachten, in das Reste einer byzantinischen Kapelle aus dem 8. Jh. integriert sind, aber genau dies kann man in diesem kürzlich eröffneten Hotel mitten auf dem Flohmarkt. Die Zimmer sind stilvoll, schallisoliert und mit einem Wasserkessel und einem Kühlschrank ausgestattet; die Standardzimmer sind ein bisschen klein, daher wählt man besser eines der Superior-Kategorie oder ein Penthouse.

Frühstück gibt's im Foyer im Erdgeschoss, den kostenlosen Aperitif am frühen Abend oben in der Lounge.

> **TEL AVIV & DER SABBAT**
>
> Wer erlebt hat, wie sich mit Beginn des Sabbats die Stille über Jerusalem legt, und sich fragt, wie er die nächsten 24 Stunden ohne öffentliche Verkehrsmittel, Geldautomaten, Restaurants und Läden überstehen soll, braucht nur nach Tel Aviv zu fahren, denn hier hält man es säkular.
>
> Auch hier schließen zwar die meisten Läden am Freitagnachmittag und öffnen erst wieder am Samstagabend oder Sonntagvormittag, aber das war's auch schon mit der Feiertagsruhe. Bars, Restaurants und Clubs sind am Freitagabend bis in die Morgenstunden bestens besucht, am Samstag strömen die Einheimischen an den Strand, hängen in Cafés ab, gehen in Restaurants und verbringen den Tag generell aktiv. Die Stadtverwaltung schreibt zwar vor, dass Läden am Sabbat geschlossen bleiben, es gibt aber viele AM:PM-, Tiv Ta'am-, Super Yuda-, Drugstore Food- und Dor Alon-Minimärkte, die rund um die Uhr geöffnet sind. Dieser Umstand erbost die großen Supermarktketten und orthodoxe Juden gleichermaßen, weswegen 21 Minimärkte im Jahr 2014 wegen vorsätzlicher Störung der Sabbat-Ruhe vor dem Tel Aviver Stadtgericht verklagt wurden. Das Gericht entschied, dass die Minimärkte auch weiterhin öffnen dürfen.
>
> Auf den Straßen ist es am Sabbat ruhiger, weil keine Busse fahren. Wenn man irgendwohin möchte, fährt man mit einem Sherut oder Taxi.

Essen

Tel Avivs kulinarische Szene ist abwechslungsreich und anregend. Im Zuge der Gentrifizierung, die die Stadt erlebt, entstehen immer mehr „Chef-Restaurants" (soll heißen: Restaurants, die von Promiköchen geführt werden) und eine ständig wachsende Zahl schicker Brasserien. Aber wer knapp bei Kasse ist, kommt nicht zu kurz, denn es gibt immer noch jede Menge billiger Imbissstuben und -schalter.

Selbstversorger finden das beste frische Obst und Gemüse der Stadt auf dem Carmel-Markt. Supermärkte mit einer guten Auswahl von Produkten, günstigen Preisen und langen Öffnungszeiten sind überall in der Stadt verstreut.

Von Sonntag bis Freitag bieten viele Restaurants einen sogenannten „Business Lunch" – dann gibt's zu jedem bestellten Hauptgang gratis eine Vorspeise, manchmal sogar eine Vorspeise und ein Glas Wein.

Stadtzentrum

★ Miznon   ISRAELISCH $

(Karte S.122; 30 King George St; Pita 23–44 NIS; ⊙ So–Fr 12–1, Fr bis 15, Sa ab 19 Uhr; ⌘) Die Stimmung ist munter, die Preise sind ausgesprochen günstig und die Angestellten jung, freundlich und voller Energie. Und das Wichtigste: Das Essen ist sehr lecker. Es gibt riesige Pitas, gefüllt je nach Wunsch mit Gemüse, Hühnchen, Innereien oder Fleisch, Fisch mit Pommes oder gebratenen, gewürzten Yamswurzeln und Blumenkohl.

Man stellt sich an, nennt seinen Namen und gibt seine Bestellung auf. Dann trifft man seine Wahl an der Theke mit Tahina, Laban, grüner Chilisauce und eingelegtem Gemüse, nimmt Platz und wartet, bis die Bestellung aufgerufen wird. Zu trinken gibt's u. a. Limonade, Bier und Arak.

Felafel Gabai   NAHÖSTLICH $

(Karte S.122; 25 Bograshov St; Falafel 16 NIS; ⊙ So–Do 10.30–22.30 Uhr; ⌘) In einer Stadt, in der jeder Falafelstand den Anspruch hat, der beste zu sein, ist das Gabai ein heißer Anwärter auf den Titel. Wie bei einem Großteil der Konkurrenz werden auch hier die knusprigen Falafel-Bällchen mit jeder Menge Salat, eingelegtem Gemüse und Tahina-Sauce in Pitabrot serviert, zudem gibt es leckeres *shakshuka* und Schnitzel.

Sabich Frishman   NAHÖSTLICH $

(Karte S.126; 42 Frishman St; Sabich 18 NIS; ⊙ So–Do 9–23.30, Fr vor dem Sabbat, Sa nach dem Sabbat; ⌘) Der winzige Stand ist auf *sabich* spezialisiert, ein aus dem Irak stammendes Pita-Brot, gefüllt mit gebratener Aubergine, hart gekochten Eiern, Salat, Kohl, Kartoffeln, Hummus und scharfer Mangosauce. Er steht an der Ecke Dizengoff und Frishman St und ist an der langen Schlange zu erkennen. Gleich daneben befindet sich ein Falafelstand.

HaKosem   NAHÖSTLICH $

(Karte S.122; 1 Shlomo HaMelech St; Falafel ab 18 NIS; ⊙ So–Do 10.30–23.30, Fr bis 15 Uhr; ⌘) Das beliebte HaKosem („Der Zauberer") ist einer der freundlichsten Falafelimbisse vor Ort und befindet sich an der Kreuzung mit der King George St. Abgesehen von den grünen Kichererbsenbällchen in Pita gibt es hier auch *sabich,* Schnitzel und Schawarma.

Wer Glück hat, bekommt beim Anstehen kostenlos ein Falafelbällchen direkt aus der Pfanne –wahre Magie.

Gala Gelateria
EISCREME **$**

(Karte S. 122; 30 King George St; 1/2/3 Kugeln 14/19/23 NIS; ⊙10–1 Uhr) Die kleine Eisdiele gegenüber dem Gan-Meir-Park zeichnet sich durch besondere Angebote für Veganer (darunter eine Schoko-Variante) und viele Sorten mit Joghurt und Früchten aus. Wir empfehlen alles mit Pistazie, Tahina oder Mango.

★ Orna and Ella
ISRAELISCH **$$**

(Karte S. 122; ☏03-525 2085; www.ornaandella. com; 33 Sheinkin St; Frühstück 36–58 NIS, Hauptgerichte 42–92 NIS; ⊙So–Do 8.30–24, Fr & Sa ab 10 Uhr; ☏🖊) Das Restaurant und Café, das zwanglos ernsthafte gastronomische Leistungen mit zwanglos-schickem Dekor und nachbarschaftlicher Atmosphäre verbindet, ist aus guten Gründen bei den Einheimischen beliebt. Bei den herzhaften Frühstücks- und raffinierten Mittags- und Abendgerichten kommen saisonale Zutaten, häufig aus Bio-Anbau, zum Einsatz. Veganer, Vegetarier und alle, die einfach nur gutes Essen lieben, fühlen sich hier sehr wohl. Man speist drinnen oder hinten auf dem Hof.

Brasserie M&R
FRANZÖSISCH **$$**

(Karte S. 126; ☏03-696 7111; www.brasserie.co.il; 70 Ibn Gabirol St; Frühstück 22–49 NIS, Hauptgerichte 62–110 NIS; ⊙24 Std.) Etwas wichtig auftretende Maîtres dirigieren die Bedienung in dieser ungemein beliebten Café-Brasserie gegenüber dem Rabin Sq. Die vom Art-déco inspirierte Innengestaltung ist so pariserisch wie die Karte, auf der u. a. Austern, Salate, Steaks und ein *plat du jour* stehen. Viele französische Weine stehen zur Auswahl, aber viele Gäste entscheiden sich stattdessen für einen kundig gemixten Cocktail.

Café Noah
CAFÉ **$$**

(Cafe Noach; Karte S. 122; 93 Ahad Ha'am St; Frühstück 36 NIS, Sandwiches 35 NIS; ⊙So–Do 8–23, Fr bis 17 Uhr; ☏🖊) Das Noah erfreut sich bei Schriftstellern, Dichtern und anderen Intellektuellen, für die es nichts Schlimmeres als einen gewöhnlichen Bürojob gibt, großer Beliebtheit. Die Gäste bekommen hier große Fenster, eine kleine Bibliothek, eine Terrasse im Schatten von Palmen, Salate, Sandwiches und den ganzen Tag Frühstück geboten.

Agadir
BURGER **$$**

(Karte S. 122; www.agadir.co.il; 2 Nahalat Binyamin St; Burger ab 49 NIS; ⊙So–Do 12–4, Fr bis 5, Sa bis 3 Uhr; 🕿) Die Einheimischen schwören auf die hiesigen Burger mit Rindfleisch oder die vegetarischen Frikadellen unterschiedlicher Größe sowie weiterem Belag nach Wunsch. Der stets gut besuchte Laden an der Nahalat Binyamin St ist ideal, um den Appetit auf Burger und Bier zu stillen. Die landesweite Kette hat eine weitere Filiale im **Stadtzentrum** (Karte S. 126; ☏03-522 7080; www.agadir. co.il; 120 Ben Yehuda St) sowie eine im Alten Hafen (Hangar 3).

Fresh Kitchen
GESUND **$$**

(Karte S. 126; ☏03-529 2687; www.freshkitchen. co.il; 37 Basel St; Salate ab 36 NIS; ⊙Sa–Do 11.30–24, Fr 12–17 Uhr; 🕿🖊) Dank der mehr als einem Dutzend Salatversionen auf der Karte kann man sich hier mit den täglichen fünf Portionen Grünzeug eindecken. Auf der Karte (die auch die Kalorienangaben der Gerichte nennt) stehen auch Müslis, Sandwiches und erfrischende Shakes. Das Unternehmen hat mehrere Filialen in der Stadt, darunter noch eine weitere im **Stadtzentrum** (Karte S. 126; 149 Dizengoff St).

Tchernihovsky 6
PORTUGIESISCH **$$$**

(Karte S. 122; ☏03-620 8729; 5 Tchernichovsky St; Hauptgerichte 68–110 NIS; ⊙Mo–Do 12–23.45, Fr 10–12, Sa 10.30–17, So 11.45–18 Uhr; 🕿) Ein kleines Stück Lissabon im Nahen Osten: Das Tchernihovsky 6 wird von einem portugiesisch-israelischen Chefkoch geführt und ist für Gerichte mit Tintenfisch, Hülsenfrüchten, Fleisch und weitere Spezialitäten von der Iberischen Halbinsel bekannt. Die Terrasse an der Straße ist an warmen Abenden immer voll besetzt. Das gleiche Team betreibt auch die Weinbar Porto gegenüber.

✖ Südliches Stadtzentrum

Anita
EISCREME **$**

(Karte S. 122; Ecke Shabazi & Pines St, Neve Tzedek; 1/2/3 Kugeln 15/20/24 NIS; ⊙8–24 Uhr) Neve Tzedeks „Gelato-Mama" besitzt eine treue Stammkundschaft, was sich an Sommerabenden an der Warteschlange zeigt. Es gibt viele Sorten – Eis und Sorbet. Eine zweite Filiale befindet sich gleich gegenüber, eine dritte, die Frozen Yoghurt anbietet, ein Stück die Straße hinunter.

Bet Lehem Hummus
NAHÖSTLICH **$**

(Karte S. 122; 5 Florentin St, Florentin; Hummus 17 NIS; ⊙10–21 Uhr) Der kostenlose *chai nana*

TEL AVIV-JAFFA (JAFO) ESSEN

(Minztee), den man sich einschenken kann, ist nett, aber die Stammgäste kommen eigentlich wegen des Hummus. Den gibt's als Ful (mit gekochten und gewürzten Saubohnen) oder als Masabacha (mit Kichererbsen und warmer Tahina) und auch mit einem Ei obendrauf (2 NIS).

★ Port Sa'id
NAHÖSTLICH $$

(Karte S. 122; Har Sinai St 5; kleine Gerichte 22–52 NIS, Hauptgerichte 34–180 NIS; 🕑 12 Uhr–Open End) Der Treff der innerstädtischen Hipster ist dieses Restaurant mit Bar neben der Großen Synagoge. Der Raum ist mit Regalen voller Schallplatten dekoriert, und die Stammgäste sind so tätowiert, dass man sich fragt, ob die wirklich hier in der Gegend leben. Das nahöstlich geprägte Essen ist gut, es gibt aber keine englische Karte, sodass man die Kellner fragen muss. Auch die Getränkeauswahl kann sich sehen lassen.

Früh kommen, um einen Tisch zu ergattern, und nicht viel Service erwarten!

North Abraxas
ISRAELISCH $$

(Karte S. 122; 📞 03-516 6660; 40 Lilienblum St; kleine Gerichte 22–52 NIS, Hauptgerichte 34–120 NIS, Pizza 54 NIS; 🕑 So–Do 12–24, Fr & Sa 13–24 Uhr) Das Essen spielt in diesem extravaganten Lokal nur die zweite Geige – hier dreht sich alles um die Atmosphäre. Es macht Spaß, an der Bar zu sitzen und zuzuschauen, wie die Köche und Kellner hacken, flambieren, auftischen, Lieder singen und mit den Gästen Arak trinken. Die moderne israelische Karte mit Pizza, bunten Gemüsegerichten und schmackhaftem, langsam gegartem Fleisch bietet für die meisten etwas, was ihnen schmeckt.

Nachmani
ITALIENISCH $$

(Karte S. 122; 📞 03-566 3331; http://noirgroup. co.il; 26 Nachmani St; Gebäck 12–16 NIS, Pizza 46–58 NIS, Hauptgerichte 58–134 NIS; 🕑 So–Fr 8–24, Sa ab 9 Uhr) Dieses Café/Restaurant ist ein ideales Beispiel für die zwanglosen, aber stilvollen Lokale, die in Tel Aviv angesagt sind. Es gibt großzügige Vorspeisenteller, heiße Pizza aus dem Backsteinofen, hausgemachte Pasta und eine gute Auswahl von Sandwiches und Salaten. Werktags sind die Tische draußen beliebt, denn dann gibt's zwischen 16.30 und 19 Uhr zu jedem alkoholischen Getränk, das man bestellt, kostenlos frisches Focaccia- oder Bruschetta-Brot.

Ouzeria
GRIECHISCH $$

(Karte S. 122; 44 Matalon St, Florentin; Meze 35–60 NIS; 🕑 12–24 Uhr; 🍴) Das stimmungsvolle Eckrestaurant im Gebiet des Levinsky-Gewürzmarkts ist bei Einheimischen jedes Alters und jeder Couleur beliebt. Hier ist an jedem Abend etwas los, ganz besonders aber am Freitag nach Marktschluss. Reservierungen sind nicht möglich, man wird sich also vielleicht anstellen müssen. Die griechischen Vorspeisen bieten Gemüse und Meeresfrüchte; sie sind schmackhaft und preisgünstig.

Ahathaan
CAFÉ $

(Karte S. 122; 📞 03-560 8070; Ecke Ahad Ha'am & Balfour St; Frühstück 36–59 NIS; 🕑 So–Do 8–24, Fr bis 17.30, Sa 9–24 Uhr; 🍴) Die von einer Markise beschattete und abends von vielen bunten Lichtern erhellte und immer gut besuchte Terrasse dieses Cafés mit dem Schick eines Trödelladens ist zu jeder Tageszeit ein beliebter Treff, ganz besonders aber am Vormittag. Drinnen gibt's viele Tische, an denen sich die Leute mit ihren Laptops beschäftigen.

Cafe Lucia
CAFÉ $$

(Karte S. 122; 📞 03-744 8088; 18 Balfour St; Frühstück 10–46 NIS, Sandwiches 36–42 NIS, Hauptgerichte 32–48 NIS; 🕑 So–Do 7–24, Fr bis zum Sabbat, Sa 19–24 Uhr) Jedes Viertel sollte ein solches Café haben. Der Laden ist für seine Brote und Backwaren bekannt (denn die Besitzer betreiben auch die Bäckerei Lachmanina); auf der stets gut besuchten Terrasse an der Straße halten sich die Einheimischen bei Kaffee auf dem Laufenden und bestellen ein einfaches, günstiges Gericht von der Karte, etwa (frische getoastete) Sandwiches, Schnitzel, Pasta, Frikadellen oder Fisch mit Pommes.

Lulu
CAFÉ, BAR $$

(Karte S. 122; 📞 03-516 8793; www.lulucafe.co.il; 55 Shabazi St, Neve Tzedek; Frühstück 38–58 NIS, Sandwichs 44–48 NIS, Hauptgerichte 64–96 NIS; 🕑 7.30–23.30 Uhr; 🍴) Diese Kombination aus Café, Bar und Restaurant ist ein perfektes Beispiel für den entspannten, aber sorgfältig und bewusst erzeugten Stil in Neve Tzedek. Das Lokal hat ein vage künstlerisch angehauchtes Flair, mediterrane Küche von modebewusstes Publikum. Das Essen liegt ein gutes Stück über dem Niveau typischer Cafékost, und mit Plätzen drinnen und draußen ist man auf jedes Wetter eingestellt.

Meshek Barzilay
CAFÉ $$

(Karte S. 122; 📞 03-516 6329; www.meshekbarzilay.co.il; 6 Ahad Ha'am St, Neve Tzedek; Frühstück 38–64 NIS, Hauptgerichte 46–68 NIS; 🕑 So 7–16,

PROMINENTE KÖCHE

Im Zeitalter von *Master Chef* und anderen Kochduellen besitzt auch Tel Aviv eine Reihe populärer Restaurants, die von örtlichen Kochberühmtheiten geführt werden. Die bekanntesten Köche sind Eyal Shani, Yonatan Roshfeld und Meir Adoni, die zusammen den Ruf Tel Avivs als eines der spannendsten Feinschmeckerziele weltweit festigen.

Wie viele Einheimische sind auch wir entschiedene Fans von Eyal Shani. Als Anhänger der schlichten, saisonalen Küche besitzt er ein Zauberhändchen, wenn es darum geht, zwanglos-schicke Lokale – das Miznon (S. 140), das Port Sa'id und das North Abraxas – auf die Beine zu stellen, wo nette Atmosphäre genauso wichtig ist wie gutes Essen. Feinschmecker kennen ihn aus Yotam Ottolenghis Fernsehshow *Mediterranean Feasts*.

Yonatan Roshfeld und Meir Adoni legen Wert auf raffiniertere israelische Küche und betreiben zwei herausragende Gourmettempel, das Herbert Samuel (S. 147) und das Catit. Die Preise und das Ambiente in diesen Restaurants werden nicht allen zusagen, denn sie sind nicht hip, sondern vornehm, doch beide Köche betreiben gleichzeitig auch weniger zwanglose Ableger (Adoni das Mizlala (S. 146) und Yoshfeld das Tapas 1 im Alma Hotel) ihrer Restaurants.

Mo–Fr bis 24, Sa ab 9 Uhr; 🖉) Vegetarier und Veganer finden in Tel Aviv viele Angebote, aber hier bemüht man sich ganz besonders darum, sie zufriedenzustellen. Dies ist eines von nur zwei Restaurants in der Stadt, in denen Bio-Eier von freilaufenden Hühnern verwendet werden. Auf der Karte stehen viele interessante indisch und asiatisch beeinflusste Gerichte und tolle Frühstücksangebote. Stammgäste schwören auf das vegane Bauernfrühstück.

Giraffe
ASIATISCH **$$**

(Karte S.122; 🖉 03-685 1155; Ecke Montefiore & Yavne St; Hauptgerichte 51–98 NIS; ⊙12–24 Uhr; ☎) Stark gewürzte panasiatische Gerichte wie Teigtaschen, Nudeln und Sushi-Brötchen werden in der gut besuchten Filiale dieser beliebten örtlichen Kette aufgetischt. Das Essen ist nicht sehr raffiniert, aber frisch und lecker. Obwohl hier immer Betrieb herrscht, halten die freundlichen Angestellten gern ein Schwätzchen mit Kunden.

Suzanna
NAHÖSTLICH **$$**

(Karte S.122; 🖉 03-944 3060; www.suzana.rest-e.co.il; 9 Shabazi St, Neve Tzedek; Frühstück 49 NIS, Gerichte 55–86 NIS; ⊙10–2 Uhr) Das in Neve Tzedek lange beliebte Suzanna bietet eine gute Auswahl nahöstlicher Gerichte. Einige sind besser als andere, sodass sich die Strategie, das zu wählen, was auch andere auf dem Teller haben, hier auszahlt. In den Sommermonaten speist man am besten draußen auf dem großen offenen Hof im Schatten eines riesigen Feigenbaums.

Nanuchka
VEGANISCH **$$**

(Karte S.122; 🖉 03-516 2254; http://nanuchka-tlv.com/; 30 Lilienblum St; Hauptgerichte 49–68 NIS; ⊙12 Uhr–Open End) Ein veganes georgisches Restaurant? Kaum zu glauben, aber dazu hat sich das Nanuchka – vormals ein traditionelles georgisches Lokal – verwandelt. Dass das Restaurant so beliebt ist, liegt wohl hauptsächlich an der Boheme-Atmosphäre, denn das Essen ist fade und uninteressant. Der Vorspeisenteller mit sieben Salaten (58 NIS) ist eine gute Option.

Thai House
THAI **$$**

(Karte S.126; 🖉 03-517 8568; www.thai-house.co.il; 8 Bograshov St; Hauptgerichte 42–128 NIS; ⊙12–23 Uhr; 🖉) Explizit thailändische Küche gibt es in Tel Aviv kaum. Wen es dennoch nach grünem, gelbem oder rotem Curry gelüstet, ist im Thai House (Beit Thailandi), einem Restaurant voller Bambusdekor an der Ecke Ben Yehuda und Bograshov St, richtig.

★Catit
ISRAELISCH **$$$**

(Karte S.122; 🖉 03-510 7001; www.catit.co.il; 57 Nahalat Binyamin St; 3/4/5 Gänge 349/399/479 NIS; ⊙So–Fr 18.30–23 Uhr; 🖉) Meir Adoni gilt allgemein als Tel Avivs spannendster und bester Chefkoch. Dieses trauliche Restaurant ist sein Flaggschiff (daneben betreibt er noch das angeschlossene Bistro Mizlala und zwei Lokale im Carleton Hotel). Das Essen ist spektakulär: äußerst raffinierte Gerichte, die schön aussehen und noch besser schmecken. Auch der Service ist über jeden Zweifel erhaben.

Wer Vegetarier oder Veganer ist, sollte dies beim Reservieren erwähnen.

★Bindella Osteria & Bar
ITALIENISCH **$$$**

(Karte S.122; 🖉 03-650 0071; www.bindella.co.il; 27 Montefiore St; Pasta 49–99 NIS, Hauptgerichte

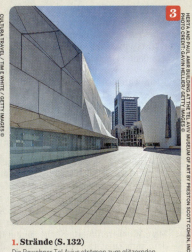

1. Strände (S. 132)
Die Bewohner Tel Avivs strömen zum glitzernden Mittelmeer, um Sport zu treiben oder sich zu sonnen.

2. Fruchtsaftstände
Für Abkühlung sorgt ein frisch gepresster Orangen- oder Granatapfelsaft von einem Fruchtsaftstand.

3. Tel Aviv Museum of Art (S. 121)
Das Museum ist mit seinen tollen Sammlungen und der modernen Architektur innen wie außen beeindruckend.

4. Altstadt (S. 130), Jaffa
Wer mag, kann die Gassen von Jaffas Altstadt, dem ältesten Teil Tel Avivs, entlangschlendern.

68–128 NIS; ⏲12.30 Uhr–Open End) Das Bindella ist ein vorbildliches modernes toskanisches *ristorante* – elegant, mit unbedingtem Schwerpunkt auf gutem Essen, Wein und exzellentem Service. Die Gerichte, die wir bestellen, waren ausgesprochen gut: Die Pasta waren al dente, das Fleisch und der Fisch waren schlicht zubereitet, sodass die Qualität zu schmecken war, und die Nachspeisen waren ebenso köstlich. Die Weinkarte ist beeindruckend und weist jede Menge Spitzenweine aus Israel und Italien auf.

Mizlala
ISRAELISCH $$$

(Karte S.122; ☑03-566 5505; http://mizlala.co.il; 57 Nahalat Binyamin St; Hauptgerichte 89–169 NIS; ⏲12–24 Uhr; 🖋) Der kleine Bruder des Catit hat niedrigere Preise, eine einfachere Karte und mehr Chichi als der Hauptladen, aber Meir Adonis raffinierte Küche kommt trotzdem zum Zuge. Der stilvolle Speisesaal mit der langen Theke ist ganz gewiss einer der Orte in der Stadt, um sich sehen zu lassen, und auch der mediterrane Einschlag der Karte gefällt. Auf keinen Fall aber sollte man sich die Desserts entgehen lassen!

Café Noir
FRANZÖSISCH $$$

(Karte S.122; ☑03-566 3018; http://noirgroup.co.il; 43 Ahad Ha'am St; Brunch 34–64 NIS, Hauptgerichte 66–128 NIS; ⏲So–Mi 12–24, Do bis 1, Fr 8–1, Sa 9–24 Uhr; 🖝) Die französisch aufgemachte, brummende Brasserie ist vor Ort führ ihren Wochenend-Brunch und ihre Schnitzel bekannt. Ersteren können wir unbedingt empfehlen, in Sachen Essen empfehlen wir aber lieber die durchgängig ausgezeichneten Salate und Pastagerichte. Es lohnt sich, den Aufpreis für ein Brotkörbchen zu zahlen.

Hotel Montefiore
FUSION $$$

(Karte S.122; ☑03-564 6100; www.hotelmontefiore.co.il; 36 Montefiore St; Burger & Sandwiches 42–46 NIS, Hauptgerichte 62–160 NIS; ⏲7–24 Uhr; 🕾) Für einen besonderen Abend bietet sich das französisch angehauchte Restaurant im Montefiore an. Das Lokal ist nicht ruhig, aber schick. Glamouröse junge Leute verabreden sich hier zu Dates, und Geschäftsleute besiegeln Abschlüsse. Auf der Karte stehen Gerichte aus Asien und Europa, die Weinkarte ist eindrucksvoll und die Bar ideal, wenn man solo zu Abend essen will.

Nana Bar
INTERNATIONAL $$$

(Karte S.122; ☑03-516 1915; www.nanabar.co.il; 1 Ahad Ha'am St, Neve Tzedek; Hauptgerichte 60–120 NIS; ⏲So–Do & Sa 12–1, Fr ab 17.30 Uhr; 🕾🖋)

An den Wochenenden wird eine lange Theke aufgebaut, und an lauen Abenden ist der funkelnde Hofgarten gut besucht. Die Kundschaft besteht aus den wohlhabenden Mittdreißigern Tel Avivs, die sich hier am Freitagabend treffen, um zu trinken und sich an den Snacks – von gegrillten Hühnerflügeln nach New-Orleans-Art bis hin zu gehackter Leber – zu laben. An ruhigeren Abenden lässt man sich Paellas, Currys oder perfekt gegrillte Steaks schmecken.

Dallal
FRANZÖSISCH, FRÜHSTÜCK $$$

(Karte S.122; ☑03-510 9292; www.dallal.info; 10 Shabazi St, Neve Tzedek; Frühstück 32–62 NIS, Hauptgerichte 76–170 NIS; ⏲So–Fr 9–23.30, Sa 12–23 Uhr) Samstags zwischen 12 und 18 Uhr gibt's hier einen der besten Brunchs in Tel Aviv. Dann sind die Tische mit Einheimischen besetzt, die sich hier auf Bio-Eierspeisen wie gebratenes Auberginen-*shakshuka* mit Spinat, pürierten Tomaten und Ziegenmilchjoghurt stürzen. Beim Abendessen in dem etwas kitschigen Speisesaal geht es förmlicher zu; auf der Karte stehen konservative, französisch beeinflusste Fleisch- und Fischgerichte.

Die nahe gelegene **Bäckerei Dallal** (Karte S.122; 7 Kol Israel Haverim St, Neve Tzedek; ⏲So–Do 7–22, Fr bis 17 Uhr) ist ein toller Ort für ein einfaches Mittagessen, aber das Sitzplatzangebot ist sehr begrenzt. Wenn alles besetzt ist, kann man sich aber etwas zum Mitnehmen bestellen und dann am nahen Alma-Strand picknicken.

Adora
MEDITERRAN $$$

(Karte S.126; ☑03-605 0896; 226 Ben Yehuda St; Brunch 99 NIS, 2-Gänge-Mittagstisch 69 NIS, Hauptgerichte 79–96 NIS; ⏲Mo–Do 12–24, Fr & Sa 9–24 Uhr; 🖋) Eines der ersten Feinschmeckerziele der Stadt war das Adora. Heute wirkt das Lokal etwas verlebt, verdient aber wegen der Qualität seiner mediterranen Küche immer noch Aufmerksamkeit. Auf der Karte buhlen Fisch- und Fleischgerichte um Beachtung; Vegetarier könnten sich etwas übergangen fühlen. Der Business-Lunch ist ein tolles Angebot.

✖ Strand & Hafen von Tel Aviv

Gelateria Siciliana
EISCREME $

(Karte S.126; http://glideria.co.il; 110 Ben Yehuda St; 1/2/3 Kugeln 15/20/25 NIS; ⏲So–Do 12–24, Fr & Sa 11 Uhr–open end; 🕾) Die meisten Italiener sind überzeugt, dass man die Qualität einer Gelateria an dem Pistazieneis feststellen kann: Das muss hellgrün sein und süß, aber zugleich nussig schmecken. Glücklicherweise besteht Tel Avivs Gelateria Siciliana alle derartigen Prüfungen mit Bravour. Es gibt noch eine Filiale in der Nähe des **Rabin Sq** (Karte S. 122; 63 Ibn Gabirol St) sowie eine weitere in Herzliya.

Tamara
FROZEN YOGHURT **$**

(Karte S. 126; 96 Ben Yehuda St; kleiner/mittlerer/großer Becher 22/27/32 NIS; ☉ So–Fr 9.30–0.30, Sa ab 10.30 Uhr; ✏) Eines muss gesagt: Trotz des weltweiten Hypes ist Frozen Yoghurt vielleicht gar nicht so gesund. Da er aber köstlich schmeckt, kann man diese Frage auch auf sich beruhen lassen und sich von der Massenbegeisterung zu dieser ausgezeichneten Einrichtung nahe dem Gordon-Strand tragen lassen. Entweder nimmt man einen Becher pur oder wählt aus den leckeren Zugaben.

Pinati
NAHÖSTLICH **$**

(Karte S. 122; http://pinati.co.il/; 43 Bograshov St; Hummus 20–33 NIS; ☉ So–Do 10–22, Fr bis 16 Uhr) Diese Filiale von Jerusalems beliebtem Hummus-Lokal liegt so nahe am Strand, dass sie sich anbietet, um Essbares für ein Picknick zu besorgen. Auf der Karte stehen Hummus, Hähnchenschnitzel und andere Fast-Food-Favoriten.

Benedict
FRÜHSTÜCK **$$**

(Karte S. 126; www.benedict.co.il; 171 Ben Yehuda St; Frühstück 38–98 NIS; ☉ 24 Std.; ☎✏) Wen es um 5 Uhr nachmittags oder auch am Morgen nach Blaubeerpfannkuchen, Eiern mit Schinken, *shakshuka* oder Eggs Benedict gelüstet, der ist in diesem ständig überfüllten, rund um die Uhr geöffneten Frühstückslokal genau richtig. Ruhig richtigen Hunger mitbringen, denn die Portionen sind riesig, und dazu gibt's noch Brot! Es existiert noch eine weitere Filiale in **Tel Aviv** (Karte S. 122; 29 Rothschild Blvd) sowie eine in Herzliya.

Shila
SEAFOOD **$$$**

(Karte S. 126; ☎ 03-522 1224; www.shila-rest.co.il; 182 Ben Yehuda St; Tapas 46–59 NIS, Raciones 48–79 NIS, Hauptgerichte 74–148 NIS; ☉ So–Do & Sa 12–1 Uhr) Nur ein, zwei Kastagnettenklapperer vom Strand entfernt bietet Sharo Cohens spanisch inspiriertes Meeresfrüchterestaurant eine Reihe bunter, stark gewürzter Tapas, *raciones* (kleine Gerichte) und Hauptgerichte vom Grill – Kenner beginnen mit ein paar Carpaccio- und Tartar-Tapas und wenden sich dann den angebotenen

---

CAFÉ-KULTUR

Tel Aviv gilt weltweit als Zentrum kreativer Industrien, insbesondere in den Bereichen der Software-Entwicklung und des Game-Designs, der Architektur, der Grafik und der Reklame. Viele Kreative aus diesen Branchen arbeiten in Start-up-Unternehmen oder projektgebunden – sie haben viele Ideen und wenig Geld und können sich deswegen die extrem teuren Büromieten im Stadtzentrum nicht leisten.

Die Lösung für ihr Problem ist ebenfalls kreativ: Sie nutzen einfach die Tische, den reichlich fließenden Kaffee und das kostenlose WLAN in den Cafés der Stadt. Es entwickelt sich vor Ort ein Café-Boom, und jeder Einheimische hat ein oder zwei Lieblingslokale. Uns gefallen besonders das Cafe Noah (S. 141), das Ahathaan (S. 142), das Rothschild 12 (S. 149), das Puaa (S. 148) und die Shafa Bar, aber es gibt Hunderte, unter denen man wählen kann. Viele haben auch tolles Essen, und die meisten verwandeln sich bei Sonnenuntergang in Bars.

---

raciones mit Gemüse, Fisch oder Meeresfrüchten zu.

Manta Ray
FRÜHSTÜCK, SEAFOOD **$$$**

(Karte S. 122; ☎ 03-517 4773; www.mantaray.co.il; südliche Tel Aviv Promenade; Frühstück 39–45 NIS, Hauptgerichte 75–175 NIS; ☉ 9–23 Uhr) Das Restaurant am Hang direkt über dem Alma-Strand ist stilvoll und zwanglos – genau die richtige Mischung für Tel Aviv. Im Sommer strömen Einheimische und Touristen gleichermaßen zum Frühstück und Mittagessen hierher, sodass man reservieren muss (und es auch erwähnen sollte, wenn man einen Tisch draußen mit Ausblick haben will). Zum Frühstück empfiehlt sich ein Omelett und zu anderen Tageszeiten ein Fischgericht.

Herbert Samuel
MEDITERRAN **$$$**

(Karte S. 122; ☎ 03-516 6516; www.herbertsamuel.co.il; 6 Kaufmann St, Neve Tzedek; Business-Lunch 88 NIS, Pasta 88–98 NIS, Hauptgerichte 112–168 NIS; ☉ 12.30–23.30 Uhr; ✏) Das gehobene Restaurant von Yonatan Roshfeld, dem Juror der Reality-Kochshow *Master Chef Israel*, bietet in einem eleganten Ambiente mit Meerblick raffinierte mediterrane Gerichte auf seiner täglich wechselnden Karte. Der Business-Lunch (2 Gänge, tgl. außer Sa) hat ein gutes Preis-Leistungs-Verhältnis.

Jaffa (Jafo)

★ Ali Caravan NAHÖSTLICH $

(1 HaDolphin St; Hummus 18 NIS; ⏱ So-Fr 8-15 Uhr; 🚭; 🚌 Dan 10, 18, 25, 41) In diesem winzigen Hummus-Mekka nahe dem Hafen von Jaffa beschränkt sich das Angebot auf drei Versionen: pur, mit Ful (pürierten und gewürzten Saubohnen) oder *masabacha* (mit Kichererbsen und warmer Tahina). Das Lokal ist immer voll, Warteschlangengefahr!

Shafa Bar CAFÉ $

(2 Rabbi Nachman St, Jaffa; Sandwiches 32 NIS, Hauptgerichte 28-52 NIS; ⏱ 9 Uhr-open end; 📞; 🚌 Dan 10, 18, 25, 41) Unter den Café-Bar-Kombinationen, in denen Hipster abhängen und von denen es in Jaffa viele gibt, bevorzugen wir das Shafa auf dem Flohmarkt. Hier kommt die Kaffeemaschine genauso ständig zum Einsatz wie der Cocktail-Shaker, und es gibt alles von schlichten Sandwiches bis zu frischen thailändischen Salaten oder sogar irischen Würstchen mit Fritten.

Said Abu Elafia & Sons BÄCKEREI $

(Bäckerei Aboulafia; 7 Yefet St, Jaffa; Gebäck ab 3 NIS; ⏱ 24 Std.) Jaffas erste Bäckerei wurde 1880 gegründet, und vier Generationen später ist die Familie Abu Elafia besser denn je im Geschäft. Die Highlights sind die riesigen *sambusas* (gefüllte Gebäckstücke), *bourekas* (mit Schafskäse gefüllte Böreks) und eine Art im Ofen gebackener arabischer Pizza mit Ei, Tomaten, Käse und Oliven. Essen gibt's nur zum Mitnehmen.

Weitere Familienmitglieder führen Filialen nahe dem Rabin Sq (Karte S. 126; 73 Ibn Gabirol St) und an der Esplanade (Karte S. 122; Ecke Herbert Samuel Esplanade & Yonah HaNavi St).

Dr. Shakshuka NAHÖSTLICH $$

(http://shakshuka.rest.co.il; 3 Beit Eshal St, Jaffa; Shakshouka 36-42 NIS, Couscous 42-58 NIS, Schawarma 48-58 NIS; ⏱ So-Fr 8-24 Uhr; 🚭) In einem stimmungsvollen Gebäude aus osmanischer Zeit auf dem Flohmarkt zelebriert der Doktor seit 1991 Shakshuka und zeigt keinerlei Ermüdungserscheinungen. Das Eiergericht, das dem Lokal den Namen gibt, ist hier natürlich prima (das Geheimnis sind die vielen Gewürze, vor allem Paprika), die Einheimischen lieben aber besonders das Schawarma und das Couscous. Man isst drinnen oder draußen auf dem schattigen Hof.

Puaa CAFÉ $$

(📞 03-682 3821; www.puaa.co.il; 8 Rabbi Yohanan St; Frühstück 38-48 NIS, Sandwiches 38 NIS, Hauptgerichte 42-58 NIS; ⏱ So-Fr 9-1, Sa ab 10 Uhr; 📞; 🚌 Dan 10, 18, 25, 41) Das Trödelladenambiente ist hier wirklich authentisch, denn alle Möbelstücke und jeder dekorative Schnickschnack im Lokal stehen zum Verkauf. Mitten im Gewimmel des Flohmarkts serviert das entspannte Puaa den ganzen Tag über Frühstück. Besonders viel los ist am Wochenende, wenn man unbedingt bei *shakshuka*, *sabich* und *bundash* (gebratene Challa-Brote mit Marmelade und Halva oder mit saurer Sahne und Gurke) zuschlagen sollte.

El Jamila NAHÖSTLICH $$$

(📞 03-550 0042; 4 Olei Zion St, Jaffa; Hauptgerichte 60-120 NIS; ⏱ 12-24 Uhr; 🚌 Dan 10, 14, 25, 41) Traditionelle Fischgerichte aus dem Viertel Ajami werden in diesem von Arabern geführten Restaurant auf dem Flohmarkt aufgetischt. Der Speisesaal hat Steinwände, eine hohe Decke und einen schönen Fliesenboden – ein netter Ort, um nach einem geschäftigen Vormittag im Suk einmal seine Einkaufstaschen abzustellen. Empfehlenswert sind die *ta'ashima* (in Teig gebackene Fischfilets mit Mandel-Tahina).

SHAKSHUKA

Viele Länder beanspruchen die Herkunft dieses Gerichts für sich (Tunesien am überzeugendsten), aber nur in Israel ist es zu einem wirklichen Nationalgericht geworden. Es besteht aus gebratenen Eiern in einer dicken Sauce aus Tomaten, Zwiebeln und Gewürzen (in der Regel Paprika, Kreuzkümmel und Chilipulver) und wird manchmal auch mit Paprika, Würstchen, Käse, Spinat und anderen Zutaten angereichert.

Gebraten und serviert wird *Shakshuka* mit knusprigem Weißbrot in einer flachen Pfanne aus Gusseisen, Kupfer oder Ton. Das Gericht schmeckt zu allen Tageszeiten, wird aber vor allem als Frühstück oder Brunch verzehrt. Die berühmteste Version vor Ort gibt's im Dr. Shakshuka in Jaffa, wir bevorzugen aber die Varianten im Orna and Ella (S. 141), im Manta Ray (S. 147) und im Dallal (S. 146).

Container FUSION $$$

(03-683 6321; www.container.org.il; Warehouse 2, Jaffa Port; Pasta & Risotto 68–118 NIS, Seafood 68–118 NIS; So–Do 12 Uhr–open end, Fr & Sa ab 10 Uhr; Dan 10, 14, 25, 41) Der beliebteste Treff im Hafen, der zu gleichen Teilen Restaurant, Nachtbar, Club und Kunststätte ist, serviert einen Mix aus Meze, Meeresfrüchten, Pasta und Brunches auf israelische Art. Wie beim Essen wird auch bei der Musik auf Fusion gesetzt, wenn bekannte örtliche DJs Weltmusik, Dub und Dance auflegen. Live-Acts gibt's dienstags, donnerstags und samstags nach 22 Uhr.

Kalimera Bar & Restaurant SEAFOOD $$$

(03-682 3232; www.kalimera.co; Jaffa Port; Hauptgerichte 68–118 NIS; So–Mi 17 Uhr–open end, Do–Sa 12 Uhr–open end; ; Dan 10, 14, 25, 41) Mit seiner an Griechenland erinnernden Deko und der tollen Speiseauswahl ist das Kalimera im Sommer ideal für ein entspanntes Mahl. Man bestellt Meze mit Gemüse und Meeresfrüchten, die man sich teilt, und die Kids bekommen etwas von der Kinderkarte.

Ausgehen & Nachtleben

Die Stadt hat ein fantastisches Nachtleben – es gibt Bars für jeden Geschmack und jeden Geldbeutel. Neben Hipster-Hotspots finden sich hier Nachbarschaftskneipen, die so entspannt sind, dass man glauben könnte, sämtliche Gäste seien ins Koma gefallen. Bei den Clubs dominieren Tanzbars und Livemusikschuppen die Szene – allzu viele Megaclubs gibt es in Tel Aviv nicht. In Sachen Kleiderordnung hält man es locker; aufbrezeln ist überflüssig.

Wenn man sich ein Bier bestellt, kann man gleich einen Schnaps dazu bestellen – das ist billiger, als wenn man harte Alkoholika gesondert ordert. Biere wandern in Gläsern zu 0,33 l *(shlish)* und 0,5 l *(hetsi)* über die Theke. Beides kostet aber ungefähr dasselbe, deswegen bestellt man besser ein *hetsi*.

Stadtzentrum

Deli CLUB

(Karte S. 122; 47 Allenby St; ab 21 Uhr) Der Club versteckt sich hinten in einer Sandwichbar (daher der Name). Talentierte örtliche DJs legen Techno, House, 1980er- und 1990er-Indie sowie Electro auf. Einzelheiten erfährt man auf der Facebook-Seite.

Meira BAR

(Karte S. 122; 32 King George St; So–Do 20 Uhr–open end, Fr & Sa 9 Uhr–open end;) Die Gartenterrasse des Meira ist besonders an Sommerabenden beliebt, wenn man beim Trinken den Flanierenden auf der King George St zuschauen kann. Die Einrichtung drinnen wirkt improvisiert, und das Thekenpersonal hält gern ein Schwätzchen.

Minzar KNEIPE

(Karte S. 122; 60 Allenby St, Ecke Gedera St; 24 Std.;) Das Minzar liegt ein paar Meter von der Hauptstraße sowie gefühlte Meilen vom Mainstream entfernt, gehört zu der seltenen Kneipenspezies, die rund um die Uhr geöffnet ist, und ist mittlerweile legendär. Es gibt Sitzgelegenheiten drinnen und draußen, und es ist sehr beliebt bei Israelis, Ausländern und Kneipenurgesteinen.

Südliches Stadtzentrum

★ Rothschild 12 BAR, CAFÉ

(Karte S. 122; www.rothschild12.co.il; 12 Rothschild Blvd; So–Do 7 Uhr–open end, Fr & Sa ab 8 Uhr) Achtung: Dieser Laden verführt definitiv zum Wiederkommen! Hier kann man nicht nur prima frühstücken (köstliches Gebäck und Brot nach französischer Art), sondern auch gut zu Mittag essen (Burger, *sabich*, getoastete Sandwiches), nachmittags Kaffee trinken und abends Aperitifs oder einen Drink zu sich nehmen. Tagsüber dient Jazz von der Schallplatte zur Untermalung, abends sorgen Livebands und DJs für Unterhaltung.

★ Radio EPGB CLUB

(Karte S. 122; 7 Shadal St; ab 21 Uhr) In dem Kellerclub, der sich als „Heim des Underground Rock & Indietronica in Tel Aviv" anpreist, werden Alternative-Rock, Electronica und Dubstep aufgelegt, und gelegentlich treten auch Livebands auf. Was ansteht, erfährt man im Twitter-Feed.

★ Block CLUB

(www.block-club.com; 157 Shalma (Salame) Rd, Neve Sha'anan; Eintritt früh 50–70 NIS, spät 70–90 NIS; Do–Sa 23 Uhr–open end) Das Block im Gebäude des Zentralen Busbahnhofs ist aus guten Gründen als Tel Avivs bester Club bekannt. International bekannte DJs legen hier alles von Funk, Hip-Hop und Afrobeat bis zu Drum 'n' Bass, House und Trance auf. Die Musikanlage ist wirklich eindrucksvoll, und für unverbesserliche Qualmer gibt es auch eine Raucher-Lounge.

Satchmo
BAR

(Karte S. 122; 2 Vital St, Florentin; ⊙ tgl. open end) Die schon am längstem bestehende und wohl beliebteste Bar hat ein Nachbarschaftsflair alter Schule und eine fantastische Auswahl von mehr als 70 Whiskys. Jeden Abend legt ein DJ klassischen und alternativen Rock auf. Aus dem Motto des Ladens spricht Lebensweisheit: „Schlechte Entscheidungen sind immer für eine tolle Geschichte gut."

Jackson Bar
BAR, CLUB

(Karte S. 122; 6 Vital St, Florentin; ⊙ tgl. open end) Mittwochnachts gibt's nur einen angesagten Hip-Hop-Laden – diesen hier. Die mit Street Art dekorierte Bar des bekannten Tel Aviver Rappers Axum (alias Mr. Jackson) lässt jeden Abend DJs aufmarschieren, aber zur Wochenmitte geht es hier richtig ab.

Hoodna Bar
BAR

(Karte S. 122; 13 Arbarbanel St, Florentin; ⊙ So–Do 18 Uhr–open end, Fr & Sa ab 13 Uhr) Das Hoodna (*hudna* ist Arabisch für „Waffenstillstand") ist tagsüber ein Gelände mit Tischlerwerkstätten, verwandelt sich aber abends, wenn Tische und Sofas auf die Straße gestellt werden, zu einer entspannten Kneipe. Drinnen gibt es fast jeden Abend Livemusik. In der letzten Februarwoche veranstalten die Besitzer, die in einer Afro-Band spielen, das Indie-Rockfestival Southern Wind.

Die Eigentümer betreiben auch das in der Nähe gelegene **Casbah Cafe** (Karte S. 122; 3 Florentin St), eines der beliebtesten Billigrestaurants in der Gegend (die Süßkartoffelfritten sind zu empfehlen).

Comfort 13
CLUB

(13 Kompert St, Florentin; Eintritt 60 NIS; ⊙ 23 Uhr–open end) Dieser Club in einer Gasse im schäbigen Viertel Florentin gehört zu den größten und besten der Stadt; die Musikpalette reicht von trashigem Pop über Trance bis zu Electronica, gelegentlich stehen auch Rockbands live auf der Bühne. Aktuelle Infos finden sich auf der Facebook-Seite.

Shisko
BAR

(Karte S. 122; 2 Har Sinai St; ⊙ So–Do 17–24, Fr 12–18, Sa ab 19 Uhr) Das Shisko („fetter Mann" auf Bulgarisch) liegt an einem Ausgeh-Hotspot der Stadt. Am Platz hinter der Großen Synagoge an der Allenby St bekommt man hier einen abgefahrenen Mix bulgarischer Meze, Rakia (Pflaumenschnaps) und Klezmermusik geboten – ein gutes Warm-up für jeden Ausgehabend.

🍷 Strand & Hafen von Tel Aviv

Heder 140
BAR

(Zimmer 140; Map p116; 140 Ben Yehuda St; ⊙ Sa–Do 20–8, Fr ab 21 Uhr) Dieser Tage eröffnen Hipsterbars in der Innenstadt von Tel Aviv

---

SCHWULEN- & LESBENSZENE IN TEL AVIV

Tel Aviv entwickelt sich schnell zu einem der weltweit besten Ziele für schwule und lesbische Traveller. Im Juni ist die Stadt Gastgeber von **Tel Aviv Pride**, dem eine Woche dauernden größten und schrillsten Schwulen- und Lesbenfestival in der Region.

Die Hotels, Cafés, Bars und Restaurants der Stadt sind fast alle schwulen- und lesbenfreundlich. Zu den expliziten Schwulen- und Lesbentreffs zählen das sehr beliebte **Evita** (Karte S. 122; ☎ 03-566 9559; www.evita.co.il; 31 Yavne St; ⊙ 12 Uhr–open end), ein Café, das sich abends in eine schwule Lounge-Bar verwandelt, die hippe Schwulenbar **Shpagat** (Karte S. 122; 43 Nahalat Binyamin St; ⊙ 21 Uhr–open end) und das Männern vorbehaltene **Apolo** (Karte S. 122; ☎ 03-774 1106; www.apolo.co.il; 46 Allenby St; ⊙ 22–4 Uhr), ein Club und eine Bar, in der man Typen abschleppen kann. Samstagabends gibt's im **Cabina Club** unter dem Crowne Plaza Hotel an der Herbery Samuel Esplanade die Boyling-Schwulennacht. Infos zum aktuellen Programm in der Szene findet man im Netz bei **Atraf** (www.atraf.com), **TLV Scene** (www.tlvscene.com) und **Tel Aviv Gay Vibe** (http://telavivgayvibe.atraf.com/); auf der letztgenannten Website gibt's auch eine Karte mit den Schwulentreffs in Tel Aviv und eine iPhone-App.

Der Hilton-Strand (S. 132) ist Tel Avivs inoffizieller Schwulenstrand.

Hilfe bei der Reiseplanung bietet die auf Schwule ausgerichtete Reiseagentur **GaywayTLV** (www.gaywaytlv.com).

Das **Tel Aviv Gay Center** (Karte S. 122; ☎ 03-525 2896; www.gaycenter.org.il; Gan-Meir-Park) abseits der King George St veranstaltet Events, Vorträge, Sportveranstaltungen und Mitbring-Picknicks für Schwule und Lesben.

so häufig, wie *shakshuka* auf den Speisekarten steht. Dieser Underground-Schuppen ist eine der besseren: Es gibt DJs, man kann auch draußen sitzen, und die Barkeeper verstehen ihr Geschäft.

Wineberg
WEINBAR

(Karte S.126; ☎ 03-522 3939; 106 Ben Yehuda St; Tapas 16–47 NIS; ⊗ So–Do 17.30–1, Fr & Sa 11.30 Uhr–open end) Diese altmodische Nachbarschaftsbar nahe dem Gordon-Strand wird sicher keine Preise für die Qualität ihres Essens oder den Umfang ihrer Weinkarte gewinnen, aber dank moderater Preise und unprätentiöser Atmosphäre hat sie treue Stammkunden. Man kann drinnen und draußen sitzen.

Clara Beach Bar
CLUB

(Karte S.122; http://clara.co.il; 1 Koifman St, Dolphinarium-Strand; ⊗ nur im So) Diese beliebte Strandbar ist laut, etwas vulgär, sehr fröhlich und echt lustig. Sie liegt direkt am Strand und verfügt über eine Holzterrasse, Hängematten und eine Rasenfläche. Gespielt wird Electro und House; an lauen Sommerabenden drängen sich hier die Massen. Kunstbräune und knappe Shorts oder Badebekleidung sind angesagt.

Mike's Place
PUB

(Karte S.122; www.mikesplacebars.com; 86 Herbert Samuel Esplanade; ⊗ 11 Uhr–open end; 🛜) Am Strand neben der US-Botschaft wartet das Stammhaus der landesweiten Kette mit schäumendem Bier, Sportübertragungen auf dem Großbildschirm, Open-Mike-Abenden, Jamsessions und Livekonzerten (hauptsächlich Rock und Acoustic) auf. Auf der ziemlich umfangreichen Karte stehen verschiedene Grillgerichte, diverse Cocktails und Bier.

Jaffa (Jafo)

★ Anna Loulou Bar
BAR, CLUB

(www.annalouloubar.com; 1 HaPninim St, Altstadt Jaffa; ⊗ Mo–Sa 21–3; 🚌 Dan 10, 18, 25, 41) Die schwulen- und raucherfreundliche Hipsterbar, die sich selbst als Zwischending aus Undergroundbar und Kulturzentrum zu beschreiben pflegt, ist vielleicht das einzige Lokal vor Ort, in dem Araber und Juden gemeinsam feiern. Bei der Musik herrschen Electro, arabische, afrikanische und nahöstliche Töne vor, und gelegentlich werden Extra-Events (Country, Hiphop, Dragshows) veranstaltet. Die große Partynacht steigt immer mittwochs.

☆ Unterhaltung

Theater & Tanz

Cameri Theatre
THEATER

(Karte S.122; ☎ 03-606 0960; www.cameri.co.il; 30 Leonardo da Vinci St) Erstklassige Theateraufführungen auf Hebräisch, an manchen Abenden mit simultaner englischer Übersetzung oder englischen Untertiteln.

Habima National Theatre
THEATER

(Karte S.122; ☎ 03-629 5555; www.habima.co.il; 2 Tarsat Blvd, HaBima Sq) Im Habima ist Israels nationales Schauspielensemble ansässig, das einmal pro Woche Aufführungen zeigt, die meisten mit englischen Untertiteln.

Suzanne Dellal Centre
TANZ

(Karte S.122; ☎ 03-510 5656; www.suzannedellal. org.il; 5 Yechieli St) Zum Programm gehören Tanz, Musik und Ballett sowie Aufführungen der weltbekannten Tanzkompanie Bat Sheva.

Tzavta
THEATER

(Karte S.122; ☎ 03-695 0157, 03-695 0156; www. tzavta.co.il; 30 Ibn Gabirol St) In dem „progressiven" Clubtheater, das von der linken Jugendbewegung HaShomer HaTzair gegründet wurde, stehen Pop, israelische Volksmusik sowie Theater und Comedy (in hebräischer Sprache) auf dem Programm.

Livemusik

Im Sommer spielen Livebands auch in Bars, Cafés und am Rothschild Blvd. In den letzten Jahren haben Weltstars wie Madonna, Bob Dylan und Paul McCartney Tel Aviv in ihren Tourkalender aufgenommen. Als größte Freiluftbühne hingegen dient das Amphitheater im Herzen des Parks HaYarkon, in dem im Juli außerdem kostenlos belauschbare Konzerte der Israelischen Oper stattfinden.

Tickets für viele große Veranstaltungen kann man online bei **MR Ticket** (http://misterticket.co.il/en) kaufen.

Beit HaAmudim
JAZZ

(Karte S.122; ☎ 03-510 9228; 14 Rambam St; ⊗ Mi, Do & Sa–Mo 18.30–2, Di ab 11, Fr 9–16 Uhr) Wie der großartige Herbie Hancock einst sagte: „Jazz ist seinem Wesen nach inklusiv, nicht exklusiv." Genau dieser Ansicht ist auch Tel Avivs größter Live-Jazztreff. Zu den fast jeden Abend ab 21.30 Uhr stattfindenden Konzerten strömt ein buntes Publikum. Das Lokal nahe dem Carmel-Markt ist tagsüber ein Café. Einzelheiten zum Programm stehen auf der Facebook-Seite.

Tsuzamen
LIVEMUSIK

(Karte S. 122; 25 Lilienblum St; Grundpreis manchmal; ⊙ ab 21 Uhr) Örtliche Bands, von denen sich viele später einen Namen machten, stehen in diesem jugendlich wirkenden Treff schon seit Jahren auf der Bühne. Einzelheiten zum Programm findet man im Twitter-Feed des Ladens.

Charles Bronfman Auditorium
KLASSISCHE MUSIK

(Karte S. 122; ☎ 03-621 1777; www.ipo.co.il; HaBima Sq) Das Haus ist die Heimstätte des Israel Philharmonic Orchestra. Konzerte finden mehrmals die Woche statt.

Barby
LIVEMUSIK

(☎ 03-518 8123; www.barby.co.il; 52 Kibbutz Galuyot St) Diese Institution am südlichsten Rand von Tel Aviv ist ein beliebter Treffpunkt, wo Reggae und Rock gespielt werden und gelegentlich Alternative-Bands auftreten.

Goldstar Zappa Club
LIVEMUSIK

(☎ 03-762 6666; www.zappa-club.co.il; 24 Raoul Wallenberg St, Ramat HaChayal) Örtliche und internationale Musikgrößen treten in diesem traulichen Club auf. Er befindet sich 8 km nordöstlich vom Zentrum Tel Avivs, sodass man am besten per Auto oder Taxi kommt. Um zu erfahren, wer gerade auftritt, ruft man an oder schaut nach Aushängen.

Felicja Blumental Music Centre
KLASSISCHE MUSIK

(Karte S. 122; ☎ 03-620 1185; www.fbmc.co.il; 26 Bialik St) Der nach der aus Polen stammenden brasilianischen Pianistin Felicja Blumental benannte Saal mit 115 Plätzen wirkt prächtig, aber doch gemütlich. Auf dem Programm stehen Sinfoniekonzerte, Kammermusik und Jazz.

Israeli Opera
OPER

(Karte S. 122; ☎ 03-692 7777; www.israel-opera.co.il; 19 Shaul HaMelech St) Das größte Opernhaus der Stadt ist auch die Spielstätte des Israel Ballet.

Ozen Bar
LIVEMUSIK

(Karte S. 122; ☎ 03-621 5210; www.ozenbar.com; 48 King George St) Die Bar ist bekannt für den Musikladen Third Ear im Erdgeschoss. Abends gibt es Livemusik.

Sport

Ramat Gan National Stadium
FUSSBALL

(229 Aba Hillel Silver Rd, Ramat Gan) Die Heimat der israelischen Nationalmannschaft ist das größte Stadion des Landes, zudem finden hier die UEFA-Champions-League-Spiele von Maccabi Tel Aviv und Haifa statt. Von der Innenstadt fahren die Busse 42 und 67 hierher.

🔒 Shoppen

In der Stadt gibt es viele Einkaufszonen, Märkte und Einkaufszentren. Die interessantesten Boutiquen finden sich auf dem Flohmarkt von Jaffa, in der Shabazi St in Neve Tzedek sowie in der Sheinkin St im Stadtzentrum.

🔒 Stadtzentrum

Steimatzky
BÜCHER

(Karte S. 126; ☎ 03-522 1513; www.steimatzky.co.il; 109 Dizengoff St; ⊙ So–Do 9–20, Fr bis 16 Uhr) Die Filiale der Buchhandelskette hat hilfsbereites Personal und eine anständige Auswahl von englischsprachiger Literatur auf Lager.

Lametayel
OUTDOOR-EQUIPMENT

(Karte S. 122; ☎ 077-333 4501; www.lametayel.co.il; OG, 50 Dizengoff St, Dizengoff Center; ⊙ So–Do 10–21, Fr bis 14.30 Uhr) Israels größter Laden für Reise und Camping hat die ganze Palette von Lonely Planet Reiseführern auf Lager und ist eine prima Anlaufstelle für israelische Backpacker auf der Suche nach Informationen. Auf jeden Fall ist er eine lohnende Adresse – was Ausrüstung und Tipps betrifft –, wenn man campen will, z. B. am Jesus Trail, rund um den See Genezareth oder am Toten Meer.

🔒 Südliches Stadtzentrum

Orit Ivshin
SCHMUCK

(Karte S. 122; ☎ 03-516 0811; www.oritivshin.com; 54 Shabazi St, Neve Tzedek; ⊙ So–Do 10–19, Fr bis 15 Uhr) In seiner Werkstatt in Neve Tzedek fertigt der Juwelier Orit Ivshin schöne Schmuckstücke aus 19-karätigem Gold an, von denen viele noch mit Diamanten verziert sind. Einfach prachtvoll!

Ronit
SCHMUCK

(Karte S. 122; ☎ 03-516 2721; http://ronitjewelry.com/; 20 Shabazi St, Neve Tzedek; ⊙ So–Do 10–19, Fr bis 15 Uhr) Colliers mit filigranen Blätter- und Bootsmotiven gehören zu den vielen handgefertigten Schmuckstücken in Ronit Cohens Werkstatt. Die meisten sind nicht massiv, sondern mit 24-Karat-Blattgold beschichtet und daher für viele erschwinglich.

MÄRKTE & EINKAUFSZENTREN

Die Einheimischen lieben das Shoppen, und in der Stadt gibt's eine große Menge Straßenmärkte und Shoppingmalls. Frisches Obst und Gemüse sowie billige Kleidung findet man auf den Carmel-Markt (S. 120), avantgardistische Mode und Secondhand-Kleidung auf Jaffas Flohmarkt (S. 130), Läden berühmter Marken im Alten Hafen (S. 128) und Filialen teurer internationaler Labels im Sarona Center (S. 130). Wer dann noch nicht genug eingekauft hat, kann es bei folgenden Adressen versuchen:

Gan Ha'ir Mall (Karte S. 126) In zentraler Lage gleich nördlich vom Rabin Sq bietet dieses kleine Einkaufszentrum einige Boutiquen internationaler Labels sowie einen Bio-Markt.

Ramat Aviv Mall (www.ramat-aviv-mall.co.il; Ramat Aviv) Das größte und schickste Einkaufszentrum der Stadt bietet nahezu alles, was man nur will. Hin gelangt man mit dem Bus 42 vom Zentralen Busbahnhof, dem Bus 25 vom Rabin Sq oder mit dem Taxi (ab Stadtzentrum rund 50 NIS, 15 Min.).

Kikar HaMedina (HaMedina Sq) An dem großen, kreisrunden Platz finden sich Läden von Gucci, Tag Heuer und Versace.

Dizengoff Center (Karte S. 122; ☑ 03-621 2400; Ecke Dizengoff & King George St; ☺ So–Do 9–24, Fr bis 16, Sa 20–24 Uhr) Israels erstes Einkaufszentrum bietet Cafés, Schnellimbisse, Stände von Telefonunternehmen und gehobene Einzelhandelsgeschäfte. Ein beliebter Markt mit fertig zubereitetem israelischem Essen findet jeden Freitag vor dem Sabbat (ab 9 Uhr) statt.

Nahalat-Binyamin-Kunsthandwerksmarkt (www.nachlat-binyamin.com; ☺ Di 10–17 Uhr, Sommer bis 18 od. 19, Fr 10–16.30 Uhr) Dienstags und freitags werden Stände mit Kunsthandwerk in dieser Fußgängerzone neben dem Carmel-Markt aufgebaut. Die Waren sind nicht jedermanns Geschmack, aber das eine oder andere Schätzchen lässt sich schon entdecken.

Agas & Tamar   SCHMUCK
(Karte S. 122; ☑ 03-516 8421; www.agasandtamardesign.com; 43 Shabazi St, Neve Tzedek) Hinter einer alten Metalltür lassen sich der Laden und die Werkstatt von Einat Agassi und Tamar Harel-Klein entdecken, die aus Gold und Silber Schmuckstücke schaffen, „die Geschichten erzählen", d.h. von einem Thema oder einem historischen Artefakt (einer Münze, einem Nagel, einem Siegel etc.) inspiriert sind.

Notbook   KUNSTHANDWERK
(Karte S. 122; ☑ 03-566 4356; www.notbook.co.il; 25 Montefiore St; ☺ So–Do 10.30–19, Fr bis 15.30 Uhr) In diesem „Papiermode-Atelier" abseits der Allenby St gibt's handgebundene Notizbücher aus Recycling-Papier mit bunten Umschlägen, Glückwunschkarten und andere Schreibwaren.

🔒 Jaffa (Jafo)

Zielinski & Rozen   PARFÜM
(☑ 054 774 0566; 10 Rabbi Pinchas St; ☺ So–Do 10.30–19, Fr 9.30–16 Uhr; ☑ Dan 10, 18, 25, 41) Übertöpfe mit süß duftendem Jasmin schmücken die Front dieser schicken Parfümerie, die in ihrem Erscheinungsbild an eine alte Apotheke erinnert. Flaschen mit Parfüms, Hand- und Körperlotionen sowie Raumdüfte stehen hier zum Verkauf, man kann aber auch eine Beratung buchen, um sich ein individuell abgestimmtes Parfüm anfertigen zu lassen.

Una Una   SCHUHE
(☑ 03-518 4782; www.una-una.com; 8 Rabbi Yohanan St, Jaffa; ☺ So–Do 10–19.30, Fr bis 16 Uhr; ☑ Dan 10, 18, 25, 41) Die handgefertigten Schuhe und Sandalen aus weichem Leder, die in dieser malerischen Werkstatt auf Jaffas Flohmarkt verkauft werden, sind von einer bunten, etwas exzentrischen Auswahl von Alltagsgegenständen (Segelboote, *Transformer*-Spielzeug, Lamborghinis, Dominosteine, Hubschrauber, Zauberwürfel) inspiriert und echte Kunstwerke.

Shelley Dahari   MODE
(☑ 03-620 8004; www.shelleydahari.com; 14 Rabbi Yohanan St, Jaffa; ☺ So–Do 9.30–20, Fr bis 16 Uhr) Modebewusste Strandfans finden in dieser Boutique auf Jaffas Flohmarkt Designer-Badeanzüge des israelischen Labels Ugly Duckling und stilvolle *galabiyas* (weite, lan-

ge Kaftane) von Karen Shavit, die sie darüber tragen können.

Praktische Informationen

Die englischsprachige Karte *Tel Aviv-Jaffa Tourist* (5 NIS) ist eine ausgezeichnete Orientierungshilfe und in der Touristeninformation erhältlich. In den meisten Hotels gibt's zudem kostenlose Touristenstadtpläne.

GELD
An der Allenby St und der Dizengoff St findet man jede Menge Wechselstuben. Es lohnt sich auf jeden Fall, die Wechselkurse zu vergleichen. Die meisten Wechselstuben sind sonntags bis donnerstags von 9 bis 21 Uhr sowie freitags bis 14 Uhr geöffnet.

Geldautomaten gibt es überall in Tel Aviv, allerdings werden sie freitagabends oder samstags nicht befüllt, sodass dann manchmal das Geld ausgeht.

GEFAHREN & ÄRGERNISSE
Trotz der Gefahr von Selbstmordanschlägen (den letzten gab es 2006) ist Tel Aviv eine bemerkenswert sichere Stadt. Die Straßen sind zu jeder Tageszeit sicher, und Diebstähle im öffentlichen Bereich sind vergleichsweise selten – außer an den Stränden, wo man Wertsachen nicht unbeaufsichtigt liegen lassen sollte (in der Regel findet sich aber ein freundlicher Einheimischer, der ein Auge auf die Sachen hat, während man planschen geht). Fahrräder sollten mit einem massiven Kettenschloss gesichert werden.

INFOS IM INTERNET
DIY Tel Aviv (www.diytelavivguide.com/blog/) Alternativer Guide zu den Themen Essen, Trinken, Ausgehen, Shoppen und Kultur.
Midnight East (www.midnighteast.com/mag/) Interessanter Blog zu Kunst und Kultur.
Secret Tel Aviv (www.secrettelaviv.com) Programme und Ratschläge von Einheimischen.
Tel Aviv City (www.telavivcity.com/eng) Lokaler Führer zu Tel Aviv.
Tel Aviv Guide (www.telavivguide.net) Kommentare zu Unterhaltung, Hotels und Restaurants.
Time Out Israel (http://timeout.co.il/en) Viele Programmauflistungen und Artikel über Tel Aviv.
Visit TLV (www.visit-tlv.com) Die ausgezeichnete Website der Stadtverwaltung.

MEDIZINISCHE VERSORGUNG
Tel Aviv verfügt über erstklassige medizinische Einrichtungen. Bei Notfällen können die Hotels den Kontakt zu einem Arzt oder Krankenhaus herstellen.
Ichilov-Krankenhaus (Tel Aviv Sourasky Medical Centre; ☎ 03-697 4444; www.tasmc.

org.il; 6 Weizmann St) Das größte zentrale Krankenhaus liegt nahe dem Stadtzentrum und verfügt über eine rund um die Uhr besetzte Notfallstation sowie eine Reiseambulanz (die Malram-Klinik), die Impfungen durchführt.
Superpharm (62 Sheinken St) Die Apothekenkette ist mit mehreren Filialen in der Stadt vertreten, z. B. an der Dizengoff St 131 (auch am Sabbat geöffnet) sowie an der Shaul HaMelech Ave 4.
Tel Aviv Doctor (☎ 054 941 4243, gebührenfrei 1-800-201 999; www.telaviv-doctor.com; Zimmer 106, 35 Basel St, Basel Heights Medical Centre; ☉ tgl.) Die Klinik ist auf Traveller ausgerichtet, das Personal spricht Englisch. Bei kleineren Problemen zu empfehlen, denn die Behandlung ist günstiger als in der Notfallstation des Ichilov-Krankenhauses.

NOTFALL
Ambulanz (☎ 101)
Feuerwehr (☎ 102)
Heimatfront-Kommando (☎ 104)
Polizei (☎ 03-545 4444; 221 Dizengoff St)

POST
Post (www.israelpost.co.il; ☉ So–Do 8–18, Fr bis 12 Uhr) Nördliches Zentrum (☎ 03-604 1109; 170 Ibn Gabirol St); Zentrum (61 HaYarkon St); Südliches Zentrum (Karte S. 122; ☉ 03-564 3650; Ecke Mikve Yisrae'el St & Levontin St)

TOURISTENINFORMATION
Touristeninformation Jaffa (☎ 03-681 4466; www.visit-tel-aviv.com; 2 Marzuk Ve-Azar St, Jaffa; ☉ April–Okt. So–Do 9.30–17.30, Fr bis 13, Sa 10–16 Uhr, Nov.–März So–Do 9.30–17.30, Fr 9–14 Uhr) Das freundliche und hilfsbereite Personal in diesem Büro nahe dem Uhrenturm hat Tipps für Traveller und einen kostenlosen Stadtplan von Jaffa.
Touristeninformation (Karte S. 122; ☎ 03-516 6188; www.visit-tlv.com; 46 Herbert Samuel Esplanade; ☉ Nov.–März So–Do 9.30–17.30, Fr bis 13 Uhr, April–Okt. So–Do bis 18.30 & Fr bis 14 Uhr) Die Hauptstelle der Tel Aviver Touristeninformation hat superfreundliches Personal, das Traveller mit Karten, Broschüren und jeder Menge Tipps versorgt.

An- & Weiterreise

AUTO
In der Regel ist es sehr schwierig, in der Innenstadt von Tel Aviv einen Parkplatz zu finden. Das Parken ist nur in Bereichen mit blau-weißen Bordsteinen erlaubt, wobei tagsüber vielfach eine Gebühr (6,20 NIS/Std.) erhoben wird. Viele dieser Parkplätze sind von 17 bis 9 Uhr zudem Anwohnern vorbehalten. Hinzu kommen weitere komplizierende Faktoren: Die gelben Schilder

ABSTECHER

RISHON LEZION   ريشون لتسيون   ראשון לציון

Das 1882 von jüdischen Einwanderern aus Europa gegründete Rischon LeZion („Zuerst für Zion"), nur 20 km südlich von Tel Aviv, bietet sich zu einem netten Halbtagesausflug an. Im Zentrum der Altstadt rund um die Rothschild St befindet sich die **Große Synagoge**, die 1885 errichtet und als Lagerhaus eingetragen wurde, weil die türkischen Machthaber den Juden damals kein Gotteshaus zugestanden. Der Synagoge gegenüber nimmt das idyllische **Geschichtsmuseum** (☑ 03-959 8860, 03-959 8862; 2 Ahad Ha'am St; Eintritt 10 NIS; ⊙ Mo 9–12 & 16–19, So, Di, Mi & Do 9–14 Uhr) eine Reihe historischer Gebäude ein, die einen Einblick in den Pioniergeist gewähren, der die frühen zionistischen Siedler beseelte, und einen Überblick über die Hindernisse, mit denen sie sich auseinandersetzen mussten. In der Nähe kann man durch den **Dorfpark** mit dem großen, 1898 erbauten **Wasserturm** und dem **Dorfbrunnen** schlendern.

Der Dan-Bus 129 (6,90 NIS) fährt von der Dizengoff St und der Egged-Bus 201 und 301 (6,90 NIS) vom Hauptbusbahnhof in Tel Aviv nach Rishon LeZion. Alle 20 Minuten fahren auch Züge (15 NIS, 30 Min.) von allen vier Tel Aviver Bahnhöfen nach Rishon.

---

mit den geltenden Vorschriften sind nicht immer auch mit einer englischen Übersetzung versehen. Das einzige praktische Verfahren, um seine Parkgebühr zu bezahlen, ist Cellopark (www.cellopark.com/eng), wofür man ein Handy braucht: Man registriert sich unter ☑ *9070, nennt seine Kreditkartennummer und muss dann jedes Mal dort anrufen, wenn man sein Auto abstellt und wenn man den Parkplatz wieder freimacht. Das Parken an einem rot-weiß markierten Bordstein ist verboten – dort stehende Autos werden ausnahmslos abgeschleppt.

Private Parkplätze und -häuser (oft weisen elektronische Anzeigen darauf hin, ob Plätze frei sind) verlangen ab 60 NIS pro 24 Stunden, öffentliche Parkhäuser beträchtlich weniger (üblicherweise gilt ein Festpreis von 20 NIS von 7 bis 19 Uhr oder 8–10 NIS/Std.). Ein bequem gelegener großer öffentlicher Parkplatz befindet sich vor dem Alten Bahnhof (HaTachana) an der Herbert Samuel Promenade.

Die meisten großen Autovermieter haben Büros an der HaYarkon St.

BUS

Die meisten Fernbusse starten im 6. Stock von Tel Avivs riesigem, unübersichtlichen und noch dazu ungepflegten **Hauptbusbahnhof** (Karte S. 122; ☑ 03-638 3945); dort befindet sich auch ein Infoschalter. Vorort- und Stadtbusse fahren im 4. und 7. Stock. Fahrkarten erhält man beim Fahrer und an den Verkaufsschaltern. Achtung: Während des Sabbat muss man auf Sheruts (Sammeltaxis) ausweichen!

Busse von **Egged** (☑ 03-694 8888; www.egged.co.il) fahren nach Jerusalem (405, 19 NIS, 1 Std., alle 15 Min.), Haifa (921, 25 NIS, 1½ Std., häufig); Tiberias (836, 44 NIS, 2½ Std., alle 30 Min.), Nazareth (826, 39,50 NIS, 2¾ Std., alle 45 Min) und Eilat (393, 394 und 790, 82 NIS, 5½ Std., stündl.). Fahrkarten nach Eilat müssen vorab gebucht werden (telefonisch unter

☑ *2800 od. per Internet unter www.egged.co.il), weil die Busse in aller Regel voll besetzt sind. Metropoline-Busse fahren von/nach Be'er Scheva (353, 369 & 370, 17,80 NIS, 1½ Std., alle 30 Min.).

Tel Avivs zweiter Busbahnhof, der offene **Arlozorov-Busbahnhof**, liegt neben dem Bahnhof Savidor Merkaz nordöstlich vom Stadtzentrum. Man erreicht ihn mit dem Bus 61 (6,90 NIS), der auf der Allenby, der King George, der Dizengoff und der Arlozorov St fährt, oder mit dem Bus 10 (6,90 NIS) auf der Ben Yehuda St. Vom Zentrum oder dem Norden der Stadt aus gelangt man mit dem Egged-Bus 480 (19 NIS, 1 Std., alle 10 Min.) am schnellsten nach Jerusalem.

FLUGZEUG

Die meisten Fluglinien nutzen den Flughafen Ben-Gurion 22 km südwestlich vom Stadtzentrum, einige Inlandsflüge jedoch den kleineren Flughafen Sde Dov, der sich an der Küste ein paar Kilometer nördlich vom Stadtzentrum befindet. Weitere Infos gibt's auf der Website der **Israel Airports Authority** (www.iaa.gov.il).

SHERUT (SAMMELTAXI)

Sheruts (Sammeltaxis, meistens handelt es sich um gelbe Kleinbusse) starten von der Tsemach David St vor dem Zentralen Busbahnhof nach Jerusalem (24 NIS, am Sabbat 34 NIS) und Haifa (30 NIS, am Sabbat 45 NIS).

Vom Flughafen Ben-Gurion Airport fahren Sheruts nach Jerusalem (41 NIS; zu einer genauen Adresse 69 NIS), Haifa (77 NIS; zu einer genauen Adresse 119 NIS) und Akkon (90 NIS; zu einer genauen Adresse 140 NIS). Der Preis ist an Werktagen und am Sabbat gleich und beinhaltet auch ein bis zwei Gepäckstücke.

ZUG

Tel Aviv hat vier Bahnhöfe: Savidor, HaHagana, HaSchalom und Universität.

Vom Bahnhof Savidor fahren Züge über Netanya (15,50 NIS, 25 Min.) nach Haifa (30,50 NIS, 1 Std., So–Fr 6–20 Uhr, alle 20 Min.) und weiter nach Akko (39 NIS, 1½ Std.) und Naharija (44,50 NIS, 1¾ Std.). In Richtung Süden fahren stündlich Züge die Küste hinunter nach Aschkelon (25,50 NIS, 1 Std.) und Be'er Scheva (30 NIS, 1¼ Std.). Zum Bahnhof Savidor gelangt man aus dem Stadtzentrum mit dem Bus 61 in nördlicher Richtung von der Dizengoff St; man fährt bis zum Arlozorov-Busbahnhof, der zwei Gehminuten vom Bahnhof entfernt ist.

Bahnhof Savidor Der Bahnhof liegt 2,7 km östlich vom Strand und 1,5 km östlich der Ibn Gabirol St am östlichen Ende der Arlozorov St. Der Bahnhof wird manchmal auch als Tel Aviv Merkaz (Tel Aviv-Zentrum), Tel Aviv Tzafon (Tel Aviv-Nord) oder Arlozorov bezeichnet.

Bahnhof HaShalom Nahe dem Azrieli-Center östlich vom Stadtzentrum.

Bahnhof HaHagana Fünf Gehminuten vom Hauptbusbahnhof entfernt.

Bahnhof Universität In der Nähe der Universität Tel Aviv University und des HaYarkon-Parks.

ℹ Unterwegs vor Ort

BUS

Tel Avivs Stadtbusse werden von der Kooperative **Dan** (☎ 03-639 4444; www.dan.co.il; einfache Strecke 6,60 NIS) betrieben; das effiziente Streckennetz wird außer am Sabbat von 5.30 bis 24 Uhr bedient.

Ein Einzelfahrschein kostet 6,90 NIS, eine Tageskarte (hofschi yomi) für Tel Aviv und die Vororte 15 NIS. Für den Kauf einer Tageskarte benötigte man eine auf die Person ausgestellte Rav-Kav-Karte. Diese ist kostenlos an den Dan-Informationsschaltern (So–Do 8–18, Fr bis 13 Uhr) im Hauptbusbahnhof und im Arlozorov-Busbahnhof erhältlich, man braucht aber ein ausgefülltes Antragsformular (das über das Internet heruntergeladen werden muss), seinen Pass und ein Passfoto. Bequemer ist es, eine nicht personengebundene Rav-Kav-Karte beim Busfahrer zu kaufen (5 NIS, Pass od. Passfoto nicht erforderlich), mit der man 20 % Rabatt erhält, wenn man die Karte mit Einzel- oder Mehrfachfahrten belastet.

Es gibt drei große Terminals für Stadtbusse: den Hauptbusbahnhof 3 km südlich vom Dizengoff-Center, den Arlozorov-Busbahnhof (Masof 2000) am östlichen Ende der Arlozorov St nahe dem Bahnhof Savidor (Merkaz/Tzafon/Arlozorov) und den Reading-Terminal gegenüber dem Alten Hafen gleich jenseits des Flusses Yarkon. Im Hauptbusbahnhof starten die Stadtbusse im 4. oder 7. Stock oder auch draußen an der Levinsky St.

Aktuell sind dies die wichtigsten Busrouten in Tel Aviv die folgenden:

Bus 4 Vom Hauptbusbahnhof (4. Stock) über die Allenby St und die Ben Yehuda St zum Reading-Terminal nördlich des Yarkon.

Bus 5 Vom Hauptbusbahnhof über die Allenby St, den Rothschild Blvd, die Dizengoff St, Nordau Ave, Ibn Gabirol St, Pinkas St, Weizmann St zur HaMaccabi St und dann wieder zurück. Nützlich zum Erreichen des HI Hostel, der ägyptischen Botschaft, des HaBima Sq und des Dizengoff Sq.

Bus 10 Vom Bahnhof Savidor über die Arlozorov St, Ben Yehuda St, Allenby St, Herbert Samuel Esplanade zur Yerushalayim Ave (Jaffa) und weiter nach Bat Yam.

Bus 18 Vom Bahnhof Savidor über den Arlozorov-Busbahnhof, die Shaul HaMelech Ave, den Rabin Sq, die King George St und Allenby St zur Yerushalayim Ave (Jaffa) und weiter nach Bat Yam.

Bus 25 Von der Universität Tel Aviv über den Reading-Terminal, den Rabin Sq, die King George St, die Allenby St und den Carmel-Markt weiter nach Jaffa und Bat Yam.

Bus 61 Vom Carmelit-Busbahnhof über die Allenby St, King George St, Dizengoff St, Arlozorov St und Jabotinksy St nach Ramat Gan.

Bus 129 Vom Reading-Terminal über die Dizengoff St, King George St zum Carmel-Markt, dann die Allenby St hinunter und Richtung Süden weiter nach Cholon und Rishon LeZion.

Sherut 4 Fährt am Sabbat die Strecke von Bus 4.

Sherut 5 Fährt auch am Sabbat die Strecke von Bus 5.

City Tour (Bus 100) Dan bietet auch Stadtrundfahrten für Touristen in einem Bus mit offenem Oberdeck an. Die Strecke beginnt am Alten Hafen und umfasst Halte an allen großen Museen und in der Altstadt von Jaffa. Eine Tageskarte zum beliebig häufigen Ein- und Aussteigen kostet 65/56 NIS pro Erwachsenem/Kind.

FAHRRAD

Am schnellsten und leichtesten kommt man in Tel Aviv dank des 120 km langen Fahrradwegnetzes entlang Durchfahrtstraßen wie dem Rothschild Blvd, der Chen Ave, der Ben-Gurion Ave und der Ibn Gabirol St mit dem Fahrrad herum. Für längere Touren bieten sich eine Fahrt vom Park HaYarkon Richtung Osten oder die 10 km lange Uferpromenade an.

Fahrraddiebstahl ist eine häufige Straftat, deswegen sollte man sein Rad immer – vor allem aber nachts – mit einem massiven Kettenschloss sichern.

Fahrräder verleihen u. a. **O-Fun** (☎ 03-544 2292; www.rentabikeisrael.com; 197 Ben Yehuda St; 25/75/130 NIS pro Std./24 Std./Wochende; ◷ So–Do 9.30–19, Fr bis 14 Uhr), **Wheel Bee** (☎ 03-683 8080; www.wheelbeetlv.com; 7

ABSTECHER

WEIZMANN-INSTITUT FÜR WISSENSCHAFTEN

Das weltberühmte **Weizmann-Institut für Wissenschaften** (Weizmann Institute of Science; www.weizmann.ac.il; 234 Herzl St, Rechowot; 🚌 Egged 434, 435) ist nach Chaim Weizmann benannt, einem bedeutenden Chemiker und Staatsmann, der schließlich Israels erster Staatspräsident wurde. Weizmanns wissenschaftliche Forschungen leisteten während des Ersten Weltkriegs einen bedeutenden Beitrag zu den Rüstungsanstrengungen der Alliierten; das Wohlwollen, welches ihm deswegen von den Briten entgegengebracht wurde, mag zur Gewährung der Balfour-Deklaration (1917) beigetragen haben. Das 1934 auf dem Land des Moschaw (landwirtschaftliche Genossenschaft) gegründete Institut umfasst heute hochmoderne Forschungseinrichtungen u. a. auf den Gebieten der Biologie, Chemie, Biochemie, Physik und Computerwissenschaften.

Das **Levinson-Besucherzentrum** (📞 08-934 4499; visitors.center@weizmann.ac.il; Lopatie-Konferenzzentrum, Weizmann-Institut für Wissenschaften; ⊙ So–Do 9–16 Uhr) bietet eine Multimedia-Einführung in die Arbeit des Instituts und kostenlose Campusführungen (englisch od. hebräisch). Ein Highlight ist der **Clore-Wissenschaftsgarten** (www.weizmann.ac.il/garden; Erw./Kind 30/20 NIS; ⊙ Mo–Do 10–16, Fr bis 13 Uhr), ein Freiluft-Wissenschaftspark mit einer geodätischen Kuppel. Die Exponate, die man hier erkunden kann, befassen sich mit Solarenergie, Wasserkraft und anderen Naturphänomenen.

Auf dem Institutsgelände befindet sich in der Nähe der Gräber von Dr. Chaim Weizmann und seiner Frau Vera auch das **Weizmann-Haus** (Erw./Kind 20/15 NIS). Das von dem deutschen Architekten Erich Mendelsohn, der vor den Nazis hatte fliehen müssen, entworfene Haus wurde zwischen 1936 und 1937 errichtet. Das Museum im Haus zeigt Fotos, Bücher und persönliche Erinnerungsstücke Weizmanns, darunter auch seinen israelischen Pass (den ersten, der in Israel ausgestellt wurde). Draußen parkt die Lincoln-Limousine, ein Geschenk Henry Fords Jr. an Weizmann. Von diesem Auto wurden nur zwei Exemplare gebaut; das andere ging an den US-Präsidenten Truman.

Wer sich die Attraktionen des Instituts anschauen möchte, sollte sich unbedingt vorher telefonisch anmelden.

Der Campus befindet sich in Rechowot, 25 km südlich von Tel Aviv. Von allen Tel Aviver Bahnhöfen fahren Züge (16 NIS, 25 Min.). Vom Bahnhof in Rechowot erreicht man das Institut zu Fuß (10 Min.). Eine Alternative sind die Egged-Busse 201 und 301 (12,40 NIS, 45 Min., regelm.), die am Hauptbusbahnhof starten.

Hahalfanim St, Jaffa; Fahrrad/E-Bike pro 3 Std. 40/75 NIS, pro Tag 75/160 NIS) und **Funoa** (📞 03-527 7784; 9 Ben Yehuda St; E-Bike pro 2/8/24 Std. 69/150/200 NIS; ⊙ So–Do 10–19, Fr bis 13 Uhr).

VOM/ZUM FLUGHAFEN

Die direkteste Verbindung vom Flughafen Ben-Gurion nach Tel Aviv ist eine Zugfahrt; der Bahnhofseingang befindet sich vor dem internationalen Terminal zur Linken. Außer am Sabbat und an jüdischen Feiertagen fahren zwischen 5.35 und 23.47 Uhr alle 30 Minuten Züge zu allen vier Tel Aviver Bahnhöfen. Nachts verkehren die Züge nur zum Bahnhof Savidor um 1.02, 2.02, 3.02, 4.02 und 5.02. Der Fahrpreis beträgt 16 NIS.

Die Taxipreise sind festgelegt; es gilt entweder der Taxameterpreis oder ein offizieller Festpreis. Der offizielle Taxistand befindet sich gleich vor dem Internationalen Terminal. Die Fahrt ins Zentrum von Tel Aviv dauert je nach Verkehrslage rund 20 Minuten und kostet 150 NIS (Tagestarif) oder 200 NIS (21–5.30 Uhr). In der Regel

wird ein Aufpreis von 4,40 NIS pro Gepäckstück erhoben.

Die Taxifahrt zwischen dem Flughafen Sde Dov und dem Stadtzentrum sollte weniger als 50 NIS kosten.

TAXI

Taxameter sind für alle Taxis gesetzlich vorgeschrieben. Die meisten Fahrten in der Innenstadt kosten zwischen 30 und 40 NIS. Die Taxis verkehren nach zwei Tarifen: Der günstigere Normaltarif gilt zwischen 5.30 und 21 Uhr, der 25 % teurere Nachttarif zwischen 21 und 5.30 Uhr sowie am Sabbat und an jüdischen Feiertagen.

RUND UM TEL AVIV

Der Großraum Tel Aviv, der als Gusch-Dan-Region bezeichnet wird, umfasst eine Reihe wohlhabender (hauptsächlich im Osten und Norden) und weniger wohlhabender

TEL AVIV-JAFFA (JAFO)

Rund um Tel Aviv

Vorstädte (hauptsächlich im Süden und Südosten). Die Hauptattraktion der Region sind die langen goldenen Strände zwischen Tel Aviv und Netanya. Besonders schön sind die Strände um den Villenvorort Herzliya Pituach. Leider sind die Strände ziemlich voll, denn vor allem am Wochenende zieht es die Israelis in Scharen ans Meer.

Herzliya הרצליה هرتسليا

📞 09 / 89 230 EW.

Das nur 12 km nördlich des Stadtzentrums von Tel Aviv gelegene Herzliya ist beliebt wegen seiner schönen, sauberen Strände, des Einkaufszentrums am Jachthafen und einer Kette von Cafés am Ufer. Der nach Theodor Herzl, dem Begründer des modernen Zionismus, benannte Ort wurde 1924 als kleine Gemeinde von Einzelbauern (Moschawa) gegründet und besteht heute aus zwei durch den Hwy 2 getrennten Stadtteilen. Im vorstadtmäßigen zentralen Herzliya östlich der Autobahn leben hauptsächlich Mittelschichtler, außerdem gibt es hier Geschäfte. In **Herzliya Pituach** (westl. der Autobahn) stehen riesige Villen, in denen viele der reichsten Israelis wohnen. Hier liegen die Strände. Daneben ist Herzliya Pituach das Zentrum von Israels aufblühender Hightech-Industrie, weswegen in der Gegend überall moderne Büroblocks hochgezogen werden. *Pituach* bedeutet übrigens „Entwicklung".

Sehenswertes

Apollonia-Nationalpark PARK
(📞 03-903 3130; Erw./Student/Kind 22/19/10 NIS; ⏰ April–Sept. 8–17 Uhr, Okt.–März bis 16 Uhr, schließt am Fr & vor Feiertagen 1 Std. früher) In dem malerischen Park an der Küste findet man die Ruinen einer Kreuzritterburg, die an Sommerwochenenden als Bühne für Open-Air-Konzerte dienen. Die Aussicht auf das Mittelmeer ist toll, und in der Nähe können Besucher die Überreste einer römischen Villa und die gut erhaltene Sidni-Ali-Moschee aus dem 13. Jh. besichtigen. Um hierher zu gelangen, nimmt man den langen Gang die Wingate St hinauf auf sich oder fährt mit dem Auto den Highway entlang.

Der Park liegt etwa 3 km nördlich von Herzliya Pituachs Hauptstrand, direkt hinter der kleinen Stadt Nof Yam.

Herzliya Museum of Modern Art GALERIE
(📞 09-950 0762; www.herzliyamuseum.co.il; 4 Ha-Banim St; Eintritt 10 NIS; ⏰ Mo, Mi, Fr & Sa 10–14, Di & Do 16–20 Uhr) Das Museum, das sich israelischer und internationaler zeitgenössischer Kunst widmet, legt den Schwerpunkt auf politische Themen und will nicht nur unterhalten, sondern auch Stellungnahmen provozieren.

🍴 Essen

Wie es sich für ein wohlhabendes Städtchen gehört, besteht das Unterkunftsangebot in Herzliya aus luxuriösen Spa-Hotels. Rund um den Jachthafen und am Strand findet man Restaurants aller Preislagen.

Gelateria Siciliana EISCREME $
(http://glideria.co.il; 14 Shenkar St; 1/2/3 Kugeln 15/20/25 NIS; ⏰ So–Do 12–24, Fr & Sa 11 Uhr–open end) Am Strand ist ein Eis nahezu unverzichtbar. Und das beste in ganz Herzliya gibt's in der örtlichen Filiale der Tel Aviver Gelateria.

Derby Bar SEAFOOD $$
(📞 09-951 1818; http://derbybar.co.il; Arena Mall; Pastagerichte 69–89 NIS, Hauptgerichte 99–135 NIS; ⏰ 12–24 Uhr) Im Einkaufszentrum Arena neben dem Jachthafen. Dieses bekannte Restaurant hat eine große Terrasse am Ufer, auf der Meeresfrüchte-, Fisch- und Pastagerichte serviert werden. Dazu trinken die meisten Bier – schließlich gibt es hier sechs Sorten vom Fass.

Benedict
FRÜHSTÜCK $$
(☏ 09-958 0701; www.benedict.co.il; 1 Haetzel St; Frühstück 39–98 NIS; ⊙ 24 Std.) Die Filiale der beliebten Tel Aviver Kette in Herzliya hat wie die in der Großstadt den ganzen Tag Frühstücksgerichte und ist auch genauso beliebt wie diese. Auf der großen Karte stehen u. a. Eggs Benedict und *shakshuka*.

Agadir
BURGER $$
(☏ 09-951 6551; www.agadir.co.il; 9 Hamanofim St; Burger 44–69 NIS; ⊙ So–Do 12–3, Fr bis 4, Sa bis 3 Uhr) 20 Gehminuten vom Einkaufszentrum Arena konzentriert sich das Agadir auf das, auf was es sich am besten versteht: schmackhafte Burger mit Fleisch oder Gemüse mit Beilagen und Zutaten nach Wahl.

❶ An- & Weiterreise
Die Egged-Busse 501, 502, 524, 525 und 531 fahren alle 20 Minuten von und nach Tel Aviv (10,90 NIS, 30 Min.). Züge verkehren alle 20 Minuten (10 NIS, 10 Min.). Der Bahnhof ist ein ganz schönes Stück vom Strand entfernt, deswegen empfiehlt es sich, von dort lieber ein Taxi oder den Bus 29 (6,60 NIS) zum Jachthafen zu nehmen.

Netanya נתניה نتانيا
☏ 09 / 192 160 EW.

Die selbst ernannte „israelische Riviera" bietet 12 km der schönsten Strände in ganz Israel und Palästina, während die Stadt wirkt, als hinge sie in einer Zeitschleife – und damit irgendwie an einen französischen Ferienort am Meer außerhalb der Saison erinnert. Die Stadt ist bei Familien beliebt, die zu der großzügigen Promenade mit ihren Parks, Blumenbeeten und Wasserspielen strömen. Wie in Herzliya tummeln sich viele europäische Touristen (vor allem Franzosen und Russen) an den Stränden, welche aber weit weniger überlaufen sind als die in Tel Aviv. Im August oder September richtet die Stadt das zweitägige Internationale Clown-Festival aus.

🏃 Aktivitäten
Netanyas weitläufige goldene **Strände** locken Israelis von überall her an. Sie sind mit Rettungsschwimmern, Umkleidekabinen, Duschen, Liegestühlen und Sonnenschirmen ausgestattet. Die HaRishonim-Promenade, der Felsen oberhalb des Strands, eignet sich wegen der Aussicht wunderbar für Spaziergänge. Von hier fährt sogar ein **Aufzug** hinunter zum Strand.

🍴 Essen

Shtampfer
CAFÉ $$
(6 Shtampfer St; Gerichte 45–70 NIS; ⊙ 9–2 Uhr; 🛜) Das nach einem der Gründer der Stadt Petach Tikwa benannte Café liegt im Stadtzentrum und lockt ein munteres, internationales Publikum an, das auf der großen Terrasse oder oben im Speisesaal miteinander plaudert. Auf der Karte steht so einiges, von Frucht-Shakes und Salaten bis zu Pasta und Pfannengerichten. Abends verwandelt sich das Café in eine Bar.

Marrakesh
MAROKKANISCH $$$
(☏ 09-833 4797; 5 David Hamelech St; Hauptgerichte 60–125 NIS; ⊙ So–Do 12–24, Fr 12–15.30, Sa 20–24 Uhr) Schmackhafte Tajine, Couscous und Fleischgerichte stehen in diesem koscheren marokkanischen Restaurant in Ufernähe auf der Karte. Das Gebäude sieht aus wie eine Kreuzung aus einer riesigen Tajine und einem Beduinenzelt; drinnen ist es mit exotischen Lampen und bequemen Kissen dekoriert.

❶ Praktische Informationen
Touristeninformation (☏ 09-882 7286; www.gonetanya.com; Ha'Atzmaut Sq 12; ⊙ So–Do 8.30–16, Fr 9–12 Uhr) Das Büro befindet sich in einem Kiosk an der südwestlichen Ecke des Ha'Atzmaut Sq. Der Platz selbst wurde kürzlich interaktiv überholt – der Brunnen in der Mitte besitzt jetzt eine riesige Metallkugel mit einer versteckten Wasserwand und Lichtern, die sich im Rhythmus der Musik bewegen – sehr discomäßig!

Auf dem Platz finden sich Informationsnischen mit Touchscreen-Bildschirmen, auf denen man weitere Informationen zu Sehenswürdigkeiten und Aktivitäten in der und rund um die Stadt abfragen kann.

❶ An- & Weiterreise
Nateev-Express-Busse (600, 601 & 605, 10,50 NIS, 30 Min.) fahren ungefähr alle 15 Minuten von/nach Tel Aviv (Zentraler Busbahnhof & Arlozorov-Busbahnhof). Züge von/nach Tel Aviv verkehren zweimal stündlich (16 NIS, 25 Min.), halten aber 2,5 km westlich vom Stadtzentrum, westlich des Hwy 2.

Ramla رملة الرملة
☏ 03 / 68 000 EW.

Ramla ist zwar nicht so alt wie das nahe Jaffa – die Geschichte reicht hier „nur" 1300 Jahre zurück –, aber mit seinem wimmelnden Markt, den unterirdischen Wasserbe-

Ramla

Ramla

⊙ Highlights
1 Al-Anazia-Becken..................B1

⊙ Sehenswertes
2 Kirche der hl. Nikodemus &
   Josef von Arimathäa...............C2
3 Große Moschee.......................C2
4 Ramla-Museum.......................C2
5 Weißer Turm............................A2

⊗ Essen
6 Samir Restaurant....................C2

cken und der verfallenen muslimischen Architektur bietet sich der Ort zu einem interessanten, halbtägigen Ausflug ab Tel Aviv an. Am besten fährt man mittwochs, denn dann ist der Markt am geschäftigsten und buntesten.

Die Stadt ar-Ramla („Sandfläche") wurde im Jahr 716 vom Umayyaden-Kalifen Sulaiman gegründet und war ein Zwischenstopp an der Straße von Ägypten nach Damaskus. Vor dem Erscheinen der Kreuzfahrer im 11. Jh. war die Stadt die Hauptstadt des Bezirks Palästina. Im Mittelalter konnte sie ihre Bedeutung wahren, weil hier die Pilger, die von Jaffa nach Jerusalem zogen, das erste Mal Rast machten. Im Gefolge des Israelischen Unabhängigkeitskriegs von 1948 flohen die meisten arabischen Einwohner aus der Stadt oder wurden vertrieben. An ihre Stelle traten arme jüdische Flüchtlinge und Einwanderer, die hauptsächlich aus Asien (z. B. Indien) oder Nordafrika stammten. Heute leben in der Stadt Juden (80 %) und muslimische sowie christliche Araber (16 % bzw. 4 %).

⊙ Sehenswertes

Ein Kombiticket (Erw./erm. 25/22 NIS) für das Ramla Museum, den Weißen Turm und das Al-Anazia-Becken ist im Museum erhältlich, das zugleich auch als Touristeninformation der Stadt fungiert. Infos gibt's auch auf der Gemeinde-Website Goramla (http://en.goramla.com).

★ Al-Anazia-Becken   HISTORISCHE STÄTTE
(Breichat Hakeshatot; HaHaganah St; Erw./erm. 14/12 NIS; ⊙ Sa–Do 8–16, Fr bis 14 Uhr, Juni–Aug. Mi & Do bis 18 Uhr) Der Name bedeutet „Wasserbecken der Bogen" und bezieht sich auf die majestätischen Steinkonstruktionen in diesem aus dem 8. Jh. stammenden unterirdischen Wasserreservoir. Es ist das wichtigste Bauwerk aus abbasidischer Zeit, wird aber manchmal auch als Becken der hl. Helena bezeichnet, weil eine christliche Legende seine Errichtung Helena, der Mutter Kaiser Konstantins I., zuschrieb. Besucher können die Anlage vom Ruderboot aus erkunden.

Ramla-Museum   MUSEUM
(☏ 08-929 2650; 112 Herzl Ave; Erw./erm. 12/10 NIS; ⊙ So–Do 10–16, Fr bis 13 Uhr) Das in einem Gebäude aus der britischen Mandatszeit untergebrachte kleine Museum gibt einen Überblick über die Geschichte der Stadt. Zu den Exponaten zählen in der Gegend ausgegrabene Goldmünzen aus dem 8. bis 15. Jh., eine Sammlung traditioneller Produkte aus der arabischen Seifenherstellung von den Anfängen bis ins vorige Jahrhundert und eine Ausstellung zum Kriegsgeschehen während des Israelischen Unabhängigkeitskriegs von 1948 in und um Ramla.

Weißer Turm
HISTORISCHE STÄTTE

(Danny Mass St; Erw./erm. 10/9 NIS; ⊙Sa–Do 8–16, Fr bis 14 Uhr) Experten sind sich uneins, ob dieser aus dem 14. Jh. stammende Turm als Minarett oder als Wachtturm erbaut wurde. Unbestritten ist, dass der 30 m hohe Bau eine Ergänzung der Weißen Moschee (Dschamaa al-Abiad) aus dem 8. Jh. war, von der nur noch Spuren existieren. Die Stätte umfasst drei heute ausgetrocknete Zisternen und den Schrein des Nabi Salih, eines im Koran erwähnten vorzeitlichen Propheten.

Große Moschee
MOSCHEE

(Johannesbasilika, Al-Umari-Moschee; ☑08-922 5081; Eintritt 7 NIS) Von außen wirkt das Gebäude zwar unscheinbar, es handelt sich aber um eines der wenigen noch fast vollständig erhaltenen Kreuzfahrerbauten in Israel und Palästina. Die Basilika wurde im 12. Jh. als Kirche errichtet und im 13. Jh. in eine Moschee umgewandelt; zu jener Zeit wurden das Minarett und der Mihrab (nach Mekka gerichtete Gebetsnische) hinzugefügt. Besuch nur nach Voranmeldung.

Kirche der hl. Nikodemus & Josef von Arimathäa
KIRCHE

(☑08-912 7200; Ecke Bialik St & Herzl Ave; ⊙Mo–Fr 9–12Uhr) GRATIS Die Franziskanerkirche wurde im 19. Jh. auf jener Stätte errichtet, die Christen für das biblische Arimathäa, den Heimatort Josefs, halten. Die Kirche besitzt einen auffälligen quadratischen Glockenturm und ein Gemälde (Die Kreuzabnahme), das Tizian zugeschrieben wird. Wer die Kirche besichtigen will, muss sich vorab telefonisch anmelden.

✕ Essen

Samir Restaurant
KEBAB $$

(☑08-922 0195; 7 Kehlat Detroit St; Hauptgerichte 40–90 NIS; ⊙Mo–Do & Sa 8–19, Fr bis 18 Uhr) Im historischen Samir werden die Uhren um mehrere Jahrhunderte zurückgedreht. Das alte, von einer arabischen Familie geführte Restaurant versteckt sich in einer staubigen Nebenstraße hinter dem Markt in einem renovierten türkischen Haus. Es hat eine englischsprachige Karte, auf der diverse Kebabs mit Fleisch, Dips (darunter ausgezeichnetes Hummus), Falafel und Salate stehen.

❶ An- & Weiterreise

Den ganzen Tag über fahren Züge von Tel Aviv nach Ramla (13 NIS, 25 Min., alle 20 Min.). Ebenfalls alle 20 Minuten fahren die Busse 450 und 451 vom Hauptbusbahnhof in Tel Aviv (14,90 NIS, 40 Min.).

Haifa & Nordküste

Inhalt ➡

Haifa	163
Daliyat al-Karmel	182
Karmeliterkloster St. Elija	183
Atlit	183
Ein Hod & Ain Hud	183
Zichron Ya'acov	185
Mey Kedem	186
Jisr az-Zarka	187
Caesarea	188
Akko (Akkon)	192
Nahariya	199

Gut essen

- Faces (S. 175)
- Ma'ayan HaBira (S. 176)
- HaMis'ada shel Ima (S. 177)
- Port Cafe (S. 192)
- Uri Buri (S. 197)

Schön übernachten

- Port Inn (S. 173)
- Juha's Guesthouse (S. 187)
- Effendi Hotel (S. 196)
- Akkotel (S. 196)

Auf nach Haifa & zur Nordküste!

Israels ruhige Nordküste ist ein mediterraner Landstrich mit alten Bauernhöfen, historischen Stätten und malerischen Ortschaften. Die größte Stadt, das israelisch-arabische Haifa am nördlichen Hang des Karmelgebirges, überrascht viele Besucher mit seiner Offenheit und Toleranz. Außerdem wartet Haifa mit einer herrlichen Aussicht, zahlreichen Museen und den wunderbaren Bahai-Gärten auf. Seit der Stadtsanierung blühen Nachtleben und Kunstszene.

Von Haifa aus geht's nordwärts zum historischen Hafen Akko (Acre) und zu den leuchtenden Meereshöhlen von Rosch HaNikra. In Gegenrichtung sollten Herodes' Hafen Caesarea und Megiddos uralte Kulturen unbedingt auf dem Reiseplan von Geschichtsfans stehen. Ein Hod und Zichron Ya'acov – hier findet man das älteste Weingut von Israel – sind tolle Ziele für alle, die auf Kunst, Wein und selbst gebrautes Bier stehen. Nach Erkundungstouren lässt es sich dann gediegen an den Stränden von Nahariya und Akhziv relaxen.

Reisezeit

Haifa

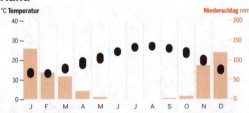

April & Mai Angenehme Temperaturen; die Bahai-Gärten stehen in voller Blüte.

Juli & Aug. Die Parks und Cafés in Karmel-Zentrum in Haifa bieten Zuflucht vor der Sommerhitze.

Dez. An den Wochenenden werden in Wadi Nisnas die religiösen Feiertage dreier Religionen gefeiert.

Haifa

حيفا חיפה

📍 04 / 272 000 EW.

Haifa ist eine der malerischsten Städte im Nahen Osten. Die Aussicht vom majestätischen Berg Karmel (546 m) ist atemberaubend, besonders von den Bahai-Gärten. Doch fast überall in der Stadt sieht man interessante, wenn auch nicht immer schöne Stadtlandschaften, die oft aus der Spätphase der osmanischen Ära und aus der Zeit des britischen Mandats (Bauhaus) stammen.

Den britischen Planern schwebte vor, dass Haifa der Haupthafen und Verkehrsknotenpunkt des vorderen Orients sein würde und dank seiner Bahnstrecken und

Highlights

❶ In den **Bahai-Gärten** (S. 165) den Meerblick, die Brunnen und die Blumenbeete bewundern

❷ Die Gewölbehallen und geheimen Tunnel der Kreuzfahrer in der ummauerten Stadt **Akko** (S. 192) am Meer erkunden

❸ In **Caesarea** (S. 188), der Hafenstadt des Herodes, von den Wällen der Kreuzfahrer zum römischen Amphitheater spazieren

❹ In den türkis schimmernden Grotten von **Rosh HaNikra** (S. 199) die Macht des Meeres spüren

❺ In **Zichron Ya'acov** (S. 185), einem Dorf aus dem 19. Jh. an den Hängen des Karmel, Weine probieren und gut speisen

❻ In **Megiddo** (S. 191), einer biblischen Stätte, die manchen als der Ort gilt, an dem Ende der Welt beginnen wird, das Armageddon erwarten

❼ Eine Wanderung zur Kreuzfahrerfestung **Montfort** (S. 200) machen

einer Ölpipeline die Verbindung zu einem Hinterland bilden sollte, das das Ostjordanland (das heutige Jordanien) und den Irak umfasste. Diese Vision wurde 1948 abrupt zerstört, als ein Großteil der arabischen Stadtbevölkerung vertrieben wurde oder aus der Stadt floh. Heute leben die Juden, Christen und Muslime Haifas in der Regel harmonisch Seite an Seite und die Stadt ist stolz darauf, als Modell für die jüdisch-arabische Koexistenz zu gelten.

Haifa, die drittgrößte Stadt Israels, liegt jeweils etwa 40 km von Cäsarea, Nazareth und Rosh HaNikra an der libanesischen Grenze entfernt und ist damit eine hervorragende Basis, um Galiläa mit dem Auto zu erkunden.

Geschichte

Einen Hafen gab es an der Stelle des heutigen Haifa schon mindestens seit dem 14. Jh. v.Chr. Während der Römerzeit, sowohl vor als auch nach der Zerstörung des Zweiten Tempels (70 n.Chr.), war Haifa eine gemischte jüdisch-heidnische Stadt und fand 100 Erwähnungen im Talmud. Weil die Einwohner die gutturalen hebräischen Buchstaben *het* und *'ayin* nicht richtig aussprechen konnten, war es ihnen verboten, die Tora in der Öffentlichkeit zu rezitieren. Der Berg Karmel, dessen Name „Weingarten Gottes" bedeutet, gilt schon seit der Antike als heilig.

Vor 1000 Jahren war Haifa eine befestigte, überwiegend jüdische Stadt, doch 1110 fiel sie an die Kreuzritter und ihre jüdischen und ägyptischen Verteidiger griffen zu den Waffen. Bald übertraf das nahe gelegene Akko Haifa an Bedeutung, und zur Zeit der osmanischen Eroberung Palästinas im 16. Jh. war Haifa ein unbedeutendes Dorf.

Anfang des 19. Jh. hatte Haifa zu wachsen begonnen und die Zahl seiner sephardischen Juden nahm zu. 1868 ließen sich hier deutsche Templer nieder. Doch der moderne Wiederaufstieg der Stadt kam erst 1905 mit der Eröffnung der Bahnstrecke von Haifa nach Damaskus sowie drei Jahre später nach Medina in Schwung. Im September 1918, als die britischen Streitkräfte auf dem Vormarsch nach Norden waren, überrannten drei berittene indische Einheiten, die nur mit Lanzen bewaffnet waren, osmanische Maschinengewehrstellungen – im letzten Kavallerieangriff der Weltgeschichte.

Während des britischen Mandats entwickelte sich Haifa rasch zum wichtigsten Hafen Palästinas, einem Marinezentrum,

Eisenbahnknotenpunkt und Ölexportterminal. 1924 öffnete das Technion-Israel Institute of Technology, dessen Absolventen und Professoren später mit vier Nobelpreisen für Chemie ausgezeichnet wurden, seine Türen. Im April 1948, kurz vor dem Rückzug der Briten, fiel Haifa an die jüdischen Streitkräfte und 65 000 der arabischen Einwohner der Stadt flohen.

Von den 1920er- bis in die 1950er-Jahre war Haifa für viele jüdische Flüchtlinge, die mit dem Schiff ankamen, der erste Anblick des „Gelobten Landes". Heute hat die überwiegend säkulare jüdische Bevölkerung ein insgesamt gutes Verhältnis zu den arabischen Einwohnern der Stadt (10 % der Einwohner), die vorwiegend Christen sind.

In den vergangenen Jahren hat sich Haifas Wirtschaftsschwerpunkt von der Schwerindustrie (Ölraffinerie und Chemie) auf den Hightech-Sektor verlagert. In einem IT-Park in der Nähe des Busbahnhofs Haifa-Hof HaCarmel befinden sich Niederlassungen von Google, Intel, IBM und anderen internationalen Hightech-Schwergewichten.

Sehenswertes

Je weiter hinauf auf den Berg Karmel man kommt, desto eleganter wird es und desto schöner ist die Aussicht, doch Interessantes gibt es nicht nur auf dem Gipfel von Karmel-Zentrum, sondern auch unten in der Ebene in der Deutschen Kolonie und im Stadtzentrum sowie die Hügel hinauf im geschäftigen Hadar HaCarmel (Hadar) und im kleinstädtischen Wadi Nisnas.

Karmel-Zentrum

Von der Kammlinie des Karmel mit seinen exklusiven Residenzen und von Kiefern beschatteten Parks bieten sich herrliche Ausblicke auf das Mittelmeer im Westen und die Bucht von Haifa im Nordosten. Das Herz der Gegend, besonders was Essen gehen, Nachtleben und Kommerz angeht, bildet Karmel-Zentrum (Merkaz HaCarmel), das sich entlang der HaNassi Ave (Sderot HaNassi) erstreckt. In der Atmosphäre ist noch etwas *yekke* (umgangssprachlich für deutsche Juden vor dem Zweiten Weltkrieg) spürbar. Wegen der Höhenlage ist es hier immer ein paar Grad kühler als unten in der Hafengegend.

Die U-Bahn (Karmelit) verbindet Karmel-Zentrum mit Hadar und dem Stadtzentrum (Paris Sq); die Station auf dem Karmel heißt Gan HaEm. Zur Deutschen Kolonie fahren die Busse 28, 37 und 37א.

Haifa

Haifa

◉ Highlights
1. Museum für heimliche Einwanderung & Marinemuseum B1
2. Karmeliterkloster Stella Maris B1

◉ Sehenswertes
3. Höhle des Elija B1
4. Nationales Seefahrtsmuseum B1

✪ Aktivitäten, Kurse & Touren
5. Bat-Galim-Strand B1
6. Hof-HaCarmel-Strand A3
7. Ulpan Aba Hushi C2

⌂ Schlafen
8. Stella Maris Hospice B1
9. Villa Carmel C4

★**Bahai-Gärten** GÄRTEN
(Karte S. 166; ☏ 04-831 3131; www.ganbahai.org.il; 45 Yefe Nof St (Panorama Tour), 80 HaTziyonut Blvd (Schrein des Bab); ⊙ untere Gärten 9–17 Uhr, Schrein des Bab 9–12 Uhr, an Bahai-Feiertagen & Yom Kippur geschl.) GRATIS Am besten besichtigt man diese weltberühmten Gärten auf der kostenlosen, 45-minütigen Panorama Tour, die vom obersten Teil der Gärten startet. Touren auf Englisch beginnen täglich außer mittwochs um 12 Uhr, und an den meisten Tagen finden um 11 und 14 Uhr Touren auf Hebräisch oder Russisch statt (der Monatsplan steht auf der Webseite). Die Plätze werden in der Reihenfolge des Eintreffens vergeben, daher sollte man möglichst eine halbe Stunde vor Beginn der Tour da sein. Alle Besucher müssen Kleidung tragen, die die Schultern (ein Schultertuch genügt) und Knie bedeckt.

Die zwischen 1987 und 2001 auf dem Karmel angelegten Gärten bestehen aus 19 Terrassen, die sehr klassisch wirken: Durch schmiedeeiserne Tore hindurch geht es zu Blumenbeeten, friedlichen Teichen, Brunnen, steinernen Balustraden, Skulpturen

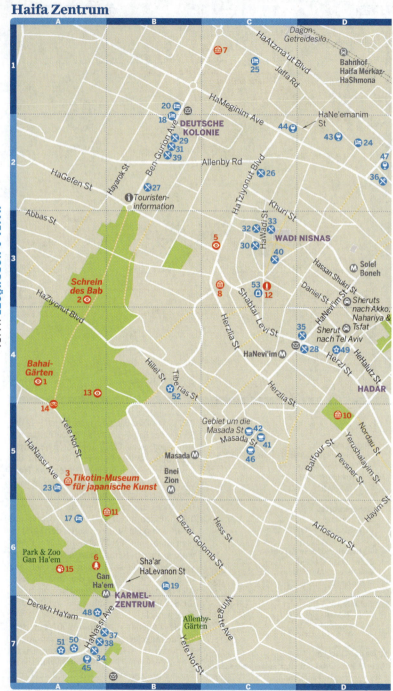

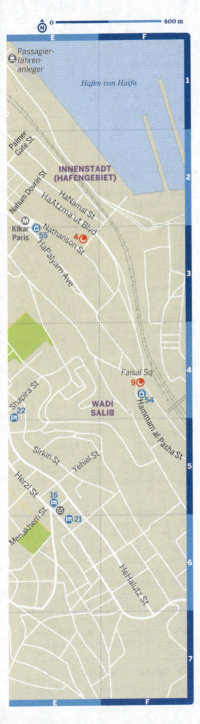

und unglaublich steilen Rasenflächen – und immer bietet sich ein unschlagbares Panorama der Bucht von Haifa. 100 Vollzeitgärtner pflegen die Anlage. Die Gärten erhielten 2008 gemeinsam mit dem Schrein des Baha'ullah in Akko den Status einer UNESCO-Welterbestätte.

Der von einer goldenen Kuppel gekrönte **Schrein des Bab** (Karte S. 166; 80 HaTziyonut Blvd), der 1953 fertiggestellt wurde, ist die letzte Ruhestätte des Bab, des spirituellen Vorgängers von Baha'ullah. Er wurde 1850 in Persien hingerichtet, und 1909 brachte man seine sterblichen Überreste nach Haifa. Der Schrein verbindet Stile und Proportionen der europäischen Architektur mit Motiven, die von nahöstlichen Traditionen inspiriert sind. Entworfen wurde er von einem kanadischen Architekten, gebaut mit italienischem Stein und dekoriert mit holländischen Kacheln.

Die für die Öffentlichkeit nicht zugänglichen Gebäude rings um die Gärten beherbergen u.a. das **Haus der Gerechtigkeit** (Karte S. 166), einen Kuppelbau mit korinthischen Säulen, der das spirituelle und verwaltungstechnische Zentrum der Bahai-Religion ist, und die **Archive**, ein Bauwerk mit einem grünen Dach, das an den griechischen Parthenon erinnert.

Etwa 100 m bergauf vom Eingang für die Touren bietet sich vom **Aussichtsbalkon** (Karte S. 166; 61 Yefe Nof St; ⊙ tgl. 9–17 Uhr) ein überwältigendes Panorama.

Wenn ein Kreuzfahrtschiff oder ein Schiff der US Navy im Hafen liegt, kann die Schlange für die Panorama Tour sehr lang werden, An der Tour können maximal 60 Personen teilnehmen (120, wenn zwei Führer da sind). Essen, Rauchen und Kaugummikauen sind in den Gärten verboten.

Um von Karmel-Zentrum (Karmelit-Station Gan HaEm) zum Ausgangspunkt der Tour zu gelangen, folgt man der **Yefe Nof St**, von der sich die schönste Aussicht der Stadt auf die Bucht bietet, 1 km in Richtung Norden. Die Tour endet unten am HaTziyonut Blvd; zurück nach Karmel-Zentrum geht's mit Bus 136 (6,90 NIS, alle 15 Min.) oder einem Sherut (Linie 136, 7 NIS); ein Taxi kostet etwa 30 NIS. Bus 115 verbindet den unteren Eingang der Gärten am HaTziyonut Blvd mit den Busbahnhöfen Haifa-Merkazit HaMifratz und Haifa-Hof HaCarmel.

Mané-Katz-Museum
MUSEUM

(Karte S. 166; www.mkm.org.il; 89 Yefe Nof St; Erw./Kind 30/20 NIS; ⊙ So–Mi 10–16, Do bis 19, Fr bis 13,

Haifa Zentrum

Highlights
1 Bahai-Gärten.. A4
2 Schrein des Bab...................................... A3
3 Tikotin-Museum für japanische Kunst.. A5

Sehenswertes
4 Al-Jarina-Moschee..................................E3
5 Arabisch-Jüdisches Zentrum
    Beit HaGefen....................................... C3
6 Gan Ha'Em.. A6
7 Stadtmuseum Haifa................................C1
8 Kunstmuseum Haifa............................... C3
9 Istiqlal-Moschee.....................................F4
10 MadaTech.. D5
11 Mané-Katz-Museum............................. B6
12 Museum ohne Wände............................ C3
13 Haus der Gerechtigkeit........................ A4
14 Aussichtsbalkon.................................... A5
15 Zoo.. A6

Schlafen
16 Art Gallery Hotel E5
17 Beth Shalom Hotel A6
18 Colony Hotel Haifa................................ B2
19 Crowne Plaza... B6
20 Haddad Guest House B1
21 Hotel Theodor.......................................E6
22 Loui Hotels...E4
23 Molada Guest House A5
24 Port Inn.. D2
25 St. Charles Hospice...............................C1

Essen
26 Abd al-Hadi C2
27 Al-Diyar B2

28 Café Nitsa...D4
29 Douzan..B2
30 Ein El-Wadi C3
31 Faces...B2
32 Felafel HaZkenim...................................C3
33 Felafel Michel C3
34 Gal's Bakery A7
35 HaMis'ada shel Ima...............................D4
36 Ma'ayan HaBira D2
37 Mandarin A7
38 Meat A7
39 Shahrazad...B2
40 Souq C3

Ausgehen & Nachtleben
41 Cafe Masada C5
42 Elika C5
43 Eli's Pub D2
44 Li Bira C2
45 Pundak HaDov A7
46 Puzzle Café...C5
47 Syncopa D2

Unterhaltung
48 Beat A7
49 Capoeira Angola Israel D4
50 Haifa Auditorium A7
51 Haifa Cinematheque A7
52 Matnas Tverya 15 ....B4

Shoppen
53 ElWadi C3
54 Flohmarkt..F4
55 Türkischer Markt E3

Sa bis 15 Uhr) Emmanuel Mané-Katz (1894–1962), der wie Chagall für seine farbenfreudigen Darstellungen der osteuropäischen *shtetl* berühmt wurde, war ein einflussreiches Mitglied einer Künstlergruppe des frühen 20. Jh., die als Jüdische Schule von Paris bekannt wurde. In den späten 1950er-Jahren erhielt er von der Stadtverwaltung Haifas dieses Haus und vermachte der Stadt im Gegenzug seine Werke.

★ Tikotin-Museum
für japanische Kunst   MUSEUM
(Karte S. 166; www.tmja.org.il; 89 HaNassi Ave; Erw./Kind 30/20 NIS; ☉ So–Mi 10–16, Do bis 19, Fr bis 13, Sa bis 15 Uhr) Dieses im Nahen Osten einzigartige Museum, das 1957 von Felix Tikotin gegründet wurde, zeigt erstklassige Ausstellungen japanischer Kunst.

Gan Ha'Em   PARK
(Karte S. 166; HaNassi Ave; ☉ 6–21 Uhr, Do & Fr die ganze Nacht) Auf dem Kamm des Karmel, gegenüber der oberen Endstation der Kar-

melit, liegt dieser schattige, kinderfreundliche öffentliche Park, dessen Name „Mutters Park" bedeutet. Hier gibt's einen Zoo, einen Spielplatz und ein Amphitheater, in dem an Sommerabenden Konzerte stattfinden.

Zoo   ZOO
(Haifa Educational Zoo; Karte S. 166; www.haifazoo.co.il; HaNassi Ave; Erw./Kind 38/25 NIS; ☉ Sa–Do 9–17, Sa, So bis 15 Uhr, letzter Einlass 1 Std. vor Schließung, Juni–Aug. längere Öffnungszeiten) Die schattigen Hänge unterhalb von Gan HaEm beherbergen einen kompakten, aber schönen Zoo mit einem Vogelhaus, einem Reptilienhaus und Gehegen für Bären, Löwen, Affen, Königstiger, Steinböcke, Rotwild und andere Tiere, von denen viele in Israel heimisch sind. Kids lieben besonders die Pfauen, die frei zwischen den Besuchern umherstolzieren.

◉ Deutsche Kolonie

Die Ben-Gurion Ave, die direkt unterhalb der Bahai-Gärten liegt und an diese angrenzt, wird von schmucken Häusern aus dem 19. Jh. mit steilen roten Schindeldächern und deutschen Bibelzitaten über den Türen gesäumt. Dies ist die Deutsche Kolonie, die 1868 von den Templern gegründet wurde (nicht zu verwechseln mit den Tempelrittern aus der Zeit der Kreuzzüge), einer pietistisch-protestantischen Sekte aus Südwestdeutschland, die die Wiederkunft des Herrn beschleunigen wollte, indem sie sich in Palästina niederließ. In der zweiten Hälfte des 19. Jhs. gründeten die Templer sieben Kolonien in Palästina. Ihnen wird die Einführung von verbesserten Transport-, Technologie- und Landwirtschaftsmethoden zugeschrieben.

Auch Baha'ullah, der Gründer der Bahai-Religion, war von der Deutschen Kolonie (hebräisch Moshava Germanit) beeindruckt, und der deutsche Kaiser Wilhelm II. besuchte sie 1898. Die Templer lebten bis 1939 in der Kolonie, dann wurden sie von den Briten als feindliche Ausländer interniert (einige waren in den 1930er-Jahren in die NSDAP eingetreten); die meisten wurden später nach Australien deportiert.

Heute ist die Deutsche Kolonie eine der führenden Restaurantmeilen Haifas. Darüber kann man die Bahai-Gärten sehen, unten oft die Frachtschiffe, die im Hafen liegen. Die Metronit-Linien 1 und 2 halten ganz in der Nähe.

Stadtmuseum Haifa
MUSEUM

(Karte S. 166; 📋 04-911 5888; 11 Ben-Gurion Ave; Erw./Kind 20/10 NIS; ⊙ So–Do 10–16, Fr bis 13, Sa bis 15 Uhr) Nahe des unteren Endes der Ben-Gurion Ave steht dieses Gebäude aus der Periode der Templer, dessen Ausstellungen den Schwerpunkt auf „Geschichte, Urbanistik, Identität und Multikulturalismus" legen – ganz passend für eine Stadt mit einer so vielfältigen Kultur wie Haifa.

⦿ Wadi Nisnas

Dieses dörfliche, vorwiegend von christlichen Arabern bewohnte Stadtviertel liegt in einem Tal zwischen Hadar und der Deutschen Kolonie. In den engen Gassen, Steinhäusern und dem geschäftigen Lebensmittelmarkt herrscht noch die traditionelle Atmosphäre des Nahen Ostens.

Arabisch-Jüdisches Zentrum Beit HaGefen
KULTURZENTRUM

(Karte S. 166; 📋 04-852 5252; www.beit-hagefen. com; 2 HaGefen St; ⊙ Galerie 10–16, Fr &Sa bis 14 Uhr) GRATIS Dieses Kulturzentrum in einem alten Steingebäude gegenüber vom modernen Theater des Beit HaGefen hat sich der Förderung sozialer und kultureller arabisch-jüdischer Aktivitäten verschrieben; Einzelheiten stehen auf der Webseite. Die Galerie im Obergeschoss zeigt Ausstellungen zu den Themenkreisen interkulturelle Koexistenz und gemeinsame Räume und Werte. Auch zweistündigen Führungen durch das multikulturelle und interreligiöse Haifa (40 NIS/ Pers.; vorher telefonisch reservieren) werden angeboten.

Museum ohne Wände
ÖFFENTLICHE KUNST

(Karte S. 166; www.mwwart.com) GRATIS Mehr als 100 Kunstwerke – sowohl Skulpturen als auch Installationen – schmücken die Straßen und Gassen von Wadi Nisnas (z. B. in der HaWadi St). Einige sind groß und auffällig, andere so klein, dass man sie leicht übersehen kann. Im Arabisch-Jüdischen Zentrum Beit Ha-Gefen ist eine Broschüre erhältlich.

Kunstmuseum Haifa
MUSEUM

(Karte S. 166; 📋 04-911 5997; www.hms.org.il; 26 Shabtai Levi St, Wadi Nisnas; Erw./Kind 30/20 NIS; ⊙ So–Mi 10–16, Do bis 19, Fr bis 13, Sa bis 15 Uhr) Das Museum zeigt moderne israelische und internationale Malerei, Skulpturen und Videokunst.

⦿ Hadar

Hadar HaCarmel (kurz Hadar) wurde im Jahr 1920 als „Gartenstadt" gegründet und entwickelte sich in den 1930er-Jahren, als hier großartige Bauhaus-Gebäude entstanden, zum lebhaften Geschäftszentrum Haifas. Eines der architektonischen Juwelen der

---

KOMBITICKET FÜR HAIFAS MUSEEN

Museumsfans können in Haifa mit einem Kombiticket (Erw./Familie 50/120 NIS) viel Geld sparen. Das Ticket gilt für sechs Museen der Stadt: das Mané-Katz-Museum, das Tikotin-Museum für japanische Kunst, das Kunstmuseum Haifa, das Stadtmuseum Haifa, das Hermann-Struck-Museum und das Nationale Seefahrtsmuseum. Das Familienticket gilt für zwei Erwachsene und zwei Kinder. Das Ticket wird an allen sechs Museen verkauft.

DIE BAHAI

Die Anhänger der Mitte des 19. Jhs. begründeten **Bahai-Religion** (www.bahai.org) glauben, dass im Laufe der Geschichte viele Propheten, darunter Abraham, Moses, Buddha, Krishna, Zarathustra, Jesus und Mohammed, in Erscheinung getreten sind. Zentrale Glaubensgrundsätze sind die Existenz eines einzigen Gottes, die Einheit aller Religionen und die Gleichheit und Einheit aller Menschen, auch von Männern und Frauen (im Iran in der Mitte des 19. Jhs. eine wahrhaft revolutionäre Idee).

Die Ursprünge der Bahai-Religion gehen auf Ali Muhammad (1819–1850) zurück, der in Schiras im Iran geboren wurde. 1844 verkündete er, dass er das „Bab" (Tor) war, durch das sich alle Prophezeiungen offenbaren würden. Der charismatische Ali, genannt Bab, war schnell von Jüngern umgeben, wurde aber schließlich wegen Ketzerei gegen den Islam verhaftet und in Täbris im Iran von einem Exekutionskommando erschossen.

Eine seiner Prophezeiungen betraf das Kommen „von einem, der Gott offenbaren werde". 1866 erklärte ein Babi namens Mirza Hussein Ali (1817–1992), dass er dieser Prophet sei und nahm nach einer göttlichen Offenbarung, die er im berüchtigten Teheraner Gefängnis „Schwarzes Loch" hatte, den Titel Baha'ullah an.

Genau wie die Babs waren auch Baha'ullah's Äußerungen in Persien unerwünscht und er wurde zunächst nach Bagdad und danach nach Konstantinopel (Istanbul), Adrianopel (Edirne) und schließlich in die osmanische Strafkolonie Akko verbannt. In seiner Zelle in Akko widmete er sich dem Verfassen der Grundsätze einer neue Religion namens Bahai, eine Ableitung von dem arabischen Wort *baha* (Herrlichkeit, Glorie).

In seinen Schriften erklärte Baha'ullah, dass niemand in die Bahai-Religion hineingeboren werden kann, im Alter von 15 Jahren entscheidet eine Person, ob sie die Verpflichtungen der Bahai-Religion annehmen will. Er sprach auch von der Gleichberechtigung der Geschlechter, der Einheit der Menschheit, dem Weltfrieden, der Notwendigkeit einer universellen Pflichtschulbildung und der Harmonie zwischen Religion und Wissenschaft.

Das **Baha'i World Centre** (das Hauptquartier der Religion), das für seine Gärten berühmt ist, befindet sich in Haifa auf dem Karmel; die heiligste Bahai-Stätte ist der **Schrein Baha'ullahs** in der Nähe von Akko; beide sind mit Freiwilligen aus der ganzen Welt besetzt. Die Bahai versuchen nicht, Israelis zu bekehren, zum Teil auch, um die jüdischen und muslimischen Empfindlichkeiten nicht zu verletzen, und israelische Staatsbürger dürfen der Glaubensgemeinschaft nicht beitreten. In Israel gibt es keine Bahai-Gemeinschaft.

Die Bahai-Religion hat heute schätzungsweise 5–6 Mio. Anhänger weltweit. Die Tradition schreibt vor, dass jeder Bahai, der dazu in der Lage ist, eine **Pilgerreise** (https://bahai.bwc.org/pilgrimage) nach Akko und Haifa unternehmen soll.

Gegend ist das **Beit HaKranot** an der Nordwestecke der Kreuzung der Balfour St/Herzl St – hier wurde 1949 die erste Ampel Haifas errichtet. Geschäfte in der Nähe verkaufen preiswerte und mittelteure Kleidung, Accessoires und Schuhe sowie Bücher in russischer Sprache.

Hadar ist eines der ethnisch vielfältigsten Stadtviertel. Über ein Drittel der Einwohner sind Einwanderer aus der früheren Sowjetunion, vor allem aus der Ukraine, ein Viertel sind Araber, und außerdem gibt's in Hadar kleine ultraorthodoxe und philippinische Gemeinden.

Der Bezirk erstreckt sich auf den unteren Hängen des Karmel. Die Herzel St, die Hauptstraße, liegt etwa 1 km südlich vom Kikar Paris und 1,6 km nordöstlich von Karmel-Zentrum. Die Karmelit-Station Nevi'im befindet sich am nordwestlichen Ende der Herzl St., die – ebenso wie die Parallelstraße HeHalutz St – durch Bus 115 mit den beiden zentralen Busbahnhöfen und durch Bus 112 mit Haifa-Hof HaCarmel verbunden ist.

MadaTech
MUSEUM

(Nationales Wissenschaftsmuseum; Karte S.166; ☏ 04-861 4444, Durchwahl 1; www.madatech.org.il; 25 Shemaryahu Levin St; Erw./Kind 75/65 NIS; ⊗ So–Mi 10–15, Do & Sa bis 17, Fr bis 13 Uhr) Die imposante erste Heimat des Technion-Israel Institute of Technology, 1913 erbaut (der Unterricht begann wegen eines Streits, ob die Unterrichtssprache Deutsch oder Hebräisch sein sollte, erst 1923), ist heute mit faszinierenden interaktiven wissenschaftlichen Exponaten gefüllt. Als Albert Einstein 1923 zu Besuch kam, pflanzte er eine Palme, die noch immer an der Vorderseite steht.

⊙ Innenstadt & Hafengebiet

Nachdem Haifas Innenstadt (Ir Tachtit) und das Hafengebiet (Ezor HaNamal) jahrzehntelang vernachlässigt wurden, erleben beide inzwischen eine allmähliche Renaissance. Hostels, Restaurants und Nighlife-Locations ziehen in die heruntergekommenen Ladenfronten und verfallenen Lagerhäuser. Am besten kommt man freitags während des türkischen Marktes her, denn dann ist der Kikar Paris mit Kunsthandwerksständen gefüllt.

Al-Jarina-Moschee   MOSCHEE
(Karte S. 166) Ein paar Hundert Meter östlich vom Kikar Paris steht die Al-Jarina-Moschee, auch Al-Masjid al-Kabir (Große Moschee) genannt. Man erkennt sie am Minarett aus dem frühen 20. Jh., das ein wenig wie ein Glockenturm in der englischen Provinz aussieht.

Istiqlal-Moschee   MOSCHEE
(Unabhängigkeitsmoschee; Karte S. 166) Die 1926 erbaute Moschee wird noch heute zum Gebet genutzt.

⊙ Universität Haifa

Die Universität Haifa, deren 27 Stockwerke hoher Turm auf dem Karmel meilenweit zu sehen ist, liegt 6,5 km südöstlich von Karmel-Zentrum auf dem Kamm des Karmel. Über 30 % der Studenten sind Araber, viel mehr als an allen anderen israelischen Universitäten.

Von Sonntag bis Donnerstag, wenn an der Universität Unterricht stattfindet, dürfen auf dem Campus nur Fahrzeuge mit einer speziellen Genehmigung parken. Für die Besucher des Hecht-Museums gibt es jedoch ein besonderes Arrangement – man sagt dem Wärter, dass man das Museum besuchen will und hinterlässt einen Ausweis, den man zurückerhält, wenn man einen Parkschein für 10 NIS vom Museum vorlegt.

Zur Universität fahren Bus 37 und 37א von Hadar und Karmel-Zentrum, Bus 46 und 146 von Haifa-Hof HaCarmel sowie Bus 141, 146 und 171 von Haifa-Merkazit HaMifratz.

★ Hecht-Museum   MUSEUM
(http://mushecht.haifa.ac.il; 199 Abba Hushi Blvd; ⊙ So, Mo, Mi & Do 10–16, Di bis 19, Fr bis 13, Sa bis 14

Uhr) GRATIS Die herausragende Attraktion des Hecht-Museums, eines der faszinierendsten Museen Israels, ist das außergewöhnliche **Schiffswrack der Ma'agan Mikhael**. Die bemerkenswert gut erhaltenen Überreste des 13,5 m langen Handelsschiffes stammen aus dem 5. Jh. v. Chr. – damit ist es vier Jahrhunderte älter als das antike galiläische Boot, das am See Genezareth ausgestellt wird! In der archäologischen Abteilung gibt es auch einen ganzen Raum zu den Phöniziern; gezeigt werden zudem israelitische, moabitische und phönizische Siegel aus der Periode des Ersten Tempels sowie eine bedeutende Sammlung alter Münzen, darunter einige, die der Rebellenführer Bar Kochba aufgelegt hatte.

Die Kunstabteilung präsentiert Werke von Größen wie Corot, Soutine, Manet, Monet, Modigliani (auf einer faszinierenden Leinwand befinden sich zwei Porträts, eines auf jeder Seite), Pissarro und Van Gogh; es gibt eine Sammlung von Arbeiten jüdischer Künstler, hauptsächlich aus Deutschland und Osteuropa, sowie die **Oscar Ghez Collection**, eine Sammlung von Werken von 18 in Paris ansässigen Künstlern, die während des Holocaust ums Leben kamen.

Achtung: Das Hecht-Museum unter dem Eshkol-Turm nicht mit dem nahe gelegenen Dr. Hecht Art Centre verwechseln!

Eshkol-Turm   WOLKENKRATZER
(www.haifa.ac.il; 199 Abba Hushi Blvd; ⊙ So–Do während der Bürozeiten, Fr bis 13 Uhr) GRATIS Man könnte zwar durchaus der Ansicht sein, dass es eher unsinnig ist, einen 30-stöckigen Wolkenkratzer auf dem Gipfel eines Berges zu bauen, doch der berühmte brasilianische Architekt Oscar Niemeyer fand das nicht – er war es, der den 1978 eröffneten Turm entwarf. Zur **Aussichtsplattform** gelangt man, indem man mit dem Fahrstuhl zum 29. Stock fährt und dann eine Treppe hinaufsteigt.

⊙ Stella Maris

Zum Kloster Stella Maris, das auf der nördlichen Spitze des Karmel-Massivs steht, fährt von der Meerespromenade in Bat Galim die **Kabinenseilbahn** (☎ 04-833 5970; einfach/hin & zurück 21/29 NIS; ⊙ 10–20 Uhr, im Winter 10–18 Uhr). Man kann auch mit Bus 115 von Hadar und von Haifa-Hof HaCarmel bzw. mit Bus 30 und 31 von Karmel-Zentrum aus fahren oder in der Nähe der Höhle des Elija einen Fußweg nehmen. Der Pfad vom Kloster zur

Höhle beginnt am Parkplatz gegenüber der Kirche und führt entlang dem Zaun einer israelischen Marinebasis.

★ Karmeliterkloster Stella Maris
KIRCHE

(Karte S. 165; www.ocarm.org; ⊙ 6.30a–12.30 & 15–18 Uhr) Der Karmeliterorden wurde im späten 12. Jh. zur Zeit der Kreuzfahrer gegründet. Damals entschieden sich Pilger, die vom Propheten Elija inspiriert waren, ein abgeschiedenes Leben als Einsiedler am Hang des Karmel zu führen. Heute lebt der Orden auf der ganzen Welt weiter, aber auch im Kloster „Stern des Meeres", dessen jetzige Gebäude 1836 errichtet wurden. Der Blick aufs Meer ist spektakulär. Besucher sollten Kleidung tragen, die die Knie und Schultern bedeckt; Männer müssen ihre Kopfbedeckungen abnehmen.

Die wunderschönen Malereien an der Decke und in der Kuppel der Kirche stellen Elija und den Feuerwagen, mit dem er in den Himmel aufgefahren sein soll, dar; außerdem sind König David mit seiner Harfe, die Heiligen des Ordens, die Propheten Jesaja, Ezechiel und David sowie die Heilige Familie mit den vier Evangelisten darunter zu sehen.

Auf dem Weg, der zum Eingang der Kirche führt, steht zum Gedenken an die 200 kranken und verwundeten französischen Soldaten, die hier untergebracht waren und nach Napoleons Rückkehr nach Paris im Jahr 1799 von den Osmanen niedergemetzelt wurden, ein Denkmal in Form einer Pyramide mit einem schmiedeeisernen Kreuz auf der Spitze.

◉ Seefahrtsmuseen & Höhle des Elija

2 km nordwestlich der Deutschen Kolonie liegt dieses Areal sehr ungünstig auf der anderen Seite der Bahnschienen und der Schnellstraße. Von der Deutschen Kolonie, Wadi Nisnas und Hadar fahren Bus 111 und 112 hierher, Bus 111 fährt auch nach Haifa-Hof HaCarmel.

★ Museum für heimliche Einwanderung & Marinemuseum
MUSEUM

(Karte S. 165; www.amutayam.org.il; 204 Allenby Rd; Erw./Kind inkl. Nationales Seefahrtsmuseum 15/10 NIS; ⊙ So–Do 10–16 Uhr) Dieses Museum ist viel faszinierender und dramatischer als man denkt: Es illustriert die hartnäckigen Bemühungen der zionistischen Bewegung, von 1934 bis 1948 während der britischen Blockade Palästinas jüdische Flüchtlinge aus Europa hierher zu bringen. Im Mittelpunkt steht ein Schiff aus dem Zweiten Weltkrieg, das damals den hebräischen Namen *Af-Al-Pi-Chen* („Trotzdem") erhielt. 1947 transportierte es 434 Flüchtlinge nach Palästina, doch die Briten fingen das Schiff ab und brachten die Passagiere in Internierungslager auf Zypern. Das Museum wird vom israelischen Verteidigungsministerium betrieben, daher müssen Besucher ihren Pass mitbringen.

Andere Ausstellungen erzählen die Geschichte des berühmten Schiffs *Exodus*. Dieses schwer überladene Schiff brachte 1947 über 4500 Überlebende des Holocaust nach Palästina, wurde aber von den Briten ausgerechnet zur Rückkehr nach Deutschland gezwungen.

Nationales Seefahrtsmuseum
MUSEUM

(Karte S. 165; ☎ 04-853 6622; www.nmm.org.il; 198 Allenby Rd; Erw./Kind 30/20 NIS; ⊙ So–Do 10–16, Fr bis 13, Sa bis 15 Uhr) Archäologische Unterwasserfunde, Modelle antiker Schiffe, Münzen mit maritimem Motiven, hellenistische Statuetten und alte Navigationstechnologie illustrieren 5000 Jahre der Schifffahrt im Mittelmeerraum.

Höhle des Elija
RELIGIÖSE STÄTTE

(Karte S. 165; Allenby Rd; ⊙ So–Do 8–18, im Winter bis 17, Fr bis 13 Uhr Sa & jüdische Feiertage geschl.) GRATIS In dieser Höhle, die den Juden, Christen, Muslimen und Drusen heilig ist, soll der Prophet Elija gebetet haben, bevor er auf dem Berg Karmel die Baal-Priester herausforderte (Buch der Könige 1, 18), und hier soll er sich hinterher vor dem Zorn der Königin Jezebel versteckt haben (Buch der Könige 1, 19:1–3). Heute ist hier nicht mehr viel zu sehen, es sei denn, man interessiert sich für jüdische Pilgerstätten. Besucher sollten sich angemessen kleiden. Es gibt separate Bereiche für Männer (rechts) und Frauen (links).

Einer christlichen Überlieferung zufolge suchten Maria, Josef und Jesus hier auf ihrer Rückkehr aus Ägypten Schutz. Muslime bringen die Stätte mit Al-Khidr (der grüne Prophet) in Verbindung, der manchmal als die islamische Version des Elija oder als dessen Begleiter angesehen wird. Vor 1948 wurde die Höhle von einer muslimischen *waqf* (religiöse Stiftung) kontrolliert.

Um vom Nationalen Seefahrtsmuseum hierher zu kommen, geht es den Hang hinauf, über die Straße und dann auf einer Treppe (mit einem hebräischen Schild versehen) hinauf zur 6 m hohen Schutzmauer; von dort führt ein asphaltierter Weg 200 m um den Kalksteinfelsen herum, unter den Kabeln der Seilbahn zum Kloster Stella Maris hindurch. Die Höhle und das Kloster sind durch einen steilen Weg verbunden.

Aktivitäten

Bat-Galim-Strand STRAND
(Karte S. 165; www.batgalim.org.il; Aharon Rosenfeld St) Es ist zwar nicht Hawaii, dennoch kommen Surfer her und warten auf die richtige Welle. Der Strand ist in Bat Galim, einem Wohnviertel der unteren Mittelklasse, etwa 1 km nordwestlich vom Krankenhaus Rambam (der Endhaltestelle der Metronit-Linie 2) und einige Blocks nordöstlich der unteren Seilbahnstation.

★ **Hof-HaCarmel-Strand** STRAND
(Karte S. 165) Die schönsten Strände Haifas erstrecken sich an der von Nord nach Süd verlaufenden Küste westlich vom Berg Karmel und bieten eine freundliche Promenade und mehrere Restaurants und Cafés. Zum Hof-HaCarmel-Strand kommt man mit der Metronit-Linie 1 nach Haifa-Hof HaCarmel oder mit einem Zug zum Bahnhof Hof HaCarmel (6 NIS, alle 20 Min. ab Haifa Merkaz-HaShmona). Auch die nahen Strände Zamir und Dado sind recht nett.

 Kurse

Universät Haifa (Ulpan) SPRACHKURSE
(☏ 04-824 0766; http://overseas.haifa.ac.il; Universität Haifa) Veranstaltet mit die renommiertesten und flexibelsten Sprachkurse in Israel. Intensivkurse in Hebräisch und Arabisch finden von Sonntag bis Donnerstag täglich fünf oder sechs Stunden lang statt, sowohl während des akademischen Jahres (900 US$/Semester) als auch im Juli und August (4/8 Wochen 1280/1850 US$ plus 320/460 US$ für Unterkunft im Mehrbettzimmer).

Ulpan Aba Hushi SPRACHKURSE
(Karte S. 165; ☏ 04-605 5149; www.ulpanhaifa.com; 131 HaMeginim Ave) Fünfmonatige Intensivkurse in Hebräisch mit fünf Unterrichtstagen pro Woche.

Feste & Events

Fest der Feiertage KARNEVAL
(www.haifahag.com) An allen Dezemberwochenenden finden in Wadi Nisnas ein Open-Air-Karneval und Konzerte statt, mit denen die jüdischen, christlichen und muslimische Feiertage gefeiert werden. Das Event heißt auf Hebräisch Chag HaChagim und auf Arabisch Id al-A'yad.

Schlafen

Nach Haifa kommen viele Bahai-Pilger, daher empfiehlt es sich immer, im Voraus zu reservieren, vor allem aber im Juli und August.

Innenstadt & Hafengebiet

Diese Gegend ist im Kommen – 1999 eröffnete hier das erste Hostel, heute gibt es mehrere. Sie liegt einige Blocks nördlich der Deutschen Kolonie, ganz in der Nähe des Bahnhofs Haifa Merkaz-HaShmona und an den Metronit-Linien 1 und 2.

★ **Port Inn** PENSION $
(Karte S. 166; ☏ 04-852 4401; www.portinn.co.il; 34 Jaffa Rd, Hafengebiet; B/EZ/DZ/3BZ/4BZ 130/290/340/450/550 NIS, B ohne Frühstück 90 NIS; ❄@☎) Die freundliche Pension mit hilfsbereiten Mitarbeitern, einem hübschen Garten, einer kleinen Küche und Waschmaschinen ist ein echter Magnet für Traveller. Die Lounge und der Speisesaal eignen sich hervorragend, um andere Gäste kennenzulernen. Die 16 Zimmer sind blitzsauber und einfach, aber farbenfroh eingerichtet. In den Schlafsälen stehen vier, fünf und neun Betten. Auf der anderen Straßenseite befinden sich Apartments, die für 3/4/5 Personen 400/500/600 NIS kosten (ohne Frühstück).

St. Charles Hospice PENSION $
(Karte S. 166; ☏ 04-855 3705; www.pat-rosary.com; 105 Jaffa Rd, Hafenbereich; EZ/DZ/4BZ 180/300/390 NIS; ❄@☎) Die katholischen Rosenkranz-Schwestern betreiben diese Pension in einem schönen Gebäude aus dem Jahr 1880. Die Zimmer sind einfach, aber komfortabel eingerichtet und verfügen über eigene Duschen. Die Pension bietet auch einen netten Garten. Das Tor ist oft verschlossen, dann klingelt man einfach. Sperrstunde ist in der Regel um 23 Uhr. Nur Barzahlung.

Deutsche Kolonie

Haddad Guest House HOTEL $
(Karte S. 166; ☏ 077-201 0618; www.haddadguesthouse.com; 26 Ben-Gurion Ave, Deutsche Ko-

WOHIN AM SABBAT IN HAIFA?

Dank der vielen Religionen, die in Haifa vertreten sind, kann man hier freitagabends und samstags jede Menge unternehmen. In christlichen Vierteln wie in Wadi Nisnas ist übrigens am Sonntag alles geschlossen.

Während der britischen Mandatszeit fuhren die öffentlichen Verkehrsmittel sieben Tage pro Woche, und das tun sie auch heute noch, zumindest in gewissem Grad. Die Metronit-Linie 1 verkehrt täglich rund um die Uhr mindestens zweimal pro Stunde und verbindet alle Gebiete an der Küste zwischen den Busbahnhöfen Haifa-Hof HaCarmel und Haifa-Merkazit HaMifratz, darunter die Innenstadt (Hafengebiet), die Deutsche Kolonie und den Hof-HaCarmel-Strand. Auch mehrere örtliche Buslinien fahren am Sabbat, ebenso wie die Busse von Haifa-Merkazit HaMifratz nach Nazareth (1 Std., stündl.), wo der Samstag ein ziemlich normaler Wochentag ist (dafür ist es hier sonntags fast so ruhig wie am Sabbat in Jerusalem).

Sheruts (Sammeltaxis) fahren zwischen Hadar und Akko, dessen gesamte Altstadt am Sabbat geöffnet ist, und Nahariya.

Alle Museen außer dem Seefahrts- und dem Marinemuseum sind samstags geöffnet, viele schließen aber ein oder zwei Stunden eher als an Wochentagen. Auch die Bahai-Gärten, der Schrein des Bab und der Zoo sind geöffnet. Der Suk (Markt) und die Geschäfte in Wadi Nisnas sind offen, ebenso wie die Lokale und Restaurants dort und in der Deutschen Kolonie, in Hadar und in Karmel-Zentrum. Der Flohmarkt in Wadi Salib findet ebenfalls statt. Im Drusendorf Daliyat al-Karmel herrscht samstags am meisten Betrieb.

---

lonie; EZ 280–320 NIS, DZ 330–380 NIS, 3BZ 400–450 NIS; ✳🛜) Mitten in der Deutschen Kolonie befindet sich dieses familiengeführte Hotel in einem komplett sanierten Haus aus dem 19. Jh. Es hat vier saubere, komfortable Zimmer im Erdgeschoss und sieben Zimmer mit Miniküche in der zweiten Etage (dazwischen befinden sich mehrere Anwaltskanzleien). Manche Bäder zeigen schon Alterserscheinungen. Hinter dem Haus kann man kostenlos parken.

Colony Hotel Haifa　　BOUTIQUEHOTEL **$$$**
(Karte S. 166; ☏ 04-851 3344; www.colony-hotel.co.il; 28 Ben-Gurion Ave, Deutsche Kolonie; EZ/DZ/3BZ/4BZ 666/740/1050/1260 NIS; ✳@🛜) Das 1905 von der Familie Appinger gebaute Templer-Haus und seine altmodischen Fliesenfußböden wurden behutsam modernisiert. Die 40 hübschen Zimmer haben große Fenster, hohe Decken und Marmorbäder; in einigen befindet sich ein Whirlpool.

🛏 Karmel-Zentrum

Oben auf dem Karmel ist es nicht nur kühler, die genannten Unterkünfte liegen auch alle in bequemer Gehweite von etlichen Restaurants und Cafés.

Molada Guest House　　PENSION **$**
(Karte S. 166; ☏ 04-838 7958, nach 15 Uhr App. 102 oder 103); www.rutenberg.org.il; 82 HaNassi Ave,

Karmel-Zentrum; EZ/DZ/3BZ 250/350/ 520 NIS; ✳🛜) Diese spartanische Pension im Stil eines Studentenwohnheims hat 16 große Zimmer mit Einzelbetten und Schreibtischen. Die Rezeption befindet sich die Straße hinunter im Ruthenberg Institute for Youth Education (77 HaNassi Ave; besetzt So–Do 8.30–15 Uhr). Wenn man vorher reserviert oder über die Webseite bucht, erfährt man auch, wo man den Schlüssel abholen kann, wenn die Rezeption geschlossen ist.

Die Pension liegt am Ende einer Einfahrt gegenüber vom Dan Carmel Hotel.

Beth Shalom Hotel　　HOTEL **$$**
(Karte S. 166; ☏ 04-837 7481; www.beth-shalom.co.il; 110 HaNassi Ave, Karmel-Zentrum; EZ/DZ/3BZ 380/500/630 NIS; ✳🛜) Eine in Zürich ansässige Gruppe von Lutheranern betreibt diese makellose Pension, die ein wenig anstaltsmäßig wirkt, dies aber auf sehr schweizerische Art. Die 30 recht kleinen Zimmer sind praktisch möbliert und mit Laminatböden und gefliesten Bädern versehen. Zu den Annehmlichkeiten gehören ein kleiner Kinderspielbereich, eine kleine Bibliothek und eine schöne Lounge mit kostenlosen Heißgetränken.

Villa Carmel　　BOUTIQUEHOTEL **$$$**
(Karte S. 166; ☏ 04-837 5777; www.villacarmel.co.il; 30 Heinrich Heine St, Karmel-Zentrum; Zi.

210–285 US$, Fr 25 US$ extra; ✹@🛜) Zwischen Kiefern und Zypressen steht dieses Boutiquehotel, das eine elegante, europäische Atmosphäre verströmt. Alle 15 Zimmer haben einen Balkon. Zu den Annehmlichkeiten gehören eine Sonnenterrasse auf dem Dach mit Whirlpool und Sauna sowie Massagen. Es liegt 800 m südwestlich von Karmel-Zentrum.

Crowne Plaza HOTEL $$$
(Karte S. 166; ☎ 1 700 700 884; www.crowne plaza.com; 111 Yefe Nof St, Karmel-Zentrum; DZ 153–261 US$; ✹@🛜≋) Eines der nettesten Hotels in Karmel-Zentrum mit fantastischer Aussicht, einem Spa und 100 Zimmern.

🛏 Stella-Maris-Bereich

Stella Maris Hospice PENSION $$
(Karte S. 165; ☎ 04-833 2084; stelama@netvision. net.il; Stella Maris Rd; EZ/DZ/3BZ 75/110/135 US$; ✹@🛜) Es ist nicht gerade die am zentralsten gelegene Unterkunft in Haifa, doch diese katholische Pension, die von Nonnen des Karmeliterordens geführt wird und auf Pilger ausgerichtet ist, bietet jede Menge altmodischen Charme (das Gebäude stammt aus dem Jahr 1840). Die 45 mit Kreuzen geschmückten Zimmer sind einfach, aber geräumig. Einige haben sogar Meerblick. Sperrstunde ist um 22.30 oder 23 Uhr, einchecken muss man bis 20 Uhr. Wenn man vor dem Karmeliterkloster Stella Maris steht, geht's durch das grüne Tor links davon; Besucher müssen am Tor klingeln.

Bus 115 fährt von Hadar und beiden zentralen Busbahnhöfen zum Kloster.

🛏 Hadar

Loui Hotels HOTEL $
(Karte S. 166; ☎ 04-432 0149; www.louihotels. com; 35 HeHalutz St, Hadar; ohne Frühstück DZ 70–90 US$, 4BZ 125–105 US$; ✹🛜) Dieses Apartmenthotel hat freundliche Mitarbeiter, sechs ordentliche Apartments und 35 einfache, praktische Zimmer mit Miniküche. Einige sind mit grässlichen Kronleuchtern und sichtbaren Boilern eingerichtet, andere haben Balkons. Die Dachterrasse wartet mit Blick auf den Hafen, Tischen und Stühlen und Kunstrasen auf. Die Gäste erhalten kostenlos Handys, mit denen sie innerhalb Israels unbegrenzt telefonieren können.

Art Gallery Hotel HOTEL $$
(Karte S. 166; ☎ 04-861 6161; www.hotelgallery. co.il; 61 Herzl St, Hadar; EZ/DZ 450/500 NIS; ✹@🛜) Originalarbeiten von örtlichen Künstlern zieren sowohl die öffentlichen Bereiche als auch die 40 Zimmer des Hotels, die zwar recht klein, aber sehr nett und schön ausgestattet sind. Das kreative Hotel, das 1938 eröffnet wurde, hat einen kleinen Fitnessraum und eine Terrasse in der 5. Etage mit Hafenblick und Picknicktischen, außerdem bietet es Massagen an. Es liegt in der Nähe der Metronit-Haltestelle Talpiyot Market.

Hotel Theodor HOTEL $$
(Karte S. 166; ☎ 04-867 7111; www.theodorho tel.co.il; 63 Herzl St, Hadar; EZ/DZ/3BZ 110/ 120/155 US$; ✹@🛜) Die 97 Zimmer der Touristenklasse, die die Stockwerke sechs bis 17 eines Hochhauses in Hadar belegen, sind modern, mittelgroß, mit Minibar und komplett gefliesten Bädern versehen und bieten in jede Richtung eine tolle Aussicht. Zur Rezeption geht es durch die schwarz-weiß-gekachelte Shopping-Arkade und eine Etage hinauf. Das Hotel befindet sich in der Nähe der Metronit-Haltestelle Talpiyot Market.

Essen

Viele Cafés in der Gegend rund um die Masada St (s. „Ausgehen & Nachtleben", S. 177), von Hadar 500 m bergauf, servieren leichte Gerichte.

✕ Deutsche Kolonie

Über ein Dutzend hervorragende Restaurants, die teilweise gefeierten arabischen Köchen gehören, säumen die elegante Ben-Gurion Ave in der Deutschen Kolonie. Fast alle haben täglich geöffnet.

★ Faces MEDITERRAN $$
(Karte S. 166; ☎ 04-855 2444; www.faces.rest-e. co.il; 37 Ben-Gurion Ave, Deutsche Kolonie; Hauptgerichte 39–135 NIS; ⊘ 9–24 Uhr oder später; 🛜🍴) Der in Nazareth geborene Koch Manhal abu Muwara bezieht seine Inspirationen aus der mediterranen Küche, um neue Gerichte zu kreieren – beispielsweise panierte Pilze gefüllt mit Ziegenkäse und Feta oder Hühnermedaillons im Stil von Cordon Bleu, die mit Gehacktem aus Entenbrust und Mozzarella gefüllt sind. Andere großartige Gerichte sind die gigantischen Salate und die handgemachte Pasta mit Sahne- oder Tomatensauce. Frühstück (45–52 NIS) wird den ganzen Tag serviert. Das Restaurant ist rollstuhlgerecht.

Shahrazad
NAHÖSTLICH $$

(Karte S.166; ☏077-434 1907; 37 Ben-Gurion Ave, Deutsche Kolonie; Hauptgerichte 42–120 NIS; ⏱11–2 oder 3 Uhr; ☏🅿) Serviert wunderschön angerichtete arabische Gerichte mit einer besonderen (manchmal schockierenden) Note, z.B. *mansaf* (Reis mit Lammhackfleisch, herbem Ziegenjoghurt, Pinienkernen, Safran und Muskat), ein förmliches Feiertagsessen, das mit ganz banalen Falafel-Bällchen serviert wird. Der Tamarindensaft ist großartig. Die nahöstlichen Desserts sind hier nicht ganz so überwältigend süß wie gewöhnlich.

Eine *nargileh* (Wasserpfeife) kostet 35 bis 45 NIS; auf dem Balkon darf nicht geraucht werden.

Al-Diyar
NAHÖSTLICH $$

(Karte S.166; ☏04-852 8939; 55 Ben-Gurion Ave; Hauptgerichte 55–98 NIS; ⏱12–24 Uhr; 🅿) Wenn arabische Einwohner der Stadt Appetit auf ein herzhaftes Essen mit gegrilltem Fleisch haben, z.B. Kebab mit Pinienkernen, kommen sie oft ins Al-Diyar, das auch Fisch, Meeresfrüchte und Pasta serviert. Die 15 verschiedenen Salate sind ein Fest für Vegetarier und kosten 35 NIS (30 NIS, wenn man ein Hauptgericht bestellt).

Douzan
LIBANESISCH $$$

(Karte S.166; ☏04-852 5444; 35 Ben-Gurion Ave, Deutsche Kolonie; Hauptgerichte 70–110 NIS; ⏱9–1 Uhr oder später; 🅿) Gerichte mit libanesischem, französischem und italienischem Einfluss machen dieses stimmungsvolle Restaurant zu einem der beliebtesten in der Deutschen Kolonie. Zu den Spezialitäten des Hauses gehören *sfeeha* (Pasteten, die mit Hackfleisch, Zwiebeln und Pinienkernen belegt sind), auf Zimtspießen gegrillte Kebabs und Kalbsröllchen gefüllt mit Ziegenkäse, Pesto und Knoblauchsauce. Für Vegetarier gibt es Taboulé (38 NIS) und *rolettini* (in gebratene Auberginenscheiben gerollter Käse).

✖ Karmel-Zentrum

Karmel-Zentrum bietet eine nette Mischung aus gehobenen Restaurants, schicken Cafés und Take-aways.

Gal's Bakery
BÄCKEREI $

(HaKonditoria shel Gal; Karte S.166; www.galsbakery.co.il; 131 HaNassi Ave, Karmel-Zentrum; Hauptgerichte 25–45 NIS; ⏱So–Do 7–22, Fr bis 15 Uhr; ☏🅿) Serviert leckeren Kuchen – den besten der Stadt – sowie Pasteten, Cookies, hausgemachtes Müsli (35 NIS), *bourekas* (köstliche blättrige Pasteten vom Balkan), Quiche, Lasagne, Sandwiches und im Winter Suppen. Man kann drinnen sitzen oder die Sachen mitnehmen. Koscher (Milchprodukte).

Meat
STEAK $$

(Karte S.166; ☏04-837 3222; http://meat.rest.co.il; 129א HaNassi Ave, Karmel-Zentrum; Hauptgerichte 59–149 NIS; ⏱12–23 Uhr; ☏) Das rustikale Garten-Grillrestaurant, ein Paradies für Fleischfreunde, serviert herzhafte Steaks und Burger und einige köstliche Vorspeisen, darunter Filet-Carpaccio (52 NIS) und Chorizo-Würstchen. Das erstklassige Rindfleisch kommt von den Golanhöhen und aus Argentinien. Kindergerichte kosten 45 NIS:

Mandarin
CAFÉ $$

(Karte S.166; ☏04-836 3554; 129 HaNassi Ave, Karmel-Zentrum; Hauptgerichte 39-74 NIS; ⏱8–1, Fr bis 2 oder 3 Uhr; ☏) Chinesisch ist an diesem gemütlichen Café-Bistro mit einer entspannten Holzterrasse an einem Gartenweg, der von der verkehrsreichen HaNassi Ave abzweigt, gar nichts. Stattdessen gibt es Salate, Sandwiches und Pasta sowie Frühstück (36–58 NIS), und die Musik aus den Lautsprechern reicht von Jazz und Blues bis zu französischen Chansons.

✖ Innenstadt & Hafengebiet

In dieser lange vernachlässigten Gegend funkeln inmitten der verfallenen Lagerhäuser einige kulinarische Juwelen.

★ Ma'ayan HaBira
JÜDISCH $$

(Karte S.166; ☏04-862 3193; 4 Nathanson St; Hauptgerichte 30–120 NIS; ⏱So–Fr 10–17, Di bis 23, Do bis 22 Uhr) Das alteingesessene Restaurant, das 1950 als Fleischerei und Wurstfabrik gegründet wurde, ist bekannt, weil es Bier ausschenkt (daher der Name), aber auch für seine osteuropäisch-jüdische Hausmannskost wie gelierte Kalbsfüße, Gefilte Fisch, gehackte Leber oder *kreplach* – mit Fleisch gefüllte Teigtaschen, die liebevoll „jüdische Wan Tan" genannt werden. Im Sommer serviert es Gulasch, im Winter *cholent*, einen Eintopf aus Fleisch, Bohnen, Gerste und Kartoffeln.

Nicht entgehen lassen sollte man sich die Straßenparty, die jeden Dienstag stattfindet: Zum Abendessen (19.30 oder 20 Uhr) erklingt dann Livemusik (Rock, Blues oder Country); Reservierung unerlässlich. Donnerstags ab 20 Uhr ist Live-Gitarrenmusik mit spanischen Texten zu hören.

✖ Wadi Nisnas

Konkurrierende Falafel-Restaurants liegen einander in der HaWadi St gegenüber. Drei Blocks nördlich versammeln sich an der Kreuzung Allenby Rd/HaZiyonut Blvd mehrere Shawarma-Läden, darunter **Shwarma Emil** (33 Allenby Rd).

Sonntags ist hier fast alles geschlossen.

Felafel HaZkenim FALAFEL $
(Karte S.166; 18 HaWadi St, Wadi Nisnas; Falafel 15 NIS; ⊙ 8–19.30 Uhr, So geschl.; 📷) Bei Felafel HaZkenim (1950 eröffnet) kann man seinen Hunger gut stillen. Eigentümer Afif Sbait begrüßt alle Gäste mit einem Lächeln und einem in Hummus getunkten Falafel-Bällchen

Felafel Michel FALAFEL $
(Karte S.166; 21 HaWadi St, Wadi Nisnas; Falafel 16 NIS; ⊙ 8–19.30 Uhr, So geschl.; 📷) Die besten Falafel der Welt gibt's bei Felafel Michel (1972 eröffnet). Am besten hungrig kommen! Ein mit Fleisch gefüllter *kibbeh*-Ball kostet 6 NIS.

Abd al-Hadi PASTICCERIA $
(Karte S.166; 3 Sh'hadah Shalach St, Wadi Nisnas; ⊙ tgl. 9–23 Uhr) Köstliches arabisches Gebäck, darunter *kunafeh* (flacher, warmer Käsekuchen) und ein Dutzend verschiedene Baklava.

Suk MARKT $
(Karte S.166; Yochanan HaKadosh St, Wadi Nisnas; ⊙ 6.30–17 Uhr, So geschl.) Der beste Ort, um in Haifa frisches Obst und Gemüse zu kaufen; andere Leckereien für ein Picknick bekommt man hier ebenfalls.

Ein El-Wadi NAHÖSTLICH $$
(Karte S.166; 📞 04-855 3353; 26 HaWadi St, Wadi Nisnas; Hauptgerichte 55–80 NIS; ⊙ Mo–Sa 10–20 Uhr) Das 2013 eröffnete Restaurant serviert unter antiken Steinbögen libanesische und palästinensische Gerichte wie *shishbarak* (Fleischklöße in Joghurtsoße; 80 NIS), *musakhan* (Hühnchen mit Sumach; 5 NIS), *makloubeh* (Schichten aus geschmortem Huhn, Reis und Gemüse; 55 NIS) und *fatayer* (mit Spinat gefüllte Pastete; 35 NIS). Zum Dessert sollte man *hariseh* (mit Rosensirup zubereiteter Grießkuchen) probieren.

✖ Hadar

Im nordwestlichen Teil der Herzl St gibt's Falafel- und Shawarma-Läden und anderes preiswertes Essen.

★ HaMis'ada shel Ima ÄTHIOPISCH $

(Mother's Restaurant; Karte S.166; 20 HaNevi'im St, Hadar; Hauptgerichte 35–40 NIS; ⊙ So–Fr 11–23, Sa Sonnenuntergang–22 oder 23 Uhr; 📷) Wer dieses total unprätentiöse Lokal betritt, fühlt sich wie auf einem kurzen Abstecher nach Addis Ababa. Die pikanten, wunderbar zufriedenstellenden äthiopischen Gerichte werden mit *injera* (weiches äthiopisches Fladenbrot aus Teffmehl) serviert – und gegessen – und schmecken am besten zu einem der beiden äthiopischen Biere (13 NIS). Es versteckt sich im Hof des Amisragas-Gebäudes.

Hauptgerichte sind u. a. *doro* (mit Butter, Knoblauch und Ingwer zubereitetes Hühnchen), *kitfo* (rohes oder leicht gekochtes mariniertes Rindfleisch) und für Vegetarier und Veganer *beyaynetu* (ein Kombiteller mit Linsen, Kartoffeln, Mohrrüben und Spinat.

Café Nitsa CAFÉ $
(Karte S.166; 19 HaNevi'im St, Hadar; Kuchen 12 NIS; ⊙ 6–16 Uhr; 📞) Dieses winzige Café, das 1947 gegründet wurde und sich seitdem kaum verändert hat, serviert osteuropäische Kuchen, Croissants, leichte Sandwiches und frisch gepressten Orangen- und Grapefruitsaft (12 NIS).

Ausgehen & Nachtleben

Einheimische, die abends ausgehen wollen, machen sich oft auf zur Deutschen Kolonie, wo viele Restaurants zugleich als Cafés und Bars fungieren; zu den hippen, linkslastigen Cafés rund um die Masada St; oder in die düstere Hafenregion (Innenstadt), wo es entlang der HaBankim St mehrere Bars gibt. In Karmel-Zentrum findet man viele Kaffeehäuser und auch einige Kneipen.

Karmel-Zentrum

Pundak HaDov KNEIPE
(Bear Inn; Karte S.166; www.pundakhadov.rest-e.co.il; 135 HaNassi Ave, Karmel-Zentrum; ⊙ 17–1 Uhr o. länger, Fr ab 12 Uhr) Dieses beliebte Pub-Restaurant im irischen Stil ist einer der wichtigsten Treffpunkte der in Haifa lebenden Ausländer und schenkt zwölf Fassbiere aus, darunter Murphy's und das israelische Alexander, das von einer Mikrobrauerei hergestellt wird. Unter den Hauptgerichten (56–125 NIS) sind Salate, Sandwiches, Hühnchen, Steak und Meeresfrüchte. Außerdem werden im Pundak HaDov große Sportevents gezeigt (Rugby, Fußball).

🍷 Innenstadt

Li Bira
BAR

(Karte S. 166; ☎ 052-228 4840; www.libira.co.il; 21 HaNe'emanim St, Innenstadt; ⏱ 19–1 Uhr oder länger) Der große Bierpalast im Keller ist seit Langem eine der beliebtesten Bars in der Innenstadt. Der Besitzer braut ungefilterte, nicht pasteurisierte Biere (Pint 28 NIS) nach eigenem Rezept: bitteres Weizenbier, Double Pilsner, Smoked Stout und saisonal auch starkes belgisches Ale. Bei einer „Bierprobe" bekommt man für 22 NIS 100 ml von jeder Sorte. Snacks, z. B. Carpaccio (29 NIS), geräucherte Gänsebrust (88 NIS) und Schweizer Rösti (44 NIS), sind ebenfalls erhältlich.

Syncopa
BAR

(Karte S. 166; 5 Khayat St, Innenstadt; ⏱ 20.30–2 Uhr oder länger) Die Nightlife-Location auf zwei Etagen bietet unten eine dezent beleuchtete, burgunderrote Bar und oben eine Bühne. Livemusik steht montags, mittwochs und samstags ab 22 Uhr auf dem Programm, donnerstags ab 22.30 Uhr sind DJs zugange. Einige Konzerte sind kostenlos, andere nicht.

Eli's Pub
BAR

(Karte S. 166; 35 Jaffa Rd, Innenstadt; ⏱ 20–3 Uhr) Der Besitzer Eli mag Traveller, darum sollte man sich kurz bekannt machen und sich ein nettes Plätzchen an der Bar suchen, wo elf Biere vom Hahn zur Wahl stehen (ab 24 NIS). In dieser Bar, die zu osmanischen Zeiten ein Hammam war, geht montags (Jamsession), dienstags (offene Bühne), mittwochs (Jazz) und donnerstags (lokale Bands) ab 22.30 oder 23 Uhr die Post ab.

🍷 Rund um die Masada Street

In den letzten Jahren haben sich die Masada St und ihre Umgebung in eine alternative, multikulturelle Enklave verwandelt, die sich nach Aussage ihrer Bewohner ein bisschen wie ein Kibbuz anfühlt. Dank der niedrigen Mieten eröffnen hier immer mehr funkige Geschäfte und kleine Cafés, die Frühstück, Salate und Sandwiches plus eine großzügige Dosis linker Politik offerieren. Von der Herzl St in Hadar kommt man hierher, wenn man ca. 500 m bergauf läuft (Richtung Südwesten) oder mit der Karmelit zur Station Masada fährt und nach Osten geht.

Cafe Masada
CAFÉ

(Karte S. 166; 16 Masada St; ⏱ 7–2 Uhr oder länger, Sa ab 9 Uhr;) Lust auf politische Diskussionen zum Java-Kaffee? In diesem politisch ziemlich aufgeladenen Café scheint jeder zum äußerst linken Flügel des Friedenslagers zu gehören und unverblümt seine Meinung zu sagen. Super, um sich unter die Einheimischen zu mischen und mit dem freundlichen Eigentümer Eran Pranger zu schwatzen. Für Hungrige sind beispielsweise *shakshuka* (28 NIS) und getoastete Sandwiches (16–28 NIS) im Angebot; Frühstück kostet 45 NIS.

Puzzle Café
CAFÉ

(Karte S. 166; 21 Masada St; ⏱ 10–24 Uhr oder länger;) Der Name dieses kleinen, freundlichen Cafés spiegelt die Vielfalt seiner Gäste wieder: eine kuriose Versammlung von einzigartigen Charakteren, die als Ganzes voller Überraschungen steckt. Das Café ist bei Szene-Typen, Studenten und jungen Künstlern beliebt. Wer Kohldampf hat, kann beim Brunch (49 NIS) zuschlagen oder Sandwiches (38–44 NIS), Quiche (44 NIS) und hausgemachte Kuchen (32–36 NIS) essen und dazu klassischem Rock lauschen.

Elika
CAFÉ

(Karte S. 166; 24 Masada St; ⏱ 7–15 Uhr) Wer eine palästinensisch-nationalistische Stimmung erleben will, sollte sich zum Elika aufmachen, einem beliebten Treff der arabischen kulturellen Elite Haifas. Die Wände sind mit alten Postern für arabische Konzerte gepflastert. Zu essen gibt es u. a. Salate (36–44 NIS), Mezze und Sandwiches (17–27 NIS) sowie Frühstück (26–45 NIS), das bis 15 Uhr serviert wird.

⭐ Unterhaltung

Genaue Informationen zu Kulturevents stehen auf der Seite www.ethos.co.il, die von der Stadtverwaltung Haifas betrieben wird; Tickets erhält man unter der Nummer ☎ 04-833 8888.

Beat
LIVEMUSIK

(Karte S. 166; ☎ 04-810 7107; www.ethos.co.il; 124 HaNassi Ave, Karmel-Zentrum; Eintritt 50–100 NIS) Das Beat fungiert gleichzeitig als städtische Musikschule und als eine der führenden Konzertbühnen Haifas, auf der israelische und ausländische Bands spielen. Das aktuelle Programm kann man telefonisch erfragen.

Haifa Cinematheque
KINO

(Karte S. 166; ☎ 04-833 8888; www.ethos.co.il; 142 HaNassi Ave, Karmel-Zentrum; Tickets 33 NIS) Zeigt Avantgarde- und Arthouse-Filme und andere unkonventionelle Streifen. Mit den Bronzesternen im Bürgersteig vor dem Kino werden wichtige Persönlichkeiten des israelischen Kinos geehrt.

Haifa Auditorium KONZERTSTÄTTE
(Karte S. 166; ☏ 04-833 8888; www.ethos.co.il; 140 HaNassi Ave, Karmel-Zentrum) Eine der wichtigsten Bühnen Haifas für Ballett, modernen Tanz und Musik mit über 1000 Sitzen.

Capoeira Angola Israel LIVEMUSIK, TANZ
(Karte S. 166; ☏ 054-436 5375; www.capoeira-angola.co.il; 8 Amos St, Hadar; ⊗ ✴ ✳ 19–21 Uhr) Die öffentliche *roda* (Musik- und Tanzkreis) am Samstagabend ist eine tolle Möglichkeit, Capoeira (eine afrobrasilianische Kampfkunst) kennenzulernen.

Matnas Tverya 15 LIVEMUSIK
(Gould-Shenfeld Community Center; Karte S. 166; ☏ 04-850 7785; tveria15@gmail.com; 15 Tiberias St) Ein Gemeindezentrum, in dem regelmäßig Amateurkonzerte, Theatervorstellungen und Kurse (z. B. Feldenkrais, Yoga und Tango) stattfinden. Das Zentrum zieht viele interessante Leute an, darum kann man hier prima Einheimische treffen. Im Juli und August gibt es samstags um 20 Uhr Folklorekonzerte auf dem Dach. Die Busse 115 und 133 fahren hierher, man kann aber auch die Karmelit bis Masada nehmen.

Am letzten Freitag im Monat ist Shishi Nashi (femininer Freitag; 10–13 Uhr) – weibliche Traveller sind zu diesem Mitbring-Frühstück, Tauschmarkt und Diskussionsforum herzlich eingeladen. Dienstagnachmittag wird für 50 NIS Akkupunktur angeboten (zum Reservieren Naomi unter ☏ 054-772 2024 anrufen).

Shoppen

ElWadi MUSIK
(Karte S. 166; ☏ 052-269 2412; 36 HaWadi St, Wadi Nisnas; ⊗ Di–Sa 9.30–19, Mo 14.30–19 Uhr) Der *oud*-Spieler Bishara Deeb betreibt diese Boutique nahöstlicher Musik, die *ouds* (1000–6500 NIS) aus Nazareth, Ägypten, Syrien und dem Irak sowie *darbouka*-Trommeln (160–1600 NIS) mit schönen Perlmutt-Intarsien, *qanuns*, *bouzoukis*, Gitarren und Tamburine verkauft.

Türkischer Markt MARKT
(HaShuk HaTurki; Karte S. 166; Kikar Paris, Innenstadt; ⊗ Fr 10–16 Uhr) Hierbei handelt es sich um einen Kunsthandwerksmarkt, zu dem Künstler und Kunsthandwerker aus der gesamten Region kommen.

Flohmarkt MARKT
(Shuk Pishpeshim; Karte S. 166; Kibbutz Galuyot St, Wadi Salib; ⊗ Sa & So) In den Läden und auf den Bürgersteigen wird jede Menge wertloser und wertvoller Trödel angeboten. Etwa 700 m südöstlich vom Kikar Paris.

❶ Orientierung

Je höher man die Hänge des Karmel hinaufgeht, desto wohlhabender sind die Stadtviertel.

Die düstere **Innenstadt** (Ir Tachtit) und das angrenzende **Hafengebiet**, die während der späten osmanischen Periode und der britischen Mandatszeit erbaut wurden, liegen im Flachland neben dem Hafen von Haifa und den Bahnschienen. Orientierungspunkte sind der Bahnhof Haifa Merkaz-HaShmona, der bequeme Verbindungen zum Ben-Gurion-Flughafen, nach Tel Aviv, Akko und nach Nahariya bietet, sowie der **Kikar Paris**, die untere Endstation der Karmelit-Standseilbahn (eine steile U-Bahn mit sechs Stationen). Etwa 1 km westlich von hier, direkt unterhalb der Bahai-Gärten, befindet sich die Ben-Gurion Ave, die elegante Hauptstraße durch die **Deutsche Kolonie**. Das überwiegend arabische Viertel **Wadi Nisnas** liegt in einem kleinen Tal in der Mitte zwischen dem Kikar Paris und der Deutschen Kolonie. Nordwestlich davon, auf der anderen Seite der Bahnschienen, liegt **Bat Galim**, wo sich das Krankenhaus Rambam und ein Strand befinden.

Etwa 1 km südlich vom Kikar Paris (bergauf) liegt die Mitte von Hadar HaCarmel, gemeinhin **Hadar** genannt. Das kommerzielle Zentrum der Stadt entstand in der Mitte des 20. Jhs. Lokale und preiswerte Geschäfte säumen seine belebten Straßen. Die Karmelit-Station HaNevi'im befindet sich 350 m nordwestlich der Ecke Herzl St/Balfour St, dem Zentrum Hadars, und 350 m südöstlich der Hauptstraße vom Wadi Nisnas, der HaWadi St.

Rund um Gan HaEm, der oberen Endstation der Karmelit, liegt **Karmel-Zentrum** (Merkaz HaCarmel), das kommerzielle Zentrum des wohlhabenden Stadtviertels, das sich entlang des Kamms des Karmel erstrecken. Die schönste Aussicht in der Gegend bietet sich von der **Yefe Nof Street**, die parallel zur HaNassi Ave verläuft und zum Besuchereingang der Bahai-Gärten führt.

In den meisten Hotels und in der Touristeninformation von Haifa bekommt man kostenlose Stadtpläne.

❶ Praktische Informationen

In Hadar und oben in Karmel-Zentrum gibt's viele Banken.

Geldwechsel (47 Herzl St, Hadar)

Polizei (☏ 04-864 8811, 100; 1 Natan Elbaz St, Wadi Salib) 2 km südöstlich vom Kikar Paris.

Post (Karte S. 166; 63 Herzl St, Hadar) Weitere Filialen befinden sich in der Deutschen Kolonie (Karte S. 166; 27 Ben-Gurion Ave) und in Karmel-Zentrum (Karte S. 166; 9 Wedgewood Ave). In allen kann man Geld wechseln und Reiseschecks von American Express einlösen.

Rambam Medical Centre (Rambam Health Care Campus; 1-700 505 150, Notaufnahme 04-777 1300; www.rambam.org.il; 8 HaAliya HaShniya St, Bat Galim; 24 Std.) Eines der größten und renommiertesten Krankenhäuser Israels.

Touristeninformation (Haifa Tourist Board; Karte S. 166; 1-800 305 090, 04-853 5606; www.tour-haifa.co.il; 48 Ben-Gurion Ave, Deutsche Kolonie; So–Do 8.30–18, Fr –13 Uhr) Hier gibt's nützliches Infomaterial, darunter den *Guide to Haifa Tourism* und einen Stadtplan (4 NIS), in dem vier Routen für Themenspaziergang verzeichnet sind. Befindet sich am oberen Ende der Ben-Gurion Ave.

 An- & Weiterreise

AUTO
Nordisrael ist kompakt, daher kann man mit einem Auto problemlos große Gebiete erkunden. Akko ist nur 25 Minuten entfernt (über die neue Rte 22, unter dem Namen Okef Krayot bekannt), weitere 30 Minuten weiter nördlich liegt Rosh HaNikra; Caesarea und Zichron Ya'acov befinden sich 35 bis 40 Minuten in Richtung Süden; und Nazareth und Beith She'an liegen eine Fahrstunde Richtung Südosten. Mit den eigenen vier Rädern kommt man auch problemlos in Orte, die keine günstigen Busverbindungen haben, etwa Ein Hod, Megiddo und Montfort.

Alle großen Autovermietungsagenturen haben in Haifa Niederlassungen in den Seitenstraßen in der Nähe des Busbahnhofs Haifa-Merkazit HaMifratz.

BUS
In Haifa gibt es zwei zentrale Busbahnhöfe. Den Busbahnhof **Haifa-Hof HaCarmel** (Karte S. 165) nutzen Busse, die an der Küste entlang nach Süden fahren (z. B. nach Tel Aviv). Er liegt an der westlichen, dem Meer zugewandten Seite des Karmel in der Nähe des Bahnhofs Haifa-Hof HaCarmel. Von der Deutschen Kolonie am Fuß des Karmel sind es ca. 8 km. Nach Tel Aviv und in andere Küstenstädte kommt man am schnellsten mit dem Zug. Weitere Fahrtziele:

Atlit „Illegal" Immigrant Detention Camp (Bus 221; 25 Min., alle 30 Min.)
Jerusalem (Egged-Bus 940, 44 NIS, 2 Std., alle 30–90 Min. außer Freitagabend bis Sonnenuntergang am Samstag)
Zichron Ya'akov (Egged-Bus 202, 16,80 NIS, 1 Std., alle 90 Min. außer Freitagabend bis Sonnenuntergang am Samstag)

Der Busbahnhof **Haifa-Merkazit HaMifratz**, der vom Karmel aus auf der Seite der Bucht von Haifa liegt, wird hauptsächlich von Bussen nach Norden und Osten genutzt. Er liegt 8 km südöstlich der Deutschen Kolonie, einige Hundert Meter – durch das gigantische Einkaufszentrum Lev HaMifratz hindurch – vom Bahnhof Lev HaMifratz. Nach Akko und Nahariya geht es mit dem Zug am schnellsten. Andere Fahrtziele:

Afula (Nateev-Expressbus 301, 40 Min., alle 15 Min. außer Freitagnachmittag bis Sonnenuntergang am Samstag). Regelmäßig fahren Busse von Afula nach Beit She'an.
Akko (Nateev-Expressbusse 271 und 361, 16 NIS, 35–45 Min., alle 10 Min.) Bus 271 fährt weiter an den Bahai-Gärten, zum Kibbuz Lohamei HaGeta'ot und nach Nahariya.
Beit She'arim (Kreuzung HaShomrim; Nateev-Expressbus 301, 13,50 NIS, 15 Min., 3-mal stündl.)
Jerusalem (Egged-Bus 960, 45,30 NIS, 1¾ Std., 1- oder 2-mal stündl. außer Freitagnachmittag bis Sonnenuntergang am Samstag)
Kiryat Shmona (Egged-Bus 500, 44 NIS, 2 Std., 2-mal stündl. außer Freitagnachmittag bis Sonnenuntergang am Samstag)
Nazareth (Busse 331 und 339, gemeinsam mit Nazareth Tourism & Transport und GB Tours; 19 NIS, 1 Std., So–Fr 2-mal stündl., Samstag stündl.) Einige Busse auf dieser Linie halten auch im Hafengebiet (Innenstadt) in der Sha'ar Palmer St (alle 1–2 Std.).
Tiberias (Egged-Bus 430, 25 NIS, 1¼ Std., 2-mal stündl. außer Freitagnachmittag bis Sonnenuntergang am Samstag)
Tsfat (Nateev-Expressbus 361, 1¾ Std., 2-mal stündl.) Über Akko (45 Min.).

Zwischen den beiden zentralen Busbahnhöfen verkehren die Metronit-Linie 1 (30 Min.), die über die Deutsche Kolonie und das Hafengebiet fährt, und Bus 101 (15 Min.), der durch den Carmel-Tunnel, mautpflichtige Tunnel unter dem Karmel, fährt.

In allen Fernbustickets nach Haifa ist die Weiterfahrt von den beiden zentralen Busbahnhöfen in die Stadt enthalten, wenn man beim Kauf des Tickets (z. B. beim Fahrer) nach einem *kartis hemshech* (Transfer-Ticket) fragt. Einziger Nachteil: Dafür benötigt man eine wiederaufladbare Rav-Kav-Smartcard (kann man beim Fahrer kaufen).

FLUGZEUG
Arkia (www.arkia.com) fliegt vom **Flughafen Haifa** (HFA; www.iaa.gov.il), der 7,5 km südöstlich vom Kikar Paris liegt, nach Eilat (einfache Strecke 52–113 US$, 70 Min., 4-mal wöchentl.).

SHERUT (SAMMELTAXI)
Sheruts (Sammel- bzw. Servicetaxis) fahren täglich von verschiedenen Stellen rund um die

ABSTECHER

BEIT SHE'ARIM

بيت شعاريم   בית שערים

Die antike jüdische Stadt und spätere Nekropole **Beit She'arim** (www.parks.org.il; Erw./
Kind 22/10 NIS; während der Sommerzeit 8–17 Uhr, sonst 8–16 Uhr, schließt Fr 1 Std. früher, letzter Einlass 1 Std. vor Schließung) ist heute ein schattiger Park und ein Topziel für Besucher,
die sich für die Frühzeit des rabbinischen Judentums (nach der Zerstörung des Zweiten
Tempels) interessieren.

In Teilen des späten 2. Jhs. v. Chr. war Beit She'arim der Treffpunkt der Sanhedrin (der
Hohe Rat der Rabbis) unter Führung des Rabbi Yehuda HaNassi, der sowohl für die weltlichen als auch für die religiösen Belange verantwortlich war und sich um die politischen
Beziehungen zwischen den Juden und ihren römischen Herren kümmerte. Er versammelte jüdische Gelehrte und trug in Tzipori die Mischna (erste jüdische Gesetzessammlung) zusammen. Er bat jedoch darum, in Beit She'arim begraben zu werden, woraufhin
es ihm andere nachtaten.

Im 4. Jh. zerstörten die Römer die Stadt, wahrscheinlich während der Niederschlagung eines jüdischen Aufstandes. In den folgenden 600 Jahren wurden viele der Gräber
geplündert und durch Steinschläge verschüttet. Durch Zufall entdeckten Archäologen
1936 die Überreste Beit She'arims.

Bei der Fahrt Richtung Parkeingang sieht man links die Ruinen einer **Synagoge
aus dem 2. Jh.** Im Park selbst befinden sich 31 Katakomben und ein kleines Museum
in einem antiken Wasserspeicher, der aus dem Fels geschlagen wurde. Die größte Katakombe besteht aus 24 einzelnen Kammern mit insgesamt über 200 Sarkophagen.
Besonders bemerkenswert sind die vielfältigen Symbole und Inschriften, die in die Särge
eingemeißelt sind, darunter Epitheta auf Hebräisch, Aramäisch, Palmyrenisch und
Griechisch. Einige der hier Begrabenen sollen sogar aus dem fernen Persien und Jemen
stammen.

Beit She'arim liegt ca. 23 km südöstlich Haifa, die Strecke führt hauptsächlich über
die Rte 75. Man kann auch mit dem Nateev-Expressbus 301 von Haifa-Merkazit HaMifratz (13,50 NIS, 15 Min., 3-mal stündl.) herkommen; man sagt dem Fahrer, dass man
nach Beit She'arim möchte, dann wird man an der Kreuzung HaShomrim herausgelassen,
der Park befindet sich 700 m weiter südlich an der Rte 722.

Kreuzung Herzl St/HaNevi'im St in Hadar nach
Akko, Nahariya und Tsfat (Karte S. 166; ☎ 04-
862 2115) und nach **Tel Aviv** (Wochentage/
Sabbat 30/45 NIS).

Ein *sherut* zum Flughafen (77 NIS von der
sherut-Haltestelle, 119 NIS vom Hotel) sollte man
einen Tag vorher unter der Nummer ☎ 04-866
2324 reservieren.

ZUG
In Haifa gibt es vier Bahnhöfe:

Haifa-Hof HaCarmel – 8 km von der Deutschen Kolonie, westlich und dann südlich um
den Fuß des Karmel herum; in der Nähe des
Busbahnhofes Haifa-Hof HaCarmel.

Haifa Merkaz-HaShmona (Haifa Zentrum-
HaShmona) – in der Innenstadt (Hafengebiet),
700 m nordwestlich vom Kikar Paris und 700 m
östlich von der Deutschen Kolonie.

Haifa-Bat Galim – im Viertel Bat Galim, in
der Nähe des Krankenhauses Rambam und
1 km südöstlich von der Stella-Maris-Seilbahn.

Lev HaMifratz – 8 km südöstlich der Deutschen Kolonie, einige Hundert Meter – durch
das gigantische Einkaufszentrum Lev HaMifratz

hindurch – vom Busbahnhof Merkazit
HaMifratz.

Eine Bahnfahrt innerhalb Haifas zwischen
diesen vier Bahnhöfen kostet 6 NIS (alle
10–20 Min.). Weitere Ziele mit der Bahn:

Akko (16 NIS, 30 Min., 3-mal stündl.)

Ben-Gurion-Flughafen (41,50 NIS, 1¾ Std.,
2-mal stündl.)

Nahariya (20,50 NIS, 2-mal stündl., 35 Min.)

Tel Aviv (32 NIS, 1 Std., 2- bis 3-mal stündl.)

Von Freitagnachmittag bis zum Sonnenuntergang am Samstag fahren keine Züge.

ⓘ Unterwegs vor Ort

BUS
Die U-Bahn Karmelit ist toll, um den Berg hinauf
und hinunter zu fahren. Doch für die Fahrt um
die Flanken des Berges herum benötigt man
Busse (betrieben von Egged, Nateev Express
und Omni Express) und die **Metronit**, ein Bussystem mit drei Linien, das 2013 eingeweiht wurde und dank eigener Busspuren (erkennbar am
roten Streifen in der Mitte) und synchronisierter
Ampeln fast so schnell ist wie die Bahn.

HAIFA & NORDKÜSTE HAIFA

Die Metronit-Linie 1 verbindet die beiden zentralen Busbahnhöfe Haifa-Merkazit HaMifratz und Haifa-Hof HaCarmel und fährt dabei über das Hafengebiet und die Deutsche Kolonie. Sie verkehrt rund um die Uhr, sieben Tage pro Woche (ja, auch am Sabbat!) mindestens zweimal pro Stunde (zu Spitzenzeiten alle 6 Min.). Linie 2 fährt von Bat Galim (Krankenhaus Rambam) ebenfalls über das Hafengebiet und die Deutsche Kolonie bis Haifa-Merkazit HaMifratz. Tickets (6,90 NIS, wie alle Bustickets) sind 90 Minuten gültig und werden an Automaten verkauft, die sich an allen Haltestellen befinden.

U-BAHN

Die **Karmelit** (04-837 6861; www.carmelit haifa.co.il; einfache Fahrt 6,90 NIS, Tageskarte 15 NIS; So–Do 6–24, Fr –15 Uhr, Sa Sonnenuntergang–24 Uhr), Israels einzige U-Bahn (eigentlich ist es eine Standseilbahn) hat sechs Stationen und fährt vom Kikar Paris in der Innenstadt (Hafengebiet) über Hadar (Station HaNevi'im) nach Karmel-Zentrum (Station Gan HaEm). Die Strecke ist 2 km lang und überwindet auf Steigungen von bis zu 17,5° 268 Höhenmeter. Fahrräder können mitgenommen werden.

Daliyat al-Karmel

דאלית אל-כרמל   دالية الكرمل

04 / 16 000 EW.

Die größte Drusensiedlung in Israel ist eine weitläufige Stadt auf dem Kamm des Karmel, etwa 16 km südlich von Haifa (11 km südlich der Universität von Haifa). Durch jahrelanges Wachstum hat sich Daliyat nun auch auf die benachbarten Hügel ausgebreitet und ist mit dem kleineren Drusendorf Isfiya (Usfiyeh) gleich nördlich der Stadt fast zusammengewachsen.

Das „Zentrum" der Stadt ist ein 200 m langer Abschnitt der Hauptstraße durch die Stadt, der Rte 672. Zwischen und in den Restaurants verkaufen Geschäfte von den Drusen hergestellte Textilien, farbenfrohe Schals und Hosen, Tabla-Trommeln, Töpferwaren und Souvenirs – Schnäppchen für jedermann. Am Sabbat und an jüdischen Feiertagen ist in der Stadt am meisten los.

◎ Sehenswürdigkeiten

Schrein des Abu Ibrahim   RELIGIÖSE STÄTTE
Das quadratische kleine Gebäude mit einer kleinen roten Kuppel und einer Fassade aus Jerusalem-Stein ist der Schrein des Abu Ibrahim, in dem nach drusischem Glauben die Seele Elijas wiedergeboren wurde. Sowohl Männer als auch Frauen müssen sich angemessen kleiden, ihre Arme bedecken und ihre Schuhe ausziehen.

Von der T-Kreuzung gleich hinter den Geschäften (hier biegt die Rte 672 im rechten Winkel nach links Richtung Südosten ab) geht man nach Westen. Zum Schrein sind es etwa 600 m, den Schildern „Holy Place" folgen.

Beit Oliphant   HISTORISCHE STÄTTE
(tgl. 8–20 Uhr) GRATIS Am Ende der Twenty-Two St befindet sich das Haus Beit Oliphant (ausgeschildert als Beit Druze), in dem von 1882 bis 1887 der christliche Zionist Sir Lawrence Oliphant und seine Frau Alice lebten. Die Oliphants gehörten zu den wenige Nicht-Drusen, die eine enge Beziehung zu der Religionsgemeinschaft pflegten, und taten viel, um ihr zu helfen. Oliphants damaliger Assistent war Naphtali Herz Imber, der Verfasser des Textes der israelischen Nationalhymne „HaTikwa", der 1886 erstmals veröffentlicht wurde.

Die antike römische Säule ist eine Gedenkstätte für Alice, die mit 36 Jahren starb – Imber soll wahnsinnig in sie verliebt gewesen sein. Heute dient das Haus als **Drusisches Gedenkzentrum** und erinnert an die 398 Drusen, die seit 1948 während ihres Dienst in den Israel Defense Forces (IDF) den Tod fanden.

Essen

In der Hauptstraße von Daliyat gibt es ein paar Falafel-Läden.

Abu Anter   NAHÖSTLICH $$
(04-839 3537; Rte 672; Hauptgerichte 45–140 NIS; 7–19 Uhr) Der Vater des heutigen Besitzers Anter eröffnete 1954 dieses blitzsaubere, einladende Restaurant. Es hat sich auf regionale Speisen wie gegrilltes Fleisch und Fisch, gefüllte Weinblätter, *mansaf* (in saurem Joghurt gekochtes Lamm, das auf Reis serviert wird) und *siniya* (Hackfleisch mit Tahina) spezialisiert.

Andarin   NAHÖSTLICH $$
(Rte 672; Hauptgerichte 35–120 NIS; 9–23 Uhr;) Hier gibt es schmackhaftes gegrilltes Fleisch, Fisch und Meeresfrüchte sowie eine gute Auswahl leichter Gerichte. Die Hauptgerichte werden mit einer Salatbeilage serviert.

❶ An- & Weiterreise

Bus 37א verbindet Daliyat al-Karmel und Isfiya mit der Universität von Haifa, der Deutschen

Kolonie, Wadi Nisnas und der HaNassi Ave in Karmel-Zentrum (6,80 NIS, 1 Std., 2- bis 3-mal stündl. außer Freitagnachmittag bis Sonnenuntergang am Samstag).

Karmeliterkoster St. Elija
דיר المحرقة מנזר המוחרקה

Karmeliterkoster St. Elija KLOSTER
(Muhraqa; www.muhraqa.org; Eintritt 4 NIS; ⊙ 9–17 Uhr, letzter Einlass 16.30 Uhr) Spektakuläre Aussichten bietet das Karmeliterkoster St. Elija, das arabische und jüdische Israelis die Muhraqa nennen. Das Kloster wurde gebaut, um an Elijas Duell mit den 450 Propheten des Baal (Buch der Könige 1, 18) zu erinnern. Der katholische Komplex umfasst eine 1883 errichtete Kapelle (Männer müssen ihre Kopfbedeckung abnehmen) und ist heute die Heimat zweier Mönche vom Orden der Unbeschuhten Karmeliten.

Vom Dach (Eingang über den Laden) kann man das Mittelmeer, bei klarem Wetter den Berg Hermon und alles dazwischen sehen. Vor dem Kloster befindet sich ein friedlicher kleiner Garten mit einer Statue des Elija.

Die Muhraqa liegt 5 km südlich vom Zentrum von Daliyat al-Karmel; an der ausgeschilderten Y-Kreuzung links halten.

Atlit
عتليت עתלית
📍 04

🎯 Sehenswertess

Atlit „Illegal" Immigrant Detention Camp HISTORISCHE STÄTTE
(📞 04-984 1980; Erw./Kind 32/27 NIS; ⊙ So–Do 9–17, Fr bis 13 oder 14 Uhr, letzte Führung So–Do 15 oder 16, Fr 12 Uhr) 1939, als die Lage der europäischen Juden immer dramatischer wurde, veröffentlichte die britische Regierung ein Weißbuch, das die Zahl der jüdischen Einwanderer nach Palästina auf 10 000 bis 15 000 „Zertifikate" pro Jahr beschränkte. Die Führer der zionistischen Bewegung entschieden, dass die Juden illegal nach Palästina kommen sollten, wenn sie es auf legalem Weg nicht könnten. Tausende Juden, die vor dem Naziregime flohen, schafften es durch die britische Blockade, doch viele wurden festgenommen und im Atlit „Illegal" Immigrant Detention Camp interniert.

Am 10. Oktober 1945 drang der Palmach (eine Spezialeinheit der Haganah) ins Lager ein und befreite 200 Gefangene. Diese mutige Tat, die vom jungen Jitzchak Rabin angeführt wurde, veranlasste die Briten, das Lager zu schließen. Danach wurden Überlebende des Holocaust und andere Juden, die wegen illegaler Einreise nach Palästina festgenommen wurden, in Lager auf Zypern gebracht.

Besucher können die Städte auf eigene Faust besichtigen, doch die beste Möglichkeit ist eine 90-minütige Führung – die Zeiten der englischsprachigen Führungen erfährt man telefonisch. Die Führer zeigen die Barracken (nachgebaut), ein schreckliches Waschhaus (weitgehend im Original), in dem die Neuankömmlinge sich entkleiden mussten und mit DDT desinfiziert wurden, sowie ein 34 m langes Schiff von der Art, die benutzt wurde, um *ma'apilim* („illegale" Einwanderer) vor der Gründung Israels nach Palästina zu bringen. (Dieses Schiff ist die in den 1970er-Jahren in Litauen gebaute *Galina*.) Ein Schiff dieser Größe war mit 600 bis 800 Flüchtlingen vollgepackt.

Das Lager Atlit liegt 16 km südlich von Haifa und 20 km nördlich von Zichron Ya'acov. Bus 221 (alle 30 Min.) fährt vom Lager zum Bahnhof Atlit (10 Min.), der 3 km weiter südlich liegt, und zum Busbahnhof Hof HaCarmel in Haifa (25 Min.).

Kreuzfahrerburg BURG
Auf einer Landzunge etwa 1,5 km südwestlich des Lagers in Atlit steht diese eindrucksvolle Kreuzfahrerburg, die im Lateinischen Castrum Pergrinorum und im Französischen Château Pèlerin (Pilgerburg) heißt. Sie befindet sich auf dem Gelände einer Militärbasis, die für die Ausbildung israelischer Marinetruppen genutzt wird und kann daher nicht besichtigt werden. Einen schönen Blick auf die Burg hat man aber vom **Naturschutzgebiet Atlit Beach** (Shmurat Hof Atlit) aus.

🍴 Essen

Wer Hunger hat, sollte die **Tankstellen Paz** oder **Sonol**, ein paar Hundert Meter südlich der Tore des Camps, ansteuern; beide haben Restaurants.

Ein Hod & Ain Hud
عين هود عين حوض עין הוד עין חוד
📍 04

Der dadaistische Maler Marcel Janco kam 1950 zufällig nach Ein Hod – zwei Jahre, nachdem die arabischen Einwohner vertrie-

NICHT VERSÄUMEN

STRÄNDE AN DER NORDKÜSTE

An der nördlichen Mittelmeerküste Israels erstreckt sich eine Kette schöner Sandstrände. Zu den nettesten gehören folgende (von Süd nach Nord):

Beit Yanai – liegt zwischen der Mündung des **Nahal Alexander**, des saubersten Küstenflusses Israels, im Norden und natürlichen Sanddünen im Osten. Parken kostet 24 NIS, ein Restaurant gibt es auch. 14 km südlich von Caesarea.

Aqueduct – direkt neben einem Abschnitt des römischen Aquädukts von Caesarea. Kein Eintritt. Über die Straße liegt es 2,5 km nördlich des antiken Caesarea.

Dor – Sand, Gezeitenbecken und die Ruinen von Dor, einer bedeutenden Hafenstadt, die der Reihe nach in der Hand der Kanaaniter, Israeliten, Assyrer, Perser und Griechen war und mehrfach im Alten Testament erwähnt wird. 10 km nordwestlich von Zichron Ya'akov.

Atlit – Teil des Naturschutzgebietes Atlit Beach, liegt gleich nördlich einer Kreuzfahrerburg (S. 183), die nicht öffentlich zugänglich ist. Der Strand befindet sich 1,5 km südwestlich vom Atlit „Illegal" Immigrant Detention Camp (S. 183).

Bat Galim (S. 173) – im Stadtviertel Bat Galim in Haifa, ca. 1 km nordwestlich vom Krankenhaus Rambam, der Endhaltestelle der Metronit-Linie 2.

Hof HaCarmel (S. 173) – der schönste Strand Haifas. Liegt in der Nähe des Bahnhofs Hof HaCarmel und des Busbahnhofs Haifa-Hof HaCarmel.

Argaman (S. 196) – Akkos kommunaler Strand liegt 1,5 km südöstlich der Altstadt.

Akhziv – Teil des Nationalparks Akhziv (S. 200), etwa 4 km nördlich von Nahariya.

---

ben worden oder geflüchtet waren – und verliebte sich in diesen Ort. Ein beträchtlicher Teil der israelischen Künstlerelite folgte ihm, und heute leben in dem Dorf etwa 60 Künstler und ihre Familien. Am meisten ist samstags los, freitags ist es dagegen recht ruhig, besonders nach 14 Uhr.

An die 700 bis 900 arabische Bewohner verließen Ein Hod während der Kämpfe im Jahr 1948. Die meisten landeten in der Gegend um Jenin, doch ein Scheich blieb in der Nähe. Die Familie Abu al-Hija ließ sich nur ein paar Kilometer entfernt nieder und gründete in den 1960er-Jahren **Ain Hud**, das 1992 von der israelischen Regierung anerkannt wurde und inzwischen ein prosperierendes Dorf ist. Es liegt 4 km hinter Ein Hod (vom modernen orthodoxen Moschaw Nir Etzyion den Hügel hinauf). Heute herrschen zwischen den beiden Dörfern freundliche Beziehungen.

Eine Nebenstraße führt von Ein Hod und Ain Hud den Hügel hinauf nach Daliyat al-Karmel.

⊙ Sehenswertes

In Ein Hod leben und arbeiten mehrere Dutzend Künstler. Die meisten Ateliers sind für Gelegenheitsbesucher geschlossen, doch man kann mehrere **Galerien** und **Ausstellungen** besuchen und nach vorheriger Anmeldung **Workshops** und **Kurse** zu Themen wie Keramik, Aquarell- und Ölmalerei, Lithografie oder Fotografie besuchen. Einzelheiten stehen auf der offiziellen Website Ein Hods, www.ein-hod.org, sowie auf der privat betriebenen Website www.ein-hod.info.

Kostenlose Stadtpläne von Ein Hod findet man im Ständer vor dem Makolet (Lebensmittelladen).

Janco-Dada-Museum　　　　　MUSEUM
(☏ 04-984 2350; www.jancodada.co.il; Erw./Kind 20/10 NIS; ⊙ So–Do 9.30–15.30, Fr 9.30–14, Sa 10–16 Uhr) Zeigt Collagen, Zeichnungen und Gemälde von Marcel Janco und veranstaltet Ausstellungen zeitgenössischer israelischer und europäischer Künstler. Von der Veranda im obersten Stock bietet sich die Art von Aussicht, die Janco einst dazu inspirierte, sich hier niederzulassen. Das **Dadolab** (Sa und an den Feiertagen Pessach, Sukkot und Chanukka 11–14 Uhr) unten organisiert Aktivitäten für Kinder.

Ein-Hod-Galerie　　　　　GALERIE
(So & Di–Do 10–16, Fr 10–14, Sa 11–16 Uhr) Zeigt Werke aller Künstler der Kolonie, die plastisch arbeiten. Wer etwas besonders interessant findet, kann möglicherweise das Atelier des Künstlers besuchen. Gegenüber vom Janco-Dada-Museum.

Studio Magal
GALERIE

(☏04-984 2313; ⊙tgl. 10–17 Uhr) Keramiken (darunter Judaika) und Mosaike sowie expressionistische Aquarelle und Ölgemälde von Ben-Tzion Magal (1908–1999).

Yad Gertrude Kraus
GALERIE

(Sa 11–15 Uhr) GRATIS Im Haus der in Wien geborenen Tänzerin und Künstlerin Gertrude Kraus (1901–1977) sind Werke aller Gründer von Ein Hod zu sehen. Hier finden auch Konzerte, Vorträge und andere kulturelle Veranstaltungen statt.

Nisco-Museum
MUSEUM

(☏052-475 5313; Erw./Kind 30/20 NIS; ⊙tgl. 10–16 Uhr, Führungen jeweils zur vollen Stunde) Diese ungewöhnliche Sammlung mechanischer Musikinstrumente trug der in New York geborene Nisan Cohen zusammen, der gern bereit ist, Schallplatten aus seinem jiddischen Musikarchiv auf einer alten Victrola abzuspielen. Liegt vom Tor nach Ein Hod einige Hundert Meter bergab (in Richtung Rte 4).

👉 Geführte Touren

Spaziergang
SPAZIERGANG

(☏052-645 6072; shuliyarkony@gmail.com; pro Pers. 500 NIS) Shuli Yarkony leitet einen geführten Rundgang zu den Ateliers von Künstlern, die normalerweise nicht öffentlich sind. Vorher reservieren!

🛏 Schlafen & Essen

Einzelheiten zu den vielen tollen B&Bs in Ein Hod findet man auf der Seite www.ein-hod.org (auf „Visitor Information" und dann „Accommodations" klicken).

Makolet
SUPERMARKT $

(⊙tgl. bis 17 Uhr oder länger) Verkauft Zutaten fürs Picknick und großartiges hausgemachtes Eis.

★ HaBayit
NAHÖSTLICH $

(Al-Beyt; ☏04-839 7350; Ain Hud; Festpreismenü Erw./Kind 4–12 Jahre 110/45 NIS, vegetarisch 80 NIS; ⊙tgl. 12–20 Uhr, während des Ramadan geöffnet; 🍴) Dieses familiengeführte Restaurant liegt in Ain Hud, 4 km bergauf von Ein Hod, und serviert hervorragende, authentische arabische Küche. Die Festpreismenüs bestehen aus Salat, Suppe (oft Linsensuppe) und einem köstlichen Hauptgericht (im Winter mit Kräutern von den Hängen des Karmel). Freitags und samstags sollte man reservieren.

Doña Rosa
STEAK $$

(☏04-954 3777; www.doniarosa.rest.co.il; Steaks 94–120 NIS, andere Hauptgerichte 56–88 NIS; ⊙Mo–Sa 12–22.30 Uhr) In diesem argentinischen Steakhaus wird alles aus Argentinien importiert: das Fleisch, der Wein und selbst die Holzkohle. Die Gäste können auf dem Balkon oder im rustikalen, vom Leben der Gauchos inspirierten Inneren essen. Donnerstagabend, Freitag und Samstag ist es ratsam, zu reservieren.

Zichron Ya'acov
زخرون يعقوب   זכרון יעקב

☏04 / 21000 EW.

Mit seinen historischen Gebäuden, dem guten Essen, dem großartigen Wein, der Landluft und den Scharen von Urlaubern wirkt Zichron Ya'acov, als hätte man einen Teil von Bordeaux in den Nahen Osten verpflanzt.

In seinen Anfangstagen wurde Zichron, wie die Stadt von Israelis oft genannt wird, von Baron Edmond de Rothschild aus der französischen Bankiersfamilie unterstützt, der sie nach seinem Vater James benannte (daher Jakob – Ya'akov). Baron Edmond wurde 5 km westlich vom Stadtzentrum in den schönen **Ramat-HaNadiv-Gärten** (www.ramat-hanadiv.org.il) beigesetzt.

⊙ Sehenswertes

Zichron Ya'acov, das 1882 von rumänischen Juden gegründet wurde und am südlichen Ende des Karmel-Massivs liegt, ist vor allem für seine Pionierrolle in der israelischen Weinindustrie bekannt, in jüngerer Zeit aber auch für seine schöne Altstadt und die gehobenen Mittelklasseviertel.

HaMeyasdim-Straße
STRASSE

(⊙Geschäfte So–Do 10–20, Fr –15 Uhr, im Winter 1 Std. kürzer, einige auch Sa geöffnet) Die im späten 19. Jh. entstandene Hauptstraße der Stadt ist von restaurierten Steinhäusern gesäumt, von denen viele zusammen mit umliegenden Höfen in Boutiquen, Schmuckgeschäfte und Cafés umgebaut wurden – perfekt zum Bummeln. Am meisten Betrieb herrscht am Sabbat.

Aaronsohn-Haus-NILI-Museum
MUSEUM

(www.nili-museum.org.il; 40 HaMeyasdim St; Erw./Kind 20/15 NIS; ⊙Führungen So–Do 9–14 o. 15, Fr 9–10 o. 11 Uhr) Dieses kleine Museum mit seinen historischen Räumen liegt am oberen Ende der *midrahov* (Fußgängerzone) und zeigt das produktive und turbulente Leben von Aaron Aaronsohn (1876–1919), einem angesehenen Agronomen und Botaniker, der im Zweiten Weltkrieg gemeinsam mit seiner Familie einen pro-britischen Spionagering namens NILI leitete. Der Eingang befindet sich um die Ecke.

First-Aliya-Museum MUSEUM
(2 HaNadiv St; Erw./Kind 15/12 NIS; ⊙ So–Do 9–16, Fr –14 Uhr) Erinnert an die frühen zionistischen Pioniere, die zwischen 1882 und 1904 Zichron Ya'acov und andere landwirtschaftlich geprägte Dörfer gründeten. Multimedia-Präsentationen zeigen die Probleme und Mühen dieser aufregenden Tage. Das Museum liegt sich zwei Blocks westlich vom unteren Ende der Fußgängerzone in der HaMeyasdim St. Auf der gegenüberliegenden Straßenseite befindet sich ein **Kinderspielplatz.**

Carmel WEINGUT
(04-629 1788; www.carmelwines.co.il; 2 Derech HaYekev; Führung inkl. Weinprobe 30 NIS; ⊙ Weingeschäft Mo–Do 9–17, Fr bis 14 Uhr, Sa & So geschl.) Auf den einstündigen Führungen, die auch in englischer Sprache stattfinden, besichtigt man die 120 Jahre alten Weinkeller. Am besten anrufen, um die Zeiten zu erfragen und zu reservieren; die Führungen finden oft am frühen Nachmittag statt. Man trifft sich mit dem Führer im Weingeschäft im **Zentrum für Weinkultur** (Merkaz Tarbut ha-Yayin) in einem Gebäude aus dem Jahr 1892. Vom Nordende der HaMeyasdim St geht es 350 m bergab (Richtung Osten) und dann 50 m nach rechts.

Tishbi WIEINGUT
(04-628 8195; www.tishbi.com; Führung 15 NIS, inkl. Valrhona-Schokolade 40 NIS; ⊙ Geschäft So–Do 8–17, Fr bis 15 Uhr, Führungen So–Do 10, 12 & 14 Uhr) Die Führungen in diesem von einer Familie geleiteten Weingut bieten die Möglichkeit, die hervorragenden Vintage-Weine zu verkosten. Das wunderbar rustikale **Restaurant** ist von Sonntag bis Donnerstag von 8–15 und Freitag bis 14 Uhr geöffnet. Das Weingut liegt 3 km vom Zentrum entfernt an der Straße nach Binyamina (Rte 652).

Schlafen & Essen

Viele Restaurants, die meisten davon sind am Sabat geöffnet, befinden sich in der HaMeyasdim St und in der HaNadiv St, vor allem rund um die Kreuzung der beiden Straßen. Billigere Lokale versammeln sich in dem Teil der HaMeyasdim St, der nicht Fußgängerzone ist (d. h. nördlich der Fußgängerzone).

Bet Maimon Hotel HOTEL $$
(04-629 0999, 04-639 0212; www.maimon.com; 4 Tzahal (Zahal) St; EZ/DZ 458/558 NIS, Do & Fr 658/758 NIS, zusätzliches Kind 160 NIS; ⊙ Restaurant 8–10 & 13–21 Uhr; ✱ ⚡ ≋) In diesem altmodischen, familiengeführten Hotel gibt's 25 große Zimmer, die nett und modern eingerichtet sind. Wer sich ein romantisches „Superior Seaview"-Zimmer (200 NIS extra) gönnt, bekommt einen Whirlpool und einen Blick auf die Küste. Das Lobby-Restaurant Casa Barone serviert mediterrane Gerichte (Hauptgerichte 59–119 NIS, Frühstück 65 NIS). Das Hotel ist nicht rollstuhlgerecht. Es liegt in einem Wohngebiet 1,2 km westlich von der HaMeyasdim St.

Ayelet & Gili ISRAELISCH $$
(052-256 2329, 077-403 0455; www.ayeletgili.co.il; 27 HaNadiv St; Hauptgerichte 55–75 NIS; ⊙ So–Do 10–23 Uhr, Fr bis 2 Std. vor Beginn des Sabbat; ✍) Die Ställe, die früher einem Angestellten von Baron Rothschild gehörten, beherbergen heute dieses fröhliche Restaurant, das für seine ausgezeichneten irakischen *kibbeh*, jemenitische Fleischsuppe und *siniyya* (Hackfleisch mit Pinienkernen nach libanesischer Art) bekannt ist. Alles ist gesund, natürlich und hausgemacht, und auch für Vegetarier ist vieles dabei. Es liegt vom unteren Ende der Fußgängerzone in der HaMeyasdim St 100 m bergab in Richtung Weingut.

ⓘ An- & Weiterreise

Zichron Ya'acov liegt 65 km nördlich von Tel Aviv, 15 km nordöstlich von Caesarea und 35 km südlich von Haifa.

Busse halten in der HaNadiv St zwischen dem First-Aliya-Museum und der Fußgängerzone in der HaMeyasdim St. Fahrtziele sind u. a.:

➜ **Haifa-Hof HaCarmel** (Egged-Bus 202, 16,80 NIS, 1 Std., alle 90 Min. außer Freitagnachmittag bis Samstagabend)

➜ **Tel Aviv** (Egged-Bus 872, 25 NIS, 2¼ Std., So–Do 7- bis 9-mal tgl., Fr 5- bis 7-mal tgl., Samstagabend 3- oder 4-mal) Hält in Tel Aviv am zentralen Busbahnhof und am Arlozorov-Terminal.

Mey Kedem מי קדם مي كيدم

Mey-Kedem-Tunnel ARCHÄOLOGISCHE STÄTTE
(04-638 8622; www.meykedem.com; Erw./Kind 24/18 NIS; ⊙ März–Nov. Sa–Do 9–17, Fr bis 14

Uhr) Um Caesarea mit Wasser zu versorgen, bauten die Römer ein außergewöhnliches, 23 km langes System aus Kanälen, Rohren und Aquädukten – und einen 6 km langen Tunnel. Ein 300 m langer Abschnitt dieses Tunnels ist nun geöffnet und kann erkundet werden, vorausgesetzt, man stört sich nicht daran, durch knietiefes Wasser waten zu müssen. Taschenlampe, Kleidung zum Wechseln und für das Gehen in Wasser geeignete Schuhe mitbringen. Im Eintritt enthalten ist eine einstündige Führung. Der Tunnel ist ein tolles Erlebnis für Kinder, gerade an heißen Sommertagen.

Mey Kedem, das Teil des größeren Alona-Parks ist, liegt in der Nähe der religiösen Gemeinschaft des Moschaw Amikam und 18 km von Zichron Ya'acov entfernt; von dort fährt man auf der Rte 652 Richtung Süden, dann auf der Rte 653 nach Osten und schließlich auf der Rte 654 und der Rte 6533 Richtung Norden.

Jisr az-Zarka

جسر الزرقاء   ג'סר אזרקא

13 500 EW.

Jisr az-Zarka, das zwischen der Rte 2 (der Schnellstraße Tel Aviv–Haifa) und dem Mittelmeer liegt, ist das einzige noch existierende arabische Dorf am Meer. Es ist nach einer Steinbrücke über den angrenzenden Al-Wadi Az-Zarka (Blauer Fluss) benannt, die für den Besuch von Kaiser Wilhelm II. im Jahr 1898 gebaut worden ist.

Jisr az-Zarka wurde in 1830er-Jahren von ägyptischen Familien errichtet, die gemeinsam mit den Streitkräften des ägyptischen Herrschers Muhammad Ali Pascha (1769–1849) nach Palästina gekommen waren. Dank einer Geschichte der guten Beziehungen mit den nahe gelegenen jüdischen Dörfern erlitt es im Palästinakrieg (1948) keinen Schaden. Heute ist Jisr az-Zarka allerdings die ärmste Stadt in ganz Israel. Um die Situation zu verbessern, versuchen die Einwohner, den Tourismus sowohl von Ausländern als auch von jüdischen Israelis anzukurbeln.

Jisr ist eine günstig gelegene und preiswerte Basis, um die Karmel-Region zu besuchen.

 Aktivitäten

Um die Stadt kennenzulernen, folgt man am besten dem Jisr Trail, der auf Arabisch, Hebräisch und Englisch ausgeschildert ist, und spaziert hinaus zum Fischerdorf am Strand (10 Min.). Etwa 300 m südlich von dort erreicht man einen Strand mit Umkleideräumen, schattenspendenden Pavillons und Rettungsschwimmern.

Jisr az-Zarka liegt am Israel National Trail; von Caesarea aus sind es zu Fuß 45 Minuten an der Küste entlang.

In Juha's Guesthouse kann man Näheres zu Palästinensischen Koch-Workshops (70–100 NIS/Pers.) erfahren.

Schlafen & Essen

Im Stadtzentrum (d. h. der Gegend südlich der Hauptmoschee) gibt's eine Reihe von Falafel-Ständen. Einzelheiten zum Essen bei einer einheimischen Familie (50–100 NIS) kann man in Juha's Guesthouse erfragen – die arabische Hausmannskost ist superlecker!

Jedes Jahr während des Ramadan sind donnerstags, freitags und samstags jüdische Israelis bei Familien der Stadt zum *iftar* (Mahlzeit zum Fastenbrechen) zu Gast.

Juha's Guesthouse HOSTEL $
(www.zarqabay.com; Markaz al-Qarya, Rte 6531; B/DZ ohne Frühstück 75/200 NIS; ✱) Diese unglaublich herzliche Pension, die 2014 eröffnet wurde, wird von Juha, einem Einheimischen, und Neta, einer jüdischen Israelin, geführt. Sie befindet sich direkt im Stadtzentrum und bietet zwei Doppelzimmer, einen Schlafsaal mit acht Betten und eine Chill-Out-Lounge. Das Frühstück kostet 10 NIS. Geführte Spaziergänge durch die Stadt sind kostenlos. Freiwillige, die Englisch unterrichten können, sind hier willkommen, eventuell im Austausch gegen Arabischunterricht.

❶ An- & Weiterreise

Zur Straße nach Jisr az-Zarka, der Rte 6531, kommt man von der Rte 4 (der alten Schnellstraße Tel Aviv–Haifa), aber nicht von der Rte 2 (der neuen Schnellstraße Tel Aviv–Haifa). Die Stadt liegt nur 4 km Luftlinie von Caesarea entfernt, doch auf der Straße sind es 10 km (über die Rte 4).

Unregelmäßig fährt der Kavim-Bus 69 zwischen Jisr az-Zarka und dem Bahnhof von Binyamina (12 Min., So–Do 4- oder 5-mal tgl., Fr 2-mal tgl.) Kavim-Bus 68 fährt zum zentralen Busbahnhof Hadera (30 Min., stündl. außer Freitagnachmittag und Sa); von dort fährt der Egged-Bus 921 (2- oder 3-mal stündl.) sowohl nach Haifa-Hof HaCarmel (45 Min.) als auch zum zentralen Busbahnhof in Tel Aviv (1¼ Std.).

Caesarea קיסריה قيسارية

♪ 04 / 4500 EW.

Caesarea (Qeysarya; hebräische Aussprache: kay-*sar*-ih-ja), herrlich an der Küste des
türkisblauen, funkelnden Mittelmeers gelegen, war einer der großen Häfen der Antike
und konkurrierte mit legendären Häfen wie
Alexandria und Karthago. Trotz der Bemühungen verschiedener Eroberer, den Hafen
und die Stadt zu erhalten, forderten Zeit
und Kriege schließlich ihren Tribut, und im
14. Jh. war der größte Teil Caesareas unter
Wanderdünen verschwunden. Dank archäologischer Ausgrabungen, die seit den 1950er-
Jahren sowohl an Land als auch unter Wasser stattfanden, ist Caesarea heute eine der
beeindruckendsten römischen Stätten des
Nahen Ostens (mit der in Israel sonst nur
Beit She'an mithalten kann). Cafés und Restaurants machen das Erlebnis komplett –
spätabends kann man unter freiem Himmel
am Meer speisen.

Nordöstlich der antiken Stadt liegt das
modern Caesarea, eine der exklusivsten
Städte des Landes mit dem einzigen Golf-
platz Israels.

Geschichte

Im Jahr 22 v. Chr. begann Herodes der Große (73–4 v. Chr.) damit, die prächtigste nur
denkbare Hafenstadt zu bauen. Er widmete
sie seinem Schutzpatron, dem römischen
Kaiser Cäsar Augustus (Octavius). Jahre-
lang schufteten Hunderte Bauarbeiter und
Taucher rund um die Uhr. Um die beiden
Wellenbrecher des Hafens zu errichten, die
540 m (Südseite) bzw. 270 m (Nordseite)
lang sind, wurden gewaltige Mengen an
Steinen im offenen Meer versenkt.

Während er sein gigantisches Bauprojekt
verfolgte, entwickelte sich Herodes zunehmend zu einem Tyrannen, und wer seine Be-
fehle anzweifelte oder sie gar nicht befolgte,
wurde oft hingerichtet. Nach Herodes' Tod
(der zweifellos ringsum mit einem Seufzer
der Erleichterung begrüßt wurde), wurde
Caesarea Maritima, das zu seiner Blütezeit
50 000 Einwohner hatte, die Hauptstadt der
römischen Provinz Judäa (Iudaea).

Von 26 bis 36 n. Chr. residierte hier Pontius Pilatus als Präfekt. Seine Name ist auf
einer Inschrift zu finden, die in den Ruinen
des Amphitheaters entdeckt wurde; dies ist
das einzige archäologische Zeugnis, dass der
Mann, der laut der Bibel die Kreuzigung
von Jesus befahl, tatsächlich existierte (das

Original ist im Israel Museum in Jerusalem
ausgestellt). Nach dem Neuen Testament
(Apostel 10) wurde ein römischer Zenturio
namens Cornelius, ein Mitglied der hiesigen
Garnison, als erster Nichtjude zum Christentum bekehrt und von Petrus persönlich
getauft.

Nach dem Großen Jüdischen Krieg (66–
70 n. Chr.), in dem sich die Juden gegen die
Römer erhoben und von diesen vernichtend
geschlagen (und aus Jerusalem vertrieben)
wurden, wurden Tausende Gefangene im
Amphitheater von Caesarea hingerichtet.
Und etwa 65 Jahre später, als die Römer
den Bar-Kochba-Aufstand niedergeschlagen
hatten, wurde das Amphitheater erneut
Schauplatz von Grausamkeiten: Zehn jüdische Weise, darunter auch Rabbi Akiva,
wurden in ihm öffentlich gefoltert und hingerichtet.

638 n. Chr. eroberten die Araber die Stadt,
danach setzte ihr Verfall ein. 1101 entrissen
die Kreuzfahrer und Balduin I. Caesarea
den Muslimen und entdeckten in der Stadt
eine hexagonale grüne Glasschale, die sie
für den Heiligen Gral (d. h. das Gefäß, aus
dem Jesus beim Letzten Abendmahl getrunken hatte) hielten. Die Schale befindet sich
heute in der Kathedrale San Lorenzo in Ge-
nua. Da die Kreuzfahrer Akko und Jaffa als
Haupthäfen bevorzugten, wurde nur ein Teil
des herodianischen Caesarea wieder instand
gesetzt.

Viermal wechselten sich Kreuzfahrer
und Araber noch als Herrscher der Stadt
ab, ehe König Ludwig IX. von Frankreich
sie schließlich eroberte. Im selben Jahr ließ
er die meisten der heute sichtbaren Befestigungsanlagen errichten, doch sie erwiesen sich als völlig unzureichend gegen den
Ansturm des Mameluckensultans Baibars,
der 1261 die Verteidigung der Kreuzfahrer
durchbrach und die Stadt zerstörte.

Die Ruinen blieben verwaist und wurden
im Lauf der Zeit vom wandernden, vom
Wind verwehten Sand begraben. 1878 siedelten die Türken hier bosnische Flüchtlinge
an, die vor der österreichischen Eroberung
ihres Heimatlandes geflohen waren – aus
dieser Zeit stammen die Moschee und das
Minarett am Hafen. Ihre Nachkommen flohen oder mussten die Stadt während des
Palästinakrieges (1948) verlassen.

Erst mit der Gründung des Kibbuz Sdot
Yam im Jahr 1940 erwachte das antike Caesarea wieder zum Leben. Bei der Bodenbe-
arbeitung fanden Bauern Überreste der

alten Stadt, und danach dauerte es nicht lange, bis die Archäologen kamen.

⊙ Sehenswertess

Der **Caesarea-Nationalpark** (www.parks.org.il; Erw./Kind 40/24 NIS, nur Hafen 14 NIS; ⊘ April–Sept. Sa–Do 8–18, Fr bis 16 Uhr, Okt.–März Sa–Do 8–16, Fr bis 15 Uhr, letzter Einlass 1 Std. vor Schließung) hat zwei Eingänge: den Nordeingang (Kreuzfahrertor), der durch die Befestigungsmauern der Kreuzfahrerstadt zum Hafen und den dortigen Restaurants führt, und den Südeingang (Römisches Amphitheater), der 600 m weiter südlich liegt. Reisebusse setzen ihre Passagiere oft an einem Tor ab und holen sie dann am anderen wieder ab, doch wer zu seinem Auto zurück will, sollte besser den Nordeingang nehmen.

Der volle Eintritt beinhaltet die römischen Ruinen, die zwischen den beiden Eingängen liegen, und drei Multimediapräsentationen. Mit dem Ticket nur für den Hafen, das am Nordeingang erhältlich ist, kann man den Hafenbereich mit den Restaurants sowie die Kreuzfahrerstadt besuchen, jedoch nicht die römischen Ruinen. Nach der Schließung des Parks ist der Eintritt zum Hafen, dessen Restaurants und Cafés bis in die Nacht geöffnet sind, frei.

Kreuzfahrerstadt   ARCHÄOLOGISCHE STÄTTE
Die 900 m langen und 13 m hohen Festungsmauern und der Graben, die die Kreuzfahrerstadt umgeben, ließ König Ludwig IX. von Frankreich (Ludwig der Heilige) errichten, der jedoch für den Bau der Sainte-Chapelle in Paris bekannter wurde. Um sich einen Überblick über die Anlage zu verschaffen, geht man am besten den Weg vom Minarett am Hafen hinauf. Der Pfad führt zu den Ruinen (drei gerundete Apsiden) der **Kreuzfahrerkirche** aus dem 13. Jh., die an der Stelle eines älteren Cäsartempels errichtet und im Jahr 1291 von den Arabern zerstört wurde.

Die Kreuzfahrerstadt liegt zwischen dem Nordeingang des Parks und dem Hafen und kann immer während der Öffnungszeiten des Nationalparks besucht werden.

Caesarea Experience   BESUCHERZENTRUM
Das Besucherzentrum des Nationalparks, die Caesarea Experience, befindet sich am Bootsanleger am Hafen. Ein zehnminütiger Film (in 7 Sprachen vorhanden) präsentiert einen ausgezeichneten Überblick über die ereignisreiche Geschichte Caesaras; zweimal pro Stunde bzw. samstags immer zur

Antikes Caesarea

Antikes Caesarea

⊙ Sehenswertes
1 Caesarea Experience	A2
2 Byzantinische Straße (Cardo)	B2
3 Kreuzfahrerstadt	A2
4 Herodianisches Amphitheater & Badehaus	A3
5 Antikenmuseum im Kibbutz Sdot Yam	B3
6 Kappalast	A3
7 Römisches Theater	A3
8 Time Tower	A2

⊕ Aktivitäten, Kurse & Touren
9 Beach Bar	A2
10 Old Caesarea Diving Centre	A2

⊗ Essen
11 Port Cafe	A2

vollen Stunde wird er auf Englisch gezeigt. In einem zweiten Raum befinden sich die computeranimierten Hologramme von 13 historischen Persönlichkeiten, die Besuchern in sechs Sprachen Fragen „beantworten". Der Film wird auch in einem zeltartigen Gebäude in der Nähe des Südeingangs des Parks gezeigt.

Time Tower   FILM
Draußen am Hafen an der Anlegestelle, im obersten Stockwerk der Zitadelle (über dem

Limani Bistro) steht der Time Tower, dessen computergenerierte Grafiken die Stadt in verschiedenen Perioden ihrer Geschichte zeigen. Die dunklen Stellen, die man 100 bis 200 m hinter dem römischen Hafen im Meer sieht, wenn das Wasser ruhig ist, sind die Überreste der enormen Wellenbrecher des Herodes. Nicht rollstuhlgerecht.

Herodianisches Amphitheater & Badehaus HISTORISCHE STÄTTE
Dieses Amphitheater (auch Hippodrom oder Circus genannt), ein 250 m langer Sandplatz zwischen dem Hafen und dem Kappalast, hatte 10 000 Sitzplätze. Hier fanden Wagenrennen und blutige Gladiatorenwettkämpfe statt, bei denen Gefangene und Sklaven gegen Löwen und Krokodile kämpfen mussten. Da die Wagen in den Kurven häufig kollidierten, waren die Plätze an den beiden Ende des Theaters besonders teuer. Neben dem Amphitheater befinden sich die Ruinen eines Badehauses, dessen gut erhaltene geometrische Mosaiken durch ein Dach vor den Elementen geschützt werden.

Kappalast HISTORISCHE STÄTTE
Der römische Kappalast ragt neben dem südlichen Ende des Amphitheaters ins Meer hinaus. Das Becken soll als Fischmarkt gedient haben. Im Süden sieht man die Schornsteine des größten Kraftwerks Israels, das nach dem ermordeten Premierminister Jitzchak Rabin benannt ist.

Römisches Theater HISTORISCHE STÄTTE
Das imposante Theater des Herodes (oft fälschlich als „das Amphitheater" bezeichnet) bot ungefähr 4000 Zuschauern Platz und wird heute für Open-Air-Konzerte internationaler und israelischer Künstler genutzt. Die halbrunde Plattform hinter der Bühne stammt aus dem 3. Jh., die große Mauer mit den beiden Türmen war Teil einer im 6. Jh. auf den Ruinen erbauten byzantinischen Festung.

Byzantinische Straße (Cardo) HISTORISCHE STÄTTE
Außerhalb der Mauern der Kreuzfahrerstadt, ein paar Hundert Meter östlich (vom Meer weg) vom Nordeingang des Parks befindet sich die eingezäunte freigelegte Byzantinische Straße (Cardo). Die rote Porphyrstatue, eine von zwei großen Figuren aus dem 2. oder 3. Jh. n.Chr., stellt möglicherweise Kaiser Hadrian mit Weltkugel und Zepter dar. Eine Inschrift im Mosaikboden schreibt Flavius Strategius, einem Bürgermeister im 6. Jh., Verbesserungen der Byzantinischen Straße zu.

Antikenmuseum im Kibbuz Sdot Yam MUSEUM
(Eintritt 10 NIS; So–Do 10–16, Fr bis 13 Uhr) In diesem archäologischen Museum mit drei Räumen sind Überreste der antiken Stadt Caesarea zu sehen, darunter einige, die am Meeresboden entdeckt wurden. Es befindet sich im Kibbuz Sdot Yam, dessen Haupteingang einige Hundert Meter östlich vom Südeingang des Parks liegt.

Aktivitäten

Beach Bar STRAND
(04-636 3989; www.beach-bar.co.il; Hauptgerichte 48–99 NIS, Frühstück 39–49 NIS, Bier 28–32 NIS; März–Okt. tgl. 9–3 oder 4 Uhr, schließt im Winter früher) GRATIS Der Eintritt zum Strand, einer geschützten kleinen Bucht, die für kleine Kinder ideal ist (allerdings ohne Rettungsschwimmer), ist frei. Wer ein Getränk oder etwas zu essen (Salate, Schnitzel mit Pommes, Pizza, Burger) bestellt, kann die Strandliegen, Sonnenschirme und Umkleideräume umsonst nutzen. Die Bar veranstaltet Livemusik und freitags ab 16 Uhr Aktivitäten für Kinder.

Donnerstags erklingt ab 21 Uhr griechische Musik, freitags ab 19 Uhr Jazz und samstags ab 21 Uhr brasilianische Musik.

Old Caesarea Diving Centre TAUCHEN
(04-626 5898; www.caesarea-diving.com; April–Nov. So–Do 9–17, Fr & Sa 7–17 Uhr, Dez.–März So–Do 10–16, Fr & Sa 7–16 Uhr) Das zertifizierte Tauchzentrum bietet halbstündige Taucheinführungen in Tiefen bis zu 6 m (kein Zertifikat notwendig, 240 NIS) und geführte Gruppentauchgänge im archäologischen Unterwasserpark von Caesarea (ein/zwei Tauchgänge 165/245 NIS pro Pers.). Auch PADI-Tauchkurse für Anfänger und Fortgeschrittene sind möglich, man kann hier also sein Tauchzertifikat erneuern, ehe man sich nach Eilat aufmacht.

Ein fünftägiger Kurs für das Open-Water-Zertifikat kostet 1460 NIS. Die Tauchausrüstung kann man für 150 NIS pro Tag ausleihen. Einzelheiten stehen auf der hervorragenden Website.

Schlafen

Grushka B&B B&B $$
(04-638 9810; www.6389810.com; 28 Ha-Meyasdim St, Binyamina; DZ 1/2 Nächte ohne Frühstück 385/615 NIS, Wochenende 485/775 NIS, zu-

sätzliches Kind 90 NIS; ❄ @ 🛜) Das freundliche B&B unter holländisch-israelischer Leitung bietet sieben komfortable Zimmer sowie ein ruhiges Cottage und eine komplett ausgestattete Hütte für Familien. Vom Bahnhof Binyamina sind es nur sieben Minuten zu Fuß; wer vorher anruft, wird auch abgeholt. Eine gute Basis für die Erkundung von Caesarea und Zichron Ya'acov.

Dan Caesarea HOTEL $$$
(📞 04-626 9111; www.danhotels.com; DZ 600–730 US$; ❄ @ 🏊) Hier können Gäste auf dem großen Rasen rund um den Pool relaxen, auf dem angrenzenden Platz mit 18 Löchern golfen, mal wieder Tennis spielen oder sich im Spa verwöhnen lassen – Luxus ist das Motto des Dan Caesarea. Die Hälfte der 114 Zimmer hat Meerblick, die andere Hälfte schaut auf den Pool. Auch kostenlose Fahrräder stehen zur Verfügung. Bei Buchung im Internet sind beträchtliche Rabatte drin.

🍴 Essen & Ausgehen

Der Hafen ist ein wunderbares Fleckchen für ein Essen am Meer; hier gibt's ein halbes Dutzend Restaurants der Mittelklasse. Der Weg hierher lohnt sich selbst dann, wenn man gerade gar keine Lust auf Altertümer hat. Wie nicht anders zu erwarten, haben sich die meisten Restaurants auf Fisch und Meeresfrüchte spezialisiert. Eines, das Aresto, ist koscher (Milchprodukte).

MEGIDDO (ARMAGEDDON) مجيدو מגידו

Zeit, sich auf das Armageddon vorzubereiten! Wer auf der Rte 65 Richtung Nordosten fährt, findet es unmittelbar vor der Kreuzung mit der Rte 66 auf der linken Seite. An diesem Ort, der auf Hebräisch Tel Megiddo heißt, soll laut Johannes die letzte große Schlacht auf Erden stattfinden (Offenbarung 16,14 und 16,16). Heute ist das Gebiet Teil des **Megiddo-Nationalparks** (📞 04-659 0316; www.parks.org.il; Rte 66; Erw./Kind 27/14 NIS; ⌚ während der Sommerzeit 8–17, sonst 8–16 Uhr, schließt Fr 1 Std. früher).

Bisher hat sich zwar noch keine Apokalypse ereignet, doch im Lauf der Jahrhunderte war Megiddo Schauplatz vieler Kämpfe. Hieroglyphen an den Wänden des Karnak-Tempels in Luxor beschreiben eine Schlacht, die Thutmosis III. hier 1468 v. Chr. kämpfte. Danach war Megiddo mindestens 100 Jahre lang eine prosperierende ägyptische Bastion, die später erfolgreich den Israeliten widerstand (Buch der Richter 1, 27) und wahrscheinlich erst von David erobert wurde. Unter dessen Sohn Salomo verwandelte sich Megiddo in ein Juwel des israelitischen Königreiches und wurde als „Wagenstadt" berühmt – Ausgrabungen haben Spuren von Ställen frei gelegt, die groß genug für Tausende Pferde waren.

Eine Zeitlang war Megiddo eine strategische Festung an der wichtigen Handelsroute zwischen Ägypten und Assyrien, doch im 4. Jh. v. Chr. wurde die Stadt aufgegeben. Ihre strategische Bedeutung behielt sie aber – unter den Armeen, die hier kämpften, war im Zweiten Weltkrieg auch die britische. Bei seiner Erhebung in den Adelsstand wählte General Edmund Allenby den Titel „Lord Allenby von Megiddo". Während des Palästinakrieges von 1948 kam es hier zu Zusammenstößen zwischen jüdischen und palästinensischen Streitkräften.

Ausgrabungen haben in Tel Megidda Zeugnisse von 26 oder 27 verschiedenen Geschichtsperioden zutage gebracht, es erfordert allerdings einige Fantasie, um sich die frühere Pracht in der heutigen Stätte vorstellen zu können. Dabei helfen ein einführender **Film**, einige sehr gute Modelle im **Besucherzentrum** und Schilder, die die Bedeutung der verschiedenen irdenen Hügelchen und Gruben erklären.

Der greifbarste Teil der Ausgrabungen ist das Wassersystem aus dem 9. Jh. v. Chr., das aus einem 30 m tiefen Schacht besteht, der durch den massiven Fels hinunter zu einem 70 m langen Tunnel getrieben wurde. Dadurch war die Wasserquelle der Stadt vor feindlichen Truppen geschützt, ähnlich wie beim **Hiskija-Tunnel in Jerusalem** (Karte S. 52). Heute rauscht hier allerdings kein Wasser mehr hindurch. Den Tunnel sollte man ganz zum Schluss besuchen, denn er führt einen aus der Stätte hinaus an einen Straßenrand in einiger Entfernung vom Besucherzentrum.

Megiddo liegt rund 37 km südöstlich von Haifa (über Rte 75, Rte 70 und Rte 66), 38 km nordwestlich von Caesarea (über Rte 65) und 13 km südwestlich von Afula (im Jesreel-Tal).

Port Cafe   EUROPÄISCH $$

(📞04-610 0221; www.portcafe.co.il; Hauptgerich-
te 48–75 NIS; ⏱tgl. 8 bis ca. 24 Uhr) Bietet eine
Auswahl an Burgern, Ravioli, Fisch, Mee-
resfrüchten, Salaten und Kindergerichten
(30–45 NIS) sowie Frühstück.

ℹ️ An- & Weiterreise

Der Caesarea-Nationalpark liegt 40 km süd-
lich von Haifa, 14 km südwestlich von Zichron
Ya'acov, 10 km südlich von Jisr az-Zarka (über
die Rte 4) und 57 km nördlich von Tel Aviv.

Kavim-Bus 77 verbindet die beiden Parkein-
gänge und den Kibbuz Sdot Yam mit dem Bahn-
hof Caesarea-Pardes Hanna (30 Min.); von dort
fahren mindestens stündlich Züge nach Tel Aviv
sowie über Binyamina nach Haifa. Dies ist eine
Pendlerlinie, daher fahren die Busse entweder
am frühen Morgen oder am späten Nachmittag.
Kavim-Bus 76, der auch in der Mitte des Tages
unterwegs ist, fährt zum Bahnhof Hadera (1 Std.,
alle 2–3 Std. außer Freitagnachmittag und
Samstag).

Ein Taxi vom/zum Bahnhof Binyamina, von
dem vier Busse pro Stunde nach Tel Aviv fahren,
oder zum Bahnhof Caesarea-Pardes Hanna
kostet etwa 50 NIS.

Akko (Akkon)   עכו   عكا

📞04 / 47 000 EW.

Marco Polo kam vor etwa 750 Jahren durch
Akko (Akkon; Arabisch: Akka), und – ehr-
lich gesagt – seitdem hat sich hier kaum
etwas verändert. Bis heute verführt Akko,
das auf einer ins Mittelmeer ragenden
Halbinsel liegt, seine Besucher mit seinen
hohen Festungswällen, tiefen Burggräben,
schlanken Minaretten, Kirchtürmen, ver-
steckten Durchgängen und unterirdischen
Gewölben. 2001 wurde es eine UNESCO-
Welterbestätte.

Die Stadt wird bereits in heiligen ägypti-
schen Texten aus dem 19. Jh. v. Chr. erwähnt
und ist in der griechischen Mythologie der
Ort, an dem Herkules eine Pflanze gefunden
haben soll, die seine Wunden heilte.

Akko kann man leicht auf einer Tagestour
von Haifa aus besuchen, falls man aber die
Atmosphäre bei Mondschein erleben möch-
te, gibt es auch einige Unterkünfte.

Geschichte

Alexander der Große gewährte der Stadt
333 v. Chr. das Recht, Münzen zu prägen,
was sie in den folgenden 600 Jahren auch
tat. Nach Alexanders Tod nahmen die ägyp-
tischen Ptolemäer die Stadt ein. 200 v. Chr.

verloren sie sie jedoch an die syrischen
Seleukiden, die sie nur mit Mühe halten
konnten. Schließlich begann unter Pompe-
jus die 200 Jahre währende Herrschaft der
Römer.

638 v. Chr. eroberten die Araber Akko.
Danach erfreute sich die Stadt relativ fried-
licher Zeiten. Diese endeten 1104, als die
Kreuzfahrer die Stadt einnahmen und zu ih-
rem Haupthafen (und ihrer Verbindungsstel-
le nach Europa) machten. Die Händler der
rivalisierenden italienischen Seefahrerstädte
Genua, Pisa und Venedig lebten in separaten
Vierteln. 1187 fiel die Stadt an Salah ad-Din
(Saladin), doch bereits vier Jahre später
wurde sie während des Dritten Kreuzzugs
unter dem Kommando vom Richard I. von
England (Richard Löwenherz) und Philipp
II. von Frankreich zurückerobert.

Unter den Kreuzfahrern lebte eine der
wichtigsten jüdischen Gemeinschaften Pa-
lästinas in Akko, das damals etwa 60 000
Einwohner hatte. Der spanische Philosoph,
Gelehrte und Arzt Maimonides verbrachte
1165 hier fünf Monate, und der katalanische
Philosoph, Kabbalist und Bibelkommen-
tator Nahmanides kam 1267 auf seiner Reise
nach Jerusalem durch Akko.

1291 tauchten die Mameluken mit einer
Armee auf, die zehnmal so stark war wie die
der Verteidiger. Nach einer zweimonatigen
Belagerung, während der die meisten Be-
wohner Akkos nach Zypern flohen, fiel die
Stadt schließlich. Damit sie nicht von den
Christen zurückerobert werden konnte,
schleiften die Mamelucken sie bis auf die
Grundmauern, und in den nächsten 450
Jahren lag sie in Ruinen.

Ihre Wiederauferstehung war das Werk
des albanischen Söldners Ahmed Pascha,
wegen seiner Grausamkeit bei der Nieder-
schlagung von Revolten besser bekannt als
Al-Jazzar (Der Schlächter). Er nutzte die
Schwäche und Bestechlichkeit der osma-
nischen Verwaltung aus, errichtete einen
praktisch unabhängigen Machtbereich und
machte den Hafen mit aller Gewalt wieder
funktionstüchtig. 1799 war die Stadt schon
wieder so bedeutend, dass der 30-jährige
Napoleon versuchte, sie zu erobern. Al-
Jazzar konnte ihn jedoch mit etwas Hilfe
von der englischen Flotte abwehren. Die
Entschlossenheit der Verteidiger soll durch
Berichte von Napoleons Ermordung osma-
nischer Kriegsgefangener nach dem Fall
von Jaffa noch gestärkt worden sein. Ein
überraschender Zeuge der Versuche Na-

poleons, die Stadt einzunehmen, war der chassidische Mystiker und Visionär Rabbi Nachman von Bratslav (1772–1811), der sich gerade am Ende einer Pilgerreise ins Heilige Land befand und auf seinem Weg zurück in die Ukraine hier einen chaotischen Sabbat verbrachte.

Akko blieb in osmanischer Hand, bis die Briten im September 1918 den Norden Palästinas eroberten. Nachdem sie in Haifa moderne Hafenanlagen errichtet hatten, verlor Akko erneut an Bedeutung. Die Zitadelle blieb jedoch als größtes Gefängnis Palästinas erhalten. In den 1930er-Jahren war Akko eine Brutstätte der arabischen Feindseligkeit gegen jüdische Einwanderung, doch die jüdischen Streitkräfte eroberten die Stadt 1948 relativ problemlos; drei Viertel der etwa 17 000 arabischen Bewohner wurden vertrieben oder flüchteten.

Heute ist Akko genau wie Haifa eine gemischte Stadt: Etwa 70 % der Einwohner sind Juden und 30 % Araber. Die Altstadt wird zu 95 % von Arabern bewohnt. In den vergangenen Jahren sind viele arabische Familien aus Dörfern in ganz Galiläa in die historischen jüdischen Viertel der Stadt gezogen.

◉ Sehenswertes

Stadtmauern
HISTORISCHE STÄTTE

Das alte Akko ist im Westen, Südwesten und Südosten von einer **Seemauer** umgeben, im Norden und Nordosten von **Festungsmauern** (auf denen man eben entlanggehen kann) und einem **Trockengraben**, der hauptsächlich zwischen 1750 und 1840 gebaut wurde.

In der Nordostecke der Altstadt steht der **Burj al-Kommander**, eine Festung mit großartigem Blick auf die Silhouette von Akko und über die Bucht nach Haifa. Von hier verläuft die **Landmauerpromenade**, zu der eine Treppe aus dem Inneren der Altstadt führt, 200 m nach Süden bis zum **Landtor** aus dem 12. Jh., das einst der einzige Landzugang der Stadt war. Bis 1910 war der einzige andere Zu- und Ausgang Akkos das **Seetor**, das heute gegenüber vom **Hafen** mit seinen bunten Fischerbooten liegt.

Die Nordwestecke der Altstadt beherrscht der **Burj al-Karim**, auch Englische Festung genannt. Von hier verläuft eine **Seemauer** aus dem 12. Jh. (im 18. Jh. von Al-Jazzar mit gereinigten Steinen der Kreuzfahrerburg in Atlit neu verkleidet) parallel zur HaHagana St Richtung Süden zum schwarz-weiß gestreiften **Leuchtturm** und dann nach Osten (auf diesem Abschnitt führt oben die **Seemauerpromenade** entlang) zum Hafen.

Besucherzentrum
BESUCHERZENTRUM

(☏ 04-995 6706; www.akko.org.il; alle Stätten Erw./Kind 46/39 NIS; ⊙ Besucherzentrum & Stätten während der Sommerzeit 8.30–18.30 Uhr, ansonsten 8.30–16.30 Uhr, Fr 2 Std. früher geschl.; ☏) Der beste Ort, um mit der Erkundung der Kreuzfahrerstätten Akkos zu beginnen, ist das Besucherzentrum, das gegenüber von einem schattigen Park liegt. Die Mitarbeiter helfen bei der Routenplanung, verkaufen einen unverzichtbaren Plan (3 NIS), zeigen ein **maßstabgerechtes Stadtmodell** und führen einen achtminütigen **Film** (in neun Sprachen vorhanden) zur Einführung vor. Tickets werden an einem Kiosk vor dem Gebäude (und an beiden Eingängen zum Tempelrittertunnel) verkauft; an einem zweiten Kiosk werden die Audioguides ausgegeben (Ausweis als Kaution erforderlich).

Es gibt auch einige richtig tolle Kombi-Tickets, die z. B. Rosh HaNikra und/oder das Holocaust-Museum im Kibbuz Lohamei HaGeta'ot enthalten.

Um alle fünf Kreuzfahrerstätten zu sehen, benötigt man mindestens zwei Stunden. Die Ticketcoupons sind ein Jahr lang gültig, man kann sich also mehr als einen Tag Zeit lassen.

★ Rittersäle
HISTORISCHE STÄTTE

(Erw./Kind 25/22 NIS) Wer die hohen Steingewölbe der Rittersäle betritt, die vor 800 Jahren von den Maltesern (einem geistlichen Militärorden) erbaut wurden, hat keine Mühe, sich die mittelalterlichen Ritter vorzustellen, die hier einst lebten. Marco Polo könnte auf der Reise zu seinem Treffen mit Kublai Khan im **Refektorium** gespeist haben; in den beiden Ecken links vom Eingang kann man das Lilienwappen der französischen Könige sehen.

Gleich außerhalb führt ein **Tunnel**, gerade breit genug für eine Person und fast so hoch, dass man darin stehen kann, zum **türkischen Basar** – durch einen Souvenirladen, der schon lange vor der Eröffnung des Tunnels für Besucher existierte.

Hammam al-Pasha
MUSEUM

(Türkisches Badehaus; Erw./Kind 25/21 NIS) Das 1780 von Al-Jazzar erbaute Badehaus wurde bis in die 1940er-Jahre genutzt. Heute wird in den reich verzierten Marmor- und Fliesenkammern eine 30-minütige **Multi-**

Akko (Akkon)

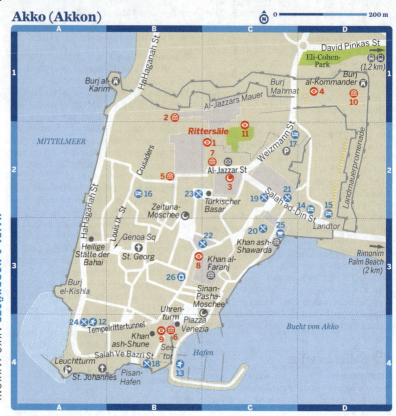

Akko (Akkon)

⊙ Highlights
1 Rittersäle..C2

⊙ Sehenswertes
2 Acre-Museum der inhaftierten
  Untergrundkämpfer...........................B1
3 Al-Jazzar-Moschee...C2
4 Stadtmauern..D1
5 Hammam al-Pasha..B2
6 Khan al-Umdan..B4
7 Okashi-Kunstmuseum.....................................C2
8 Suk...B3
9 Tempelrittertunnel..B4
10 Mauerschatzmuseum......................................D1
11 Besucherzentrum..C2

⊕ Aktivitäten, Kurse & Touren
12 Ghattas Türkisches Bad.................................A4
13 Sailing Around the Walls................................B4

⊙ Schlafen
14 Akko Gate Hostel..D2
15 Akkotel..D2
16 Effendi Hotel..B2
17 HI – Knights Hostel & Guest
   House..C2

⊗ Essen
18 Doniana..B4
19 Elias Dieb & Sons..C2
20 El-Khan...C3
21 Hummus Abu Suheil.......................................C2
22 Hummus Said..C3
23 Kukushka...B2
24 Uri Buri...A4

⊙ Ausgehen & Nachtleben
25 Leale al-Sultan..C3

⊙ Shoppen
26 Kurdi & Berit..B3

media-Show mit dem Titel „Die Geschichte des letzten Bademeisters" gezeigt (in acht Sprachen möglich).

Tempelrittertunnel
TUNNEL

(Erw./Kind 15/12 NIS) Dieser erstaunliche unterirdische Gang, der 350 m lang ist, wurde von den Tempelrittern, einem christlichen Militärorden, gebaut und verband ihre Hauptfestung, die gleich nördlich vom schwarz-weiß gestreiften Leuchtturm an der Südwestspitze der Altstadt Akkos steht, mit dem Hafen (Khan al-Umdan). Er wurde 1994 durch Zufall entdeckt. An beiden Enden geht es hinein, und an beiden Enden werden auch Tickets für alle Kreuzfahrerstätten verkauft. Im Inneren kann man Filme auf Hebräisch oder Englisch per Knopfdruck starten.

Mauerschatzmuseum
MUSEUM

(Burj al-Kommander; Erw./Kind 15/12 NIS) Eingezwängt in den oberen Festungsmauern in der nordöstlichsten Ecke der Altstadt befindet sich dieses Museum, das wie der Suk (Markt) einer galiläischen Stadt in der osmanischen Spätphase angelegt ist: mit Hufschmied, Blechschmied, Töpfer, Reparaturladen für Petroleumkocher, Apotheke, Hutmacher und Tischlerei, die alle mit historischen Werkzeugen, Einrichtungsgegenständen und Möbeln ausgestattet sind, darunter mit herrlichen Intarsien verzierte Möbel aus Damaskus. Der Eingang ist oben auf der Landmauerpromenade, zu der mehrere Treppen von der Straßenebene führen.

Al-Jazzar-Moschee
MOSCHEE

(Eintritt 10 NIS; ⏰Winter ca. 8–11, 11.45–15 & 15.30–18 Uhr, Sommer ca. 8–12, 12.45–16 & 16.45–19.30 Uhr, Fr längere Gebetspausen) Die von einer großen grünen Kuppel gekrönte Moschee und das schlanke Minarett wurden 1781 im typisch osmanisch-türkischen Stil gebaut, wenn auch mit einigen lokaltypischen Abwandlungen: So wurden z.B. die Säulen im Hof vom römischen Caesarea „übernommen". In dem kleinen Gebäude mit der Doppelkuppel am Fuß des Minaretts befinden sich die Sarkophage von Al-Jazaar und seinem Adoptivsohn und Nachfolger Süleyman.

Diese Moschee ist nach der Al-Aqsa-Moschee in Jerusalem und der Abraham-Moschee (Grab der Patriarchen) in Hebron die drittbedeutendste Moschee Israels und Palästinas. Sie steht an der Stelle einer früheren Kreuzfahrerkathedrale, deren Keller die Türken als Zisternen nutzten.

Acre-Museum der inhaftierten Untergrundkämpfer
MUSEUM

(Erw./Kind 15/10 NIS; ⏰So–Do 8.30–16.30 Uhr) Dieses Museum widmet sich dem bewaffneten jüdischen Widerstand während der britischen Mandatszeit. Es befindet sich in einem massiven Gebäude, das die Türken Ende des 18. Jhs. auf den Fundamenten von Kreuzfahrerbauwerken aus dem 13. Jh. errichteten und das sowohl die Osmanen als auch die Briten als Gefängnis nutzten. Unter den hier Inhaftierten waren der revisionistische Zionistenführen Ze'ev Jabotinsky (1920–1921) und acht jüdische Untergrundkämpfer, die durch Erhängen hingerichtet wurden (der Galgenraum ist für die Öffentlichkeit zugänglich).

Ein Film befasst sich mit dem mutigen Massenausbruch der Etzel- bzw. Irgun-Mitglieder im Jahr 1947; die entsprechende Szene des Films *Exodus* wurde hier gedreht.

Baha'ullah, der Begründer der Bahai-Religion, wurde hier im 19. Jh. von den Osmanen gefangengehalten. Für die Bahai ist seine Zelle ein heiliger Ort; sie ist nur für Bahai-Pilger geöffnet.

Das Museum wird vom israelischen Verteidigungsministerium betrieben, daher müssen Besucher ihren Pass vorzeigen.

Okashi-Kunstmuseum
MUSEUM

(Erw./Kind 10/7 NIS; ⏰9.30–19 Uhr, Winter 9.30–17 Uhr, schließt Fr 1 oder 2 Std. früher) Das Museum ist dem Arbeiten von Avshalom Okashi (1916–1880) gewidmet, einem einflussreichen israelischen Maler, der die zweite Hälfte seines Lebens in Akko verbrachte. Es zeigt außerdem Ausstellungen moderner Kunst.

Suk (Basar)
MARKT

(⏰tgl. bis später Nachmittag) In riesigen Bottichen wird Hummus gekocht, während daneben frisch gefangener Fisch von den Tischen fällt. Zum Klang arabischer Musik zockeln Karren vorbei, enthülsen Kinder Mais und preisen Verkäufer frisches Obst an. Der touristenfreundliche Laden **Kurdi & Berit** (⏰9.30–18 Uhr) am unteren Ende des Suk verschifft Kräuter und Gewürze in die ganze Welt.

Khan al-Umdan
HISTORISCHE GEBÄUDE

Im alten Akko gab es vier große **khans** (Karawansereien), deren Höfe einst Kamelkarawanen dienten, die Getreide aus dem Hinterland brachten und importierte Güter mitnahmen. Um die von Kolonaden gesäumten Höfe lagen Lagerräume, oben befanden sich die Schlafquartiere. Der prächtigste ist

HAIFA & NORDKÜSTE AKKO (AKKON)

der Khan al-Umdan aus dem 18. Jh. in der Nähe des Hafens, der leicht an seinem quadratischen osmanischen Turm zu erkennen ist. Die Säulen, die den *khans* den Namen geben, stammen aus Caesarea.

Pläne, den Komplex in ein Hotel zu verwandeln, wurden gestoppt, daher ist die Zukunft der Anlage unklar, doch eventuell kann man sie durch einen Eingang zum Tempelrittertunnel in der Nähe besuchen.

Die anderen *khans* kann man problemlos besuchen. Der Khan ash-Shawarda, direkt südlich der Salah ad-Din St, wurde unlängst renoviert und beherbergt nun mehrere Restaurants. Zu den Höfen des Khan al-Faranj, einige Bocks weiter südwestlich, und des Khan ash-Shune, ein paar Schritte westlich vom Osteingang zum Tempelrittertunnel, führen offene Bogengänge.

🏃 Aktivitäten

Sailing Around the Walls   BOOTSFAHRT
(📞 050-555 1136, 04-991 3890; Hafen; 20–25 NIS/Pers.) Passagierboote bieten 30- oder 40-minütige Bootsfahrten vom Hafen aus an. Die Abfahrtszeiten kann man telefonisch erfragen.

Ghattas Türkisches Bad   SPA
(📞 04-689 7462; www.ghattasbath.com; 11 Ha-Hagana St; 2 Std. 300 NIS/Pers., mind./max. 2/20 Pers.; ⊙ tgl. 10–20 Uhr) Als Emile Ghattas nach seiner 25-jährigen Karriere bei Intel nach Akko zurückkehrte, erfüllte er sich einen lebenslangen Traum: Er eröffnete einen Hammam. Als Kind war er mit seinem Vater oft in den Hammam al-Pasha gegangen. Das luxuriöse Bad, das mit Marmor aus der Türkei, Indien und Guatemala erbaut wurde, bietet einen Hammam, eine Trockensauna, einen Whirlpool und Massagen.

Der Besuch ist nur nach Reservierung möglich; für Wochentage sollte man einige Tage vorher anrufen, für Freitag und Samstag zwei Wochen vorher. Befindet sich direkt hinter dem Restaurant Uri Buri.

Argaman-Strand   STRAND
(Eintritt 10 NIS; ⊙ Mai–Okt.) Ein breiter öffentlicher Sandstrand mit Rettungsschwimmern; ca. 1,5 km südöstlich der Altstadt.

🛏 Schlafen

Akko Gate Hostel   HOSTEL $
(📞 04-991 0410; www.akkogate.com; 13/14 Salah ad-Din St; ohne Frühstück B/EZ/DZ/3BZ/5BZ 25/60/85/120/160 US$; ❄@🔊) Das alteingesessene Hostel, das der freundliche Walid betreibt, liegt am Rand der Altstadt, nur ein paar Schritte von den preiswerten Lokalen in der Salah ad-Din St entfernt, in einem Gebäude aus der osmanischen Ära. Die zwölf Zimmer (12 weitere sind in Planung) sind einfach eingerichtet und ein bisschen veraltet, aber sauber und mit Minikühlschrank ausgestattet. Die einfache Küche befindet sich draußen auf einem Balkon. Frühstück kostet 25 NIS.

HI – Knights Hostel & Guest House   HOSTEL $$
(📞 Direkt 02-594 5711, Reservierungen 1 599 510 511; www.iyha.org.il; 2 Weizmann St; B 35 US$, DZ 450 NIS, zusätzlicher Erw./Kind 130/100 NIS; @🔊) Das moderne, 2011 eröffnete Hostel hat 76 Zimmer auf drei Etagen. Wie viele andere IYHA-Unterkünfte ist es sehr sauber und wirkt etwas anstaltsmäßig, bietet aber einige einzigartige Besonderheiten, darunter ein altes Aquädukt, das mitten hindurchführt, und Ruinen im Hof. Gäste können auf Parkplätzen in der Nähe zum halben Preis parken.

★ Effendi Hotel   HISTORISCHES HOTEL $$$
(📞 074-729 9799; www.efendi-hotel.com; Louis IX St; DZ 320–730 US$) Den ultimativen osmanischen Luxus verspricht das Effendi, das in zwei sorgfältig restaurierten Stadthäusern aus der osmanischen Ära untergebracht ist. Die zwölf riesigen, 5 m hohen Gästezimmer und die stimmungsvollen öffentlichen Bereiche sind mit prächtigen bemalten Decken, Marmorböden und altmodischen Badewannen ausgestattet, die man eher im Palast eines Paschas vermuten würde.

Annehmlichkeiten sind u.a. ein türkischer Hammam, eine Dachterrasse mit Meerblick und ein Keller aus der Kreuzritterzeit, der heute als Weinbar dient.

Akkotel   HOTEL $$$
(📞 04-987 7100; www.akkotel.com; Salah ad-Din St; EZ/DZ/4BZ 160/190/285 US$; ❄@🔊) Das in die Altstadtmauern eingebettete, familiengeführte Hotel hat 16 Zimmer (darunter 5 Familienzimmer) mit Gewölbedecken, steinernen Fenstersimsen und 1 oder sogar 2 m dicken Wänden. Von der Dachterrasse aus bietet sich ein fantastischer Blick auf die Stadt und die Bucht von Haifa. Das Hotel ist rollstuhlgerecht. Sieben Parkplätze sind ebenfalls vorhanden.

Rimonim Palm Beach   HOTEL $$$
(📞 04-987 7777, Reservierungen *6333; www.palmbeach.co.il; EZ/DZ/3BZ 136/172/268 US$; 🔊🏊)

2 km südöstlich der Altstadt, um die Bucht herum, liegt dieses Hotel der Touristenklasse mit 125 Zimmern auf acht Etagen. Zu den Annehmlichkeiten gehören ein Hallenbad und ein Pool im Freien, eine Sauna, ein Spa und direkter Strandzugang. Bietet viele Aktivitäten für Kinder, besonders im Sommer.

Essen

In Akkos Altstadt gibt es einige hervorragende Restaurants, besonders, wenn man Lust auf Fisch oder Meeresfrüchte hat. Mehrere Restaurants und Cafés liegen geschützt unter den türkischen Bogengängen des frisch renovierten Khan ash-Shawarda. Während des Ramadan bleiben die meisten Restaurants den ganzen Tag geöffnet.

Günstig essen kann man in diversen Läden in der Salah ad-Din St, die Hummus, Falafel und/oder Schawarma verkaufen. Die Hummus-Läden sind in der Regel von 6 oder 7 Uhr bis 15 oder 16 Uhr geöffnet.

Selbstversorger finden Lebensmittel auf dem **Suk** (Markt) der Altstadt, der gleich westlich des Khan ash-Shawarda beginnt und sich Richtung Südwesten bis zum Uhrenturm erstreckt, und im **Elias Dieb & Sons** (Salah ad-Din St), einem höhlenartigen kleinen Supermarkt gegenüber vom Suk al-Abiad (kein englischsprachiges Schild).

Hummus Abu Suheil — NAHÖSTLICH $
(Hummus Suheila; 14/21 Salah ad-Din St; Hummus 20 NIS; ⊙ Mi–Mo 7.30 o. 8–17 Uhr) Der winzige, total unauffällige Hummus-Laden gilt als einer der besten der Stadt. Man erkennt ihn an dem schwarzen Schild mit hebräischen Buchstaben.

Hummus Said — NAHÖSTLICH $
(Hummus 15 NIS; ⊙ So–Fr 6–14.30 Uhr; ✐) Dieses Lokal in den Tiefen des Suks ist schon fast eine Institution. Feinschmecker aus dem ganzen Land genießen hier Teller des weichen, cremigen Hummus. Für 17 NIS bekommt man Salat, eingelegtes Gemüse, Pita und Hummus mit *fuul* (Saubohnenpaste) oder Knoblauch.

Kukushka — FAST FOOD $
(04-901 9758; Türkischer Basar; ⊙ tgl. 11–18 Uhr oder länger) Der winzige Laden verkauft umwerfende Hotdogs aus Kalbs- oder Lammfleisch, aber auch Tintenfisch und Garnelen.

Doniana — SEAFOOD $$
(04-991 0001; Pisan-Hafen; Hauptgerichte 48–115 NIS; ⊙ 12–24 Uhr; ✐) Mit ausgezeichnetem gegrilltem Fisch und Meeresfrüchten und dem grandiosen Blick aufs Mittelmeer ist dieses Restaurant eine tolle Option für ein romantisches Essen (der Name, auf Arabisch „*dun*-ya-na" ausgesprochen, bedeutet „unsere Welt"). Wer Fleisch bevorzugt, kann ein zartes Steak und dazu vielleicht einen seltenen Rotwein vom Golan bestellen. Zu allen Gerichten gibt's unbegrenzt Beilagen sowie Salate (45 NIS als eigenständiges Gericht).

Das Doniana liegt am östlichen Ende des Pisan-Hafens oben an der Treppe.

★Uri Buri — SEAFOOD $$$
(04-955 2212; HaHaganah St; Hauptgerichte 65–114 NIS, halbe Portionen 51–63 NIS; ⊙ 12–24 Uhr; ✐) Uri Buri ist ein Mann mit vielen Talenten, der von Speerfischen über Bombenentschärfen bis zur Gründung des luxuriösen Hotels Effendi schon so ziemlich alles gemacht hat. Am bekanntesten ist er jedoch für seine preisgekrönten Fisch- und Meeresfrüchtegerichte. Besonders empfehlenswert sind die Fischsuppe, die Krabben mit Seetang, die in einer heißen Kasserolle schnell gegarte cremige Forelle und das Sashimi, das mit einem Sorbet mit Wasabi-Geschmack serviert wird.

Die Mitarbeiter bereiten auf Wunsch gern auch vegane, glutenfreie, laktosefreie und keine Allergien auslösende Gerichte zu. Es ist keine schlechte Idee, vorher telefonisch zu reservieren, besonders freitags und samstags.

El-Khan — NAHÖSTLICH, MEDITERRAN $$$
(04-900 9378; Hof des Khan al-Shawarda; Hauptgerichte 75–110 NIS; ⊙ 12–24 Uhr) Dieses im Jahr 2013 eröffnete Restaurant machte sich mit seiner arabischen und mediterranen Küche schnell einen Namen – vor allem unter den Einheimischen. Gegrilltes Fleisch und Meeresfrüchte wie Muscheln und Tintenfisch können sich die Gäste drinnen in einem wunderbaren Gastraum mit Steingewölbe schmecken lassen – bei warmem Wetter kann man aber auch draußen im Hof einer Karawanserei aus der osmanischen Zeit sitzen.

Ausgehen

Leale al-Sultan — KAFFEEHAUS
(Khan ash-Shawarda; Snacks 22–28 NIS; ⊙ 24 Std.) *Nargileh-* (Wasserpfeifen-)Buden haben einen zwielichtigen Ruf, doch dieses traditionelle Kaffeehaus mit gewebten Kissen, bunten Wandbildern und Backgammon-Tischen

ist bei sehr respektablen Besuchern – Einheimischen und Touristen gleichermaßen – beliebt. Türkischer Kaffee kostet 5 NIS, frisch gepresste Fruchtsäfte und Shakes gibt's für 15 bis 20 NIS und eine *nargileh* für 20 bis 25 NIS. Das Leale al-Sultan at auch eine Nichtraucherecke.

Frühstück (35–40 NIS) wird von 9 bis 14 Uhr serviert.

❶ Praktische Informationen

In der Altstadt (z. B. rund um die Al-Jazzar St) gibt's mehrere lizenzierte Wechselstuben. Banken mit Geldautomaten gibt's in der Neustadt. In der Altstadt findet man eine **Post** (13 Al-Jazzar St), die auch Geld und Reiseschecks wechseln kann, sowie eine **Polizeiwache** (☎ 04-987 6736; 1 Weizmann St).

GEFAHREN & ÄRGERNISSE

In der Altstadt werden nach Einbruch der Dunkelheit die Bürgersteige hochgeklappt. Die meisten Besucher fühlen sich zwar bei einem abendlichen Spaziergang sicher, doch Frauen, die alleine zu Fuß unterwegs waren, wurden schon Opfer ungewollter Aufmerksamkeit und gelegentlich auch sexueller Belästigung.

❶ An- & Weiterreise

Akkos Bahnhof und Busbahnhof liegen etwa 1,5 km nordöstlich der Altstadt.

Die Bahn ist die schnellste und landschaftlich reizvollste Option für die Fahrt von/nach Nahariya (8,50 NIS, 7 Min., 2-mal stündl.), Haifa Merkaz-HaShmona (16 NIS, 30 Min., 3-mal stündl.), Tel Aviv (41,50 NIS, 1¾ Std., stündl.) und vom/zum Ben-Gurion-Flughafen (51,50 NIS, 2 Std., stündl.).

Die Nateev-Expressbusse 271 und 361 verbinden Akko mit Haifa-Merkazit HaMifratz (16 NIS, 35–40 Min., alle 10 Min.); Bus 271 fährt über die Bahai-Gärten und den Kibbuz Lohamei HaGeta'ot weiter Richtung Norden nach Nahariya (8,50 NIS, 35 Min., alle 10–15 Min.). Bus 361 fährt Richtung Osten nach Tsfat (1 Std., 2-mal stündl.).

Sheruts (Sammeltaxis) nach Haifa (Hadar) und Nahariya warten vor dem Busbahnhof von Akko und fahren ab, wenn sie voll sind.

❶ Unterwegs vor Ort

Vom Bahnhof und Busbahnhof sind es zu Fuß 20 Minuten (1,5 km) in die Altstadt Akkos; ein Taxi kostet 15 bis 25 NIS; neben dem Bahnhof befindet sich der Taxistand von **Moniot Karmel** (☎ 04-955 1118).

Die Altstadt wird oft von Staus geplagt, daher ist ein Auto meistens keine große Hilfe. Parken kostet 20 NIS pro Tag.

Rund um Akko

Bahai-Gärten & Schrein Baha'ullahs

Die heiligste Stätte der Bahai-Religion befindet sich nicht in Haifa, sondern in der Nähe von Akko, denn hier lebte Baha'ullah, der Begründer der Religion, nach seiner Entlassung aus dem Gefängnis in Akko, und hier starb er 1892. Die hübschen, förmlichen Gärten ähneln mit ihren makellos gepflegten Blumenbeeten und Brunnen stilistisch denen in Haifa (S. 165). Am hinteren Ende des Gartens befindet sich der **Schrein Baha'ullahs** (www.bahaullah.com; ☉ Mo–Fr 9–12 Uhr) GRATIS, seine letzte Ruhestätte. Das **Bahje-Haus**, wo Baha'ullah von 1879 bis 1892 lebte, ist nur für Bahai-Pilger zugänglich. Sowohl Männer und Frauen müssen ihre Knie und Schulter bedecken.

Akkos wichtigste Bahai-Stätten liegen 4,5 km nordöstlich der Altstadt Akkos; die Abzweigung von der Rte 8510 befindet sich gegenüber vom Eingang zur religiösen Gemeinschaft Moschaw Bustan HaGalil. Zu den Bussen, die hier vorbeikommen gehören u. a. der Nateev-Expressbus 271 (So–Freitagnachmittag alle 10–15 Min., Samstagnachmittag alle 45–60 Min.), der nach Nahariya (1 Std.), Akko (25 Min.) und Haifa-Merkazit HaMifratz (50 Min.) fährt.

Kibbuz Lohamei HaGeta'ot

Der Kibbuz Lohamei HaGeta'ot (der Name bedeutet „Kibbuz der Ghettokämpfer") wurde 1949 von Juden gegründet, die während des Zweiten Weltkriegs im Warschauer Ghetto und in den Wäldern Polens und Litauens gegen die Nazis gekämpft hatten. Das im selben Jahr gegründete Museum **Beit Lohamei HaGeta'ot** (Museum des Hauses der Ghettokämpfer; www.gfh.org.il; Erw./Kind inkl. Yad Layeled 30/20 NIS; ☉ So–Do 9–16 Uhr) war das erste Museum der Welt, das dem Holocaust gewidmet war. Es konzentriert sich auf den jüdischen Widerstand, darunter die Aufstände in den Ghettos und Lagern und der mutige Kampf der Partisanen.

Das angrenzende Kindergedenkmuseum **Yad Layeled** (Erw./Kind inkl. Beit Lohamei HaGeta'ot 30/20 NIS; ☉ So–Do 9–16 Uhr), das für Kinder ab zehn Jahren geeignet ist, ist eine bewegende Gedenkstätte für die 1,5 Mio. jüdischen Kinder, die während des Holocaust ihr Leben verloren. Die interaktive Ausstellung umfasst Filme, historische Exponate und die Geschichten und Zeugenberichte von Kindern, die in dieser entsetzlichen Zeit lebten.

Gleich südlich vom Kibbuz östlich der Rte 4 kann man einen **osmanischen Aquädukt** sehen, den Al-Jazzar um 1780 herum bauen ließ, um Akko mit Wasser aus dem Hochland von Galiläa zu versorgen.

Der Kibbuz liegt an der Rte 4 etwa auf halbem Weg zwischen Akko und Nahariya. Viele Busse, die zwischen den beiden Städten verkehren, fahren hier entlang, darunter der Nateev-Express 271 (So–Freitagnachmittag alle 10–15 Min, Samstagabend alle 45–60 Min.).

Nahariya نهريا נהריה

🎵 04 / 53 000 EW.

In Nahariya, das 1935 von jüdischen Flüchtlingen aus Deutschland gegründet wurde, herrscht noch immer ein wenig die Atmosphäre eines mitteleuropäischen Badeorts in der Zeit zwischen den beiden Weltkrie-

gen. Das Zentrum der Stadt ist der 1 km lange HaGa'aton Blvd, den Cafés, Eisstände und Restaurants säumen. Er liegt am Ufer des von Eukalyptusbäumen beschatteten Flusses Ga'aton (eigentlich ein betonierter Kanal). Der leicht schäbige Boulevard führt vom Bahnhof und Busbahnhof zur Strandpromenade, wo oft Folkloretänze, Konzerte und andere Unterhaltungsveranstaltungen geboten werden, vor allem im Sommer. Nahariya ist eine gute Basis, um die Gegend zwischen Haifa und der libanesischen Grenze zu erkunden.

🛏 Schlafen & Essen

Hotel Frank HOTEL **$$**
(🎵 04-992 0278; www.hotel-frank.co.il; 4 Ha'Alia St; EZ/DZ 100/135 US$; ✳@🛜) Das tadellos gepflegte Hotel der Touristenklasse hat freundlichen Mitarbeiter und 49 große, blitzsaubere Zimmer mit einem leichten Retro-Touch – keine große Überraschung, denn das Gebäude wurde im Jahr der ersten Welttournee der Beatles errichtet (1964). Es liegt 1½ Blocks nördlich vom HaGa'aton

---

ABSTECHER

DIE ROSH-HANIKRA-GROTTEN

Die instabile Grenze zwischen Israel und dem Libanon endet passenderweise bei Rosh Ha Nikra auf einer dramatischen, zerklüfteten Landspitze, die die Grenze streift. Steile Kalkstein- und Kreideklippen fallen hier zum tiefblauen Meer hinab. Wer das Radio einschaltet, wird viele Sender aus dem EU-Land Zypern empfangen, das nur 250 km weiter nordöstlich liegt.

Die 10 km lange Straße von Nahariya endet an den **Rosh-HaNikra-Grotten** (🎵 073-271 0100; www.rosh-hanikra.com). Von dort fährt eine **Seilbahn** (Erw./Kind 45/35 NIS; ⏲ Sept.–März So–Fr 9–16, Sa bis 18 Uhr, April–Juni Sa–Do 9–18, Fr bis 16 Uhr), die von einer österreichischen Skiliftfirma gebaut wurde, tief hinunter an den Fuß der mit Feuersteinen gespickten Klippen. In den vom leuchtenden Blau des Mittelmeers erhellten Grotten krachen die Wellen mit furchterregender Kraft an die fast weißen Wände. Die Seilbahn ist rollstuhlgerecht, die Grotten sind es jedoch nicht. Am besten trägt man robuste Schuhe mit griffigen Sohlen.

In einem von Natur aus kühlen Bahntunnel hinter der unteren Seilbahnstation können Besucher einen **Film** zur Geografie der Gegend und zur Geschichte der Eisenbahn Haifa–Beirut sehen. Die Eisenbahntunnel wurden 1941 und 1942 von neuseeländischen und südafrikanischen Ingenieureinheiten der britischen Armee angelegt. Es überrascht kaum, dass die Strecke seit 1948 außer Betrieb ist.

Am Ticketschalter kann man auch **Fahrräder** (inkl. Grotten 72 NIS) für die 5 km lange Rundfahrt zum **Betzet Beach** ausleihen.

Oben kann man durch ein getarntes Grenztor an der israelisch-libanesischen Grenze spähen. Einige Kilometer weiter nördlich befindet sich die Truppenbasis Naqoura für die 12 000 Mann starke **Interimstruppe der Vereinten Nationen im Libanon** (United Nations Interim Force in Lebanon; Unifil), die die Grenze seit 1978 überwacht.

Auf Hungrige warten unten eine Snackbar und neben dem Grenztor eine Cafeteria.

Der Nateev-Expressbus 31 verkehrt zwischen Rosh HaNikra und Nahariya (7,40 NIS, 17 Min., alle 1½–2 Std. außer am Sabbat).

Blvd und 1½ Blocks landeinwärts vom Strand.

Carlton Hotel
HOTEL $$$

(☎ 04-900 5555; www.carlton-hotel.co.il; 23 HaGa'aton Blvd; DZ/4BZ 800/1200 NIS, zusätzlicher Erw./Kind 250/200 NIS; ❄ 🤖 ≋) Das vornehmste Hotel der Stadt hat 200 Zimmer im Stil der 1990er-Jahre mit funkelnden Bädern, einen 25 m langen Pool im Freien und ein Spa in der obersten Etage. Rollstuhlgerecht. Liegt auf halbem Weg zwischen dem Busbahnhof und dem Strand.

❶ An- & Weiterreise

Nahariya liegt 36 km nordöstlich von Haifa, 11 km nördlich von Akko und 10 km südlich von Rosh HaNikra.

Am einfachsten erreicht man die Stadt mit der Bahn. Zwei Züge pro Stunde fahren Richtung Süden nach Akko (8,50 NIS, 7 Min.) und Haifa Merkaz-HaShmona (20,50 NIS, 35 Min.); stündlich verkehren Züge nach Tel Aviv (46,50 NIS, 1¾ Std.) und zum Ben-Gurion-Flughafen (56,50 NIS, 2 Std.).

Nördlich von Nahariya

Montfort
מונפורט   مونفورت

Das von der Adelsfamilie De Milly erbaute Montfort ist zwar nicht die imposanteste israelische Kreuzfahrerfestung (die Festung Nimrod ist viel beeindruckender), aber doch sehr interessant; außerdem ist der Besuch mit einer netten Wanderung verbunden. Der Name der Festung wurde von Montfort (französisch für „starker Berg") ins deutsche Starkenberg geändert, als die De Millys sie an den Deutschritterorden verkauften. 1271 nahmen die Muslime, angeführt vom Mameluckensultan Baibar, die Festung ein, nachdem ein erster Versuch fünf Jahre zuvor gescheitert war. Die Kreuzritter gaben auf und zogen sich nach Akko zurück.

Außer der Aussicht ist heute nicht mehr viel zu sehen. Rechts vom Eingang steht die Residenz des Gouverneurs, direkt dahinter erhebt sich der Turm. Die beiden Gewölbekammern auf der rechten Seite sind das Untergeschoss des Rittersaals; daneben befindet sich die Kapelle.

❶ An- & Weiterreise

Die Fußwege nach Montfort beginnen ca. 18 km nordöstlich von Nahariya, entweder am Goren-Park, 9 km östlich der Stadt Shlomi an der Rte 899, oder an einem Parkplatz 3 km nordwestlich von Mi'ilya, einem Dorf, das 16 km östlich von Nahariya an der Rte 89 liegt. Die Wanderung zur Festung dauert auf beiden Wegen etwa 45 Minuten.

Akhziv
שאטئ الزيب   אכזיב   שאטئ الزيب

Der Küstenstreifen nördlich von Nahariya wird Akhziv genannt.

◎ Sehenswertes & Aktivitäten

Akhziv-Nationalpark
STRAND

(www.park.org.il; Erw./Kind 35/21 NIS, Camping 63/53 NIS pro Pers.; ⏰ Sept.–Juni 8–17 Uhr, Juli & Aug. 8–19 Uhr) Der Akhziv-Nationalpark, der 5 km nördlich vom Zentrum Nahariyas liegt, besteht aus zwei Teilen. Auf einem kleinen Hügel und um ihn herum befinden sich weite Rasenflächen, die Spuren eines phönizischen Hafens und ein kleiner, familienfreundlicher Strand mit Umkleideräumen. Früher stand hier ein arabisches Dorf, dessen Bewohner 1948 flohen. Einige Hundert Meter weiter südlich, an der Stelle eines schon längst geschlossenen Club Med, ist ein viel längerer und breiterer Strand mit Sonnenschirmen, Duschen und einer Snackbar.

🛏 Schlafen

Akhzivland
HOSTEL $$

(☎ 04-982 3250; EZ/DZ/3BZ ohne Frühstück 200/450/600 NIS, Camping 85 NIS/Pers.; ❄ 🤖) Im selbsternannten Mikrostaat Akhzivland, der 1951 gegründet wurde und sich 1971 für unabhängig erklärte, weht ein kräftiger Hauch von *Robinson Crusoe*. Die zehn Holzhütten liegen ein paar Schritte vom Strand und sind neben der Hippie-Atmosphäre mit derben, rustikalen Möbeln und Küchen für Selbstversorger ausgestattet, sieben haben eine eigene Dusche. Wer zum Hostel will, folgt den Schildern mit der Aufschrift „Eli Avivi".

Das Steinhaus des *mukhtar* (Führer) des arabischen Dorfes, das hier bis 1948 stand, beherbergt heute ein weitläufiges, chaotisches **Museum** (Eintritt 20 NIS) der Archäologie, das auch allerlei Kuriositäten zeigt.

Untergaliläa & See Genezareth

الخليل الاسفل بحيرة طبريا   הגליל התחתון ים כנרת

Inhalt ➡
Nazareth 202
Kafr Kanna 213
Sepphoris 214
Rund um den
Berg Tabor........ 214
Jesreelebene & Ebene
von Bet She'an 217
Belvoir 218
En Harod 220
Tiberias 221
See Genezareth 228
Hamat Gader 241

Gut essen
- AlReda (S. 212)
- Abu Ashraf (S. 209)
- Muhtar Sweets (S. 209)
- Shirat Ro'im (S. 216)
- Ein Camonim (S. 238)

Schön übernachten
- Fauzi Azar Inn (S. 208)
- Al-Mutran Guest House (S. 208)
- Pilgerhaus Tabgha (S. 237)
- Ein Harod Guest House (S. 220)
- Genghis Khan in the Golan (S. 240)

Auf nach Untergaliläa & zum See Genezareth!

Zerklüftete Hügel, alte Steinsynagogen und archäologische Stätten aus den Anfängen des Christentums machen Untergaliläa aus. Es liegt im Norden Israels südlich der Rte 85 (die Akko mit dem See Genezareth verbindet) und ist bei Wanderern, Radfahrern, jüdischen und arabischen Familienurlaubern, Genussmenschen aus Tel Aviv und – natürlich – christlichen Pilgern sehr beliebt.

In der Gegend, in der der Winter grün, frisch und kühl (perfekt für ein Bad in einer Thermalquelle) und der Sommer heiß und trocken ist (Abhilfe schafft der See Genezareth), soll Jesus von Nazareth gelebt, gepredigt und Wunder vollbracht haben. Doch heute ist selbst Nazareth nicht mehr nur ein Wallfahrtsort: Hier finden sich einige der besten Restaurants Israels. Auch der glitzernde See Genezareth (hebr. „Kinneret") lockt mit Urlaubsfreuden und archäologischen Stätten, die mit dem Wirken Jesu verbunden werden.

Reisezeit
Nazareth

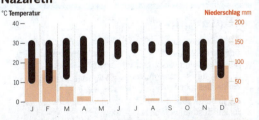

Dez.–März Der Berg Gilboa ist voller Narzissen, Klatschmohn und im März lila Gilboa-Iris.

Juli–Sept. Am See Genezareth und in der Ebene von Bet Schean wird die Hitze unerträglich.

Anfang Dez. & Anfang Mai Zweimal jährlich bringt das Jacob's Ladder Festival Musik nach Ginosar.

NAZARETH الناصرة נצרת

04 / 74 000 EW.

Die Zeiten, in denen Nazareth ein friedliches jüdisches Dörfchen im römisch regierten Galiläa war, sind lang vorbei. Wer also ländliche Idylle erwartet, wird überrascht sein. Heute ist die größte arabische Stadt Israels eine lebendige Minimetropole mit von Geschäften gesäumten Durchfahrtsstraßen, schrillen Hupkonzerten, Staus und jungen Männern mit einer Vorliebe für wilde Fahrmanöver. Die Altstadt, in der sich entlang

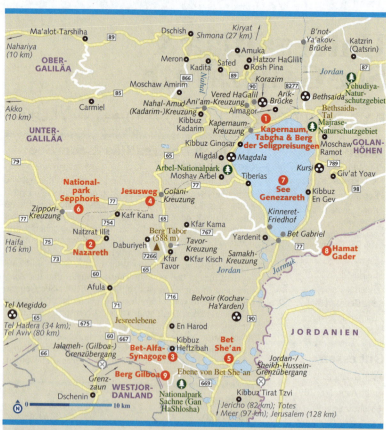

Highlights

❶ In **Kapernaum** (S. 235), **Tabgha** (S. 234) und am **Berg der Seligpreisungen** (S. 234) die Stätten von Jesu Wirken besuchen

❷ In den arabischen Fusion-Restaurants von **Nazareth** (S. 202), dem neuen Stern am Gastrohimmel Galiläas, speisen

❸ Auf dem aus dem 6. Jh. stammenden Mosaik in der **Bet-Alfa-Synagoge** (S. 219) Tierkreiszeichen, jüdische Symbole und biblische Personen entdecken

❹ Von Nazareth auf dem **Jesusweg** (S. 206) bis zum See Genezareth wandern

❺ Beim Erkunden der von Säulen gesäumten Straßen des antiken **Bet She'ans** (S. 217) Einblicke in das Leben zu Zeiten der Römer erhalten

❻ Die großartigen Mosaike im **Nationalpark Sepphoris** (S. 214) bewundern

❼ Sich an einem heißen Sommertag im **See Genezareth** (S. 228) abkühlen

❽ Sich an einem kalten Wintertag in den dampfenden Mineralbecken von **Hamat Gader** (S. 241) räkeln

❾ Im Frühjahr die Wildblumen auf dem **Berg Gilboa** (S. 218) bestaunen

der Kopfsteinpflastergassen verfallene Herrenhäuser aus der Zeit des Osmanischen Reichs reihen, erfindet sich gegenwärtig neu und entwickelt sich zu einer anspruchsvollen Kultur- und Gastrozone.

Dem Neuen Testament zufolge erschien der Erzengel Gabriel Maria in Nazareth (arab. al-Naasira, hebr. Natzrat od. Natzeret) und verkündete ihr, dass sie Gottes Sohn empfangen und gebären werde. Dieses Ereignis ist als Verkündigung bekannt (Lk 1, 26–38).

Ebenso wie Kapernaum wird auch Nazareth samt seiner Bewohner in den Evangelien eher abschätzig erwähnt. Die herablassenden Worte von Nathanael von Kana „Was kann aus Nazareth Gutes kommen?" (Joh 1, 46) erklären wohl den fehlenden Enthusiasmus der Nazarener für diesen berühmtesten Prediger ihrer Stadt.

Am Sabbat (Freitagabend und Sa) ist in Nazareth alles geöffnet. Sonntags gilt dies nur für Attraktionen und Konditoreien, Geschäfte und die meisten Restaurants sind dagegen geschlossen.

Geschichte

Im 6. Jh. flammte das Interesse der Christen an der Stadt wieder auf, als Berichte von Wundern die Runde machten. Ein Jahrhundert später brachte die persische Invasion allerdings auch Massaker an Christen mit sich, und nachdem der Islam 637 hier Einzug gehalten hatte, trat der Großteil der Einwohner zum Islam über. Eine nicht zu vernachlässigende Minderheit blieb dem christlichen Glauben jedoch treu.

Die Kreuzfahrer machten Nazareth 1099 zu ihrer galiläischen Hauptstadt, wurden ein Jahrhundert später aber von Saladin vertrieben. Mitte des 12. Jhs. verbannte der mamelukische Sultan Baibars die christlichen Geistlichen aus der Stadt, und gegen Ende des Jahrhunderts war Nazareth nicht mehr als ein verarmtes Dorf.

Im 17. und 18. Jh. wurden in Nazareth wieder erste Kirchen eingerichtet und 1799 wurde es von Napoleon Bonaparte erobert. Am Ende des Osmanischen Reiches war Nazareth eine christliche Gemeinde von ansehnlicher Größe mit einer stetig wachsenden Zahl von Kirchen und Klöstern (heute gibt es etwa 30).

Im Vergleich zu 1949, als noch etwa 60% der Einwohner Nazareths Christen waren, ist der Anteil heute auf 30% gefallen (die größten Konfessionsgruppen sind die

ℹ️ SICH ENTSPANNT VERIRREN

In den labyrinthischen Gassen der Altstadt wird man sich sowieso verlaufen, also kann man sich auch gleich ganz entspannt ins Getümmel stürzen. Die fehlende Beschilderung macht die Sache auch nicht gerade einfacher. Da die meisten Straßennamen allerdings nur aus vierstelligen Zahlen bestehen, wundert es keinen, dass die Einheimischen sie eigentlich nicht benutzen. Abhilfe schaffen die kostenlosen, farbigen Stadtpläne, die in allen Pensionen der Altstadt erhältlich sind.

griechisch-orthodoxen, die melkitischen griechisch-katholischen und die römisch-katholischen Christen). Spannungen zwischen Christen und Islamisten entladen sich gelegentlich und haben einige Christen dazu veranlasst, die Stadt zu verlassen.

⊙ Sehenswertes & Aktivitäten

★ **Verkündigungskirche**   KIRCHE
(☎ 04-565 0001, 04-565 0001; www.basilica nazareth.org; Al-Bishara St; ⊙ Oberkirche 8–18 Uhr, Verkündigungsgrotte 5.45–18 Uhr, für stilles Gebet 18–21 Uhr) GRATIS Die Silhouette der Altstadt wird von der mit Lampen versehenen Kuppel dieser römisch-katholischen Basilika unter Franziskanerführung beherrscht. Das modernistische Bauwerk ist wirklich außergewöhnlich. Es wurde zwischen 1960 und 1969 errichtet und steht nach dem Glauben vieler Christen an Marias Wohnstätte und somit an der Stelle, an der – gemäß vieler Kirchen mit Ausnahme der griechisch-orthodoxen – die Verkündigung stattgefunden haben soll.

Die hoch aufragende Kuppel der **Oberkirche** hat die Form einer umgedrehten Lilie und „verherrlicht Maria als die Mutter Gottes". Mit ihrer nüchternen Betonschale und den leichten Einkerbungen versprüht sie das charmante Flair der Architektur der Mitte des 20. Jhs.

In der schwach beleuchteten Unterkirche wird die **Verkündigungsgrotte**, die Stelle, an der Marias Wohnhaus gestanden haben soll, von einer tiefer liegenden Apsis geschützt. Dort sind auch die Überreste einer Kirche aus der byzantinischen Ära (4. Jh.) und einer Kreuzfahrerkirche (12. Jh.) zu sehen.

Nazareth

UNTERGALILÄA & SEE GENEZARETH NAZARETH

Salesian St
5004 St
6064 St
Moskubiya
Jesusweg
Bishop's Sq
6198 St
6126 St
6089 St
Altstadt
5079 St
Centre International Marie de Nazareth
Anglikanische Kirche
Verkündigungs-kirche
6040 St
6041 St
Al-Wadi Al-Jawani St
Nazarene Transport & Tourism
Information des Tourismusministeriums
Sherut-Büro
5050 St
4066 St
City Sq
Tawfik Zayad St
Iksal St
Al-Bishara St (Annunciation St)
6091 St
Al-Bishara St
4011 St
4084 St
5004 St
Peace Rd (5004 St)
Paulus VI St
Afula (11 km); Bet She'an (37 km)
Berg Kedumim (2,5 km)

Die Mauern des Hofs und der Oberkirche sind mit einer Reihe lebendiger Mosaiktafeln versehen, die von katholischen Gemeinden aus der ganzen Welt gespendet wurden. Sie zeigen Maria und das Jesuskind in unterschiedlichen Stilen, die auf plakative Weise die Kultur des jeweiligen Herkunftslandes widerspiegeln. 2013 wurden Tafeln aus Äthiopien, Italien und Frankreich hinzugefügt.

Wer die Beichte ablegen möchte, kann dies in allen möglichen Sprachen zwischen 8.30 und 11.30 Uhr und zwischen 15 und 17 Uhr tun.

Nazareth

◉ Highlights
1 Altes Badehaus E2
2 Verkündigungskirche C4
3 Centre International Marie de
   Nazareth C4
4 Griechisch-orthodoxe
   Verkündigungskirche E1

◉ Sehenswertes
5 Basilika zum Jugendlichen
   Jesus B2
6 Höhle der 40 Heiligen Mönche D2
7 Marienbrunnen E2
8 Nazareth Village A5
9 Josephskirche C4
10 Synagogenkirche C3
11 Weiße Moschee C3

◉ Schlafen
Abu Saeed Hostel .... (siehe 13)
12 Al-Mutran Guest House D2
AlReda Guesthouse .... (siehe 19)
13 Fauzi Azar Inn C3
14 Samira Guesthouse D3
15 Simsim Backpackers C3
16 Sisters of Nazareth Guest
   House C4
17 Vitrage Guesthouse C2

◉ Essen
18 Abu Ashraf C3
19 AlReda C4
20 Al-Taboun E2
21 Felafel Abu Haani Jabali E1
22 Mahroum Sweets C5
23 Mama Salt Room & Cafe E2
24 Muhtar Sweets D4
25 Olga E1
26 Suk C4
27 Sudfeh D2
28 Tishreen E2

◉ Shoppen
Cactus Gallery .... (siehe 1)
29 Elbabour D3
Shababik .... (siehe 12)
30 Sport HaMa'ayan E2

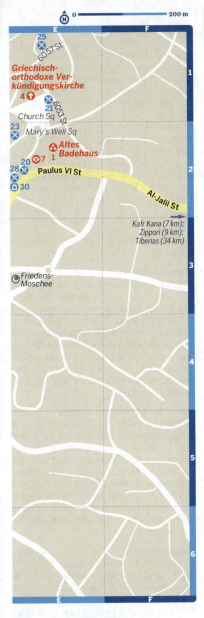

Im **Pilgerbüro** (◉Mo–Sa 9–12 & 14–18 Uhr), 20 m links vom Haupteingang der Basilika, sind kostenlose Broschüren in vielen verschiedenen Sprachen sowie (gegen Pfand) Tücher erhältlich, mit denen bloße Schultern und Knie verdeckt werden können.

Josephskirche   KIRCHE
(Al-Bishara St; ◉7–18 Uhr) Gegenüber dem Hof auf der oberen Ebene der Verkündigungsbasilika steht diese neuromanische, franziskanische Kirche aus dem Jahr 1914 an der Stelle, an der sich nach traditionellem

Wöchentliche Veranstaltungen:
Marienverehrung Di 20.30 Uhr
Eucharistische Anbetung Do 20.30 Uhr
Lichterprozession Sa 20.30 Uhr
Ab 2016 ist die Internetübertragung der Veranstaltungen geplant.

DER JESUSWEG

Der 65 km lange **Jesusweg** (http://de.jesustrail.com bzw. www.jesustrail.com) führt von der Verkündigungskirche in Nazareth nach Tabgha und Kapernaum am See Genezareth. Unterwegs passiert man jüdische, christliche und muslimische sowie Beduinen- und Drusensiedlungen und kommt an einer vielfältigen Landschaft vorbei: schroffe Hügel, Olivenhaine, Wälder und Aussichtspunkte. Zu den Highlights gehören heilige Stätten des christlichen Glaubens, Synagogen, ein Kreuzzugsschlachtfeld und Nebi Shu'eib, der bedeutendste Schrein der Drusen.

Für die Strecke, die durch orangefarbene „Lichtstrahlen" markiert ist, benötigt man insgesamt etwa vier Tage; kürzere Abschnitte geben Tageswanderungen ab. Wenn man das richtige Schuhwerk und genug Wasser dabei hat, kann der Weg von Wanderern jeder Verfassung gemeistert werden. Unterwegs kann man zelten, alternativ gibt's viele andere Übernachtungsmöglichkeiten, von B & Bs bis zu Spitzenklassehotels. Die englischsprachige Version der Website informiert über die Route und GPS-Daten; empfehlenswert sind auch die beiden Wanderführer *Jesusweg und Jerusalem* von J. Saar und *Hiking the Jesus Trail* von A. Dintaman und D. Landis.

Glauben Josefs Zimmermannswerkstatt befunden haben soll. Die heutige Kirche steht auf den Überresten einer Kreuzfahrerkirche. In der unterirdischen Krypta werden anhand von Schildern die vor Ort gemachten archäologischen Funde erläutert.

★ Griechisch-orthodoxe Verkündigungskirche
KIRCHE

(Gabrielskirche; Church Sq; ⊙ 7–12 & 13–18 Uhr) Nach griechisch-orthodoxem Glauben erschien der Erzengel Gabriel Maria, als sie gerade Wasser vom Brunnen direkt unterhalb der mit Fresken reich verzierten Kirche aus dem 17. Jh. holte (anderen Konfessionen zufolge war sie bei der Verkündigung zu Hause). Die **Krypta** mit ihrem Tonnengewölbe wurde ursprünglich unter Konstantin (4. Jh.) erbaut. In ihrem Innern befindet sich Nazareths einzige ganzjährige Quelle – ein Ort also, der von allen im Dorf oft aufgesucht wurde. Rund um die Eingangstür sind von außen jahrhundertealte **Wandmalereien** in den Stein geritzt.

★ Altes Badehaus
ARCHÄOLOGISCHE STÄTTE

(☎ 04-657 8539; www.nazarethbathhouse.com; Mary's Well Sq; Führung 120 NIS, ab 5 Pers. 28 NIS/Pers.; ⊙ Mo–Sa 9–19 Uhr) Als Elias Shama und seine aus Belgien stammende Frau Martina 1993 ihr Geschäft renovieren wollten, entdeckten sie ein Netzwerk aus 2000 Jahre alten Tonrohren, die fast identisch mit jenen in Pompeji waren, und legten anschließend ein fast perfekt erhaltenes römisches Badehaus frei, das einst vom Wasser des Marienbrunnens gespeist wurde. Am Ende der 30-minütigen Führung, während der man erfährt, wie spannend eine zufällige Entdeckung sein kann, gibt's noch eine kleine Stärkung.

Marienbrunnen
QUELLE

(Mary's Well Sq) Orthodoxe Christen glauben, dass dieser Brunnen – dessen eigentliche Quelle sich unter der weiter gelegenen griechisch-orthodoxen Verkündigungskirche befindet – der Ort der Verkündigung (al-Bishara auf Arabisch) ist. Beim gegenwärtigen Bau handelt es sich um eine moderne Rekonstruktion, dessen Wasser nicht aus dem Marienbrunnen kommt. Der Müll hingegen ist absolut echt.

Höhle der 40 Heiligen Mönche
HÖHLE

(☑ Odeh Jubran 052 324 2119; No 21, 6198 St; Spende erbeten; ⊙ Führungen Mo–Sa 9.30–14 Uhr) Unter dem Gelände des griechisch-orthodoxen Bischofsitzes verbirgt sich dieses Höhlensystem, das nach den 40 Mönchen benannt wurde, die hier im 1. Jh. von den Römern getötet wurden. Den Besuchereingang kennzeichnet das Schild „Ancient Holy Cave"; einfach anrufen, wenn die Tür geschlossen ist.

Synagogenkirche
KIRCHE

(⊙ 8–12 & 15–19 Uhr außer zu Gebetszeiten, So morgens geschl.) Der bescheidene, in einer Nebenstraße des Suk gelegene Bau aus der Zeit der Kreuzfahrer beherbergt heute eine katholische Kirche. Er steht an der Stelle einer Synagoge, in der der junge Jesus regelmäßig gebetet und später auch gepredigt (Jes 61, 1–2 & 58, 6) und sich als Erfüllung der Prophezeiungen Jesajas offenbart hatte (Lk 4, 15–30). Die angrenzende **griechisch-katholische Kirche** (identische Öffnungszeiten) mit ihrer herrlichen Kuppel und den beiden Glockentürmen wurde 1887 von der melkitischen griechisch-katholischen Gemeinde im Ort erbaut.

Weiße Moschee
MOSCHEE

(Al-Jaami' Al-Abyad; 6133 St; ☺ 9–18.30 oder 19 Uhr außer während der Gebete) Die im späten 18. Jh. unter Scheich Abdullah al-Fahum erbaute Moschee – sein Grab ist durch eine Glastür am Rand des Heiligtums zu sehen – ist für ihre langjährige Unterstützung der Harmonie zwischen den unterschiedlichen Glaubensgemeinschaften in Nazareth bekannt. Schuhe ausziehen ist nicht nötig, solange man die Gebetsteppiche nicht betritt. In dem Büro rechts der Tür gibt es Kopftücher für weibliche Besucher und Infoblätter auf Englisch.

Das Innere der Moschee und der Hof mit einem Brunnen für Waschungen sind größtenteils modern. Die weiße Farbe ist ein Symbol der Einfachheit, Reinheit, Einheit und des Friedens.

★ Centre International Marie de Nazareth
KULTURZENTRUM

(☎ 04-646 1266; www.cimdn.org; Al-Bishara St; empfohlene Spende 50 NIS; ☺ Mo–Sa 9.30–12 & 14.30–18, letzter Einlass 17 Uhr) Dieser beeindruckende Komplex fast direkt gegenüber der Verkündigungskirche wurde von Chemin Neuf, einer römisch-katholischen Gemeinschaft mit Sitz in Frankreich, erbaut und dient als Ort der ökumenischen Arbeit unter Christen und des interreligiösen Dialogs. Der idyllische Dachgarten ist mit in der Bibel erwähnten Pflanzen bewachsen und bietet einen Rundblick über die Umgebung, während im Untergeschoss In-situ-Ruinen zu sehen sind, die aus der Zeit des ersten Tempels stammen.

In vier Räumen veranschaulicht eine Multimediaausstellung in elf Sprachen die Höhepunkte des biblischen Zeitalters (von der Schöpfung bis zur Auferstehung) und lenkt dabei den Fokus auf das Leben von Maria und Jesus. Darüber hinaus werden Filme in 16 Sprachen gezeigt, von denen manche auch auf www.netforgod.tv zu sehen sind. Täglich um 18 Uhr wird ein Gebet (auf Französisch) abgehalten. Rollstuhlgerecht.

Nazareth Village
BAUERNHOF

(☎ 04-645 6042; www.nazarethvillage.com; Al-Wadi al-Jawani St/5050 St; Erw./Kind 50/25 NIS; ☺ Mo–Sa 8.30–17 Uhr, letzte Führung 15.30 Uhr) Um sich Nazareth und das Alltagsleben dort zu Zeiten Jesu besser vorstellen zu können,

lohnt ein Besuch in dieser Nachbildung eines galiläischen Dorfs aus dem 1. Jh., das von einer ökumenischen NGO betrieben wird. Die Kelter und die terrassenförmig angelegten Weinberge stammen wirklich aus dieser Zeit, alles andere – der Dreschboden, die Grabhöhle, die Olivenpresse, die Zimmermanns- und Weberwerkstätten und die Synagoge – sind Nachbildungen, in denen das Leben zu jener Zeit präzise dargestellt wird. Schauspieler und Freiwillige in zeitgenössischer Kleidung zeigen verschiedene Kunsthandwerkstechniken.

Der genaue Beginn der Führungen (1¼ Std., auch auf Deutsch) kann telefonisch erfragt werden.

Basilika zum Jugendlichen Jesus
KIRCHE

(☎ 04-646 8954, 04-646 8954; Salesian St/5004 St; ☺ So–Fr 14–18, Sa 8–18 Uhr) Die zwischen 1906 und 1923 im neugotischen Stil errichtete Kirche bietet eindrucksvolle Blicke auf Nazareth. Im Inneren ist sie aus glattem, fast leuchtendem Kalkstein erbaut, und die filigranen Bögen und hohen Gewölbe verkörpern ganz und gar den französischen Stil. Ihren Namen verdankt die Basilika der Tatsache, dass Jesus den Großteil seiner frühen Jahre in Nazareth verbracht hat.

Die Kirche ist Teil des **Jesuswegs** und befindet sich in der École Jésus Adolescent, einer vom katholischen Orden Salesianer Don Bosco geführten Schule. Wenn möglich, sollte man vor dem Besuch anrufen.

Die Kirche ist einen steilen 20-minütigen Spaziergang von der Altstadt entfernt. Auf dem Weg vom Tor zum Parkplatz links die Treppen hinaufsteigen und, oben angekommen, durch die rechte Tür gehen; die Kirche befindet sich am Ende des Korridors.

🖐 Geführte Touren

Fauzi Azar Inn
STADTSPAZIERGANG

(☎ 04-602 0469; www.fauziazarinn.com; ☺ tgl. 9.15 Uhr) GRATIS Veranstaltet für Gäste und Nicht-Gäste gleichermaßen kostenlose zweistündige kulturelle Führungen durch die Altstadt mit dem Fokus auf Details, die für den Außenstehenden nicht ersichtlich sind. Zum Programm gehören außerdem Abendessen bei einheimischen Familien (80–90 NIS/Pers.).

Sharif Sharif-Safadi
FÜHRUNG

(☎ 054 541 9277, 04-601 3717; sharifla@zahav.net.il; 3–4-stündige Führung für bis zu 10 Pers. 200 US$) Sharif, ein Experte für die Erhaltung historischer Bauwerke, bietet großarti-

ge Führungen durch die „verborgene Stadt"
an, einschließlich der Besichtigung von Herrenhäusern der Altstadt, die der Öffentlichkeit normalerweise nicht zugänglich sind.

🛏 Schlafen

Im März, April, Oktober, November und
rund um Weihnachten und Neujahr ist der
Unterkunftsbedarf von Pilgergruppen besonders hoch. Die meisten Backpacker kommen in der Regel zwischen Ende Juni und
Oktober sowie ebenfalls um Weihnachten
und Neujahr.

Simsim Backpackers
PENSION $

(📞04-628 3511; www.simsim-backpackers.com;
6132 St; B ohne Frühstück 70 NIS) Die hübsche
Pension mit tollem Preis-Leistungs-Verhältnis öffnete 2014 und beherbergt 23 Schlafsaalbetten (größtenteils Etagenbetten), sieben davon in einem Zimmer für Frauen. Zur
Ausstattung gehören Kochgelegenheiten.
Die Rezeption befindet sich den Block hinunter im Samira Guesthouse.

Vitrage Guesthouse
B & B $

(📞052 722 8424, 04-657 5163; www.vitrage-guest
house.com; 6083 St, No. 4; B/EZ/DZ/3BZ ohne Bad
70/120/200/220 NIS; ❄️🏠) Mit seinen neun
einfach ausgestatteten Zimmern, die 2013
renoviert wurden, erinnert das Vitrage eher
an eine Privatunterkunft als an ein B & B.
Bishara, ein *vitrage*-Künstler („Buntglas"
auf Französisch) im Ruhestand, führt das
Haus mit seiner Frau, wuchs vor Ort auf und
wurde sogar im Gartenpool getauft. Großartiges Preis-Leistungs-Verhältnis.

Sisters of Nazareth
Guest House
PENSION $

(📞04-655 4304; 6167 St; B/EZ/DZ/3BZ ohne
Frühstück 75/220/260/330 NIS) Die Pension
mit 46 Zimmern in einem Gebäude von
1855 liegt rund um einen mit Blumen geschmückten Innenhof, unter dem sich archäologische Ausgrabungen befinden, und
wird von dem französischen Katholiken-
orden der Nazareth-Schwestern betrieben.
Die Schlafsäle (16 Betten für Männer, 6 für
Frauen) sind in makellosen, kasernenähnli-
chen Räumen untergebracht. Das Tor wird
abends um Punkt 22.30 Uhr geschlossen.
Frühstück kostet 25 NIS. Reservierungen
sind bis zu drei Wochen im Voraus möglich,
man kann aber auch spontan vor Ort buchen.

★ Fauzi Azar Inn
PENSION $$

(📞04-602 0469; www.fauziazarinn.com; B 90 NIS,
DZ 350–500 NIS; ❄️@🏠) In einem herrlichen

alten Steinhaus aus dem frühen 19. Jh. ver-
steckt sich in der Altstadt diese Unterkunft,
die (genau wie die Angestellten) vor Charme
nur so sprüht. Die 14 Zimmer sind einfach,
aber geschmackvoll – auch wenn sie nicht
so großartig sind wie die Bogenfenster, Mar-
morböden und die 5 m hohe, mit Fresken
verzierte Decke des Aufenthaltsraums. Ein
toller Ort, um andere Traveller zu treffen
oder freiwillig mitzuarbeiten (s. Website)!
Wer einen Einreisestempel aus dem Li-
banon, dem irakischen Teil Kurdistans oder
dem Iran in seinem Pass hat, muss für die
erste Nacht nichts bezahlen. Kleidung wa-
schen kostet 15 NIS.

★ Al-Mutran Guest House
PENSION $$

(📞04-645 7947; www.al-mutran.com; Bishop's
Sq; DZ 108–128 US$, Suite 220 US$; ❄️@🏠)
Gleich neben der Residenz des griechisch-
orthodoxen *mutran* (arab. für „Bischof")
von Nazareth liegt dieses familiengeführte
Juwel in einem 200 Jahre alten Herrenhaus
mit 4,5 m hohen Decken, osmanischen Gewölben und antiken Bodenfliesen. Auch wer
nicht hier übernachtet, sollte sich in der
stilvollen Lobby mit den osmanischen Sitz-
kissen und Beduinen-Teppichen eine Kaffee-
pause (Kaffee 7 NIS) gönnen.

Samira Guesthouse
PENSION $$

(📞077-551 7275; www.samira-guesthouse.com;
6089 St; DZ/4BZ ohne Frühstück 400/580 NIS;
@🏠) Die reizende Pension mit fünf Zim-
mern in einem Gebäude aus den 1860er-
Jahren mit Marmorböden wird von Sami,
der in Nazareth geboren ist und jede Menge
über die Stadt weiß, und Silke aus Stutt-
gart geführt. Der Balkon auf dem Dach lädt
zum Entspannen ein und Frühstück kostet
20 NIS. Freiwilligenarbeit möglich.

Abu Saeed Hostel
PENSION $$

(📞04-646 2799; www.abusaeedhostel.com; 6097 St;
B ohne Frühstück 80 NIS, DZ/3BZ 350/430 NIS, ohne
Bad 250 NIS; ❄️🏠) Hier zu übernachten ist, als
wäre man bei einer einheimischen Familie
in ihrem etwas chaotischen, 350 Jahre alten
Haus zu Gast. Auf der Anlage gibt es zwei alte
Zisternen, und die Quartiere sind mit Erbstü-
cken möbliert. Hinzu kommen ein Familien-
„Museum" und ein Garten, zu dessen Bewohnern eine Schildkröte, ein Goldfisch und
kleine Papageien zählen. Die Duschen sind
einfach. Auf dem Dach ist eine Chill-out-Area.

AlReda Guesthouse
B & B $$$

(📞04-608 4404; 21 Al-Bishara St; DZ/3BZ/4BZ
800/900/1000 NIS; ❄️) Das riesige Einzim-

mer-Apartment im Obergeschoss eines osmanischen Herrenhauses ist ganz aus Holz und bietet grandiose Ausblicke. Unglaublich romantisch!

 **Essen & Ausgehen**

Kenner aus Israel und von weiter her wissen, dass sich Nazareth in den letzten Jahren zu solch einer tollen Gastro-Adresse entwickelt hat, dass es sich allein deshalb lohnt, hier eine Nacht (oder ein ganzes Wochenende) zu verbringen. Das Schlagwort heißt „Fusion" – europäisch inspirierte Gerichte werden mit hiesigen Gewürzen aufgepeppt und dann mit einem kräftigen Extra arabischer Gastfreundschaft in den stimmungsvollen Herrenhäusern der Altstadt serviert. Ein weiteres Highlight ist die auf den Nazarether Gaumen getrimmte traditionelle levantinische Küche. Die Portionen sind riesig!

Ebenso berühmt sind die Hummus-Lokale, die orientalischen Konditoreien, Tahina (empfehlenswert ist die Marke Al-Arz) und Kewar, der lokale Arak (Anislikör).

Freitagabends ist auf Nazareths Straßen die Hölle los, weshalb eine Reservierung dann nicht schaden kann. Restaurants können aber auch donnerstags und samstags (mittags & abends) voll sein. Die Einheimischen essen meist sehr spät und fangen oft nicht vor 21 oder 22 Uhr an. Wein, Bier und härterer Alkohol sind in den christlichen Gebieten fast überall erhältlich.

Viele von Nazareths angesagtesten Restaurants und Bars liegen am oder in der Nähe des Church Sq, der auch Mittelpunkt des florierenden Nachtlebens der Stadt ist.

★ **Abu Ashraf** HUMMUS $
(Diwan al-Saraya; 6134 St; Hauptgerichte 20 NIS; ⊙Mo-Sa 8-20, So 12-15 od. 16 Uhr; 🌿) Dieser alteingesessene Hummus-Laden mit Kaffeehaus (die Bohnen werden vor Ort geröstet) ist für seine *katayef* (süße Pfannkuchen mit Umm Ashrafs Käse- oder Zimtwalnussfüllung mit Geraniensirup; 3 Stück 12 NIS, mit Kaffee oder Tee 19 NIS) bekannt. Es gibt auch hervorragende Gemüsesalate. Der überschwängliche Besitzer Abu Ashraf erzählt seinen Gästen gern Geschichten über Nazareth.

Felafel Abu Haani Jabali FALAFEL $
(Church Sq; Falafel 15 NIS; ⊙Mo-Sa 10-24, So 17-24 Uhr; 🌿) Superfrische Falafel seit 1968.

Al-Taboun NAHÖSTLICH $
(Paulus VI St; ⊙tgl. 9-22 Uhr; 🌿) Das Ambiente ist unsagbar kitschig, dafür sind die Schawarmas (28 NIS), der Hummus (20 NIS) und der vegetarische Brotaufstrich (25 NIS, als Beilage 18 NIS) großartig.

Mama Salt Room & Cafe CAFÉ $
(☎04-637 7807; 6089 St; Kuchen 20-25 NIS; ⊙Mo-Sa 8-20 Uhr; 🛜) Zwischen farbenfrohen Fotos lokaler Künstler serviert dieses charmante Café Sandwiches, frisch gepresste Säfte und hausgemachte Backwaren wie Brownies und Pekanusskuchen. Boden, Decke und Wände eines Nebenraums sind mit Salz überzogen; das 50-minütige Einatmen der Luft (40 Min. für Kinder; 140 NIS) soll eine wohltuende Wirkung auf Menschen mit Atemwegskrankheiten wie Asthma haben.

Das Café befindet sich einen Block nordöstlich der Post.

Suk MARKT $
(Market Sq & 6152 St; ⊙Mo-Sa 8-15 Uhr) In den schmalen, verschlungenen Gassen des Altstadtmarktes gibt es Obst, Gemüse, Brot und sogar Pita-Pizzas (6 NIS).

Muhtar Sweets SÜSSWAREN $
(Paulus VI St; 70 NIS/kg, mit Pistazien 80 NIS; ⊙9-23 Uhr) Ein hell erleuchtetes Kaufhaus für Süßwaren, das ebenso in Beirut oder Kairo stehen könnte. Hier gibt's eine riesige Auswahl an köstlichem Baklava und großartigem *kunafeh* (heißer, dünner, zuckersüßer Käsekuchen; 10 NIS).

Mahroum Sweets SÜSSWAREN $
(www.mahroum-baklawa.com; Ecke Paulus VI St & Al-Bishara St; 85 NIS/kg; ⊙8.30-23 Uhr) Der schon seit 1890 von derselben Familie betriebene Laden ist eine der besten Adressen in Israel, um Baklava und andere vor Sirup triefende Leckereien zu kosten. Auch die *kunafeh* und das Lokum sind hervorragend.

Tishreen MEDITERRAN $$
(☎04-608 4666; 56 Al-Bishara St; Hauptgerichte 49-105 NIS; ⊙10-23 Uhr; 🌿) Im Holzofen dieses gemütlichen Restaurants, das Antiquitäten und Weinflaschen schmücken, werden arabisch und mediterran inspirierte Speisen wie mit Pesto und Käse gefüllte Aubergine sowie exzellente *muhammar* (arabische Pizza mit Hühnchen und Zwiebeln) zubereitet. Ebenfalls zu empfehlen sind das galiläische Traditionsgericht *freekeh* (gerösteter grüner Weizen), Taboulé und das Frühstück.

Sudfeh FUSIONKÜCHE $$
(☎04-656 6611; 6083 St, No 35; Hauptgerichte 46-110 NIS; ⊙Mo-Sa 12-24 Uhr, manchmal So abends) In einem bezaubernden Innenhof

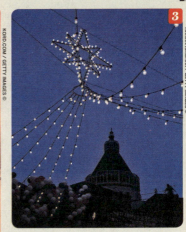

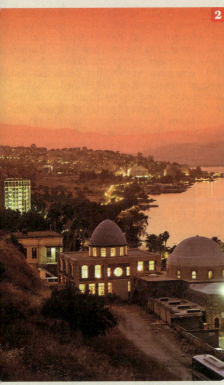

1. Akko (S. 192)
Moscheen mit grünen Kuppeln und Kirchtürmen bilden den Hintergrund zu farbigen Fischerbooten im Hafen.

2. Tiberias (S. 221)
Als Urlaubsort und heilige Stadt ist Tiberias eine Mischung aus Architektur, Glaubensrichtungen und Stränden.

3. Verkündigungskirche (S. 203)
Weihnachtsbeleuchtung an der Basilika, von der viele glauben, sie würde an Marias Geburtsort stehen.

4. See Genezareth (S. 228)
Israels größter Süßwassersee.

oder unter Bögen und Gewölben aus der Zeit des Osmanischen Reichs werden hier traditionelle Nazareth-Küche, ein paar nordafrikanisch inspirierte Gerichte und einfallsreiche Kreationen wie in Tahina gebackene Shrimps mit Zwiebeln, Ingwer und Arak serviert. Die Zutaten sind durchweg regional und von bester Qualität. An den meisten Donnerstagen und manchmal auch samstags gibt's ab 20.30 Uhr Livemusik (arabisch, Jazz, klassisch westlich).

Sudfeh bedeutet „Zufall" und ist eine Anspielung auf den glücklichen Zufall, neue Leute, unbekannte Musik und ungeahnte Geschmacksrichtungen kennenzulernen.

Olga FUSIONKÜCHE $$

(04-656 7755; 6057 St, No 57; 11–23 Uhr) In diesem modernen, luftigen Lokal kommen europäische, amerikanische und arabische Gerichte auf den Tisch. Es ist in einem 200 Jahre alten ehemaligen Schulgebäude untergebracht, in dem die legendäre Olga 42 Jahre lang Direktorin war. Es gibt Sitzgelegenheiten im Garten und im oberen Stock eine schicke, moderne Bar mit raumhohen Fenstern.

★ AlReda FUSION $$$

(04-608 4404; 21 Al-Bishara St; Hauptgerichte 60–128 NIS; Mo-Sa 13-2, So 19-2 Uhr;) In einem 200 Jahre alten Herrenhaus aus der Zeit des Osmanischen Reichs serviert dieses atmosphärische Restaurant, in dem ab 20 Uhr Lieder von Umm Kalthoum für musikalische Untermalung sorgen, traditionelle Nazarether Küche mit mediterranem Touch. Zu den Spezialitäten gehören saisonale Gerichte mit Okra *(bamya)* und wilder Distel *(akub)* sowie frische, mit Rinderhackfleisch und Pinienkernen gefüllte Artischockenherzen (der Besitzer Daher Zeidani liebt Nüsse aller Art).

Gäste können sich gern Portionen teilen, um die verschiedenen Gerichte kennenzulernen. Es gibt eine Bar.

Shoppen

★ Elbabour ESSEN

(Galilee Mill; 04-645 5596; www.elbabour.com; Eingang Al-Bishara St & Paulus VI St; 20 NIS/100 g; Mo-Sa 8.30–19 od. 19.30 Uhr) Der Duft im Innern dieses Gewürzladens entführt Besucher in eine andere Welt. Hier muss man einfach mal reingeschnuppert haben! Das Elbabour wird schon seit vier Generationen von derselben Familie geführt. Hier sind auf Regalen, in Säckchen, kleinen Behältnissen und Fläschchen über 2500 Produkte ausgestellt, von exotischen Gewürzmischungen (darunter auch Pierinas Gewürz, das auf einem alten Geheimrezept beruht, das von der Mutter des Besitzers Tony an ihn weitergegeben wurde) über Kräutertees und getrocknete Früchte bis hin zu Aromaölen.

Der Name Elbabour leitet sich von der lokalen Aussprache von *al-vapeur* („der Dampf" im arabisierten Französisch) ab, der der höllisch lauten, in Deutschland gefertigten, Mühle des Unternehmens in den 1890er-Jahren verpasst wurde.

Shababik KUNSTHANDWERK

(04-645 9747; Bishop's Sq; 8–22 Uhr) Verkauft einzigartiges Kunsthandwerk aus Nazareth und umliegenden Dörfern, hiesige Musmar-Töpferwaren, Stickereien aus Ramallah und Bethlehem sowie handgemachten Schmuck. Der Name bedeutet übersetzt „Fenster". Das Geschäft ist im Al-Mutran Guest House untergebracht.

Cactus Gallery KUNSTHANDWERK

(www.nazarethcactus.com; Mary's Well Sq; Mo-Sa 9–19 Uhr) Das Geschäft über Nazareths grandiosem alten Badehaus aus der Römerzeit (S. 206) verkauft kreativen, modernen Schmuck und wunderschöne palästinensische Stickereien aus einem Kloster in Jerusalem.

Sport HaMa'ayan OUTDOOR-AUSRÜSTUNG

(052 353 5362; Paulus VI St; Mo-Sa 9-19.30 Uhr) Wer am Jesusweg oder am Ufer des Sees Genezareth zelten möchte, kann hier günstige Schlafsäcke (70–100 NIS), Zelte (100–150 NIS) und Isomatten (30–70 NIS) erstehen. Der Laden liegt vom Marienbrunnen 150 m die Paulus VI St hinab.

ℹ Orientierung

Die geschäftliche Hauptverkehrsstraße der Stadt ist die Paulus VI St. Sie ist ein Alptraum für jeden Verkehrsteilnehmer und führt in etwa von Nord nach Süd entlang dem Ostrand der Altstadt. Die fast parallel verlaufende Al-Bishara St (Verkündigungsstraße), die Hauptstraße in der Altstadt, verbindet den Mary's Well Sq mit der Verkündigungskirche. Die meisten Pensionen säumen die schmalen, verkehrsberuhigten Gassen westlich der Al-Bishara St.

ℹ Praktische Informationen

In der Nähe der Verkündigungskirche gibt es mehrere Geldautomaten. Die Bank HaPoalim liegt an der Paulus VI St, die Bank Discount am City Sq.

Bargeld und Reisesschecks können bei der **Post** (6089 St) und in mehreren Wechselstuben an der Paulus VI St getauscht werden.

Al-Mutran Guest House (Bishop's Sq; 15 NIS/Std.) Verfügt über WLAN und einen Computer mit Internetzugang.

Information des Tourismusministeriums (04-657 0555; www.goisrael.com; 58 Casanova St; Mo-Fr 8.30-17, Sa 9-17 Uhr) Hat Broschüren auf Deutsch über Nazareth und Galiläa.

Nazareth Cultural & Tourism Association (www.nazarethinfo.org) Hat eine hilfreiche Website und veröffentlicht das kostenlose Monatsmagazin *Nazareth Today*, in dem Artikel und anstehende Events zu finden sind. Arabisch-, hebräisch- und englischsprachige Ausgaben liegen in Hotels und Restaurants aus.

Polizei (Notfall 100; 6089 St) Im Moskubiya, einem russischen Pilgerhostel von 1904.

An- & Weiterreise

BUS

Nazareth hat keinen eigenen Busbahnhof. Stattdessen halten Fernbusse an der verkehrsgeplagten Paulus VI St zwischen Marienbrunnen und Verkündigungskirche; an der Seite nach Norden stoppen Busse nach Kafr Kanna, Tiberias und Akko (Acre), an der nach Süden Busse nach Haifa, Tel Aviv und Jerusalem. Das Busunternehmen **Nazarene Transport & Tourism** (Paulus VI St; 5.30-18.30 Uhr) hat ein Büro in der Stadt.

Tiberias (Bus 431 von Nazareth Tourism & Transport, 19 NIS, 1 Std., stündl. außer Fr abends & Sa) Manche Busse halten an Nazareths Ringstraße, der Rte 75, statt an der Paulus VI St.

Akko (Bus 343 von Egged, 31,50 NIS, 1½ Std., stündl. außer Sa)

Haifa (Bahnhof Merkazit HaMifratz und/oder Merkaz HaShmona, Busse 331 & 339 von Nazareth Tourism & Transport und GB Tours, 17,20 NIS, 1 Std., alle 2-mal stündl., Sa stündl.)

Jerusalem (Bus 955 von Egged, 40 NIS, 2 Std., So-Do 2-mal morgens, Fr 1-mal, Sa abends 2-mal)

Tel Aviv (Bus 826 von Egged, 36 NIS, 2¼ Std., mehrmals stündl.) Hält an der Rte 75.

Wer zu Kfar Tabor und zum Fuß des Bergs Tabor möchte, muss in Afula (20 Min.) umsteigen; einfach an der Rte 75 in den stündlich verkehrenden Kavim-Bus 356 steigen.

Busverbindungen nach Amman bietet **Nazarene Tours** (in Israel 04-601 0458, in Jordanien 079-692 7455; Paulus VI St, Nazareth) an.

SHERUT

Sheruts (Sammeltaxis) fahren an der 4066 St gleich abseits der Paulus VI St (gegenüber Nazarene Transport & Tourism) ab. Das winzige **Büro** (04-657 1140; 4066 St) liegt rechter Hand

> **BESUCH IN DSCHENIN**
>
> Der Regionalrat Gilboa in der Jesreelebene und die Verwaltung Dschenins im Westjordanland arbeiten daran, den grenzüberschreitenden „Friedenstourismus" zu erleichtern, vor allem für christliche Pilger. Die Reise nach/ab Dschenin im nördlichen Westjordanland durch die Israelischen Sperranlagen erfolgt über den **Jalameh- (Gilboa-) Grenzübergang** (www.cogat.idf.il/1362-en/Cogat.aspx) der israelischen Streitkräfte (Israel Defence Forces; IDF) 10 km südlich von Afula an der Rte 60.

und ist an einem verblassten rot-weißen Schild auf Arabisch und Hebräisch zu erkennen.

Zu den Zielen gehören:

Tel Aviv (Zentraler Busbahnhof, 32 NIS So-Fr morgens, 40 NIS Fr nachmittags & Sa, 1½ Std., 5 oder 6-16 Uhr)

Dschenin (Westjordanland) (25 NIS, 40 Min., 8-16 oder 17 Uhr) Über den Grenzübergang Jalameh (Gilboa), 10 km südlich von Afula.

TAXI

Taxis können bei **Mary's Well Taxi** (04-656 0035, 04-655 5105) gerufen werden.

KAFR KANNA

04

Etwa 8 km nordöstlich vom Zentrum Nazareths liegt an der Straße nach Tiberias (und am Jesusweg) die arabische Stadt Kafr Kanna (Kana). Hier soll Jesus sein erstes Wunder vollbracht und während einer Hochzeit Wasser in Wein verwandelt haben (Joh 2, 1-11). 10% der Einwohner sind Christen.

Sehenswertes

Ein Großteil der christlichen Sehenswürdigkeiten von Kafr Kanna findet man an oder in der Nähe der kopfsteingepflasterten Churches St. Diese kreuzt die Hauptstraße durch die Stadt (Rte 754) schräg unmittelbar nördlich einer speziellen Parkplatzstraße im Ostteil der Straße. Die Kreuzung ist durch ein großes schwarz-weißes Schild markiert.

Katholische Hochzeitskirche KIRCHE
(Churches St; Mo-Sa 8-17.30, So 12-17.30 Uhr) Diese Franziskanerkirche aus dem späten 19. Jh. ist mit grünen Türmen versehen und

steht dort, wo nach katholischem Glauben das Hochzeitswunder Jesu stattgefunden haben soll. Im Souterrain ist ein Krug zu sehen, der einer der sechs Krüge gewesen sein könnte, die Jesus bei der Verwandlung von Wasser zu Wein benutzte. Unter dem Kirchenboden ist durch eine Glasfliese eine alte jüdische Inschrift auf Aramäisch zu erkennen.

Griechisch-orthodoxe Hochzeitskirche
KIRCHE

(Kirche des ersten Wunders; Rte 754; ◑9–17 Uhr) Die reich verzierte Kirche aus dem späten 19. Jh. mit einem kupferfarbenen Kuppeldach beherbergt zwei antike Kelche, die Jesus bei seinem Hochzeitswunder benutzt haben soll. Besucher sind dazu eingeladen, freitags und samstags von 17 bis 19 Uhr bei den Proben der **Trommel- und Dudelsackband** der kirchlichen Pfadfindergruppe zuzusehen.

🛏 Schlafen

Cana Guest House
PENSION $

(☎04-651 7186, Su'ad 052 409 8001; www.canaguesthouse.com; B/DZ/3BZ/4BZ ohne Frühstück 120/300/430/500 NIS; ✱@🛜) Die gastfreundliche Billan-Familie hat vier Apartments in 18 gemütliche, saubere Zimmer umgewandelt, viele davon recht geräumig, manche mit eigenem Bad. Gäste können die Küche benutzen und im Hof im Schatten von Zitronenbäumen entspannen. In den Schlafsälen stehen drei bis vier Betten. Frühstück kostet 35 NIS, ein Lunchpaket 35 NIS und ein herzhaftes, hausgemachtes Abendessen 70 NIS. Die Pension befindet sich hinter dem Komplex der Katholischen Hochzeitskirche.

ℹ An- & Weiterreise

Zahlreiche Kurzstreckenbusse, darunter die Busse 24, 26, 27, 28, 29, 30 und 31, verbinden Kafr Kanna mit dem 8 km südwestlich gelegenen Nazareth; die meisten fahren die Paulus VI St in der Altstadt von Nazareth an. Ein *sherut* zur/ab der Paulus VI St kostet 8 NIS.

Bus 431 von Nazareth Tourism & Transport (stündl. außer Fr abends & Sa) verbindet Kafr Kanna mit Tiberias (19 NIS, 30 Min.) und Nazareth (8,80 NIS, 20 Min.); ein Großteil hält an der Paulus VI St.

SEPPHORIS
צ׳יפורי صفورية

☑ 04

Der **Nationalpark Sepphoris** (Zippori/Tzipori; www.parks.org.il; Erw./Kind 29/15 NIS; ◑Sommerzeit 8–17 Uhr, Winterzeit bis 16, Fr 1 Std. kürzer,

letzter Einlass 1 Std. vor Schließung) ist heute eine der beeindruckendsten archäologische Stätten Israels. In der Antike stand hier eine wohlhabende und gut entwickelte Stadt mit gepflasterten Straßen (im Lauf der Zeit von Plan- und Triumphwagen zerfurcht), einem erstaunlichen Wasserversorgungssystem, einem Marktplatz, Badehäusern, Synagogen, Kirchen und einem Amphitheater mit 4500 Plätzen. Heute ist für viele Besucher aber das Mosaikporträt einer nachdenklichen jungen Frau der absolute Höhepunkt, das den Spitznamen **Mona Lisa von Galiläa** trägt. Es ist nur eines von mehreren hervorragenden Mosaiken aus dem frühen 3. Jh., die hier in den 1980er-Jahren entdeckt wurden.

Im 2. und 3. Jh. – ein oder zwei Generationen nach dem Bar-Kochba-Aufstand (132–135 n. Chr.) gegen Rom – war Sepphoris eines der wichtigsten Zentren des jüdischen Lebens in Israel. Hier hat Rabbi Jehuda HaNasi vermutlich die Mischna (die erste Niederschrift des jüdischen Gesetzes) aufgezeichnet, und später haben Gelehrte aus Sepphoris ihren Beitrag zum Jerusalemer (Palästinischen) Talmud geleistet.

🛏 Schlafen

Zippori Village Country Cottages
B&B $$

(☎04-646 2647; www.zippori.com; Moschaw Tzipori; DZ ohne Frühstück ab 400 NIS; ✱🛜✉) Suzy und Mitch, die sachkundigen Betreiber dieses B&B, haben die geräumigen Cottages mit bequemen Rohrmöbeln und Whirlpool versehen. Die übrige Einrichtung ist ebenfalls ansprechend, und man hat einen tollen Blick auf die Umgebung. Die gut ausgestatteten Kochnischen sind für Milchprodukte koscher. Ein Frühstück kostet 100 NIS (2 Pers.).

ℹ An- & Weiterreise

Das Dorf Zippori/Tzipori und der Nationalpark Sepphoris liegen 11 km nordwestlich von Nazareth und ein paar Kilometer nördlich der Rte 79. Keine öffentlichen Verkehrsmittel!

RUND UM DEN BERG TABOR

☑ 04

Wie eine riesige Brust erhebt sich der bemerkenswert symmetrisch geformte Berg Tabor (588 m) über die Jesreelebene und dominiert das Landschaftsbild zwischen Nazareth und dem See Genezareth.

Berg Tabor הר תבור جبل الطور

Man muss kein christlicher Pilger sein, um die Schönheit des Berges Tabor zu erkennen. Dies ist der Ort der Verklärung Christi (Mt 17, 1-9, Mk 9, 2-8 & Lk 9, 28-36), wo „sein Gesicht leuchtete wie die Sonne und seine Kleider [...] blendend weiß [wurden] wie das Licht" und er mit den Propheten Mose und Elija sprach. Auf seinem Gipfel stehen eine (katholische) Franziskanerkirche und eine griechisch-orthodoxe (der Öffentlichkeit nicht zugängliche) Kirche.

Laut der hebräischen Bibel besiegten die von der Prophetin Debora geführten Israeliten am Berg Tabor die kanaanitische Armee unter der Führung von Sisera (Richter 4).

Während der Kreuzzüge war der Berg hart umkämpft. Die Benediktinermönche aus dieser Epoche, wären wohl sehr verblüfft gewesen, wenn sie gehört hätten, dass der Berg eines Tages von Drachenfliegern als Startplatz genutzt werden würde.

Sehenswertes & Aktivitäten

Franziskanerkloster & Kirche KIRCHE
(8–11.30 & 14–17 Uhr) Eine von Zypressen gesäumte Allee führt durch die katholische Anlage zum Kloster, in dem drei Franziskanermönche leben. Neben einem kleinen Garten mit Pflanzen aus der ganzen Welt gibt es hier noch die Ruinen eines Klosters aus der byzantinischen Zeit und die im römisch-syrischen Stil erbaute **Verklärungsbasilika** zu sehen, eine der schönsten Kirchen des Heiligen Landes. Sie wurde 1924 geweiht und ist mit hübschen Mosaiken geschmückt. Die Krypta ist über zwölf breite Stufen zu erreichen. Frauen werden um angemessene Kleidung gebeten (keine ärmellosen Shirts oder Miniröcke).

Rechts oberhalb des Eingangs zur Kirche befindet sich eine **Aussichtsplattform**, von der aus man einen atemberaubenden Blick über den bunten Flickenteppich aus Feldern in der Jesreelebene hat.

Wanderwege WANDERN & TREKKEN
Der **Israel National Trail** führt über den Berg Tabor und kreuzt dabei zwei ausgeschilderte Wege, die auch am Berg verlaufen: den **Shvil HaYa'aranim** und oben, nahe dem Gipfel, den vor Kurzem erneuerten **Sovev Har Tabor** (Berg-Tabor-Rundweg). Die beste topografische Karte dafür ist die SPNI-Karte Nr. 3 (*HaGalil HaTachton HaAmakim v'HaGilboa*).

An- & Weiterreise

Der Berg Tabor liegt etwa auf halbem Weg zwischen Tiberias und Afula, unmittelbar abseits der Rte 65. Von der Rte 7266, die rund um den Berg führt und die arabischen Dörfer Shibli und Daburiyeh an die Rte 65 anbindet, ist es ein anspruchsvoller, 3 km langer Weg mit 16 Haarnadelkurven hinauf zum Gipfel.

Kfar Tabor כפר תבור كفر تابور

Das 1901 gegründete jüdische Dorf Kfar Tabor ist die wichtigste Handels- und Tourismusdrehscheibe der Region.

Sehenswertes & Aktivitäten

Weingut Tabor WEINGUT
(04-676 0444; www.twc.co.il; Industriegebiet Kfar Tabor; Fr bis 16 Uhr) Das renommierte Weingut ist für seine Rot- (Merlot, Cabernet Sauvignon, Shiraz, Cabernet Franc) und Weißweine (Chardonnay, Sauvignon Blanc, Roussanne und Gewürztraminer) bekannt. Es produziert 2 Mio. Flaschen pro Jahr und bietet kostenlose Proben, Direktverkauf und – für Gruppen ab zehn Teilnehmern – Führungen.

Von Ende Juli bis August veranstaltet das Weingut 1½-stündige **Weinlesen** (Kind/erwachsene Begleitperson 30/20 NIS; So–Fr 10 Uhr) für Kinder ab 3 Jahren. Nachdem die Trauben abgezwackt und in Körben gesammelt wurden, werden sie von den Kleinen zu Saft zerstampft (ja, mit den Füßen, und ja, die Füße werden zuerst gewaschen!). Diesen Saft können sie dann abfüllen und mitnehmen. Im Voraus reservieren!

Wander- & Radwege WANDERN, RADFAHREN
Kfar Tabor und die umliegenden Dörfer wie Kfar Kisch sind optimale Ausgangspunkte für Wanderungen auf dem **Israel National Trail** oder auf einem Abschnitt des **Jesuswegs**, z. B. in Richtung Nordosten zur Taufstelle Yardenit am See Genezareth oder in Richtung Westen auf den Berg Tabor. Teile beider Wege sind auch mit dem Fahrrad zu bewältigen. Für Radfahrer gibt es zudem einen einspurigen Weg durch den **Wald Beit Keshet** und einige gute Routen in den **Hügeln von Sirrin**.

Essen

Cafederatzia CAFÉ $$
(04-676 6233; 82 HaMeyasdim St; Hauptgerichte 38–62 NIS; So–Do 8.30–24, Fr bis 16, Sa 10–24 Uhr;) Das schicke Café serviert groß-

zügige Portionen von Salat, Pasta, Gourmet-Sandwiches, Hamburgern, Roast Beef und Feinschmecker-Hotdogs. Bei gutem Wetter können Gäste diese draußen im Olivenbaumgarten genießen. Zur Auswahl gehören auch glutenfreies Brot, hausgemachte Backwaren, offene Weine aus der Gegend (ab 25 NIS) und Frühstück für 58 NIS. Das Café liegt im Dorfzentrum neben der Bibliothek, der Post und dem Stadtratsgebäude.

ⓘ An- & Weiterreise

Zahlreiche Busse, darunter die Kavim-Linie 43 und die Egged-Linien 442, 541 und 542, verbinden Kfar Tabor (die Haltestellen befinden sich an der Rte 65) mit Afula (16,80 NIS, 7–17-mal stündl., 25 Min.). Von dort verkehren regelmäßig Busse nach Tel Aviv, Bet Schean und zur Ringstraße in Nazareth (Rte 75), eine kurze Fahrt mit dem Bus oder *sherut* (6 NIS) von der Paulus VI St entfernt. Nach Tiberias (19 NIS, 35 Min., 2–3-mal stündl.) fahren u. a. die Egged-Busse 442 und 541.

Kfar Kisch   כפר קיש   كفر كيش

Von weitläufigen Feldern umgeben, auf denen nicht selten Gazellen zu sehen sind, befindet sich 6 km südöstlich von Kfar Tabor dieser Moschaw (genossenschaftliche Siedlung). Er liegt sowohl am Israel National Trail als auch am Jesusweg.

🛏 Schlafen

Tabor Land Guest House B&B $$

(📞050-544 1972; www.taborland.com; EZ/DZ ohne Frühstück 280/400 NIS, DZ ohne Bad 350 NIS; ❄ 🛜) In dieser zweistöckigen Villa werden Gäste herzlich empfangen. Die vier Schlafzimmer (eines mit angeschlossenem Bad) sind gemütlich, und im großen Wohnraum fühlt man sich wie bei Freunden zu Hause. Das umfangreiche israelische Frühstück kostet 50 NIS pro Person. Die Besitzerin Sarah nimmt Besucher gern auf Kurzwanderungen in die Umgebung mit.

Das B&B befindet sich 6 km östlich der Rte 65 in einem neuen Viertel von Kfar Kisch, noch hinter der Tankstelle.

🍴 Essen

★ Shirat Ro'im   KÄSE $$

(www.shiratroim.co.il; ⏰ Fr, Sa & an jüdischen Feiertagen 9.30 oder 10–16.30 Uhr, während der Sommerzeit bis 18 Uhr) Michals preisgekrönter Käse, darunter köstlich mit Rosmarin verfeinerter Inbar, die unglaubliche Blauschimmelvariante Kinneret und mit Kastanienasche aromatisierter Nirit, bringen selbst erfahrene Feinschmecker ins Schwärmen.

Havat HaYatzranim   KÄSE $$

(📞 052 250 6203; www.havat.co.il; Käseteller für 2 Pers. 118 NIS, Käse 220 NIS/kg; ⏰ Fr, Sa & an Feiertagen 9.30 Uhr–Sonnenuntergang) Der Käseladen mit Restaurant verkauft 19 Käsesorten, darunter Katshota, Tomme, Valencia und St. Maur. Daneben gibt es kostenlose Verkostungen von sortenreinem Olivenöl, die besten sonnengetrockneten Mandeln überhaupt und vier exklusive Edelweine, von denen jeweils nur ein Fass (300 Flaschen) pro Jahr produziert wird. Untergebracht ist das Ganze in einem ehemaligen Hühnerstall.

Sirrin   FRANZÖSISCH $$$

(📞04-676 0976; Hauptgerichte 85–135 NIS, 12–17 Uhr außer Fr & Sa 15% Rabatt; ⏰ So & Di–Do 12–21.30 oder länger, Fr & Sa ab 9 Uhr) Spezialität dieses familiengeführten Restaurants – die Idee dazu ergab sich vor langer Zeit nach einem Abendessen im Pariser Quartier St.-Germain-des-Prés – mit Dekor im Belle-Époque-Stil sind französisch und italienisch inspirierte Steak- (aus der Region) und Fischgerichte. Der Ziegen- und Schafskäse kommt aus Frankreich, Italien und Israel. Kinderportionen kosten 35 bis 45 NIS. Frühstück (75 NIS) wird freitags und samstags serviert.

ⓘ An- & Weiterreise

Der Kavim-Bus 42 verbindet Kfar Kisch mit Afula (16,80 NIS, 35 Min., So–Fr 5–6-mal tgl.).

Kfar Kama   כפר כמא   كفر كما

Als sich das Russische Reich Mitte des 19. Jhs. nach Süden ausbreitete, mussten mindestens 0,5 Mio. Tscherkessen, ein kaukasisches Volk muslimischen Glaubens, ihre Häuser im Nordkaukasus – zwischen dem Schwarzen und dem Kaspischen Meer – verlassen. Zuflucht fanden sie damals in Ländern des Osmanischen Reiches. 1876 ließen sich dann einige von ihnen in Kfar Kama (3100 Ew.) nieder, einem von nur zwei tscherkessischen Dörfern in Israel (das andere ist Rehaniya). Die Tscherkessen pflegen gute Beziehungen zu ihren jüdischen Nachbarn und die tscherkessischen Männer, die schon lange Zeit für ihren unerbittlichen Kämpfergeist bekannt sind, dienen in der israelischen Armee (Israel Defense Forces, IDF). Kfar Kama ist ein wohlhabender Ort und alles ist auf Hebräisch, Tscherkessisch (die Sprache wird in den Familien gesprochen und auch in der Schule unterrichtet) und Englisch ausgeschildert.

⊙ Sehenswertes

Circassian Heritage Center MUSEUM
(☏050 585 7640; www.circassianmuseum.co.il; Erw./Kind 25/20 NIS; ⊙9–17 Uhr) In einem Komplex mit über 100 Jahre alten Häusern ist dieses bescheidene Museum untergebracht, in dem neben einem 20-minütigen Film (auf Hebräisch, Arabisch und Englisch) auch traditionelle tscherkessische Kleidung und alte landwirtschaftliche Geräte zu sehen sind. Im Eintritt ist eine Führung auf Englisch enthalten. Wer von Osten her nach Kfar Kama kommt (auf der Rte 767), folgt den Schildern mit der Aufschrift „Shami House".

✕ Essen

Cherkessia TSCHERKESSISCH $$
(☏04-676 9608, 050 261 9996; Rte 767; Gericht mit 7 Speisen 57 NIS; ⊙So-Do 12–21, Fr & Sa 10–21 Uhr; ⌖) Zu den Spezialitäten dieses von einem Mutter-Sohn-Gespann geführten tscherkessischen Restaurants gehören Linsensuppe, *haluzh* (frittierter, mit hausgemachtem tscherkessischem Käse gefüllter Crêpe) und *mataza* (mit tscherkessischem Käse und Frühlingszwiebeln gefüllte Ravioli). Es ist in einem Wohnhaus untergebracht, das vom westlichen Ortseingang (auf der Rte 767) 100 m westlich an der Nebenfahrbahn liegt, und an einem Schild mit kyrillischer Schrift zu erkennen.

JESREELEBENE & EBENE VON BET SHE'AN

☏04

Etwas westlich von Nazareth erstrecken sich über eine Strecke von rund 45 km die stark landwirtschaftlich geprägte Jesreelebene (auch als Tal Esdrelon bekannt) und die Ebene von Bet She'an, Teil des Großen Afrikanischen Grabenbruchs, in südöstlicher Richtung bis zum Jordan. Im Süden werden sie vom Berg Gilboa begrenzt.

Bet She'an بيسان بيت شآن

Irgendwann im 5. Jt. v. Chr. gegründet, liegt Bet She'an strategisch gut dort, wo die Jesreelebene auf das Jordantal trifft. Hier befinden sich die flächenmäßig größten römischen Ruinen Israels. Beim schweren Erdbeben von 749 n. Chr. wurde die ganze Stadt dem Erdboden gleich gemacht. Heute hat die Stadt (17 200 Ew.) mit anderen Problemen zu kämpfen und ist für Touristen nicht sonderlich interessant.

⊙ Sehenswertes

★**Nationalpark**
Bet She'an ARCHÄOLOGISCHE STÄTTE
(☏04-658 7189; Rte 90; Erw./Kind 40/24 NIS; ⊙Okt.–März 8–16 Uhr, April–Sept. bis 17 Uhr, Fr 1 Std. kürzer, letzter Einlass 30 Min. vor Schließung) Die außergewöhnlichen römischen Ruinen Bet She'ans sind die beste Möglichkeit in Israel, um einen Einblick in das Leben, Arbeiten und Einkaufen im Römischen Reich zu bekommen. Von Kolonnaden gesäumte Straßen, ein **Theater** mit 7000 Plätzen, das noch fast so aussieht wie vor 1800 Jahren (mit öffentlichen Original-Toiletten in der Nähe), zwei Badehäuser und riesige Steinsäulen, die noch dort liegen, wo sie bei dem Erdbeben 749 hingestürzt sind, zeichnen ein Bild der Erhabenheit, des Selbstbewusstseins und der Dekadenz des römischen Provinzlebens in den Jahrhunderten nach Jesus.

Der Weg zum Theater und der **Cardo**, die äußerst eindrucksvolle, von Kolonnaden gesäumte Hauptstraße, ist rollstuhlgerecht.

Hoch über der römischen Stadt, die im Griechischen als Scythopolis bekannt war, erhebt sich **Tel Bet She'an**. Der Hügel kam durch die Überlagerung von mindestens 20 verschiedenen Besiedelungsschichten zustande. Vom Aussichtspunkt bieten sich tolle Blicke aus der Vogelperspektive auf die römischen Ruinen.

Shea'n Nights (Leilot She'an; ☏04-648 3639, 04-648 1122; Erw./Kind 55/45 NIS; ⊙etwa April–Nov. Mo–Do bei Sonnenuntergang), ein nach Einbruch der Dunkelheit stattfindendes Multimediaspektakel auf Englisch oder Hebräisch, erweckt die Ruinen mittels projizierter Bilder zum Leben, kann jedoch ei-

---

RICHTIG, RICHTIG HEISS

Die höchste Temperatur, die je in Asien aufgezeichnet wurde, unglaubliche 53,9 °C, wurde am 21. Juni 1942 im Kibbuz Tirat Tzvi, 8 km südlich von Bet She'an, gemessen.

> **ABSTECHER**

BERG GILBOA

Der zerklüftete, 18 km lange Gebirgsgrat, der als Berg Gilboa (höchster Punkt 536 m) bekannt ist und entlang des Südendes der Jesreelebene verläuft, ist ein tolles Ziel für jeden Naturliebhaber. Nach den winterlichen Regenfällen (Dez.–März od. April) ist die Gegend von einem Teppich aus Wildblumen bedeckt, darunter die lilafarbene Gilboa-Iris (Blütezeit Ende Feb. –Anfang März). Gemäß der Bibel wurden hier König Saul und sein Sohn Jonathan in einer Schlacht gegen die Philister getötet (1 Sam 31, 1–13).

Die 28 km lange Rte 667 (Gilboa Scenic Rd) ist eine wunderschöne Bergstraße mit traumhaften Blicken auf die Jesreelebene (auf der anderen Seite sind die palästinensischen Dörfer rund um Dschenin zu sehen und im Vordergrund die Sperranlagen zwischen Israel und dem Westjordanland). Sie verbindet die Rte 675, 8 km südöstlich von Afula entlang der Rte 71, mit der Rte 90 im Jordantal.

Wer Lust auf eine herzhafte, ländliche Mahlzeit vor rustikaler Kulisse hat, kann sich in der familiengeführten **Kräuterfarm am Berg Gilboa** (☏ 04-653 1093; www.herb-farm. co.il; Rte 667; Hauptgerichte 67–135 NIS; ⊙ Mo–Sa 12–22 Uhr; ⏲) Fleischgerichte (z. B. kornisches Huhn) sowie gute vegetarische und vegane Speisen schmecken lassen. Freitags und samstags sollte man am besten reservieren. Die Farm liegt an der Rte 667, 3,5 km südöstlich der Rte 675; einfach den gelben Schildern zum „Country Restaurant" folgen.

nen Besuch bei Tag nicht ersetzen – es ist zu dunkel, um die Schilder zu lesen und ein Großteil des Komplexes ist gesperrt. Bei Regen findet die Vorführung nicht statt. Vorab telefonisch reservieren!

Um zum Parkeingang zu gelangen, geht man von der Filiale der Bank Leumi in der 81 Sha'ul HaMelech St ein paar Hundert Meter bergabwärts.

🛏 Schlafen & Essen

HI – Beit She'an Guest House   HOSTEL **$$**
(☏ 02-594 5644; www.iyha.org.il; 129 Menahem Begin Ave/Rte 90; EZ/DZ 385/510 NIS, zusätzlicher Erw./Kind 160/125 NIS; @🛜🛗) Einen kurzen Fußmarsch von Bet She'ans antiken Attraktionen entfernt bietet dieses Hostel mit 62 Zimmern attraktive Gemeinschaftsbereiche, eine tolle Dachterrasse und einen Pool (April–Sept. geöffnet). Die praktischen, sauberen Zimmer haben fünf Betten; einzelne Schlafsaalbetten gibt es nicht. Die Unterkunft liegt etwas südlich der Fernbushaltestellen. Rollstuhlgerecht.

Shipudei HaKikar   NAHÖSTLICH **$$**
(☏ 04-606 0198; 1 Shaul HaMelech St; Hauptgerichte 34–120 NIS; ⊙ So–Do 11.30–24, Sa 30 Min. nach Sonnenuntergang–24 Uhr, Fr geschl.; ⏲) Gilt weithin als das beste Restaurant von Bet She'an. Der exzellente Schisch-Kebab (60–120 NIS) wird mit frisch gebackenem *laffa* (flache Pita) serviert, davor gibt's 18 superfrische Salate, u. a. mit Aubergine, Hummus und Tahina. Wer kein Hauptgericht bestellt, zahlt für einen Salat 26 NIS – eine

wunderbare vegetarische Mahlzeit! Gegrilltes Fleisch im *laffa* oder im Baguette kostet ohne Salat 34 bis 50 NIS.

Das Lokal befindet sich 1 km nordwestlich der römischen Ausgrabungsstätten in einem Gebäude mit einem Uhrenturm (direkt hinter der Polizeiwache).

ℹ An- & Weiterreise

In Bet She'an gibt es keinen Busbahnhof. Stattdessen halten Busse an der Menahem Begin Ave (Rte 90), rund 100 m nördlich der Jugendherberge Beit She'an Guest House.

Tiberias (Bus 28 von Afikim, 16,50 NIS, 30 Min., So–Do 15-mal tgl., Fr 6-mal, Sa abends 2-mal) Hält an mehreren Haltestellen am Südwestufer des Sees Genezareth.

Jerusalem (Bus 961 von Egged, 44 NIS, 2 Std., So–Do 6-mal tgl., Fr 5-mal, Sa abends 3-mal) Über das Jordantal.

Afula (Kavim-Busse 411 und 412, 30 Min., 2–3-mal stündl. außer Fr abends & Sa vor Sonnenuntergang)
Wer nach Nazareth und Tel Aviv fahren möchte, muss in Afula umsteigen.

Wer nach Jordanien unterwegs ist, kann den Jordan-/Sheikh-Hussein-Grenzübergang 8 km östlich der Stadt nutzen.

Belvoir حصن بلفوار كوكب هيردن

Auf einem Hügel, 550 m oberhalb des Jordans, thront diese **Kreuzfahrerfestung** (☏ 04-658 1766; www.parks.org.il; Erw./Kind 22/10 NIS; ⊙ April–Sept. 8–17 Uhr, Okt.–März bis 16 Uhr, Fr 1 Std. kürzer, letzter Einlass 1 Std. vor

Schließung) mit einer eindrucksvollen Größe von 110 x 110 m. Sie besteht aus konzentrischen Schutzwällen, Toren, Höfen und Türmen mit spektakulären Ausblicken auf das Jordantal, die Jesreelebene und das jordanische Gebirge Gilead. Zu den Highlights gehören ein Speisesaal mit einer gotischen Gewölbedecke, eine riesige Steinzisterne und ein tiefer Trockengraben an der Westseite. Hier oben ist es spürbar kühler als im Tal. Die englische und hebräische Beschilderung ist hervorragend.

Die 1168 von den Malteserrittern erbaute Festung Belvoir (franz. für „schöne Aussicht"; der hebräische Name Kochav HaYarden bedeutet „Stern des Jordans", der arabische Name „Kawkab al-Hawa" „Stern des Windes") fiel 1189 nach eineinhalbjähriger Belagerung letztendlich doch in die Hände muslimischer Truppen. Als Anerkennung für ihren Mut durften sich die Malteserritter unversehrt nach Tyros zurückziehen.

Der 1,2 km lange Panoramaweg **Wingate Trail** ist durch Steine gekennzeichnet und führt entlang dem Hang unterhalb der Ruinen. Infokarten erklären die Landschaft auf beiden Seiten der Grenze, darunter Details zur hiesigen Plattentektonik und zur Route der Ölpipeline, die vor 1948 von Kirkuk (Irak) nach Haifa führte.

Neben den Ruinen befindet sich ein **Skulpturengarten** mit Arbeiten aus geschliffenen Stahlplatten des preisgekrönten israelischen Künstlers Yigal (Igael) Tumarkin (geb. 1933), der das Holocaustdenkmal am Rabin Sq in Tel Aviv entwarf.

Belvoir liegt 20 km nördlich von Bet She'an und 20 km südlich des Sees Genezareth, 6 km abseits der Rte 90 an einer einspurigen Straße.

Bet-Alfa-Synagoge

كنيس بيت الفا   בית הכנסת בית אלפא

Niemand war überraschter als die Bewohner des Kibbuz Hefzi Bah, als 1928 bei den Arbeiten für einen Bewässerungsgraben im Mosaikfußboden aus byzantinischer Zeit entdeckt wurde. Im Zuge weiterer Ausgrabungen kam der Rest der **Bet-Alfa-Synagoge** (www.parks.org.il; Erw./Kind 22/10 NIS; ☺ während der Sommerzeit 8–17 Uhr, im Winter 8–16 Uhr, Fr 1 Std. kürzer) zum Vorschein, deren Mosaike auf eindrucksvolle Weise vergangene Jahrhunderte wiederaufleben lassen.

Die drei Mosaikfelder zeigen traditionelle jüdische Symbole wie einen Thoraschrein,

zwei Menoras (siebenarmige Leuchter) und einen *schofar* (ein Musikinstrument aus einem Widderhorn) sowie einen spektakulären **Tierkreis** mit zwölf Feldern – ein heidnisches Element. An der unteren Seite über aramäischen und hebräischen Inschriften ist **Jakob** mit einem Messer zu sehen, der im Begriff ist, seinen Sohn Isaak zu opfern, sowie der Widder, den Gott (in Form einer Hand aus dem Himmel) als Opfer anstelle des Jungen sandte; jede Figur ist auf Hebräisch beschriftet. Ein 14-minütiger Film in sechs Sprachen, der über und auf das Mosaik projiziert wird, sorgt für eine hervorragende Einführung. Rollstuhlgerecht.

Von der Synagoge bergaufwärts wartet im Kibbuz Heftzi Bah eine etwas überraschende Attraktion in Form eines hübschen, kleinen **japanischen Gartens** (☑ Na'ama 054 663 4348; Führung Erw./Kind 20/10 NIS) im shintoistischen Stil mit einem idyllischen Koi-Teich. Angelegt wurde er von den Makoya, einer christlichen Bewegung aus Japan, deren Mitglieder seit 1962 in dem Kibbuz Hebräisch studieren. Wer sich für eine Führung interessiert, muss vorher anrufen.

Gangaroo-Tierpark

פארק אוסטרלי 'גן גורו'

حديقة استرالية "جن جرو"

Kinder wird dieser hübsche, kleine Fleck Australien begeistern, denn hier können sie inmitten australischer Vegetation zahme, frei umherhüpfende **Kängurus** streicheln und füttern. Ein weiteres Highlight ist das Vogelhaus (alle 1–2 Std. für 20 oder 30 Min. geöffnet), in dem die Kids **Loris** und **Nymphensittiche** mit Apfelstücken verköstigen können. Die findigen Tiere haben es sich angewöhnt, auf die T-Shirts von Besuchern zu hüpfen und deren salzhaltigen Nackenschweiß abzulecken. In dem offiziell akkreditierten, 1996 eröffneten **Zoo** (☑ 04-648 8060; http://www.nirtours.co.il/Gan_Garoo; Rte 669, Kibbutz Nir David; Erw./Kind unter 2 Jahren 46 NIS/frei; ☺ Sept.–Juni So–Do 9–16, Fr bis 15, Sa bis 17 Uhr; Juli & Aug. Sa–Do 9–20, Fr bis 15 Uhr) unter Leitung des Kibbuz Nir David gibt es außerdem Kasuare, Emus, Flughunde und die einzigen **Koalas** in Israel.

Der Zoo liegt 6,5 km westlich von Bet She'an neben dem Nationalpark Sachne (Gan HaShlosha).

❶ An- & Weiterreise

Der Kibbuz Heftzi Bah liegt 8 km westlich von
Bet She'an an der Rte 669. Der Kavim-Bus 412
(min. 1-mal stündl., außer Fr abends & Sa) fährt
sowohl nach Afula (17 Min.) als auch nach Bet
She'an (12 Min.).

En Harod עין חרוד عين حرود

En Harod besteht eigentlich aus zwei Kibbuzim, die sich vor 60 Jahren nach einem
Streit über ihre sozialistische Gesinnung getrennt haben.

◉ Sehenswertes

Kunstmuseum En Harod   MUSEUM
(Mishkan Le'Omanut; www.museumeinharod.org.
il; Kibbuz En Harod Meuchad; Erw./Kind 26/13 NIS;
⊙ So–Do 9–16.30, Fr bis 13.30, Sa 10–16.30 Uhr)
Sowohl das modernistische Gebäude (1948
eingeweiht, mit Anbauten aus den 1950er-
Jahren) als auch die hervorragende Kunst-
sammlung (über 16 000 Werke von vorwiegend jüdischen und israelischen Künstlern)
dieses zukunftsweisenden Museums sind bemerkenswert. In seinen 14 Ausstellungsräumen sind eine Dauerausstellung zum Judentum und hoch angesehene Wechselausstellungen (Erklärungen auf Englisch erhältlich)
zu sehen. Mit dem Auto nimmt man die Rte
71 Richtung Kibbuz En Harod Meuchad und
folgt den Schildern „Museums".

🛏 Schlafen

⭐ **Ein Harod Guest House**   PENSION $$
(☏ 04-648 6083; www.ein-harod.co.il; Kibbutz
Ein Harod Ichud; DZ So–Mi ab 490 NIS, Do–Sa ab
570 NIS, Chalets 940–1300 NIS, zusätzliches Kind
160 NIS; ❄@🛜🖼) Die Pension mit ihren 42
Zimmern liegt auf einem Berg, von wo aus
man an klaren Tagen den Berg Karmel, den
Berg Hermon und das Gebirge Gilead in Jor-
danien sehen kann. Zur Wahl stehen traditi-
onelle Kibbuz-Unterkünfte und romantische
„Iris"-Chalets aus Holz, die auf 50 m² Luxus
pur bieten. Zu den Extras gehört ein 50 m
langer Pool. Autofahrer nehmen die Rte 716
zum Kibbuz En Harod Ichud; der Eingang
liegt 1 km nördlich der Rte 71.

Auf Anfrage gibt es Führungen zu den
landwirtschaftlichen   Außenstellen   des
Kibbuz.

SOZIALISTISCHES FEUER

Von seiner Gründung im Jahr 1921 bis in die frühen 1950er-Jahre gestaltete sich das
Leben im Kibbuz En Harod, auf halbem Weg zwischen Afula und Bet She'an (jeweils
ungefähr 14 km entfernt), relativ friedlich. Dann brach ein ideologischer Streit darüber
aus, dass der israelische Premierminister David Ben-Gurion die kapitalistischen USA
gegenüber Stalins Sowjetunion strategisch bevorzugte, was sich wiederum zu einem
richtiggehenden ideologischen Flächenbrand auswuchs. Die Situation wurde angesichts
der zu jener Zeit von Stalin inszenierten antisemitischen Schauprozesse noch kom-
plizierter: Darin wurden bekannte Juden erfundener konterrevolutionärer Verbrechen
beschuldigt und hingerichtet. Die glühenden Stalinanhänger des Kibbuz, die sozialisti-
schen Hardliner der Riege „Wo gehobelt wird, da fallen auch Späne", rückten von ihrer
Unterstützung für ihn nicht ab.

Die Emotionen kochten hoch – es ging immerhin um Menschen, die für ihre sozialis-
tische Ideologie lebten –, und bald wurden im gemeinschaftlichen Speisesaal Barrikaden
errichtet, Freunde sprachen nicht mehr miteinander, Fäuste flogen und Paare trennten
sich. Am Ende wurde En Harod in zwei getrennte Kibbuzim gespalten: En Harod Meuch-
ad, der von loyalen Stalinanhängern geführt wurde, und En Harod Ichud, der unter der
Kontrolle der Anhänger Ben-Gurions stand (sowohl *meuchad* als auch *ichud* bedeutet
„vereint").

Der Groll hielt jahrzehntelang an, und selbst heute sind einige Mitglieder der älteren
Generation über den feigen Verrat ihrer Rivalen verärgert. Erst vor 25 Jahren wurden die
ersten „Mischehen" zwischen Ichud- und Meuchad-Einwohnern geschlossen, und vor
gerade einmal 15 Jahren wurde die landwirtschaftliche und kulturelle Zusammenarbeit
zwischen den beiden Kibbuzim wieder aufgenommen. Heute ist der En Harod Ichud
noch immer ein traditioneller „kollektiver" Kibbuz – zu den Einnahmequellen gehören
Weizen, Baumwolle, Milchkühe und die Herstellung hochmoderner autarker Minikühler
–, während der Kibbuz En Harod Meuchad, vor 60 Jahren noch von den linken Hardlinern
regiert, den Weg der Privatisierung eingeschlagen hat.

TIBERIAS   طبريا   טבריה

♪ 04 / 41700 EW.

Tiberias ist eine der vier heiligen Städte des Judentums, Begräbnisort bedeutender Weiser und ein sehr beliebter Ausgangspunkt für christliche Besucher, die die heiligen Stätten rund um den See Genezareth besichtigen möchten. Darüber hinaus gehört es zu den Urlaubsresorts mit den größten Bausünden in Israel – so ist z. B. die sonnige Seepromenade mit architektonischen Monstern aus den 1970er-Jahren verschandelt. Wie so oft trifft auch hier Heiliges auf Kitsch – plus Strände und Thermalquellen – in einem Mix aus Religiosität, Straßenhändlern und Hedonismus.

Mit dem Auto benötigt man höchstens eine Stunde zu den Golanhöhen, in den Osten Galiläas, nach Bet She'an, Nazareth und sogar nach Akko. Im Juli und August ist es in Tiberias oft drückend heiß.

Geschichte

Schon immer werden erholungsbedürftige Badefreunde von den 17 heißen Quellen von Tiberias angelockt – auch schon lange vor 20 n. Chr., als Herodes Antipas, Sohn von Herodes dem Großen, die Stadt gründete und sie zu Ehren des römischen Kaisers (reg. 14–37 n. Chr.) Tiberias nannte.

Nach dem verheerenden Bar-Kochba-Aufstand der Judäer (132–135) wurde Tiberias zu einem der wichtigsten Zentren jüdischen Lebens in Israel und spielte somit nach dem Sieg der Römer 70 n. Chr. und der Zerstörung des Tempels eine Schlüsselrolle bei der Neudefinition des jüdischen Glaubens. Einige der wichtigsten Weisen aus der Zeit nach dem Zweiten Tempel lebten hier, darunter auch Jehuda HaNasi, der die Niederschrift der Mischna leitete. Auch der Großteil der finalen Überarbeitung des Jerusalemer Talmuds scheint hier stattgefunden zu haben. Zudem verlegte der Sanhedrin (ehemaliges oberstes Gericht Israels) seinen Sitz Ende des 2. Jhs. nach Tiberias und auch das bis heute verwendete System zur Notierung von Vokalen im geschriebenen Hebräisch wurde hier entwickelt und nach der Stadt benannt.

Im Jahr 1099 nahmen die Kreuzritter Tiberias ein und erbauten etwas nördlich des römisch-byzantinischen Zentrums der Stadt eine riesige Festung. Saladin eroberte diese 1187 und schlug in der kurz darauf folgenden Schlacht bei Hattin (8 km westlich von Tiberias) die Armee der Kreuzfahrer vernichtend.

DIE MONGOLEN WAREN HIER

Es geschah im Jahr 1260, ganz in der Nähe des heutigen Kibbuz En Harod: Krieger des mächtigen Mongolenreichs und der ägyptischen Mamelucken standen sich gegenüber. In einem verheerenden Kampf, der als **Schlacht von Ain Djalut** in die Geschichte eingehen sollte, wurden die Mongolen zum ersten Mal in ihrer Geschichte vernichtend und dauerhaft geschlagen, was ihrer Expansion in den Nahen Osten ein jähes Ende bereitete.

Die kurz zuvor eingetroffenen Osmanen erlaubten 1558 Gracia Nasi (www.donagracia-project.org), einer in Lissabon geborenen Conversa (nach außen hin Christin aber heimlich immer noch Jüdin), die vor der Inquisition in Istanbul hierher geflohen war, die Steuern der Stadt einzutreiben.

Anfang des 18. Jhs. gründete ein Beduinenscheich namens Dhaher al-Omar ein unabhängiges Lehensgut in Galiläa mit Tiberias als Hauptstadt und bot den jüdischen Familien an, sich in der Stadt niederzulassen. Bei Ende des Osmanischen Reiches bildeten die Juden die große Mehrheit der 6500 Einwohner von Tiberias.

Durch das große Erdbeben von 1837 wurde Tiberias fast vollständig zerstört.

⊙ Sehenswertes

⊙ Yigal-Allon-Promenade

Die meisten Sehenswürdigkeiten von Tiberias liegen an der „Promenade", die am Ufer des Sees verläuft. Einiges ist recht kitschig und heruntergekommen, und im Winter kann es hier auch recht trist sein, der Blick auf den See Genezareth und die Golanhöhen ist aber immer gleich schön. Die Sehenswürdigkeiten sind im Folgenden von Nord nach Süd aufgelistet.

Tiberias Open Air Museum
ÖFFENTLICHE KUNST
(HaYarden St; ⊙ 24 Std.) GRATIS In dem verkehrsberuhigten Park sind kreative, moderne Skulpturen ausgestellt. Nostalgisches Highlight für manch einen Besucher ist eine überdimensionale 1-Lira-Banknote aus den 1950er-Jahren. Der Park liegt an einem Fußgängerweg, der senkrecht zum Ufer verläuft.

UNTERGALILÄA & SEE GENEZARETH TIBERIAS

Tiberias

Tiberias

👁 Sehenswertes
1. Al-Amari-Moschee.................................C2
2. Al-Bahri-Moschee..................................D2
3. Kirche & Kloster der
   Apostel..D3
4. Galilee Experience.................................D2
5. Pfarrkirche St. Peter............................D1
6. Tiberias Open Air Museum..................C1
7. Grab des Rabbi Jochanan ben
   Sakkai..B1
8. Grab des Rambam.................................B1
9. Wasserstandsanzeige..........................D3

⊕ Aktivitäten, Kurse & Touren
   Aviv Hostel Bike Rental...............(siehe 14)
10. Tiberias Rowing Club..........................D3
11. Tiberias Water Sports........................D2
12. Water Sports Center...........................D2

🛏 Schlafen
13. Aviv Holiday Flats................................C3
14. Aviv Hostel...C3
15. Galil Hostel..C3
16. Rimonim Galei Kinnereth....................D3
17. Russian Pilgrim's Residence...............D3
18. Scots Hotel..C1

🍴 Essen
19. Chiburichnaya......................................B2
20. Decks...D1
21. Falafel- & Schawarmastände.............C2
22. Obst- & Gemüsemarkt........................B2
23. Galei Gil..D1
24. Guy..C3
25. Little Tiberias.....................................C2
26. Supersol Sheli.....................................C2

🍷 Ausgehen & Nachtleben
27. Big Ben...C2

Pfarrkirche St. Peter KIRCHE
(☎ 04-672 0516; www.saintpetertiberias.org; Yigal-Allon-Promenade; ⊙ Besucher Mo–Sa 8.30–12.30 & 14.30–17.30 Uhr, Messe auf Englisch Mo–Fr 18.30, So 8.30 Uhr) Die ungewöhnliche Kreuzfahrerkirche wird von der Koinonia Johannes der Täufer, einer katholischen Gemeinschaft aus Italien, verwaltet. Ihr Dach hat die Form eines umgedrehten Bootes – ein Hinweis auf den Beruf des Heiligen Petrus, der Fischer am See Genezareth war. Die Malereien im Inneren stammen von 1902. Eine Nachbildung der berühmten vatikanischen Statue des Heiligen Petrus steht im Hof in der Nähe des in Stein gehauenen Denkmals zu Ehren der **Schwarzen Madonna von Tschenstochau**, das 1945 von polnischen Soldaten errichtet wurde, die im Zweiten Weltkrieg hier einquartiert wurden. Zu der Anlage gehört eine Herberge für katholische Pilger.

Galilee Experience
FILM

(☎04-672 3620; www.thegalileeexperience.com; Eintritt 8 US$; ☺So–Do 8.30–22, Fr bis 14, Sa 17–22 Uhr) Im Obergeschoss eines monströsen Gebäudes aus den 1970er-Jahren zeigt das Galilee Experience einen halbstündigen, christlich orientierten Film zur Geschichte Galiläas.

Al-Bahri-Moschee
MOSCHEE

(Moschee des Sees) Als die Moschee des Sees im 18. Jh. aus Basalt errichtet wurde, gab es einen speziellen Eingang für Gläubige, die das Gotteshaus mit dem Boot besuchten. Sie ist eines der wenigen Überbleibsel der arabischen Gemeinde, die vor 1948 in der Stadt lebte.

Kirche & Kloster der Apostel
KIRCHE

(☺Mo–Sa 8–16 Uhr) Vom idyllischen, mit Blumen geschmückten Hof führen Stufen hinunter zur Kirche, deren geheimnisvolle Atmosphäre durch vergoldete Ikonen, Messingleuchten und aufwendige Holzverzierungen unterstrichen wird. Die drei Kapellen sind den zwölf Jüngern, den Heiligen Petrus und Paulus und Maria Magdalena gewidmet. Wer gern herumgeführt werden möchte, kann die Klingel oben rechts an der roten Tür, 10 m westlich der Fußgängerbrücke, läuten – vielleicht hat ja einer der Mönche Zeit.

◉ Gräber der jüdischen Weisen

Viele der jüdischen Besucher von Tiberias kommen – zumindest teilweise – hierher, um zu beten und an den Gräbern, in denen einige der bedeutendsten jüdischen Weisen begraben liegen sollen, Fürbitten zu sprechen. Hätte man die Aufgabe, ein Allstar-Team aus den einflussreichsten jüdischen Denkern aller Zeiten zusammenzustellen, so wären die vier unten genannten Rabbis sicherlich mit von der Partie.

Grab des Rabbi Meir Ba'al HaNess
RELIGIÖSE STÄTTE

(☺So–Do 6–22 Uhr oder länger, im Sommer/Winter Fr bis 17/15 Uhr) Rund um die angebliche Begräbnisstätte des Rabbi Meir Ba'al Ha-Ness, eines Rabbis des 2. Jhs., der oft in der Mischna zitiert wird (ba'al ha-ness bedeutet „Meister der Wunder"), hat sich ein Komplex aus religiösen Gebäuden entwickelt. Das Grab selbst hat getrennte, mit Vorhängen versehene Eingänge für Männer und Frauen, und befindet sich in einer überkuppelten sephardischen Synagoge, die ein Stück bergabwärts von ihrem aschkenasischen Gegenstück mit größerer Kuppel steht. Die Anlage befindet sich 2,5 km südlich des Zentrums, vom Nationalpark Tiberias-Hammat 200 m eine Asphaltstraße hinauf.

Hinter dem sephardischen Bereich verkaufen Marktstände heilige Amulette, darunter speziell gesegnetes Olivenöl und Arak.

Die *hilula* von Rabbi Meir (eine Feier, die von den Chassidim am Sterbetag eines Weisen gefeiert wird) findet drei Tage vor der *hilula* von Schimon Bar Jochai statt, der am Berg Meron begraben liegt. Fromme Juden verbinden eine Reise an den See Genezareth oft mit der Teilnahme an diesen beiden sehr beliebten Festen.

Grab des Rambam
RELIGIÖSE STÄTTE

(Ben Zakkai St; ☺24 Std.) Rabbi Moshe Ben Maimon (1135–1204), ein im spanischen Córdoba geborener Universalgelehrter, ist für seine rationale Religions- und Lebensanschauung bekannt (er zitierte gern Aristoteles). Die Ausstellung des nahe gelegenen **Maimonides Heritage Center** (www.mhcny.org; ☺So–Do 10–15 Uhr) handelt vom Leben und von den Werken des Weisen.

Die bekanntesten Werke Rambams sind die *Mischne Tora,* die erste systematische Aufzeichnung des jüdischen Gesetzes, der *Führer der Unschlüssigen,* eine theologische, noch heute bedeutsame Abhandlung auf Arabisch, sowie verschiedene Bücher über Medizin. (Er war Leibarzt des Sultans von Ägypten. In Ägypten verbrachte er auch die letzten Jahrzehnte seines Lebens.)

Grab des Rabbi Jochanan ben Sakkai
RELIGIÖSE STÄTTE

(Ben Zakkai St; ☺24 Std.) Rabbi Jochanan ben Sakkai, der bedeutendste jüdische Weise des 1. Jhs., spielte eine Schlüsselrolle, als es darum ging, die Tradition der Tieropfer – der Hauptzweck, den der 70 n.Chr. zerstörte Jerusalemer Tempel erfüllt hatte – durch das Gebet zu ersetzen. Sein Grab liegt nur wenige Meter des in Córdoba geborenen Weisen Rambam entfernt.

Grab des Rabbi Akiba
RELIGIÖSE STÄTTE

(HaGevura St; ☺24 Std.) Rabbi Akiba, ein führender Mischna-Gelehrter (und Lehrer von Rabbi Meir Ba'al Hanes), spielte bei der Einführung des Rabbinischen Judentums (nach dem Zweiten Tempel) eine entscheidende Rolle. Als Folge seiner Unterstützung des Bar-Kochba-Aufstands wurde er von den Römern zu Tode gefoltert. Tatsächlich war seine Begeisterung für den Widerstand gegen die Römer so groß, dass er Bar Kochba kurzerhand zum Messias erklärte. Das angebliche, von einer Kuppel gezierte Grab Akibas befindet sich auf einem Hügel rund 1,5 km westlich des Stadtzentrums.

◉ Abseits des Stadtzentrums

Nationalpark Tiberias-Hammat
PARK

(Eliezer Kaplan Ave/Rte 90; Erw./Kind 15/7 NIS; ⊙ während der Sommerzeit 8–17 Uhr, im Winter bis 16 Uhr, Fr 1 Std. kürzer) Schon zu Zeiten der Römer waren die heißen Quellen von Tiberias so berühmt, dass Kaiser Trajan 110 n.Chr. eine Münze prägen ließ, die den Quellen gewidmet war. Sie zeigt das Bild von Hygeia, der Göttin der Gesundheit, die auf einem Felsen sitzt und das Wasser genießt. Heute gewährt der grasbewachsene Park am Hügel Einblicke in das Tiberias des römischen Reichs. Dessen Highlight ist eine **Synagoge aus dem 4. Jh.** mit einem wunderschönen **Tierkreiszeichenmosaik**. Der Park liegt 2,5 km südlich vom Zentrum und ist mit dem Stadtbus 5 und per *sherut* zu erreichen.

Al-Amari-Moschee
MOSCHEE

(Ha-Banim St) Mit ihren schwarzen Wänden aus Basalt und der weißen Kuppel sieht diese Moschee zwischen den ganzen Restaurants und Geschäften etwas verloren aus. Sie wurde im Jahr 1743 von Daher al-Omar erbaut und wird seit der Evakuierung der arabischen Minderheit von Tiberias im April 1948 durch die Briten nicht mehr benutzt.

Aktivitäten

An der Yigal-Allon-Promenade bietet ein halbes Dutzend Veranstalter, darunter **Tiberias Water Sports** (☏ 052 807 7790) und das **Water Sports Center** (☏ 052 349 1462; ⊙ Sa geschl.), teuren Motorbootverleih (150 NIS/30 Min.), Wasserski (300 NIS/15 Min.) und Ausflüge mit dem Motor- (30 NIS/Pers.) und Bananenboot (50 NIS/15 Min.). An kalten, regnerischen Tagen, am Sabbat und an jüdischen Feiertagen haben alle geschlossen.

Tiberias Hot Springs
SPA

(Ma'ayanot Hammei Tveriya; ☏ 04-612 3600; Eliezer Kaplan Ave/Rte 90; Erw./Kind 3–12 Jahre 80/40 NIS, inkl. Mittagessen 135 NIS/Erw.; ⊙ So, Mo & Mi 8–20, Di & Do bis 22, Sa im Winter/Sommer bis 15.45/17 Uhr) Wer sich nach Art der Römer bei entspannenden Bädern und *shvitz* (Dampfbädern) erholen möchte, ist in diesem modernen Spa richtig. Das Wasser der Mineralquellen sprudelt mit 52°C aus dem Boden und wird etwas heruntergekühlt, bevor es in die vier Becken gepumpt wird. Die Anlage befindet sich 2,5 km südlich des Stadtzentrums auf der gegenüberliegenden Straßenseite vom Nationalparks Tiberias-Hammat. Besucher gelangen mit dem Bus 5 oder mit dem *sherut* hierher.

Das Spa verfügt auch über zwei Saunas (eine Trocken- und eine Dampfsauna) und einen beheizten Außenpool (ganzjährig geöffnet), zudem lockt eine schwedische Massage (195 NIS für 30 Min.). Schließfächer kosten 15 NIS, ein Handtuch gibt's für 10 NIS.

RADFAHREN

Der See Genezareth ist ein tolles Gebiet für Radfahrer. Die vollständige Umrundung des Sees (60 km) dauert etwa sechs Stunden. Für rund 70% der Strecke kann man dem Kinneret Trail (Shvil Sovev Kinneret) folgen, die restlichen Abschnitte (u. a. der von En Gev am Ostufer bis zur Arik-Brücke an der Nordspitze des Sees Genezareth) verlaufen jedoch noch an Schnellstraßen entlang.

Von Tiberias führt eine hübsche Halbtagestour 8 km südwärts nach Yardenit, wo ein 8 km langer Rundweg am Jordan entlang verläuft.

Wegen der Hitze empfiehlt es sich, früh aufzubrechen und ausreichend Wasser mitzunehmen. Beim Fahren auf der Straße immer darauf achten, gut sichtbar zu sein und auf dem Seitenstreifen zu bleiben – also so weit weg vom Verkehr wie möglich! Das Radfahren nach Sonnenuntergang ist zu vermeiden.

Aviv Hostel Bike Rental (☏ 04-672 0007; 66 HaGalil St; 70 NIS/Tag; ⊙ 7 od. 8 Uhr–Sonnenuntergang, im Sommer bis 19 Uhr) verleiht 300 Mountainbikes mit 24-Gang-Schaltung. Im Preis inbegriffen sind Helm, Schloss und Radkarten. Die Angestellten geben gerne Auskunft zu verschiedenen Strecken und Routen. Auch wer eine Panne hat, bekommt hier Hilfe.

Wasserpark Gai Beach   SCHWIMMEN

(☎ 04-670 0713; www.gaibeachhotel.com; Eintritt für Besucher über 3 Jahren 80 NIS; ⊙ Passah–Sukkot ca. 9.30–17 Uhr) Hier gehören ein hübscher Strand, riesige Wasserrutschen (darunter auch eine, die mit einem furchteinflößenden Gefälle von 70 Grad aufwartet), ein Wellenbecken und ein spezieller Bereich für Kleinkinder zum Programm. Der Wasserpark liegt etwa 1 km südlich des Stadtzentrums.

Tiberias Rowing Club   RUDERN

(☎ 04-679 0243; www.rowgalilee.org; Yigal-Allon-Promenade; ⊙ 8–11 & 15 oder 16–20 Uhr, Fr & Sa abends geschl.) Hier sind Mitglieder von Rudervereinen nach Oxford- und Cambridge-Art willkommen.

🛏 Schlafen

Die Schlafsaalbetten in Tiberias gehören zu den preiswertesten in Galiläa – genau wie die Hotels hier zu den luxuriösesten im Norden Israels zählen. Im Juli und August, wenn sich bei den heißen Temperaturen nur die kühnsten Ausländer hierher wagen, wird die Stadt von ausgelassenen einheimischen Touristen überrollt.

Das Campen ist an fast allen Stränden rings um den See Genezareth möglich, u. a. auch am städtischen **Hof Ganim** (Rte 90; 20 NIS/Pers.), der 1,5 km südlich vom Zentrum von Tiberias liegt.

Aviv Hostel   HOSTEL $

(☎ 04-672 0007; 66 HaGalil St; B 80 NIS, DZ ohne Extras 65 US$; ✳ @ 🛜) Ein echtes Billighotel. Die Mitarbeiter sind recht gleichgültig, die 26 Zimmer etwas abgewohnt und die Bettwäsche ist aus Polyester – dafür gibt's aber echte Sprungfedermatratzen und Kühlschränke. In den Schlafsälen stehen durchweg Einzelbetten (keine Etagenbetten) und es gibt Säle für Frauen. Aufzug vorhanden. Frühstück kostet 11 US$.

Galil Hostel   HOSTEL $

(☎ 050 722 5181, 077-924 1404; gallilehostel@gmail.com; 46 HaGalil St; B/DZ 70/200 NIS; ✳ @ 🛜) Das altmodische Hostel in einem luftigen Basaltgebäude aus den 1930er-Jahren verfügt über zwölf spartanische Zimmer mit drei bis fünf Betten, einen Balkon voller Vogelhinterlassenschaften, eine Küche und eine Waschmaschine.

★ Arbel Guest House   PENSION $$

(☎ 04-679 4919; www.4shavit.com; Moschaw Arbel; B/DZ ohne Frühstück 120/350 NIS, Fr, Aug. &

INFOS IM INTERNET

➡ Regionale Touristeninformation des Jordantals: www.ekinneret.co.il

➡ Ministerium für Entwicklung des Negevs und Galiläas: www.gogalilee.org

➡ Travelujah (Christlicher Tourismus): www.travelujah.com

➡ BibleWalks.com: www.biblewalks.com

---

feiertags 150/560 NIS; ✳ 🛜 ❄) Moschaw Arbel liegt nur 8 km nordwestlich vom Stadtzentrum, dennoch wirkt dieses idyllische B & B wie eine andere Welt. Gäste können sich in einer Hängematten beim Pool oder unter Bougainvilleen, Weinlauben und 60 verschiedenen Obstbäumen entspannen. Die sechs Wohneinheiten mit zwei Zimmern für vier oder fünf Personen sind geschmackvoll eingerichtet und mit Whirlpool und Küchenzeile ausgestattet. Exzellentes Preis-Leistungs-Verhältnis.

Das großartige Frühstück kostet 48 NIS. Arbel liegt 80 m höher als der See, sodass es hier im Sommer kühler ist als in Tiberias und im Winter wärmer als auf den Golanhöhen.

YMCA Peniel-by-Galilee   PENSION $$

(☎ 04-672 0685; www.ymca-galilee.co.il; Rte 90; EZ/DZ 450/550 NIS; ✳ 🛜 ❄) Diese in den 1920er-Jahren als Ferienhaus für den Gründer des Jerusalemer YMCA (Christlicher Verein junger Menschen) errichtete Unterkunft ist ein wahres Juwel. Sie liegt an einem abgeschiedenen, schattigen Uferabschnitt mit einem sauberen Kieselstrand und verfügt über ein von einer Thermalquelle gespeistes Naturbecken und eine Lobby mit dem ganz besonderen Flair aus der Zeit des britischen Mandats. Die 14 Zimmer sind erwartungsgemäß einfach und haben teilweise Küchenzeilen.

Das YMCA liegt an der Ostseite der Rte 90, ungefähr 3 km nördlich von Tiberias, und wird von allen Bussen angefahren, die von Tiberias aus in Richtung Norden verkehren.

Russian Pilgrim's Residence   PENSION $$

(☎ 04-672 6625; www.domsosvodami.com; 248 Yigal-Allon-Promenade; EZ/DZ/3BZ ab 100/150/210 US$; @) Ikonen, Bilder, die den russischen Winter zeigen (eine willkommene Abwechslung von der brütenden Sommerhitze) und Möbel im Moskauer Stil verleihen dieser Pension, die für Gäste aller Religionen offensteht, durch und durch russisches Flair. Sie liegt direkt am Ufer im Arched House aus dem Jahr 1892.

Die gehobenen Zimmer sind riesig und haben Balkone, zudem bietet ein Großteil der 14 Zimmer atemberaubende Ausblicke. Romantiker könnten allerdings die getrennten Einzelbetten in fast allen Doppelzimmern (bis auf zwei) stören.

Aviv Holiday Flats HOTEL **$$**
(☎ 04-671 2272; http://aviv-hotel.xwx.co.il; 2 HaNoter St; EZ/DZ/3BZ/4BZ 78/98/113/128 US$) Die 30 hübschen, modernen Einzimmer-Apartments sind mindestens 30 m² groß und verfügen über Balkone, Küchenzeilen sowie neue Bettwäsche und Matratzen (von 2014). Das Preis-Leistungs-Verhältnis gehört zu den besten der Stadt.

Rimonim Galei Kinnereth HOTEL **$$$**
(☎ 04-672 8888; www.rimonim.com; 1 Eliezer Kaplan St; DZ Sa–Mi 270 US$, Do & Fr ab 350 US$; ❄@🛜🏊) Der Oldie der Hotelszene von Tiberias – 1946 eröffnet – war schon in den 1950er-Jahren ein Lieblingsziel von David Ben-Gurion und hat sich bis heute etwas vom Charme der späten Zeit des britischen Mandats in Palästina bewahrt. Zu den Annehmlichkeiten gehören ein Wellnessbereich und ein Kinderclub für Kids von fünf bis zehn Jahren. Vielleicht erkennt der eine oder andere in dem Gemälde hinter der Rezeption ja einige berühmte ehemalige Gäste wieder.

Im Hermon-Zimmer gibt's sogar eine kleine Ausstellung zur sagenumwobenen Geschichte des Hotels (2. Stock).

Scots Hotel HOTEL **$$$**
(☎ 04-671 0710; www.scotshotels.co.il; 1 Gdud Barak St/Rte 90; DZ werktags/am Wochenende ab 415/545 US$; ❄@🛜🏊) Dieser prächtig renovierte Komplex, der in den 1890er-Jahren als Krankenhaus erbaut wurde und sich noch immer im Besitz der schottischen Kirche befindet, hat einen Landschaftsgarten, luftige Innenhöfe und einen traumhaften Pool mit Blick auf den See (April–Nov. geöffnet). Neben 69 Zimmern gibt es ein Spa mit türkischem Hamam, Whirlpool und Massagen. Oftmals werden Preisnachlässe angeboten.

Sonntag bis Mittwoch zwischen 10 und 16 Uhr können Nicht-Gäste den wunderschönen, idyllischen Garten besuchen.

Essen & Ausgehen

Etwas zu essen oder ein Bier bekommt man überall an der Yigal-Allon-Promenade. Gleiches gilt für die senkrecht abzweigende Midrahov (eine Fußgängerzone) und den nahe gelegenen Bereich rund um die HaBanim St.

Am Sabbat hat nur eine Handvoll Restaurants geöffnet, sodass sich der Freitagabend hervorragend für das Erkunden der Nazarether Restaurantszene eignet.

Chiburichnaya JÜDISCH **$**
(Hauptgerichte 35–38 NIS; ⏲ So–Do 8–16.30, Fr bis 15 Uhr) Das einfache, kleine Lokal ist eine gute Adresse, um jüdische Hausmannskost aus Usbekistan zu kosten. Zu den Spezialitäten gehören *manteh* (gedämpfte Teigtasche, gefüllt mit Hammelhackfleisch, Zwiebeln und Gewürzen), *chiburiki* (frittierte Teigtasche mit Fleischfüllung), *belasheh* (Berliner mit Fleisch- anstelle von Marmeladenfüllung) und *plov* (Reis mit Fleisch, Zwiebeln und Karotten). Das Chiburichnaya liegt am oberen Ende des Marktes, ist an einem kyrillischen Schild zu erkennen und wird von einem Paar aus Samarkand betrieben.

Obst- & Gemüsemarkt MARKT **$**
(⏲ So–Do 6–20, Fr bis 1 Std. vor Sonnenuntergang; 🖉) Manche der Standbesitzer sind vielleicht etwas ruppig, ihre Produkte jedoch von höchster Qualität und günstig.

Supersol Sheli SUPERMARKT **$**
(HaBanim St; ⏲ So–Do 8–21, Fr im Winter/Sommer bis 14.30/15.30 Uhr) Picknickzutaten und Essen für den Sabbat.

Falafel- & Schawarmastände FALAFEL **$**
(HaGalil St; Falafel 15 NIS, Schawarma 24 NIS; ⏲ So–Do 6 od. 7–20 od. 21 Uhr, Fr 8–1 Std. vor Sonnenuntergang; 🖉) Im Erdgeschoss eines neuen sechsstöckigen Gebäudes aus schwarzem Basalt servieren vier Stände exzellente gefüllte Pitas, die schon lange zu den besten Schawarmas von Tiberias gehören.

Guy ISRAELISCH **$$**
(☎ 04-672 3036; HaGalil St; Hauptgerichte 38–75 NIS; ⏲ So–Do 12–21 oder 22, Fr bis 1 Std. vor Sonnenuntergang; 🖉) Das unprätentiöse, altmodische Mizrachim-Restaurant (orientalisch-jüdisch) kredenzt rustikale Grillgerichte, Suppen (nur im Winter; 17–22 NIS) und eine köstliche Auswahl von gefülltem Gemüse sowie gehackte Leber nach aschkenasischer Art, irakische *kibbeh* (würzige Fleischbällchen in scharfer Sauce) und *kibbeh* nach

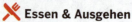

libanesischer Art (frittierte, mit Hackfleisch gefüllte Teigtaschen aus Weizenschrot).

Galei Gil
SEAFOOD $$

(☏ 04-672 0699; Yigal-Allon-Promenade; Hauptgerichte 65–105 NIS; ⊙ tgl. 11–22 Uhr oder länger; 🛜) Die Tische auf der romantischen Holzveranda am Ufer warten mit unschlagbaren Seeblicken auf. Auf den Tisch kommen neun verschiedene Fischvariationen in gegrillter oder gebratener Form, Fleisch und Suppen. Am Sabbat geöffnet.

Little Tiberias
INTERNATIONAL $$

(☏ 04-679 2806; www.littletiberias.com; HaKishon St; Hauptgerichte 69–149 NIS; ⊙ tgl. 12–24 Uhr oder länger; 🖉) Serviert Fisch (gegrillt, gebacken oder gebraten), Fleisch, Meeresfrüchte, Quiche, Käseplatten und Pasta an soliden Tischen aus Pinienholz. Am Sabbat geöffnet.

★ Yisrael's Kitchen
ISRAELISCH $$$

(☏ 04-679 4919; www.4shavit.com; Arbel Guest House, Moschaw Arbel; Hauptgerichte 76–128 NIS; ⊙ tgl. 8–10 & 18–21 Uhr) Eine 8 km lange Autofahrt von Tiberias entfernt (über die Rte 77 und die Rte 7717) bietet dieses rustikale, familiengeführte Restaurant regionale Produkte und warme, ländliche Hausmannskost. Zu den Spezialitäten gehören riesige Portionen (500 g) von Steak und Lamm aus Galiläa in Terrakottaschmortöpfen, gebackener Petersfisch und leckere Desserts wie hausgemachtes Eis. Freitagabends ist die Stimmung besonders gut. Telefonisch reservieren.

Es gibt eine gute Auswahl von Weinen aus Galiläa und von den Golanhöhen.

Decks
STEAK $$$

(☏ 04-671 0800; www.decks.co.il; Lido Beach, Gdud Barak St; Hauptgerichte 75–155 NIS; ⊙ So–Do 12–24, Fr 12 Uhr–1½ Std. vor Sonnenuntergang, Sa nach Sonnenuntergang) Das Grillfleisch des Decks – darunter Filet Mignon, Milchlamm und Gänseleber (nicht gestopft) – ist legendär. Es wird im Freien über einem Holzfeuer aus Oliven-, Zitronen-, Kirsch-, Walnuss- und Eukalyptusbaumholz gegrillt. Das Restaurant ist in einer Art Hangar über dem See untergebracht und bietet traumhafte Ausblicke. Exzellente Weinkarte. Abends ist es ratsam zu reservieren, vor allem donnerstags. Koscher.

Big Ben
KNEIPE

(Midrahov; ⊙ tgl. 8–1 Uhr oder länger; 🛜) Trotz des Namens ist die alteingesessene Kneipe wie ein Irish Pub eingerichtet. Zur Auswahl

---

DIE ROTE LINIE

In Zeitung, Radio und Fernsehen verfolgen die Israelis die Schwankungen des Wasserstands des Sees Genezareth so gebannt wie Börsenentwicklungen. Sobald die winterlichen Regenfälle einsetzen, wird über das Ansteigen bis zur vollen Kapazität (208,8 m u.d.M.) berichtet; im Sommer ruft das Absinken des Wasser bis weit und manchmal sogar unter die „rote Linie" (213 m u.d.M.), unterhalb derer das Abpumpen die Wasserqualität beeinträchtigt, eine Flut von Meldungen hervor. Teilweise wird dabei Weltuntergangsstimmung verbreitet! Ohne die Entsalzungswerke an der Mittelmeerküste, die in den letzten Jahren ihren Betrieb aufnahmen, wäre der See Genezareth wahrscheinlich in einem sehr kritischen Zustand.

Über die aktuelle Lage informiert die **Wasserstandanzeige** (Yigal-Allon-Promenade; ⊙ 24 Std.), eine 5 m hohe Skulptur mit der Form des Landes rund um den See Genezareth.

---

stehen acht Biersorten vom Fass (darunter Murphy's), Illy-Kaffee und uninspiriertes Essen, dazu werden internationale Fußballspiele gezeigt. Am Sabbat geöffnet.

❶ Orientierung

Tiberias' Hauptgeschäftsstraße ist die von Nord nach Süd verlaufende HaGalil St, drei Blocks östlich der Yigal-Allon Promenade.

❶ Praktische Informationen

Banken mit Geldautomaten gibt es rund um die Kreuzung von HaYarden und HaBanim St.

Magen David Adom (☏ 04-671 7611; Ecke HaBanim St & HaKishon St; ⊙ Erste Hilfe So–Do 19–24, Fr 14–24, Sa 10–24 Uhr, Notaufnahme 24 Std.) Bietet außerhalb der Sprechzeiten Erste Hilfe an und kann Haus- (und Hotel-) Besuche von Ärzten arrangieren.

Poriya-Krankenhaus (medizinisches Zentrum Baruch Padeh; ☏ 04-665 2211; www.poria. health.gov.il; Rte 768; ⊙ Notaufnahme 24 Std.) Staatliches Krankenhaus der Stadt, 8 km südwestlich vom Stadtzentrum. Hierher fährt Bus 39 (40 Min., stündl. außer Fr nachmittags und Sa).

Post (HaYarden St) Geldwechsel.

Solan Express (3 Midrahov; 20 NIS/Std.; ⊙ So–Do 9–22, Fr bis 16 Uhr, Sa nach Ende des Sabbat geöffnet) Hat zwei Computer mit Internetzugang, verkauft SIM-Karten und wechselt ausländische Währungen.

Hotelverband Tiberias (www.tiberias-hotels. com) Gibt einmal im Monat den Veranstaltungsführer *B'Tveriya* (nur auf Hebräisch) heraus und hat eine mäßig brauchbare Website, die nicht immer aktuell ist.

Touristeninformation (☏ 04-672 5666; Ha-Banim St; ⏱ So–Do 8.30–16, Fr bis 12 Uhr) Die von der Stadt betriebene Stelle hat jede Menge kostenlose Broschüren zum See Genezareth, auch zu christlichen Stätten, sowie exzellente Wander- und Radkarten (z. B. für den Kinneret Trail) auf Lager. Sie befindet sich in einem archäologischen Park unter freiem Himmel mit den Ruinen einer Synagoge aus dem 5. Jh. und Mosaiken, die *lulav* (Palmenwedel) und *etrog* (eine Zitrusfrucht) zeigen. Die Touristenpolizei hat ein Büro im selben Gebäude.

ⓘ An- & Weiterreise

AUTO
Tiberias ist der beste Ort in Galiläa, um ein Auto zu mieten. Autovermietungen:

Avis (☏ 04-672 2766; www.avis.co.il; 2 Ha-Amakim St, Ecke HaYarden St)

Eldan (☏ 04-672 2831; www.eldan.co.il; 1 HaBanim St)

BUS
Die meisten Überlandbusse halten am recht tristen **zentralen Busbahnhof** (www.bus.co.il; HaYarden St), einige Kurzstreckenbusse außerdem an der HaGalil St. Zu den Zielen gehören:

Bet She'an (Afikim-Bus 28, 16,50 NIS, 30 Min., So–Do 15-mal tgl., Fr 6-mal tgl., Sa 2-mal abends) Fährt entlang des Südwestufers des Sees Genezareth.

Haifa-Merkazit HaMifratz (Egged-Bus 430, 25 NIS, 1¼ Std., 2-mal stündl. außer Fr nachmittags–Sa nach Sonnenuntergang)

Jerusalem (Egged-Busse 959, 961 und 962, 40 NIS, 2½–3 Std., alle 1–2 Std. außer Fr abends–Sa nach Sonnenuntergang) Fährt über Bet She'an.

Katzrin (Rama-Bus 52, 35 Min., 3–4-mal tgl. außer Fr nachmittags–Sa nach Sonnenunter-

---

ⓘ MIT DEM BUS EINMAL UM DEN SEE

Freitags und samstags im Juli sowie fast täglich im August fährt der kostenlose **Bus Kav Sovev Kinneret** (☏ *55477; www.kineret.org.il) zwischen 10 und 20 Uhr alle zwei Stunden einmal um den See Genezareth (und stoppt an jedem Strand). Den genauen Fahrplan findet man auf der Website (auf Hebräisch).

---

gang) Fährt entlang des Nordufers des Sees Genezareth, u. a. nach Kapernaum. Alternativ verkehrt der Rama-Bus 57 (50 Min., 7-mal tgl. außer Fr & Sa nachmittags) entlang dem Süd- und Ostufer über En Gev und den Kursi-Nationalpark.

Kfar Tabor (Egged-Busse 442, 541 & andere, 19 NIS, 35 Min., 2–3-mal stündl. außer Fr abends & Sa)

Kiryat Shmona (Egged-Busse 541 & 840, 31.50 NIS, 1 Std., stündl. außer Fr abends–Sa nach Sonnenuntergang) Über Rosch Pina.

Nazareth (Bus 431 von Nazareth Tourism & Transport, 19 NIS, 1 Std., stündl. außer Fr abends & Sa) Manche Busse halten an der Rte 75 und nicht im Zentrum von Nazareth. Fährt über Kafr Kanna.

Tel Aviv (Egged-Bus 836, 40 NIS, 2¾ Std., stündl. außer Fr nachmittags–Sa nachmittags)

Tsfat (Afikim-Bus 450, 16,90 NIS, 40 Min., So–Fr nachmittags stündl., 1-mal Sa abends)

SHERUT
Nach Tel Aviv (40 NIS, 2 Std., So–Do 5–20.30 & Fr bis 14.30 Uhr ca. stündl.,) gelangt man am schnellsten per *sherut* (☏ 050-755 9282; ⏱ So–Do 5–19, Fr bis 14 Uhr) – einem Kleinbus mit zehn Sitzen – ab dem Parkplatz direkt unterhalb des zentralen Busbahnhofs. Zu Haifas Busbahnhof Merkazit HaMifratz (25 NIS, 1 Std.) gibt es weniger häufige Verbindungen.

Sheruts nach **Bet She'an** (17 NIS, So–Do 7–19 oder 20, Fr bis 15 Uhr) – über das Südwestufer des Sees Genezareth und Yardenit (8 NIS) – fahren ab der HaGalil St gegenüber der Paz-Tankstelle.

TAXI
Zu Tiberias' Taxiunternehmen gehört **Moniyot Tveriya** (☏ 04-655 5550).

SEE GENEZARETH
بحيرة طبريا ・ ים כנרת

Das Ufer des Sees Genezareth (auf Hebräisch Yam Kinneret oder HaKinneret), des mit Abstand größten Süßwassersees in Israel, lädt überall zum Entspannen ein: an Stränden, auf Campingplätzen oder auf Fahrrad- und Wanderwegen.

Es heißt, dass Jesus den Großteil seiner aktiven Wirkensphase am See Genezareth verbracht hat. Hier soll er einige seiner bekanntesten Wunder vollbracht haben (die Vermehrung von Brot und Fisch oder das Gehen auf dem Wasser) und, mit Blick auf den Kinneret, die Bergpredigt gehalten haben.

In der Nähe der Ruinen der antiken Stadt Bethsaida fließt der Jordan, der für ein Drittel des jährlichen Wasserzuflusses verantwortlich ist, in den See Genezareth. Bei der Taufstätte Yardenit am südlichsten Zipfel des Sees verlässt er ihn wieder und fließt weiter ins Tote Meer.

Nördlich von Tiberias

Ob man nun mit dem Auto, dem Fahrrad oder zu Fuß unterwegs ist: Auf dem Weg von Tiberias in Richtung Norden führen die Rte 90 und der parallel verlaufende Kinneret Trail (Shvil Sovev Kinneret) am Nordwestufer des Sees entlang und passieren dabei einige der bedeutendsten Schauplätze des Neuen Testaments.

Die Orte in diesem Abschnitt sind von Südwesten nach Nordosten hin aufgeführt.

⊙ Sehenswertes

Arbel-Nationalpark PARK
(☏ 04-673 2904; www.parks.org.il; Erw./Kind 22/10 NIS; ⊙ während der Sommerzeit 8–17 Uhr, im Winter 8–16 Uhr, Fr 1 Std. kürzer) Hoch über dem See Genezareth mit faszinierenden Blicken auf die Golanhöhen und den Berg Hermon thronen die Arbel-Klippen 181 m über dem Meeresspiegel und somit 390 m über dem gewaltigen Blau darunter. Sowohl der Israel National Trail als auch der Jesusweg führen hier vorbei, zudem verlaufen verschieden lange **Wanderwege** durch den Park.

Der Park liegt 11,5 km nordwestlich von Tiberias und ist über die Rte 77, die Rte 7717 und dann über die Zufahrtsstraße zum Moschaw Arbel zu erreichen, von wo aus eine Seitenstraße weitere 3,5 km nach Nordosten führt.

Tolle Ausblicke bieten sich nach einem Spaziergang zum **Johannisbrotbaum-Aussichtspunkt** (hin & zurück 30 Min.) sowie vom **Kinneret-Aussichtspunkt**, der einige Minuten entfernt entlang der Klippen liegt. Ein dreistündiger Rundweg, bei dem auch etwas Felsenklettern an Metallseilen und Haltegriffen angesagt ist, führt vorbei an einer – wohl von einem drusischen Stammesführer im 17. Jh. erbauten – **Höhlenfestung**. Ein weiterer Rundweg (5–6 Std.) führt zuerst hinunter zur **Arbel-Quelle** und dann wieder hinauf zur Parkverwaltung, vorbei an den Ruinen einer **Synagoge** aus dem 6. Jh. Diese liegt an der einzigen Zufahrtsstraße zum Park, etwa 800 m in Richtung des Moschaws Arbel.

Saladin fügte den Kreuzrittern 1187 bei den **Hörnern von Hattin** eine verheerende

KURZINFOS SEE GENEZARETH

➡ Fläche bei max. Wasserstand: 170 km²

➡ Uferlänge: 53 km

➡ Max. Tiefe: 44 m

➡ Wasservolumen bei max. Wasserstand: 4,3 km³

➡ Oberflächentemperatur im Februar: durchschnittlich 14,7 °C

➡ Oberflächentemperatur im August: durchschnittlich 28,6 °C

➡ Liefert ein Viertel des israelischen Trinkwasserbedarfs

Niederlage zu. Der Bergrücken liegt einige Kilometer westlich der Arbel-Klippen.

Magdala ARCHÄOLOGISCHE STÄTTE
(☏ 04-620 0099; www.magdalacenter.com; Migdal Junction, Rte 90; Eintritt 10 NIS; ⊙ tgl. 9–18 Uhr) Als die Legionäre Christi, eine katholische Gemeinschaft aus Mexiko, 2009 mit dem Bau eines spirituellen Rückzugsortes begannen, staunten sie nicht schlecht, als sie eine Synagoge aus dem 1. Jh. n. Chr. entdeckten. Aufgrund einer lokalen, 29 n. Chr. geprägten Münze konnte sie auf die Zeit Jesu datiert werden. Seit 2014 sind die andauernden Ausgrabungen als Freiluftmuseum für Besucher zugänglich. Der Komplex befindet sich 6 km nördlich von Tiberias an der Stelle der antiken Stadt Magdala (auf Hebräisch Migdal), dem Heimatort von Maria Magdalena.

In der Synagoge entdeckten Archäologen den **Magdala-Stein**; den rechteckigen Altar, der südwärts in Richtung Jerusalem gewandt ist, schmückt eine siebenarmige Menora, die einzigartig ist, da sie aus der Zeit stammt, als der Jerusalemer Tempel noch stand. Eventuell wurde der Altar zum Lesen der Thora gebraucht. Das Original befindet sich im Israel-Museum in Jerusalem, vor Ort ist eine Replik ausgestellt.

Besucher können außerdem das elegante **Spirituality Center** mit seinen fünf mit Mosaiken geschmückten Kapellen besichtigen, von denen eine von Katholiken aus Singapur finanziert wurde. Ehrenamtliche bieten kostenlose Führungen auf Englisch, Spanisch und Französisch an.

★ Antikes Boot HISTORISCHE STÄTTE
(Boot von Jesus; ☏ 04-672 7700; www.bet-alon. co.il; Kibbuz Ginosar, Rte 90; Erw./Kind 20/15 NIS;

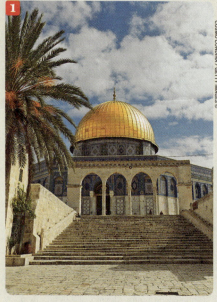

1. Felsendom (S. 53), Jerusalem **2.** Klagemauer (S. 64), Jerusalem **3.** Pilger auf der Via Dolorosa (S. 62), Jerusalem **4.** Kirche aller Nationen (S. 75) auf dem Ölberg, Jerusalem

Religiöse Stätten

Der Besucher von heute hat Zugang zu Orten, die für die drei großen abrahamitischen Religionen – Judentum, Christentum und Islam – von zentraler Bedeutung sind. Oftmals überraschen, inspirieren und bewegen die altehrwürdigen Stätten Gläubige und Neugierige gleichermaßen.

Via Dolorosa
Der „Leidensweg" (S. 62) in der Altstadt Jerusalems folgt dem Weg, den Jesus mit dem Kreuz zum Kalvarienberg gegangen sein soll. Die 14 Stationen des Kreuzwegs erinnern an wichtige Ereignisse.

Felsendom
Der islamische Schrein aus dem 7. Jh. (S. 53) wird von einer schimmernden Goldkuppel gekrönt. Er steht auf einem massiven Stein, von dem aus der Prophet Mohammed bei der „Nachtreise" in den Himmel aufgestiegen sein soll.

Klagemauer
Viele besuchen die heiligste Stätte des Judentums (S. 64), um die Hände gegen die Mauer zu drücken und ein Gebet in die Spalten zwischen den Steinen zu stecken.

Ölberg
Juden kommen zum Ölberg (S. 74), um den ältesten jüdischen Friedhof der Welt zu besuchen, christliche Pilger wegen von Kuppeln und Mosaiken geschmückten Kirchen und 2000 Jahre alten Olivenbäumen im Garten Gethsemane.

Jericho
Jericho (S. 294) ist die vielleicht älteste Stadt der Welt und vor allem als der Ort bekannt, an dem Josuas Trompeten die Mauern einstürzen ließen und Jesus vom Teufel in Versuchung geführt und von Johannes dem Täufer getauft wurde.

233

1. Grabeskirche (S. 59). **2.** Grab der Patriarchen/Ibrahim-moschee (S. 302) **3.** Katharinenkirche (S. 283) **4.** Brotvermehrungskirche (S. 234), Tabgha

Grabeskirche

Weihrauch, Kerzen, Ikonen und die geflüsterten Gebete von Pilgern prägen die Stimmung in der heiligsten Stätte des Christentums (S. 59). Mindestens seit dem 4. Jh. gilt sie als der Ort der Kreuzigung, der Beerdigung und der Wiederauferstehung Jesu.

Berg Zion

Ein einziges Gebäude auf dem Berg Zion (S. 70) soll den Abendmahlssaal, eine der bedeutendsten Stätten der Christen, und das für das Judentum heilige Davidsgrab beherbergen.

Grab der Patriarchen

Laut Genesis und dem Koran liegen Abraham und seine Familie in dem heiß umkämpften Grab der Patriarchen (S. 302) begraben. Es gilt Muslimen und Juden als zweitheiligste Stätte im Heiligen Land.

Ha'ari-Synagoge der Aschkenasim

Die antike Synagoge (S. 245) steht an dem Ort, an dem der große Kabbalist des 16. Jh. Isaak Luria, alias Ari, einst den Sabbat begrüßte.

Geburtskirche, Bethlehem

Der niedrige Eingang aus Stein (S. 282) soll Demut hervorrufen und führt hinab zur traditionellen Stätte der Krippe Jesu, die durch einen silbernen Stein mit 14 Punkten gekennzeichnet ist.

Tabgha

In Tabgha (S. 234) am Ufer des Sees Genezareth soll Jesus wundersamerweise fünf Brotlaibe und zwei Fische vermehrt und damit eine Gemeinde von 5000 Menschen gespeist haben.

ⓘ ANGEMESSEN GEKLEIDET?

Von Besuchern der christlichen Stätten am Nordufer des Sees Genezareth wird erwartet, dass sie sich angemessen anziehen (Shorts oder ärmellose Tops sind tabu).

⊙ So–Do 8–17, Fr bis 16, Sa bis 17 Uhr; ☎) Im Jahr 1986, als der Wasserstand des Sees Genezareth besonders niedrig war, machte ein einheimischer Fischer eine außergewöhnliche Entdeckung: Er fand die Überreste eines Holzboots, das später auf die Zeit des Wirkens Jesu datiert wurde. Das 8,2 m lange Fischerboot ist aus zwölf verschiedenen (offenbar wiederverwerteten) Holzarten gezimmert und kann im **Yigal Alon Center** im Kibbuz Ginosar bestaunt werden. Wandtafeln und drei Kurzfilme erzählen (ebenso wie die Website) die faszinierende Geschichte seiner Entdeckung und Konservierung.

In einem anderen Teil des Gebäudekomplexes ist ein Museum untergebracht (So–Do geöffnet), das der Besiedlung Galiläas durch frühe zionistische Pioniere gewidmet ist. Im 5. Stock gibt's eine Aussichtsplattform mit einem schönen Panorama. Auf dem hübschen Gelände wächst am Seeufer wogendes Schilf und der Garten ist mit Skulpturen von jüdischen und arabischen Künstlern übersät. Es gibt eine Cafeteria im Museum.

Tabgha   KIRCHE

An einem als Tabgha (eine arabische Anpassung des griechischen Begriffs *hepta pega*, was „sieben Quellen" bedeutet) bekannten Uferabschnitt des Sees Genezareth stehen im Abstand von wenigen Hundert Metern zwei katholische Kirchen. Ein hübscher Fußweg verbindet Tabgha mit Kapernaum, das etwa 3 km entfernt liegt.

Die schmucklose, von deutschen Benediktinern unterhaltene **Brotvermehrungskirche** (www.heilig-land-verein.de; ⊙ tgl. 8–17 Uhr) wurde 1982 erbaut und steht an der Stelle, an der sich einst eine byzantinische Kirche aus dem 5. Jh. befand, deren wunderschöner Mosaikfußboden mit Flora und gefiederter Fauna auch heute noch zu bewundern ist. (Die Originalmosaike sind an ihren lebhaften Farben zu erkennen, restaurierte Teile sind dagegen in unterschiedlichen Grautönen gehalten.) Der Felsblock unter dem Altar soll jener Ort sein, auf dem Jesus fünf Brote und zwei Fische ablegte, die sich

vermehrten und 5000 Zuhörer satt machten (Mk 6,30–44). An der Wand sind hervorragende Broschüren (1 NIS) ausgelegt. Die Kirche ist rollstuhlgerecht.

Nur wenige Hundert Meter weiter östlich gelangt man durch einen Schatten spendenden, duftenden Garten hinunter zum See und zur 1933 erbauten franziskanischen **Primatskapelle** (⊙ 8–16.50 Uhr), die von abstrakten Buntglasfenstern in ein lebhaftes Licht getaucht wird. Der flache Steinblock vor dem Altar wurde von byzantinischen Pilgern „Mensa Christi" (Tafel Christi) genannt, da hier Jesus mit seinen Jüngern Fisch zum Frühstück gegessen haben soll (Joh 21,9). Auf der dem Wasser zugewandten Seite der Kirche sind ein paar Stufen in den Fels gehauen. Hier soll Jesus gestanden haben, als ihn seine Jünger wiedersahen (die Stufen könnten aber auch im 2. oder 3. Jh. entstanden sein, als in der Gegend nach Kalkstein gesucht wurde). Unmittelbar westlich der Kirche führt ein Pfad zu drei ruhigen **Kapellen im Freien**, die von Schilf und Bäumen umgeben sind.

★ Berg der Seligpreisungen   KIRCHE

(Har HaOsher; ☎ 04-671 1225; Rte 90; 10 NIS/Auto; ⊙ 8–11.45 & 14–16.45 Uhr) Diese atemberaubende, römisch-katholische Kirche wurde 1937 an jener Stelle erbaut, von der seit mindestens dem 4. Jh. angenommen wird, dass Jesus hier die Bergpredigt (Mt 5–7) hielt. Die Bergpredigt enthält neben den acht Seligpreisungen, die alle mit den Worten „Selig sind…" beginnen, auch das Vaterunser und so oft zitierte Worte wie „Salz der Erde", „Licht der Welt" und „Richtet nicht, auf dass ihr nicht gerichtet werdet".

Im Inneren der achteckigen Kirche – um die sich Franziskanerinnen kümmern –, erinnern Buntglasfenster unterhalb der Kuppel an die Seligpreisungen, während die Symbole am Altar die sieben Tugenden (Gerechtigkeit, Güte, Besonnenheit, Glaube, Tapferkeit, Hoffnung und Mäßigung) darstellen. Von der Galerie und den friedlichen Gärten aus hat man einen wunderbaren Blick auf den See Genezareth.

Der „Monte delle Beatitudini" – wie er auf Italienisch heißt – ist Teil des Jesuswegs und liegt von Tabghas Brotvermehrungskirche 3,1 km mit dem Auto entfernt auf einem Hügel. Wer lieber zu Fuß geht, beginnt den 1 km langen Weg, der hinunter nach Tabgha führt und etwa 200 m östlich der Primatskapelle auf die Rte 87 trifft, unmittelbar vor dem Haupteingang zum Berg.

Kapernaum

ARCHÄOLOGISCHE STÄTTE

(Kfar Nachum, Kfar Nahum; Eintritt 3 NIS; ⊙8–17 Uhr, letzter Einlass 16.30 Uhr) Dem Neuen Testament zufolge war Kapernaum (geschätzte 1500 Ew.) – ein wohlhabendes Dorf am Seeufer, direkt an der römischen Hauptverkehrsroute zwischen Tiberias und Damaskus – der Wohnort Jesu während der wichtigsten Phase seines Wirkens in Galiläa (Mt 4,13, Mk 2,1, Joh 6,59). Der Name wird 16-mal erwähnt: Hier soll Jesus in der Synagoge gepredigt (Mk 1,21), Kranke geheilt und seine ersten Jünger angeworben haben, nämlich die Fischer Petrus, Andreas, Jakobus und Johannes sowie den Steuereintreiber Matthäus.

Die Franziskanermönche, die diese Stätte verwalten – zu erkennen an ihren braunen Kutten mit einer weißen Kordel – beantworten gern Fragen. Am Ticketschalter gibt's auch ein Informationsblatt.

Kapernaums berühmte **Synagoge**, deren Fassade nach Süden Richtung Jerusalem weist, besteht eigentlich aus zwei Gebäuden. Das neu aufgebaute Gebäude, das heute hier zu sehen ist, ist aufgrund seines hellen Kalksteins als „Weiße Synagoge" bekannt. Es wurde im 4. Jh. auf die dunklen Basaltfundamente der „Jesus-Synagoge" gebaut. Trotz ihres Namens wurde diese wohl mindestens ein Jahrhundert *nach* der Kreuzigung errichtet.

10 m rechts von einer **Olivenpresse**, die sich von der Synagoge aus gesehen hinter den Bänken im Schatten befindet, ist am oberen Ende einer Säule eine **Menora** zu sehen. Auf einer weiteren Säule in der Nähe erinnert eine hebräische Inschrift aus dem 5. Jh. an die Spende eines Mannes mit namens Alpheus, Sohn des Zebidah.

In einer modernen **Kirche** (aus dem Jahr 1991) mit gläsernen Seitenwänden wird einmal in der Stunde eine mehrsprachige Messe abgehalten. Die Konstruktion „schwebt" gewissermaßen über den Ruinen einer achteckigen Kirche aus dem 5. Jh. und über den Überresten des **Hauses des Apostels Petrus**, in dem sich Jesus aufgehalten haben soll.

Am Eingang zur archäologischen Stätte sind entlang des Zauns auf der rechten Seite der **Petrus-Statue** eine Reihe von beeindruckenden steinernen Türstürzen zu sehen, die ganz nach dem dritten Gebot (Ex 20,4) nicht mit Bildern von Menschen oder Tieren, sondern mit Obst- und Pflanzenmotiven dekoriert sind.

Kapernaum befindet sich 16 km nordöstlich von Tiberias und 3 km nordöstlich von Tabgha. Auf der Rte 87 sind gleich drei Abfahrten nach Kapernaum angeschrieben. Um zur archäologischen Stätte zu gelangen, nimmt man die westlichste der drei.

Kloster der Zwölf Apostel

KIRCHE

(⊙9–etwa 17 Uhr, während der Sommerzeit bis etwa 18 Uhr) Pfauen stolzieren durch den idyllischen, sehr schattigen, am See gelegenen Garten dieses griechisch-orthodoxen Klosters, 200 m Luftlinie (1,6 km zu Fuß oder mit dem Auto) in nordöstlicher Richtung von der Synagoge von Kapernaum entfernt, am östlichen Rand der antiken Stadt. Die 1925 erbaute Kirche mit ihren roten Kuppeln, die nicht größer ist als eine Kapelle, ist schon von fern (auch vom Berg der Seligpreisungen) zu sehen. Der Rest des Komplexes – von den Weintraubengittern bis zur ausgeprägten Ikonografie im Inneren (das anlässlich der Jahrtausendwende restauriert wurde) – versprüht byzantinisches Flair.

Hierher führen die Schilder „Capernaum (Orthodox)".

Korazim-Nationalpark

ARCHÄOLOGISCHE STÄTTE

(Rte 8277; Erw./Kind 22/10 NIS; ⊙Sommerzeit 8–17 Uhr, restliches Jahr bis 16 Uhr, Fr 1 Std. kürzer, letzter Einlass 1 Std. vor Schließung) Das an einem Hügel mit Blick über den See Genezareth gelegene Korazim vermittelt einen guten Eindruck davon, wie eine mittelgroße, wohlhabende Stadt zu Zeiten Jesu und des

---

JACOB'S LADDER

Jacob's Ladder (www.jlfestival.com; Erw./Kind 5–12 Jahre 395/270 NIS, nur Fr 320/220 NIS, nur Sa 195/130 NIS; ⊙Dez. & Mai), das 1978 von einer Gruppe von Anglo-Saxim (Englisch sprechenden Einwanderern) ins Leben gerufene Musikfestival, findet zweimal jährlich statt und bietet Bluegrass, Folk, Country, Blues, irische Volksmusik und Weltmusik. Die Konzerte israelischer und internationaler Künstler finden rund um das Nof Ginosar Hotel (10 km nördlich von Tiberias) statt. Die Veranstaltungsorte sind rollstuhlgerecht.

Das Winter Weekend wird an einem Freitagabend und Samstag Anfang Dezember veranstaltet, das Spring Festival an einem verlängerten Wochenende (Do–Sa) Anfang Mai.

Talmuds (3.–5. Jh.) angelegt war. Die Stätte – besonders die Synagoge – ist für ihre außergewöhnlichen Basaltreliefs bekannt, die Blumenmuster und geometrische Formen (vom jüdischen Gesetz gestattet) sowie hellenistisch anmutende Abbildungen von Tieren, Menschen (z. B. beim Stampfen von Weintrauben) und Figuren aus der Mythologie (z. B. Medusa) darstellen.

Im Innern der Synagoge wurden zwei herausragende Funde gemacht: eine reich verzierte Säule, von der angenommen wird, dass sie den Tisch stützte, der zum Lesen aus der Tora genutzt wurde, und ein Sessel mit aramäischer Inschrift. Die Originalfundstücke befinden sich mittlerweile im Israel Museum in Jerusalem (sie wurden durch Nachbildungen ersetzt). Die Bewohner von Korazim wurden – ebenso wie die von Kapernaum und Bethsaida – von Jesus für ihre Kleingläubigkeit angeprangert (Mt 11, 20–24).

Korazim befindet sich an der Rte 8277, 2,5 km östlich der Rte 90 (Korazim-Kreuzung, bzw. Vered HaGalil) und 8 km westlich der Ruinen von Bethsaida (im Park HaYarden). Keine öffentlichen Verkehrsmittel.

Bethsaida   ARCHÄOLOGISCHE STÄTTE
(Beit Tzayda; ✆ 04-692 3422; www.parkyarden.co.il; Rte 888 direkt nördlich der Rte 87; Eintritt

60 NIS/Auto; ⊘letzter Einlass 17 Uhr) Man nimmt an, dass diese Ausgrabungsstätte im Naturschutzgebiet HaYarden Park (Jordan-Park) das alte Fischerdorf Bethsaida ist, in dem Jesus 5000 Menschen mit nur fünf Broten und zwei Fischen gespeist haben soll (Lk 9, 10–17), wo er über das Wasser gegangen sein soll (Mk 6, 45–51), einen Blinden geheilt haben soll (Mk 8, 22–26) und wo er die Menschen zurechtgewiesen haben soll (Lk 10, 13–15).

Zwei schwarz markierte **Rundwege** führen über das Gelände: ein 500 m langer Weg rund um die Basaltruinen, in denen ungeübte Beobachter nicht viel erkennen können (Tafeln helfen Besuchern dabei, sich die Originalbauten vorzustellen), und ein 1 km langer Weg zur Quelle hinunter und wieder zurück. Die Stätte ist umgeben von syrischen Schützengräben und Minenfeldern aus der Zeit vor 1967.

Beim **Bethsaida Excavations Project** (http://world.unomaha.edu/bethsaida) sind für die Ausgrabungen im Sommer freiwillige Helfer willkommen. Es wird von der University of Nebraska in Omaha geleitet.

Bethsaida liegt ganz im Nordosten des Sees Genezareth, etwa 6 km von Kapernaum entfernt. Im Altertum reichte das Wasser des Sees, dessen Ufer heute 2 km entfernt liegt, vermutlich bis an den Fuß des Hügels.

STRÄNDE AM SEE GENEZARETH

Umweltorganisationen und Kommunalbehörden führten erfolgreich einen Rechtsstreit mit privaten Betreibern über das Strandgebiet des Sees Genezareth, das nach dem Gesetz der Öffentlichkeit gehört. Strände mit besonderen Einrichtungen – Rettungsschwimmern, Sicherheitsdiensten, Umkleidekabinen, Duschen, Rasen, Strandliegen, Wasserrutschen und Ähnlichem – sind auch weiterhin berechtigt, Eintrittsgelder oder Parkgebühren (pro Auto) zu verlangen. Das Betreten des Strandes ist aber umsonst, wenn man zu Fuß kommt, allerdings dürfen nichtzahlende Gäste das Serviceangebot nicht nutzen.

Der Eintritt für zahlungspflichtige Strände, von denen viele rund um die Uhr geöffnet sind, beträgt in der Regel 20 bis 30 NIS pro Person. Wenn Parkgebühren verlangt werden, werden 5,90 NIS pro Stunde für die ersten drei Stunden und 2,10 NIS für jede Folgestunde fällig. Zu den Stränden nördlich von Tiberias gehören **Tamar** und der erste „grüne Strand" des Sees, **Hukuk**. Südlich der Stadt erstrecken sich der städtische **Hof Ganim** (1,5 km südlich des Zentrums) sowie **Sironit**, **Shikmim**, **Berniki**, **Tzinbari** (Zinabberay) und **Tzemah**. Am Ostufer findet man u. a. (von Nord nach Süd) **Dugit**, **Tze'elon** (Zelon), **Kursi**, **Lavnun**, **Halukim**, **Susita**, **Shittim**, **Shezaf** und **Rotem**.

Darüber hinaus gibt es viele kostenlose, unbewachte Uferabschnitte entlang der Rte 90, 87 und 92, allerdings sind diese teilweise mit Müll und sogar mit Glasscherben verschmutzt. Der Wind kann überraschend stark sein, vor allem nachmittags, deshalb sollte man darauf achten, nicht abgetrieben zu werden.

Camping ist an fast allen Stränden des Sees Genezareth erlaubt, auch an den kostenpflichtigen.

🏃 Aktivitäten

Vered-HaGalil-Ställe
REITEN

(☎050 238 2225, 04-693 5785; www.veredhagalil.com; Ecke Rte 90 & Rte 8277; Ausritt 1/2 Std. 135/250 NIS, für Kinder 5/10 Min. 20/35 NIS; ⊙tgl. 7–18 Uhr) Besucher dieser Western-Ranch, die 1961 von einem Einwanderer aus Chicago gegründet wurde, werden von einem Schild mit der englisch-hebräischen Aufschrift „Shalom, y'all" begrüßt. Angeboten werden Ausritte (Mindestalter 10 Jahre) und Schnupperkurse für Kinder (Mindestalter 3 Jahre). Ob noch Plätze frei sind, erfährt man telefonisch. Zudem gibt es hier 30 Gästezimmer. Von Tabgha aus sind es (entlang der Straße) 6,7 km den Hügel hinauf. Wer aus Tiberias kommt, kann jeden Bus mit Anbindung nach Safed, Rosch Pina oder Kirjat Schmona nehmen.

🛏 Schlafen

An fast allen Stränden des Sees Genezareth ist das Campen erlaubt.

Sea of Galilee Guesthouse
PENSION $$

(☎04-693 0063; www.seaofgalileeguesthouse.com; Almagor, an der Rte 8277; B ohne Frühstück 100 NIS, DZ 550 NIS, 5-Betten-Apt. 750 NIS; ❄@🛜) Ein hübscher Garten mit Panoramablicken auf den See Genezareth umgibt die einfachen, fröhlichen Zimmer und den mit Fotos geschmückten Frühstücksraum dieser Pension mit 30 Betten und israelischem Charme alter Schule. Das Frühstück ist sehr gut (Schlafsaalgäste zahlen 40 NIS extra). Kochgelegenheiten sind vorhanden und wer ein Zelt hat, kann vor Ort campen. Rollstuhlgerecht. Die Unterkunft liegt 4 km östlich vom Korazim-Nationalpark im Moschaw Almagor; anrufen, wenn das Tor geschlossen ist.

Frenkels B&B
B&B $$

(☎04-680 1686; www.thefrenkels.com; Kfar Korazim, an der Rte 8277; EZ/DZ 500/600 NIS; ❄🛜) Dieses schnuckelige *tzimmer* (B&B) wird von freundlichen Einwanderern aus den USA geführt, die 1960 nach Israel kamen. Zur Wahl stehen gemütliche Suiten, von denen ein rollstuhlgerecht ist. Das Frühstück mit hausgemachten Köstlichkeiten wird in einem hellen, luftigen Raum serviert. Das Frenkels liegt 8 km nordöstlich der Kapernaum-Kreuzung; einfach der Rte 90 und dann der Rte 8277 folgen.

HI – Karei Deshe Guest House & Youth Hostel
HOSTEL $$

(Kare Deshe; ☎02-594 5633, Reservierungen 1-599 510 511; www.iyha.org.il; B 130 NIS, DZ 410–520 NIS; ❄🛜) Das strahlend weiße Hostel direkt am See hat 82 Doppelzimmer, Familienzimmer und Schlafsäle (mit 4–6 Betten), einen Sandstrand sowie jede Menge Bäume und Rasen. Es ist oft ausgebucht, vor allem am Wochenende. Der Hukuk-Strand liegt direkt nebenan.

Die nächste Bushaltestelle liegt an der Rte 90 neben dem Sapir-Wasserwerk (3 km südwestlich der Kapernaum-Kreuzung). Dort halten alle Busse, die von Tiberias aus nach Norden fahren. Von der Bushaltestelle muss man die letzten 1,2 km zu Fuß gehen.

⭐ Pilgerhaus Tabgha
PENSION $$$

(☎04-670 0100; www.heilig-land-verein.de; EZ/DZ Sa–Mi 100/680 NIS, Do & Fr 600/880 NIS; ❄@🛜) Das 1889 eröffnete, deutsch geführte katholische Pilgerhaus – es richtet sich vor allem an christliche Pilger, steht aber allen Gästen offen – verfügt über 70 Zimmer und ist ein ruhiges Plätzchen mit einem herrlichen Garten direkt am Ufer des Sees Genezareth. 2001 wurde es aufwendig renoviert und lädt zu Meditation und Besinnung inmitten exemplarischer Sauberkeit und Ordnung ein. Rollstuhlgerecht. Das Pilgerhaus befindet sich rund 500 m von der Kapernaum-Kreuzung entfernt.

Von März bis Mai und von Mitte September bis Mitte November muss man weit im Voraus reservieren.

Nof Ginosar Hotel
HOTEL $$$

(☎04-670 0320; www.ginosar.co.il; Kibbutz Ginosar, Rte 90; DZ/3BZ/FZ Sa–Mi 200/285/300 US$, Do & Fr 236/321/336 US$; ❄@🛜🏊) Der Kib-

---

ℹ KINNERET TRAIL

Im Zuge der tatkräftigen Kampagnen von Umweltschützern, die für einen uneingeschränkten und kostenfreien Zugang zum gesamten Ufer des Sees Genezareth kämpfen, wird es irgendwann möglich sein, den ganzen See mit einer Uferlänge von rund 60 km auf diesem Trail – dem Shvil Sovev Kinneret (hebräisch) – ohne Unterbrechung zu Fuß zu umrunden. Bisher ist der Weg auf etwa 35 km mit lilafarbenen und weißen Strahlen markiert und kann genutzt werden – so u. a. die Südhälfte des Sees, von Tiberias nach En Gev am Nordostufer. Die Touristeninformation von Tiberias (S. 228) bietet Karten und aktuelle Infos.

buz-Klassiker mit typischem 1970er-Charme hat rund 260 Hotel- und Cottage-Zimmer (u. a. 12 Deluxe-Zimmer von 2014), eine mit Blumen geschmückte Anlage und einen eigenen Strand am See Genezareth. Das Nof Ginosar liegt 200 m vom Antiken Boot entfernt und 8 km nördlich von Tiberias.

Essen

★ Ktzeh HaNahal   LIBANESISCH $$
(04-671 7776; www.katsyhanahal.com; Rte 90; Hauptgerichte 70–115 NIS, 4-Gänge-Menü 129 NIS; 12–23 Uhr;) Von außen deutet nichts darauf hin, dass in diesem unauffälligen Restaurant ein mit Sumach veredeltes libanesisches Festessen auf den Tisch kommt. Nach ganzen elf verschiedenen Mezze-Sorten (30 NIS) locken *shish barak* (mit Fleisch gefüllte Teigkugeln, die in eingedickter Ziegenmilch gekocht werden, 70 NIS) oder ein Antabli-Kebab mit gebratenen Tomaten (70 NIS).

Das Restaurant befindet sich an der Kreuzung der Rte 90 und der Zugangsstraße zum Antiken Boot neben der Delek-Tankstelle (ein rot-grün-weißes Schild weist den Weg).

Ein Camonim   KÄSE $$
(En Kammonim; 04-698 9680, 04-698 9894; www.eincamonim.rest-e.co.il; Rte 85; All-you-can-eat Gerichte 88 NIS; Frühstück 60 NIS; Sa-Do 9.30–20, Fr bis 22 Uhr;) Dieses familiengeführte „Ziegenkäse-Restaurant" mitten im Grünen serviert vegetarische Gourmetplatten mit zehn verschiedenen Ziegenkäsesorten, frisch gebackenem Brot, Salaten und Wein, die man im Freien im Schatten der Bäume genießen kann. Die Kleinen (Kinder) können mit den Kleinen (Ziegenlämmern) auf Tuchfühlung gehen. Freitags und samstags ist eine Reservierung empfehlenswert.

Die Käserei befindet sich 20 km nordwestlich von Tabgha, direkt an der Rte 85 (4,8 km westlich der Nahal-Amud-Kreuzung).

Tibi's Steakhouse & Bar   STEAK $$
(04-633 0885; www.veredhagalil.com/restaurant; Ecke Rte 90 & Rte 8277; Steaks 118–145 NIS, andere Hauptgerichte ab 59 NIS; 8–11.30 & 12–23 Uhr oder länger;) Das Lokal auf dem Gelände der Vered-HaGalil-Ställe wurde 2013 von dem renommierten Küchenchef Chaim Tibi eröffnet, der früher im Muscat-Restaurant tätig war. Spezialität des Hauses sind Steaks von den Golanhöhen, zudem gibt es gute vegetarische Optionen wie Salate und Pasta. Der schicke Speiseraum versprüht den Charme eines Bergchalets.

Anreise & Unterwegs vor Ort

Alle Busse (Egged und Afikim), die Tiberias mit Orten im Norden über die Rte 90 wie Safed, Rosch Pina und Kirjat Schmona verbinden, passieren Magdala (Migdal-Kreuzung; 6,60 NIS), Ginosar (mit dem Antiken Boot), die Kapernaum-Kreuzung (Tzomet Kfar Nahum, einen kurzen Fußmarsch von Tabgha entfernt, aber rund 4 km westlich von Kapernaum) und die 1 km lange Zufahrtsstraße zum Berg der Seligpreisungen.

Bus 52 von Rama (3–4mal tgl. außer Fr nachmittags–Sa nach Sonnenuntergang), der Tiberias und Katzrin in den Golanhöhen (1¼ Std.) miteinander verbindet, fährt von der Kapernaum-Kreuzung weiter nach Osten entlang des Nordufers des Sees (Rte 87) und durch Kapernaum.

Südlich von Tiberias

Die hier genannten Orte sind von Norden nach Süden aufgeführt.

Sehenswertes

Kinneret-Friedhof   FRIEDHOF
(Rte 90; 24 Std.) Dieser schattige, ruhige und üppig grüne Friedhof am See wurde 1911 angelegt und ist die letzte Ruhestätte einiger sozialistischer Pioniere des Zionismus, wie etwa **Berl Katznelson** (1887–1944), bekannt als Mittelpunkt einer berühmten Dreiecksbeziehung (rechts und links von ihm liegen die Gräber seiner ersten und zweiten Frau), und **Shmuel Yavnieli** (1884–1961), der sich dafür einsetzte, jemenitische Juden nach Israel zu bringen. Der Friedhof liegt 9 km südlich von Tiberias, 300 m südlich der Kinneret-Kreuzung.

Auch die hebräische Dichterin **Rachel** (Rachel Bluwstein; 1890–1931) liegt hier begraben. In einem Edelstahlbehälter an ihrem Grab befinden sich Bücher mit ihren äußerst beliebten Gedichten, von denen viele auch vertont wurden. Seit Ende 2014 ziert sie die neue 20-NIS-Banknote der Israelischen Zentralbank.

Im Frühjahr 1917 vertrieben die Osmanen die gesamte jüdische Bevölkerung von Tel Aviv und Jaffa. Von den 2000 Flüchtlingen, die in Galiläa Zuflucht fanden, starben 430, zehn von ihnen liegen hier begraben. Mit zehn anonymen Grabsteinen und einer 2003 errichteten Steintafel mit ihren Namen wird an sie erinnert.

Yardenit   RELIGIÖSE STÄTTE
(www.yardenit.com; 8–18 Uhr, Dez.–Feb. bis 17, Fr bis 16 Uhr) GRATIS Diese ausgesprochen po-

puläre Taufstätte unter Eukalyptusbäumen, die vom Kibbuz Kinneret betrieben wird, liegt 100 m südlich der Stelle, an der der Jordan den See Genezareth verlässt. Zwar weiß niemand, ob dies genau der Ort ist, an dem Jesus getauft wurde, aber dennoch warten hier Gruppen von christlichen Pilgern betend und singend darauf, in weißen Gewändern getauft zu werden (Verleih/Verkauf 10/25 US$, inkl. Handtuch und Urkunde). Vor Ort gibt es Umkleidekabinen.

Die pelzigen Nagetiere, die im fischreichen Jordan herumschwimmen, sind aus Südamerika stammende Biberratten (*coypus*). Es gibt ein Restaurant und einen großen Souvenirladen für die Gläubigen.

Yardenit liegt 10 km südlich von Tiberias und 1 km nordwestlich vom Kibbuz Degania Alef, dem weltweit ersten Kibbuz (1910 gegründet).

Bet Gabriel KULTURZENTRUM
(☑ 04-675 1175; www.betgabriel.co.il; Rte 92; ☺ So geschl.) Dieses Kulturzentrum am See – eines der schönsten Gebäude Israels – wurde 1993 erbaut und ist für seine Kunstausstellungen, sein Kino mit den neuesten Filmen und zwei Sälen, sein Café und traumhafte Seeblicke bekannt. Im November 1994 diente es als Veranstaltungsort für die Feierlichkeiten zur Bekräftigung des Friedensvertrags zwischen Israel und Jordanien. Bet Gabriel liegt an der Südspitze des Sees Genezareth, 300 m östlich der Samakh-Kreuzung.

Das rot-weiße Keffiyeh von König Hussein und ein Schwert, das Jassir Arafat an Schimon Peres übergeben hat, sind im **Friedenssaal** (kostenlose Führungen Di 10–11.30 Uhr; vorher anrufen) zu sehen. Die Spiegel sorgten dafür, dass alle, egal wo sie an dem sechsseitigen Tisch mit acht Sitzplätzen saßen, den See Genezareth sehen konnten.

🛏 Schlafen

HI – Poriya Pension & Jugendherberge HOSTEL **$$**
(Jugendherberge Poriya Taiber; ☑ 02-594 5720, Reservierungen 1-599 510 511; www.iyha.org.il; B 33 US$, DZ 90–125 US$, zusätzl. Erw./Kind 29/23 US$; ✳@🛜) Auf einem Berghang hoch über dem See Genezareth gelegen, bietet der nette Poriya- (Poria-) Campus eine Lobby mit gläsernen Wänden und einer spektakulären Aussicht, 58 eher spartanische Zimmer und die Nähe zum sogenannten Schweizer Wald. Die Schlafsäle haben sechs Betten. Es werden auch Holzhütten mit Ziegeldächern angeboten. Das Hostel

liegt 9 km südlich von Tiberias; von der Rte 90 geht's 4 km lang die Rte 7877 steil hinauf. Keine öffentlichen Verkehrsmittel.

ℹ Anreise & Unterwegs vor Ort

Die Rte 90 zwischen Tiberias und der Samakh-Kreuzung (am südlichen Zipfel des Sees Genezareth; 30 Min.) wird von den Afikim-Bussen 26, 28 und 53, und allen Bussen der Linie Tiberias–Bet She'an angefahren, sowie vom Rama-Bus 57, der weiter entlang dem Ostufer des Sees und schließlich nordöstlich nach Katzrin (auf den Golanhöhen) verkehrt.

Ostufer

Wenn man die Arik-Brücke an der Rte 87 überquert und weiter in Richtung Nordosten fährt, entfernt sich die Hauptstraße vom Kinneret und führt am Rand des grünen Bethsaida-Tals, dem größten natürlichen Feuchtgebiet Israels, entlang.

Von der Rte 92 geht es 3 km bergauf bis zum Moschaw Ramot. Wie Giv'at Yoav 13 km südöstlich der Kursi-Kreuzung liegt er am Westrand der Golanhöhen.

🎯 Sehenswertes & Aktivitäten

Majrase-Naturschutzgebiet PARK
(☑ 04-679 3410; www.parks.org.il; Erw./Kind 29/15 NIS; ☺ während der Sommerzeit 8–18 Uhr, Aug. bis 19 Uhr, im Winter bis 16 Uhr, Fr 1–1½ Std. kürzer, letzter Einlass 1 Std. vor Schließung) Die von Quellen gespeisten Bäche und das dschungelartige Sumpfland dieses Naturschutzgebietes in der nordöstlichen Ecke des Sees Genezareth sind ein großartiger Ort für eine erfrischende „Wasserwanderung". Die **nasse Route** (es gibt auch eine trockene) dauert 40 bis 60 Minuten; teils steht man dabei hüfthoch im Wasser, das im Sommer bis zu 60 cm hoch ist. Die Lagunen in der Nähe sind gesperrt, damit sich Fische und Wasserschildkröten in Ruhe fortpflanzen können.

Vor Ort gibt es Umkleidekabinen; notwendig sind Schuhe, die für die Wasserwanderung geeignet sind. Manche Wege sind rollstuhlgerecht. Der Park liegt 2 km abseits der Rte 92 – einfach den Schildern „Daliyyot Estuary" oder „Bethsaida Valley" folgen.

Kursi-Nationalpark ARCHÄOLOGISCHE STÄTTE
(☑ 04-673 1983; www.parks.org.il; Ecke Rte 92 & Rte 789; Erw./Kind 15/7 NIS; ☺ Okt.–März 8–16 Uhr, April–Sept. bis 17 Uhr, Fr 1 Std. kürzer, letzter Einlass 30 Min. vor Schließung) Dieses nicht-

DIE EISENBAHN DURCH DIE JESREELEBENE

Von kurz vor dem Ersten Weltkrieg bis 1951 konnte man morgens um 8 Uhr in Haifa in die legendär langsame **Eisenbahn durch die Jesreelebene** einsteigen und traf um 11.45 Uhr in Hamat Gader oder – bis 1946 – um 19.47 Uhr in Damaskus ein. Oder man konnte in der syrischen Stadt Daraa, 60 km östlich von Hamat Gader, in die Hejaz-Bahn umsteigen und in Richtung Süden fahren (Daraa ist die Stadt, in der es 2011 zu den ersten Konflikten im syrischen Bürgerkrieg kam). Bevor die Hejaz-Bahn während des Ersten Weltkriegs von Lawrence von Arabien und seinen beduinischen Kämpfern außer Gefecht gesetzt wurde, konnte man mit dem Zug nach Medina fahren, das nun in Saudi-Arabien liegt.

In den 1930er-Jahren wurden mit dieser Bahn Baumaterialien für die 942 km lange **Kirkuk–Haifa-Pipeline** transportiert, die bis 1948 Rohöl aus dem Irak in die Raffinerien in der Bucht von Haifa brachte. Auf den Golanhöhen sind noch immer Reste der Pipeline zu sehen. Gäbe es Frieden in der Region, wäre der Wiederaufbau der Pipeline ein sehr attraktives Unterfangen, sowohl ökonomisch als auch strategisch – und würde Haifa in den großen Mittelmeerhafen verwandeln, zu dem die Briten ihn machen wollten.

Jahrzehntelang wurden Vorschläge diskutiert, die Bahn wieder in Betrieb zu nehmen, nun ist endlich mit dem Bau einer 4,5 Mrd. NIS teuren Normalspurstrecke (die osmanischen Strecken waren schmalspurig) von Haifa nach Bet She'an (61 km) begonnen worden. Später soll sie bis nach Irbid in Jordanien erweitert werden und es dem Haschimiten-Königreich somit erlauben, Haifas Hafenanlagen im Mittelmeer zu nutzen.

Infos für Radtouren entlang der 150 km langen Originalstrecke der Bahn liefert der Reiseführer *Shvil Rakevet HaEmeq* von Aharon Brindt (auf Hebräisch).

jüdische Fischerdorf wurde in den frühen 1970er-Jahren zufällig entdeckt und wird im Talmud als ein Ort der Götzenverehrung erwähnt. Hier soll Jesus zwei Männern Dämonen ausgetrieben und in eine Schweineherde geschickt haben (Mk 5,1–13, Lk 8,26–39). Die wunderschön erhaltenen Ruinen stammen von einem beeindruckenden byzantinischen Kloster aus dem 5. Jh.

In der Nähe des Eingangs gibt ein Audioguide auf Englisch und Hebräisch exzellente historische Hintergrundinformationen. Bis Ende 2015 soll die gesamte Anlage für Rollstuhlfahrer zugänglich sein. Da sie Christen als heilig gilt, sollten sich Besucher angemessen kleiden (keine Badekleidung). Von der Südseite des Sees Genezareth aus liegt der Park 30 km von Tiberias entfernt, über die Schnellstraße an der Nordseite 33 km.

🛏 Schlafen

Der grüne **Moschaw Ramot** (www.ramot4u. co.il), ein Favorit einheimischer Touristen, verfügt über mehrere Dutzend gehobener *tzimmerim* (B & Bs); Details liefert die Website (auf Hebräisch). In den Dörfern der Golanhöhen in der Nähe gibt's weitere B & Bs, z. B. in Giv'at Yoav.

⭐ **Genghis Khan in the Golan** HOSTEL $
(☎ 052 371 5687; www.gkhan.co.il; Giv'at Yoav; B/ Zelt für 6 Pers. 100/600 NIS, Bettwäsche & Hand-

tuch 20 NIS pro Aufenthalt; ❄) Die Gastgeber Sara und Bentzi Zafrir sorgen für ein sehr herzliches Willkommen und fantastisches individuelles Urlaubsflair. Inspiriert von den Jurten (*gers*) der mongolischen Nomaden haben sie fünf durch unterschiedliche Farben gekennzeichnete Jurten entworfen und von Hand hergestellt. Darin können jeweils zehn Gäste auf komfortablen Schaumstoffmatratzen übernachten. Leistungsfähige Heizungen und Klimaanlagen sorgen dafür, dass es im Winter warm und im Sommer kühl ist.

In der Küche sind die Pfannen, Teller und Kühlschrankfächer – genau wie die Zelte – farblich gekennzeichnet, und die Gäste können mit frischem Thymian, frischem Zitronengras und frischer Minze aus dem Kräutergarten (eine Reihe recycelter Reifen) kochen. Außer dem Golan-Wanderweg führen auch noch andere Wanderwege hier vorbei.

Das Hostel befindet sich am Westhang der Golanhöhen 13 km südöstlich der Kursi- (Kursy-) Kreuzung (der Kreuzung von Rte 92 & 789). Bus 51 fährt zwischen Giv'at Yoav und Tiberias (35 Min., So–Do 8-mal tgl., Fr 6-mal, 1-mal Sa abends); Sara holt die Gäste gern an der Haltestelle ab.

Ein-Gev Holiday Resort HOTEL $$$
(☎ 04-665 9800; www.eingev.com; Kibbutz En Gev, Rte 92; DZ 850–1000 NIS; ❄ @ 🛜) Von 1948 bis

1967, als die Ostküste des Sees Genezareth größtenteils von Syrien kontrolliert wurde, war der Kibbuz En Gev nur mit dem Boot zu erreichen. Heute gibt es hier Bananen-, Avocado-, Mango- und Litschi-Plantagen, einen Kuhstall und dieses wunderbare Hotel mit 166 Zimmern, das sich mit dem einzigen natürlichen Sandstrand des Sees brüsten kann.

Zum Angebot stehen u. a. sonnige Familienunterkünfte am Strand für fünf Personen (1300–1700 NIS). Das Hotel befindet sich rund 1,5 km südlich entlang der Rte 92 von der Zufahrtsstraße zum Kibbuz En Gev und dem Hafenviertel.

Essen

Moshbutz STEAK $$
(04-679 5095; www.moshbutz.com; Dalyot St, Moschaw Ramot; Hauptgerichte 62–139 NIS, Frühstück 60 NIS; 8.30–22 Uhr) Das gemütliche Restaurant – der Name setzt sich aus den Begriffen „Moschaw" und „Kibbuz" zusammen – serviert fabelhafte Steaks von Rindern aus den Golanhöhen, saftige Burger, kreative Salate und Vorspeisen wie gegrillte Aubergine mit würzigem Ziegenmilchjoghurt. Dazu gibt's edle Weine von den Golanhöhen, Bier von Mikrobrauereien, charmanten Service und tolle Ausblicke hinab zum See Genezareth.

Es ist äußerst ratsam zu reservieren, vor allem freitags und samstags. Vom Eingang zum Moschaw nimmt man die dritte Abzweigung rechts.

HAMAT GADER

الحمة السورية   חמת גדר

Als eines der beliebtesten Ziele der Römer, deren beeindruckende **Badeanlage aus dem 2. Jh.** noch immer besichtigt werden kann, ist diese **natürliche heiße Quelle** (04-665 9999; www.hamat-gader.com; Erw./Kind ab 1 m Größe–16 Jahre 83/62 NIS, Fr & Sa 96/72 NIS; Okt.–Mai Mo–Fr 8.30–22.30, Sa & So bis 17 Uhr, Juni–Sept. Sa–Mi 8.30–17, Do & Fr bis 22.30 Uhr) mit einer Temperatur von 42 °C und 150 m unterhalb des Meeresspiegels bei jüdischen (vor allem russischen), arabischen und drusischen Israelis außerordentlich beliebt – außer in der Sommerhitze. Es gibt Picknickbereiche und Gastronomiebetriebe. Spa-Anwendungen müssen normalerweise im Voraus gebucht werden. Die Anlage ist für Rollstuhlfahrer zugänglich.

Kinder werden nicht nur das **Planschbecken** lieben (Juni–Sept. geöffnet), sondern auch den **Zoo** mit seinen Pavianen, Steinböcken, Straußen, Alligatoren (Fütterung Mai–Okt. um 13.30 Uhr), kuscheligen Kaninchen in der **Streichelecke**, einer Truppe dressierter Papageien (Vorführungen um 11, 13 und 15 Uhr) und frei umherlaufenden Pfauen. Die Temperatur des Hauptaußenpools beträgt rund 37 °C; man sollte sich nicht länger als zehn Minuten darin aufhalten.

Hamat Gader, Teil des britischen Mandatsgebiets Palästina, wurde 1948 von den Syrern besetzt – in den 1950er- und 1960er-Jahren war die Thermalquelle bei syrischen Armeeoffizieren sehr beliebt – und 1967 von Israel zurückerobert.

An- & Weiterreise

Hamat Gader liegt 9,5 km südöstlich der Samakh-Kreuzung an der Rte 98, von der aus man über eine der wichtigsten Zuflüsse des Jordans, den Jarmuk, hinüber nach Jordanien schauen kann.

Bus 24 von Rama verkehrt einmal täglich (außer Sa) zwischen Tiberias und Hamat Gader (22 Min.); Abfahrt ist um 9.15 Uhr in Tiberias und um 14.30 Uhr in Hamat Gader.

Obergaliläa & Golan
הגליל העליון רמת הגולן
الجليل الاولى هضبة الجولان

Inhalt ➡
Obergaliläa 243
Safed 243
Rund um den Har
Meron............. 254
Rosch Pina........ 258
Chula-Ebene 259
Kirjat Schmona &
Tel Chai 260
Metulla 261
Östlich von Kirjat
Schmona 262
Golanhöhen........ 264
Katzrin 265
Nördl. Golanhöhen...271

Gut essen
➡ Dag Al HaDan (S. 264)
➡ HaAri 8 (S. 252)
➡ Shiri Bistro & Wine Bar (S. 258)
➡ Misedet HaArazim (S. 255)
➡ Villa Lishansky (S. 262)

Schön übernachten
➡ Villa Tehila (S. 258)
➡ Villa Lishansky (S. 262)
➡ Ohn-Bar Guesthouse (S. 254)
➡ Golan Garden Hostel (S. 266)

Auf nach Obergaliläa & zum Golan!

Die üppig-grünen Hügel von Obergaliläa (das Gebiet nördlich der Rte 85) und die rauen Ebenen und Gipfel der Golanhöhen halten für Körper und Seele unglaublich viele Erlebnisse und für Magen und Geist viel Nahrung bereit. Einheimische Touristen strömen in dieses Gebiet – den einen steht der Sinn nach luxuriösen *zimmerim* (B&Bs), Edel-Weingütern und ländlichen Gourmetrestaurants, den anderen nach tollen Wander-, Rad- und Reittouren durch Wiesen, nach Wildwasserrafting und sogar nach Skifahren. Die Region hat aber noch viel mehr zu bieten, z. B. die im Frühling überwältigende Blütenpracht, erstklassige Möglichkeiten zur Vogelbeobachtung oder den spirituellen Zauber Safeds, dem seit fünf Jahrhunderten wichtigsten Zentrum der Kabbala (jüdischen Mystik). Die ganze Region mit ihren im Sommer erfrischend kühlen Bergen ist nur eine kurze Autofahrt von den christlichen Stätten und den Stränden am See Genezareth entfernt.

Reisezeit
Safed

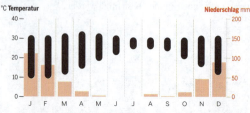

Dez.–März Falls genug Schnee liegt, kann man auf dem Hermon Ski fahren.

Feb.–Aug. Am frühesten blühen die Frühlingsblumen in der Chula-Ebene, am spätesten auf dem Hermon.

Ende März–Okt. Die beste Zeit für Abenteuerkajak- und Raftingtrips auf dem Jordan.

ⓘ Anreise & Unterwegs vor Ort

Die Region lässt sich am besten mit dem Auto erkunden. Die Entfernungen sind recht kurz, und es fahren nur ein paar Busse pro Tag zu den vielen hübschen Dörfern und Naturschutzgebieten. Es gibt eine Autovermietung in Kirjat Schmona (Eldan), aber man mietet besser einen Wagen in Tiberias, Haifa, Tel Aviv oder Jerusalem.

Der größte Busverkehrsknotenpunkt ist Kirjat Schmona.

Es ist zwar nicht zu empfehlen, aber viele Israelis trampen, vor allem in den Golanhöhen.

OBERGALILÄA

Safed

🎣 04 / 32 100 EW.

Das himmlische Safed liegt auf einem Berg – ideal, um ein oder zwei Tage die Seele baumeln zu lassen. Seit dem 16. Jh. ist Safed ein Zentrum der Kabbala (jüdische Mystik), und es beherbergt heute eine Mischung aus chassidischen Juden und gläubigen, aber milder gesinnten ehemaligen Hippies, von denen recht viele aus den USA stammen.

Die Altstadt ist ein Labyrinth aus kopfsteingepflasterten Gassen und steilen Steintreppen. Man kommt vorbei an uralten Synagogen, verfallenen Steinhäusern mit türkisfarbenen Türen, Kunstgalerien, Künstlerateliers und jiddisch sprechenden kleinen Jungen mit schwarzen Kaftanen und Melonen. In Teilen wirkt Safed wie ein *schtetl* aus Meleke (weißem Kalkstein), aber die vielen Leute auf der Suche nach Mystik und Spiritualität sorgen für Boheme-Atmosphäre.

Am Sabbat (von Freitagabend bis Samstag zum Sonnenuntergang) kommt alles zum Erliegen. Das ist zwar nicht gerade praktisch, wenn man essen gehen will. Aber weil auch die Straßen wie leergefegt sind, herrscht eine meditative, spirituelle Sabbat-Atmosphäre, und aus den versteckten Synagogen und den Esszimmern ertönt fröhliche chassidische Musik. Man sollte fromme Juden am Sabbat oder an Feiertagen nicht fotografieren.

Im Juli und August sowie während des Pessach und Sukkot wimmelt es in Safed von einheimischen und ausländischen Touristen, und die Restaurants und Cafés sind bis spät in die Nacht voll. Im Winter ist es dagegen sehr ruhig, sodass die vielen Künstler in der Stadt auch ein bisschen zum Arbeiten kommen.

Geschichte

Safed entstand zur Zeit der Römer und wurde zu Beginn des Großen Jüdischen Krieges (66–70 n.Chr.) von Joseph ben Mathitjahu (später als Flavius Josephus bekannt), dem Kommandanten der jüdischen Streitkräfte in Galiläa, befestigt. Im Jerusalemer Talmud wird Safed als eine der Bergstationen erwähnt, über die mit Signalfeuern die Sichtung des aufgehenden Neumonds in Jerusalem gemeldet wurde.

Die Kreuzfahrer unter Fulko von Anjou errichteten hier eine große Burg, um die Straße nach Damaskus zu kontrollieren. Sie wurde später (1188) von Saladin eingenommen, unter den Ayyubiden (1220) geschleift, von den Tempelrittern (1240) erneuert und unter der Herrschaft des Mamlukensultans Beibars (nach 1266) ausgebaut.

Während des 15. und 16. Jhs. wuchs die Zahl und Bedeutung der jüdischen Bevölkerung in Safed durch einen Zufluss von sephardischen Juden, die 1492 aus Spanien vertrieben worden waren. Zu den Neuankömmlingen zählten auch ein paar der bedeutendsten Kabbalisten der Welt. In jener Zeit war Safed ein wichtiger Halt auf der Handelsroute von Akkon nach Damaskus und berühmt für seine Textilherstellung. 1577 wurde in Safed die erste hebräische Druckerei mit der ersten Druckerpresse im gesamten Nahen Osten gegründet.

Im späten 18. Jh. erlebte Safed einen Zuwachs von Chassidim aus Russland.

Die Pest dezimierte in den Jahren 1742, 1812 und 1847 die Bevölkerung Safeds stark. Zudem zerstörten 1759 und 1837 Erdbeben die Stadt. Bei dem Beben von 1837 kamen Tausende ums Leben, und fast alle Gebäude wurden dem Erdboden gleichgemacht.

1948 übergaben die abziehenden Briten die strategisch günstig gelegene Stadt an die arabischen Truppen, aber nach einem zähen Kampf setzten sich die israelischen Streitkräfte durch, woraufhin die arabische Bevölkerung aus Safed floh – darunter auch der damals 13-jährige Mahmud Abbas, jetziger Präsident der Palästinensischen Autonomiebehörde. Heute sind viele der Einwohner Safeds amerikanische Juden, die sich seit den 1960er-Jahren auf der Suche nach Spiritualität und Transzendenz der Mystik zugewandt haben.

◉ Sehenswertes

Die mit Geschäften und Restaurants gesäumte Hauptstraße im Zentrum von Safed

Highlights

❶ Vom Suspended Trail im **Naturschutzgebiet Banyas** (S. 271) in das blubbernde, quellfrische Wasser blicken

❷ In Safeds **Synagogenviertel** (S. 245) in Mystik und uralte Geschichten eintauchen

❸ Auf dem **Har Hermon** (S. 274) kühle Bergluft schnuppern

❹ Preisgekrönte Weingüter in den Golanhöhen und im **Ramat Dalton** (S. 256) besuchen

❺ Im **Naturschutzgebiet Yehudiya** (S. 267) die Schluchten und Wasserfälle erkunden

❻ Im **Agamon HaChula** (S. 259) vom Safariwagen aus Kraniche von ganz Nahem beobachten

❼ In **Rosch Pina** (S. 258) in einem Luxus-B&B in einem alten Steinhaus voller Blumen nächtigen

❽ Mit einem echten israelischen Cowboy vom Kibbuz Merom Golan auf einen Vulkan **reiten** (S. 270)

ist die in Nord-Süd-Richtung verlaufende Yerushalayim St (Jerusalem St). Westlich von hier trennt ein breiter Treppenaufgang, genannt Ma'alot Olei HaGardom, das im Norden liegende Synagogenviertel von dem Künstlerviertel im Süden. Die Hauptstraße im Synagogenviertel ist berühmt für ihre vielen Kunstgalerien und wird Alkabetz St und Beit Yosef St (Josef Karo St) genannt. Die Kabbalistengräber befinden sich weiter unten am Abhang.

Die meisten Sehenswürdigkeiten von Safed befinden sich im Synagogenviertel und im angrenzenden Künstlerviertel.

⊙ Synagogenviertel

Safeds alteingesessenes jüdisches Viertel erstreckt sich vom Kikar HaMaginim (Platz der Verteidiger) von 1777 bergab. Von hier aus sind alle historischen Kabbalisten-Synagogen Safeds zu Fuß erreichbar (wenn man nicht die Orientierung verliert). Wer nur wenig Zeit hat, sollte sich auf jeden Fall die Ha'ari-Synagoge der Aschkenasim und die Karo-Synagoge anschauen. Die Hauptstraße, Alkabetz St und Beit Yosef St genannt, ist gesäumt von **Galerien** voller Kunst.

Die Synagogen sind nur unregelmäßig geöffnet, vor allem im Winter. Auch unangekündigte Schließungen (z.B. für Bar-Mizwas am Montag- und Dienstagmorgen) sind nicht unüblich. Besucher sollten angemessen gekleidet sein (keine Shorts oder nackten Schultern); für Männer werden Kopfbedeckungen (Kippot) ausgeteilt (ein Hut tut's aber auch). Hausmeister erwarten eine kleine Spende (5 NIS). Am Sabbat und an jüdischen Feiertagen sind Synagogen für Touristen tabu.

★Ha'ari-Synagoge der Aschkenasim
SYNAGOGE

(Najara St; ⊙ So–Do 9.30–rund 19, Fr 9.30–13 Uhr, während der Gebetszeiten geschl.) Die im 16. Jh. von sephardischen Juden aus Griechenland gegründete Synagoge wurde 1837 bei einem Erdbeben zerstört und in den 1850er-Jahren wieder aufgebaut. Sie steht an der Stelle, an der der große Kabbalist Isaak Luria (1534–1572) – oft unter seinem ehrenvollen Beinamen Ari bekannt – den Sabbat verkündete. Seit dem 18. Jh. dient die Synagoge der Gemeinde der chassidischen Aschkenasim Safeds – daher der Name. Übrigens hatte der in Jerusalem geborene Ari eine sephardische Mutter und einen aschkenasischen Vater.

Der Löwe oben auf dem aus dem 19. Jh. stammenden und nach galizischer Tradition prächtig mit Schnitzereien und Bemalung verzierten Toraschrein hat ein menschliches Antlitz, von dem die Gläubigen meinen, es stelle möglicherweise den Ari (das hebräische Wort *ari* bedeutet „Löwe") dar.

1948 wurde der Hof der Synagoge, die gerade voller Menschen war, von arabischen Granaten getroffen. Ein Schrapnell traf die Seite der *bima* (erhöhtes Lesepult) gegenüber der Tür (das Loch ist immer noch da). Den Einheimischen zufolge war es ein Wunder, dass es keine Verletzten gab.

★Karo-Synagoge
SYNAGOGE

(☑ 04-692 3284, Eyal 050 855 0462; Beit Yosef St; ⊙ So–Do 9–17.30 Uhr, Winter 9–15 oder 16 Uhr, Fr 9–12 Uhr) Die Synagoge wie auch die Straße, an der sie steht, tragen den Namen des in Toledo geborenen Rabbis Josef Karo (1488–1575), des Verfassers des *Schulchan Aruch* (der maßgebenden Auslegung der Tora). Die Synagoge wurde im 16. Jh. als Studierhaus gegründet, nach den Erdbeben von 1759 und 1837 wiederaufgebaut und dann 1903 erneuert. Rechts neben dem Toraschrein hängen in einem der Fenster die Überreste einer Katjuscha-Rakete aus dem Libanon, die 2006 unmittelbar vor dem Gebäude einschlug.

Im 16. Jh. war Karo als Leiter des Rabbinatsgerichts von Safed die angesehenste rabbinische Autorität nicht nur in Palästina, sondern auch in vielen Teilen der jüdischen Diaspora. Der Legende nach offenbarte ein Engel Karo in dem Haus unterhalb der Synagoge die Geheimnisse der Kabbala.

Aboab-Synagoge
SYNAGOGE

(Abuhav-Synagoge; ☑ 04-692 3885; Abuhav St; ⊙ normalerweise So–Do 9–17, Fr 9–12 Uhr) Die nach dem spanischen Rabbi Isaak Aboab (15. Jh.) benannte Synagoge wurde im 16. Jh. gegründet und nach dem Erdbeben von 1759 an ihren jetzigen Standort verlegt. Der aufwendig mit Reliefs geschmückte Hof wurde im späten 20. Jh. restauriert und wird heute oft für Hochzeiten genutzt.

Im Gebäude symbolisieren die vier zentralen Pfeiler die vier Elemente (Erde, Luft, Wasser und Feuer), aus denen nach Ansicht der Kabbalisten (und der alten Griechen wie Aristoteles) die gesamte Schöpfung besteht. Die ovale Kuppel besitzt entsprechend der Zahl der zehn Gebote zehn Fenster. Außerdem befinden sich hier symbolische Darstellungen der zwölf Stämme Israels, Abbildun-

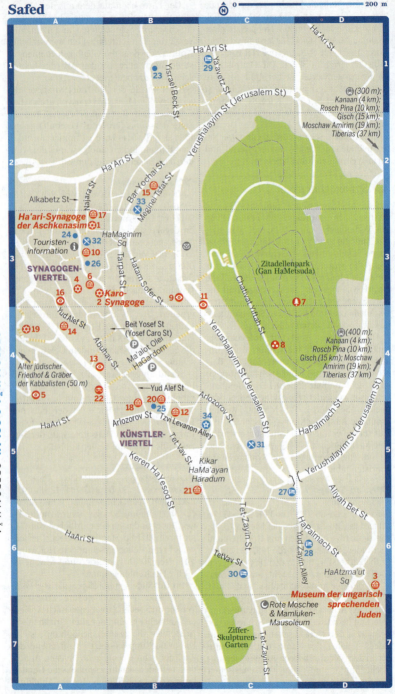

Safed

⦿ Highlights
1 Ha'ari-Synagoge der Aschkenasim...... A3
2 Karo-Synagoge................................ A3
3 Museum der ungarisch sprechenden
   Juden D6

⦿ Sehenswertes
4 Aboab-Synagoge............................ A3
5 Mikwe des Ari................................ A4
6 Canaan Gallery A3
7 Zitadellenpark D3
8 Ruinen der Zitadelle C4
9 Davidka-Denkmal B3
10 Fig Tree Courtyard A3
11 Ehemalige britische Polizeiwache......... C3
12 General Safed Exhibition B5
13 HaMeiri-Käserei............................. A4
14 HaMeiri-Museum............................ A4
15 Kabbalah Art.................................. B2
16 Kadosh-Käserei.............................. A3
17 Safed Candles Gallery A3
18 Safed Craft Pottery B5
19 Ha'ari-Synagoge der Sephardim A4
20 Sheva Chaya Glassblowing
   Gallery B4

21 Tzfat Gallery of Mystical Art B5
22 Aussichtspunkt Yehezkel HaMeiri......... A4

⦿ Aktivitäten, Kurse & Touren
23 Ascent Institute of Safed.................... B1
24 Livnot U'Lehibanot A3
25 Path of the Heart B5
26 Tzfat Kabbalah Center...................... A3

⦿ Schlafen
27 Adler Apartments............................ C5
28 Artist Quarter Guest House D6
29 Carmel Hotel C1
30 Ruth Rimonim C6

⦿ Essen
31 Supermarkt Coöp Shop...................... C5
   HaAri 8 .... (siehe 29)
32 Lahuhe Original Yemenite
   Food Bar A3
   Maximilian ....(see 12)
33 Tree of Life Vegetarian Cafe B2

⦿ Unterhaltung
34 Khan of the White Donkey.................... C5

---

gen der im Tempel verwendeten Musikinstrumente, von Granatapfelbäumen (die Zahl der Samen in Granatäpfeln soll angeblich genau 613 betragen, so viele wie es Gebote im Judentum gibt) und eine Darstellung des Felsendoms zur Erinnerung an den Tempel von Jerusalem.

Ha'ari-Synagoge der Sephardim SYNAGOGE
(Synagoge Ha'Ary Sefaradi; Ha'Ari St; ☺ Sommer So–Mi 13–19, Do 13–17 Uhr, restliches Jahr kürzere Öffnungszeiten) Safeds älteste Synagoge (sie wird schon in Dokumenten von 1522 erwähnt) wurde bereits von Ari besucht, der sich vom Panoramablick auf den Meron und auf das Grabmal des Schimon ben Jochai inspirieren ließ. In dem kleinen, mit Kerzen erleuchteten Raum links der erhöhten *bima* (Plattform) soll er zusammen mit dem Propheten Elija mystische Texte studiert haben. Das heutige Gebäude wurde teilweise nach dem Erdbeben von 1837 wiederaufgebaut.

HaMeiri-Museum MUSEUM
(☎04-697 1307; www.bhm.org.il; 158 Keren HaYesod St; Erw./Kind 6–18 Jahre 20/13 NIS; ☺ So–Do 8.30–14.30, Fr 9.30–13.30 Uhr) Das Museum befindet sich in einem 150 Jahre alten Gebäude, in dem einst Safeds Rabbinatsgericht seinen Sitz hatte. Es illustriert den jüdischen Alltag in Safed während des 19. und frühen 20. Jhs. Ausgestellt sind u.a. einzigartige Haushaltsgegenstände und jüdische Ritu-

alobjekte, die von einheimischen Blechschmieden aus leeren Petroleumkanistern gefertigt wurden (teilweise tragen sie sogar noch das Shell-Logo). Man gelangt dorthin, wenn man die Treppe des Ma'a lot Olei Ha Gardom bis nach unten nimmt und dann rechts abbiegt.

Im Obergeschoss kann man sich anschauen, wie eine Familie mit sechs Kindern in einer Ein-Zimmer-Wohnung gehaust hat: In dem einzigen Bett durfte die Mutter schlafen, die Dusche besteht aus einem aufgehängten Eimer aus altem Blech mit einem unten angeschweißten Duschkopf. Die Ausschilderungen sind auf Englisch.

Besucher werden gebeten, darauf zu achten, mit ihren Rucksäcken nichts umzureißen. Beschilderung auf Englisch.

HaMeiri-Käserei KÄSEREI
(☎Yaniv 052 372 1609; www.hameiri-cheese.co.il; Keren HaYesod St; ☺So–Do 9–15, Fr 9–13.30 Uhr) Die kleine Käserei wird seit sechs Generationen von derselben Familie betrieben. Jedes Jahr werden hier rund 50 000 l Schafsmilch zu leckerem Käse verarbeitet – von weichem, cremigem bulgarischen Käse (ein ganzes Jahr gereift) bis hin zu Gvina-Tzfatit-Käse (6 Monate gereifter Käse nach Safed-Art), der härter, salziger und schafsmilchhaltiger ist als der im Supermarkt. Beide Käsesorten werden auch am Feinkostschalter verkauft. Am unte-

ren Ende der Ma'alot-Olei-HaGardom-Treppe rechts abbiegen und 50 m laufen!

Die Käserei veranstaltet freitags um 12 Uhr 45-minütige **Führungen** (Erw./Kind 20/15 NIS, hebräisch). Ein Café ist in Planung. Käse wird jeden Dienstag gemacht.

Kadosh-Käserei KÄSEREI
(Kadosh Cheese; ☎ 04-692 0326; 34 Yud Alef St; ☉ So–Do 8–20, Fr 8 Uhr–1 Std. vor Sonnenuntergang) Die Kleinkäserei wird seit sieben Generationen von der Familie Kadosh betrieben und produziert in kleiner Anzahl köstlichen, säuerlich-salzigen Gvina Tzfatit sowie eine Reihe anderer Käsesorten, darunter auch Blauschimmelkäse, *kaschkaval* (halbharter gelber Käse aus Schafsmilch) und Pecorino. Man kann auch bei der Käseherstellung zuschauen (So, Di & Do 8–15 Uhr). Vom Synagogenviertel bergab der Ausschilderung *Safed Cheeze* oder *Zefat Cheeze* folgen.

Die Käserei verkauft Käse, Halva aus Honig, gefüllte Weinblätter und Weine aus der Region. Die Käseplatte mit zehn Sorten und Brot für 40 NIS kann eine Mahlzeit ersetzen.

⊙ Künstlerviertel

Das Viertel südlich der Ma'alot-Olei-HaGardom-Treppe war das arabische Viertel Safeds, was man an den Minaretten erkennen kann. Nach dem Krieg von 1948 wurde die Gegend zur Künstlerkolonie umgestaltet. Um das Ganze anzukurbeln, versprach der Staat jedem Künstler, der sich bereit erklärte, mindestens 180 Tage im Jahr in Safed zu leben, kostenlos ein Haus und ein Atelier zur Verfügung zu stellen.

In den 1950er- und 1960er-Jahren eröffneten einige der berühmtesten Maler Israels (darunter Mosche Kastel, Jitzchak Frenkel, Simcha Holtzman, Arieh Merzer und Menachem Schemi) Ateliers in Safed und stellten ihre Werke aus. Inspirieren ließen sie sich von der atemberaubenden Landschaft und mystischen Traditionen der Stadt. Kunstliebhaber flüchteten vor der Hitze Tel Avivs und verbrachten ihren Sommerurlaub in den etlichen Hotels der Stadt.

Die meisten Galerien und Ateliers im Künstlerviertel sind für Besucher zugänglich; viele Künstler sprechen gerne über ihre Arbeit und verkaufen ihre Werke auch.

General Safed Exhibition GALERIE
(Ta'arucha Klalit; ☎ 04-692 0087; 2 Arlozoroff St; ☉ So–Do 10–17, Fr & Sa 10–14 Uhr) Die 1952 eröffnete Galerie einer Künstlergruppe be-

findet sich in einer Marktmoschee aus der Zeit der Osmanen mit einer weißen Kuppel. Sie zeigt, verkauft und versendet Werke von rund 50 Malern und zehn Bildhauern, darunter einige sehr talentierte Einwanderer aus der ehemaligen Sowjetunion. Wer von einem bestimmten Künstler fasziniert ist, kann sich den Weg zu seinem Atelier zeigen lassen.

⊙ Alter jüdischer Friedhof

Das Durcheinander der unkrautüberwucherten und steinübersäten sonnenverbrannten Gräber unterhalb des Synagogenviertels mag nicht verlockend wirken, aber für Anhänger der jüdischen Mystik ist der Friedhof am Hang mit den Gräbern der großen Kabbalisten des 16. Jhs. ein ganz außergewöhnlicher Ort, weil sie hier mithilfe von Gebeten und Meditation den göttlichen Funken spüren können.

Ein Bummel über den Friedhof ist zu jeder Zeit eine etwas wundersame Erfahrung. Besonders mystisch erscheint er jedoch am frühen Abend, wenn er ins Flackern der Grablichter getaucht ist und oft auch Gebete und Psalmklänge durch die Luft hallen.

Die Grabsteine von allen auch nur ansatzweise berühmten Menschen, die hier begraben liegen, wurden in „Safed-Blau" angemalt. Der hellblaue Farbton soll die hier vorübergehenden Leute daran erinnern, dass die spirituelle Rolle der Kabbalisten darin besteht, Himmel und Erde zu verbinden.

Damit die betenden frommen Männer nicht von unreinen Gedanken heimgesucht werden, gibt es für Frauen separate Wege und Rampen, die hebräisch ausgeschildert sind. Die Zeichen sind aber nicht ganz eindeutig, und manchmal halten sich auch strikt orthodoxe Leute nicht daran, teilweise wegen der wachsenden Tendenz unter einigen ultraorthodoxen Gruppen, die Geschlechtertrennung so weit zu treiben wie nie zuvor in der Geschichte des Judentums.

Um den Schildern zu folgen, braucht man nicht hebräisch lesen zu können. Man muss sich nur das Wort für „Frauen" merken: *naschim* (נשים geschrieben) mit dem Buchstaben *schin*, der wie ein dreiarmiger Leuchter aussieht.

Wie in jeder heiligen Stätte sollten sich Besucher angemessen kleiden.

Mikwe des Ari RELIGIÖSE STÄTTE
(südl. vom Südende der HaAri St; ☉ 24 Std.) Auf dem Schild am Tor steht fettgedruckt auf

SAFEDS KUNSTGALERIEN

Safed dient israelischen Künstlern seit den 1950ern als Refugium und Inspiration. Kein Wunder, dass hier eine der größten Ansammlungen von Ateliers und Galerien in Israel entstanden ist. So ist es (neben Jerusalem) der beste Ort im Land, um Judaica zu kaufen. Man findet erstaunliche Originale, kommerziellen Kitsch und alles dazwischen. Fast alle dieser Arbeiten –Menorot, Mesusot, illuminierte hebräische Manuskripte, Schmuck, Werke aus Glas, geschmeidige moderne Skulpturen, Ölgemälde – sind einfallsreich und schön bunt. Die meisten sind auch gemäß der mystisch-chassidischen Tradition fröhlich.

Im Synagogenviertel findet man Dutzende Galerien an der **Alkabetz St**, die von der Ha'ari-Synagoge der Aschkenasim südwärts verläuft und weiter südlich **Beit Yosef St** (Josef Karo St) heißt. Weitere Galerien und Ateliers verstecken sich im Künstlerviertel in den Gassen rund um die General Exhibition, z.B. in der Tet-Vav St.

Folgende Galerien sind von Nord nach Süd aufgeführt:

Kabbalah Art (☎ 04-697 2702; www.kosmic-kabbalah.com; 38 Bar Yochai St, Synagogenviertel; ☉ So–Do 9–19, Fr 9 Uhr–2 Std. vor Sonnenuntergang) Die Kunst des in Denver geborenen David Friedman nutzt die Mysterien des hebräischen Alphabets, kabbalistische Symbole wie den Lebensbaum und die Universalsprache der Farben und der Geometrie, um tolle visuelle Darstellungen der Kabbala zu schaffen. David gibt Gästen gern eine kurze Einführung in die Kabbala. Die Galerie liegt rund 100 m nordwestlich vom HaMaginim-Platz.

Safed Candles (Najara St, Synagogenviertel; ☉ So–Do 9.15–18.30, Fr 9.15–12.30 Uhr, Sommer Fr 9.15–13.45 Uhr) Wer schon immer mal wissen wollte, wie die Sabbat-, Hawdala- und Chanukka-Kerzen hergestellt und verziert werden, kann hier den Kerzenmachern bei der Arbeit zusehen (Meisterin oft So–Do 12–16 Uhr). Weitere Highlights sind die weltgrößte geflochtene Hawdala-Kerze (180 Stränge!) und ein herrlich blutiges Mini-Diorama, das David zeigt, wie er den abgeschlagenen Kopf Goliaths hält – ein Meisterwerk des Kitsch! Das Kerzen-Imperium liegt 50 m von der Ha'ari-Synagoge der Aschkenasim an einer kleinen Straße.

Fig Tree Courtyard (28 Alkabetz St, Synagogenviertel; ☉ April–Okt. So–Do 9–19 Uhr, Nov.–März So–Do 9–17 Uhr, Fr 9–14 od. 15 Uhr) Rund um einen 100-jährigen Feigenbaum und eine 9 m tiefe Zisterne (die durch Glas zu sehen ist) gruppieren sich Galerien und Silberschmiede – eine der Top-Adressen in Safed! Vom Dachgarten kann man halb Galiläa vom Meron bis zum Tabor mit den Klippen des Flusses Nahal Amud überblicken. Mit Toiletten.

Canaan Gallery (☎ 04-697 4449; www.canaan-gallery.com; Fig Tree Courtyard, 28 Alkabetz St, Synagogenviertel; ☉ April–Okt. So–Do 9–19 Uhr, Nov.–März So–Do 9–17 Uhr, Fr 9–14.30 Uhr) Orna und Yair Moore führen Safeds jahrhundertealte Tradition der Textilproduktion weiter, die die vor der Inquisition fliehenden Juden mitgebracht haben. In ihrem Atelier fertigen sie gemusterte Gobelins, Wandteppiche und jüdische Ritualobjekte (*talitot, kippot*, Challa-Decken) aus Baumwolle und Chenille. Oben in ihrem Atelier kann man den Webern bei der Arbeit über die Schulter schauen.

Safed Craft Pottery (☎ 054 434 5206; www.haaripottery.blogspot.com; 63 Yud Alef St, Künstlerviertel; ☉ So–Do 10–18, Fr 10 Uhr–3 Std. vor Sonnenuntergang) Der in Großbritannien geborene Töpfer Daniel Flatauer folgt der englischen Handwerkstradition. Er kreiert Geschirr, Küchenartikel und Judaica – alle Töpferwaren sind praktisch und sehr schön. Flatauer besitzt den einzigen Salz-Brennofen in Israel – einfach nachfragen!

Sheva Chaya Glassblowing Gallery (☎ 058 714 7640; www.shevachaya.com; 7 Tet Vav St, Künstlerviertel; ☉ So–Do 9–18, Fr 9–14 oder 15 Uhr) Die in Denver geborene Malerin und Glasbläserin Sheva Chaya Shaiman widmet sich in ihren Arbeiten kabbalistischen Ideen und dem Thema Frauen im Judentum. Im Juli und August (für Gruppen auch sonst) führt sie die Kunst der Glasbläserei vor. Die Werkstatt liegt gegenüber der General Exhibition.

Tzfat Gallery of Mystical Art (☎ 04-692 3051; www.kabbalahart.com; 35 Tet Vav St, Künstlerviertel; ☉ meist So–Do 9–16, Fr 9–12 Uhr) Avraham Loewenthal kommt aus Detroit. Gern erläutert er Besuchern die Symbolik seiner bunten, abstrakten Werke, die sich an kabbalistischen Ideen orientieren. Privatführung nach Reservierung. Gegenüber vom HaMa'ayan-HaRadum-Platz.

Hebräisch: „Zutritt nur für Männer". Das hat hier aber nichts mit Frauenfeindlichkeit zu tun, sondern ist der Tatsache geschuldet, dass drinnen nackte Männer ein schnelles, rituell reinigendes Bad im eiskalten Wasser einer natürlichen Quelle nehmen. Die Mikwe, die einst vom Ari genutzt wurde, wird heute von den Bratslaver Chassidim betrieben.

Gräber der Kabbalisten FRIEDHOF
(unterhalb der HaAri St; ⊙ 24 Std.) Die Grabstätten vieler der größten Gelehrten und Kabbalisten Safeds liegen ungefähr ein Drittel des Weges bergab, gleich unter einer einsamen Kiefer. Hier laufen die zweispurigen Wege zusammen und sind mit einem durchsichtigen Dach bedeckt. Wer nicht hebräisch lesen kann, bekommt sicher von alten Passanten Hilfe bei der Suche nach den Grabmälern von Isaak Luria (geb. 1534 in Jerusalem, gest. 1572 in Safed), auch Ha'ari genannt, Vater der modernen jüdischen Mystik (lurianische Kabbala).

In der Nähe von Lurias Grab, findet man Schlomo Alkabez (geb. um 1500 in Thessaloniki, gest. 1580 in Safed), der vor allem als Verfasser der Sabbathymne Lecha Dodi bekannt ist. Josef Karo (geb. 1488 in Toledo, gest. 1575 in Safed), die größte Autorität des jüdischen Ritualgesetzes, liegt ungefähr 100 m weiter hügelabwärts begraben.

MA'ALOT OLEI HAGARDOM

Dieser breite, schnurgerade Treppenaufgang führt von der aus der Mandatszeit stammenden Polizeiwache an der Yerushalayim St Richtung Südwesten. Er wurde Ende der 1930er-Jahre von den Briten als Puffer zwischen dem arabischen (dem heutigen Künstlerviertel) und dem jüdischen Viertel (Synagogenviertel) erbaut. Die meisten Unruhen von 1929 fanden an der heutigen Tarpat St statt, die sich etwa auf halber Höhe des Hügels befindet.

Blickt man von der Treppe von oben auf die andere Seite der Yerushalayim St, sieht man einen alten britischen Festungsbau mit einem Suchscheinwerfer auf dem Dach. Der 2014 eröffnete Aussichtspunkt Yehezkel HaMeiri (Ma'alot Olei HaGardom) unten an der Treppe bietet einen herrlichen Blick auf die Gräber der Kabbalisten und den Meron.

◉ Noch mehr Sehenswertes

Zitadellenpark PARK
(Gan HaMetsuda; Chativat Yiftach St; ⊙ 24 Std.) Auf dem höchsten Punkt im Zentrum Safeds (834 m) befindet sich heute ein Park, in dem immer eine frische Brise weht. Einst stand hier die größte Kreuzritterfestung im Nahen Osten (den einstigen Außenmauern folgt heute die Jerusalem St).

Von den inneren Mauern sind nur noch Ruinen an der Chativat Yiftach St am südlichen Parkrand sichtbar. Von dort führt ein Fußweg den Hang hinauf und unter einer alten Wasserleitung hindurch zu einem dunklen, flachen 30 m langen Tunnel, der einen in eine alte steinerne Zisterne führt. Einfach in die Mitte stellen, in die Hände klatschen und schauen, was passiert! Andere Fußwege führen hinauf zur Kammlinie, von wo sich ein herrlicher Panoramablick bietet.

Yerushalayim-Straße HISTORISCHE STÄTTE
(Jerusalem St) Rund 50 m südlich vom Rathaus erinnert das Davidka-Denkmal an den ungenau zielenden israelischen Davidka-Granatwerfer, der unter der arabischen Bevölkerung regelrechte Panik auslöste – größtenteils wohl wegen des Gerüchts, dass sein unglaublich lauter, 40 kg schwerer Sprengkopf eine Atombombe sei. Rund 3 km weiter links erzählt ein kostenloser Audioguide die dramatische Geschichte der Schlacht um Safed von 1947 und 1948 – selbstverständlich aus israelischer Perspektive.

Auf der anderen Straßenseite befindet sich die ehemalige britische Polizeiwache, die mit Einschusslöchern von 1948 übersät ist. In dem Gebäude ist heute das Tsfat Academic College untergebracht.

★ Museum der ungarisch sprechenden Juden MUSEUM
(☎ 04-692 3880; www.hjm.org.il; HaAzma'ut Sq; Eintritt 20 NIS, mit Führung 35 NIS; ⊙ So–Do 9–14, Fr 9–13 Uhr) Das Museum verdeutlicht mit aussagekräftigen Artefakten, Fotos und Dokumenten die Geschichte des im Holocaust untergegangenen ungarischen Judentums. Ein 17-minütiger Film erklärt die Hintergründe. Chava Lustig, die gemeinsam mit ihrem Mann das Museum begründete, schildert Interessantes aus dem Leben im Budapester Ghetto, das sie als 14-Jährige überlebte. Das Museum hat ein umfangreiches Archiv für Familienrecherchen. Die Exponate sind hebräisch, ungarisch und englisch ausgeschildert.

Kurse

Diverse Organisationen versuchen, jüdischen und in manchen Fällen auch nichtjüdischen Travellern die jüdische Mystik und das traditionelle chassidische Leben näherzubringen. Eine Auswahl findet man unter http://safed.co.il unter „Learning Centers".

Achtung: Manche Einrichtungen verfolgen insgeheim das Ziel, säkulare Juden zur Orthodoxie zu bekehren und sind nicht ganz offen und ehrlich, obwohl das Hinterfragen angeblich erwünscht wird. Wer also auf der Suche nach einem ehrlichen und offenen Gespräch ist, könnte enttäuscht werden.

Tzfat Kabbalah Center — KABBALA
(International Center for Tzfat Kabbalah; ☏04-682 1771; www.tzfat-kabbalah.org; 1. Stock, Fig Tree Courtyard 28 Alkabetz St, Synagogenviertel; ⊙ So–Do 9–18, Fr 9–13 Uhr) Anhänger aller Religionen (oder auch keiner) können vorbeikommen und sich in die jüdische Mystik einführen lassen und vor Ort meditieren. Eyal Riess, der überall auf der Welt Vorträge zur Kabbala-Tradition von Safed hält, bietet einstündige, individuelle Workshops (150–250 NIS) an. Es werden auch Filme (18 NIS) über Safed in hebräischer, englischer, spanischer und russischer Sprache gezeigt.

Livnot U'Lehibanot — JÜDISCH
(☏052-429 5377; www.livnot.org; 17 Alkabetz St, Synagogenviertel) Bietet gut angesehenen Juden zwischen 21 und 30 Jahren Kurse, Wanderungen, preisgünstige Unterkunft und gemeinnützige Arbeit. Wird zwar von Orthodoxen betrieben, der Druck hält sich aber in Grenzen. Der Name bedeutet „aufbauen und aufgebaut werden".

Ascent Institute of Safed — KABBALA
(☏077 360 1101; www.ascentofsafed.com; 2 Ha'Ari St; ⊙ Kurse So–Do) Juden, die sich für „spirituelle Erweckung" interessieren, können hier ohne Voranmeldung Kurse zu den Lehren der Tora und der jüdischen Mystik belegen. Die Schule wird von den Chabad-Chassidim betrieben. Die Angestellten vertreten verschiedene Meinungen darüber, ob Menachem Mendel Schneerson (1902–1994), auch der Lubawitscher Rebbe genannt, wirklich der Messias war oder nicht.

Für 200 NIS erkauft man sich die Gesellschaft eines Rabbi für etwa eine Stunde (auch telefonisch oder per Skype möglich), um auf der Grundlage des eigenen Geburtstags seinen ganz „persönlichen Tora-Code" zu finden, der – so verspricht das Institut – „Fragen zur Persönlichkeit und zum Lebenssinn offenbaren" und ein „Werkzeug für Erfolg und Erfüllung" sein soll. Ob das Schmu ist oder nicht, muss jeder selbst entscheiden.

Geführte Touren

Man kann Safed prima auf eigene Faust erkunden, aber die Stadt ist unter ihrer Oberfläche voller Geschichten und Geheimnisse.

Baruch Emanuel Erdstein — STADTRUNDGANG
(☏052-251 5134; www.safedexperience.com; 180 NIS/Std.) Spirituelle Stadtrundgänge, die in der Regel drei bis fünf Stunden dauern. Der Geschichtenerzähler und Musiker Baruch, der in der Nähe von Detroit aufwuchs, beschreibt Safed als „riesiges Geschenk", als einen Ort, der „Menschen zur Selbsterkenntnis verhilft, ihnen ihre Potenziale eröffnet, sodass sie beginnen, die Bedeutung von Leben und Schöpfung zu begreifen".

Path of the Heart — STADTRUNDGANG
(B'Shvil HaLev, Tzfat Experience; ☏050 750 5695, 04-682 6489; www.shvilhalev.co.il; 7 Tet-Vav St, Künstlerviertel; 2-stünd. Tour für bis zu 8 Pers. 350 NIS) Erfahrener Veranstalter von Spaziergängen durch die Altstadt in Begleitung von chassidischen Gitarrenklängen, Geschichten über die Kabbalisten und Erkundung ihrer spirituellen Botschaften.

Feste & Events

Tsfat Klezmer Festival — MUSIK
(www.klezmerf.com) Mitte August ist die Altstadt drei Tage lang von osteuropäischer jüdischer Musik erfüllt. In dieser Zeit sind Unterkünfte rar – weit im Voraus buchen!

Schlafen

In Safed gibt es jede Menge B&Bs und Ferienwohnungen, die teilweise von Künstlern vermietet werden. Die meisten Unterkunftsanbieter halten den Sabbat ein, sodass einige B&Bs am Wochenende einen Mindestaufenthalt von zwei Nächten fordern. Außerdem kann man samstags normalerweise erst nach Sonnenuntergang einchecken.

Die Zimmerpreise steigen stark während des Tsfat Klezmer Festival (Mitte Aug.) und rund um den jüdischen Feiertag Lag BaOmer (33 Tage nach Pessach) an – deshalb mehrere Monate im Voraus reservieren!

Vor dem Aufkommen von Klimaanlagen war der 950 m hohe Kanaan ein Refugium vor der Sommerhitze. Das Gebiet – inzwischen ein Stadtteil von Safed – liegt rund 4,5 km nordöstlich vom Stadtzentrum.

Adler Apartments

APARTMENTS $

(☎ 052 344 7766; adler1.4u@gmail.com; Büro im Adler's Change, 88 Yerushalayim St; DZ ohne Frühstück 300 NIS, Fr nachts & Sa ganzen Tag 350 NIS, zusätzl. Bett 100 NIS; ❄) Hat zehn saubere, praktisch und schlicht möblierte Apartments mit Kochnische im oder in der Nähe vom Zentrum. Wer an einem Samstag ankommt, kann mit dem entspannten Baruch die Abholung des Schlüssels vereinbaren.

★ Safed Inn

PENSION $$

(Ruckenstein B&B; ☎ 04-697 1007; www.safedinn. com; 1 Merom Kna'an St; B/EZ/DZ/4BZ ohne Frühstück 29/100/129/158 US$, So–Mi billiger, zusätzl. Pers. 29 US$; ☺ Rezeption 8–20 Uhr; ❄ @ 🛜) Die 1936 eröffnete Pension hat einen schönen Garten, komfortable, von Innenarchitekturtheorien verschonte Zimmer, eine Sauna, einen Whirlpool im Freien (20–23 Uhr) und Waschmaschinen (15 NIS). Riki und Dov erhalten begeisterte Feedbacks für ihre Tipps zur Gegend und das köstliche europäische oder israelische Frühstück (30/60 NIS). Wer nach 20 Uhr ankommt, sollte anrufen.

Um hierher zu gelangen, biegt man an der Polizeiwache (in einem sogenannten Tegart Fort der Briten aus den späten 1930ern) von der Rte 8900 auf die HaGdud HaShlishi St ab und fährt 250 m Richtung Rosch Pina. Vom Zentralen Busbahnhof fährt der Bus 3 hierher (4,80 NIS, 22 Min., 2-mal/Std., So–Do bis 21, Fr bis 14.30 Uhr); man kann auch ein Taxi nehmen (tagsüber 25 NIS).

Carmel Hotel

HOTEL $$

(☎ 050 242 1092, 04-692 0053; 8 Ha'Ari St, ie 8 Ya'avetz St; EZ/DZ/4BZ ohne Frühstück 75/100/150 US$; ❄ @ 🛜) Dank des Inhabers Shlomo, der einen sicher mit seinem Limoncello abfüllen will, fühlt man sich hier wie in einem großen, alten Familienhaus. Einige der zwölf schlichten Zimmer sind romantisch, andere nicht – aber alle sind sauber und praktisch, manche haben eine tolle Aussicht.

Artist Quarter Guest House

B&B $$

(☎ 054 776 4877, 077 524 0235; www.artistquarterguesthouse.com; 43 Yud Zayin Alley, Künstlerviertel; DZ 600–750 NIS, zusätzl. Pers. 100 NIS; ❄🛜) Die Nordkalifornier Joy und Evan heißen Gäste in zwei geräumigen, im osmanischen Stil mit hohen Gewölbedecken und marokkanischen Möbeln versehenen Zimmern willkommen. Für Frauen gibt's schwedische Massagen.

Beit Yosef Suites

B&B $$$

(☎ 04-692 2515; www.beityosef.co.il; DZ 650 NIS, zusätzl. Pers. 175 NIS; ❄🛜) Vermietet neun Apartments mit einem, zwei oder drei Schlafzimmern und gemütlichem gemischtem Dekor in alten Steingebäuden im Künstlerviertel. Die aus Los Angeles stammende Familie betreibt auch ein Café, in dem gleichzeitig das Frühstück serviert wird. Online oder telefonisch reservieren! Bei der Ankunft empfängt Sharon ihre Gäste und händigt ihnen die Schlüssel aus.

Ruth Rimonim

HOTEL $$$

(☎ 04-699 4666, Reservierung 03-675 4591; www. rimonim.com; Tet-Zayin St, Künstlerviertel; DZ 700–800 NIS; ❄ @ 🛜 🏊) Das teilweise in einem ehemaligen Postamt aus der Zeit der Osmanen untergebrachte Hotel hat Gemeinschaftsbereiche mit Steinwänden, schmiedeeiserner Einrichtung und frischen Schnittblumen, einen großen Garten, ein Spa und 76 elegante, moderne Zimmer mit glänzenden Marmorbädern und WLAN (2/24 Std. 10/40 NIS).

🍴 Essen

Imbisse, die Pizza, Falafel und Schawarma verkaufen, gibt's an der Yerushalayim St und am Rand des Synagogenviertels am HaMaginim-Platz.

Alle Lokale im Zentrum Safeds sind am Sabbat geschlossen. Wer zum Essen nicht nach Rosch Pina, Gisch oder Amirim fahren will, kann sich etwas bei den paar Lokalen an der Yerushalayim St bestellen und freitags am frühen Nachmittag abholen – Näheres erfährt man beim eigenen B&B. Eine weitere Möglichkeit ist es, sich im **Supermarkt Coöp Shop** (102 Arlozoroff St; ☺ So–Mi 7.30–21, Do 7.30–22, Fr 7.30–13 od. 14 Uhr) einzudecken. Das Ruth Rimonim Hotel bietet am Sabbat ein koscheres Mittags- und Abendbüfett (140 NIS); vorab reservieren und bezahlen!

Lahuhe Original Yemenite Food Bar

JEMENITISCH $

(22 Alkabetz St, Synagogenviertel; Hauptgerichte 25–35 NIS; ☺ So–Do 9–19, Fr 9 Uhr–2 Std. vor Sonnenuntergang) Ronen, gehüllt in Talar und Kaftan, die Abraham neidisch machen würden, macht in der Pfanne frittierte „jemenitische Pizza", *lachuch* (35 NIS) genannt.

★ HaAri 8

ISRAELISCH $

(☎ 04-692 0033; 8 Ha'Ari St; Hauptgerichte ab 58 NIS; ☺ So–Do 11–23 Uhr, Fr geschl., Sa manchmal nach Sonnenuntergang geöffnet; 🖋) Wenn der Bürgermeister wichtige Gäste hat, bringt er sie hierher. Zu den Spezialitäten gehören Steak, Grillfleisch, mit Hackfleisch gefüllte „Zigarren", Fisch und frische Salate. Vegetarische Optionen sind Salate, Suppen und Pasta. Es gibt ein Spielzimmer für Kinder.

Maximilian
CAFÉ $$

(☏ 077 788 2887; Arlozoroff St, Künstlerviertel; Hauptgerichte 42–58 NIS; ⏱ So–Do 8.30–22 Uhr, Fr 8.30–2 Std. vor Sonnenuntergang; 🌐🍴) Serviert eine Reihe leckerer Pasta, Quiches (48 NIS), Salate, frisch gepresste Säfte und kreative Gerichte, z.B. mit lokalem Ziegenkäse gefüllte frische Feigen mit Beerensauce. Das Restaurant direkt neben der General Safed Exhibition hat auch einen sonnigen Hof.

Tree of Life Vegetarian Cafe
VEGETARISCH $$

(☏ 050 696 0239; HaMaginim-Platz, Synagogenviertel; Hauptgerichte 38–48 NIS; ⏱ So–Do 9.20–22 Uhr, Sommer bis 23 Uhr od. länger, Fr 9.20 Uhr–2 Std. vor Sonnenuntergang; 🍴) Wer Appetit auf etwas Gesundes wie Champignon-Quiche, Quinoa-Pilaw oder mit Dattelpalmensirup gesüßte Vollkorndesserts hat, ist bei der in Los Angeles aufgewachsenen Feiga und ihrem kleinen Restaurant genau richtig. Zu den Spezialitäten gehören hausgemachte Veggie-Burger und Quesadillas. Viele Gerichte sind vegan und/oder glutenfrei.

Gan Eden
ITALIENISCH $$$

(☏ 04-697 2434; www.be-ganeden.com; 33 Ha-Gdud HaShlishi St, Har Kna'an; Hauptgerichte 57–89 NIS; ⏱ So–Do 9–22.30, Fr 9–14.30 Uhr; 🍴) Die 3 km lange Anfahrt vom Stadtzentrum (mit dem Taxi rund 25 NIS) lohnt sich schon wegen der köstlichen Antipasti und dem im Ofen gebackenen Fisch, die unter der Aufsicht des Küchenchefs Rafi zubereitet werden. Für die fabelhaften Desserts (35 NIS), viele mit Schokolade, ist Rafis Frau Yael zuständig. Das koschere Restaurant befindet sich in einem Haus aus dem frühen 20. Jh. mit hübschem Garten und Blick auf den Meron.

✪ Unterhaltung

In den 1970er-Jahren gab es in Safed ein halbes Dutzend Nachtclubs, aber heute geht man hier recht früh ins Bett. Nur im Sommer halten Traveller die Straßen und Cafés der Altstadt bis spät in die Nacht am Leben.

Am Sabbat ist fast alles geschlossen – mit Ausnahme der Synagogen, die z.T. Gebetsgesänge in der Tradition von **Schlomo Carlebach** (☏ 054 804 8602; http://carlebach.intzfat.info) oder *farbrengen* (fröhliche Zusammenkunft der Gemeinde) abhalten.

★ Khan of the White Donkey
KULTURVERANSTALTUNGEN

(☏ 077 234 5719, Maxim 054 449 4521; www.thekhan.org; 5 Tzvi Levanon Alley, Künstlerviertel; ⏱ So–Do 9–16 Uhr) In dem Zentrum finden verschiedene Veranstaltungen zu Kultur, Umwelt und Gesundheit statt, darunter Konzerte (50–70 NIS), Open-Mike-Abende (20 NIS, manchmal Do 21 Uhr) und eine preiswerte ganzheitliche Praxis (So 8–16 Uhr). Die alternative Stimmung lockt eine Mischung aus Hippies, Backpackern und praktizierenden Juden an. Das Zentrum befindet sich in einem 700 Jahre alten Khan (Karawanserei), der mit natürlichen Materialien schön restauriert wurde. Es stehen auch drei B&B-Zimmer zur Verfügung.

ℹ Praktische Informationen

Infos zu Safeds Geschichte, Sehenswürdigkeiten, Unterkünften, Studienmöglichkeiten und ein paar bunten Persönlichkeiten aus der Region findet man unter www.safed.co.il.

Banken mit **Geldautomaten** gibt's an der Yerushalayim St Nr. 34, 35 und 72.

Adler's Change (88 Yerushalayim St; 15 NIS/Std.; ⏱ So–Do 10–1, Fr 10 Uhr–1½ Std. vor Sonnenuntergang) Das einzige Internetcafé Safeds ist eigentlich eine Wechselstube mit

---

ℹ SICH AUF DEM WEG IN DIE EWIGKEIT VERIRREN

Fragt man hier Einheimische nach dem Weg, weil man sich verirrt hat, erhält man vermutlich die Antwort: „Sie sind nicht verloren, Sie sind in Safed!" Um die Richtung gewiesen zu bekommen, reicht es meist aber, ein paar Details über sein Ziel zu verraten. Die Einheimischen mögen in ihrer spirituellen Suche zwar ziemlich esoterisch wirken, sind aber generell freundlich und hilfsbereit (viele sind englische Muttersprachler).

Selbst Besucher mit gutem Orientierungssinn werden sich zweifellos im Gewirr der Altstadtgassen verlaufen. Die meisten Gassen haben zwar Namen (oder zumindest hebräische Kennzeichen), aber Straßenschilder gibt es nur vereinzelt, und nur wenig Einheimische kennen oder nutzen die offiziellen Straßennamen. Für noch mehr Verwirrung sorgt die Tatsache, dass die Hausnummern, falls überhaupt vorhanden, nicht immer aufeinanderfolgend sind. Oh, und die Schilder zu den verschiedenen Wahrzeichen sollen Autofahrern die Anfahrt zeigen und nicht Fußgängern den direkten Weg!

zwei Computern. Der Inhaber Baruch versorgt Traveller auch gern mit Infos. Befindet sich fast unter der Brücke an der Palmach St.

Post (37 Yerushalayim St)

Rivka-Ziv-Krankenhaus (Sieff Hospital, Ziv Medical Center; ☎04-682 8811; www.ziv.org.il; HaRambam St; ☺Notaufnahme 24 Std.) Das 1910 gegründete große staatliche Krankenhaus befindet sich 3 km südwestlich des Hauptbus-busbahnhofs. Hierher fahren die Busse 6 und 11.

Touristeninformation (☎04-692 4427; info@livnot.com; 17 Alkabetz St, Synagogenviertel; ☺So–Do 8.30–17, Fr 9–13 Uhr) Das Englisch sprechende Personal gibt gern Infos zum Sightseeing in Safed und zu Freiwilligenjobs für Nicht-Juden und Juden in der Gegend. Wird von der sozial engagierten Organisation Livnot U'Lehibanot (www.livnot.org) betrieben.

❶ An- & Weiterreise

Der **Hauptbusbahnhof** (www.bus.co.il; Ha-Atzma'ut St) befindet sich rund 700 m westlich vom Synagogenviertel. Ziele:

Tiberias (Afikim-Bus 450; 16,50 NIS, 40 Min., So–Fr nachmittags stündl., Sa nachts 1-mal)

Jerusalem (Nateev-Express-Bus 982; 40 NIS, 3¼ Std., So–Do tgl. 8-mal, Fr 5-mal, Sa nachts min. 3-mal)

Haifa-Mercazit HaMifratz (Nateev-Express-Bus 361; 1¾ Std., stündl. 2-mal) Fährt über Akko (1 Std.).

Kirjat Schmona (Nateev-Express-Bbus 511; 20,70 NIS, 1 Std., stündl.) Fährt über Rosch Pina (10,20 NIS, 5 Min.) und die Chula-Ebene.

Bezeichnenderweise fahren viel mehr Direktbusse ins ultraorthodoxe Tel Aviver Viertel Bnei Brak als nach Tel Aviv selbst (Egged-Bus 846; 49,50 NIS, 3½ Std., So–Fr tgl. 1–2-mal). Tatsächlich kommt man schneller nach Tel Aviv, wenn man mit dem Egged-Bus 361 nach Akkon fährt und von dort den Zug nimmt.

Rund um den Har Meron

הר מירון   جبل الجرمق

Der mit Antennen übersäte Har Meron (1204 m) liegt westlich von Safed. Er ist nach dem Hermon Israels zweithöchster Berg und thront über der Dalton-Ebene und den verstreuten jüdischen, drusischen und arabischen Dörfern. Bis vor Kurzem war die Gegend mit Obstbäumen wie Pfirsich- und Apfelbäumen bepflanzt, aber inzwischen wird immer mehr Land zum Weinanbau genutzt, denn die Weingüter im Ramat Dalton boomen, weshalb die Gegend manchmal auch (etwas übertrieben) das „israelische Napa Valley" oder „Israels Toskana" genannt wird.

Moschaw Amirim   אמירים   أميريم

Amirim wurde 1958 von Pionieren der israelischen Vegetarierbewegung gegründet und ist noch immer zu 100 % vegetarisch – keiner hier kocht, isst oder serviert Fleisch, Geflügel oder Fisch. Der wundervolle Ort liegt in 600 m Höhe am Südosthang der Har Meron und ist bekannt für seine ausgezeichneten Bioprodukte und seine rustikalen Pensionen.

◉ Sehenswertes & Aktivitäten

Amirim ist eine ruhige Siedlung mit Einfamilienhäusern und ein paar Kunstgalerien, einem Skulpturenpark im Zentrum des Moschaws und einem **Schwimmbad** (etwa Mitte Juni–Mitte Sept.) in einer bezaubernden Schlucht. Wege führten zum nahen **Naturreservat Har Meron**. Alles ist ausgeschildert.

Viele Einheimische sind nicht nur leidenschaftliche Vegetarier, sondern auch Anhänger alternativer Heilmethoden. Dementsprechend viele Yogalehrer, Shiatsu-Therapeuten und Naturheilpraktiker gibt es auch – Weiteres unter http://amirim.com/health/en.

🛏 Schlafen

In Amirim gibt es ein Überangebot von etwa 170 B&B-Zimmern. Im Winter fallen die Preise um bis zu 30 %.

Campbell Family Guest Rooms   B&B **$$**
(☎054 532 2640, 04-698 9045; alitamirim@hotmail.com; DZ 1/2 Nächte 400/700 NIS; ❋🏠) Der freundliche britische Auswanderer Phillip Campbell und seine Frau Alit vermieten zwei bescheidene Doppelzimmer mit Kochnische, Patio und Wellnessbad. Ein tolles Fleckchen, an dem man Ruhe und Frieden findet.

★**Ohn-Bar Guesthouse**   PENSION **$$$**
(☎04-698 9803; www.amirim.com; DZ/4BZ ohne Frühstück ab 660/920 NIS, zusätzl. Kind 50 NIS; ❋@🏠) Diese 14 Holzhütten mit Balkon, Wellnessbad und voll ausgestatteter Kochnische schmiegen sich an einen terrassierten Hang. Draußen schaukeln Hängematten unter den Obstbäumen, und es gibt auch einen Biogemüsegarten. Das Frühstück im Zimmer kostet 94 bis 140 NIS für zwei. Rabatte gibt's für Gäste, die drei Tage oder länger bleiben, für Studenten und für Nutzer öffentlicher Verkehrsmittel. Die in Amerika ausgebildeten Inhaber Ohn und Anva sind eine exzellente Infoquelle für die Gegend. Die Pension ist rollstuhlgerecht.

✖ Essen

In Amirim gibt es drei vegetarische und vegan Restaurants. Die Lieferung von Frühstück oder Abendessen ins B&B kostet in der Regel 100 bzw. 200 NIS für zwei Personen.

Psst, ein kleines Geheimnis: Es gibt einen Hamburgerladen an der Rte 866 gegenüber der Zufahrtsstraße nach Amirim!

Bait 77 VEGETARISCH $
(Bayit 77; 04-698 0984; www.bait77.com; 77 Mitzpeh Menahem St; Hauptgerichte 24–38 NIS; Fr-So 8.30–18, Do 8.30–21 Uhr, Aug. tgl. geöffnet;) Die hübsche kleine Bäckerei mit Café wird von der in Melbourne aufgewachsenen Joy und ihrem Sohn Ariel betrieben und hat sich auf leichte, gesunde Kost spezialisiert: Suppen, Salate, Quiche, Pasta, Pizza und Foccacia, dazu hausgemachter Kuchen, Gebäck und glutenfreie Muffins. Das Frühstück für zwei kostet 100 NIS, Donnerstag ist Pizza-Abend im Garten, es werden Vollkornweizenbrot und Pita und freitags süßes Challah (eine Art Hefezopf) verkauft.

Dalia's Restaurant VEGETARISCH $$
(04-698 9349; http://dalia-rest.co.il; Frühstück/Brunch 50/65 NIS; Menü 100 NIS; tgl. 8–22 Uhr;) Das Dalia serviert seit 1974 herzhafte Menüs aus Suppe, gefülltem Gemüse, vegetarischen Bällchen aus Mandeln, Walnüssen und Erdnüssen und köstlichen Salaten. Der entspannte, altmodische Speiseraum bietet einen Panoramablick auf den See Genezareth. Kids bis drei Jahre essen gratis mit.

☆ Unterhaltung

Hemdat Yamim MUSIK
(04-698 9423; www.hemdatyamim.com; Moschaw Schefer) Sehr beliebter Musikschuppen, in dem häufig Konzerte mit israelischen Pop, Jazz, westlicher Klassik usw. stattfinden (vor allem Do, Fr abends & Sa morgens). Gegenüber von Amirim an der Rte 866.

ⓘ An- & Weiterreise

Der Nativ-Express-Bus 361 (2-mal/Std.) verkehrt zwischen der Amirim-Kreuzung, 1 bis 1,5 km von Moschaw entfernt, und dem Busbahnhof Merkazit HaMifratz in Haifa (26,50 NIS, 1¼ Std.) sowie Safed (15,40 NIS, 20 Min.).

Gisch الجش

Gisch (3000 Ew.) ist das einzige Dorf in Israel mit einer mehrheitlich maronitischen (katholisch unierten) Bevölkerung. Das idyllische Dorf am Hang wurde im 18. und 19. Jh. von libanesischen Einwanderern besiedelt. Heute leistet man hier Pionierarbeit bei der Wiederbelebung des Aramäischen, der Umgangssprache Jesu, die eine wichtige Quelle der maronitischen Identität ist. Die meisten Geschäfte haben am Sonntag geschlossen.

Im Jüdischen Krieg (66–70) war Gisch, das damals wie heute auf Hebräisch Gusch Halav hieß, laut Flavius Josephus die letzte Bastion in Galiläa, die an die Römer fiel.

◉ Sehenswertes & Aktivitäten

Am Ortsrand findet man die große, moderne **Maronitische Kirche** und auf der anderen Straßenseite die **Gräber von Schemaija und Avtalion**, zwei jüdischen Weisen, die im 1. Jh. v. Chr. dem Sanhedrin (Hohen Rat) in Jerusalem angehörten. In einem kleinen Tal, 800 m östlich von Gisch, können Wanderer inmitten von Feigen- und Olivenhainen die Überreste einer **alten Synagoge** (3. od. 4. Jh.) erkunden.

Es gibt einen 2,5 km langen, gepflasterten, rollstuhlgerechten (Rad-)Weg von Gisch gen Osten über den Dalton-Stausee zum Moschaw Dalton, den **Coexistence Trail**.

Besucher können bei den Bauern vor Ort bei der Ernte von Kirschen (Mai), Pfirsichen (ab Juni), Erdbeeren (Sommer) und Äpfeln (Ende Aug.–Okt.) mithelfen.

🛏 Schlafen & Essen

Mehrere Restaurants in der Gegend servieren authentische libanesische Gerichte.

Ruah Glilit B&B $$
(052 281 0433; swojish@yahoo.com; DZ 500 NIS) George Samaan, ein bekannter *saz*- und Violine-Spieler (YouTube!), der oft mit Ehud Banai auftritt, und seine Frau Eva bieten ihren Gästen einen warmen, musikalischen Empfang in einem gemütlichen Wohnzimmer mit Klavier, einem alten Grammofon und einem Holzofen. Oben gibt's drei Zimmer mit Holzbalkonen und herrlichem Ausblick. Das Haus befindet sich vom Ortseingang 600 m die Hauptstraße hinauf.

★ Misedet HaArazim LIBANESISCH $$
(Wiam 054 552 5590; Rte 89; Hauptgerichte 45–98 NIS; 10–22 od. 23 Uhr;) Hier gibt's viele leckere Sachen, darunter acht Sorten Hummus, gefüllte Weinblätter (45 NIS), Grillfleisch, *schischbarak* (Fleischklößchen in Ziegenmilchjoghurtsauce; 50 NIS) und *scheich al-mahschi* (mit Rinder- und Lammhackfleisch gefüllte Zucchini in Joghurtsauce; 55 NIS). Befindet sich am Orts-

eingang von Gisch; auf dem Schild ist eine grüne Libanon-Zeder abgebildet.

Eine Auswahl von zwei Dutzend vegetarischen Salaten kostet 45 NIS pro Person (35 NIS, wenn man noch ein Hauptgericht bestellt; min. 2 Pers.). Als Dessert bietet sich Schoko-Schawarma (25 NIS) an.

Baladna NAHÖSTLICH$$
(04-699 1151; Hauptgerichte 40–80 NIS; 10–2 Uhr, Mo geschl.) Das stimmungsvolle Restaurant versteckt sich in zwei Steinhäusern aus dem 19. Jh. und hat sich auf die authentische galiläisch-arabische Küche spezialisiert. Es gibt u.a. *schischbarak* (40 NIS), Gerichte mit *frikeh* (geröstetem Grünkern), Schweineschnitzel (50 NIS) und sieben Cocktails (35–40 NIS). Samstagabends steht oft Livemusik auf dem Programm. Liegt vom Ortseingang 600 m die Hauptstraße hinauf.

❶ An- & Weiterreise

Gisch liegt 13 km nordöstlich von Safed an der 90-Grand-Kurve der Rte 89. Die Busse 43 und 367 fahren nach Safed (20 Min., alle 1–2 Std.); Letzterer auch weiter nach Nahariya (45 Min.).

Ramat Dalton

هضبة دالتون   רמת דלתון

Das Gebiet rund um den Moschaw Dalton wird Ramat Dalton (Dalton-Ebene) genannt. Von hier stammen einige sehr beliebte Weine. Im Industriepark Ramat Dalton, 4 km nordöstlich von Gisch an der Rte 886, gibt es mehrere Weingüter.

Aktivitäten

Dalton Winery WEINGUT
(04-698 7683; www.dalton-winery.com; Industriepark Ramat Dalton; Eintritt 15 NIS; So–Do 10–16, Fr 10–14 Uhr) Das Weingut produziert rund 1 Mio. Flaschen Wein pro Jahr – Cabernet Sauvignon, Merlot, Petite Sirah (Durif), Shiraz und Zinfandel. Geht man von der modernen Produktionsanlage über den Parkplatz, gelangt man zum zugehörigen blockhüttenartigen Verkostungszentrum. Es gibt auch eine 45-minütige Führung (möglichst telefonisch anmelden!), die Letzte beginnt eine Stunde, bevor das Weingut nachmittags schließt.

WEINTOUREN

Israelische Weine etablieren sich immer stärker auf dem Weltmarkt – und gewinnen begehrte internationale Preise. Unter den koscheren Weinen sind die besten diejenigen, die nicht *mevuschal* (blitzpasteurisiert) sind, denn beim Pasteurisieren können die feinen Geschmacksnuancen eines Weines verlorengehen.

In Israel gibt es inzwischen rund 300 Weingüter aller Größe, darunter etwa 30 in den von durchlässigem Vulkanboden, einer kühlen Brise sowie verschiedenen Höhenlagen und Mikroklimata geprägten Golanhöhen, 90 in Obergaliläa, 30 in Westgaliläa, 30 in Untergaliläa und auf dem Karmel, 70 im Judäischen Gebirge und 30 in der Wüste Negev.

Etliche Weingüter in Galiläa und in den Golanhöhen empfangen auch gern Besucher. Anhand folgender Auswahl kann man sich seine eigene Weintour zusammenstellen:

➤ Adir Winery

➤ Bahat Winery (S. 269)

➤ Dalton Winery

➤ Golan Heights Winery (S. 265)

➤ Odem Mountain Winery (S. 270)

Für Weinkenner empfehlen sich drei exzellente Weinführer:

➤ *The Ultimate Rogov's Guide to Israeli Wines* (Daniel Rogov, 2012) Ein umfangreicher Guide von Israels führendem Weinkritiker, der 2011 verstarb.

➤ *The Wine Routes of Israel*, 3. Auflage (Eliezer Sacks, Yaron Goldfischer und Adam Montefiore, 2012)

➤ *Wines of Israel* (Eliezer Sacks und Adam Montefiore, 2012) Eine leichtere und kürzere Version von *The Wine Routes of Israel*.

Nützliche Websites zur israelischen Weinszene sind u.a. www.winesisrael.com und www.israelwines.co.il. Das Shiri Bistro & Wine Bar (S. 258) in Rosch Pina ist ein toller Ort, um auch mal Kostproben von schwer erhältlichen Boutiqueweinen zu ergattern.

Adir Winery
WEINGUT

(04-699 1039; www.adir-winery.com; Industriepark Ramat Dalton; So–Do 9–17, Fr 9–14 od. 15 Uhr, im Sommer länger geöffnet) In dem weißen Besucherzentrum kann man ein paar der preisgekrönten Weine der Adir probieren (30 NIS; beim Kauf einer Flasche ist die Verkostung gratis). Das Weingut produziert nur 100 000 Flaschen pro Jahr. Es gibt auch einen Käseladen, in dem köstlicher Frozen Yoghurt (je nach Größe 8–32 NIS) verkauft wird. In dem Café wird von 9 bis 15 Uhr (Fr bis 13 Uhr) Frühstück mit verschiedenen Ziegenkäsesorten (2 Pers. 130 NIS) serviert.

Essen

Nalchik
TSCHERKESSISCH $

(04-699 0548; Rehaniya; Gerichte 25–35 NIS; tgl. 12–20 Uhr;) Das bescheidene, von einer Familie betriebene Restaurant ist ideal, um Gerichte der tscherkessischen Küche zu probieren, die Flüchtlinge in den 1870er-Jahren aus dem Nordkaukasus hierher mitbrachten. Das Dorf Rehaniya liegt 4,5 km nördlich vom Industriepark Dalton; von der Rte 886 den weißen, schwarzen und roten Schildern (hebräisch) des Nalchik folgen!

Zu den Spezialitäten gehören *majmak* (pürierte Linsen, wird mit Pita gegessen), *schuschbarak* (mit Hackfleisch gefüllte Klöße in dünner Tomatensuppe), *k'ulak'* (Kichererbsenklöße mit Joghurt), *haloj* (in Olivenöl frittierte, mit tscherkessischem Käse gefüllte Teigtaschen) und *mataza* (mit tscherkessischem Käse und grünen Zwiebeln gefüllte Klöße mit Joghurt).

Grab des Raschbi

قبر الحاخام شمعون بار يوشاي   קבר הרשב"י

Die Autorschaft des *Zohar,* des bedeutendsten Schriftwerks der Kabbala, wird traditionell dem jüdischen Rabbi Schimon ben Jochai zugeschrieben, der im 2. Jh. lebte und oft unter seinem Kurznamen Raschbi bekannt ist. (Modernen Wissenschaftlern zufolge wurde das Werk aber erst im 13. Jh. in Spanien zusammengestellt.) Das Grab des Raschbi (Rte 866; 24 Std.) soll sich 5 km nordwestlich von Safed an den Berghängen des Har Meron irgendwo in einem streng nach Geschlechtern getrennten Komplex (Männer nach links, Frauen nach rechts) befinden, der teilweise so aussieht, als stamme er aus der Zeit der Kreuzfahrer. Weil der genaue Ort seiner Beisetzung unbekannt ist, gibt es auch keine richtige Grabstätte, nur einen *ziun* (symbolische Grabstätte) in einer Synagoge mit mehreren Nischen. Über der Stelle flackern Kerzen hinter Milchglas.

Auch andere bedeutende Gelehrte sollen in unmittelbarer Nähe begraben sein, darunter der Sohn des Raschbi, der Rabbi Eleasar, der berühmte Gelehrte Hillel der Ältere, der im 1. Jh. v. Chr. lebte und das Judentum mit einem einzigen Satz zusammenfasste („Was du nicht willst, das man dir tu, das füge auch keinem andern zu. Das ist die ganze Tora, alles andere ist Kommentar.") und Hillels stärkster Gegner in Diskussionen über die Gebote, Schammai.

Am Abend des Lag BaOmer pilgern Zehntausende überwiegend ultraorthodoxe Juden zum Grab des Raschbi und verbringen die ganze Nacht mit inbrünstigen Gebeten, Gesang und Tanz rund um Lagerfeuer. Einige Pilger führen auch eine Zeremonie durch, die auf Jiddisch *opscheren* und auf jüdisch-arabisch *chalaka* genannt wird und bei der drei Jahre alten Jungen das erste Mal das Haar geschnitten wird.

Der mit einer blauen Kuppel versehene Grabkomplex des Raschbi befindet sich innerhalb des orthodoxen Moschaw Meron (ab dem Sonnenuntergang am Sabbat und an jüdischen Feiertagen ist das Tor verschlossen) und wird mehr oder weniger chaotisch von untereinander zerstrittenen ultraorthodoxen Charedim betrieben. Darüber hinaus dient der Komplex als Zuflucht für Obdachlose (manche mit psychischen Problemen) und für kürzlich aus der Haft Entlassene. Auf dem Weg zur Grabstätte muss man sich durch eine Armee von Bettlern kämpfen. Nichtjuden und alle, die nicht angemessen gekleidet sind oder am Sabbat herkommen, könnten feindselig aufgenommen werden. So erging es beispielsweise Madonna, die mit Steinen beworfen wurde.

Bikta BeKadita

Bikta BeKadita
B&B $$$

(04-692 1963; www.kadita.co.il; Hütte 182–415 US$;) Das auf einem Hügel thronende künstlerisch-rustikale Bikta BeKadita mit Hippie-Atmosphäre ist von der amerikanischen Zurück-zur-Natur-Bewegung der 1960er-Jahre geprägt und hat sich einer umweltfreundlichen Philosophie verschrieben. Es befindet sich 4,5 km nordöstlich der Meron-Kreuzung, 1 km abseits der Rte 89 an einer einspurigen Schotterstraße.

Die von Obstbaumhainen umgebenen fünf bunt und sehr kreativ eingerichteten Hütten bestehen aus nachhaltigen Materialien und bieten Platz für zwei bis vier Personen. Natürlich haben alle auch Hängematten. Die Gastgeber Doron und Mika servieren ein üppiges hausgemachtes Frühstück und Wein aus dem hauseigenen Weingut Kadita, das im Jahr gerade mal 500 Flaschen abfüllt.

Rosch Pina   ראש פינה   روش بينا
🎵 04 / 2800 EW.

Rosch Pina mit seinen reizvollen Steinhäusern aus dem 19. Jh. wurde schon vor Jahren von mondänen Urlaubern aus Tel Aviv entdeckt. Heute beherbergt die Stadt viele Künstlerateliers und einige der exklusivsten Unterkünfte und Lokale in Obergaliläa.

◉ Sehenswertes

Alte Pioniersiedlung   HISTORISCHE STÄTTE
(🕐Galerien 10–12 & 14–17 oder 18 Uhr, Juli & Aug. länger geöffnet, Sa manchmal geschl.) Die Besiedelung des Orts begann in den 1870ern durch Juden aus Safed; 1882 kamen Einwanderer aus Rumänien hinzu. Die Altstadt besteht aus gerade mal drei kleinen Kopfsteinpflasterstraßen, von denen eine, ziemlich hochgestochen, als HaBoulevard bezeichnet wird. Sie wurde in eine Fußgängerzone umgewandelt, sodass Besucher ungestört die ruhigen, von hübschen, teilweise restaurierten Steinhäusern gesäumten Gassen erkunden, die **alte Synagoge** besichtigen und die etwa ein Dutzend **Galerien** für Schmuck, Keramik und Gemälde besuchen können. Das kleine Museum im **Professor Mers Haus** (1887) erläutert die Anfangsjahre Rosch Pinas.

Man folgt den Schildern zum 1886 gegründeten **Baron-Garten** gegenüber vom Shiri Bistro an der HaRishonim St und zum **Alten Friedhof** (über die Ben Arieh St).

Die Alte Pioniersiedlung liegt am Ende der HaHalutzim St, die vom Kreisverkehr neben dem Einkaufszentrum HaGalil an der Rte 90 bergauf (nach Westen) führt.

🛏 Schlafen

Die vielen B&Bs von Rosch Pina sind perfekte romantische Refugien. Donnerstag- und freitagabends kommen die meisten Gäste, und dann ist es auch am teuersten.

★ Villa Tehila   B&B $$$
(🎵 04-693 7788; www.villa-tehila.co.il; HaHalutzim St; DZ ab 670 NIS; ❄ @ 🛜 🏊) Hin und wieder

begegnet man in dem tollen B&B ein paar bekannten israelischen Gesichtern. In den schattigen Steinhöfen aus dem 19. Jh. findet man plätschernde Springbrunnen, glitzernde Lichterketten, Buntglas, einen echten Zoo, eine gemütliche Bar und ein geheimes Waffenlager aus der Mandatszeit. Die Villa Tehila hat elf Zimmer – alle sind exquisit. Im Voraus buchen! Das Haus steht 150 m bergab von der Pioniersiedlung.

Pina Barosh   B&B $$$
(🎵 04-693 6582; www.pinabarosh.com; HaHalutzim St; DZ werktags/Wochenende ab 600/750 NIS; ❄ 🛜) Die sieben stimmungsvollen Zimmer mit Gewölbedecken, Whirlpools und freigelegten Stein- und Ziegelwänden sind rund um einen Innenhof angeordnet, der früher zu einem Stall gehörte. Es gibt auch eine Luxusvilla. Frühstück wird bis 13 Uhr im Shiri Bistro serviert.

Hotel Mizpe Hayamim   RESORT $$$
(🎵 04-699 4555, Reservierung 1 800 555 666; www.mizpe-hayamim.com; DZ inkl. HP 420–620 US$; ❄ @ 🛜 🏊) Das elegante Anwesen inmitten eines 15 ha großen prächtigen Gartens ist eines der exklusivsten Hotels in Israel. Zu den Einrichtungen gehören ein Spa und ein 25 m langes beheiztes Schwimmbad, und die Zimmer sind so komfortabel wie romantisch. In öffentlichen Bereichen sind Handys verboten. Das Resort liegt 3 km von Rosch Pina in Richtung Safed an der Rte 8900.

🍴 Essen & Ausgehen

In Rosch Pina gibt es ungefähr 60 Lokale. Einige verstecken sich in und hinter den alten Häusern der alten Pioniersiedlung, andere, darunter auch ein paar Schawarma-Imbisse, befinden sich 1,5 km bergab in und rund um das moderne Einkaufszentrum HaGalil gleich abseits der Rte 90.

Amburger   BURGER $$
(🎵 04-680 0044; Einkaufszentrum HaGalil, Rte 90; Hauptgerichte 43–149 NIS; 🕐 11.30–23 Uhr od. länger; 🛜) Für Familien ein tolles Lokal für Burger (43–63 NIS), Steaks, Lammkoteletts und andere Fleischgerichte, die vor allem mit gut abgehangenem Fleisch von Tieren von den Golanhöhen zubereitet werden (das Entrecôte kommt allerdings aus Uruguay). Für Vegetarier gibt's Pasta. Mittagsangebote (49–61 NIS) werden bis 17 Uhr serviert.

★ Shiri Bistro & Wine Bar   BISTRO $$$
(🎵 04-693 6582; www.pinabarosh.com; Pina Barosh B&B, HaHalutzim St; Hauptgerichte 65–

150 NIS; ☺8.30–23 Uhr od. länger; ♪) Frische Schnittblumen, flackernde Kerzen und ein spektakulärer Blick begrüßen die Gäste in diesem mediterran anmutenden französischen Bistro, das nach seinem Küchenchef benannt ist, dessen Ur-Ur-Ur-Großeltern das Restaurant in den späten 1870er-Jahren aufbauten. Hier kann man auch prima ein paar seltene israelische Boutiqueweine probieren (min. 250 Weine aus Galiläa und den Golanhöhen werden auch glasweise ausgeschenkt) und sich mit der munteren israelischen Weinszene vertraut machen.

Tangerine   BAR
(☺tgl. 19.30–2 Uhr od. länger) Von der alten Pioniersiedlung führen Stufen hinab zu dieser Gewölbekneipe mit drei Räumen, die von jungen Leuten aus dem Ort betrieben wird. Von Mai bis September gibt's jeden Samstag ab 20 Uhr Livekonzerte und jeden Dienstag ab 19.30 Uhr Jam-Sessions. Das restliche Jahr finden einmal im Monat samstags Konzerte statt.

❶ Praktische Informationen

Im Einkaufszentrum HaGalil an der Rte 90 gibt es drei Banken mit Geldautomaten, eine Apotheke, einen Steimatzky-Buchladen und zwei Tankstellen.

❶ An- & Weiterreise

Alle Fernbusse, die von der Chula-Ebene und Kirjat Schmona kommen oder dorthin fahren (z. B. von/nach Tiberias oder Tel Aviv), passieren den Ortseingang von Rosch Pina an der Rte 90. Von dort sind es 1,5 km bis zur alten Pioniersiedlung.

Der Nateev-Express-Bus 511 (stündl.) fährt auf der Rte 8900 bergauf nach Safed (10,20 NIS, 30 Min.) und Richtung Norden durch die Chula-Ebene nach Kirjat Schmona (35 Min.). Er hält am Rand der alten Pioniersiedlung.

Rund um Rosch Pina

Tel Hazor   ARCHÄOLOGISCHE STÄTTE
(☎04-693 7290; Erw./Kind 22/10 NIS; ☺Sa–Do 8–16 od. 17, Fr 8–15 od. 16 Uhr, letzter Einlass 30 Min. vor Schließung) Archäologen konnten hier nicht weniger als 21 Siedlungsschichten freilegen, die aus der Zeit vom 3. Jt. v. Chr. bis zum Jahr 732 v. Chr. stammen, als die israelitische Stadt, deren Tor aus dem 10. Jh. v. Chr. vielleicht von Salomo erbaut worden war, von den Assyrern zerstört wurde. Bei einer Belagerung konnte die Wasserversorgung dank eines ausgeklügelten unterirdischen Wassersammelsystems aufrechterhalten werden. Die Zisterne ist 40 m tief; eine Wendeltreppe führt hinab. Die Ausgrabungen gehen weiter; die Beschilderung ist exzellent. Seit 2005 gehört Tel Hazor zum Weltkulturerbe der UNESCO.

Der Tel (Hügel) liegt 7 km nördlich von Rosch Pina an der Alten Rte 90. Bei Ayelet HaShahar die Rte 90 verlassen; die Zufahrtsstraße liegt etwa 400 m südlich vom Kibbuz.

Chula-Ebene

وادي الحولة   עמק החולה

Die Chula-Ebene war früher für ihre Sümpfe berüchtigt, aber mit dem umfangreichen, 1958 abgeschlossenen Trockenlegungsprogramm wurde die Malariamücke ausgerottet. Doch damit wurde auch das bedeutendste Sumpfgebiet des Landes zerstört, ein wichtiger Zwischenstopp für Millionen Zugvögel, die auf dem Weg von Europa nach Afrika und zurück Israel überfliegen. In den letzten Jahren wurden etwa 10 % der alten Seen wieder instand gesetzt.

Die Society for the Protection of Nature in Israel (SPNI) wurde 1953 von engagierten Menschen gegründet, die sich im Zuge der Trockenlegung der Ebene zusammentaten.

★Agamon HaChula   PARK
(☎04-681 7137; www.agamon-hula.co.il; Eintritt 5 NIS; ☺9–19 Uhr, letzter Einlass 18 Uhr) Dies ist einer der besten Orte in Israel, um Schwärme von Kranichen, Pelikanen und Störchen zu beobachten. Die Stätte befindet sich 7,5 km nördlich vom Naturreservat HaChula und 1,2 km abseits der Rte 90.

In den 1990er-Jahren wurden die Baumwollfelder in der Chula-Ebene auf Erdnussanbau umgestellt. Der fruchtbare Boden hier ist ideal, und Israel braucht viel Erdnussnachschub für die Herstellung von Bamba (Erdnussflips), dem beliebtesten Snack israelischer Kinder. Leider lieben Kraniche Erdnüsse fast genauso wie Kids die Flips, sodass der Konflikt zwischen den unter Naturschutz stehenden Vögeln und den Bauern programmiert war.

Es fand sich aber eine elegante Lösung. Es stellte sich heraus, dass es am besten ist, die Vögel auf ihrem Weg nach Äthiopien und in den Sudan zu füttern, damit sie recht schnell weiterziehen. Denn wenn sie nichts zu fressen finden, bleiben sie länger und vertilgen schließlich umso mehr Erdnüsse.

Oder sie ziehen gar nicht mehr weiter – 35 000 Kraniche spielen inzwischen lieber „Stubenhocker" und überwintern hier. Deshalb wurde den Zugvögeln ein großes Feld überlassen, auf das täglich per Traktor 6 bis 7 t Mais gebracht werden.

Kraniche aus nächster Nähe zu beobachten, gestaltet sich aber schwierig, denn sie sind sehr scheu. Normalerweise fliegt der ganze Schwarm sofort auf, wenn sich jemand nähert, und landet dann sicher auf einem benachbarten (Erdnuss-)Feld. Ein Bauer bemerkte aber, dass das einzige, wovor die Kraniche keine Angst haben, ihr großer Wohltäter ist: der Maistraktor. So kam ihm die brillante Idee, mit dem Traktor nicht nur Mais, sondern auch Vogelbeobachter herzubringen, ohne dass die Kraniche ihnen auch nur die geringste Aufmerksamkeit schenken. Das war die Geburtsstunde des mit 50 Sitzplätzen ausgestatteten **Safari-Wagens** (Aglat Mistor; Erw./Kind 57/49 NIS, in der Dämmerung 85/65 NIS; ☺ Ende Sept.–April stündl. 9 Uhr–1 Std. vor Dunkelheit, oft auch 6 & 19.30 Uhr). Der getarnte Wagen wird von einem (aus der Sicht der Kraniche) vollkommen unscheinbaren John-Deere-Traktor gezogen und ermöglicht ein unvergleichliches Vogelbeobachtungserlebnis – aus nächster Nähe, und man muss nicht einmal den Kopf anheben. Wenn möglich im Voraus reservieren!

Auch andere Vögel kann man hier saisonal beobachten. So ziehen 65 000 **Pelikane** (Sept., Okt. & März–Mitte April) auf ihrem Weg zwischen dem rumänischen Donaudelta, dem Blauen Nil und dem Victoriasee in Afrika sowie zweimal im Jahr 500 000 **Störche** (Aug., Sept., April & Mai) vorbei.

Rund um das wiederhergestellte Sumpfgebiet führt ein 8,5 km langer Weg, den man zu Fuß erkunden kann. Wer will, kann sich aber auch ein Mountainbike (50 NIS), ein vierrädriges Tretauto (max. 5 Pers. 185 NIS), ein „Conference Bike" mit sieben Sitzen (50 NIS/Pers.) oder ein Golfmobil (2 Pers. 149 NIS) mieten. Im Sommer wird man aber nicht viele Vögel zu Gesicht bekommen. Die gesamte Anlage ist rollstuhlgerecht.

Für den Besuch in der Beringungsstation telefonisch einen Termin vereinbaren!

⭐ **Naturschutzgebiet HaChula** PARK
(☎ 04-693 7069; www.parks.org.il; Erw./Kind 35/21 NIS; ☺ So–Do 8–17, Fr 8–16 Uhr, letzter Einlass 1 Std. vor Schließung) Zugvögel versammeln sich in den Sumpfgebieten des ersten Naturschutzgebiets Israels, das 1964 gegründet wurde. Mehr als 200 Arten kleiner

Wasservögel mischen sich fröhlich unter die Kormorane, Reiher, Pelikane, Raubvögel, Störche und Kraniche. Wasserbüffel streifen durch bestimmte Gebiete des Reservats und tragen durch ihr Fressverhalten dazu bei, die offene Flur zu erhalten. Der 1,5 km lange rollstuhlgerechte Hauptweg, der **Swamp Trail**, führt an Verstecken vorbei, von denen aus man Vögel beobachten kann. Das Reservat liegt 15 km nördlich von Rosch Pina, 2 km westlich der Rte 90.

Das Besucherzentrum zeigt einen hervorragenden 40-minütigen **3D-Film** (auch auf Englisch) über Zugvögel und Dioramen zur Fauna in der Chula-Ebene. In dem flachen See sieht man manchmal eher mit Pelz oder Flossen bestückte Tiere als Federvieh, z. B. Biberratten, Otter, Sumpfschildkröten und bis zu 20 kg schwere Welse. Anders als der Rest von Israel ist die Chula-Ebene im Sommer am grünsten. Im Winter kann man bei Sonnenuntergang die Vögel dabei beobachten, wie sie von ihren Futterstellen zurückkehren. Ferngläser sind ausleihbar (10 NIS).

Kirjat Schmona & Tel Chai

كريات شمونة تل حاي   קרית שמונה תל חי

☑ 04 / 23100 EW.

Kirjat Schmona ist eine sonnenverbrannte, ertragsarme Entwicklungsstadt, die Besuchern kaum etwas zu bieten hat außer der Aussicht, vom veralteten, schäbigen Busbahnhof aus weiterzureisen. Am Sabbat ist hier fast alles geschlossen.

Der Name der Stadt bedeutet „Siedlung der Acht", was sich auf die acht zionistischen Siedler um Josef Trumpeldor bezieht, die 1920 im 3 km nördlich gelegenen Tel Chai getötet wurden.

◎ Sehenswertes & Aktivitäten

Offenes Museum für Fotografie MUSEUM
(☎ 04-681 6700; www.omuseums.org.il; Tel Hai, Ostseite der Rte 90; Erw./Kind 3–18 Jahre 20/16 NIS; ☺ So–Do 8–16, Sa 10–16 Uhr, Fr geschl.) Das Museum zeigt pro Jahr drei verschiedene Wechselausstellungen renommierter lokaler und internationaler Fotografen. Hier kann man seinen Kindern auch erklären, wie vor dem digitalen Zeitalter Fotos gemacht wurden.

Das Museum befindet sich in dem hochtechnisierten Industriepark Tel Chai neben einem Skulpturengarten. Vom Zentrum Kirjat Schmonas fährt man auf der Rte 90 3 km nach Norden und folgt dem Schild mit der Aufschrift *Photography*.

Schlafen

HI – Tel Hai Youth Hostel   HOSTEL $$
(02-594 5666; www.iyha.org.il; Tel Chai, Ostseite der Rte 90; B/EZ/DZ 152/292/400 NIS, EZ/DZ Fr 355/450 NIS; ✻@🛜) Die moderne, gut gepflegte Anlage umfasst 83 Zimmer mit 350 Betten. Die Schlafsäle mit vier bis sechs Betten haben ein super Preis-Leistungs-Verhältnis. Das Hostel liegt gegenüber der Toreinfahrt des Offenen Museums für Fotografie.

An- & Weiterreise

AUTO
Der einzige Vermieter in der Gegend ist **Eldan** (04-690 3186; www.eldan.co.il; 4 Sinai St).

BUS
Kirjat Schmona ist das größte Drehkreuz des Busverkehrs in Galiläa. Busse fahren u. a. nach:
Majdal Shams (Rama-Bus 58; 30 Min., So–Do tgl. 5-mal, Fr bis zum frühen Nachmittag 3-mal, Sa nachts 1-mal) Hält an der Rte 99 und der Rte 989, u. a. am Banyas-Naturschutzgebiet, an der Nimrodburg und in Neve Ativ.
Katzrin (Rama-Bus 59; 1 Std., So–Do tgl. 4- bis 5-mal, Sa nachts 1-mal) Fährt über Merom Golan und En Ziwan.
Safed (Nateev-Express-Bus 511; 20,70 NIS, 1 Std., stündl.) Fährt vorbei an der alten Pioniersiedlung Rosch Pina (30 Min.) sowie den Abzweigungen zum Agamon HaChula (12,40 NIS, 12 Min.) und zum Naturschutzgebiet HaChula (13,70 NIS, 15 Min.).
Tiberias (Egged-Busse 541 & 840; 31,50 NIS, 1 Std., stündl.) Fährt durch Rosch Pina.
Tel Aviv (Egged-Busse 840 & 845, 49,50 NIS, 3¾ Std., min. stündl.)
Jerusalem (Egged-Bus 963; 49,50 NIS, 3¼ Std., So–Do tgl. 2-mal, Fr 1-mal)

TAXI
Den Taxistand am Einkaufszentrum Nehemia (Kreuzung Rte 90 & Rte 99) erreicht man unter der Rufnummer 1 800 304 141, den am Busbahnhof unter 04-694 2333/77.

Metulla

04 / 1560 EW.

Das pittoreske Metulla liegt oben auf einem Hügel ganz im Norden Galiläas und grenzt mit drei Seiten an den Libanon. Der Ort wurde 1896 mithilfe des französischen Zweigs der Rothschilds gegründet. Dass dieser Ort existierte, war 1920 der entscheidende Grund dafür, dass der nördliche Teil Galiläas dem britischen Mandatsgebiet Palästina und nicht dem französischen Mandatsgebiet Libanon zugeteilt wurde. Heute ist die Wirtschaft Metullas vor allem von Touristen abhängig, denen der Sinn nach Alpenstimmung und Obsternte auf den Apfel-, Birnen-, Pfirsich-, Nektarinen-, Aprikosen-, Kiwi- und Litschiplantagen steht.

> **ACHTUNG: RAKETEN!**
>
> Im nördlichen Galiläa ist es meist zwar friedlich, hin und wieder aber wird die Region von Katjuscha-Raketen getroffen, die aus dem Südlibanon von der Hisbollah oder von anderen radikalen dschihadistischen Gruppierungen abgefeuert werden. Solche Raketenwerfer wurden zum ersten Mal während des Zweiten Weltkriegs von der Sowjetunion eingesetzt (daher der Name Katjuscha, eine Verniedlichung des Namens Katharina). Katjuschas sind nicht sehr zielgenau, brauchen aber nur 30 bis 40 Sekunden vom Abschuss bis zum Einschlag. Wenn der Fliegeralarm losgeht, schnell in ein Gebäude flüchten oder sich auf den Boden werfen!

Sehenswertes & Aktivitäten

Schlendert man über die idyllische Hauptstraße von Metulla, kommt man an vielen massiven Steinhäusern vorbei, die vor 100 oder mehr Jahren gebaut wurden. An manchen hängen Keramiktafeln, auf denen die Geschichte des Hauses erzählt wird.

Aussichtspunkt Dado   AUSSICHTSPUNKT
Dieser oft windumtoste Aussichtspunkt auf dem Hügel südwestlich der HaRishonim St – erkennbar an dem rot-weißen Antennenturm auf der Spitze – bietet einen spektakulären Panoramablick. Im Süden sieht man die Chula-Ebene, im Osten die Golanhöhen (mit dem Hermon und den Vulkanen Avital und Bental) und im Norden die Felder und Hügel des Libanon. Im Vordergrund liegt das Ayun-Tal, das zu Israels nördlichem Nachbarn gehört, und am Horizont erkennt man auch die **Kreuzritterburg Beaufort**. Der Aussichtspunkt liegt etwa 1 km oberhalb des Zentrums – den Schildern folgen!

★ Naturschutzgebiet Nahal Iyyun   WANDERN
(04-695 1519; www.parks.org.il; Erw./Kind 29/15 NIS; ◉April–Sept. 8.30–17 Uhr, Okt.–März 8.30–16 Uhr) Einer der schönsten Uferwege in Galiläa folgt 3 km dem Flusslauf des Iyyun

(Ayun) von der libanesischen Grenze landeinwärts. Man läuft durch eine von Klippen gesäumte Schlucht und gelangt zu vier Wasserfällen, u. a. zum 31 m hohen Wasserfall Tanur (Schornstein). Der Park hat zwei Eingänge – einen an der nordöstlichen Ecke Metullas, 100 m vom Grenzzaun entfernt (letzter Einlass 1½ Std. vor Schließung), und einen an der Rte 90, 3 km südlich der Stadt (letzter Einlass 30 Min. vor Schließung), von dem aus man eine einfache Runde bis zum Wasserfall Tanur wandern kann.

Am unteren Parkeingang gibt es einen rollstuhlgeeigneten Weg.

Canada Centre EISLAUFEN

(📞 04-695 0370; www.canada-centre.co.il; 1 HaRishonim St; Eisbahn 65 NIS, Schwimmbad 50 NIS, Bowlinghalle 35 NIS, Kombiticket 105 NIS; ⊙außer Juli & Aug. So geschl.) Der moderne Sportkomplex befindet sich ein Stück bergab südlich vom Ortszentrum. Er beherbergt Israels größte Eisbahn (10–17 Uhr), ein Schwimmbad mit Innen- und Außenbecken, eine Bowlinghalle mit zehn Bahnen (10–17 Uhr), ein Spa und ein tolles Fitnesscenter.

🛏 Schlafen & Essen

In den historischen Häusern an der HaRishonim St gibt es einige rustikale Restaurants und ein paar Unterkünfte.

★ Villa Lishansky HISTORISCHES HOTEL $$

(📞 04-699 7184; www.rest.co.il/lishansky; 42 HaRishonim St; DZ 450–500 NIS; ⊙Restaurant 9–12, 13–16 & 18.30–22 Uhr od. länger; ❄🐕) Das Haus wurde 1936 im Bauhaus-Stil von den Lischanskys (einer von ihnen war ein berühmter Spion im Ersten Weltkrieg) erbaut und gehört noch immer derselben Familie. Original erhalten sind die Bodenfliesen, das Stuckwerk und die Lampen. Das **Hotelrestaurant** (2-Gänge-Menü 99–138 NIS) serviert herzhafte Rindfleisch-, Lamm-, Geflügel- und Fischgerichte mit galiläischen Kräutern und Gewürzen. Oben gibt es drei sehr geräumige Gästezimmer mit Zugang zu einem Wohnzimmer, das im Stil der 1930er-Jahre eingerichtet ist.

Travel Hotel Metulla HOTEL $$

(📞 04-824 8801, Reservierung 04-688 3040; www.travelhotels.co.il; 52 HaRishonim St; DZ/Apt. 500/650 NIS, Do & Fr zusätzl. 100 NIS, zusätzl. Kind 100 NIS; ❄🐕) Das attraktive, durch und durch moderne, für Rollstuhlfahrer geeignete Hotel mitten im Ortszentrum wurde 2014 eröffnet und bietet 23 Zimmer und

vier Apartments mit Platz für fünf Personen. Zwischen Juni und Mitte Oktober können Gäste das Schwimmbad des Canada Centre gratis nutzen.

HaTachanah STEAK $$$

(📞 04-694 4810; 1 HaRishonim St; Hauptgerichte 65–230 NIS; ⊙Mo–Sa 13–22 Uhr od. länger; 🐕) Das moderne, luftige Restaurant mit holzverkleideten Wänden und Panoramablick ist sehr beliebt und serviert erstklassige Steaks sowie Hamburger, Pasta, Suppen, Salate und Lammkoteletts. Das deutsche Bier im 0,5-l-Krug kostet 33 NIS. Es gibt auch Kinderportionen (vom Essen, nicht vom Bier). Donnerstagabends, freitags, samstags, an Feiertagen und im August vorab reservieren!

ℹ️ An- & Weiterreise

Die Egged-Busse 20 und 20א fahren von Metulla über Tel Chai nach Kirjat Schmona (12,40 NIS, 20 Min., So–Do tgl. 8-mal, Fr 4-mal).

Östlich von Kirjat Schmona

Die Rte 99 führt von Kirjat Schmona ostwärts in die Golanhöhen, vorbei an einigen sehenswerten Stätten und Dörfern mit jeder Menge B & Bs. Das Naturschutzgebiet Banyas (S. 271) liegt nur 5 km östlich vom Naturschutzgebiet Tel Dan.

◉ Sehenswertes & Aktivitäten

Naturschutzgebiet Tel Dan PARK

(📞 04-695 1579; Erw./Kind 29/15 NIS; ⊙Sa–Do 8–16 od. 17, Fr 8–15 od. 16 Uhr, letzter Einlass 1 Std. vor Schließung) Das 50 ha große Naturschutzgebiet liegt 1,6 km nördlich der Rte 99 und punktet mit zwei großen Attraktionen. Die erste ist ein üppiges Waldgebiet, welches das ganze Jahr über von **Quellen** bewässert wird, die 8 m³ Wasser pro Sekunde in den Fluss Dan leiten, den wichtigsten Nebenfluss des Jordan. Die zweite Attraktion sind die Überreste einer großen **alten Stadt**, die im 18. Jh. v. Chr. von den Kanaanitern und während der Ersten-Tempel-Periode (ab dem 12. Jh. v. Chr.) von den Israeliten bewohnt war.

Zur Erkundung des Schutzgebiets gibt es drei Wege, die teilweise regelrechte Tunnel durch dichtes Gestrüpp und Unterholz sind: den **Short Trail** (40 Min.), den **Long Trail** (1½ Std.) und den **Ancient Dan Trail** (2 Std.). Große Abschnitte der Wege eignen sich auch für Rollstuhlfahrer. Alle führen an einem 40 cm tiefen Wasserbecken vorbei,

NICHT VERSÄUMEN

RAFTEN AUF DEM JORDAN

Wer zum ersten Mal hier ist, wundert sich vielleicht über die kleinen Ausmaße des Jordans, aber wer das erste Mal hier raftet, wird ziemlich durchgeschüttelt und manchmal auch aus dem Boot geworfen – je nach Strömungsintensität. Der wildeste Abschnitt des Flusses ist der 13 km lange sogenannte **Yarden Harari** (Gebirgsjordan) von der B'not-Ya'akov-Brücke (an der Rte 91) bis nach Karkom (rund 6 km nördlich der Arik-Brücke an der Rte 87, in der Nähe des Sees Genezareth). Die Saison beginnt gleich im Frühjahr, wenn die Strömung noch nicht so stark ist, dass sie gefährlich werden könnte.

Alle genannten Veranstalter haben Umkleidekabinen (Badesachen mitbringen) und Schließfächer für Wertsachen (10 od. 20 NIS); einige verwahren Autoschlüssel und Handys gratis. Soweit nicht anders angegeben, wird man nass oder gar pitschnass.

Rabatte von 20 % oder mehr sind möglich, wenn man mindestens 24 Stunden im Voraus übers Internet bucht oder vor Ort Rabattcoupons nutzt. Nach dem trockenen Winter haben 2014 einige Veranstalter die Saison abgeblasen – am besten erkundigt man sich telefonisch nach den Wetter- und Flussbedingungen.

Jordan River Rafting (☎ 04-900 7000; www.rafting.co.il; Rte 918; ⊗ normale Strecke Ende März od. April–Sept. od. Okt., Yarden Harari März–Mitte Juni) Die normale Strecke (1–1½ Std.; Mindestalter 5 Jahre) kostet 90 NIS pro Person in einem aufpumpbaren Kajak für zwei Personen oder in einem Raftingboot für drei bis acht Personen. Die Fahrt auf dem Yarden Harari (3–5 Std., 16 km) kostet 400 NIS pro Person (Mindestalter 15 Jahre). Man kann auch seilrutschen (25 NIS) oder radeln (80 NIS; unmöglich bei zu schlammigem Weg). Der Veranstalter sitzt 11 km nordöstlich von Rosch Pina und 1,6 km nördlich der Gadot-Kreuzung an der Rte 91; vom nordöstlichen Ufer des Sees Genezareth nimmt man am besten die Rte 888.

Kfar Blum Kayaks (☎ 04-690 2616; www.kayaks.co.il; ⊗ 10–15 od. 16 Uhr, Ende März od. Anfang April–Okt. od. Nov.) Die Fahrt in einem aufpumpbaren Kajak für zwei Personen oder in einem Raftingboot (für max. 6 Pers.) auf dem ruhigen, 4 km langen (1¼ Std.) Abschnitt flussabwärts kostet 90 NIS, auf dem anspruchsvolleren 8 km langen (2½ Std.) Abschnitt 120 NIS. Beide Touren beginnen am Fluss Hasbani und enden am Jordan. Das erforderliche Mindestalter der Teilnehmer beträgt meist fünf Jahre. Es gibt auch ein Vergnügungspark für Kinder. Von der Gomeh-Kreuzung gelangt man über den Hwy 90 hierher; der Ausschilderung nach Kfar Blum bis ein Stück hinter dem Kibbuz-Eingang folgen!

Ma'ayan-Hagoshrim Kayaks (☎ 077-271 7500; www.kayak.co.il; Kibbuz Ma'ayan Baruch; ⊗ April–Okt.) Der alteingesessene, von zwei benachbarten Kibbuzim betriebene Veranstalter befindet sich nahe der libanesischen Grenze am Eingang zum Kibbuz Ma'ayan Baruch (an der Rte 99) und bietet Trips in aufpumpbaren Kajaks (2 Pers.) und Raftingbooten (max. 6 Pers.). Die „Family Route" (5 km) kostet 90 NIS pro Person, die wildere „Challenge Route" (6 km) 109 NIS. Die Fahrt dauert von 9 oder 10 Uhr bis 15 oder 16 Uhr.

das man durchwaten kann – ideal, um sich die Füße abzukühlen (ansonsten ist das Baden im Reservat verboten).

Im Naturschutzgebiet treffen drei Ökosysteme aufeinander. Deshalb gibt es eine erstaunlich große Artenvielfalt in Flora und Fauna. Indische Stachelschweine und gefährdete Feuersalamander leben hier, orange gesprenkelte schwarze Lurche mit fünf Zehen an den Hinterbeinen und nur vier an den Vorderbeinen. Einige der nicht heimischen Baumarten, z. B. der Eukalyptus (Gummibaum) und die Silberpappel, werden kontrolliert gefällt, um mehr Lebensraum für die heimischen Arten zu schaffen.

Die **Tel-Dan-Stele**, die 1993 ein Archäologenteam vom Hebrew Union College fand, ist ein Fragment einer Tafel aus dem 9. Jh. v. Chr. mit einer Inschrift in aramäischer Sprache. Dort brüstet sich der König von Damaskus damit, den „König von Israel" und den König des „Hauses David" besiegt zu haben. Dies ist der früheste bekannte Verweis auf König David in einer außerbiblischen Quelle. Das Original der Stele befindet sich im Israel Museum in Jerusalem.

Galil Nature Center   MUSEUM
(Bet Ussischkin; ☎ 04-694 1704; Erw./Kind 20/ 15 NIS; ⊗ So–Do 8–16 Uhr) Das erstklassige Re-

gionalmuseum wird von der SPNI betrieben und hat zwei Abschnitte. In dem altmodischen, aber informativen (und auf seine Weise schön gestalteten) naturkundlichen Bereich sieht man aus nächster Nähe präparierte Schmetterlinge, Vögel und Säugetiere, die man in der freien Natur kaum zu Gesicht bekommt. Der archäologische Bereich widmet sich dem nahe gelegenen Tel Dan und zeigt auch eine Nachbildung der Tel-Dan-Stele. Das Museum liegt gleich östlich des Kibbuz Dan, 800 m nördlich der Rte 99 und 300 m abseits der Zufahrtsstraße zum Naturschutzgebiet Tel Dan.

Das Museum zeigt einen 17-minütigen **Film** über die Gegend (in acht Sprachen). Der 940 km lange **Israel National Trail** beginnt am Parkplatz und geht bis zum Roten Meer. Der syrische Panzer auf dem Rasen in der Nähe wurde zu Beginn des Sechstagekriegs 1967 von Kibbuz-Mitgliedern außer Gefecht gesetzt.

Mifgash HaOfanayim RADFAHREN

(Bike Place; 04-689 0202; www.bikeplace.co.il; Rte 9888, Moschaw Bet Hillel; halber/ganzer Tag 55/90 NIS; tgl. 8-19 Uhr) Vermietet und repariert Fahrräder und versorgt Traveller mit Streckeninfos und Radkarten. Die Betreiberin stammt aus Detroit. Der Laden liegt 2 km südlich der Rte 99.

Essen

Im Einkaufszentrum Gan HaTzafon (HaTzafon-Garten) an der Rte 99, 4 km östlich der Rte 90 (Kirjat Schmona), gibt es Fast-Food-Läden für Falafel (15 NIS), Pizza und Hamburger sowie mehrere ordentliche Restaurants, die sieben Tage die Woche geöffnet sind, darunter das **Focaccia** (italienisch & mediterran) und das **Klompus** (amerikanische Burger).

Die Restaurants in Nordgaliläa bedienen die vielen Wochenendausflügler – deshalb sollte man freitagabends und samstags vorab reservieren.

Lechem'keh BÄCKEREI $$

(Kleine Bäckerei; 04-644 1978; Rte 99; Sandwich 18-45 NIS, kleine Gerichte 40-50 NIS, Frühstück 35-60 NIS; So-Do 8-19, Fr 8-15 Uhr) Der 2013 eröffnete Laden ist die beste Gourmet-Bäckerei der Region und hat auch ein winziges Café. Er befindet sich in einem kleinen heruntergekommenen Einkaufszentrum, dem Nofit Hermon, auf der südlichen Seite der Rte 99, 1,5 km östlich der Kreuzung Rte 99 und Rte 90.

Cheese ITALIENISCH $$

(04-690 4699; Rte 9888, Bet Hillel; Hauptgerichte 28-84 NIS, Frühstück 38-52 NIS, Mittagsmenü 55-65 NIS; tgl. 9.30-23 Uhr;) Serviert köstliche italienisch und mediterran angehauchte Gerichte und eine feine Auswahl von Pasta und Pizza (auch glutenfrei). Befindet sich in Bet Hillel, rund 2,5 km südlich der Rte 99.

★**Dag Al HaDan** FISCH $$$

(04-695 0225; www.dagaldan.co.il; abseits der Rte 99; Hauptgerichte 86 NIS; tgl. 12-22.30 Uhr od. länger) Dies ist eines der besten Fischrestaurants in Israel und berühmt für seine gegrillten Forellen (99 NIS), die in den Becken gleich 50 m weiter aufwachsen (für Gäste zugänglich) und mit hervorragenden im Ofen gebackenen Kartoffeln serviert werden. Es gibt auch erstklassige Vorspeisen wie geräucherte Forelle und für Vegetarier Pasta. Außer im Winter sitzt man draußen unter herrlichen Feigenbäumen, wo der kalte, klare Dan vorbeifließt. Das Lokal befindet sich 1 km nördlich der Rte 99, vom Kibbuz HaGoshrim aus gesehen jenseits der Autobahn.

GOLANHÖHEN

هضبة الجولان   רמת הגולן

Bei den Golanhöhen handelt es sich um ein Hochplateau vulkanischen Ursprungs mit tollem Blick auf den See Genezareth und die Chula-Ebene. Im Sommer erscheint der Golan trocken und sonnenverbrannt, im Frühjahr üppig grün und von einem Teppich aus Wildblumen bedeckt. Zwischen den Feldern mit Felsbrocken aus Basalt und den tiefen Schluchten am westlichen Rand findet man Rinderfarmen, Obstplantagen, Weinberge und mittelständische kleine Dörfer. Das Gebiet ist ein beliebtes Urlaubsziel für Israelis. Die Unterkünfte – vorwiegend B&Bs – sind hier in der Regel teurer als in Galiläa. Die Preise sind ab Juni bis August am höchsten und natürlich an jüdischen Feiertagen.

1967 besetzte Israel im Sechstagekrieg die damals syrischen Golanhöhen, und 90 % der Einwohner flohen oder wurden vertrieben. Die syrischen Streitkräfte übernahmen 1973 während des hart ausgefochtenen Jom-Kippur-Kriegs kurzzeitig wieder die Kontrolle über das Gebiet, wurden dann aber bis zu den heutigen Grenzen zurückgeschlagen. Der 1974 beschlossene Waffenstillstand legte die noch heute gültige Waffenstillstandslinie fest. 1981 annektierte Israel schließlich einseitig die Golanhöhen. Überall in der Region sieht man Zeugnisse dieser Konflikte: verlassene syrische Bunker an der vor 1967 bestehenden Demarkationslinie, alte, wie Mahnmale wirkende Panzer nahe den Schlachtfeldern von 1973 und einsatzbereite israelische Bunker vor der von Blauhelmsoldaten des UNDOF (UN Disengagement Observer Force) bewachten entmilitarisierten Zone.

ℹ Unterwegs vor Ort

Das in Katzrin ansässige Busunternehmen **Rama** (☏ 1 900 721 111; www.bus.gov.il) bedient die Golanhöhen bis hinunter nach Kirjat Schmona, Hazor HaGlilit (nahe Rosch Pina) und das gesamte Ufer des Sees Genezareth (darunter Kapernaum, Kursi und Tiberias). Die wichtigsten Busse fahren sonntags bis donnerstags zwei- bis fünfmal am Tag, freitags zwei- bis viermal bis zum Nachmittag und samstags einmal am Nachmittag oder Abend. Anschlussbusse *(kav hazana)* bedienen Ziele abseits der Hauptstraßen.

Katzrin   קצרין   كتسرين

☏ 04 / 6725 EW.

Das 1977 gegründete Katzrin (Qazrin), die „Hauptstadt der Golanhöhen", ist die einzige richtige Stadt in der Region und ein idealer Ausgangspunkt für Erkundungstouren im mittleren Golan. Hier kann man sich auch prima mit Picknickvorräten versorgen.

Das lebhafte kleine Geschäftszentrum **Merkaz Eitan** ist ein typischer 1970er-Jahre-Komplex, der 2013 erheblich aufgehübscht wurde – durch eine mit Fliesen bedeckte Skulptur, die so seltsam wie bunt ist. Außerdem gibt's hier eine Bank, ein paar Restaurants und ein erstklassiges Museum. Am Sabbat ist alles geschlossen.

◎ Sehenswertes & Aktivitäten

★ Archäologisches Museum des Golan   MUSEUM

(☏ 04-696 1350; www.mpkatzrin.org.il; Merkaz Eitan; Erw./Kind 19/16 NIS, mit Antikenpark Katzrin 28/20 NIS; ☺ So–Do 9–16, Fr 9–14 Uhr) Was für eine Fundgrube! Zu den Highlights zählen ungewöhnliche Türstürze aus Basalt, aramäische Inschriften aus 30 regionalen Synagogen aus byzantinischer Zeit, Münzen, die während des Jüdischen Kriegs (66–70) geprägt wurden, ein Modell von Rujm el-Hiri, mysteriösen jungsteinzeitlichen Steinkreisen mit einem Durchmesser von 156 m, die vor 4500 Jahren angelegt wurden, sowie ein Film (auch auf Englisch) über die römi-

---

ℹ MINENFELDER

Einige Gebiete in den Golanhöhen – vor allem an der Grenze von vor 1967 und an der Waffenstillstandslinie von 1974 – sind immer noch wahre Minenfelder. Weitere Infos gibt's auf S. 438.

---

sche Belagerung von Gamla. Das rollstuhlgerechte Museum liegt 100 m westlich vom Geschäftszentrum Merkaz Eitan neben der Bibliothek.

Antikenpark Katzrin   ARCHÄOLOGISCHE STÄTTE

(☏ 04-696 2412; http://parkqatzrin.org.il; Erw./Kind 26/18 NIS, mit Archäologischem Museum des Golan Erw./Kind 28/20 NIS; ☺ So–Do 9–16, Fr 9–14, Sa 10–16 Uhr, Aug. 1 Std. länger) Die teilweise restaurierte byzantinische Siedlung gewährt einen Einblick in den Alltag während der Talmud-Zeit (3.–6. Jh.), als es in den Golanhöhen Dutzende jüdische Dörfer gab. Highlights sind eine Basalt-Synagoge und die audiovisuelle Präsentation zu den Koryphäen der Talmud-Ära (wird nicht am Sa gezeigt). An jüdischen Feiertagen wie Pessach oder Sukkot sowie im August gibt es Vorführungen mit Darstellern in zeitgerechten Kostümen. Die Stätte liegt 1,6 km östlich vom Merkaz Eitan.

Kesem HaGolan   BESUCHERZENTRUM

(Zauber des Golan; ☏ 04-696 3625; www.magic-golan.co.il; Einkaufszentrum Hutzot HaGolan, Industriegebiet Katzrin; Erw./Kind 25,50/20,50 NIS; ☺ Vorführung Sa–Do 9–17, Fr 9–16 Uhr) Eine exzellente Einführung in Sachen Golanhöhen: Das Zentrum nimmt Traveller mit auf eine halbstündige virtuelle Tour durch die Region, die auf einer 180°-Leinwand ausgestrahlt wird (auf Englisch 1-mal stündl. immer zur halben Stunde). Hier steht auch ein topografisches Modell der Golanhöhen im Maßstab 1 : 5000. Das Ganze befindet sich in dem Einkaufszentrum neben dem Industriegebiet, 2 km östlich vom Merkaz Eitan.

Golan Heights Winery   WEINGUT

(☏ 04-696 8435, 04-696 8409; www.golanwines.co.il; Industriepark Katzrin; Verkostung 10 NIS, inkl. Führung 20 NIS; ☺ So–Do 8.30–min. 17.30, Fr 8.30–14.30 od. 15.30 Uhr, letzte Führung So–Do 16 od. 17, Fr 13.30 od. 14 Uhr) Das hervorragende, vielfach international ausgezeichnete Weingut bietet Führungen durch seinen Weinkeller (Anmeldung erbeten) und Weinproben. Der Laden verkauft 40 verschiedene Weine, die unter den weinguteigenen Labels Yarden,

Gamla (Gilgal), Hermon und Galil Mountain abgefüllt werden. Alle Weine sind koscher, aber zum Glück nicht *mevuschal* (blitzpasteurisiert).

Schlafen

★ Golan Garden Hostel HOSTEL $
(072 230 3565; www.golangarden.com; 13 Hofit St; B 100 NIS, DZ ohne Bad 285 NIS; ✳@🛜) Endlich gibt es in Katzrin ein Hostel. Es wurde 2013 eröffnet und wird von dem superfreundlichen Pärchen Alon und Milou geführt. Neben der Lounge mit Sitzsäcken gibt es hier Schlafsäle mit vier oder sechs Betten, eine Hängematte auf der hinteren Terrasse sowie Gitarren und Trommeln, auf denen die Gäste spielen können. Das Hostel befindet sich 1 km südöstlich vom Merkaz Eitan – einfach die Si'on und dann die Gilabon St entlanglaufen!

Die Nutzung der Waschküche inklusive Trockner kostet 15 NIS. Es wird auch Campingausrüstung vermietet (z. B. Schlafsäcke 15 NIS/Tag).

SPNI Golan Field School HOSTEL $$
(04-696 1234; www.natureisrael.org; 2 Zavitan St; Zi. 438–504 NIS, zusätzl. Erw. 140–164 NIS, Kind 98–114 NIS; ✳🛜) Der bescheidene Komplex aus den 1970er-Jahren liegt am Ortsrand. Die 33 schlichten Zimmer für bis zu neun Personen sind alle mit Kühlschrank ausgestattet und eignen sich prima für Familien und Gruppen. Einzelne Schlafsaalbetten werden nicht angeboten. Hin und wieder (z. B. an jüdischen Feiertagen) finden kostenlose Wanderungen für Gruppen statt. Das Hostel befindet sich 1 km vom Merkaz Eitan entfernt – die Daliyot St hinunter- und dann links in die Zavitan St gehen; einfach den Schildern zur „Field School" folgen!

Essen & Ausgehen

Fast Food (Hummus, Schawarma, schlechte Pizza und dergleichen) bekommt man im Merkaz Eitan. Am Sabbat beschränkt sich das Angebot allerdings auf zwei Restaurants im Industriegebiet, 2 oder 3 km östlich vom Merkaz Eitan.

Co-op Shop SUPERMARKT $
(Einkaufszentrum Lev Katzrin; ⊙So–Do 8–21, Fr 7–14.30 oder 16 Uhr) Hier bekommt man alles für ein Picknick für eine Wanderung oder für den Sabbat.

★ Golan Brewhouse BRAUEREI $$
(04-696 1311; www.beergolan.co.il; Hutzot Ha-Golan Mall, Industriegebiet Katzrin; Hauptgerichte 49–126 NIS; ⊙tgl. 11.30–23 Uhr;) Das Gasthaus mit einer runden Holztheke und Panoramafenstern serviert Fleisch-, Geflügel- und Fischgerichte, Suppen, Salate, vegetarische Gerichte und verdammt gute Biere aus Kleinbrauereien.

Wer den Brewhouse Beer Sampler (13 NIS) bestellt, bekommt je ein Whiskeyglas von allen vier Bieren, die hier in den Kupferkesseln in der Ecke gebraut werden (helles Ale, Pils, Doppelbock und Hefeweizen). Für 48 NIS kriegt man 200 ml von diesen Biersorten plus Oliven und Sauerkraut.

Meatshos STEAK $$$
(04-696 3334; www.meatshos.co.il; Industriegebiet Katzrin; Hauptgerichte 65–169 NIS, Mo–Do 15 % Rabatt; ⊙Mo–Sa 12–23 Uhr) Das Restaurant ist bekannt für seine schmackhaften Steaks, Koteletts, Kebabs und Hamburger (400–750 g) mit Fleisch von koscher geschlachteten (aber nicht zertifizierten), eineinhalbjährigen Kälbern und Lämmern aus den Golanhöhen. Hier wird auch der Salokiya-Boutiquewein (Glas Rot-/Weißwein 42/32 NIS) serviert, der auf dem Gelände hergestellt wird. Das Meatshos befindet sich am nördlichen Ende des Industriegebiets neben der Feuerwache, 1 km hinter der Golan Heights Winery.

Pub Savta KNEIPE
(Antikenpark Katzrin; ⊙Sa–Do 21–2 Uhr od. länger) Die Bierkneipe auf dem Gelände der archäologischen Stätte ist bei Einheimischen und jungen israelischen Travellern sehr beliebt.

Praktische Informationen

Touristeninformation (04-696 2885; www.tourgolan.org.il; ⊙So–Do 9–16 Uhr) Wird von der Gemeindeverwaltung betrieben und hat Broschüren sowie kostenlose Stadtpläne auf Hebräisch, Englisch und Russisch. Außerdem kriegt man Infos zu Unterkunft, Wanderungen und Weingutbesuchen. Befindet sich 2 km östlich vom Merkaz Eitan im Einkaufszentrum hinter dem runden Springbrunnen neben dem Kesem HaGolan.

SPNI-Wanderinfos (04-696 5030; www.teva.org.il; SPNI Golan Field School, 2 Zavitan St; ⊙So–Do 8.30–17 Uhr) Die erfahrenen SPNI-Guides bieten kostenlose Beratungen zu Wanderungen in den Golanhöhen. Man kann auch telefonisch Auskünfte einholen.

An- & Weiterreise

Katzrin ist das Drehkreuz öffentlicher Verkehrsmittel in den Golanhöhen. **Rama-Busse** (1 900 721 111; www.bus.co.il) fahren fast in jede

Ecke der Golanhöhen und darüber hinaus nach Tiberias, Hazor HaGlilit (nahe Rosch Pina) und Kirjat Schmona. Bus 57 fährt am Ost- und Südwestufer (z. B. Kursi) des Sees Genezareth entlang bis nach Tiberias, Bus 52 am Nordwestufer des Sees (z. B. Kapernaum) nach Tiberias. Wer nach Neve Ativ, Majdal Shams und zu anderen Ortschaften am Hermon fahren will, steigt in Kirjat Schmona.

Der Egged-Bus 843 (49,50 NIS, 4 Std., tgl. 1–2-mal) verkehrt zwischen Katzrin und Tel Aviv. Werktags starten die Busse in Katzrin am frühen Morgen und in Tel Aviv um 16 Uhr.

Südlich von Katzrin

Die südlichen Golanhöhen – das Gebiet zwischen Katzrin, dem See Genezareth und den Hügeln mit Blick von Osten auf den See Genezareth – bieten ausgezeichnete Wandermöglichkeiten.

Mehr Details zum Moschaw Ramot und zu Unterkünften in Giv'at Joav stehen auf S. 240.

Naturschutzgebiet Yehudiya

שמורת טבע יהודיה   محمية طبعية يهودية

Eines der beliebtesten Wandergebiete im Norden Israels ist das 66 km² große **Naturschutzgebiet Yehudiya** (Meschuschim-Eingang 04-682 0238, Yehudiya-Eingang 04-696 2817; Erw./Kind 22/10 NIS; Sa–Do 7–16 od. 17, Fr 7–15 od. 16 Uhr). Hier gibt es Wanderwege für gemütliche Spaziergänge sowie solche für erfahrene Wanderer, vor allem für solche, die nichts dagegen haben, nass zu werden. Unterwegs könnte man auf Säugetiere wie Gazellen und Wildschweine treffen; in den Klippen tummeln sich Raub- und Singvögel.

Die meisten Wege folgen drei von Klippen gesäumten Wadis mit ganzjährig Wasser führenden Flussläufen, die in die nordöstliche Ecke des Sees Genezareth fließen. Vom Parkplatz Yehudiya (Chenyon Yehudiya) an der Rte 87 auf halber Strecke zwischen Katzrin und dem See Genezareth, sind aus das **Wadi Yehudiya** und das **Wadi Zavitan** am einfachsten zu erreichen.

Vom Parkplatz Meschuschim kommt man am leichtesten zum **Wadi Meschuschim**. Der Parkplatz befindet sich 8 km nordöstlich der neutestamentarischen Stätte Bethsaida und ist über eine 2,8 km lange Schotterpiste erreichbar, die von der parallel zum Jordan verlaufenden Rte 888 abgeht.

Die Ranger an beiden Eingängen des Yehudiya-Reservats sind äußerst sachkundig

und weisen einem die richtige Richtung. Zur eigenen Sicherheit wird man hier auch registriert. Die einzige Karte, die man benötigt, ist die ausgezeichnete farbcodierte Karte, die an den Ticketschaltern erhältlich ist. An beiden Eingängen gibt es auch Imbisse, an denen Sandwiches und Eis verkauft werden.

Auf jeden Fall sollte man sich an die ausgewiesenen Wanderwege halten. Viele Leute sind bereits in den Tod gestürzt, weil sie tückische provisorische Wege ausprobiert haben. Außerdem gibt es östlich des Wadi Yehudiya eine militärische Sperrzone (gegenüber Rte 87).

Sehenswertes & Aktivitäten

Neuer oberer Yehudiya Canyon Trail
WANDERN

Dieser neue Rundweg (2½–3 Std.) ersetzt den alten Wanderweg, der nach einem Felsrutsch gesperrt wurde. Die Wegmarkierungen sind zunächst rot, dann schwarz.

Der Weg beginnt an den Ruinen der aus der Zeit vor 1967 stammenden syrischen Siedlung **Yehudiya**, die – wie ihr arabischer Name verrät – auf den Überresten einer jüdischen Siedlung aus dem 3. und 4. Jh. errichtet wurde.

Vom Parkplatz Yehudiya geht es durch den Tunnel (an der südlichen Ecke des Parkplatzes) auf die andere Seite der Autobahn.

Bei einem Abschnitt des Neuen Oberen Yehudiya Canyon Trail muss man 20 bis 40 Minuten durch 50 cm bis 1 m tiefes Wasser waten. Eine Variante ist der **Yehudiya Waterfall Trail** (rote Wegmarkierungen; einfache Strecke ab der Parkinformation 45 Min.).

Oberer Zavitan Canyon Trail
WANDERN

Der dreistündige Rundweg bietet einen tollen Blick auf den 27 m hohen **Wasserfall Zavitan**, der besonders spektakulär in der Regenzeit erscheint. Der Abstieg beginnt an den Ruinen des arabischen Dorfes **Sheikh Hussein**, nordöstlich vom Parkplatz Yehudiya. Es ist ein leicht zu bewältigender Weg mit blauen, dann schwarzen, dann roten und schließlich wieder blauen Markierungen. Er führt flussabwärts bis zum **Unteren Zavitan Canyon Trail** und weiter zum Meschuschim-Becken (Hexagon-Becken).

Wer erst nach 11 Uhr aufbricht, schafft den gesamten Rundweg bis zum Becken nicht mehr.

Abschnitte des Oberen Zavitan Canyon Trail erreicht man auch in der Nähe von Katzrin und an der Rte 9088 zwischen Katzrin und der Katzrin-Darom-Kreuzung.

Meschuschim-Becken (Hexagon-Becken)

WANDERN

Das kühle (19 °C), 7 m tiefe Becken ist von ungewöhnlichen, sechseckigen Basaltsäulen (daher der Name) gesäumt und ideal für ein erfrischendes Bad. Auf dem Weg zu dem Becken läuft man vom Parkplatz Meschuschim (Umkleidekabinen vorhanden) 20 Minuten eine hübsche Strecke bergab; der Rückweg dauert 30 bis 40 Minuten. Der **Stream Trail** (Shvil HaNahal), der flussaufwärts auf das Wadi Meschuschim (mit einer 3 m langen Kletterleiter an der Felswand) trifft, führt 20 bis 30 Minuten bergab.

Diese Wanderungen sollte man vor 14 Uhr (Sommerzeit 15 Uhr) beginnen.

Am Becken gibt es keine Rettungsschwimmer, und Reinspringen und Tauchen sind absolut verboten (es sind schon Leute gestorben, weil sie unter Wasser mit dem Kopf aufgeschlagen sind).

Vom Parkplatz Yehudiya kann man hinunter zum Meschuschim-Becken wandern (je nach Strecke 4–6 Std.), aber um vom Wadi Zavitan zum Wadi Meschuschim zu gelangen, muss man zuerst steil bergauf und dann ebenso steil wieder bergab. Außerdem gestaltet sich die Rückkehr zum Auto problematisch (vorausgesetzt man hat eines und es steht auf dem Parkplatz Yehudiya). Nach 11 Uhr sollte man sich ohnehin nicht mehr auf den Weg machen (das gilt für beide Richtungen).

🛏 Schlafen

Yehudiya Camping Ground

CAMPING $

(Orchan Laila; ☎ 04-696 2817; www.campingil.org. il; Parkplatz Yehudiya; 50 NIS/Pers. inkl. Parkgebühr für den nächsten Tag; ⊙ 24 Std.) Der ganzjährig geöffnete Campingplatz hat einen Sicherheitszaun (zum Schutz vor Wildschweinen und Schakalen) und ist nachts gut beleuchtet. Es gibt hier Warmwasserduschen, Grillstellen und Schatten spendende Anlagen. Wenn am Infoschalter keiner ist, kann man sich wie zu Hause fühlen und bezahlt am nächsten Morgen. Ist der Schalter geöffnet,

---

WILDBLUMEN IM FRÜHJAHR

Die Felder, Berge und Täler in den Golanhöhen stehen von Februar bis Mitte Mai (hängt immer auch vom Regen ab) in voller Blüte. Je höher man auf den Hermon steigt, desto später blühen die Wildblumen (bis Aug.).

---

ist eine Gepäckeinlagerung dort möglich; für Wertsachen gibt's auch Schließfächer (10 NIS).

ℹ An- & Weiterreise

Die Rama-Busse 52 und 57 (So–Do tgl. 10-mal, Fr 6-mal), die zwischen Katzrin und Tiberias verkehren, halten am Parkplatz Yehudiya (20 Min. ab Katzrin). Egged-Bus 843 zwischen Katzrin und Tel Aviv fährt ebenfalls am Parkplatz Yehudiya vorbei. Der Busfahrplan ist am Imbiss in Yehudiya angeschlagen.

Naturschutzgebiet Gamla

محمية طبيعية جملا ‏شמورת טבע גמלא

Gamla (Rte 808; www.parks.org.il; Erw./Kind 22/15 NIS; Sa–Do 8–16 od. 17, Fr 8–15 od. 16 Uhr, letzter Einlass 1 Std. vor Schließung) war in der Zeit des Zweiten Tempels eine bedeutende jüdische Siedlung und thronte auf einem felsigen Kamm in Form eines Kamelhöckers (*gamla* ist das aramäische Wort für Kamel). Im Jüdischen Krieg (66–70) entschied sich die Stadt für den Widerstand gegen die Römer und wurde daraufhin von den Legionen Vespasians belagert. Der Historiker Flavius Josephus berichtet von einer sieben Monate andauernden Belagerung im Jahr 67, vom tapferen Standhalten der Verteidiger, von der blutigen Entscheidungsschlacht und von dem Massenselbstmord Tausender Juden wie in Masada. Nachdem die Ruinen 1968 anhand von Josephus' präzisen Beschreibungen als Überreste von Gamla identifiziert werden konnten, brachten Ausgrabungen Unmengen Waffen von der römischen Belagerung (einige kann man in Katzrin im Archäologischen Museum des Golan bewundern) sowie eine der weltweit ältesten Synagogen (die auf das 1. Jh. v. Chr. datiert wurde) zutage. Die Wanderung hinunter zum alten Gamla und seine Erkundung dauern etwa zwei bis drei Stunden.

Gamla ist auch für seine vielen **Gänsegeier** (mit einer Flügelspannweite von ganzen 2,7 m) bekannt, die in den Klippen nisten und majestätisch über dem Tal kreisen. Leider werden sie immer seltener; Hochspannungsleitungen und vergiftetes Aas, das die Bauern – verbotenerweise – auslegen, um Wölfe und Schakale zu töten, sind die Gefahren. Täglich um 11 und 13 Uhr gibt es vom **Geier-Aussichtspunkt** halbstündige geführte Wanderungen (hebräisch).

In dem Park befindet sich auch der höchste ganzjährig Wasser führende Wasserfall

Israels, der sich aus einer Höhe von 51 m in ein Becken ergießt. Der Weg zum **Wasserfall-Aussichtspunkt** (Tatzpit HaMapal) dauert hin und zurück eineinhalb Stunden und führt vorbei an einem Feld voller **Dolmen** (Basalt-Grabsteinen), die Nomaden vor 4000 Jahren errichteten.

Auf dem Plateau rund um den Parkplatz bietet der 2014 rollstuhlgerecht ausgebaute **Geier-Weg** (Shvil HaNescharim; 20–30 Min.) einen tollen Blick auf die alte Stadt.

Gamla liegt 20 km südlich von Katzrin und ist erreichbar mit den Rama-Bussen 10, 11 und 17.

Künstlerdorf Ani'am

In dem ruhigen, 9 km südöstlich von Katzrin (und rund 1 km abseits der Rte 808) gelegenen Moschaw findet man acht hübsche Ateliers und Galerien an einer mit Ziegeln gepflasterten Fußgängerstraße. Die Künstler – darunter zwei Töpfer und der in New York geborene Goldschmied Joel Friedman von **Golan Gold**, der erlesenen Goldschmuck herstellt – erklären Besuchern gern ihr Handwerk. Die meisten Ateliers sind sonntags bis donnerstags von 11 bis 16 oder 17 Uhr (im Aug. bis 19 Uhr od. länger) sowie freitags und samstags normalerweise 10 bis etwa 15 Uhr (Sommer bis 16 Uhr) geöffnet.

In Ani'am gibt es zwei koschere Restaurants, die freitagabends und samstags geschlossen sind.

Nördlich von Katzrin

Im zentralen Norden der Golanhöhen gibt es mehrere Naturschutzgebiete und die beiden Vulkane Avital und Bental, die über der UN-Schutzzone thronen. 2014 schlugen Granaten und Raketen aus Syrien in dem Gebiet ein, woraufhin Teile der Rte 98 zeitweilig gesperrt waren.

En Ziwan   عين زيوان   עין זיוון

Der Kibbuz En Ziwan, 19 km nordöstlich von Katzrin, war der erste Kibbuz im Land, der privatisiert wurde (und zwar ab 1992).

Bahat Winery WEINGUT
(☑ 04-699 3710; www.bahatwinery.co.il; Führung Erw./Kind 20/10 NIS; ☉ So–Do 9–17, Fr 9–15 Uhr od. länger) Das Bahat (der Name bedeutet „Alabaster") ist ein echtes Edel-Weingut. Es befindet sich in einer ehemaligen Flip-Flop-Fabrik und produziert pro Jahr gerade

mal 10 000 Flaschen Wein, darunter einen Verschnitt aus Cabernet Sauvignon und Sangiovese. Alle halbe Stunde finden kurze Führungen (hebräisch & englisch) durch die aus nur einem Raum bestehende Produktionsanlage mit anschließender Verkostung statt. Kinder können lernen, wie die Flaschen verkorkt werden (30 NIS).

De Karina Chocolatier CHOCOLATIER
(☑ 04-699 3622; www.de-karina.co.il; Führung Erw./Kind 24/20 NIS, inkl. Workshop 65/55 NIS; ☉ So–Do 9–17, Fr 9–15 Uhr, letzte Führung 1 Std. vor Schließung) Der Chocolatier bietet Führungen und Workshops rund um die Herstellung von Schokolade an. Reservierung erforderlich!

Aussichtspunkt Quneitra

موقع المراقبة القنيطرة   תצפית קוניטרה

Vom Gipfel des **Har Avital** späht die israelische Armee elektronisch weit nach Syrien hinein. Aber auch vom Aussichtspunkt Quneitra an den tieferen Flanken des Vulkans hat man einen weiten Blick ins gepeinigte nördliche Nachbarland Israels. Diese Stätte, an der eine Audiostation die Geschichte der hier ausgefochtenen Schlachten von 1973 erzählt, überblickt die 2 km entfernten Ruinen von Quneitra, der einstigen syrischen „Hauptstadt der Golanhöhen".

Am Ende des Sechstagekriegs wurde Quneitra, das zu jener Zeit eine Garnisonsstadt zur Verteidigung des 60 km nordöstlich liegenden Damaskus war, chaosartig von der syrischen Armee verlassen, als das syrische Staatsradio fälschlicherweise verkündete, die Stadt sei gefallen. Im Jom-Kippur-Krieg von 1973, wo zunächst nur 177 israelische den angreifenden 1500 syrischen Panzern gegenüberstanden, wechselte Quneitra zweimal den Besitzer. Mitte 2014 wurde Quneitra, das seit 1974 in der UN-Pufferzone liegt, von syrischen Rebellen eingenommen.

Gleich hinter den Apfelhainen und Weinbergen des Kibbuz En Ziwan kann man den einzigen **Grenzübergang** zwischen dem Golan und Syrien sehen. Der von der UN bewachte Übergang wurde bis zum Bürgerkrieg von drusischen Studenten aus den Golanhöhen und angehenden Bräuten genutzt, die nach Syrien reisen, um zu studieren und/oder zu heiraten (das Thema behandelte der 2004 gedrehte israelische Film *Die syrische Braut*). Außerdem diente dieser Grenzübergang den Drusen auch für den Export ihrer angebauten Äpfel aus den Golanhöhen nach Syrien.

Ein Weg führt vom Aussichtspunkt den Abhang hinunter zum **Vulkanpark Avital** (HaPark HavVolkani; ⊙ tgl. 10–16 Uhr) in einem alten Steinbruch, dessen freigelegte Gesteinsschichten die bewegte geologische Geschichte der Golanhöhen offenbaren. Es gibt Infotafeln auf Hebräisch, Arabisch und Englisch.

Der Aussichtspunkt und der Park befinden sich neben einem kleinen Parkplatz auf der Ostseite der Rte 98, 1,3 km nördlich der Ziwan-Kreuzung.

Merom Golan   מרום גולן   جولان مروم

♪ 04

Der Kibbuz am Fuß der westlichen Abhänge des Bental war die erste jüdische Siedlung in den Golanhöhen, die 1967 nach dem Sechstagekrieg aufgebaut wurde.

Auf dem Rücken eines Pferdes kann man mit den *bokrim* (Cowboys) von **Havat Habokrim** (☎ 057 851 4497; www.mgtour.co.il; Ausritt 1 Std. 140 NIS; ⊙ Ausritte normalerweise ab 10, 12 & 14 Uhr) die Vulkanberge erkunden. Vorab telefonisch reservieren!

Nach dem Ausritt kann man seinem durchgeschüttelten Körper im **Merom Golan Resort Village** (☎ 04-696 0267; www. mgtour.co.il; DZ 720–760 NIS, Chalet 880–980 NIS; ❄ 🛜 🏊) Ruhe gönnen. Die rollstuhlgerecht ausgebauten 45 Holz- und Basalthütten mit Whirlpool und die 33 komfortablen Zimmer sind umgeben von einem hübschen Garten.

Das **Habokrim Restaurant** (☎ 04-696 0206; www.mgtour.co.il; Hauptgerichte 60–136 NIS, Fr Büfett Erw./Kind 125/60 NIS, Fr 12–15 & 19–21 Uhr) serviert in seinem 2014 erweiterten ranchartigen Speiseraum köstliche Steaks, Lammfleisch und Hamburger von Tieren aus den Golanhöhen. Das 1989 eröffnete Fleischrestaurant hat auch Fisch, Quiche und ein paar Kindergerichte (49 NIS). Weine aus der Region kosten 28 NIS pro Glas. Das Essen ist koscher; freitags gibt's daher abends nur ein Büfett.

Har Bental   הר בנטל   جبل بنطل

Vom Gipfel des zu einem Naturschutzgebiet gehörenden inaktiven Vulkans (1165 m; rund um die Uhr zugänglich) hat man einen fantastischen Panoramablick. Von den alten israelischen Schützengräben und Bunkern, die jederzeit einsatzfähig sind, sieht man die Chula-Ebene, den Hermon, den nahen, mit Antennen der israelischen Armee gespickten Avital und kann in den Libanon und nach Syrien hinüberspähen. Den besten Blick auf das Gebiet um Quneitra hat man unmittelbar vor Sonnenuntergang. In der letzten Zeit berichteten Besucher, dass in der Ferne Geschützfeuer des syrischen Bürgerkriegs zu hören war. Zwei „Audiostationen" bieten auf Hebräisch und Englisch Infos zur Geschichte. Schilder auf dem Gipfel weisen gen Damaskus (60 km), Haifa (85 km), Amman (135 km), Jerusalem (240 km), Bagdad (800 km) und Washington D.C. (11 800 km).

Das nach dem früheren UN-Generalsekretär Kofi Annan, der einst die unten patrouillierenden UN-Blauhelme kommandierte, benannte **Coffee Anan** (☎ 04-682 0664; www.meromgolantourism.co.il; Sandwiches 32–39 NIS; ⊙ Sommer 9–18 Uhr, sonst 9–17 Uhr) serviert Sandwiches, Salate, hausgemachten Kuchen, Börek, *shakshuka* (45 NIS) und Eis. Auf Hebräisch bedeutet der Name übrigens „Café in den Wolken".

Odem   אודם   اودم

Der kleine Moschaw, 33 km nördlich von Katzrin, bietet einige der preiswertesten Unterkünfte in den Golanhöhen und ist ein toller Ort, um andere Traveller zu treffen.

Odem Mountain Winery   WEINGUT
(☎ 04-687 1122; www.harodem.co.il; ⊙ So–Do 10–16, Fr 10 Uhr–1 Std. vor Sonnenuntergang) Das familienbetriebene Boutiqueweingut produziert nur 80 000 Flaschen Wein pro Jahr und veranstaltet Weinproben (3/5 Weine 30/50 NIS). Sehr zu empfehlen sind der leichte, sommerliche Rosé aus Cabernet Sauvignon und der international beach-

---

AUSWIRKUNGEN DES SYRISCHEN BÜRGERKRIEGS

2014 bemächtigten sich syrische Rebellen der syrischen Seite der Grenze und nahmen Soldaten der UN Disengagement Observer Force (UNDOF) aus Fidschi als Geiseln. Im Zusammenhang damit schlugen auch einige Granaten und Raketen auf der israelischen Seite der Trennlinie ein. Man sollte sich über die örtliche Sicherheitslage informieren, bevor man sich in die Nähe der Grenze aufmacht, insbesondere im Gebiet um den Bental und den Aussichtspunkt Quneitra.

tete rote Cabernet Franc. Für die Führung (10 NIS) vorher anrufen!

Ya'ar HaAyalim ZOO, VERGNÜGUNGSPARK
(☑ 050 522 9450; www.yayalim.co.il; Kind 2–12 Jahre/begleitender Erw. 60/35 NIS; ⊙ 9–17 Uhr, Juli & Aug. 9–19 Uhr) Kinder lieben die mit Kies bestreute und von Bäumen beschattete Anlage an einem Hang. Hier gibt es drei Arten von Hirschen (aus Nordeuropa, dem Himalaja und aus Japan), Steinböcke, Miniponys, auf denen die Kids reiten können, einen Streichelzoo, Tretautos, ein Trampolin und einen Park mit einer 15 m langen Seilrutsche.

Golan Heights Hostel HOSTEL $
(☑ 054 260 0334; Odem; B 100 NIS, DZ 350 NIS, DZ ohne Bad 250 NIS; ☎) Das 2014 eröffnete, freundliche, zweckmäßige Hostel hat sechs Zimmer (drei davon sind Schlafsäle mit je sechs Etagenbetten) und all die Annehmlichkeiten, die man erwarten kann, darunter Küche, Waschküche und viele Gemeinschaftsbereiche für geselliges Beisammensein. Die Fußbodenheizung ist im Winter ein Segen. Details gibt's auf der Facebook-Seite.

Khan Har Odem PENSION $
(☑ 050 566 2673; www.hanharodem.co.il; ohne Frühstück So–Mi 110 NIS/Pers., Do–Sa 135 NIS; ☎) Die Übernachtung hat etwas von Luxus-Camping: Bis zu 50 Gäste schlafen auf Matratzen, die auf dem Boden eines großen Saals ausgelegt sind. Damit man trotzdem Privatsphäre hat, ist der Raum durch Vorhänge unterteilt. In der großen luftigen Küche geht's gesellig zu. Bettlaken, Kissen und Decken kann man sich für 30 NIS ausleihen.

Ya'ar HaAyalim HÜTTEN $
(☑ 050 522 9450; www.yayalim.co.il; ohne Frühstück 120 NIS/Pers.) Billige Unterkunft in schlichten Wellblechhütten.

Nördliche Golanhöhen

Im Gebiet an der Rte 99 und nördlich davon gibt es einige tolle Naturschutzgebiete und den hohen Berg Hermon, an dessen Hänge sich vier drusische Dörfer schmiegen.

Das Naturschutzgebiet Tel Dan (S. 262) liegt 5 km westlich des Banyas-Schutzgebiets.

Naturschutzgebiet Banyas

محمية طبيعية بنياس   שמורת טבע הבניאס

Sprudelnde Quellen, Wasserfälle und Bäche unter Schatten spendender Vegetation machen den Reiz des **Naturschutzgebiets** (☑ Banyas-Quellen 04-690 2577, Banyas-Wasserfall 04-695 0272; www.parks.org.il; Rte 99; Erw./Kind 29/15 NIS, inkl. Nimrodburg 40/20 NIS; ⊙ Sa–Do 8–16 od. 17, Fr 8–15 od. 16 Uhr) aus, das zu den schönsten und beliebtesten Naturreservaten Israels zählt. Der Park hat zwei Eingänge an der Rte 99 in einem Abstand von ungefähr 3,5 km (zu Fuß 1½ Std.). Der Name „Banyas" leitet sich von Pan, dem griechischen Gott des Waldes und der Natur, ab, dem das Gebiet einst geweiht war.

Viele Abschnitte der vier Wanderwege im Park (eine Wegekarte wird gestellt) verlaufen im Schatten von Eichen, Platanen, Feigen- und Johannisbrotbäumen. Der **Suspended Trail** in der Nähe des (unteren) Eingangs am Banyas-Wasserfall ist ein Plankenweg, der über den rauschenden Banyas (Hermon) auskragt und einen Blick ins Paradies gewährt. Ein Stück flussaufwärts befindet sich der 10,5 m hohe **Banyas-Wasserfall**, der sein Wasser über die steile Klippe tosend in ein tiefes Becken ergießt. So verlockend es sein mag, Baden ist hier nicht erlaubt.

Nahe dem (oberen) Eingang zu den Banyas-Quellen eröffnet ein 45-minütiger Rundweg den Blick auf die ausgegrabenen Ruinen eines **Palastkomplexes**, den Herodes Agrippa II., ein Enkel Herodes des Großen, erbauen ließ.

Beide Eingänge erreicht man mit dem Rama-Bus 58 von Kirjat Schmona nach Majdal Shams.

Nimrodburg

قلعة الصبيبة   מבצר נמרוד

Die märchenhaft wirkende Burgruine der **Nimrodburg** (☑ 04-694 9277; www.parks.org.il; Rte 989; Erw./Kind 22/10 NIS; ⊙ Sa–Do 8–16 od. 17, Fr 8–15 od. 16 Uhr; letzter Einlass eine Stunde vor Schließung des Parks), die im 13. Jh. wohl von Muslimen erbaut wurde, um die Handelsstraße von Tyros nach Damaskus zu schützen, thront auf einem langen, schmalen Kamm in 815 m Höhe an den Südwesthängen des Hermon. Die Arbeit, die in die Errichtung einer so gewaltigen Festungsanlage – sie ist 420 m lang und bis zu 150 m breit – auf der Spitze eines einsamen Bergkamms gesteckt wurde, erregt Staunen. Wer auf seiner Reise nur *eine* Kreuzzugsfestung besichtigen kann, sollte sich diese anschauen.

Die Details ihrer wechselvollen mittelalterlichen Geschichte (die Burg wurde auch einmal von den Mongolen zerstört) sind der ausgezeichneten englischen Broschüre mit Karte zu entnehmen, die man am Ticketschalter erhält. Zu den Highlights zählt ein erhaltener Saal aus dem 13. Jh. mit Schießscharten für Bogenschützen im **Nordturm**.

Die Burg ist von der gesamten Chula-Ebene aus zu sehen. Steilwände und schwindelerregende Schluchten schützen sie von drei Seiten. Südlich der Nimrodburg befindet sich das Wadi Sa'ar, das das Basaltplateau der Golanhöhen (im Süden) von den Kalksteinflanken des Hermon (im Norden) abgrenzt.

Die Festung erreicht man mit dem Rama-Bus 58 auf dem Weg zwischen Kirjat Schmona und Majdal Shams.

Ein Kinya عين قنية עין קנייא

Das kleinste und ruhigste drusische Dorf der Golanhöhen liegt in einem Tal ein Stück bergauf von der Nimrodburg, 2 km südlich der Rte 989.

Die vier Doppelzimmer und zwei großen Apartments von **Snabl Druze Hospitality** (050 577 8850; sanabl.tal@gmail.com; DZ 600–750 NIS, zusätzl. Pers. 100–150 NIS, Apt. mit 6/10 B 1500/2000 NIS) – der Name ist Arabisch für „Ohr des Weizens" – bieten einen tollen Blick auf die Nimrodburg und die Chula-Ebene. Eine wunderbare Bleibe für Familien! Das Haus hat eine schokoladenbraune, mit Jerusalemer Kalkstein verblendete Fassade und liegt im Norden des Ortes, von der Hauptstraße den Hügel hinauf. Um hierher zu gelangen, der weiß-grünen Ausschilderung folgen!

Neve Ativ نيف اتيف נווה אטי''ב

04 / 115 EW.

Dieser Moschaw an den Flanken des mächtigen Hermon kommt in Israel einem Schweizer Alpendörfchen am nächsten und ist im Sommer ein guter Ausgangspunkt zum Wandern und im Winter zum Skifahren. Wegen den Heizkosten steigen im Winter die B&B-Preise.

Besonders gemütlich – und bei Familien äußerst beliebt – ist das B&B **Chez Stephanie** (04-698 1520; mauriceski@gmail.com; oberer Abschnitt der Naftali St; DZ/4BZ 580/860 NIS; *). Die Inhaber Reine und Maurice stammen aus Marseille, aber in ihren drei Blockhütten jeweils für bis zu sechs Personen und den vier Doppelzimmern fühlt man sich wie Chamonix.

Neve Ativ liegt von Majdal Shams aus 4 km westlich an der Rte 989 und wird von dem zwischen Kirjat Schmona und Majdal Shams verkehrenden Rama-Bus 58 bedient.

Nimrod نمرود נמרוד

04

Der einsame Weiler auf einer Hügelspitze abseits der Rte 98 (am Golan Trail) ist wegen der atemberaubenden Aussicht und der Winter mit Schneefall ein toller Ort zum Abschalten. Hier wohnen alles in allem nur sechs Familien!

Der Rama-Bus 58 zwischen Kirjat Schmona und Majdal Shams hält an der Rte 989 an der Nimrod-Kreuzung, 2 km unterhalb von Nimrod. Die Unterkunftsanbieter holen ihre Gäste gern von dort ab; man kann aber auch bis zum Ort laufen.

Ohel Avraham CAMPING $

(Abrahams Zelt; 052 282 1141, 04-698 3215; Tipi 100 NIS zzgl. 60 NIS/Pers., Fertighütte 350 NIS, Stellplatz 60 NIS/Pers.; etwa Pessach-Sukkot, Fertighütten ganzjährig) In der hippiemäßigen, sehr schlichten Unterkunft gibt's drei Tipis, ein mongolisches Zelt und mehrere Hütten – toll zum Chillen. Schlafsack mitbringen; Matratzen gibt's vor Ort!

Bikta BaArafel PENSION $$

(04-698 4218; www.bikta.net; Hütte 500–1000 NIS, Camping 50 NIS/Pers.) Hier finden sich zehn rustikale Räume aus wiederverwertetem Holz, die von einem Hain mit Bio-Obstbäumen (Kirsche, Apfel, Aprikose) umgeben sind. Fürs Abendessen kann man am offenen Kamin zubereitete Fleisch- oder Gemüseeintöpfe (70 NIS) bestellen. Zum Campen bringt man sein eigenes Zelt und seinen Schlafsack mit; eine Matratze kann man sich für 15 NIS ausleihen. Schlafsaalbetten stehen nicht mehr zur Auswahl. Freiwilligenjobber, die sich für umweltfreundliche Bautechniken und Bio-Gartenbau interessieren, finden hier Arbeit.

Majdal Shams

مجدل شمس מג'דל שמס

04 / 10 200 EW.

Majdal Shams ist die größte der vier drusischen Ortschaften in den Golanhöhen – es gibt hier sogar Staus! Es ist das kommerzielle und kulturelle Zentrum der Drusengemeinschaft des Golan. Drusenfahnen flattern im Wind, und oft sieht man Männer mit kunstvoll gezwirbelten Schnurrbärten in der tradi-

ℹ WANDERKARTEN & SICHERHEIT

In den meistbesuchten Naturschutzgebieten der Golanhöhen erhält man beim Zahlen des Eintritts auch ausgezeichnete Wanderkarten. Wer aber noch weiter querfeldein wandern will, sollte sich unbedingt – schon um die vielen Minenfelder und Gefechtszonen in der Gegend zu umgehen – die nur auf Hebräisch verfügbare **SPNI-Karte Nr. 1** besorgen. Diese topografische Karte im Maßstab 1:50 000 umfasst das Gebiet um den Hermon, die Golanhöhen und Nordgaliläa (also die Chula-Ebene und Umgebung). Die Karte wird in den meisten Nationalparks in der Gegend verkauft.

In eintrittspflichtigen Naturschutzgebieten erhält man an den Informationsschaltern aktuelle Infos zum Zustand der Wanderwege. Bei manchen Strecken muss man sich registrieren lassen und möglicherweise im Auto auf dem Armaturenbrett eine Karte hinterlassen, damit – falls man nach Einbruch der Dunkelheit noch nicht zurück ist – die Parkwächter, die das Auto finden, sofort wissen, wohin sie ein Rettungsteam aussenden müssen.

Weitere Sicherheitshinweise:

➡ Viel Wasser mitnehmen!

➡ Kopfbedeckung und festes Schuhwerk tragen!

➡ Niemals in die Wasserbecken am Fuß von Wasserfällen springen (jedes Jahr kommen Menschen zu Tode, weil sie unter Wasser auf Felsblöcke stoßen)!

➡ Sicherstellen, dass man bei Einbruch der Dunkelheit zurück ist!

---

tionellen Tracht, zu der ein schwarzer *sirwal* (Pluderhose) und ein weißer Fez gehören. Allerdings ist der Ort deutlich weniger konservativ als die meisten anderen drusischen Dörfer: Die jungen Frauen hier kleiden sich wie typische säkulare Israelis; in diversen Kneipen wird sogar Alkohol ausgeschenkt.

Höhere Bildung spielt hier eine große Rolle. Bevor der Bürgerkrieg in Syrien ausbrach, studierten rund 400 drusische Studenten aus dem Golan an Universitäten in Syrien. Heute setzen die meisten jungen Leute von hier ihr Studium in Israel oder in Deutschland fort.

⊙ Sehenswertes

Shouting Hill HISTORISCHE STÄTTE

Drusische Familien, die durch den Konflikt zwischen Israel und Syrien getrennt waren, versammelten sich oft mit Megafonen am Rand einer schmalen, von UN-Blauhelmsoldaten kontrollierten Schlucht am östlichen Stadtrand, um Freunden und Verwandten auf der anderen Seite der Schlucht Nachrichten zu übermitteln. In den letzten Jahren haben Skype und Handys dieses Ritual weitgehend abgelöst, das in dem preisgekrönten Film *Die syrische Braut* (2004) eine wichtige Rolle spielte.

Schlafen

Narjis Hotel HOTEL $$

(Malon Butik Narkis; ☏ 04-698 2961; www.narjis hotel.com; Rte 98, Majdal Shams; DZ 450–650 NIS; ❄ 🛜) Das schicke Hotel mit einheimischem Besitzer hat 21 große, moderne Zimmer mit Whirlpool, Balkon und Kühlschrank. Es befindet sich an der Straße zum Hermon, 200 m von der Hermon-Kreuzung, dem Kreisverkehr an der Kreuzung Rte 989 und Rte 98, entfernt.

Essen & Ausgehen

Am westlichen Ortseingang von Majdal Shams gibt's eine Reihe kleiner Lokale, die Falafel, Schawarma (28 NIS; 11-20 od. 21 Uhr) und drusisches Fladenbrot mit Labné (*pita druzit;* 15 NIS) verkaufen. Von der Kreuzung Rte 98 und Rte 989 läuft man in Richtung Kreisverkehr, in dessen Mitte eine heroische Reiterstatue zum Gedenken an den Aufstand von 1925 gegen die französische Herrschaft in Syrien steht.

Auf den gegenüberliegenden Seiten des Kreisverkehrs an der Kreuzung Rte 98 und Rte 989 finden sich zwei konkurrierende Läden mit köstlicher Baklava (70 NIS/kg) und weichem, warmem *kunafeh*: das **Abu Jabal** (mit einem rot-weißen Schild mit hebräischem und russischem Schriftzug) und **Abu Zeid** (das Schild hat eine rosafarbene hebräische Aufschrift).

In den Bars ist donnerstags und freitags am meisten los.

Nisan DRUSISCH $$

(☏ 04-687 0831; Rte 98; Hauptgerichte 29–95 NIS; ⊙ 10–23 Uhr; 🛜 🅿) Das hell beleuchtete, blitzblanke und rollstuhlgerechte Lokal bietet drusische Spezialitäten (Grillfleisch, Hummus, Kebab und Salate) und westliche Speisen (Pasta, Pizza und etwas, was sich „California Salad" nennt). Es befindet sich vom Narjis Hotel in Richtung Hermon 400 m bergauf.

Why? BAR
(Rte 98; Hauptgerichte 38–95 NIS; ⊙10–1 Uhr oder später) Eine sympathische Bar für ein Bierchen (es gibt vier Sorten vom Fass) oder einen kleinen Happen (Grillfleisch, Pizza, Ravioli). Liegt 50 m östlich vom Narjis Hotel.

Green Apple Bar & Cafe KNEIPE
(☑052 666 2285; Rte 98; ⊙tgl. 11–23 Uhr od. länger) Der neue Pub im irischen Stil könnte auch in Chicago stehen. An jedem zweiten Donnerstag ab 21 Uhr gibt's Livemusik. Neben dem Narjis Hotel.

❶ Praktische Informationen

In Majdal Shams gibt's Banken mit Geldautomaten.

❶ An- & Weiterreise

Majdal Shams liegt 30 km östlich von Kirjat Schmona und ist erreichbar mit dem Rama-Bus 58 ab Kirjat Schmona, der vorbei an Neve Ativ, der Nimrodburg und dem Naturschutzgebiet Banyas fährt.

Har Hermon הר החרמון خبل الشيخ

Israels einziger **Skiort** (☑1 599 550 560, 03-606 0640; www.hermonski.com; Rte 98; Winter Erw./Kind 49/44 NIS, Sommer frei; ⊙7 od. 8–16 Uhr, letzter Einlass 15.30 Uhr) befindet sich an der äußersten Nordspitze der Golanhöhen oben auf dem Hermon und ist für frische Bergluft (sogar im Sommer), schöne Bergblumen und gelegentlichen Schneefall bekannt. Der 2814 m hohe Gipfel des Berges gehört zu Syrien, der höchste Punkt, den Israel kontrolliert, beträgt 2236 m. Wenn man das Gebiet erst einmal erreicht hat, kann man bis Sonnenuntergang bleiben.

Die Einrichtungen am Hermon erinnern an einen nicht hoch gelegenen, nicht besonders exklusiven Skiort in den Alpen um das Jahr 1975, weshalb man wohl auch von kitschigen Riesen-Schneemännern aus Styropor begrüßt wird. In guten Jahren kommen zwischen Dezember und März 30 bis 40 Skitage zusammen – das reicht nicht aus, um die Nachfrage zu befriedigen, weswegen die Pisten oft absolut überfüllt sind. In schlechten Jahren sind die Pisten vielleicht gar nicht geöffnet. Für den kleinen Hunger gibt es ein paar Snackbars, von denen im Sommer nur eine geöffnet ist.

Im Winter liegen für gewöhnlich 3 bis 4 m Schnee auf dem Hermon, im Rekordjahr 1992 betrug die Schneehöhe stolze 10 m! Auskunft zu den aktuellen Skibedingungen gibt's online oder telefonisch.

Das Skifahren an den Hängen des Hermon kann recht teuer werden – aber für Israelis ist es immer noch billiger, als nach Österreich zu fliegen (vor 1948 fuhren palästinische Juden mit einer Leidenschaft für den Wintersport in den Libanon). Zum Eintritt (zahlbar an den Mauthäuschen an der Straße) kommen noch die Kosten für den **Skipass** (ganzer Tag/Nachmittag 245/200 NIS) und die Leihgebühren für Skier (Erw./Kind 140/120 NIS), Snowboard (170 NIS) und Skibekleidung (120 NIS) hinzu.

Das Skizentrum hat drei blaue (leichte), sieben rote (schwere) und zwei schwarze (sehr schwere) Abfahrtspisten. Die längste ist 1248 m lang und hat eine Höhendifferenz von 376 m; die höchste Piste beginnt bei 2036 m. Es gibt elf Skilifte, die einen raufbringen, darunter Sessel- und Schlepplifte.

Wer Ski fahren will, muss darauf achten, dass die Reiseversicherung Risikosport und einen eventuellen Heimtransport abdeckt.

In den warmen Jahreszeit kommt man mit dem **Sessellift** (Erw./Kind 3–12 Jahre 49/42 NIS; letzte Abfahrt 15.30 Uhr) nach oben, wo man die blühenden Bergblumen bewundern kann. Die Fahrt macht Spaß, und man hat einen tollen Blick, aber oben sieht man nicht viel mehr als israelische Bunker in der Ferne. Am besten timt man den Aufstieg so, dass man an der kostenlosen eineinhalbstündigen **geführten Wanderung** (Ende Mai–Sukkot tgl. 11 & 13 Uhr) in Begleitung eines SPNI-Guide teilnehmen kann, bei der man sich die Blumen und sonstigen Pflanzen anschaut und etwas über die örtliche Kriegsgeschichte erfährt. Dazu braucht man sich nur eine halbe Stunde vor Beginn am Lift einzufinden. Die Blütezeit liegt hier zwischen Ende Mai und August – also drei oder vier Monate später als an der Küste.

Der Skiort befindet sich von Majdal Shams aus 9 km bergauf an der Rte 98.

Westjordanland
الضفة الغربية   הגדה המערבית

Inhalt ➡
Bethlehem........ 280
Rund um
Bethlehem.........287
Ramallah &
Al-Bireh 290
Rund um Ramallah . 294
Jericho &
Umgebung........ 294
Hebron............301
Nablus 303
Dschenin 307

Auf ins Westjordanland!

„Welcome" ist ein oft zu hörendes Wort im Westjordanland. Ob der Händler im Basar, der Kellner im Restaurant oder der Taxifahrer im Taxi mit arabischer Musik – die Palästinenser tun alles, damit sich Besucher in ihrem Land wohlfühlen.

Angesichts der weit verbreiteten Vorstellung vom Westjordanland als Paradebeispiel für Unruhen und Gewalt dürfte diese Herzlichkeit überraschen. Und es stimmt ja auch, dass bettelarme Flüchtlinge in Lagern, mit Stacheldraht bewehrte Kontrollpunkte und hohe Mauern allgegenwärtig sind. Doch es gibt auch ein anderes Palästina: mit geschäftigen Städten und chaotischen Basaren, sanften Hügeln und traditionellen Dörfern, alten Olivenhainen und Wüstenlandschaften, in denen es von biblischen Stätten nur so wimmelt.

Zu den vielleicht schönsten Erlebnissen hier gehören aber die Begegnungen mit Palästinensern, die trotz aller Widrigkeiten immer noch auf Frieden und Stabilität hoffen. Das Westjordanland ist sicher nicht das angenehmste und bequemste Reiseziel, aber die Mühe lohnt sich!

Gut essen
➡ La Vie Cafe (S. 292)
➡ Afteem (S. 285)
➡ Al Essawe (S. 300)
➡ Al Aqsa (S. 306)
➡ Peace Center Restaurant (S. 286)

Historische Stätten
➡ Kloster Mar Saba (S. 290)
➡ Hisham-Palast (S. 296)
➡ Sebastiya (S. 305)
➡ Nabi Musa (S. 297)

Reisezeit
Bethlehem

Oktober Es herrscht Festtagsstimmung, die Städter fahren zur Olivenernte in ihre Heimatdörfer.

November Anfang November wird in Burqi'in das Erntedankfest gefeiert.

Ende Dezember Bethlehem strahlt: Lichterketten, Deko, Sternsingen und Weihnachtsmessen.

Highlights

① In andächtiger Stille durch die gepflasterten Straßen **Bethlehems** (S. 280) von der Altstadt zum Krippenplatz und zur Geburtskirche spazieren

② In einer der angesagten Bars von **Ramallah** (S. 290) coole Cocktails schlürfen

③ Mit der Seilbahn über **Alt-Jericho** (S. 296) und die Überreste der ältesten ständig bewohnten Siedlung der Erde schweben

④ Das uralte **Hebron** (S. 301) und die umstrittene Grabstätte der monotheistischen Patriarchen besuchen

⑤ In einem Hammam im Seifenort **Nablus** (S. 303) Körper und Seele reinigen

⑥ Die mutigen Schauspieler des berühmten **Freedom Theatre** (S. 307) in Dschenin bewundern

⑦ Die Aussichtsplattform auf dem Berg **Garizim** (S. 306) erklimmen, der nach der Überlieferung der Samaritaner das erste, von Gott erschaffene Stück Erde war.

Geschichte

Der geografische Begriff Westjordanland – 22 % des Mandatsgebiets Palästina – entstand als Ergebnis des arabisch-israelischen Kriegs von 1948 nördlich, östlich und südlich von Jerusalem und das Gebiet fiel unter jordanische Kontrolle. Der Name leitet sich von seiner Lage westlich des Jordans ab (das Haschemitische Königreich Jordanien wird manchmal auch Ostjordanland genannt).

Historisch haben die Juden das Gebiet Judäa (Yehuda) und Samarien (Shomron) genannt – in Anspielung auf die südlichen bzw. nördlichen Zipfel des Westjordanlands. Die zeitgenössische Verwendung dieses Ausdrucks – der bevorzugte Fachausdruck unter jüdischen Siedlern und israelischen rechtsorientierten Regierungsmitgliedern – ist jedoch umstritten, da er andeutet, dass die moderne israelische Politik auf den biblischen Grenzen des Landes Israels basieren sollte. Alternativ werden die Ausdrücke „Besetzte Palästinensische Autonomiegebiete" oder „Autonomiegebiete" verwendet.

Die palästinensische Kultur im Westjordanland lässt immer noch die 400 Jahre unter osmanisch-türkischer Herrschaft erkennen. In dieser Zeit war das Gebiet Teil der osmanischen Provinz Syrien. Aber auch kürzere Besetzungen, wie das Völkerbundsmandat für Palästina (1917–1948) nach dem Ersten Weltkrieg, haben ihre Spuren hinterlassen. (Englisch wird noch immer in vielen palästinensischen Schulen unterrichtet.)

In der osmanischen Zeit lebten – wenn auch nur wenige – Juden im Westjordanland (vor allem in Hebron). Ende des 19. und 20. Jhs. wanderten viele Menschen aus Russland, dem Jemen und anderen Ländern nach Palästina ein. Einige wenige siedelten auch in den bergigen Gebieten Palästinas, das später das Westjordanland werden sollte.

Im ersten arabisch-israelischen Krieg besetzte Jordanien 1948 das Westjordanland und annektierte es kurz darauf. Doch schon 1967 gelang es Israel im Sechstagekrieg das Gebiet zurückzuerobern. In den 1970er- und 1980er-Jahren versuchte Jordanien erfolglos, das Westjordanland mit dem arabischen Nachbarn zu vereinigen, und trat 1988 schließlich alle Gebietsansprüche an die Palästinensische Befreiungsorganisation PLO ab.

Infolge der Ersten Intifada (nach dem arabischen Wort für „Erhebung" oder „Abschütteln") von 1987 bis 1993 wurde das Oslo-Abkommen unterzeichnet. Mit dieser

REISEWARNUNG

In den letzten Jahren ist das Reisen im Westjordanland für westliche Besucher relativ sicher, und die Gefahr, in eine kritische Situation zu kommen, ist sehr gering. Dennoch ist das Westjordanland ein militärisch besetztes Gebiet und die Lage kann sich jederzeit ändern. Es kommt immer wieder zu Zusammenstößen zwischen israelischen Soldaten und Steine werfenden Palästinensern, insbesondere an Freitagen.

Man sollte die aktuellen Nachrichten verfolgen und Reisehinweise beachten. Und sich nicht scheuen, beim gebuchten Hostel oder Hotel vorab per E-Mail die Sicherheitslage zu erfragen. Es versteht sich von selbst, dass sich Traveller von Protesten fernhalten sollten. Das gilt insbesondere für die Umgebung von israelischen Kontrollpunkten und Siedlungen sowie in der gesamten Stadt Hebron, wo die Lage schnell eskalieren kann.

Bei der Einreise nach Israel werden Besucher nach den geplanten Besuchszielen gefragt und ob sie auch ins Westjordanland reisen wollen. Wer dies bejaht, muss damit rechnen, eine Zeitlang festgehalten zu werden.

vorläufigen Vereinbarung zwischen der israelischen Regierung und der PLO wurde die Verwaltung bestimmter Gebiete wie Jericho, Ramallah und Dschenin der neu gegründeten Palästinensischen Autonomiebehörde übertragen.

Doch keine Seite wurde wirklich glücklich mit dieser Vereinbarung und ihren Folgen. Die gewalttätigen Auseinandersetzungen gingen weiter und forderten zahllose Tote auf israelischer und palästinensischer Seite. Das Scheitern der Friedensgespräche, die auf Vermittlung der USA 2000 in Camp David stattfanden, führte zum Ausbruch der Zweiten Intifada noch im gleichen Jahr.

Während der Zweiten Intifada (2000–2005) kam es zu den schlimmsten Gewaltausbrüchen in einer ganzen Generation. Aufsehenerregende Morde und Attentate hielten beide Seiten in Atem. Bei den blutigen Auseinandersetzungen und militärischen Übergriffen auf das Westjordanland und den Gazastreifen kamen Tausende ums Leben, ganz zu schweigen von den Selbstmordattentätern, die mitten in Israel

EINTAUCHEN INS WESTJORDANLAND

Wer das Westjordanland besser kennenlernen möchte, sollte die Arbeit der folgenden Organisationen genauer unter die Lupe nehmen.

Alternative Tourism Group (☎ 02-277 2151; www.patg.org; 74 Star St, Beit Sahur) Bietet Unmengen Informationen und empfehlenswerte Tagesausflüge nach Hebron und Bethlehem.

Palestine Fair Trade Association (☎ 04-250 1512; www.palestinefairtrade.org) Organisiert Gastunterkünfte und Unterkünfte für Freiwilligenhelfer bei palästinensischen Familien und auf Bauernhöfen, vor allem während der jährlichen Olivenernte.

Palestinian Association for Cultural Exchange (☎ 02-240 7611; www.pace.ps) Veranstaltet ein- und mehrtägige Touren nach Nablus, Hebron, Qalqiliya und in die Umgebung. Unterstützt regionale Genossenschaften und arrangiert Lesungen.

Siraj Center for Holy Land Studies (☎ 02-274 8590; www.sirajcenter.org) Organisiert und koordiniert zahlreiche Aktivitäten und Begegnungen im ganzen Westjordanland.

---

unzählige Menschen mit in den Tod rissen. Als Antwort auf diese Selbstmordattentate errichtete Israel einen meterhohen Sicherheitszaun und baute ihn zur hoch gesicherten Sperranlage (S. 295) aus, um das Westjordanland komplett abzuriegeln.

2006 gewann die Hamas, eine paramilitärische, islamische Gruppierung, die Parlamentswahlen in Palästina. Da viele Länder in der Hamas eine Terrororganisation sehen, führte dieser Wahlsieg zur sofortigen Einschränkung der internationalen Unterstützung und Streichung der Finanzhilfen. Nach einem Machtkampf mit der gemäßigten Fatah verzichtete die völlig isolierte Hamas auf die Regierungsgewalt im Westjordanland, die daraufhin vom Fatah-Vorsitzenden Mahmud Abbas übernommen wurde, und zog sich in den Gazastreifen zurück.

Diese Zweiteilung besteht bis heute, sodass die große Mehrheit der Palästinenser im Westjordanland nicht frei handeln, reisen oder Verwandte in Israel und dem Gazastreifen besuchen kann.

Das spektakuläre Scheitern der von den USA ausgehenden Friedensinitiative zwischen Israel und den Palästinensern im April 2014 bedeutet nun, dass zum ersten Mal seit Jahrzehnten (ohne einen aktuellen Krieg) keine Verhandlungen über den Frieden im Nahen Osten geführt werden.

Die Entführung und Ermordung von drei israelischen Jugendlichen außerhalb einer jüdischen Siedlung im Westjordanland im Juni 2014 führte zu massiven militärischen Angriffen auf palästinensische Städte, Hunderten von Festnahmen und Überfällen der israelischen Verteidigungsstreitkräfte auf Ramallah, Nablus und Hebron in einem seit der Zweiten Intifada nicht gekannten Ausmaß. Die Aktionen lösten massive Proteste im Westjordanland aus, die sich während des Gazakriegs von 2014 noch verschärften, als die Palästinenser im Westjordanland gegen die zivilen Opfer in Gaza auf die Straße gingen.

In den Städten des von der Fatah regierten Autonomiegebiets sind überall große Spruchbänder zu sehen, auf denen ein Sitz der Palästinenser bei der UNO und die Rückkehr der Palästinenser in die seit 1948 besetzten Gebiete gefordert wird. Außerdem protestieren sie gegen die ständige Ausweitung der jüdischen Siedlungen in ihrem Gebiet. Gleichzeitig bemühen sich die Palästinenser, eigene Institutionen aufzubauen und ihre Wirtschaft anzukurbeln – und endlich ein souveräner Staat zu werden.

Klima

Genau wie in Jerusalem kann es auch in Bethlehem im Winter durchaus schneien, und selbst mitten im ansonsten heißen Sommer ist es hier kühler. Wer Weihnachten in Bethlehem feiern möchte, sollte sich auf knackige Kälte einstellen und dicke Pullover mitbringen. Nicht ganz so kalt ist es in Jericho, wo es im Sommer aber drückend heiß werden kann. Für Wanderungen im Wadi Qilt und in anderen Regionen sind das Frühjahr und der Herbst die beste Reisezeit.

👉 Geführte Touren

Jugendherbergen in Dschenin, Nablus, Ramallah oder Bethlehem erteilen Auskünfte über geführte Touren und bieten Alleinreisenden eine gute Möglichkeit, Gleichgesinnte kennenzulernen und solche Touren gemeinsam zu unternehmen.

Wer schon vor Antritt der Reise eine Tour buchen möchte, sollte sich an einen der vielen Veranstalter wenden. Besonders empfehlenswert ist Green Olive Tours (S. 92). Das in Beit Sahur ansässige Siraj Center for Holy Land Studies organisiert Rad- und Wandertouren. Ebenfalls zu empfehlen:

Bike Palestine — RADFAHREN
(02-274 8590; www.bikepalestine.com) Organisiert siebentägige Radtouren von Dschenin nach Jerusalem.

Walk Palestine — WANDERN & TREKKEN
(02-274 8590; www.walkpalestine.com) Organisiert drei- bis 14-tägige Wanderungen, übernachtet wird bei Einheimischen. Diese Route führt teilweise über den Abraham Path (www.abrahampath.org).

❶ Anreise & Unterwegs vor Ort

Das Westjordanland verfügt über ein hervorragendes und benutzerfreundliches Nahverkehrsnetz. Busse und Sammeltaxis (*service* ausgesprochen ser-*vies*) fahren zwischen den größeren Städten und den meisten, wenn auch nicht allen, Stätten und Dörfern, die für Besucher interessant sind. Schilder und Aufschriften sind meist nur in Arabisch, doch wenn man die entsprechenden Ortsnamen kennt, findet man relativ leicht den richtigen Bus oder ein passendes Sammeltaxi, das wesentlich preiswerter als ein normales Taxi ist. So bezahlt man für die Fahrt von Ramallah nach Taybeh in einem Sammeltaxi 7 ILS, in einem normalen Taxi dagegen 70 ILS. Eine Busfahrt, selbst zwischen größeren Städten, kostet meist nur zwischen 5 und 20 ILS.

Da die Entfernungen gering (und örtliche Straßenkenntnisse unabdingbar) sind, mieten viele Besucher stunden- oder tageweise ein Taxi. Tourveranstalter können zuverlässige Fahrer vermitteln. Die meisten Taxifahrer in Bethlehem sind zudem an Touristen gewöhnt und spontan bereit, sie einen ganz Tag lang durchs Westjordanland zu fahren. Die Taxis stehen am Bab iz-Qaq und vor dem Kontrollpunkt von Bethlehem. Unbedingt verhandeln!

Wer lieber selber fahren möchte, sollte bedenken, dass man mit den meisten israelischen

---

JÜDISCHE SIEDLUNGEN

Als „Siedlungen" werden gemeinhin die israelisch-jüdischen Kolonien bezeichnet, die auf palästinensischem Gebiet errichtet werden. Derzeit leben etwa 350 000 israelische Siedler in den mehr als 100 Siedlungen im Westjordanland. Weitere Hunderttausende leben in den von Israel 1967 annektierten Teilen von Jerusalem.

Die Größe der Siedlungen reicht von ein paar Wohnwagen auf einem entlegenen Hügel bis hin zu großen Städten wie Ma'ale Adumim bei Jerusalem, wo Zehntausende von Israelis leben und die mittlerweile de facto ein Vorort von Jerusalem ist. Für die Siedler gibt es viele Gründe, sich für ein Leben im Westjordanland zu entscheiden. An erster Stelle stehen die niedrigeren Immobilienpreise, während sich religiöse Israelis auf die Erfüllung der biblischen Prophezeiung und den Willen Gottes berufen.

Nach internationalem Recht, das das Ansiedeln von Zivilisten auf Land unter militärischer Besatzung verbietet, sind die israelischen Siedlungen im Westjordanland und in Ostjerusalem illegal. Das israelische Recht bestreitet jedoch diese Auslegung internationalen Rechts. Die Palästinenser beklagen insbesondere, dass die jüdischen Siedlungen oft auf Privateigentum und nicht auf staatseigenem Grund und Boden errichtet und den palästinensischen Städten und Dörfern der Umgebung das kostbare Wasser abgraben würden. Am schlimmsten sei jedoch die Zerstückelung des Westjordanlands, die den Aufbau eines zusammenhängenden und lebensfähigen palästinensischen Staates unmöglich mache.

Sowohl die USA als auch die EU sehen in den Siedlungen ein bedeutendes Hindernis auf dem Weg zum Frieden, doch Israels rechtskonservative Regierungskoalition unter Premierminister Benjamin Netanjahu fördert nachdrücklich den Ausbau der Siedlungen im Westjordanland und in Ostjerusalem und plante allein 2014 den Bau von Tausenden neuer Wohnhäuser auf dem Land der Palästinenser.

Mehr zu diesem Thema findet man auf den Internetseiten der palästinensischen Nichtregierungsorganisation Al-Haq (alhaq.mits.ps) und der linksgerichteten israelischen Organisation B'Tselem (www.btselem.org). Infos aus Sicht der jüdischen Siedler bieten das Besucherzentrum und Museum der Siedlung Gush Etzion in der Nähe von Bethlehem (www.gush-etzion.org.il).

Mietwagen nicht in die palästinensischen Gebiete fahren darf. Eine Ausnahme stellen die Autos von Dallah (S. 453) und Goodluck (www.goodluckcars.com) dar. Beide Firmen haben ihre Büros in der Nähe des American Colony Hotel in Jerusalem. Der Verkehr auf den palästinensischen Straßen ist absolut chaotisch. Neben Schlaglöchern und miserabler Beschilderung dürfte der Fahrstil der Palästinenser zum größten Problem werden, insbesondere, wenn man zum ersten Mal auf den Straßen des Nahen Ostens unterwegs sein sollte. Hier ist sich jeder selbst der nächste.

Israelische Kfz-Kennzeichen sind gelb, palästinensische grün-weiß. Auch wenn man mit einem gelben Kennzeichen – zumindest in ruhigeren Zeiten – fast überall im Westjordanland problemlos fahren darf, könnte man für einen Israeli oder einen jüdischen Siedler gehalten und entsprechend feindselig behandelt werden. Deshalb legen viele Touristen eine *kufija* („Palästinensertuch") auf das Armaturenbrett, um unnötigen Ärger in kritischen Gegenden zu vermeiden.

Da ständig Straßen gesperrt, neue Siedlungen gebaut werden und am Sicherheitszaun gearbeitet wird, können sich Zufahrten und Straßenverhältnisse schnell ändern. Daher sollte man sich unbedingt eine aktuelle Straßenkarte besorgen, wobei die in Israel verkauften Straßenkarten auch das Westjordanland beinhalten. Navigationssysteme sind auf der palästinensischen Seite der grünen Grenze nahezu nutzlos. Da hilft es nur, jemanden nach dem Weg zu fragen.

Bethlehem بيت لحم בית לחם

🎵 02 / 47 000 EW.

Viele Besucher haben dank ihrer Kindheitserinnerungen an die Geburt Christi oder vielleicht auch dank der vielen malerischen Weihnachtskarten ein genaues Bild von Bethlehem vor Augen – ein kleiner Steinort, eine Krippe und Wiesen mit Hirten.

Die Realität sieht aber so vor anders aus. Bethlehem brummt nur so vor Aktivitäten, in den kurvigen Straßen staut sich der Verkehr und der Hauptplatz quillt über von fotografierwütigen Touristen, die bemüht sind, mit ihren Guides Schritt zu halten.

Kirchen zieren viele heilige Stätten. Aber auch für Nichtreligiöse gibt es viel zu entdecken und zu unternehmen. Es gibt eine lebendige Altstadt und einen Basar sowie Interessantes in der Umgebung wie beispielsweise das unglaubliche Herodium (S. 288). In zahlreichen Kulturzentren kann man lokale Kunst bewundern, sich Vorstellungen anschauen und über Politik diskutieren.

Die meisten Traveller machen nur einen Tagesausflug nach Bethlehem, wer aber die Stadt wirklich kennenlernen möchte, sollte hier übernachten. Zudem sind Unterkünfte und Restaurants hier billiger als in Jerusalem.

Geschichte

Das kleine Städtchen, das Maria und Josef wegen einer Volkszählung aufsuchten und mit einem Sohn wieder verließen, wurde an uralten Fußwegen errichtet und war bereits in der Altsteinzeit bewohnt. Es soll sich erstmals im 14. Jh. v. Chr. zum Stadtstaat entwickelt haben, nach der Schutzgöttin Lahmu Beit Lahmu benannt; später erhielt es einen Namen aus der hebräischen Bibel: Efrata.

Im Jahr 313 n. Chr. machte der römische Kaiser Konstantin das Christentum zur offiziellen Staatsreligion. Bethlehem wurde bald ein beliebter, wohlhabender Pilgerort, und schöne Klöster und Kirchen schossen wie Pilze aus dem Boden. Im Jahr 638 eroberten Muslime die Stadt, jedoch wurde ein Vertrag unterzeichnet, der den Christen Eigentumsrechte und Religionsfreiheit zusprach, und in den nächsten 1000 Jahren florierte Bethlehem.

Nach dem arabisch-israelischen Krieg 1948, als palästinensische Flüchtlinge aus dem neu gegründeten Staat Israel in die Stadt strömten, stieg die Einwohnerzahl Bethlehems stark an. Viele der Flüchtlinge wohnen noch heute zusammen mit ihren Nachfahren in den Lagern Aida, Dheisheh und Al-Azzah am Stadtrand.

Heute lebt Bethlehem – wie schon die letzten 1700 Jahre – vom Tourismus und von Pilgern. Es ist die meist besuchte Stadt im Westjordanland, vor allem an christlichen Feiertagen. Zu Ostern und zur traditionellen Mitternachtsmesse am Weihnachtsabend kommen ganze Massen in die Stadt.

⊙ Sehenswertes

In nur fünf Minuten bummelt man vom Bab iz-Qaq (wo Bus 121 aus Jerusalem hält) die nach Papst Paul benannte Straße hinauf zum Cinema Sq, von wo es weitere zehn Minuten bis zum Manger Sq (Krippenplatz) sind. Wer mit dem Bus am Kontrollpunkt ankommt, kann von dort mit einem Taxi für ca. 20 NIS in die Stadt fahren.

Wer ein Taxi zum Manger Sq genommen hat, kann von dort die betriebsame Pope Paul VI St (vorbei am Markt auf der linken Seite) entlanglaufen. Dann biegt man nach rechts ab, beschreibt eine Schleife und läuft

Bethlehem

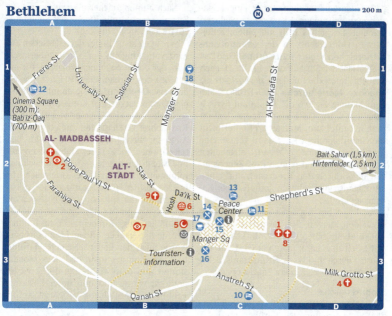

Bethlehem

⦿ Sehenswertes
- Cave .... (siehe 2)
- 1 Geburtskirche C3
- 2 International Center of Bethlehem (Dar Annadwa) A2
- 3 Evang.-lutherische Weihnachtskirche . A2
- 4 Milchgrotte D3
- 5 Umar-Moschee B3
- 6 Museum Alt-Bethlehem B2
- 7 Suk (Markt) B3
- 8 Katharinenkirche C3
- 9 Syrisch-orthodoxe Marienkirche B2

🛏 Schlafen
- 10 Bethlehem Youth Hostel C3
- 11 Casanova Orient Palace C2
- Dar Annadwa .... (siehe 2)
- 12 Grand Hotel Bethlehem A1
- 13 Manger Square Hotel C2

✖ Essen
- 14 Afteem C3
- 15 Peace Center Restaurant C3
- 16 Square C3

🍸 Ausgehen & Nachtleben
- 17 Star Bucks C3
- 18 Sultana B1

schließlich über die bezaubernde Star St zurück; dabei kann man ganz wunderbar die Atmosphäre der Altstadt in sich aufsaugen.

Die meisten anderen Sehenswürdigkeiten erreicht man vom Stadtzentrum aus zu Fuß. Mit einem Taxi von der Manger St oder vom Manger Sq aus lassen sich die Hirtenfelder, das Kloster Mar Saba und das Herodium besuchen.

Die Öffnungszeiten von Kirchen und anderen historischen Stätten in (und um) Bethlehem können ohne vorherige Ankündigung geändert werden, doch im Allgemeinen sind die Sehenswürdigkeiten im Westjordanland von frühmorgens bis Sonnenuntergang oder eine Stunde davor geöffnet.

Krippenplatz & Altstadt HISTORISCHE STÄTTE
Die schmalen Kalksteinstraßen und exotischen Ladenfenster scheinen einer anderen Zeit entsprungen zu sein, besonders die Pope Paul VI St, die Star St und die engen Gässchen dazwischen. Wer an einem Sonntag in der Stadt ist, sollte unbedingt einen Gottesdienst besuchen; Palästinenser und hier lebende Mönche und Nonnen nehmen daran teil, und Besucher sind herzlich eingeladen, dies ebenfalls zu tun oder für einen Moment der Besinnung einzutreten.

Sonntagmorgens kann man einen Spaziergang von einer Kirche zur nächsten machen. Los geht's früh mit einem lutherischen Gottesdienst in der **evangelisch-lutherischen Weihnachtskirche** (Pope Paul VI St, Madbasseh Sq) aus dem 19. Jh. Danach besucht man die modernere **syrisch-orthodoxe Marienkirche** (⏱ 9–17 Uhr) nahe dem Manger Sq, wo die Messe auf Syrisch gehalten wird. Über eine Treppe kommt man hinunter zum Manger Sq und erreicht die Geburtskirche, in der dann gerade eine griechisch-orthodoxe Messe abgehalten wird. Anschließend geht es auf Zehenspitzen links durch den Kreuzgang und einen Durchgang zur römisch-katholischen Katharinenkirche.

Und last but not least sollte man dann noch den kleinen **Suk** besuchen, der von den Einheimischen Grüner Markt genannt wird. Seit 1929 kann man hier Obst und Gemüse, Fleisch und Fisch, Krimskrams, Schuhe und himmlisch leckere Snacks erstehen.

Geburtskirche KIRCHE
(⏱ Frühling–Herbst 6.30–19.30 Uhr, Winter 6.30–18 Uhr) Viele streiten zwar darüber, ob das X (oder in diesem Fall der Stern) exakt am richtigen Punkt angebracht ist, doch die Geburtskirche stellt zweifellos eine imponierende Markierung des Geburtsorts Jesu dar. Die Basilika ist die älteste, ständig genutzte Kirche – 326 n.Chr. wurde sie von Kaiser Konstantin in Auftrag gegeben. Eine Führung hier lohnt sich sehr; einfach mit einem der Führer verhandeln, die draußen herumschwirren (angemessen sind ca. 50 NIS/Std.) und jeden Winkel wie die eigene Westentasche kennen. Und mit etwas Glück stellen sie einem vielleicht sogar ein paar Gastpriester oder Mönche vor!

Nach umfangreicher Restaurierung der Fassade erstrahlt die Kirche seit September 2014 wieder in altem Glanz.

Wer noch keine Bilder davon gesehen hat, wird vom Eingang der Kirche überrascht sein, der einzig aus einer winzigen Tür aus der Zeit des Osmanischen Reiches, passenderweise **Demutspforte** genannt, besteht – beim Eintreten auf den Kopf aufpassen! Ursprünglich war der Eingang viel größer, die Kreuzfahrer verkleinerten ihn jedoch, damit Angreifer nicht hineinreiten konnten. Später, entweder zur Zeit der Mamelucken oder im Osmanischen Reich, wurde sie nochmals minimiert. Der Umriss des originalen Türbogens aus dem 6. Jh. ist immer noch sichtbar, ebenso der spitz zulaufende Bogen aus der Kreuzfahrer-Ära. Dahinter verbirgt sich das höhlenartige Kirchenschiff. Im Rahmen jahrhundertelanger Renovierungsarbeiten wurde auch der Boden erneuert; darunter liegt Konstantins ursprünglicher **Mosaikboden aus dem 4. Jh.**, der 1934 wiederentdeckt wurde und nun unter hölzernen Falltüren im Mittelgang besichtigt werden kann.

Im 6. Jh. errichtete Kaiser Justinian I. die Kirche nahezu gänzlich neu, nachdem sie bei einem samaritanischen Aufstand fast vollständig zerstört worden war. Die riesigen **rot-weißen Kalksteinsäulen**, die immer noch das Kirchenschiff zieren, sind wohl die einzigen Überbleibsel der ursprünglichen Konstruktion; das Material dafür wurde in der Umgebung abgebaut. Manche Säulen sind mit Heiligenfresken geschmückt, die im 12. Jh. von Kreuzfahrern gemalt wurden. Rechts neben der Demutspforte befindet sich der Eingang zum Armenier-Kloster: Dort leben heute nur noch sechs Mönche, die die 300-köpfige armenische Gemein-

---

DAS WESTJORDANLAND IN EINER WOCHE

Das Westjordanland verfügt über immer mehr Hotels und ein ausgezeichnetes Nahverkehrsnetz. So sind Reisende nicht länger auf Jerusalem als Ausgangsbasis für die Erkundung des Gebiets angewiesen. Damit entfallen nicht nur die zeitraubenden Übergänge an den Kontrollpunkten und endlosen Verkehrsstaus bei der Anfahrt, sondern es fließt auch Geld in die Wirtschaft des Westjordanlands.

Am ersten Tag besichtigt man die Sehenswürdigkeiten in und um **Bethlehem**, bevor man sich für einen Tag nach **Hebron** begibt. Am dritten Tag fährt man mit dem Sammeltaxi von Bethlehem nach **Jericho** und besucht dort die Altstadt und die biblischen Stätten in der Wüste. Am nächsten Tag geht es über Ramallah nach **Nablus**, wo man die Stadt besichtigt und ein wohltuendes Bad im Hammam nimmt. In **Dschenin** stattet man dem Freedom Theatre und dem Dorf Burqi'in einen Besuch ab, bevor man sich in den trendigen Bars und Cafés von **Ramallah** erholt und in **Taybeh** das Bier der einzigen Brauerei in Palästina genießt.

STRASSENKUNST IN BETHLEHEM

Als der britische Graffiti-Künstler Bansky seine weltberühmten Bilder nahe der schwer befestigten Sicherheitsmauer, die Bethlehem von Jerusalem trennt, malte, bescherte er nicht nur den palästinensischen Reiseleitern eine weitere Sehenswürdigkeit in ihrem Programm.

Bansky, der seit seinem ersten Besuch 2005 noch viele weitere Gebäude in Bethlehem mit seiner Kunst schmückte, begründete damit einen Trend, dem in den letzten zehn Jahren Straßenkünstler aus Israel und der ganzen Welt folgten und die Mauer der Sperranlage mit farbenfroher politischer Graffiti bedeckten.

Vom Kontrollpunkt 300 kann man durch das mittlerweile verlassene palästinensischen Stadtviertel an der Mauer entlang bis zum Eingang des Flüchtlingslagers Aida gehen und die riesigen Porträts von palästinensischen Freiheitskämpfern, Flaggen und jede Menge Slogans bewundern.

In seinem *Bansky Shop* verkauft der Palästinenser Yamen Elabed alles Mögliche rund um die Straßenkunst und organisiert Führungen mit einheimischen Straßenkünstlern. In dem Laden gibt's auch Sprühflaschen, mit denen man sich auf der Wand verewigen kann.

Die drei Kunstwerke von Banksy selbst sind auch noch zu sehen, allerdings nicht auf der Mauer der Sperranlage, sondern an einer Wand in der Nähe. Die Einheimischen erklären gern den Weg dorthin und die Taxifahrer freuen sich, diesen Punkt in ihre Besichtigungstour aufnehmen zu dürfen.

---

schaft in Bethlehem betreuen. Die Armenier erlebten ihre Blütezeit während des 17. Jhs., als ihre kommentierten Bibelübersetzungen für Aufmerksamkeit sorgten.

Vorn im Kirchenschiff führen Stufen zur **Geburtsgrotte** hinunter. Sie ist bei Tourgruppen beliebt, aber unter der Woche zur Mittagszeit stehen die Chancen gut, die Grotte ganz für sich zu haben. (Am Wochenende muss man oft eine Stunde oder länger anstehen.) Es gibt dort auch einen eifrigen Wachmann, der dafür bekannt ist, dass er Pilger, die sich seiner Meinung nach zu lange dort aufhalten, hinauswirft. An diesem atmosphärisch von Laternen erleuchteten mysteriösen Ort soll Jesus geboren worden sein, ein Silberstern mit 14 Zacken markiert die Stelle. Der **Geburtsaltar** auf einer Seite der Grotte, auch „die Krippe" genannt, stellt den Ort der Niederkunft dar. Der Altar gegenüber ist der Anbetung der drei Weisen Kaspar, Balthasar und Melchior gewidmet. Die Perser verschonten die Kirche und die Grotte, als sie Palästina 614 n.Chr. plünderten – angeblich, weil die Weisen in deren traditioneller Kleidung abgebildet waren.

Hier unten mag alles friedlich wirken, aber Konflikte rütteln schon seit Ewigkeiten an dieser Wiege. Der 14-zackige Stern wurde 1847 gestohlen, und die drei christlichen Gemeinden hier (die Griechisch-Orthodoxen, die Armenier und die Katholiken, die bitterlich und unaufhörlich um die Vormundschaft für die Grotte kämpften) beschuldigen sich dafür gegenseitig. Der Stern wurde daraufhin durch eine Nachbildung ersetzt, doch die Kämpfe wollten nicht enden und die Kirchenverwaltung wechselte wiederholt zwischen den Orthodoxen und den Katholiken. Bis zum heutigen Tag ist die Kirche verwaltungstechnisch Meter für Meter zwischen den Orthodoxen, den Katholiken und den Armeniern aufgeteilt (bekannt als „Status Quo"); z.B. gehören sechs der Grottenlaternen den Orthodoxen, fünf den Armeniern und vier den Katholiken.

Katharinenkirche
KIRCHE

Die Mitternachtsmesse am Weihnachtsabend in dieser rosafarbenen Kirche neben der Geburtskirche wird weltweit im Fernsehen übertragen. Aber es gibt nichts Schöneres, als diese atmosphärische (wenn auch langgezogene) Weihnachtserfahrung live zu erleben. Man betritt die Kirche über die Geburtskirche und spaziert durch den franziskanischen Kreuzgang der Kreuzfahrer mit einer Statue des hl. Hieronymus.

Milchgrotte
KIRCHE

(Milk Grotto St; ⊙ Sommer 8–18 Uhr, Winter 8–17 Uhr) Ein kleines Stück vom Krippenplatz entfernt befindet sich die weniger bekannte Milchgrotte. Wenn Frauen ein Stück der kalkigen Substanz, aus der der weiße Fels im Inneren der steinernen Kapelle besteht, schlucken, soll dieser die Brust einer Mutter mit Milch füllen und die Fruchtbarkeit der Frau steigern. Eine Legende besagt, dass

Maria und Josef auf ihrer Flucht nach Ägypten hier rasteten, um das Baby zu stillen; ein Tropfen Milch fiel auf den roten Fels, der sich daraufhin weiß färbte.

Umar-Moschee
MOSCHEE

(Krippenplatz) Diese Moschee steht gegenüber der Geburtskirche; sie wurde benannt nach dem zweiten muslimischen Kalifen des Islam, Umar ibn al-Chattab, und ist die einzige Moschee in der Altstadt. Man baute sie 1860 auf Land, das die griechisch-orthodoxe Kirche Umar (dem Schwiegervater Mohammeds) zu Ehren abgetreten hatte. Dieser hatte den geschwächten Byzantinern 637 Jerusalem abgenommen und danach an der Geburtskirche angehalten, um zu beten. Im „Pakt von Umar" versicherte er, dass die Basilika ein christliches Heiligtum bleibe und dass die Christen auch unter muslimischer Herrschaft ihren Glauben frei ausüben dürften.

Rahels Grab
RELIGION

(☉ So–Mi 12.30–22.30 Uhr, Do 24 Std.) In einem durch die israelischen Sperranlagen entstandenen, öden Korridor in der Nähe des Hauptkontrollpunkts von Bethlehem steht auf israelischer Seite der Mauer Rahels Grab. Die ebenfalls hochschwangere Rahel, die auf ihrem Weg nach Hebron in die Stadt kam, soll hier bei der Geburt ihres Kindes gestorben sein. Ihr Ehemann Jakob „errichtete ein Steinmal über ihrem Grab" (Genesis 35,20).

Heute liegt die Grabstätte innerhalb der Sperranlagen und ist nur schwer zugänglich. Die arabische Buslinie 24 fährt bis zum Tor, der israelische Egged-Bus 163 fährt vom zentralen Busbahnhof in Jerusalem direkt bis zum Grab.

Am Grabmal angekommen, müssen es Männer und Frauen durch getrennte Eingänge betreten (die für Männer vorgeschriebene Kippa ist am Eingang erhältlich).

Das von Gläubigen aller drei monotheistischen Religionen, insbesondere aber von Juden und Muslimen verehrte Heiligtum hatte im Lauf der Jahrhunderte schon viele Besitzer und Hüter: vom byzantinischen Kaiser über die islamischen Sultane zu den Rittern der Kreuzzüge und schließlich den Osmanen und Israelis.

Museum Alt-Bethlehem
MUSEUM

(☎ 02-274 2589; www.arabwomenunion.org; Star St; Eintritt 8 NIS; ☉ Mo–Sa 8–12 & Mo–Mi, Fr & Sa 14–17) Dieses Museum befindet sich in einem typisch palästinensischen Haus aus dem 19. Jh. Man kann einheimische Trachten bewundern, eine Sammlung mit Fotos von Palästina aus dem frühen 20. Jh. betrachten und im Stickereigeschäft oben Handarbeiten von der Bethlehem Arab Women's Union kaufen.

International Center of Bethlehem (Dar Annadwa)
KULTURZENTRUM

(☎ 02-277 0047; www.annadwa.org; Pope Paul VI St, Madbasseh Sq; ☎) In diesem von Lutheranern geführten Center finden Konzerte, Theaterstücke, Filme, englischsprachige Dokus, Workshops und Vorlesungen statt. Außerdem gibt's noch einen Coffeeshop, ein Gästehaus und eine Kunstgalerie mit einem Andenkenladen namens Cave (Al-Kahf; the cave@annadwa.org), wo man Künstlern bei der Arbeit über die Schulter schauen kann. Wen wundert's also, dass zur Galerie auch noch eine kleine Wohnung im Untergeschoss gehört.

🛏 Schlafen

Die meisten Hotelzimmer in Bethlehem sind nichtssagend, aber trotzdem komfortabel. Da die Unterkünfte in der Regel auf Pilger ausgerichtet sind, steigen die Preise zu Weihnachten und Ostern um 30 bis 50 %; dann sollte man lange im Voraus buchen.

Bethlehem Youth Hostel
HOSTEL $

(☎ 02-274 8466, 059 964 6146; byh@ejepal. org; Anatreh St; DZ 70 ILS; @ ☎) Die einstige Backpacker-Unterkunft ist in das kleinere Gebäude nebenan umgezogen und hat jetzt nur noch jeweils einen Schlafsaal für Männer und Frauen. Von ersterem sieht man erstaunlicherweise direkt in einen Gefängnishof, wo schwer bewaffnete Wärter den Insassen beim Tischtennisspielen zuschauen. Auch das neue Hostel bietet ein tolles Preis-Leistungs-Verhältnis und das Personal ist immer noch sehr hilfsbereit.

Ibdaa Cultural Centre Guesthouse
PENSION $

(☎ 02-277 6444; www.ibdaa48.org; Flüchtlingslager Dheisheh; DZ 50 ILS; @ ☎) In dem vielseitigen Kulturzentrum ist immer etwas los, denn es vereint eine Vielzahl von Angeboten unter seinem Dach: kostenloses Internet, preiswerte Restaurants, einfache Schlafsäle, verschiedenste Aktivitäten und einen faszinierenden Einblick in das Leben der palästinensischen Flüchtlinge. Das Zentrum befindet sich neben dem Taxistand an der Straße zwischen Jerusalem und Hebron.

★ Casanova Orient Palace
HOTEL $$

(☎ 02-274 3980; www.casanovapalace.com; EZ/DZ/3BZ ab 45/60/90 US$; ⊛⊕) Näher als hier kann man am Krippenplatz nicht übernachten. Der beliebte Dauerbrenner hat vernünftige Zimmer und bietet besonders in der Weihnachtszeit eine großartige Atmosphäre. In der Lobby am Manger Sq und unweit der Geburtskirche versammeln sich nicht nur Hotelgäste, sondern auch Traveller auf der Durchreise und fromme Würdenträger. Das Hotel hat zwei Bereiche: einen schöneren Flügel dichter am Platz und einen einfacheren Flügel um die Ecke (bei der Kirche).

Dar Annadwa
PENSION $$

(Abu Gubran; ☎ 02-277 0047; www.diyar.ps; 109 Pope Paul VI St, Altstadt; EZ/DZ 66/92 US$; ⊕) Studenten der Kunstschule des Internationalen Begegnungszentrums in Bethlehem schmückten das sehr gemütliche, lutherisch-ökumenische Gästehaus im Boutiquestil, das alle Annehmlichkeiten bietet. Jedes der 13 geschmackvoll eingerichteten Zimmer ist nach einem palästinensischen Dorf benannt. Unbedingt im Voraus buchen, da die Rezeption oft geschlossen ist!

Arab Women's Union
PENSION $$

(☎ 02-277 5857; www.elbeit.org; Beit Sahur; EZ/DZ/3BZ 30/60/80 US$; ⊛) ⊘ Die Frauen, die diese Pension im hübschen Bait Sahur leiten, recyceln auch Papier, organisieren soziale Projekte und stellen Produkte aus Olivenholz her. Die Zimmer des etwas abseits gelegenen Hauses sind modern eingerichtet und sauber.

Manger Square Hotel
HOTEL $$

(www.mangersquarehotel.com; Manger St; EZ/DZ 80/120 US$) Das Vier-Sterne-Hotel gegenüber dem Krippenplatz wurde 2012 errichtet und ist nicht nur wegen der Lage eine ausgezeichnete Adresse. Die Zimmer bieten teilweise Blick auf das Tal hinter Bethlehem oder die Altstadt. Das Personal ist höflich und hilfsbereit, und im Sommer ist der Swimmingpool auf dem Dach geöffnet. Nur das Frühstück ist sehr enttäuschend.

Grand Hotel Bethlehem
HOTEL $$

(☎ 02-274 1440; www.grandhotelbethlehem.com; Pope Paul VI St; EZ/DZ/3BZ 70/90/120 US$; ⊕) Nett, sauber, gut geführt und mitten im Geschehen: das Grand Hotel hat zwar nicht gerade viel Charme, aber die Zimmer sind gemütlich und die zentrale Lage ist unschlagbar. Das Frühstück wird in der Ma-

---

ℹ ÖFFNUNGSZEITEN & FEIERTAGE

Freitags ist Ruhetag im Westjordanland. Geschäfte in Bethlehem und Ramallah, die Christen gehören, sind oft auch sonntags geschlossen. Im islamischen Fastenmonat Ramadan haben die Geschäfte und auch viele Sehenswürdigkeiten verkürzte Öffnungszeiten. Tagsüber gibt's dann Lebensmittel und Essen nur in christlichen Geschäften und Lokalen, doch es ist sehr unwahrscheinlich, dass man mit knurrendem Magen durch Bethlehem oder Ramallah spazieren muss.

---

riachi Bar des Hotels serviert, im Café gibt's täglich bis Mitternacht Mexikanisches und Meeresfrüchte.

✗ Essen & Ausgehen

Fast-Food-Lokale befinden sich vor allem in der Manger St und auf dem kleinen Suk in der Nähe der Pope Paul VI St. Hier gibt's riesige Falafel, frisch zubereitetes Schawarma und jede Menge leckerer Köstlichkeiten für Picknicks und Selbstversorger. In vielen Restaurants und Mittelklassehotels in Bethlehem sowie einer Handvoll Bars außerhalb der Altstadt wird auch Alkohol ausgeschenkt.

★ Afteem
NAHÖSTLICH $

(Manger Sq; Falafel 6 NIS, Hummus ab 15 NIS) Seit Jahrzehnten eine Institution in Bethlehem. Die Einheimischen genießen hier an der Auffahrt zum Manger Sq erstklassiges Hummus und *masabacha* (warmes Hummus mit ganzen Kichererbsen). Wer mal etwas anderes probieren möchte, dem sei das köstliche *fatteh* empfohlen – eine Art suppiges Hummus auf Pitabrot und obendrauf geröstete Pinienkerne.

Square
NAHÖSTLICH, EUROPÄISCH $

(Manger Sq; Hauptgerichte ab 35 ILS; ⊕ 9–24 Uhr; ⊕) In dem schicken, Lounge-artigen Lokal mitten in Bethlehem kann man sich vom anstrengenden Stadtrundgang erholen. Im Speiseraum im Untergeschoss bekommt man ein leichtes Mittagessen (Salate und Nudelgerichte) und guten Cappuccino. Auch Bier und Wein, Cocktails und Shishas werden angeboten und am besten auf der Terrasse mit Blick auf den Krippenplatz genossen.

Peace Center Restaurant
SANDWICHES, ITALIENISCH $

(Manger Sq; Hauptgerichte 20–45 ILS; ⊙Mo–Sa 9–18 Uhr) Das große, zentral gelegene Lokal ist ideal für einen kleinen Imbiss, aber auch Raffiniertes wie Lachs auf mediterrane Art oder *shish tawuq* (Hähnchenspieße). Zu den Spezialitäten auf der Tageskarte gehören traditionelle arabische Gerichte wie *mansaf*, in einer fetten Brühe gekochtes Fleisch, das auf Reis serviert wird. Das Personal ist freundlich und hilfsbereit.

Dar al-Balad
INTERNATIONAL $

(Beit Sahur; Hauptgerichte 25–50 ILS; ⊙12–24 Uhr) Das stimmungsvolle Restaurant mit Gewölbedecke und Steinmauern serviert leckere Grillgerichte, Salate und Nudelgerichte. Es befindet sich am Ende einer kleinen Gasse in der wunderbar restaurierten Altstadt von Bait Sahur, 1,2 km östlich des Manger Sq. Im Obergeschoss des Gebäudes betreibt die Inhaberfamilie auch ein hübsches Hotel mit einem Dutzend sauberer Zimmer (EZ/DZ 215/300 ILS).

Sultana
BAR

(Manger St; ⊙10–24 Uhr; ☎) An den Wänden der winzigen, von Einheimischen geführten Bar am Rand der Altstadt hängen Flaggen aus aller Welt. Im Hinterzimmer der offiziell alkoholfreien Bar wird bis gegen Mitter-

---

BESUCH IN EINEM FLÜCHTLINGSLAGER

Bei dem Begriff „Flüchtlingslager" denken die meisten Menschen zuerst an überfüllte Zeltlager, hungernde Menschen und durch verunreinigtes Wasser verursachte Seuchen. Doch die Flüchtlingslager im Westjordanland, die es seit mehr als 60 Jahren gibt, sind längst zu richtigen Stadtvierteln mit Wohnhäusern, Schulen, Krankenhäusern und sonstiger Infrastruktur geworden. Die Lager wurden einst vom Hilfswerk der Vereinten Nationen für Palästina-Flüchtlinge im Nahen Osten errichtet und stehen bis heute unter seiner Kontrolle. Allerdings kann das UN-Hilfswerk aufgrund fehlender Mittel nur die einfachste Einrichtungen zur Verfügung stellen.

Auch wenn Flüchtlingslager keine Touristenattraktion sind, interessieren sich einige Reisende doch für diese Seite des palästinensischen Lebens. Die Lager sind zwar im Allgemeinen sicher, aber man sollte sich dennoch stets der Risiken bewusst sein, denn die Lage kann sich ganz schnell und ohne jede Vorankündigung ändern. In einem Moment ist noch alles in Ordnung, im nächsten liefern sich Demonstranten und israelische Soldaten heftige Gefechte mit Tränengas, Steinen und Gummigeschossen.

Übergriffe der israelischen Armee (IDF) finden zumeist in Nablus, Hebron und Dschenin statt, waren aber auch schon in Bethlehem zu beklagen. Flüchtlingslager sollte man am besten mit einem palästinensischen Führer besichtigen, der die Sicherheitslage kennt. Solche Führer sind leicht über das jeweilige Hotel oder Hostel sowie einer der vielen, in den Lagern tätigen Organisationen zu finden.

Flüchtlingslager Aida

Das Lager befindet sich im Schatten der israelischen Sperranlage, nahe von Rahels Grab. Eine wichtige Einrichtung ist das Al Rowwad Centre (☎02-275 0030; www.alrowwad.org), das Schauspiel- und Musikunterricht sowie Computer- und Kunstkurse anbietet. Zudem gibt's spezielle Kurse und Workshops nur für Frauen, für Blinde und Menschen mit Behinderungen. Vom Zentrum sollte die Fahrt mit dem Taxi nicht mehr als 20 ILS kosten.

Flüchtlingslager Dheisheh

Das Lager 3 km westlich von Bethlehem wurde 1948 gegründet, um die Flüchtlinge aus 45 Dörfern rund um Jerusalem und Hebron aufzunehmen. Hier befindet sich das Ibdaa Cultural Centre (www.ibdaa48.org), das Hauptquartier einer weltbekannten Jugend-Volkstanzgruppe. Außerdem gibt's hier ein Medienzentrum, eine Gewerbeschule, eine Frauenrechtsgruppe und eine Basketball-Liga sowie ein Restaurant und das Ibdaa Cultural Centre Guesthouse. Im Souvenirladen des Zentrums werden Taschen, Kleidungsstücke und andere, von den Lagerbewohnern angefertigte Produkte verkauft. Außerdem werden Besichtigungen des Lagers angeboten, für die eine Spende erwünscht ist. Nach Dheisheh kann man vom Zentrum mit einem Taxi (20 ILS) fahren oder beim Bab iz-Qaq in Bethlehem in ein Sammeltaxi (3 ILS) steigen.

Zentrales Westjordanland

N 0 ————————— 10 km

Al-Bireh • Bait El (jüdische Siedlung)
Ramallah
443
Giv'at Sha'ul (jüdische Siedlung)
Shmuel
Shu'fat
JERUSALEM
1
Abu Dis
398
Ma'ale Adumim
Gilo (jüdische Siedlung)
Flüchtlingslager Aida
Flüchtlingslager Dheisheh
Jabal Abu Ghneim/ Har Homa
Flüchtlingslager Al-Azzah
Beit Jala
Teiche Salomons Artas
Bethlehem
356
Hirtenfeld
Hebron (15 km)
Herodium
Kloster Mar Saba

Berg der Versuchung & Kloster Quarantal
Kloster St. Georg
Wadi Qelt
Jericho
Mitzpe Yericho
90
Grenzübergang Allenby/König-Hussein-Brücke
Hisham-Palast
449
Qasr al-Yahud
Bait Ha'Arava (jüdische Siedlung)
kein Übergang
90
Ain Feshkha
Totes Meer

WESTJORDANLAND RUND UM BETHLEHEM

---

nacht Bier und Wein ausgeschenkt. Damit gehört die kleine Bar zu den wenigen Nachtlokalen in der Straße.

Star Bucks   CAFÉ
(Manger Sq; ⊙ 7–24 Uhr) Nicht zu verwechseln mit der berühmten Starbucks-Filiale in Ramallah! Das winzige Café mit Kiosk steht direkt an Bethlehems Krippenplatz, mit freiem Blick auf die Geburtskirche. Es hat ausgezeichneten Filterkaffee, was im Westjordanland eine seltene Ausnahme ist, und verkauft auch Becher und T-Shirts.

ⓘ Praktische Informationen

Peace Center (☏ 02-276 6677; ⊙ Mo–Do & Sa 8–15 Uhr) Am Informationsschalter gibt's kostenlose Stadtpläne und nützliche Infos zu Unterkünften und Verkehrsmitteln. Zudem finden hier oft Kunst- und Fotoausstellungen statt.
Visitor Information Centre (☏ 02-275 4235; vic.info.palestine@gmail.com; Manger Sq; ⊙ Di & Mi 8–16, Do–Sa 8–17 Uhr) Die vom Vatikan unterstützte Touristeninformation wird von Freiwilligen aus aller Welt geleitet.

ⓘ An- & Weiterreise

Vom Busbahnhof am Damaskustor in Jerusalem startet zwischen 6 und 21 Uhr (im Winter nur bis 18.30 Uhr) alle 15 Minuten Bus 21 nach Bethlehem (30 Min.). Oder man fährt mit Bus 24 von

Jerusalem zum Hauptkontrollpunkt von Bethlehem und von dort mit dem Taxi in die Stadt.

Zu den Sehenswürdigkeiten rund um Bethlehem fährt man am besten mit dem Taxi. Die Fahrer bieten lautstark die Besichtigung von mehreren Stätten zum Festpreis an. Dieser liegt in der Regel bei 50 ILS pro Stunde. Unbedingt verhandeln! Solche „privaten" Besichtigungstouren sind eine gute und recht preiswerte Sache, vor allem, wenn man in einer kleinen Gruppe unterwegs ist. Außerdem sprechen viele Fahrer ganz gut Englisch und können Fragen ihrer Fahrgäste beantworten. Im Allgemeinen stehen die Taxis am Kontrollpunkt 300, am Krippenplatz und an der Haltestelle von Bus 21 aus Jerusalem.

Eine andere Möglichkeit ist es, mit einem Sammeltaxi vom Busbahnhof nach Jericho oder Hebron zu fahren. Die Sammeltaxis nach Hebron starten auch am Bab iz-Qaq.

Rund um Bethlehem

Bethlehem ist eine gute Ausgangsbasis für den Besuch anderer Städte im Westjordanland, allen voran Hebron. Einige lohnende Sehenswürdigkeiten befinden sich auch in der näheren Umgebung.

Hirtenfeld

Wer sich immer schon gefragt hat, wo genau „die Hirten in der Nacht ihre Herden

KONTROLLPUNKTE

Die Kontrollpunkte (hebräisch *machsomim*) sind die „Grenzübergänge" zwischen dem Westjordanland und Israel. Es gibt auch Kontrollpunkte im Westjordanland, doch diese sind nicht immer besetzt und werden oft verlegt oder ganz geschlossen. Die meisten Kontrollpunkte stehen unter Aufsicht der israelischen Armee (IDF), einige wurden auch an private Unternehmen vergeben. An diesen scheint es öfter Ärger zu geben: Hier werden Ausländer eindringlicher befragt und auch oft das Gepäck durchsucht.

Die Kontrollpunkte haben unterschiedliche Öffnungszeiten, die sich zumeist danach richten, ob sie überwiegend von jüdischen Siedlern oder Palästinensern genutzt werden. So ist z. B. der Kontrollpunkt südlich von Jerusalem an der Rte 60 in der Nähe von Bethlehem rund um die Uhr geöffnet, während der Kontrollpunkt 300, der direkt an der nach Bethlehem führenden Straße liegt, nachts oft geschlossen ist. Von Palästinensern genutzte Kontrollpunkte werden willkürlich geschlossen, vor allem an jüdischen Feiertagen. Dann wird das Westjordanland aus Sicherheitsgründen manchmal auch komplett abgeriegelt.

Es gibt sowohl kleine Kontrollpunkte nur für Fußgänger wie etwa Abu Dis als auch große für Fahrzeuge, die einen Grenzübergang zwischen zwei Staaten ähneln, wie der Kontrollpunkt Bethlehem 300. Daneben gibt's im Westjordanland auch „Fliegende Kontrollpunkte", die von der IDF als vorübergehende Straßensperren eingerichtet werden. Je nach Verkehrssituation kann es hier zu langen Wartezeiten kommen. Solche Kontrollpunkte werden auch von der palästinensischen Polizei, z. B. in der Nähe von Jericho, errichtet, doch kommt es hier im Allgemeinen zu keiner Beeinträchtigung des Verkehrsflusses.

Bei der Einreise ins Westjordanland werden Touristen normalerweise nicht kontrolliert, wohl aber, wenn sie wieder zurück nach Israel kommen. Ausländische Staatsbürger dürfen durch die Kontrollpunkte der IDF in alle der Palästinensischen Autonomiebehörde unterstehenden Gebiete reisen. Israelischen Staatsbürgern ist dies aufgrund des Militärrechts (theoretisch) untersagt.

Das Passieren der Kontrollpunkte ist kostenlos und Inhaber von ausländischen Reisepässen benötigen keine weiteren Papiere. Sie müssen lediglich ihren Pass vorzeigen und das Gepäck durchleuchten lassen. Das geht im Allgemeinen recht schnell, alles in allem dauert das Ganze mit Wartezeit etwa 15 bis 20 Minuten (bei großem Andrang kann es auch etwas länger dauern).

bewachten" (Lukas 2, 8), sollte sich das Hirtenfeld ansehen, eine parkähnliche Anlage gleich außerhalb von Beit Sahur. Obwohl das Feld in Bait Sahur nicht der einzige Ort ist, an dem ein biblisches Ereignis stattfand – der himmlische Bote stieg herab und überbrachte einer Gruppe von Hirten die frohe Botschaft der Geburt Jesu –, so wird er doch von allen Orten dieser Art definitiv am häufigsten besucht. Neben einem zum Spazierengehen einladenden Gelände gibt's eine byzantinische **Höhle** mit Kapelle und die 1953 nach italienischem Entwurf erbaute **Engelskapelle** mit ihrem entzückenden hellen Interieur.

Hin kommt man aus Bethlehem mit dem Taxi (15 NIS) oder dem Bus 47 Richtung Bait Sahur (2 NIS), der in der Shepherd's St abfährt, gleich unterhalb des Krippenplatzes.

Herodium   הרודיון   هيروديون

König Herodes' spektakulärer Festungspalast **Herodium** (Erw./Kind 27/14 NIS; ⏰ April–Sept. 8–17 Uhr, Okt.–März 8–16 Uhr) wurde zwischen 23 und 15 v. Chr. errichtet und wird von den arabischen Bürgern seit Jahrhunderten „Berg des Paradieses" genannt.

Sogar aus einiger Entfernung ist dieser „Berg" nicht zu übersehen: 9 km südlich von Bait Sahur erhebt er sich aus der judäischen Wüste wie eine abgeflachte Karikatur eines Vulkans (der Palast thront auf einem Hügel, dessen Spitze abgetragen wurde, um Platz für den Komplex zu schaffen). Innen gibt's eine ganze Reihe faszinierender Überreste von Herodes' persönlichem Gesellschaftsclub (inklusive Badehaus und Pool auf dem Dach), außerdem sein Grab, das 2007 entdeckt wurde. Obgleich es von den Römern 71 n. Chr. geplündert wurde – etwa gleichzeitig geschah dasselbe in Masada –, ist hier viel zu sehen, und dabei wurde noch gar nicht alles ausgegraben – z. B. ein Tunnelnetzwerk, das von jüdischen Rebellen während ihres Aufstandes gegen Rom genutzt wurde. Heute kann man durch viele dieser Tunnels klettern.

Am frühen Morgen (7–9 Uhr) und an muslimischen oder jüdischen Feiertagen ist mit langen Wartezeiten zu rechnen.

Ausländer dürfen mit dem Auto ins Westjordanland fahren und auch wieder zurück. Bei Mietwagen muss man vorab sicherstellen, dass die Versicherungspolice auch in Palästina gilt, was zumeist nicht der Fall ist. Für die Rückfahrt nach Israel sollte man viel Zeit einplanen, denn die israelischen Soldaten werden das Fahrzeug sehr wahrscheinlich nach Sprengstoff absuchen.

Hier einige der wichtigsten Kontrollpunkte für die Ein- und Ausreise ins Westjordanland:

Qalandia – zwischen Jerusalem und Ramallah. Über diesen Kontrollpunkt reist man nach Ramallah, Nablus und Dschenin. Hier ist immer am meisten los. Dabei sieht er mit den hässlichen Metallzaun und den verriegelbaren Drehkreuzen eher wie ein Hochsicherheitsgefängnis aus. Und es gibt auf beiden Straßenseiten einen Kontrollpunkt – einen für Fußgänger und einen für Busse.

Bethlehem 300 – südlich von Jerusalem beim Eingang zu Rahels Grab. Eine Straße führt zum Kontrollpunkt für Autos, eine zu dem für Fußgänger. Der Kontrollpunkt ist überdacht und die Bedingungen sind besser als in Qalandia. Allerdings sind die Öffnungszeiten nicht zuverlässig, und nachts ist er oft geschlossen.

Bethlehem (Schnellstraße) – Diesen Kontrollpunkt an der Schnellstraße passiert Bus 21 aus Bethlehem. Er sieht aus wie eine Mautstation und ist nicht sehr stark gesichert. Während der Passkontrolle dürfen Traveller im Bus sitzen bleiben, palästinensische Fahrgäste müssen aussteigen. Der Kontrollpunkt ist rund um die Uhr geöffnet.

Jalameh – Der Kontrollpunkt 10 km südlich von Afula gehört in puncto Bequemlichkeit und Erreichbarkeit zu den besten. Dafür soll es hier oft lange Warteschlangen geben, und er ist nur von 8 bis 17 Uhr geöffnet.

Abu Dis – Über diesen Kontrollpunkt zwischen Ostjerusalem und Abu Dis können Traveller nach Jericho reisen. Er ist nur für Fußgänger und nachts in der Regel geschlossen.

Weitere Infos zu den Bedingungen an den einzelnen Kontrollpunkten stehen auf der Internetseite der linksgerichteten israelischen Gruppe *Machsom Watch* (www.machsomwatch.org).

Das Herodium liegt in Zone C und ist somit unter israelischer Kontrolle; am Fuß des Berges liegt ein Militärstützpunkt. Die Stätte wird von der **Israeli Parks and Nature Authority** (www.parks.org.il) verwaltet. Aus Bethlehem kommt man mit dem Taxi (ca. 50 NIS/Std.) hierher – unbedingt mit dem Fahrer mindestens eine Stunde Wartezeit vereinbaren! Freitags ist der schlechteste Zeitpunkt für einen Besuch, da das Herodium dann von Tourbussen aus Israel heimgesucht wird.

Kirche von Khadr

كنيسة الخضر   כנסיית אלח'דר

Die **Kirche von Khadr** (St. Georg; Jerusalem–Hebron Rd; ⊙ So & feiertags 8–12 & 15–18 Uhr) vor den Toren Bethlehems an der Straße nach Hebron ist dem hl. Georg gewidmet, dem Drachenbekämpfer und Schutzpatron der Reisenden und Kranken. Georg ist auch als Schutzheiliger Palästinas oder St. Georg der Grüne bekannt. Ihm zu Ehren wird jedes Jahr am 5. Mai eine Wallfahrt zur Kirche begangen, an der sowohl Christen als auch Muslime teilnehmen.

Ein Moslem, dem die Schlüssel dieser kleinen griechisch-orthodoxen Kirche anvertraut wurden, wird auf Wunsch ein Kettenritual vollziehen: Besucher, die sich von schlechter Energie befreien, ihre Seele reinigen, eine Krankheit abschütteln oder sich auf eine Reise vorbereiten möchten, werden hier zeremoniell ge- und entfesselt. Ursprung des Rituals soll der (zum Glück nicht mehr praktizierte) Brauch sein, Geistesgestörte an Wände anzuketten in der Hoffnung, dass der hl. Georg sie vor dem Wahnsinn errette.

Von Bethlehem (20 NIS) kommt man mit einem Taxi nach Khadr.

Teiche Salomos

بركة السلطان سليمان القانوني   בריכות שלמה

Eine bekannte Sehenswürdigkeit in der Umgebung von Khadr sind die Teiche Salomos.

Zur Zeit der Römer speisten Quellen drei riesige, rechteckige Speicherbecken, die Jerusalem und das Herodium über Aquädukte mit Wasser versorgten. König Salomo ruhte sich an ihrem glitzernden Wasser aus und soll dort das sinnliche *Hohe Lied Salomos* niedergeschrieben haben. Die Quellen wurden bis ins 20. Jh. hinein zur Bewässerung von Feldfrüchten im umliegenden fruchtbaren Tal genutzt, und verschiedene Armeen haben hier bereits ihr Lager aufgeschlagen. Hier gibt's auch noch eine Festung aus dem Osmanischen Reich zu bewundern, der letzte historische Stopp für Pilger auf dem Weg nach Jerusalem.

Leider sind die Teiche jetzt eingezäunt und zum größten Teil ausgetrocknet, man sollte also kein malerisches Bild erwarten. Hierher kommen nur geschichtsinteressierte Besucher. In der Nähe wurde vor Kurzem ein neues Kongresszentrum gebaut.

Vom Manger Sq in Bethlehem fährt Bus 1 mit Ziel Dheisheh (3 NIS) zu den Teichen, alternativ nimmt man ein Taxi (20 NIS).

Kloster Mar Saba

دير مار سابا   מנזר מר סבא

Fester Bestandteil einer Reise ins Heilige Land ist das **Kloster Mar Saba** (☺ Sa–Di & Do 8 Uhr–Sonnenuntergang), das sich eindrucksvoll in der kargen Landschaft 20 km östlich von Bethlehem bei Bait Sahur erhebt. Das an Felswänden klebende Kloster mit der weithin sichtbaren Kupferkuppel wurde 439 gegründet. Heute leben noch 15 Mönche hier, die das Kloster gern den Besuchern zeigen. Allerdings dürfen nur Männer das Kloster betreten, Frauen müssen sich mit dem Anblick von außen begnügen, für den sie zum massiven, quadratischen Frauenturm gegenüber dem Kloster gehen können.

Weitere (eher zeitlose) Bewohner des Klosters sind die Überreste des Asketen und Heiligen Sabas, der das Kloster im 5. Jh. gegründet hatte und dessen Grab sich in der zweiten Kapelle der Kirche befindet, sowie die Schädel jener 120 Mönche, die im Jahr 614 bei einem Überfall auf das Kloster getötet wurden.

Wer mit dem eigenen Auto anreist, folgt der Ausschilderung ab Bait Sahur. Ansonsten muss man mit einem Taxi von Bethlehem direkt zum Kloster fahren. Das dauert etwa 3 Stunden und kostet zwischen 120 und 150 ILS.

Ramallah & Al-Bireh

رام الله البيرة   רמאללה אל בירה

🎵 02 / 65000 EW.

Ramallah (was soviel wie „der Berg Gottes" bedeutet) und Al-Bireh waren einmal zwei getrennte Orte, die mittlerweile zu einem großstädtischen Zentrum 10 km nördlich von Jerusalem zusammengewachsen sind. Während die Wurzeln von Al-Bireh bis in die vorchristliche Zeit des Landes Kanaan zurückreichen, wurde Ramallah erst im 16. Jh. von Christen gegründet. Heute ist es eine kosmopolitische Stadt mit einer lebendigen Kunstszene und pulsierendem Nachtleben.

Ramallah ist lange nicht so religiös wie Nablus, Hebron und natürlich Jerusalem, doch die allgegenwärtigen palästinensischen Flaggen und Parolen an den Wänden lassen keinen Zweifel daran, wo man sich befindet. Während israelische Angriffe auf die Stadt eher selten, wenn auch nicht ganz ausgeschlossen sind, hat Ramallah in den letzten Jahrzehnten doch sehr stark unter den Unruhen gelitten: Im Verlauf der Zweiten Intifada wurde ein Großteil der Stadt komplett zerstört, und hier verbrachte Palästinenserführer Jassir Arafat die letzten Wochen seines Lebens unter Hausarrest.

Doch in Ramallah dreht sich nicht alles nur um die Politik. Die Hauptstraßen, die vom zentralen Al-Manara Sq mit den Statuen der vier Löwen abgehen, sind gesäumt mit kleinen Geschäften, Cafés und Restaurants. Weitere trendige Cafés und Bars findet man im benachbarten Stadtteil Al-Muntazah. Im wirtschaftlichen und politischen Zentrum des Westjordanlands leben auch viele Ausländer. So wird überall Englisch gesprochen und die Verkehrsinfrastruktur ist hervorragend. Damit ist Ramallah *das* perfekte Basislager für die Erkundung des Westjordanlandes.

◉ Sehenswertes & Aktivitäten

Ein Stadtspaziergang durch Ramallah beginnt zumeist am Al-Manara Sq, der nur ein paar wenige Schritte unterhalb des Busbahnhofs liegt, an dem die Busse aus Jerusalem ankommen.

Die Straßen, die vom Al-Manara Sq abgehen, führen in die angrenzenden Stadtteile. Die Al-Ra'eesy St oder Main St und die Palestine St direkt gegenüber führen in die Altstadt und zum Eingang des offenen Basars. In beiden Straßen wimmelt es von Cafés und Kebab-Läden.

Ramallah

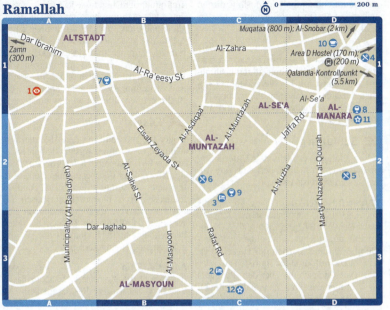

Ramallah

⊙ Sehenswertes
1 Al-Kamandjati..................................A1

🛏 Schlafen
2 Beauty Inn.......................................C3
3 Royal Court Suites Hotel C2

✕ Essen
4 Ameed Al Zain D1
5 La Vie Cafe......................................D2
6 Pronto Resto-Café..........................C2

🍷 Ausgehen & Nachtleben
7 La Grotta...B1
8 Lawain...D1
9 Sangria's..C2
10 Stars & Bucks..................................D1

✪ Unterhaltung
11 Al-Kasaba Theater &
 Cinematheque................................D2
12 Khalil Sakakini Centre C3

Um in den Stadtteil Al-Muntazah mit seinen vielen schicken Cafés, Bars und guten Restaurants zu gelangen, geht man auf der Jaffa Rd bis zur HSBC-Bank und biegt dann rechts ab in die Eisah Zeyada St.

In der auf einem steilen Hügel liegenden Stadt kann man schon mal die Orientierung verlieren, doch die Einheimischen bringen Besucher gern auf den richtigen Weg zurück. Eine Fahrt mit dem Taxi ist relativ preiswert und sollte innerhalb der Stadt nicht mehr als 10 ILS kosten.

Muqataa HISTORISCHES GEBÄUDE
(Al-Ithaa St; ⊙ Mausoleum tgl. 9–21 Uhr) Wer sich für die jüngere Geschichte des Landes interessiert, sollte unbedingt die wieder aufgebaute Muqataa besuchen. Auf diesem Gelände befand sich früher der Amtssitz von Jassir Arafat, in dem er auch während der Zweiten Intifada immer wieder unter Hausarrest gestellt wurde. Trotz israelischer Belagerung wurde er 2004 todkrank von hier in ein Krankenhaus in Paris gebracht, wo er dann verstarb. Wegen des Verdachts auf eine Polonium-Vergiftung wurde Arafats Leichnam 2014 noch einmal exhumiert, bevor er dann im eigens errichteten **Mausoleum** die ewige Ruhe fand. Das mit Kränzen geschmückte Mausoleum wird rund um die Uhr von Soldaten bewacht.

Bis auf einige Einschusslöcher von Panzergranaten wurden die Gebäude komplett restauriert. Die Muqataa befindet sich 1 km vom Al-Manara Sq entfernt an der Straße von Bir Zeit nach Nablus und ist von der Innenstadt aus gut zu Fuß zu erreichen. Soldaten achten darauf, dass sich Besucher nur auf dem kurzen Weg zwischen Eingang und Mausoleum aufhalten. Muslime dürfen auch die zu Arafats Ehren errichtete, moderne Moschee betreten.

Al-Kamandjati   KONZERTHALLE
(02-297 3101; www.alkamandjati.com; Altstadt) In der kleinen Musikschule, deren hochmoderner Eingang mit Kupferverkleidung von einem uralten Steinbogen überwölbt wird, finden sehr persönliche Konzerte und Aufführungen statt.

Schlafen

In Ramallah gibt es nicht viele Unterkünfte für Reisende, doch zumindest eine gute Adresse in jeder Preisklasse.

★ Area D Hostel   HOSTEL $
(056 934 9042; http://ramallahhostel.com; Vegetable Market St; B 70 ILS, DZ 160–200 ILS) Nicht nur die gemütlichen, blitzsauberen Schlafsäle und Zimmer machen das Hostel zu einem tollen Treffpunkt für Touristen aus aller Welt. Da es sich zudem über dem Parkhaus der Sammeltaxis von Ramallah befindet, kann man jederzeit in ein Taxi steigen, ohne vorher das Gebäude verlassen zu müssen. Das Personal ist hilfsbereit, die Lage fantastisch und die riesige Lounge ideal zum Entspannen.

Royal Court Suites Hotel   HOTEL $$
(02-296 4040; www.rcshotel.com; Jaffa St; EZ/DZ/Suite 305/355/445 ILS; ✴@♠) Das ordentliche Mittelklassehotel liegt 15 Gehminuten von der Innenstadt entfernt auf dem Hügel. Die meisten Zimmer haben eine Küchenzeile und Balkon, alle bieten WLAN und das Frühstück ist im Preis inbegriffen. Die Suiten sind riesengroß. Man sollte möglichst ein Zimmer auf der Rückseite des Hotels nehmen, denn dort ist es ruhiger.

Beauty Inn   HOTEL $$
(02-246 4040; www.beautyinn.ps; Al Muntazah; ES/DZ/Suite 90/120/180 US$; ✴@♠✹) Das hübsche, saubere Mittelklassehotel mit Pool und Fitnessraum befindet sich in einer ruhigen Straße in der Nähe des Kulturzentrums Khalil Sakakini. In den Korridoren hängen Bilder von Palästina. Da einige Zimmer etwas düster sind, sollte man sich vor dem Einchecken ein paar zeigen lassen.

Mövenpick Ramallah   HOTEL $$$
(02-298 5888; www.moevenpick-hotels.com/en/middle-east; Al Masyoun; EZ/DZ 180/200 US$) Als eines der wenigen westlichen Markenhotels im Westjordanland ist das Mövenpick zum Treffpunkt der Oberklasse Palästinas geworden – wie man unschwer an den auf Hochglanz polierten Luxusautos erkennen kann, die an der gläsernen Eingangshalle vorfahren. Die Zimmer sind riesig, das Personal ausgezeichnet und die Einrichtungen vom Feinsten, darunter auch ein Fitnessraum und Swimmingpool (nur im Sommer). Bei Buchung übers Internet wird es günstiger.

Essen

In der Gegend rund um den Al-Manara Sq wimmelt es von preiswerten, kleinen Lokalen sowie Kebab- und Falafel-Buden, doch Ramallah bietet darüber hinaus die gesamte Palette an Restaurants von Fast Food bis italienisch, von biologisch-dynamisch bis Sushi. Bei den trendigeren Lokalen, die sich vor allem rund um die Jaffa St befinden, herrscht eine hohe Fluktuation, doch es gibt auch einige „Alteingesessene".

Ameed Al Zain   RESTAURANT $
(Palestine St; Hauptgerichte 15–50 ILS; ⊗ Sa–Do 9–18 Uhr) Das winzige Restaurant beim Al-Manara Sq ist das mit Abstand beste Kebab- und Falafel-Lokal in diesem Teil der Stadt. Es gibt nur drei Tische und für die Bestellung reicht es, entweder auf den Grill oder die Falafel zu zeigen. Spezialität des Hauses sind Hackfleischbällchen mit Pinienkernen und frischer Minze (40 ILS). Die Mitarbeiter sprechen nur wenig Englisch, aber die Kommunikation klappt trotzdem.

★ La Vie Cafe   RESTAURANT, BAR $$
(02-296 4115; info@lavie-cafe.com; Castel St; Hauptgerichte 35–70 ILS; ⊗ Sa–Do 10–24, Fr 16–24 Uhr) Auf der Speisekarte des Restaurants in einer ruhigen Straße, 10 Gehminuten vom Al-Manara Sq entfernt, stehen Pizza, Pasta und Sandwiches, für die die Zutaten meist aus dem Dachgarten der Inhaber Saleh und Morgan stammen. Am Wochenende wird das Restaurant zum beliebten Nachtclub mit einer großen Auswahl an Bieren, Weinen und Cocktails.

Pronto Resto-Café   ITALIENISCH $$
(Al-Muntazah; Hauptgerichte 45–75 ILS; ⊗ 7–23 Uhr) Die dunkle, sehr gemütliche, kleine Trattoria ist ein beliebter Treffpunkt von Musikern, Filmemachern, Akademikern und Friedensstiftern. Die Pizzas sind einsame Spitze und dank selbstgemachter Nudeln ist es das einzige, wirklich italienische Restaurant in Ramallah. Vom Fisch, der in Jaffa gefangen wird, bis zum Wein, der rund

um Bethlehem angebaut wird, stammen alle Zutaten aus der Region.

Zamn CAFÉ $$
(Al-Tireh; Kaffee ab 10 NIS, Hauptgerichte 35–60 NIS; ⊙7–23 Uhr; 🛜) Das Zamn ist die In-Location in Ramallah und Treffpunkt für Reporter und NRO-Angehörige. In diesem tollen Laden verspeist man morgens ein Croissant plus Kaffee oder mittags ein Sandwich. Einfach die Dar Ibrahim hinunterlaufen und am Kreisverkehr rechts!

Ausgehen & Nachtleben

In Ramallah gibt's jede Menge trendiger Bars und Restaurants, die zumeist bis in die frühen Morgenstunden geöffnet und zudem preiswerter als in Jerusalem sind. Wer es gediegener mag, begibt sich in eines der vielen Kaffeehäuser rund um den Al-Manara Sq, wo die älteren Bewohner der Stadt Karten spielen, Shisha rauchen oder einfach nur ein Schwätzchen halten.

 Al-Snobar CLUB
(Pine; ☎02-296 5571; www.al-snowbar.com; ⊙Mai–Okt.) In dem Unterhaltungskomplex befinden sich ein schickes Restaurant, ein Swimmingpool und einer der heißesten Nachtclubs der Stadt. Der Vergnügungstempel, der nur in der Hochsaison geöffnet ist, befindet sich 2 km nordwestlich des Al-Manara Sq. Am besten fährt man mit dem Taxi, denn jeder Taxifahrer kennt den Club.

Lawain BAR
(☎059 763 6003; Al-Manara; ⊙18 Uhr–open end; 🛜) In der Bar über dem Qasaba Theatre beim Al-Manara Sq wird bis spät in der Nacht gefeiert. Es gibt Livemusik, DJs legen auf und das junge Publikum ist eine bunte Mischung aus Einheimischen und Ausländern. Am Wochenende dauert die Party bis in die frühen Morgenstunden. Dafür ist erst ab 21 oder 22 Uhr etwas los, es sei denn, eine Show oder andere Veranstaltung steht auf dem Programm. Wer nicht weiß, wo es ist, fragt einfach nach dem Theater.

Sangria's BAR
(☎02-295 6808; Jaffa Rd, Al-Muntazah; ⊙12–24 Uhr; 🛜) Der Biergarten ist seit ewigen Zeiten ein beliebter Treffpunkt der Einheimischen an Donnerstag- und Samstagabenden. Die mexikanisch-internationale Küche ist sehr gewagt, aber man kommt ja wegen der Getränke her – und die gehören hier zum Besten, was die Stadt zu bieten hat. Das Angebot reicht vom örtlichen Taybeh-Bier (15 ILS) über verschiedene Cocktails (35–40 ILS) bis hin zum obligatorischen Sangria für 80 ILS pro Liter.

La Grotta BAR
(Altstadt; ⊙18 Uhr–open end) Die winzige, schmuddelige, alternativ angehauchte Kneipe befindet sich neben dem schicken mexikanischen Restaurant Fuego in der Altstadt. Ein paar Tische stehen draußen auf der Straße, aber die eigentliche Bar befindet sich im ersten Stock eines traditionellen arabischen Hauses. Vor dem späten Abend ist nichts los, und die Bar ist auch nicht leicht zu finden: Bei der Werkstatt in der Main St muss man links abbiegen.

Stars & Bucks CAFÉ
(Al-Manara; ⊙8 Uhr–open end) Das Café ist eine Institution in Ramallah, und das nicht nur wegen des irreführenden Namens und der Nachahmung des gesamten Konzepts des US-amerikanischen Kaffeegiganten. Es ist einfach der ideale Ort, um ganz entspannt bei einem Kaffee oder (alkoholfreien) Cocktail das Geschehen auf dem Al-Manara Sq zu beobachten.

Unterhaltung

Das Unterhaltungsangebot in Ramallah ist riesig, aber man muss wissen, wo wann was los ist. Dafür fragt man entweder im Hotel nach, surft im Internet oder studiert den Veranstaltungskalender in *This Week in Palestine*.

Al-Kasaba Theater & Cinematheque KINO
(☎02-296 5292; www.alkasaba.org; Al-Manara) Ein Magnet für Künstler, Musiker sowie Film- und Theaterfreaks. Während des Aufenthalts in der Stadt lohnt sich der Besuch einer Aufführung oder Filmvorführung.

Khalil Sakakini Centre KULTURZENTRUM
(☎02-298 7374; www.sakakini.org; Al-Muntazah) Hier finden Ausstellungen von regional und international bekannten Künstlern sowie zahlreiche kulturelle Veranstaltungen statt. Kommende Events sind auf der Website aufgelistet.

ⓘ Anreise & Unterwegs vor Ort

Vom alten arabischen Busbahnhof in Ost-Jerusalem fährt Bus 18 in 30 Minuten direkt nach Ramallah.

Als Faustregel gilt, dass je kleiner der Bus ist, desto schneller fährt er. Die Busse von und nach Ramallah verkehren im Sommer zwischen 6 und

21 Uhr, im Winter nur bis 19 Uhr. Außerhalb dieser Zeiten kann man mit einem Sammeltaxi von Ramallah nach Qalandia und mit dem Taxi weiter nach Jerusalem und umgekehrt fahren.

Bei der Fahrt ins Westjordanland können die Passagiere im Bus sitzen bleiben, bei der Rückfahrt müssen alle aussteigen und eine Sicherheitskontrolle wie auf dem Flughafen passieren. Die Soldaten hinter den Panzerglasfenstern wollen die Pässe und israelischen Visa der Reisenden sehen.

Auf der anderen Seite des Kontrollpunkts muss man dem Busfahrer beim Einsteigen den Fahrschein zeigen.

Alle Ziele im Großraum von Ramallah sind in maximal 10 Minuten mit dem Taxi zu erreichen und die jeweilige Fahrt kostet zwischen 10 und 20 ILS. Allerdings sollte man den Endpreis mit dem Fahrer vereinbaren, bevor man einsteigt.

Vom großen Busbahnhof, an dem die Busse aus Jerusalem ankommen, starten auch die Busse nach Nablus und Hebron. Im Parkhaus der Sammeltaxis auf der anderen Straßenseite – über dem sich das Area D Hostel befindet – starten die extrem preiswerten Sammeltaxis zu fast allen Zielen in Palästina.

Rund um Ramallah

Wenn ein kleines, christliches Dorf mehr für sein Bier als seine Bibelgeschichten bekannt ist, dann könnte man meinen, die Vergangenheit sei vergessen. Doch die Bewohner von **Taybeh** halten strikt an den Überlieferungen fest und trinken auf den Ort, an dem Jesus mit seinen Jüngern seine letzten Stunden verbracht haben soll (Joh 11, 54). Probieren kann man das goldene Gebräu direkt in der **Taybeh-Brauerei** (☏ 02-289 8868; www.taybehbeer.net) (vorher anrufen und einen Besichtigungstermin vereinbaren!) oder auf dem alljährlich stattfindenden, zweitägigen **Oktoberfest**, ein echtes Muss, wenn man zu dieser Zeit in der Gegend ist.

Taybeh ist rund 15 km von Ramallah entfernt und liegt recht malerisch und einsam auf einem Hügel. Der Ort hat eine Reihe interessanter Kirchen und Kapellen sowie byzantinischer Ruinen. Die Sammeltaxis des Parkhauses unter dem Area D Hostel fahren für 7 ILS dorthin. Seit 2014 produziert die Taybeh Winery palästinensischen Wein in ihrem Gewölbekeller in der Nähe der Brauerei. Eine Verkostung muss telefonisch vereinbart werden.

Jericho & Umgebung

اريحا   יריחו

☏ 02 / 20 300 EW.

Die örtlichen Behörden bezeichnen Jericho stolz als die „älteste, ständig besiedelte Stadt der Welt" und dies zu Recht: Archäologen datieren das Alter der Stadt auf mindestens 10 000 Jahre. Doch entgegen der biblischen Überlieferung waren es nicht Posaunen, sondern Erdbeben, die im Lauf der Jahrhunderte einige der berühmtesten Stätten wie den Hisham-Palast zum Einsturz brachten.

Allerdings ist die Stadt heute nicht sehr viel moderner als zur Zeit Kanaans. Die Wirtschaft beruht noch immer zum Großteil auf kleinen landwirtschaftlichen Betrieben, doch auch der Tourismus wird immer wichtiger. Die Stadt erscheint schmuddelig und ungepflegt, hat aber einen gewissen Charme und empfängt Besucher mit viel Freundlichkeit. Dabei interessieren sich diese Besucher zumeist nur für den Berg der Versuchung und die Ausgrabungen von Tel es-Sultan, d. h. Alt-Jericho.

DIE GEBIETE IM WESTJORDANLAND

Das Westjordanland ist in drei Gebietszonen unterteilt, die jeweils festlegen, wieviel zivile und militärische Macht die Israelis und die Palästinenser dort ausüben.

➡ Gebiet A (ca. 17 % des Westjordanlands) steht vollständig unter der zivilen und militärischen Verwaltung der Palästinenser. Hebräische Schilder untersagen Israelis den Zutritt. Zu diesem Gebiet gehören die Städte Ramallah, Nablus, Tulkarem, Dschenin, Qalqilya, Bethlehem, Jericho, Teile von Hebron und mehrere kleine Städte und Dörfer.

➡ Gebiet B (etwa 24 % des Westjordanlands) steht unter ziviler Verwaltung der Palästinenser und militärischer Verwaltung Israels. Dazu gehören viele ländliche Gegenden Palästinas.

➡ Gebiet C (ca. 59 % des Westjordanlands) steht vollständig unter israelischer Militärverwaltung. Hierbei handelt es sich um weniger dicht besiedelte Gegenden sowie die Außenbezirke von Städten und Dörfern und auch alle Schnellstraßen im Westjordanland.

ISRAELS SPERRANLAGEN

Von 1967 bis zur Zweiten Intifada (2000–2005) konnten die meisten Palästinenser jederzeit problemlos aus dem Westjordanland nach Israel fahren. Viele pendelten täglich zur Arbeit in Israel.

Doch Mitte der 1990er-Jahre und mehr noch während der Zweiten Intifada kamen zahlreiche Selbstmordattentäter aus dem Westjordanland nach Israel und töteten Hunderte israelischer Zivilisten. Israel antwortete mit militärischen Übergriffen auf die von der Palästinensischen Autonomiebehörde verwalteten Gebiete, bis sowohl Sicherheitsexperten als auch die israelische Bevölkerung den Bau von Sperranlagen forderten, um diese Unterwanderung zu verhindern.

Während aus Sicht der israelischen Linken ein solcher Grenzzaun den Osloer Friedensprozess mit dem Ziel der Errichtung zweier eigenständiger Staaten weiter voranbringen würde – ganz nach dem Motto „gute Zäune sorgen für eine gute Nachbarschaft" –, wehrten sich die jüdischen Siedler gegen einen solchen Zaun, denn sie wollten nicht außerhalb der Grenzen Israels leben. Auch die Palästinenser im Westjordanland wollten eine Mauer durch ihre Dörfer und Felder nicht hinnehmen, die ihnen zudem den Zugang zu Jerusalem erschweren, wenn nicht gar unmöglich machen würde.

Außer in Jerusalem verlaufen die Sperranlagen, die nur zu 5 % aus einer 8 m hohen Betonmauer zum Schutz vor Scharfschützen besteht, nun mehr oder weniger entlang der Grünen Demarkationslinie zwischen Israel und Jordanien von 1949, einige wenige Abschnitte machen einen Bogen um jüdische Siedlungen. Viele Palästinenser sind von ihren Gemeinden, Geschäften, Schulen und Feldern abgeschnitten. Die Palästinenser bezeichnen die Sperranlagen als „Apartheidsmauern" und betrachten sie als Teil einer konzertierten Aktion Israels, immer mehr Land an sich zu reißen. Israel, das die Sperranlagen als Erfolg seiner Sicherheitspolitik wertet, betont, dass der Verlauf des Zaunes jederzeit verändert werden kann, beispielsweise, wenn es eine endgültige Vereinbarung über den tatsächlichen Grenzverlauf gibt.

Wo die Mauer ganze Dörfer im Westjordanland entzweischneidet, kommt es regelmäßig zu Demonstrationen und Protesten, bei denen die israelische Armee (IDF) ebenso regelmäßig Tränengas und Gummigeschosse einsetzt. Da sie nach übereinstimmenden Aussagen von einheimischen und internationalen Nichtregierungsorganisationen auch mit scharfer Munition schießt, wurden schon oft Demonstranten verletzt oder sogar getötet.

Geschichte

Die Besiedlung Jerichos begann ungefähr 10 000 v. Chr., als sich aus Jägern und Sammlern bestehende Gruppen um eine Quelle niederließen und Lehmziegelbauten errichteten. Um 9400 v. Chr. sollen hier etwa 1000 Menschen gelebt haben.

Bibelexperten zufolge soll Jericho die erste Stadt sein, die von den Israelis nach deren 40-jähriger Wüstenwanderung erobert wurde: Vom Schall der Posaunen und den Rufen der Israelis erschüttert, stürzten die Stadtmauern krachend ein (Jos 6). Nach der Eroberung der Region im 4. Jh. v. Chr. durch Alexander den Großen wurde Jericho sein persönliches Lehnsgut.

Weitere Herrscher kamen und gingen, bis Jericho schließlich in die Hände von Marcus Antonius fiel, der die Stadt Kleopatra als Hochzeitsgeschenk dargeboten haben soll. Später pachtete Herodes sie von Kleopatra und verbesserte die Infrastruktur, indem er Aquädukte und eine Reitbahn errichten ließ. Die Jerusalemer Aristokratie des 1. Jhs. benutzte die Stadt als Winterrückzugsort.

Die Christen feiern Jericho, weil Johannes der Täufer hier im Jordan getauft wurde und sich die Versuchung Jesu auf dem Berg vollzog.

1967 luchste Israel Jordanien die Stadt während des Sechstagekriegs ab. Nach Unterzeichnung des Oslo-Abkommens 1993 war sie eine der ersten Städte, die unter die Kontrolle der palästinensischen Behörden fiel. Während der Zweiten Intifada griff die israelische Armee das Gefängnis und das Sicherheitshauptquartier der Palästinensischen Behörden in Jericho an.

Heute konzentriert sich Jericho wieder auf Tourismus und Handel. Auch wenn man hier nicht auf viele ausländische Besucher trifft, so ist es doch ein interessanter Ort, an dem es sich gut und gern einen oder zwei Tage aushalten lässt.

Sehenswertes & Aktivitäten

Das kleine staubige Zentrum der Stadt wird von Restaurants und Geschäften beherrscht, die ein buntes Sortiment an Haushaltswaren, frischem Obst und Gemüse sowie kleinen Grillgerichten anbieten. Der **Baum des Zachäus**, eine angeblich mehr als 2000 Jahre alte Sykomore in der Ein as-Sultan St, erhielt den Namen nach der biblischen Geschichte des reichen Steuereintreibers, der zu klein war, um Jesus zu sehen, und deshalb auf diesen Baum kletterte. Als Jesus den Mann auf dem Baum entdeckt, bittet er Zachäus, in seinem Haus einkehren zu dürfen. Dies bewegt Zachäus so sehr, dass er fortan seinen gesamten Besitz für wohltätige Zwecke verwendet.

Viele Sehenswürdigkeiten Jerichos liegen außerhalb der Stadt, sind aber gut mit dem Auto, zu Fuß oder der Seilbahn zu erreichen. Am besten sucht man sich einen Taxifahrer für einen ganzen Tag und entlohnt ihn mit 30 bis 40 ILS pro Stunde.

Vor der Besichtigungstour sollte man in der nagelneuen **Touristeninformation** am Hauptplatz der Stadt vorbeischauen. Die Mitarbeiter sprechen fließend Englisch und bieten viele Infos über Sehenswürdigkeiten und Touren sowie praktische Karten der Region. Das Büro ist täglich geöffnet.

★ Tel es-Sultan (Alt-Jericho)   RUINEN

(Erw./Kind 10/5 ILS; ⊙ 8–17 Uhr) Über den Grabhügeln und Ruinen von Tel es-Sultan spürt man den Atem der Zeit. Die hier ausgegrabenen Gebäude und Befestigungsanlagen sind gut 10 000 Jahre alt. Unter dünenähnlichen Gebilden und den weltweit ältesten bekannten Treppenstufen liegen die Siedlungsschichten uralter Kulturen übereinander.

Die auf 8000 v. Chr. datierten Überreste eines runden Turms belegen, dass Jericho wohl die erste befestigte Stadt der Welt war. Nach der Überlieferung soll dieser Turm sieben Erdbeben überstanden haben.

Auch wenn bis jetzt nur ein kleiner Teil von Alt-Jericho ausgegraben ist, gehört Tel es-Sultan unbedingt zum Besuchsprogramm der Stadt. Die Ausgrabungen sind auch sehr gut beschildert und erklärt.

Berg der Versuchung & Kloster Quarantal   RELIGION

(Hin- & Rückfahrt 55 ILS; ⊙ 8–21 Uhr) Auf dem Berg der Versuchung soll Jesus nach seiner 40-tägigen Fastenzeit in der Wüste vom Teufel versucht worden sein. Das Kloster Quarantal wurde an der Stelle errichtet, wo der Teufel Jesus aufforderte, Steine in Brot zu verwandeln (Matthäus 4, 1–11). Das Kloster klebt regelrecht an den steilen Felswänden und bietet einen atemberaubenden Blick über das Tote Meer bis nach Jordanien.

Das Kloster ist nur sporadisch geöffnet, doch wie bei allen Sehenswürdigkeiten in Palästina sollte man es entweder sehr frühmorgens oder einige Stunden vor Sonnenuntergang besuchen. Sollte es geschlossen sein, lohnt es sich durchaus, eine Weile zu warten. Wenn große Besuchsgruppen das Kloster besichtigen, verschließt der Verwalter das Tor.

Die Seilbahn (s. S. 300) fährt zwar bis zum Kloster hinauf, doch selbst der kurze Anstieg über die Treppen zum Haupttor kann in der Mittagshitze zur Tortur werden. Manchmal halten die Bahnen ohne vorherige Ankündigung schon vorher an, sodass sich der Anstieg auf anstrengende 400 m verlängert. Unterwegs kann man bei den Saftverkäufern und kleinen Restaurants eine Verschnaufpause einlegen.

Hisham-Palast   RUINE

(Khirbet al-Mafjar; Eintritt 10 ILS; ⊙ 8–18 Uhr) Die Ruinen, die nur eine kurze Autofahrt nördlich des Tel el-Sultan liegen, sind ein absolutes Muss. Die Winterresidenz im weitläufigen Jagdrevier des Kalifen Hisham Ibn Abd al-Malik muss im 8. Jh. ein prachtvoller Märchenpalast gewesen sein. Mit luxuriösen Bädern, Mosaikfußböden und Säulen ausgestattet wird er von den Archäologen auch das „Versailles des Orients" genannt. Leider sollte er nicht lange bestehen – schon kurz nach Fertigstellung wurde der Palast bei einem Erdbeben zerstört.

Die Besucher werden zunächst in ein Kino geführt, wo ein 20-minütiger Film die Geschichte des Palastes und seiner Ausgrabung erläutert. So kann man sich die ehemalige Pracht anhand der noch vorhandenen Ruinen besser vorstellen. Höhepunkt des Rundgangs ist ein erstaunlich gut erhaltenes Mosaik in der Badehalle, das den Baum des Lebens zeigt. Auf der einen Seite des Baumes grasen ganz friedlich zwei Gazellen, während auf der anderen Seite ein Löwe eine dritte Gazelle reißt. Die verschiedenen Interpretationen des Mosaiks reichen vom Kampf zwischen Gut und Böse über Krieg und Frieden bis hin zu gute gegen schlechte Regierung.

Wadi Qilt & Nabi Musa   HISTORISCHE STÄTTE

In der tiefen Schlucht des Wadi Qilt zwischen Jerusalem und Jericho liegen viele interessante Orte mit religiöser Bedeutung sowie zahlreiche Quellen, Pflanzen und Tiere. Und natürlich bietet die Schlucht auch einen atemberaubenden Blick auf die Berge und die Wüste. Man kann durch die gesamte Schlucht wandern, was aber einen ganzen Tag dauern würde und selbst im Frühjahr und Herbst extrem schweißtreibend und anstrengend ist. Die wichtigsten Stätten des Wadi sind über die Schnellstraße zu erreichen, die Jerusalem mit Jericho und dem Toten Meer verbindet, und sie sind in beiden Richtungen gut ausgeschildert.

Aber Achtung: Im Sommer ist es extrem heiß und im Winter kann es zu Überflutungen kommen!

Das sehenswerte **Kloster St. Georg** (tgl. 9–13 Uhr) aus dem 5. Jh. klebt spektakulär an der steilen Felswand des Wadi Qilt. Der Parkplatz liegt rechts von der Zufahrtsstraße. Von dort geht es auf einem steilen Weg in 10 Minuten zum Kloster hinauf. Unterwegs versuchen Eseltreiber ständig, die Besucher auf die Rücken ihrer Esel zu locken. Nach dem Anstieg wird man mit herrlichen Wandmalereien in der Hauptkapelle und Teilen von Originalmosaiken unter Glas belohnt. Eine weitere Treppe führt zur wunderbaren Höhlenkirche.

Im Kloster ist Trinkwasser erhältlich. Entlang des Weges verweisen Schilder zwar auf die drei großen Quellen Ain Qelt, Ain Farah und Ain Fawar, doch deren Wasser ist nicht genießbar.

Von der Schnellstraße nach Jericho zweigt auch die Straße zum **Nabi Musa** ab (Grab des Propheten Moses; 8 Uhr–Sonnenuntergang). Nach islamischer Überlieferung wurde an dieser Stelle, 10 km nördlich des Toten Meers, Moses (arabisch Musa, hebräisch Moshe) begraben. 1269 ließ der Mamelucken-Sultan Baibars an dieser Stelle eine Moschee errichten, die zwei Jahrhunderte später massiv erweitert wurde, und begründete damit die alljährlichen Pilgerreisen von Jerusalem zum Nabi Musa, die bis heute stattfinden. Die Straße bei der Moschee führt an einem muslimischen Friedhof vorbei, auf dem sich auch das, heute leider mit Graffiti beschmierte, Grab eines Imams der Moschee befindet. Danach verläuft die Straße gut 20 km lang durch die Judäische Wüste, vorbei an einzelnen Kamelen, liegen gebliebenen Panzern und endloser, karger Wüstenlandschaft.

Qasr al-Yahud   RELIGIÖSE STÄTTE

(☉ April–Okt. 9–16 Uhr, Nov.–März 9–15 Uhr) Irgendwo am Jordan, an der Grenze zwischen Jordanien und dem Westjordanland, befindet sich angeblich die Stelle, an der Jesus von Johannes getauft wurde (Matthäus 3) und der Geist Gottes ihn erfüllte. Johannes der Täufer hatte sich an diesem wichtigen Knotenpunkt niedergelassen, weil sich hier die Wege der Händler, Kaufleute und Soldaten kreuzten. Davon kann heute keine Rede mehr sein. Die Taufstelle ist erst seit 2011 wieder für Pilger zugänglich. Wer sie besuchen möchte, muss zuvor einen israelischen Kontrollpunkt passieren und durch die von Stacheldraht und Minenfeldern umgebene Wüstenlandschaft bis zum Parkplatz fahren. Von dort führt ein kurzer Fußweg zum Fluss.

Auf diesem Weg sind Scharen von Pilgern zumeist in weißen T-Shirts oder einfachen Kitteln unterwegs, die nacheinander zum Fluss hinuntergehen und ins Wasser steigen. Mitten im Jordan markiert ein Stück Holz die Grenze, über die die Menschen nicht hinausschwimmen dürfen. Wenige Meter entfernt sitzen schwer bewaffnete jordanische Soldaten auf einer Bank und beobachten das Treiben auf israelischer Seite. Auch wenn man nicht sonderlich religiös ist, lohnt sich ein Besuch dieses schönen Ortes. Zumal es hier mittlerweile Umkleideräume, einen Souvenirladen, einen Kiosk mit Snacks und Getränken sowie schattige Plätzchen gibt, um die herrliche Aussicht zu genießen.

Gasthaus des Barmherzigen Samariters   HISTORISCHE STÄTTE

(Erw./Kind 21/9 ILS; ☉ April–Okt. 8–17 Uhr, Nov.–März 8–16 Uhr) An dieser Stätte unweit der Hauptverbindungsstraße zwischen Jerusalem und Jericho soll sich das bekannte Gleichnis nach Lukas 10, 25-37 ereignet haben. Jesus beschreibt darin einen Mann, der auf dem Weg von Jerusalem nach Jericho überfallen, ausgeraubt und halbtot liegen gelassen wird. Weder ein vorbeikommender Priester noch ein Levit kommen dem Mann zu Hilfe. Ein Samaritaner hält schließlich an, um dem Fremden zu helfen. Er versorgt seine Wunden und bringt ihn zur nächsten Herberge. So wurde der „Barmherzige Samariter" zum Synonym für tätige Nächstenliebe und Mitleid mit hilfsbedürftigen Menschen.

Historiker gehen davon aus, dass der Samaritaner in Wirklichkeit ein Israelite war und ein griechischer Übersetzer die beiden

1. Rund um Bethlehem
Ein Schäfer und seine Herde bei Bethlehem.

2. Nablus (S. 303)
Nablus ist eine aufregende Metropole, in der die Altstadt neben dem modernem Leben besteht.

3. Straßenkunst (S. 283), Bethlehem
Die Sperranlagen sind mit farbenfroher Straßenkunst einheimischer und internationaler Künstler verziert.

4. Nabi-Musa (S. 297)
Muslime glauben, dass Moses (Musa auf arabisch, Moshe in hebräisch) in Nabi-Musa begraben wurde.

Wörter bei der Bearbeitung des Lukas-Evangeliums verwechselt hat.

Archäologen haben an der Stelle einen Palast aus der Zeit des Zweiten Tempels gefunden, der vermutlich von Herodes errichtet und später zu der in der Bibel erwähnten Herberge wurde. Unter byzantinischer Herrschaft wurde hier eine Kirche errichtet und die Kreuzfahrer erbauten eine Herberge zum Schutz der Pilger. In den heutigen Ruinen sind die Fundamente und Mosaiken der verschiedenen Epochen zu erkennen. Auf dem Gelände befindet sich auch ein neues, von Israel errichtetes Museum, in dem verschiedene Mosaiken zu bewundern sind.

Jericho Cable Car   SEILBAHN

(www.jericho-cablecar.com; 60 ILS; ⏱ 8–20 Uhr) Die von einer Schweizer Firma gebaute Jericho-Seilbahn schwebt vom Tel es-Sultan auf den Berg der Versuchung hinauf. Auch wenn die weithin sichtbaren roten Gondeln schon etwas veraltet aussehen, bieten sie während der 20-minütigen Fahrt einen tollen Blick auf Jericho und die landwirtschaftlichen Betriebe rund um die Stadt. Selbst wenn nicht viel los ist, fährt die Bahn relativ regelmäßig.

Besonders interessant ist das weitläufige Netz der Bewässerungskanäle, die schon seit Tausenden von Jahren zwischen Bananen- und Orangenplantagen verlaufen.

🛏 Schlafen

Jerichos Hotelszene boomt zwar nicht gerade, aber dennoch findet man Unterkünfte in jeder Preisklasse.

★ Sami Youth Hostel   PENSION $

(📞 02-232 4220; eyad_alalem@live.com; Zi. 120 ILS; 🛜) Die beste Budgetunterkunft in ganz Jericho liegt mitten in einem Flüchtlingslager. Die zwölf Zimmer des zweistöckigen Gebäudes sind sauber, ruhig und fantasievoll möbliert. Kommt man auf dem Highway 90 nach Jericho, fährt man beim ersten Kreisel links ab und dann geradeaus weiter, bis die Pension auf der rechten Seite auftaucht. Wenn man sie nicht findet, fragt man einfach die Einheimischen nach dem Weg zum „Hotel Sami“.

Inhaber Sami spricht perfekt Englisch und informiert seine Gäste gern über Touren zu den Sehenswürdigkeiten in und um Jericho.

Oasis Hotel   HOTEL $$$

(📞 02-231 1200; www.intercontinental.com; DZ 120–140 US$, Suite 200 US$; ✻ @ 🛜 ⛱) Bis 2014 hieß das luxuriöse Hotel *Intercontinental Jericho*. Dieser Name steht auch noch auf einer Seite des Gebäudes, das zu den höchsten der Stadt gehört. Ansonsten blieb eigentlich alles wie früher und die Zimmer sind immer noch sauber und modern mit eigenem Bad und TV eingerichtet. Das Hotel hat auch zwei Swimmingpools, eine Bar und zuvorkommendes Personal.

Jericho Resort Village   RESORT $$$

(📞 02-232 1255; www.jerichoresorts.com; EZ/DZ 350/450 ILS, Bungalow 500–550 ILS; @ 🛜 ⛱) Das Hotel in der Nähe des Hisham-Palastes im Norden der Stadt bietet zwei Swimmingpools und gemütliche, gut ausgestattete Zimmer sowie moderne Einzel- und Doppelbungalows. 2014 wurde das Hauptgebäude um zwei Stockwerke erhöht. Da das Hotel vor allem bei großen Reisegruppen beliebt ist, muss man unbedingt im Voraus buchen.

🍴 Essen

Die Straßen rund um den zentralen Hauptplatz von Jericho sind gesäumt von Kebab- und Falafel-Buden sowie kleinen Cafés. Ein Fleischspieß oder Sandwich sollte nicht mehr als 10 ILS kosten. Die Grünanlage in der Mitte des Verkehrskreisels lädt zum Sitzen, Essen und Leute beobachten ein. In den Cafés spielen die Einheimischen Karten und rauchen Shisha.

★ Al Essawe   RESTAURANT $

(Main Sq; Hauptgerichte 15–45 ILS; ⏱ tgl. 6–23 Uhr) Von der hübschen Terrasse im 2. Stock des Gebäudes an einer Ecke des Hauptplatzes der Stadt hat man einen ausgezeichneten Blick auf das bunte Treiben in den Straßen. Der Inhaber spricht gut Englisch und serviert die üblichen arabischen Gerichte wie Kebab, Falafel und Vorspeisen. Spezialität des Hauses ist gegrilltes Hühnchen in Zitronensauce. Kaffee und Shishas gibt's ebenfalls auf der Dachterrasse.

Abu Omar   NAHÖSTLICH $

(Ein al-Sultan St; Hauptgerichte 20–50 NIS; ⏱ 6–24 Uhr) In diesem Lieblingslokal der Einheimischen neben dem Hauptplatz gibt's von Falafel in Pitabrot (4 NIS) bis hin zu einem Hähnchen-Abendessen für zwei (50 NIS) so ziemlich alles.

Rosanna Restaurant and Café   RESTAURANT $$

(Straße von Jericho nach Jerusalem; Hauptgerichte 35–70 ILS; ⏱ 10 Uhr–open end) Gäste von Samis Youth Hostel und dem Oasis Hotel können zu Fuß in das Restaurant gehen und dort arabisches und westliches Essen in riesigen Portionen genießen. Abends wird der schattige Garten rund um den sprudelnden Springbrunnen zum Freiluftkino. Trotz der Schilder und Tafeln an den Wänden scheint hier kein Alkohol mehr ausgeschenkt zu werden, doch die Bar des Hotels Oasis auf der anderen Straßenseite ist rund um die Uhr geöffnet.

❶ An- & Weiterreise

Sammeltaxis fahren nicht direkt von Jerusalem nach Jericho. Die Fahrt mit dem Taxi von Jerusalem nach Jericho (oder umgekehrt) kostet etwa 400 ILS.

Mit öffentlichen Verkehrsmitteln ist Jericho am besten von Ramallah aus zu erreichen. Dort fahren den ganzen Tag regelmäßig Busse ab. Die genauen Abfahrtszeiten muss man erfragen, da sie sich ständig ändern. Die Fahrt auf der kurvenreichen Strecke zur Umgehung des Kontrollpunkts Qalandia dauert im Allgemeinen gut 90 Minuten.

Unbedingt den Pass mitnehmen, denn man braucht ihn für die Rückfahrt nach Jerusalem.

Hebron   الخليل חברון

◪ 02 / 183 000 EW.

Juden, Christen und Muslimen gilt die Stadt, die auf arabisch El-Khalil heißt, gleichermaßen als Wiege ihrer Religion. Schon seit Tausenden von Jahren ist das größte Heiligtum der Stadt das „Grab der Patriarchen", dem gemeinsamen Grabmal für Abraham, Isaak und Jakob sowie ihren Frauen (mit Ausnahme von Rahel). Nach islamischer Überlieferung lebten hier außerdem Adam und Eva nach ihrer Vertreibung aus dem Paradies. Leider kann auch diese allen so heilige Stätte nicht zur Aussöhnung zwischen den drei monotheistischen Religionen beitragen. Ganz im Gegenteil: Hebron ist schon lange ein Zentrum religiöser Gewalt.

Was Hebron von anderen Städten in Palästina unterscheidet, sind die jüdischen Siedler, die mitten in der Stadt leben. Die fünf Mini-Siedlungen in der Stadt und weitere, größere Siedlungen am Stadtrand teilen Hebron de facto in zwei Bereiche. Viele Straßen sind gesperrt bzw. unzugänglich für Palästinenser. Immer wieder kommt es, vor allem freitags, zu gewalttätigen Zusammenstößen zwischen israelischen Soldaten, von denen Tausende in der Stadt stationiert sind, und palästinensischen Jugendlichen.

❶ MEDIEN

This Week in Palestine (www.thisweek inpalestine.com) ist eine kostenlose, monatliche Broschüre über das Westjordanland mit Veranstaltungskalender, Berichten und Karten.

Die Entführung und Ermordung von drei israelischen Jugendlichen aus einer Siedlung bei Hebron sorgte 2014 für traurige Schlagzeilen. Später wurden die beiden des Mordes angeklagten Männer, die angeblich Mitglieder der Hamas waren, bei einem israelischen Angriff auf ein Haus in Hebron ebenfalls ermordet. In den Monaten nach diesen Ereignissen kam es zu einer Welle von Angriffen, Unruhen und Festnahmen in der Stadt sowie verstärkter Siedlungsaktivitäten, wobei radikale israelische Siedler erstmals seit Jahrzehnten wieder ein neues Wohnhaus in einem arabischen Wohnviertel besetzten.

Nach wie vor ist die Lage in Hebron äußerst angespannt und die Stadt ein einziges Pulverfass. Besucher sollten deshalb bei geringsten Anzeichen für einen Streit oder Konflikt, insbesondere rund um den Al-Manara Sq, sofort in eine andere Richtung gehen. Einheimische palästinensische Touristenführer können beim Besuch der Stadt recht hilfreich sein, haben aber zumeist keinen Zutritt zu den Siedlungsgebieten. Individualreisenden bieten zumeist einheimische Kinder eine Stadtführung an. Den Preis unbedingt im Voraus vereinbaren!

Trotz allem ist Hebron nach wie vor das wichtigste Geschäftszentrum der Palästinenser. Schon seit der Antike ist die Stadt, die an einer alten Handelsroute zur Arabischen Halbinsel liegt, bekannt für Ihre köstlichen Trauben, erfahrenen Händler und Kunsthandwerk wie mundgeblasenes Glas, Lederwaren und handbemalte Keramiken.

Geschichte

Der Biblia Hebraica zufolge wurde Hebron um 1730 v.Chr. gegründet. Sein biblischer Name Kiryat Arba (Dorf der Vier) mag seiner Lage auf vier Hügeln geschuldet sein, auf denen vier kanaanitische Stämme siedelten.

Bereits wenige Jahrhunderte vor dem 20. Jh. war Hebron die Heimat einer kleinen jüdischen Gemeinde. 1929 wurden die allesamt nichtzionistischen, ultra-orthodoxen Juden der Stadt aber von arabischen Nationalisten angegriffen, die 67 Menschen töteten. Der Rest der Gemeinde konnte fliehen.

Nach 1967 kehrten die orthodoxen Juden in die Stadt zurück. Ein besonderes Merkmal des heutigen Hebron ist die Anwesenheit von israelischen Soldaten, die jüdische Enklaven – in denen einige der kompromisslosesten Siedler des Westjordanlands leben – im Stadtzentrum schützen. Der Vorort Kiryat Arba, in dem heute mehr als 7000 Juden leben, wurde ganz in der Nähe errichtet.

1994 schoss der in Brooklyn geborene Arzt Baruch Goldstein im heiligen Monat der Muslime, dem Ramadan, und am jüdischen Feiertag Purim auf Palästinenser, die in der Ibrahim-Moschee beteten, und tötete 29 Männer und Jungen. 200 Menschen wurden verletzt. Gemäßigte Siedler, genau wie der Durchschnittsisraeli, sehen in Goldstein einen kaltblütigen Killer. In den Augen der extremistischen jüdischen Siedler, für die Palästinenser Eindringlinge im Land Israel sind, ist er ein Held. Seine Grabstätte ist und bleibt ein beliebter Wallfahrtsort.

◉ Sehenswertes & Aktivitäten

Für Touristen gibt es in Hebron drei Hauptanziehungspunkte. Wenn man aus Bethlehem kommt, ist der erste die Ras al-Jora (Jerusalem Sq) an der Hebron Rd (die auch als Shari'a al-Quds bekannt ist). Hier befindet sich das kommerzielle Zentrum mit vielen Restaurants und Werkstätten, die Glas- und Keramikwaren herstellen.

Nach etwa 3 km wird die Hebron Rd zur Ein Sarah St, die schließlich auf dem Al-Manara Sq, der nur eine Kreuzung ist, endet. Vom Al-Manara Sq biegt man nach rechts ab und erreicht nach ca. 200 m den Busbahnhof. Wenn man nach links wandert, kommt man in zehn Minuten zum Bab al-Zawieh, dem Eingang in den Suk der Altstadt, und dann zur Ibrahim-Moschee.

Der jüdische Teil Hebrons liegt südlich der Altstadt hinter hohen Mauern und Stacheldrahtzäunen. Er ist nur wenige Schritte vom Grab der Patriarchen bzw. der Ibrahim-Moschee entfernt. In den jüdischen Teil gelangt man auch über die Kontrollpunkt am Al-Manara Sq. Wie bei allen Kontrollpunkten zwischen den arabischen und jüdischen Teilen der Stadt muss man hier den Pass vorzeigen.

Nach allgemeinen Standards ist Hebron wirklich kein einfaches Reiseziel. Die angespannte Situation des Westjordanlands ist hier deutlicher als irgendwo sonst zu spüren. Dazu kommt noch die anstrengende Abwehr der aufdringlichen Straßenverkäufer, Händler und Schlepper im Basar. Andererseits begreift man erst in dieser Stadt den Grund und die Ursachen des Siedlungsproblems. So besucht man diese Stadt, wie andere politisch brisante Gegenden, am besten im Rahmen einer geführten Tour.

Ibrahim-Moschee/
Grab der Patriarchen   MOSCHEE, SYNAGOGE
(⊙ So–Do 8–16 Uhr, außer während des Gebets) Die meisten Besucher kommen wegen dieser Sehenswürdigkeit nach Hebron. Das Grab der Patriarchen in der Höhle von Machpela oder die Ibrahim-Moschee, wie sie die Muslime nennen („Ibrahim" ist arabisch für Abraham). Die Stätte ist Juden und Muslimen gleichermaßen heilig. Es gibt strenge Sicherheitskontrollen und strikt voneinander getrennte Gebetsräume für die Gläubigen der beiden Religionen.

Vor dem Betreten der Moschee müssen alle die Schuhe ausziehen und die Frauen ihren Kopf mit einem am Eingang erhältlichen Tuch bedecken.

Die hauptsächlich von Mamelucken errichteten Kenotaphen wirken wie geschmückte Zelte und gedenken der Patriarchen Abraham, Isaak und Jakob sowie ihrer Frauen. Juden und Muslime glauben, dass Abraham die Höhle darunter als letzte Ruhestätte für seine Familie ausgesucht hat.

Durch ein Metallgitter in einer Ecke der Moschee kann man einen Blick in die Höhle werfen. In dem Raum, von dem aus man das Kenotaph von Abraham sieht, befindet sich nahe der Tür eine kleine Nische mit einem Fußabdruck. Für Muslime ist dies der Fußabdruck von Mohammed, für Juden der von Adam.

Die von Herodes in Auftrag gegebene Anlage (am Mauerfuß befinden sich herodianische Steine) wurde im 6. Jh. von den Byzantinern verändert: Sie fügten eine Kirche hinzu, neben der auch noch eine Synagoge errichtet wurde. Als die Araber im folgenden Jahrhundert das Gebiet eroberten, machten sie aus der Kirche eine Moschee, die Synagoge blieb jedoch unverändert. Nach der Kreuzfahrerzeit errichteten die Mamelucken eine weitere Moschee.

Altstadt   ARCHITEKTUR
Zu den schönen, zumeist verfallenden osmanischen Gebäuden im Stil der Mamelucken gehört auch der überdachte Suk. Wegen der Spannungen mit den jüdischen Siedlern bie-

ten die Händler ihre Waren aber mittlerweile auf einem Platz unter freiem Himmel an. In den engen Gassen sind überall Netze gespannt, damit der (von jüdischen Siedlern) aus den oberen Stockwerken geworfene Abfall nicht in den Läden der Palästinenser darunter landet. Durch den Stacheldraht kann man auch einen Blick auf den Goldmarkt von Hebron werfen. War dieser einst in der ganzen Region bekannt, ist der Zutritt heute unmöglich, denn nach der Zweiten Intifada wurden die Ladentüren zugeschweißt.

Wer etwas einkaufen oder essen möchte, sollte vom Grab der Patriarchen in Richtung Innenstadt gehen, denn dort sind mehr Stände und Geschäfte geöffnet.

Glas- & Keramikateliers   KUNSTZENTRUM

In Ras al-Jora an Hebrons Nordeingang kann man mehrere traditionelle Glasbläsereien und Keramikfabriken besichtigen und dort einkaufen. Die Glasbläsereien **Al-Natsheh** und **Al-Salam** empfangen Besucher und Kunden, ebenso kleinere Unternehmen wie **Tamimi Ceramics**. Außer während des Morgengebets am Freitag haben alle Werkstätten täglich von 9 bis 19 Uhr offen.

🛏 Schlafen & Essen

Nicht nur wegen des Sicherheitsrisikos bleiben die wenigsten Besucher über Nacht in Hebron. Die Stadt ist auch gut in einem Tagesausflug von Bethlehem aus zu erreichen. Wer dennoch in Hebron übernachten will, wendet sich an die **Association d'Échanges Culturels Hebron-France** (AECHF; 📞02-222 4811; www.hebron-france.org), die Unterkünfte bei einheimischen Familien vermittelt. Eine gute Alternative ist die Internetseite www.womeninhebron.com, deren Gründerin Nawal Slemiah selbst eine kleine Pension in der Nähe ihres Ladens im Suk betreibt. Im Suk kann man auch nach ihr fragen.

Spitzenrestaurants gibt's kaum in Hebron, aber unzählige Lokale für einen kleinen, schmackhaften Imbiss. Diese finden sich insbesondere in der Nimra St.

Abu Salah   NAHÖSTLICH $

(Bab-e-Zawi; Hauptgerichte 10–35 NIS; ⏰7–22 Uhr) Dieses viel besuchte Restaurant am Rand der Altstadt bereitet gutes Schawarma. Die Platte mit Hähnchen, Reis und Kartoffeln kommt als eine Art Buffet daher.

ℹ An- & Weiterreise

Von Jerusalem nach Hebron fährt man am besten über Bethlehem, denn auf dieser Strecke verkehren regelmäßig Sammeltaxis. Am Busbahnhof in Hebron starten von 5 bis 18 Uhr Sammeltaxis nach Jericho, Bethlehem und Ramallah. Allerdings fahren sie erst los, wenn alle Plätze besetzt sind.

Wer Hebron aus Sicht der jüdischen Siedler erleben will, steigt im zentralen Busbahnhof in Jerusalem in den Egged-Bus 160, der direkt zur Ibrahim-Moschee bzw. zum Grab der Patriarchen fährt. Von dort kann man zu Fuß in den arabischen Teil der Stadt gehen.

Nablus   שכם   نابلس

📷 09 / 126 000 EW.

„Shechem", wie die Stadt auf hebräisch heißt, erstreckt sich weit über das üppig grüne Tal zwischen dem Berg Garizim und dem kargen Wüstenberg Ebal hinaus. Von alters her ist sie ein bedeutender Exporteur von Olivenöl, Baumwolle, Seife und Johannisbrot. Die heute für ihre Seifen aus Olivenöl sowie Olivenholzschnitzereien und *kunafeh* (ein in Sirup schwimmendes, lauwarmes Käsegebäck) bekannte Stadt blickt auf eine lange Geschichte voller Ruhm und Leid zurück.

Nablus ist eine quirlige, lebendige und aufregende Metropole mit einer wunderschönen Altstadt, die selbst der von Jerusalem Konkurrenz macht – nicht zuletzt, weil ihre engen Gassen nicht ständig von Reisegruppen verstopft sind. Nablus ist aber auch eine Hochburg militanter Palästinenser und so verschwindet der zentrale Platz immer wieder unter Fahnen, Bannern und Fotos von Märtyrern, die im jahrzehntelangen Kampf gegen Israel ihr Leben ließen.

Die Juden bezeichnen das nördliche Westjordanland immer noch als „Samaria", von dem sich die „Samaritaner" ableiten. Zu den faszinierendsten Elementen in der Gegend um Nablus gehört denn auch die winzige Gemeinschaft der Samaritaner, die hoch über der Stadt auf dem Berg Garizim lebt.

Geschichte

Nachdem sich die zwölf Stämme Israels im 10. Jh. v. Chr. in zwei rivalisierende Königreiche aufgeteilt hatten, wurde Shechem kurz die Hauptstadt der Gruppe im Norden, d. h. der zehn verlorenen Stämme Israels.

70 n. Chr. löschten die Römer das antike Shechem aus und errichteten Flavia Neapolis (Neue Stadt), was später von den Arabern Nablus ausgesprochen wurde. Griechisch-romanische Kulte entwickelten sich, nur um dann *636 n. Chr.* mit der Eroberung

Nablus

Nablus

⊙ Sehenswertes
1 Al-Qasaba D3

✈ Aktivitäten, Kurse & Touren
2 Hammam Al Shifa C3

⌂ Schlafen
3 Al-Yasmeen Hotel C3
4 International Friends
  Guesthouse A2

✖ Essen
5 Al Aqqad B2
6 Al Aqsa D3
7 Assaraya C2

der Stadt durch arabische Truppen wieder zerstört zu werden. Christliche Schreine wurden in muslimische Moscheen umgewandelt, und Nablus entwickelte seinen heutigen Charakter. Die Altstadt geht zwar auf die Zeit des Osmanischen Reichs zurück, jedoch sind auch heute noch hier und da Relikte aus der römischen Besatzungszeit zu entdecken.

Nablus ist jetzt von einigen der kompromisslosesten jüdischen Siedlungen des Westjordanlands umgeben. Auf den nahe gelegenen Hügeln sind Bracha, Itamar, Yitzhar und Elon Moreh zu sehen, die nur allzu oft Schlagzeilen machten, da jüdische Extremisten entweder mit palästinensischen oder israelischen Soldaten aneinander gerieten.

⊙ Sehenswertes & Aktivitäten

Detailliertere Infos darüber, was man hier unternehmen und sehen kann, bekommt man unter www.nablusguide.com.

Al-Qasaba   STADTVIERTEL
Der Anlaufpunkt für Besucher von Nablus ist Al-Qasaba (Kasbah oder Altstadt): ein Kaninchenbau aus der Zeit des Osmanischen Reichs mit Läden, Verkaufsständen und Imbissbuden, Säcken voller Gewürze und Bergen von Gemüse. Inmitten des Trubels befinden sich Dutzende nachdenklich stimmende Moscheen, u.a. die **Al-Kebir-Moschee** (Große Moschee), an deren Stelle früher eine Kreuzfahrerkirche sowie byzantinische und römische Basiliken standen. Teile davon haben überlebt. Man sollte nach den gewaltigen Säulen und Kapitellen Ausschau halten, die Überbleibsel der byzantinischen Bauart sind.

Seifenfabriken   SEIFENFABRIKEN
Wenn Sauberkeit gleich nach Gottesfurcht kommt, dann ist man in der Altstadt, die Möglichkeiten für beides hat, genau richtig.

In Nablus gibt es sieben oder acht Seifenfabriken, die Seifenlauge auf Olivenölbasis herstellen – ganz der 800 Jahre alten Tradition gemäß. Die **Mofthen-Fabrik** am Martyrs Sq ist eine der vielen, die Besucher empfangen.

Jakobsbrunnen
KIRCHE

(Spende erwünscht; ☺8–12 & 14–16 Uhr) Diese Stätte befindet sich in der Nähe des Eingangs zu Balata (20 000 Ew.), dem größten Flüchtlingslager des Hilfswerks der Vereinten Nationen für Palästina-Flüchtlinge im Nahen Osten im Westjordanland. Die Christen glauben, dass Jesus hier einer samaritanischen Frau, die ihm ein Glas Wasser anbot, verriet, dass er der Messias sei (Joh 4, 13–14). Eine byzantinische Kirche wurde während des Samariter-Aufstands im Jahr 529 zerstört und durch eine Kreuzfahrerkirche ersetzt, die im Mittelalter wiederum das gleiche Schicksal erlitt. Die jetzige Kirche St. Photina, die Samariterin, wurde in den 1860er-Jahren vom griechisch-orthodoxen Patriarchat errichtet.

Die Treppe neben dem Altar führt zum Brunnen hinunter. Die schöne Kirche steht inmitten eines üppig grünen Gartens, dessen friedliche Ruhe nur von den Katzen der Nachbarschaft gestört wird.

Gut 300 m südöstlich des Brunnens befindet sich das Grab Josephs, das in den letzten Jahren immer wieder zu Auseinandersetzungen zwischen Arabern und Juden führte. Kommen Juden hierher zum Beten, werden sie (in Abstimmung mit der Palästinensischen Autonomiebehörde) von israelischen Streitkräften eskortiert. Ein sichtlich nervöser Sicherheitsbeamter erlaubt Besuchern den Zutritt zu der schaurig düsteren Grabstätte.

Tel Balata
RUINEN

GRATIS Bei den Ruinen in der Nähe des Josephsbrunnens soll es sich um die Überreste der ersten Siedlung in Nablus handeln, die sich rund um eine Quelle zwischen zwei Bergen befand. Die recht interessante Ruinenstätte ist ab der Hauptstraße von Ramallah nach Nablus ausgeschildert. Es gibt auch ein winziges, aber ausgezeichnetes Museum.

Sebastiya
RUINEN

GRATIS Zu den Ruinen auf einem Hügel oberhalb des gleichnamigen Dorfs gehören ein Amphitheater, das mit ehemals 7000 Sitzplätzen das größte in Palästina war, und eine byzantinische Kirche, die über dem angeblichen Grab von Johannes dem Täufer errichtet wurde. Mitte des 4. Jhs. wurde das Grab geplündert und die Knochen teilweise verbrannt. Die noch erhaltenen Überreste wurden nach Jerusalem und später ins ägyptische Alexandria gebracht, wo sie in einem koptischen Kloster bestattet wurden. Sebastiya ist 11 km von Nablus entfernt. Die Taxifahrt inklusive Wartezeit sollte etwa 100 ILS kosten.

Die kleine Altstadt von Sebastiya wurde erst vor kurzem saniert und bietet nun einige nette Restaurants bei den Ruinen, die hauptsächlich auf die gelegentlich ankommenden Reisebusse eingestellt sind.

Hammam Al Shifa
BADEHAUS

(35 ILS; ☺9–23 Uhr, Do nur Frauen) Es ist nicht ganz einfach, das Badehaus zu finden, doch die Einheimischen helfen gern weiter. Vor dem Entkleiden gibt man alle Wertsachen ab und hüllt sich dann in ein Handtuch – oder zieht Schwimmkleidung an, sofern man welche dabei hat. Das Hammam besteht aus einem Ruheraum mit einer warmen Liegefläche zum Entspannen, einer Sauna und einem Dampfbad. Die Massagen (10 ILS) sind alles andere als sanft.

Schlafen

In Nablus kann man gut ein paar Tage verbringen und von dort aus z. B. das nördliche Westjordanland erkunden.

★ International Friends Guesthouse
HOTEL $

(www.guesthouse.ps; B/DZ 85/200 ILS; ☎) Das hübsche, von einem schattigen Garten umgebene Hostel ist sauber und nur 10 Gehminuten vom Eingang zur Altstadt entfernt. Herbergsvater Jihad kehrte vor drei Jahren aus dem Ausland in seine Heimat zurück und ist eine unerschöpfliche Quelle des Wissens über Nablus. Das Hostel hat vier große Schlafsäle und ein Doppelzimmer. Da es oft von Reisegruppen gebucht wird, sollte man vorher unbedingt anrufen.

Al-Yasmeen Hotel
HOTEL $$

(☎02-233 3555; www.alyasmeen.com; EZ/DZ/3BZ 70/80/100 US$; ✷☎) Das Hotel mitten in der quirligen Altstadt ist vor allem bei Journalisten, Diplomaten und Mitarbeitern von Nichtregierungsorganisationen beliebt. Das Personal ist höflich und hilfsbereit, die Zimmer sind sauber und die traditionelle Architektur machen es zu einem wunderbaren Mittelklassehotel in der Stadt. Auch wer alleine unterwegs ist, sollte sich für 10 US$ mehr ein Doppelzimmer gönnen.

NICHT VERSÄUMEN

DER BERG GARIZIM

הר גריזים جبل جرزيم

Die Samaritaner, Anhänger einer uralten Religion, die eng mit dem Judaismus verbunden ist, glauben, dass der Berg Garizim im Süden von Nablus nicht nur das erste Stück Land war, das erschaffen wurde, sondern dass aus dieser Erde auch Adam entstand, der Berg als einziger Ort von der Sintflut verschont blieb und Abraham hier seinen Sohn Isaak opfern wollte (nach jüdischer Auffassung war der Ort des Opfers der Jerusalemer Tempelberg). Die Samaritaner betrachten den Berg Garizim auch als den von Gott gewählten Ort für seinen Tempel.

Auf dem Berg lebt heute eine der letzten samaritanischen Gemeinden der Welt (eine weitere lebt im israelischen Holon). Mehr über diese Gemeinde erfährt man im ausgezeichneten **Samaritanischen Museum** (☏ 02-237 0249; samaritans-mu@hotmail.com; Eintritt 15 ILS; ⏰ So–Fr 9–15, Sa 9–13 Uhr), dessen Leiter Englisch spricht und den Besuchern ein Video zeigt sowie alle Fragen über die Samaritaner beantwortet. Geht man vom Museum die Hauptstraße hinunter, kommt man zum **Good Samaritan Center** (Zentrum des Barmherzigen Samariters, ⏰ So–Fr 9–16, Sa 9–13 Uhr) GRATIS, das über eine Bibliothek und einen Infostand verfügt.

Ein paar Schritte weiter führt die linke Abzweigung der Straße zur **Plattform** (Erw./Student 22/19 ILS; ⏰ tgl. 9 Uhr–Sonnenuntergang), wo einst der Tempel der Samaritaner stand. Ein Wächter schließt das Tor auf und zeigt den Besuchern die antike Stätte. Oben angekommen, sieht man den tiefer gelegten Boden, der einst das Fundament des im 5. Jh. v. Chr. errichteten Tempels war. Er sollte nur gut 200 Jahre stehen, denn 128 v. Chr. wurde er von den Makkabäern, jüdischen Freiheitskämpfern, zerstört. Auch die Überreste einer 475 v. Chr. errichteten Kirche sind noch zu sehen, am besten mit einem Fernglas, das für 10 ILS verliehen wird.

Die Fahrt mit dem Taxi vom Zentrum in Nablus bis zum Berg Garizim dauert etwa 10 Minuten und kostet inklusive Wartezeit 50 ILS. Taxis müssen beim Kontrollpunkt der Armee außerhalb des Dorfes warten. Deshalb muss man den Fahrer eventuell im Voraus bezahlen, damit er auch wirklich wartet.

🍴 Essen & Ausgehen

Neben den vielen Konditoreien, die Lokum (aus gelierter Sirupmasse), Halva (Früchte und Nüsse in einer Paste aus Sesammehl und Sirup) und andere mit Sirup und Honig hergestellten Süßigkeiten verkaufen, wimmelt es in Nablus von Cafés, in denen die hauptsächlich männliche Kundschaft Kaffee trinkt und Shisha raucht. Die besten Kebab-Spieße gibt's rund um den Martyr's Sq, wo Straßenverkäufer auch starken, arabischen Kaffee für 2 ILS anbieten. Die meisten Geschäfte der Altstadt schließen bei Sonnenuntergang, doch die Restaurants und Cafés in den Straßen rund um den Martyr's Sq haben länger geöffnet. Unbedingt probieren sollte man *kunafeh*, die arabische Nachspeise, für die Nablus im ganzen Nahen Osten berühmt ist.

⭐ **Al Aqsa**   RESTAURANT **$**
(Altstadt; 4 ILS; ⏰ 8 Uhr–Sonnenuntergang) Das winzige Restaurant neben der Al-Kebir-Moschee in der Altstadt stellt eindeutig die beste *kunafeh* in Palästina her. Jeden Tag wird die Süßspeise aus warmem, geschmolzenem Käse, Teigfäden aus Weizenmehl und viel Sirup auf riesigen, runden Blechen frisch zubereitet und von den Kunden zumeist direkt vor dem Laden im Stehen gegessen.

Al Aqqad   RESTAURANT **$**
(Hitten St; Hauptgerichte 10–30 ILS; ⏰ 9 Uhr– open end) Das winzige Lokal am Rand der Altstadt ist ein Mittelding zwischen Imbissbude und Restaurant. Zu essen gibt's riesige Schawarma-Rollen mit Beilagen wie Salat und Pommes. Ein solches Gericht mit Hühnchen- oder Lammfleisch kostet hier gerade einmal 12 ILS, ein Bruchteil dessen, was man in einem Mittelklasse-Restaurant dafür bezahlen würde. Leider steht nur eine Handvoll Tische zur Verfügung.

Assaraya   NAHÖSTLICH **$$**
(Hitten St; Hauptgerichte 40–70 ILS; ⏰ 10–22 Uhr) Das recht formelle Restaurant beim Haupttor der Altstadt erstreckt sich über zwei Stockwerke rund um einen mit Glas überdachten Innenhof. Mit Blick auf den Martyr's Sq speist man an weiß gedeckten Tischen mit Stoffservietten und edlen Weingläsern – die jedoch nicht mit Wein gefüllt

werden, denn schließlich ist man ja in Nablus! Auf der Speisekarte stehen arabische und europäische Gerichte.

ℹ️ An- & Weiterreise

Es gibt keine direkte Busverbindung von Jerusalem nach Nablus. Mit öffentlichen Verkehrsmitteln ist Nablus am besten von Ramallah aus zu erreichen. Am dortigen Busbahnhof fahren den ganzen Tag über regelmäßig Busse ab. Ein Taxi vom Kontrollpunkt Qalandia kostet etwa 100 ILS.

Dschenin   ג׳נין   جنين

🚗 04 / 40 000 EW.

Die nördlichste Stadt im Westjordanland kann mit religiösen Stätten, einem geschäftigen Suk, einer einzigartigen Kunstszene und der arabisch-amerikanischen Universität aufwarten. Doch aufgrund der isolierten Lage verirren sich nur wenige Touristen hierher.

Das ändert sich nun langsam, denn nach der Öffnung des Grenzübergangs Jalameh (Gilboa) 10 km südlich von Afula ist der Zugang für Reisende aus Nazareth und Haifa jetzt wesentlich einfacher.

🔴 Sehenswertes

Masjid Jenin al-Kabir & Innenstadt   MOSCHEE, STADTVIERTEL

Die Große Moschee mit ihrem unübersehbaren grünen Dach wurde 1566 im Auftrag von Fatima Khatun, der damaligen Frau des Gouverneurs von Damaskus errichtet. Auf der anderen Straßenseite liegt die **Altstadt** mit ihrem zur Gewirr aus kleinen Gassen und Sträßchen, in denen heute vor allem Möbelschreiner, Barbiere und Maschinenschlosser ihre Dienste anbieten. Zwei Häuserblocks südlich der Moschee befindet sich die King Talal St, die zum Jerusalem Sq, dem zentralen Busbahnhof und dem **Kino von Dschenin** führt. Nördlich der King Talal St lohnt sich ein Bummel durch den äußerst geschäftigen **Suk**.

⭐ Freedom Theatre   THEATER

(📞 04-250 3345; www.thefreedomtheatre.org; ⏰ tgl. 9–16 Uhr) Das weltberühmte Ensemble hat seit seiner Gründung 2006 mehrere Katastrophen erlebt: Theatergründer Juliano Mar Khamis wurde 2011 von maskierten Schützen, die bis heute nicht gefasst sind, vor dem Gebäude mitten im Flüchtlingslager von Dschenin erschossen. Palästinensische Filmemacher, Regisseure, Schauspieler und Fotografen, die in irgendeiner Form mit dem Theater zu tun hatten, wurden von Israel drastisch in ihrer Bewegungsfreiheit eingeschränkt.

Trotzdem finden hier regelmäßig Theateraufführungen in Arabisch und Englisch statt, und ausländische Besucher sind auch außerhalb der Vorstellungen herzlich willkommen.

Griechisch-orthodoxe Kirche St. Georg   KIRCHE

Die Kirche im Dorf Burqi'in wurde an der Stelle errichtet, wo Jesus zehn Leprakranke heilte (Lukas 17, 11-19). Sie soll eine der ältesten, noch intakten Kirchen der Welt sein und hier befindet sich auch die Höhle, in der die Leprakranken Schutz suchten. Sammeltaxis (3 ILS) fahren von einer Haltestelle 300 m westlich der Großen Moschee in Dschenin bis zur Kirche. Die Kirche ist zwar meistens geschlossen, doch die Familie des Hausmeisters hat einen Schlüssel.

Vor der Kirche wurde ein Schacht freigelegt, der zu einer weiteren Höhle führt, in der die ersten Christen Zuflucht vor den Römern fanden. Auf Anfrage kann man über eine Leiter in den muffigen Hohlraum hinabsteigen.

Canaan Fair Trade   FABRIK

(📞 04-243 1991; www.canaanfairtrade.com; ⏰ Sa–Do 8–17 Uhr) 🍴 In der nagelneuen Olivenölfabrik 2 km außerhalb von Burqi'in werden die Oliven aus der Umgebung fair verarbeitet und vermarktet. Im Preis für die Werksbesichtigung (40 ILS) ist eine Flasche Olivenöl enthalten. Es werden auch Unterkünfte bei den Olivenbauern vermittelt. Am schönsten ist ein Besuch am ersten Freitag im November, wenn die Fabrik ihr alljährliches Erntedankfest feiert.

🛏️ Schlafen & Essen

⭐ Cinema Guesthouse   PENSION **$**

(📞 059 931-7968; www.cinemajenin.org; 1 Azzaytoon St; B/EZ/DZ 75/125/250 NIS; @ 🛜) Diese ruhige Unterkunft mitten im chaotischen Dschenin eignet sich perfekt, um andere Traveller (oder NRO-Angehörige, Journalisten, Aktivisten etc.) zu treffen und die Seele baumeln zu lassen. Es gibt drei geräumige Schlafsäle, ein paar winzige Zimmer und eine nette Gemeinschaftsküche. Frühstück kostet 10 NIS extra. Der Englisch sprechende Inhaber weiß gut über die Gegend Bescheid. Die Pension befindet sich gegenüber vom Hauptbusbahnhof.

DER LETZTE PALÄSTINENSISCHE ZOO

Die Stadt Qalqilya unterscheidet sich nicht nur wegen ihrer von grünen Bäumen gesäumten Prachtstraßen, die auf die Nähe zur Küste verweisen, von den staubtrockenen und oft kargen Städten und den jüdischen Siedlungen im Norden des Westjordanlandes. Sie ist auch größtenteils von israelischen Sperranlagen umgeben. So ist es kein Wunder, dass dies die erste Stadt war, in der die Hamas 2006 als klarer Sieger aus den Parlamentswahlen hervorging.

Abgesehen von der Politik ist Qalqilya auch für den letzten verbliebenen Zoo in Palästina bekannt. Dieser befindet sich im weitläufigen Qalqilya Park, wo es auch ein Raumfahrtmuseum und einen kleinen Themenpark gibt.

Im hinteren Teil des Parks lebt eine Handvoll Löwen, Schwarzbären und Paviane in kleinen, grünen Käfigen sowie ein traurig aussehendes Flusspferd in einem knietiefen Wasserbecken. Ebenfalls vorhanden ist eine tolle, wenn auch recht überfüllte Voliere.

Im Vergleich zu anderen Zoos im Nahen Osten geht es den Tieren hier ganz gut und der Einsatz des Zoodirektors und Tierarztes Dr. Sami Khader für den Erhalt des Zoos trotz zweier Intifadas und ständiger israelischer Schikanen ist absolut bemerkenswert.

Dr. Sami, dessen Geschichte Amelia Thomas in ihrem Buch *The Zoo on the Road to Nablus* erzählt, freut sich über jeden ausländischen Besucher. Ist er gerade nicht da, kann man sich an seine Mitarbeiter wenden, die ebenfalls Englisch sprechen. Der Eintritt kostet 7/5 ILS für Erwachsene/Kinder. Von Nablus fahren Sammeltaxis nach Qalqilya. Der Park ist von 8 bis 24 Uhr geöffnet.

North Gate Hotel
HOTEL $$

(☎ 04-243 5700; www.northgate-hotel.com; Palestine St; EZ/DZ 200/300 ILS; @ ☎) Das beste Hotel der Stadt hat einen Swimmingpool und saubere, moderne Zimmer. Leider steht das North Gate 20 Gehminuten von der Altstadt entfernt mitten zwischen halbfertigen Mehrfamilienhäusern. Zudem ist es eines der ganz wenigen Mittelklassehotels in Dschenin. Frühstück und WLAN sind im Preis inbegriffen.

Awtar
NAHÖSTLICH, EUROPÄISCH $

(Cinema Circle; Gerichte 20–60 ILS; ⊙8–24 Uhr) Auf der großen Dachterrasse wird unter dem Sternenhimmel eine gute Auswahl an arabischen und europäischen Gerichten serviert. Selbst an kühlen Abenden drängen sich hier Männer und Frauen, um etwas zu trinken, zu essen und Shisha zu rauchen. Im Erdgeschoss des Restaurants gibt's einfache arabische Gerichte, Pizza, Burger und riesige Salate. Durch die großen Fenster kann man das bunte Treiben auf der Straße beobachten.

ⓘ Praktische Informationen

Jenin Tourism Office (⊙ Sa–Do 10–14 Uhr) Von dem baufälligen Wohnturm sollte man sich nicht abschrecken lassen, denn die 2013 mit finanzieller Unterstützung der spanischen Regierung eröffnete Touristeninformation ist ausgezeichnet. Es gibt gleich mehrere, faszinierende Räume, in denen u. a. eine Zeitleiste der Geschichte Dschenins von 7000 v. Chr. bis 2002, eine Fotoausstellung mit Touchscreens und Kunstgewerbe zu sehen sind. Die Mitarbeiter sprechen Englisch und bieten eine Fülle von Infos über Sehenswürdigkeiten und mögliche Aktivitäten in Dschenin und der Umgebung.

ⓘ An- & Weiterreise

Tagsüber fahren tegelmäßig Busse zwischen Nablus und Dschenin (10 ILS). Wer von Norden aus Nazareth oder Haifa kommt, kann mit dem Sammeltaxi direkt von Nazareth oder Afula nach Dschenin fahren. Dabei geht's über den Grenzübergang von Jalameh, der täglich von 8 bis 17 Uhr geöffnet ist. Wer mit dem eigenen Auto anreist, muss hier mit langen Wartezeiten rechnen.

Gazastreifen

قطاع غزة   רצועת עזה

Inhalt ➡
Gaza-Stadt 314
Chan Yunis........314
Rafah 314

Gaza in Zahlen

➡ Gesamtbevölkerung: 1,81 Mio.

➡ Geschätzte Zahl der Flüchtlinge: 1,1 Mio.

➡ Gesamtfläche: 360 km²

➡ Durchschnittsalter: 18 Jahre

➡ Arbeitslosenrate: 45%

Gaza: Die ganze Geschichte

➡ 1516–1917: Osmanische Herrschaft

➡ 1917–1948: Britisches Mandatsgebiet

➡ 1948–1967: Ägyptische Besatzung

➡ 1967–2005: Israelische Besatzung

➡ seit 2006: Herrschaft der Hamas

Den Gazastreifen besuchen?

Schon lange ist Gaza für die meisten Traveller kein vorstellbares Reiseziel mehr – aus guten Gründen: Seit der Machtübernahme durch die islamistische Hamas (2006) unterliegt der Landstreifen einer Land-, Luft- und Seeblockade durch Israel. Diese interniert die 1,8 Mio. Einwohner, und die übrige Welt abgesehen von Journalisten, Politikern und Entwicklungshelfern hat keinen Zugang. Doch selbst wenn sich der Gazastreifen besuchen ließe, wäre das keinesfalls zu empfehlen: Zwischen 2006 und 2014 hat die Hamas drei Kriege mit Israel geführt. Die örtliche Sicherheitslage ist nach wie vor instabil.

Der 45 km lange und 10 km breite Gazastreifen zählt zu den am dichtesten besiedelten Gebieten der Welt. Aber er ist von Armut geprägt: Hunderttausende leben hier in heruntergekommenen Flüchtlingslagern oder in stark bombardierten Groß- und Kleinstädten. Doch dies müsste eigentlich nicht so sein – der lokale Alphabetisierungsgrad liegt bei über 97%, und unerschlossene Erdgasvorkommen im Wert von mehr als 7 Mrd. US$ liegen unter dem Meeresboden vor der Küste. Letztere gehört zu den schönsten im Mittelmeerraum. Zudem sind die historischen Stätten der Region bis zu 3000 Jahre alt.

Ende 2014 wurden aus aller Welt Milliardenbeträge für den Wiederaufbau versprochen. Echte Fortschritte waren angesichts der anhaltenden Blockade jedoch schwer vorstellbar. Außerdem hielten viele militante Palästinenser weiterhin an ihrem Ziel fest, ein Palästina „vom Fluss bis zum Meer" (vom Jordan bis zum Mittelmeer) zu schaffen – mit nur wenig Platz für die israelischen Nachbarn.

Bücher

➡ *Gaza, a History* (Jean Piere-Filiu, 2014)

➡ *Gaza* (Joe Sacco, 2010; deutsch)

➡ *Gaza Writes Back: Short Stories from Young Writers in Gaza* (hrsg. v. Rafeet Alareer, 2014)

➡ *The Book of Gaza: a City in Short Fiction (Reading the City)* (hrsg. v. Atef Abu Saif, 2014)

Gazastreifen

Geschichte

Händler & Eroberer

Die Region Gaza ist seit der Bronzezeit besiedelt und war schon zur Zeit der alten Ägypter ein Handelszentrum; eine Inschrift am Tempel von Karnak, die gegen 1500 v. Chr. entstand, bezeichnet Gaza als „blühende" Stadt.

Als Alexander der Große 332 v. Chr. nach Gaza kam, hatten sich bereits die Philister, die Israeliten (unter den Königen David und Salomo), die Assyrer und die Perser in der Herrschaft abgelöst. 63 v. Chr. wurde Gaza Teil der römischen Provinz Judäa (die später in Syria Palaestina umbenannt wurde), und die Verwaltung der Stadt lag in den Händen eines unterschiedlich zusammengesetzten, 500-köpfigen Senats. Im späten 4. Jh. zwang Bischof Porphyrios die Einwohner, das Christentum anzunehmen, und brannte den Tempel des Marnas nieder, an dessen Stelle eine Kirche errichtet wurde.

Im Jahr 635 geriet die Stadt unter muslimische Herrschaft, und die Kirchen wurden in Moscheen umgewandelt. Das änderte sich kurzfristig, als die Stadt 1100 in die Hände der christlichen Kreuzfahrer fiel, die eine Kathedrale erbauten, die heute Teil der Großen Moschee ist. Im 14. Jh. herrschten die Mamluken in Gaza, aber in den 1340er-Jahren entvölkerte eine Pestepidemie die Stadt. 1516 wurde Gaza Teil des Osmanischen Reiches, bei dem es verblieb, bis 1917 die Briten kamen.

Rückzug & Krieg

Während der Eroberung des damals türkischen Palästina im Ersten Weltkrieg wurde Gaza durch die britische Luftwaffe unter General Edmund Allenby bombardiert und der Großteil der Stadt in Schutt und Asche gelegt. Was danach noch stand, fiel 1927 mehrheitlich einem starken Erdbeben zum Opfer.

Bis 1948 stand Gaza unter britischer Mandatsverwaltung. Nach der Ausrufung des

Staates Israel wurde das Gebiet von palästinensischen Flüchtlingen überschwemmt, wodurch die Bevölkerungszahl in wenigen Monaten von 35 000 auf 170 000 anstieg. Ägypten reagiert prompt auf die Erklärung der israelischen Unabhängigkeit (1948) und besetzte den Gazastreifen. Unter der ägyptischen Besatzung ging der Wohnungsbau voran. Doch nach dem Schließen der Straße von Tiran durch Staatspräsident Nasser (1967) begann der Sechstagekrieg, woraufhin Israel die Kontrolle in Gaza übernahm.

In den 1970er-Jahren trafen israelische Siedler ein; die wachsenden Spannungen führten zu Unruhen und einer Radikalisierung der Palästinenser. 1987 wurde die radikalislamische Organisation Hamas gegründet. Im selben Jahr begann die Erste Intifada. Nach dem Oslo-Friedensprozess kehrte kurzzeitig Ruhe ein. 1994 übernahm die Palästinensische Autonomiebehörde (PA) die Verwaltungshoheit in Teilen von Gaza. Doch Gespräche über die dauerhafte Machtübernahme durch die PA scheiterten. Im September 2000 begann die Zweite Intifada, in deren Verlauf es zu mehreren Selbstmordattentaten der Hamas und Ver-geltungsschlägen durch die israelische Luftwaffe kam.

Unter internationalem Druck und in der Hoffnung auf eine Verbesserung der nationalen Sicherheitslage ordnete Ministerpräsident Ariel Sharon im August 2005 den israelischen Abzug aus Gaza an. Gleichzeitig ließ er alle 21 jüdischen Siedlungen mit ihren insgesamt 8000 Einwohnern räumen. Daraufhin brach ein Machtkampf innerhalb der Palästinenser aus, der im Sieg der Hamas bei den Wahlen zum Palästinensischen Legislativrat gipfelte (Januar 2006). Infolgedessen wurden die meisten internationalen Hilfszahlungen eingestellt.

Im Juni 2006 wurde der israelische Soldat Gilad Shalit an der Grenze zum Gazastreifen entführt. Einige Tage später startete Israel mit der „Operation Sommerregen" eine Reihe von Vergeltungsschlägen. Dabei verloren rund 280 palästinensische Kämpfer und mehr als 100 palästinensische Zivilisten ihr Leben. 2007 kam es zu gewalttätigen Konflikten innerhalb der Palästinenser; die Hamas übernahm die Macht von der Fatah.

Zwischen 2005 und 2008 wurden Tausende Mörsergranaten, Kassam- und Grad-

REISEWARNUNG

Momentan ist der Gazastreifen lediglich für ganz wenige Journalisten und Entwicklungshelfer zugänglich. Die Außenministerien der meisten Länder warnen vor allen nicht unbedingt erforderlichen Reisen in den Gazastreifen. Aufgrund des Krieges zwischen Israel und der Hamas im Jahr 2014 war es uns nicht möglich, Gaza während unseres Recherchetrips nach Israel und Palästina zu besuchen.

Getroffene Waffenstillstandsabkommen werden laufend auf beiden Seiten gebrochen. Israel tut dies mit der gezielten und umstrittenen Ermordung von militanten Palästinenserführern. Anhänger der Hamas (bzw. oft noch extremistischerer Splittergruppen im Gazastreifen) starten weiterhin Raketenangriffe und provozieren damit häufig Vergeltungsschläge der israelischen Luftwaffe.

Bei ihrer Arbeit in Gaza verloren während der letzten Jahre auch ausländische Journalisten und Entwicklungshelfer ihr Leben. Darunter war u. a. ein italienischer Aktivist, der 2011 von einer islamistischen Gruppe entführt und ermordet wurde. Bei der Berichterstattung über die Folgen des Krieges von 2014 starb ein Kameramann von Associated Press durch die Explosion eines israelischen Blindgängers.

Die israelischen Behörden haben unmissverständlich erklärt, dass sie jegliche Durchbrechung der Seeblockade verhindern werden. Von der Beteiligung an Protestflottillen ist daher dringend abzuraten. 2010 enterte ein israelisches Spezialkommando ein türkisches Protestschiff, das an Gazas Küste festmachen wollte. Dies resultierte in neun Toten; ein zehnter Aktivist starb schließlich nach vierjährigem Koma im Krankenhaus.

Wer als ausländischer Journalist oder Entwicklungshelfer in Gaza arbeiten will, muss sich dies von Israel und der Hamas gleichermaßen genehmigen lassen. Letztere kontrolliert die Ein- und Ausreise von Reportern auf der anderen Seite des stark befestigten Grenzübergangs Erez. Gelegentlich ist auch der Grenzübergang Rafah (Gaza–Ägypten) geöffnet. Dessen Durchquerung gestaltet sich jedoch zeitintensiv, kompliziert und oft auch gefährlich – nicht zuletzt wegen der weiterhin instabilen Lage im Sinai.

GAZA IN FRIEDENSZEITEN

Gaza unterscheidet sich von den anderen Palästinensergebieten: Die verstopften Straßen und der allgemeine Eindruck von Chaos erinnern eher an Kairo als an Ramallah. Doch selbst in Friedenszeiten ist dies ein höchst politischer Ort: Hier finden recht häufig Pro-Hamas-Kundgebungen unter Teilnahme bewaffneter Kämpfer statt. An einer der Hauptdurchgangsstraßen von Gaza-Stadt ehrt ein Denkmal die erste Hamas-Rakete, die 2012 auf Tel Aviv abgefeuert wurde. Viele Wohnhäuser sind von Geschosssplittern und Kugeln gezeichnet. Zudem hängen überall Plakate von „Märtyrern", die im Kampf gegen Israel starben.

Nichtsdestotrotz geht das Leben für die meisten Einwohner Gazas weiter. Diese sind unglaublich jung: Über 43 % zählen keine 14 Jahre, der allgemeine Altersdurchschnitt liegt bei 18 Jahren (verglichen mit 40 Jahren in den meisten europäischen Ländern). Die Hamas legt großen Wert darauf, dass die einheimische Jugend an ihren berüchtigten „Sommerlagern" teilnimmt, bei denen bereits Kleinkinder mit Maschinengewehren posieren und militärisch gedrillt werden. Doch ansonsten träumt Gazas Nachwuchs zumeist davon, statt Kämpfer einmal Unternehmer, Geschäftsmann oder Journalist zu werden.

Der Gazastreifen ist fußballverrückt: Hier gibt's rund 30 Vereine. Spiele europäischer Mannschaften werden bis zu später Stunde in Dutzenden Shisha-Bars am Strand gezeigt. Wie in Israel und vielen anderen arabischen Ländern ist der Großteil der Bevölkerung in Hardcore-Fans von Real Madrid oder Barcelona gespalten. So liegt vor Ort entsprechende Spannung in der Luft, wenn die beiden spanischen Clubs aufeinandertreffen.

Gaza hat auch einen kleinen Surfclub. Dessen Wachstum behindert allerdings die Tatsache, dass es bisher nicht gelang, mehr als ein paar abgenutzte Boards aus Ägypten herüberzuschmuggeln. Gazas Lebensmittelpunkt in Friedenszeiten ist dennoch der Strand: Mütter in langen schwarzen Gewändern planschen hier abends mit ihren Kleinkindern im Flachwasser. Daneben kauern Familien in Zelten, während einheimische Kids kreischend in der donnernden Brandung spielen. In diesen Momenten bekommen Gazas Einwohner einen Eindruck vom früheren Leben vor Krieg, Hass und Gewalt, das, *insh'allah* (so Gott will), irgendwann wieder Alltag sein wird.

Raketen aus dem Gazastreifen auf den Süden Israels abgefeuert. Diesbezüglich am schlimmsten war der 24. Dezember 2008, an dem 87 Raketen innerhalb von 24 Stunden einschlugen. Als Vergeltung folgte die israelische „Operation Gegossenes Blei" mit Luft- und Bodenstreitkräften. Dabei starben über 1400 Palästinenser, zahllose weitere wurden obdachlos. Auf israelischer Seite kamen zehn Soldaten und drei Zivilisten ums Leben. Viele NROs sprachen von einer humanitären Krisensituation. Nach dreiwöchigen Kämpfen erklärte Israel schließlich einen Waffenstillstand.

Jüngste Ereignisse

2011 wurde der entführte Soldat Shalit im Austausch gegen 1027 Palästinenser freigelassen, die in israelischen Gefängnissen einsaßen. Der Austausch war ein großer Erfolg für die Hamas, die wegen der anhaltenden Wirtschaftsprobleme im Gazastreifen immer unbeliebter geworden war. Weiteren Zulauf erhielt die islamistische Gruppierung im Juni 2012, als Mohammed Mursi (Anführer der ägyptischen Muslimbruderschaft) zum Staatspräsidenten Ägyptens gewählt wurde. Dank des stark zunehmenden Güterstroms durch Verbindungstunnel zum Sinai erlebte der Gazastreifen eine seltene Periode des Wirtschaftswachstums.

Doch der Aufschwung war so kurzlebig wie Mursis Regierung.

Am 10. November 2012 traf eine aus Gaza abgefeuerte Mörsergranate einen israelischen Armeejeep, wobei vier Soldaten verwundet wurden. Beim anschließenden Vergeltungsschlag der israelischen Luftwaffe starben vier palästinensische Jugendliche, die gerade Fußball spielten. Dies provozierte Dutzende Raketenangriffe, auf die Israel mit der Ermordung von Ahmed Jabari (militärischer Befehlshaber der Hamas) reagierte. Als Ägypten am 21. November einen Waffenstillstand vermitteln konnte, waren über 100 Einwohner Gazas getötet und fast 1000 verwundet worden.

Dank der ägyptischen Verbündeten der Hamas und großzügiger Finanzhilfe aus

Qatar gestaltete sich der Wiederaufbau der zerstörten Infrastruktur nach diesem Krieg einfacher als im Jahr 2009. Doch nach dem erfolgreichen Putsch gegen Mursi im Juli 2013 kam in Kairo eine Militärregierung an die Macht. Dies bedeutete einen Tiefschlag für die Hamas: Die Tunnel wurden schrittweise stillgelegt, der Grenzübergang Rafah schloss aufs Neue. Im Verlauf des weiteren Jahres erlitt die Hamas erneut einen Popularitätsverlust im Gazastreifen.

Anfang 2014 wuchs der palästinensische Zorn gegen die Hamas in Gaza und die Fatah im Westjordanland, da beide in ihren jeweiligen Gebieten keine Verbesserung der Lebenssituation bewirken konnten. Daraufhin schlossen die beiden Gruppen nach sieben Jahren der Trennung ein Vereinigungsabkommen. Auf dieses reagierte der israelische Premierminister Benjamin Netanjahu mit Entsetzen und warf Abbas vor, die Hamas einem Frieden mit Israel vorzuziehen.

Die Friedensgespräche zwischen Israel und der PA standen inzwischen unter einem schlechten Stern und scheiterten Ende April endgültig. Als im Juni 2014 erneut Krieg zwischen Israel und der Hamas ausbrach, erlebten die Beziehungen zwischen den Palästinensern und deren Nachbarn ihren größten Tiefpunkt seit der Zweiten Intifada (2001–2005). Während der folgenden 50 Tage starben 73 Israelis und mehr als 2100 Palästinenser, während Zehntausende obdachlos wurden. Parallel zerstörten israelische Luftangriffe die geringe Infrastruktur, die seit dem letzten Konflikt vor Ort aufgebaut worden war. Ende 2014 sah Gazas Zukunft finsterer aus als je zuvor.

Gaza heute

Seit mehr als zehn Jahren ist Gaza ein Synonym für Konflikt und Elend. Unterdessen hat der Landstrich auch zeitweise Optimismus und sogar Wachstum erlebt. Ein Ende dieses düsteren Abschnitts seiner langen Geschichte war 2014 jedoch nur schwer vorstellbar.

Reichweite und Schlagkraft der Raketen, die die Hamas während der 50 Kriegstage im Jahr 2014 herangeschafft und abgefeuert hatte, schockierten sogar Langzeitbeobachter der Lage in der Region. Dasselbe galt für das komplexe Tunnelnetz, das die Hamas angelegt hatte: Manche der Gänge führten nach Israel hinüber und waren bereits für tödliche Anschläge auf israelische Soldaten genutzt worden. Die Schärfe der israeli-

schen Reaktion und die zahllosen zivilen Todesopfer in Gaza wurden gleichermaßen international missbilligt. So zogen Tausende Demonstranten durch Großstädte in Europa, Amerika und sogar Israel, wo die Einwohner von Tel Aviv, Jerusalem und Haifa auf die Straße gingen.

Ende 2014 hatte sich die Situation in Gaza kaum verändert – bis auf 100 000 nun obdachlose Einwohner und eine größtenteils zerstörte Infrastruktur. Obwohl die Hamas bei den Friedensverhandlungen in Kairo weitreichende Forderungen stellte, konnte sie lediglich eine geringe Erweiterung der Fischereizone vor Gazas Küste erreichen. Vielen Palästinensern zufolge hatte dies angesichts der über 2100 Toten nur einen sehr geringen Gegenwert. Die Forderungen nach dem Ende der Blockade sowie nach der Erlaubnis zum Bau eines Hafens und Flughafens sollten bei zukünftigen Gesprächen in Kairo diskutiert werden. Diese hatten zum Recherchezeitpunkt aber noch nicht stattgefunden.

Optimistisch gedacht könnte die umfangreiche Berichterstattung über den Krieg im Jahr 2014 zur Verhinderung weiterer Konflikte beitragen. Denn im Vergleich zu allen vorangegangenen Auseinandersetzungen wurden diese Kämpfe zwischen Israel und der Hamas bei Weitem am intensivsten verfolgt: Dutzende Journalisten lieferten oft erschütternde Berichte von den Schauplätzen innerhalb Gazas – beispielsweise aus Shejaiya (ein Viertel von Gaza-Stadt), wo neben 13 israelischen Soldaten auch insgesamt 120 Palästinenser (ein Drittel davon Frauen und Kinder) ums Leben kamen. Parallel meldeten sich zahllose Einheimische über soziale Medien, während ihre Häuser beschossen wurden. So erreichte die Realität des Krieges eine ganz neue Dimension.

Die Auswirkungen auf Israel legen ebenfalls nahe, dass eine Hoffnung auf Frieden zu optimistisch ist: Obwohl auch hier gegen den Krieg protestiert wurde, waren Frequenz und Reichweite der Hamas-Raketenangriffe derart heftig, dass selbst viele liberale Israelis zu Kriegsbefürwortern wurden. Beispielsweise versetzte ein fast ununterbrochenes Trommelfeuer die Einwohner des liberalen Tel Aviv in Angst und Schrecken. Obwohl die Geschosse größtenteils von der „Eisernen Kuppel" (mobiles Raketenabwehrsystem Israels) abgefangen wurden, landeten ein paar davon erstmals im Stadtzentrum. Selbst Ministerpräsident Benjamin Netanjahu – ein überzeugter Likud-Konservativer – wirkte angesichts mancher Kommentare aus seinem Kabinett auf einmal fast schon gemäßigt: Einige Regierungsmitglieder drängten auf ein noch härteres militärisches Vorgehen und sogar auf die Wiederbesetzung des Gazastreifens.

Einem Artikel im *Arab Journal of Psychiatry* zufolge litten 2014 über 50 % der 15- bis 18-Jährigen in Gaza unter posttraumatischen Belastungsstörungen. Gleichzeitig sprach das Hilfswerk der Vereinten Nationen für Palästina-Flüchtlinge im Nahen Osten (United Nations Relief and Work Agency; UNRWA) von mehr als 100 000 Obdachlosen. Tragische Tatsache bleibt, dass der Alltag in Gaza weiterhin von Gewalt geprägt ist – zwangsläufig angestachelt durch die Ansprüche und Phrasendreschereien von Führern auf beiden Seiten.

Bemühungen zum Wiederaufbau

Bei einem Gipfeltreffen in Kairo im Oktober 2014 versprachen Geldgeber aus aller Welt insgesamt 5,4 Mrd. US$ für den Wiederaufbau in Gaza. Allein Qatar stellte 1 Mrd. US$ in Aussicht, während die USA 212 Mio. US$ und die EU weitere 568 Mio. US$ anboten. Die UNRWA hatte zum größten Spendenbetrag ihrer Geschichte (1,6 Mrd. US$) aufgerufen. Ein Grund hierfür bestand darin, dass Gaza bereits vor dem Krieg wegen 75 000 fehlender Wohnungen, mangelhafter Kanalisation und unzureichender Wasser- bzw. Stromversorgung litt.

Natürlich war die Zusage von Hilfsgeldern nur der Anfang eines langen und ungewissen Wiederaufbauprozesses. Seit der Machtübernahme durch die Hamas hat Israel die Einfuhr von Baumaterialien nach Gaza stark eingeschränkt. Begründet wird dies damit, dass die Materialien für das Anlegen von Tunneln und Waffendepots verwendet werden. Der Wiederaufbau stützt sich außerdem auf die erneuerte Kooperation zwischen der Hamas und der Fatah, die die Führungsposition innerhalb der PA bekleidet. Zudem werden verbesserte Beziehungen zu Ägypten ausschlaggebend dafür sein, dass Baumaterial auch vom Land der Pharaonen aus nach Gaza gelangen kann.

Gaza-Stadt

غزة   עזה

Die genaue Bedeutung des Namens Gaza verliert sich im Dunkel der Geschichte. Die alten Ägypter nannten die Stadt Ghazzat („die geschätzte Stadt"). Als eine der ältesten funktionierenden Städte der Welt betrachteten Eroberer und Herrscher Gaza allezeit als einen Schatz.

Gaza-Stadt breitet sich rund um die lange Omar al-Mukhtar St aus, die in Nord-Süd-Richtung vom Meer bis zur Hauptstraße Salah ad-Din St verläuft. Am südlichen Ende der Omar al-Mukhtar St bildet der Palestine Sq das Zentrum der Stadt. Am anderen Ende finden sich im Viertel Rimal („Sand") die Strände der Stadt und einige Hotels. Gleich östlich des Stadtteils Rimal liegt das Flüchtlingslager Beach, das auch Al-Schati genannt wird.

Chan Yunis
חאׄן יונס

خان يونس

Chan Yunis, früher ein Haltepunkt an der alten Handelsstraße nach Ägypten, ist heute in erster Linie eine Marktstadt und das zweitgrößte städtische Zentrum im Gazastreifen. Zum Ort gehört auch das benachbarte Chan-Yunis-Flüchtlingslager mit seinen rund 72 000 Bewohnern. Auf dem nahe gelegenen Platz steht die Ruine des alten Han, nach dem die Stadt benannt ist. Diese Karawanserei wurde 1387 von den Mamluken erbaut.

Rafah

רפיח   رفح

Rafah war früher die Durchgangsstation zwischen Ägypten und Vorderasien und ist seit 2011 vor allem wegen des Netzes von unterirdischen Tunneln, durch die Waren und Waffen in den Gazastreifen geschmuggelt werden, berühmt-berüchtigt. Nach Angaben des Hilfswerks der Vereinten Nationen für Palästina-Flüchtlinge im Nahen Osten (UNRWA) leben 99 000 Menschen in den Flüchtlingslagern Rafah und Tall-as-Sultan, die inzwischen mit der eigentlichen Stadt zusammengewachsen sind.

Totes Meer

البحر الميت   ים המלח

Inhalt ➡

En Gedi	318
Nördlich von En Gedi	322
Masada	324
En Boqeq	329
Sodom	331
Neot HaKikar	333

Schön übernachten

➡ Shkedi's Camplodge (S. 334)

➡ Ein Gedi Kibbutz Hotel (S. 322)

➡ Hod HaMidbar (S. 331)

Beste Familienwanderungen

➡ Wadi David (S. 320)

➡ Wadi Arugot (S. 321)

➡ Wadi Boqeq (S. 330)

Auf ans Tote Meer!

Der Wasserspiegel des Toten Meeres ist die am tiefsten gelegene Fläche der Erde (428 m u.d.M.). Hier treffen herrliche Naturschönheit, historische Orte und moderne Mineral-Spas, in denen man sich verwöhnen lassen und diverse Leiden kurieren kann, zusammen. Das kobaltblaue Meer, das einen extrem hohen Salz- und Mineraliengehalt hat, liegt vor der Judäischen Wüste mit ihren zerklüfteten Steilwänden und ausgetrockneten Schluchten, in denen nach einem Wolkenbruch reißende, gelbbraune Ströme fließen. Quellen versorgen Oasen wie En Gedi mit so viel Wasser, dass die üppige Vegetation oft mit der des Gartens Eden verglichen wird. An ihrem oberen Ende gehen die Steilwände in die karge Mondlandschaft der Judäischen Wüste über, während unten seit Jahrtausenden Menschen arbeiten, sei es bei der Erbauung von Masada oder in den Höhlen von Qumran oder in jüngerer Zeit beim Bau von Wander- und Radwegen, Kibbuzim, Hotels und eines weltberühmten botanischen Gartens.

Reisezeit
En Gedi

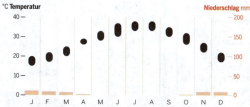

Nov.–April Warm, sonnig; Platzregen in der Judäischen Wüste erzeugen Springfluten in den Wadis.	Juli–Mitte Sept. Drückend heiß (Temperaturrekord: 49,2 °C). Im Morgengrauen loswandern!	Passah & Sukkoth Alles ist durch israelische Touristen belegt.

Highlights

❶ Sich am Sandstrand von **En Boqeq** (S. 330) im wohltuenden Salzwasser des Toten Meeres treiben lassen

❷ Vor Tagesanbruch den **Schlangenpfad** (S. 328) nach Masada hinaufsteigen und oben den Sonnenaufgang genießen

❸ Sich in den von Wasserfällen gespeisten Naturbecken des **Naturschutzgebiets En Gedi** (S. 319) erfrischen

❹ Am **Mineral Beach** (S. 324) ein heißes Schwefelbad nehmen und sich schwarzen Schlamm auf die Haut klatschen

❺ Sich im bewegenden **Masada Museum** (S. 325) in das Leben von Masadas Verteidigern unter römischer Belagerung hineinversetzen

❻ Durch eines der breiten Wadis rund um **Neot HaKikar** (S. 333) radeln

❼ Mithilfe von Seilen und Schwimmzügen das **Wadi Daraja** (S. 324) erobern

❽ In der **Shkedi's Camplodge** (Neot HaKikar; S. 334) gemütlich am Lagerfeuer plaudern

❾ Sich im Wellnessbereich eines Hotels in **En Boqeq** (S. 329) richtig verwöhnen lassen

Geschichte

Die einzigartigen Qualitäten des Toten Meeres sind mindestens schon seit dem 4. Jh. v. Chr. bekannt: Schon Koryphäen wie Aristoteles, Plinius und Galen haben auf die physikalischen Eigenheiten des Sees hingewiesen. Die Nabatäer sammelten Bitumen von der Wasseroberfläche des Sees und verkauften es an die Ägypter, die es wiederum zur Einbalsamierung verwendeten.

Die meiste Zeit in der Geschichte wurde das Tote Meer, dessen Ufer sich heute Israel, Westjordanland und Jordanien teilen, jedoch als etwas Ungesundes betrachtet und daher gemieden (in Überlieferungen hieß es, kein Vogel könne über sein Wasser fliegen, ohne vom Himmel zu fallen). So wurde das Gebiet zu einem beliebten Rückzugsort für religiöse Asketen und politische Flüchtlinge. Der spätere König David, König Herodes, Jesus und auch Johannes der Täufer suchten an seiner Küste oder in den Höhlen der nahe gelegenen Berge Zuflucht.

Da das Tote Meer als „Meer des Teufels" galt, blieb die Gegend unerforscht, bis sie schließlich 1848 von der US-Navy erkundet wurde. Mose Nowomeisky, ein in Sibirien geborener Ingenieur und zionistischer Pionier, gründete 1930 die Palestine Potash Company (heute Dead Sea Works). Nach dem Krieg von 1948 fiel ein Viertel der Küste des Toten Meers an Israel, der Rest ging an Jordanien. Das Nordwestufer des Sees wurde 1967 von Israel erobert.

Geografie

Das Tote Meer (hebr. *Jam haMelach* = Salzmeer; arab. *al-Bahr al-Mayyit* = Meer der Toten) war vor ca. 2 Mio. Jahren noch mit dem Mittelmeer verbunden ist mit etwa 428 m u. d. M. der am tiefsten gelegene Punkt der Erde. Zusammen mit dem See Genezareth und dem Roten Meer ist es Teil des Großen Afrikanischen Grabenbruchs, der sich von Syrien aus südwärts bis Mosambik erstreckt.

Das rund 65 km lange Tote Meer misst an seiner breitesten Stelle etwa 18 km und wird hauptsächlich vom Jordan gespeist. Als weitere Zuläufe fungieren unterirdische Quellen, Springfluten und Wadis (saisonal). Da es keinen Abfluss gibt, gleicht sich der Zufluss schon immer mehr oder weniger durch Verdunstung aus. Das Wasser erreicht das Tote Meer mit einer normalen Mineralienkonzentration (vor allem Magnesium, Natrium, Kalzium und Kaliumchlorid). Im Lauf der Jahrtausende sind jedoch große Wassermengen verdunstet. Zurückgeblieben ist alles andere, was die Mineralienkonzentration im See erheblich erhöht hat. So ist der Salzgehalt (ca. 34 %) hier zehnmal höher als im normalen Meer.

In Israel, Jordanien, Syrien und dem Libanon werden heute etwa 95 % des Wassers aus dem Jordanbecken zu landwirtschaftlichen Zwecken abgeleitet. Dadurch trocknet das Tote Meer langsam aus: Jedes Jahr sinkt sein Pegel um etwa 1 m, während sich die Wasserlinie je nach Gefälle um bis zu 5 m zurückzieht. In den 1980er-Jahren gab es Pläne, das Tote Meer wieder mit dem Mittelmeer zu verbinden und das Gefälle von 400 m für die Stromerzeugung zu nutzen. Dieses sogenannte Med-Dead Project wurde jedoch letztendlich nicht realisiert. 2013 unterzeichneten Israel, Jordanien und die Palästinensische Autonomiebehörde ein Abkommen zum Bau des 180 km langen Red-Dead-Kanals, der das Tote Meer wieder teilweise mit Wasser aus dem Roten Meer auffüllen soll. Politische Entscheidungsträger, Wirtschaftsexperten und Umweltschützer wie die Friends of the Earth Middle East (www.foeme.org) diskutieren momentan intensiv über die Vorteile und Risiken des Plans.

Das Ufer des Toten Meers ist von Quellen und Oasen gesäumt, die über 90 Vogelarten, 25 Reptilien- und Amphibienarten und 24 verschiedene Säugetierarten mit Wasser versorgen. Hinzu kommen 400 Pflanzenarten, manche von ihnen leben hier am nördlichsten bzw. südlichsten Punkt ihres natürlichen Verbreitungsgebiets.

Heute besteht das Tote Meer aus zwei getrennten Seen, die durch einen künstlichen Kanal miteinander verbunden sind. Das größere Becken im Norden (an welchem Mineral Beach und En Gedi Beach liegen) ist ein echter – wenn auch schrumpfender – See mit einem maximalen Tiefpunkt von 300 m u. d. M. Der seichte Abschnitt im Süden, an dessen Ufer En Boqeq liegt und der eigentlich eine Aneinanderreihung künstlicher Verdunstungsbecken ist, wäre ohne das durch die Firma Dead Sea Works hineingepumpte Wasser komplett ausgetrocknet. Während der Wasserspiegel des nördlichen Teils des Sees momentan fällt, steigt das Wasser im südlichen Abschnitt durch die Anhäufung von Salzablagerungen am Boden der Verdunstungsbecken hingegen sogar soweit an, dass es die Hotels in En Boqeq

TOTES MEER

bedroht. Die beiden Seen sind durch eine Halbinsel voneinander getrennt, die vom Ostufer aus ins Tote Meer hineinragt und im Hebräischen als HaLasho, im Arabischen als Al-Lisan (beides bedeutet „die Zunge") bekannt ist.

ⓘ Anreise & Unterwegs vor Ort

AUTO

Die Westküste des Toten Meeres ist an die Rte 90 angebunden – die längste Schnellstraße Israels, die in Richtung Norden bis zur libanesischen Grenze, in Richtung Süden bis ans Rote Meer verläuft. Etwa 14 km nördlich von En Gedi ist an der Kreuzung nach Metzoke Dragot eine Straßensperre der Armee aufgebaut.

Die Gegend hat Anschluss an drei Schnellstraßen, die alle von Osten nach Westen verlaufen:

→ **Rte 1** – Dank dieser modernen, in der Mitte geteilten Schnellstraße (und eines Abschnitts der Rte 90) ist En Gedi gerade einmal eine 75 km lange Fahrt von Jerusalem entfernt. Die Rte 1 verläuft zwar durch das Westjordanland, es gibt aber selten Probleme mit der Sicherheit. Der Verkehr in Richtung Jerusalem muss zwischen der großen Stadt Ma'aleh Adumim und Jerusalem eine Straßensperre der Armee passieren.

→ **Rte 31** – Verbindet Arad, einige Kilometer südlich von En Boqeq, mit der Rte 90. Um zur Rückseite (der Westseite) von Masada zu gelangen, muss man die Rte 3199 von Arad nehmen.

→ **Rte 25** – Verläuft auf ihrem Weg zum südlichsten Zipfel des Toten Meeres in der Nähe von Neot HaKikar durch Be'er Scheva und Dimona.

Einheimische raten dazu, die Gegend rund um das Tote Meer immer mit vollem Tank zu besuchen, da sich die einzigen Tankstellen (von Nord nach Süd) an der Lido-Kreuzung (40 km nördl. von En Gedi nahe Jericho), bei En Gedi Beach, an der Neve-Zohar- und an der Arava-Kreuzung (11 km westl. von Neot HaKikar) befinden.

Die meisten Wanderungen sind Rundwege, die dort enden, wo sie angefangen haben. Für Wanderungen mit unterschiedlichem Ausgangs- und Endpunkt kann (gegen Bezahlung) ein Bring- und/oder Abholservice organisiert werden. Die freundlichen Einwohner von Neot HaKikar helfen Travellern gern weiter.

Am Toten Meer ist nur ein einziger Autovermieter vertreten: Hertz in En Boqeq.

BUS

Es ist möglich (wenn auch etwas umständlich), die Umgebung des Toten Meers mit öffentlichen Bussen zu erkunden. Dafür empfiehlt sich jedoch eine gute Vorausplanung, um unnötig lange Wartezeiten in der sengenden Sonne zu vermeiden.

Entlang der Rte 90 steuern Busse von Egged (www.bus.co.il) in Nord-Süd-Richtung u. a. Qumran, Ain-Feshkha, die Metzukei-Dragot-Kreuzung, den Mineral Beach, das Naturschutzgebiet En Gedi, den En Gedi Beach, den Kibbuz En Gedi, das Ein Gedi Spa, Masada, En Boqeq, Neve Zohar, die Neot-HaKikar-Kreuzung und die Arava-Kreuzung an. Anschließend fahren sie weiter zu folgenden Zielen:

Jerusalem (Busse 421, 444 & 486; 25–49,50 NIS; 1–2 Std.; So–Do 7–17 Uhr ca. stündl., Fr ca. 7–14 Uhr stündl., Sa min. 1-mal abends).

Eilat (Bus 444; 49,50–82 NIS; 2½–4 Std.; So–Do 4-mal tgl., Fr 3-mal tgl., Sa 1- bis 3-mal nachmittags & abends)

Tel Aviv (Bus 421; 46–49,50 NIS; 1¾–3¼ Std.; So–Fr ab Tel Aviv/Neve Zohar 8.45/14 Uhr) Startet in Tel Aviv am Hauptbahnhof (Arlozoroff/Savidor) und fährt über Jerusalem.

Be'er Scheva (Busse 384 & 385; 31,50–44 NIS; 1¼–2¼ Std.; So–Do 4-mal tgl., Fr 2-mal tgl.)

Alle genannten Linien folgen nord- und südwärts der Rte 90, die parallel zum Westufer des Toten Meeres verläuft. Somit eignen sie sich z. B. für Trips von Masada zum En Gedi Beach.

Wer nicht viel Zeit hat, kann an den hiesigen Werktagen (So–Do) auf eigene Faust einen Tagesausflug ab Jerusalem machen. Zuerst fährt man mit dem Bus 444 von Jerusalem nach Masada (erste Abfahrt 7 Uhr). Nach einer Besichtigungstour bringt einen jeder nach Norden fahrende Bus zum Naturschutzgebiet En Gedi, von wo es zu Fuß zum obligatorischen Bad im Toten Meer an den En Gedi Beach geht. Am Ende fährt man mit Bus 486 wieder zurück nach Jerusalem (letzter Bus gegen 19.30 Uhr).

En Gedi

عين جدي   עין גדי

📷 08 / 530 EW.

Eingebettet zwischen zwei dramatischen Schluchten, die von der Mondlandschaft der Judäischen Wüste zum Toten Meer hin tief abfallen, liegt En Gedi (oft auch: Ein Gedi) eine der zauberhaftesten Oasen des Landes. Vier ganzjährig Wasser führende Quellen speisen Süßwasserbecken, erfrischende Ströme und paradiesische Wasserfälle und versorgen eine üppige Vegetation mit Wasser – ein Garten Eden für Tiere wie den Syrischen Steinbock (hebr. *ya'el*) und den zwischen den Felsen lebenden Schliefer (hebr. *shafan sela*; auch als Klippschliefer bekannt). Beide werden in dieser Gegend oft gesichtet (den Steinbock kann man am besten in der ersten und letzten Stunde der Öffnungszeiten des Naturschutzgebiets beobachten). En Gedi ist der nördlichste Lebensraum einer Reihe von Pflanzen, die eher in den Savannen Ostafrikas anzutreffen sind, also Tausende Kilometer weiter südlich, am anderen Ende des Großen Afrikanischen Grabenbruchs.

En Gedi (auch Ein Gedi; wörtlich „Quelle des Zickleins") wurde erstmals kurz nach der Steinzeit, also während der Kupferzeit (vor 5000 Jahren), besiedelt, als hier ein Tempel gebaut wurde. In der Bibel steht beschrieben, wie David nach En Gedi flieht, um dem Zorn Sauls zu entkommen (1 Sam 23, 29), und die Oase taucht noch einmal im Hohelied Salomos (1, 14) auf, wo es heißt: „Mein Freund ist mir eine Traube von Zyperblumen in den Weinbergen zu En Gedi". Ein Ereignis aus etwas jüngerer Zeit: Die erotische Wasserfallszene eines der schlechtesten Filme mit Brooke Shields, nämlich *Sahara* (1983), wurde in En Gedi gedreht.

⊙ Sehenswertes & Aktivitäten

★ Naturschutzgebiet

En Gedi   NATURSCHUTZGEBIET
(☑ 08-658 4285; www.parks.org.il) Dieses Naturschutzgebiet besteht aus den beiden fast parallel verlaufenden Schluchten **Wadi David** und **Wadi Arugot**, die beide ihren eigenen Eingang und Ticketschalter haben.

Der Schlüssel zu einer positiven Wandererfahrung im Naturschutzgebiet ist die hervorragende farbige **Kartenbroschüre**, die man beim Kauf der Eintrittskarte erhält. In ihr findet man unbezahlbare Infos zu den vielen Wanderwegen der Gegend (in denselben Farben wie die Wegmarkierungen), zur Dauer der Wanderungen und zur Uhrzeit, wann welcher Rundweg begonnen bzw. beendet werden sollte.

Parkaufseher sorgen dafür, dass sich niemand vor bzw. nach den offiziellen Öffnungszeiten hier aufhält (und können theoretisch ein Bußgeld von 730 NIS verhängen). Der Grund dafür ist, dass Wüstentiere wie Wölfe, Schakale und Füchse für ihre Suche nach Nahrung und Wasser (im Naturschutzgebiet befindet sich die einzige Ganzjahresquelle der gesamten Region) Ruhe benötigen und von Menschen dabei nicht gestört werden sollten.

Der vom Aussterben bedrohte Arabische Leopard *(Panthera pardus nimr)* wurde in En Gedi zuletzt 2006 gesichtet – als er sich im Kibbuz En Gedi einige Haustiere zum Abendessen holte. Die Spezies gilt hier mittlerweile als ausgestorben.

DIE VIER EN GEDIS

Das als En Gedi bekannte Areal erstreckt sich über 6 km entlang der Rte 90. Dabei gibt es separate Abzweigungen bzw. Bushaltestellen für folgende einzelne Ziele:

➡ Naturschutzgebiet En Gedi (S. 319) – Ausfahrt zu Wadi David, Wadi Arugot, En Gedi Youth Hostel und En Gedi Field School

➡ En Gedi Beach – 1 km südlich vom Naturschutzgebiet

➡ Kibbuz En Gedi – 3 km südlich vom Naturschutzgebiet (800 m abseits des Hwy 90)

➡ Ein Gedi Spa (S. 321) – 6 km südlich vom Naturschutzgebiet

Essen, Rauchen und Tiere sind innerhalb des Naturschutzgebiets nicht gestattet.

Alte Synagoge   ARCHÄOLOGISCHE STÄTTE
(Ein Gedi Antiquities National Park; Erw. mit/ohne Naturschutzgebiet 29/15 NIS, Kind 15/7 NIS; ⊙ 8–16 od. 17 Uhr) Etwa auf halbem Weg zwischen den Eingängen zum Wadi David und zum Wadi Arugot steht diese Synagoge aus dem 5. Jh. Ihren wunderschönen Mosaikboden zieren die zwölf Tierkreiszeichen und drei aramäische Inschriften. Eine davon belegt streitsüchtige, verleumderische und diebische Besucher mit einem Fluch.

Botanischer Garten En Gedi   GARTEN
(☑ 08-658 4220; www.ein-gedi.co.il; Kibbuz En Gedi; Erw./Kind 20/15 NIS; ⊙ Sa–Do 8.30–16, Fr 8.30–14 Uhr) Der berühmte botanische Garten im Kibbuz En Gedi liegt rund 3 km südlich des Naturschutzgebiets. Das Spektrum der 1000 einheimischen und exotischen Pflanzenarten reicht von fast schon mythologischen Gewächsen aus der Bibel (z. B. Weihrauch, Myrrhe) bis hin zum extrem giftigen Sodomsapfel. Außerdem sprießen hier z. B. riesige Affenbrotbäume, aber auch winzige Pflanzen, die mit sehr geringen Wassermengen überleben können.

En Gedi Beach   STRAND
(Rte 90) GRATIS Dieser öffentliche Strand ist ungemein beliebt, aber auch steil und unangenehm steinig (Badelatschen mitbringen!). Er ist jedoch geeignet, wenn man sich einfach nur mal im Toten Meer treiben lassen will: Neben **Toiletten und Umkleidekabi-**

ℹ️ SICHER WANDERN

Hier einige Tipps, um im speziellen Klima und der einzigartigen Landschaft um das Tote Meer sicher unterwegs zu sein und gesund zu bleiben:

➜ Eine **topografische Wanderkarte von SPNI** (87 NIS) im Maßstab 1 : 50 000 sollte bei keiner Wanderung fehlen (in En Gedi nicht nötig, außer für Wanderungen auf das Plateau oberhalb der Wadis). En Gedi und das Gebiet südlich davon werden von Karte 11 (*En Gedi v'Daroma*), En Gedi und das Gebiet nördlich davon von Karte 8 (*Tzfon Midbar Yehuda v'Yam HaMelach*) abgedeckt (beide nur hebräisch). Beide sind in der En Gedi Field School und am Wadi-Arugot-Eingang des Naturschutzgebiets erhältlich.

➜ Unbedingt *sehr viel* **Wasser** mitnehmen – mindestens 5 l pro Person und Tag!

➜ Um der **Sommerhitze zu entkommen**, sollte man immer kurz nach der Morgendämmerung aufbrechen. Wer zur Mittagszeit noch unterwegs ist, trifft nur noch die viel bespotteten und parodierten „verrückten Hunde und Engländer" an.

➜ **Springfluten** können die ausgetrockneten Schluchten oberhalb des Toten Meeres in reißende Ströme verwandeln. Im Spätherbst, Winter und Frühjahr sollte man deshalb immer die Wettermeldungen verfolgen und sich bei vorhergesagten Güssen in der Judäischen Wüste von engen Rinnen (z. B. denen im Wadi Daraja) fernhalten.

➜ Nachts können die Temperaturen stark fallen, sodass zur Vermeidung von **Unterkühlung** – sollte man irgendwo feststecken – eine Fleecejacke ins Gepäck gehört.

➜ Von Gebieten fernhalten, in denen auf Schildern vor **Erdfällen** (*sinkholes* bzw. *bol'anim*; z. B. südlich von En Gedi Beach und auf der dem Ein Gedi Youth Hostel gegenüber liegenden Straßenseite der Rte 90) gewarnt wird. Diese können sich ohne Vorankündigung öffnen und arglose Touristen verschlucken (das ist tatsächlich schon passiert!). Erdfälle entstehen als Folge der Auflösung unterirdischer Salzablagerungen. Rund um das Tote Meer wurden an 37 verschiedenen Stellen welche entdeckt; es gibt einige Tausend von diesen bis zu 30 m breiten und 25 m tiefen Löchern, und jedes Jahr werden es weitere 100 Löcher.

➜ Die Höhlen der Umgebung auf keinen Fall betreten! Sie alle (einschl. der berühmten Mehlhöhle) sind für die Öffentlichkeit nicht zugänglich, da aufgrund verschiedener Faktoren, z. B. des hohen Salzgehalts, ein Einsturz jederzeit möglich ist.

---

nen (2 NIS/Nutzung; 6–19 od. 20 Uhr) gibt's hier auch eine Snackbar, die rund um die Uhr geöffnet hat. Um ab der Ausfahrt zum Naturschutzgebiet hierher zu kommen, einfach der Rte 90 ca. 1 km (20 Gehmin.) südwärts folgen.

Wadi David   WANDERN & TREKKEN
(Nahal David; Erw./Kind inkl. Ein Gedi Antiquities National Park 29/15 NIS; ⏱ 8–16 od. 17 Uhr, letzter Einlass 1 Std. vor dem Schließen) Die beliebtesten und am leichtesten zugänglichen Wasserfälle bzw. Naturbecken von End Gedi säumen das **Untere Wadi David** (Nahal David Tachton) – also u. a. das Gebiet, das sich flussabwärts vom **David-Waterfall** (Mapal David; hin & zurück 1 Std.) erstreckt. Der Eingangspavillon verfügt über sanitäre Anlagen und Umkleiden, in denen man seine Badekluft anlegen kann. Zudem gibt's dort kostenlose Schließfächer (Schlüssel beim Personal erhältlich) und gekühltes Gratis-

Trinkwasser. Wer keine eigene Flasche dabeihat, bekommt auf Anfrage eine aus dem Recyclingbehälter.

An der Imbisstheke bekommt man Sandwiches, Eis und Getränke (z. B. Espresso).

In der Südwand der Schlucht führt ein Weg zum **Oberen Wadi David** (Nahal David Elyon), der bedeutend weniger überlaufen ist. Kurz hinter der winzigen **Shulamit-Quelle** (Ma'ayan Shulamit) kommt man an eine Weggabelung. Der rechte Pfad führt hinab zu dem Abschnitt des Wadi David, der sich oberhalb des David-Wasserfalls befindet, u. a. auch zur **Dodim-Höhle** (Höhle der Liebenden). Der linke Pfad führt zu einem **chalkolithischen Tempel** (3000 v. Chr.), zu den Becken der **En-Gedi-Quelle** (der Großteil dieses mineralhaltigen Wassers wird zum Kibbuz En Gedi umgeleitet und dort abgefüllt) und, fast ganz unten im Wadi Arugot, zu den als **Tel Goren** (7.–8. Jh. v. Chr.) bekannten archäologischen Stätten.

Vor allem an jüdischen Feiertagen kann das Wadi David stark überlaufen sein. Dasselbe gilt, wenn hier ganze Busladungen lärmender Schulkinder herumtollen. Die ersten 400 Wegmeter zum Wasserfall sind rollstuhlgeeignet.

Wadi Arugot
WANDERN & TREKKEN

(Nahal Arugot; Erw./Kind inkl. Ein Gedi Antiquities National Park 29/15 NIS; ⊙ 8–16 od. 17 Uhr, letzter Einlass 2 Std. vor dem Schließen) Das Wadi Arugot ist genauso schön wie das Wadi David, aber weniger überlaufen. Seine tollen Wanderwege sind z. T. recht anspruchsvoll. Der Eingangspavillon steht 20 bis 30 Gehminuten bzw. fünf Fahrtminuten vom Parkplatz des Wadi David entfernt. Dort gibt's kostenlose Schließfächer, eine kleine Erfrischungstheke (z. B. mit Eiscreme, kalten Getränken) und einen Laden, der SPNI-Wanderkarten im Maßstab 1:50 000 verkauft.

Zum oberen **Wadi Arugot** (Nahal Arugot) zählen u. a. das Areal oberhalb des **Verborgenen Wasserfalls** (HaMapal HaNistar) und die **Oberen Becken** (HaBreichot HaElyonot). Wanderer müssen diesen Bereich bis spätestens 14 Uhr (im Sommer bis 15 Uhr) verlassen.

Wandern auf dem Wüstenplateau
WANDERN & TREKKEN

Das Plateau oberhalb von En Gedi markiert den Ostrand der Judäischen Wüste. Es liegt auf rund 200 m über dem Meeresspiegel und damit 625 m oberhalb des Toten Meeres. Vom Naturschutzgebiet En Gedi führen fünf Wanderwege hinauf zu diesem Gebiet, das eine atemberaubende Aussicht weitab nerviger Menschenmassen bietet.

Die schwierigste Wanderung des Naturschutzgebiets (6–8 Std., Markierungsschilder mit schwarzen Flammen) verbindet das Wadi Arugot über das Wüstenplateau mit dem Wadi David, dem Aussichtspunkt En Gedi (Mitzpeh Ein Gedi) und der En-Gedi-Quelle. Nur für erfahrene Trekker geeignet!

Von Nord nach Süd führen folgende Wanderwege zum Plateau: der **Yishay-Aufstieg** (ab der En Gedi Field School), der **En-Gedi-Aufstieg** (ab der En-Gedi-Quelle; führt über den Hang zwischen den Wadis David und Arugot), der **Bnei-HaMoshavim-Aufstieg** (eine besonders schwierige Route, die im oberen Abschnitt des Wadi Arugot beginnt), der **Ha'Isiyyim-Aufstieg** (beginnt nahe dem oberen Rand des Wadi Arugot) und der **Tzruya-(Zeruya-)Aufstieg** (startet nahe dem Kibbuz En Gedi).

Am Eingang zum Wadi Arugot bekommt man eine SPNI-Wanderkarte im Maßstab 1:50 000, die für alle örtlichen Routen ein absolutes Muss ist. Wegen der extremen Hitze sind die Pfade von etwa Juni bis September gesperrt. Das Parkpersonal hilft gern bei der Planung und sollte vor dem Aufbruch unbedingt über die gewählte Route informiert werden.

Ein Gedi Spa
SPA

(☎ 08-659 4813; www.eingedispaofspa.co.il; Rte 90; ohne/mit Mittagessen Erw. 95/155 NIS, Kind 5–12 Jahre 61/110 NIS; ⊙ Sa–Do 8–17 od. 18, Fr 8–16 od. 17 Uhr) Dieses behindertengerechte Spa liegt 6 km vom Naturschutzgebiet entfernt und gehört dem Kibbuz En Gedi. Es ist ein beliebter Plätzchen, um sich im Toten Meer treiben und eine belebende Packung mit schwarzem Schlamm verpassen zu lassen. Seit Eröffnung der Anlage (1984) hat sich die Uferlinie um 1,2 km zurückgezogen. Daher werden Badelustige mit einem kleinen Zug hinunter zum Strand kutschiert.

Das Spa bietet diverse Naturkosmetik- und Massageanwendungen an. Zudem hat es sechs Schwefelbecken, einen Süßwasserpool, ein Café und ein Restaurant.

🛏 Schlafen

Die Field School und das Hostel sind zumeist komplett ausgebucht (der Freitagabend bereits Monate im Voraus). Darum unbedingt rechtzeitig reservieren!

Ein Gedi Youth Hostel
HOSTEL $

(Beit Sarah; ☎ 02-594 5600, Reservierungen 1-599 510 511; www.iyha.org.il; Rte 90 nahe dem Naturschutzgebiet; B/EZ/DZ 124/301/381 NIS, zusätzl. Erw./Kind 2–17 Jahre 110/85 NIS; ❈ @ 🛜) Eine sensationelle Lage und moderne Quartiere mit neuer Klimaanlage und je vier oder fünf Betten sind der Grund für die extreme Beliebtheit dieses Hostels. Rechtzeitige Reservierung ist hier Pflicht! Die insgesamt 68 Zimmer sollen zukünftig noch durch weitere ergänzt werden. Gäste bekommen Abendessen (58 NIS, Fr 67 NIS) und Rabatt bei einigen regionalen Attraktionen. Das Haus steht 200 m oberhalb von der Rte-90-Ausfahrt zum Naturschutzgebiet.

En Gedi Beach
CAMPING $

(Rte 90; Toiletten & Umkleiden 2 NIS/Nutzung ⊙ Strand & Toiletten 24 Std., Umkleiden 6–19 od. 20 Uhr) GRATIS Der Strand liegt 1 km südlich der Rte-90-Ausfahrt zum Naturschutzgebiet. Wer hier kostenlos campen möchte, sollte Badelatschen und eine Taschenlampe mitbringen. Die Snackbar am Parkplatz hat rund um die Uhr geöffnet.

SPNI Field School   HOSTEL $$
(☏ 08-658 4288; www.natureisrael.org; nahe dem Naturschutzgebiet; B/EZ/DZ 132/381/421 NIS, zusätzl. Erw./Kind 7–14 Jahre 137/96 NIS; ❄🛜) Die 50 Zimmer (mit je 5–7 Betten) sind nicht so schick wie ihre Pendants im Youth Hostel, aber dennoch eine super Übernachtungsmöglichkeit für Wanderer. Gäste werden von Schildern mit der Aufschrift „Bitte keine Steinböcke füttern" begrüßt (kein Witz!). Abendessen (57 NIS, Fr 68 NIS) wird hier so ziemlich jeden Tag serviert. Die Rezeption verkauft Wanderkarten. Zu finden ist das Ganze ca. 800 m oberhalb der Rte-90-Ausfahrt zum Naturschutzgebiet.

Ein Gedi Kibbutz Hotel   HOTEL $$$
(☏ 08-659 4222; www.ein-gedi.co.il; DZ ab 212–316 US$; ❄@🛜≈) Rund um den niedrigen Gebäudekomplex sprießt ein üppiger Bewuchs aus exotischen Bäumen und Pflanzen (u. a. zwei riesige Affenbrotbäume). Einige der sehr komfortablen Zimmer in fünf verschiedenen Kategorien bieten sogar Platz für zwei Erwachsene und zwei Kinder. Vorhanden sind auch ein hauseigenes Spa, ein herrlich kühler Pool und eine Cafébar, die Milchprodukte serviert und Touristen genauso wie *kibbuznikim* (Mitglieder des Kibbuz) anlockt.

Samstags bis mittwochs gibt's für 130 NIS ein üppiges koscheres Abendbuffet (Do & Fr 170 NIS). Die Rte-90-Ausfahrt, die zum Kibbuz führt, liegt 2,3 km südlich des Naturschutzgebiets.

Essen

Im Bereich von En Gedi findet man nur sehr wenige Restaurants. Somit empfiehlt sich eine Kombination aus mitgebrachtem Picknickproviant und Abendessen im eigenen Hotel oder Hostel.

Pundak Ein Gedi Kiosk   SANDWICHES $
(En Gedi Beach; Sandwiches 18 NIS; ⊙ 24 Std.) Hinter der Tankstelle am Parkplatz gegenüber vom Strandzugang bekommt man hier anständige Baguette-Sandwiches, Eiscreme und Bier.

Kolbo Grocery   LEBENSMITTEL $
(Kibbuz En Gedi; ⊙ So–Do 8–20, Fr 8–14, Sa 11–14 Uhr) Ist das einzige echte Lebensmittelgeschäft der Gegend und liegt direkt neben der Kantine des Kibbuz.

❶ Praktische Informationen

Geldautomat Im Ein Gedi Kibbutz Hotel.
SPNI Field School (☏ 08-658 4288; www.teva.org.il; ⊙ So–Do 8.30–16 Uhr) Hier gibt's kostenlose Expertentipps zu Wanderungen in der Umgebung, z. B. in den familientauglichen Wadis Mishmar und Tze'elim. Topografische SPNI-Wanderkarten im Maßstab 1:50 000 (87 NIS) werden hier ebenfalls verkauft. Die Field School liegt am Hang, 800 m oberhalb der Rte-90-Ausfahrt zum Naturschutzgebiet En Gedi.

❶ An- & Weiterreise

Busfahrpläne hängen an der SPNI Field School, am Ein Gedi Kibbutz Hotel und an beiden Eingängen zum Naturschutzgebiet aus. Für Busverbindungen zum/ab dem Toten Meer s. S. 318.

Nördlich von En Gedi

☏ 02

Zu den Highlights an der nordwestlichen Küste des Toten Meeres zählen die Höhlen von Qumran, in denen die Schriftrollen vom Toten Meer entdeckt wurden, und einige abgeschiedene, unberührte Flecken Natur. Dieses 1967 von den Israelis eroberte, Jordanien abgezwackte Gebiet gehört zum Westjordanland und ist so gut wie unbewohnt. Es liegt nur eine kurze Autofahrt von Jericho entfernt.

Qumran-Nationalpark

خربة قمران   גן לאומי קומראן

Qumran (☏ 02-994 2235; www.parks.org.il; Rte 90; Erw./Kind 29/15 NIS, inkl. Eintritt zu Ain Feshkha 43/24 NIS; ⊙ Sa–Do 8–16 od. 17, Fr 8–15 od. 16 Uhr, letzter Einlass 1 Std. vor dem Schließen) ist weltberühmt für die **Schriftrollen vom Toten Meer**, die hier fast 2000 Jahre lang verborgen lagen. Etwa zu Zeiten Jesu (genauer vom späten 1. Jh. v. Chr. bis 68 n. Chr.) existierte vor Ort eine kleine essenische Siedlung, die schließlich von den Römern zerstört wurde. Die Ruinen sind nicht besonders weitläufig. Von einem erhöhten hölzernen Steg aus ist das einstige Wasserversorgungssystem der Gemeinschaft (Aquädukt, Kanäle, Zisternen) jedoch klar erkennbar. An anderen Stellen befinden sich die rituellen Bäder (die Essener nahmen rituelle Reinheit sehr ernst) und das Refektorium, in dem die gemeinsamen Mahlzeiten eingenommen wurden. Im Skriptorium entstanden vielleicht ein paar der Qumram-Schriftrollen. Eine der Höhlen, in denen die Rollen entdeckt wurden, kann per Rundwanderung besucht werden (2–3 Std., im Sommer nicht zu empfehlen). Das siebenminütige Multimediaprogramm im kleinen Museum gibt einen groben Überblick über die Geschichte der heute rollstuhlgerechten Stätte. Die Parkverwaltung beherbergt ein Restaurant.

Qumran ist ein sicherer Aussichtspunkt zum Beobachten winterlicher Sturzfluten. Zudem kann man von hier aus nach Ain Feshkha wandern (einfache Strecke ca. 5 Std.).

Qumran liegt 35 km östlich von Jerusalem und 35 km nördlich von En Gedi. Vor Ort halten alle Busse zwischen der Hauptstadt und dem Toten Meer.

Ain Feshkha (Einot Tsukim)

عين فشخة   עינות צוקים

Die quellgespeisten Süßwasserbecken in üppig grüner Umgebung waren während der 1950er- und 1960er-Jahre das beliebteste Urlaubsziel des jordanischen Königs Hussein. Teil der Oase ist ein richtiger „Wald" aus salzresistenten Pflanzen (z. B. Tamarisken, Schilf). Heute kann man hier prima Vögel beobachten und ein erfrischendes Bad nehmen. Die **Becken** (geöffnet Ende März–Nov. Fr & Sa) sind jedoch mitunter überfüllt.

Zur schnell rückläufigen Uferlinie des Toten Meers besteht kein direkter Zugang. Etwa 4 km davon entfernt steht vor Ort ein Schild mit der Aufschrift „Hier war das Meer im Jahr 1967". Dafür kann man einen **Bauernhof** aus der Zeit des zweiten Tempels besichtigen, auf dem die Essener von Qumram offenbar Schafe und Ziegen züchteten. Zudem produzierten sie dort Wein und Afarsemon-Öl.

Das **Verborgene Reservat** etwas weiter südlich ist aus Naturschutzgründen nur im Rahmen von einstündigen **Führungen** (☉ Sept.–Juni Fr & So 9 & 13 Uhr) zugänglich.

Ain Feshkha liegt 3 km südlich von Qumran. Dank der lokalen Geografie ist die Stätte nie wegen Sturzfluten geschlossen.

Metzukei Dragot

מצוקי דרגות
منحدرات درجة (متسوقي درجوت)

Rund 600 m oberhalb des Toten Meeres thront dieses schlichte **Feriendorf** (☑ 08-622 2202, Reservierungen 1-700-707 180; www.metzoke.co.il; B in Großzelt 110 NIS, DZ/4BZ in Privatzelt 250/500 NIS, DZ mit eigenem Bad 400–650 NIS, einfaches 4BZ 400 NIS; ☉ Rezeption 8–20 Uhr) mit Hippie-Vibe und traumhafter Aussicht auf einem steilen Felsen. Mit spartanischer Infrastruktur, abgenutztem Mobiliar und

---

DIE SCHRIFTROLLEN VOM TOTEN MEER

Nur wenige archäologische Funde haben weltweit so viel langanhaltende Faszination ausgelöst wie die Schriftrollen vom Toten Meer – 1947 zufällig entdeckt in Tonkrügen, die bei Qumram in einer Höhle am Hang versteckt waren. Glücklicher Finder war ein junger Beduinenhirte auf der Suche nach einer entlaufenen Ziege. Schließlich entdeckte man in insgesamt elf Höhlen rund 950 verschiedene Dokumente aus Pergament und Papyrus, die während der Zeit des zweiten Tempels und in den ersten Jahren des Christentums (200 v. Chr.–68 n. Chr.) verfasst wurden. Darunter sind z. B. die ältesten bekannten Manuskripte des Tanach, Beschreibungen des Lebens in Judäa zu Zeiten Jesu und Texte, die es nicht in die Bibel geschafft haben. Die Dokumente sind fast alle auf Hebräisch verfasst (z. T. aber auch auf Aramäisch und Griechisch). Der Großteil davon ist zu winzigen Fragmenten zerfallen, wodurch sich das Zusammensetzen und Entschlüsseln der Texte langwierig und beschwerlich gestaltete.

Die Schriftrollen sollen von den Essenern stammen. Diese jüdische Separatistengruppe – auch in den Schriften des Josephus Flavius erwähnt – lebte asketisch und war in die Wüste gezogen. Dort wollte sie der Dekadenz entfliehen, die ihrer Ansicht nach die anderen Juden ins Verderben stürzte.

Das Israel Museum in Jerusalem zeigt ein paar der Qumram-Rollen. Mithilfe von Google betreibt es das Dead Sea Scrolls Digital Project (http://dss.collections.imj.org.il), das hochauflösende Digitalbilder von den Dokumenten öffentlich zugänglich macht (inkl. Suchfunktion).

Weitere interessante Fakten zu den Rollen gibt's unter www.centuryone.com/25dssfacts.html.

sehr einfachen Bädern versetzt es Traveller spontan zurück in die 1970er-Jahre. Neben 50 schlichten Zimmern gibt's hier auch Hunderte weiterer Schlafplätze in Großzelten. Diese können unterteilt werden, damit Familien oder Reisegruppen etwas mehr Privatsphäre haben.

Gäste können auch ihr eigenes Zelt aufstellen (50 NIS/Pers., 90 NIS/Pers. inkl. hervorragendem israelischem Frühstück) und Schlafsäcke ausleihen (30 NIS). Wer selbst kochen will, bringt entsprechende Vorräte mit. Alternativ wird Abendessen serviert (Erw. 95 NIS, Kind 3–12 Jahre 65 NIS). Das Einchecken muss vor 20 Uhr erfolgen. Das Dorf liegt 18 km nördlich von En Gedi. Von der Armeestraßensperre an der Rte 90 (alle Busse zwischen Jerusalem und Totem Meer stoppen hier auf Anfrage) sind es noch 5,5 km steil bergauf. Am Kontrollposten besteht jedoch vielleicht die Chance, per Anhalter mitgenommen zu werden.

Wadi Daraja   وادي درجة   נחל דרגה

Der steile Weg hinab in die Schlucht (5–6 Std., Pausen nicht eingerechnet) ist eine der anspruchsvollsten Wanderungen (im Hebräischen als Nahal Darga bekannt) in der Gegend. Dabei muss man zwei Dutzend Wasserfälle hinunterklettern (ein Seil von 30 m Länge ist erforderlich) und ganzjährig durch bis zu 4 m tiefes Wasser schwimmen – da dabei alles nass wird, sind Handys und Kameras gefährdet. Richtige Schuhe tragen (die auch nass werden dürfen), keine Sandalen! Das Mindestalter beträgt zehn Jahre.

Die israelische Natur- und Parkbehörde hat außerhalb von Metzoke Dragot einen **Infostand** (www.parks.org.il; ☺ Sept.–Juni Fr, Sa & an jüdischen Feiertagen, Juli & Aug. tgl.), der wiederum 1,5 km vom Startpunkt der Wanderung entfernt liegt. Schematische Karten bekommt man hier oder in Metzoke Dragot an der Rezeption. Die Wanderung sollte nicht nach 9 Uhr (Sommer 10 Uhr) und bei angekündigtem Regen in der Judäischen Wüste gar nicht begonnen werden. Sie endet an der Rte 90 nahe dem Kibbuz Mitzpe Shalem.

Es gibt auch eine Reihe familienfreundlicher Rundwanderwege. Hier wird man nur nass, wenn man es will; alle haben denselben Ausgangspunkt. Dazu zählen der **Wadi-Tekoa-Rundweg** (5 Std.) und der **Mashash-Murba'at-Rundweg** (3 Std.), welcher an Höhlen vorbeiführt, in denen im Jahr 1952 Briefe gefunden wurden, die die persönliche Unterschrift von Bar Kochba (dem Anführer des Bar-Kochba-Aufstands von 132 bis 135 n.Chr.) tragen.

LINDERND & HEILSAM

Das Wasser des Toten Meers enthält 20-mal so viel Brom, 15-mal so viel Magnesium und 10-mal so viel Jod wie Ozeane. Brom entspannt die Nerven und ist Bestandteil vieler Beruhigungsmittel. Magnesium wirkt Hautallergien entgegen und reinigt die Bronchien. Jod hat angeblich eine positive Auswirkung auf bestimmte Drüsenfunktionen.

Zudem ist der Luftdruck am Toten Meer so extrem hoch wie nirgendwo sonst. Dadurch enthält die Luft hier 10 % mehr Sauerstoff als auf Höhe des Meeresspiegels. Gesundheitsfördernd (vor allem bei Atemproblemen) sind u. a. auch die hohen Temperaturen, der geringe Niederschlag, die geringe Luftfeuchtigkeit und die pollenfreie Luft.

In Zusammenarbeit mit der Ben-Gurion University of the Negev führt das Dead Sea Medical Research Centre (www.deadsea-health.org) medizinische Forschungsprojekte zum Toten Meer durch.

Mineral Beach

شاطئ مينرال (شاطئ معدنية)   חוף מינרל

Der Kibbuz Mitzpe Shalem verwaltet diesen **Strand** (☎02-994 4888; www.dead-sea.co.il; Erw./Kind So–Fr 50/30 NIS, Sa 60/35 NIS; ☺So–Fr 9–17 od. 18, Sa ab 8 Uhr), der zu den schönsten am Toten Meer zählt. Wer genug von Treibenlassen und schwarzem Schlamm auf der Haut hat, kann hier in Quellwasser (39°C) mit natürlichem Schwefelgehalt eintauchen und bei tibetischen oder schwedischen Massagen entspannen. Schließfächer und Handtücher kosten je 10 NIS (zzgl. 10 NIS Pfand). Die rollstuhlgerechte Anlage hat auch eine Cafeteria und schickt Shuttles runter zur rückläufigen Uferlinie. Camping ist verboten.

Am 18. September 2011 fotografierte der Künstler **Spencer Tunick** vor Ort über 1000 splitternackte Israelis.

Masada   مسعدة   מצדה

☎08

Nachdem die Römer 70 n.Chr. Jerusalem erobert hatten, lehnten sich fast 1000 jüdische Männer, Frauen und Kinder in einem letzten verzweifelten Versuch gegen sie auf, und zogen sich nach **Masada** (oft auch: Massada, ☎ 08-658 4208, 08-658 4207; Erw./Kind 29/15 NIS) zurück, auf einen von kargen Steilwänden umgebenen Tafelberg in der Wüste, der ab 72 n.Chr. Machtzentrum der Zehnten Römischen Legion wurde. Kurz bevor die römischen Rammböcke die Wände durchbrachen, begingen die Verteidiger Selbstmord, denn sie zogen den Tod der Versklavung vor. Als die römischen Soldaten in die Plateaufestung eindrangen, schlug ihnen nichts als Stille entgegen.

Bis zum Beginn der archäologischen Ausgrabungen 1963 war Flavius Josephus die einzige Quelle für Infos über den heldenhaften Widerstand der Masada-Verteidiger. Er war jüdischer Kommandant und wurde im Jüdischen Krieg (66–70 n.Chr.) festgenommen, lief zum Gegner über und verstand sich fortan als römischer Historiker. Er schreibt Folgendes: Als die römische Belagerungsrampe fast ganz an die Festung heranreichte, begannen die Verteidiger von Masada – Zeloten, die aufgrund ihrer Gewohnheit, ihre (jüdischen) Rivalen mit einem unter ihrem Umhang verborgenen Krummdolch (griech. *sica*) zu töten als Sicarii (hebr. Sikrikin) bekannt waren – damit, ihre Häuser und ihren gesamten Besitz in Brand zu stecken, damit den Römern nichts davon in die Hände fiele. Danach wurden zehn Männer ausgelost, welche die Aufgabe erhielten, alle anderen zu töten. Neun der zehn wurden wiederum von einem ihrer Kameraden hingerichtet, bevor der Letzte sich selbst tötete. Als die Römer die Mauer durchbrachen, waren alle Bewohner mit Ausnahme von zwei Frauen und fünf Kindern, die sich versteckt und dadurch überlebt hatten, tot.

Im letzten Jahrhundert wurde Masada für die Israelis zum Ausdruck der Haltung „Sie werden uns niemals lebend bekommen". Während des Zweiten Weltkriegs, bevor die Briten 1942 Rommels deutsche Divisionen in El Alamein (Ägypten) stoppen konnten, planten einige palästinensische Juden den letzten Widerstand auf dem Berg Karmel, und einige Einheiten der Israelischen Streitkräfte halten hier ihre Vereidigungszeremonien ab und schwören dabei, dass „Masada nie wieder fallen soll". (Eine eher weniger apokalyptische Herangehensweise: Es ist bekannt, dass die israelische Luftwaffe Gruppen ihrer Offiziere bei Sonnenaufgang zum Yoga hierher schickt!)

Seit 2001 ist Masada Teil des UNESCO-Welterbes. Die ganze Stätte mit Ausnahme des Nordpalasts ist behindertengerecht.

◉ Sehenswertes & Aktivitäten

★ Masada Museum   MUSEUM
(Besucherzentrum; Eintritt inkl. Audioguide für Masada 20 NIS; ⊙ Sa–Do 8.30–16 oder 17, Fr 8.30–15 od. 16 Uhr, letzter Einlass 30 Min. vor dem Schließen) Das Museum ist eine wirklich hervorragende Einführung in die Geschichte und Archäologie von Masada. Neben 500 bewegenden, von Archäologen ausgegrabenen Ausstellungsstücken (und fünf Repliken) werden mit Masada in Zusammenhang stehende Persönlichkeiten wie Herodes der Große, der den Palast im 1. Jh. v.Chr. erbauen ließ, oder Flavius Josephus vorgestellt. Auf diese Weise scheinen die dramatischen Ereignisse von 73 n.Chr. zum Greifen nahe. Besucher bekommen einen Audioguide mit Kopfhörern (auch auf Deutsch erhältlich).

Zu den ausgestellten Artefakten zählen u.a. römische Pfeilspitzen, eine Ledersandale, die einst einem römischen Legionär gehörte, die Überreste von Datteln, Weizen, Gerste und Oliven aus der Zeit der Römer und elf Tonscherben, welche – so schreibt Josephus – zu dem Zeitpunkt, als die römischen Rammböcke schon gegen den Schutzwall donnerten, zur Auslosung derjenigen gedient haben könnten, die die anderen umbringen würden.

Masada   ARCHÄOLOGISCHE STÄTTE
Das eigentliche Plateau von Masada (Fläche ca. 550 x 270 m) liegt etwa 60 m über dem Meeresspiegel und damit 488 m oberhalb des Toten Meeres. Besucher bekommen eine hervorragende Broschüre zu den Ruinen. Ähnliche Infos liefern die optionalen **Audioguides** (20 NIS inkl. Masada Museum). Beides gibt's auch auf Deutsch an den Ticketschaltern, beim Museum und direkt oben auf dem Plateau.

Innerhalb der Ruinen markieren schwarze Linien den Übergang zwischen echten Überresten und rekonstruierten Teilen.

Trinkwasser wird vor Ort angeboten (Flasche mitbringen!). Achtung: Oben auf dem Plateau ist Essen nicht gestattet!

Egal in welcher Himmelsrichtung – beim Talblick erspäht man wahrscheinlich die römische Belagerungsmauer und mindestens eines der acht Militärlager. Die Legionen Roms trieben bei der Belagerung einen unglaublich hohen Aufwand. So überrascht es nicht, dass sie zum Gedenken an ihren Sieg

1. Spaß im Schlamm
Badegäste können sich an vielen Stränden des Toten Meeres mit natürlichem schwarzem Schlamm einreiben.

2. Salzfelder
Der Salzgehalt des Toten Meeres beträgt etwa 34 % und ist damit zehnmal höher als der des Ozeans.

3. Relaxen
Mit einem hohen Magnesium-, Jod- und Bromgehalt beruhigt das salzige Wasser die Nerven und die Haut.

4. Treiben lassen
Im Toten Meer zu treiben, ist ein tolles Erlebnis – nur nicht mit frisch rasierten Beinen (S. 329)!

über die judäischen Rebellen einen monumentalen Triumphbogen im Zentrum des Kaiserreichs errichteten: den **Titusbogen**, der später als Vorbild für den Arc de Triomphe in Paris diente.

Sound-&-Light-Show
TON & LICHT

(☎ 08-995 9333; Erw./Kind 45/35 NIS; ⊙ März–Okt. Di & Do 21 Uhr) Unter freiem Himmel wird hier auf spannende Weise die Geschichte Masadas nacherzählt. Normalerweise schaut man sich die Show vom Fuß der römischen Belagerungsrampe (Westseite) aus an. Per **Leihkopfhörer** (15 NIS) gibt's eine deutsche Simultanübersetzung des hebräischsprachigen Kommentars. Zuschauer sollten sich um spätestens 20.30 Uhr einfinden. Hierher geht's über Arad und die Rte 3199 (68 km ab dem Besucherzentrum).

⭐ Wandern rund um Masada
WANDERN & TREKKEN

Bis heute verteilen sich die Überreste von acht römischen Militärlagern rund um Masada. Sie sind durch Pfade miteinander verbunden, was eine (teilweise) Umrundung des Tafelbergs ermöglicht. Gegenüber den Ticketfenstern des Besucherzentrums gibt eine dreidimensionale Reliefkarte einen Überblick über die örtliche Geografie.

Ab dem Besucherzentrum führt ein Pfad an der Westflanke des **Bergs Eleazar** hinauf zum Lager H (30 Min.). Von hier aus konnten die römischen Legionäre auf Masada hinunterblicken und die Aktivitäten der Zeloten sozusagen aus der Luft ausspähen. Der Weg setzt sich bis zum Fuß der Belagerungsrampe auf Masadas Westseite fort.

Alternativ kann man vom Besucherzentrum aus in Richtung Norden laufen und dem Verlauf der Belagerungsmauer entlang des **Shvil HaRatz** (Läuferpfad) folgen. Dieser endet ebenfalls an der Belagerungsrampe auf der Westseite.

Ein weiterer Weg verbindet das Lager D (nördlich von Masada) mit der außerordentlich lohnenden Wanderung durch das **Wadi Tze'elim** (4 km weiter nördl.).

⭐ Schlangenpfad
WANDERN & TREKKEN

Nahe dem Besucherzentrum beginnt dieser berühmte Serpentinenpfad, der sich an Masadas Ostflanke hinaufwindet (Aufstieg/Abstieg ca. 60/30 Min.). Wer ganz oben den Sonnenaufgang genießen will, sollte spätestens eine Stunde vorher am Fuß des Berges losmarschieren – also irgendwann zwischen 4.30 (Juni) und 5.30 Uhr (Dez.). Vor 8 Uhr erfolgt der Zugang durch die Sicherheitsschleuse nahe der Jugendherberge.

An besonders heißen Sommertagen sperrt die Parkverwaltung den Schlangenpfad manchmal um 10 oder 11 Uhr (bei extremer Hitze schon um 9 Uhr).

Rampenpfad
WANDERN & TREKKEN

Wer wie die Römer kneifen will, folgt direkt dem Rücken der Belagerungsrampe bergauf (15 Min.). Der Haken dabei: Die Rampenbzw. Westseite Masadas ist nur über den Ort Arad erreichbar, der 68 km vom Besucherzentrum entfernt liegt (über Rte 31 & 3199).

Wer ganz oben den Sonnenaufgang genießen will, sollte spätestens eine halbe Stunde vorher unten losmarschieren

Seilbahn
SEILBAHN

(einfache Strecke/hin & zurück Erw. 76/57 NIS, Kind 43/29 NIS; ⊙ Sa–Do 8–16 od. 17, Fr 8–15 od. 16 Uhr, alle 15 Min.; letzte Bergfahrt 45 Min. vor dem Schließen) Die rollstuhlgerechten Gondeln für 65 Passagiere bieten Komfort à la Schweiz und bringen einen in nur drei Minuten vom Besucherzentrum zum Plateau.

🛏 Schlafen

Vor allem Benutzer des Rampenpfads übernachten oft in Arad.

Chenyon Layla Metzada Ma'arav
CAMPING $

(☎ 08-628 0404 Durchwahl 1; www.parks.org.il; Westeingang, Masada; Stellplatz Erw./Kind 53/42 NIS, Leihzelt inkl. Matratze 75/65 NIS, Leihmatratze/-schlafsack 10/10 NIS, Hütte für 5 Pers. mit eigenem Bad 450 NIS) Nahe dem Fuß der römischen Rampe liegt dieser moderne und gut ausgestattete Campingplatz auf der Westseite des Tafelbergs. Der Preis beinhaltet Küchenbenutzung und den Eintritt für Masada. Die Anfahrt erfolgt über Arad.

Campingzone
CAMPING $

GRATIS Camping ist auf einem Parkareal namens Nature's Cultural Hall (Kultursaal der Natur; dort werden Freiluftopern aufgeführt) möglich. An der östlichen Zufahrtsstraße nach Masada steht das entsprechende Hinweisschild ca. 1 km westlich der Kreuzung mit der Rte 90 (knapp 2 km östl. vom Besucherzentrum). Vor Ort gibt's weder Service-Einrichtungen noch Trinkwasser. Unbedingt eine Taschenlampe mitbringen!

Masada Guest House
HOSTEL $$

(☎ 02-594 5623/4; www.iyha.org.il; B/EZ/DZ 145/305/424 NIS; ⊙ Reservierungen So–Fr 8–18 Uhr;

) Das rollstuhlgerechte Hostel mit 350 Betten eignet sich ideal, wenn man den Sonnenaufgang oben auf dem Plateau erleben will. Die nach Geschlechtern getrennten Schlafsäle mit jeweils sechs Betten sind fast schon luxuriös. Das Personal gibt sein Bestes, um Traveller getrennt von lärmenden Schülergruppen unterzubringen. Der Pool ist zwischen Passah und Oktober geöffnet. An den meisten Tagen wird Abendessen (16,80 US$, Fr 19,60 US$) bis 20 Uhr serviert. Das Hostel ist vor allem freitags regelmäßig ausgebucht (unbedingt rechtzeitig reservieren!) und steht ein paar Hundert Meter unterhalb vom Besucherzentrum.

Essen & Ausgehen

Oben auf dm Plateau wird kostenlos Trinkwasser ausgegeben.

Gastrobereich im Besucherzentrum   GASTROBEREICH $

(Hauptgerichte ab 24 NIS; ⊙ bis 16 od. 17 Uhr; 🌱) Eine Etage unterhalb der Ticketschalter werden an Ständen Felafel (24 NIS), Shawerma (35 NIS), Sandwiches und kaltes Bier (26 NIS) angeboten. Hinzu kommen ein Café, eine Cafeteria (Gerichte 46–78 NIS) und eine Filiale von McDonald's.

🛈 An- & Weiterreise

Rund 21 km südlich des Naturschutzgebiets En Gedi steht das Besucherzentrum von Masada auf der Ostseite des Tafelbergs. Von der Rte 90 aus führt eine Zufahrtsstraße hierher (3 km). Alle Fernbusse zum Toten Meer (s. S. 318) halten ein paar Hundert Meter vor dem Besucherzentrum, wo Fahrpläne an den Ticketschaltern aushängen.

Die römische Belagerungsrampe auf Masadas Westseite ist von Arad aus erreichbar (über Rte 3199). Sie liegt knapp über 1 km (Luftlinie) vom Besucherzentrum entfernt. Selbstfahrer müssen aber insgesamt 68 km zurücklegen! Alternativ kann man ein **Taxi** (08-997 4444; tagsüber/abends 120/150 NIS) ab Arad nehmen.

En Boqeq   עין בוקק   عين بوقيق
🎵 08

Zwischen dem türkisblauen Wasser des südlichen Toten Meers und einer spektakulären gelbbraunen Klippe liegt die Fünf-Sterne-Hotelmeile von En Boqeq (auch En Bokek geschrieben). Es ist die wichtigste Touristenzone der Region. In En Boqeq lassen sich die schönsten kostenlos begehbaren Strände des Toten Meeres genießen. Zudem ist es das Zentrum des Gesundheitstourismus am Toten Meer. Hier werden Leiden wie Schuppenflechte, Arthritis, und Atembeschwerden mit Mineralien und Naturpräparaten behandelt.

Die Sprachen, die man hier am häufigsten hört, sind Hebräisch, Arabisch und Russisch, da in der Gegend sowohl viele Israelis (Juden und Araber) als auch viele Russen (Einwanderer und Touristen) leben.

🛈 BADEN IM TOTEN MEER

Das Wasser des Toten Meeres hat eine fantastische Heilkraft. Wer all dem Brom und Salz jedoch nicht mit dem nötigen Respekt begegnet, für den wird das Bad im Toten Meer zur schmerzvollen – wenn nicht sogar gefährlichen – Erfahrung. Aus diesem Grund sind ein paar vorbereitende Maßnahmen ganz angebracht, ehe man in die Salzbrühe steigt. Zuallererst gilt, dass man am Tag vorher auf die Rasur verzichten sollte, sofern man nicht am eigenen Leib erfahren möchte was es bedeutet, Salz in die Wunde zu streuen. Auch andere Kratzer oder kleine Schnitte – egal ob man sich ihrer vorher bewusst war oder nicht – werden sich schneller bemerkbar machen, als einem lieb ist.

Dresscode für das Tote Meer:

➡ Keinen Schmuck tragen – Silber wird schnell rabenschwarz (kann aber wieder gereinigt werden), und auch andere Metalle (z. B. Gold unter 24 Karat) können betroffen sein.

➡ Zum Schutz der Füße vor den scharfen Steinen im und am Wasser sowie vor dem Verbrennen der Fußsohlen im glühend heißen Sand sollte man wasserfeste Sandalen tragen.

Die Luft am Toten Meer wirkt aufgrund des hohen Drucks und der geringen Höhe wie ein natürlicher Filter für die schädlichen ultravioletten Sonnenstrahlen. Somit bekommt man hier trotz der brütenden Hitze weniger schnell einen Sonnenbrand als auf Meereshöhe.

> ### ⓘ SICHER BADEN
>
> Um sich beim Dümpeln und Planschen im Toten Meer nicht in Gefahr zu bringen, sind ein paar Sicherheitsmaßnahmen mehr zu beachten als beim Baden im Mittelmeer.
>
> ➡ Unter keinen Umständen den Kopf unter Wasser tauchen! Wer Salzwasser ins Auge bekommt, wird erst ein höllisches Brennen spüren und dann vorübergehend nichts mehr sehen. In diesem Fall nicht wild herumstrampeln, sondern ruhig aus dem Wasser gehen und jemanden um Hilfe beim Ausspülen der Augen unter einer Dusche oder an einem Wasserhahn bitten.
>
> ➡ Schon das Verschlucken von nur einer kleinen Menge des Wassers kann extrem gefährlich, wenn nicht sogar tödlich sein. Ist es dennoch passiert, sollte man sich unverzüglich medizinisch behandeln lassen (z. B. von den Rettungsschwimmern).
>
> ➡ Richtig viel trinkbares Wasser trinken, da nicht nur die Hitze der Umgebung austrocknet, sondern auch das Wasser des Toten Meers selbst, das so mineralhaltig ist, dass es einem die Körperflüssigkeiten buchstäblich aus dem Körper herauszieht. Da werden Erinnerungen an den Physikunterricht wach, als das Thema Osmose behandelt wurde und eine Kartoffel in Salzwasser versenkt wurde ...
>
> ➡ Das Tote Meer kann eine so entspannende Wirkung haben, dass man nicht bemerkt, wie man vom Westwind langsam hinaus in die Mitte des Sees getrieben wird (also in Richtung Jordanien). Besonders gefährdet sind Zeitungsleser, da so ein großes Blatt Papier ein hervorragendes Segel abgibt!

Anders als an den Stränden weiter im Norden liegt vor En Boqeq nicht das offene „Meer", sondern eine Reihe von Verdunstungsbecken (die dank den Pumpen der Dead Sae Works immer gefüllt sind). Deshalb gibt das Ufer hier auch nicht zurück.

Es gibt in En Boqeq keine Gepäckaufbewahrungsstelle.

◎ Sehenswertes & Aktivitäten

Zwischen den beiden Hotelzonen von En Boqeq, nämlich En Boqeq im Norden und Neve Hamei Zohar weiter südlich, verläuft eine 3 km lange Promenade, und gelegentlich fahren Busse (5,80 NIS).

★ En Boqeq Beach
STRAND

(⏱ 24 Std.) GRATIS Der breite, saubere Strand liegt mitten in der größeren (nördlichen) Hotelzone En Boqeqs. Der Sand ist traumhaft, und es gibt Rettungsschwimmer, schattige Plätzchen, Stranddduschen, Umkleidekabinen und Toiletten (nachts geschl.). Campen ist erlaubt und auch weitaus komfortabler als am En Gedi Beach. Rollstuhlgerecht.

Seit 2014 ist der ganze Strandbereich von En Boqeq öffentlich zugänglich. Dies gilt auch für Bereiche, die früher bestimmten Hotels gehörten. Örtliche Einrichtungen (z. B. Strandkörbe) sind aber nach wie vor für zahlende Gäste reserviert. Der Zugang erfolgt über eine reizende und schattige Promenade.

Wadi Boqeq
WANDERN & TREKKEN

Das Wadi Boqeq ist eines der lediglich drei Wadis am Westufer des Toten Meers, die ganzjährig von Quellwasser gespeist werden (die anderen beiden liegen bei En Gedi). Die schmalen Schluchten mit Wasserlöchern und üppiger Vegetation ermöglichen erfrischende, leicht zu meisternde Wanderungen (1 Std.). Als Zugang fungiert ein Tunnel, der unter der Rte 90 zwischen dem David Hotel und dem Leonardo Inn Hotel hindurchführt. Alternativ kann man direkt am Weganfang parken.

Wellness
SPA

Fast jedes Hotel in En Boqeq hat einen Wellnessbereich mit Schwimmbecken, Saunas, Whirlpools, vielen verschiedenen Anwendungen und einer ganzen Armee vorwiegend russischer Therapeuten. Reine Tagesgäste bezahlen für die Nutzung zumeist 100 bis 260 NIS (inkl. Strandkorb, aber ohne besondere Anwendungen). Manche Angebote beinhalten auch Mittagessen.

🛏 Schlafen

Am Strand kann (gratis) gecampt werden. Ansonsten gibt's in En Boqeqs beiden Hotelzonen keine Budgetunterkünfte und nicht einmal Mittelklasseoptionen. Wer jedoch richtig viel ausgeben will, hat hier eine Riesenauswahl: Die etwa zwölf örtlichen Hotels punkten mit herrlich klimatisierten Einrichtungen (im Sommer ein echter Lebensretter!), tollen Pools, topmodernen Wellnessbereichen und üppigen Büfetts. Mitunter kommt noch direkter Strandzugang hinzu. Bis auf zwei der insgesamt vier Hotels von Leonardo (www.fattal.co.il) und Herod's befinden sich alle Bleiben in En Boqeqs belebtem Nordteil.

Viele Hotels verlangen ihre Hauptsaisonpreise von April bis Mitte Juni und von September bis Mitte November. Vor allem in der Nachsaison gibt's bei Onlinebuchung oft kräftig Rabatt.

Rund 1,5 km südlich der südlichen Hotelzone beherbergen die reizlosen Reihenhäuser von Neve Zohar (Newe Zohar) ein paar der günstigsten B&Bs am ganzen Toten Meer (Zi. 350–500 NIS). Entsprechende Infos sind unter http://dead-sea-wonder-of-nature.com/de/ zu finden (auf „Übernachtungsmöglichkeiten" und „Gästehäuser" klicken!).

Tsell Harim HOTEL $$
(08-668 8124; www.holitel.co.il; DZ inkl. HP ab 690 NIS) Eine der erschwinglichsten Optionen in En Boqeq: Der schlichte Komplex in Flachbauweise wurde 1979 errichtet und 2014 renoviert. Hier warten 160 Zimmer, direkter Strandzugang, eine Sauna, ein Süßwasserpool und ein weiteres Becken mit Wasser aus dem Toten Meer.

Hod HaMidbar HOTEL $$$
(08-668 8222; www.hodhotel.co.il; DZ inkl. HP 280–340 US$;) Dieses Uferhotel mit 213 Zimmern ist für seinen Spitzenservice bekannt. Vom Pool schaut man aufs Tote Meer, und im Untergeschoss befindet sich ein verglaster Wellnessbereich mit Saunas und Schwefelbecken. Gäste können gratis Fahrräder leihen und ins Ausland telefonieren.

Crowne Plaza HOTEL $$$
(08-659 1919; www.h-i.co.il; DZ 250–450 US$;) Zu den hiesigen Highlights zählen ein donutförmiger Süßwasserpool, ein Kinderbecken, ein Becken mit Wasser aus dem Toten Meer und ein luxuriöser Wellnessbereich. Hinzu kommen viele Aktivitäten für Groß und Klein. Manche der 304 geräumigen Zimmer bieten Platz für je zwei Erwachsene und Kinder. Zwei Stockwerke sind für Paare reserviert.

Essen & Ausgehen

Die meisten örtlichen Restaurants gehören zu Hotels und sind ziemlich teuer. Unter den günstigen Optionen in der nördlichen Zone sind eine Filiale von McDonald's (Petra Shopping Centre; tgl. 11–21 od. 22 Uhr) und Cafés, die Sandwiches servieren. Die Sky Blue Mall und das Petra Shopping Center haben jeweils Mini-Supermärkte mit kleinem, aber anständigem Lebensmittelsortiment.

Das Nachtleben in En Boqeq ist mager.

Taj Mahal GRILLFLEISCH $$
(057 650 6502; Hauptgerichte 35–119 NIS; tgl. 12–24 Uhr;) Dieses nicht klimatisierte Lokal hat mit Indien rein gar nichts zu tun. In einem Beduinenzelt mit Teppichen, Kissen und niedrigen Sofas gibt's hier nahöstliches Grillfleisch plus Baklava à la Ostjerusalem (25 NIS). Für Unterhaltung sorgen *nargilehs* (Wasserpfeifen; 35 NIS) und Bauchtanz (Fr ab 22 Uhr). Das Ganze befindet sich auf dem Gelände des Leonardo Inn Hotel (Ende gegenüber Isrotel Ganim).

Shoppen

Die Sky Blue Mall (Kanyonit Ein HaT'chelet) in der nördlichen Zone ist landesweit die beste Adresse für Kosmetikprodukte vom Toten Meer. Örtliche Läden verkaufen auch Strandbedarf (u. a. Badelatschen).

Praktische Informationen

Geldautomaten In der Sky Blue Mall mehrfach vorhanden; der Mini-Supermarkt des Petra Shopping Center beherbergt ein weiteres Gerät.
Wechselstuben (Petra Shopping Center & Sky Blue Mall) Ziemlich schlechte Konditionen.
Touristeninformation Totes Meer (08-997 5010; www.deadsea.co.il; So–Do 9–16, Fr 9–15 Uhr;) Sarah und Hanita sind eine super Quelle für Karten und Infos zum Gebiet südlich von En Gedi (die Gegend nördlich davon liegt im Westjordanland und steht unter anderer Regionalverwaltung). Details bekommt man hier u. a. zu Hotels, B&Bs, Restaurants und Outdoor-Aktivitäten. Das Büro befindet sich gegenüber vom Daniel Hotel im Komplex Solarium-400.

An- & Weiterreise

En Boqeqs Straßenparkplätze (Std./Tag 5/25 NIS) sind an blau-weißen Randsteinen erkennbar. Die Hotels bieten kostenlose Abstellmöglichkeiten mit Zeitbegrenzung. Für Infos zu Bussen s. S. 318.

Sodom سدوم סדום

Der Überlieferung zufolge befanden sich in diesem Gebiet die Städte Sodom und Gomorra. Diese biblischen Orte wurden von Gott zur Strafe für die Verdorbenheit der Menschen durch einen Sturm aus Feuer und Schwefel vernichtet (Gen 18–19). Heutzutage ist Sodom weniger für Sodomie als vielmehr für seine tollen Wander- und Radfahrmöglichkeiten in der Wüste bekannt.

◉ Sehenswertes & Aktivitäten

„Die Lage der Menschheit" SKULPTUR
(Rte 90) Diese moderne Skulptur erhebt sich an einer Steilkante oberhalb der Dead Sea Works. Sie besteht aus einer rostigen Stahlsäule, an der Stücke alter Eisenbahnschienen wie verzweifelte Würmer hinaufzukriechen scheinen.

Vom daneben befindlichen **Aussichtspunkt** schaut man auf einen schrägen Mix aus qualmspeiender Schwerindustrie, stahlblauen Verdunstungsbecken, grünen jordanischen Feldern und der rauen, gelbbraunen Schönheit der Wüste. Am tollsten ist der Blick spätnachmittags, wenn die sinkende Sonne die Berge von Moab in einen rotgoldenen Farbton taucht.

Rund 250 m nördlich vom Haupttor der Dead Sea Works zweigt die 600 m lange Zufahrt von der Rte 90 ab. Auf dem braunen Markierungsschild steht „Plant Viewing Point" (werkseigener Aussichtspunkt) in weißer Schrift. Am Straßenende dann einfach die gelben Schilder mit dem Hinweis „No Trespassing" (Betreten verboten) ignorieren und den grünen Schildern mit der hebräischsprachigen Aufschrift LaMitzpeh (zum Aussichtspunkt) folgen! Hinter der Skulptur geht's weiter zum **Amiaz-Plateau** (Geländewagen erforderlich).

Lots Frau FELSFORMATION
Etwa 11 km südlich von En Boqeqs Südende ragt hoch über dem Westrand der Rte 90 eine markante Säule aus salzreichem Gestein an der Flanke des Bergs Sodom empor. Sie ist weithin als „Lots Frau" bekannt: Gemäß der Bibel wurde Lots Frau zur Strafe in eine Salzsäule verwandelt, nachdem sie sich trotz Verbots umgedreht hatte, um das brennende Sodom zu sehen (Gen. 19,17 und 19,26).

Dead Sea Works INDUSTRIEKOMPLEX
(DSW; www.iclfertilizers.com; Rte 90) Neben dem Sonnenlicht und den Erdgasvorkommen vor der Mittelmeerküste ist das Tote Meer die einzige nennenswerte natürliche Ressource des Landes: Es bildet die Ausgangsbasis für unterschiedlichste Produkte (z. B.

Magnesiumchlorid, wasserfreies Aluminiumchlorid, Tafelsalz, Kosmetik). Die in den 1930er-Jahren gegründeten DSW sind heute der weltweit viertgrößte Hersteller von Kaliumkarbonat, das ein wichtiger Bestandteil landwirtschaftlicher Düngemittel ist.

Die Schornsteine, Rohre und Vorratstanks der Anlage sind durch die salzhaltige Luft verrostet. Tagsüber wirken sie wie deplatzierte industrielle Überreste aus der Mitte des 20. Jhs. Doch wenn das weitläufige Areal nachts von zahllosen gelblichen Lichtern erhellt wird, verbreitet es eine geheimnisvolle und außerirdisch anmutende Schönheit.

Berg Sodom WANDERN & TREKKEN, RADFAHREN
Oben auf dem Berg befindet sich ein **Aussichtspunkt**, der per Geländewagen erreichbar ist und spätnachmittags den besten Blick auf die Umgebung bietet. Von dort aus führen zwei Wanderpfade die steilen Hänge hinunter: Der **Ma'aleh HaSulamot** (Stufen-Aufstieg; bergab 1½ Std.) ist nach seinen zahlreichen Stufen benannt und trifft gegenüber den sonnengebleichten Hütten des ersten DSW-Arbeiterlagers (gegr. 1934) auf die Rte 90.

Ein weiterer Abstieg zur Rte 90 ist der **Shvil HaDagim** (Fischpfad; 1½ Std. bergab), dessen Name auf die zahlreichen versteinerten Fischfossilien hindeutet, die in den Felsen zu sehen sind.

Der 11 km lange und bis zu 2 km breite Berg Sodom ist eine der seltsamsten geologischen Formationen der Welt. Er besteht fast ausschließlich aus Steinsalz, einem hoch löslichen Material, das in jedem anderen Klima umgehend dahinschmelzen würde. Über die Jahrtausende haben die seltenen Regenfälle der Region Teile des Salzes aufgelöst, was tief ins Innern des Berges ein Labyrinth aus bis zu 5,5 km langen **Höhlen** (nicht öffentlich zugänglich) entstehen lassen hat. Viele von ihnen sind durch eine Art Schacht mit der Oberfläche verbunden – Wanderer müssen aufpassen, dass sie nicht hineinfallen –, und in manchen der Höhlen hängen zahllose grazile, furchteinflößende Stalaktiten. Und auch der Gipfel, von dem aus sich ein traumhafter Blick auf das jordanische Moab-Gebirge bietet, hat es in sich. Er befindet sich nämlich einerseits respektable 250 m über dem Toten Meer, gleichzeitig aber auch 176 m unterhalb des Meeresspiegels.

Westlich des Berges Sodom verläuft das **Wadi Sodom**, das sich perfekt für eine Mountainbike-Abfahrt eignet. Wer an seinem oberen Ende beginnt (mit einem Jeep zu erreichen), braucht für die Strecke (vorwiegend Downhill) etwa zwei Stunden bis nach Neve Zohar. Eine weitere Option ist ein Rundweg, der auch durch das wunderschöne **Wadi Pratzim** (Wadi Perazim) führt, in dessen oberem Teil sich die berühmte **Mehlhöhle** (nicht öffentlich zugänglich) befindet.

🛏 Schlafen

Im Gebiet rund um den Berg Sodom gibt es zahlreiche gut ausgeschilderte **Campingzonen** *(chenyonei layla)* ohne sanitäre Anlagen, z.B. auf dem Amiaz-Plateau (Mishor Amiaz) oder etwas nördlicher im Wadi Tze'elim.

Neot HaKikar

ناؤت هاكيكار   נאות הכיכר

📞 08 / 400 EW.

In einer der abgelegensten Ecken Israels schmiegt sich dieser landwirtschaftliche Moschaw an die jordanische Grenze. Er ist der ideale Ausgangspunkt für die Erkundung der Wadis, Plateaus und Steilwände des südlichen Toten Meers. In Neot HaKikar und dem benachbarten Moschaw En Tamar geht es ruhig und entspannt zu. Es gibt einige ruhige B&Bs und viele Optionen zum Mountainbiken, Wandern, zur Vogelbeobachtung und für eine Erkundung der Wüste mit dem Jeep. Der nächste Strand liegt 20 Minuten entfernt in En Boqeq. Aufgrund der extremen Hitze im Sommer haben zwischen Juli und Mitte September viele Einrichtungen geschlossen.

Die Haupteinnahmequelle des Moschaws ist die Landwirtschaft, wobei 70 % der Erzeugnisse ins Ausland verkauft werden. Mit der Hilfe von etwa 500 thailändischen Feldarbeitern werden im salzhaltigen Boden z.B. rote, grüne, gelbe und orangefarbene Paprika, Gemüse, Melonen und Bio-Medjool-Datteln angebaut und mit salzhaltigem Quellwasser bewässert. Die Datteln werden mithilfe der modernsten Sortiermaschine der Welt verlesen: Acht digitale Kameras nehmen ein Bild aus drei Perspektiven von jeder einzelnen Dattel auf und blasen diese dann nach einem ausgeklügelten Algorithmus mit Luftdüsen in die eine oder in die andere Kiste. Schon in den 1960ern wurden in Neot HaKikar die ersten Versuche zur Tröpfchenbewässerung durchgeführt

⊙ Sehenswertes & Aktivitäten

Etwa 20 Jeepminuten entfernt laden mehrere **Wadis** *(nechalim)* zum Wandern und Radfahren ein – darunter Arava, Tzin (Zin), Amatzya (Amazyahu), Peres, Tamar, Tzafit und Aschalim. Der **Berg Sodom** und das **Amiaz-Plateau** (Mishor Amiaz) sind ebenfalls super für Touren per pedes oder Drahtesel. Nach einer Fahrt in Richtung Westen (25 Min.) erreicht man mit dem **Kleinen Makhtesh** den kleinsten von Israels drei großen Erosionskratern. Die eigene Unterkunft vermittelt gebührenpflichtige Geländewagen-Shuttles zu den Trail- bzw. Weganfängen.

Zum Moschaw gehören frisch renovierte **Tennis-** und **Basketballplätze**, ein **Kinderspielplatz** und ein öffentliches **Freibad** (Erw./Kind 30/15 NIS; geöffnet 11–14 & 17–22 Uhr, außer Mai–Sukkoth So morgens).

Örtliche **Künstler** stellen Keramiken und Metallskulpturen her. Einige Bauern veranstalten Touren über ihre Felder und geben Teilnehmern dabei eine Einführung in die **Wüstenlandwirtschaft**.

Wüstenradtouren   RADFAHREN

Eine fantastische Möglichkeit, die Wadis zu erkunden, die rund um Neot HaKikar im Großen Afrikanischen Grabenbruch verlaufen, ist eine Mountainbiketour. Nur eine 30-minütige Autofahrt von Neot HaKikar entfernt gibt es eine Vielzahl unterschiedlichster Offroad-Strecken (Rundwege), darunter eine mit dem Namen **HeCharitz** („Der Spalt") und eine andere, die entlang dem Wadi Sodom und dem Wadi Pratzim verläuft. Mountainbikes können bei **Cycle Inn** (📞 052 899 1146; www.cycle-inn.co.il; 50 NIS/Tag) ausgeliehen werden. Uzi und Barak versorgen Biker auch gern mit Karten und aktuellen Infos zu den Trails der Umgebung.

Jeeptouren   ABENTEUERTOUR

In Begleitung sachkundiger Einheimischer geht's per Jeep durch Wadis, auf Hügel hinauf und um Felsen herum – eine super Methode, um Bekanntschaft mit der Wüste, deren Flora und (eventuell) deren Fauna zu schließen. Zu den Anbietern zählen der ehemalige Kamelhirte **Barak Horwitz** (📞 052 866 6062; barakhorwitz@gmail.com) und **Gil Shkedi** (📞 052 231 7371; www.shkedig.com; 150 NIS/Pers., min. 4 Pers.; ⊙ganzjährig), dem die Shkedi's Camplodge gehört. Unbedingt rechtzeitig reservieren!

🛏 Schlafen

Neot HaKikar hat insgesamt etwa 50 B&Bs. Frühstück gibt's dort aber jeweils nur auf ausdrückliche Bestellung (100 NIS/2 Pers.).

> **FESTE & EVENTS AM TOTEN MEER**
>
> ➜ Tamar-Festival www.tamarfestival.com)
>
> ➜ Internationaler Halbmarathon in En Gedi (www.deadsea-race.co.il)
>
> ➜ Internationales Radrennen am Berg Sodom (www.desertchallenge.co.il)

★ Shkedi's Camplodge   ZELTE, HÜTTEN $

(Khan Shkedi; ☎ 052 231 7371; www.shkedig.com; B/DZ/4BZ mit Gemeinschaftsbad & ohne Frühstück 100/350/450 NIS; ⊙ Juli–Mitte Sept. geschl.; ❄ ☏) Dieses Refugium in der Wüste ist traumhaft für mehrtägige Aufenthalte und abends besonders bezaubernd: Dann sitzen Gäste am Lagerfeuer oder schlürfen Bier im Chillout-Zelt, bevor sie sich in eine der neuen Lodges zurückziehen. Deren gemütliche Schlafsäle punkten mit Klimaanlagen und hochwertigen Matratzen. Die sauberen und modernen Sanitäranlagen erinnern ein kleines bisschen an Mexiko. Eine gut ausgestattete Küche ist ebenfalls vorhanden. Wer sich von der Bushaltestelle an der Rte 90 abholen lassen will, sollte Inhaber Gil Shkedi rechtzeitig kontaktieren.

Melach HaAretz   B&B $$

(☎ 050 759 4828; http://madmonynh.com; DZ ohne Frühstück 450–500 NIS; ❄ ☏) Eigentümer Asaf Madmony vermietet zwei Wohnstudios am Rand eines Gartens (toll für Kinder), den er mit außergewöhnlichen Skulpturen aus Stein, Holz und Metall dekoriert hat.

Nof Tamar   B&B $$

(☎ 052 899 1170; www.noftamar.co.il; Ein Tamar; DZ 500–600 NIS, zzgl. 75 NIS/weitere Pers.) Die komplett mit Holz eingerichteten Suiten am höchsten Punkt von En Tamar bieten Aussicht auf die jordanischen Dörfer Fifa und Safi.

Korin's Home   B&B $$$

(☎ 050 680 0545; www.korins.co.il; DZ ohne Frühstück 650 NIS, zzgl. 100 NIS/weitere Pers.; ❄ ☏) Hier wohnt man quasi in seinem eigenen Apartment mit zwei Schlafzimmern, Whirlpool und Platz für sechs Personen.

Mul Edom   B&B $$$

(☎ 052 395 1095; muledom@gmail.com; Ein Tamar; DZ ohne Frühstück 600–700 NIS, zzgl. 100 NIS/weitere Pers.; ❄ ☏) Die beiden Wohneinheiten (jeweils 75 m²) mit Whirlpool liegen oben in der kürzlich renovierten Altstadt am Hang.

Essen

Neot HaKikar und En Tamar haben beide einen Lebensmittelladen. Der in En Tamar beherbergt einen Geldautomaten und ist sogar am Samstagmorgen zwei Stunden lang geöffnet.

Mittag- und Abendessen lassen sich am Vortag bei einheimischen Familien bestellen (Hauptgerichte 55–90 NIS).

ⓘ An- & Weiterreise

Neot HaKikar liegt 8 km südöstlich der gleichnamigen Rte-90-Ausfahrt und 11 km südöstlich der Arava-Kreuzung, an der die Rte 25 aus Richtung Dimona und Be'er Scheva auf die Rte 90 trifft.

An der Arava-Kreuzung halten alle Busse, die zwischen Eilat und Be'er Scheva, Tel Aviv, dem Toten Meer oder Jerusalem (bzw. in Gegenrichtung) unterwegs sind. Örtliche Unterkunftsbetreiber holen Gäste normalerweise gern hier ab.

Nur Bus 321 fährt direkt nach Neot HaKikar hinein. Er verkehrt täglich je einmal frühmorgens sowie am frühen oder späten Nachmittag auf einer Rundroute, die Neot HaKikar mit Dimona (19 NIS, 1 Std.) und En Boqeq (19 NIS, 45 Min.) verbindet.

Negev

النقب   הנגב

Inhalt →
Arad 337
Rund um Arad 337
Be'er Scheva 337
Rund um
Be'er Scheva 339
Sede Boker 341
Mitzpe Ramon 345
Die Arava 350
Eilat 354
Rund um Eilat 363

Gut Essen
- Kaparuc'hka (S. 337)
- Chez Eugène (S. 349)
- Kornmehl Farm (S. 343)
- Pastory (S. 361)

Schön übernachten
- Midbara (S. 353)
- Weingut Carmey Avdat (S. 342)
- Desert Shade (S. 347)
- iBike (S. 348)
- Beresheet (S. 348)
- Orchid Reef Hotel (S. 360)

Auf in den Negev!

Bereits seit Jahrtausenden durchqueren Reisende die ausgedörrte Landschaft der Wüste Negev und wandeln auf den Spuren von Räucherwerkhändlern, die vor langer Zeit Waren wie Weihrauch und Myrrhe aus Südarabien in den Mittelmeerraum brachten. Heute kann man entlang der einstigen Handelsrouten die Ruinen der an spektakulären Orten erbauten nabatäischen Städte besuchen, bevor es weiter nach Süden in den Urlaubsort Eilat am Roten Meer geht.

Dieser Teil des Landes hat aber mehr zu bieten als archäologische Stätten. In den letzten Jahren haben sich hier so viele Winzer und Lebensmittelproduzenten niedergelassen, dass die Region in der Nähe des geologischen Phänomens Makhtesh Ramon heute auch als Weinstraße gilt und zudem beliebtes Wochenendrefugium für Großstädter ist. Der Negev bietet wartet mit zahllosen Aktivitäten wie etwa Wandern, Radfahren, Kamelreiten und Jeepsafaris auf. Die majestätische Wüstenregion im Süden ist eine der größten Attraktionen des Landes und sollte nicht verpasst werden.

Reisezeit
Eilat

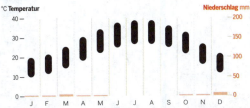

März–Mai, Ende Sept.–Nov. Am besten für Wüstentreks; tagsüber sonnig, nachts kalt.

Aug. Das Red Sea Jazz Festival beschert dem drückendem Sommer in Eilat etwas Coolness.

Dez.–Feb. Unwetter können die Wasserfälle im Nationalpark En Awdat zum Fließen bringen.

Highlights

❶ Nach der Erkundung der alten nabatäischen Siedlung **Awdat** (S. 340) der von der UNESCO zum Welterbe erklärten Weihrauchstraße folgen

❷ Im **Nationalpark En Awdat** (S. 343) an natürlichen Quellen, Wasserbecken und Wasserfällen vorbeiwandern

❸ Bei einem Ausflug mit Übernachtung an der **Ramat-Hanegev-Weinstraße** (S. 342) den lokalen Wein und das Lebensgefühl dieser Weinregion kosten

❹ Vom Aussichtspunkt am **Makhtesh Ramon** (S. 345) auf Millionen Jahre der Evolution hinunterblicken

❺ Die gemeinschaftliche, nachhaltige und kreative Lebensweise der Bewohner der Kibbuzim in der **Arava** (S. 350) kennenlernen

❻ In **Eilat** (S. 354) im Roten Meer tauchen und schnorcheln

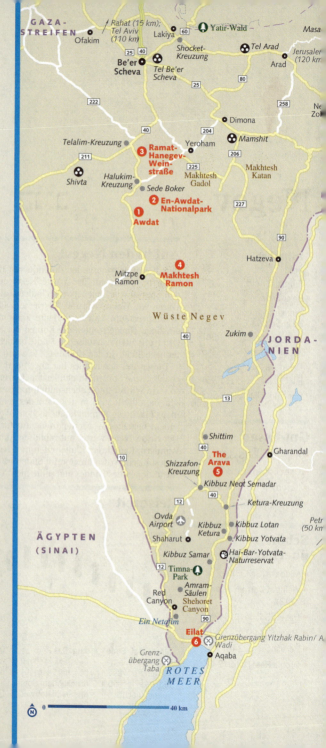

Arad عراد ערד

☑ 08 / 23900 EW.

Arad liegt auf einem Hochplateau zwischen Be'er Scheva und dem Toten Meer. Es hat an sich nicht viel zu bieten, ist aber eine beliebte Basis für Trips zum nahe gelegenen Masada.

🛏 Schlafen & Essen

Blau Weiss Youth Hostel HOSTEL $$
(☑ 08-995 7150; arad@iyha.org.il; 34 Atad St; B/EZ/DZ 150/355/450 NIS; ✳) Von außen erinnert die kürzlich renovierte IYHA-Jugendherberge doch sehr stark an Armeebaracken. Aber die 53 sauberen und komfortablen Zimmer sind von einem hübschen grünen Garten umgeben und haben alle Kühlschränke, Wasserkocher und TV. Um von der Bushaltestelle aus hierher zu kommen, die Yehuda St ostwärts entlanggehen, dann nach rechts in die HaPalmach St und kurz darauf am Skatepark wieder nach rechts abbiegen!

Yehelim BOUTIQUEHOTEL $$$
(☑ 052 652 2718, 077 563 2806; www.yehelim.com; 72 Moav St; DZ 850–950 NIS, FZ 1200 NIS, Suite 1500–1800 NIS; ✳🖥) Nach seiner Renovierung und Erweiterung hat dieses familienfreundliche Hotel die Messlatte für Unterkünfte in Arad sichtlich höher gelegt – keine andere Option kann auch nur annähernd mit dem Komfort und Stil des Yehelim mithalten. Es liegt in einem Wohngebiet am Rand der Stadt und bietet 15 große Zimmer mit Kabel-TV und Wasserkocher. In den Suiten gibt's sogar einen Whirlpool und eine Kaffeemaschine.

★ Kaparuc'hka PIZZA, CAFÉ $$
(☑ 08-860 6615; 19 Ahwa St; Pizza 29–36 NIS; ⊙So–Do 9–21, Fr 9–15 Uhr) In Reiseführern wird von dem Wort „Juwel" oft inflationär Gebrauch gemacht, hier ist es aber wirklich angemessen. Dieses winzige Café unter der Leitung der erfahrenen Traveller und überzeugten Feinschmecker Lisa und Uriga wurde 2014 eröffnet und ist bei Weitem die beste Restaurantoption der Stadt. Auf der kleinen Speisekarte stehen Antipasti-Teller, Caprese-Salat, Pizzas, Calzone und leckere hausgemachte Desserts und Kuchen.

Zum Essen kann man aus einer ansehnlichen Palette importierter Biere, lokaler Weine und gutem Espresso wählen. Sitzgelegenheiten gibt's draußen und drinnen. Zu finden ist das Café, wenn man auf der Elazar Ben Yair nach Osten geht und dann nach dem Park nach rechts in die Ahwa St einbiegt.

Muza KNEIPE $$
(☑ 08-997 5555; www.muza-arad.co.il; Rte 31; Burger 37–62 NIS, Pasta 42–52 NIS; ⊙8–1 Uhr) Dieser große Sportspub liegt ganz in der Nähe der Tankstelle und ist mit Fanschals und Wimpeln vollgestopft. Hier werden riesige, herzhafte Portionen serviert, darunter Burger, Pasta und Sandwiches. Die einfachsten Gerichte sind die besten.

ℹ An- & Weiterreise

Der Metropoline-Bus 388 verkehrt häufig zwischen dem Hauptbusbahnhof an der Yehuda St in Arad und Be'er Scheva (19 NIS, 40 Min.). Betriebszeiten sind sonntags bis donnerstags von 6 bis 23.40 Uhr, freitags bis 16.45 Uhr und samstags ab 18.45 Uhr.

Der Egged-Bus 384 verbindet Arad mit dem östlichen Haupteingang von Masada (1 Std., So–Do 3–4-mal tgl., Fr 2-mal tgl.). Zum Eingang an der Westseite von Masada (römische Rampe) und zur Sound-&-Light-Show gelangt man mit dem Auto oder Taxi (Tag/Nacht 120/150 NIS) über die Rte 3199, die hinter Arad beginnt. Bis nach Masada sind es 30 Autominuten.

Rund um Arad

Nationalpark
Tel Arad ARCHÄOLOGISCHE STÄTTE
(☑ 057 776 2170; www.parks.org.il; Erw./Kind/Student 15/7/13 NIS; ⊙ganzjährig Sa–Do 8–16 Uhr, April–Sept. Fr 8–15 Uhr, Okt.–März Fr 8–14 Uhr) An dieser archäologischen Stätte 13 km nordwestlich der modernen Stadt Arad sind die Überreste zweier alter Siedlungen zu sehen. Der untere Teil war im frühen Bronzealter (3150–2200 v. Chr.) bewohnt, der obere Teil wurde erstmals während der Israelitischen Periode (1200 v. Chr.) besiedelt. Zu den Highlights zählt die Ruine eines israelitischen Tempels.

Von Arad die Rte 31 nehmen und an der Abzweigung Tel Arad nach rechts (Norden) auf die Rte 80 (gen Jerusalem) abbiegen!

Be'er Scheva

بئر السبع באר שבע

☑ 08 / 197 300 EW.

Be'er Scheva (Beersheba) ist ein Industrie- und Universitätszentrum. Die größte Stadt des Negev wird seit den 1960er-Jahren ge-

Be'er Scheva

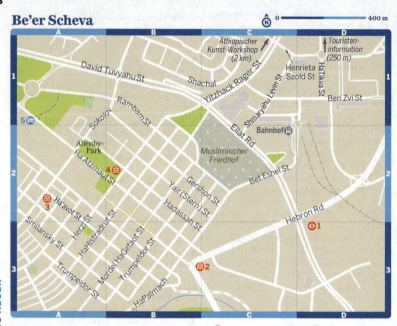

Be'er Scheva

◉ Sehenswertes
1 Beduinenmarkt D3
2 Be'er Avraham B3
3 Negev-Künstlerhaus A2
4 Negev-Kunstmuseum B2

🛌 Schlafen
5 Beit Yatziv A1

zielt entwickelt und wächst bis heute stetig an. Der einzige Grund für Traveller, hier einen Halt einzulegen, ist, um vom Zug (aus Norden kommend) auf den Bus (nach Süden fahrend) umzusteigen.

Geschichte

Be'er Scheva fand schon in der Bibel Erwähnung (Ri 20,1; 1. Sam 3,20; 2. Sam 3,10; 17,11; 24,2), doch von dieser Zeit ist heute nur noch wenig übrig geblieben.

Im Ersten Weltkrieg besetzten die Alliierten unter Edmund Allenby die Stadt, nachdem sie von Einheiten der australischen Light Horse Brigade eingenommen worden war. Die Ägypter nahm Be'er Scheva nach der Ausrufung des israelischen Staats zwar ein, doch im Oktober 1948 eroberten die Israelischen Streitkräfte (IDF) die Stadt zurück – eine neue Ära der Einwanderung begann.

◉ Sehenswertes

Be'er Avraham MUSEUM
(Internationales Besucherzentrum Abrahams Brunnen; ☎ 08-623 4613; www.abraham.org.il; 2 Dereh Hevron; Erw./erm. 30/16 NIS; ⊙ So–Do 8–17, Fr 8–13 Uhr) Das Besucherzentrum wurde 2013 eröffnet und liegt in Ufernähe des Nahal Be'er Scheva. Besucher können sich die Rekonstruktion eines Brunnens anschauen, den Abraham, der erste der drei biblischen Patriarchen, hier ausgegraben haben soll (Gen 21,22–34). Außerdem gibt's eine audiovisuelle Präsentation sowie einen Brunnen aus der osmanischen Zeit mit einem Wasserrad und Entwässerungsbecken.

Negev-Kunstmuseum MUSEUM, GALERIE
(☎ 08-699 3535; www.negev-museum.org.il; 60 Ha'Atzmaut St; Erw./Kind 15/10 NIS; ⊙ Mo, Di & Do 10–16, Mi 12–19, Fr & Sa 10–14 Uhr) Die kleine Kunstgalerie am Rande der Altstadt ist in einer eleganten osmanischen Gouverneursvilla von 1906 untergebracht. Der wunderschön restaurierte Bau beherbergt drei Galerien mit Wechselausstellungen.

Negev-Künstlerhaus GALERIE
(☎ 08-627 3828; www.b7omanim.com; 55 Ha'Avot St; ⊙ Mo–Fr 10–13.30, Mo–Do 16–19.30, Sa 11–14 Uhr) GRATIS Der kolonialzeitliche Prachtbau von 1933 ist heute eine kompakte Kunstga-

lerie, die verschiedene Werke von Künstlern aus dem ganzen Negev zeigt.

Äthiopischer Kunst-Workshop
KUNSTZENTRUM

(☏ 08-623 5882; 50 Arlozorov St; ⊙ So–Mi 9–13 Uhr) Das Kunst- und Kunsthandwerkszentrum im Taubel Community Centre bewahrt die einzigartige Kultur der äthiopischen Juden mithilfe einer kleinen Ausstellung, einem Laden und Töpfer-Workshops. Um es zu erreichen, folgt man der Yitzhack Rager St am Krankenhaus vorbei, biegt dann rechts auf den Ben-Gurion Blvd und ein weiteres Mal rechts in die Arlozorov St ein. Alternativ fährt Bus 5 ab der Altstadt (Ha'Atzmaut St) hierher.

Beduinenmarkt
MARKT

(⊙ Do 7–16 Uhr) Einmal pro Woche verwandelt sich ein Parkplatz im Südosten Be'er Schevas zu einem Markt, auf dem Beduinenverkäufer und -händler aus den umliegenden Orten Kleidung, Schuhe, Küchenutensilien und Essen feilbieten. Die Ware ist nicht sehr interessant, man erhält hier aber einen Einblick in die Kultur der modernen Beduinen. Der Markt liegt zu Fuß zehn Minuten südlich vom Einkaufszentrum Kenyon HaNegev an der Hauptstraße (Eilat Rd).

🛏 Schlafen

Wer ein Auto hat, sollte woanders übernachten – die Hotels der Stadt sind, gelinde gesagt, wenig beeindruckend.

Beit Yatziv
HOSTEL $$

(☏ 08-627 7444; www.beityatziv.co.il; 79 Ha'Atzmaut St; EZ/DZ 300/400 NIS, Deluxe-Zi. 450 NIS; ❄ 🛜 🛁) Wer seinen Anschluss erst am nächsten Morgen bekommt und hier übernachten muss, für den ist dieses Hostel die beste Option. Es bietet Standardzimmer, die zwar klein, aber alle mit Kühlschrank, TV und Wasserkocher ausgestattet sind. Wer mehr Geld erübrigen kann, sollte die zusätzlichen 100 NIS hinlegen und eines der neueren „Deluxe"-Zimmer mit WLAN nehmen.

Der hübsche Garten mit Swimmingpool (geöffnet Juni–Aug.) bietet an einem heißen Wüstentag eine willkommene Abkühlung. Um hierher zu kommen, steigt man am Busbahnhof in Bus 12 oder 13 und hält nach den drei großen Radioantennen Ausschau.

❶ Praktische Informationen

Touristeninformation (☏ 08-646 4978; mgmtoc@br7.org.il; Stadtverwaltung, Menachem

Begin Sq) Die Straße gegenüber vom Bahnhof überqueren und die HaTikva St bis zum Gebäude der Stadtverwaltung folgen.

❶ An- & Weiterreise

BUS

Von Sonntag bis Donnerstag fahren Metropoline-Busse zwischen 1 Uhr und 22.40 Uhr etwa alle 30 Minuten zum zentralen Busbahnhof von Tel Aviv (17,80 NIS, 1½ Std.). Freitags fährt der letzte Bus am Nachmittag; samstags fährt der erste wieder am Spätnachmittag oder frühen Abend.

Egged-Busse zum zentralen Busbahnhof in Jerusalem fahren zwischen 5.50 Uhr und 22.30 Uhr mindestens halbstündlich ab (31,50 NIS, 1¾ Std.). Freitags fährt der letzte Bus am Nachmittag ab; samstags fährt der erste wieder am späten Nachmittag oder frühen Abend.

Die Metropoline-Busse 60 und 64 fahren sehr häufig und verkehren zwischen Be'er Scheva und Mitzpe Ramon (17 NIS, 1½ Std.) via En Awdat und Sede Boker. Bus 65 ist eine direktere Verbindung, die nur an der Schnellstraße hält. Am Sabbat fährt keiner dieser Busse.

Egged-Busse fahren Sonntag bis Donnerstag zwischen 7.30 Uhr und 19.25 Uhr alle 90 Minuten nach Eilat (60 NIS, 3¾ Std.). Freitags geht der letzte Bus am Nachmittag; samstags der erste am späten Nachmittag oder frühen Abend.

Der Egged-Bus 384 zum Toten Meer, einschließlich En Gedi (44 NIS, 2¼ Std.), verkehrt Sonntag bis Donnerstag dreimal täglich, freitags zweimal. Samstags gibt es keine Verbindung. Alle halten unterwegs in Arad (19 NIS, 45 Min.).

ZUG

Am **Hauptbahnhof** (www.rail.co.il) in Be'er Scheva starten nach Norden fahrende Züge um 5 Uhr und verkehren bis um 22 Uhr mindestens einmal stündlich. Unterwegs halten sie z. B. in Tel Aviv (31,50 NIS, 1¼–1½ Std.), Haifa (62 NIS, 2¼–2¾ Std.) und Akko (70,50 NIS, 2¾–3¼ Std.); Endstation ist Nahariyya (77 NIS, 3–3¼ Std.). Freitags fährt der letzte Zug am frühen Nachmittag ab; samstags fährt der erste wieder am späten Abend.

❶ Unterwegs vor Ort

Der Weg vom zentralen Busbahnhof in die Altstadt und zum Markt kann problemlos zu Fuß zurückgelegt werden. Der Fahrpreis für den städtischen Bus beträgt 5,80 NIS.

Rund um Be'er Scheva

Museum für Beduinenkultur
MUSEUM

(☏ 08-991 3322; www.joealon.org.il; Eintritt 28 NIS; ⊙ So–Do 8.30–17, Fr 8.30–14 Uhr) 🏷 Der schnelle soziale und technologische Wandel

NEGEV RUND UM BE'ER SCHEVA

DIE WEIHRAUCHSTRASSE

Das arabische Nomadenvolk der Nabatäer wird im Geschichtsunterricht oft übergangen. Es bewohnte den Negev ab dem 4. Jh. v. Chr., bis Rom die Rentabilität ihres Handels mit Gewürzen und Räucherwerk entdeckte, in ihr Gebiet eindrang und sich in ihre Aktivitäten einmischte. Nach der römischen Eroberung gaben sich die Nabatäer verstärkt „europäisch", bauten dauerhafte Siedlungen und wurden Christen. Sie sprachen eine Form des Aramäischen, das vor 2000 Jahren die regionale Verkehrssprache war und zeichneten sich als innovative Ingenieure aus: Trotz ihrer lebensfeindlichen Wüstenheimat entwickelten sie ausgefeilte Bewässerungstechniken und um sich vor Gästen zu profilieren, verschwendeten ihre Könige, wenn Besuch da war, großzügig Wasser in rauen Mengen.

Auf ihrem Höhepunkt reichte die Weihrauch- bzw. Gewürzroute vom Jemen und Oman bis ans Mittelmeer und führte unterwegs durch Saudi-Arabien, Petra und Judäa. Dadurch gelangen die Negev-Städte Awdat, Mamshit, Shivta und Haluza zu Reichtum, und die Wüste um sie herum blühte auf.

Die stimmungsvollen Ruinen dieser Siedlungen gehören seit 2005 unter der Bezeichnung „Gewürzroute – Wüstenstädte im Negev" zum UNESCO-Welterbe. Drei der Ruinenstädte werden von der Israelischen Natur- und Parkbehörde instand gehalten und sind der Öffentlichkeit zugänglich.

Awdat
עבדת   عبدات

Die uralte Stadt liegt 650 m über dem Meeresspiegel, ist wunderschön erhalten und dominiert die „Wüsten-Skyline" der Umgebung. Sie ist nach dem nabatäischen Monarchen Obada benannt und entstand im 3. Jh. v. Chr. als Karawanenstation an der Straße von Petra zum Mittelmeer. Während der gesamten byzantinischen Zeit florierte die Stadt. Nach dem Erdbeben von 630 n. Chr. und der muslimischen Eroberung des Negev sechs Jahre später wurde sie jedoch aufgegeben.

Zu den Ruinen gehören ein römisches Badehaus, Katakomben, mehrere Kirchen aus dem 4. Jh., eine Töpferwerkstatt und eine byzantinische Kelter.

Tickets gibt's im Besucherzentrum neben der Tankstelle. Dort wird ein zehnminütiger Film über die Weihrauchroute gezeigt. Danach kann man das nahe Badehaus besuchen, bevor es mit dem Auto den Hügel hinauf bis zum Parkplatz an den Ruinen geht. Wer mit öffentlichen Verkehrsmitteln anreist, muss vom Badehaus den steilen Fußweg nehmen.

An der Rte 40 liegt Awdat ca. 10 km südlich von Sede Boker und 23 km nördlich von Mitzpe Ramon. Bus 60 hält hier Sonntag bis Donnerstag stündlich in beiden Richtungen.

Shivta (Subeita)
שיבטה   شبطا

Als entlegenste der Nabatäerstädte wurde **Shivta** (April–Sept. 8–17, Okt.–März 8–16 Uhr) GRATIS in der frühen Römerzeit (1. Jh. v. Chr.) gegründet. Seine Ruinen stammen aus der Byzantinischen Zeit (4.–7. Jh. n. Chr.), als es ein bedeutender Rastpunkt auf der Karawanenroute zwischen Ägypten und Anatolien war. In Ruinen liegen hier u. a. Kirchen, Häuser, Mosaikstraßen und ein eindrucksvolles Bewässerungssystem.

Shivta befindet sich 58 km südwestlich von Be'er Scheva. Um es zu erreichen, zunächst die Rte 40 zur Telalim-Kreuzung nehmen und ab dort für ca. 15 km der Rte 211 folgen. An der Kreuzung in Tankstellennähe biegt man ab und fährt 9 km nach Süden.

Mamshit
ממשית   ممشيت

Den **Mamshit-Nationalpark** 08-655 6478; www.parks.org.il; Erw./Kind/Student 22/10/19 NIS; ganzjährig Sa–Do 8–16 Uhr, April–Sept. Fr 8–15 Uhr, Okt.–März Fr 8–14 Uhr) erreichen Besucher deutlich leichter als Shivta. Diese uralte Nabatäerstadt (auch Memphis oder Kurbub genannt) ist die kleinste, aber am besten erhaltene ihrer Art im Negev.

Mamshit wurde während des 1. Jhs. n. Chr. von den Nabatäern mit Blick auf das Wadi Mamshit angelegt und später von Römern genutzt. Die Ausgrabungen haben z. B. Wasserspeicher, Wachtürme, Kirchen sowie einen römischen und einen byzantinischen Friedhof freigelegt. Ein Highlight ist der Mosaikboden des Kirchenhofs von St. Nilus.

Rund 8 km hinter Dimona liegt Mamshit an der Rte 25. Alle Busse, die über Dimona nach Eilat fahren, setzen Passagiere an der Stätte ab.

im 21. Jh. macht das Bewahren der Beduinenkultur immer wichtiger. Das Museum im Joe-Alon-Zentrum für Regionalstudien zielt darauf ab, die Kultur und das Erbe der Beduinen zu fördern. Es zeigt Ausstellungen zum Thema traditionelle Kleidung. Haushaltsutensilien, Teppiche, Werkzeuge, Schmuck und Fotografie. Es gibt auch ein Willkommenszelt, in dem Besucher Beduinen begegnen, sich mit ihnen unterhalten und einen Kaffee trinken können.

Der Komplex hinter dem Kibbuz Lahav befindet sich 20 km nördlich von Be'er Scheva nahe dem Kibbuz Dvira. Beide Kibbuzim liegen an einer Nebenstrecke, die in die Rte 31 mündet.

Museum der Israelischen Luftwaffe
MUSEUM

(☑ 08-990 6888; http://iaf.co.il; Chazerim; ☺ So–Do 8–16.30, Fr 8–11.30 Uhr) Dieses seit 1977 bestehende Freiluftmuseum auf dem Stützpunkt Chazerim der Israelischen Luftwaffe (IAF) zeigt über 100 Fluggeräte, darunter Spitfire- und Phantom-Jäger und Cobra-Helikopter. Zum Zeitpunkt der Recherche war es wegen umfangreicher Renovierungsarbeiten geschlossen. Aufgrund der angefallenen Kosten soll nach der Wiedereröffnung Eintritt verlangt werden.

Chazerim (teilweise auch Khatserim geschrieben) liegt 6 km westlich von Be'er Scheva. Vom zentralen Busbahnhof den Egged-Bus (9,50 NIS, 15 Min., etwa alle 40 Min.) nehmen! Das IAF-Museum ist die Endhaltestelle.

Sidreh–Lakiya Negev Weaving
KUNSTZENTRUM

(☑ 08-651 9883; www.lakiya.org; Tour 20 NIS; ☺ So–Do 8–17, Sa 10–16 Uhr) ✎ Das Kunstzentrum liegt im Beduinendorf Lakiya, etwa 6 km nördlich von Be'er Scheva an der Rte 31. Es wurde 1991 als Einkommensquelle für die Frauen der Beduinendörfer des Negev gegründet und ermöglicht es ihnen, die Spinn- und Webertradition weiterzuentwickeln sowie neue Fähigkeiten in puncto Färben, Produktion und Betriebsführung zu erlernen. Im Angebot sind auch Führungen (vorab reservieren!) und es können Teppiche, Polsterkissen und Accessoires gekauft werden, die von den Mitgliedern des Zentrums hergestellt werden.

Tel Be'er Scheva
ARCHÄOLOGISCHE STÄTTE

(☑ 08-646 7286; www.parks.org.il; Erw./Kind/Student 15/7/13 NIS; ☺ April–Sept. 8–16 Uhr, Okt.–März 8–15 Uhr) Diese Ruinen gehörten zu einer Gruppe von drei *tels* (prähistorische Hügelruinen), die von der UNESCO 2005 in die Liste der Welterbestätten aufgenommen wurde. Sie schließen auch zwei Drittel einer befestigten Siedlung ein, die aus der Israelitischen Periode (10. Jh. v.Chr.) stammt und die ein wichtiges Beispiel für die Stadtplanung der biblischen Zeit ist. Die Stätte liegt 5 km nördlich von Be'er Scheva an der Straße zur Shocket-Kreuzung nahe der Beduinensiedlung Tel Scheva.

Wie auch bei den anderen UNESCO gelisteten *tels* (Megiddo und Hazor) finden sich hier Spuren unterirdischer Kanalisationssysteme, die für dicht besiedelte städtische Gemeinschaften erbaut wurden. Die am besten erhaltenen Elemente sind die Zisternen und ein 70 m tiefer Brunnen – der tiefste in Israel. Vom Aussichtsturm hat man einen tollen Blick.

Khan Be'erotayim
KAMELTOUREN

(☑ 08-655 5788; www.beerotayim.co.il; Ezus, nahe Nizzana; Führungen 20–108 US$) Einen Einblick in das traditionelle Leben der Beduinen vermittelt dieses Wüstengasthaus im westlichen Hochland des Negev an der Grenze nach Ägypten. Es gibt geführte Kamelritte (einstündige, halbtägige, achtstündige Optionen sowie Touren mit Übernachtung), es werden Beduinengerichte serviert und einfache Unterkünfte in Hütten und Zelten (Schlafsaal inkl. zwei Gerichte 78 US$) angeboten.

Sede Boker

سديه بوكير   שדה בוקר

(☑ 08 / 1895 EW.)
Der **Kibbuz Sede Boker** (auch Sede Boquer), in dem heute etwa 400 Menschen leben, wurde ursprünglich als Heimat des ersten Premierministers Israels, David Ben-Gurion, bekannt. Er wurde 1952 gegründet und ist und bleibt der berühmteste Kibbuz des Negev. Besucher können das Wüstenhaus von Ben-Gurion besichtigen, ein kleines Hausmuseum über den Kibbuz, das sich mittlerweile zu einer bedeutenden Pilgerstätte für viele Einwohner und Unterstützter Israels entwickelt hat.

Der Kibbuz wurde von jungen Pionieren gegründet, die planten, Vieh in der Wüste zu züchten; sein Name bedeutet auf Hebräisch „Feld der Hirten". Im Alter von 67 Jahren schloss sich Ben-Gurion im darauffolgenden Jahr der grünen Oase an, um durch die Kultivierung des Negev das zu praktizieren, was er predigte. Nur 14 Monate später ging er als Verteidigungsminister zurück auf die politische Bühne und diente noch eine zweite Amtszeit als Premierminister, bevor er 1963 zum Leben im Kibbuz zurückkehrte.

Folgt man vom Kibbuz aus der Straße in südwestlicher Richtung, so ist nach 5 km **Midreshet Ben-Gurion** (Midreshet Boker; www.boker.org.il) erreicht, eine Außenstelle der Ben-Gurion-Universität von Be'er Scheva. Der Campus ist für seine Umweltforschung bekannt und umfasst auch weitere Institutionen, wie etwa das Jacob Blaustein Institute für Wüstenforschung und das nationale Ben-Gurion-Zentrum für Solarenergie. Auf dem Gelände gibt es ein kleines Gewerbezentrum mit Cafés, einem Pub und einem Supermarkt sowie einer Reihe von Unterkünften, die vor allem praktisch sind, wenn man den Nationalpark En Awdat besuchen möchte.

◉ Sehenswertes

Ben-Gurion-Wüstenhaus   MUSEUM
(www.bgh.org.il; Kibbuz Sede Boker; Erw./erm. 18/12 NIS; ⊙ So–Do 8.30–15, Fr 8.30–13, Sa 10–15 Uhr) Israels Gründervater verfügte in seinem Testament, dass seine bescheidene Wohnstätte im Kibbuz, in der er mit seiner Frau Paula gelebt hatte, genau so erhalten bleiben sollte, wie er sie verlassen hatte. Folglich ist dies genau das, was Besucher des kleinen Hausmuseums sehen. Nahe dem Eingang porträtiert ein kurzer Animationsfilm das Leben dieses großen Mannes von seiner Geburt in Polen über der Immigration nach Palästina bis hin zu seinem Einsatz für die

---

DIE RAMAT-HANEGEV-WEINSTRASSE

In den letzten Jahren ist die Zahl der Weingüter in den Tälern und Hügeln zwischen Mitzpe Ramon und Be'er Scheva deutlich gewachsen. Seitdem die alten Nabatäer in Shivta und Awdat ihren Wein pressten, stehen diese Winzer für den ersten Versuch, Trauben in der Wüste zu kultivieren. Mit innovativen, computergesteuerten Bewässerungsanlagen (z. B. Tröpfchenbewässerung) haben die Weinbauer von heute trockenes, staubiges Terrain in fruchtbaren Boden verwandelt.

Das **Weingut Sede Boker** befindet sich im Kibbuz gleichen Namens und wurde 1999 in Zusammenarbeit mit der School of Agriculture Rehovot gegründet. Hintergrund war der Versuch herauszufinden, ob Weintrauben, die mit Brackwasser bewässert werden, wachsen würden. Der Winzer Zvi Remak stammt aus San Francisco und hat sich auf handwerklich gekelterte rote Fassweine aus Cabernet-Sauvignon- und Merlot-Trauben spezialisiert. Seine Weine können an einem Stand im Besucherzentrum neben dem Ben-Gurion-Wüstenhaus gekostet werden.

Ganz in der Nähe der Ruinen von Awdat liegt das familiengeführte **Weingut Carmey Avdat** (✆ 08-653 5177; www.carmeyavdat.com; 🕿) 🅿, das auf den Überresten einer alten landwirtschaftlichen Siedlung erbaut wurde. Die erste Weinlese wurde 2002 eingefahren, und mittlerweile werden hier ein Rosé, ein Merlot, ein Cabernet Sauvignon und ein Cuvée aus Cabernet Sauvignon und Merlot gekeltert. In den rustikalen Hütten mit Küche und privatem kleinem Pool (2 Pers. werktags 560–890 NIS, Wochenende 670–890 NIS) lassen sich wunderbar ein paar Nächte verbringen. Gäste bekommen das Frühstück in die Hütte geliefert. Im kleinen Laden auf dem Gelände werden lokal hergestellter Käse und andere Produkte verkauft.

Auf der von einer freundlichen israelisch-niederländischen Familie betrieben **Boker Valley Vineyards Farm** (✆ 052-578 6863, 052-862 2930; www.bokerfarm.com; DZ werktags/Wochenende 160/190 US$, FZ werktags/Wochenende 270/300 US$; ❋) werden nicht nur Bio-Wein, Oliven und Obst angebaut, es sind auch komfortable Unterkunftsoptionen im Angebot. In den fünf Safari-Hütten – jede mit kleiner Küchennische und Grillbereich im Freien – kommen zwischen zwei und fünf Personen unter. Die Hütte mit dem Whirlpool und das üppige, hausgemachte Frühstück kommen bei den Gästen sehr gut an. Das Weingut liegt 3,5 km nördlich vom Kibbuz Sede Boker an der Rte 40 zwischen der Telalim- und der Halukim-Kreuzung.

Weitere Weine aus der Region werden von Nana (der Chardonnay ist bemerkenswert), Kadesh Barnea, Ashba, Rota, Sdema, Rujum und Derech Erez hergestellt. Weitere Infos über die Ramat-Hanegev-Region und die Weinstraße finden sich auf www.rng.org.il.

Gründung des Staates Israel („Mein größtes Verlangen – die Luft die ich atme – ist der Zionismus.").

Am Eingang zum Museum befindet sich ein Besucherzentrum mit einem Café, einem Geschäft, in dem das in Mitzpe Ramon ansässige Kosmetikunternehmen Faran Natural Cosmetics seine Produkte verkauft, sowie ein Stand, an dem Weine der Sede Boker Winery (www.sdebokerwinery.com) angeboten werden.

Der Eingang zum Besucherzentrum und zum Museum liegt neben der Tankstelle an der Rte 40.

Ben-Gurion-Gräber   GEDENKSTÄTTE
(Midreshet Ben-Gurion) Die Gräber von David (1886–1973) und Paula (1892–1968) Ben-Gurion liegen in spektakulärer Hügellage mit Blick auf das atemberaubende Wadi Zin und die Awdat-Ebene. Bei den Gräbern wurde ein Park mit Wüstenpflanzen angelegt, den wildlebende Steinböcke durchstreifen.

Die Grabstätte liegt am südlichen Ende des Midreshet Ben-Gurion nahe dem nördlichen Eingang zum Nationalpark En Awdat.

★ En-Awdat-Nationalpark   PARK
(☎ 08-655 5684; www.parks.org.il; Erw./Kind/Student 29/15/25 NIS; ⏰ April–Okt. So–Do 8–15.45, Fr 8–14 Uhr, Nov.–März So–Do 8–14.45, Fr 8–13 Uhr) En Awdat ist eine echte Laune der Natur in der sonst knochentrockenen Wüste: Die Süßwasserquelle Awdat ergießt sich über einen Wasserfall in eine schmale, gewundene Schlucht mit steil aufragenden weißen Kalksteinwänden. Der Park kann zu Fuß erkundet werden und dient der Euphrat-Pappel und zahlreichen Tieren, u. a. dem Steinbock, als Lebensraum. Unterwegs passiert man immer wieder Höhlen, die in byzantinischer Zeit von Mönchen bewohnt wurden. Leider ist das Baden in der Schlucht und den Becken nicht gestattet.

Der Nationalpark hat einen Nord- und einen Südeingang. Das zentrale Kassenhäuschen am Nordeingang befindet sich neben dem Midreshet Ben-Gurion (neben den Ben-Gurion-Gräbern und dem Naturlehrpfad „Wildnis des Wadi Zin").

Der beliebteste Pfad zur Quelle ist 7 km lang und dauert etwa vier Stunden. Das Essen im Park ist nicht gestattet; die einzigen Toiletten befinden sich beim zentralen Kassenhäuschen. Los geht's am inneren Parkplatz. Von dort folgt man den blauen Markierungen in die Schlucht hinein und weiter bis zum ersten Wasserfall. An

GOURMET-ZIEGEN

Abgesehen von Kamelen und Zugvögeln leben im Negev-Hochland traditionell auch Bergziegen, zu denen man sich normalerweise Beduinenhirten hinzudenkt. Doch entlang der Weinstraße entsteht momentan eine Reihe neuer israelischer Gourmet-Ziegenfarmen.

Die **Naot Farm** (☎ 054-421 8789; www.naotfarm.co.il; ⏰ 9–19 Uhr) mit 150 Tieren veranstaltet Führungen und betreibt einen Laden, der Labneh (dicken Joghurt), *dulce de leche* und Käse verkauft. Lecker ist der *noam*, ein köstlicher, an Camembert erinnernder Schimmelkäse.

Auf der anderen Straßenseite liegt die **Kornmehl Farm** (☎ 08-655 5140; www.kornmehl.co.il; ⏰ Di–So 10–18 Uhr), die aus einer niedlichen Hütte mit Terrasse am Hang besteht und Käseplatten (66 NIS), Pizza und Calzone mit Ziegenkäse (44 NIS) und einen erfrischenden hausgemachten Joghurtdrink (19 NIS) im Angebot hat.

Auf beiden Farmen kann man zusehen, wie die Ziegen gemolken werden. Die Einrichtungen liegen an der Rte 40 zwischen der Telalim- und der Halukim-Kreuzung nicht weit von Sede Boker.

NEGEV SEDE BOKER

der rechten Seite der Schlucht führen nun Treppen nach oben; von dort weiter auf die Markierungen achten, bis ein kleines Pappelwäldchen erreicht ist. Der Weg führt weiter über mehrere Stufen, bis Wanderer zwei Leitern erreichen, die an den Wänden der Schlucht befestigt sind. Oben angekommen geht man an der Felsenkante entlang nach links (Süden) bis zu einem atemberaubenden Aussichtspunkt. Von dort geht es entlang eines ausgetrockneten Flussbetts weiter nach Süden. Dabei immer Ausschau nach Felsenkunst am Westufer halten! Im Winter sind die Wasserlöcher gefüllt und recht hübsch anzusehen. Von hier aus geht es weiter in Richtung der Tankstelle an der Rte 40 nahe den Awdat-Ruinen. Am Schluss muss man entweder trampen oder auf den Bus zurück zum Ausgangspunkt oder nach Mitzpe Ramon warten.

Eine weitere beliebte Wanderung führt zur En Akev, einer Süßwasserquelle auf der anderen Seite des Wadi Zin. Gestartet wird am Parkplatz neben der Tankstelle und dem

Kassenhäuschen der Ruinen. Man folgt den blauen Markierungen entlang des Zaunes, der den Park an seiner Nordseite begrenzt, durchquert zwei flache Täler und nimmt dann die kurze Steigung zur En Akev Elyon (Obere Akev-Quelle) in Angriff, hinter der einige natürliche Becken in Sicht kommen. Ab dort hält man sich an die schwarzen Markierungen und geht für 3 km in Richtung Norden in die Schlucht hinein bis zur En Akey mit ihrem Wasserfall und dem großen Becken. Anschließend den grünen Markierungen entlang der Westseite der Schlucht bzw. dem Divshon-Pass (Maale Divshon) folgen, einem 6 km langen Wanderweg am Plateau entlang, der sich über eine steile Treppe (vorsichtig sein!) nach unten zur asphaltierten Zufahrtsstraße zum Nationalpark windet. Nun folgt man der Straße nach Norden (bergauf) nach Midreshet Ben-Gurion, von wo aus ein Bus zurück zum Ausgangspunkt der Wanderung oder nach Mitzpe Ramon fährt. Alles in allem ist die Wanderung 13 km lang und dauert um die sieben Stunden.

Ein Kombiticket für den Awdat-Nationalpark und den En-Awdat-Nationalpark kostet für Erwachsene/Kinder/Studenten 46/24/39 NIS. Alle angegebenen Wanderungen sind im Winter am schönsten, wenn die Wasserfälle auch wirklich fließen.

🏃 Aktivitäten

Geofun Desert Cycling   RADFAHREN
(☎ 08-655 3350; www.geofun.co.il) In diesem Laden im kleinen Geschäftszentrum des Midreshet Ben-Gurion werden eine viertägige Radtour mit Erkundung der Negev-Weingüter, eine siebentägige Radtour durch die Berge des Negev sowie eine siebentägige Cross-Country-Tour von Sede Boker nach Eilat angeboten. Zudem können hier Räder geliehen und Radausrüstung gekauft werden. Auf der Website finden sich hilfreiche Beschreibungen der Radwege im Umland.

Schlafen & Essen

Essensoptionen sind im Midreshet Ben-Gurion rar und richten sich vor allem an die hiesige Studentengemeinde. Zur Auswahl stehen eine Kneipe, eine Pizzeria, eine Falafelbude sowie ein Café mit Delikatessentheke. Alles findet sich im Einkaufszentrum.

Hamburg House Field School Hostel   HOSTEL $
(☎ 08-653 2016; www.boker.org.il; Midreshet Ben-Gurion; EZ/DZ werktags 240/290 NIS, Wochenende 290/360 NIS; ❄) Die Hamburg House Field School betreibt gleich neben ihrem Büro/Gästehaus auch ein Hostel. Werktags steigen hier oft lärmende Schülergruppen ab, am Wochenende ist's aber relativ ruhig. Die Zimmer sind sehr einfach, einige haben einen Wasserkocher und ein eigenes Bad. Wanderer auf dem Israel Trail bekommen für 70 NIS pro Nacht ein Bett in einem Schlafsaal.

Zwischen Juni und September dürfen die Gäste auch das Schwimmbad der Universität mitbenutzen. WLAN und Internet gibt's im Empfangsfoyer der Sede Boker Field School gleich nebenan.

Makom Ba'Tzel   PENSION $$
(Desert Shade; ☎ 050 662 2665; makombatzel1@gmail.com; Midreshet Ben-Gurion; DZ werktags/Wochenende 400/450 NIS; ❄ 📶) Das freundliche junge Paar Michal und Tal betreibt diese zwei Suiten für Selbstversorger im oberen Stockwerk einer Villa im Wohngebiet des Midreshet Ben-Gurion. Jede Suite hat einen Balkon, eine Küchennische und Kabel-TV. Der „Desert Room" ist größer als das Standardzimmer nebenan. Hausgemachtes Frühstück gibt's für 50 NIS.

Hamburg House Field School Guesthouse   PENSION $$
(☎ 08-653 2016; www.boker.org.il; Midreshet Ben-Gurion; EZ/DZ werktags 320/370 NIS, Wochenende 420/500 NIS; ❄ @ 📶) Diese Pension am äußersten Rand des Wadi Zin wird von der Sede Boker Field School betrieben. Die sauberen, komfortablen Zimmer sind mit Fliesenböden, Betten mit harten Matratzen, Kabel-TV, Wasserkochern und Kühlschränken ausgestattet. Zwischen Juni und September dürfen die Gäste auch das Schwimmbad der Universität mitbenutzen. WLAN ist nur im Foyer verfügbar.

ℹ Praktische Informationen

Hamburg House Field School (☎ 08-653 2016; www.boker.org.il; ⊙ So–Do 7.30–16.30, Fr 7.30–12 Uhr) Die Guides dieser Field School sind absolut sachkundig und halten jede Menge Infos zu Wüstenwanderungen sowie über alle einheimischen Säugetiere, Reptilien und Raubvögel bereit.

ℹ An- & Weiterreise

Die Metropoline-Busse 60, 64 und 69, die zwischen Be'er Scheva und Mitzpe Ramon verkehren, halten am Kibbuz, am Ben-Gurion-Wüstenhaus, am Haupteingang des Midreshet

Ben-Gurion sowie an der Tankstelle unterhalb der Awdat-Ruinen. Bus 65 hält an der Tankstelle (17 NIS, 70 Min., häufig). Den Fahrer vorab informieren, wo man aussteigen möchte! Keiner dieser Busse verkehrt am Sabbat.

Mitzpe Ramon

متنبي رمون   מצפה רמון

♪ 08 / 5100 EW.

Das gigantische Naturschutzgebiet Makhtesh Ramon scheint einem Science-Fiction-Film entsprungen: Die Landschaft hier erinnert an den fiktionalen Wüstenplaneten Tatooine aus Star Wars. Die riesigen Freiflächen fernab aller Stadtlichter und Menschenmassen eignen sich sowohl, um etwas Einsamkeit zu finden, als auch, um sich bei Outdoor-Aktivitäten den ultimativen Adrenalinstoß zu beschaffen.

Passend zu seinem Namen (*mitzpe* ist das hebräische Wort für Wachturm) klebt das Wüstennest oberhalb des spektakulären nördlichen Randes des Makhtesh Ramon. Die Ausblicke hier gehören zur Sorte „atemberaubend" und ziehen stets große Touristenmassen an – und so hat der Ort auch eine entsprechende Tourismusinfrastruktur, um dies zu stemmen.

Makhtesh Ramon wird manchmal als der Grand Canyon Israels beschrieben und ist das größte Schutzgebiet des Landes. Hier wartet eine Vielzahl von Wander-, Rad- und Reitwegen darauf, erkundet zu werden. Zudem kann man sich an vielen Stellen abseilen. Wer Outdoor-Aktivitäten liebt, der ist hier genau am richtigen Ort gelandet.

Mitzpe (wie es oft genannt wird) liegt zwar mitten in der Wüste, es gehört aber aufgrund seiner Höhenlage (900 m) dennoch zu den kühlsten Orten in ganz Israel; warme Sachen nicht vergessen!

⦿ Sehenswertes

★ Makhtesh Ramon   PARK

Israel ist zwar nur ein kleines Land, doch vom Makhtesh aus wirkt es gewaltig. Das geologische Phänomen aus mehrfarbigem Sandstein, Vulkangestein und Fossilien ist 300 m tief, 8 km breit und 40 km lang und lässt sich am besten von dem Aussichtspunkt bestaunen, der 300 m südlich vom Ramon-Besucherzentrum am Kraterrand liegt.

Ramon-Besucherzentrum   MUSEUM, INFORMATIONEN

(☏ 08-658 8691; mm.ramon@npa.org.il; Museum Erw./Kind/Student 5–18 Jahre 29/15/25 NIS, Kombiticket Museum & Bio Ramon Erw./Kind 35/18 NIS; ⊙ April–Sept. Sa–Do 8–16, Fr 8–15 Uhr, Okt.–März Sa–Do 8–15, Fr 8–14 Uhr) ✐ Das von der Israelischen Natur- und Parkbehörde betriebene Besucherzentrum schmiegt sich an den Rand des Makhtesh und ist eine extrem hilfreiche Anlaufstelle für Infos über das Naturschutzgebiet Makhtesh Ramon. Hier gibt's auch ein Museum mit vier Ausstellungsräumen. Am interessantesten sind der Raum mit einer 3D-Ausstellung über die Entstehung des Makhtesh sowie der audiovisuelle Raum mit einem Film über Wüstentiere. Der Besuch des Museums ist nur nach vorheriger Buchung möglich.

Die Israelische Natur- und Parkbehörde bietet auch geführte Touren durch das Schutzgebiet an. Nähere Infos gibt's telefonisch oder per E-Mail beim Besucherzentrum.

WAS GENAU IST EIN MAKHTESH?

Makhtesh wird normalerweise mit „Krater", manchmal aber auch mit „Schlucht" übersetzt. Eine exaktere Definition lautet „Erosionskessel" – eine große, asymmetrische Vertiefung, die durch Erosion entstand, als der Negev vom Ozean zur Wüste wurde. Die Makhteshim des Negev und Sinai erlauben äußerst interessante Einblicke in die Erdkruste. Sie gelten als einzigartige Geologiephänomene, da sie jeweils von einem Wadi (Tal) entwässert werden. Allerdings finden sich ähnliche Felsformationen auch in Turkmenistan und im Iran. Der Makhtesh Ramon ist der größte seiner Art in Israel.

Im Negev gibt es aber noch zwei weitere Makhteshim: den **Makhtesh Katan** (Kleiner Makhtesh) und der **Makhtesh Gadol** (Großer Makhtesh). Der nahezu perfekt runde Makhtesh Katan liegt an der Straße, die Dimona mit dem Toten Meer verbindet (Rte 25). Den Eingang zum Makhtesh Gadol findet man nahe des verschlafenen Örtchens Yeroham (von Dimona aus Rte 204 südwärts Richtung Sede Boker nehmen). Es gibt eine wunderschöne Straße (Rte 225), die mitten durch den Krater führt. Wer hier fährt, sollte nach bunten Sandschichten Ausschau halten.

Mitzpe Ramon

Mitzpe Ramon

⊙ Sehenswertes
1 Bio Ramon B4
2 Ramon-Besucherzentrum B4
3 Gewürzrouten-Viertel A1

🛏 Schlafen
4 Beresheet B3
5 Chez Eugéne A1
6 Desert Shade B1
7 iBike A1
8 Jugendherberge Mitzpe Ramon B4

✖ Essen
Chez Eugéne .... (siehe 5)
9 Hadasaar A1
10 Hahavit A4
11 Hakatze A1
12 Lasha-Bäckerei A1

⊙ Unterhaltung
13 Mitzpe Ramon Jazz Club A1

🛍 Shoppen
14 Faran Natural Cosmetics A2

sind sicher nicht jedermanns Sache, aber das Geschäft Faran Cosmetics, die Lasha-Bäckerei sowie die beiden Cafés Hadasaar und Hakatze sind auf jeden Fall einen kurzen Zwischenstopp wert.

🏃 Aktivitäten

Desert Archery   BOGENSCHIESSEN
(☏ 050 534 4598, 08-658 7274; www.desertarchery.co.il; 250 NIS/Gruppe) Bogenschießen in der Wüste ähnelt hier einer Partie Golf, bei der Pfeil und Bogen den Schläger ersetzen. Ziel des sehr beliebten Spiels für Jung und Alt ist es, Ballons abzuschießen. Das Camp liegt in einer felsigen Gegend unmittelbar östlich des Ortskerns. Eine Runde dauert zwei Stunden.

Alpaca Farm   REITEN
(☏ 052 897 7010; www.alpaca.co.il) Hier, etwa 3 km von Mitzpe Ramon entfernt in einem kleinen, versteckt liegenden Tal, werden Ausritte für Anfänger entlang des Randes des Makhtesh (werktags/Wochenende 175/190 NIS, 1½ Std.) angeboten. Für erfahrenere Reiter gibt's auch eine längere Tour am Rand entlang (werktags/Wochenende 250/320 NIS, 2½ Std.) und eine Route quer durch den Makhtesh hindurch (werktags/Wochenende 600/750 NIS, 4 Std.).

Auch Zweiersattel für Eltern, die mit ihrem Kind zusammen reiten möchten, sind erhältlich; dann bezahlen die Kleinen nur

Bio Ramon   NATURSCHUTZGEBIET
(Erw./Student/Kind 22/19/10 NIS; ⊙ April–Sept. Sa–Do 8–16, Fr 8–15 Uhr, Okt.–März Sa–Do 8–15, Fr 8–14 Uhr) Dieses winzige Wüstenschutzgebiet zeigt gleich unterhalb vom Besucherzentrum, wie die Natur auch unter härtesten Wüstenbedingungen erfolgreich überlebt. Es erläutert in einem ganzheitlichen Ansatz die Geologie, Flora und Fauna der sechs verschiedenen Habitate, in denen die tierischen Bewohner des Negev – Insekten, Säugetiere, Reptilien, Skorpione, Schlangen und Schildkröten – leben.

Gewürzrouten-Viertel   KÜNSTLERVIERTEL
Am nördlichen Ortsrand liegt diese Ansammlung aus Hangars und Lagerhäusern, die einst von der Armee genutzt wurden, mittlerweile jedoch Handwerksbetriebe, Künstlerstudios, Boutiquehotels, Cafés und Tanz-Workshops beherbergen. Die Atmosphäre hier ist eher hippie- als hipstermäßig, und die Kunst und das Kunsthandwerk

die Hälfte. Für Kinder unter 25 kg wird zudem Lamareiten (20 NIS) angeboten.

iBike
FAHRRADVERLEIH

(☎ 052 361 1115, 052 436 7878; www.ibike.co.il; Fahrradverleih 70 NIS/Tag) Aviva und Menachem können Traveller zu Radtouren rund um den Makhtesh beraten, halten Ratschläge und Infos zu Touren im oberen Negev bereit und können zudem logistische Unterstützung für z. B. Camper oder den Transport von Radfahrern und Ausrüstung anbieten.

Geführte Touren

⭐**Astronomy Israel**   ASTRONOMIEFÜHRUNGEN

(☎ 052 544 9789; www.astronomyisrael.com; Erw./Kind 150/75 NIS; ☺ Sa–Do) Ira Machefsky ist der selbst ernannte „Sternenmann von Mitzpe Ramon". Er bietet jeden Abend – unter dem laut den Einheimischen klarsten und dunkelsten Himmel Israels – zweistündige Astronomieführungen an, bei denen Beobachtungen sowohl mit dem bloßen Auge als auch mit dem Teleskop gemacht werden. Ira hat einen tollen Sinn für Humor, und seine gut vorbereiteten und beeindruckenden Präsentationen beinhalten zahlreiche Witze, faszinierende Infos und musikalische Schmankerl.

Yoash Limon
OUTDOORTOUREN

(☎ 08-653 2319; www.thegreenbackpackers.com) Yoash Limon ist einer der enthusiastischsten und erfahrensten Outdoor-Guides im Negev. Er hat bereits in New Mexiko in den USA als Ranger im Bandelier National Monument gearbeitet und war Lehrer an der staatlichen Tourismusschule in Tel Aviv. Er liebt wandern und abseilen und bietet geführte Wanderungen und Abseiltouren in der Region an. Auf Wunsch gibt's auch ein maßgeschneidertes Programm.

Adam Sela
JEEPTOUREN

(☎ 050 530 8272; www.adamsela.com) Dieser Anbieter ist auf die Organisation und Durchführung von Abenteuertouren durch die Wüste spezialisiert. Angeboten werden geführte Jeepsafaris, Wüstenwanderungen und Mountainbiketouren sowie Camping- und Abseilausflüge.

Ramon Desert Tours
OUTDOORTOUREN

(☎ 052 396 2715; www.ramontours.com) Ein erfahrener Anbieter von Jeeptouren durch die Wüste Negev und Jordanien. Das lokal ansässige Unternehmen kann alles vom Kurztrip durch den Makhtesh oder das Wadi Zin bis hin zu mehrtägigen Wüstentouren in den Negev, die Wüste von Judäa oder nach Jordanien organisieren.

Chakra Desert Camel Tours
KAMELTOUREN

(☎ 052 570 7752, 054 525 9717; http://cameltours.co.il/tag/mitzpe-ramon; Kameltour 1 Std./1½ Std./mit Übernachtung 120/160/480 NIS) Das Unternehmen mit Sitz im Gewürzrouten-Viertel bietet eine Reihe von Kameltouren durch die Wüste rund um Mitzpe.

🛏 Schlafen

In und rund um Mitzpe gibt es eine riesige Anzahl von Unterkünften. Backpacker können in den Budgetunterkünften und Hostels der Stadt oft „freiwillige" Arbeiten übernehmen und bekommen im Gegenzug freie Kost und Logis.

⭐Desert Shade
WÜSTENLODGE $

(☎ 054 627 7413, 08-658 6229; http://desert-shade.com; B 80–90 NIS, Zelt für 1/2/3 Pers. 180/250/360 NIS; 🐾) Gleich am Rande des Makhtesh bietet diese Lodge neben einem atemberau-

---

NEGEV MITZPE RAMON

WANDERUNGEN RUND UM MITZPE RAMON

Einige der besten Wanderstrecken Israels finden sich in und rund um Mitzpe. Da wären beispielsweise der einfache, 5,5 km lange und zwei- bis dreistündige „Grüne Trail", der hinunter in den Makhtesh führt, und ein mittelschwerer bis schwerer Trek zu einer alten Ammonitenwand. Außerdem gibt es eine sehr empfehlenswerte 16 km lange und fünf Stunden dauernde Wanderung von Mitzpe zur Hemet-Wasserstelle, die zuerst an der Felskante entlang, dann hinunter in eine üppig grüne Schlucht und dann weiter zu einer 4000 Jahre alten Zisterne führt.

Weitere Wanderungen in der Umgebung sind ein 3,5 km langer Rundweg zum Wadi Ardon, ein 7 km langer Rundweg zum Wadi Ardon und dem „Nekarot-Hufeisen" sowie die harte, fünf- bis sechsstündige Wanderung hinauf auf den Har Ardon (und wieder runter).

Shvil Net gibt eine praktische Landkarte im Maßstab 1 : 40 000 heraus, auf der die Rad- und Wanderwege im Gebiet Makhtesh Ramon eingezeichnet sind. Sie ist im Ramon-Besucherzentrum erhältlich (kostenpflichtig).

benden Ausblick auch ein Beduinenzelt für 20 Personen, kleinere Schlafzelte und private „Ökozelte". Die Duschen und Toiletten sind in einem sauberen Waschblock untergebracht. Es gibt mehrere Gemeinschaftsbereiche: eine attraktive Lounge mit Bar, eine Gästeküche sowie einen riesigen Bereich für Lagerfeuer am Rande des Kraters. Ein leichtes Frühstück kostet 30 NIS.

Das Desert Shade ist wohl eines der wenigen Hostels, die auf ihrem Gelände eine eigene Weinkellerei haben. Unbedingt den Rujum-Rotwein probieren!

Green Backpackers
HOSTEL $

(☎ 08-653 2319; www.thegreenbackpackers. com; 2/2 Nahal Sirpad St; B/DZ/3BZ mit Bad 95/ 285/405 NIS; ✳@✦) Die beiden erfahrenen Wanderfans Lee und Yoash betreiben mit viel Begeisterung dieses heimelige Hostel am Ortsrand. Es ist Mitzpes Anlaufstelle für Backpacker schlechthin. Es gibt einen winzigen Lounge-Bereich mit DVD-Sammlung, einen Büchertausch, eine Gemeinschaftsküche, ein Schwarzes Brett für Traveller, eine Waschküche (25 NIS/Ladung) sowie zahlreiche Aktivitäten, darunter auch geführte Wanderungen. Tee und Kaffee sind gratis, das Frühstück kostet aber extra.

Wer mit dem Bus unterwegs ist, lässt sich an der Haltestelle Har Gamal (Kamelberg) direkt vor dem Hostel absetzen.

Silent Arrow
WÜSTENLODGE $

(☎ 052 661 1561; www.hetzbashekt.com; Hetz BaSheket; Beduinenzelt B 80 NIS, Schlafzelt EZ/ DZ/3BZ 150/250/300 NIS) Wer auf der Suche nach der Ruhe der Wüste ist, der ist hier goldrichtig. Die Lodge liegt 20 Gehminuten außerhalb des Ortes und bietet einfache Unterkünfte und die authentische Gastfreundlichkeit des Negev. Zur Auswahl stehen ein Zelt im Beduinenstil oder private Schlafzelte (Schlafsack selbst mitbringen!). Die Bäder sind sauber, aber sehr schlicht; in der Gemeinschaftsküche gibt's kostenlosen Tee und Kaffee. Frühstück ist nicht inbegriffen.

★ iBike
HOTEL $$

(☎ 052 361 1115, 052 436 7878; www.ibike.co.il; 4 Har Ardon St, Gewürzrouten-Viertel; EZ/DZ/Suite werktags 395/440/555 EZ/DZ/Suite Wochenende 485/540/640 NIS; ✳✦) Der Leitspruch hier lautet: „Wir verkaufen nicht nur das Zimmer, sondern auch das Erlebnis", und genau das ist es, was man in diesem geselligen Hotel bekommt. Die Besitzer und riesigen Radfans Aviva und Menachem vermieten zehn

kleine Zimmer und drei Suiten mit Küchennische. Es gibt einen großen, komfortablen Aufenthaltsbereich, in dem neben gutem Kaffee auch das hausgemachte Frühstück serviert wird. Zudem bekommt man Tipps zu Aktivitäten rund um den Makhtesh.

Jugendherberge Mitzpe Ramon
HOSTEL $$

(☎ 08-658 8443; mitzpe@iyha.org.il; 4 Nahal HaEla; B/EZ/DZ 152/320/450 NIS; ✳✦) Einige Gehminuten unterhalb des Besucherzentrums steht dieses große Hostel direkt am Kraterrand. Leider warten nicht alle Zimmer mit Aussicht auf. Wie die meisten IHYA-Jugendherbergen ist auch diese hier vorrangig auf Studentengruppen ausgerichtet. Die Zimmer sind sauber und verfügen über Satelliten-TV, Wasserkocher und einen Kühlschrank.

★ Beresheet
LUXUSHOTEL, RESORT $$$

(☎ 08-638 7799; www.isrotelexclusivecollection. com/beresheet; 1 Beresheet Rd; Zi. 340–520 US$, Villa 540–790 US$; ✳✦☎) Wenn man einen Israeli fragt, wohin er am liebsten einmal übers Wochenende fahren würde, so stehen die Chancen sehr gut, dass die Antwort dieses Luxus-Resorthotel mit Blick über den Makhtesh ist. Es wurde so gebaut, dass es sich möglichst gut in die Landschaft einfügt. Das Resort verfügt über einen der spektakulärsten Infinity-Pools, die man sich vorstellen kann, zwei Restaurants sowie ein großes Angebot an Aktivitäten.

Der Aufpreis für ein Zimmer mit Kraterblick ist gut angelegt: Einen Sundowner auf dem eigenen Balkon zu nehmen und dabei den Makhtesh zu bestaunen, ist wirklich eine besondere Erfahrung. Am Wochenende beträgt die Mindestaufenthaltsdauer zwei bis drei Nächte.

Chez Eugène
BOUTIQUEHOTEL $$$

(☎ 052 664 6939, 08-653 9595; www.mitzperamon hotel.co.il; 8 Har Ardon St, Gewürzrouten-Viertel; DZ/Suite werktags 670/840 NIS, Wochenende 840/1090 NIS; ✳✦) Das einzige Boutiquehotel in Mitzpe wurde 2010 eröffnet, und seine schicken Designer-Zimmer sehen so langsam etwas abgewohnt aus. Es wird aber sehr gut geleitet, und die charmante Managerin Naomi Dvora ist eine super Infoquelle bei Fragen über die Region. Das Restaurant auf dem Gelände ist ein weiterer Pluspunkt.

Desert Home
B&B $$$

(Bait BaMidbar; ☎ 052 322 9496; www.baitbamid bar.com; 70 Ein Shaviv St; DZ So–Mi 650 NIS, Do & Sa 700 NIS, Fr 850 NIS; ✳) Das B&B am Rand eines ruhigen Wohnviertels ist etwas für Traveller, die sich gern verwöhnen lassen. Die fünf in minimalistischem Stil eingerichteten Wohneinheiten haben alle Küchennischen und sind mit Kunst und Kunsthandwerk aus der Umgebung ausgestattet. Ein Extralob gibt's für die tolle Aussicht und das Frühstück, das unzuverlässige WLAN ist jedoch ein echtes Problem.

Alpaca Farm B&B
B&B $$$

(☎ 08-658 8047, 052 897 7010; www.alpaca.co.il; DZ werktags/Wochenende 600/1250 NIS; ✱) Wer mit Kindern reist und Tiere mag, der ist hier sehr gut aufgehoben. Die Alpaka-Farm an sich ist nicht sonderlich attraktiv, die Hütten am Hang mit Holzböden, Satelliten-TV, Küchennische und Balkon mit Hängematte sind jedoch sehr komfortabel. Auf dem Gelände leben u.a. Lamas, Alpakas, Kamele und Pferde. Am Wochenende beträgt die Mindestaufenthaltsdauer zwei Nächte.

Essen

Lasha-Bäckerei
BÄCKEREI $

(☎ 050 361 1488; abseits Har Boker St, Gewürzrouten-Viertel; ⊙ Do & Fr 9 Uhr–Sonnenuntergang) Hier wird das Challa für den Sabbat gebacken – und außerdem eine Reihe anderer Brote aus Vollkorn und ohne Konservierungsstoffe. Die Lasha-Bäckerei ist im gesamten Negev bekannt und eine tolle Anlaufstelle für Selbstversorger.

Hadasaar
ORGANISCH, VEGETARISCH $$

(☎ 08-940 8473; 23 Har Arif St; Sandwiches 30 NIS, Suppen 35 NIS, Salate 30–40 NIS; ⊙ Sa–Mi 8–20, Do & Fr 8–23 Uhr; ✱) ✿ Dieses lässige Café mit Sitzgelegenheiten drinnen und draußen und einem Bio-Supermarkt ist in einem Gemeindezentrum untergebracht. Die Angestellten sind freundlich und haben sich ganz der Nachhaltigkeit verschrieben. Auf der Speisekarte stehen Leckereien wie lokal hergestellter Ziegenkäse und hausgemachtes Müsli mit Ziegenmilchjoghurt, es werden aber auch zahlreiche vegane Optionen serviert.

Hakatze
ISRAELISCH $$

(☎ 08-659 5273; 2 Har Ardon St; Hauptgerichte ab 35 NIS; ⊙ 12–20 Uhr) Dieses einfache Lokal am Eingang zum Hangar im Gewürzrouten-Viertel steht bei Einheimischen hoch im Kurs, und so trifft man sie hier oft beim Mittagessen im überdachten Hof hinterm Haus. Die Speisekarte bietet traditionelle Gerichte wie Labneh-Joghurt, Humus, Salate und Curry- oder Eintopfgerichte mit Fleisch; dazu gibt's Reis oder Couscous.

Hahavit
INTERNATIONAL, PUB $$

(☎ 050 684 0396; 8 Nachal Ziya; Sandwiches 48 NIS, Pasta 38–50 NIS, Salate 45–70 NIS; ⊙ So–Do 12 Uhr–open end, Fr 12–15 Uhr) „Das Fass" serviert in typischem Kneipenflair Salate, Burger, Sandwiches und Pasta in üppigen Portionen und ist außerdem die einzige ordentliche Restaurantoption im Ortszentrum. Zudem gibt's eine gute Auswahl von Bieren vom Fass und abends mit Vorliebe laute Rockmusik.

★ Chez Eugéne
EUROPÄISCH $$$

(www.mitzperamonhotel.co.il; 8 Har Ardon St, Gewürzrouten-Viertel; Hauptgerichte 68–153 NIS; ⊙ Mo–Sa 19–24 Uhr) Hier kommen sowohl raffinierte Kreationen als auch die klassische Küche der Wüstenregion auf den Tisch. Das Restaurant des Boutiquehotels serviert Steaks, Pasta und andere mediterran angehauchte Gerichte. Die Desserts sind besonders beeindruckend.

Unterhaltung

Mitzpe Ramon Jazz Club
JAZZ

(☎ 050 526 5628; http://jazzramon.wordpress.com; Gewürzrouten-Viertel; ⊙ Do & Fr ab 21.30) Im einzigen Club von Mitzpe finden donnerstags Jamsessions und freitags Livekonzerte statt.

🛍 Shoppen

Faran-Naturkosmetik
SCHÖNHEIT

(☎ 08-675 7312; www.faran-cosmetic.com; 22 Har Ardon St, Gewürzrouten-Viertel; ⊙ So–Do 9.30–19, Fr 9.30–18 Uhr) ✿ Die Seifen, Shampoos und Hautpflegeprodukte, die in diesem Fabrikverkauf angeboten werden, werden aus Pflanzenölen und anderen Extrakten hergestellt. Die relativ neue Mineral-Make-up-Serie ist zu 100% natürlich und bio. Sie wurde vom bunten mineralienhaltigen Sand des Makhtesh inspiriert. Im Besucherzentrum neben dem Ben-Gurion-Wüstenhaus in Sede Boker gibt's noch eine Verkaufsstelle.

ℹ Praktische Informationen

Im Einkaufszentrum am Anfang des Ben-Gurion-Blvd gibt es ein kleines Gewerbezentrum mit Bank und **Post** (⊙ So–Do 8–18, Fr 8–12 Uhr).

Touristische Informationen bekommt man im Ramon-Besucherzentrum (S. 345).

An- & Weiterreise

Mitzpe Ramon liegt 23 km südlich von Awdat und 136 km nördlich von Eilat. Die Metropoline-

WANDERN IM NEGEV

Der Negev bietet einige großartige Wandermöglichkeiten, die eine überraschend große Landschaftsvielfalt abdecken. Besonders schön sind die Routen rund um Sede Boker, En Awdat, Mitzpe Ramon und Eilat.

Die SPNI (Society for the Protection of Nature in Israel) unterhält in Mitzpe Ramon, Eilat und Hatzeva, 50 km südlich vom Toten Meer an der Rte 90, Field Schools mit Übernachtungsmöglichkeiten (vorab reservieren!). Zwar ist man hier vor allem auf Schulgruppen eingestellt, aber es werden auch detaillierte Wanderkarten verkauft, und man bekommt aktuelle Infos über die Wanderwege der Region; leider sprechen die Angestellten oft nur Hebräisch. Deshalb ist es im Zweifelsfall besser, die Angestellten der Hostels auszufragen – das Green Backpackers in Mitzpe Ramon und die Hamburg House Field School in Sede Boker sind besonders hilfsbereit. Die Angestellten der Israelischen Natur- und Parkbehörde im Ramon-Besucherzentrum in Mitzpe Ramon haben Tipps und verkaufen jede Menge Karten.

Self Guided Negev Trek (☏ 054-533 0948; www.sgnegevtrek.com) ist ein neuer Anbieter in der Region. Er kann für Wanderer, die den 61 km langen Negev-Abschnitt des Israel Trail in Angriff nehmen wollen, Verpflegung, Unterkunft, Karten, Transport und Campingausrüstung organisieren. Der fünftägige Trek beginnt in Mitzpe Ramon und führt durch Wüstenebenen, verborgene Schluchten, kühle Quellen und eine atemberaubende Landschaft.

Der Negev ist rau – aufgrund seiner schnellen Erschließung könnten sich Besucher aber leicht in falscher Sicherheit wiegen und entsprechende Vorsichtsmaßnahmen vergessen. Am besten früh aufbrechen, den Kopf bedecken, Sonnencreme benutzen und viel Wasser trinken! Es gilt, nicht von den markierten Wegen abzukommen und körperliche Anstrengung um die Mittagszeit (12–15 Uhr) sowie während der Sommermonate zu vermeiden. Man sollte nie allein aufbrechen und immer jemanden über sein Ziel informieren, sodass derjenige Alarm auslösen kann, wenn man mal nicht zum geplanten Zeitpunkt von einer Wanderung wiederkommt.

Busse 60 und 64 pendeln zwischen 5 Uhr und 21.30 Uhr häufig zwischen Mitzpe und Be'er Scheva (17 NIS, 1½ Std.) und halten unterwegs in En Awdat und Sede Boker an. Bus 65 ist schneller und hält nur an der Schnellstraße. Am Sabbat verkehrt keiner dieser Busse.

Metropoline-Bus 660 fährt von Mitzpe zum zentralen Busbahnhof in Tel Aviv (24,80 NIS, 6.05 Uhr, 2½ Std.); Rückfahrt um 16.05 Uhr. Beide Verbindungen werden nur von Sonntag bis Donnerstag angeboten.

Viermal täglich (So–Do) fährt der Egged-Bus 392 von Be'er Scheva nach Eilat via Mitzpe (49 NIS, 3 Std.).

Die Arava

وادي عربة   העֲרָבָה

☏ 08

Dieser herrlich karge, spärlich besiedelte Wüstenstreifen zwischen dem Toten Meer und dem Roten Meer ist Teil des Großen Afrikanischen Grabenbruchs, der sich in Nord-Süd-Richtung über ca. 5000 km zwischen Nordsyrien und Zentralmosambik erstreckt. Im Hintergrund erhebt sich auf jordanischem Boden eine majestätische, rötlich schimmernde Bergkette, die in Israel als Edom-Berge (Rote Berge) bekannt ist. Am spektakulärsten ist diese Wüstenszenerie rund um die Siedlung Zukim (auch Zuqim oder Tzukim) an der Rte 90 zwischen dem Toten Meer und der Zihor-Kreuzung.

Die Arava entwickelt sich gegenwärtig zu einem Hotspot für Outdoor-Aktivitäten, darunter vor allem Radfahren. Ein beliebter 33 km langer Radweg verläuft entlang eines Wadis (trockenes Flussbett) zwischen Zofar und Paran. Das Wüstenterrain ist auch eine populäre Anlaufstelle für Fans von Jeepsafaris. In Jahren mit viel Regen ist der Eshket-See nahe Paran ein beliebtes Badeziel.

⊙ Sehenswertes & Aktivitäten

Kibbuz Neot Semadar   KIBBUZ

(☏ 054 979 8966 (Galerie), 08-635 8170 (Führungen); www.neot-semadar.com; Shizafon-Kreuzung; Eintritt Galerie 18 NIS, 2-stündige Führung 250 NIS; ⊙ Führungen & Galerie So–Fr 11–14 Uhr) Dieser Kibbuz ist eine echte Oase inmitten der Wüste. Er ist von üppigem Grün umgeben, und in seiner Mitte steht ein bizarrer, pinkfarbener Turm, in dem die Bewohner ein Kunstzentrum mit Galerie eingerichtet haben und Kunsthandwerk verkaufen. Die Gemeinde wurde 1989 gegründet und hat es sich zum Ziel gesetzt, Zusammenarbeit, Kreativität und Bildung im täglichen Leben zu fördern. Es finanziert sich durch Landwirtschaft (Obstgarten, Olivenhain), ein Weingut, ein Solarfeld sowie Workshops zum Thema Selbsterfahrung und nachhaltiger Hausbau.

Der Kibbuz liegt an der Rte 40 auf halbem Weg zwischen Mitzpe Ramon und Eilat (an der Ketura-Kreuzung von der Rte 90 abbiegen und 10 km weit der Rte 40 folgen!).

Timna-Park
PARK

(☑ 08-631 6756; www.parktimna.co.il; Tagesticket Erw./Kind 44/36 NIS; ☺ Sa–Do 8–16, Fr 8–15 Uhr) Der bunte Sand und die schroffen Berge des Timna-Tals 25 km nördlich von Eilat sind reich an Mineralien, darunter Kupfer, Eisen und Magan. Im Park finden sich auch Spuren einer der ältesten Kupferminen der Welt: Tausende alter Minenschächte, die Überreste von Schmelzöfen, die teilweise auf das alte Ägypten zurückgehen, Tempelruinen und alte Felszeichnungen mit Bildern von Straußen, Steinböcken und ägyptischen Kriegswagen.

Der Park lockt aber auch mit zahlreichen geologischen Phänomenen wie etwa den Säulen Salomos (zwei riesige Granitsäulen, die vor 540 Mio. Jahren von Regenwasser geformt wurden) und dem Pilz-Felsen, einem erodierten Monolithen in – wer hätte es gedacht? – Pilzform.

Hier könnte man mühelos einen ganzen Tag mit Wandern verbringen, der Park ist aber so weitläufig, dass man zusätzlich ein Auto braucht. Infos zu Wanderungen gibt's im Besucherzentrum abseits der Rte 90.

Hai-Bar-Yotvata-Tierreservat
NATURSCHUTZGEBIET

(☑ 08-637 6018; www.parks.org.il; Erw./Kind/Student 29/15/25 NIS; ☺ So–Do 8.30–16, Fr & Sa 8.30–15 Uhr) Dieses Naturschutzgebiet 35 km nördlich von Eilat wurde für die Nachzucht von Tieren, die in der Bibel erwähnt werden, sowie anderer bedrohter Tierarten angelegt. Das Tierreservat besteht aus drei Teilen: einem Freibereich, in dem Herden pflanzenfressender Wüstenbewohner unter ähnlichen Bedingungen leben wie in freier Wildbahn, ein Gehegebereich, in dem große Raubtiere, Reptilien und kleine Wüstentiere beheimatet sind, und ein Nachttierhaus, in dem Besucher auch tagsüber nachtaktive

Tiere in Aktion sehen können. Wenn man ein eigenes Auto hat, reichen für die ausführliche Erkundung des Reservats zwei Stunden.

Zu den Bewohnern des Naturschutzgebietes zählen Esel, Oryx- und Mendesantilopen sowie Strauße. Zu den hier wachsenden Pflanzen gehört z. B. die Akazie. Hai-Bar Yotvata liegt an der Rte 90 etwa 42 km nördlich von Eilat zwischen den Kibbuzim Yotvata und Samar.

Kibbuz Ketura
KIBBUZ

(www.ketura.org.il) Ketura wurde 1973 gegründet und ist einer der interessantesten Kibbuzim Israels. Er hat sich von einem landwirtschaftlichen Kibbuz zu einem Vorreiter in puncto innovativer Umwelttechnologie entwickelt. Ungewöhnlich ist auch schon die Tatsache, dass es sich um eine multinationale, religiös pluralistische Gemeinschaft handelt. Hier ist auch der Sitz des international anerkannten Arava-Instituts (http://arava.org), das Forschungsstudien betreibt und auf ökologische Probleme in der Region aufmerksam macht. Zu seinen Unternehmungen zählen Dattelplantagen, ein Milchviehbetrieb, eine Photovoltaik-Solaranlage und eine Algenfabrik, die das leistungsfähige Antioxidans Astaxanthin produziert.

Der Kibbuz liegt 50 km nördlich von Eilat an der Rte 90.

Kibbuz Lotan
KIBBUZ

(☑ 08-635 6935; www.kibbutzlotan.com) Der Kibbuz Lotan ist bekannt für sein aufrichtiges und seit Langem gelebtes Engagement für Nachhaltigkeit und kooperatives Handeln. Hier wird eine ökologische Vision gelebt, die auf Hebräisch *tikun 'olam* (die Welt reparieren) genannt wird. Besucher können sich einem geführten Spaziergang anschließen (tgl. 9.30 Uhr, 20 NIS), im Naturreservat des Kibbuz Tiere beobachten, im beheizten Becken die äußerst angenehme Watsu-Therapie (Wasser-Shiatsu) für sich entdecken oder sich im Umweltbildungszentrum für unterschiedliche Aktivitäten anmelden: die einwöchige „Öko-Erfahrung", die vier- bis siebentägige „Grüne Ausbildung" oder kürzere Workshops zum Thema Permakultur.

Der Regionalbus 20 hält hier auf seinem Weg von Eilat; Egged-Busse nach/von Tel Aviv halten an der Rte 90 ganz in der Nähe.

Samar Bike
RADFAHREN

(☑ 052 551 8904, 052 304 0640; www.samarbike. com; Kibbuz Samar) Dieser Anbieter von Radtouren quer durch die Arava hat seinen Sitz

ISRAELS KIBBUZIM

Als der erste Kibbuz 1909 in Palästina gegründet wurde, war die Idee ebenso pragmatisch – in solch harscher Umgebung musste man für den Anbau von Feldfrüchten gemeinsam anpacken – wie utopisch. Das Wort „Kibbuz" bedeutet Gemeinschaft oder Zusammenkunft, und die ersten Kibbuzniks (Bewohner) trieb zu gleichen Teilen der Glaube an den Sozialismus wie an den Zionismus an. Sie wollten eine neue Heimat für die Juden erschließen und glaubten, dass das Bewirtschaften von Gemeinschaftsbesitz an ihrem neuen Wohnort eine solide wirtschaftliche und politische Grundlage für die letztendliche Gründung eines jüdischen Staates darstelle.

Bei Ausbruch des Zweiten Weltkriegs gab es in Palästina 79 Kibbuzim, die als Lebensgrundlage alle auf die Landwirtschaft angewiesen waren. In den 1950er- und 1960er-Jahren erreichte die Bewegung ihren Höhepunkt als im Zuge des Nahal-Programms der Israelischen Streitkräfte viele neue Kibbuzim entstanden. Das Programm verband den Militärdienst mit der Gründung neuer landwirtschaftlicher Siedlungen. In den 1980er-Jahren, als sich eine eher individualistische Stimmung breit machte, zog es immer mehr Kibbuzniks in die sich schnell entwickelnden Städte Israels, um sich dort ein neues Leben und eine Karriere aufzubauen. Infolgedessen verschuldeten sich einige Kibbuzim und sahen schließlich die Privatisierung als letzten Ausweg. Die anderen hatten keine andere Wahl, als sich neu zu erfinden, indem sie die wirtschaftliche Struktur des Kibbuz neu ordneten und neue Einkommensquellen ausmachten. Viele wagten sich in neue, nicht-landwirtschaftliche Gefilde wie etwa Manufakturen, handwerkliche Betriebe, den Tourismus oder in innovative Unternehmungen im Bereich des nachhaltigen Umweltschutzes vor.

Heute gibt es in Israel etwa 270 Kibbuzim, von denen 75 % gemäß einem neuen Wirtschaftsmodel funktionieren, das mit dem Attribut „erneuernd" *(mitchadesh)* beschrieben wird. Demnach verdienen Kibbuzniks ihr eigenes Einkommen und dürfen dieses auch behalten. Die verbleibenden 25 % werden weiterhin nach dem traditionellen Kollektivmodell *(kibbuz shitufi)* geführt, wonach die Mitglieder alle dasselbe erhalten, egal, welche Arbeit sie verrichten. Acht dieser Kollektiv-Kibbuzim befinden sich im Negev, und die meisten von ihnen verfolgen einen Businessplan, der auch nachhaltige Landwirtschaft und Tourismus mit einschließt.

Wer noch mehr über die Geschichte der Kibbuzbewegung erfahren möchte, der sollte den Reisebericht *Walking Israel* des ehemaligen Israel-Korrespondenten der NBC Martin Fletcher lesen.

---

im Kibbuz Samar, 34 km nördlich von Eilat. Er organisiert auch einen Abhol- und Bringservice sowie logistische Unterstützung für jene, die einen Teil des Israel National Trail mit dem Fahrrad zurücklegen. Samar Bike betreibt im Kibbuz auch eine kleine Pension, die sich vor allem an Radfahrer richtet.

🛏 Schlafen & Essen

Desert Routes Inn
HOSTEL $$

(☏ 052 366 5927, 08-658 1829; www.shvilim bamidbar.com; Hatzeva; B/DZ/2BZ/FZ 27/208/208/285 US$; 🛜) Die Besitzer dieses *khan* (Gasthaus in der Wüste) in der nördlichen Arava nahe der Grenze zu Jordanien sind ein wahrer Springquell für Informationen über die Gegend und können Jeep-, Wander- und Abseiltouren organisieren. Angeboten werden private Zimmer und Schlafsäle sowie Stellplätze auf dem nahe gelegenen

Campingplatz. Es gibt eine Gemeinschaftsküche und einen Aufenthaltsbereich in einem Zelt; perfekt für Selbstversorger.

Desert Days: Negev Eco Lodge
HÜTTE $$

(☏ 058 484 2357, 052 617 0028; www.negeveco lodge.com; Zukim; DZ werktags/Wochenende 450/525 NIS, zusätzl. 50 NIS/Kind; 🛜✉) 🅿 Hier beherbergen neun aus Strohballen und Lehm erbaute Hütten Städter auf der Suche nach einer einsamen Wüstendestination. Das umliegende Gelände ist kahl und steinig, es gibt aber einige ungewöhnliche Wasserlöcher in der Wüste, die das Ganze dann doch recht hübsch erscheinen lassen. In jeder Hütte kommen bis zu sechs Personen unter, und zu den Öko-Merkmalen zählen z. B. Komposttoiletten, aufbereitetes Grauwasser und Solarstrom.

Das Frühstück kostet zusätzlich 50/30 NIS pro Erw./Kind. Die Lodge ist über die Rte 90 zu erreichen. Einfach bei Zukim abfahren und dem Schild „Desert Days" folgen!

Neot Semadar Guesthouse PENSION $$
(☎ 054 979 8433; www.neot-semadar.com; DZ werktags/Wochenende 430/480 NIS) Das Markenzeichen dieser nachhaltig erbauten hübschen Hütten ist ihre minimalistische Ästhetik. Sie liegen in einem Garten am Rand eines Olivenhains und sind jeweils mit einem Kühlschrank und einem Wasserkocher ausgestattet. Im Preis ist ein Frühstückskorb inbegriffen. Sonstige Mahlzeiten kann man im nahe gelegenen Gasthof zu sich nehmen.

Kibbuz Ketura Country Lodge KIBBUZ $$
(☎ 057 941 9109; www.keren-kolot-israel.co.il; EZ/DZ werktags 350/440 NIS, EZ/DZ Wochenende 400/530 NIS; ✳@🛜♨) 🖉 Die Pension des Kibbuz ist komfortabel und gut in Schuss. Zur Auswahl stehen drei Zimmertypen: das „Marulla" mit eigener Terrasse für bis zu vier Personen, die Familiensuite „Pitaya" mit zwei Zimmern und Platz für bis zu acht Personen sowie die Suite „Argania" mit vier Zimmern und ebenfalls Platz für bis zu acht Personen. Alle haben eine Küchennische und Kabel-TV. Zudem gibt's Gemeinschafts-Barbecues.

Zur Anlage gehören ein Basketball- und ein Fußballfeld, ein alternatives Gesundheitszentrum (Behandlungen ab 180 NIS), ein Fahrradverleih und ein Café (tgl. außer Sabbat 8–23 Uhr). Gäste bekommen eine kostenlose Führung durch den Kibbuz und dürfen mit den Bewohnern im kommunalen Speisesaal ein koscheres Abendessen (Erw./Kind 35/30 NIS) einnehmen.

Egged-Busse, die auf der Rte 90 verkehren, können Passagiere in Ketura (40 Min. von Eilat; dem Fahrer ausdrücklich den Kibbuz Ketura, nicht die Ketura-Kreuzung nennen!) absetzen. Auch der Regionalbus 20 aus Eilat hält hier.

Kibbutz Lotan Guesthouse PENSION $$
(☎ 08-635 6935; www.kibbutzlotan.com; EZ/DZ werktags 300/370 NIS, EZ/DZ Wochenende 370/440 NIS; ✳🛜♨) 🖉 Hier gibt's zwei Arten von Unterkünften: einfache, aber komfortable Hütten mit Küchennische, Bad, Klimaanlage und einem Sitzbereich im Freien oder aber die hippiemäßigen Öko-Kuppelbauten aus Lehm (einige mit eigenem Bad, andere mit Gemeinschaftsbad). Im Preis ist das Frühstück im Teehaus des Kibbuz inbegriffen. Sonstige Mahlzeiten können mit den Kibbuzbewohnern im kommunalen Speisesaal eingenommen werden.

Lotan wird auch „Baby-buz" genannt, da es ziemlich klein ist und sehr viele Bewohner noch relativ jung sind (das Durchschnittsalter liegt bei 40 Jahren). Die Atmosphäre ist also sehr lebhaft. Auf dem Gelände gibt's einen schattigen Garten, einen Spiel-, einen Basketball- und einen Fußballplatz. Die angebotenen Mahlzeiten werden aus selbst angebautem Gemüse und Datteln sowie mit kibbuzeigenen Milchprodukten zubereitet. Auch Veganer und Vegetarier kommen hier nicht zu kurz.

Egged-Busse aus/nach Eilat setzen Passagiere an der Rte 90 naher der 1,5 km langen Zufahrtsstraße zum Kibbuz ab (45 Min. ab Eilat); der Regionalbus 20 fährt direkt durch den Kibbuz.

★ Midbara HÜTTEN $$$
(☎ 052 701 0444; www.midbara.co.il; Zukim; DZ/4BZ werktags 800/1200 NIS, DZ/4BZ Wochenende 900/1500 NIS; ✳🛜) Die Siedlung Zukim entwickelt sich mehr und mehr zu einem Touristen-Hotspot, was sich in einem Bau-Boom in Sachen Wüsten-Lodges bemerkbar macht. Die attraktivste dieser Lodges ist zweifellos das Midbara mit seinen elf großzügigen, komfortablen und stilvollen Lehmhütten, die in einem von Obstbäumen übersäten Tal verstreut liegen. Alle Hütten sind mit einer Küche ausgestattet, einige haben einen Kamin, die meisten verfügen über ein eigenes Entspannungsbecken und eine Hängematte.

Der kostenlose Fahrradverleih und die hier lebenden Tiere (Hühner und ein Kamel) begeistern vor allem die Kleinen, sodass das Midbara eine tolle Option für einen Familienurlaub ist. Wer mehrere Nächte bleibt, bekommt einen Rabatt.

Zukim liegt 113 km nördlich von Eilat. Die Lodge findet man, wenn man bei Zukim von der Rte 90 abfährt und dem Schild „Desert Days" folgt.

Nof Zuqim HÜTTE $$$
(☎ 08-658 4748; www.nofzuqim.co.il; Zukim; Standard-DZ werktags/Wochenende 820/1130 NIS, DZ mit Panoramablick werktags/Wochenende 1040/1430 NIS; ✳🛜) Die Konzeption dieser Lehmhütten mit Blick über ein steiniges Wadi in Zukim ist gut: Sie sind super ausgestattet und geschmackvoll dekoriert. Jede hat einen Grillbereich im Freien und einen eigenen Balkon mit Whirlpool. Der Aufpreis für eine Hütte mit Panoramablick lohnt allemal, da die Aussicht auf die Berge wirklich umwerfend ist.

Für 54 NIS pro Person wird ein köstliches Frühstück in die Hütte geliefert.

Neot Semadar Inn
CAFÉ $$

(Pundak Neot Semadar; ☎ 08-635 8180; www.neot-semadar.com; Shizzafon-Kreuzung; Labneh 26 NIS, Käseplatte 50 NIS, Hauptgerichte 40–45 NIS; ⊙ So–Do 7–19, Fr 7–15 Uhr; ⊘) Der üppig grüne Garten hinterm Haus macht dem Namen dieses Cafés am Straßenrand alle Ehre (*neot* bedeutet „Oase"). Betrieben wird es vom Kibbuz Neot Semadar, und auf den Tisch kommen hausgemachter Käse und Labneh (beides aus Ziegenmilch) sowie eine Reihe von Salaten, Eiergerichten, Dips, Pasta und Kuchen – alles mit Bioprodukten zubereitet. Empfehlenswert sind die selbst gemachten Fruchtnektare oder Säfte.

Eilat
אילת ايلات

☎ 08 / 47700 EW.

Die Aufgabe eines Reiseführers ist es, die Dinge so darzustellen, wie sie wirklich sind. Deshalb wird bei der Beschreibung dieses Urlaubsorts an der Südspitze Israels auch kein Blatt vor den Mund genommen. Er erfreut sich bei israelischen Familien auf der Suche nach einem erschwinglichen Strandurlaub und bei osteuropäischen Touristen, die vor dem eisigen Winter zu Hause flüchten, großer Beliebtheit. Eilat ist ein aufdringlicher, hässlicher und so gut wie immer überfüllter Ort, an dem spärlich bekleidete, sonnenverbrannte Touris eher die Regel als die Ausnahme sind und an dem Alkohol untrennbar zur lokalen Kultur zu gehören scheint.

Nichtsdestotrotz muss auch gesagt werden, dass Eilat ein Ort ist, an dem man einen Riesenspaß haben kann, und vor allem Kinder sind hier oft glückselig. Das türkisfarbene Wasser des Roten Meers lädt zum Schnorcheln, Tauchen und Baden ein, und es gibt zahlreiche weitere Attraktionen wie etwa ein Aquarium, einen Vergnügungspark, steuerfreie Einkaufsgelegenheiten und eine bunte Vielfalt von Outdoor-Aktivitäten, bei denen man die spektakuläre Wüstenlandschaft ringsum hautnah erleben kann.

Im Winter herrschen hier Temperaturen zwischen 21 und 25 °C, im Sommer steigen sie dann aber auf 40 °C. Glücklicherweise ist die Luftfeuchtigkeit gering (15 %).

Geschichte

Vor 4000 Jahren gab es in der Wüstenlandschaft rund um Eilat noch große Kupfervorkommen, und der Handel zwischen Eilat und dem thebanischen Hafen Elim florierte. Auch Weihrauch und Myrrhe aus Äthiopien und Punt wurden nach Eilat verschifft, ebenso wie Bitumen und Natron aus dem Toten Meer. In der Römerzeit wurde eine Straße von Eilat nach Petra gebaut, die als neue Handelsroute mit den Nabatäern diente.

Nach Ende der Römerzeit ebbte auch der Handel ab, Eilat blieb aber dank seiner Lage an der Darb el-Hajj (Muslimische Pilgerstraße) zwischen Afrika und Mekka weiterhin mit der Welt in Kontakt. Die Siedlung wuchs kaum, und das Leben blieb unspektakulär bis nach dem Palästinakrieg 1948 die moderne Stadt mit ihrem Hafen erbaut wurde.

◎ Sehenswertes

Underwater Observatory Marine Park
AQUARIUM

(☎ 08-636 4200; www.coralworld.co.il; South Beach; Erw./Kind 104/84 NIS; ⊙ 8.30–16 Uhr; 🚌 15) Hier kann man jede Menge Wasser-Action erleben, ohne selbst nass zu werden. Der Meerespark nahe Coral Beach bietet neben den üblichen Aquariumsattraktionen wie Becken mit Haien und Meeresschildkröten auch ein 12 m unter der Wasseroberfläche des Roten Meeres liegendes Ozeanarium mit zwei komplett verglasten Observatorien, einen Abenteuerpark für Kinder, in dem die Kleinen Koi-Karpfen streicheln und füttern können, sowie ein packendes Filmerlebnis mit dem Namen „Reise in die Welt der Haie". Das Eintrittsticket ist drei Tage gültig.

Die Coral 2000, das hauseigene Glasbodenboot, legt täglich zwischen 10.25 Uhr und 13.25 Uhr ab (Erw./Kind 35/29 NIS).

Botanischer Garten Eilat
GARTEN

(Karte S. 355; ☎ 08-631 8788; www.botanicgarden.co.il; Erw./Kind 25/20 NIS; ⊙ So–Do 8.30–18, Fr 8.30–15, Sa 9.30–15 Uhr; 🚌 5 & 6) Der Botanische Garten mit über 1000 verschiedenen Tropenpflanzen, -bäumen und -büschen liegt auf nach biblischem Vorbild erbauten Steinterrassen am nördlichen Ende der Stadt. Es gibt zudem einen Fluss, Wasserfälle, Wanderwege und einen Regenwald (ein echtes Novum in diesem so trockenen Land!). Am Ortseingang die erste Abzweigung von der Rte 90 nach rechts nehmen; der Garten liegt gleich hinter der Tankstelle.

International Birding & Research Center Eilat Park
NATURSCHUTZGEBIET

(☎ 050 767 1290; IBRCEilat.blogspot.com; ⊙ 24 Std.) GRATIS Jedes Jahr treten Abermil-

Eilat

Highlights
1 Naturschutzgebiet Coral Beach B5

Sehenswertes
2 Botanischer Garten Eilat.....................A1
3 Dolphin Reef B4
4 HaDekel (Palm) Beach B3
5 King's City & Funtasia B2
6 Village Beach B4

Aktivitäten, Kurse & Touren
7 Aqua Sport International B5
  Deep Siam..................................(siehe 7)
8 Manta Isrotel Diving Center B4
9 Snuba B5

Schlafen
10 Orchid Reef Hotel B4

Essen
11 Giraffe...B2
12 Last Refuge...B4

Eilat

lionen Zugvögel ihre Reise zwischen Afrika und Europa an und passieren dabei die Arava und Eilat. Am stärksten ist die Migration zwischen Februar und Mai, aber auch im Herbst gibt es interessante Vogelarten zu sichten. In diesem an einem See genau gegenüber dem Grenzübergang Yitzhak Rabin–Wadi Araba gelegenem Naturschutzgebiet kann man Arten wie etwa das Kaptäubchen, die Sandlerche, die Wüstengrasmücke, den Wüstenfalken, den Kappensteinschmätzer oder den Weißflügelgimpel sehen. Auch zahlreiche Pelikane, Storche und Raubvögel lassen sich blicken.

Es werden private Vogelbeobachtungstouren durch den Park (350 NIS, 90 Min.) oder durch den Park und die südliche Arava (900 NIS, 4 Std.) angeboten. Infos dazu können telefonisch oder per E-Mail beim Park erfragt werden.

King's City & Funtasia   VERGNÜGUNGSPARK
(Karte rechte Spalte; ☎ 08-630 4444; www.kingscity.co.il; East Lagoon; Erw./Kind 125/100 NIS; ⊙ Mo–Sa 10–18, So 14–18 Uhr) Da hätte selbst der Prophet mit den Ohren geschlackert! Das biblische Disneyland für 40 Mio. US$ wurde nach vierjähriger Bauzeit eröffnet. Zu seinen Attraktionen zählen Irrgärten, Kaleidoskope, 3D-Filme und eine aufregende Wasserrutschpartie durch König Salomos Leben. Zum Gelände gehört auch der etwas konventionellere Freiluft-Vergnügungspark Funtasia mit Autoscootern, Karussell und einer kleinen Achterbahn. Der Eintritt zu King's City beinhaltet drei Fahrten in Funtasia (10 NIS/weitere Fahrt).

Strände

Eilats zentrale Strände sind oft so überfüllt, dass viele Besucher lieber am Hotelpool abhängen. Südlich der Lagunen liegt der hässliche Marinestützpunkt mit Hafen, südlich von Dolphin Reef bessert sich das Küstenbild jedoch.

★ Naturschutzgebiet Coral Beach   TAUCHSPOT
(Karte oben; ☎ 057 855 2381; Erw./Kind/Student 35/21/30 NIS; ⊙ April–Sept. 9–17 Uhr, Okt.–März

Eilat Zentrum

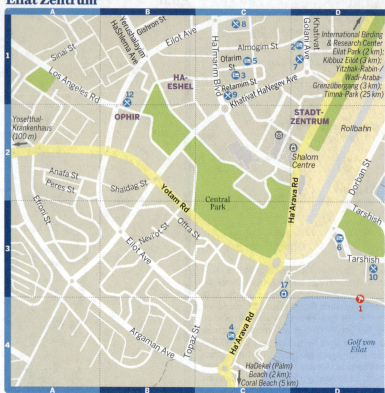

9–16 Uhr; 15) Dieser Küstenabschnitt im von der Israelischen Natur- und Parkbehörde verwalteten Meeresschutzgebiet ist definitiv der beste Strand Eilats und zudem ein echtes Paradies für Schnorchler. Eine Holzbrücke verbindet das Ufer mit dem Anfang eines über 1 km langen Riffs, in dem unterschiedlichste Korallen und Tropenfische leben. Bojen markieren mehrere Unterwasserpfade. Schnorchelausrüstung kann für 19 NIS ausgeliehen werden.

Dolphin Reef WASSERPARK
(Karte S. 355; 08-630 0111; www.dolphinreef. co.il; South Beach; Erw./erm. 67/46 NIS; So–Do 9–17, Fr 9–16.30 Uhr, Entspannungsbecken Mo–Sa 9–23.30 Uhr; 15) Im Gewässer vor diesem privaten Strand ist eine Gruppe Großer Tümmler zu Hause. Für die Beobachtung stehen einige schwimmende Plattformen zur Verfügung, oder man schließt sich einem geführten Schnorchel- (290 NIS) oder Tauchausflug (339 NIS) an. Teilweise kommt man sogar mit den Tieren in Kontakt. Im Eintrittspreis inbegriffen ist die Nutzung des Strandes, gegen einen Aufpreis (98 NIS/2 Std. inkl. Erfrischungsgetränke) kann man auch eines der drei beheizten Entspannungsbecken (Regenwasser, Meerwasser und Totes-Meer-Wasser) mieten, die von üppigem Grün umgeben sind.

Für die Entspannungsbecken und das Schwimmen bzw. Schnorcheln mit den Delfinen empfiehlt sich rechtzeitiges Reservieren. Das Mindestalter fürs Tauchen liegt bei acht, fürs Schnorcheln bei zehn Jahren und für die Nutzung der Becken bei 18 Jahren.

North Beach STRAND
(Karte oben) Eilats Hauptstrand beginnt am Meridien Hotel und erstreckt sich vorbei an den Lagunen bis an die jordanische Grenze. Dank der hoch aufragenden Hotelburgen und der Promenade mit ihren Bars, Cafés und Restaurants ist hier das ganze Jahr über jede Menge los.

Eilat Zentrum

◉ Sehenswertes
1 North Beach D4

🛏 Schlafen
2 Arava Hostel D1
3 Blue Hotel C1
4 Eilat Youth Hostel & Guest
  House C4
5 Motel Aviv C1
6 Soleil Boutique Hotel D3

🍴 Essen
7 Casa do Brasil D1
8 Eddie's Hide-A-Way C1
9 Family Bakery C1
10 Pastory D3
11 Paulina IceCreamy E3
12 Shibolim B1

🍷 Ausgehen & Nachtleben
13 Café Café F4
14 Mike's Place E3
15 Three Monkeys Pub F4

🛍 Shoppen
16 Ice Park Mall F2
17 Mall HaYam C3

HaDekel (Palm) Beach STRAND
(Karte S. 355) HaDekel liegt unmittelbar südlich der Stadt und ist weniger überfüllt als der North Beach. Allerdings liegt er eingebettet zwischen dem hässlichen Hafen und dem Marinestützpunkt. Sehr beliebt zum Schnorcheln!

Village Beach STRAND
(Karte S. 355) Gleich nördlich vom Coral Beach liegt dieser Strand mit kostenlosen Sonnenschirmen, klarem Wasser (gut zum Schnorcheln) und einer Bar, in der im Sommer laute Partys gefeiert werden.

 Aktivitäten

Eilat hat für jedes Alter und für jedes Fitnesslevel die richtige Aktivität zu bieten.

Wassersport
Da das Rote Meer traumhafte Tauchreviere bietet, herrscht auch in Eilat kein Mangel an entsprechenden Clubs. Durch die zahllosen Taucher hat das Riff im Laufe der Zeit aber unweigerlich gelitten. Während der letzten zehn Jahre wurden Schritte unternommen, damit sich die Riffe wieder erholen können. So hat man Tausende Jungkolonien in Aquarien gezüchtet und am vorhandenen Riff ausgebracht.

Es stimmt wirklich, dass man in Eilat nur den Kopf unter Wasser stecken muss, um sofort viele Arten von farbenfrohen Fischen und Korallen zu sehen (hier leben geschätzte 1200 Fisch- und 250 Korallenarten). Diese leichte Zugänglichkeit ist super für Kinder und für Tauchanfänger, die einen PADI-Kurs belegen wollen. Die besten Tauchspots befinden sich im Naturschutzgebiet Coral Beach, am Lighthouse Reef, an Neptune's Tables (auch Veronica's Reef genannt) und am Caves Reef.

Die Preise variieren, für einen geführten Schnorchelausflug oder ein Schnuppertauchen werden jedoch um die 250 NIS fällig, für eine Tauchstunde sind es etwa 450 NIS (alles inkl. Ausrüstungsverleih). Wer auf eigene Faust tauchen oder schnorcheln und sich die Ausrüstung dafür leihen möchte, muss mit etwa 60 NIS für Schnorchel, Maske und Flossen rechnen bzw. mit 170 NIS für Neoprenanzug, Luftflasche und Atemausrüstung.

Die meisten Tauchzentren haben täglich von 8.30 bis 17 Uhr geöffnet.

Manta Isrotel
Diving Center
TAUCHEN & SCHNORCHELN

(Karte S. 355; ☎ 08-633 3666; www.divemanta. com; Coral Beach) Das Manta ist schon seit über 30 Jahren im Geschäft und bietet Schnuppertauchen, Tauchkurse und geführte Schnorchel- und Tauchausflüge. Es sitzt im Isrotel-Hotel Yam Suf, wodurch noch zusätzliche Services wie etwa Babysitting angeboten werden.

Aqua Sport
International
TAUCHEN & SCHNORCHELN

(Karte S. 355; ☎ 08-633 4404; www.aqua-sport. com; Coral Beach) Als einer der ältesten Tauchveranstalter am Roten Meer bietet das Aqua Sport seit 1962 Open-Water-Tauchkurse (inkl. Schnupperkurs), dreitägige Tauchtrips, einen ganztägigen Schnorcheltrip und eine zweistündige Bootstour bei Sonnenuntergang an. Es hat seinen Sitz am Coral Beach, bietet seine Dienste aber auch im Hilton und Mövenpick Hotel in Taba an.

Reef Diving Group
TAUCHEN & SCHNORCHELN

(☎ Marina Divers 08-637 6787, Dolphin Reef 08-630 0111; www.reefdivinggroup.co.il) Ein renommierter Anbieter mit einer Filiale in Eilat und einer in Tel Aviv. Zur Reef Diving Group gehören das Dolphin Reef Dive Centre und die Marina Divers am Coral Beach.

Deep Siam
TAUCHEN & SCHNORCHELN

(Karte S. 355; ☎ 08-632 3636; www.deepdivers. co.il; Coral Beach) Veranstaltet geführte Schnorchelausflüge, Schnuppertauchen und Tauchkurse.

Snuba
TAUCHEN

(Karte S. 355; ☎ 08-637 2722; www.snuba.co.il; South Beach) Der bei Russen beliebte Anbieter hat Schnuppertauchen zum Caves Reef sowie das einstündige „Snuba Adventure" für Anfänger über acht Jahren (200 NIS) im Programm.

Kamelsafaris

Camel Ranch
KAMELREITEN

(☎ 08-637 0022; www.camel-ranch.co.il; Nachal Shlomo; Safari Erw. 150–225 NIS, Kind 7–12 Jahre 110–180 NIS, Abenteuerpark Erw./Kind unter 12 Jahren 106/96 NIS; ◷ April–Sept. Mo–Sa. 16–20 Uhr, Okt.–März Mo–Sa 10–16 Uhr) Wer wie Lawrence von Arabien reiten möchte, der bucht bei diesem in einem Wadi nahe Coral Beach ansässigen Anbieter einen Kamelritt. Die eineinhalbstündige Safari umfasst einen einstündigen Ritt durch das Eilat Mountains Reserve sowie eine 30-minütige Teepause in einem Beduinenzelt. Bei der zweistündigen Sonnenuntergangstour reitet man eine Stunde und isst eine Stunde zu Abend. Die vierstündige Option schließt einen Besuch des Aussichtspunkts am Berg Zefahot und ein Abendessen am Lagerfeuer mit ein.

Zur Ranch gehört auch das **Adventure Park Activity Centre**, eine Art Klettergarten, in dem abenteuerlustige Teilnehmer in Klettergurten über Seile und Holzplattformen springen, schaukeln, klettern und mit dem „Himmelsrad" fahren können. Um bei dem Spaß mitmachen zu dürfen, muss man geschlossene Schuhe tragen und, um die Ausrüstung nutzen zu können, über 1,20 m groß und unter 120 kg schwer sein.

Die Camel Ranch ist mit dem Auto von Eilats Stadtzentrum in zehn Minuten erreicht. Von der Straße nach Taba in die Nachal Shlomo Road einbiegen und den Schildern mit der Aufschrift „Camel Ranch" folgen!

Wüstenwandern

Obwohl das Wüstenwandern angesichts der Aktivitäten am Strand und unter Wasser leicht in Vergessenheit gerät, warten in den Bergen und Tälern gleich außerhalb von Eilat tolle Wandermöglichkeiten.

Elementare Sicherheitsregeln für Wüstentreks: Bitte nur markierten Routen folgen, ausreichend Trinkwasser mitnehmen, den Kopf bedecken, nicht im Hochsommer wandern gehen und den israelisch-ägyptischen Grenzbereich meiden!

Wanderkarten und Ratschläge erhält man in der **SPNI Field School** (Karte S. 355; ☎ 08-637 2021, 08-637 1127; eilat@spni.org.il) an der Straße nach Taba in Coral Beach.

Rundwanderweg um
den Zefahot
WANDERN & TREKKEN

Der Höhepunkt des beinahe 4 km langen, kreisförmigen Wanderwegs ist ein großartiger Blick auf die vier Länder, die hier am Golf von Eilat/Aqaba aufeinandertreffen – Israel, Ägypten, Jordanien und Saudi-Arabien. Den Wanderweg, für den man etwa zweieinhalb Stunden einplanen sollte und der bei Sonnenuntergang oder gegen Ende des Tages am schönsten ist, erreicht man auch ohne eigenes Fahrzeug und ist für Wanderer jeder Altersgruppe und auch für jene, die nicht ganz so fit sind, geeignet.

Man nimmt den Bus 15 vom zentralen Busbahnhof und steigt bei der Camel Ranch (gegenüber vom Isrotel Yam Suf Hotel in

Coral Beach) aus. Dann folgt man den Schildern zum Wadi Schlomo und läuft ca. 2 km über die unbefestigte Straße zur Camel Ranch und geht links zum Wadi Tzefahot (auch Zefahot oder Zfachot). Hier folgt man den grünen Wegmarkierungen. Man passiert einen ausgetrockneten Wasserfall auf der rechten Seite, und nach 300 m teilt sich der Pfad, wobei ein schwarz markierter Weg nach rechts abzweigt. Man folgt dem grün markierten Weg weitere 200 m geradeaus. Dann knickt der Weg nach links ab und steigt steil an. Man folgt ihm ca. 15 Minuten bergauf, bis man den Gipfel des **Zefahot** in rund 278 m Höhe erreicht.

Von diesem Aussichtspunkt aus sieht man im Süden den Sinai und die Kreuzritterfestung auf Coral Island und die jordanische Hafenstadt Aqaba auf der anderen Seite des Golfs und die saudi-arabische Grenze. Im Nordosten liegt der grüne Kibbuz Eilot. Zwar ist der Sonnenuntergang hier oben schön, es wird jedoch davon abgeraten, erst nach Einbruch der Dunkelheit den Rückweg anzutreten, da der Pfad im Dunkeln kaum zu erkennen ist. Er endet an der SPNI Field School an der Hauptstraße.

Vogelbeobachtung

Alaemon Birding VOGELBEOBACHTUNG
(📞 052 368 9773; www.eilatbirding.blogspot.com; Tagestour 1400 NIS) Der große Vogelfan Itai Shanni war bis 2014 Regionalkoordinator des Israelischen Ornithologiezentrums für Eilat und Arava. Heute betreibt er gemeinsam mit dem Vogelfotografen Avi Meir das Alaemon Birding, das Ökotouren mit Schwerpunkt auf der Vogelbeobachtung in der Arava anbietet. Wenn die Zugvögel hier vorbeikommen (Febr.–Mai), müssen die Touren unbedingt vorab gebucht werden.

Geführte Touren

Desert Eco Tours ABENTEUERTOUR
(📞 052 276 5753, 08-632 6477; www.deserteco tours.com) Dieser renommierte Anbieter hat Jeepsafaris rund um Eilat, durch die Wüste Negev und zum Makhtesh Ramon sowie sehr beliebte Jordanienreisen, darunter einen Tagesausflug nach Petra und einen Zweitagestrip nach Petra und zum Wadi Rum, im Programm.

Feste & Events

Isrotel Classic Music Festival MUSIK
(www.isrotel.co.il/events) Schon seit vielen Jahren bringt dieses Festival jeden Januar den bitter benötigten Hauch von Kultiviertheit nach Eilat.

Eilat Chamber Music Festival MUSIK
(www.eilat-festival.co.il) Das internationale Festival bringt jedes Jahr im Februar neue Produktionen, altbekannte Solisten und einzigartige Gemeinschaftsproduktionen auf die Bühne.

★**Red Sea Jazz Festival** MUSIK
(www.redseajazzeilat.com) Das viertägige internationale Jazzfestival in der letzten Augustwoche ist seit 1987 sehr beliebt und bietet Freiluftkonzerte auf Bühnen rund um den Seehafen von Eilat. Seine legendären Jamsessions steigen gratis in Dekel Beach in der Nähe vom Hafen. Es gibt im Februar auch eine Winterveranstaltung.

🛏 Schlafen

Eilats Unterkunftsangebot reicht von gut über schlecht bis hin zu absolut übel. Dies ist nicht der Ort, an dem man auf eine charmante oder gar einzigartige Hotelerfahrung hoffen darf.

Da Eilat eine typische Touristenhochburg ist, steigen die Zimmerpreise am Wochenende um ca. 25 % und während der Schulferien in Israel (Juni–Aug.) um 50 % oder mehr. Dann ist eine Reservierung dringend zu empfehlen. Die im Folgenden angegebenen Preise liegen am oberen Ende der Nebensaisonpreise.

Fans von Fünf-Sterne-Hotelketten haben in Eilat die Qual der Wahl: Über 50 Komplexe säumen die Lagune am North Beach und die Straße nach Taba, darunter neun Isrotels, zwei Dan Hotels und sieben Hotels der Leonardo/Herod-Gruppe. Die meisten sind farblos eingerichtet, haben Restaurants, in denen vorrangig Büfettessen zum Festpreis angeboten wird, große Poolbereiche und einen annehmbaren, aber nicht außergewöhnlichen Service. Die meisten Hotels richten sich vor allem an Familien – und deshalb kann es laut zugehen.

Die meisten der neu eröffneten Hotels in der Stadt sind alles andere als beschaulich gelegen und bieten Ausblick auf den Flughafen oder befinden sich hinter den Lagunen oder dem Hayam-Einkaufszentrum. Bevor man bucht, sollte man unbedingt auf den Stadtplan schauen.

Wer einen leichten Schlaf hat, sollte wissen, dass an der Promenade des North Beach bis spät nachts noch einiges los ist und dass die meisten Hotels der Stadt direkt in der Einflugschneise des Flughafens von Eilat liegen.

An den meisten örtlichen Stränden ist Camping verboten. Ausnahmen sind die Bereiche östlich des Herod's Beach in Richtung jordanische Grenze.

Arava Hostel
HOSTEL $

(Karte S. 356; ☎08-637 4687; www.a55.co.il; 106 Almogim St; B/EZ/DZ 70/200/220 NIS; ✳@🖥🛜) Dies ist das einzige Hostel in Eilat mit echter Backpacker-Atmosphäre. Es liegt aber weit ab vom Strand, und seine altmodischen Zimmer und die dunklen, beengten Schlafsäle würden sicher keinen Blumentopf gewinnen. Allerdings wird man durch den Garten vor dem Haus (perfekt für ein Bier bei Sonnenuntergang!), die Gemeinschaftsküche, die Waschküche (15 NIS/Ladung) und den kostenlosen Parkplatz entschädigt. Internet kostet 16 NIS pro Stunde, WLAN ist gratis.

Die hier angegebenen Preise gelten fast das ganze Jahr über, sind im Juli und August allerdings fast doppelt so hoch.

Motel Aviv
HOTEL $

(Karte S. 356; ☎08-637 4660; www.avivhostel.co.il; 126 Ofarim Lane; B/Zi. 100/300 NIS, Suite klein/ groß 350/500 NIS; ✳🛜🏊) Die Atmosphäre erscheint vielleicht etwas steif, das Aviv ist aber sauber, sicher und stolzer Besitzer eines kleinen Swimmingpools. Die Standardzimmer sind beengt und dunkel, weshalb die Suiten die bessere Option sind und obendrein noch ein besseres Preis-Leistungs-Verhältnis und manche sogar Meerblick bieten. Das Frühstück muss man sich selbst machen, und im Sommer stehen keine Schlafsaalbetten zur Verfügung.

Eilat Youth Hostel & Guest House
HOSTEL $$

(Karte S. 356; ☎02-594 5605; www.iyha.org.il; 7 Ha-Arava Rd; B/EZ/DZ 130/292/400 NIS; ✳@🛜) Wenn da nicht die allgegenwärtigen Gruppen lärmender Schulkinder wären, dann wäre diese riesige Jugendherberge mit dem weitläufigen Balkon und Blick über den Golf von Eilat eine der besten Optionen der Stadt. Aber selbst mit den Schulklassen ist das Hostel mit seinen modernen, sauberen und komfortablen Zimmern und Schlafsälen eine sehr attraktive Unterkunft. Parken und WLAN sind kostenlos. Internet kostet 1 NIS pro Minute.

Blue Hotel
HOTEL $$

(Karte S. 356; ☎08-632 6601; www.bluehotel.co.il; 123 Ofarim Lane; EZ/DZ werktags 305/360 NIS,

Wochenende 350/420 NIS; ✳@🛜) Dieses Drei-Sterne-Hotel in einem charakterlosen Viertel voller Budgetunterkünfte nicht weit vom Stadtzentrum entfernt wird von einem freundlichen irisch-israelischen Pärchen geleitet und ist aufgrund seiner kürzlich erst renovierten Zimmer mit hervorragender Ausstattung (Kühlschrank, Kabel-TV, Wasserkocher) und seinem guten Preis dennoch keine schlechte Option. Es können Fahrräder geliehen werden. Als Gast bekommt man einen Nachlass auf die Tauchangebote der Reef Diving Group.

Soleil Boutique Hotel
HOTEL $$

(Karte S. 356; ☎08-633 4004; www.soleil-hotelei lat.com; 12 Tarshish St; EZ/DZ/Suite 420/500/ 680 NIS; ✳🛜🏊) Seine Größe (nur 70 Zimmer) und die stilvolle Deko verleihen dem Anspruch dieses kürzlich erst eröffneten Hotels, eine Boutiqueoption zu sein, Glaubwürdigkeit. Die Lage mit Blick auf die Landebahn des Flughafens erntet jedoch wieder einen Punkteabzug. In Anbetracht des angemessenen Preises, seiner Nähe zum North Beach und seiner Einrichtungen (u. a. mit Bar, Restaurant, Wellnessbereich, Fitnessraum und Pool) ist es aber dennoch eine passable Option.

★ Orchid Reef Hotel
HOTEL $$$

(Karte S. 355; ☎08-636 4444; www.reefhotelei lat.com; Coral Beach; Zi. Standard/Meerblick/ Meerblick deluxe 620/730/1050 NIS; ✳🛜🏊) Das kürzlich renovierte Hotel bietet einen Ausblick auf einen hübschen Sandstrand gleich neben dem Coral-Reef-Naturschutzgebiet. Es gibt einen riesigen Poolbereich, einen Fitnessraum, einen Wellnessbereich und ein Restaurant. Räder können kostenlos geliehen werden, und am Strand kann man schnorcheln und Seekajak fahren. Ein Parkplatz kostet 25 NIS pro Tag. Die komfortablen Zimmer sind geräumig; fast alle haben einen Balkon oder eine Terrasse mit Meerblick.

✗ Essen

Die meisten Restaurants, Café und Bars finden sich an der North Beach Promenade oder in den Straßen rund um die Lagunen. Die besseren Optionen liegen meist jedoch etwas weiter von diesen megatouristischen Gegenden entfernt.

★ Paulina IceCreamy
EISCREME $

(Karte S. 356; www.paulina.co.il; King Solomon Promenade; 1/2/3 Kugeln 13/18/22 NIS; ⊙11–1 Uhr)

Eis und Meer ergeben eine unwiderstehliche Mischung, und das Paulina an der Lagune ist *die* Adresse schlechthin für leckeres Eis. Hier werden aus hochwertigen Zutaten jeden Tag frische, leckere Eiskreationen zubereitet und an eine riesige Fangemeinde verkauft. Das Paulina ist ein absolutes Muss.

Family Bakery BÄCKEREI $
(Karte S. 356; Ecke Sderot HaTmarim Blvd & Retamim St; Gebäck 4–10 NIS; 24 Std.) Achtung: Dies ist eine Warnung! Hier wird rund um die Uhr gebacken, und somit sind die angebotenen süßen und herzhaften Backwaren nicht nur unwiderstehlich frisch, sondern haben Suchtcharakter. Das Schild ist nur auf Hebräisch beschriftet, deshalb hält man einfach nach dem Schild des „Supermarket Galgal" Ausschau. Die Leckereien gibt's nur zum Mitnehmen, im Café nebenan darf man sie aber gern gleich verdrücken, wenn man sich dazu einen Tee oder Kaffee bestellt.

★ Pastory ITALIENISCH $$
(Karte S. 356; 08-634 5111; 7 Tarshish St; Pizza 48–68 NIS, Pasta 58–96 NIS, Hauptgerichte 72–168 NIS; 13–23 Uhr) *Mamma mia!* Wer hätte gedacht, dass man in einer Seitenstraße am North Beach eine authentische italienische Trattoria mit einer *buonissmia* Küche finden würde? Dieses familienfreundliche Restaurant hinter dem Leonardo Plaza Hotel serviert hervorragende und großzügige Antipasti-Teller, Pasta al dente mit rustikalen Saucen, ofenheiße Pizzas mit hochwertigem Belag und eine unwiderstehliche Auswahl hausgemachter Desserts und *gelati*.

Shibolim BÄCKEREI $$
(Karte S. 356; 08-632 3932; 39 Eilot Ave; Frühstück 20–42 NIS, Sandwiches 39–43 NIS; So–Do 7–21, Fr 7–14 Uhr;) Die Deko im Stil eines bayrischen Gasthofs mag vielleicht etwas bizarr anmuten, die alteingesessene Bäckerei im Stadtzentrum ist aber eine ganz gute Option für ein leckeres Frühstück oder ein leichtes Mittagessen. Brot und Gebäck sind hausgemacht, und alles ist koscher.

Giraffe ASIATISCH $$
(Karte S. 356; 08-631 6583; www.giraffe.co.il; Herods Promenade; Sushi 27–41 NIS, Nudeln 51–58 NIS, Hauptgerichte 51–63 NIS; 12–23.30 Uhr) Dieser Newcomer in der lokalen Restaurantszene versteckt sich im Herods Hotel am Ende der North Beach Promenade. Es ist ein Ableger einer beliebten Kette mit Sitz in Tel Aviv und hat sich schnell eine treue Fangemeinde aufgebaut. Die Suppen, Nudel- und Currygerichte sind besser als das Sushi und das Sashimi.

Last Refuge MEERESFRÜCHTE $$$
(Karte S. 355; 08-637 3627; www.hamiflat.co.il; Coral Beach; Hauptgerichte 88–110 NIS; 12.30–24 Uhr) Das Restaurant gegenüber dem SeaCoral Hotel scheint in den 1970ern stehen geblieben zu sein (kitschige Fischernetze hängen von der Decke, Tom Jones singt in Endlosschleife, und Knoblauchbutter dominiert die Speisekarte). Auf den ersten Blick sieht der Laden sehr unscheinbar aus, Skeptiker werden aber vom vorzüglichen Fisch im Tagesangebot (fangfrisch über Kohlen gegrillt) schnell überzeugt. Ein Taxi vom North Beach hierher kostet um die 40 NIS.

Eddie's Hide-A-Way INTERNATIONAL $$$
(Karte S. 356; 08-637 1137; www.eddieshide-away.rest-e.co.il; 68 Aghmonim St; Hauptgerichte 46–125 NIS; Mo–Fr 18–23.30, Sa 14–23.30 Uhr) Seit dieses baufällige Lokal 1979 seine Türen öffnete, haben sich weder die Ausstattung noch die Speisekarte nennenswert verändert. Es zeugt also wohl von Eddies Fähigkeiten als Gastgeber, dass es hier seither dennoch fast jeden Abend brechend voll ist. Das Essen ist mal so, mal so, mit einem Steak und einer Flasche von der überraschend langen Weinkarte liegt man aber nie falsch. Der Eingang ist in der Eilot Ave.

Casa do Brasil STEAK $$$
(Karte S. 356; 08-632 3032; www.casadobrasil.co.il; Sderot Hativat Golani 3; Menü mit Fleischgericht 170 NIS; 12 Uhr–open end) Fleischliebhaber können sich hier, in Anlehnung an Homer Simpsons *All you can eat*-Eskapaden im „Frittierenden Holländer", den Bauch mit Fleisch vollschlagen, bis sie nicht mehr können. Anders als Homer wurde hier aber noch nie jemand rausgeworfen, weil er zu viel gegessen hat. Zum Menü gehören elf Teilstücke vom Tier; beim Besuch im Zuge der Recherche waren einige schon lederzäh, andere wiederum waren o. k.

Ausgehen & Nachtleben

Die Ausgehszene Eilats wird von den lärmenden Pubs im Viertel rund um den North Beach dominiert. Die Clubszene ist lebhaft, die Locations überdauern aber oft nur kurze Zeit, und jedes Jahr gilt eine andere Adresse als angesagt. Die Angestellten der Hotels oder der Touristeninformation an der North Beach Promenade können Auskunft über die aktuell angesagteste Location geben.

Mike's Place
SPORTBAR

(Karte S. 356; 08-864 9550; www.MikesPlaceBars.com; King Solomon Promenade; 11 Uhr–open end) Mike kommt ganz schön rum. Hier in Eilat hat er Anspruch auf einen Platz unterhalb des King Solomon Hotel angemeldet, mittlerweile aber auch schon eine weitere Außenstelle seines nationalen Sportbar-Empiriums eröffnet. Es gibt ein paar Tische im Freien mit Blick auf den Jachthafen, das meiste spielt sich aber im Innern der Bar ab – da wären z. B. die riesigen TV-Bildschirme und die Livemusik am Wochenende nach 22 Uhr.

Three Monkeys Pub
KNEIPE

(Karte S. 356; 08-636 8877; www.threemonkeyspub.co.il; North Beach Promenade; 12–3 Uhr) Dank seiner Lage direkt an der Promenade und der Tatsache, dass hier in der Hauptsaison fast jeden Abend ab 23 Uhr Livebands spielen, wird diese beliebte Kneipe regelmäßig von sonnenverbrannten Touristen bevölkert. Die Getränkepreise sind ganz schön knackig, und die Bedienungen teilweise langsam und etwas schroff.

Café Café
BAR, CAFÉ

(Karte S. 356; www.cafecafe.co.il; North Beach Promenade; 8–1 Uhr) In Eilat gibt's gleich zwei Ableger dieser israelischen Kette, der bessere davon ist dieser vor dem Dan Eilat Hotel. Von der großen Terrasse mit den bequemen Sofas und zahlreichen Sonnenschirmen aus kann man das bunte Treiben am Strand beobachten. Eine nette Adresse für einen Kaffee, ein Bier oder einen Cocktail.

Shoppen

In Eilat muss keine Mehrwertsteuer entrichtet werden. Dadurch sollten die Preise hier eigentlich niedriger sein als im Rest des Landes. Oft ist dies aber gar nicht der Fall.

SICHERHEITSWARNUNG

Da sich in der Vergangenheit an der Route 12, die entlang der Grenze nach Ägypten verläuft, schon terroristische Anschläge ereignet haben, sollte man sich, bevor man in dieses Gebiet aufbricht, immer erst bei der Touristeninformation in Eilat über die aktuelle Lage informieren. Wanderer sollten sich entsprechend bei der SPNI Field School nahe Coral Beach erkundigen, bevor sie sich in grenznahes Gebiet aufmachen.

Ice Park Mall
EINKAUFSZENTRUM

(Karte S. 356; http://ice-mall-eilat.com; Ecke Kampen St & Piestany St; 9.30–23.45 Uhr) Hauptanziehungspunkt dieses von einer Glaskuppel dominierten Komplexes hinter der Lagune von Eilat ist die Eisbahn mit Olympiamaßen, die besonders bei Familien sehr beliebt ist. Die Geschäfte sind rund um die Eisfläche angeordnet und verkaufen die für ein Einkaufszentrum üblichen Waren.

Mall HaYam
EINKAUFSZENTRUM

(Karte S. 356; http://mallhayam.co.il; Ha-Palmakh St 1; Sa-Mi 9–23, Do 9–24, Fr 9–18 Uhr) Eilats größtes Einkaufszentrum liegt direkt am Meer. Hier kaufen Einheimische wie Touristen gern bei den großen Ketten wie Zara, Mango und dem israelischen Gegenstück dazu, Castro, ein.

Praktische Informationen

GELD
Geld tauschen die vielen Wechselstuben im alten Geschäftszentrum wie HaTemarim Blvd sowie die Post im Red Canyon Centre und die Filialen der Leumi Bank.

NOTFALL
Polizei (08-636 2444, 100; Hativat HaNegev Ave)

Touristenpolizei (North Beach Promenade; wechselnde Öffnungszeiten) Nahe der Touristeninformation am North Beach.

Yoseftal-Krankenhaus (08-635 8015; Ecke Yotam Rd & Argaman Ave; 24 Std. Notaufnahme)

POST
Post (Karte S. 356; Red Canyon Mall; So–Di & Do 8–18, Mi 8–13.30, Fr 8–12 Uhr)

TOURISTENINFORMATION
Touristeninformation (Karte S. 356; 08-630 9111; eilatinfo@tourism.gov.il; Bridge House, North Beach Promenade; So–Do 8.30–17, Fr 8–13 Uhr) Eine sehr hilfreiche Anlaufstelle, deren Personal Fragen gern beantwortet, kostenlose Stadtpläne und Broschüren zur Verfügung stellt und gebrauchte deutschsprachige Bücher verkauft.

An- & Weiterreise

Der Grenzübergang Yitzhak Rabin–Wadi Araba zwischen Israel und Jordanien liegt ca. 5 km nordöstlich von Eilat. Der Grenzübergang nach Ägypten in Taba liegt 8,5 km südwestlich.

BUS
Egged-Verbindungen nach Tel Aviv (Bus 393, 394 od. 790, 82 NIS, 5 Std.) fahren zwischen 5

Uhr und 19 Uhr alle eineinhalb bis 2 Stunden vom zentralen Busbahnhof ab; um 1 Uhr verkehrt ein zusätzlicher Nachtbus. Freitags und samstags ist das Angebot stark eingeschränkt. Langstreckenbusse nach/von Eilat sollten online unter www.egged.co.il oder telefonisch unter ☑ 2800 reserviert werden. Reservierungen sind bis zu zwei Wochen im Voraus möglich.

Bus 392 nach Be'er Scheva (60 NIS, 3 Std.) hält am Flughafen Owda (25 NIS, 45 Min.) und in Mitzpe Ramon (49 NIS, 2¼ Std.). Nach Jerusalem (Bus 444, 82 NIS, 5 Std.) gibt's täglich vier Busse, die zwischen 7 Uhr und 17 Uhr fahren; sie kommen unterwegs durch En Gedi (49,50 NIS, 3 Std.). Freitags und samstags ist das Angebot stark eingeschränkt.

Es gibt keine Direktbusse zwischen Eilat und Kairo.

FLUGZEUG
Eilats städtischer **Flughafen** (☑ 1 700 705 022; www.iaa.gov.il/Rashat/en-US/Airports/Eilat) liegt mitten im Stadtzentrum. Es gibt Pläne für den Bau eines neuen Flughafens in Timna nördlich von Eilat, der nach seiner Fertigstellung (Schätzungen variieren stark, und zynische Einheimische bezweifeln, dass er jemals fertiggestellt werden wird) Eilats zivile Flughäfen und den Luftwaffenstützpunkt Owda ersetzen soll.

Arkia (☑ 08-638 4888; www.arkia.com; Red Canyon Mall) und **Israir** (☑ 1 700 505 777; www.israirlines.com; Shalom Centre) starten mehrmals täglich gen Tel Aviv, Sede Dov und Ben-Gurion (ab 25 US$, 35 Min.).

Der Flughafen Owda (S. 451) liegt ca. 67 km nördlich von Eilats Zentrum. Hier landen gelegentlich europäische Chartermaschinen und Flüge von Arkia oder El Al. Die große Entfernung zur Stadt ist allerdings ziemlich unpraktisch.

ⓘ Unterwegs vor Ort

Das Zentrum kann problemlos zu Fuß erkundet werden, Ziele entlang der Straße nach Taba erfordern aber eine Bus- oder Taxifahrt. Bus 15 verbindet den zentralen Busbahnhof mit der ägyptischen Grenze bei Taba und hält in Coral Beach (4,90 NIS, 30 Min., stündl. So–Do 8–21, Fr 8–15, Sa 9–19 Uhr). Auf der Rückfahrt wird er zu Bus 16. Ein Taxi vom Stadtzentrum zum Grenzübergang kostet um die 60 NIS.

Der Yitzhak Rabin–Wadi Arava Grenzübergang nach Jordanien ist nur mit dem Taxi erreichbar (45 NIS).

AUTO
Im Schalom-Zentrum gegenüber dem Flughafen haben neben anderen Autovermietungen auch Eldan, Hertz und Budget ein Büro. Am besten ruft man dort an.

Budget (☑ 03-935 0016; www.budget.co.il)
Eldan (☑ 08-637 4027; www.eldan.co.il)
Hertz (☑ 08-637 5050; www.hertz.co.il/en)

TAXI
Trotz der kurzen Entfernungen ist es aufgrund der Hitze oft eine gute Idee, sich trotzdem ein Taxi zu nehmen. Eine Taxifahrt vom Flughafen zu den meisten Adressen im Stadtzentrum oder in North Beach dürfte etwa 20 NIS kosten, wer nach Coral Beach will, muss mit etwa 45 NIS rechnen.

Rund um Eilat

Eilat ist von schroffen Bergen aus rotem Fels umgeben, die durch die tektonischen Bewegungen des Großen Afrikanischen Grabenbruchs bzw. des Jordangrabens entstanden. Vor allem zu Sonnenauf- und -untergang erstrahlt die äußerst artenreiche Wüstenlandschaft in herrlichen Farben.

Wanderfans wird es in die Eilat-Berge ziehen. Eine beliebte Wanderung ist der sechsstündige Anstieg hinauf zum **Har Shlomo**, der mit einem Blick hinüber nach Jordanien, über das Araya-Tal und (bei klarer Sicht) über den Golf von Eilat belohnt. Der Ausgangs- und der Endpunkt dieser Wanderung befinden sich an unterschiedlichen Stellen; man braucht also zwei Autos. Bei der SPNI Field School kann man sich ein Infoblatt mit Wegbeschreibung holen.

Ein weiterer toller Trek (6–7 Std.) führt vom Har Yoash durch die dramatische Schlucht **Nakhal Gishron** (Teil des Israel National Trail) bis zur ägyptischen Grenze. In der Field School bekommt man nähere Informationen.

Petra (Jordanien) البتراء

Inhalt ➡
Antikes Petra....... 366
Wadi Musa.......... 371
Siq al-Barid
(Klein-Petra)....... 377

Gut essen & Ausgehen
- Cave Bar (S. 376)
- Al-Saraya Restaurant (S. 376)
- Petra Kitchen (S. 371)
- Red Cave Restaurant (S. 376)
- Basin Restaurant (S. 370)

Schön übernachten
- Mövenpick Hotel (S. 373)
- Amra Palace Hotel (S. 376)
- Petra Palace Hotel (S. 373)
- Petra Guest House Hotel (S. 373)
- Cleopatra Hotel (S. 376)
- Rocky Mountain Hotel (S. 376)

Auf nach Petra!

Das im heutigen Jordanien gelegene Petra ist mit seiner in die rosa schimmernden Felswände gemeißelten Architektur nicht nur das Highlight eines Landes, das mit überdurchschnittlich vielen herausragenden Stätten gesegnet ist. Die antike nabatäische Stadt zählt auch zu den sieben Weltwundern. Sie war jahrhundertelang in Vergessenheit geraten. Bis 1812, als der Schweizer Entdecker Jean Louis Burckhardt eher zufällig auf sie stieß, wussten nur die Beduinen, die in ihr lebten, von ihrer Existenz.

Dank ihrer Lage im Herzen einer windgepeitschten Landschaft, hat sich die teilweise zu Ehren der Toten erbaute Nekropole von Petra einen Großteil ihres Mysteriums erhalten. Der Weg dorthin führt durch den Siq, eine schmale Schlucht. Plötzlich öffnet sie sich ins Freie und der Besucher findet sich unmittelbar vor dem Schatzhaus wieder – ein Anblick, der einfach jeden beeindrucken wird. Kombiniert man dies mit dem fröhlichen Wesen der Beduinen, wird schnell klar, warum Petra ein absolutes Muss ist.

Reisezeit
Wadi Musa

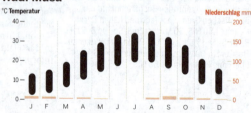

März–Mai Aus gutem Grund die beste Reisezeit: Der Oleander blüht und man wandert sicher.

Mitte Okt.–Ende Nov. Zum letzten Mal gutes Wetter, danach sind einige Wege wegen Regen gesperrt.

Dez.–Jan. Eiskalte Nächte, tagsüber strahlend blauer Himmel. Im Winter ist Petra so gut wie menschenleer.

Geschichte

Petra wurde im 4. Jh. v. Chr. von den Nabatäern gegründet, einem Verbund nordwestarabischer Nomadenstämme. Zu ihrer Hochzeit lebten rund 30 000 Menschen hier, unter ihnen Schreiber und Baumeister, die eine Stadt mit hochentwickelter Kultur errichteten, mit Schwerpunkt auf dem Leben nach dem Tod. 106 n. Chr. erlangten die Römer die Kontrolle über Petra – was sie auch mit Bauten dokumentierten – z. B. mit der Säulenstraße.

Bei schweren Erdbeben in den Jahren 363 und 551 wurde ein Großteil der Stadt zerstört. Nach der arabischen Eroberung des Gebietes verließen 663 die letzten Einwohner die Stadt, die zusehends verfiel. Nur Beduinen wussten noch von diesem Juwel – doch behielten sie ihr Wissen für sich. Erst 1812 betrat wieder ein Europäer Petra: Als muslimischer Pilger getarnt, ritt der Schweizer Arabienreisende Jean Louis Burckhardt in die Stadt und entdeckte sie damit für Europa neu.

In den 1950er-Jahren erlangte Petra einen geradezu mythologischen Stellenwert. Einige junge Israelis riskierten ihr Leben bei dem Versuch, die Stätte heimlich zu besichtigen. Es gab sogar welche, die für den Besuch mit ihrem Leben bezahlten.

Seit 1985 gehört Petra zum Weltkulturerbe der UNESCO. 2007 wurde die Stadt bei einer internationalen Umfrage zu einem der „Sieben neuen Weltwunder" gewählt – ein Beweis dafür, dass die Felsenstadt nichts von ihrem Reiz verloren hat, obwohl man sie doch 200 Jahre lang keines Blickes gewürdigt hatte.

ℹ An- & Weiterreise

Es ist nahezu unmöglich, Petra mit öffentlichen Verkehrsmitteln als Tagestour von Israel oder von der Westbank aus zu besuchen.

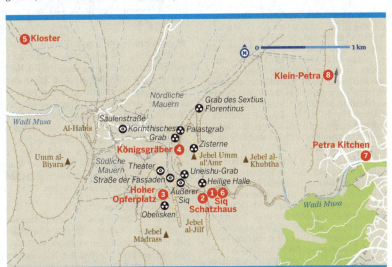

Highlights

❶ Den **Siq** (S. 366) durchqueren und so in die Vergangenheit zurück reisen

❷ Die frühen Sonnenstrahlen erhaschen, die über die Säulen des **Schatzhauses** (S. 366) huschen

❸ Auf dem Weg zum **Hohen Opferplatz** (S. 366) eine Teepause bei den Beduinen machen und durch ein Blumenmeer zurückkehren

❹ Die **Königsgräber** (S. 367) auf der Suche nach Geistern durchforsten, die in den Nischen lauern

❺ Zum **Kloster** (S. 367) pilgern und im Licht der untergehenden Sonne das Farbenspiel auf den Felsen beobachten

❻ Auf der Tour **Petra by Night** (S. 371) bei Musik und Kerzenschein die Seele baumeln und in den Schatten des Siq wandern lassen

❼ Sich im Kochkurs von **Petra Kitchen** (S. 371) selbst ein jordanisches Abendessen zubereiten

❽ **Klein-Petra** (S. 377) besuchen und – ganz ohne Touristenmassen – die nabatäischen Gräber und Tempel in dem Miniatur-Siq bestaunen

> **KURZINFOS JORDANIEN**
>
> **Hauptstadt** Amman
>
> **Landesvorwahl** 962
>
> **Vorwahl Petra** 03
>
> **Landessprache** Arabisch
>
> **Visa** Staatsangehörige der meisten Länder können sich am Grenzübergang Yitzhak Rabin ein kostenloses Visum für zwei Wochen ausstellen lassen. Beim Verlassen Israels wird eine Ausreisegebühr in Höhe von 100 NIS erhoben. Am Grenzübergang Allenby-King-Hussein-Brücke werden keine Visa für Jordanien ausgestellt. Die jordanische Einreisegebühr am Flughafen Queen Alia beträgt 40 JOD. Die Ausreisegebühr aus Jordanien beläuft sich auf 10 JOD.

Der **Yitzhak Rabin/Wadi Araba-Übergang** (08-630 0555; So-Do 6.30–22, Fr & Sa 8–20 Uhr) ist der einfachste Weg nach Jordanien. Von Elat aus ist man mit dem Taxi (50 NIS) schnell an der Grenze. Auf jordanischer Seite kostet eine Taxifahrt nach Petra rund 60 JOD (80 JOD hin & zurück). Alternativ kann man auch mit dem Taxi nach Aqaba (10 JOD) und dann mit dem Minibus weiter nach Petra (5 JOD, 2½ Std., 120 km) fahren. Die Busse fahren – sobald sie voll sind – zwischen 6 und 7 Uhr, zudem gibt es bei entsprechender Nachfrage auch Fahrten zwischen 11 und 12 Uhr.

Der **Grenzübergang Allenby/King Hussein-Brücke** (02-548 2600; So-Do 8–20, Fr & Sa 8–14 Uhr) ist von Jerusalem (45 Min.) aus praktisch, allerdings braucht man ein vorgefertigtes Visum. Außerdem dauert die Rückkehr in die Palästinensergebiete und Israel über diesen Grenzübergang quälend lang. Man kann von Jerusalem auch ein *sherut* (Sammeltaxi) nehmen. Von Amman aus fährt täglich ein **JETT**-Bus (962-6-566 4146; www.jett.com.jo, einfach/hin und zurück 9,50/196 JOD; 6.30, zurück um 16 Uhr). Minibusse (7 JOD, 4 Std., 210 km) verlassen die Bushaltestelle im Süden Ammans zwischen 6 und 16 Uhr, sobald sie voll sind. Für eine Taxifahrt von Amman nach Petra muss man mit etwa 90 JOD rechnen; wer die malerische Straße der Könige entlangfahren möchte, zahlt 130 JOD.

Antikes Petra

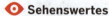

Sehenswertes

Es gibt mehr als 800 historische Baudenkmäler und Opferplätze in Petra, darunter etwa 500 Gräber. Vom Eingang aus schlängelt sich ein etwa 800 m langer Pfad durch ein Gebiet namens Bab as-Siq, wo man bereits die ersten Hinweise auf das antike Petra findet.

Achtung: In Petra gibt es viele Anhöhen mit antiker religiöser Bedeutung. Zwar bieten diese atemberaubende Aussichten, allerdings führt der Weg dorthin meist über steile Stufen, die weder mit Seilen noch anderweitig gesichert sind.

★ Siq SCHLUCHT

Der 1,2 km lange Siq (Schlucht) mit seinen engen, senkrechten Wänden ist zweifellos eines von Petras Highlights. Schon der Weg durch diesen magischen Korridor, der sich zur verborgenen Stadt schlängelt, lässt erahnen, welche Wunder noch vor einem liegen. Dessen waren sich schon die Nabatäer bewusst, die diese Passage durch zahlreiche Orte von spiritueller Bedeutung zu einem heiligen Weg machten.

★ Schatzhaus (Khazne al-Firaun) GRAB

Im Angesicht des sogenannten Schatzhauses verlieren die meisten Besucher ihr Herz an Petra. Die im hellenistischen Stil in den eisenhaltigen Sandstein gehauene Fassade zeugt von erstaunlicher Handwerkskunst. Zwar diente das Bauwerk als Grab des Nabatäerkönigs Aretas III., den Namen „Schatzhaus des Pharao" erhielt es jedoch aufgrund einer legendären Geschichte, die besagt, dass ein ägyptischer Pharao während der Verfolgung der Israeliten sein Gold in der Urne der Fassade versteckte.

Straße der Fassaden GRAB

Hinter dem Schatzhaus verbreitert sich die Schlucht zum Äußeren Siq. Hier befinden sich in den Felswänden mehr als 40 Gräber und Wohnstätten, die von den Nabatäer im „gestaffelten" Stil der assyrischen Architektur in den Fels geschlagen wurden. Im Gegensatz zu vielen anderen Gräbern in Petra ist die umgangssprachlich als Straße der Fassaden bekannte Passage sehr leicht zugänglich.

★ Hoher Opferplatz AUSSICHTSPUNKT

Dies ist der am besten erreichbare „Hohe Platz" der Stadt. Die gut erhaltene Stätte liegt auf dem Gipfel des Jebel Madbah und verfügt über eine Blutrinne, über die das Blut der Opfertiere ablaufen konnte. Unmittelbar vor dem Theater führt eine ausgeschilderte Freitreppe zur Kultstätte: einfach an den Obelisken nach rechts gehen. Es besteht auch die Möglichkeit, den Weg auf einem Esel (einfache Strecke etwa 10 JOD) zurückzulegen. Dabei opfert man allerdings das Erfolgsgefühl, den Gipfel aus eigenen Kräften erreicht zu haben, sowie die gute Laune des armen Lastentiers.

Theater
THEATER

Die Nabatäer, nicht die Römer, schlugen dieses Bauwerk vor mehr als 2000 Jahren aus dem Fels. Dabei wurden viele Höhlen und auch Gräber zerstört. Kurz nachdem die Römer 106 n. Chr. nach Petra kamen, erweiterten sie das Bauwerk, das schließlich 8500 Zuschauern Platz bot (also rund 30 % der Bevölkerung Petras). Bei einem Erdbeben im Jahre 363 wurde das Theater schwer beschädigt und in der Folge teilweise abgetragen, um mit dem Material noch andere Bauten zu errichten. Trotzdem gehört es immer noch zu den Highlights, die man in Petra besichtigen kann.

★ Königsgräber
GRÄBER

Unterhalb des Theaters erweitert sich das Wadi zu einem Durchgang. Auf der rechten Seite erhebt sich über dem Tal das Massiv des Jebel al-Khubtha. Innerhalb der nach Westen gerichteten Wand befinden sich einige der imposantesten Grabstätten Petras: die Gräber der Königswand. Besonders im goldenen Licht der untergehenden Sonne sind die Gräber ein atemberaubender Anblick.

Säulenstraße
ALTE HAUPTVERKEHRSACHSE

Folgt man der Straße weiter in Richtung Westen, gelangt man zur Säulen- bzw. Kolonnadenstraße, der früheren Hauptverkehrsstraße. Sie wurde etwa im Jahre 106 nach römischem Vorbild als Ost-West-Achse angelegt (Decumanus), allerdings ohne Cardo (Nord-Süd-Achse). Früher säumten in Marmor gekleidete Sandsteinsäulen die 6 m breite Straße. Überdachte Säulengänge führten zu den Geschäften.

Qasr al-Bint
TEMPEL

Eines der wenigen frei stehenden Gebäude in Petra ist das Qasr al-Bint. Der Haupttempel wurde gegen 30 v. Chr. von den Nabatäern erbaut. Später diente er der Huldigung römischer Kaiser. Im 3. Jh. n. Chr. wurde er zerstört. Zwar nannten die Beduinen das Bauwerk „Palast der Pharaonentochter" – doch war der Tempel zu Ehren nabatäischer Götter errichtet worden. Der Qasr al-Bint gehörte zu den wichtigsten Tempeln der Stadt.

★ Kloster (Ad-Deir)
GRAB

Hoch in den Bergen versteckt sich das Kloster Ad-Deir, das zu den berühmtesten Bauwerken Petras gehört. Es ähnelt dem Schatzhaus, ist aber weitaus größer (50 m breit und 45 m hoch). Erbaut wurde der Tempel im 3. Jh. v. Chr. als nabatäische Grabstätte. Den Namen „Kloster" hat die Stätte den Kreuzen zu verdanken, die in die Wände im

---

ⓘ WIE MAN IN PETRA DAS RICHTIGE TEMPO FINDET

Man sollte nicht versuchen, alles zu sehen (das wäre der schnellste Weg, der Ruinenstadt überdrüssig zu werden). Am besten erkundet man Petra, indem man sich auch die Zeit nimmt, durch unmarkierte Grabstätten zu schlendern oder an einem Beduinen-Stand einen Tee zu trinken.

Ein halber Tag (5 Std.) Nach einem Spaziergang durch den Siq kann man den erhabenen Anblick des Schatzhauses genießen. Man kann die Stufen zum Hohen Opferplatz erklimmen und dem Pfad durch das Wadi Farasa folgen, der an wunderschön gefärbten Gesteinsformationen entlang führt.

Ein Tag (8 Std.) Zusätzlich zum Halb-Tages-Programm packt man sich ein Picknick ein und besucht die Königsgräber, geht am Qasr al-Bint entlang und folgt dem Wadi, das zum Jebel Harun und dem Schlangenmonument führt – ein idealer Platz zum Verweilen und für eine kleine Brotzeit. Man sollte sich noch ein bisschen Energie für den Aufstieg zum Kloster aufsparen – der perfekte Abschluss für jeden Besuch in Petra.

Zwei Tage Den zweiten Tag nutzt man am besten dafür, durch das aufregende Wadi Muthlim zu klettern. Auftanken kann man anschließend am Grill des Basin Restaurants. Bei Sonnenuntergang nimmt man dann am Theater Platz und genießt den Anblick der Königsgräber – mit das Beste, was Petra zu bieten hat. Belohnen kann man sich anschließend in einem Türkischen Bad und mit einem Drink in der Cave Bar – der ältesten Bar der Welt.

Petra

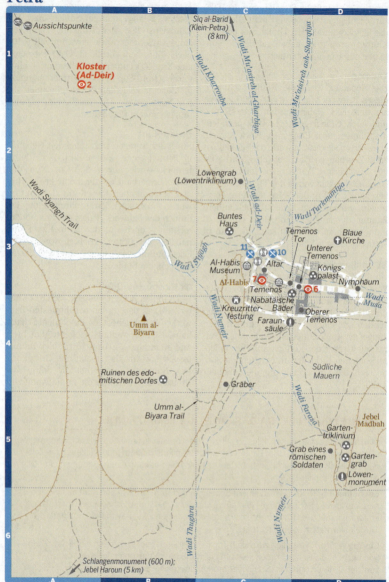

Innern geritzt sind und darauf hindeuten, dass das Gebäude in byzantinischer Zeit als Kirche genutzt wurde. Der alte in den Stein geschlagene Pfad vom Nabatäischen Museum bis hinauf zum Kloster zählt mehr als 800 Stufen und folgt dem alten Prozessionsweg.

Aktivitäten

Die Kosten für einen zwei- bis dreistündigen Ausritt durch die umliegenden Hügel beginnen bei 30 JOD. Man kann solche Touren in den Reisebüros der Stadt buchen oder, wenn man etwas abenteuerlustig ist, die Betreuer

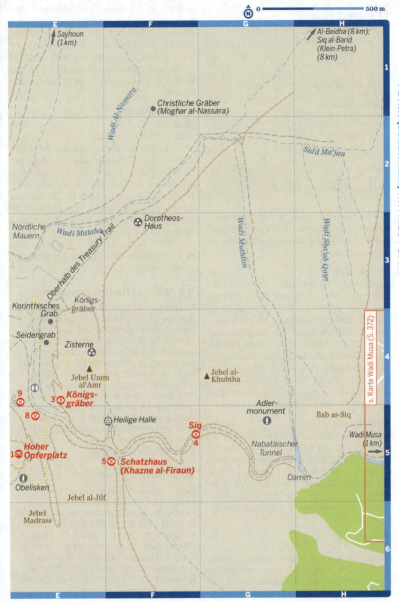

der Tiere am Eingang bitten, einen herumzuführen.

Vom Wadi Muthlim zu den Königsgräbern
WANDERN
(mittelschwer; zwingend mit Guide, 50 JOD; einfache Strecke 1½ Std.) Wer die Hauptroute durch den Siq bereits kennt, für den ist die eineinhalbstündige Canyon-Tour eine aufregende Alternative. In der Gegend ereignen sich immer wieder sehr ernst zu nehmende Sturzfluten, weshalb man um einen Guide nicht herumkommt. Die Wanderung ist weder schwer noch anstrengend, es gibt

Petra

◎ Highlights

1 Hoher Opferplatz.....................................E5
2 Kloster (Ad-Deir)......................................A1
3 Königsgräber...E4
4 Siq..F5
5 Schatzhaus (Khazne al-Firaun)...........F5

◎ Sehenswertes

6 Säulenstraße...D3
7 Qasr al-Bint..C3
8 Straße der Fassaden.............................E5
9 Theater...E4

⊗ Essen

10 Basin Restaurant C3
11 Nabataean Tent Restaurant................C3

aber mehrere Passagen, die von Felsblöcken versperrt sind und im Winter kann es auch vorkommen, dass man durch Wasserlöcher stapfen muss.

Umm al-Biyara
WANDERN

(anstrengend; selbstgeführt; einfache Strecke 3 Std.) Wer den anstrengenden Marsch vom Qasr al-Bint auf den Umm al-Biyara (1178 m) auf sich nimmt, wird mit fantastischen Ausblicken auf die Berglandschaft belohnt. Der Legende nach befand sich auf dem flachen Gipfel des Berges ursprünglich die edomitische Hauptstadt Sela, von der aus der judäische König Amazja, der von 796 bis 767 v. Chr. regierte, 10 000 Gefangene über den Steilhang in den Tod stürzen ließ.

Jebel Haroun
WANDERN

(anstrengend; selbstgeführt oder 150 JOD mit Guide; hin & zurück 6 Std.) Diese Wanderung vorbei am **Schlangenmonument** beginnt am Qasr al-Bint. Der Jebel Harun (1350 m) gilt als der biblische Berg Hor, die Grabstätte von Moses' Bruder Aaron; ein weißer Schrein aus dem 14. Jh. kennzeichnet die Stelle.

✖ Essen

Abgesehen von den beiden großen Restaurants gibt es überall in Petra noch diverse **Getränke- und Imbissstände**, an denen man sich mit Tee und Erfrischungsgetränken sowie Snacks versorgen kann.

★ Basin Restaurant
BUFFET $$

(Mittagsbuffet 17 JOD, frisch gepresster Orangensaft 4 JOD; ⊙ 12–16 Uhr; ✐) Das Basin bietet eine große Auswahl an internationalen Gerichten wie etwa Salate, frischer Falafel und feurige Grillwurst. Auch zahlreiche Dessert

stehen auf der Speisekarte, darunter Obst und *umm ali* (ein Nachtisch, der an Brotpudding erinnernt). Im Inneren befindet sich ein klimatisierter Speisesaal; Gruppen können draußen an der Schlucht unter Segeltüchern sitzen, individuelle Reisende bekommen einen Tisch im Schatten der Bäume.

Nabataean Tent Restaurant
BUFFET $$

(Mittagsbuffet 10 JOD, Getränke 2 JOD; ⊙ 11–15 Uhr) Ein lässiges Restaurant mit einfachen jordanischen Gerichten und ein oder zwei internationalen Klassikern. Es liegt wunderschön unter blau blühenden Jakaranda-Bäumen (Blütezeit ist im Mai). Die Besitzer fahren ein umfangreiches Mittagsmenü mit Sandwiches, gekochten Eiern, Joghurt und Kuchen zum Schnäppchenpreis von 6 JOD auf. Wer möchte, kann vor Ort essen und sich noch einen türkischen Kaffee dazu servieren lassen.

❶ Praktische Informationen

Ticketbüro (✐/Fax 2156044; Ein-/Zwei-/Dreitagespass 50/55/60 JOD; für Kinder unter 15 Jahre Eintritt frei; ⊙ 6–16 Uhr, im Sommer bis 18 Uhr) Das Ticketbüro befindet sich im Besucherzentrum am Eingang der Felsenstadt. Eintrittskarten werden zwar nur bis 16 Uhr verkauft, trotzdem kann man bis Sonnenuntergang (im Winter bis 17 Uhr) in Petra bleiben. Der Eintrittspreis kann nur in jordanischer Währung bezahlt werden und die Mehrtagestickets sind nicht übertragbar. Wer Petra im Rahmen eines Tagesausflugs aus Israel oder Palästina besucht, bezahlt für den Eintritt 90 JOD.

❶ Unterwegs vor Ort

Die 800 m zwischen Haupteingang und Siq können hin und zurück auf dem Pferderücken zurückgelegt werden; der Preis dafür ist bereits im Ticket enthalten. Ein Trinkgeld von 3 oder 4 JOD wird aber gern genommen. Die 2 km vom Haupteingang zum Schatzhaus kann man sich für 20 JOD in Zweier-Droschken fahren lassen, zum Museum kostet die Fahrt 40 JOD; hinzu kommen jeweils 5 JOD pro Person als Trinkgeld.

Auch Esel (für längere Entfernungen Maulesel) stehen zur Verfügung. Preise für einen einfachen Ritt am Hohen Opferplatz beginnen bei 10 JOD, zum Kloster fallen 30 JOD an. Für den Weg zwischen Qasr al-Bint und dem Schatzhaus kann man für rund 15 JOD für die einfache Strecke auf dem Rücken eines Kamels reiten; am Theater wird ein kleiner Stopp zum Fotografieren eingelegt.

Wadi Musa

وادي موسى

03 / 30 050 EW. / 1150 M

Das Dorf, das rund um die Felsenstadt aus dem Boden geschossen ist, wird Wadi Musa (Tal des Moses) genannt. Das kommerzielle Zentrum liegt am Shaheed-Kreisverkehr, etwa 3 km vom Eingang von Petra entfernt.

Aktivitäten

Viele Hotels in Petra haben ein Türkisches Bad – die perfekte Entspannung für die vom Sightseeing erschöpften Muskeln. Zum Angebot gehören typischerweise ein Dampfbad, Massage, heiße Steine und Peeling. Unbedingt im Voraus buchen; Frauen werden auf Wunsch von weiblichen Angestellten betreut.

Petra Turkish Bath BADEHAUS
(03-2157085; 15–22 Uhr) In der Passage unter dem Silk Road Hotel in der Nähe des Eingangs nach Petra gelegen. Der Hamam hat für Frauen einen komplett abgetrennten Badebereich mit weiblichen Bademeistern.

Salome Turkish Bath BADEHAUS
(03-2157342; 16–22 Uhr) Über eine Grotte, in der alte landwirtschaftliche Geräte ausgestellt sind, gelangt man in dieses Badehaus, das über einen stimmungsvollen Entspannungsbereich verfügt, in dem man nach dem Bad sitzen und einen Kräutertee genießen kann. Nahe des Al-Anbat II Hotels.

Kurse

★ **Petra Kitchen** KOCHKURS
(03-2155700; www.petrakitchen.com; Kochkurs 35 JOD/Pers.; 18.30–21.30 Uhr) Wer immer schon mal wissen wollte, wie man himmlischen Hummus zubereitet oder die perfekte Baklava hinbekommt, der ist im Petra Kitchen genau an der richtigen Adresse. Die Kochschule liegt an der Hauptstraße, 100 m oberhalb des Mövenpick Hotels und bietet jeden Abend Kurse an, bei denen man in entspannter familiärer Atmosphäre lernt, jordanische Mezze, Suppen und Hauptgerichte zuzubereiten.

Geführte Touren

In den Hotels werden einfache Tagestouren durch Petra und in die Umgebung (insbesondere Wadi Rum) angeboten.

★ **Petra by Night** GEFÜHRTE TOUR
(Erw./Kind unter 10 Jahre 12 JOD/frei; Mo, Mi & Do 20.30–22.30 Uhr) Wer Petra gern mal im Schein der Sterne erleben möchte, ist mit seinem Wunsch nicht alleine. Die äußerst beliebte Tour Petra by Night wurde im Zuge zahlreicher Anfragen von Besuchern eingeführt, die den Siq und das Schatzhaus einmal im Mondlicht besuchen wollten. Die „Tour" beginnt in Petras Besucherzentrum (bei Regen findet sie nicht statt) und dauert zwei Stunden.

Petra Moon Tourism Services GEFÜHRTE TOUR
(07-96170666; www.petramoon.com) Für Touren in Petra und durch Jordanien (einschließlich Wadi Rum und Aqaba) ist Petra Moon der professionellste Anbieter in Wadi Musa. Das Büro liegt an der Hauptstraße nach Petra. Es können Ausritte nach Jebel Haroun, rundum betreute Trecks nach Dana

---

WEGZEITEN

Dies soll als Anhaltspunkt dafür dienen, wie lange man bei gemächlichem Tempo für die einzelnen Strecken braucht. Wer schneller geht und keine Pausen macht, schafft die Strecke vom Besucherzentrum entlang des Hauptwegs zum Schatzhaus in 20 Minuten und zum Museum in 40 Minuten. Für den Rückweg, der bergan führt, muss man die doppelte Zeit einberechnen.

AUF DIREKTEM WEGE	ZEIT	SCHWIERIGKEITSGRAD
Besucherzentrum zum Eingang des Siq	15 Min.	einfach
Eingang zum Siq bis Schatzhaus	20 Min.	einfach
Schatzhaus bis zu den Königsgräbern	20 Min.	einfach
Schatzhaus bis zum Obelisken auf dem Hohen Opferplatz	45 Min.	mittel
Obelisk bis Museum (über die Hauptverkehrsstraße)	45 Min.	einfach
Schatzhaus bis Museum	30 Min.	einfach
Museum bis Kloster	40 Min.	mittel

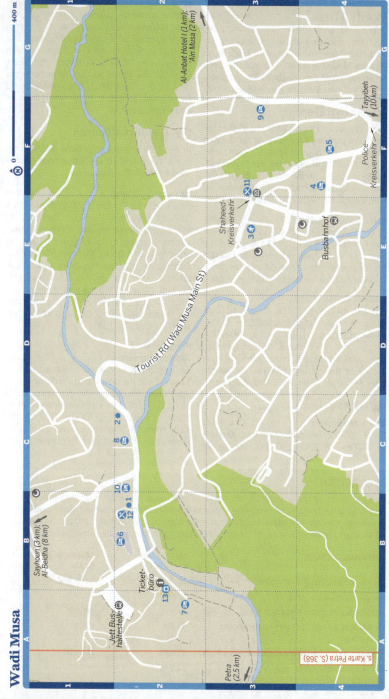

Wadi Musa

Aktivitäten, Kurse & Touren
1 Petra by Night B2
  Petra Kitchen.............................. (siehe 10)
2 Petra Moon Tourism Services C2
  Petra Turkish Bath................... (siehe 10)
3 Salome Turkish Bath.............................. E3

Schlafen
4 Amra Palace Hotel..................................F4
5 Cleopatra Hotel.......................................F4
6 Mövenpick Hotel B2
7 Petra Guest House Hotel A2
8 Petra Palace Hotel..................................C2
9 Rocky Mountain Hotel............................F3
10 Silk Road Hotel C2

Essen
  Al-Saraya Restaurant .... (siehe 6)
11 Al-Wadi Restaurant F3
12 Red Cave Restaurant............................. B2

Ausgehen & Nachtleben
  Al-Maqa'ad Bar .... (siehe 6)
  Cave Bar .... (siehe 7)
  Wranglers Pub .... (siehe 8)

Shoppen
  Made in Jordan .... (siehe 10)
  Society for the Development
  and Rehabilitation of Rural
  Women...................................(siehe 13)
13 Wadi Musa Ladies Society B2

(4–5 Tage), Wanderungen von Tayyibeh nach Petra und Kamelritte nach Wadi Rum organisiert werden.

Raami Tours
GEFÜHRTE TOUR

(☑ 03-2154551, 2154010; www.raamitours.com) Diesen Reiseanbieter findet man an der Hauptstraße im Beduinendorf Umm Sayhoun. Für Besucher, die echtes hausgemachtes Essen probieren wollen, werden traditionelle Beduinengerichte zubereitet. Es können auch maßgeschneiderte Touren organisiert werden, die auf persönliche Interessen und Budgets zugeschnitten sind. Seinen Besuch sollte man mindestens drei Tage im Voraus per E-Mail ankündigen.

Schlafen

In Petra selbst kann man nicht übernachten. Die hier angegebenen Preise beziehen sich auf die Hauptsaison und beinhalten Badezimmer, Frühstück und Steuern.

Unteres Wadi Musa

Von vielen Hotels aus lässt sich der Eingang nach Petra gut zu Fuß erreichen.

⭐ Petra Palace Hotel
HOTEL $$

(☑ 03-2156723; www.petrapalace.com.jo; EZ/DZ/3BZ 49/70/95 JOD; ❋@🛜⛲) Ein schönes und gut etabliertes Hotel an der Hauptstraße in Wadi Musa, 500 m vom Eingang nach Petra entfernt. Der Zugangsbereich ist von Palmen gesäumt, das Foyer hell und groß, das Management sehr hilfsbereit – alles in allem ist das Palace eine hervorragende Wahl. Eine Reihe von Zimmern öffnet sich nach draußen zum Swimmingpool hin. Die gut besuchte Bar und das Restaurant sind ein weiterer Pluspunkt.

Silk Road Hotel
HOTEL $$

(☑ 03-2157222; www.petrasilkroad.com; EZ/DZ/3BZ 40/65/85 JOD; ❋) Handbemalte Paneele von Beduinencamps zieren Foyer und Wände des Restaurants dieses altbewährten und beliebten Hotels, 300 m vom Eingang nach Petra entfernt. Die Aufenthaltsbereiche sind in Lavendeltönen gehalten und entsprechen vielleicht nicht jedermanns Geschmack, die Zimmer sind aber alle mit anständigen Möbeln und großen Badewannen ausgestattet. Einige der Zimmer sind sehr dunkel; am besten auf eines mit Ausblick bestehen.

⭐ Petra Guest House Hotel
HOTEL $$$

(☑ 03-2156266; www.guesthouse-petra.com; EZ/DZ/3BZ 90/105/125 JOD; ❋🛜) Näher kommt man an den Eingang nach Petra nicht heran, es sei denn, man will in einer Höhle übernachten. Die Hotelbar – die berühmte Cave Bar – befindet sich sogar in einer echten ehemaligen Grabhöhle. Man hat die Wahl zwischen motelähnlichen Chalets und den sonnigen, wenn auch beengten Zimmern im Haupthaus. Die Angestellten sind unschlagbar freundlich und das Frühstücksbuffet hier ist besser als das der meisten anderen Unterkünfte. Das Preis-Leistungs-Verhältnis ist hervorragend.

⭐ Mövenpick Hotel
LUXUSHOTEL $$$

(☑ 2157111; www.moevenpick-hotels.com; Zi. ab 185 JOD; ❋@🛜⛲) Das wunderschön gestaltete Haus im arabischen Stil liegt nur 100 m vom Eingang zur Felsenstadt entfernt. Allein der Anblick der luxuriösen Möblierung, der Marmorbrunnen, Holzverkleidungen und Messingtabletts ist einen Besuch wert. Aufgrund seiner Lage am Ende des Tals gibt's hier zwar keinen tollen Ausblick, die großen, überaus luxuriösen Zimmer haben

Petra

RUNDGANG

So prächtig es auch sein mag, anders als viele meinen ist das Schatzhaus nicht der Punkt – das Ausrufezeichen – eines Besuchs von Petra. Genau genommen ist es „nur" das Semikolon – ein Ort zum Verweilen nach den Strapazen des Siq, bevor man sich all den anderen bemerkenswerten Sehenswürdigkeiten und Wundern hingibt, die gleich um die Ecke liegen.

Selbst wenn die eigenen Reisepläne eigentlich festgelegt scheinen, oder man Angst hat, man könne den Bus verpassen... die zwei zusätzlichen Stunden, die man für diesen Rundgang braucht, sind gut investierte Zeit. Auf der Zeichnung sind die wichtigsten Highlights der Route verzeichnet – vom **Siq** ❶ durch Wadi Musa, die Pause am **Schatzhaus** ❷, und der Weg vorbei an den Gräbern im **Äußeren Siq** ❸. Ausdauer (gepaart mit festem Schuhwerk) wird nach dem Aufstieg zum **Hohen Opferplatz** ❹ mit einem grandiosen Blick über Petra belohnt. Anschließend geht's zurück zur **Theaternekropole** ❺ und dem **Theater** ❻, um dann die Stufen gegenüber des **Urnengrabs** ❼ und dem daneben liegenden **Seidengrab** ❽ zu erklimmen, Königsgräber, die vor allem im Licht der untergehenden Sonnen umwerfend wirken.

Wer jetzt beim Gedanken an die ganze Lauferei ins Zweifeln gerät – keine Sorge! Zum einen gibt's Esel, die einem die Aufstiege erleichtern – zum anderen sind da die Stände der Beduinen, wo man (wieder-)belebenden Kräutertee bekommt. Und wem ganz die Puste ausgeht, auf den warten Kamele für den Weg zurück zum Schatzhaus.

TOP-TIPPS

» **Pracht am Morgen** Erleben, wie erste Sonnenstrahlen über die Schatzhausfassade gleiten. Im Sommer ab etwa 7 Uhr; im Winter ab 8 Uhr.

» **Bunte Stadt** Petras Spitzname erklärt sich bei Sonnenuntergang gegenüber der Königsgräber (ca. 16 Uhr im Winter; 17 Uhr im Sommer).

» **Blütenzauber** Im Mai blüht in Petra der Orleander.

Schatzhaus
Wenn das Sonnenlicht auf die Fassade trifft, treten die Leitern, die Petras berühmtestes Gebäude flankieren, deutlich zutage. Sie wurden wahrscheinlich beim Gerüstbau verwendet.

Siq
Dieser schmale, felsige Spalt ist der erhabene Zugang ins antike Petra. Die meisten nähern sich der Stadt zu Fuß; es gibt allerdings auch Kutschen.

ANDERE ABSTIEGE

Vom Hohen Opferplatz führt ein Weg vorbei am Gartengrab bis in Petras Zentrum.

Hoher Opferplatz

Wenn man sich die Menschen vorstellt, die hier einst wandelten, dann ist der steile Aufstieg schnell vergessen. Oben wurde Weihrauch verbrannt und Göttern aus vergangenen Zeiten durch Trankopfer gedacht.

Äußerer Siq

Lohnenswert sind die Gräber jenseits des Schatzhauses. Einige scheinen Keller gehabt zu haben. Doch sie zeigen nur, wie sich der Boden des Wadi seitdem angehoben hat.

Theaternekropole

In den oberen Stockwerken mancher Gräber, kann man eine kleine Öffnung entdecken. Man glaubte damals, Tote auf dem Dachboden zu bestatten würde die Räuber abschrecken – ein Irrtum, wie sich herausgestellt hat.

Souvenirshops, Getränkestände & Toiletten   Wadi Musa

Wadi Musa   Zum Zentrum von Petra →

Jebel Umm al'Amr (1066 m)   Königsgräber   Königsgräber

HERRLICHE HÖHEN

Die Treppe an den Königsgräbern vorbei, bietet am Ende eine königliche Sicht auf Petra.

Urnengrab

Verdankt seinen Namen der Urne, die den Giebel krönt. Vomöglich wurde dieses von Arkaden gestütztes Bauwerk für einen Mann errichtet, dessen Büste hier an besonders prominenter Stelle steht.

Seidengrab

Vielleicht war es die vielfarbige Schönheit der Materialien, die einst die nabatäischen Baumeister nach Wadi Musa brachte. Nirgends werden sie deutlicher als beim durch Wind und Wetter geformten Sandstein des Seidengrabs.

Theater

Meist sind steinerne Amphitheater freistehend, aber dieses ist fast vollständig von Fels umgeben. Oberhalb der hintersten Reihe liegen die Reste ehemaliger Gräber, deren Fassaden diesem antiken Entertainment-Bauwerk geopfert wurden.

aber dennoch alle übergroße Fenster. Das Buffet zum Frühstück und Abendessen ist ausgezeichnet.

🛏 Wadi Musa Zentrum

Viele Hotels liegen nahe der Bushaltestelle. Normalerweise fährt einmal täglich ein kostenloser Bus zum Eingang nach Petra und zurück.

⭐ Cleopetra Hotel
HOTEL $

(☎ 03-2157090; www.cleopetrahotel.com; EZ/DZ/3BZ 20/30/40 JOD; @ 🛜) Dies ist und bleibt eine der freundlichsten und besten Budgetoptionen der Stadt. Das Hotel hat helle, frische Zimmer mit privatem Bad und heißem Wasser. Im Gemeinschaftsbereich in der Lobby kann man prima andere Traveller treffen. Bald soll es auch eine Dachterrasse geben. WLAN gibt's für 2 JOD.

Rocky Mountain Hotel
HOTEL $

(☎ 03-2155100; rockymountainhotel@yahoo.com; EZ/DZ/3BZ/4BZ 26/39/50/60 JOD, Abendbuffet 8 JOD; ❄ @ 🛜) Ein Backpacker-freundliches Hotel an der Hauptstraße nahe der Abzweigung zum Zentrum. Hier herrscht der typische Traveller-Vibe, der ein Hostel so erfolgreich macht. Das Rocky Mountain legt sehr viel Wert auf Sauberkeit und im gemütlichen Gemeinschaftsbereich gibt's kostenlosen Tee und Kaffee. Die Dachterrasse erinnert an ein Majlis und bietet einen weiten, beeindruckenden Ausblick.

Al-Anbat Hotel I
HOTEL $

(☎ 03-2156265; www.alanbat.com; EZ/DZ/3BZ 20/35/45 JOD, Mittag- oder Abendessen vom Buffet 10 JOD; ❄ @ 🛜 🏊) Leicht außerhalb gelegen, an der Straße zwischen Ain Musa und Wadi Musa. Die dreistöckige Anlage hat eine nagelneue, wunderschöne Lobby mit Sofas, in denen man den tollen Ausblick genießen kann. Hier gibt's die Qualität eines Mittelklassehotels zum Preis einer Budgetoption. Die großen Zimmer (viele bieten einen wunderbaren Blick auf den Sonnenuntergang) haben Satelliten-TV und Balkons.

⭐ Amra Palace Hotel
HOTEL $$

(☎ 03- 2157070; www.amrapalace.com; EZ/DZ/3BZ 44/64/84 JOD; ❄ @ 🛜 🏊) Ein liebenswürdiges Hotel mit hübschem Garten voller Rosen und Jasmin, einer Lobby mit Marmorsäulen, riesigen Kaffeekannen aus Messing und einer anheimelnden Einrichtung. Hier erlebt man jordanische Gastfreundschaft hautnah – im Gegensatz zu vielen der

anderen reizloseren Optionen der Stadt. Die Brüder, die dieses Hotel schon seit vielen Jahren gemeinsam führen, legen selbst sehr viel Wert aufs Detail, was man an jeder Ecke sehen kann.

🍴 Essen

Al-Wadi Restaurant
JORDANISCH $

(☎ 03-2157151; Salate 1 JOD, Hauptgerichte 4–5 JOD; ⏱ 7 Uhr–open end) Ein belebtes Lokal am Shaheed-Kreisverkehr, in dem Pasta, eine Reihe vegetarischer Speisen sowie Spezialitäten der lokalen Beduinenküche angeboten werden, darunter *gallayah* (Fleisch, Reis und Zwiebeln in einer scharfen Tomatensauce) und *mensaf* (Lamm auf Reis serviert mit einem Lammkopf). Zu den meisten Beduinen-Gerichten gibt's Salat und Reis.

⭐ Red Cave Restaurant
JORDANISCH $$

(☎ 2157799; Vorspeisen 1 JOD, Hauptgerichte ab 5 JOD; ⏱ 9–22 Uhr) Dieses freundliche Höhlenrestaurant ist auf traditionelle Beduinengerichte spezialisiert, darunter auch *mensaf* und *maqlubbeh* (gedämpfter Reis mit Fleisch, gegrillter Tomate und Pinienkernen). Eine beliebte Adresse, um sich an einem kühlen Abend aufzuwärmen oder an einem heißen Sommertag die kühle Brise zu genießen.

Al-Saraya Restaurant
INTERNATIONAL $$$

(☎ 2157111; Mittagessen/Abendessen 20/25 JOD; 🍴) Das Restaurant ist im Mövenpick-Hotel untergebracht. Beim erstklassigen internationalen Buffet im eleganten Bankettsaal werden qualitativ hochwertige Speisen serviert, die perfekt zum Stil und Ambiente des Hotels passen. Auf jeden Fall sollte man sich die Zeit für einen Schlummertrunk in der großen, holzvertäfelten Bar nehmen, in deren Mitte im Winter ein wärmendes Feuer knistert.

🍷 Ausgehen

⭐ Cave Bar
BAR

(☎ 03-2156266; ⏱ 16–23 Uhr) Jeder, der nach Petra kommt, sollte einen Abstecher in die älteste Bar der Welt machen. Das über 2000 Jahre alte nabatäische Felsengrab ist blau erleuchtet und ein echter Hot-Spot. Wenn im Sommer viel los ist, ist auch schon mal bis 4 Uhr morgens geöffnet. Man kann in geistreicher Atmosphäre (in spirituellem und alkoholischem Sinne) sitzen und das Petra auf sich wirken lassen, mit dem man vielleicht gar nicht gerechnet hatte (nicht zuletzt aufgrund der 26 % Steuern und Servicegebühren!).

Al-Maqa'ad Bar
BAR

(☏ 03-2157111; ⊙16–23 Uhr) Die Bar des Mövenpick Hotels besticht durch ihre herrliche marokkanische Inneneinrichtung mit geschnitzten Holzverkleidungen und einem Kronleuchter. Hier genießt man nicht nur seinen Cocktail oder sein leckeres Eis, sondern auch das Ambiente. Auf den Preis werden noch 26% für Steuern und Servicegebühren aufgeschlagen

Wrangler's Pub
BAR

(☏ 03-2156723; ⊙14–24 Uhr) Das Petra Palace Hotel betreibt diese gesellige Bar, in der nostalgische Stücke aus der Region ausgestellt sind.

 Shoppen

Die **Wadi Musa Ladies Society** (⊙6–21 Uhr) und die **Society for the Development and Rehabilitation of Rural Women** (⊙6–21 Uhr) sind mit eigenen Läden im Besucherzentrum vertreten. Hier bekommt man Mitbringsel, Bücher und Kunsthandwerk.

Made in Jordan
KUNSTHANDWERK

(☏ 2155700) Dieses Geschäft verkauft qualitativ hochwertiges Kunsthandwerk diverser ortsansässiger Unternehmen: Olivenöl, Seife, Papier, Keramik, Tischläufer, Naturprodukte aus dem Wild Jordan in Amman, Schmuck aus Wadi Musa, Stickereien aus Safi, Kamelhaarschals, Taschen aus Aqaba sowie Handwerksarbeiten der Jordan River Foundation. Hier findet man einzigartige Wertarbeit zu festgesetzten Preisen; Kreditkarten werden akzeptiert.

Praktische Informationen

GELD
Die Banken am Shaheed-Kreisverkehr haben Geldautomaten. Geld wechseln kann man während der Öffnungszeiten von Sonntag bis Donnerstag, jeweils von 8.00 bis 14.00 Uhr. Manchmal sind die Geldinstitute auch freitags von 9.00 bis 11.00 Uhr geöffnet.

INTERNETZUGANG
Rum Internet (1 JOD/Std.; ⊙10–24 Uhr)
Seven Wonders Restaurant (3,50 JOD) /Std.; ⊙9–23 Uhr)

MEDIZINISCHE VERSORGUNG
Queen Rania Hospital (☏ 03-2150628) Die medizinische Versorgung genügt hohen Ansprüchen; bei Notfällen braucht man keine Überweisung. Das Krankenhaus befindet sich 5 km vom Police-Kreisverkehr entfernt an der Straße nach Tayyibeh.

Wadi Musa Pharmacy Die Apotheke ist in der Nähe des Shaheed-Kreisverkehr.

NOTFALL
Hauptpolizei (☏ 03-2156551, Notruf 191) Neben dem Police-Kreisverkehr.
Touristenpolizei (☏ 03-2156441, Notruf 196; ⊙8–24 Uhr) Gegenüber vom Petra-Besucherzentrum.

POST
Hauptpost (⊙Sa–Do 8–17 Uhr) Sie befindet sich innerhalb eines Geschäftshauses am Shaheed-Kreisverkehr.

TOURISTENINFORMATION
Die beste Informationsquelle ist das Besucherzentrum von Petra. An Informationen zum Thema Personenbeförderung kommt man am einfachsten im Hotel oder im Internet bei **Jordan Jubilee** (www.jordanjubilee.com).

Unterwegs vor Ort

Die Bushaltestelle von Wadi Musa liegt im Zentrum; von dort aus braucht man zu Fuß 10 Minuten zum Eingang von Petra. Man kann auch eines der gelben Privattaxis nehmen. Die Fahrt kostet einfach etwa 3 JOD.

Siq al-Barid (Klein-Petra)
السيق البارد (البتراء الصغيرة)

Siq al-Barid (Der kalte Schacht), der ehemalige Karawanenrastplatz, ist ebenfalls einen Besuch wert. Wer es gern rustikaler mag, findet hier alternative Zelt-Unterkünfte.

◉ Sehenswertes

★ Klein-Petra Siq
RUINE

(⊙bei Tageslicht) GRATIS Vom Parkplatz aus führt ein nicht zu übersehender Pfad zum 400 m langen Siq, der sich zu einigen weitläufigen Grasflächen hin öffnet. Auf der ersten steht ein **Tempel**, über den die Archäologen nur wenig wissen. Auf der zweiten Freifläche stehen vier **Triklinien** (eine links, die anderen drei rechts), die vermutlich als Speiseraum für hungrige Händler und Reisende dienten. Folgt man dem Siq weitere 50 m, so ist das **Bunte Haus** erreicht, ein weiterer kleiner Speisesaal, der über einige Außenstufen erreicht werden kann.

Al-Beidha
RUINE

(⊙bei Tageslicht) GRATIS Die neolithischen Ruinen des 9000 Jahre alten **Al-Beidha** gehören neben Jericho zu den ältesten archäologischen Stätten im Nahen Osten. Die Überreste von etwa 65 runden (und später rechteckigen) Strukturen sind besonders bedeutsam, da sie den Übergang von der Ära der Jäger und Sammler hin zu Gemeinden aus niedergelassenen Hirten und Bauern markieren. Die Siedlung wurde um 6000 v.Chr. aufgegeben.

Links vom Eingang zu Klein-Petra führt ein 15-minütiger Fußweg zu den Ruinen.

🛏 Schlafen & Essen

Seven Wonders Bedouin Camp
CAMPEN $

(☎ 079 7958641; rockymountainhotel@yahoo.com; Halbpension im Zelt 30 JOD/Pers., B&B 20 JOD) Dieses entspannte Camp bietet ein gutes Preis-Leistungs-Verhältnis und liegt an einem ausgeschilderten Feldweg abseits der Straße nach Petra. Es schmiegt sich unauffällig an die Felswände und sieht einfach magisch aus – besonders im nächtlichen Schein des offenen Feuers und mit den beleuchteten Felsen im Hintergrund. Man schläft in einfachen, aber gemütlichen Hütten mit elektrischem Licht, Teppichen und Moskitonetzen. Heißes Wasser und Handtücher sind auch erhältlich.

Ammarin Bedouin Camp
CAMPEN $$

(☎ 079 5667771; www.bedouincamp.net; Halbpension im Zelt 52 JOD/Pers.) Zehn Gehminuten von Klein-Petra entfernt liegt dieses Beduinencamp inmitten einer spektakulären Kulisse aus Sand und Bergen in Siq al-Amti. Es ist von der Nebenstraße aus ausgeschildert und wird vom ortsansässigen Ammarin-Stamm betrieben. Die Unterbringung erfolgt auf Matratzen mit Decken auf einem zementierten Boden in einem abgeteilten Beduinenzelt. Zum Camp gehört auch ein sauberes Dusch- und Toilettengebäude. Reservierung erforderlich.

ℹ An- & Weiterreise

Von Wadi Musa kostet ein privates Taxi rund 22 JOD für die einfache Fahrt bzw. 32 JOD hin und zurück. Dies schließt eine Stunde Wartezeit des Fahrers ein. Man kann die 8 km nach Klein-Petra aber auch entlang der Straße gemütlich zu Fuß zurücklegen.

Israel & Palästina verstehen

ISRAEL & PALÄSTINA AKTUELL 380
Was sind die Themen des Tages, die für Schlagzeilen sorgen?

GESCHICHTE 382
Ein kurzer Überblick über Reiche, Könige und Konflikte von der Antike bis in die Gegenwart.

VOLKSGRUPPEN IN ISRAEL & PALÄSTINA 400
Ein Überblick über die vielfältigen religiösen und kulturellen Gruppen des Landes.

HUMMUS & OLIVEN: REGIONALE SPEZIALITÄTEN 406
Israelis und Palästinenser sind sich über vieles uneins, aber nicht über das Essen.

LEBENSART 411
Wie gestaltet sich das Leben der israelischen und palästinensischen Familien jenseits der Politik?

REGIERUNG UND POLITIK 415
Die Politik hat einen großen Einfluss auf das tägliche Leben.

RELIGION 420
Hier werden die verschiedenen religiösen Traditionen vorgestellt.

KUNST 424
Israelis und Palästinenser bewältigen ihre komplizierte Vergangenheit und die verwirrende Gegenwart oft in der Kunst.

NATUR & UMWELT 430
Wie wirkt sich die wachsende Bevölkerung und die fortschreitende Entwicklung auf Flora und Fauna aus?

Israel & Palästina aktuell

Israel und Palästina erleben gerade zweifellos schwere Zeiten, auch nach dem Krieg zwischen der Hamas und Israel im Jahr 2014 dauern die Spannungen an. Angriffe, Ausschreitungen und Gewaltausbrüche prägen nach wie vor die gesamte Region – und die Aussichten auf Aussöhnung stehen schlecht. Trotzdem haben viele Israelis und Palästinenser die Hoffnung auf eine stabilere, ruhigere Zukunft nicht aufgegeben und leben ihr Leben so friedlich wie möglich weiter.

Top-Sachbücher

Mein gelobtes Land: Triumph und Tragödie Israels (Ari Shavit, 2013) Blick auf Israels Existenzängste.
The Iron Cage: The Story of the Palestinian Struggle for Statehood (Rashid Khalidi, 2007) Der palästinensische Unabhängigkeitskampf.

Top-Filme

Sallah – oder: Tausche Tochter gegen Wohnung (Ephraim Kishon, 1964) Satire über das Einwandererleben in einem Durchgangslager.
Yossi & Jagger (Eytan Fox, 2002) Ein Film über die geheime Liebe zweier israelischer Soldaten.
Omar (Hany Abu-Assad, 2013) Oscarnominierter Thriller im Westjordanland.

Top-Dokus

Die Wohnung (2011) Ein Filmemacher blickt auf seine deutschen Wurzeln.
Strangers No More (2010) Porträt einer Grundschule mit Flüchtlingskindern im Süden von Tel Aviv.
Precious Life (2010) Ein Baby aus Gaza wird zur medizinischen Behandlung nach Israel ausgeflogen.

Top-Fußballvereine

Maccabi Tel Aviv Israelischer Rekordmeister.
Hapoel Ironi Kiryat Schmona Überraschungsteam der letzten Jahre.
Palästinensische Fußballnationalmannschaft.

Aussicht auf Frieden

Der Krieg im Gazastreifen 2014 endete ohne Sieger, der unbefristete, von Ägypten vermittelte Waffenstillstand vermochte es nicht, die Ursachen des Konflikts zu beseitigen. Zu diesen gehören die israelisch-ägyptische Teilblockade des Gazastreifens, die andauernde Besetzung, die Staatenlosigkeit der Palästinenser und die Weigerung der Hamas, Frieden mit Israel zu schließen. Israels Wirtschaft litt unter den unmittelbaren Kosten des Konflikts und dem signifikanten Rückgang des Tourismus, während sich im Gazastreifen die ohnehin schon angespannte wirtschaftliche Lage und die Lebensbedingungen weiter verschlechterten – die dort lebenden Palästinenser haben einen mühseligen Wiederaufbau vor sich. Und so stehen auf israelischer Seite die gemäßigten Kräfte vor einem schweren Kampf angesichts der Tatsache, dass sich die Israelis sowohl militärisch als auch vor der Weltöffentlichkeit verwundbarer fühlen (und vielleicht neben der Hamas vor dem Internationalen Strafgerichtshof in Den Haag landen), während palästinensische Islamisten durch Tod und Zerstörung nur noch stärker radikalisiert werden.

Israels Ministerpräsident Benjamin Netanjahu ist in seinem letzten Wahlkampf von der ohnehin in seinem Land umstrittenen Zusage für eine Zweistaatenlösung öffentlich abgerückt. Mit seiner Stellungnahme gegen einen Palästinenserstaat geriet er in stärkeren Gegensatz zu den USA und einem Großteil der Weltgemeinschaft. Netanjahu, der im März 2015 seine vierte Wahl in Folge gewann, erklärte zudem, dass seine rechtsgerichtete Koalition den Ausbau jüdischer Siedlungen weiter vorantreiben wolle.

Die Führung der Palästinensischen Autonomiebehörde, Präsident Mahmud Abbas und der von ihm eingesetzte Ministerpräsident Rami Hamdallah, setzte sich zwar schon lange für eine Zweistaatenlösung ein, schreckte aber vor weitergehenden Schritten zurück. Seit 2013 lässt Abbas die Palästinensische Autonomiebehörde intern als Staat Palästina bezeichnen; dieser ist 2014 der Genfer Konvention beigetreten und bemüht sich um die Vollmitgliedschaft in den UN. Die Palästinenser fordern, dass die Internationale Gemeinschaft einen Termin für das Ende der israelischen Besatzung festlegt.

Derzeit sind die Antipathien auf beiden Seiten größer denn je, Israel und die Palästinenser haben sich auf unversöhnliche Positionen zurückgezogen. Es bleibt abzuwarten, ob sich in dieser verfahrenen Situation wieder eine Tür zu diplomatischen Initiativen öffnet.

„Vergeltungsaktionen"

Extremistische jüdische Siedler im Westjordanland betrachten das Ergebnis des Sechstagekriegs von 1967 als ein Wunder, als ein Beleg für das messianische Zeitalter, in dem sie leben. Das Oslo-Abkommen von 1993 und der Rückzug aus Gaza von 2005 sind in ihren Augen nicht weniger als Gotteslästerung und ein Verstoß gegen die Zehn Gebote. Einige dieser Siedler versuchen seit 2008 mit Gewalttaten, die israelische Regierung an der Umsetzung einzelner Maßnahmen zu hindern, so z. B. an der Auflösung der Siedlungsvorposten, deren Errichtung von israelischen Gerichten für illegal erklärt wurde. Bei diesen sogenannten „Preisschild-Angriffen" *(tag mechir)* werden u. a. Moscheen geschändet, die Scheiben von palästinensischen Autos demoliert, Felder von Palästinensern in Brand gesteckt, Olivenbäume gefällt oder – in letzter Zeit – auch Kirchen verwüstet und christliche Geistliche in Jerusalem bedrängt. Die Radikalen schrecken auch nicht davor zurück, andere israelische Juden zu bedrohen und anzugreifen: Bei mehreren Gelegenheiten wurden die Wohnungen linker Aktivisten verwüstet, israelische Polizisten mit Steinen beworfen und Fahrzeuge und Ausrüstung der israelischen Armee beschädigt.

Ein weitere Eskalation hatte der Gazakrieg zwischen Hamas und Israel 2014 zur Folge. Die Zahl von palästinensischen Anschlägen auf Juden in Jerusalem nahm genauso zu, wie die der Angriffe auf Palästinenser, verübt von jüdischen Extremisten, die häufig dem alttestamentarischen Rechtssatz „Auge um Auge" folgen. Die „Preisschild"-Ideologie stammt von der „Hügeljugend", Siedlern der zweiten Generation. Diese verfechten die Meinung, dass die Halacha (das jüdische Gesetz) gegenüber Gesetzen der Knesset wie auch gegenüber den Urteilen israelischer Gerichtshöfe den Vorrang hat. Sie betrachten sich als unbeugsame Patrioten und Helden, die zu jedem Opfer bereit sind. Die meisten Israelis sehen in ihnen aber nichts anderes als messianische Fanatiker und Totengräber der Demokratie und fürchten, dass deren Aggressionen weitere politisch motivierte Morde von Israelis an Israelis wie auch Vergeltungsaktionen radikaler Palästinenser nach sich ziehen.

BEVÖLKERUNG ISRAEL: 8,2 MIO. EW. (INKL. 550 000 JUDEN IM WESTJORDANLAND UND IN OST-JERUSALEM)

BEVÖLKERUNG WESTJORDANLAND: 2,7 MIO. EW.

BEVÖLKERUNG GAZASTREIFEN: 1,8 MIO. EW.

Gäbe es nur 100 Israelis, wären …

75 Juden
17 Muslime
2 Christen
2 Drusen
4 Mitglieder einer anderen Glaubensgemeinschaft

Gäbe es nur 100 Menschen im Westjordanland, wäre(n) …

83 Muslime
14 Juden
2 Christen
1 Mitglied einer anderen Glaubensgemeinschaft

Einwohner pro km²

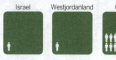

≈ 400 Einwohner

Geschichte

Die Region, in der sich Israel und Palästina heute befinden, ist seit Urzeiten bewohnt – und hart umkämpft. Die Liste der Herrscher und Reiche, die hier das Sagen hatten, liest sich wie ein Who's who der europäischen und nahöstlichen Geschichte: Ägypter und Kanaaniter, Israeliten und Philister, Griechen, Judäer, Römer und Byzantiner, Araber und Kreuzfahrer, Mongolen (ein kurzes Intermezzo), Osmanen und Briten wechselten sich in der Herrschaft ab. Und alle hinterließen faszinierende Zeugnisse ihrer Hoffnungen und Torheiten, die heutige Traveller erkunden können.

Antike

Historiker, die religiöse Neutralität wahren möchten, ersetzen die gängige Jahreszählung mit christlichem Bezug („v./n. Chr.") durch eine ohne (z. B. „v./n. d. Z." für „vor/nach der Zeitenwende").

Das Land, das sich heute Israel und Palästina teilen, ist seit rund 2 Mio. Jahren bewohnt. Zwischen 10 000 und 8000 v. Chr. – etwas später als im nahe gelegenen Mesopotamien – gingen die in dieser Gegend lebenden Menschen in Siedlungen wie Jericho von der Jagd zu Ackerbau und Viehzucht über.

Im 3. Jt. v. Chr. lebten halbnomadische Stämme im Land, die hier Weidewirtschaft betrieben. Im späten 2. Jt. v. Chr. gab es städtische Zentren und aus ägyptischen Quellen ist bekannt, dass die Pharaonen beträchtliche Interessen und großen Einfluss in dieser Region hatten. Um 1800 v. Chr. soll Abraham mit seinem Nomadenstamm aus Mesopotamien in das Land gezogen sein, welches die Bibel nach den ansässigen kanaanitischen Stämmen „Kanaan" nennt. Aufgrund von Dürren und Missernten sahen sich seine Nachkommen allerdings gezwungen, nach Ägypten weiterzuziehen. Laut der Bibel führte Mose sie dann gegen 1250 v. Chr. aus der Sklaverei in das Land Israel zurück. Konflikte mit den Kanaanitern und Philistern brachten die Israeliten dazu, ihren lockeren Stammesverbund aufzugeben und sich unter König Saul (1050–1010 v. Chr.) und dessen Nachfolgern, den Königen David und Salomo, zu einem Volk zu vereinen.

Auf dem großen, abgeflachten Felsen, auf dem sich in Jerusalem heute der Felsendom mit seiner goldenen Kuppel erhebt, vermischen sich Mythen und Geschichte. Auf dem Tempelberg stand ursprünglich ein

ZEITLEISTE	2 Mio. Jahre v. Chr.	9000 v. Chr.	4500–3500 v. Chr.
	Hominiden siedeln am Tel Ovadia, 3 km südlich vom See Genezareth. Rund 780 000 v. Chr. leben ihre Nachfahren am Jordan, 13 km nördlich vom See Genezareth.	Wasservorkommen und gutes Klima locken die Menschen der Jungsteinzeit nach Jericho, wo sie eine mit einer Mauer umgebene Siedlung gründen, Getreide und Flachs anbauen und Ziegen hüten.	Während der Kupfersteinzeit gibt es im Jordangraben und auf dem Golan Dörfer, deren Bewohner töpfern und Steinwerkzeuge herstellen. Sie betreiben Landwirtschaft und domestizieren Ziegen und Schafe.

Altar für Baal oder eine andere heidnische Gottheit. Für die Juden ist er der Ort des „Grundsteins", wo die Weltschöpfung begann und Adam aus der Erde geformt wurde. Dort soll Abraham seinen Sohn Isaak beinahe – als Zeichen seines Gehorsams gegenüber Gott – geopfert haben. Im 10. Jh. v. Chr. errichtete Salomo hier den Ersten Tempel (den Salomonischen Tempel) als Zentrum des jüdischen Opferdiensts.

Nach Salomos Herrschaft (965–928 v. Chr.) kam es unter den Israeliten zu Teilungen und zur Vorherrschaft auswärtiger Mächte. Das Land spaltete sich nun in zwei rivalisierende Königreiche auf: Das Königreich Israel, dessen Territorium den nördlichen Teil des heutigen Westjordanlands sowie Galiläa umfasste, und das südliche Königreich Juda mit der Hauptstadt Jerusalem. Nachdem der assyrische Herrscher Sargon II. (reg. 722–705 v. Chr.) im Jahr 720 v. Chr. das Königreich Israel ausgelöscht hatte, verschwanden die zehn nördlichen Stämme aus der Geschichte (noch heute berufen sich Gruppen in aller Welt auf die Abkunft von den „zehn verlorenen Stämmen").

Im Jahr 586 v. Chr. eroberten die Babylonier Jerusalem, zerstörten den Ersten Tempel und führten das judäische Volk in die Babylonische Gefangenschaft (im heutigen Irak). 50 Jahre später eroberte der persische Großkönig Kyros II. Babylon und erlaubte den Juden die Rückkehr in das Land Israel. Die heimgekehrten Juden machten sich sofort daran, den Zweiten Tempel zu bauen, der dann 516 v. Chr. geweiht wurde.

Griechen & Makkabäer, Römer & Christen

Als Alexander der Große im Jahr 323 v. Chr. starb, beanspruchte Ptolemaios, einer seiner Generäle, Ägypten und begründete jene Diadochendynastie, die mit Kleopatra enden sollte (die Nachfolger Alexander des Großen bezeichnet man als Diadochen). Auch Israel kam zunächst unter die Herrschaft der Ptolemäer, bis es im Jahr 200 v. Chr. es an die Seleukiden gelangte, eine weitere Diadochendynastie, deren Machtzentrum Syrien war.

Die „hellenistische" Epoche – so benannt nach der griechischen Herkunft der Seleukiden und des von ihnen geförderten Kults der olympischen Götter – war vom Konflikt zwischen den Sadduzäern und den Pha-

> Die früheste außerbiblische Erwähnung Israels ist auf der Israel-Stele (1230 v. Chr.) im Ägyptischen Museum erhalten. Auf ihr findet sich eine Siegeshymne des Pharaos Merenptah: „Geplündert ist Kanaan, Aschkelon herbeigeführt, Israel verwüstet."

GESCHICHTE GRIECHEN & MAKKABÄER, RÖMER & CHRISTEN

EIN LAND, VIELE NAMEN

Das Land, auf dem sich Israel und Palästina befinden, ist unter vielen Namen bekannt. Zu den gebräuchlicheren gehören „Kanaan", das „Land Israel" (Eretz Jisra'el) und „Juda" (Jehudah) in der hebräischen Bibel, „Judäa" (Provincia Iudaea) und nach 135 „Syria Palaestina" in römischen, „Ash-Sham" (Syrien) und „Filastin" (Palästina) in arabischen Quellen und schließlich „Heiliges Land" (lateinisch Terra Sancta) und „Palästina" in christlichen, muslimischen und jüdischen Texten.

1250 v. Chr.	10. Jh. v. Chr.	Spätes 10. Jh. v. Chr.	586 v. Chr.
Der geschätzte Zeitpunkt des biblischen Auszugs aus Ägypten. Archäologen haben für Knechtschaft in Ägypten und Wüstenwanderung aber keine Beweise. Sie vermuten, dass die Israeliten aus Kanaan stammen.	Der für seine Weisheit berühmte König Salomo herrscht über Israel und errichtet in Jerusalem den Ersten Tempel als Ort für die Bundeslade mit den Tafeln der Zehn Gebote.	Das nördliche Königreich Israel spaltet sich vom südlichen Königreich Juda mit der Hauptstadt Jerusalem ab. Die Spur der zehn nördlichen Stämme verliert sich; heutige Juden stammen von den Judäern ab.	Nebukadnezar II., der König Babylons, zerstört den Ersten Tempel und führt die Juden in die Babylonische Gefangenschaft. 48 Jahre später gestattet ihnen der persische Großkönig Kyros II. die Rückkehr nach Judäa.

GESCHICHTE GRIECHEN & MAKKABÄER, RÖMER & CHRISTEN

risäern geprägt: Während die Sadduzäer, überwiegend städtische Juden der Oberschicht, den kultivierten griechischen Lebensstil annahmen, widersetzten sich die Pharisäer hartnäckig der Hellenisierung. Als der seleukidische König Antiochos IV. Epiphanes den Opferdienst im Tempel, den Sabbat und die Beschneidung verbot, begehrten die Juden unter der Führung des Judas Makkabäus auf. Mit Guerillataktik eroberten sie Jerusalem und weihten den Tempel erneut.

Die Hasmonäer – die von den Makkabäern begründete Herrscherdynastie – wurden für das Römische Reich zu einem nützlichen Puffer gegen die plündernden Parther, deren Machtzentrum im heutigen Iran lag. Aber die Hasmonäer bekämpften sich auch untereinander, sodass Rom 63 v.Chr einschritt. Die Römer beherrschten die Region, aus der die römische Provinz Judäa (lat. Iudaea) wurde, danach entweder über einen Prokurator, deren berühmtester Pontius Pilatus war, noch lieber jedoch durch starke Klientelkönige – wie Herodes der Große (reg. 37–4 v.Chr) es war, zu dessen wichtigen Bauprojekten die Erweiterung des Tempels gehörte.

Das 1. Jh. n.Chr. war eine Zeit ständigen Aufruhrs in der römischen Provinz Judäa, so auch in den Jahren 26 bis 29, in der Jesus von Nazareth gewirkt haben soll. Die Spannungen entluden sich schließlich im Jahr 66, als die Juden den Aufstand gegen die Römer probten. Der große Jüdische Krieg wurde vier Jahre später durch Titus, den späteren Kaiser, niedergeschlagen. Jerusalem wurde erobert und der Zweite Tempel zerstört. Übrig blieb nur die westliche Außenmauer des Tempelbezirks, die heute als Klagemauer bekannt ist. Mit dem Fall Masadas im Jahr 73 endete jegliche jüdische Souveränität für fast 1900 Jahre. Am Ende des Krieges wurden die Juden zwar aus Jerusalem vertrieben, aber in anderen Teilen Israels, in der Diaspora, lebte noch eine große jüdische Bevölkerung.

Nur 60 Jahre nachdem Flavius Josephus seine pro-römische Darstellung *Der Jüdische Krieg* verfasste, brach ein neuer Aufstand los. Der Bar-Kochba-Aufstand (132–135) wurde von Simon Bar Kochba angeführt, dessen Kämpfer in Höhlen beim Toten Meer lebten. Manche Juden sahen in ihm den Messias. Die Römer unter Hadrian unterdrückten die Erhebung brutal: Fast die gesamte jüdische Bevölkerung Judäas wurde umgebracht.

> Der Jerusalemer Tempel war für das jüdische Leben so bedeutend, dass nach Einschätzung mancher Gelehrter von den 613 Geboten, die ein gläubiger Jude beachten muss, heute nur 270 anwendbar sind, weil sich die übrigen auf die Tieropfer und den Priesterdienst im Tempel beziehen.

TITUSBOGEN

82 n.Chr. setzten die Römer Kaiser Titus nach dessen hart umkämpften Sieg über Judäa mit dem Bau einen eindrucksvollen Triumphbogens neben dem Forum Romanum ein Denkmal. Auf den Friesen des bis heute erhaltenen Bogens ist eine Prozession römischer Legionäre dargestellt, die Gegenstände aus dem Jerusalemer Tempel davontragen, darunter eine siebenarmige Menora (Leuchter).

516 v. Chr.	4. Jh. v. Chr.	167–161 v. Chr.	63 v. Chr.
In Jerusalem wird der Zweite Tempel geweiht. Die Bundeslade bleibt nach der Plünderung des Ersten Tempels verschollen, trotzdem wird der neue Tempel zum spirituellen Zentrum des Judentums.	Die Nabatäer, ein Verband nordwestarabischer Nomadenstämme, gründen Petra (heute in Jordanien). Sie werden reich mit dem Handel von Weihrauch, der so zu den Griechen und Römern kommt.	Wegen der Einführung heidnischer Opfer durch Seleukidenkönig Antiochos IV. rebellieren die Juden unter Judas Makkabäus. Der Sieg (an ihn erinnert Chanukka) begründet die Herrschaft der Hasmonäer.	Nach der Einnahme Jerusalems durch Pompejus wird das unabhängige Königreich Judäa eine römische Provinz. Römische Prokonsuln regieren Judäa – nur der Tempeldienst bleibt bestehen.

DIE JÜDISCHE DIASPORA

Während der letzten rund 3300 Jahre, seit die Kinder Israels nach Kanaan kamen – laut der Bibel geschah das nach dem Auszug aus Ägypten –, haben immer Juden im Land Israel gelebt. Ungefähr zwei Drittel dieses Zeitraums lebten aber die meisten Juden außerhalb des Heiligen Landes in Gemeinden in anderen Ländern, die man in ihrer Gesamtheit als Jüdische Diaspora (nach dem griechischen Wort für „Zerstreuung") bezeichnet.

Die erste große Diasporagemeinde bildete sich in Babylonien (dem heutigen Irak), nachdem Nebukadnezar II. 586 v. Chr. den Ersten Tempel zerstört und die Judäer vertrieben hatte. Als der persische Großkönig Kyros II. ihnen 48 Jahre später die Rückkehr gestattete, blieben viele in ihrer neuen Heimat Babylonien.

Vom 3. bis zum 6. Jh. rivalisierten die Rabbinen Palästinas und Babyloniens um die Vorherrschaft bei der Auslegung der jüdischen Gebote, wobei sich die babylonischen Juden durchsetzten.

Im 11. Jh. verlagerte sich der Sitz der wichtigsten geistlichen Autoritäten des Judentums nach Nordafrika (Kairo und Kairuan in Tunesien) sowie ins Rheinland, ein entlegenes Land, das die Juden Aschkenas nannten. Zwischen dem 13. und 15. Jh. lebten viele bedeutende jüdische Gelehrte in Spanien, das auf Hebräisch „Sefarad" genannt wurde.

Aufgrund von Verfolgungen in Westeuropa zogen die aschkenasischen Juden ab dem 14. Jh. ostwärts in die von Slawen bewohnten Länder, wobei sie ihre deutsche, mit hebräischen Wörtern durchsetzte Umgangssprache, das Jiddisch, mitnahmen. Bis ins 17. Jh. hatten sich Polen und Litauen zum Zentrum des jüdischen Geisteslebens entwickelt; und im 18. Jh. lebten erstmals in der Geschichte des jüdischen Volkes mehr Juden in Europa als in Nordafrika und Asien.

Die Juden Osteuropas wurden wieder zerstreut, als viele im späten 19. Jh. vor den Pogromen im zaristischen Russland flohen. Nach der Vertreibung der Juden aus Spanien 1492 zogen die Sephardim in die Länder des Osmanischen Reichs (wo sie freundlich aufgenommen wurden) und in die Niederlande; einige machten sich von dort weiter nach England auf. Von den Juden, die in Europa blieben und im Zweiten Weltkrieg unter die Nazi-Herrschaft gerieten, starb die große Mehrheit im Holocaust. Die meisten wurden erschossen oder in Gaskammern getötet und in Massengräbern verscharrt.

Ein kleiner Teil der Sephardim lebte vor 1776 in den britischen Kolonien Nordamerikas, die große Mehrheit der jüdischen Gemeinden Amerikas stammt jedoch von aschkenasischen Einwanderern des 19. Jhs. ab. Heute rivalisieren die Juden in den USA und in Israel, mit jeweils rund 6 Mio. Gläubigen, um den Vorrang im kulturellen und religiösen Leben der jüdischen Welt, nicht anders als ihre Vorfahren in Babylonien und Israel vor 1700 Jahren.

Nach seinem Sieg versuchte Hadrian das Judentum und alle Spuren der jüdischen Unabhängigkeit zu beseitigen: Auf der Stätte des Tempels wurden Statuen Jupiters und des Kaisers aufgestellt, Juden wurde der Aufenthalt in „Aelia Capitolina", wie Jerusalem fortan hieß, verboten, und die römische Provinz Judäa wurde nach den Philistern in „Syria Pa-

37 v. Chr.	ca. 4 v. Chr.	66–70 n. Chr.	67
Der römische Senat ernennt Herodes den Großen zum König Judäas. Um sich beim Volk beliebt zu machen, erweitert er den Zweiten Tempel und errichtet die Paläste von Masada und Herodium.	Ein Jude, den die Geschichte als Jesus kennt, wird in Bethlehem geboren. Er wächst in Nazareth auf, predigt in Galiläa und wird in Jerusalem unter Pontius Pilatus verurteilt und gekreuzigt.	Die römische Unterdrückung führt zum Großen Jüdischen Krieg, den die Legionen Vespasians und Titus' gewinnen. Der Zweite Tempel und Jerusalem werden zerstört, der Opferdienst endet.	Josef ben Mathitjahu, ein jüdischer Militärkommandeur in Galiläa, wird von den Römern gefangen genommen, wechselt die Seiten und wird zu dem berühmten Historiker Flavius Josephus.

GESCHICHTE GRIECHEN & MAKKABÄER, RÖMER & CHRISTEN

laestina" umbenannt, jenen Erzfeinden der Israeliten, die nach neuerer Forschung mykenisch-griechischen Ursprungs gewesen sein könnten.

Nach der Zerstörung des Tempels und dem Ende der in der Thora ausführlich beschriebenen Tieropfer befand sich das religiöse Leben der Juden in einer schweren Krise. Im Versuch, sich an die neuen Verhältnisse anzupassen, gründeten jüdische Religionsgelehrte im römischen Palästina und in Galiläa Lehrhäuser und stellten das Gebet und den Gottesdienst in der Synagoge in den Mittelpunkt – allerdings blieb das Gebet (wie auch heute) auf Jerusalem ausgerichtet. Das aktuell praktizierte „rabbinische Judentum" ist fast vollständig das Ergebnis der Lehren, Vorschriften und Präzedenzfälle, die von den Weisen und Rabbinen nach der Zerstörung des Zweiten Tempels aufgestellt wurden.

In den Jahren nach der Kreuzigung Jesu, die nach Ansicht mancher Forscher im Jahr 33 n.Chr. stattfand, verrichteten Juden, die ihn für den Messias hielten, ihre Gebetspflicht Seite an Seite mit solchen, die nicht daran glaubten. Jene Judenchristen hielten sich peinlich an die jüdischen Gebote. Aber in der Zeit, als die Evangelien verfasst wurden (spätes 1. Jh.), kam es zu theologisch-politischen Unstimmigkeiten. Die beiden Gemeinden trennten sich. Die polemischen Traktate der damaligen Christen, die sich gegen das Judentum richteten, entstanden in einer Position der Schwäche, denn das Christentum wurde von den Römern als ein Art Sekte verfolgt. In späteren Jahrhunderten wurden diese Texte dann zur Rechtfertigung von Antisemitismus herangezogen.

Das Christentum wurde vom Römischen Reich vielfach unterdrückt und verfolgt, bis 313 im Toleranzedikt von Mailand allen zuvor verfolgten Religionen, auch dem Christentum, Duldung gewährt wurde. Kurze Zeit später, wohl um 326, bemühte sich Helena, die Mutter Kaiser Konstantins des Großen, Stätten zu finden, die mit Jesu Leben und Leiden zu tun hatten. Viele der wichtigsten christlichen Stätten stammen aus dieser Epoche.

Das Byzantinische Reich, der christliche Nachfolgestaat der Osthälfte des Römischen Reichs, hielt die Herrschaft über Palästina bis ins frühe 7. Jh. aufrecht. In diesen Jahrhunderten gab es drei Aufstände – einen der Juden in Galiläa und zwei der Samaritaner. Die prächtigen Ruinen von Beit She'an und die vielen schönen Synagogen aus byzantinischer Zeit in Galiläa beweisen jedoch, dass wohl die meiste Zeit Friede und Wohlstand geherrscht haben.

Im Jahr 611 marschierten sassanidische Perser ein, eroberten Jerusalem, zerstörten Kirchen und raubten die Kreuzesreliquie. 628 wurde die byzantinische Herrschaft wiederbelebt, doch sie sollte nicht lange währen.

Muslime & Kreuzfahrer

Der Islam und die arabische Kultur gelangten zwischen 636 und 638 nach Palästina. 638 mussten die Byzantiner Jerusalem an den Kalifen

---

Manche Juden glauben, dass mit der Ankunft des Messias der Tempel auf dem Jerusalemer Tempelberg wiederaufgebaut wird. Im jüdischen Viertel in der Altstadt sind künstlerische Darstellungen des „Dritten Tempels" zu sehen. Muslime hingegen wollen natürlich, dass der Felsendom dort bleibt, wo er ist.

73	132–135	2. Jh.	313
Drei Jahre nach dem Fall Jerusalems wird auch die Wüstenfestung Masada von den römischen Legionen erobert. Damit endet der letzte jüdische Widerstand in Judäa.	Nachdem Hadrian die Beschneidung verbietet, bricht unter Führung Bar Kochbas der Bar-Kochba-Aufstand aus. Nach dem Sieg der Römer sind die jüdischen Gemeinden Judäas nahezu vernichtet.	Nachdem Jerusalem zerstört und der Opferdienst eingestellt ist, entstehen Zentren des Judentums in Jawne, Sepphoris (Zippori) und Bet Sche'arim. Die Thora wird in der Mischna und im Talmud schriftlich fixiert.	Konstantin der Große, Kaiser des römischen Reiches, erlässt das Toleranzedikt von Mailand, das die freie Ausübung aller Religionen – auch die der christlichen – gestattet.

Umar, den zweiten Nachfolger Mohammeds übergeben, sechs Jahre nach dessen Tod. Mohammed hatte seinen Anhängern zunächst das Gebet Richtung Jerusalem vorgeschrieben, erst ab 624 wandte man sich nach Mekka.

Der Tempelberg war den muslimischen Neuankömmlingen heilig, weil sie glaubten, er sei die Stätte, an der Mohammed nachts in den Himmel aufgefahren sei (*Mi'radsch*), um die Herrlichkeit des Himmels zu betrachten. Im Koran heißt es, dass diese Nachtreise an einem „fernen Ort" stattgefunden habe, den die Muslime mit Jerusalem identifizieren. Deshalb ist Jerusalem die drittheiligste Stadt des sunnitischen Islam (nach Mekka und Medina).

Umars Nachfolger errichteten den Felsendom und die al-Aqsa-Moschee auf dem Tempelberg, der in byzantinischer Zeit eine verlassene Schutthalde gewesen war. Juden wurde nun gestattet, sich wieder in Jerusalem niederzulassen. Da das Christentum als eine Vorgängerreligion des Islam betrachtet wurde, blieben die Heiligtümer der früheren Generationen erhalten. Im Lauf der Jahrhunderte konvertierten allerdings viele Christen zum Islam und die Bevölkerung ging langsam zum Arabischen als Umgangssprache über.

In einem Dekret garantierte Umar den Christen Jerusalems „die Sicherheit ihres Lebens, ihres Besitzes, ihrer Kirchen und ihrer Kreuze". Das Versprechen wurde größtenteils gehalten, bis 1009 der – möglicherweise geisteskranke – Fatimidenkalif al-Hakim viele Kirchen zerstören und Christen und Juden verfolgen ließ.

Christliche Pilgerfahrten zu den heiligen Stätten in Jerusalem blieben bis 1071 möglich, als die seldschukischen Türken die Stadt eroberten und die Reise aufgrund politischer Unruhen schwierig und gefährlich wurde. 1095 rief Papst Urban II. zu einem Kreuzzug auf, um die Stätten von Jesu Leben und Leiden wieder unter christliche Herrschaft zu bringen. Als die Kreuzzüge begannen, hatten die Fatimiden die Seldschuken zurückgeschlagen. Sie waren bereit, die alten Pilgerwege wieder zu öffnen. Aber es war zu spät: 1099 überwanden die Kreuzfahrer die Befestigungsmauern Jerusalems – sie schlachteten Muslime und Juden brutal ab. Erst 200 Jahre später sollte das gegenseitige Blutvergießen enden.

Als die Kreuzfahrer Jerusalem erobert hatten, gründeten sie dort ein Königreich, das selbst arabische Chronisten als einen wohlhabenden Staat mit effizienter Verwaltung beschreiben, der dem Vorbild des europäischen Feudalsystems folgte. Der erste König, Balduin I. (reg. 1100–1118), sah sein Reich als die Wiederherstellung des biblischen Königreichs Davids an und ließ sich deshalb am Weihnachtstag in Davids Geburtsstadt Bethlehem krönen.

1187 schlug der berühmte kurdisch-muslimische Söldnerführer Saladin (Salah ad-Din) eine Kreuzfahrerarmee bei den Hörnern von Hattin

In dem sehr lesenswerten Buch *Der heilige Krieg der Barbaren* beschäftigt sich der libanesische Schriftsteller Amin Maalouf mit der arabischen Sicht der Kreuzzüge.

358	614–628	638	749
Der jüdische Lunisolarkalender wird vom Sanhedrin angenommen. Um Mond- und Sonnenjahr miteinander in Einklang zu bringen, werden in einem 19-jährigen Zyklus siebenmal Schaltmonate in den Kalender eingefügt.	Palästina wird vom persischen Sassanidenreich besetzt.	Nur sechs Jahre nach dem Tod ihres Propheten Mohammed erobern muslimische Armeen Jerusalem von den Byzantinern und bringen den Islam sowie arabische Sprache und Kultur nach Palästina.	Bei einem massiven Erdbeben werden Bet Sche'an und Tiberias zerstört. In Jerusalem werden Tausende getötet und die Al-Aqsa-Moschee schwer beschädigt.

in Galiläa (unweit des Berges Arbel) und nahm anschließend Jerusalem ein. Selbst Saladins Feinde bescheinigten ihm, dass er Gefangene menschlich behandelte und Waffenstillstände einhielt – was bei Christen und Muslimen sonst allgemein nicht unbedingt verbreitet war.

Die letzten Kreuzfahrer verließen 1291 nach dem Fall Akkos den Nahen Osten, aber die Kreuzzug-Symbolik lebte weiter: Als der britische General Edmund Allenby 1917 als erster christlicher Herrscher seit Saladins Sieg in Jerusalem einzog, erklärte er: „Nun sind die Kreuzzüge zu Ende."

Osmanen, Zionisten & Briten

1453 eroberten die Osmanen Konstantinopel. In der Folgezeit errichteten sie ein Reich, das sich bis zum Balkan, in den Nahen Osten und nach Nordafrika erstreckte. 1516 gewannen sie Palästina hinzu, zwei Jahrzehnte später ließ Sultan Süleyman I. (reg. 1520–1566), der Prächtige, die noch heute vorhandenen Stadtmauern um Jerusalem erbauen. Während der 400 Jahre währenden osmanischen Herrschaft war Palästina ein vernachlässigtes Hinterland, dessen Gouverneure mehr an Steuererhebung als an guter Verwaltung interessiert waren.

Das Fehlen einer effektiven Verwaltung in Palästina spiegelte den schleichenden Niedergang des Osmanischen Reiches wider, das im Ersten Weltkrieg unterging. Doch in den letzten Jahrzehnten des Reiches traten andere Kräfte in Palästina auf den Plan, die noch heute wichtig sind. Der Zionismus entstand hauptsächlich als Reaktion auf den in Westeuropa im Gefolge der Napoleonischen Zeit aufkeimenden Nationalismus und auf eine Welle von Pogromen in Osteuropa. Während zumindest eine kleine Zahl von Juden seit römischer Zeit ununterbrochen in Palästina gelebt hatte (z. B. in der galiläischen Kleinstadt Peki'in) und fromme Juden auch früher schon eingewandert waren, wann immer die politischen Umstände dies zuließen, begannen ab 1882 zionistische Juden mit dem Aufbau landwirtschaftlicher Siedlungen. Aus anderen Gründen startete im gleichen Jahr auch die Einwanderung von Juden aus dem Jemen. Auf diese Einwanderungswelle, die als Erste Alija bezeichnet wird (das hebräische Wort für die Auswanderung in das Land Israel, *alija*, bedeutet „Aufstieg"), folgte ab 1903 die Zweite Alija, die hauptsächlich von jungen, säkular und sozialistisch gesinnten Juden getragen wurde. Doch bis nach dem Ende des Ersten Weltkriegs gehörte die Mehrheit der palästinischen Juden der orthodoxen Gemeinde an. Deren Mitglieder hatten meist kein Interesse am Zionismus und lebten in den vier heiligen Städten des Judentums: Hebron, Safed, Tiberias und Jerusalem, wo die Juden seit etwa 1850 die größte Bevölkerungsgruppe bildeten.

1896 verkündete ein aus Budapest stammender österreichisch-jüdischer Journalist namens Theodor Herzl seine Ideen in dem Buch *Der*

Der baptistische Laienprediger Thomas Cook führte 1869 eine Gruppe englischer Touristen aus der Mittelschicht nach Jerusalem. Zu jener Zeit wurden Kriminelle noch vor dem Jaffator öffentlich mit dem Schwert enthauptet.

1095–1099	1187	1291	1483
Im Ersten Kreuzzug erobern Christen das muslimisch beherrschte und von Muslimen verteidigte Jerusalem. Indessen kommt es in Europa und im Heiligen Land zu Pogromen an Juden.	Saladin (Salah ad-Din) schlägt die Kreuzfahrer in der Entscheidungsschlacht von Hattin in Galiläa und erobert Jerusalem. Er erlaubt den Juden die Rückkehr in die Stadt.	Mit der Eroberung Akkos, des letzten Vorpostens der Kreuzfahrer, endet – jedenfalls bis zur Ankunft der Briten im Jahr 1917 – die Herrschaft der Christen in Palästina.	Der Ulmer Mönch Felix Fabri reist (wie viele andere) auf Pilgerfahrt ins Heilige Land und hinterlässt mit seinem „Evagatorium" einen der faszinierendsten Berichte einer mittelalterlichen Pilgerfahrt überhaupt.

MYSTISCHES JUDENTUM

Die führenden Denker der illustren jüdischen Gemeinde Spaniens waren rationalistische Philosophen, deren Interessen sich auch auf Naturwissenschaft und Medizin erstreckten. 1492 vertrieben Spaniens christliche Herrscher alle Juden und lösten damit eine Glaubenskrise aus, auf welche die Rationalisten keine Antwort hatten. (Die Vertreibung war schließlich ein zutiefst irrationaler Akt – sofern man das spanische Königspaar außen vor lässt, das sich an den Habseligkeiten der Vertriebenen bereicherte.) Daraufhin entwickelten manche Juden ein neues, mystisches Verständnis für die Ursachen des Unglücks, das ihnen widerfuhr. Das Zentrum dieser neuen Mystik wurde die in den Hügeln gelegene Stadt Safed in Galiläa, wo bedeutende spanische Rabbinen eine neue Heimat fanden. Ihr wichtigster Vertreter war der in Jerusalem geborene Isaak Luria (1534–1572), der die als Kabbala bezeichnete alte Mystik so weiterentwickelte, dass sie Antworten auf die spirituellen Fragen geben konnte, die Juden nach der Vertreibung bewegte.

Die lurianische Kabbala (das Wort bedeutet so viel wie „Übernahme") stützte sich auf ältere Texte wie den aus dem 13. Jh. stammenden Zohar, doch Lurias Anpassungen und Neuerungen hatten solche Wirkung, dass viele von ihnen in die gemeine jüdische Lehre übergingen. Luria selbst hinterließ keine Schriften, doch sein Gehilfe zeichnete den Kern seiner Ideen auf. Luria war der Meinung, dass sich das Unbegrenzte (En-Sof) für die Schaffung der Welt beschädigen musste, um der Schöpfung Raum zu geben. Infolgedessen fielen Funken des göttlichen Lichts aus ihrer ursprünglichen Lage, sodass die Gefahr bestand, dass sie für böse Zwecke missbraucht wurden. Die Juden könnten laut Luria das göttliche Licht wiederherstellen und das Unbegrenzte heilen, wenn sie die 613 Gebote (die zehn auf Moses' Tafel sowie 603 weitere) erfüllten. Durch diese mystische Herangehensweise konnten die Juden den Schrecken der Vertreibung aus Spanien, der Inquisition und späterer Verfolgungen als Teil des Bösen verstehen, das der Welt innewohnt. Zudem wurden sie dazu geleitet, nach innen zu blicken, um ein höheres spirituelles Bewusstsein zu erlangen und somit die „Welt zu heilen".

Judenstaat. Die entehrende Behandlung des Hauptmanns Alfred Dreyfus, der in Paris aufgrund falscher Anschuldigungen als Hochverräter verurteilt worden war, hatte ihn überzeugt, dass die Juden ohne nationale Selbstbestimmung nie eine faire Behandlung und bürgerliche Rechte erlangen könnten. Im nächsten Jahr eröffnete er in Basel den Ersten Zionistenkongress. Angeregt vom politischen Zionismus, begannen junge Juden – die meisten stammten aus Polen und Russland, und viele hatten säkulare und sozialistische Überzeugungen – nach Palästina auszuwandern.

Im November 1917 erklärte die britische Regierung in der Balfour-Deklaration, dass sie „die Schaffung einer nationalen Heimstatt für das jüdische Volk in Palästina mit Wohlwollen" betrachte. Kurz darauf eroberten britische Truppen unter Führung von Edmund Allenby Jerusalem.

16. Jh.	1536	1799	1837
Safed wird mit der Ankunft sephardischer, der spanischen Inquisition entkommenen Rabbinen und des Isaak Luria zum Zentrum jüdischer Gelehrsamkeit und der Kabbala (jüdische Mystik).	Der osmanische Sultan Süleyman I. beginnt mit dem Bau der bis heute erhaltenen Mauern von Jerusalems Altstadt.	Napoleon erobert Gaza, Jaffa (wo er Tausende Gefangene massakrieren lässt) und Haifa, scheitert aber an der Eroberung Akkos. Er verlässt heimlich seine Armee und kehrt nach Frankreich zurück.	Ein großes Erdbeben verwüstet Galiläa. Safed wird weitgehend zerstört und mehr als 2000 Einwohner sterben; in Tiberias werden 600 Menschenleben ausgelöscht.

GESCHICHTE OSMANEN, ZIONISTEN & BRITEN

Der heroische Monumentalfilm Hollywoods der 1960er-Jahre machte auch vor dem Zionismus nicht halt. Paul Newman war der Star in *Exodus* (1960), einem Film nach Leon Uris' Bestseller über ein Schiff mit illegalen jüdischen Einwanderern. Und Kirk Douglas spielte in *Der Schatten des Giganten* (1966) einen amerikanischen Kriegshelden, der sich dem Kampf um Israels Unabhängigkeit anschließt.

Unmittelbar nach dem Ende des Ersten Weltkriegs setzte eine neuerliche Einwanderung von Juden nach Palästina ein, das jetzt unter einer britischen, vom Völkerbund gebilligten fortschrittlichen und kompetenten Mandatsregierung stand. Im Zuge der Dritten Alija (1919–1923) kamen hauptsächlich junge, idealistische Sozialisten ins Land, von denen viele Kibbuzim auf Randländereien gründeten, die sie zum Teil im Ausland lebenden arabischen Großgrundbesitzern abgekauft hatten. Dabei kam es gelegentlich zu Vertreibungen arabischer Pächter. Die Vierte Alija (1924–1929) brachte hauptsächlich Kaufleute und Händler der Mittelschicht ins Land – nicht gerade die engagierten Pioniere, auf die die zionistische Führung gehofft hatte. In den 1930er-Jahren folgte schließlich die Fünfte Alija, die überwiegend aus Flüchtlingen aus Hitlerdeutschland bestand, von denen viele einen großbürgerlichen Hintergrund hatten.

Die Zunahme der jüdischen Einwanderung erregte den Zorn der palästinischen Araber, die ihrerseits eine arabisch-nationalistische Identität entwickelten und die wachsende jüdische Bevölkerung Palästinas als Bedrohung ansahen. Antizionistische Erhebungen gab es 1921 und 1929, während die jüdische Einwanderung nach Palästina ungebrochen anhielt, insbesondere nach der Machtübernahme Hitlers im Jahr 1933. Machten im Jahr 1931 die 174 000 Juden noch 17 % der Gesamtbevölkerung Palästinas aus, war ihre Zahl bis 1941 schon auf 474 000 bzw. 30 % der Gesamtbevölkerung gewachsen.

Der wachsende palästinisch-arabische Widerstand gegen den Zionismus und die Politik der britischen Mandatsverwaltung, besonders in der Frage der jüdischen Einwanderung, gipfelte im Arabischen Aufstand (1936–1939), bei dem rund 400 jüdische Zivilisten und 200 britische Armeeangehörige ermordet wurden. Die Mandatsverwaltung unterdrückte den Aufstand mit großer Gewalt und tötete rund 5000 palästinische Araber. Die Juden Palästinas nutzten den arabischen Wirtschaftsboykott, um ihre wirtschaftliche Unabhängigkeit auszubauen – so gründeten sie beispielsweise einen eigenen Hafen in Tel Aviv. Allerdings zeitigte der Arabische Aufstand insofern Erfolg, als er die Briten – die für den drohenden Krieg mit Deutschland auf arabisches Öl und gute politische Beziehungen zu den Arabern angewiesen waren – dazu brachte, die jüdische Einwanderung nach Palästina stark einzuschränken. Gerade als die Situation der europäischen Juden immer verzweifelter wurde und sie dringend eine Fluchtmöglichkeit brauchten – bis Ende 1941 erlaubten die Nazis den Juden, Deutschland zu verlassen, sofern sie ein Aufnahmeland fanden –, wurden die Tore Palästinas für sie geschlossen. Selbst nach dem Zweiten Weltkrieg hinderten die Briten Überlebende des Holocaust daran, nach Palästina zu gelangen, was der jüdischen öffentlichen Meinung in Palästina und den USA nicht gerade zuträglich war: Flüchtlinge, die versuchten, die Blockade zu durchbrechen, wurden in Zypern interniert.

1882	1909	1910	1916
Pogrome in Russland lösen die Erste Alija aus, die erste organisierte zionistische Einwanderung nach Palästina. Bald entstehen landwirtschaftliche Siedlungen wie Metulla, Zichron Ya'acov und Rischon LeZion.	Unter Führung von Meir Dizengoff gründen 66 Familien auf Sanddünen nördlich von Jaffa die Stadt Tel Aviv. Die Parzellen des von der Gruppe gekauften, 5 ha großen Geländes werden zugelost.	Degania wird als erster Kibbuz von sozialistischen „Pionieren" aus Weißrussland am südlichen Ende des Sees Genezareth gegründet. Das Land war 1904 erworben worden.	Im geheimen Sykes-Picot-Abkommen wird das Osmanische Reich in Einflussgebiete aufgeteilt. Palästina, Transjordanien und der südliche Irak sollen an Großbritannien, der Libanon und Syrien an Frankreich fallen.

ZIONISMUS

Die Jewish Virtual Library (www.jewishvirtuallibrary.org) definiert Zionismus als die „nationale Bewegung für die Rückkehr des jüdischen Volkes in sein Heimatland und zur Wiederherstellung der jüdischen Souveränität im Land Israel." Das biblische Wort „Zion" (Tziyon) bezieht sich sowohl auf Jerusalem, in dessen Richtung Juden seit den Zeiten des Ersten Tempels ihr Gebet verrichten, als auch auf das Land Israel.

Der Historiker Binyamin Neuberger schreibt: „Der politische Zionismus, die nationale Befreiungsbewegung des jüdischen Volkes, entstand im 19. Jahrhundert im Rahmen eines liberalen Nationalismus, der Europa überrollte. Zentrales Moment der zionistischen Ideologie ist das Konzept vom Land Israel als der historischen Geburtsstätte des jüdischen Volkes und der Glaube, dass jüdisches Leben anderswo ein Leben im Exil stattfindet."

Dieses Thema wird auch in der Israelischen Unabhängigkeitserklärung (1948) angesprochen. Dort heißt es:

„Im Land Israel entstand das jüdische Volk. Hier prägte sich sein geistiges, religiöses und politisches Wesen. Hier lebte es frei und unabhängig. Hier schuf es eine nationale und universelle Kultur und schenkte der Welt das Ewige Buch der Bücher. Durch Gewalt vertrieben, blieb das jüdische Volk auch in der Verbannung seiner Heimat in Treue verbunden. Nie wich seine Hoffnung. Nie verstummte sein Gebet um Heimkehr und Freiheit."

Zu den praktischen Zielen des Zionismus gehörte es, dem jüdischen Volk, das die Zionisten im gleichen Sinn als ein Volk betrachten wie z. B. Tschechen, Ungarn oder Franzosen, in einer aus Nationalstaaten bestehenden Welt nationale Selbstbestimmung zu verschaffen und gleichzeitig allen Juden einen Zufluchtsort vor antisemitischer Diskriminierung und Verfolgung zu bieten.

1947 brachte das vom Zweiten Weltkrieg erschöpfte Großbritannien, das die Gewalttaten von Arabern und Juden in Palästina leid war, das Problem vor die zwei Jahre zuvor gegründeten Vereinten Nationen. In einem Augenblick seltener Übereinstimmung zwischen den USA und der UdSSR stimmte die Vollversammlung der UNO im November 1947 für die Teilung Palästinas in zwei unabhängige Staaten, einen jüdischen und einen arabischen; Jerusalem sollte unter eine „internationale Sonderverwaltung" gestellt werden. Die Juden Palästinas akzeptierten diesen Plan im Prinzip, während die palästinischen Araber und fast alle arabischen Staaten die Zustimmung versagten. Arabische Einheiten gingen unverzüglich zum Angriff auf jüdische Ziele über. Die Verteidigung der jüdischen Gemeinden Palästinas, der ökonomischen Interessen und Transportwege wurde von der Hagana angeführt, einer im Untergrund operierenden militärischen Organisation, aus der bald die israelischen Streitkräfte hervorgingen.

Noch am selben Tag der Beendigung der britischen Mandatsherrschaft, am 14. Mai 1948, proklamierten die Juden den unabhängigen jü-

In dem exzellenten Werk *Es war einmal ein Palästina* (2005) schildert Israels führender Populärhistoriker Tom Segev auf anschauliche Weise die Geschichte Palästinas während der britischen Mandatsherrschaft anhand individueller Erlebnisse.

1917	1918	1925	1929
In der Balfour-Deklaration erklärt die britische Regierung ihre Unterstützung für eine „jüdische Heimstatt" in Palästina. Britische Truppen unter General Allenby erobern jedoch Jerusalem.	Britische Truppen erobern das nördliche Palästina von den Osmanen. Bei einer der letzten Reiterschlachten der Weltgeschichte nimmt eine indische Kavalleriebrigade Haifa ein.	Die Hebräische Universität von Jerusalem wird auf dem Berg Skopus gegründet. Ihrem ersten Leitungsgremium gehören Albert Einstein, Sigmund Freud und Martin Buber an.	Um die Nutzung der Klagemauer gibt es zwischen Arabern und Juden brutale Auseinandersetzungen. In Hebron werden zwar viele Juden von muslimischen Nachbarn versteckt, 67 aber von Arabern ermordet.

dischen Staat, der nur wenige Stunden später von den Armeen Ägyptens, Syriens, Jordaniens, des Libanon und des Irak angegriffen wurde. Der britische Feldmarschall Bernard Montgomery, der durch seine Erfolge auf dem nordafrikanischen Kriegsschauplatz im Zweiten Weltkrieg berühmt geworden war, attestierte Israel, höchstens drei Wochen überleben zu können. Doch zur Überraschung der arabischen Angreifer – und der Welt – wurden die 650 000 palästinischen Juden nicht geschlagen, sondern erlangten die Kontrolle über 77% des ehemaligen Mandatsgebiets (laut dem Teilungsplan sollten sie 56% erhalten). Jordanien besetzte (und annektierte) das Westjordanland und Ostjerusalem, die Bewohner des jüdischen Viertels der Altstadt wurden vertrieben. Und Ägypten erlangte die Kontrolle über jenes Gebiet, das unter dem Namen „Gazastreifen" bekannt wurde.

Unabhängigkeit & Katastrophe

Der Israelische Unabhängigkeitskrieg von 1948 brachte Israel die staatliche Existenz, den Holocaust-Überlebenden und den jüdischen Flüchtlingen aus arabischen Ländern eine Zufluchtsstätte und allen Juden der Erde die Garantie, dass sie bei antisemitischen Verfolgungen immer ein Aufnahmeland haben würden. Für die palästinensischen Araber war der Krieg von 1948 dagegen *an-Nakba*, „die Katastrophe".

Rund 700 000 palästinensische Araber flohen aus dem Heiligen Land oder wurden bis zum Ende des Jahres vertrieben. Die Auswirkungen dieses Schlüsselmoments des Nahostkonflikts sind dramatisch: Er führte zu einer humanitären Katastrophe und dem bis heute ungelösten Problem der palästinensischen Flüchtlinge.

Gleich mehrere Ursachen lösten die Massenflucht aus. In vielen Fällen vertrieben jüdische Militärschläge auf Städte und Dörfer sowie Angriffe mit Mörsergranaten und Scharfschützen die Araber aus ihrer Heimat. Schnell machten Berichte über gefallene Städte und Grausamkeiten die Rede, darunter das Massaker von Deir Yasin, bei dem zionistische Milizen über 200 Dorfbewohner töteten. Eingeschüchtert und voller Angst, ein ähnliches Schicksal zu erleiden, flohen weitere in der Annahme, später zurückkehren zu können. Ende 1948 befanden sich 80% der palästinensischen Araber auf der Flucht. Kurz nach dem Massenexodus erließ die israelische Regierung mehrere Gesetze, die vertriebenen Arabern innerhalb Palästinas und im Ausland die Rückkehr in ihre Heimat untersagten.

Nachdem Israel unabhängig geworden war, setzte ein Zustrom verarmter jüdischer Flüchtlinge ein: aus den britischen Internierungslagern auf Zypern, wo von den Briten Juden untergebracht wurden, die sie an der Einreise nach Palästina gehindert hatten; aus den Lagern für „Displaced Persons" Nachkriegseuropas, darunter Hunderttausende Ho-

---

Die Israelis bezeichnen die Einwanderung nach Israel als *alija*, das sich von dem hebräischen Wort für „aufsteigen" ableitet. Der Umzug von Israel in ein anderes Land wird zuweilen verächtlich als *jerida* („Abstieg") bezeichnet.

1939–1945	1946	1947	1948
6 Mio. europäische Juden werden von den Nazis ermordet. Viele palästinensische Juden treten freiwillig der britischen Armee bei. Zionisten schleusen jüdische Flüchtlinge nach Palästina.	Paramilitärische Untergrundkämpfer der Irgun unter Menachem Begin zerstören Teile des King David Hotel, wo eine britische Kommandostelle untergebracht war. 91 Menschen sterben.	Die UNO stimmt für die Teilung Palästinas in einen jüdischen und einen arabischen Staat. Der Plan wird von den Zionisten angenommen, von den Arabern abgelehnt. Heftige Kämpfe erschüttern Palästina.	Die Briten verlassen Palästina. Die zionistischen Streitkräfte behaupten sich gegen Milizen und Armeen fünf arabischer Staaten, 700 000 palästinische Araber fliehen. Der Staat Israel wird ausgerufen.

locaust-Überlebende; aus Ländern, die schon bald hinter dem Eisernen Vorhang verschwinden sollten (z. B. Bulgarien); sowie aus arabischen Ländern, deren alteingesessene jüdische Gemeinden Ziel antisemitischer Ausschreitungen wurden (z. B. Irak, Jemen und Syrien). In der Folge wuchs die jüdische Bevölkerung Israels innerhalb von drei Jahren auf mehr als das Doppelte an.

Krieg & Terrorismus

Im Frühjahr 1967 hallten die Straßen der arabischen Hauptstädte – vor allem in Kairo – von panarabisch-nationalistischen Aufrufen zur „Befreiung" des gesamten historischen Palästinas von der „illegalen Besetzung" durch die Israelis wider. Der ägyptische Präsident Gamal Abdel Nasser ließ die Straße von Tiran für die israelische Schifffahrt wie auch für Öllieferungen aus dem Iran schließen, der seinerzeit ein Verbündeter Israels war. Nasser befahl den UN-Friedenstruppen den Abzug aus dem Sinai und hielt blutrünstige Reden, mit denen er Millionen Araber in der ganzen arabischen Welt aufhetzte. Jordanien und Syrien ließen ihre Truppen an den Grenzen Israels aufmarschieren. Die entsetzten Israelis nahmen die Drohungen Nassers sehr ernst, der am 3. Mai erklärt hatte, „unser grundlegendes Ziel ist die Vernichtung Israels". Sie fragten sich, ob ihnen ein ähnliches Schicksal bevorstände wie einst den Juden in Europa während des Zweiten Weltkriegs.

Am 6. Juni unternahm Israel einen Präventivschlag gegen arabische Feindstaaten, zerschlug deren Luftwaffe und rückte in einem Dreifrontenkrieg gegen Syrien, Ägypten und Jordanien vor. In weniger als einer Woche – darum der Name Sechstagekrieg (aus israelischer Sicht, s. www.sixdaywar.co.uk) – eroberte Israel den Sinai und den Gazastreifen von Ägypten, das Westjordanland und Ostjerusalem von Jordanien und die Golanhöhen von Syrien.

Die Israelis reagierten auf ihren Sieg euphorisch, verbreitet war die Meinung, der Sieg sei nur mit Gottes Hilfe möglich gewesen. Manche sahen darin einen Beweis für ihre messianischen Hoffnungen und siedelten in den neu eroberten Gebieten. Zu jener Zeit sahen nur wenige voraus, welche demografischen, politischen und moralischen Probleme die israelische Besetzung dieser Gebiete mit sich bringen würde.

1973 unternahmen Ägypten und Syrien einen Zweifronten-Überraschungsangriff auf Israel an Jom Kippur, dem höchsten jüdischen Feiertag. Aufgrund des Versagens seiner Geheimdienste war Israel, vom Sieg von 1967 noch berauscht, unvorbereitet und musste anfangs zurückweichen, schlug dann aber unter großen Verlusten auf beiden Seiten die arabischen Armeen zurück. Wegen der ägyptischen Anfangserfolge gelang es dem ägyptischen Präsidenten Anwar as-Sadat aber, den Jom-Kippur-Krieg als Erfolg darzustellen. In taktischer und strategischer Hinsicht

---

Es gibt 20 Flüchtlingslager des Hilfswerks der Vereinten Nationen für Palästina-Flüchtlinge im Nahen Osten (UNRWA) im Westjordanland, acht im Gazastreifen und eines in Ostjerusalem. Über 50 % der palästinensischen Araber werden bei den UN als Flüchtlinge geführt.

Mahmud Darwisch (1941–2008) gilt vielen als der Nationaldichter Palästinas. Seine Werke drücken das Leid der Palästinenser über Enteignung und Vertreibung aus. Von 1973 bis in die 1990er-Jahre war er in der PLO aktiv. In einem seiner bekanntesten Gedichte schreibt er: „Wir haben ein Land aus Worten."

1948–1970er-Jahre	1950	1951	1953
Rund 600 000 Juden flüchten aus arabischen Ländern wie der Jemen, Syrien, dem Irak, Ägypten, Libyen und Marokko oder werden vertrieben. Sie finden Aufnahme in Israel. Viele verbringen Jahre in Transitlagern.	Jordanien annektiert das Westjordanland und Ostjerusalem, das es im Krieg 1948 besetzte. Das Haschemitische Königreich gibt 1988 seine Gebietsansprüche auf.	Jordaniens König Abdallah I. wird auf dem Tempelberg/Al-Haram asch-scharif von einem palästinensischen Nationalisten ermordet. Sein Enkel Hussein wird König und regiert bis 1999.	Die wichtigste Gedenkstätte für die Opfer des Holocaust weltweit, Yad Vashem, wird ins Leben gerufen. Einige Jahre später wird sie am Herzlberg im Westen Jerusalems eröffnet.

GESCHICHTE KRIEG & TERRORISMUS

Jassir Arafat machte die karierte kufiya, die traditionelle Kopfbedeckung arabischer Männer, in der Welt bekannt. Er trug seine in Schwarz und Weiß, den Farben der Fatah, und legte die Falten so, dass sie ein längliches Dreieck bildeten – die Form Palästinas. Jordanische Beduinen, linke Palästinensergruppen und Angehörige der Hamas tragen häufig die rotweiße Variante.

ging Israel zwar als Sieger hervor, doch niemand in Israel betrachtete diesen Krieg als israelischen Triumph.

Durch die Fehler im Jom-Kippur-Krieg vollständig diskreditiert und im Angesicht von Korruption und Unentschlossenheit in ihrer Arbeitspartei, trat Ministerpräsidentin Golda Meir 1974 zurück. Drei Jahre später wurde die Arbeitspartei, die seit 1948 stets den Regierungschef gestellt hatte, aus dem Amt gewählt – zum Teil auch aufgrund des Zorns der Mizrachim (Juden aus Asien und Nordafrika) über ihre wirtschaftliche und politische Marginalisierung. Neuer Ministerpräsident wurde der Vorsitzende des Likud-Blocks, Menachem Begin, ein rechtsgerichteter, ehemaliger Untergrundkämpfer (den viele aufgrund der Anschläge seiner Organisation auf arabische Zivilisten und den Symbolen der britischen Besatzung als Terroristen bezeichnen). Doch als der ägyptische Präsident Anwar as-Sadat die Welt mit seiner Reise nach Jerusalem (1977) verblüffte und Israel für den Rückzug vom Sinai Frieden und (nicht eingelöste) Fortschritte auf dem Weg zur Gründung eines Autonomen Palästinenserstaats anbot, lenkte Begin ein. Unter den Augen des strahlenden US-Präsidenten Jimmy Carter unterzeichneten Begin und Sadat 1978 das Camp-David-Abkommen.

Israel vollendete seinen Abzug aus dem Sinai, bei dem 7000 Siedler teilweise unter Zwang repatriiert wurden, im Frühjahr 1982 – nur sechs Wochen, bevor unter dem israelischen Verteidigungsminister Ariel Scharon eine Invasion in den Libanon erfolgte. Als Rechtfertigung dienten schwelende Spannungen zwischen aus dem Libanon operierenden PLO-Kämpfern und Israel sowie ein gescheiterter Mordanschlag auf den israelischen Botschafter in Großbritannien durch eine PLO-feindliche palästinensische Splittergruppe. Ziel des Militärschlags war es, die PLO aus dem Land zu vertreiben und ein pro-israelisches, christliches Regime in Beirut zu installieren. Dieser Krieg aber spaltete die israelische Öffentlichkeit wie keiner zuvor, zumal er sich über Jahre (nämlich bis 1985) hinzog – und auch danach hielten die Israelis bis Mai 2000 eine „Sicherheitszone" im Südlibanon besetzt. Viele Israelis meinten, der Krieg sei ohne einen eigentlichen Kabinettsbeschluss zustande gekommen. Vor allem aber betrachteten sie es als Schande für ihr Land, dass israelische Soldaten tatenlos zusahen, als ihre christlich-libanesischen Verbündeten im September 1982 ein Massaker in den Beiruter Flüchtlingslagern Sabra und Schatila verübten. 400 000 Menschen beteiligten sich in Tel Aviv bei der bis dahin größten Demonstration der israelischen Geschichte gegen den Krieg und das Massaker. (Israels anhaltende Traumatisierung durch den Ersten Libanonkrieg war Thema des 2008 für den Oscar nominierten dokumentarischen Trickfilms *Waltz with Bashir*.)

Unterdessen warteten die palästinensischen Flüchtlinge im Westjordanland und im Gazastreifen, in Flüchtlingslagern in den Nachbar-

1956	1961	1964	1967
Als Ägypten das Rote Meer für israelische Schiffe sperrt, rückt Israel in den Sinai ein. Großbritannien und Frankreich wollen den Konflikt nutzen, um den Sueskanal wieder unter ihre Kontrolle zu bringen.	Das Jerusalemer Bezirksgericht verurteilt den früheren SS-Obersturmbannführer Adolf Eichmann, der im Dritten Reich für die Steuerung der Deportationen zuständig war, zum Tod durch den Strang.	Die Arabische Liga gründet bei einer Konferenz in Kairo die PLO. Israel und Syrien streiten um Wasserrechte im Jordangraben.	In sechs Tagen schlägt Israel Ägypten, Jordanien und Syrien und besetzt nahezu das Doppelte seines Staatsgebiets. Zum ersten Mal seit 1948 können Israelis an der Klagemauer beten.

ländern und überall in der arabischen Welt auf die Lösung für ihr Schicksal. 1964 rief die Arabische Liga, Vertreterin von 22 arabischsprachigen Ländern, die Palästinensische Befreiungsorganisation (PLO) ins Leben. Aber erst nach der arabischen Niederlage im Sechstagekrieg (1967) trat ein palästinensischer Anführer an die Spitze der PLO, der bereit war, der Arabischen Liga zu trotzen.

Der 1929 in Kairo geborene Jassir Arafat arbeitete in den späten 1950er-Jahren als Ingenieur in Kuwait, als er die Fatah gründete, ein umgekehrtes arabisches Akronym für „Bewegung zur Befreiung Palästinas" und das arabische Wort für „Sieg". Mittels der Fatah-Fraktion übernahm er 1969 die Kontrolle über die PLO. Aus seinem Exil in Jordanien und später im Libanon und in Tunesien führte er eine Kampagne von Entführungen, Bombenattentaten und Angriffen gegen zivile Ziele durch, deren Sinn es war, Israel zu schwächen. Israel antwortete darauf mit Kommandooperationen im Ausland und gezielten Tötungen. Die PLO-Operationen sollten das Palästinenserproblem in den Schlagzeilen der Weltpresse halten.

1987 brach ein Volksaufstand gegen die israelische Besetzung im Westjordanland und im Gazastreifen aus. Diese Erste Intifada (das arabische Wort für „Erhebung") war eine spontane Welle aus Streiks und Ausschreitungen, bei denen Steine und Molotow-Cocktails geworfen wurden. Arafat, dessen Hauptquartier sich in Tunis befand, hatte zunächst keinen Einfluss auf die Massenbewegung in den Palästinensergebieten, setzte sich dann aber schnell an deren Spitze und erwarb weltweit Sympathien für die palästinensische Sache.

1988 schwor Arafat dem Terrorismus ab und erkannte Israel an. Fünf Jahre später unterzeichneten Israel (unter Jitzchak Rabin) und die PLO das Oslo-Abkommen, so benannt nach den Geheimverhandlungen in der norwegischen Hauptstadt, die die Grundlage der Vereinbarung bildeten. Nach dieser sollte Israel schrittweise die Kontrolle über verschiedene Gebiete auf die Palästinenser übertragen, angefangen mit den größeren Städten im Westjordanland und im Gazastreifen. Die schwierigsten Fragen – die Zukunft Jerusalems und das „Rückkehrrecht" für palästinensische Flüchtlinge – sollten erst am Ende einer fünfjährigen Übergangsperiode verhandelt werden. Die Formel für das Oslo-Abkommen lautete im Wesentlichen „Land gegen Frieden", basierend auf der Zwei-Staaten-Lösung, die die UNO im Jahr 1947 vorgeschlagen hatte.

Die Oslo-Ära

Jassir Arafat kam im Juli 1994 nach Gaza, um an die Spitze der neugeschaffenen Palästinensischen Autonomiebehörde (PA) zu treten. Israel trat in den folgenden fünf Jahren die Hoheit über einen Großteil von Gaza und die meisten Städte im Westjordanland ab, die unter palästinensischer Kontrolle waren. Doch wirklichen Frieden brachte das Oslo-

1972	1973	1978	1982
Palästinensische Terroristen von Jassir Arafats Fatah ermorden bei den Olympischen Spielen in München elf israelische Sportler und Betreuer. Golda Meir befiehlt, die Attentäter zu finden und zu töten.	Ägypten und Syrien starten an Jom Kippur, dem höchsten jüdischen Feiertag, einen Überraschungsangriff auf Israel. Der folgende Jom-Kippur-Krieg, den Israel militärisch gewinnt, kostet auf beiden Seiten viele Opfer.	Israel und Ägypten unterzeichnen das Camp-David-Abkommen. Israel eröffnet eine Botschaft in Kairo, Ägypten eine Botschaft in Tel Aviv, der Sinai kommt wieder an Ägypten.	Israel marschiert im Libanon ein und belagert Beirut. Phalangistische Libanesen massakrieren Palästinenser. Jassir Arafat und PLO-Kämpfer fliehen übers Meer aus Beirut und verlegen ihren Hauptsitz nach Tunis.

GESCHICHTE DIE OSLO-ÄRA

Israels arabische Einwohner – palästinensische Araber, die 1948 ihre Heimat nicht verließen, und deren Nachkommen – lebten bis 1966 unter Militärrecht. Heute beträgt ihre Zahl rund 1,6 Mio., die meisten davon sind in Galiläa ansässig. Arabische Bewohner Ostjerusalems sind im Besitz blauer israelischer Ausweise; die meisten lehnten Israels Angebot ab, die Staatsbürgerschaft anzunehmen.

Abkommen nicht. Vielmehr stachelte es auf beiden Seiten diejenigen, die gegen alle Kompromisse waren, zu immer größeren Gewalttaten an. Der Terrorismus der Hamas und des Islamischen Dschihad erreichte mit Selbstmordattentaten gegen israelische Zivilisten neue Höhepunkte. Israel schlug mit gezielten Tötungen von Führungspersonen der Hamas und des Islamischen Dschihad zurück, eine Taktik, bei der häufig auch unbeteiligte Zivilisten verletzt oder getötet wurden. Die Zahl militärischer Strafaktionen und der Gewalttaten jüdischer Siedler gegen Araber nahm zu, während die Hoffnung auf eine verbesserte wirtschaftliche Lage und die Möglichkeit, sich frei zu bewegen, unerfüllt blieb.

Der vielleicht größte Schlag gegen den Friedensprozess ereignete sich im November 1995, als ein orthodoxer israelischer Extremist den Ministerpräsidenten Jitzchak Rabin nach einer Kundgebung in Tel Aviv niederschoss. Die jahrelange Hetze nationalistischer Israelis (insbesondere jüdischer Siedler) gegen Rabins Zustimmung zur Aufgabe von Teilen des historischen „Landes Israel" gipfelte nun in seiner Ermordung. Viele orthodoxe Juden (allerdings nicht die ultraorthodoxen, die nicht- oder sogar antizionistisch sind) glauben, dass die biblischen Länder, die sie als Judäa und Samaria bezeichnen (nämlich das Westjordanland), wie auch der Gazastreifen als Teil des göttlichen Heilsplans unter israelische Herrschaft gerieten und dass das Messianische Zeitalter unmittelbar bevorstünde. Die Aufgabe der Herrschaft über jenes Land, das Gott Israel beschert haben soll, würde nach ihrer Ansicht das Kommen des Messias verhindern. Ein größeres Verbrechen ist in den Augen dieser Apokalyptiker gar nicht denkbar.

Für die meisten Israelis war die Ermordung Rabins eine nationale Katastrophe, letztendlich bewirkte sie jedoch größtenteils das, was der Attentäter bezweckt hatte: Der Friedensprozess war eines Fürsprechers beraubt, dessen militärischer Hintergrund als Brigadekommandeur 1948 und Stabschef im Krieg von 1967 vielen Landsleuten Vertrauen in Sicherheitsfragen vermittelte.

Auf Rabins Tod folgte eine Reihe von Selbstmordanschlägen der Hamas, die einer rechtsgerichteten Koalition unter Benjamin Netanjahu zur Macht verhalfen. 1999 kam eine Mitte-Links-Koalition unter Führung des ehemaligen Stabschefs Ehud Barak ins Amt. Barak und Arafat stimmten einem Gipfeltreffen mit US-Präsident Bill Clinton in Camp David zu, um eine endgültige Friedensregelung zu finden. Die Verhandlungen scheiterten vor dem Hintergrund anhaltender Unzufriedenheit seit dem Oslo-Friedensprozess. Es kam vielerorts zu Gewaltausbrüchen, angefeuert durch einen umstrittenen Besuch von Ariel Scharon, dem Führer des israelischen Parteienbündnisses Likud, auf dem Tempelberg in Jerusalem. Sowohl Scharon als auch Arafat wurden beschuldigt, die Unruhen anzuheizen.

1985	1987–1993	1988	1991
Als erster deutscher Bundespräsident besucht Richard von Weizäcker am 8. Oktober das Land Israel. In Israel sieht man den Staatsbesuch als „Wendemarke" im Verhältnis der Völker.	Die palästinensische Verzweiflung über die Besetzung entlädt sich in der Ersten Intifada. Die hohe Zahl verletzter und getöteter Palästinenser wird international verurteilt.	Arafat distanziert sich in einer Rede vor der Generalversammlung der UNO in Genf vom Terrorismus.	Israel wird von 39 irakischen Raketen getroffen. Arafat unterstützt Saddam Husseins Annexion von Kuwait; im Gegenzug stellen Kuwait und andere Golfstaaten Zahlungen an die PLO ein und weisen Palästinenser aus.

Zunächst betrachtete Arafat die Gewaltausbrüche als Mittel, Israel zu Konzessionen zu zwingen, allerdings verlor er schnell die Kontrolle über junge Fatah-Führer, die ihm vorwarfen, ihnen nach der Rückkehr aus dem Exil zu wenig Einfluss gegeben zu haben. Sie beschuldigten ihn, alle Spitzenpositionen in Militär und Politik an korrupte, alte Parteigefährten zu vergeben, die mit ihm in Beirut und Tunis gewesen waren. Die jungen Fatah-Führer verbündeten sich schnell mit der Hamas und dem Islamischen Dschihad – eine Welle von Selbstmordattentaten und die nächste Stufe der Eskalation waren die Folge.

2001 mündete die wachsende antiarabische Stimmung in Israel in der Wahl Ariel Scharons zum Ministerpräsidenten. Der ehemalige General galt als Hardliner, der die Intifada vertraulich als „existenzielle Bedrohung" Israels bezeichnete und Baraks Versuchen, eine Vereinbarung mit Arafat zu erreichen, entgegengetreten war. Scharon schickte Panzer, um Städte im Westjordanland zu besetzen, die zuvor Arafat übergeben worden waren. Er ordnete zahlreiche blutige Vorstöße in den Gazastreifen an und befahl „gezielte Tötungen" mutmaßlicher führender Terroristen. Er internierte Arafat praktisch in seinem Regierungssitz in Ramallah, indem er diesen mit Panzern umstellen ließ. Der depressive und kranke Arafat verlor immer mehr an Einfluss und – laut einiger Berater – auch an Realitätssinn, bis er zur Behandlung nach Frankreich ausgeflogen wurde, wo er schließlich im November 2004 starb. Laut der israelischen Menschenrechtsorganisation B'Tselem (www.btselem.org) wurden im Verlauf der Zweiten Intifada (2000–2005) über 1000 Israelis, 70 % davon Zivilisten, von palästinensischen Arabern sowie rund 4700 Araber, darunter über 2000 Zivilisten, von Israelis getötet.

Nachdem sein alter Feind aus dem Weg geräumt war, machte sich Scharon entgegen seinem Ruf als unbelehrbarer Hardliner an einen radikalen Plan zur „Befreiung" von den Palästinensern. Gegen starken Widerstand der jüdischen Siedler wurden Sperranlagen um den größten Teil des Westjordanlands errichtet und isolierte Siedlungen aufgelöst. Im August 2005 vollendete er die heiß umkämpfte Rückführung aller 8600 israelischen Siedler aus dem Gazastreifen und die Auflösung von vier Siedlungen im nördlichen Westjordanland. Im Januar 2006 erlitt Scharon einen schweren Schlaganfall; jüdische Siedler sahen darin eine Strafe Gottes für seinen Verrat am Land Israel. Bis zu seinem Tod 2014 lag Scharon im Koma.

Aktuelle Entwicklungen

Mit dem Versprechen auf einen weiteren Rückzug aus großen Teilen des Westjordanlands wurde Scharons Stellvertreter Ehud Olmert im März 2006 zum zwölften Ministerpräsidenten Israels gewählt, seine Pläne wurden jedoch nie umgesetzt. Einige Monate zuvor hatte die Hamas

---

Arabische Männer werden häufig als Abu (d. h. „Vater von"), gefolgt vom Namen des ältesten Sohnes, angesprochen. Arafat war im Volk als Abu Ammar bekannt, obwohl er keinen Sohn hatte (sein einziges Kind ist die 1995 geborene Tochter Zahwa). Seinen Kampfnamen wählte er nach einem Gefährten des Propheten Mohammed.

GESCHICHTE AKTUELLE ENTWICKLUNGEN

1993	1994	1995	2000–2005
Der israelische Ministerpräsident Jitzchak Rabin und der PLO-Vorsitzende Jassir Arafat unterzeichnen im Weißen Haus mit einem unsicheren Händeschütteln das Oslo-Abkommen.	Israel und Jordanien unterzeichnen einen Friedensvertrag, der den Verlauf der langen Grenze festlegt und Jordanien einen Anteil am Jordan garantiert. In Amman und Ramat Gan werden Botschaften eröffnet.	Nach einer Friedenskundgebung in Tel Aviv wird der Ministerpräsident Israels, Jitzchak Rabin, von einem israelischen Rechtsextremisten ermordet. Die Tat trägt letztlich zum Scheitern des Friedensprozesses bei.	Die Zweite Intifada ist von palästinensischen Selbstmordattentaten geprägt. Zur Vergeltung unternehmen israelische Streitkräfte blutige Vorstöße. Die Verbitterung auf beiden Seiten nimmt zu.

die palästinensischen Parlamentswahlen gewonnen und im Folgejahr übernahm sie mit Waffengewalt die Kontrolle über den Gazastreifen; Fatah-Offizielle, die nicht fliehen konnten, wurden gefoltert und zum Teil getötet – manche warf man einfach aus hohen Gebäuden. Die USA und EU leisten weiterhin beträchtliche finanzielle Unterstützung an die Fatah-geführte Palästinensische Autonomiebehörde im Westjordanland, während der Iran trotz Meinungsverschiedenheiten über den Bürgerkrieg in Syrien der Hamas im Gazastreifen mit Waffen und Geld unter die Arme greift. Olmert indes wurde nach seinem Rücktritt 2008 und Neuwahlen 2009 der Korruption angeklagt und schließlich 2014 zu sechs Jahren Gefängnis verurteilt.

Im Sommer 2006 entführten Hisbollah-Freischärler zwei israelische Soldaten, die auf der israelischen Seite der israelisch-libanesischen Grenze patrouillierten. Die Folge war ein kurzer Krieg zwischen Israel und der vom Iran gestützten libanesischen Miliz, bei dem diese tausende Raketen auf israelische Städte, Ortschaften und Dörfer abschoss. Nordisrael befand sich im Ausnahmezustand, 43 Zivilisten starben. Die Ausmaße der israelischen Gegenangriffe auf libanesische Städte stießen weltweit auf Kritik und der Krieg entpuppte sich als diplomatisches Desaster für Israel. Der Waffenstillstand, der zu Kriegsende vereinbart wurde, hat auch acht Jahre später noch Bestand.

2001 begannen die Hamas und der Islamische Dschihad damit, Raketen aus dem Gazastreifen auf israelische Gebiete in der Nähe abzuschießen. Diese Angriffe eskalierten nach dem Rückzug Israels aus Gaza 2006. Selbst gebastelte Kassam-Raketen wurden verbessert und durch das vom Iran bereitgestellte BM-21-Raketensystem mit einer Reichweite bis nach Be'er Scheva, Rischon LeZion und sogar Tel Aviv ergänzt. Die Hauptlast der Angriffe hatten allerdings die Einwohner von Sderot und nahe gelegenen Kibbuzim zu tragen. Ende 2008 startete Israel gegen die Raketenangriffe die groß angelegte Operation Gegossenes Blei. Die Kämpfe dauerten drei Wochen an, sie zerstörten große Teile der Infrastruktur im Gazastreifen und machten Tausende obdachlos. Laut der israelischen Menschenrechtsorganisation B'Tselem wurden während der Operation 1397 palästinensische Araber von Israelis (laut Israel waren davon nur wenige Zivilisten) und fünf israelische Soldaten von Arabern getötet. Die Hamas behielt jedoch die Oberhand und legte neue Schmuggeltunnel an, um die viel kritisierte Blockade des Gazastreifens durch Israel zu umgehen (erst 2010 wurde diese für zivile Güter erheblich gelockert). Ägypten verriegelte die Grenze zwischen Gaza und Sinai; 2013 und 2014 zerstörte die ägyptische Armee rund 1200 Schmuggeltunnel und schnitt damit eine wichtige Nachschubquelle der Hamas ab.

Die israelischen Parlamentswahlen 2013 bestätigten eine Koalition unter der Führung des Likud-Vorsitzenden Benjamin Netanjahu. Diese

2004	2005	2005	2006
Jassir Arafat stirbt mit 75 Jahren in einem Pariser Krankenhaus und wird in Ramallah begraben. Verschwörungstheorien, nach denen der Palästinenserführer vergiftet worden sei, machen die Runde.	Israel zieht sich aus dem Gazastreifen zurück und löst die 21 jüdischen Siedlungen dort auf. Die Siedler radikalisieren sich; die Palästinenser lehnen Israels Kontrolle des Gaza-Land-, Schiff- und Luftverkehrs ab.	Seit 2005 zieht der iranische Präsident Mahmud Ahmadinedschad immer wieder öffentlich in Zweifel, dass es den Holocaust gegeben hat. Seine Aussagen sorgen international für Empörung.	Angriffe auf Galiläa durch die Hisbollah führen zu Israels Zweitem Libanonkrieg. Die Hamas besiegt die für eine Zwei-Staaten-Lösung eintretende Fatah bei den Wahlen zum Legislativrat.

konzentrierte sich zunächst darauf, männliche Angehörige der wachsenden ultraorthodoxen Gemeinde zum Dienst in der israelischen Armee zu verpflichten und in die Arbeitswelt zu integrieren. Von den USA forcierte Friedensgespräche zwischen Israelis und Palästinensern scheiterten auch am andauernden Siedlungsbaus der Netanjahu-Regierung. Als Reaktion darauf beantragte die Palästinensische Autonomiebehörde die vollwertige Mitgliedschaft als unabhängiger Staat in verschiedenen internationalen Organisationen und verärgerte damit Israel. 2014 wurde der israelische Präsident Schimon Peres (mit 90 Jahren ältestes Staatsoberhaupt der Welt) in seinem vor allem repräsentativen Amt vom rechtsgerichteten Reuven „Ruby" Rivlin abgelöst, der für seinen Einsatz für Menschenrechte bekannt ist.

2014 setzten die Fatah, die weite Teile des Westjordanlands regiert, und die Hamas, die den Gazastreifen kontrolliert, eine Regierung der nationalen Einheit ein, die Unterschiede und das Misstrauen zwischen beiden Gruppen bleiben jedoch bestehen. Ägypten unter dem Präsidenten Abd al-Fattah as-Sisi ist der Hamas gegenüber durchweg feindlich eingestellt, teils wegen des Widerstands des ägyptischen Militärs gegen die Muslimbrüder.

Krieg zwischen Hamas und Israel

Im Juni 2014 wurden drei israelische Teenager von Palästinensern entführt und getötet, was eine rasche Eskalation der Gewalt auslöste. Israel reagierte auf den Vorfall mit einer Großoffensive gegen die Hamas im Westjordanland. Zehn Palästinenser starben bei Angriffen, Hunderte wurden verhaftet. Raketen wurden in den Gazastreifen und vom Gazastreifen nach Israel abgefeuert. Bei dem folgenden 50-tägigen Gazakrieg zwischen Hamas und Israel starben über 2100 Palästinenser (laut Schätzungen der UNO 69 % davon Zivilisten) und 73 Israelis (67 davon Soldaten). Große Teile des Gazastreifens, darunter 17 200 Wohnhäuser, wurden zerstört und Hunderttausende von Zivilisten, vor allem Kinder, traumatisiert, während Israels Raketenabwehrsystem Iron Dome die Bedrohung für die israelische Bevölkerung durch die Hamas quasi neutralisierte.

Nur wenigen palästinensischen Kämpfern war während der Zweiten Intifada eine längere Karriere beschieden. Im Jahr 2003 wurden in der Stadt Dschenin im Westjordanland in Folge elf Anführer des Islamischen Dschihad innerhalb von einer Woche nach Erreichen ihrer Position von israelischen Soldaten verhaftet oder getötet – manchmal noch am Tag ihrer Ernennung.

GESCHICHTE KRIEG ZWISCHEN HAMAS UND ISRAEL

2008–2014
Radikale jüdische Siedler führen „Price-Tag"-Angriffe gegen Palästinenser und die IDF, um die israelische Regierung von nachteiligen Entscheidungen für jüdische Siedlungen im Westjordanland abzuhalten.

2012
Operation Wolkensäule: Die israelische Armee startet im November militärische Angriffe auf Ziele im Gaza-Streifen und begründet dies mit palästinensischen Raketenschlägen.

2014
Gazakrieg: Nach der Ermordung dreier israelischer Jugendlicher startet Israel ein Großoffensive gegen die Hamas. Die Gefechte dauern 50 Tage und enden am 26. August mit einem unbefristeten Waffenstillstand.

2015
Mit einem deutlichen Abrücken von einer Zweistaatenlösung kann Benjamin Netanjahu die schon verloren geglaubten vorgezogenen Parlamentswahlen doch noch für sich entscheiden.

Volksgruppen in Israel & Palästina

Fast 13 Mio. Menschen leben in Israel und Palästina. Rund 75 % der Einwohner sind Juden (das entspricht fast der Hälfte der jüdischen Weltbevölkerung von 13,7 Mio.), 17,6 % sind Muslime und 1,7 % Christen. Die Bevölkerung im Westjordanland setzt sich zu ungefähr 83 % aus sunnitischen Muslimen, zu 13 % aus Juden und zu rund aus 2 % Christen zusammen. Die Bevölkerung im Gazastreifen besteht nahezu ausschließlich aus sunnitischen Muslimen. Laut dem Statistischen Amt der Palästinensischen Autonomiebehörde gibt es weltweit rund 11 Mio. Palästinenser, von denen das Hilfswerk der Vereinten Nationen für Palästina-Flüchtlinge im Nahen Osten 1,5 Mio. als Flüchtlinge klassifiziert.

Juden

In der osmanischen Zeit lebten die meisten Juden Palästinas in den heiligen Städten Jerusalem, Hebron, Tiberias und Sefad (Zefat). Ab den 1880er-Jahren begannen Juden, in größerer Zahl nach Palästina einzuwandern, nicht nur aus religiösen oder spirituellen Gründen, sondern auch, um die Selbstbestimmung des jüdischen Volks voranzutreiben, hier ihre Kinder großzuziehen und ein Leben ohne Furcht vor Antisemitismus zu führen. In Palästina geborene Juden werden als „Sabras" benannt – nach den Kaktusfeigen, einer genügsamen, aus Mexiko stammenden Kaktusart *(Opuntia ficus-indica),* deren Frucht außen stachelig, innen aber süß und saftig ist.

> Seit 1948 hat Israel im Verhältnis zu seiner Einwohnerzahl mehr Einwanderer aufgenommen als jedes andere Land der Erde. Rund 900 000 Juden kamen allein in den 1990er-Jahren aus der ehemaligen Sowjetunion ins Land. In letzter Zeit sind Tausende Juden wegen antisemitischer Übergriffe aus Frankreich ausgewandert.

Sephardim

Im Jahr 1492 wurden die Juden von Sefarad (dem hebräischen Namen für Spanien) vor die Wahl gestellt, sich taufen zu lassen, den Tod zu erleiden oder auszuwandern. Einige sephardische Juden (Sephardim) flohen nach Nordafrika, andere fanden Zuflucht im Osmanischen Reich, dessen Sultan sie mit offenen Armen willkommen hieß. Bis ins späte 19. Jh. bestand die Mehrzahl der Juden im osmanischen Palästina aus Sephardim. Diese waren nicht nur durch die gemeinsame Herkunft aus Spanien verbunden, sondern auch durch ihre religiöse Liturgie, ihre Sprache, ihre Riten und Musik. Viele der führenden Kabbalisten im Safed des 16. Jhs. waren Sephardim.

Viel wurde über die Geringschätzung geschrieben, mit der manche Aschkenasim ihre nichteuropäischen Glaubensbrüder betrachteten. Doch eine Gruppe blickte lange auf den Rest der jüdischen Welt im Gefühl kultureller Überlegenheit herab: die „reinen" Sephardim, die ihre Abstammung bis ins Spanien des Mittelalters zurückführen konnten. Fünf Jahrhunderte lang blieb die Umgangssprache dieser „reinen" Sephardim in Ländern wie der Türkei, Griechenland, Bosnien und Bulgarien das Ladino (Juden-Spanisch), ein spätmittelalterlich anmutendes Spanisch, das durchmischt ist mit hebräischen Wörtern und – je nach Wohnort des Sprechenden – türkischen, griechischen, arabischen oder französischen Elementen.

Weitere Infos zur Geschichte und Kultur der Sephardim finden sich unter www.sephardicstudies.org. Nützliche Links finden sich zudem auf der Website www.aki-yerushalayim.co.il, die dank der fürs Ladino gebräuchlichen lateinischen Schrift jeder lesen kann, der Spanisch versteht.

Aschkenasim

Die Vorfahren der heutigen Aschkenasim gelangten im 10. Jh. nach Aschkenas (hebräisch für Deutschland). Infolge mehrerer Vertreibungen flohen aschkenasische Juden ostwärts nach Polen, Russland und Österreich-Ungarn. Um das Jahr 1000 waren lediglich 3 % der weltweiten Juden Aschkenasim; in den 1930er-Jahren stellten sie 92 %! Heute führen die Hälfte der israelischen Juden (und drei Viertel der jüdischen Weltbevölkerung) ihre Herkunft – entweder direkt oder über nord- und südamerikanische Abstammungslinien – auf Mittel- und Osteuropa zurück, insbesondere auf Russland, Polen, die Ukraine, Weißrussland, Litauen, Ungarn, Rumänien sowie auf Österreich und Deutschland.

Ab 1882 führten Pogrome und Antisemitismus dazu, dass Millionen aschkenasischer Juden aus Osteuropa nach Amerika und Mittel- und Westeuropa flohen. Kleine Gruppen rumänischer und russischer Juden zogen es vor, ins osmanische Palästina zu emigrieren und dort landwirtschaftliche Siedlungen (z. B. Zichron Ja'akow) aufzubauen. Schnell entwickelten sich Spannungen zwischen den Zionisten, von denen manche sozialistische Ziele verfolgten, und den traditionalistischen, ultraorthodoxen jüdischen Gemeinden in Palästina – ein Konflikt, der bis heute andauert.

Eine der kulturellen Eigenheiten der Aschkenasim war das Jiddische, eine auf der Grundlage spätmittelalterlicher mitteldeutscher Dialekte und ererbter hebräischer Wörter und Wendungen gebildete Sprache, die später im Osten durch Wörter slawischer Herkunft bereichert wurde. Das Jiddische wird in hebräischer Schrift geschrieben.

Wurde Jiddisch 1939 noch von ca. 11–13 Mio. Juden gesprochen, sind es heute infolge von Holocaust und sprachlichen Anpassungen in Ländern wie Israel, den USA, den ehemaligen Sowjetrepubliken und Argentinien nur mehr vielleicht 1 Mio. Jiddisch ist vor allem als Umgangssprache in vielen ultraorthodoxen Gemeinden zu hören, so z. B. in israelischen Vierteln wie Jerusalems ultraorthodoxem Stadtteil Mea Sche'arim.

Mizrachim

Juden, deren Familien als Flüchtlinge aus Nordafrika (Marokko, Algerien, Tunesien und Libyen), dem Nahen Osten (z. B. aus dem Irak, aus Syrien, Jemen, dem Iran oder Afghanistan) sowie aus Zentralasien (z. B. Usbekistan, Aserbeidschan oder Georgien) oder Indien nach Israel ka-

> Das halachische Judentum zerfällt in drei liturgische und rituelle Haupttraditionen: die der Aschkenasim, der Sephardim und der Edot haMizrach (Mizrachim). Hinzu kommen diverse lokale Traditionen wie die der Juden Roms oder aus dem Elsass.

DAS RÜCKKEHRGESETZ

Das 1950 von der Knesset verabschiedete israelische Rückkehrgesetz gewährt allen Juden sowie ihren gesetzlichen Ehepartnern (seit 2014 auch gleichgeschlechtlichen Paaren) auf Ersuchen die israelische Staatsbürgerschaft. Als Juden gelten demnach Personen mit mindestens einem jüdischen Großelternteil oder Personen, die zum Judentum konvertiert sind. Da dieses Gesetz allen Juden auf der Welt bei Verfolgungen eine Zuflucht garantiert – die ihnen während des Holocaust von der Welt oft verwehrt wurde –, gilt dieses Gesetz als Grundpfeiler des Staates Israel als Heimstätte des jüdischen Volks.

2013 und 2014 verabschiedeten Portugal und Spanien eigene „Rückkehrgesetze", die den Nachkommen der Sephardim, die vor 500 Jahren von der Iberischen Halbinsel vertrieben wurden, das Bürgerrecht in diesen Ländern anbietet. Mehrere Länder, darunter Armenien, China, Griechenland und Deutschland, haben Gesetze, die den Nachkommen von jüdischen Auswanderern und Flüchtlingen die Staatsbürgerschaft oder ein Aufenthaltsrecht einräumen.

men, werden als Edot haMizrach („Gemeinden des Ostens") bzw. Mizrachim („Leute des Ostens") bezeichnet. Diese Bezeichnung spiegelt die Herkunft und gemeinsame liturgische Traditionen wider.

Jemenitische Juden begannen 1881, ins osmanische Palästina auszuwandern. Die Zahl der Mizrachim schwoll nach 1948 gewaltig an, als rund 600 000 Juden aus arabischen Ländern nach Israel kamen, vielfach als Flüchtigen vor antisemitischen Gewalttaten und judenfeindlichen Gesetzen. In den letzten Jahren beginnen einzelne Mizrachim-Gruppen, Entschädigungen für verlorenen privaten oder Gemeindebesitz zu fordern.

In Israel wurden die Mizrachim lange von den Aschkenasim diskriminiert; nach 1948 verbrachten viele Jahre in Eingliederungslagern oder wurden in entlegenen „Entwicklungsstädten" im Negev oder in Galiläa angesiedelt. In den letzten Jahren allerdings sind Eheschließungen zwischen Mizrachim, Sephardim und Aschkenasim sehr viel häufiger geworden. Die Mizrachim – insbesondere die Nachfahren der Einwanderer aus Marokko – sind zwar immer noch an Universitäten unter- und in Israels Gefängnissen überrepräsentiert, aber die israelische Alltagskultur ist insgesamt viel integrativer geworden. Die ultraorthodoxe Schas-Partei findet ihre Anhänger fast ausschließlich unter religiös sehr traditionsbewussten Mizrachim.

> Weil sich Liturgie und Riten der Mizrachim und der Sephardim ähneln, werden die Mizrachim mitunter zu den Sephardim gerechnet, obwohl die Juden Bagdads, Damaskus, Sanaas oder Bucharas nie auch nur in die Nähe der Iberischen Halbinsel kamen.

Die Mizrachim verwendeten Jahrhunderte lang verschiedene Dialekte und Sprachen im Alltag, darunter maghrebinisches Juden-Spanisch, Arabisch, irakisches Juden-Aarabisch (Jahudi) und Judäo-Tat (Juhuri), eine iranische Sprache, die von den Bergjuden Aserbeidschans gesprochen wurde.

Beta Israel

Die als Beta Israel (Haus Israel) oder auch unter dem diskriminierenden Namen Falaschas („Fremde" oder „Exilierte") bekannten äthiopischen Juden führen ihren Ursprung auf König Salomo und die Königin von Saaba (1. Könige 10:1–13) zurück, während andere Traditionen vermuten lassen, dass die Vorfahren der Beta Israel vor fast 2000 Jahren von jüdischen Händlern aus dem Jemen zum Judentum bekehrt wurden. Wie und wann genau die Juden nach Äthiopien gelangten, ist aber unbekannt.

Die ersten äthiopischen Juden gelangten in den 1960er-Jahren nach Israel, die Einwanderung im großen Maßstab erfolgte aber erst mit zwei Luftbrücken, der Operation Moses (1984/85) und der Operation Solomon (1991). Heute leben rund 121 000 Juden äthiopischer Abstammung in Israel (rund 2 % der jüdischen Gesamtbevölkerung des Landes).

> Obwohl die Juden nur 0,2 % der Weltbevölkerung ausmachen, haben jüdische Wissenschaftler 27 % der Nobelpreise für Chemie, Physik, Medizin und Ökonomie gewonnen.

Der Übergang zum Leben in Israel erwies sich für viele Beta Israel als schwierig; sie zählen zu den ärmsten im Land, ihr Bildungsniveau liegt weit unter dem Durchschnitt. Zu den bekannten äthiopischen Israelis zählen das Model Esti Mamo, die in *Elle* and *Vogue* zu sehen war, und Yityish Titi Aynaw, die Miss Israel 2013. Sechs Knesset-Mitglieder gehörten bislang dieser Gruppe an.

Muslime

Sunnitische Muslime stellen 17,4 % der Bevölkerung Israels, rund 97 % der arabischen Bevölkerung des Westjordanlands und mehr als 99 % der Bevölkerung des Gazastreifens. Rund 90 % der israelischen Araber sind Muslime; die Muslime machen 38 % der Bevölkerung Galiläas aus. Die größte Stadt mit muslimischer Bevölkerungsmehrheit in Israel ist Nazareth (66 000 Ew.). Rund ein Drittel der Einwohner Jerusalems sind Muslime.

Traditionell waren die Muslime Palästinas in ihrer Glaubensausübung gemäßigt. Die Zunahme des islamischen Fundamentalismus unter den Palästinensern seit den 1970er-Jahren, die sich besonders im Gazastreifen, aber auch in einigen Teilen des Westjordanlands (z. B. in Hebron) beobachten lässt, wird auf mehrere Faktoren zurückgeführt: die Islamische Revolution im Iran, die Enttäuschung durch säkulare Palästinenserorganisationen wie Jassir Arafats Fatah, auf die herrschende Korruption und schließlich auf den wachsenden Einfluss islamistischer Gruppierungen überall in der arabischen und muslimischen Welt. Die Hamas, die den Gazastreifen dominierende islamistische Organisation, ist der palästinensische Ableger der ägyptischen Muslimbruderschaft. In Israel entstand durch die Muslimbruderschaft die Islamische Bewegung, die in einen radikalen „nördlichen" und einen moderateren „südlichen" Zweig gespalten ist. Letzterer unterstützte das Oslo-Abkommen und ist über die „Vereinigte Arabische Liste" mit Abgeordneten in der Knesset vertreten.

Die palästinischen Muslime in Israel und Palästina betrachten sich als Wächter der drittheiligsten Stätte des Islam, der Jerusalemer Al-Aqsa-Moschee sowie von weiteren Stätten wie des Haram al-Ibrahimi (Abrahamsmoschee, Höhle der Patriarchen) in Hebron. Die muslimischen heiligen Stätten, darunter der Haram asch-Scharif (Tempelberg) in Jerusalem, werden von muslimischen Stiftungen (*waqf*) autonom verwaltet.

Islam und Judentum haben – in ihren Ritualen, Gebetsformen und ihrer Rechtsprechung – mehr miteinander gemeinsam als mit dem Christentum. Hierfür einige Beispiele:

➡ Muslime beten fünfmal am Tag, Juden traditionellerweise dreimal.

➡ Die muslimischen Speisevorschriften, die festlegen, welche Tiere gegessen werden dürfen und wie sie geschlachtet werden müssen, um halal (erlaubt) zu sein, sind den jüdischen Kaschrut-Vorschriften sehr ähnlich (viele Muslime gehen davon aus, dass diesen Vorschriften entsprechendes koscheres Fleisch auch halal ist).

➡ Der erste Teil des muslimischen Glaubensbekenntnisses Schahada („Es gibt keinen Gott außer Gott") ist dem jüdischen Schma Jisrael („Höre, Israel, der Herr ist dein Gott, der Herr ist einer") sehr ähnlich – beide betonen die absolute Einzigkeit und Einheit Gottes.

➡ Das arabische und eines der bibelhebräischen Wörter für Gott, Allah und Elohim, sind von derselben semitischen Wurzel abgeleitet.

Beduinen

Rund ein Sechstel aller israelischen Araber sind Beduinen: Nachfahren von arabischsprachigen, sunnitisch-muslimischen Nomadenstämmen, die früher überall in arabischen Wüstengebieten Schafe und Ziegen züchteten. Rund 220 000 Beduinen leben im Negev in sieben vom Staat errichteten Ortschaften und rund 45 nicht anerkannten Dörfern, weitere 60 000 Beduinen in galiläischen Dörfern. Obwohl Beduinen nicht der israelischen Wehrpflicht unterliegen, leisten viele freiwillig Dienst in den Streitkräften; sie werden häufig als Fährtensucher eingesetzt.

Spannungen bestehen zwischen den Beduinen des Negev und dem israelischen Staat, weil dieser – wie die britischen und die osmanischen Herren zuvor – versucht, die Beduinen in dauerhaften Siedlungen unterzubringen und sie dazu zu bewegen, die nomadische Lebensweise aufzugeben. Ein umstrittener Umsiedlungsplan, dem viele Beduinen des Negev erbitterten Widerstand entgegensetzten, wurde Ende 2013 auf Eis gelegt.

Einige Beduinen praktizieren weiterhin die Polygamie, obwohl sie nach israelischem Recht verboten ist.

Tscherkessen

Mitte des 19. Jhs. expandierte das Russische Reich in den Nordkaukasus, das Gebiet zwischen dem Schwarzen und dem Kaspischen Meer. In der Folge sahen sich Hunderttausende des kaukasischen, sunnitisch-musli-

---

In Haifa im Stadtteil Kababir auf dem Karmel leben rund 2000 der als tolerant bekannten Ahmadiyya-Muslime, einer Religionsgemeinschaft, die im späten 19. Jh. in Indien gegründet wurde. Um ihre Beziehungen zu den jüdischen Nachbarn zu verbessern, brachten sie 1987 eine jiddische Übersetzung des Korans heraus.

Rund 60 000 Afrikaner, überwiegend aus Eritrea oder dem Sudan, gelangten in den letzten Jahren über die ägyptische Grenze nach Israel und beantragten hier Asyl. Der israelischen Regierung zufolge handelt es sich dabei fast ausschließlich um Wirtschaftsflüchtlinge und nicht um religiös oder politisch Verfolgte.

mischen Volkes der Tscherkessen gezwungen, ihre Heimat zu verlassen. Viele fanden Zuflucht im Osmanischen Reich, manche davon im Gebiet des heutigen Israel.

Heute leben rund 4000 Tscherkessen in den beiden galiläischen Dörfern Kfar Kama und Rehanije. Tscherkessische Männer sind die einzigen Muslime in Israel, für die Wehrpflicht in der israelischen Armee besteht.

Christen

Während 1920 Christen rund 10 % der Einwohner im heutigen Gebiet Israels und Palästinas stellten, ist der Anteil der Christen bis heute in Israel auf rund 2 % und in Palästina auf 0,8 % zurückgegangen. Der starke Rückgang ist teilweise auf die starke Zunahme der jüdischen und muslimischen Glaubensgemeinschaften zurückzuführen, doch auch die Auswanderung von Christen in mehrheitlich christliche Länder in Europa und Nord- und Südamerika spielte eine bedeutsame Rolle. In jüngerer Vergangenheit bewog vor allem das Anwachsen des islamischen Fundamentalismus Christen zur Auswanderung aus dem Westjordanland und dem Gazastreifen.

80 % aller Christen in Israel sind Araber, die meisten übrigen Einwanderer aus der ehemaligen Sowjetunion. Die größten christlichen Konfessionen in Israel sind: die Melkiten (eine mit Rom unierte Kirche mit ostkirchlichem Ritus; 53 %); die Griechisch-Orthodoxen (27 %); die Katholiken mit lateinischem Ritus (10 %) und die Maroniten (eine mit Rom unierte Ostkirche; 7,5 %). Unter allen religiösen Gruppen in Israel haben die Christen prozentual den höchsten Anteil an Menschen mit Hochschulbildung. In den letzten Jahren leistet eine wachsende Zahl israelischer christlicher Araber freiwillig Dienst in den Verteidigungsstreitkräften des Landes.

Zu den wichtigsten christlichen Zentren zählen Nazareth und Bethlehem. Allerdings schrumpfte auch in Nazareth der Bevölkerungsanteil der Christen von 60 % im Jahr 1949 auf heute weniger als 30 %, in Bethlehem gar von 80 % der Einwohnerschaft auf weniger als 25 %. Größere christliche Gemeinden gibt es überdies noch u. a. in Jerusalem, Haifa und Nazareth.

Drusen

Die Drusen sprechen arabisch, betrachten sich aber in der Mehrheit nicht als Araber. Sie glauben an einen einzigen Gott und akzeptieren viele der gleichen Propheten wie der Islam, sehen sich aber überwiegend nicht als Muslime an. Seit der Gründung ihrer Religion, eines Seitenzweigs des schiitischen Islam, in Kairo im frühen 11. Jh. wurden die Drusen des Öfteren von orthodoxen Muslimen als Häretiker verfolgt.

Um der Verfolgung zu entgehen, zogen sich die Drusen vor rund 1000 Jahren in die entlegenen Bergregionen des Südlibanon zurück. Um sich den Vorwürfen der Häresie zu entziehen, halten sie ihre Lehren (zu denen die Seelenwanderung gehört) und die Texte ihrer Religion geheim. Die drusischen Gläubigen werden in Unwissende (*dschuhhal*) und Eingeweihte (*uqqal*) unterschieden; nur letztere (sowohl Männer als auch Frauen) nehmen an den Gottesdiensten donnerstagnachts teil. Seit der Mitte des 11. Jh. sind die Abkehr vom drusischen Glauben ebenso verboten wie die Missionierung Andersgläubiger; auch ein freiwilliger Übertritt zu dieser Religion ist nicht möglich.

Die israelischen Drusen leben hauptsächlich im Karmelgebirge (z. B. in Dalijat al-Karmil), in verschiedenen Dörfern Galiläas sowie auf den Golanhöhen. Die meisten Drusen des Golan betrachten sich – zumindest nominell – als syrische Bürger; das größte drusische Dorf dort ist Madschdal Schams. Die Tradition schreibt vor, dass sich die Drusen dem Land gegenüber, in dem sie leben, loyal verhalten müssen. Deswegen

---

Fast alle israelischen und palästinensischen Araber sind Sunniten. Eine Ausnahme bildet das alawitisches Dorf Ghadschar, das 4 km östlich von Metulla liegt und zur Hälfte im Libanon und zur anderen Hälfte in einem Landstreifen liegt, den Israel mitsamt den angrenzenden Golanhöhen 1967 besetzte.

In drusischen Dörfern ist häufig die horizontal gestreifte drusische Fahne zu sehen. Wie der drusische Stern hat sie fünf Farben: Grün (für den Geist), Rot (für die Seele), Gelb (für das Wort, den Vermittler zwischen dem Göttlichen und dem Materiellen), Blau (für den Willen und das Reich der Möglichkeit) und Weiß (für den umgesetzten Willen).

BLACK HEBREWS

Bei dieser auch als African Hebrew Israelites of Jerusalem (www.africanhebrewisraelites ofjerusalem.com) bekannten Gruppe handelt es sich um Afroamerikaner, die nach eigenem Selbstverständnis vom antiken israelischen Stamm Juda abstammen und deshalb Israel als ihre Heimat betrachten. Nachdem sie einige Zeit in Liberia verbracht hatten, begannen sie, sich ab 1969 unter der Führung von Ben Carter alias Ben Ammi Ben-Israel in Israel anzusiedeln. Obwohl die Black Hebrews von keiner Richtung des Judentums als Juden anerkannt werden, wurden ihnen 2004 das Daueraufenthaltsrecht und 2009 ein Verfahren zur Erlangung der Staatsbürgerschaft zugestanden; zu ihren Bräuchen zählen eine vegane Ernährung, das Fasten am Sabbat und die Polygamie. Viele leisten freiwillig Wehrdienst in der israelischen Armee.

Rund 2500 Black Hebrews leben in der Stadt Dimona im Negev. Die Gemeinde ist bekannt für ihren Gospel-Chor und den Sänger Eddie Butler, der Israel 1999 und 2006 beim Eurovision Song Contest vertrat.

werden drusische Männer in Israel zum Wehrdienst eingezogen; viele machen Karriere in der Armee oder bei der Grenzpolizei. Während des Gaza-Kriegs zwischen der Hamas und Israel im Jahr 2014 kommandierte ein drusischer Oberst die Golani-Eliteinfanteriebrigade der Israelischen Verteidigungsstreitkräfte.

Samaritaner

Die Samaritaner sind eine Religionsgemeinschaft, die wie das Judentum aus der Religion des Volkes Israel hervorgegangen ist. Das heilige Buch der Samaritaner ist die Thora in hebräischer Sprache, jedoch in eigener, von der althebräischen abgeleiteten Schrift und eigener Aussprachetradition. Zudem existieren einige Unterschiede zur jüdischen Thora: So wird beispielsweise der Ort, an dem Gott befahl, ihm einen Opferaltar zu errichten, mit dem Berg Garizim bei Nablus identifiziert. Während die Juden der Antike ihren Tempel in Jerusalem bauten, errichten die Samaritaner ihren auf jenem Berg.

In römischer Zeit waren die Samaritaner noch mächtige religiöse und politische Rivalen der Juden, weshalb die neutestamentliche Parabel vom Guten Samariter (Lukas 10:25–37) auch als so scharfe Kritik an der jüdischen Priesterelite Jerusalems gelten darf. Heute werden die Samaritaner, deren Gesamtzahl sich auf gerade einmal 760 Personen beläuft, nicht als Juden angesehen, aber auch nicht als Nichtjuden. Ihre Religion und ihre Geschichte sind so eng mit dem Judentum verknüpft, dass sie nach dem Rückkehrgesetz Anspruch auf die israelische Staatsbürgerschaft haben, gleichzeitig aber betrachten sie sich – und das Oberrabbinat sie – als eigenständige religiöse Gemeinschaft.

Die heutigen Samaritaner (www.thesamaritanupdate.com) leben in zwei Gemeinden: in Kirjat Luza auf dem Berg Gerizim, nahe der Stadt Nablus im Westjordanland, sowie in der Tel Aviver Vorstadt Cholon. Während die israelischen Samaritaner zu den Israelischen Verteidigungsstreitkräften eingezogen werden, sind ihre Glaubensbrüder und Verwandten in Kirjat Luza palästinensische Bürger. Doch alljährlich trifft sich die gesamte Gemeinde zum Pessach auf dem Garizim, um Schafe zu opfern – so war das vor 1967, als die beiden Zentren des Gemeindelebens in Jordanien und in Israel lagen, und so ist es auch heute, trotz des komplizierten Verhältnisses zwischen den Israelis und den Palästinensern.

Israels rund 200 Mitglieder zählende vietnamesische Gemeinde geht auf das Jahr 1977 zurück. Damals hieß Premierminister Menachem Begin Bootsflüchtlinge willkommen, die von israelischen Handelsschiffen im Südchinesischen Meer gerettet worden waren.

Hummus & Oliven: Regionale Spezialitäten

Israelis und Palästinenser sind oft geteilter Meinung – allerdings nicht in puncto Essen. Die Region wartet mit zahllosen Köstlichkeiten auf. Viele davon sind vegetarisch, manche fast nur hier zu finden. Die hiesige Küche (darunter innovative Fusion-Gerichte) wird wahrscheinlich viele Gaumen kitzeln.

Himmlisches Hummus

Ali Caravan, Jaffa

Hummus Said, Akko

Abu Shukhri, Abu Ghosh

Abu Shukri, Jerusalem

Felafel Hazkenim, Haifa

Gerichte

➜ **Hummus** Die cremige Paste aus gekochten Kichererbsen wird über alle religiösen, politischen und kulturellen Grenzen hinweg geschätzt. Auf den Tisch kommt sie als Dip oder Beilage zu frischem Pita-Brot – oft zusammen mit warmen *ful* (Favabohnen). Zubereitet wird Hummus mit *tahina* (Paste aus Sesamsaat) oder mit ganzen gekochten Kichererbsen. Die Araber servieren Hummus manchmal zu Hackfleisch und essen es traditionell (warm) am Morgen oder frühen Nachmittag. Israelis genießen das Gericht dagegen ganztägig.

➜ **Oliven** Sie sind vor allem morgens und abends beliebt. Die vielen verschiedenen Zubereitungsarten unterscheiden sich stark von denen in Griechenland, Spanien oder Italien. Märkte und Supermärkte verkaufen die besonders leckere Variante *surim d'fukim* (geknackte Oliven à la Tyros bzw.Sur im Libanon) in Bottichen.

➜ **Falafel** Die frittierten Bällchen aus Kichererbsenmehl schmecken siedend heiß am besten. Serviert werden sie üblicherweise in Pita- oder Fladenbrot *(lafa).* Dazu gibt's Hummus und/oder *tahina*, Tomate, Gurke, eingelegtes Gemüse, scharfe Gewürze (z. B. jemenitisches *s-chug*) und manchmal auch Sauerkraut.

➜ **Sabih** Der noble Rivale der Falafel besteht aus Pita-Brot, das mit frittierten Auberginen, Eiern, gekochten Kartoffeln, Gurke, Tomate, gehackter Petersilie und *tahina* gefüllt wird. Irakische Juden essen Sabih traditionell am Morgen des Sabbat.

➜ **Schawarma** Hühner-, Puten- oder Lammfleisch, das an einem großen Spieß gegart, in dünne Streifen geschnitten und dann in Pita-Brot gefüllt wird. Ultimativer Straßensnack für Nichtvegetarier!

Morgens wird in Israel oft nach der gewünschten Zubereitungsart des Frühstückseis gefragt: *betzei ayin* (Spiegelei), *beitzim mekushkashot* (Rührei), *chavita* (Omelette) oder einfach *beitza kasha* (hartgekocht)?

➜ **Grillfleisch** An sonnigen Wochenenden sieht man in hiesigen Parks oft Familien, die rotes Fleisch auf einem *mangal* (tragbaren Holzkohlegrill) garen und dann zusammen mit Pita-Brot und Hummus essen. Viele Restaurants unter israelischer und arabischer Leitung sind auf Grillfleisch spezialisiert – darunter Gänseleber, *kabab* (Spieß mit Hackfleischbällchen), *shishlik* (Spieß mit Fleischstücken vom Huhn oder Lamm) und *me'urav yerushalmi* („gemischter Grillteller auf Jerusalemer Art"; das sind Herz, Leber, Milz und weitere Hühnerteile, auf einer heißen Platte gegart).

➜ **Labneh (Labaneh)** Cremig-saurer Frischkäse, der an Joghurt erinnert und zusammen mit Pita- oder Fladenbrot auf den Tisch kommt. Letzteres wird mit Olivenöl bestrichen und mit einer lokalen Gewürzmischung namens *Zatar* (u. a. Eisenkraut, Sumach, Sesam) bestreut.

➜ **Börek** Leckere Teigtaschen à la Balkan (oft dreieckig), gefüllt mit bulgarischem Salzlakenkäse, Kartoffelpüree, Pilzen oder Spinat.

EIN PARADIES FÜR VEGETARIER

Nur wenige Länder auf der Welt bieten eine bessere vegetarische Auswahl als Israel und Palästina: Straßenimbisse verkaufen Falafel, Sabih und Börek. Fast alle Restaurants servieren üppige und häufig einfallsreiche Salate. Selbst Grillschuppen und arabische oder levantinische Lokale mit typischerweise vielen Fleischgerichten sind geeignet: Dort gibt's Vorspeisen im Mezze-Stil, die Vegetarier bei Bedarf bemerkenswert günstig satt machen.

→ **Shakshouka** Pikanter marokkanischer Eintopf mit Eiern und Tomaten, der in der Regel zum Frühstück serviert wird.

→ **Kubbeh** Lamm- oder Rinderhack in einem Klops aus Weizengrütze, der wie ein amerikanischer Football aussieht. Irakische und kurdische Juden bereiten Kubbeh mit Grieß zu und genießen es in einer würzigen Suppe.

→ **Jachnun** Teigröllchen mit viel Butter, die langsam in einem Topf gebacken und dann zusammen mit geriebenen Tomaten und scharfer *s'chug*-Paste verzehrt werden (traditionell von jemenitischen Juden am Morgen des Sabbat).

→ **Obst** Saisonal wachsen hier z. B. Aprikosen, Pfirsiche, Nektarinen, Pflaumen, Äpfel, Birnen, Orangen, Grapefruits, Erdbeeren, Kirschen, Kiwis, Wassermelonen, Mangos, Papayas und Granatäpfel.

→ **Gemüse** Das beste und frischeste Angebot haben Märkte wie der Mahaneh Yehuda in Jerusalem.

→ **Datteln** Unter den Varianten sind gelbliche, durchscheinende *dekel nur (deglet nur)* und riesige *medjoul*. Die Runzeln der prallen, unreifen Golddatteln (im Herbst erhältlich) verschwinden durch kurzes Einfrieren vor dem Verzehr.

Esskultur

Gläubige Juden und Muslime befolgen verblüffend ähnliche Speisevorschriften – bei Ersteren muss das Essen koscher *(kasher)*, bei Letzteren halal sein. Beide Religionen erlauben nur den Verzehr bestimmter Tierarten, wobei Schweine jeweils als unreinste aller Kreaturen gelten. Auch die Schlachtvorschriften entsprechen sich: Nach dem Rezitieren eines Segens werden die Tiere ohne Betäubung mit der zahnlosen Klinge eines scharfen Messers geschächtet.

Koscher bedeutet auch, dass Folgendes nicht gegessen werden darf:

→ Säugetiere, die weder Paarhufer noch Wiederkäuer sind (Rinder, Schafe und Ziegen sind in Ordnung)

→ Seafood (z. B. Garnelen, Hummer, Tintenfisch)

→ Amphibien, Reptilien und Insekten (bis auf Heuschrecken)

→ Die meisten Vögel, die keine Enten oder Gänse sind

→ Die paar wenigen Fischarten ohne Flossen und/oder Schuppen (z. B. Aal, Wels)

→ Zudem sind Fleisch- und Milchprodukte nicht miteinander zu vermischen (Cheeseburger und Pizza mit Salami fallen daher weg).

Was weder Fleisch noch Milch enthält (z. B. Fisch, Gemüse), wird *parveh* (parve) genannt und kann zusammen mit Milch- oder Fleischprodukten gegessen werden. Der Begriff *kasher l'mehadrin* bezeichnet Lebensmittel, für die besonders strenge Regeln gelten. Fleisch der Kategorie glatt kosher stammt von Säugetieren, deren Lungen nachweislich „glatt" (frei von Anhaftungen) sind.

Per Gesetz müssen israelische Restaurants nicht koscher sein: Der jeweilige Inhaber entscheidet selbst darüber, ob er gegen Gebühr ein entsprechendes Zertifikat des örtlichen Rabbinats einholen möchte. Ko-

---

Regionale Biersorten

Goldstar (dunkles Lager)

Maccabee (helles Lager)

Taybeh (palästinensisches Bier)

Bazelet Amber Ale (von den Golanhöhen)

Alexander (exklusives Ale)

Dancing Camel (von einer Kleinbrauerei in Tel Aviv)

Shapiro (Ales und Starkbiere aus Beit Shemesh)

Negev (aus dem Süden Israels)

Im hareef v'amba? Mit dieser Frage will der geschäftige Imbissverkäufer wissen, ob *s'chug* (feurig-scharfe Chilipaste à la Jemen) und *amba* (Mango-Chutney im irakischen Stil) in das Innere der Falafel gestrichen oder stattdessen daraufgeträufelt werden sollen. Wer kein alter Hase oder Masochist ist, antwortet dann vorsichtshalber mit *ktzat* (ein wenig).

schere Lokale müssen am Sabbat und an jüdischen Feiertagen geschlossen sein. Fast immer ist ihre Küche entweder *basari* (jiddisch *fleyshig*; „mit Fleisch") oder *chalavi* (jiddisch *milchig*; „mit Milchprodukten", z. B. vegetarisch plus Fisch). In Tel Aviv sind koschere Restaurants eher die Ausnahme, während Jerusalem am Sabbat mitunter ein schwieriges Pflaster für Hungrige ist.

Alkohol wird vom Judentum toleriert, ist aber im Islam streng verboten *(haram)*. Dies bedeutet, dass er nicht einmal spurenweise enthalten sein oder bei der Zubereitung (z. B. von Vanille-Extrakt) verwendet werden darf.

Essen am Sabbat

Unabhängig von ihrer jeweiligen Frömmigkeit pflegen israelische Familien bis heute die uralte Tradition, sich am Abend des Sabbat (Erev Shabbat) zu einem Festmahl zu versammeln. Oft zanken sich die beiden Schwiegerparteien darum, bei wem die verheirateten Kinder (und eventuell Enkel) dann zu Gast sein sollen. Auch in vielen säkular orientierten Familien beginnt das Ganze mit dem Anzünden der Sabbatkerzen und dem Kiddusch (Segensspruch über einem Becher Wein). Zu den traditionellen Hauptgerichten der Aschkenasim (Juden mit mittel- ost- oder nordeuropäischen Wurzeln) zählt Hühnerfleisch, während Familien nordafrikanischer Abstammung typischerweise Couscous servieren.

Der Sabbat beginnt 18 Minuten vor Sonnenuntergang am Freitag (in Jerusalem 36 Minuten früher) und endet samstags eine Stunde nach Sonnenuntergang. Während dieser Zeit ist Kochen und jegliche andere Arbeit verboten. In den Tagen vor der Erfindung des Elektroherds bedeutete dies daher, dass das warme Mittagessen für den Samstag stets schon am Vorabend aufs Feuer gestellt und dann langsam gegart werden musste. So führten jüdische Gemeinden in aller Welt irgendwann den reichhaltigen und kalorienreichen Eintopf *hamin* (jiddisch Tschulent) ein, der normalerweise Kartoffeln, Fleisch, Bohnen, Gerste, Kichererbsen und hartgekochte Eier enthält.

Feste & Feiertage

Jüdische Feiertage

Ob allgegenwärtig (z. B. an Passah, bei Hochzeiten) oder durch Abwesenheit glänzend wie an Jom Kippur (Versöhnungstag mit Fastenpflicht): Essen ist ein zentrales Element aller jüdischen Feste und Feiertage.

Ein paar Wochen vor allen jüdischen Feiertagen (Feste & Events s. S. 23) tauchen spezielle Lebensmittel in Läden und auf Märkten auf.

→ **Rosch Ha-Schana** Das jüdische Neujahr nimmt seinen süßen Anfang mit in Honig getunkten Äpfeln, Honigkuchen, Granatäpfeln und süßem rundem *challah*-Brot. Zusätzlich essen die Sephardim und Mizrahim z. B. Lauch, Kürbis, Rote Bete, in Teig ausgebackenes Obst oder Gemüse und einen Fischkopf. Vor jedem Gang wird ein wortreicher Segen gesprochen.

FRÜHSTÜCKEN IN ISRAEL

In puncto Frühstück trumpfen Hotels, Pensionen und sogar Hostels in Israel richtig auf. Die meisten Bleiben servieren eine üppige Auswahl von Eiern, Matjes- und Bismarckhering, Weich- und Hartkäse, grünen Oliven, verschiedenen Brot- und Marmeladensorten, Müsli, Heißgetränken und Gemüsesalaten im israelischen Stil.

Einst arbeiteten die Mitglieder der Kibbuze oft vor dem Frühstück ein paar Stunden lang auf den noch kühlen Feldern. Basierend auf ihren Speisetraditionen ist das „israelische Frühstück" ein Liebling der regionalen Hotelszene geworden. Varianten davon können auch in Cafés und Restaurants bestellt werden.

DIE FRÜCHTE DES REBSTOCKS

Regionale Weingüter mit empfehlenswerten Lesen:

Adir (www.adir-winery.com)

Domaine du Castel (www.castel.co.il)

Ella Valley (www.ellavalley.com)

Flam (www.flamwinery.com)

Golan Heights Winery (www.golanwines.co.il; keltert u. a. die Sorten Yarden, Gamla, Hermon und Galil Mountain)

Odem Mountain (www.harodem.co.il)

Recanati (www.recanati-winery.com)

Tishbi (www.tishbi.com)

Tzora Vineyards (www.tzoravineyards.com)

Yatir (www.yatir.net)

➡ **Jom Kippur** An diesem Tag gibt's gar nichts: Etwa zwei Drittel der israelischen Juden (ob gläubig oder säkular eingestellt) verzichten 25 Stunden lang auf Essen und Getränke. Anschließend wird das Fasten mit einem gemeinsamen Festessen gebrochen.

➡ **Sukkot** Das achttägige Laubhüttenfest erinnert an die 40-jährige Wüstenwanderung der Israeliten nach dem Auszug aus Ägypten. Was dabei gegessen wird, ist weniger interessant als der Ort des Schwelgens: Gläubige Juden nehmen ihre Mahlzeiten dann in einer *sukka* (Hütte mit einem Flachdach aus Zweigen) ein. Wer es ihnen gleichtun möchte, begibt sich zu einem koscheren Hotel oder Restaurant.

➡ **Chanukka** Anlässlich des jüdischen Lichterfests kommen *levivot* (jiddisch *latkes*; Kartoffelpuffer) mit Schmand oder Apfelmus auf den Tisch. In Israel selbst werden zudem *sufganiot* (Krapfen mit Marmeladenfüllung) serviert.

➡ **Tu biSchevat** Am Neujahrsfest der Bäume pflanzen Groß und Klein nicht nur Setzlinge, sondern knabbern auch Trockenfrüchte und Nüsse.

➡ **Purim** Zu diesem Anlass gibt es *oznei haman* (jiddisch *hamantashen*; „Hamans Ohren"): Das dreieckige Gebäck mit Mohn-, Pflaumen- oder Dattelfüllung ist nach dem Schurken der Purim-Geschichte benannt.

➡ **Passah (Pessach)** Petersilie, Salzwasser, bittere Kräuter (normalerweise Meerrettich oder Römersalat), *haroset* (süße Paste aus geriebenen Äpfeln und Walnüssen, gehackten Datteln und süßem Wein), der Knochen einer Lammkeule und ein gebratenes hartgekochtes Ei: All dies symbolisiert jeweils einen Teil der Exodus-Geschichte. Jegliches Brot und alle anderen Nahrungsmittel aus gesäuertem Teig sind verboten (das israelische Gesetz untersagt sogar den Verkauf in jüdischen Gegenden!). Stattdessen gibt's Matzen (ungesäuerte Fladen), die nur aus Mehl und Wasser gemacht werden. Zu einem typischen Festessen der Aschkenazim gehören auch Gefilte Fisch (Bällchen aus pochiertem Karpfen oder Dorsch) und Hühnersuppe mit Matzen-Bällchen (jiddisch *kneydlakh*), deren Teig aus zermahlenen Matzen, Eiern und Öl oder Hühnerfett besteht.

➡ **Shawuot** Der vegetarischste Feiertag des Judentums steht im Zeichen von Milchprodukten. Zu den beliebtesten Gerichten auf Käsebasis zählen gefüllte *Blini* (Taschen aus dünnen Pfannkuchen), die oft mit Schmand garniert werden.

Muslimische Feiertage

Während des einmonatigen Ramadan verzichten gläubige Muslime tagsüber auf Essen, Trinken, Tabak und Sex. Viele stehen dann vor Sonnenaufgang auf, um etwas zu essen – denn bis zum Fastenbrechen, dem *iftar* (familiäres Festmahl bei Sonnenuntergang), kommt nichts mehr

---

Zu den beliebtesten Käsesorten in Israel zählen gvina Bulgarit (eine Art Feta im bulgarischen Stil), gvina Tsfatit (Weichkäse, ursprünglich aus Safed), gvinat emek (ein gelber Käse) und herrlich cremiger Hüttenkäse. Letzterer wird hier so gern gegessen, dass starke Preisanstiege im Jahr 2011 zu einem Konsumentenboykott und Ermittlungen durch die Knesset führten.

HUMMUS & OLIVEN: REGIONALE SPEZIALITÄTEN FESTE & FEIERTAGE

Beduinen, Drusen und palästinensische Araber backen ihr Brot oft in einem taboun (Lehmziegelofen), der in Israel und Palästina auch für Pizzas und Börek (gefüllte Teigtaschen à la Balkan) verwendet wird.

auf den Tisch. Mancherorts (z. B. im israelischen Küstenort Jisr al-Zarka) gibt's sogar organisierte Programme, die Nichtmuslime gegen Eintritt zum *iftar* einladen. Doch vor und vor allem nach dem Fasten wird der Ramadan zu einem kulinarischen Fest, das viele Muslime tatsächlich an Gewicht zulegen lässt. Die diesbezüglich bekannteste Köstlichkeit ist *qatayif*. Hierfür wird eine Pfannkuchentasche mit Nusssplittern oder etwas Frischkäse gefüllt und dann mit Zuckersirup beträufelt.

Zum Opferfest (Eid al-Adha) opfern Muslime traditionell ein Tier (oft ein Lamm oder Schaf), um sich für Gottes Gnade zu bedanken. So überrascht es nicht, dass dann oft Lamm oder Hammel auf der Karte stehen.

Zur Geburt eines Kindes bereiten Verwandte oft einen stark gewürzten Reisauflauf *(mughly)* zu, der den Milchfluss anregen soll. Während einer Trauerzeit ersetzt bitterer arabischer Kaffee die gezuckerte Variante.

An hohen Fest- und Feiertagen gibt's überall süßes Gebäck wie die leckeren *maamoul* (körnige Grießkekse mit viel Butter, gefüllt mit Datteln oder Nüssen). Hinzu kommen viele Back- und Süßwaren mit Honig – darunter *baklava*, das auf abgedeckten Backblechen zu Freunden und Verwandten mitgenommen wird.

Wohin zum Essen & Trinken?

In den letzten Jahren sind Tel Aviv und das benachbarte Jaffa zu Feinschmeckerzielen von internationalem Rang geworden. Unter den dortigen Optionen für jeden Geldbeutel sind zahlreiche Nobelbrasserien und *mis'adot shef* (Restaurants, deren Dekor und Karte die Persönlichkeit des Küchenchefs z. T. schon fast übertrieben repräsentieren). Jerusalems Auswahl von Lokalen ist ebenfalls groß, liegt aber niveaumäßig weit unter Tel Aviv. Probierenswert im übrigen Israel sind z. B. Seafood in Akko, arabische Traditionsküche in Haifa oder Galiläa, einheimisches Steak auf den Golanhöhen oder die fleischlosen Mahlzeiten des vegetarischen Moshav Amirim (Oberes Galiläa).

Zu den libanesischen und palästinensischen Spezialitäten gehören die „drei M": majadra (Reis und Linsen, garniert mit gebratenen Zwiebeln), mansaf (in saurem Joghurt gekochtes Lamm auf Reis) und maklubeh (Schichten aus Reis, Gemüse und geschmortem Hühner- oder Lammfleisch, die vor dem Servieren „umgestülpt" werden).

Die meisten israelischen Restaurants in Jerusalem sind koscher und haben darum am Sabbat geschlossen, sofern sie nicht zu Hotels gehören. Auf den Großteil der Spitzenlokale im übrigen Land und in Palästina trifft dies jedoch nicht zu: Diese Adressen haben an allen sieben Wochentagen geöffnet. Zudem servieren sie eventuell Seafood, gleichzeitig Milch- und Fleischprodukte und manchmal sogar „weißes Fleisch" (israelisches Hüllwort für Schweinefleisch).

Obwohl Jerusalem, Be'er Scheva und Haifa jeweils lebhafte Studentenszenen haben, befinden sich die besten Bars in Tel Aviv. Neben Sportkneipen und Tanzschuppen gibt's dort nun auch eine neue Generation von exklusiven Kleinbrauereien, die israelische und internationale Biere ausschenken. Wer gute Tropfen verkosten will, besucht am besten die Weingüter auf den Golanhöhen, auf dem Dalton-Plateau (Oberes Galiläa), im Judäischen Bergland oder im Negev-Hochland.

Im Westjordanland sind vor allem Ramallah und Bethlehem für Gourmets interessant. Dennoch ist das beste Essen hier zumeist günstig und schnörkellos: Falafel, Grillfleisch und *ka'ek* (längliches Bagels mit Sesam). Unter den zu Recht berühmten Süßigkeiten von Nablus ist z. B. ofenwarm serviertes *kunafeh*. Für diese feine Süßspeise wird geschmolzener weißer Käse aus einheimischer Produktion mit einer orangefarbenen Teigschicht (ähnelt Fadennudeln) belegt und anschließend mit Rosenwassersirup getränkt. In Hebron empfiehlt sich *kedra* (Reis und Lammfleisch, mit Safran gewürzt und im Tontopf gedünstet).

Lebensart

Natürlich erfährt man beim Besuchen von historischen Stätten, Nationalparks und Museen ein bisschen was über ein Land, aber der einzige Weg, um wirklich ein Gespür dafür zu bekommen, wie ein Land tickt, ist, die Einheimischen mit ihren Werten, Vorlieben und Lebensstilen kennenzulernen.

Israelis

Werte & Lebensstil

Israel ist eine westlich orientierte liberale Demokratie mit einer boomenden Hightech-Wirtschaft. Gleichzeitig sorgt die unglaubliche Vielfalt von ethnischen Gruppen, Religionen, Sprachen und Familienbanden für ein großes Spektrum von Weltanschauungen, persönlichen Vorlieben und Lebensstilen.

Die israelische Gesellschaft wurde vor einem Jahrhundert auf dem Prinzip des Sozialismus aufgebaut, für das beispielhaft das Gemeinschaftsleben im Kibbuz stand (allerdings lebten selbst auf dem Höhepunkt der Kibbuz-Bewegung nur 3 % der jüdischen Bevölkerung in einer solchen Landkommune). Heute pflegt die große Mehrheit der Israelis einen entschieden bürgerlichen, individualistischen Lebensstil mit Ansprüchen (z. B. Auslandsreisen), deren Verwirklichung zum großen Teil von guten und gut bezahlten Mittelklassejobs abhängt. Diese wiederum sind zunehmend schwerer zu finden, selbst in Tel Aviv – in geografischen Randgebieten waren sie das schon immer.

In Tel Aviv, dem Zentrum von Arbeit, Handel, Gastronomie, Unterhaltung und Kunst, leben überwiegend säkulare Juden neben einer Minderheit modern-orthodoxer Juden, israelischer Araber und Expats. Hier herrscht eine Leidenschaft und Intensität, die mehr mit Silicon Valley, Berlin und den boomenden Städten Ostasiens gemein hat als mit den armen Vororten der Stadt oder den hochgezogenen Städten in Galiläa und der Wüste Negev. Zur gleichen Zeit versuchen die Bewohner der ultraorthodoxen (charedischen) Viertel wie dem Jerusalemer Stadtteil Me'a Sche'arim, den alten osteuropäischen Lebensstil des 18. Jhs. zu erhalten (oder wiederaufzubauen). Die meisten Kibbuzim sind inzwischen zwar „privatisiert" – die Wohnungen gehören den Kibbuz-Mitgliedern, und das Einkommen richtet sich nach der Wertschöpfung des einzelnen Mitglieds –, trotzdem leben die Bewohner der 74 noch verbliebenen „kommunalen" Kibbuzim des Landes immer noch nach den sozialistischen Gleichheitsidealen der 1950er-Jahre.

Die hebräische Kultur und Kunst spielen eine große Rolle im Leben vieler israelischer Juden. Für sie gehört es einfach zum Alltag, Bücher zu lesen und ins Konzert, Theater oder Kino zu gehen. Dank der alten Liebe zur Natur halten sich viele Israelis auch fit: So sind Wandern, Radfahren, Windsurfen, Rucksacktouren, Campen und andere Freizeitsportarten extrem populär.

In den muslimisch-arabischen, christlich-arabischen, beduinischen, drusischen und tscherkessischen Dörfern Galiläas und des Negev ist das Leben stark von der Religion (die Ausübung ist unter Christen und Tscherkessen generell moderat und westlich orientiert, unter Muslimen

---

Unter den israelischen Juden sehen sich 42 % als „säkular", 38 % als mehr oder weniger „traditionsverbunden", 12 % als modern-orthodox und 8 % als ultraorthodox (charedisch). Quelle: Umfrage des israelischen Amts für Statistik von 2009.

Schwule und Lesben können in Tel Aviv einen offenen und, wenn sie wollen, auch extravaganten Lebensstil pflegen, aber die kleinere Schwulenszene im konservativeren Jerusalem verhält sich vorsichtiger und unauffälliger.

DIE ROLLE DES JUDENTUMS

Das Judentum hat – als Religion, als nationale Identität und als Kultur – einen beträchtlichen Einfluss auf das Alltagsleben aller israelischen Juden. Für die Orthodoxen und insbesondere für die Ultraorthodoxen (Charedim) hängen praktisch alle Handlungen und Entscheidungen von der Halacha (jüdisches Gesetz) ab, die sich auf Präzedenzfälle der Rechtsprechung aus mehr als 2000 Jahren stützt. Säkulare Juden messen zwar den täglichen religiösen Pflichten keine große Bedeutung bei, aber auch ihr Leben wird von dem Rhythmus des wöchentlichen Sabbat und der jährlichen jüdischen Feiertage bestimmt. Viele jüdische Israelis sehen sich selbst nicht als „säkular" (als ideologische Säkularisten), sondern als „traditionsorientiert" *(masorti)*. Da kann es vorkommen, dass junge Leute am Sabbat (Samstag) mit ihren Eltern zu Mittag essen und anschließend zum Fußball gehen.

Studien belegen, dass die israelischen Juden in den letzten Jahren zunehmend religiöser geworden sind. Säkulare Juden befolgen mehr Sabbat-Rituale (oft aber aus kulturellen, nicht aus theologischen Gründen), traditionelle Juden werden noch traditioneller, und manche modern-orthodoxen und ultraorthodoxen Juden sind in ihrer Auslegung der Halacha strikter denn je.

Das exponentielle Wachstum der charedischen Gemeinden ruft alle möglichen Spannungen hervor, z. B. wenn neu hinzugezogene Charedim in einem früher säkularen Viertel fordern, dass am Sabbat die Straßen gesperrt werden und in Schwimmbädern die Geschlechtertrennung eingeführt werden soll.

Die meisten der von Ultraorthodoxen betriebenen Schulen unterrichten nur religiöse Themen, sodass Wissenschaft, Mathematik, Geschichte, Literatur oder Fremdsprachen völlig auf der Strecke bleiben. So wächst eine Generation heran, die kaum eine Chance hat, eine Arbeit zu finden. Eine große Mehrheit der ultraorthodoxen Männer arbeitet nie, sondern geht mithilfe staatlicher Unterstützung Studien in *jeschiwot* (religiösen Seminaren) und *kolelim* (Seminaren für verheiratete Männer) nach. Charedische Frauen unterliegen nicht dem halachischen Gebot, jede Minute dem religiösen Studium zu widmen. Daher gehen immer mehr von ihnen arbeiten und werden so zum einzigen Brötchenverdiener in der Familie – obwohl sie sich noch um die sechs, acht oder mehr Kinder kümmern müssen.

und Drusen hingegen sehr traditionell), von wirtschaftlichen Bedingungen (zu denen auch Diskriminierungen im Job gehören) und den neuesten, recht beunruhigenden Nachrichten aus Palästina und von der Knesset beeinflusst. Junge Leute leben häufig bis zu ihrer Heirat bei den Eltern.

Familie spielt für fast alle Israelis eine große Rolle. Junge Juden verlassen das heimische Nest mit 18 Jahren, um Wehrdienst zu leisten, mit dem Rucksack durch Südostasien zu reisen, zu studieren oder mit dem Freund bzw. der Freundin zusammenzuziehen. Aber selbst in den säkularsten Kreisen stehen sowohl Männer als auch Frauen unter dem beständigen – manche würden sagen unerbittlichen – Druck, einen Lebenspartner zu finden und Kinder in die Welt zu setzen.

Im Selbstverständnis der jüdischen Israelis ist der Holocaust allgegenwärtig – in der Art, wie sie aus dem Gazastreifen kommende Raketen und Selbstmordanschläge beantworten, wie sie das Atomprogramm im Iran bewerten, wie sie auf Berichte von antisemitisch motivierter Gewalt in Frankreich, Schweden oder anderswo reagieren oder wie sie beim Anblick von deutschen Touristen darüber nachdenken, was wohl deren Großväter 1943 getan haben.

Hunderttausende ultraorthodoxe Israelis nutzen „koschere" Handys, die den Zugang zu „unangemessenen" Inhalten blockieren und keine Kamera- und SMS-Funktion haben, um unerlaubtes Flirten zu verhindern. Einige Modelle bieten ein jiddisches Display und chassidischen Gesang als Klingeltöne.

Wehrdienst

Die israelische Armee ist seit der Gründung des Staates ein Teil des Alltagslebens. Für die meisten jüdischen Israelis gehört der Wehrdienst – drei Jahre für Männer, zwei für Frauen – zum Erwachsenwerden dazu.

Der Wehrdienst bei den Israelischen Verteidigungsstreitkräften ist auch für drusische und tscherkessische Männer Pflicht, und einige beduinische und christlich-arabische Männer leisten ihn freiwillig. Zum Ärger Vieler sind der Großteil der ultraorthodoxen jüdischen Männer sowie die meisten orthodoxen und alle ultraorthodoxen jüdischen Frauen vom Wehrdienst befreit.

Reservisten können (werden aber meistens nicht) alle ein bis zwei Jahre zu Wehrübungen einberufen werden – Männer bis zum Alter von 40 Jahren und Frauen bis zum Alter von 24 Jahren (oder bis zur Geburt ihres ersten Kindes). Soldaten sieht man überall – vor allem, so scheint es, in Bussen und Zügen. Für erstmalige Besucher ist der Anblick so vieler Schnellfeuerwaffen meistens erschreckend, während Israelis davon unbeeindruckt sind. Auf Nachfrage erhält man vielleicht die Antwort, dass es sicher nicht ideal sei, bis an die Zähne bewaffnet zu sein, aber allemal besser, als sich vor den Kosaken in Russland oder dem judenfeindlichen Mob im Irak verstecken zu müssen, wie es die Großeltern taten.

Frauen

Die israelischen Frauen genießen die gleiche Freiheit, den gleichen gesellschaftlichen Status und die gleichen beruflichen Chancen wie ihre Geschlechtsgenossinnen in Europa. Darüber hinaus spielen Frauen in Israel eine große Rolle in der Wirtschaft, Politik (wie Golda Meir) und in der Armee (Israel ist das einzige Land, in dem Frauen Wehrdienst leisten müssen). Jedoch liegen, wie zu osmanischen Zeiten, Ehe und Scheidung nach wie vor in den Händen des von Ultraorthodoxen dominierten Großrabbinats, dessen ausschließlich männliche religiöse Richter traditionell männliche Vorrechte über die Frauenrechte stellen.

Überdies sind einige der ultraorthodoxen Gemeinschaften Israels in den letzten Jahren deutlich extremistischer (manche würden sagen besessener) geworden und versuchen, striktere Regeln zur Trennung von Männern und Frauen durchzusetzen. Versuche, die Geschlechtertrennung in öffentlichen Verkehrsmitteln (natürlich sollen die Frauen hinten sitzen) und sogar auf Bürgersteigen einzuführen, oder Bilder von Frauen generell aus Werbeplakaten zu verbannen, stießen auf große Proteste, in deren Folge ein Gesetz erlassen wurde, das den Ausschluss von Frauen und Darstellungen von Frauen im öffentlichen Raum verbietet.

Palästinenser
Werte & Lebensstil

Die Höhen und Tiefen des Alltagslebens in Palästina hängen weitgehend von der aktuellen Sicherheits- und Wirtschaftslage ab. Besonders schlimm ist die Lage im Gazastreifen. Ursache dafür sind die israelischen und ägyptischen Blockaden, die Tatsache, dass Ägypten Hunderte Schmuggeltunnel (2013–2014) versiegelt hat, und die wiederholten Konfrontationen der Hamas mit Israel. Im Westjordanland hat Israel in den letzten Jahren die meisten Kontrollpunkte im Binnenland abgebaut, sodass für Palästinenser der Weg von Zuhause zur Arbeit oder zur Schule einfacher geworden ist. Aber das Alltagsleben kann trotzdem frustrierend sein, denn die Einwohner müssen immer mit demütigenden – oder zumindest zeitraubenden – Auseinandersetzungen mit israelischen Sicherheitskräften oder Siedlern rechnen.

Trotz allem sind die Palästinenser fest entschlossen, das Beste aus ihrer schwierigen Lage zu machen. Die Familienbande sind äußerst eng und werden oft durch innerfamiliäre geschäftliche Partnerschaften zusätzlich gestärkt. Viele Großfamilien investieren ihr Einkommen in den Bau eines großen Hauses, wo dann alle unter einem Dach leben, wobei jede Kernfamilie ihre eigene Wohnung hat. Palästinensische Männer ver-

LEBENSART PALÄSTINENSER

Nach Angaben des Entwicklungsprogramms der Vereinten Nationen nimmt Israel im Human Development Index von 2014 unter 187 Ländern den 19., Palästina den 107. Platz ein.

bringen ihre Freizeit oft im örtlichen Kaffeehaus, wo die Älteren Backgammon spielen.

Das Leben im Gazastreifen wird streng von den Richtlinien des fundamentalistischen Islams bestimmt, während sich das Westjordanland ein moderateres Erscheinungsbild erhalten hat. Besonders in Ramallah sind die typischen Verführungen des modernen, westlichen Lebensstils wie schnelle Autos, Fitnessstudios und Nachtlokale überall präsent. Beliebte Sportarten sind Fußball und Basketball, und überall im Westjordanland und im Gazastreifen spielen junge Palästinenser auf improvisierten Plätzen.

Palästinenser haben eine sehr enge Bindung zu ihrem Land, insbesondere zu ihren Olivenhainen. Deshalb kehren viele in der Stadt lebende Palästinenser im Oktober und November in ihre Heimatdörfer zurück, um bei der Ernte mitzuhelfen.

In Israel gibt es ein wachsendes Interesse, zu dokumentieren, welche Dörfer 1948 zerstört wurden, und ihre Ruinen zu erhalten. Mit der 2014 herausgegebenen App iNakba können User palästinensische Dörfer ausfindig machen, die seit 1948 zerstört wurden.

Arbeit & Einkommen

Trotz der von Israel auferlegten Restriktionen trug die pragmatische Politik des früheren Ministerpräsidenten der Palästinensischen Autonomiegebiete, des Wirtschaftswissenschaftlers Salam Fayyad, in Verbindung mit Hilfe aus dem Ausland dazu bei, in den vergangenen Jahren das Wirtschaftswachstum im Westjordanland anzukurbeln. Allerdings verdienen Palästinenser noch immer weit weniger als Israelis (das jährliche Pro-Kopf-Einkommen in den Palästinensischen Gebieten beträgt nur 2800 US$ im Vergleich zu 34 000 US$ in Israel). Das Fehlen von wirtschaftlichen Chancen – vor allem für junge Leute – trägt noch mehr dazu bei, dass die Palästinenser mit ihrem Schicksal hadern. Angesichts einer Arbeitslosenrate von 19 % im Westjordanland und von 40 % im Gazastreifen und einer der höchsten Geburtenraten der Welt (muslimische Palästinenserinnen haben durchschnittlich sieben Kinder, ebenso wie ultraorthodoxe jüdische Frauen in Israel) ist die durchschnittliche palästinensische Familie sehr groß und sehr arm.

Frauen

Obwohl Palästinenserinnen traditionell die Rolle der Hausfrau einnehmen, haben in den letzten Jahren immer mehr Frauen eine Hochschulbildung erworben und stehen im Erwerbsleben. Abgesehen von fundamentalistischen Gebieten haben Frauen auch langsam auch den Weg in die Politik gefunden – in Ramallah beispielsweise hatte von 2005 bis 2012 eine Frau, Janet Michael, das Bürgermeisteramt inne, und Hanan Aschrawi ist als wortgewandte Sprecherin für die palästinensische Sache bekannt.

In den meisten palästinensischen Familien sind die Männer die Verdiener, aber in einem typischen Haushalt verwaltet die Frau die Kasse. Sie nimmt den Verdienst des Mannes in Empfang und gibt ihm dann aus der Haushaltskasse etwas Taschengeld – das sogenannte „Zigarettengeld".

Regierung & Politik

Im Leben von Israelis und Palästinensern spielen die Politik und die Entscheidungen der jeweiligen Regierung eine überaus wichtige Rolle, denn der jahrhundertealte Konflikt entlädt sich immer wieder in unberechenbaren und oft gewalttätigen Vorfällen. Selbst politisch desinteressierte Besucher geraten schnell in Diskussionen über politische Parteien, Entscheidungen der Regierung und politisches Versagen der Verantwortlichen.

Israels Regierungssystem

Da sich Israel bis heute nicht auf die einfachsten Grundlagen seiner Identität einschließlich der Rolle der Religion einigen konnte, hat der Staat bis heute keine geschriebene Verfassung. Stattdessen hat die Knesset, das israelische Parlament, eine Reihe von Verfassungsgesetzen erlassen, die sogenannten „Grundgesetze", in denen zum Teil auch Grundrechte der Bevölkerung verankert sind. Der Oberste Gerichtshof hat das Recht, alle von der Knesset verabschiedeten Gesetze juristisch zu überprüfen und ihre Verfassungsmäßigkeit festzustellen.

Golda Meir (1898–1978), die dritte Premierministerin (1969–1974) der Welt, wurde in Kiew geboren und wuchs in Milwaukee und Denver auf. Dort lernte sie den sozialistischen Zionismus kennen und wanderte 1921 nach Palästina aus.

Parlament & Staatspräsident

Israel ist eine parlamentarische Demokratie. Die Legislative ist das Einkammer-Parlament der Knesset, deren 120 Abgeordnete nach dem Verhältniswahlrecht für vier Jahre gewählt werden. Allerdings kann es schon vor Ablauf dieser Legislaturperiode zu Neuwahlen kommen, wenn die Regierungskoalition an einem Misstrauensvotum scheitert. So sind israelische Regierungen durchschnittlich nur etwas mehr als zwei Jahre im Amt.

Aufgrund der großen religiösen, ideologischen, ethnischen und sprachlichen Vielfalt der israelischen Gesellschaft und der Tatsache, dass bereits eine Partei, die nur 3,25 % der Wählerstimmen erreicht, in der Knesset vertreten ist, setzt sich das Parlament immer aus einem guten Dutzend oder mehr Parteien zusammen. Um die erforderliche Regierungsmehrheit von 61 Sitzen zu erhalten, müssen Koalitionen gebildet werden, in denen die kleineren Parteien dann oft das entscheidende Zünglein an der Waage sind.

Wahlberechtigt sind alle Israelis, die mindestens 18 Jahre alt sind. Mit Ausnahme von Angehörigen des diplomatischen Corps und der Handelsmarine darf nicht per Briefwahl gewählt werden, sodass im Ausland lebende Israelis am Wahltag persönlich anwesend sein müssen, um ihre Stimme abgeben zu können. Es werden die einzelnen Parteien, nicht die jeweiligen Kandidaten gewählt. Wenn eine Partei z. B. 10 % der Wählerstimmen erhält, ziehen die ersten 12 Kandidaten ihrer Liste ins Parlament ein.

Staatsoberhaupt ist der Präsident, der vorwiegend repräsentative Aufgaben erfüllt. Lediglich nach Wahlen bestimmt er den Parteiführer, der eine Regierungskoalition bilden darf. Außerdem muss der Staatspräsident der Auflösung des Parlaments zustimmen und kann verurteilte Straftäter begnadigen. Die Knesset wählt den Staatspräsidenten für eine einmalige Amtszeit von sieben Jahren.

Regierung

Die Regierung besteht aus dem Premierminister und dem Kabinett, dessen Mitglieder, die Minister, vom Regierungschef ernannt werden, wobei er auch die Zahl der Mandate der jeweiligen Parteien berücksichtigen muss. Die ernannten Minister müssen von der Knesset bestätigt werden. Die meisten Kabinettsmitglieder leiten ein Ministerium, doch es gibt auch Minister ohne Geschäftsbereich. Das Kabinett entscheidet über die vom Premierminister vorgelegten Beschlüsse in der Sicherheits-, Außen- und Innenpolitik. Gemäß dem Prinzip der „ministeriellen Verantwortung", müssen die Minister alle vom Kabinett beschlossenen Entscheidungen unterstützen, auch wenn sie dagegen gestimmt haben. Die wöchentliche Kabinettsitzung, über die oft in der Presse berichtet wird, findet immer sonntags statt.

Einige Minister wie die Minister für Verteidigung, Äußeres, Nationale Sicherheit, Inneres und Finanzen gehören auch dem mächtigen Sicherheitskabinett an, das unter Leitung des Premierministers über dringende Angelegenheiten der Verteidigungs- und Außenpolitik entscheidet.

Rechtssystem

Israels unabhängige Gerichtsbarkeit besteht aus drei Instanzen: den Magistratsgerichten für zivil- und strafrechtliche Prozesse, den Bezirksgerichten als Appellationsinstanz und dem Obersten Gerichtshof als höchstem Appellations- und Verfassungsgericht, das besser unter dem Namen *Bagatz* bekannt ist und auch Maßnahmen der Regierung und Behörden auf ihre Rechtmäßigkeit überprüfen kann.

Für Personenstandsfragen wie Eheschließung und Scheidung sind die religiösen Gerichte der jeweiligen Religionsgemeinschaften – Juden, Muslime, Christen – zuständig. Zivilrechtliche Eheschließungen sind nach israelischem Recht nicht möglich. Da keines der religiösen Gerichte eine interkonfessionelle Eheschließung durchführt, können Paare mit unterschiedlicher Religionszugehörigkeit nur im Ausland, z. B. auf Zypern, heiraten. Eine im Ausland zivilrechtlich geschlossene Ehe wie auch die Homo-Ehe werden in Israel aber anerkannt.

Einführung in das Parteiensystem

Wer kann schon alle politischen Parteien Israels, die in der Presse erwähnt werden, auseinanderhalten? Hier eine Übersicht der zehn Parteien, die in der im März 2015 gewählten 20. Knesset vertreten sind:

→ **Likud** (30 Abgeordnete) Die konservative Partei von Premierminister Netanjahu hat auch einen rechtsextremen, populistischen Flügel. Die Wahlen von 2015 galten vor allem als Referendum über die politische Führung von Benjamin Netanjahu, der in Israel und im Ausland gleichermaßen umstritten ist. Nach einem Kopf-an-Kopf-Rennen gewann der Likud mit klarem Vorsprung. Die Partei verfolgt eine kompromisslose Politik in Fragen der Sicherheit und bei Zugeständnissen an die Palästinenser.

→ **Zionistische Union** (24 Abgeordnete) Zu dem Mitte-Links-Bündnis unter Führung von Isaac Herzog schlossen sich für die Knessetwahl 2015 die Arbeitspartei und die Partei *Ha-Tnu'a* zusammen. Zu den Hauptforderungen gehören die Wiederherstellung der guten Beziehungen zu den USA, Verhandlungen mit den Palästinensern und die Überwindung der Wirtschaftskrise in Israel.

→ **Vereinte Liste** (13 Abgeordnete) Das Bündnis aus *Chadasch*, *Balad*, Vereinigte Arabische Liste und *Ta'al*, das als drittstärkste Kraft in die Knesset einzog, vertritt vor allem die Interessen der arabischen Minderheit in Israel. Ideologisch bietet es ein breites Spektrum.

→ **Jesch Atid** (11 Abgeordnete) Die liberale Partei wurde 2012 von Yair Lapid gegründet und vertritt die säkulare Mittelschicht.

Derzeitiger Präsident Israels ist seit 2014 Reuven „Ruby" Rivlin vom konservativen Likud. Der Nachfolger von Schimon Peres lehnt jeglichen Verzicht auf Gebietsansprüche ab, setzt sich aber auch für Bürgerrechte und Gleichberechtigung ein. Als Staatspräsident hat er vehement die Diskriminierung und politische Ausgrenzung der arabischen Bürger Israels verurteilt.

➡ **Kulanu** (10 Abgeordnete) Die von Mosche Kachlon geführte Mitte-Rechts-Partei ist sehr einflussreich und setzt sich hauptsächlich für die Senkung der hohen Lebenshaltungskosten in Israel ein.

➡ **Jüdisches Heim** (8 Abgeordnete) Die rechtsextreme Partei repräsentiert die nationalreligiösen orthodoxen Zionisten und die jüdischen Siedler im Westjordanland. Geführt wird sie vom Software-Unternehmer Naftali Bennet.

➡ **Schas** (7 Abgeordnete) Die ultraorthodoxe Mizrachim/Sephardim-Partei wurde gegründet, um gegen die Diskriminierung der nicht-aschkenasischen Juden zu kämpfen. Sie wird von vielen strenggläubigen Juden aus Nordafrika unterstützt.

➡ **Vereinigtes Thora-Judentum** (6 Abgeordnete) Das Bündnis aus den beiden rivalisierenden ultraorthodoxen Aschkenasim-Parteien der (litauischen) *Degel HaTorah* und der (chassidischen) *Agudat Yisrael* setzt sich für eine bessere Finanzierung der ultraorthodoxen Gemeinden ein.

➡ **Jisra'el Beitenu** (6 Abgeordnete) Die säkulare, rechts-nationalistische Partei wird von dem in der Sowjetunion geborenen Avigdor Lieberman geführt und hauptsächlich von Einwanderern aus russischsprachigen Ländern unterstützt.

➡ **Meretz** (5 Abgeordnete) Die linksgerichtete Partei mit starken sozialdemokratischen Tendenzen wird vor allem von den Aschkenasim der oberen Mittelschicht gewählt.

Palästinensische Autonomiebehörde

Die Palästinensische Autonomiebehörde (Palestinian National Authority, PA oder PNA) wurde 1994 als Interimsregierung in Teilen des Westjordanlandes und des Gazastreifens eingerichtet. Nach den Verträgen von Oslo sollte die Regierung fünf Jahre im Amt bleiben und die Basis für den zu gründenden Staat Palästina bilden. Die Verhandlungen über den endgültigen Status von Palästina gehen weiter – und die PNA ist weiterhin im Amt.

Im Rahmen des Oslo-Friedensprozesses wurde der PNA die Verantwortung für die zivile Verwaltung und Sicherheitsfragen in den größeren Städten im Westjordanland, der sogenannten *Area A*, übertragen. Diese Gebietszone umfasst etwa 3 % der Fläche des Westjordanlands.

PALÄSTINENSISCHE PARTEIEN UND GRUPPIERUNGEN

➡ **Palästinensische Befreiungsorganisation (PLO)** Die 1964 gegründete PLO ist ein Zusammenschluss verschiedener palästinensischer Fraktionen. Von der UNO-Vollversammlung wurde sie 1974 als „legitimer Repräsentant des palästinensischen Volkes" anerkannt und erhielt 2012 den Status eines „Dauerhaften Beobachters ohne Stimmrecht".

➡ **Fatah** Die lange Zeit dominierende politische Partei innerhalb der PLO, die eine säkulare, nationalistische Linie vertritt, wurde 1959 von Jassir Arafat (1929–2004) und anderen jungen palästinensischen Flüchtlingen gegründet. In den 1970er- und 1980er-Jahren agierte die Fatah (arabisch „Öffnung, Eroberung") als internationale Terrororganisation, schwor 1988 aber der Gewalt ab und anerkannte 1993 das „Recht des Staates Israel auf eine Existenz in Frieden und Sicherheit". Nach den Verträgen von Oslo stand die Fatah unter Arafat im Ruf der Korruption und undemokratischer, dunkler Machenschaften.

➡ **Hamas** Die derzeit in Gaza herrschende Hamas ist militante Bewegung und politische Partei zugleich. In ihrer Charta fordert sie die Zerstörung des Staates Israel durch den „bewaffneten Kampf" und die Errichtung eines islamischen Staates in Palästina auf dem Gebiet des heutigen Israel, dem Gazastreifen und dem Westjordanland.

➡ **Islamischer Dschihad** Die militante islamistische Organisation wurde im Gazastreifen gegründet und konkurriert dort mit der Hamas. Von Israel und den meisten westlichen Staaten wird sie als Terrororganisation betrachtet.

AUSSÖHNUNG ZWISCHEN FATAH UND HAMAS

Nach den palästinensischen Parlamentswahlen 2006, bei denen die Hamas 76, die Fatah nur 43 Sitze gewann, wollten sich die militärischen Befehlshaber der Fatah nicht dem Kommando ihrer Konkurrenten unterstellen. So konnten sich Hamas und Fatah nicht über die Bildung einer gemeinsamen Regierung einigen. Stattdessen kam es auf beiden Seiten bald zu gegenseitigen Entführungen, Überfällen und Attentaten. In einem blutigen Staatsstreich mit offenen Straßenschlachten und Hinrichtungen auf beiden Seiten vertrieb die Hamas 2007 die Fatah aus Gaza. Die Fatah ging daraufhin energisch gegen die Hamas und ihre Einrichtungen im Westjordanland vor. Seitdem hat jedes der beiden Palästinensergebiete eine eigene Regierung.

Alle Versuche einer Annäherung scheiterten an ideologischen Streitigkeiten, durch die Gewalt der Vergangenheit verhärteten Fronten und gegenseitigem Misstrauen, doch im Frühjahr 2014 unterzeichneten Fatah und Hamas eine Vereinbarung über die Bildung einer provisorischen Einheitsregierung und die Durchführung von Parlamentswahlen. Israel lehnte die Vereinbarung ab, dürfte nach dem Gazakrieg im Sommer 2014 aber keine andere Wahl haben, als sowohl die Fatah als auch die Hamas am Verhandlungstisch zu dulden.

Weitere 25 % des Westjordanlandes, bei denen es sich zumeist um kleine geschlossene Ortschaften handelt, stehen als sogenannte *Area B* unter der zivilen Verwaltung der PNA, während für Sicherheitsfragen weiterhin Israel zuständig ist. Der überwiegende Teil des Westjordanlands (72 %) ist als *Area C* ausgewiesen, die vollständig unter der zivilen und militärischen Verwaltung Israels steht. In dieser Gebietszone C leben gut 300 000 Palästinenser in winzigen, von der PNA kontrollierten Enklaven, die von jüdischen Siedlungen, Militärstützpunkten und Umgehungsstraßen der Israelis umgeben sind.

Nachdem die Hamas 2007 den Gazastreifen gewaltsam unter ihre Kontrolle brachte, haben das Westjordanland und der Gazastreifen jeweils eine eigene Regierung. Die international anerkannte und finanziell unterstützte PNA unter Führung der Fatah übt die Regierungsfunktion in großen Teilen des Westjordanlandes aus, während die Hamas-Regierung in Gaza von Israel, Ägypten, den USA sowie vielen arabischen und europäischen Staaten nicht anerkannt wird.

Der Palästinensische Legislativrat PLC ist das Parlament der PNA. Die 132 Abgeordneten werden in 16 Wahlkreisen im Westjordanland und im Gazastreifen gewählt. Die letzten Parlamentswahlen fanden 2006 statt und wurden von der Hamas überraschend klar gewonnen. Nachdem Fatah und Hamas Mitte 2014 eine palästinensische Einheitsregierung bildeten, sollten eigentlich innerhalb von sechs Monaten Neuwahlen stattfinden.

Der Präsident der PNA wird alle vier Jahre für eine – theoretisch – einmalige Amtszeit direkt gewählt. Von 1994 bis zu seinem Tod 2004 bekleidete Jassir Arafat dieses Amt. Im Januar 2005 wurde Mahmud Abbas (alias Abu Mazen) zum Präsidenten gewählt und ist es bis heute, da es danach keine Wahl mehr gab. Der Präsident ernennt den Premierminister, der vom Parlament bestätigt werden muss.

Die parlamentarische Arbeit des PLC ist aber deutlich erschwert, da die Abgeordneten, vor allem die der Hamas, unter israelischen Einschränkungen zu leiden haben aber auch wegen der Spaltung von Fatah und Hamas 2007.

Die Hamas

1987 gründeten Islamisten der ägyptischen Muslimbruderschaft eine palästinensische Gruppierung in Gaza, die sie *Harakat al-Muqawama al-Islamiya* („Islamische Widerstandsbewegung") nannten. Die unter dem Akronym „Hamas" bekannt gewordene islamistische Organisation hat die Gründung eines islamischen Staates Palästina zum Ziel, der sich auf das gesamte Staatsgebiet von Israel sowie das Westjordanland und den Gazastreifen erstrecken soll. Da sie sich weigert, auf Gewalt gegen israelische Zivilisten (in Form von Selbstmordattentaten und Raketenangriffen) zu verzichten, wird die Hamas von Israel, den USA und vielen anderen Ländern als „terroristische Vereinigung" eingestuft.

Anfang der 1990er-Jahren gewann die von den Golfstaaten und später dem Iran finanzierte Hamas an Ansehen unter den Palästinensern, und zwar nicht nur wegen ihrer kompromisslosen Haltung gegenüber Israel, sondern auch durch den Aufbau von Jugendclubs, Krankenhäusern und Schulen in Armenvierteln. Während Arafats Fatah als durch und durch korrupt wahrgenommen wurde, galt die Hamas als rechtgläubig und ehrlich.

In *Hamas: From Resistance to Government* (2012) erläutert Paola Caridi die komplexe Geschichte der Organisation.

2005 verständigte sich die Hamas mit Arafats Nachfolger Mahmud Abbas auf eine Teilnahme an den Parlamentswahlen der PNA. Bei diesen Wahlen im Januar 2006 gewann die Hamas überraschend die Mehrheit der Parlamentssitze, da viele Wähler enttäuscht waren über die Korruption innerhalb der Fatah und die noch immer ausstehende Gründung eines eigenen Staates Palästina.

Die neue Hamas-Regierung weigerte sich nicht nur, Israel anzuerkennen, sondern auch der Gewalt abzuschwören und die von der PNA und Israel unterzeichneten Vereinbarungen einzuhalten. Da dies zentrale Forderungen der westlichen Länder waren, geriet sie international in die Isolation. Zudem gab es internen Widerstand von Mitgliedern der Fatah, die ihren nichtislamistischen Nationalismus sowie ihre Privilegien und Machtbefugnisse nicht aufgeben wollten. Mit einem blutigen Staatsstreich vertrieb die Hamas 2007 schließlich die Fatah aus dem Gazastreifen, bekannte sich klar zur Gewalt und begann mit Raketenangriffen auf israelische Städte und Dörfer. Daraufhin verhängte Israel eine weitgehende Blockade des Gazastreifens und wurde darin von Ägypten unterstützt. In den folgenden Jahren kam es dreimal zu blutigen Zusammenstößen zwischen der Hamas und Israel: Anfang des Jahres 2009, Ende 2012 und im Sommer 2014.

Infolge des Arabischen Frühlings geriet die Hamas immer weiter in die Isolation. Obwohl sie lange Zeit vom Assad-Regime in Damaskus geduldet wurde, führte ihre offene Unterstützung der sunnitischen Opposition in Syrien zum Abbruch der Beziehungen mit Assads wichtigstem Verbündeten, dem schiitischen Iran, der daraufhin seine finanzielle Unterstützung der Hamas einstellte. Nachdem Mohammed Mursi von der Muslimbruderschaft 2012 zum ägyptischen Präsident gewählt wurde, verbesserten sich die Beziehungen zur Hamas etwas, doch hielt auch er die Grenze zwischen Gaza und dem Sinai weiter geschlossen. Die Maßnahmen zur Abtrennung des Gazastreifens vom Sinai verschärften sich weiter unter seinem Nachfolger Abd al-Fattah as-Sisi. Und auch in Gaza selbst wird die Autorität der Hamas zunehmend von radikalen, der Al-Qaida nahestehenden Gruppierungen in Frage gestellt.

Religion

Wo heutzutage Israel und Palästina sind, liegen auch die Geburtsorte von zwei der drei großen monotheistischen Religionen, nämlich die des Judentums und des Christentums. Die dritte und jüngste Glaubensrichtung, der Islam, betrachtet Jerusalem immerhin als drittheiligste Stadt. Eine weitere weltweit verbreitete Religion, die der Bahai, sieht ihre heiligsten Stätten in Haifa und Akko (s. S. 170).

Judentum

Vor dem Holocaust lebten etwa 18 Mio. Juden überall auf der Welt. Heute gibt es schätzungsweise nur noch 13 Mio. Juden, von denen jeweils ca. 6 Mio. in Israel und den USA leben.

Das Judentum ist eine der ältesten noch praktizierten Religionen der Welt und beruht auf dem Glauben an den Bund des jüdischen Volkes mit dem Einen Gott. Die prägnanteste Zusammenfassung jüdischer Theologie und des strikten Monotheismus im Judentum findet sich im *Schma Jisrael* (dem Bekenntnis der göttlichen Einheit): „Höre, Israel, *Adonai* ist unser Gott, *Adonai* ist eins".

Nach der Thora (der hebräischen Bibel mit den fünf Büchern Mose) begann der Bund zwischen Gott und dem jüdischen Volk mit Abraham (im 19. Jh. v. Chr.). Der ist sowohl für Juden als auch für Muslime der Stammvater. Besagter Bund wurde am Berg Sinai ausgearbeitet und bestätigt (im 13. Jh. v. Chr.), wo die Israeliten nicht nur die Zehn Gebote empfingen, sondern außerdem von einer Stammesgruppierung zu einem Volk wurden. Das jüdische Volk ist für ewig an dieses Abkommen gebunden. Das bedeutet, „auserwählt" zu sein – und damit ist man nicht nur angehalten, sich nach Gottes *mitzwot* (Geboten) zu richten, sondern auch dazu, die Einzigartigkeit Gottes durch das eigene gute Beispiel der restlichen Menschheit zu vermitteln.

Juden glauben, dass Gott in der Geschichte und den Taten der Menschen gegenwärtig ist. Böses geschieht, wenn Menschen vorsätzlich und bewusst Gottes Willen missachten, Gutes dagegen, wenn sie seine Gebote achten. Menschen haben einen freien Willen und eine Moral: Sie können demnach wählen, ob sie ihren bösen Impulsen oder ihrer besseren Natur folgen.

Jüdische Geschichte kann in zwei Perioden unterteilt werden: vor und nach der Zerstörung des Zweiten Tempels in Jerusalem im Jahr 70 n. Chr. Vor diesem bedeutsamen Jahr richteten sich jüdische Rituale und Gottesdienste auf Tieropfer, die von den *kohanim* (Mitgliedern der Priesterkaste, auf welche die Juden mit Familiennamen Cohen oder Kohen zurückgehen) durchgeführt wurden. Nach der Zerstörung von Jerusalem gab es keine Opferungen mehr, das Judentum wandte sich dem Gebet, der Meditation und dem Schriftstudium zu, um mit dem Göttlichen zu kom-

DER SABBAT

Am Sabbat verrichten gläubige Juden keine der 39 „schöpferischen Tätigkeiten" wie ein Feuer anzünden oder löschen, elektrische Geräte nutzen, mit einem motorisierten Fahrzeug fahren, schreiben, kochen, backen, nähen, ernten, Geschäfte machen, Geld in die Hand nehmen und Gegenstände von private in öffentliche Räume transportieren.

JÜDISCHE KOPFBEDECKUNGEN

Wer einem Mann mit einem kreisrunden Käppchen auf dem Kopf begegnet, hat in der Regel einen gläubigen Juden vor sich (außer es ist der Papst).

Es gibt zwar kein entsprechendes Gebot für jüdische Männer, doch eine *kippa* (jiddisch: *yarmulke*) zu tragen, ist eine fest verwurzelte Tradition. Männliche Besucher jüdischer Gedenkstätten und Heiligtümer werden gebeten, ihren Kopf zu bedecken – entweder mit einer Kippa oder jeder anderen Art von Hut.

Vom Aussehen der Kippa kann man manchmal auf Herkunft, religiöse Überzeugung und selbst politische Ansichten eines Juden schließen. Zionistisch-orthodoxe Juden (einschließlich der Siedler im Westjordanland) tragen gewöhnlich gehäkelte *kippot* mit Verzierungen an den Rändern, während die *kippot* der ultraorthodoxen (Charedim) Männer sowohl der hasidischen als auch der litauischen Strömungen meist aus schwarzem Samt oder Leinen und von mittlerer Größe sind. Bucharische Juden aus Zentralasien tragen Pillbox-Käppchen mit Stickereien. Eine sehr große gehäkelte Kippa zeigt, dass der Träger wahrscheinlich entweder ein Anhänger des Bratslaver Chassidismus oder ein messianisch-jüdischer Siedler im Westjordanland ist. (Solche *kippot* sollte man nicht mit den weißen, gehäkelten Käppchen verwechseln, wie sie die Hadschi tragen, also die Muslime, die nach Mekka gepilgert sind.)

munizieren. Während der nächsten Jahrhunderte wurden die mündlich überlieferten Gesetze der Israeliten in der *Mischna* niedergeschrieben und dann zum *Talmud* ausgearbeitet. Große Teile des auf aramäisch verfassten *Talmud* lesen sich wie ein Kurzprotokoll rechtlicher Erwägungen.

In den 1500 Jahren darauf diskutierten Generationen von Weisen – die z. B. in Babylon (Irak), Ägypten, Spanien, Safed (in Galiläa) und Litauen Gesetze erarbeiteten und lehrten – sowohl die jüdische Theologie als auch die 613 Gebote der *Halacha* (jüdische Gesetze) und verfeinerten sie. Das orthodoxe Judentum (die konservativste der religiösen Strömungen) hält daran fest, dass den Israeliten die gesamte mündliche Überlieferung am Berg Sinai gegeben wurde, während das liberale und das konservative Judentum sowie die Strömung des Rekonstruktionismus viel mehr betonen, dass der jüdische Glauben schon immer dynamisch war und – wenn er mit neuen Ideen und Umständen konfrontiert wurde – die Initiative ergriffen hat, um sich über die Generationen hinweg zu verändern und zu entwickeln.

Heute haben die ultraorthodoxen Rabbiner (*Charedi*) durch das Oberrabbinat die ausschließliche Kontrolle über die staatlich unterstützten jüdischen Religionspraktiken in Israel, und das, obwohl ihre Anhänger nur eine kleine Minderheit in der jüdischen Bevölkerung des Landes stellen. Viele von ihnen sind Nicht-Zionisten und stehen damit der geschichtlichen Rolle des Staates Israel – bestenfalls – ambivalent gegenüber. In der Diaspora gehört die überwältigende Mehrheit der Juden den liberalen (progressiven) Bewegungen an oder lebt säkular.

Jerusalem, Zion und Israel haben im Judentum schon immer eine tragende Rolle gespielt, denn laut Thora hat Gott den Kindern Israels dieses Land versprochen. Beim Gebet wenden sich Juden Richtung Jerusalem und in fast allen Synagogen weist der Thoraschrein auf die Heilige Stadt.

> 1920 war noch einer von zehn palästinensischen Arabern Christ, heute ist es nur noch einer von 75 Einwohnern Palästinas. In Bethlehem lebten 1948 zu 85% Christen, heute sind drei Viertel seiner Bewohner Muslime.

Christentum

Das Christentum basiert auf dem Leben und der Lehre seiner Gründerfigur Jesus von Nazareth, einem Juden, der während des 1. Jh. n. Chr. in Judäa und Galiläa lebte, sowie auf dessen Kreuzigung und seiner Auferstehung drei Tage später, wovon das Neue Testament berichtet.

Das Christentum begann als Strömung innerhalb des Judentums. Die meisten Anhänger Jesu, die Apostel, waren Juden. Wie viele Juden stand

Jesus der Dekadenz der herrschenden Klasse Jerusalems jedoch kritisch gegenüber. Als Jesu Anhänger nach seinem Tod darauf beharrten, dass er der Messias gewesen sei, spaltete sich das Christentum aber immer weiter vom Judentum ab. Die antijüdische Polemik mancher früher Christen, verfasst zu einer Zeit, als das Christentum eine von den Römern missbilligte „Sekte" war, hatte noch Jahrhunderte später Folgen, als nämlich das Christentum in Europa allmächtig wurde.

Nach dem Neuen Testament erschien der Erzengel Gabriel Maria in Nazareth („Mariä Verkündigung") – und eröffnete ihr, dass sie den Sohn Gottes empfangen und gebären würde. Jesus wurde schließlich in Bethlehem geboren (in christlicher Terminologie als „Geburt Christi" bezeichnet), wuchs aber in Nazareth auf, wo er später auch predigte. Vor allem rund um den See Genezareth wirkte er und tat seine biblischen Wunder – etwa in Kapernaum, Chorazin, Betsaida und Kursi. Die Bergpredigt hielt Jesus oberhalb von Kapernaum auf dem Berg der Seligpreisungen und die Verklärung des Herrn fand auf dem Berg Tabor statt. Die mutmaßlichen Schauplätze des Geschehens können heute noch besucht werden.

Im Alter von 33 Jahren wurde Jesus, dessen wachsender Einfluss inzwischen jüdische und römische Machthaber gleichermaßen beunruhigte, wegen Aufruhrs angeklagt und von Pontius Pilatus, dem römischen Statthalter in Judäa, zum Tode verurteilt. Nach dem Neuen Testament wurde Jesus nach dem Letzten Abendmahl in Gethsemane verhaftet, vor dem *Sanhedrin* (dem jüdischen Hohen Gericht), Pontius Pilatus und Herodes Antipas vor Gericht gestellt und zum Tode verurteilt. Römische Soldaten verhöhnten ihn auf dem Weg nach Golgatha, wo er gekreuzigt wurde. Drei Tage nach seiner Bestattung (der Grablegung Christi), heißt es im Neuen Testament, wurde das Grab leer vorgefunden und seine Auferstehung verkündet.

Die Anhänger Jesu wurden als Christen bezeichnet („Christ" ist ein vom Griechischen abgeleiteter Titel und bedeutet „der Gesalbte"), sie sahen in ihm den Sohn Gottes und den Messias (das vom hebräischen *mashiach* kommt, das ebenfalls „der Gesalbte" bedeutet). Die Juden akzeptieren Jesus bis heute weder als Messias noch als Gottes Sohn – dies ist der entscheidende theologische Unterschied zwischen den beiden Glaubensrichtungen. Für Muslime wiederum ist Jesus ein Bote Gottes und ein Prophet, sie glauben jedoch weder an seine Kreuzigung noch daran, dass er für die Sünden der Menschheit büßte.

Ungefähr 325 n.Chr. glaubte St. Helena (die Mutter Konstantin I.), den Ort von Jesu Kreuzigung und Begräbnis gefunden zu haben. Sie ließ dort einen Vorläufer der Grabeskirche errichten. Der erste Kreuzzug (1095–99) sollte den Christen u.a. den Zugang zu diesen Stätten ermöglichen.

Die verschiedenen Glaubensgemeinschaften in Israel und Palästina streiten schon lange darüber, wem die heiligen Stätten gehören. Einige der Stätten in Jerusalem und Bethlehem stehen noch immer unter der „Status-Quo-Regelung" einstiger osmanischer Herrscher. Mehr als die Hälfte der Grabeskirche in Jerusalem und ein großer Teil der Geburtskirche in Bethlehem untersteht der größten Glaubensgemeinschaft im Heiligen Land, der griechisch-orthodoxen Kirche (deren Mitglieder vor Ort fast alle arabisch sprechende Palästinenser sind).

Islam

Der Islam wurde vom Propheten Mohammed (570–632 n.Chr.) gegründet, der im Gebiet des heutigen Saudi-Arabien lebte. Die Religion basiert auf dem Glauben an die absolute Einzigartigkeit Gottes (Allah) und die Offenbarungen seines letzten Propheten Mohammed. Das arabische Wort *islam* bedeutet „völlige Hingabe" an (oder Unterwerfung unter) Gott und sein Wort.

Heute leben im Gazastreifen nur noch ca. 1400 Christen. Nach der Machtübernahme der Hamas haben islamistische Hardliner u.a. den Besitzer einer christlichen Buchhandlung in Gaza-Stadt wegen seines angeblichen Bekehrungseifers getötet (2007), den YMCA in Gaza-Stadt bombardiert (2008) und verschiedene Kirchen angegriffen.

Ausgezeichnete Einführungen in den muslimischen Glauben bieten *Inside Islam* (2002) von John Miller und Aaron Kenedi oder die *Kleine Geschichte des Islam* (2000) von Karen Armstrong. *No God But God: The Origins, Evolution, and Future of the Islam* (2005) wurde von Reza Aslan geschrieben, die für ihre liberale Interpretation des Islams von der Kritik gefeiert wurde.

DIE FÜNF SÄULEN DES ISLAM

→ **Schahada** Mit dem islamischen Glaubensbekenntnis bezeugen die Muslime, dass sie an die Einheit Allahs und Mohamed als seinen letzten Propheten glauben: „Es gibt keinen Gott außer Allah und Mohamed ist Sein Gesandter." Um Muslim zu werden, muss dieses Glaubensbekenntnis, das auch Teil der Staatsflagge von Saudi-Arabien ist, dreimal vor Zeugen gesprochen werden.

→ **Gebete** Muslime beten fünfmal täglich – vor Sonnenaufgang, zur Mittagszeit, am Nachmittag, nach Sonnenuntergang und in der Nacht – direkt und ohne Mittler zu Allah. Die Gebete können überall und müssen in Richtung Mekka verrichtet werden. Ausnahme ist das Mittagsgebet am Freitag, dem islamischen Ruhetag, das die Männer gemeinsam in der Moschee verrichten sollen.

→ **Almosensteuer** Muslime sind verpflichtet, den 40. Teil ihres Vermögens an Arme und Bedürftige zu geben. Im Westjordanland und Gazastreifen gibt es rund 80 *zakat*-Büros, die sich um die Verteilung dieser Spenden kümmern.

→ **Fasten** Im Ramadan, dem neunten Monat des islamischen Kalenders, darf von Sonnenaufgang bis Sonnenuntergang nichts die Lippen berühren. So ist essen, trinken und rauchen untersagt und auch Geschlechtsverkehr ist verboten.

→ **Pilgerfahrt** Alle Muslime, die dazu in der Lage sind, sollten mindestens einmal im Leben die Pilgerfahrt nach Mekka unternehmen.

Mohammed begann etwa ab 610 n.Chr., zu den Menschen in Mekka zu predigen. Er rief sie auf, der Bilderverehrung abzuschwören, an den Einen Gott zu glauben und sich auf das Jüngste Gericht vorzubereiten, bei dem alle Menschen für ihre Taten zur Rechenschaft gezogen würden.

Die Heilige Schrift des Islam ist der Koran, der Mohammed über zwei Jahrzehnte hinweg offenbart wurde. Er besteht aus 114 Suren (Versen), geschrieben in hochkomplexem – und oft poetischem – klassischem Arabisch, die für Muslime Gottes unfehlbares Wort sind. Der Koran stellt Gott als allgegenwärtigen Schöpfer und Bewahrer der Welt dar, unendlich in seiner Weisheit und Macht. Die Sprüche und Taten, die dem Propheten zugeschrieben werden und die islamisches Verhalten und den Glauben illustrieren sollen, werden *hadith* genannt.

Islam und Judentum haben gemeinsame Wurzeln. Muslime sehen Adam, Noah, Abraham, Isaak, Jakob, Josef und Moses als Propheten an. So teilen sich Juden und Muslime auch einige heilige Stätten, u.a. den *Haram el-Sharif* (Tempelberg) in Jerusalem und die Höhle *Machpelah* (Grab der Patriarchen) in Hebron. Da sie so eng verbunden sind, werden Juden und Christen von Muslimen als *Ahl al-Kitab*, Volk des Buches, bezeichnet. Das Judentum wiederum hat den Islam wegen seiner monotheistischen Struktur immer als Bruderglauben gesehen (beim Christentum war man sich wegen des Dreifaltigkeitsdogmas da nicht so sicher).

Muslime glauben, dass Mohammed Jerusalem auf seiner „Nachtreise" besuchte, auf der ihn sein Ross Buraq in einer einzigen Nacht von Mekka nach Jerusalem trug. Dann stieg er von jenem Fels, um den herum später der Felsendom gebaut wurde, in den Himmel auf, und kehrte mit den Offenbarungen für die Gläubigen zurück. Für kurze Zeit lehrte Mohammed auch, Muslime sollten Richtung Jerusalem beten.

Nahezu alle palästinensischen Muslime sind Sunniten und gehören damit der größten islamischen Strömung an, genau wie die große Mehrheit der Ägypter, Jordanier und Syrer. Die Mitglieder der libanesischen Hisbollah-Bewegung sind ebenso wie ihre Förderer im Iran Schiiten. Syriens regierende Elite gehört einem andersgläubigen Ableger der schiitischen Strömung an: den Alawiten.

1993 stellte der inzwischen verstorbene König Hussein von Jordanien die Mittel zur prestigeträchtigen Sanierung der goldenen Kuppel des Felsendoms in Jerusalem zur Verfügung – und kam damit den Saudis zuvor. Insgesamt 80 kg von 24-karätigem Blattgold wurden auf die Kuppel aufgebracht.

Kunst

Israelis und Palästinenser sind außerordentlich kreativ darin, in der Literatur, der darstellenden und bildenden Kunst und in der Musik ihre Sehnsüchte, Freuden und Ängste auszudrücken. Traveller, die sich gern auch mit der Kunst in den Ländern, die sie besuchen, auseinandersetzen, finden hier viele Möglichkeiten dazu – bei Festivals, in Theatern, Museen und Buchläden.

Literatur

Israelische Literatur

Die von 600 Verlagen aus 30 Ländern besuchte, riesige internationale israelische Buchmesse (www.jerusalembookfair.com) findet seit 1963 in den Jahren mit ungerader Jahreszahl in Jerusalem statt. Dabei wird auch der angesehene Jerusalem-Preis für Literatur verliehen.

Die Israelis aller politischer Couleur betrachten die Wiederbelebung der hebräischen Sprache und die Schaffung einer modernen hebräischen Literatur als die Krönung der kulturellen Errungenschaften des Staates Israel. Hier ein paar Namen, nach denen man Ausschau halten sollte (viele der Werke gibt's auch in deutscher oder englischer Übersetzung):

Samuel Joseph Agnon (1888–1970) Der israelische Nobelpreisträger widmete sich den Widersprüchen zwischen der traditionell jüdischen und der modernen Lebensweise.

Jehuda Amichai (1924–2000) Mit seiner in umgangssprachlichem Hebräisch geschriebenen freundlich-ironischen Schilderung des Alltagslebens bezauberte Amichai die Leser.

Ephraim Kishon (1924–2005) Die Werke des brillanten, aus Ungarn stammenden Satirikers nehmen die israelische Gesellschaft und allgemeine menschliche Schwächen aufs Korn.

Aharon Appelfeld (geb. 1932) In Romanen wie *Badenheim* (1978) schwingen die Schrecken des Holocaust mit.

Abraham B. Jehoshua (geb. 1936) Gefangen zwischen ihren Absichten und deren Verwirklichung, versuchen Jehoshuas Figuren aus ihrer Einsamkeit auszubrechen.

Amos Oz (geb. 1939) Seine Werke zeichnen ein unwiderstehliches, manchmal düsteres Bild von einem Israel, das nur wenige Besucher so kennenlernen.

Meir Shalev (geb. 1948) Shalevs gefeierte Romane spielen oft in Israels jüngster Vergangenheit und handeln von Vergeltung und Männlichkeit.

David Grossman (geb. 1954) Der Autor wurde durch seinen Roman *Der gelbe Wind* (1987) berühmt, eine kritische Auseinandersetzung mit der israelischen Besetzung der Palästinensergebiete.

Zeruya Shalev (geb. 1959) Anhand des Innenlebens ihrer Figuren untersucht Shalev die Familienbande, die Sehnsüchte, die Kompromisse der Menschen und ihre aus der Vergangenheit erwachsenden Zwänge.

Orly Castel-Bloom (geb. 1960) Mit Ironie und postmodernem Feingefühl erzählt sie von Figuren, die zwischen Sinnlosigkeit und Zugehörigkeitsgefühl schwanken.

Etgar Keret (geb. 1967) Von der „Stimme seiner Generation" stammen oft humorvolle postmoderne Kurzgeschichten, Drehbücher und Comics.

Sayed Kashua (geb. 1975) Der israelisch-arabische Humorist ist für seine ironischen Porträts vom Leben und den Mühen der arabischen Israelis bekannt.

Palästinensische Literatur

Lang war Lyrik die bevorzugte Gattung der palästinensischen Literatur, deren führende Stimme nach wie vor Mahmud Darwisch (1941–2008;

www.mahmouddarwish.com) ist. Seine Lyrikbände wie *Warum hast du das Pferd allein gelassen?* (1995) oder *Unfortunately, It Was Paradise* (2003) handeln von Verlust und Exil. Wiederkehrende Themen in der Dichtung von Tawfiq Ziad (Zayyad; 1929–1994) sind Freiheit, Solidarität und die Bindung der Palästinenser an ihr Land.

Erst in den 1960er-Jahren entwickelte sich eine palästinensische Erzählliteratur. Von Emil Habibi (1922–1996), der wie Ziad als Abgeordneter der Israelischen Kommunistischen Partei in der Knesset saß, stammen sieben Romane, darunter *Der Peptimist oder von den seltsamen Vorfällen um das Verschwinden Saids des Glücklosen* (1974; deutsch 1992), eine tragikomische Geschichte über die Schwierigkeiten palästinischer Araber, die ab 1948 plötzlich israelische Staatsbürger waren.

Das erstaunliche Debütwerk von Ghassan Kanafani (1936–1972), *Männer in der Sonne* (1963), besteht aus einer Erzählung und einer Sammlung von Kurzgeschichten über das Leben, die Hoffnungen und zerstörten Träume der palästinensischen Protagonisten. In *The Inheritance* (2005) vermittelt die in Nabul geborene Sahar Khalifeh (geb. 1942) häufig schaurige Einblicke in das Leben von Palästinenserinnen in der Heimat und im Ausland.

> **KUNST** MUSIK
>
> Bei der ungeheuer populären Hebräischen Buchwoche (www.sfarim.org. il) bauen Verlage Mitte Juni auf öffentlichen Plätzen in mehreren Dutzend Städten in Israel Stände auf, an denen Bücher zu Schnäppchenpreisen winken.

Musik

Israelische Musik

Die israelische Musik ist ein bunter Mix aus Melodien, Tonarten und Gesangsstilen, die von musikalischen Traditionen aus Ost und West inspiriert sind.

Israelis aller Altersstufen hören jahrzehntealte Songs, ohne sie unbedingt als „retro" zu empfinden. Zu den immer noch populären Größen aus der Mitte des 20. Jhs. gehört die aus dem Jemen stammende Sängerin Shoshana Damari (1923–2006), die für ihre unvergleichliche Artikulation des Kehllautes *ajin* bekannt ist. Viele israelische Ohrwürmer der 1960er-, 1970er- und 1980er-Jahre stammen von Naomi Schemer (1930–2004), darunter auch das berühmte, wenn auch kaum gespielte Lied *Jerusalem of Gold* (1967).

Obwohl Israels Kulturkommissare 1965 eine Tour der Beatles durch das Land verboten, hat sich die Rockmusik dank Gruppen wie Poogy (Kaveret), Mashina, Teapacks (benannt nach der Korrekturflüssigkeit Tipp-Ex) und Benzin doch in der hiesigen Musikszene durchgesetzt. Vom Rock sind viele Hymnen der klassischen israelischen Popmusik inspiriert – zu nennen sind hier Shlomo Artzi, Arik Einstein, Matti Caspi, Shalom Hanoch, Jehudit Ravitz, Assaf Amdursky und Aviv Geffen. Idan Raichel brachte dem Durchschnittspublikum äthiopische Melodien nahe.

Unter den israelischen Hip-Hop-Künstlern begegnen einem Shabak Samech, HaDag Nachash, Subliminal, und der rechtsmilitante Rapper The Shadow. Eine der schrillsten Darstellerinnen in der Dance-Szene ist die halbjemenitische Transsexuelle Dana International (www.danainter national.co.il), die 1998 den Eurovision Song Contest gewann.

> Zu den Musikfesten in Israel gehören das alle zwei Jahre stattfindende Abu Gosh Vocal Music Festival (www. agfestival.co.il), das Red Sea Jazz Festival in Eilat (www.redseajazz eilat.com) und in Sachen Tanz die alljährliche Love Parade in Tel Aviv.

Die Mizrachi-Musik, eine orientalische Musik mit nahöstlichen und mediterranen Tonarten und Rhythmen, ist in der Volksmusik Nordafrikas (vor allem Ägyptens zur Zeit der Sängerin Umm Kulthum und Marokkos aus der Mitte des vorigen Jahrhunderts), des Irak und des Jemen verwurzelt. Viele moderne Stücke sind aber auch von Musikstilen aus dem Mittelmeerraum inspiriert, vor allem aus der Türkei und Griechenland. Jahrzehntelang war Mizrachi-Musik im Radio verboten, da die von den Aschkenasim bestimmte kulturelle Elite eine „Levantinisierung" befürchtete. Wollte man die Musik von Zohar Argov (1955–1987) oder Haim Moshe (geb. 1956) hören, musste man in die schmuddeligen Kassettenläden rund um den (alten) Zentralen Busbahnhof von Tel Aviv abtauchen.

TRADITIONELLER & MODERNER TANZ

In Israel gibt es mehrere weltbekannte professionelle Tanzkompanien. Die berühmte, 1964 von Martha Graham gegründete Bat Sheva Dance Company (www.batsheva.co.il) hat ihren Sitz im Suzanne Dellal Centre (S. 127) in Tel Aviv und steht unter der Leitung des gefeierten Choreografen Ohad Naharin (geb. 1952). Die Kibbutz Contemporary Dance Company (www.kcdc.co.il) tritt überall im Land auf.

Etwas ganz anderes bietet die in Jaffa ansässige Gruppe **Mayumana** (Karte S. 129; 03-681 1787; www.mayumana.com; 15 Louis Pasteur St), die mit ihren lauten, dynamischen Shows Israels Gegenstück zu Stomp ist.

Im Bereich des Volkstanzes ist Israel berühmt für die Hora, die im 19. Jh. mit Einwanderern aus Rumänien ins Land kam. Den besten Einblick gewinnt man beim dreitägigen Carmiel Dance Festival (www.karmielfestival.co.il) Anfang Juli in Zentralgaliläa.

Der berühmteste palästinensische Volkstanz ist der Reihentanz *dabke*. Eines der besten palästinensischen Tanzensembles ist El-Funoun (www.el-funoun.org) mit Sitz in Al-Bireh im Westjordanland.

Heute ist die Mizrachi-Musik das wohl populärste Musik-Genre in Israel. Die von der traditionellen jüdischen Musik Marokkos bzw. des Irak inspirierten Altmeister Shlomo Bar (www.shlomobar.com) und Yair Dalal (www.yairdalal.com) treten immer noch auf. Daneben gibt es jüngere Superstars wie Sarit Hadad (www.sarit-hadad.com), die israelische Britney Spears, und Amir Benayoun, der in seinen Genregrenzen sprengenden Konzerten Liebeslieder mit mittelalterlichen jüdisch-liturgischen Gesängen und grellem Nationalismus verbindet. Auch Moshe Peretz liebt es, die Grenzen zwischen der Mizrachi-Musik und dem Mainstream auszutesten.

Ein weiterer Trend besteht darin, jüdisches religiöses Vokabular mit dazu passenden Klanglandschaften zu zitieren, um verborgene religiöse Gefühle auszudrücken. In den letzten Jahren haben sich Musiker wie Etti Ankri, Ehud Banai, David D'Or, Kobi Oz, Berry Sakharof und Gilad Segev traditionellen liturgischen Melodien – hauptsächlich der Sephardim und Mizrachim – zugewandt und mit ihren Werken viel Aufmerksamkeit beim Publikum gefunden.

Der Klezmer, das traditionelle aschkenasische Gegenstück der Mizrachi-Musik, erfreut sich keiner so übergreifenden Popularität. Der aus den Schtetls Osteuropas stammende „jüdische Soul" kann einen aus höchster Begeisterung in tiefste Verzweiflung versetzen. Hören kann man diese Musik beim Tsfat Klezmer Festival.

Dank der Musiker, die wegen ihrer jüdischen Herkunft aus Nazideutschland flüchten mussten, und dank der Zuwanderer aus der ehemaligen Sowjetunion ist die Musik in Israel von starken Traditionen westlicher klassischer Musik geprägt. Das Israel Philharmonic Orchestra (www.ipo.co.il), dessen erstes Konzert im Jahr 1936 kein geringerer als Arturo Toscanini dirigierte, ist weltberühmt.

> Echte palästinensische Volksmusik gibt's auf der Website www.barghouti.com/folklore/voice. Viele der Lieder wurden live bei palästinensischen Hochzeiten aufgenommen, wo diese Musik besonders gern gespielt wird.

Palästinensische Musik

Neben dem eingängigen arabischen Pop aus Beirut und Kairo können Besucher im Westjordanland und in den arabischen Gebieten Israels auch traditioneller Volksmusik lauschen, die von den Klängen der *oud* (einer Laute mit birnenförmigem Resonanzkörper), des *daf* (Tamburin) und der *ney* (Flöte) geprägt ist. Außerdem hört man hier Liebesballaden und nationalistische Hymnen von Mohammed Assaf aus dem Gazastreifen, dem Gewinner der zweiten Staffel von *Arab Idol* (der arabischen Version von *Deutschland sucht den Superstar*).

In jüngster Zeit kommt vor Ort produzierter Rap ganz groß raus. Von der ersten Hip-Hop-Gruppe des Gazastreifens, PR (Palestinian Rappers), bis zu den Hauptvertretern dieses Genres, DAM (www.damrap.com), handelt der palästinensische Rap oft von der Besatzung, den Schwierigkeiten im Alltagsleben und vom Widerstand. DAM ist übrigens eine Gruppe von israelischen Arabern aus der armen Stadt Lod unweit des Flughafens Ben Gurion. Sie verstehen sich als Palästinenser und Israelis und rappen in einem feurigen Mix aus Hebräisch, Arabisch und Englisch.

Theater

Israelisches Theater

Israelis gehen öfter ins Theater als Menschen in den meisten anderen Ländern. In Tel Aviv, Jaffa, Jerusalem und Haifa gibt es unzählige große und kleine Ensembles, Spielstätten und Festivals. Das Acco Festival of Alternative Israeli Theatre (www.accofestival.co.il) bringt jeden Herbst innovative Inszenierungen nach Akko.

Die meisten Vorstellungen sind auf Hebräisch; man findet aber auch Stücke auf Arabisch, Russisch und Jiddisch, jedoch nicht auf Englisch. Manche Truppen spielen aber einmal pro Woche oder öfter auch mit englischen Untertiteln.

Viele zeitgenössische israelische Theaterstücke greifen heikle politische Themen und aktuelle gesellschaftliche Fragen auf. In den letzten Jahren wurden etwa der Holocaust, die Wehrdienstverweigerung, die Besetzung des Westjordanlands und die Themen Selbstmord und Homosexualität innerhalb der orthodoxen Gemeinden auf die Bühne gebracht. Zu den Dramatikern, deren Stücke man sich anschauen sollte, gehören Hanoch Levin (1942–1999), von dessen provokanten Stücken mehrere in den 1970er-Jahren von der Zensur unterdrückt wurden, Nissim Aloni (1926–1998), Jehoschua Sobol (geb. 1939), Hillel Mittelpunkt (geb. 1952) und Schmuel Hasfari (geb. 1954).

Der Besuch einer Musicalaufführung der jiddischen Truppe Yiddishpiel (www.yiddishpiel.co.il) ist wie eine Reise in die jüdische Welt vor dem Holocaust nach Warschau, auch wenn die Aufführungen ausgesprochen nostalgisch und auf Hebräisch und Russisch übertitelt sind.

Ungewöhnlich und anrührend sind Aufführungen im **Nalaga'at Centre** (Karte S. 129; ☎03-633 0808; www.nalagaat.org.il; Jaffa Port) in Jaffa, wo die einzige taubblinde Theatergruppe der Welt ihr Zuhause hat.

Israels größtes Festival für darstellende Kunst ist das jedes Jahr im Mai und Juni in Jerusalem stattfindende Israel Festival (www.israel-festival.org.il).

Palästinensisches Theater

Das palästinensische Theater ist seit Langem ein wichtiger Ausdruck der palästinensischen nationalen Hoffnungen. Es wurde von den Briten zensiert, von den Israelis unterrückt und gegängelt, von Konflikten und Theaterschließungen getroffen und wird aktuell von Islamisten angefeindet. Aber die palästinensischen Schauspieler und Regisseure geben nicht auf. Zwei der wichtigsten Zentren des palästinensischen Theaters sind das 1984 von der El-Hakawati Theatre Company gegründete Palestinian National Theatre (www.pnt-pal.org) in Ostjerusalem und das Al-Kasaba Theatre & Cinematheque (S. 293) in Ramallah.

Juliano Mer-Khamis (1958–2011), der arabisch-jüdische Gründer des Freedom Theatre (www.thefreedomtheatre.org) in Dschenin, wurde dort 2011 von einem maskierten Attentäter ermordet.

Bildende Kunst

Israelische Bildende Kunst

Die Bezalel Academy of Arts & Design (www.bezalel.ac.il) in Jerusalem wurde 1906 als Bezalel-Kunstgewerbeschule gegründet, um Künstler und Kunsthandwerker aus Europa und dem Jemen auszubilden. Die Schule entwickelte einen besonderen Stil, der biblische Motive mit der sinnlichen Formensprache des Jugendstils verband. Auch heute noch ist die Akademie einer der spannendsten Orte der israelischen Kunstszene.

Die besten Orte, um kreative Judaica (jüdische Ritualobjekte) zu finden, sind Jerusalem (an der Yoel Moshe Salomon St), Safed (im Synagogenviertel und im Künstlerviertel) und Tel Aviv auf dem Kunsthandwerksmarkt Nahalat Binyamin (Di & Fr).

In den 1930er-Jahren flohen deutsch-jüdische Künstler vor den Nazis und brachten die kühne Formensprache des deutschen Expressionismus ins Land. Nach 1948 entstand die Künstlerbewegung Ofakim Hadaschim („Neue Horizonte"), die sich der Abstraktion verschrieb und bis in die 1960er-Jahre eine vorherrschende Rolle spielte. Einer ihrer Gründer war der aus Rumänien stammende Marcel Janco, ein Mitbegründer von Dada, der 1941 nach Palästina emigriert war und später das Künstlerdorf Ein Hod ins Leben rief, wo es heute ein Museum für ihn gibt.

In Israels Städten lohnt es sich, nach modernen Skulpturen Ausschau zu halten, die mal provokant, mal skurril ausfallen.

Israels führende Kunstmuseen sind das Israel-Museum (S. 86) in Jerusalem und das Tel Aviv Museum of Art (S. 121). Beide besitzen hervorragende Sammlungen und zeigen Ausstellungen mit Werken moderner israelischer Künstler. Infos über die vielen Museen im Land findet man auf der Website www.ilmuseums.com.

Palästinensische Bildende Kunst

Die zeitgenössische palästinensische Kunst setzte sich ab den 1960er-Jahren vom traditionellen Kunsthandwerk ab. Um sich darüber einen Eindruck zu verschaffen, besucht man im Westjordanland am besten das Khalil Sakakini Centre (S. 293) in Ramallah und das International Centre of Bethlehem (S. 284).

Arabische und palästinensische Kunst zeigt die Umm el-Fahem Art Gallery (http://umelfahemgallery.org) in der arabisch-israelischen Stadt Umm al-Fahm. In Jerusalem bemüht sich das Museum on the Seam (S. 78) besonders darum, Werke arabischer und muslimischer Künstler auszustellen.

Straßenkunst von einheimischen und internationalen Künstlern (ja, auch Banksy) schmücken große Teile der palästinensischen Seite der Sperrmauer (S. 283).

Kino
Israelische Filme

Das israelische Kino hat sich seit den Stummfilmen der spätosmanischen Zeit, den heroischen Dokumentarfilmen der 1930er- und 1940er-Jahre und den seichten *boreka*-Komödien (benannt nach den Blätterteigtaschen vom Balkan), die in den 1970er-Jahren die Leinwände beherrschten, enorm weiterentwickelt. In den letzten Jahren haben Spielfilme und Dokumentationen aus Israel – von denen viele einen sehr kritischen Blick auf die israelische Politik und Gesellschaft werfen – bei großen Filmfestivals, z. B. in Cannes, Berlin, Toronto und beim Sundance Film Festival in Utah, viele Preise eingeheimst. Zu den zehn Oscar-nominierten israelischen Filmen gehören Ephraim Kishons *Sallah – oder: Tausche Tochter gegen Wohnung* (*Sallach Shabati*; 1964), eine Komödie, die in einem Durchgangslager für jüdische Mizrachi-Zuwanderer in den 1950er-Jahren spielt, und Ari Folmans *Waltz with Bashir* (2008), ein ungewöhnlicher dokumentarischer Trickfilm über den Ersten Libanonkrieg Israels 1982.

Das erste Kino des Landes, das Eden, wurde 1914 in Tel Aviv am Rand von Neve Tzedek eröffnet. Heute gibt es erfolgreiche Kinematheken in Haifa (www.haifacin.co.il), Jerusalem (www.jer-cin.org.il) und Tel Aviv (www.cinema.co.il).

Zu den Festivals, die in Israel der Siebten Kunst huldigen, gehören:

➡ Docaviv International Documentary Film Festival (www.docaviv.co.il) in Tel Aviv

➡ Haifa International Film Festival (www.haifaff.co.il)

➡ Tel Aviv International Student Film Festival (www.taufilmfest.com)

➡ Jerusalem Film Festival (www.jff.org.il)

Jeden Herbst wählt die Israelische Akademie für Film und Fernsehen (www.israelfilmacademy.co.il) die Gewinner des Ophir Award, dem israelischen Äquivalent des Oscar.

FILME ZUM KONFLIKT

Vor dem Hintergrund des israelisch-palästinensischen Konflikts sind ein paar starke, preisgekrönte Dokumentarfilme von Palästinensern und Israelis entstanden – teilweise sogar in Zusammenarbeit:

➡ *Arna's Children* (Juliano Mer-Khamis; 2003) – über eine Kindertheatergruppe in Dschenin.

➡ *Death in Gaza* (James Miller; 2004) – ein erschütternder Film über das Leben palästinensischer Kinder und den Tod des Regisseurs, der während der Dreharbeiten von einem Soldaten der israelischen Armee erschossen wurde.

➡ *5 Days* (Yoav Shamir; 2005) – über den israelischen Abzug aus dem Gazastreifen im Jahr 2005.

➡ *Precious Life* (Shlomi Eldar; 2010) – über die Beziehungen, die während der medizinischen Behandlung eines aus dem Gazastreifen stammenden Babys in Israel geknüpft wurden.

➡ *The Law in These Parts* (Ra'anan Alexandrowicz; 2011) – über die israelische Militärjustiz im Westjordanland.

➡ *5 Broken Cameras* (Emad Burnat, Guy Davidi; 2011) – über die Proteste gegen die israelischen Sperranlagen in Bil'in.

➡ *Töte zuerst – Der israelische Geheimdienst* (Dror Moreh; 2012) – basiert auf den Interviews mit sechs ehemaligen Führungskräften des israelischen Inlandsgeheimdiensts Schin Bet.

Dass den Spannungen auch mit Komik begegnet werden kann, beweist Ari Sandels verrückte *West Bank Story* (2005; www.westbankstory.com), eine Parodie des Musicals *West Side Story*.

➡ Other Israel Film Festival (www.otherisrael.org) mit Schwerpunkt auf den Minderheiten in Israel, u. a. auch der arabischen

➡ Tel Aviv International LGBT Film Festival (www.tlvfest.com)

Eine komplette Datenbank aller in Israel produzierten Filme findet man auf der Website des in Manhattan ansässigen Israel Film Center (www. israelfilmcenter.org).

Palästinensische Filme

Der palästinensische Film wird durch den Mangel an Mitteln und Filmschulen sowie die Bedrohung durch Islamisten behindert. Trotz aller Widerstände versucht die Palestinian Social Cinema Arts Association (http://pscaa.wordpress.com), die Siebente Kunst in Palästina voranzubringen. Die meisten palästinensischen Filme in Spielfilmlänge sind internationale Koproduktionen.

Der erste palästinensische Film, der für den Oscar nominiert wurde, war der umstrittene Film *Paradise Now* (2005) des aus Nazareth stammenden, aber in den Niederlanden lebenden Regisseurs Hany Abu-Assad, der palästinensischen Selbstmordattentätern ein menschliches Gesicht gab. Der ebenfalls von Hany Abu-Assad stammende Film *Omar* ist ein politischer Thriller über Vertrauen und Verrat, der 2014 für den Oscar nominiert wurde.

Im Westjordanland gibt es zwei Filmtheater, das Al-Kasaba Theater & Cinematheque (S. 293) in Ramallah und das international geförderte Cinema Jenin (www.cinemajenin.org). Im Gazastreifen wurden alle Kinos auf Druck der Islamisten geschlossen.

Die palästinensische NGO Shashat (www.shashat.org) widmet sich den Frauen im Kino und veranstaltet jedes Jahr im Herbst ein palästinensisches Frauenfilmfestival.

Natur & Umwelt

Am Treffpunkt zweier Kontinente (Asien und Afrika) und in unmittelbarer Nähe zu einem dritten (Europa) gelegen, beherbergen Israel und Palästina Lebensräume und ökologische Systeme, die auf der Welt einzigartig sind. Asiatische Säugetiere wie das Indische Stachelschwein sind hier ebenso heimisch wie tropische Säugetiere aus Afrika wie der Klippschliefer und für das europäische Klima typische Arten wie der Steinmarder.

Ein Dutzend Fledermausarten, zwei davon vom Aussterben bedroht, fanden in den verlassenen Bunkern der Israelischen Verteidigungsstreitkräfte (IDF) am Jordan, die seit dem Friedensvertrag zwischen Israel und Jordanien von 1994 verlassen sind, im Sommer ein kühles, abgeschiedenes Zufluchtsgebiet.

Die Bibel beschreibt Israel als Land des blühenden Lebens und selbst weniger Bibelfeste werden die Rolle der Natur als zentrale Inspiration und Leitmotiv für Propheten und Psalmisten erkennen. Die mediterranen Wälder von Galiläa (z. B. in den Regionen Karmel und Meron) sind mit ihren Eichen, Mandelbäumen und Ahornen die wohl besten noch existierenden Vertreter der biblischen Landschaften, die zu der lebendigen Bildsprache des Hohelieds und Jesajas Prophezeiungen inspirierten.

Einige der eindrucksvollsten Habitate Israels liegen in den trockenen Wüsten der Negev. Dort trifft man auf Arten, die in der Regel Afrika zugeordnet werden, darunter die für ausgetrocknete Flüsse typische Akazie, die wiederholt in der Bibel genannt wird, die Doumpalme (wie in En Evrona in der Arava) und Säugetiere wie die Antilope und den Steinbock; letzterer lässt sich häufig an den steilen Hängen rund um En Gedi blicken.

Habitate & Tiere

Seit Beginn der Geschichtsschreibung wirkt sich menschliches Tun auf die Lebensräume und tierischen Bewohner Israels und Palästinas aus, besonders zerstörerisch waren jedoch die Entwicklungen der letzten Jahrhunderte. Die Einführung von Schusswaffen im 19. Jh. hatte verheerende Auswirkungen auf die Großsäuger und Vögel des Landes. Zu den vielen Tieren, die in der Gegend durch Jagd ausgerottet wurden, gehören Geparden, Bären, Strauße und Krokodile. Seit den 1950er-Jahren setzen sich israelische Ökologen für den Schutz der verbliebenen Biodiversität des Landes ein und siedelten sogar ein paar neue Säugetierarten an.

Große Teile der üppigen (und malariaverseuchten) Sumpfgebiete, die sich einst weitflächig über Zentral- und Nordisrael erstreckten, trockneten im 20. Jh. aus, wodurch wichtige Lebensräume für Säugetiere und vor allem für Vögel zerstört wurden. Heute bewahren kleine Schutzgebiete wie das Hula-Naturreservat, Agamon HaHula und das En-Afek-Naturreservat (nördlich von Haifa) einige der ursprünglichen Feuchthabitate, die Zugvögeln als wichtiger Zwischenstopp und Nahrungsquelle dienen. Wie viele andere Areale im Land bietet sie erstklassige Bedingungen für Vogelbeobachter.

Israels 128 verbliebene heimische Säugetierarten verdanken ihr Überleben vor allem Jagdbeschränkungen und einem System von Naturreservaten und Schutzgebieten, die rund 25 % der Fläche Israels ausmachen. Diese sind jedoch kein Allheilmittel gegen den Verlust von Artenvielfalt.

Viele Reservate sind recht klein und isoliert und bieten bedrohten Spezies nur beschränkten Schutz. Zudem werden viele davon im Süden für Militärübungen genutzt. Teils profitiert die Natur von dieser Zweckentfremdung, da zivile Besucher nur an Wochenenden und feiertags erlaubt sind, allerdings sorgen Soldaten, Panzer und Jets für empfindliche Störungen, vor allem bei Säugetieren.

Wildblumen

Die Berghänge Israels und Palästinas bedecken von etwa Januar bis März (in höheren Lagen wie auf dem Hermon später) gelbe, orangefarbene, rote, rosa und weiße Wildblumen. Besonders eindrucksvoll sind die Anemonen und Alpenveilchen im Be'eri-Wald in der nördlichen Negev und der Wald von Beit Keshet nahe Nazareth. Schwertlilien wachsen auf dem Gilboa, heimische Orchideen in den Hügeln bei Jerusalem.

In den 1960er-Jahren hielt die landesweit erste Umweltschutzkampagne Israelis davon ab, Wildblumen zu pflücken. Bis heute ist dies verboten.

Wasser, Quelle des Lebens

Im trockenen Nahen Osten ist kein Rohstoff kostbarer als Wasser, das für das Überleben von Mensch, Tier und Pflanzen essenziell ist. So setzte sich König Hiskija im 8. Jh. v. Chr. für den Bau eines Tunnels ein, um Jerusalems Wasserversorgung während Belagerungen sicherzustellen. Eine ähnliche Technologie wandten die Israelis im 9. Jh. v. Chr. in Tell Hazor an; beide Stätten sind der Öffentlichkeit zugänglich. In Friedensverhandlungen zwischen Palästina und Israel widmete man sich den drei schwierigsten Themen meist immer zum Schluss: Jerusalem, dem Schicksal palästinensischer Flüchtlinge und … Wasser.

Mit Erklärung der Unabhängigkeit begann Israel, den Transport von Wasser aus dem relativ niederschlagsreichen Galiläa in den trockeneren Süden zu planen. Bereits in den 1960er-Jahren wurden gewaltige Wassermengen mittels Stauseen, Tunnels und offener Kanäle des 130 km

In *The Natural History of the Bible* (2007) untersucht Daniel Hillel, ein weltbekannter Experte für Bodenphysik und Wasserwirtschaft (er war an der Entwicklung der Tröpfchenbewässerung beteiligt) die Auswirkungen der hiesigen Ökologie auf die Menschen und Welt der Heiligen Schrift.

BIBLISCHE TIERE

Eine Initiative namens Hai-Bar (wörtl.: „Wildtiere") engagiert sich seit 1968 für die Wiedereinführung von Tierarten, die in der Bibel vorkommen und später im Heiligen Land ausstarben.

Um dieses Ziel zu erreichen, vereint das Hai-Bar-Programm eine kleine Anzahl von Tieren aus anderen Teilen der Regionen und züchtet sie in Gefangenschaft, bis die Nachkommen allmählich wieder in ihren natürlichen Lebensräumen angesiedelt werden können. Im Rahmen einer ähnlichen Initiative wurden Raubvögel, die durch Pestizide stark gefährdet waren, aufgezogen und ausgewildert.

Obwohl einige Zoologen bei einigen der ausgewählten Säugetierarten an der historischen Exaktheit zweifeln, ist das Hai-Bar-Programm größtenteils ein Erfolg. Beginnend mit dem Asiatischen Esel, der in Jesajas Prophezeiungen auftaucht, wurden fast unbemerkt verschiedene bedrohte Tierarten in freien Flächen wieder angesiedelt. Eine kleine Herde persischer Damhirsche brachte man 1978 heimlich mit dem letzten El-Al-Flug vor der Chomeini-Revolution aus Teheran ins Land; die scheuen Tiere siedelten sich im Achsiv-Reservat in Galiläa und in den Hügel westlich von Jerusalem an. Auch die Arabische Oryx, deren nicht gekrümmte, parallele Hörner von der Seite auf Kreuzfahrer den Eindruck von Einhörnern erweckten, ist wieder zurück.

Die zwei Aufzucht- und Auswilderungszentren der Hai-Bar-Initiative, eines davon in Jotvata in der Aravasenke, das andere auf dem Berg Karmel nahe Haifa, werden verkleinert, da fast alle geplanten Wiederansiedelungen geglückt sind. Für alle, die sich für nahöstliche Säugetiere interessieren, lohnt sich dennoch ein Besuch.

1 MRD. VÖGEL PRO JAHR

Zweimal pro Jahr ziehen 500 Mio. Vögel unglaublicher 283 Arten durch Israel und Palästina, im Herbst von Europa und Nordwestasien südwärts zum Überwintern nach Afrika und im Frühjahr auf dem Rückweg zu ihren sommerlichen Brutplätzen.

Die meisten Zugvögel fliegen über Landflächen, wo sie mithilfe der Thermik Energie sparen können. Deswegen strömen riesige Vogelschwärme auf ihrem Weg nach Afrika vom Mittelmeer und dem Kaspischen Meer zu Israels Mittelmeerküste und ins Jordantal (im nördlichen Teil des Großen Afrikanischen Grabenbruch); letztere ist damit die größte Zugvogelroute der Welt, eine Art „Superhighway" für Vögel.

Aufgrund der zahllosen Vögel, die durch einen schmalen Korridor entlang dem Ostrand Israels und Palästinas fliegen, finden Ornithologen hier mit die besten Bedingungen der Welt vor. Nützliche Websites sind u. a. folgende:

Israel Birding Portal (www.birds.org.il) – Infos zu Israels sechs bedeutendsten Vogelbeobachtungszentren.

Agamon-haChula-Naturreservat (www.agamon-hula.co.il) – Das wiedergewonnen Sumpfland im oberen Galiläa ist bei Kranichen auf Wanderschaft so beliebt, dass sie den ganzen Winter bleiben.

Lotan-Natur- & Vogelreservat (www.kibbutzlotan.com) – Der Kibbuz Lotan bietet Zugvögeln ein grünes Schutzgebiet im Herzen der Arava-Wüste.

Internationales Vogelbeobachtungs- & Forschungszentrum (www.eilat-birds.org) – Eine alte Mülldeponie nahe Eilat wurde in eine Salzmarsch verwandelt, wo sich erschöpfte Vögel ausruhen können.

---

langen National Water Carrier, der bei der Fahrt durch das untere Galiläa zu sehen ist, ins zentrale Israel und in die Negev-Wüste gepumpt.

Wasser war jedoch noch immer knapp – heute deckt Regen nur die Hälfte des landesweiten Bedarfs. Aufgrund dieses chronischen Mangels erfanden israelische Forscher die moderne Tröpfchenbewässerung, die mittlerweile auf Feldern weltweit zum Einsatz kommt. Zudem wurde eine Infrastruktur entwickelt, die gewährleistet, dass fast 90 % von Israels Abwasser für die Landwirtschaft recycelt wird.

Seit 2005 baute Israel an der Mittelmehrküste fünf riesige Umkehrosmose-Entsalzungsanlagen, die bald für 40 % von Israels Trinkwasser sorgen werden – und rund 10 % der Elektrizität des Landes nutzen. Erstmals in der Geschichte des Nahen Ostens ist das Thema Wasser kein Nullsummenspiel. Mitte der 1960er-Jahre führten Konflikte über Wasserrechte zwischen Israel und Syrien fast zu einem Krieg. Auseinandersetzungen um Wasser herrschen zwischen Israel und Jordanien, das Wasserrechte am Jordan hat, sowie Palästina, das Israel vorwirft, den Löwenanteil des Wassers aus dem Westjordanland zu nutzen. Entsalztes Wasser im Überfluss – zu einem Preis von rund 60 US-Cent pro 1000 l – könnte einen Hauptgrund für regionale Spannungen abmildern und sogar politische und wirtschaftliche Zusammenarbeit zwischen Arabern und Israelis ermöglichen. Zudem würde es das gesamte Gebiet von der Abhängigkeit von unzuverlässigem Niederschlag befreien und das Problem von durch einsickerndes Salzwasser bedrohte Grundwasserleiter lösen (Gazas Grundwasser ist bereits aufgrund des hohen Gehalts von Salz, Dünger und Abwasser ernsthaft bedroht).

Israelische Wissenschaftler haben zudem nach weniger teuren Methoden zur optimalen Wassernutzung gesucht. In der Antike entwickelten vor allem die Nabatäer ausgefeilte Techniken, um durch die Kanalisierung der seltenen Wolkenbrüche in der Wüste Landwirtschaft auch in der trockenen zentralen Negev zu ermöglichen. Nahe der Ruinen des antiken Avdat begannen Wissenschaftler in der Even-Ari-Forschungs-

Tel Aviv überzeugte seine Bewohner mit beträchtlichem Erfolg davon, das Auto zugunsten des Fahrrads stehenzulassen. Anteil daran hat das 20-jährige Engagement des Israelischen Fahrradverbands (www.bike.org.il). Heute gibt es in der Stadt rund 120 km ausgewiesene Radwege.

station in den 1960er-Jahren damit, die Techniken der Nabatäer zur Terrassierung und Wasserlagerung wiederzubeleben.

Schutz von Sumpfgebieten

In den 1950er-Jahren, einer Zeit des unbegrenzten Glaubens an Fortschritt durch Technologie, wurden die Sümpfe der Chulaebene im nordöstlichen Galiläa trockengelegt, um Landwirtschaftsflächen zu schaffen. Dabei wurden sehr bedeutende Lebensräume von Vögeln und eine wesentliche Nährstoffsenke des Beckens des Sees Genezareth zerstört. Die Umleitung von Quell- und winterlichem Abflusswasser für Landwirtschaft, Industrie und Haushalte hat die Wasserhabitate vieler Bäche und Flüsse Israels und Palästinas, darunter der Jordan, geschädigt. Für eine Verschärfung der Lage sorgt der Abfluss von Abwasser aus palästinensischen Städten im Westjordanland.

Es gibt jedoch auch Hoffnung für die Feuchtgebiete Israels. Teile der Sümpfe der Chulaebene konnten neu angelegt werden, zudem wurde der Alexanderfluss (www.restorationplanning.com/alex.html) 13 km südlich von Caesarea gesäubert und rehabilitiert. 2003 gewann letzteres Projekt den renommierten Thiess International Riverprize der International River Foundation (www.riverfoundation.org.au) mit Sitz in Australien.

Stirbt das Tote Meer?

Da Israel, Jordanien und Syrien Wasser aus dem Jordan, seinen Nebenflüssen und dem See Genezareth pumpen, liegt die Wassermenge, die jährlich in das Tote Meer fließt, 1 Mrd. m^3 (über 90 %) unter der natürlichen Menge. Die Folge ist Verdunstung, die zum schnellen Schrumpfen des Sees führt: Der Wasserpegel fällt pro Jahr um rund 1,2 m und die Seeoberfläche sank in den letzten 20 Jahren um 30 %. Rund um das Ufer entstanden tausende Dolinen, die ein Sicherheitsproblem darstellen und sowohl Landwirtschaft als auch Sehenswürdigkeiten bedrohen.

Seit Jahren gibt es Pläne, das Tote Meer mit Meerwasser aufzufüllen. Zu den Vorschlägen gehören der Bau eines Kanals zwischen Totem Meer und Mittelmeer oder Rotem Meer. Den Höhenunterschied (über 400 m) könnte man zur Stromerzeugung und zum Herstellen von entsalztem Wasser nutzen.

2013 unterzeichneten Israel, die Palästinensische Autonomiebehörde und Jordanien eine Vereinbarung zum Bau eines 110 km langen Kanals durch Jordanien, durch den 100 Mio. m^3 Wasser zum Toten Meer transportiert und eine ähnliche Menge Wasser in einem Werk in Akaba entsalzt werden sollen. Umweltschützer befürchten, dass das Auffüllen des Toten Meeres durch Meerwasser mit einem unterschiedlichen Mix an Mineralien und Organismen negative Auswirkungen haben könnte.

Schattenseiten des Fortschritts

Die Bevölkerung Israels und Palästinas ist seit 1948 in jedem Jahrzehnt um über 1 Mio. angewachsen, somit ist die Einwohnerzahl rund siebenmal so groß als noch vor 70 Jahren. Im selben Zeitraum entwickelte sich Israel von einem armen Entwicklungsland zu einer wohlhabenden westlichen Wirtschaft. Industrialisierung, Bauboom und die Vorliebe für Schnellstraßen haben zu Verschmutzung und Zersiedelung geführt, die mit denen anderer westlicher Staaten vergleichbar sind. Aufgrund der geringen Größe des Landes sind Auswirkungen auf die Umwelt jedoch oftmals schneller akut. Während Israel in Sachen Wassermanagement eine weltweit führende Rolle einnimmt, ist es in anderen Bereichen weit abgeschlagen.

Die Luftverschmutzung ist in vielen israelischen und palästinensischen Städten schlimmer als in weiten Teilen Europas und erreicht regelmäßig kritische Werte. Auf dem Gebiet der Solarenergie hat sich seit den

NATUR & UMWELT SCHUTZ VON SUMPFGEBIETEN

Konflikte mit Israel, Treibstoffknappheit und politische Rivalitäten innerhalb Palästinas ließen das Abwassersystem im Gazastreifen kollabieren. Nun sind die Straßen teils mit menschlichen Exkrementen verunreinigt und jeden Tag fließen 100 000 m^3 ungeklärten Abwassers ins Mittelmeer.

Die Israel Nature & Parks Authority (www.parks.org.il) verwaltet einen Großteil von Israels Nationalparks und Naturreservaten. Geld sparen lässt sich mit der für sechs Parks gültigen „Green Card" für 110 NIS und einer Karte für alle Parks für 150 NIS; beide gelten 14 Tage.

INFOS IM INTERNET

Weitere Infos zum Thema Umwelt und Umweltschutz in Israel und Palästina bieten die Websites folgender Umweltschutzorganisationen:

Adam Teva v'Din (www.adamteva.org.il) – Israels wichtigste Umweltschutzorganisation kämpft vor Gericht mit harten Bandagen gegen Umweltsünder und träge Regierungsbehörden.

Applied Research Institute of Jerusalem (www.arij.org) – Unabhängige palästinensische Forschungs- und Interessenvertretungsorganisation.

Arava Institute for Environmental Studies (www.arava.org) – Das Lehr- und Forschungszentrum bringt Israelis, Palästinenser und Jordanier ins Kibbuz Ketura nahe Eilat.

Friends of the Earth Middle East (www.foeme.org) – Fördert die Zusammenarbeit zwischen israelischen, palästinensischen und jordanischen Umweltschützern.

Israelisches Umweltschutzministerium (www.sviva.gov.il) – Das zunehmend einflussreiche Ministerium ist für umweltpolitische Gesetze und deren Einhaltung verantwortlich.

Life & Environment – The Israeli Union of Environmental NGOs (www.sviva.net) – Schirmorganisation für über 130 israelische Umweltschutzorganisationen.

Palestine Wildlife Society (www.wildlife-pal.org) – Die NGO zur Bildung und Forschung konzentriert sich auf den Naturschutz.

Palästinensisches Umweltschutzministerium (www.mena.gov.ps) – Ist für Gesetze und Aufklärung in Sachen Umwelt zuständig.

Society for the Protection of Nature in Israel (www.natureisrael.org) – Israels älteste und größte Umweltschutzorganisation.

1970er-Jahren nur wenig getan; damals wurde festgelegt, dass alle israelischen Wohnungen und Häuser mit passiven Solarkollektoren zur Erhitzung von Wasser ausgestattet sein müssen. Die hiesige Abfallwirtschaft ist überraschend unterentwickelt, so liegen die Recyclingquoten weit unter denen in Westeuropa. Müllentsorgung auf günstigen städtischen Deponien ist trotz des schwindenden Wohnraums Standard (vielleicht denken die Politiker auch nur im Sinne zukünftiger Archäologen ...).

Zersiedelung entwickelt sich ebenfalls zu einem ernstzunehmenden Problem, da der steigende Wohlstand eine ineffiziente Landnutzung zur Folge hat. In der Vergangenheit lebten die meisten Israelis in Wohnblöcken, doch der Wunsch nach schicken Einfamilienhäusern im Grünen hat zu dünn besiedelten Gemeinden geführt, in denen zwei Autos pro Familie Usus sind. Auf freien Flächen entstanden Straßen und Vororte. Umweltschützer kämpfen engagiert gegen diesen Trend, jedoch nur mit begrenztem Erfolg. Dennoch hatte eine Kampagne zur Eindämmung von Bauprojekten in der Nähe von Stränden große Auswirkungen: Heute schützt der Gesetzgeber die Küste, verbietet größtenteils Bauten im Umkreis von 300 m vom Wasser und stellt somit die öffentliche Nutzung aller Strände sicher.

Israels Umweltbewegung wurde in den letzten Jahren mutiger und einflussreicher, und auf kommunaler Ebene gewinnen ökologische Parteien zunehmend an Boden.

Praktische Informationen

SICHER REISEN ... 436

ALLGEMEINE INFORMATIONEN.. 439

Aktivitäten............. 439
Arbeiten in Israel 440
Botschaften & Konsulate. 440
Ermäßigungen 441
Essen 441
Frauen unterwegs 441
Freiwilligenarbeit 442
Gefahren & Ärgernisse .. 442
Geld 442
Internetzugang......... 443
Karten & Stadtpläne 443
Maße & Gewichte....... 443
Öffnungszeiten......... 443
Post................... 444
Rechtsfragen.......... 444
Reisen mit Behinderung. 445
Schwule & Lesben 445
Strom 445
Telefon 446
Touristeninformation.... 446
Unterkunft............. 446
Versicherung........... 448

Visa................... 448
Zeit 450
Zoll 450

VERKEHRSMITTEL & -WEGE..........451

AN- & WEITERREISE 451
Flugzeug 451
Auf dem Landweg 452
Übers Meer 452
UNTERWEGS VOR ORT...452
Auto & Motorrad 452
Bus 454
Fahrrad................ 455
Flugzeug 455
Geführte Touren 455
Nahverkehr 456
Sherut (Sammeltaxi).... 456
Trampen............... 456
Zug 457

GESUNDHEIT 458

SPRACHE......... 461

Sicher reisen

Ist Israel denn sicher? Diese Frage wird man wohl häufig zu hören bekommen, wenn man von einer geplanten Reise nach Israel und Palästina erzählt. Die Antwort hängt natürlich immer von der aktuellen Lage ab. Eines ist aber sicher: Es ist stets ratsam, die Reisehinweise des Auswärtigen Amtes zu beachten. Vor der Abreise sollte man sich nach möglichen Kontakten und Anlaufstellen in diesem Teil der Welt informieren.

Reisehinweise & Informationen

Diverse staatliche Websites geben Reisehinweise und Informationen über aktuelle Gefahrenherde. Allen Reisenden wird empfohlen, ihren Aufenthalt in Israel bei den Behörden des eigenen Landes zu registrieren; so erhält man u. a. auch während der Reise aktuelle Hinweise. Weitere Informationen erhält man hier:

Auswärtiges Amt der Bundesrepublik Deutschland (www.auswaertiges-amt.de)

Bundesministerium für Europa, Integration und Äusseres der Republik Österreich (www.bmeia. gv.at)

Eidgenössisches Departement für auswärtige Angelegenheiten (www.eda. admin.ch)

Sicherheitsmaßnahmen in Israel

Die Sicherheitsbestimmungen Israels gehören zu den schärfsten weltweit. Straßen, Autobahnen, Märkte und öffentliche Einrichtungen werden beim geringsten Anzeichen von Gefahr gesperrt (z. B. bei Verdacht auf ein bevorstehendes Selbstmordattentat). Bombenräumroboter beseitigen vereinsamte Einkaufstüten, Rucksäcke und Pakete und sprengen diese. Fahrzeuge werden von der Armee angehalten und nach Waffen oder Flüchtlingen durchsucht, vor allem in der Nähe von Kontrollpunkten. In den letzten Jahren ist die Zahl von Terroranschlägen in Israel zurückgegangen (2004 waren es noch 128, 2013 „nur" 10). Trotzdem empfiehlt es sich, wachsam zu bleiben und auf verdächtige Personen oder Pakete zu achten – dies gilt ganz besonders in öffentlichen Verkehrsmitteln.

Beim Betreten von Bahnhöfen, Busbahnhöfen, Einkaufszentren, Supermärkten und anderen öffentlichen Einrichtungen wird man häufig samt Taschen durchsucht oder durchleuchtet. Mitunter werden auch Metalldetektoren eingesetzt und nicht selten hört man die Frage „Yesch lecha neschek?" (Sind Sie bewaffnet?). Es ist erstaunlich, wie schnell man sich daran gewöhnt.

2011 setzte Israel zum ersten Mal das mobile Abwehrsystem Iron Dome (Kipat Barzel) ein. Es schützt bewohnte Gegenden – darunter Städte wie Aschdod, Aschkelon, Be'er Scheva, Tel Aviv und Jerusalem – vor dem Beschuss von Kurzstreckenraketen und Artilleriegranaten, die aus einer Entfernung von 4 bis 70 km abgefeuert werden. Es hat sich als sehr effektiv erwiesen und wurde flächendeckend während

---

VERKEHRSUNFÄLLE

Die Zahl der Verkehrsopfer in Israel ist in den letzten Jahren deutlich zurückgegangen. Prozentual gesehen ist die Zahl der Verkehrstoten gemessen an der Bevölkerungszahl wesentlich niedriger als in vielen anderen Ländern. Trotzdem ist es nicht ganz ungefährlich, in Israel mit dem Auto unterwegs zu sein, vor allem auf Landstraßen und Autobahnen, wo die Einheimischen oft zu schnell und beim Überholen zu risikofreudig fahren. Unser Tipp: unbedingt an Geschwindigkeitsbeschränkungen halten und defensiv fahren!

RAKETENANGRIFF – WAS TUN?

Ertönt der Fliegeralarm, eine Sirene mit steigendem und fallendem Ton, sollte man sich schleunigst zum nächsten *mamad* (Stahlbetonzimmer) bzw. einem herkömmlichen Luftschutzbunker begeben und alle Türen und Fenster schließen. Je nachdem, wie weit entfernt man von der Abschussstelle im Gazastreifen, im Südlibanon oder in Syrien ist und um welche Art von Rakete es sich handelt, bleiben vielleicht nur zehn Sekunden Zeit, um sich auf den Aufschlag vorzubereiten (in Tel Aviv z. B. beträgt die Warndauer für eine aus Gaza abgefeuerte Rakete 90 Sekunden).

Wer sich in einem Gebäude ohne *mamad* befindet (solche Zimmer gibt es nur in Gebäuden, die nach dem Ersten Golfkrieg im Jahr 1991 gebaut wurden), sollte ein Zimmer aufsuchen, das am weitesten von der Richtung entfernt ist, aus der mit der Bedrohung zu rechnen ist, und das die wenigsten Außentüren, -fenster und -öffnungen besitzt: In Eilat kommt die Gefahr in der Regel aus dem Sinai, in Tel Aviv aus dem Gazastreifen und im Norden aus dem Libanon. Alternativ sucht man Schutz in einem so weit wie möglich von Fenstern und Türen entfernten Treppenhaus oder Flur. Und wer sich gerade im obersten Stockwerk eines Hauses aufhält, sollte zwei Etagen nach unten gehen – allerdings nicht bis ganz nach unten ins Erdgeschoss.

Im Freien oder in einem Fahrzeug sucht man sofort das nächste Gebäude auf und folgt den oben gemachten Anweisungen. Ist man auf offenem Gelände, legt man sich weit vom Auto entfernt flach auf den Erdboden und bedeckt den Kopf mit den Händen.

Sofern es keine zusätzlichen Anweisungen (z. B. übers Radio) gibt, kann man nach zehn Minuten den Bunker verlassen oder wieder ins Auto steigen. Von nicht identifizierbaren Objekten fern bleiben und sofort die zuständigen Behörden informieren, wenn man eine Rakete auf dem Boden aufgefunden hat.

Diese Hinweise sind allgemeingültig und gelten nicht nur während eines aktuellen Konflikts. Auf der Website des israelischen Heimatfront-Kommandos (www.oref.org.il) findet man Hinweise, was bei einem Angriff mit Raketen, Granaten, chemischen oder biologischen Waffen zu tun ist, sowie Trainingsvideos und eine Karte mit Frühwarnsystemen.

---

des Konflikts zwischen Israel und der Hamas im Jahr 2014 eingesetzt: 735 aus Gaza abgefeuerte Raketen – und damit 90 % aller auf bewohnte Gebiete abgefeuerten Raketen – wurden abgefangen und zerstört.

Nachrichten auf Englisch

Während einer Reise durch diese Region sollte man sich regelmäßig über mögliche Sicherheitsrisiken informieren.

An vielen Zeitungsständen ist die englische Ausgabe der israelischen liberalen Tageszeitung **Haaretz** (www.haaretz.com) und der **International Herald Tribune** erhältlich. Vielerorts wird auch die rechtsgerichtete **Jerusalem Post** (www.jpost.com) verkauft. Die hebräische Tageszeitung **Yediot Aharonot** (www.ynetnews.com)

betreibt eine englischsprachige Website. Und der zweimal wöchentlich erscheinende **Jerusalem Report** (www.jpost.com/JerusalemReport/Home.aspx) berichtet über das aktuelle Geschehen.

Der **IBA World Service** (www.iba.org.il/world) sendet täglich um 6.30, 12.30 und 20.30 Uhr 15-minütige Nachrichten auf Englisch (Jerusalem: 100,3 MHz, 100,5 MHz und 101,3 MHz; Tel Aviv: 100,5 MHz und 101,2 MHz; Galiläa: 100,3 MHz, 101,3 MHz und 101,8 MHz; nördlicher Negev: 101,8 MHz). Den aus Zypern auf Mittelwelle sendenden BBC World Service empfängt man auf 1323 kHz.

Der israelische Fernsehsender 1 sendet sonntags bis donnerstags um 16.50 Uhr neun Minuten lang Nachrichten auf Englisch. Per Kabel und Satellit können fast immer auch BBC, CNN, Sky, Fox

und andere Nachrichtensender empfangen werden.

Reisen im Westjordanland

Reisen im Westjordanland sind im Allgemeinen sehr sicher. Ganz in der Tradition der arabischen Gastfreundlichkeit sind Palästinenser Touristen gegenüber betont freundlich. Wie in anderen, wenig besuchten Regionen werden Traveller zwar auch im Westjordanland oft neugierig beäugt, doch werden sie in den seltensten Fällen Opfer von Feindseligkeiten.

Allerdings steht das Westjordanland unter militärischer Besatzung, weshalb es an Kontrollpunkten und in einigen unruhigen Städten zu Zusammenstößen zwischen dem israelischen Militär und palästinensischen Jugendlichen kommen kann, vor allem freitags und nach großen Veranstaltungen wie palästinensischen Begräbnissen. Man sollte einen großen Bogen um Ausschreitungen und Gebiete machen, in denen Unruhen zu erwarten sind. Dazu zählen auch einige Dörfer neben israelischen Siedlungen im Hebron-Gebirge und der Kontrollpunkt Kalandia. Bevor man aufbricht, sollte man sich in seinem Hotel oder Hostel über die aktuelle Lage informieren.

Hier einige Tipps für Reisen durchs Westjordanland:

➡ Immer den Pass dabeihaben! Man braucht ihn zwar nicht bei der Einreise ins Westjordanland, dafür aber bei der Ausreise (genauso wie das lose Blatt Papier mit dem israelischen Visum).

➡ Flüchtlingslager sollte man nicht auf eigene Faust, sondern nur in Begleitung eines örtlichen Führers besuchen.

➡ Wer sichtbar jüdische Symbole trägt, kann fälschlicherweise für einen israelischen Siedler gehalten werden (und die meisten Palästinenser mögen keine israelischen Siedler).

➡ Gebieten fernbleiben, in denen Demonstrationen stattfinden! Und niemals palästinensische Demonstranten oder israelische Soldaten ohne ihre ausdrückliche Erlaubnis fotografieren!

➡ Nur tagsüber unterwegs sein! Schlecht ausgeschilderte Straßen, Straßensperren und Kontrollpunkte erschweren schon tagsüber die Orientierung im Westjordanland; im Dunkeln kommt man dann völlig durcheinander.

➡ Straßensperren und Kontrollpunkten nähert man sich vorsichtig – israelische Soldaten sind ständig in höchster Alarmbereitschaft. Unnötige Unstimmigkeiten zu provozieren, kann zu allen möglichen (ernsthaften) Schwierigkeiten führen. Die Soldaten wissen im Extremfall nicht, dass es sie lediglich mit einem neugierigen Besucher zu tun haben.

Politische Proteste

Israel ist eine Demokratie, in der Demonstrationsfreiheit herrscht. Das gilt allerdings nicht für Bewohner der Gebiete des Westjordanlands, die unter israelischer Militärherrschaft stehen. Daher kommen gegen palästinensische Demonstranten und mit ihnen sympathisierende Israelis oft harte Maßnahmen wie Schlagstöcke, Tränengas, Blendgranaten und Gummigeschosse zum Einsatz. Und wer sich – selbst als neugieriger Beobachter – bei einer Protestkundgebung zeigt, ist plötzlich kein unschuldiger Außenstehender mehr, sondern befindet sich mitten in dem Konflikt.

Auch in Israel können Demonstrationen außer Kontrolle geraten. Das ist besonders dann der Fall, wenn in Orten wie dem Jerusalemer Viertel Me'a Sche'arim oder in Bet Schemesch ultraorthodoxe Juden mit der Polizei aneinandergeraten. Auch Zusammenstöße zwischen Linksaktivisten, die sich für die territoriale Einigung oder gegen die jüdische Siedlungspolitik einsetzen, und Mitgliedern rechtsextremer Gruppen können eskalieren.

Der Tempelberg (Al-Haram asch-Scharif) in der Jerusalemer Altstadt ist ein Ort, wo öfters Demonstrationen stattfinden. Zwar wird die heilige Stätte von einer muslimischen Tempelstiftung (Waqf) verwaltet, da aber die Israelis für die Sicherheit zuständig sind, wird muslimischen Männern unter 45 Jahren in unruhigen Zeiten der Zugang zur Anlage und zur Al-Aqsa-Moschee verwehrt. Dies wiederum ist dann häufig der Auslöser von Ausschreitungen im Muslimischen Viertel der Altstadt rund um das Damaskustor und in Ostjerusalem, vor allem freitags nach dem Mittagsgebet. Am besten meidet man diese Gegenden, wenn die politische Lage angespannt ist.

Um den Frieden aufrecht zu erhalten, verweigern die israelischen Behörden den Juden das Recht, auf dem Tempelgelände zu beten. Das wiederum verärgert die Ultranationalisten und führte in der Vergangenheit zu gewalttätigen Auseinandersetzungen zwischen Sicherheitskräften und Demonstranten.

Minenfelder

Einige Teile Israels und Palästinas – vor allem an der jordanischen Grenze und am Rand der Golanhöhen – sind noch immer übersät mit Tretminen. Glücklicherweise sind die bekannten verminten Gebiete auf topografischen Karten rosa eingezeichnet und mit Stacheldraht abgesperrt, an dem rote oder rostfarbene Warndreiecke und/oder gelb-rote Schilder mit der Aufschrift „Danger Mines!" (Vorsicht Minen) angebracht sind.

Dennoch: Beim Wandern niemals von den markierten Wanderwegen abweichen oder über bzw. durch einen Stacheldrahtzaun klettern! Im Jordantal und in der Arava-Senke waschen Sturmfluten manchmal alte Minen frei und spülen sie in Gegenden, die außerhalb der bekannten Minenfelder liegen. Also: Niemals, wirklich niemals etwas berühren, das eine alte Artilleriegranate, ein Sprengkopf oder eine Mine sein könnte!

Findet man sich dennoch inmitten eines verminten Geländes wieder, dann sollte man langsam in seinen eigenen Fußstapfen wieder zurückgehen – jedoch nur, wenn diese deutlich zu erkennen sind. Andernfalls stehenbleiben und Hilfe rufen! Sieht man einen Verletzten in einem Minenfeld, wäre es völlig falsch, hinzulaufen, um Hilfe zu leisten. Auch in diesen Fällen sollte man stattdessen Ortskundige oder professionelle Hilfe rufen.

Allgemeine Informationen

Aktivitäten

Archäologische Ausgrabungen

Websites zu archäologischen Ausgrabungen, an denen zahlende Freiwillige teilnehmen können:

Biblical Archaeology Society (digs.bib-arch.org/digs)

Hebrew University of Jerusalem (archaeology.huji.ac.il/news/excavations.asp)

Israelisches Außenministerium (www.mfa.gov.il) Suchbegriff „Archaeological Excavations!.

Radfahren

Besonders unter Hightech-Yuppies mit SUVs (ein nicht unbedingt unwahres Klischee) ist Mountainbiken in Israel seit ein paar Jahren enorm beliebt. Viele Radwege führen durch Wälder, die vom Jewish National Fund (www.kkl.org.il; Details unter „Cycling Routes") verwaltet werden. Die hebräischsprachigen Radwanderführer von Shvil Net (www.shvilnet.co.il) enthalten detaillierte topografische Karten.

Radrennen finden regelmäßig statt (z. B. am Toten Meer) und werden oft von der Israel Cycling Federation (www.israelcycling.org.il) gesponsert. Zu den alljährlichen Langstreckenwettbewerben zählen u. a. der Arava Institute & Hazon Israel Ride (www.hazon.org/israel-ride/arava-institute-hazon-israel

-ride) und der ALYN Hospital International Charity Bike Ride (www.alynride.org). Radlerverbände wie Israel Spokes (www.israelspokes.com) organisieren Gruppenausfahrten. Israelische Szeneforen wie Shvoong (www.shvoong.co.il), Groopy (http://groopy.co.il) oder Harim (www.harim.co.il) liefern super Infos zu Ausrüstung, Gemeinschaftstrips und örtlichen Fahrradclubs – allerdings nur auf Hebräisch.

Folgende Firmen und Anbieter organisieren Radtouren durch Israel:

Cyclenix (www.cyclenix.com)

EcoBike Cycling Vacations (www.ecobike.co.il)

Genesis Cycling (www.genesiscycling.com)

Israel Cycling Tours (www.israelcycling.com)

Israel Pedals (www.israelpedals.co.il)

SK Bike Tours (www.skbike.co.il)

Mit 120 km ausgewiesener Fahrradwege und -spuren hat Tel Aviv einen recht hohen Standard in Sachen Radeln in der Stadt. Auf S. 455 stehen Details zu Israelreisen per Drahtesel.

Bei Bike Palestine (www.bikepalestine.com) gibt's Infos zum (gemeinschaftlichen) Radeln im Westjordanland.

Sporttauchen

Im Roten Meer liegen ein paar der spektakulärsten und

artenreichsten Korallenriffe der Welt. In Eilat gibt's preiswerte Kurse und Pauschalangebote für Sporttaucher. Jenseits der Grenze im Sinai ist die Unterwasserwelt jedoch weitaus vielfältiger. Allerdings raten einige Länder dringend von jeglichen Trips in den Sinai ab und erachten lediglich Scharm El-Scheich (per Direktflug) als sicher. Das Mittelmeer ist nicht annähernd so farbenfroh. An Orten wie Caesarea kann man dort jedoch uralte versunkene Ruinen à la Atlantis erkunden.

Vogelbeobachtungen

Israels Mittelmeerküste, die Chula-Ebene und die Umgebung von Eilat zählen weltweit zu den besten Revieren für Vogelbeobachter (Details auf S. 432). Diese versammeln sich z. B. beim Hula Valley Bird Festival (www.hulabirdfestival.org) oder Eilat Bird Festival (www.eilatbirdsfestival.com).

Wandern & Trekken

Israels zahllose Landschaftsfacetten reichen von den Hochgebirgshängen des Hermon bis zu den ausgedörrten Wadis (Flussbetten) des Negev. Ein fast 10 000 km langes Netz markierter Wege sorgt dabei für hervorragende Wandermöglichkeiten. Mindestens ein halbes Jahr lang regnet es im Land kaum oder gar nicht. So können Israelis ihre Treks ohne Angst vor dem Nasswerden planen.

Und weil Wasser hier so kostbar ist, lieben sie nichts mehr, als an Sommertagen durch quellgespeiste Bäche im Schatten von dichter Vegetation zu waten. Wichtig: Auf jeder Wanderung braucht man unbedingt einen Sonnenhut und genügend Trinkwasser. Zudem sollte man den Tag so planen, dass man noch bei Tageslicht zurückkehrt.

Viele Nationalparks und Naturschutzgebiete (www. parks.org.il) geben englischsprachige Wanderkarten aus, wenn man den Eintritt bezahlt. Für andere Gegenden sind die topografischen Karten der Society for the Protection of Nature in Israel (SPNI) im Maßstab 1:50 000 die beste Wahl – auch, weil darauf die genauen Begrenzungen der Minenfelder und Schießplätze der israelischen Streitkräfte verzeichnet sind. Die Karten sind in Buchläden, SPNI Field Schools und in einigen Naturschutzgebieten erhältlich.

Als Israels größter Campinganbieter betreibt Lametayel die Website www.tiuli. com mit englischsprachigen Details zu Wandermöglichkeiten im ganzen Land (die hebräische Website ist viel ausführlicher). Die SPNI-Plattform Mokedteva (www.mokedteva.co.il) liefert aktuelle Infos (hebräisch) zu Wetter, Wanderrouten, Schwierigkeitsstufen, Wegsperrungen und Sonderveranstaltungen.

Beliebte Langstreckenrouten (von Nord nach Süd):

Israel National Trail (Shvil Yisra'el; www.israelnationaltrail. com) Verläuft zwischen dem Kibbuz Dan im Norden und Taba am Roten Meer durch Israels bevölkerungsärmste und schönste Gegenden (940 km; Markierungen in Orange, Blau und Weiß).

Sea-to-Sea Hike (Masa MiYam I'Yam; www.seatosea trail.com) Führt vom Mittelmeer (Achziv Beach) zum See Genezareth bei Ginnosar (über den Berg Meron und den Bach Amud; 70 km, 3–5 Tage).

Jesus Trail (www.jesustrail. com) Rund 65 km lange Route zwischen Verkündigungsbasilika (Nazareth) und Kapernaum (See Genezareth); passiert christliche, jüdische, muslimische, beduinische und drusische Gemeinden.

Gospel Trail (www.goisrael. com) Etwa 63 km lange Version des Jesus Trail, die den Berg des Abgrunds (Nazareth) mit Kapernaum verbindet. Wird von der israelischen Tourismusbehörde unterhalten und umgeht bebaute Gebiete.

Runde um den See Genezareth (Shvil Sovev Kineret, Kinneret Trail) Umrundet den See Genezareth; von den geplanten 60 km sind bereits 45 km angelegt und markiert (weiß-violett-weiß).

Nativity Trail Führt über 160 km von Nazareth nach Bethlehem und durchquert dabei hauptsächlich die schönsten Landschaften des nördlichen Westjordanlands; Details zum obligatorischen Guide liefern Hijazi Travel (http://hijazih. wordpress.com), Walk Palestine (www.walkpalestine.com) und Green Olive Tours (www.toursin english.com).

Abraham Path (Masar Ibrahim al-Khalil; www. masaribrahim.ps) Geplante Wanderroute durch den ganzen Nahen Osten, die aber wohl erst in vielen Jahren komplett begehbar sein wird; allerdings ist ein Abschnitt bereits eröffnet (Nablus–Hebron über Jericho).

Jerusalem Trail (www. jerusalemtrail.com) Rund 42 km lange Rundroute, die den Israel National Trail mit Jerusalem verbindet; schlängelt sich durch die Jerusalemer Hügel und um die Altstadt herum.

Aus Sicherheitsgründen ist es allgemein nicht ratsam, ohne ortskundige Begleitung durch das ländliche Westjordanland zu wandern. Örtliche Organisationen wie Walk Palestine (www.walkpalesti ne.com) vermitteln Guides und liefern aktuelle Infos zu als sicher geltenden Gebieten. Der Bereich von Jericho ist normalerweise eine gute

Wahl. Zusätzlich hilfreich sind die englischsprachigen Wanderführer *Walking Palestine* (Stefan Szepesi; www. walkingpalestine.org) und *Walking in Palestine* (Tony Howard, Di Taylor).

Windsurfen

Israels bislang einziges Olympiagold gewann der Windsurfer Gal Fridman 2004 in Athen. So überrascht es wenig, dass hier erstklassige Bedingungen für diesen Sport herrschen. Die beliebtesten Reviere sind die Mittelmeerküste, das Rote Meer und der See Genezareth.

Arbeiten in Israel

Früher konnten Traveller einfach in Tel Aviv auftauchen und lässige Aushilfsjobs in Bars oder Restaurants annehmen. Inzwischen ist die Auswahl da aber kleiner. Eine Möglichkeit besteht darin, vor Ort bei strandnahen Pensionen und Lokalen zu fragen.

Legales Arbeiten erfordert eine Genehmigung des Innenministeriums, die jedoch wie in Europa oder Nordamerika nur schwer zu bekommen ist – mit einer Ausnahme: Wer mindestens einen jüdischen Eltern- oder Großelternteil hat (Nachweis durch Dokumente erforderl.) und somit gemäß dem Rückkehrgesetz für ein Einwanderervisum (*oleh*) infrage kommt, erhält ein Arbeitsvisum recht problemlos.

Bei Lohnbetrug seitens eines Arbeitgebers kann man sich gratis von der **Kav LaOved Worker's Hotline** (☎ 03-688 3766; www. kavlaoved.org.il; 4. Stock, 75 Nachalat Binyamin St, Tel Aviv) beraten lassen. Die Website informiert über die Anwesenheitszeiten von englischsprachigen Mitarbeitern.

Botschaften & Konsulate

Offiziell ist Jerusalem die Hauptstadt Israels. Aufgrund

der internationalen Polit-wirren seit dem Jahr 1948 befinden sich die meisten diplomatischen Vertretungen jedoch in oder bei Tel Aviv. Ein paar Länder unterhalten auch Konsulate in Jerusalem, Haifa und/oder Eilat.

Diplomatische Ausland-vertretungen haben geöffnet von Montag bis Donnerstag oder Freitag am Vormittag geöffnet (z. T. auch nachmit-tags).

Ägypten (www.egyptembassy.net) Eilat (☏08-637 6882; 68 Afrouni St; ☉So–Do 9–11 Uhr); Tel Aviv (☏03-546 4151; 54 Basel St, 6274429; ☉So–Di 9–11 Uhr) In Eilat gibt man Reisepass, Visumantrag und ein Passfoto morgens ab; das Visum kann dann ca. ab 14 Uhr am selben Tag abgeholt werden. In Tel Aviv dauert's eventuell ein paar Tage.

Deutschland (☏03-693 1313; www.tel-aviv.diplo.de; 19. Stock, 3 Daniel Frisch St, 6473104 Tel Aviv)

Jordanien (☏03-751 7722; 10. Stock, 14 Abba Hillel St, 5250607 Ramat Gan) Wer ein Passfoto mitbringt, kann sein Visum für Jordanien morgens be-antragen und dann ab ca. 14 Uhr am selben Tag abholen. Die Busse nach Petach Tikva (z. B. Dan-Bus 66) verbinden Ramat Gan mit dem benachbarten Tel Aviv.

Österreich (☏03-612 0924; tel-aviv-ob@bmeia.gv.at ; 4. Stock, Sason Hogi Tower, 12 Abba Hillel St, 5250606 Ramat Gan)

Schweiz (☏03-546 4455; www.eda.admin.ch/telaviv; 228 Hayarkon St, 6340524 Tel Aviv)

Ermäßigungen

Mit einem Internationalen Ju-gendherbergsausweis gibt's Rabatt in offiziellen Hostels von HI (Hostelling Internatio-nal). Der Internationale Stu-dentenausweis (International Student Identity Card; ISIC) bringt längst nicht mehr so viele Ermäßigungen wie einst – u. a. nicht mehr bei öffentlichen Verkehrsmitteln.

Manche Museen und Sehenswürdigkeit gewäh-ren Rabatte für Senioren bzw. „ältere Bürger". Diese müssen aber eventuell nach-weisen, dass sie nicht nur „älter", sondern auch „Bür-ger" sind.

Wer viele Nationalparks und historische Stätten unter Verwaltung der israelischen Natur- & Parkschutzbehör-de (Israel Nature & Parks Authority; www.parks.org.il) besuchen möchte, spart ordentlich Bares mit einer sogenannten Green Card. Damit können 14 Tage lang entweder alle INPA-Stätten (150 NIS) oder insgesamt sechs Parks (110 NIS) be-sucht werden. Durch die Mitgliedschaft in der Israel Society for the Protection of Nature in Israel (www. natureisrael.org) erhält man Ermäßigungen bei Unter-künften der Field Schools und Ausflügen.

Essen

Zwei nützliche Websites, die Tausende Restaurants, Cafés und Bars in ganz Israel auflisten:

➜ www.restaurants-in-israel.co.il

➜ www.restaurants.co.il

Frauen unterwegs

In Israel und Palästina können sich Frauen im All-gemeinen so wohl bzw. sicher fühlen wie in allen westlichen Ländern. Doch auch hier ist es stets wichtig, den gesunden Menschen-

verstand einzusetzen und die üblichen Risiken zu ver-meiden (z. B. Trampen oder Wandern ohne Begleitung, Aufenthalte an dunklen und/oder menschenleeren Or-ten). An manchen Stränden erhalten Ausländerinnen eventuell unerwünschte Aufmerksamkeit.

Bitte bei der Tagesplanung die lokalen Kleiderregeln beachten: Eng anliegende, aufreizende Klamotten sind in urbanen Zentren (z. B. Tel Aviv) die Norm. In konserva-tiver geprägten Teilen Israels oder des Westjordanlands ruft frau damit aber Unbeha-gen bei den Einheimischen hervor – in den Stadtvierteln von ultraorthodoxen Juden (z. B. Me'a Sche'arim in Jeru-salem) oder strenggläubigen Muslimen wahrscheinlich sogar offene Feindseligkeit. Konservativere Ecken und religiöse Stätten (egal ob jüdisch, muslimisch, christ-lich, drusisch oder Bahai) besuchen Frauen daher am besten immer mit bedeckten Knien und Schultern. In mus-limischen und christlichen Gegenden sind auch lange Hosen o. k. Manche jüdische Viertel und alle heiligen Stät-ten des Judentums können jedoch nur mit einem langen Rock besucht werden.

Es ist ratsam, immer ein Kopftuch oder einen großen Schal mitzuführen: Beim Besuch von heiligen Stätten der Muslime (Tempelberg, Moscheen, Gräber) können Frauen damit wie erforderlich Kopf und Schultern bede-cken. Zudem erweist sich so ein Accessoire als nützlich, falls das Aufsichtspersonal religiöser Stätten eine andere Vorstellung von angemesse-

RESTAURANTPREISE

Die folgenden Angaben gelten jeweils für ein normales Haupt-gericht.

KATEGORIE	ISRAEL	PALÄSTINA
Günstig ($)	bis 35 NIS	bis 35 NIS
Mittelteuer ($$)	35–70 NIS	35–55 NIS
Teuer ($$$)	ab 70 NIS	ab 55 NIS

ALLGEMEINE INFORMATIONEN ERMÄSSIGUNGEN

ner Kleidung haben sollte als frau selbst.

In Bussen und *sheruts* fühlen sich ultraorthodoxe jüdische Männer eventuell unwohl, wenn Frauen neben ihnen sitzen. Je nach Perspektive ist das dann entweder deren eigenes Problem oder eine lokale Gegebenheit, die respektiert werden sollte.

Freiwilligenarbeit

Die Region bietet zahlreiche Möglichkeiten für Freiwillige: Auf israelischem Boden kann man z. B. bei Ausgrabungen mitmachen, in ILH-Hostels arbeiten oder an Umweltschutzprojekten teilnehmen. Ehrenamtliche Tätigkeiten in den Palästinensischen Gebieten unterstützen oft die vielen Nichtregierungsorganisationen, die den Alltag der hiesigen Einheimischen verbessern sollen. Online-Verzeichnisse mit Links zu diversen regionalen Freiwilligenorganisationen führen u. a. Israel Hostels (www.hostels-israel.com/volunteer-in-a-hostel), Medical Aid for Palestinians (www.map-uk.org) und der National Council for Volunteering in Israel (www.ivolunteer.org.il).

Wer zwischen 18 und 35 Jahre alt ist, kann sich außerdem in einem traditionellen israelischen Kibbuz (S. 352) engagieren. Bei einem zwei- bis sechsmonatigen Aufenthalt in einer solchen Landwirtschaftskommune taucht man durch aktive Mithilfe (z. B. Gartenarbeit, Geschirrspülen, Kühemelken) komplett in den dortigen Alltag ein. Unterkunft und Essen werden gestellt; manchmal wird auch noch ein geringer Wochenlohn gezahlt. Details liefert die offizielle Gemeinschaftswebsite der Kibbuzim (www.kibbutz.org.il/eng). Unter www.kibbutzvolunteer.com schildert ein Brite seine persönlichen Erfahrungen im Kibbuz.

Gefahren & Ärgernisse

In dieser Region ist Diebstahl genauso ein Problem wie überall sonst auf der Welt. Somit empfehlen sich die üblichen Vorsichtsmaßnahmen: Niemals Wertsachen im Fahrzeug oder Hotelzimmer zurücklassen! Bargeld und wichtige Dokumente gehören stets in einen Geldgürtel bzw. Brustbeutel. Hostelgäste deponieren ihre wertvollsten Besitztümer und Dokumente am besten im Tresor an der Rezeption. In Fernbussen kann man große Taschen recht bedenkenlos im Gepäckraum verstauen, sollte aber alle Wertsachen immer direkt mit an Bord nehmen. Belebte Touristenzonen und Märkte sind beliebte Jagdreviere von Taschendieben – daher dort immer besonders die Augen offen halten! Aufgrund des grassierenden Fahrradklaus ist es höchst ratsam, ein stabiles Ketten- oder Bügelschloss (keine Kabelkonstruktion!) zu verwenden und seine Bikes niemals über Nacht draußen stehen zu lassen.

Geld

Bargeld

Offizielle Landeswährung ist der Neue Israelische Schekel (New Israeli Schekel; NIS od. ILS), kurz Schekel (Plural *shekelim*) genannt.

Ein Schekel besteht aus 100 Agorot (Singular Agora). Münzen gibt's zu 10 und 50 Agorot (Prägung ½ Schekel) sowie zu 1, 2 und 5 NIS. Banknoten haben einen Wert von 10, 20, 50, 100 oder 200 NIS.

Wer als ausländischer Tourist für mindestens 400 NIS bei bestimmten israelischen Geschäften einkauft, kann sich die Mehrwertsteuer erstatten lassen (auf den Hinweis *tax refund for tourists* bzw. „Steuererstattung für Touristen" im Schaufenster achten!). Hierzu sind die er-

worbenen Artikel zusammen mit einer Rückerstattungsbescheinigung und dem originalen Kaufbeleg (dieser allein reicht nicht aus!) in einen teilweise durchsichtigen sowie versiegelbaren Plastikbeutel zu stecken. Das Ganze legt man dann bei der Ausreise auf dem Land- oder Luftweg den Beamten vor. Vom Rückerstattungsbetrag werden noch bis zu 15 % Bearbeitungsgebühr abgezogen. Am Flughafen Ben Gurion befindet sich der zuständige Schalter in der Abflughalle. Wichtig: Die Steuerbeamten müssen alle Käufe in Augenschein nehmen! Daher alle Formalitäten für die Rückerstattung unbedingt vor dem Durchqueren der Sicherheitskontrolle erledigen!

Palästina hat keine eigene Währung. Dort werden israelische Schekel oder in geringerem Maß auch der US-Dollar und der Jordanische Dinar verwendet.

Geld umtauschen

Israelische Banken verlangen hohe Bearbeitungsgebühren. Die besten Konditionen bieten normalerweise Postfilialen und eigenständige Wechselstuben, die jeweils keine Gebühren erheben.

Geldautomaten

Israels zahlreiche Geldautomaten akzeptieren neben Visa und MasterCard nun zunehmend auch Karten von Amex oder Diners Club. An den meisten Geräten in Israel und im Westjordanland lässt sich Bares sehr oft (aber nicht immer!) per Visa- oder MasterCard abheben.

Wichtig: Der jeweilige Kartenaussteller sollte unbedingt rechtzeitig vor der Auslandsreise in Kenntnis gesetzt werden, damit das Konto nicht wegen Betrugsverdachts gesperrt wird!

Reiseschecks & Geldanweisungen

Reiseschecks spielen heute fast keine Rolle mehr. Dennoch lassen sie sich weiterhin z. B. bei den meisten Banken einlösen. Da dort aber pro Scheck eine Bearbeitungsgebühr von bis zu 20 NIS anfällt, sind gebührenfreie Wechselstuben oder Postfilialen mit Umtauschservice eine bessere Wahl.

Postfilialen ermöglichen zudem internationale Geldanweisungen über Western Union.

Trinkgelder

Bis vor Kurzem waren Trinkgelder in Israel kein Thema. Heutzutage erwarten hiesige Kellner jedoch eine Zuwendung von mindestens 10 bis 15 % (in bar, nicht per Kreditkarte!), die zumeist in eine Gemeinschaftskasse kommt und mit dem Küchenpersonal geteilt wird. Der Prozentsatz hängt dabei vom gebotenen Service und von der Exklusivität des jeweiligen Restaurants ab (Faustregel: je teurer das Lokal, desto höher). Servicegebühren werden allgemein nur bei Gästegruppen in die Rechnung integriert und sind ansonsten fast nie im Endbetrag enthalten – im Zweifelsfall daher einfach nachfragen! Außer in Touristenzonen sind Trinkgelder in den Palästinensischen Gebieten nicht üblich. Insofern freuen sich dortige Restaurantkellner sehr über jede spendierte Summe.

In Hotels ist es angebracht, pro Übernachtung zwischen 10 und 20 NIS für das Zimmerpersonal zu hinterlegen.

Israelische wie palästinensische Taxifahrer rechnen nicht mit Trinkgeld.

Internetzugang

WLAN-Hotspots gibt's in ganz Israel – z. B. in fast allen Cafés, vielen Restaurants und zahlreichen Fernbussen bzw. -zügen (allerdings dort recht langsam). Auch in Palästina kommt man mancherorts ohne Kabel ins Netz. Dutzende öffentlicher Freiflä-

chen und Einrichtungen in Tel Aviv offerieren kommunales Gratis-WLAN. HI-Hostels sowie einige schicke Hotels verlangen Gebühren für die Benutzung von WLAN und internetfähigen Computern. Gäste von ILH-Hostels, B&Bs und Mittelklassehotels müssen für den Drahtloszugang normalerweise nichts bezahlen.

Karten & Stadtpläne

Wenn Touristeninformationen Karten und Stadtpläne ausgeben, sind diese meist recht rudimentär. Die Firma Mapa (www.mapa.co.il/maps) mit Sitz in Tel Aviv produziert spitzenmäßige Straßenkarten zu Israel und den Palästinensischen Gebieten, die in allen Buchläden verkauft werden. Die Mapa-Website umfasst eine detaillierte hebräischsprachige Israelkarte. Die Datenbanken von Google Maps und GPS-basierten Navigationsgeräten sind hier nicht so umfangreich wie in westlichen Ländern.

Die Israelische Naturschutzgesellschaft (Society for the Protection of Nature in Israel; www.natureisrael.org) alias HaChevra l'Haganat HaTeva auf Hebräisch gibt für Wanderer eine 20-teilige Reihe von topografischen, aber rein hebräischsprachigen Wegekarten (*mapot simun shvilim*) im Maßstab 1:50 000 heraus. Darauf sind nicht nur

Naturschutzgebiete (grün markiert, jeweiliger Name in Violett) und alle ausgeschilderten Wanderrouten vermerkt: Die Karten umfassen auch aktive Übungsschießplätze (*shitchei esh*; rosa markiert) und alte Minenfelder (*sdot mokshim*; rosa markiert mit Rand aus roten Dreiecken) der Israelischen Verteidigungsstreitkräfte (Israel Defense Forces; IDF). Die Karten sind bei Buchläden oder für 87 NIS direkt bei der SPNI (z. B. bei den Field Schools) erhältlich. Wasserfeste Varianten kosten eventuell etwas mehr.

Maße & Gewichte

Israel, der Gazastreifen und das Westjordanland verwenden das metrische System.

Öffnungszeiten

Allgemeine Öffnungs- und Geschäftszeiten in Israel:

Banken Generell Mo–Do von 8.30 bis irgendwann zwischen 12.30 und 14 Uhr, zudem an ein paar Nachmittagen pro Woche (15 od. 16 bis z. T. 18.30 Uhr) sowie oft auch sonntags und mitunter am Freitagvormittag.

Bars & Kneipen Stark variierend, doch oft (vor allem in Tel Aviv) bis zum frühen Morgen; ausgegangen wird vor allem am Donnerstag- und Freitagabend.

Einkaufszentren Allgemein So–Do 9.30 od. 10–21.30 od. 22 Uhr, Fr und am Vortag jüdischer Feiertage bis 14 od. 15 Uhr.

GEPÄCKAUFBEWAHRUNG

Aus Sicherheitsgründen gibt's in Israel nur sehr wenige Möglichkeiten zur Gepäckaufbewahrung. Dennoch findet man inzwischen Schließfächer (*lokerim*) an den zentralen Busbahnhöfen von Jerusalem, Tel Aviv, Be'er Scheva und Hof HaCarmel (Haifa). Im Kerem-Parkhaus des Ben-Gurion-Flughafens können Gepäckstücke kurzzeitig bei einem Servicebüro (geöffnet So–Do 8–21.45, Fr 8–14.45 Uhr) abgegeben werden. Ansonsten bleibt einem aber nicht viel mehr übrig, als seine Sachen mit ins Hotel zu nehmen.

ALLGEMEINE INFORMATIONEN INTERNETZUGANG

DER SABBAT

Der Sabbat (hebr. *shabbat*) beginnt freitags 18 Minuten (in Jerusalem 36 Min.) vor Sonnenuntergang und endet samstags eine Stunde nach Sonnenuntergang – theoretisch bzw. nach jüdischem Religionsgesetz (Halacha), wenn drei Sterne am Himmel zu erkennen sind. In den meisten strenggläubigen Gegenden (u. a. im Großteil Jerusalems) wird der Sabbatanfang per Sirenenton angekündigt.

Die Halacha verbietet jegliche Geschäftätigkeit am Sabbat. In größtenteils jüdischen Gebieten wie Westjerusalem oder Tel Aviv dürfen Restaurants, Unterhaltungseinrichtungen (u. a. Theater. Kinos, Diskos, Bars), Museen und kleine Lebensmittelgeschäfte dank „existenzsichernder" Vereinbarungen am Sabbat öffnen. Für Einzelhändler und große Supermärkte gilt dies allerdings nicht.

In Kibbuzim (z. B. Shefayim) und in Teilen von Tel Aviv (z. B. Namal, Hafenbereich) sind manche Läden und Boutiquen dennoch am Sabbat geöffnet: Diese setzen dann nichthebräisches Personal ein, um Geldstrafen des Arbeits- und Sozialministeriums zu umgehen. Dieses schickt übrigens selbst nur nichthebräische Kontrolleure (normalerweise Drusen) los, um Sabbatarbeit für Hebräer zu vermeiden!

Generell sind Israels öffentliche Verkehrsmittel am Sabbat außer Betrieb. Die Ausnahme bilden u. a. bestimmte Buslinien im religiös gemischten Haifa, die seit der britischen Mandatszeit an allen sieben Wochentagen fahren. Ebenso unterwegs sind manche Fernbusse (z. B. nach Eilat) und Buslinien, die größtenteils nichtjüdische Städte bedienen. Viele Taxis (normale und Ferntaxis) verkehren ebenfalls am Sabbat.

In vorwiegend muslimischen Gebieten (Ostjerusalem, Alt-Akkon, Westjordanland, Gazastreifen, Teile von Jaffa) sind viele Geschäfte freitags zu, aber samstags geöffnet. Läden in hauptsächlich christlichen Gebieten (z. B. Nazareth, Bethlehem, Wadi Nisnas in Haifa, armenische und christliche Viertel in Jerusalems Altstadt) haben normalerweise sonntags geschlossen.

Nationalparks, Naturschutzgebiete und die meisten Museen empfangen Besucher die ganze Woche über, schließen aber am Freitagnachmittag eine gewisse Zeit früher (1–2 Std.). Manche christliche Stätten sind am Sonntagmorgen zu, Moscheen oft freitags.

Geldautomaten Zumeist ganzwöchig und rund um die Uhr (in jüdisch-orthodoxen Gebieten eventuell am Sabbat außer Betrieb).

Läden & Geschäfte Meist So–Do 9–18 Uhr od. länger, Fr und am Vortag jüdischer Feiertage bis 14 od. 15 Uhr.

Nachtclubs & Diskos Die trendigsten Tanztempel öffnen erst um Mitternacht und schließen etwa zu Sonnenaufgang – in Tel Aviv und Eilat meist an allen sieben Wochentagen, in Haifa und Jerusalem dagegen nur am Wochenende (z. B. Do & Sa abends).

Postfilialen Allgemein So–Do 8–12.30 od. 13 Uhr, oft auch 15.30–18 Uhr an bestimmten Tagen sowie Fr 8–12 Uhr. Viele große Filialen machen keine Mittagspause. Während Passah, Sukkot und der Zeit von Juli bis August sind die Öffnungszeiten mitunter kürzer.

Restaurants Stark variierend; manche Lokale (u. a. Hummus-Läden) machen spätnachmittags dicht, andere servieren warmes Essen bis weit nach Mitternacht. Ein paar gehobene Adressen sind zwischen Mittag- und Abendessen geschlossen. Die meisten koscheren Restaurants haben am Sabbat (Fr abends & Sa) sowie an jüdischen Feiertagen geschlossen. Während des Ramadan gilt dies tagsüber auch für fast alle Optionen in muslimischen Gebieten (außer für Hotelrestaurants).

Post

Mit der israelischen Post (www.israelpost.co.il) verschickte Postkarten oder Briefe erreichen europäische Empfänger nach höchstens sieben bis zehn Tagen; Pakete brauchen sehr viel länger. Aus Europa kommende Sendungen sind nach drei bis vier Tagen in Israel. Innerisraelische Briefe bis zu 50 g Gewicht kosten 2 NIS. Briefe und Postkarten gehen für 3,80 NIS auf den Weg nach Europa.

Für Expresssendungen empfehlen sich Kurierdienste wie DHL (www.dhl.co.il) oder UPS (www.ups.com); Der Express-Mail-Service (EMS) der israelischen Post ist günstiger, aber langsamer und weniger zuverlässig.

Rechtsfragen

Landesweit ist das Rauchen in allen geschlossenen öffentlichen Räumen verboten. Qualmsünder (oder Restaurant- bzw. Unterkunftsbetreiber, die diese tolerieren) müssen mit sofort zu entrichtenden Bußgeldern rechnen.

Trotz offizieller Toleranzpolitik hat die israelische

Polizei schon öfter Verhaftungen wegen des Besitzes geringer Drogenmengen vorgenommen.

Im Gegensatz zu israelischen Staatsbürgern dürfen ausländische Besucher nicht missionarisch tätig werden: Religion ist ein sehr sensibles Thema. Ein leidenschaftliches Verbreiten jeglicher „froher Botschaft" kann daher zu Ärger mit Einheimischen und der Polizei führen.

Die palästinensische Polizei im Westjordanland darf Touristen dort nicht verhaften, aber bis zum Eintreffen israelischer Sicherheitskräfte festhalten.

Bei einer Verhaftung kann die eigene Botschaft während des Ermittlungs- und Gerichtsverfahrens nur den Besuch eines niedrigrangigen Diplomaten arrangieren.

Reisen mit Behinderung

Die Barrierefreiheit öffentlicher Einrichtungen in Israel erreicht inzwischen das westeuropäische und nordamerikanische Niveau: Fast alle Hotels und HI-Hostels müssen nun über mindestens zwei behinderten- bzw. rollstuhlgerechte Zimmer verfügen. Auch viele Touristenattraktionen (z. B. Museen, Strände, archäologische Stätten) sind auf Besucher mit Handicap eingerichtet. In diversen Naturschutzgebieten nimmt die Anzahl rollstuhlgerechter Wege jedes Jahr zu (Details unter www.parks.org.il und www.kkl.org.il). Zudem sind Bordsteine in Israel häufig abgesenkt. Bei Lokalen verhält sich die Sache dagegen unterschiedlich: Nur wenige haben wirklich behindertengerechte Toiletten.

Die Website von Access Israel (www.aisrael.org) liefert Details zur Barrierefreiheit vor Ort. Die **Yad Sarah Organisation** (02-644 4444; www.yadsarah.org; 124 Herzl Blvd, Jerusalem) verleiht gratis Rollstühle, Krücken und anderes (gegen Kaution).

In Palästina sind behindertengerechte Einrichtungen rar. Zudem wird das Vorankommen dort durch Straßenkontrollposten der israelischen Armee erschwert, die normalerweise zu Fuß durchschritten werden müssen. Teilweise sind auch Sperrelemente zu überqueren oder zu umrunden. Gute allgemeine Informationen zum Reisen mit Behinderung gibt's u. a. bei **Mobility International Schweiz** (062 212 67 40; www.mis-ch.ch), **MyHandicap Deutschland** (www.myhandicap.de), **MyHandicap Schweiz** (www.myhandicap.ch) oder der **Nationalen Koordinierungsstelle Tourismus für Alle e. V.** (Natko; www.natko.de).

Schwule & Lesben

Israel hat eine sehr lebendige Schwulen- und Lesbenszene. Homosexualität ist hier völlig legal. Das Gesetz ermöglicht zwar keine gleichgeschlechtlichen Ehen, erkennt diese aber an, wenn sie im Ausland geschlossen wurden.

Die Leser von GayCities (www.gaycities.com) wählten Tel Aviv bei einer weltweiten Umfrage zur „Besten Stadt 2011" – dort gibt's Szenetreffs, Regenbogenfahnen und jährlich eine riesige Gay-Pride-Parade. Die homosexuellen Gemeinden von Haifa und Jerusalem sind kleiner. Die Szene des schwulenfreundlichen Eilat besteht vor allem aus israelischen Touristen. Die meisten heimischen Organisationen mit Hilfe, Infos, Kontaktdaten und Veranstaltungsdetails findet man in Tel Aviv oder Jerusalem.

Orthodoxe Juden und Muslime sowie fast alle christlichen Kirchen sind kompromisslos schwulenfeindlich eingestellt. Somit ist in religiös geprägten Vierteln stets Vorsicht angebracht.

In Palästina muss sich die Szene verstecken: Hunderte homosexueller Palästinenser sind inzwischen nach Israel geflüchtet, da sie befürchteten, von den eigenen Familien umgebracht zu werden. Folgende Websites helfen, die Zwangslage schwuler und lesbischer Palästinenser zu verstehen:

➜ www.globalgayz.com/middle-east/palestine

➜ www.aswatgroup.org/en

Strom

220 V/50 Hz

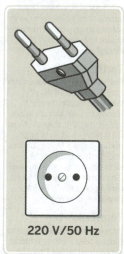

220 V/50 Hz

Telefon

Handys

Ausländische Handys bzw. Smartphones der Frequenzbereiche 900 und 1800 Mhz funktionieren in Israel, können aber unbezahlbar hohe Roaming-Kosten verursachen. Doch seit der Privatisierung des örtlichen Marktes (2011) gibt's hier zum Glück diverse Mobilfunkanbieter, die Prepaid-SIM-Karten und günstige Monatsverträge mit verschiedenen Datenpaketen offerieren. Hierzu zählen etablierte Unternehmen wie Orange (www.orange.co.il), Pelefone (www.pelephone.co.il) und Cellcom (www.cellcom.co.il), aber auch Newcomer wie Hot Mobile (www.hotmobile.co.il) oder Golan Telecom (www.golantelecom.co.il). Mehrere Firmen verkaufen israelische SIM-Karten online in alle Welt.

Einheimische Handynummern beginnen stets mit 📞05 und einer dritten Ziffer. Bei Handytelefonaten ins Festnetz ist immer zuerst die Ortsvorwahl einzugeben.

Achtung: In Grenznähe (vor allem zu Jordanien) wechseln Handys eventuell automatisch zu einem ausländischen Netz! Wer dann kein teures Roaming bezahlen möchte, sollte sein Gerät schnellstens wieder manuell in einem israelischen Netz einloggen.

Tarife

Festnetztelefonate innerhalb Israels sind recht günstig. Wer vom Festnetz oder Handy aus ein Mobiltelefon anruft, bezahlt aber eventuell 0,80 NIS pro Minute oder mehr (je nach Netzbetreiber und Tarifgestaltung). Vorsicht bei der Benutzung von Zimmeranschlüssen: Hotels verlangen dafür oft exorbitante Gebühren!

Telefonkarten

Israelische Postfilialen, Lotto-Kioske oder Zeitungsstände verkaufen diverse Prepaid-Telefonkarten für In- und Auslandsgespräche.

Vorwahlen

Israels Ländercode lautet 📞972. Palästina verwendet 📞972 und 📞970. Um aus dem Ausland nach Israel zu telefonieren, wählt man zuerst 📞00. Dann folgen der Ländercode Israels bzw. Palästinas, die Orts- bzw. Handyvorwahl (jeweils ohne Null am Anfang) und die eigentliche Anschlussnummer.

Mehrere konkurrierende Firmen bieten eigene dreistellige Zugangscodes für direkte und bemerkenswert günstige Auslandsgespräche ab Israel an (z. T. für nur 0,05 NIS/Min.). Manchmal muss hierfür ein separater Vertrag abgeschlossen werden, während die Abrechnung in anderen Fällen über die normale Handyrechnung erfolgt. Zu den Anbietern zählen z. B. 012 Smile (www.012.net), Netvision (http://netvision.cellcom.co.il), Bezeq International (www.bezeqint.net), Golan Telecom (www.golantelecom.co.il) und Hot Mobile (www.hotmobile.co.il).

Touristeninformation

Fast alle größeren Städte Israels haben eine Touristeninformation, die Karten und Broschüren verteilt. Mancherorts werden auch geführte Stadtspaziergänge organisiert. In Bethlehem befindet sich die einzige Touristeninformation Palästinas.

Beispiele für hilfreiche Websites:

➜ **www.goisrael.com** (Plattform des israelischen Tourismusministeriums)

➜ **www.igoogledisrael.com** (Tipps zum Reisen und Leben in Israel)

➜ **www.parks.org.il** (Homepage der israelischen Naturschutz- und Parkbehörde)

➜ **www.sirajcenter.org** (NRO, die den interkulturellen und kommunalen Tourismus in Palästina fördert)

➜ **www.travelpalestine.ps** (Online-Präsenz des palästinensischen Ministeriums für Tourismus und Altertümer)

➜ **www.travelujah.com** (Umfassende Infos für christliche Reisende)

➜ **www.visitpalestine.ps** (Super Reisewebsite, die von Ramallah aus betrieben wird)

Unterkunft

Israel und Palästina haben Unterkünfte für jeden Geldbeutel und jede Art des Reisens. In Israel liegen die Preise (wenn auch nicht immer die Standards) etwa auf westlichem Niveau. Das Westjordanland ist ein gutes Stück günstiger, wobei sich viele der besten Optionen auf Ramallah und Bethlehem konzentrieren.

ISRAEL

Israelische Unterkunftspreise hängen stark von Wochentag und Saison ab.

Allgemein gelten „Werktagstarife" von Samstag- oder Sonntagabend bis Mittwoch- oder Donnerstagabend.

Wochenendtarife bezahlt man freitags (wenn viele Israelis nicht arbeiten), z. T. schon donnerstags und/oder auch am Samstagabend.

Im Großteil des Landes werden von Juli bis August Hauptsaisonpreise verlangt. Ausnahmen hierzu bilden extrem heiße Ecken wie das Tote Meer oder die Ufer des Sees Genezareth.

Jüdische Feiertage bzw. Feste wie Rosch Ha-Schanah (Neujahr), Schawuot (Wochenfest), Passah oder Sukkot (jeweils eine Woche) lassen die Tarife am heftigsten steigen. Dies gilt vor allem für beliebte Urlaubsgebiete (z. B. Galiläa, Eilat, Golanhöhen) – dann unbedingt rechtzeitig reservieren!

Alle aufgeführten Preise in Schekel enthalten 18 % Mehrwertsteuer, die ausländische Touristen aber nicht bezahlen müssen. Wer kein israelischer Staatsbürger ist, bekommt daher bei den meisten Bleiben (Ausnahme: manche B&Bs) kräftige Rabatte auf die ausgeschriebenen Standard-Schekeltarife. Preisangaben in US-Dollar und auf Websites für Hotelbuchungen verstehen sich stets ohne Mehrwertsteuer.

PALÄSTINA

Hier bleiben die Zimmerpreise ganzjährig recht konstant. Die Ausnahme ist Bethlehem, wo man rund um Weihnachten und Ostern mehr hinblättert. Diese Spitzenzeiten bedingen zudem rechtzeitige Reservierung.

B&Bs (Tzimmerim)

Die häufigste Unterkunftsform im oberen Galiläa und auf den Golanhöhen ist das sogenannte *tzimmer* (alias Zimmer). Niemand weiß genau, warum dieses ursprünglich deutsche Wort in Israel für eine idyllisch gelegene Hütte draußen auf dem Land steht – eventuell ist der Begriff von den „Zimmer frei"-Schildern vieler deutscher Pensionen inspiriert. Die meisten Tzimmerim fallen in den obere Mittelklasse- oder Spitzenklassebereich. Hinweis: Spätabends kann mitunter nicht eingecheckt werden!

Vermietet werden zumeist rustikale Zimmer bzw. Hütten mit lackiertem Kieferdekor, Satellitenfernsehen und Kochnische. Luxuriösere Varianten haben zusätzlich eigene Whirlpools. Mancherorts gibt's ein tolles Frühstück, während anderswo von Selbstversorgung ausgegangen wird.

Um ein passendes *tzimmer* zu finden, kann man auch nach entsprechenden Schildern an der Straße ausspähen oder folgende Websites besuchen:

➜ www.zimmeril.com

➜ www.israel-tours-hotel.com

➜ www.weekend.co.il (hebräisch)

➜ www.zimmer.co.il (hebräisch)

Camping

Durch Übernachtung im Zelt (oder zumindest im Schlafsack) können Traveller mit kleinem Geldbeutel prima viel Bares sparen.

In Naturschutzgebieten ist Camping verboten. Allerdings unterhalten diverse staatliche und private Träger landesweit rund 100 günstige Campingplätze (www.campingil.org.il). Die israelische **Naturschutz- & Parkbehörde** (Israel Nature & Parks Authority; ☎1222 3639; www.parks.org.il) betreibt 22 davon direkt am Rand von Naturschutzgebieten. Die Ausstattung umfasst z. T. Toiletten, Duschen, Grillstellen, eine Platzbeleuchtung und (Sonnen-)Schutzdächer für Gäste ohne Zelt. Auf Hebräisch fragt man einfach nach einem *chenyon laila* oder einem *orchan laila*.

Besonders beliebt bei Campern sind die Ufer des Sees Genezareth. Dort gibt's einige erschlossene Strände mit Toiletten, anständigen Duschen und Sicherheitsvorkehrungen. Manche davon erheben eine Zugangsgebühr pro Person. Anderswo ist nur pro Auto zu bezahlen, während Gäste ohne Auto gratis übernachten.

Achtung: Wegen der allgemeinen Sicherheitslage wird vom Camping im Westjordanland dringend abgeraten! Der Gazastreifen ist für jegliche Touristen momentan komplett gesperrt.

Hostels & Field Schools

Landesweit gehören ca. drei Dutzend eigenständiger Jugendherbergen

bzw. Gästehäuser zu Israel Hostels (www.hostels-israel.com). Diese Bleiben vermieten neben Schlafsaalbetten (100 NIS/Pers.) auch Doppelzimmer mit gutem Preis-Leistungs-Verhältnis. Zudem eignen sie sich allgemein am besten, um andere Traveller zu treffen.

Seit den Tagen spartanischer Schlafsäle und Gemeinschaftsduschen mit Zeitschaltuhr haben sich Israels 19 offizielle HI-Hostels bzw. -Gästehäuser stark verbessert: Heute empfangen sie Traveller mit üppigem Frühstück und blitzsauberen Zimmern im Einheits-Look (ideal für Familien). Details liefert die Website des israelischen Jugendherbergsverbands (Israel Youth Hostels Association; http://ger.iyha.org.il/).

Die **Israelische Naturschutzgesellschaft** (Society for the Protection of Nature in Israel, SPNI; ☎057 200 3030; www.natureisrael.org) betreibt neun sogenannte Field Schools (Naturschutzschulen; hebräisch *beit sefer sadeh*) in ökologisch bedeutsamen Regionen. Diese einfachen, aber zweckmäßigen Unterkünfte sind bei Familien und Schülergruppen sehr beliebt. Vor allem während der Schulferien sollten Interessenten daher unbedingt rechtzeitig reservieren!

In Jerusalem leiten religiöse Organisationen einige Pilgerherbergen, die hauptsächlich (aber nicht ausschließlich) auf gläubige Reisende abzielen. Erwartungsgemäß herrscht dort nicht die Partystimmung mancher eigenständiger Hostels. Allerdings ist dies eine anständige und sichere Option in der Altstadt. Blei-

---

UNTERKÜNFTE ONLINE BUCHEN

Weitere Unterkunftsbewertungen von Lonely Planet Autoren gibt's unter www.lonelyplanet.com/hotels. Dort findet man unabhängig recherchierte Infos und Empfehlungen zu den besten Adressen. Zudem kann online gebucht werden.

ALLGEMEINE INFORMATIONEN UNTERKUNFT

ben für Pilger gibt's auch in Nazareth und Bethlehem sowie im Umkreis des Sees Genezareth.

Hotels

Israels Hotels und Pensionen gehören größtenteils zu Ketten. Die Palette reicht dabei von grauenhaft bis großartig. Allgemein kosten Hotelzimmer in Tel Aviv, Jerusalem und Eilat am meisten.

Hiesige Hotels sind für ihre opulenten Frühstücksbüfetts berühmt. Die meisten Hotelrestaurants servieren nur koschere Küche, haben aber am Sabbat und an jüdischen Feiertagen geöffnet.

Im Westjordanland konzentrieren sich die meisten Touristenhotels auf Ramallah und Bethlehem. Dennoch gibt's dort auch noch anderswo ein paar recht ordentliche Adressen. Für Reservierungen empfiehlt sich die Website www.palestinehotels.com.

Die zahlreichen Gästehäuser bzw. Pensionen des Westjordanlands sind eine preiswerte Alternative zu Hotels oder Hostels. Vor allem Bethlehem wartet diesbezüglich mit ein paar attraktiven und stimmungsvollen Optionen auf. Eine weitere Möglichkeit sind Übernachtungen bei Einheimischen: Mehrere palästinensische Mitglieder des Hospitality Club (www.hospitalityclub.org) bieten Betten für Traveller an.

Kibbuz-Gästehäuser

Einige Kibbuzim profitieren zusätzlich von ihrer wunderschönen und zumeist ländlichen Lage, indem sie Mittelklassegästehäuser betreiben. Diese Quartiere haben sich seit ihrem Bau in sozialistischer Zeit deutlich verbessert. So gewähren sie Zugang zu allen örtlichen Einrichtungen (inkl. Pool), verbreiten eine entspannte Atmosphäre und servieren leckeres Kibbuzfrühstück mit frischen Zutaten. Doppelzimmer ohne Frühstück sind hier z. T. schon ab 350 NIS zu haben. Für Details und Reservierungen empfiehlt sich die Website **Kibbutz Hotels Chain** (☏03-560 8118; www.kibbutz.co.il).

Versicherung

Auch für Israel empfiehlt sich grundsätzlich eine gute Reiseversicherung. Zusätzlich zum üblichen Standard mit Krankenversicherung (vor allem Notfallbehandlungen können vor Ort sehr teuer sein!) und Diebstahlsschutz sollte die Police stets sorgsam an die eigenen Bedürfnisse angepasst sein: Alle geplanten Aktivitäten (z. B. Sporttauchen, Skifahren, Fallschirmspringen) sollten unbedingt vollständig abgedeckt werden. Fast alle Versicherer bezahlen nicht bei Personen- oder Sachschäden, die durch „kriegerische Handlungen" entstehen.

Unter www.lonelyplanet.com/travel-insurance lässt sich eine weltweit gültige Reiseversicherung abschließen.

Bei mindestens drei- bis sechsmonatigen Aufenthalten in Israel (selbst mit Touristenvisum) bieten einheimische HMO- bzw. Privatversicherer einen ziemlich umfassenden Kran-

kenversicherungsschutz zu recht erschwinglichen Tarifen an. Details gibt's z. B. bei Filialen von:

Maccabi Healthcare Services (☏073-260 6619; www.maccabi4u.co.il) Bietet das Well-Come-Programm an.

Me'uchedet (☏077-270 3756; www.meuhedet.co.il) Versicherungsschutz per Foreign Members Plan.

Visa

Israel

Israel stempelt die Reisepässe von Touristen momentan nicht mehr ab (behält sich allerdings vor, dies jederzeit wieder einzuführen). So gibt's jetzt nur noch eine kleine Einreisekarte in Form eines losen Papierblatts. So ein Dokument kommt einem schnell mal abhanden, deshalb unbedingt sorgfältig aufbewahren: Es ist der einzige Nachweis, dass man legal eingereist ist und sich vor Ort offiziell aufhalten darf!

Berichten zufolge haben die israelischen Beamten am Grenzübergang Allenby-/König-Hussein-Brücke und am Flughafen Ben Gurion bereits mehrfach nur Einreisegenehmigungen der Kategorie Palestinian Authority Only („Nur Palästinensische Autonomiegebiete") erteilt, wenn Touristen familiäre oder persönliche Beziehungen ins Westjordanland unterhalten. Dies macht es schwierig oder gar unmöglich, durch die IDF-Straßensperren zu kommen, die den Verkehr zwischen Israel (inkl. Jerusalem) und dem Westjordanland regulieren. Andererseits haben Flughafenbeamte angeblich verlangt, dass Traveller per Unterschrift auf einem Formular bestätigen, die Palästinensischen Gebiete nur mit Genehmigung der israelischen Behörden zu betreten.

Studenten brauchen ein Studentenvisum (Kategorie A/2), ehrenamtliche Kibbuz-Mitarbeiter ein Freiwilligenvisum (Kategorie B/4; über

---

UNTERKUNFTSPREISE

Die folgenden Angaben gelten jeweils für ein Doppelzimmer mit Frühstück in der Hauptsaison bzw. am Wochenende (Achtung: nicht für absolute Spitzen- bzw. Ferienzeiten!)

KATEGORIE	ISRAEL	PALÄSTINA
Budgetunterkünfte ($)	bis 350 NIS	bis 260 NIS
Mittelklassehotels ($$)	350–600 NIS	260–400 NIS
Spitzenklassehotels ($$$)	ab 600 NIS	ab 400 NIS

ISRAELIS & PALÄSTINENSER AUS DEM AUSLAND

Ausländer mit israelischen Wurzeln werden von Israels Regierung als normale Staatsbürger betrachtet. Somit benötigen sie für die Ein- bzw. Ausreise einen israelischen Pass und unterliegen zudem den Einberufungsbestimmungen der israelischen Armee. Wer eine palästinensische Personenkennziffer (ID-Nummer) hat, kann nicht direkt nach Israel einreisen, sondern nur ins Westjordanland, und auch das nur über Jordanien (Grenzübergang Allenby-Brücke). Eventuell ist dann eine Weiterreise nach Israel möglich, allerdings nur mit einer Sondergenehmigung. Diese Personen brauchen einen palästinensischen Pass für die Ein- und Ausreise – unabhängig davon, ob sie Inhaber eines ausländischen Passes sind. Falls kein palästinensischer Reisepass vorliegt, kann unter Umständen die Ausreise so lange verweigert werden, bis einer beschafft wurde. Außerdem gibt es bestimmt Auflagen bezüglich der Ein- und Ausfuhr von Geld und Waren. Weitere Details gibt's auf der Website des eigenen Außenministeriums, die man in jedem Fall gründlich studieren sollte.

Wer von Israel als Israeli betrachtet wird, kann alle israelischen Flughäfen und Grenzübergänge zu Lande benutzen – bis auf den Übergang Allenby-/König-Hussein-Brücke.

TOURISTENVISA

Besucher mit anderer Staatsangehörigkeit erhalten direkt bei Ankunft gratis ein Visum der Kategorie B/2 (Details für verschiedene Länder unter www.mfa.gov.il; auf „Consular Services" und „Visas" klicken). Voraussetzung hierfür ist ein Reisepass, der ab Einreise noch mindestens sechs Monate lang gültig sein muss. Die Beamten können zusätzlich den Nachweis ausreichender finanzieller Mittel und ein Rückreise- bzw. Anschlussticket verlangen (in der Praxis aber kaum der Fall).

Bei Ankunft erteilte Visa sind normalerweise 90 Tage lang gültig. Wer auf dem Landweg einreist (z. B. aus Jordanien oder Ägypten), bekommt aber eventuell nur 30 Tage oder zwei Wochen genehmigt – je nach Ermessen des israelischen Grenzpersonals vor Ort. Beim geringsten Verdacht auf illegale Arbeitssuche, missionarische Tätigkeit oder Teilnahme an pro-palästinensischen Protesten ist mit sofortiger Ausweisung zu rechnen.

VISUM/AUFENTHALT VERLÄNGERN

Möglichkeiten, die bei der Einreise genehmigte Gültigkeitsdauer eines Touristenvisums der Kategorie B/2 oder aber den Aufenthalt ohne Visum zu verlängern:

➜ Einen „Visumausflug" nach Ägypten, Jordanien oder Übersee unternehmen; das bringt eventuell drei zusätzliche Monate – oder auch nur einen. Am besten aktuelle Infos bei anderen Travellern einholen!

➜ Einen Verlängerungsantrag stellen (90 NIS). Für solche Verlängerungen ist die **israelische Einwohner- & Einwanderungsbehörde** (Population Immigration & Authority; ☏ 3450; www.piba.gov.il; ⊙ meist So–Di & Do 8–12 Uhr) als Teil des **israelischen Innenministeriums** zuständig. Sie unterhält z. B. Büros in **Jerusalem** (1 Shlomzion HaMalka St), **Tel Aviv** (Kiryat HaMamshala, 125 Menachem Begin Rd) und **Eilat** (2. Stock, HaKenyon HaAdom, HaTemarim Blvd).

Für eine Aufenthaltsverlängerung muss der Reisepass nach Ablauf des gewünschten Zusatzzeitraums noch mindestens sechs Monate lang gültig sein. Zudem braucht man ein aktuelles Passfoto, den Nachweis ausreichender Geldmittel für den Verlängerungszeitraum und ein Schreiben (inkl. Belegmaterial), das den Verlängerungsgrund plau-

sibel erklärt. PIBA-Büros in kleineren Städten erledigen das Prozedere oft schneller und stressfreier. Wer z. B. mindestens einen hebräischen Großelternteil hat oder zum Judentum übergetreten ist und dies jeweils offiziell schriftlich belegen kann, kommt gemäß dem israelischen Rückkehrgesetz für ein Einwanderervisum (oleh) in Frage. In diesem Fall ist es einfach, ein Touristenvisum beliebig zu verlängern oder sogar israelischer Staatsbürger zu werden.

Überschreiten der genehmigten Aufenthaltsdauer kann mit einer Geldstrafe geahndet werden. Traveller, die die genehmigte Dauer nur wenige Tage überzogen haben, berichten zwar bislang nichts von Bußgeld oder anderem Ärger. Man sollte es aber lieber nicht riskieren.

Jordanien

Staatsbürger der meisten westlichen Länder erhalten Visa zum einfachen Grenzübertritt (Gültigkeit 14 Tage, verlängerbar). Ausgabestellen:

➜ Grenzübergang Jordan–Scheich Hussein (Visum 40 JD), 30 km südlich vom See Genezareth

➜ Grenzübergang Jitzchak Rabin–Wadi Araba (Visum gratis), ein paar Kilometer nördlich von Eilat und Aqaba

Achtung: Am Grenzübergang Allenby-/König-Hussein-Brücke sind keine Visa erhältlich!

Eine jordanische Auslandsvertretung (in der Heimat oder in Ramat Gan bei Tel Aviv) um ein Visum ersuchen sollte, wer:

➜ über den Grenzübergang Allenby-/König-Hussein-Brücke nach Jordanien einreisen will

➜ ein Visum zur mehrfachen Einreise braucht

➜ direkt an der Grenze kein Visum für seine Nationalität bekommt

Jeweils gegen relativ hohe Gebühr sind Visa zur einfachen (40 JD, zwei Monate gültig), zweifachen (60 JD, drei Monate gültig) und mehrfachen Einreise (120 JD, sechs Monate gültig) erhältlich.

Übrigens: Wenn man ins Westjordanland und/oder nach Israel über die Allen-by-/König-Hussein-Brücke eingereist ist *und* dann auf demselben Weg nach Jordanien zurückkehrt, ist ein neues jordanisches Visum unnötig – vorausgesetzt, die Rückkehr erfolgt innerhalb der Gültigkeits- bzw. Verlängerungsdauer des bereits erteilten Dokuments. Daher unbedingt den abgestempelten Ausreisebeleg sorgsam aufbewahren, um ihn auf dem Rückweg vorzeigen zu können!

Zeit

Den Großteil des Jahres über ist es in Israel und Palästina eine Stunde später als in Deutschland, Österreich und der Schweiz. Bei Beginn und Ende der örtlichen Sommerzeit bestehen allerdings manchmal leichte Unterschiede zu Europa oder sogar innerhalb der Region (bis zu 1 Std.).

Seit 2014 deckt sich die regionale Sommerzeit fast mit der in Europa.

Zoll

Traveller ab 18 Jahren dürfen 1 l Spirituosen, 2 l Wein, 250 ml Parfum, 250 g Tabakprodukte (alternativ 200 Zigaretten) und Geschenke im maximalen Gesamtwert von 200 US$ zollfrei nach Israel einführen. Die Einfuhr von lebendigen Haustieren (z. B. Hunde, Katzen, Papageien) ist theoretisch möglich. Allerdings muss dafür vorab viel Papierkram mit dem israelischen Landwirtschaftsministerium geregelt werden.

Importverbote gelten für Drogen, Drogenutensilien, Selbstverteidigungsmittel (z. B. Pfefferspray, Tränengas), Pornografie und Frischfleisch. Gleichermaßen streng verboten sind Störgeräte für Laserpistolen, die die Polizei zur Geschwindigkeitsmessung einsetzt.

Verkehrsmittel & -wege

AN- & WEITERREISE

Israel hat Friedensabkommen mit sowie Landesgrenzen zu Ägypten und Jordanien. Wer das Heilige Land und Palästina bereist, kann daher leicht Abstecher nach Petra und/oder zur Sinai-Küste des Roten Meeres unternehmen. Zum Zeitpunkt der Recherche rieten westliche Regierungen allerdings aus Sicherheitsgründen von Reisen in den Sinai ab.

Flüge und geführte Touren können online unter www. lonelyplanet.com/bookings gebucht werden.

Flugzeug

Flughäfen

Das wichtigste Zugangstor zu Israel ist der **Ben-Gurion International Airport** (TLV; ☑Ankunfts- & Abflugszeiten 03-972 3333; www.iaa.gov.il/ en-US/airports/bengurion/Pages/default.aspx), der 50 km nordwestlich von Jerusalem und 18 km südöstlich von

Tel Avivs Zentrum liegt. Sein ultramodernes Terminal 3 fertigt pro Jahr rund 14 Mio. Passagiere ab. Aktuelle Ankunfts- und Abflugszeiten sind telefonisch sowie über die englischsprachige Website des Flughafens ermittelbar.

Ein paar Flüge ab Europa (hauptsächlich Charterverbindungen) landen außerdem rund 60 km nördlich von Eilat auf dem **Flughafen Owda** (VDA; ☑1 700 705 022; www.iaa.gov.il/Rashat/en-US/Airports/Ovda). Dieser dient zudem wie Larnaka (Zypern)

REISEN & KLIMAWANDEL

Der Klimawandel stellt eine ernste Bedrohung für unsere Ökosysteme dar. Zu diesem Problem tragen Flugreisen immer stärker bei. Lonely Planet sieht im Reisen grundsätzlich einen Gewinn, ist sich aber der Tatsache bewusst, dass jeder seinen Teil dazu beitragen muss, die globale Erwärmung zu verringern.

Fast jede Art der motorisierten Fortbewegung erzeugt CO_2 (die Hauptursache für die globale Erwärmung), doch Flugzeuge sind mit Abstand die schlimmsten Klimakiller – nicht nur wegen der großen Entfernungen und der entsprechend großen CO_2-Mengen, sondern auch, weil sie diese Treibhausgase direkt in hohen Schichten der Atmosphäre freisetzen. Die Zahlen sind erschreckend: Zwei Personen, die von Europa in die USA und wieder zurück fliegen, erhöhen den Treibhauseffekt in demselben Maße wie ein durchschnittlicher Haushalt in einem ganzen Jahr.

Die englische Website www.climatecare.org und die deutsche Internetseite www. atmosfair.de bieten sogenannte CO_2-Rechner. Damit kann jeder ermitteln, wie viele Treibhausgase seine Reise produziert. Das Programm errechnet den zum Ausgleich erforderlichen Betrag, mit dem der Reisende nachhaltige Projekte zur Reduzierung der globalen Erwärmung unterstützen kann, beispielsweise Projekte in Indien, Honduras, Kasachstan und Uganda.

Lonely Planet unterstützt gemeinsam mit Rough Guides und anderen Partnern aus der Reisebranche das CO_2-Ausgleichs-Programm von climatecare.org. Alle Reisen von Mitarbeitern und Autoren von Lonely Planet werden ausgeglichen. Weitere Informationen gibt's auf www.lonelyplanet.com.

als Ausweichflughafen, falls der Ben-Gurion-Flughafen gerade geschlossen sein sollte.

Achtung: Israel handhabt die Flughafensicherheit sehr streng! Internationale Passagiere sollten daher spätestens drei Stunden vor dem Abflug einchecken (gilt gleichermaßen für An- und Rück- bzw. Weiterreise).

Fluglinien

Israels Fluggesellschaft **El Al** (LY; ☎03-977 1111; www.elal. co.il) bietet Direktverbindungen zu diversen Großstädten in Westeuropa und aller Welt. Seit seiner Privatisierung (2005) bietet das Unternehmen einen deutlich besseren Service. Es gehört aber zu keiner der drei großen globalen Airline-Allianzen (Star Alliance, OneWorld, Skyteam). Sun D'Or (www.sundor.co.il) ist die Chartergesellschaft von El Al.

El Al ist für die strengsten Sicherheitsstandards der Passagierflugbranche bekannt. Wie die Flugzeuge anderer israelischer Gesellschaften haben die Maschinen angeblich Abwehrtechnologien gegen Raketen mit hitzesuchenden Gefechtsköpfen.

Fast alle großen europäischen Fluglinien bieten Flüge nach Tel Aviv an. Dasselbe gilt für diverse Billig- und Chartergesellschaften, die jedoch von Flugsuchmaschinen (z. B. www.expedia.de, www.expedia.at, www.last minute.de) nicht immer erfasst werden. Beispiele:

Air Berlin (www.airberlin.com)

Air Méditerranée (www. air-mediterranee.fr)

Arkia (www.arkia.com)

Brussels Airlines (www. brusselsairlines.de)

easyJet (www.easyjet.com)

Germanwings (www.german wings.com)

Israir (www.israirairlines.com)

Jetairfly (www.jetairfly.com)

Meridiana (www.meridi ana.it)

Niki (flyniki; www.flyniki.com)

Smartwings (www.smart wings.net)

TUI (www.tuifly.com)

Vueling (www.vueling.com)

Die einzigen nahöstlichen Städte mit direkter Flugverbindung nach Tel Aviv sind Amman (mit Royal Jordanian; www.rj.com), Istanbul (mit Turkish Airlines; www. turkishairlines.com) und Kairo (mit Air Sinai; recht kleine, aber überraschend teure Tochtergesellschaft von Egyptair).

El Al und Korean Air (www. koreanair.com) bieten auch Nonstopflüge nach/ab Ostasien (u. a. als Codesharing-Varianten, z. B. mit Thai). Die günstigsten Verbindungen zwischen Israel und Süd-, Ost- oder Südostasien führen aber über Istanbul (mit Turkish Airways), Addis Abeba (mit Ethiopian Airlines) und Amman. Letzteres wird dabei z. B. von Royal Jordanian, Qatar Airways (über Doha), Emirates (über Dubai) und Etihad (über Abu Dhabi) bedient.

Flugtickets

Das israelische Reisebüro für Studenten **ISSTA** (☎03-777 7777; www.issta.co.il; 109 Ben Yehuda St, Tel Aviv) ist landesweit vertreten und hat manchmal gute Angebote für Flüge nach/ab Israel.

Sehr günstige Flüge (u. a. nur für einfache Strecken) gibt's mitunter auch bei **Daka 90** (☎073-390 9090; www.daka90.co.il), dessen Name übersetzt „in der letzten Minute" bedeutet.

Viele israelische Backpacker buchen Touren nach Süd-, Ost- oder Südostasien über **FLYeast** (☎09-970 0400; www.flyeast.co.il). Diese Firma ist Spezialist für erschwingliche Flüge über Amman und dann Doha, Dubai oder Abu Dhabi (als Transitpassagiere dürfen auch Israelis diese Drehscheiben nutzen). Den Abschnitt Tel Aviv–Amman kann man entweder fliegen

oder vergleichsweise etwas günstiger mit einem Charterbus zurücklegen.

Auf dem Landweg

Nähere Infos zum Landweg nach/von Jordanien oder Ägypten gibt's auf S. 32.

Übers Meer

Die früheren Passagierfähren zwischen Haifa und Limassol (Zypern) verkehren derzeit nicht mehr.

UNTERWEGS VOR ORT

Israels Nahverkehrssystem ist effizient und recht preiswert. Busse fahren hier überall hin, während Züge alle großen Städte miteinander verbinden.

Regionalbusse sowie zahllose Sammel- und Privattaxis verbinden die Städte des Westjordanlands mit Ostjerusalem.

Auto & Motorrad

Wer in Israel und Palästina ein Kraftfahrzeug steuern will, braucht dafür nur einen gültigen nationalen Führerschein (keine internationale Variante erforderlich).

Israels Automobilclub heißt **Memsi** (☎02-625 9711; www.memsi.co.il; 31 Ben Yehuda St, Jerusalem).

Mieten

Selbstfahrer können ihr Reisetempo individuell bestimmen, in abgeschiedenen B & Bs übernachten, Nebenrouten ausgiebig erkunden und (falls nötig) lange Strecken in recht kurzer Zeit zurücklegen. Aufgrund der schlechten Parkplatzsituation macht ein Auto in Tel Aviv oder Jerusalem nicht viel Sinn. Im hügeligen Haifa, in Galiläa, auf den Golanhöhen und in der Wüste Negev sind eigene vier Räder dagegen eine super Sache:

Viele dortige Ortschaften und Dörfer werden täglich nur von wenigen Bussen bedient.

In Tel Aviv (HaYarkon St, einen Block hinter dem Strand) findet man die landesweit größte Konzentration von Autovermieten. Die meisten Verleihfirmen sind aber auch in ganz Israel vertreten. Beispiele:

Avis (www.avis.co.il)

Budget (www.budget.co.il)

Cal Auto (www.calauto.co.il)

Eldan (www.eldan.co.il) Einzige Firma mit Filiale in Kiryat Shmona.

Green Peace (www.green peace.co.il) In Ostjerusalem ansässig; Fahrzeugabholung an der Allenby-Brücke möglich.

Hertz (www.hertz.co.il) Einziger Autovermieter mit Ableger am Toten Meer.

Inklusive Versicherung und unbegrenzter Fahrtkilometer kosten Leihwagen in Israel oft nicht viel (ab 140 NIS/Tag, pro Woche/Monat ab 200/600 US$). Doch Vorsicht: Die spottbilligen Angebote auf manchen Websites beinhalten keine Versicherung! Ausländische Reisende müssen die israelische Mehrwertsteuer von 18 % nicht bezahlen. Kräftige Rabatte gibt's z. B. über Online-Plattformen, die auch Flugtickets verkaufen. Benzin kostet landesweit ca. 2 US$ pro Liter (bzw. 7,60 US$/US-Gallone).

Bei Fahrzeugabholung am Flughafen wird ein Zuschlag fällig (Beispiel: Budget verlangt 27,50 US$ extra). Falschparker und Temposünder müssen damit rechnen, dass die Verleihfirma alle Strafbescheide an sie weitergibt und dafür jeweils eine Bearbeitungsgebühr von 60 NIS verlangt. Bei manchen Vermietern müssen Kunden mindestens 25 Jahre alt sein.

Unbedingt das Kleingedruckte im Versicherungsvertrag sorgsam lesen! Dies gilt vor allem für die Selbstbeteiligung, die 400 US$ oder mehr betragen kann.

Allerdings lässt sich diese Summe gegen Aufpreis (z. B. 18 US$) auf Null senken. Manche Kreditkartenvarianten beinhalten einen sogenannten Collision Damage Waiver (CDW) zur Absicherung eigener Sachschäden. Dieser ist jedoch um eine Haftpflichtversicherung zu ergänzen. Entsprechende Details liefert die jeweilige Kreditkartengesellschaft. Achtung: Selbst hauseigene Versicherungspolicen von Autovermietern decken normalerweise keine Fahrwerks- und Reifenschäden ab!

Ebenso zu beachten ist, dass örtliche Verleihfirmen generell eine Fahrzeugmitnahme in die Gebiete A und B des Westjordanlands (definiert durch den Oslo-Friedensprozess) untersagen. **Dallah** (☎ 02-627 9725; www.dallahrentacar.com) und Goodluck (www.goodluckcars.com) sind diesbezüglich bemerkenswerte Ausnahmen. Man kann aber problemlos von Jerusalem zum Toten Meer (Rte 1) oder vom Toten Meer zum See Genezareth fahren (Rte 90).

Im Innenstadtbereich von Tel Aviv lassen sich Autos von Car2Go (www.car2go.co.il)

stundenweise ausleihen. Bei einer Jahresmitgliedschaft (140 NIS) werden zusätzlich 20 NIS pro Stunde (180 NIS/Tag) und 2 NIS pro Kilometer fällig (1 NIS/km nach den ersten 50 km).

Straßenzustand

Israels Straßen sind zumeist recht gut in Schuss. Die größte Sicherheit bieten jedoch neuere Strecken, die den aktuellsten Standards entsprechen. Eine nicht zu unterschätzende Minderheit der Israelis fährt aggressiv und unberechenbar. Somit ist vorsichtiges und passives Verhalten im Straßenverkehr stets angebracht.

Die von Norden nach Süden verlaufenden Autobahnen haben gerade, ihre Pendants in Ost-West-Richtung jeweils ungerade Nummern. Generell steigen die Nummern von Süden nach Norden und von Westen nach Osten an. So verläuft die Rte 2 entlang der Mittelmeerküste, während die Rte 90 im Osten der Grenze zu Jordanien folgt. Israels nördlichste Straße ist die Rte 99 in unmittelbarer Nähe zur libanesischen Grenze. Eine Ausnahme innerhalb

VERKEHRSMITTEL & -WEGE AUTO & MOTORRAD

FAHREN AM SABBAT

Das jüdische Religionsgesetz (Halacha) wird von Strenggläubigen zumeist so ausgelegt, dass das Steuern von Kraftfahrzeugen die Heiligkeit des Sabbats verletzt. Dies beruht z. T. auf widersprüchlichen Verboten, die das Entzünden von Feuer und Fortbewegungsstrecken über 2000 Ellen betreffen. Ergebnis: Wo fast ausschließlich (ultra-)orthodoxe Juden wohnen, sind ganze Straßen, Stadtviertel oder Dörfer am Sabbat für den Verkehr gesperrt – ebenso an vielen jüdischen Feiertagen. Wer daher zwischen Freitag (Sonnenuntergang) und Samstag (1 Std. nach Sonnenuntergang) an eine Straßensperre kommt, sollte keinesfalls um diese herumfahren. Andernfalls ist damit zu rechnen, dass Ortsansässige wütend werden oder sogar mit Steinen werfen.

An Jom Kippur sind in Israels jüdischen Gebieten nur Einsatz- bzw. Notfallfahrzeuge unterwegs, während sich ansonsten niemand hinters Steuer setzt. Dies hat jedoch traditionelle Gründe und ist nicht gesetzlich vorgeschrieben.

des Nummerierungssystems bildet die Rte 1, die Tel Aviv mit Jerusalem und dem Toten Meer verbindet.

In Israel gibt's drei mautpflichtige Straßen:

➜ **Rte 6** (Kvish Shesh; www.kvish6.co.il) Führt 140 km durch die Mitte des Landes nach Norden. Die Adresse des Fahrzeughalters wird anhand einer nationalen Kennzeichenkartei ermittelt; die Rechnung für die Maut (bis zu 33 NIS) kommt dann per Post nach Hause.

➜ **Karmel-Tunnel** (www.carmeltunnels.co.il; 1/2 Abschnitte 7,50/14,90 NIS) Verlaufen südlich von Haifa unter dem Berg Karmel hindurch; die Mautgebühr kann bar oder per Kreditkarte bezahlt werden.

➜ **Überholspur** (Nativ Mahir; www.fastlane.co.il) Verbindet den Ben-Gurion-Flughafen mit Tel Aviv (13 km); die Gebühren hängen vom derzeitigen Verkehrsaufkommen ab (je höher, desto teurer).

Im Westjordanland gibt's ein paar moderne und schnelle Straßen, die nur von jüdischen Siedlern befahren werden dürfen. Auf anderen Strecken wird der Verkehrsfluss jedoch oft durch Staus, Eselkarren und Kontrollposten gehemmt.

Verkehrsregeln

In Israel und Palästina wird auf der rechten Straßenseite gefahren. Anschnallen ist Pflicht. Handytelefonate am Steuer sind nur mit Freisprechanlage erlaubt. Das Bußgeld bei Verstößen beträgt 1000 NIS.

Israelische Straßenschilder sind auf Englisch, Hebräisch und (meist auch) Arabisch beschriftet. Dabei weicht die englische Schreibweise mitunter seltsam vom Gewohnten ab. Die besten Straßenkarten stammen von Mapa (www.mapa.co.il/maps) und sind vor Ort bei allen Buchläden erhältlich.

Von November bis März ist bei Fahrten auf Überlandrouten stets das Abblendlicht einzuschalten.

Israelische Polizeiautos fahren immer mit Blaulicht (teilweise auch mit Rot-Blau-Licht). Wenn man hinter sich einen Streifenwagen mit Blinklichtern sieht, bedeutet dies daher nicht zwangsläufig Ärger – falls doch, wird einem dies unmissverständlich per Lautsprecher mitgeteilt.

Bus

Israel

Fast alle Städte, Dörfer und Kibbuze werden zumindest ein paar Mal täglich von Bussen angesteuert. Vom Freitagnachmittag bis zum späten Nachmittag bzw. Abend am Samstag verkehren die meisten Überlandlinien allerdings nicht (ausgenommen Verbindungen z. B. nach Eilat und Majdal Shams).

Routenbeispiele (Preis jeweils einfache Strecke):

➜ Jerusalem–Tel Aviv (19 NIS)

➜ Tel Aviv–Kiryat Shmona (49,50 NIS)

➜ Tel Aviv–Eilat (82 NIS)

Tickets bekommt man direkt bei den Fahrern oder an den Verkaufsschaltern von Busbahnhöfen; es ist dabei jeweils nicht nötig, den exakten Kaufpreis bereitzuhalten. Auf manchen Routen (z. B. nach Eilat) sind Tickets mit Hin- und Rückfahrt 15 % günstiger als zwei einfache Varianten.

Voraussetzung für die meisten Ermäßigungen ist eine Rav-Kav-Chipkarte. Deren personalisierte Version (*ishi*) erfordert ein Lichtbild und das Ausfüllen eines Antragsformulars. Die anonyme Alternative (*anonimi*; Kauf beim Busbahnhof/-fahrer 5/10 NIS) ist übertragbar, bringt aber nur begrenzt Rabatt. Bei beiden Karten gibt's 20 % Ermäßigung auf alle Bustickets. Momentan ist allerdings für jedes Busunternehmen ein separates

Rav-Kav-Konto erforderlich (max. 8 Konten/Karte).

Früher teilten sich die Kooperativen Egged und Dan landesweit das Busmonopol. Diese Zeiten sind vorbei: Heute gibt es rund 20 Firmen, die bei Routenausschreibungen des Verkehrsministeriums miteinander konkurrieren. Die Website des **Informationszentrums für öffentliche Verkehrsmittel** (☎1 900 72 1111; www.bus.co.il) lässt sich leicht handhaben, sobald man das System einmal durchschaut hat. Sie liefert englischsprachige Details zu allen Busgesellschaften (Routen, Fahrtzeiten, Preise) und ermöglicht obendrein den Download von Apps für Android oder iPhone. Wer Fahrplaninfos per SMS anfordern möchte, schickt seine Anfrage (auf Hebräisch) an die Nummer ☎4949. Hierbei muss zuerst *otobus* als Kennwort vor dem eigentlichen Text eingegeben werden.

Beispiele für Busfirmen:

Afikim (☎6686, 052 999 6686; www.afikim-t.co.il)

Dan (☎03-639 4444; www.dan.co.il)

Egged (☎2800, 03-694 8888; www.egged.co.il)

Kavim (☎072-258 8787; www.kavim-t.co.il)

Metropoline (☎073-210 0422, 5900; www.metropoline.com)

Nateev Express (☎3553, 1-599 559 559; www.nateevexpress.com)

Nazareth Tourism & Transport (NTT; ☎1 599 559 559; www.ntt-buses.com)

Rama (☎3254, 04-696 4025; www.golanbus.co.il)

Lediglich für Egged-Busse nach/ab Eilat ist Reservierung erforderlich bzw. ratsam. Bis zu 14 Tage im Voraus kann man seine diesbezügliche Buchung per Internet (www.egged.co.il), Smartphone-App oder Telefon (☎2800 bzw. ☎03-694

8888) vornehmen. Hinweis: Das System akzeptiert eventuell nur israelische Kreditkarten oder Pay Pal.

Westjordanland

In Ostjerusalem und dem Westjordanland gibt's einige kleine arabische Busunternehmen, die für den öffentlichen Nahverkehr zuständig sind. Im Gegensatz zu denen in Israel fahren die arabischen Busse das ganze Wochenende durch.

Fahrrad

Israel lässt sich hervorragend mit dem Fahrrad erkunden: Die Distanzen zwischen den Großstädten, Dörfern, Naturschutzgebieten und archäologischen Stätten sind relativ klein. Zudem haben viele Überlandstraßen breite Randstreifen (wenngleich Radeln auf manchen Intercity-Routen verboten ist). Außerdem entstehen vor Ort immer mehr Geländetrails und Panoramastrecken. Unterwegs trifft man Einheimische und erlebt das Land aus einer ganz anderen Perspektive – gratis und umweltfreundlich!

Die Kehrseiten der Medaille: Der hier vorherrschende Fahrstil ist gelinde gesagt unberechenbar. Abgesehen von potenziellen Kollisionen mit Kraftfahrzeugen besteht das größte Problem in der Hitze. Daher immer so früh wie möglich starten und unbedingt ausreichend Wasservorräte mitnehmen! Vor allem die Wüste Negev und das Jordantal können gnadenlos heiß sein. Zudem ist eine sorgfältige Routenplanung ratsam: Während die Küstenregion flach genug ist, haben Obergaliläa, die Golanhöhen und die Umgebung des Sees Genezareth viele steile Hügel. Nichtsdestotrotz erlaubt letztere eine besonders schöne Tagestour per Drahtesel (Leihbikes gibt's in Tiberias).

Fahrräder können gratis in allen Fernbussen und Zügen mitgenommen werden (klappbare Modelle sogar direkt an Bord). Dies gilt auch für Verbindungen zum Ben-Gurion-Flughafen. Ausnahmen hierzu bilden die Hauptverkehrszeiten an Werktagen (So–Do 6–9 & 15–19 Uhr) und der Samstagabend. Mangels Rush Hour können alle Züge freitags und an den Vorabenden jüdischer Feiertage uneingeschränkt von Radlern genutzt werden.

Einige israelische Fahrradläden verleihen Bikes wochenweise. Andere bieten eine akzeptable Rückkaufgarantie für Drahtesel, die neu bei ihnen erworben wurden. Viele entsprechende Fachhändler gibt's in Großstädten wie Jerusalem, Haifa oder Tel Aviv (dort z. B. an der HaHashmona'im St). Die beiden größten Ketten heißen **Rosen & Meents** (☏1-599 501 090; www.rosen -meents.co.il) und **Matzman & Merutz** (☏03-562 6789; www.matzman-merutz.co.il). In den Palästinensischen Gebieten gibt's so gut wie keine Fahrradverleiher. Eigene Bikes lassen sich jedoch zumeist relativ leicht durch die Kontrollposten ins Westjordanland mitnehmen.

Manche Fluglinien transportieren Fahrräder recht günstig, andere verlangen dafür ein kleines Vermögen – daher diesbezügliche Infos unbedingt schon vor dem Buchen einholen!

Flugzeug

Arkia (www.arkia.com) und Israir (www.israirairlines.com) verbinden Eilat die ganze Woche lang mit dem Sde-Dov-Airport in Tel Aviv (soll 2016 eventuell geschlossen werden) und dem Inlandsterminal des Ben-Gurion-Flughafens.

Online gibt's oft Sonderangebote, bei denen die einfache Strecke manchmal nur soviel wie ein Busticket kostet (z. B. 25 US$ vom/zum Ben-Gurion-Flughafen).

Geführte Touren

Geführte Touren sind super, wenn man wenig Zeit hat oder sich für bestimmte Themen interessiert. So eignen sich z. B. die Exkursionen der SPNI hervorragend für Naturliebhaber.

Im Westjordanland sind organisierte Touren aus Orientierungs- und Sicherheitsgründen sinnvoll.

Israel

Society for the Protection of Nature in Israel (SPNI; ☏057 200 3030; www.teva.org.il, hebräisch) Die renommierten Naturwanderungen für die ganze Familie bewundern z. B. Wildblumen im Frühling (für Gesamtprogramm s. Website). Da sie vor allem auf Israelis abzielen, sprechen die Guides nur Hebräisch. Allerdings kommt man als Teilnehmer prima mit Einheimischen in Kontakt.

Abraham Hostel (☏02-566 0045; http://abrahamtours. com/de/) Die großartigen Tagestrips besuchen z. B. Jerusalem, Masada, Haifa, Galiläa, das Tote Meer oder die Golanhöhen. Auf dem Programm stehen auch Petra und das Westjordanland (inkl. Bethlehem, Nablus). Angeboten werden zudem geführte Spaziergänge durch Hebron, die beide Seiten des politischen Regionalkonflikts beleuchten.

Bein Harim Tours (☏03-542 2000; www.beinharim.co.il) Individuelle Touren durch Israel plus Ausflüge nach Petra.

Touring Israel (☏077-450 3900; www.touringisrael.com) Luxuriöse Individualtrips durch ganz Israel.

United Tours (☏03-617 3333; www.unitedtours.co.il) Großer Anbieter von ein- und zweitägigen Touren durchs ganze Land.

Westjordanland

Green Olive Tours (☏03-721 9540; www.greenolivetours. com) Veranstaltet vielerlei ein- oder mehrtägige Ausflüge durch Israel und das Westjordanland – jeweils so stark politisch geprägt wie aufschlussreich.

Hijazi Travel (☏059-952 3844; http://hijazih.wordpress.com) Der Besitzer Hijazi Eid ist auf Wanderungen im Westjordanland sowie auf Stadtbesichtigungen spezialisiert.

Alternative Tourism Group (☏02-277 2151; www.atg.ps) Hier stehen Kultur, Religion und Politik ebenso auf dem Programm wie Wanderungen auf dem Nativity Trail, der zwischen Nazareth und Bethlehem verläuft.

Abu Hassan Alternative Tours (☏052-286 4205; www.alternativetours.ps) Dieser Anbieter hat sowohl „politische" als auch „touristische" Tagestouren im Repertoire.

Nahverkehr
Bus
In Großstädten bedienen Regionalbusse so ziemlich alle Ecken. Wer kein Hebräisch lesen kann, hat aber eventuell Schwierigkeiten, die richtige Linie zu identifizieren – dann einfach Passanten oder einen beliebigen Busfahrer fragen.

Fahrrad
In Israels Städten entstehen immer mehr Radwege. Tel Aviv hat das am besten ausgebaute Routennetz und betreibt zudem ein kommunales Fahrrad-Verleihprogramm namens Tel-O-Fun (www.tel-o-fun.co.il).

Taxi
„Spezielle" Taxis (hebräisch *speshel;* d.h. keine Sammeltaxis) können sehr praktisch sein. Manchmal gibt's jedoch Probleme mit skrupellosen Fahrern, die von Reisenden überzogene Preise verlangen. Um nicht übers Ohr gehauen zu werden, gibt man am besten den jeweiligen Straßennamen (inkl. einer Querstraße) selbstbewusst wie ein alter Hase an. Zudem ist es fast immer ratsam, auf die Benutzung des Taxameters zu bestehen (bei Aufforderung sind die Chauffeure gesetzlich dazu verpflichtet).

Dann aber direkt nach dem Einsteigen unbedingt darauf achten, dass das Gerät auf den Startpreis zurückgestellt wird! Stadtfahrten quer durch Jerusalem oder Tel Aviv sollten maximal 30 bis 50 NIS kosten.

Bei Tarif 1 gilt ein Startpreis von 12,30 NIS (10,50 NIS in Eilat). Tarif 2 (vergleichsweise 25% teurer) bezahlt man von 21 bis 5.30 Uhr, am Sabbat und an jüdischen Feiertagen. Wartezeit wird mit 86 NIS pro Stunde berechnet. Gründe für legitime Aufpreise sind u.a.:

➡ Abholen am Ben-Gurion-Flughafen (5 NIS)

➡ Große Gepäckstücke (d.h. kein Handgepäck; 4,40 NIS/Stck.)

➡ Dritte und vierte Passagiere (4,90 NIS/Pers.)

➡ Telefonische Bestellung (5,20 NIS)

Viele Einheimische nutzen nunmehr die Smartphone-App GetTaxi (www.gettaxi.co.il; für Android und iPhone erhältlich), um Taxis in allen Landesteilen (bis auf Eilat) anzufordern und zu bezahlen. Obendrein steht Uber seit 2014 auch in Israel zur Verfügung.

Örtliche Taxifahrer erwarten kein Trinkgeld. Wer nicht abgezockt wurde, kann aber ruhig auf ein Schekel Wechselgeld verzichten.

Sherut (Sammeltaxi)
Sammeltaxis werden von Israelis *sherut* (Aussprache scheh-ruht) und von Palästinensern *service* (Aussprache ser-wihs) genannt. Unabhängig von der jeweiligen Bezeichnung sind diese Fahrzeuge (oft Minivans mit 13 Sitzplätzen) eine praktische Sache. Wie Busse verkehren sie zu Fixpreisen auf festen Routen. Der Unterschied besteht darin, dass es keine festen Haltestellen gibt. Wer den Fahrpreis nicht kennt, fragt einfach andere Passagiere.

Sheruts (hebräische Pluralform *moni'ot sherut* – *sherutim* bedeutet „Toiletten"!) sind allgemein schneller als Busse und starten an ausgewiesenen Taxiständen. Aber erst, wenn alle Plätze belegt sind – somit ist stets mit etwas Wartezeit zu rechnen (normalerweise max. 20 Min.). Passagiere können unterwegs jederzeit aussteigen, müssen aber zumeist den vollen Preis bis zum Endziel berappen. Viele *sheruts* fahren ganzwöchig und rund um die Uhr. Am Sabbat und an jüdischen Feiertagen sind sie die einzigen öffentlichen Verkehrsmittel in Israel (z.B. zwischen Tel Aviv und Jerusalem). An Werktagen haben die Tarife maximal Busniveau, liegen am Sabbat aber leicht darüber.

Die zahlreichen Sammeltaxis des Westjordanlands (darunter Minibusse, schnaufende alte Mercedes-Benz) sind oft in der Nähe von städtischen Hauptplätzen stationiert (z.B. in Ramallah) und bedienen u.a. regelmäßig die Route Nazareth–Dschenin.

Trampen
Trampen war früher einmal ein durchaus üblicher Weg, durch Israel zu reisen. Die zunehmende Zahl von Gewaltverbrechen (z.B. Entführungen) macht es aber zu einem uneinschätzbar großen Risiko und daher empfehlen wir es nicht. Frauen sollten auf keinen Fall ohne männliche Begleitung trampen und alle Traveller sollten sich die Autos, in die sie einsteigen, genau ansehen. Die örtliche Vorgehensweise, einen Wagen anzuhalten, ist, mit dem Zeigefinger auf die Straße zu zeigen. Am häufigsten wird in Obergaliläa und auf den Golanhöhen getrampt.

Zug
Israel Railways (☏5770, 077-232 4000; www.rail.co.il)

betreibt ein praktisches Netzwerk von komfortablen Personenzügen. Fahrplaninformationen liefert beispielsweise das **Informationszentrum für öffentliche Verkehrsmittel**(☎1 900 72 1111; www.bus.co.il). Der Bahnbetrieb ruht am Sabbat (später Freitagnachmittag bis Samstag nach Sonnenuntergang). Wer Hin- und Rückfahrt zusammen bucht, spart 10 % im Vergleich zu zwei Einzeltickets. Kinder zwischen fünf und zehn Jahren erhalten 20 % Ermäßigung. Im Gegensatz zu den Bussen sind Israels Züge rollstuhlgerecht gestaltet.

Die älteste Bahnlinie des Landes (sie wurde 1892 eröffnet) ist malerisch und verbindet drei Bahnhöfe in Tel Aviv mit dem Süden Jerusalems (23,50 NIS, 1½ Std.). Die stark frequentierte Hauptstrecke entlang der Küste (Zugverkehr mindestens 2-mal stündl.) punktet mit toller Aussicht aufs Mittelmeer und verbindet Tel Aviv mit folgenden Zielen:

➡ Haifa (32 NIS, 1 Std.)

➡ Akko (41,50 NIS, 1½ Std.)

➡ Nahariya (46,50 NIS, 1½ Std.)

Weitere nützliche Fahrtmöglichkeiten ab Tel Aviv:

➡ Ben-Gurion-Flughafen (16 NIS, 18 Min., ausgenommen Sabbat ganztägig mind. 1-mal stündl.)

➡ Be'er Sheva (31,50 NIS, 1½ Std., stündl.)

Aktuell entsteht eine Hochgeschwindigkeitsstrecke (Kosten 2 Mrd. US$), die die Reisezeit zwischen Tel Aviv und Jerusalem auf 30 Minuten verkürzen wird. Sie umfasst eine Zwischenstation am Ben-Gurion-Flughafen und soll 2017 eröffnet werden. Eine weitere Highspeed-Trasse (60 km) soll Haifa ab 2016 mit Beit She'an verbinden.

VERKEHRSMITTEL & -WEGE ZUG

Gesundheit

Verletzungen oder Krankheiten sind nie angenehm, schon gar nicht im Urlaub. Aber in Israel kann man beruhigt sein, denn die Krankenhäuser und Kliniken sind erstklassig. Die in den Palästinensischen Gebieten sind schlichter, aber im Notfall ist das nächste israelische Krankenhaus nie weit entfernt.

Trotz der exzellenten Versorgung gibt es aber ein paar Besonderheiten, die man beachten sollte, vor allem im Hinblick auf Hitzschläge und Sonnenbrand.

Vor der Reise

Es ist meist eine gute Idee, sich vor der Abfahrt Tipps zur Gesundheit vom jeweiligen Amt für auswärtige Angelegenheiten einzuholen.

Deutschland (www.auswaertiges-amt.de)

Österreich (www.bmeia.gv.at/)

Schweiz (www.eda.admin.ch)

World Health Organization (www.who.int/ith/en) Hier steht das Buch *International Travel & Health* zum Download bereit (auf Englisch).

In Israel & Palästina

Medizinische Versorgung & Kosten

In ganz Israel gibt es neben zahlreichen privaten Kran- kenhäusern und Kliniken erstklassige staatliche Krankenhäuser. Eine Liste aller Einrichtungen gibt's auf www.science.co.il/hospitals.asp. Größere Städte in Palästina bieten ganz ordentliche Einrichtungen, aber diese sind oft überfüllt oder haben zu wenige Medikamente zur Verfügung.

Apotheken (*beit merkachat*) sind in israelischen Städten zahlreich vorhanden. Die Apotheker sprechen Englisch und geben Empfehlungen, wenn man ihnen sein Problem beschreibt. Zumindest in den Städten hat mindestens eine Apotheke Notdienst (*beit merkachat toran*). Weitere Informationen gibt's unter ☏106 (kommunale Hotline) oder auf www.online-israel.info/search-internet/health/city (in Hebräisch). Einige Filialen von Super Pharm haben rund um die Uhr geöffnet. In den Palästinensischen Gebieten kann es passieren, dass einem abgelaufene Medizin verkauft wird, also unbedingt das Haltbarkeitsdatum prüfen).

Wer verschreibungspflichtige Medikamente benötigt, sollte diese in ausreichender Menge von zu Hause mitbringen. Auch eine Kopie des Rezepts ist ratsam, falls Nachschub benötigt wird. Wichtig: Israelische Apotheken akzeptieren nur von israelischen Ärzten ausgestellte Rezepte.

Private Zahnkliniken findet man überall, ob in Vorstädten oder in Einkaufszentren. Die Standards in der Zahnmedizin sind hoch. Aber nicht vergessen, die Reisekrankenversicherung deckt möglicherweise nur Notfalleingriffe ab.

Infektionskrankheiten

LEISHMANIOSE

Übertragung durch die Stiche infizierter Sandmücken – tritt häufig in Israel und Palästina auf. In der Haut kann sich eine langsam wachsende Beule oder ein Geschwür bilden. Daraus entwickelt sich in manchen Fällen ein ernstes, lebensbedrohliches Fieber. Meistens geht es mit Anämie und Gewichtsverlust einher. Auch Hunde und Tiere wie der murmeltierähnliche Schliefer (*hyraxes* oder *dassies*) können die Erreger in sich tragen. Von Sandmücken möglichst nicht stechen lassen!

MIDDLE EAST RESPIRATORY SYNDROME

Seit 2012 gab es bestätigte Fälle von MERS (Middle East Respiratory Syndrome) auf der Arabischen Halbinsel, in Jordanien und im Libanon, bisher aber nicht in Israel und Palästina. Zu den Symptomen des Virus gehören Fieber, Husten und Kurzatmigkeit; die Krankheit wird nur durch engen Kontakt übertragen, für die meisten ist das Ansteckungsrisiko also gering. Fast ein Drittel derer, die sich nachweislich mit MERS infiziert haben, starben, die meisten davon waren jedoch gesundheitlich vorbelastet. Weitere Infos s. www.cdc.gov/coronavirus/mers.

TOLLWUT

Tollwut ist selten, aber dennoch präsent in Israel und Palästina. Man sollte den Kontakt mit streunenden Hunden und wilden Tieren, wie Füchsen, meiden.

Tollwut kann durch Bisse oder Lecken an verletzten Hautpartien übertragen werden. Die Krankheit ist tödlich, wenn sie nicht behandelt wird. Wer viel mit Tieren in Kontakt kommt, lässt sich besser impfen. Das Gleiche gilt für Reisende, die in abgelegene Gebiete fahren, wo sich innerhalb von 24 Stunden nach dem Biss kein Impfstoff auftreiben lässt. Im Zeitraum von einem Monat sind drei Injektionen nötig. Wer nicht geimpft ist, braucht nach einem Biss fünf Spritzen. Die erste davon ist innerhalb von 24 Stunden bzw. so schnell wie möglich nach der Verletzung fällig. Diese Impfung sorgt noch nicht für Immunität, aber man gewinnt damit etwas Zeit, um die richtige medizinische Hilfe zu finden.

Durchfallerkrankungen

Reisende können schon durch eine leichte Änderung der Ernährung Durchfall bekommen. Obwohl das israelische Essen und Wasser generell unbedenklich sind, kann man sich doch den Magen verderben, weil der Körper nicht an die fremden Speisen gewöhnt ist; das kann ein paar Tage dauern. Man sollte bedenken, dass im Sommer draußen gelagertes Essen schneller verdirbt – in dieser Zeit sind die kleinen *schawarma*-Läden und Falafeln zu meiden, denn Hummus verdirbt schnell (wer auf Hummus dennoch nicht verzichten mag, isst ihn besser im Restaurant). In den Palästinensischen Gebieten sollte man mit dem Essen nicht vorsichtiger sein.

Wer trotzdem Durchfall bekommt, benötigt jede Menge Flüssigkeit. Sehr gut ist eine orale Rehydrationslösung mit Salz und Zucker. Wer ein paarmal weichen Stuhl hatte, muss nicht gleich behandelt werden. Erst wenn das öfter als vier- oder fünfmal am Tag vorkommt, sind Antibiotika (z.B. ein Chinolon-Präparat) und Durchfallmittel (z.B. Loperamid) angebracht. Bei blutigem Durchfall, der länger als 72 Stunden anhält und von Fieber, Schüttelfrost oder starken Bauchschmerzen begleitet wird, muss man einen Arzt konsultieren.

Gesundheitsrisiken
HITZESCHÄDEN

Hitzeschäden sind die am weitesten verbreiteten Leiden bei Travellern. Sie entstehen bei starkem Schwitzen, wenn die verlorenen Flüssigkeiten und Salze nicht wieder zugeführt werden. Das passiert, wenn sich Leute in großer Hitze zu sehr anstrengen, ohne sich vorher akklimatisiert zu haben. Symptome sind Kopfschmerzen, Schwindel und Müdigkeit. Erstes Anzeichen für eine Dehydrierung ist Durst – also immer genug Wasser trinken, sodass der Urin hell und sehr verdünnt ist. Bei Hitzeerschöpfung heißt es sehr viel Wasser oder Fruchtsaft trinken und sich mit kaltem Wasser oder durch Luftzufächeln abkühlen. Den Salzverlust mit salzigen Flüssigkeiten wie Suppe oder Brühe und etwas mehr Salz im Essen als sonst ausgleichen.

Ein Hitzschlag ist weit gefährlicher. Wenn die körpereigene Wärmeregulierung zusammenbricht, ist es so weit. Die Körpertemperatur steigt so stark an, dass der Organismus nicht mehr schwitzen kann. Es kann zu irrationalem und hyperaktivem Verhalten und schließ-

BÜCHER ÜBER GESUNDHEIT

Zur empfehlenswerten Fachliteratur gehören *Traveller's Health*, herausgegeben von Dr. Richard Dawood (Oxford University Press), und *The Travellers' Good Health Guide* von Ted Lankester (Sheldon Press), ein besonders nützlicher Leitfaden für freiwillige Helfer und Auswanderer, die im Nahen Osten arbeiten.

lich zur Bewusstlosigkeit und zum Tod kommen. Hier ist schnelle Abkühlung angesagt – am besten den Körper mit Wasser besprizen und Luft zufächeln. Im Notfall werden Flüssigkeiten und Elektrolyte intravenös am Tropf verabreicht.

INSEKTENBISSE & -STICHE

Mückenstiche verursachen nicht gleich Malaria, aber Hautreizungen und Infektionen können sie hervorrufen. Insektensprays auf DEET-Basis halten die Biester fern. Mücken übertragen auch das Denguefieber.

Bienen- und Wespenstiche sind nur für Leute mit schwerer Allergie (Anaphylaxie) gefährlich. Betroffene sollten immer eine Adrenalinspritze o.Ä. dabeihaben.

Sandmücken, vor allem an den Mittelmeerstränden, hinterlassen meist nur unerträglich juckende Stiche, aber es besteht das Risiko einer seltenen Hautreizung, der Hautleishmaniose. Insektensprays auf DEET-Basis helfen, Stiche zu vermeiden.

Die Zahl der Quallen ist wegen der Überfischung des Mittelmeers in den letzten Jahren gestiegen (Fische fressen Quallen, mit Abnahme der Jäger steigt deren Population stark an). Eine Reaktion auf Quallenberührung ist lästig, klingt aber meist nach

IM MEDIZINISCHEN NOTFALL

Benötigt man Erste Hilfe oder eine Ambulanz zu einem Krankenhaus in Israel, ruft man den landesweiten medizinischen Notfalldienst, **Magen David Adom** (☏101), zu erreichen von jedem Telefon, an. Magen-David-Adom-Stationen bieten rund um die Uhr Erste Hilfe an.

Palästinensische Krankenhäuser im Westjordanland und im Gazastreifen sind für die meisten gesundheitlichen Probleme gewappnet, in ernsteren Fällen ist jedoch der Transfer zu einem israelischen Krankenhaus zu empfehlen, z. B. zu einem der Hadassah-Hospitale in Jerusalem.

Bei weniger dringenden Angelegenheiten ist eine der folgenden Maßnahmen ratsam:

➡ Im Hotel nach einer Arztpraxis in der Nähe fragen.

➡ Die Liste mit deutschsprachigen Ärzten der deutschen Botschaft (http://www.tel-aviv.diplo.de/Vertretung/telaviv/de/03-Notfall-Krise/_C3_84rzte/_C3_84rzte__Krankenh_C3_A4user.html) checken.

➡ Sich in Jerusalem oder Umgebung an die **Terem Emergency Medical Centers** (☏1 599 520 520; www.terem.com) oder das **Family Medical Center – Wolfson** (☏02-561 0297; http://fmcwolfson.com) wenden.

➡ In Tel Aviv **Tel Aviv Doctor** (☏054 941 4243, gebührenfrei 1-800-201 999; www.telaviv-doctor.com; Zimmer 106, 35 Basel St, Basel Heights Medical Centre; ⊙tgl.) kontaktieren.

Wer ernsthaft erkrankt, kann sich mit der Botschaft oder dem Konsulat in Verbindung setzen.

---

zehn bis 15 Minuten ab. Bei einer Nesselung im Gesicht oder an den Genitalien oder wenn sie sehr stark ist, sollte ein Arzt aufgesucht werden.

Skorpione lieben trockenes Klima. Ihre Bisse sind schmerzhaft, aber selten lebensbedrohlich.

Wanzen nisten oft in Jugendherbergen und billigen Hotels. Ihre Bisse jucken stark und verursachen Beulen. Wer das Bett aber mit einem Insektenvernichter einsprüht, hat gute Chancen, die Biester loszuwerden.

Die Krätze kann man sich in billigen Unterkünften holen. Die winzigen Milben leben in der Haut, vor allem zwischen den Fingern, und verursachen einen stark juckenden Ausschlag. Behandlung am besten mit einer Lotion aus der Apotheke.

Menschen, mit denen man in Kontakt kommt, müssen ebenfalls behandelt werden, da sich die Krankheit auch ohne Symptome überträgt.

SCHLANGENBISSE

Die meisten Schlangenarten in Israel und Palästina sind nicht giftig. Aber einige – beispielsweise die Palästinaviper (*tzefa; Vipera palaestinae*) – sind es durchaus. Also: Niemals barfuß gehen oder die Hände in irgendwelche Löcher oder Spalten stecken!

Bei einem Schlangenbiss aber keine Panik – die Hälfte der Gebissenen bekommt das Gift nicht eingespritzt, wird also nicht vergiftet. Das betroffene Körperteil mit einer Schiene (z. B. einem Stock) ruhig stellen und verbinden. Dabei schön fest wickeln, wie bei einer Ver-

stauchung. Ein Druckverband ist allerdings nicht geeignet. Den Biss auch nicht herausschneiden oder aussaugen. Das Opfer muss vielmehr schnellstmöglich zum Arzt, der bei Bedarf ein Antiserum verabreicht.

WASSER

Leitungswasser kann in Israel bedenkenlos getrunken werden, hat aber manchmal einen unangenehmen Geschmack (es schmeckt eventuell leicht salzig). Viele Israelis benutzen deshalb entweder einen Filter oder greifen gleich auf in Flaschen abgefülltes Trinkwasser zurück. Wasser aus Flüssen oder Seen sollte man nicht trinken. Es enthält oft Bakterien oder Viren, die Durchfall oder Erbrechen verursachen können.

Sprache

NEUHEBRÄISCH (IVRIT)

Neuhebräisch ist die Landessprache von Israel und wird weltweit von 7 bis 8 Mio. Menschen gesprochen. Es wird von rechts nach links geschrieben und hat ein eigenes Alphabet.

   Liest man unsere farbigen Aussprachehilfen mit deutscher Aussprache, wird man verstanden werden. Sowohl kh als auch r (ähnlich gerollt wie das französische „r") sind guttturale Laute, die im hinteren Teil der Kehle gebildet werden. Der Apostroph (') ist als kurze Trennung innerhalb eines Wortes zu verstehen (wie die Pause in der Mitte von „oh-oh"). Die betonten Silben sind kursiv gekennzeichnet.

Konversation & Nützliches

Hallo	שלום.	sha·*lom*
Auf Wiedersehen	להתראות.	le·hit·ra·*ot*
Ja	כן.	ken
Nein	לא.	lo
Bitte	בבקשה.	be·va·ka·*sha*
Danke	תודה.	to·*da*
Entschuldigung/ Tut mir leid!	סליחה.	sli·*kha*

Wie geht es Ihnen?

	מה בשלומך?	ma nish·*ma*

Danke, gut. Und Ihnen?

	טוב, תודה.	tov to·*da*
	ואתה/ואת?	ve·a·*ta*/ve·*at* (m/f)

Wie heißen Sie?

	איך קוראים לך?	ekh kor·*im* le·*kha*/lakh (m/f)

Ich heiße ...

	שמי ...	shmi ...

Sprechen Sie Englisch?

	אתה מדבר אנגלית?	a·*ta* me·da·*ber* ang·*lit* (m)
	את מדברת אנגלית?	at me·da·be·*ret* ang·*lit* (f)

Ich verstehe nicht.

	אני לא מבין/מבינה.	a·*ni* lo me·*vin*/me·vi·*na* (m/f)

Essen & Ausgehen

Können Sie mir ein ... empfehlen?	אתה יכול להמליץ על ...?	a·*ta* ya·*khol* le·ham·*lits* al ... (m)
	את יכולה להמליץ על ...?	at ye·cho·*la* le·ham·*lits* al ... (f)
Café	בית קפה	bet ka·*fe*
Restaurant	מסעדה	mis·a·*da*

Was können Sie empfehlen?

	מה אתה ממליץ?	ma a·*ta* mam·*lits* (m)
	מה את ממליצה?	ma at mam·li·*tsa* (f)

Was ist die Landesspezialität?

	מה המאכל המקומי?	ma ha·ma·'a·*khal* ha·me·ko·mi

Haben Sie vegetarische Gerichte?

	יש לכם אוכל צמחוני?	yesh la·*khem* o·khel tsim·kho·*ni*

Ich hätte gerne die ..., bitte.	אני צריך/ צריכה את ..., בבקשה.	a·*ni* tsa·*rikh*/ tsri·*kha* et ... be·va·ka·*sha* (m/f)
Rechnung	החשבון	ha·khesh·*bon*
Speisekarte	התפריט	ha·taf·*rit*

Notfall

Hife!	הצילו!	ha·*tsi*·lu
Verschwinde!	לך מפה!	lekh mi·*po*
Rufen Sie ...!	תקשר ל ...!	tit·ka·*sher* le ...
einen Arzt	רופא	ro·*fe*/ro·*fa* (m/f)
die Polizei	משטרה	mish·ta·*ra*

Ich habe mich verlaufen.

	אני אבוד.	a·*ni* a·*vud* (m)
	אני אבודה.	a·*ni* a·vu·*da* (f)

SPRACHE NEUHEBRÄISCH (IVRIT)

HINWEISSCHILDER – NEUHEBRÄISCH

Eingang	כניסה	
Ausgang	יציאה	
Geöffnet	פתוח	
Geschlossen	סגור	
Information	מודיעין	
Verboten	אסור	
Toiletten	שירותים	
Männer	גברים	
Frauen	נשים	

Wo sind die Toiletten?
איפה השירותים? — *e*·fo ha·she·ru·*tim*

Ich bin krank.
אני חולה. — *a·ni* kho·*le*/kho·*la* (m/f)

Shoppen & Service

Ich suche ...
אני מחפש ... — *a·ni* me·kha·*pes* ... (m)
אני מחפשת ... — *a·ni* me·kha·*pe*·set ... (f)

Kann ich das ansehen?
אפשר להסתכל על זה? — ef·*shar* le·his·ta·*kel* al ze

Haben Sie noch andere?
יש לך אחרים? — yesh le·*kha*/ lakh a·khe·*rim* (m/f)

Wie viel kostet das?
כמה זה עולה? — *ka*·ma ze o·*le*

Das ist zu teuer.
זה יקר מדי. — ze ya·*kar* mi·*dai*

Auf meiner Rechnung ist ein Fehler.
יש טעות בחשבון. — yesh ta·*ut* ha·khesh·*bon*

Wo ist ein Geldautomat?
איפה יש כספומט? — *e*·fo yesh kas·po·*mat*

Unterkunft

Wo befindet sich ein/e ...?
איפה ...? — *e*·fo ...

Campingplatz	אתר הקמפינג	*a*·tar ha·*kemp*·ing
Pension	בית ההרחה	bet ha·*a*·ra·kha
Hotel	בית המלון	bet ma·*lon*
Hostel	אכסניית הנוער	akh·sa·ni·*yat* no·*ar*

Haben Sie ein ...?
יש לך חדר ...? — yesh le·*kha*/ lakh khe·der ... (m/f)

Einzelzimmer	ליחיד	le·ya·*khid*
Doppelzimmer	זוגי	zu·*gi*

Wie viel kostet es pro ...?
כמה זה עולה ל...? — *ka*·ma ze o·*le* le ...

Nacht	לילה	*lai*·la
Person	אדם	a·*dam*

Verkehrsmittel & -wege

Ist das der/das ... nach (Haifa)?
האם זה/ זאת ה ... ל(חיפה)? — ha·*im* ze/ zot ha ... le·(khai·*fa*) (m/f)

Schiff	אוניה	o·ni·*ya* (f)
Bus	אוטובוס	o·to·bus (m)
Flugzeug	מטוס	ma·*tos* (m)
Zug	רכבת	ra·*ke*·vet (f)

Wann fährt der ... Bus?
באיזו שעה האוטובוס ה ...? — be·e·ze sha·*a* ha·o·to·bus ha ...

erste	ראשון	ri·*shon*
letzte	אחרון	a·kha·*ron*

Einen ... Fahrschein bitte.
כרטיס אחד ... בבקשה. — kar·*tis* e·khad ... e·khad ... be·va·ka·*sha*

einfach	לכיוון אחד	le·ki·*vun* e·*khad*
hin & zurück	הלוך ושוב	ha·*lokh* va·*shov*

Wie viel kostet es nach ...?
כמה זה ל...? — *ka*·ma ze le ...

ZAHLEN – NEUHEBRÄISCH

1	אחת	*a*·khat
2	שתיים	*shta*·yim
3	שלוש	sha·*losh*
4	ארבע	*ar*·ba
5	חמש	kha·*mesh*
6	שש	shesh
7	שבע	*she*·va
8	שמונה	*shmo*·ne
9	תשע	*te*·sha
10	עשר	e·*ser*
100	מאה	*me*·a
1000	אלף	*e*·lef

In modernen neuhebräischen Texten werden die bei uns gebräuchlichen arabischen Ziffern verwendet.

Bitte bringen Sie mich zu (dieser Adresse).

תיקח/תיקחי אותי	ti·*kakh*/tik·*khi* o·ti
(כתובת הזאת)	(lak·to·*vet* ha·*zot*)
בבקשה.	be·va·ka·*sha* (m/f)

Wo ist der (Markt)?

איפה ה (שוק)?	e·fo ha (shuk)

Können Sie mir das zeigen (auf der Karte)?

אתה/את	a·*ta*/at
יכול/יכולה להראות	ya·*khol*/ye·kho·*la* le·har·ot
לי (על המפה)?	(li al ha·ma·*pa*) (m/f)

Wie lautet die Adresse?

מה הכתובת?	ma hak·*to*·vet

ARABISCH

Die in den palästinensischen Gebieten gesprochene Variante des Arabischen ist das Levantinische Arabisch (und um diese Variante geht es in diesem Abschnitt). Die Unterschiede zwischen dieser Umgangssprache und dem Hocharabischen, der offiziellen Schriftsprache der arabischen Welt, die in Schulen, Verwaltung und Medien verwendet wird, sind signifikant. Arabisch wird von rechts nach links geschrieben.

In unseren Aussprachehilfen ist das **gh** ein gutturaler Ton (wie beim „r" im Französischen), das **r** wird gerollt, **dh** wird wie das englische „th" in „this, the, that" ausgesprochen, **dh** wie das englische „th" in „thin", **ch** wie in „doch" (kehlig, nicht wie in „ich"). Der Apostroph (') ist als kurze Trennung innerhalb eines Wortes zu verstehen (wie die Pause in der Mitte von „oh-oh").

Konversation & Nützliches

Hallo	مرحبا.	*mär*·hä·*bä*
Auf Wiedersehen	خاطرك.	*khaa*·träk (m)
	خاطرك.	*khaa*·trik (f)
Ja	ايه.	'ieh
Nein	لا.	laa
Bitte	اذا بريد.	'i·zä bit·*ried* (m)
	اذا بريدي.	'i·zä bit·*rie*·die (f)
Danke	شكراً.	*schuk*·rän
Entschuldigung	عفواً.	'*äf*·wän
Tut mir Leid!	آسف.	'*aa*·sif (m)
	آسفة.	'*aas*·fe (f)

Wie geht es Ihnen?	كيفك؟/كيفِك؟	ki·*fäk*/ki·*fik* (m/f)
Gut, danke. Und Ihnen?	منيح./منيحة.	mnieh/*mnie*·hä (m/f)
	وأنت/أنتِ؟	uh 'ent/'*en*·tie (m/f)
Wie heißen Sie?	شو اسمَك؟	schuh 'es·mäk (m)
	شو اسمِك؟	schuh 'es·mik (f)

HINWEISSCHILDER – ARABISCH

Eingang	مدخل
Ausgang	مخرج
Geöffnet	مفتوح
Geschlossen	مغلق
Information	معلومات
Verboten	ممنوع
Toiletten	دورات المياه
Männer	الرجال
Frauen	النساء

Ich heiße ...

اسمي ...	'*es*·mie ...

Sprechen Sie Englisch?

بتحكي إنكليزي؟	btaa·kie ing·*lie*·zie

Ich verstehe nicht.

ما فهمت.	maa fä·*he*·met

Essen & Ausgehen

Können Sie mir ein ... empfehlen?	بتوصي	bit·*waa*·sie
	بـ...؟	bi·...
Café	مقهى	*mä*'·hä
Restaurant	مطعم	*mät*·äm

Was würden Sie empfehlen?

بشو بتوصي؟	*bi*·schuh btuh·sie

Was ist die Landesspezialität?

شو الوجبة الخاصة؟	schuh il·*waj*·be il·*khaa*·se

Haben Sie vegetarisches Essen?

في عندكن	fie '*ind*·kun
طعام نباتي؟	tä·'aam nä·*baa*·tie

Ich hätte gerne die ..., bitte.	بدي ...،	*bid*·die ...
	لو سمحت.	lo sä·*maht*
Rechnung	الحساب	il·hi·*saab*
Speisekarte	قائمة الطعام	'*äh*·'i·met it·tä·'aam

Notfall

Hilfe!	ساعدني!	saa·'id nee (m)
	ساعديني!	saa·'i·die nee (f)
Verschwinde!	روح!/	ruhh (zu einem Mann)
	روحي!	ruh·hie (zu einer Frau)
Rufen Sie ...!	اتصل بـ...!	'it·*ta*·sil bi·...
einen Arzt	دكتور	duk·*tuhr*
die Polizei	الشرطة	isch·*schur*·tä

Ich habe mich verlaufen.

أنا ضائع.	'*a*·nä daa·'i' (m)
أنا ضائعة.	'*a*·nä daa·'*i*·e (f)

Hotel	فندق	fun·du'
Hostel	فندق شباب	fun·du' schä·baab
Haben Sie	في عندكن غرفة ...؟	fie 'ind·kun ghur·fe ...
Einzelzimmer	بتخت منفرد	bi·takht mun·fä·rid
Doppelzimmer	بتخت مزدوّج	bi·takht muz·do·wej
Wie viel kostet es pro ...?	قديش هقه؟	'äd·diesch li·...
Nacht	ليلة	ley·le
Person	شخص	schäkhs

ZAHLEN – ARABISCH

1	١	واحد	waa·hed
2	٢	اثنين	'it·neyn
3	٣	ثلاثة	tä·laa·te
4	٤	اربع	'är·bä'
5	٥	خمسة	khäm·se
6	٦	ستة	sit·te
7	٧	سبعة	säb·'ä
8	٨	ثمانية	tä·maa·ne
9	٩	تسعة	tis·'a
10	١٠	عشرة	'äsh·rä
100	١٠٠	مية	mi·'e
1000	١٠٠٠	الف	'elf

Arabische Ziffern werden, im Gegensatz zu Buchstaben, von links nach rechts geschrieben.

Wo sind die Toiletten?
وين الحمامات؟ · wen il·häm·maa·maat

Ich bin krank.
أنا مريض. · 'ä·nä mä·ried (m)
أنا مريضة. · 'ä·nä mä·rie·de (f)

Shoppen & Service

Ich suche ...
بدور عن ... · bi·do·wer 'än ...

Kann ich mir das ansehen?
ورجني ياه؟ · wär·ji·nie yaah (m)
ورجيني ياه؟ · wär·jie·nie yaah (f)

Haben Sie noch andere?
في عندكن غيره؟ · fie 'ind·kun ghey·ru

Wie viel kostet das?
قديش هقه؟ · 'äd·diesch ha'·'u

Das ist zu teuer.
هيدا غالي اكتير. · hä·dä ghaa·lie 'ik·tier

Auf meiner Rechnung ist ein Fehler.
في خطأ بالحساب. · fie khä·tä' bil·hi·saab

Wo ist der nächste Geldautomat?
وين جهاز الصرافة؟ · wen je·hähz is·sä·raa·fe

Unterkunft

Wo befindet sich ein/eine ...?	...؟ · وين	wen ...
Zeltplatz	مخيّم	mu·khey·yäm
Pension	بيت الضيوف	beyt id·du·yuhf

Verkehrsmittel & -wege

Ist das der/das ... nach (Petra)?	هدا الـ... لـ(بيترا)؟	hä·dä il·... lä·(bie·trä)
Schiff	سفينة	sfie·ne
Bus	باص	baas
Flugzeug	طائرة	taa·'i·re
Zug	قطار	'i·taar
Wann fährt der ... Bus?	أمتى الباص...؟	'em·tä il·baas il·...
erste	اول	'o·wel
letzte	اخر	'aa·khir
Einen Fahrschein ..., bitte!	تذكرة ... اذا بتريد.	täz·ki·re ... 'i·zä bit·ried
einfach	ذهاب	zä·haab
hin & zurück	ذهاب واياب	zä·haab uh 'ie·yaab

Wie viel kostet es bis ...?
قديش الاجرة لـ...؟ · 'äd·diesch il·'uj·re lä ...

Bitte bringen Sie mich (zu dieser Adresse).
اوصلني عند (هيدا العنوان). · 'uh·säl·nie 'ind (hä·dä il·'un·waan)

Wo ist der (Markt)?
وين الـ(سوق)؟ · wen il·(suh')

Können Sie mir das zeigen (auf der Karte)?
بتورجني (علخريطة)؟ · btwär·ji·nie ('äl·khä·rie·te)

Wie lautet die Adresse?
شو العنوان؟ · schuh il·'un·waan

GLOSSAR

Die Sprachherkunft der nicht-deutschen Begriffe ist in Klammern vermerkt: (NH) für neuhebräisch und (A) für arabisch. Singular und Plural sind mit (Sg.) und (Pl.), männliche und weibliche Begriffe mit (m.) und (f.) gekennzeichnet.

Ablaq (A) –Borte aus abwechselnd hellen und dunklen Dekorsteinen, ein Element in der arabischen Architektur

abu (A) – Vater (von), oft Teil des Namens, s. auch *umm*

agorot (NH) – kleinste Einheit des Schekel; 1 Schekel = 100 Agorot

ain (A) – Wasserquelle oder Quelle; auch *ein* oder *en* geschrieben

al (A) – der, die, das

aliya (NH) – nach Israel einwandern (wörtlich „aufsteigen")

b'seder (NH) – o. k.

bab (A) – Tür, Tor

bakashot *(NH)* – Sammlung von Kabbala-Texten, die in den Wintermonaten am Sabbat in den frühen Morgenstunden gesungen werden

be'er (NH) – Brunnen

beit knesset (NH) – Synagoge

beit merkachat (NH) – Apotheke

beit/beth (NH) – Haus

bimah (NH) – erhöhtes Podium in einer Synagoge

bir (A) – Brunnen

burj (A) – Festung, Turm

caravanserai (A) – s. *khan*

daf (A) – Tamburin

derekh (NH) – Straße

ein (NH) – Quelle

Eretz Yisra'el (NH) – das Land Israel

Eretz Yisra'el HaShlema (NH) – Großisrael; dieser Begriff wird von Israels rechtem Flügel in Bezug auf seine Forderung, der Gazastreifen, das Westjordanland und die Golanhöhen sollen zum israelischen Territorium gehören, benutzt

gadol (NH) – groß

gan (NH) – Garten, Park

Haganah (NH) – wörtlich „Verteidigung"; die jüdische Untergrundbewegung zu Zeiten des Britischen Mandats, der Vorgänger der modernen Israelischen Streitkräfte (Israel Defense Forces, IDF)

Hadsch (A) – jährliche muslimische Wallfahrt nach Mekka

Hamas (A) – (Harakat al-Muqaama al-Islamiya) militante islamische Organisation, deren Ziel es ist, auf dem palästinensischen Territorium aus der Zeit vor 1948 einen islamischen Staat zu gründen

hammam (A) – öffentliches Badehaus

har (NH) – Berg

haraam (A) – wörtlich „verboten"; heilige Stätte

Hared/Harediya/ Harediyot (NH, m. Sg./f. Sg./m. Pl./f. Pl.) – Ultraorthodoxer, entweder ein Hasid, oder ein Mitglied einer der Gruppen, die den auch als Mitnagdim bekannten Chassidismus ablehnen

Hasid/Hasidim (NH, m. Sg./m. Pl.) – Chassid, Mitglied einer ultraorthodoxen Bewegung (Chassidismus) mit Tendenz zum Mystischen; sie wurde im 18. Jh. vom Rabbi Israel ben Elieser in Polen gegründet

hazzanut (NH) – jüdischer Kirchengesang

Hisbollah (A) – wörtlich „Partei Gottes"; vom Iran

unterstütze schiitische Guerillagruppe, die im Südlibanon aktiv ist

hof (NH) – Strand

hurva (NH) – Ruine

IDF – Israelische Streitkräfte (Israel Defense Forces)

iftar (A) – im Ramadan tägliches Fastenbrechen bei Abenddämmerung

intifada (A) – wörtlich „Abschütteln". Diesen Begriff benutzen Palästinenser, um den Aufstand gegen Israel zu beschreiben; die Erste Intifada dauerte von 1987 bis 1990, die Zweite Intifada von 2001 bis 2005

Islam (A) – wörtlich „die freiwillige Unterwerfung unter Gott (Allah)"; Religion der großen Mehrheit des palästinensischen Volkes

isra (A) – „Nachtreise" des Propheten Mohammed von Mekka nach Jerusalem

juhhal (A) – Unwissender; nicht zum inneren Kern der Drusen gehörende Person; s. auch *uqqal*

kafr (A) – Dorf

kashrut (NH) – die jüdischen Speisegesetze, die auch festlegen, was koscher ist

katan *(NH)* – klein

keffiyeh (A) – auch *kufiya*; das schwarz-weiß karierte palästinensisch-arabische Kopftuch

ketuba (NH) – jüdischer Ehevertrag

kfar – Dorf

khan (A) – auch *caravanserai* genannt; Gasthaus für Reisende an den Haupthandelsrouten; im oberen Stockwerk sind Zimmer, im Erdgeschoss befinden sich um einen zentralen Hof herum angelegte Stallungen und Lagerräume

khirbet (A) – Ruinen (von)

kibbuz/kibbutzim (NH, Sg./Pl.) – Kollektivsiedlung, die von ihren Mitgliedern gemeinsam geleitet wird; Kibbuze lebten früher nur von der Landwirtschaft, haben sich heute aber viele Industriebereiche erschlossen; s. auch *moshav*

kibbutznik (NH) – Mitglied in einem Kibbuz

kikar (NH) – Platz; Kreisverkehr

kippa/kippot (NH, Sg./Pl.) – runde Kopfbedeckung, die von praktizierenden Juden (bei Reform- und konservativen Juden manchmal auch von Frauen) getragen wird; auf jiddisch heißt sie *yarmulke*

Klezmer (NH) – traditionelle Musik der osteuropäischen Juden, oft als traditioneller jüdischer Soul bezeichnet

Knesset (NH) – israelisches Parlament

Koran (A) – s. *Quran*

koscher (NH) – nach den jüdischen Speisegesetzen zubereitete Lebensmittel; s. auch *kashrut*

ma'ayan (NH) – Quelle, Wasserbecken

madrassa (A) – religiöse Schule, meist einer Moschee angegliedert

majdal (A) – Turm

makhtesh (NH) – Erosionskrater

matkot *(NH)* – israelische Version von Tennis am Strand

menorah (NH) – siebenarmiger Leuchter, der alte Tempel in Jerusalem schmückte und seitdem ein jüdisches Symbol ist; offizielles Symbol des Staates Israel

miraj (A) – der Aufstieg des Propheten Mohammed von Jerusalem aus in den Himmel

midrahov (NH) – Fußgängerzone

mihrab (A) – Gebetsnische in einer Moschee, zeigt die Gebetsrichtung (gen Mekka) an

mikwe (NH) – rituelles, jüdisches Tauchbecken

Minarett (A) – Turm einer Moschee, von dem traditionell zum Gebet gerufen wird

mitzvah (NH) – religiöse Pflicht; Befolgung der Gebote

Mizrahi/Mizrahim (NH, Sg./Pl.) – Juden, die einer jüdischen Gemeinschaft aus dem Nahen Osten angehören, z.B. aus islamischen Ländern wie Marokko, dem Jemen oder dem Irak; der Begriff wird auch für Sepharden benutzt, die aber eigentlich nur die Nachfahren der aus Spanien vertriebenen Juden sind

moshav/moshavim (NH, Sg./Pl.) – genossenschaftlich organisierte Siedlung mit privaten und kollektiven Unterkünften, wirtschaftlich aktiv; s. auch *kibbutz*

moshavnik (NH) – Mitglied eines *moshav*

muqarna (A) – Stilelement der islamischen Architektur, das an Stalaktiten erinnert

nahal (NH) – Fluss

Naqba (A) – wörtlich „die Katastrophe"; so nennen die Palästinenser den Arabisch-Israelischen Krieg von 1948

nargileh (A) – Wasserpfeife; s. auch *shisha*

ney (A) – Flöte

oleh/olah/olim/olot (NH, Sg. m./Sg. w./Pl m./Pl. w.) – Einwanderer nach Israel

PA – Palästinensische Autonomiebehörde

PFLP – Volksfront zur Befreiung Palästinas (Popular Front for the Liberation of Palestine)

PLO – Palästinensische Befreiungsorganisation (Palestine Liberation Organisation)

PNC – Palästinensischer Nationalrat (Palestinian National Council), oberstes, legislatives Organ der PLO

Quran (A) – das heilige Buch des Islams

ras (A) – Landzunge

refusenik (NH) – israelische Wehrdienstverweigerer

rehov (NH) – Straße

ribat (A, NH) – Hostel oder Hospiz für Pilger

Sabbat (NH) – der jüdische Sabbat beginnt freitagabends mit Sonnenuntergang und endet samstags eine Stunde nach Sonnenuntergang

sabra (NH) – wörtlich „Kaktusfeige"; gebürtiger Israeli

Scharia (A) – muslimisches Gesetz

sebil (A) – öffentlicher Trinkbrunnen

servees (A) – von den Palästinensern verwendeter Ausdruck für Kleinbus oder Sammeltaxi; s. auch *sherut*

sha'ar (NH) – Tor

shabab (A) – lediger, junger Mann; wörtlich „Jugend"; junge palästinensische Steinewerfer und Agitatoren, das Rückgrat der Intifada

shalom (NH) – Hallo

Shechina (NH) – Wohnstatt Gottes in Israel

shisha (A) – in Ägypten benutzter Ausdruck für Wasserpfeife; s. auch *nargileh*

sheikh (A) – gelehrter oder alter Mann

shekel/sh'kalim (NH, Sg./Pl.) – israelische Währung

Shema (NH) – jüdisches Glaubensbekenntnis

sherut (NH) – israelischer Begriff für Kleinbusse oder Sammeltaxis, die eine bestimmte Strecke zu einem festen Preis fahren, ähnlich einem Langstreckenbus

shiva (NH) – einwöchiges Trauerritual beim Tod eines Verwandten ersten Grades

shofar (NH) – Holzblasinstrument; wird an Rosh Hashana und Jom Kippur benutzt

shtetl (NH) – kleines, traditionelles Dorf (oder Ghetto) von osteuropäischen Juden

Siedler – Ausdruck für Israelis, die während des Sechstagekriegs 1967 neue Gemeinschaften in dem von Jordanien, Ägypten und Syrien besetzten Territorium errichteten; das hebräische Wort für Siedler ist *mitnachel*

sukkah/sukkot (NH, Sg./Pl.) – kleine Hütte, die für das Sukkot-Fest (das Laubhüttenfest im Herbst) eingerichtet wird

taboun (NH) – Lehmofen

Tanach – das Alte Testament

tell (NH) – Hügel; in der Archäologie Aufschüttung, die über die Jahrhunderte des städtischen Wiederaufbaus entstand

Tora (NH) – die Fünf Bücher Mose, d. h. die ersten fünf Bücher des Alten Testaments; auch Pentateuch genannt

Tzahal (NH) – hebräischer Name der IDF (Israel Defense Forces)

tzimmer (NH) – wörtlich „Zimmer"; B & B, Ferienwohnung

tzitzit (NH) – die weißen Troddel an den vier Ecken eines quadratischen Unterkleids, das von orthodoxen Juden getragen wird; die geknoteten Fransen an einem Gebetsschal heißen genauso

ulpan/ulpanim (NH, Sg./Pl.) – Sprachschule

umm (A) – Mutter (von); die weibliche Entsprechung von *abu*

UNRWA – Hilfswerk der Vereinten Nationen für Palästina-Flüchtlinge im Nahen Osten (UN Reliefs & Works Agency for Palestine Refugees)

uqqal (A) – Wissender; zum inneren Kern der Gemeinschaft der Drusen gehörende Person; s. auch *juhhal*

wadi (A) – ausgetrocknetes Flussbett

WZO – Zionistische Weltorganisation (World Zionist Organisation)

ya'ar (NH) – Wald

yad (NH) – Denkmal

yeshiva/yeshivot (NH, Sg./Pl.) – religiöse jüdische Bildungsanstalt oder Schule

Hinter den Kulissen

WIR FREUEN UNS ÜBER EIN FEEDBACK

Post von Travellern zu bekommen, ist für uns ungemein hilfreich – Kritik und Anregungen halten uns auf dem Laufenden und helfen, unsere Bücher zu verbessern. Unser reiseerfahrenes Team liest alle Zuschriften ganz genau durch, um zu erfahren, was an unseren Reiseführern gut und was schlecht ist. Wir können solche Post zwar nicht individuell beantworten, aber jedes Feedback wird garantiert schnurstracks an die jeweiligen Autoren weitergeleitet, rechtzeitig vor der nächsten Auflage.

Wer uns schreiben will, erreicht uns über **www.lonelyplanet.de/kontakt**.

Hinweis: Da wir Beiträge möglicherweise in Lonely Planet Produkten (z. B. Reiseführer, Websites, digitale Medien) veröffentlichen, gegebenenfalls auch in gekürzter Form, bitten wir um Mitteilung, falls ein Kommentar nicht veröffentlicht oder ein Name nicht genannt werden soll. Wer Näheres über unsere Datenschutzpolitik wissen will, erfährt das unter www.lonelyplanet.com/privacy.

DANK VON LONELY PLANET

Vielen Dank den Reisenden, die uns nach der letzten Auflage des Reiseführers zahlreiche hilfreiche Hinweise, nützliche Ratschläge und interessante Anekdoten schickten:

Ana van Es, Jilles van Dam, Mahmoud Muna, Margaux Thierrée, Naomi Jenkins, Neal Hirst, Teresa Lampropoulos.

DANK DER AUTOREN
Daniel Robinson

Mein besonderer Dank geht an (von Nord nach Süd): Talal (Berg Hermon), Clery (Metulla), Irit Steinberg (Naturschutzgebiet HaChula), Meni Tzuberi (Katzrin), Chanoch (Yehudiya), Ido Shaked (Gamla), Doron (Bikta b'Kadita), Riki & Dov Ruckenstein und Moshe Tov Kreps (Safed), Tal Ben David (Rosch Pina), Etha & Erwin Frenkel (Chorazin), Lilach (Majrase), Mariana Bravo (Magdala), Nissim Mazig (Kursi), Moshe Ohz (Tiberias), Ayala & Ofer Markman, Roni Barziv und Mira Lugasi (Haifa), Egi (Hamat Gader), Maoz Yinon, Linda Hallel, Sami Jabali & Silke, Emile Emran, Abed und Abu Ayyad von der Weißen Moschee und Tariq Bsoul von Nazarene Transport & Tourism (Nazareth), Vered (Belvoir), Sarinah Kalb und Leo, Bella und Shoshana (Tel Aviv); Noam (Ain Feshkha),

Michal und Sivan (En-Gedi-Naturreservat), Shai (Field School in En Gedi), Kfir (Masada), Sarah (Touristeninformation von En Bokek), Asaf Madmony (Ne'ot HaKikar) und vor allem an meine Frau Rachel und meinen Sohn Yair für ihre unerschütterliche Unterstützung, ihr Verständnis und ihre Geduld.

Orlando Crowcroft

Ich möchte dem Personal und den ehrenamtlichen Mitarbeitern im Cinema Guest House und im Freedom-Theater in Dschenin für ihre Einblicke und Tipps zur Stadt, ihrer Vergangenheit, Gegenwart und Zukunft, danken, außerdem Yazeed Abu Khdeir in Jerusalem, meinem Mittelsmann, Freund und Partner bei unzähligen Road Trips durchs Westjordanland, Layla Torres in Bethlehem, allen Mitarbeitern des Area D Hostel in Ramallah und des International Friends Youth Hostel in Nablus, meinen zweiten Heimaten während der Recherche zu diesem Buch, Hazem Balousha und Heidi Levine, die sich im Gazastreifen um mich kümmerten, und nicht zuletzt jedem Taxifahrer, Kaffeeverkäufer und Ladenbesitzer im Westjordanland, die sich die größte Mühe gaben, mir den Weg zu weisen, wenn ich in gebrochenem Arabisch danach fragte.

Virginia Maxwell

Meinen größten Dank an Peter Handsaker und Pat Yale, die mich auf zwei Recherchereisen nach Israel für dieses Buch begleiteten sowie an meinen fachkundigen Mitautor Daniel Robinson und die Einheimischen Mira Marcus, Oren Mor, Yael Biedermann, Maoz Inon, Yaron Burgin, Naomi Dvora, Gal Mor, Lee Balot, Yoash Limon und Omer vom Overstay.

Jenny Walker

Nach Petra zurückzukehren, ist immer ein großes Vergnügen, nicht nur wegen der spektakulären antiken Stadt, sondern auch weil die Bewohner von Wadi Musa und Umm Sayhoun ihrem Ruf, „Herz und Verstand" zu haben, alle Ehre machen. Wie immer danke ich all meinen jordanischen Freunden, die mir im Laufe der Jahre bei diesem Kapitel geholfen haben und meinem lieben Ehemann Sam Owen, der mich wie üblich bei meiner Recherche und Schreibarbeit begleitete und unterstützte.

QUELLENNACHWEIS

Die den Klimakarten zugrunde liegenden Dagen stammen von Peel MC, Finlayson BL & McMahon TA (2007) *Updated World Map of the Köppen-Geiger Climate Classification*, erschienen in der Zeitschrift *Hydrology and Earth System Sciences*, Ausgabe 11, 1633–44.
Illustrationen S. 56/57 von Javier Zarracina und S. 374/375 von Michael Weldon.
Titelfoto: Hisham-Palast, Westjordanland, Vdovin Ivan/Alamy.

HINTER DEN KULISSEN

ÜBER DIESES BUCH

Dies ist die 3. deutschsprachige Auflage von *Israel & Palästina*, basierend auf der 8. Auflage von *Israel & the Palestinian Territories*, die von Daniel Robinson (Chefautor), Orlando Crowcroft, Virginia Maxwell und Jenny Walker recherchiert und geschrieben wurde. Die vorige Auflage verfassten Daniel Robinson (Chefautor), Michael Kohn, Dan Savery Raz und Jenny Walker. Dieser Reiseführer wurde von folgendem Team produziert:

Verantwortliche Redakteurin Helen Elfer

Produktredakteurinnen Kate Chapman, Samantha Forge

Buchdesigner Cam Ashley

Redaktionsassistenz Sarah Bailey, Katie Connolly, Melanie Dankel, Kate Evans, Kirsten Rawlings

Umschlagrecherche Naomi Parker

Dank an Elizabeth Jones, Kate Kiely, Ilana Kosky, Anne Mason, Kate Mathews, Claire Naylor, Karyn Noble, Katie O'Connell, Lonely Planet Cartography, Samantha Tyson

Register

A

Abbas, Mahmud 380
Abendmahl, Letztes 71
Abu Dis 289
Abu Ghosch 112
African Hebrew Israelites of Jerusalem 405
Agamon HaChula 259
Agnon, Samuel Joseph 424
Ägypten (Grenzübergänge) 34
Ain Hud 183
Akhziv 200
Akko (Akkon) **2**, 14, **14**, 192, **194**, **210**
Aktivitäten 439, siehe auch einzelne Aktivitäten & einzelne Orte
Al-Anazia-Becken 160
Al-Aqsa-Moschee **57**
Al-Bireh 290
Al-Haram asch-scharif (Tempelberg) 50, 56, **56**
Alija 388, 390
Al-Kasaba Theatre & Cinematheque 427
Alpakas 346, 349
Amichai, Jehuda 424
an-Nakba 392
An- & Weiterreise 451
Appelfeld, Aharon 424
Aquarien
  Underwater Observatory Marine Park 354
Arabisch 463
Arad 337
Arafat, Jassir 394, 395, 397, 398
Arava, die 350
Arbeiten in Israel 440
Archäologische Ausgrabungen 439

Archäologische Stätten
Altes Badehaus (Nazareth) 206
Antikenpark Katzrin 265
Archäologischer Park Jerusalem & Davidson Centre 65, **57**
Archäologisches Museum Wohl 67
Bethsaida 236
Chalkolithischer Tempel 320
Herodium 288
Hisham-Palast 296
Kapernaum 235
Klein-Petra Siq 377
Kreuzfahrerstadt 189
Kursi-Nationalpark 239
Magdala 229
Masada 324, 325
Mey-Kedem-Tunnel 186
Nationalpark Bet She'an 217
Nationalpark Tel Arad 337
Naturschutzgebiet Tel Dan 262
Petra 366
Sebastiya 305
Tel Balata 305
Tel Be'er Scheva 341
Tel es-Sultan (Alt-Jericho) 296
Tel Goren 320
Tel Hazor 259
Tell Maresscha 114
Architektur
  Bauhaus-Stil 15, **15**, 118
  Beit Jalad (Jerusalem) 85
  Kreuzfahrer 69, 183, 218
  Mamelucken 68, 302
  Osmanisch 302
  Römisch 241
Armageddon siehe Megiddo
Aschkenasim 385
as-Sadat, Anwar 393

Astronomie 347
Ausgehen 22
Aussichtspunkte 250, 261, 268
  Aussichtspunkt Quneitra 269
  Berg Sodom 332
  Hoher Opferplatz 366
  Makhtesh Ramon 345
Auto, Reisen mit dem 452
  Sabbat 453
  Sicherheit 436
  Verkehrsregeln 454

B

Babylonische Gefangenschaft 383
Badehäuser 371
Bahai-Gärten (Haifa) **12**, 12, 165
Bahai-Gärten (bei Akko) 198
Bahai-Religion 170
Balfour-Deklaration 389, 391
Banksy 283
Bargeld 442
Bar-Kochba-Aufstand 384, 386
Bar Kochba, Simon 384, 386
Basiliken siehe Kirchen & Kathedralen
Baum des Zachäus 296
Beatles 425
Beduinen 403
Be'er Scheva 337, **338**
Begin, Menachem 392, 394
Behinderung, Reisen mit 445
Beit She'arim 181
Belvoir 218
Berg der Seligpreisungen 15, **15**, 234
Berg Garizim 306
Berg Gilboa 218

Berg Sodom 332
Berg Tabor 215
Berg Zion 233
Bet-Alfa-Synagoge 219
Bethesda-Teich 69
Bethlehem 16, **16**, 280, **281**
  Kontrollpunkte 289
Bethsaida 236
Bet She'an 15, **15**, 217
Bevölkerung 381, 400
Bezalel Academy of Arts & Design 427
Biblische Stätten siehe auch einzelne Stätten
  Berg der Versuchung 296
  Gasthaus des Barmherzigen Samariters 297
  Qasr al-Yahud (Taufstelle) 297
  Rahels Grab 284
Bier 407
  Feste & Events 93, 294
  Golan Brewhouse 266
  Taybeh-Brauerei 294
Bikta BeKadita 257
Bildende Kunst 427
Black Hebrews siehe African Hebrew Israelites of Jerusalem
Bogenschießen 346
Botschaften & Konsulate 440
Brauereien siehe Bier
Britisches Mandatsgebiet 389, 391
Brotvermehrungskirche **233**, 234
Bücher 380, 431
  Geschichte 384
  Gesundheit 459
  Religion 422
Bürgerkrieg, syrischer 270
Bus, Reisen mit dem 456
  Unterwegs vor Ort 454
Byzantinisches Reich 386

Verweise auf Karten **000**
Verweise auf Fotos **000**

C

Caesarea 13, **13**, 188, **189**
Camp-David-Abkommen 394, 395
Camping 447
  Petra 378
  See Genezareth 236
  Sodom 333
  Totes Meer 324
Centre International Marie de Nazareth 207
Chagall, Marc 91
Chanukka 27
Chan Yunis 314
Charedim 80, 81, 421
Christen 404
Christentum 421
Chula-Ebene 259
Cowboys 270

D

Daliyat al-Karmel 182
Dalton-Ebene *siehe* Ramat Dalton
DAM 426
Damari, Shoshana 425
Damaskustor 58, 67
Darwisch, Mahmud 393, 424
David, König 70, 382
Davidsstadt 72
Dead Sea Works 332
Diaspora, Jüdische 385
Dokumentationen 380
Drusen 272, 404
Dschenin 213, 307
Durchfallerkrankungen 459

E

Ebene von Bet She'an 217
Eilat 354, **355**, **356**
  Gefahren & Ärgernisse 362
Ein Hod 183
Einkaufszentren
  Eilat 362
  En Boqeq 330
  Tel Aviv 153
Ein Kinya 272
Einreise 449
Eislaufen 262
Eleazar, Berg 328
En Boqeq 329
En Gedi 318
Entwicklung 413, 433
En Ziwan 269
Ermäßigungen 38, 169

Essen 406, 441
  Feste & Feiertage 408
  halal 407
  kosher 407
  Preise 441
  Sprache 461, 463
Events *siehe* Feste & Events

F

Fahrradfahren *siehe* Radfahren
Falafel 406, 408
Fatah 395, 397, 398, 418
Fayyad, Salam 414
Feiertage *siehe* Feste & Events
Felsendom 9, **9**, 53, **57**, **230**, 231
Feste & Events 408
  Chanukka 27
  Docaviv International Documentary Film Festival 428
  Eid al-Adha 26
  Eid al-Fitr 25
  Eilat Chamber Music Festival 359
  Fest der Feiertage 27
  Film 428
  Gay Pride Parade 25
  Geburtstag des Propheten 27
  Gedenktag für die Opfer des Völkermords an den Armeniern 24
  Haifa International Film Festival 428
  International Student Film Festival 428
  Islamisches Neujahrsfest 26
  Israel Festival 25
  Isrealischer Unabhängigkeitstag 24
  Isrotel Classic Music Festival 359
  Jacob's Ladder 235
  Jerusalem Film Festival 428
  Jerusalem International Oud Festival 94
  Jerusalem Sacred Music Festival 94
  Jitzchak-Rabin-Gedenktag 26
  Jom HaZikaron 24
  Jom Kippur 26
  Karfreitag 23, 24
  Lag BaOmer 25
  Leilat al-Mi'raj 25

Lights in Jerusalem 93
  Mimouna 24
  Neujahrstag 23
  Oktoberfest 294
  Ostern 24
  Other Israel Film Festival 429
  Pessach (Passah) 23
  Purim 23
  Ramadan 25
  Red Sea Jazz Festival 26, 359
  Rosch ha-Schana 26
  Shawuot 25
  Sukkot 26
  Tag der Arbeit 25
  Tag der Nakba 25
  Tag der palästinensischen Gefangenen 24
  Tag des Bodens 23
  Tel Aviv International LGBT Film Festival 429
  Tischa beAv 25
  Tsfat Klezmer Festival 251
  Tu biSchevat 23
  Weihnachten (orthodox) 23
  Weihnachten (westlich) 27
Film 380, 429
  Feste & Events 93, 428
  Infos im Internet 429
Flavius Josephus 384, 385
Fledermäuse 430
Flüchtlingslager 286, 393
Flugzeug, Reisen mit dem
  An- & Weiterreise 451
  Unterwegs vor Ort 455
Forts & Festungen
  Herodium 288
  Hisham-Palast 296
  Masada 12, **12**, 324, 384, 386
  Nimrodburg 10, **10**, 271
  Palastkomplex im Naturschutzgebiet Banyas 271
Frauen in Israel 413
Frauen in Palästina 414
Frauen unterwegs 441
Freedom Theatre 307, 427
Freiwilligenarbeit 442
Frühstück 406, 408
Fünf Säulen des Islam, die 423
Fußball 380

G

Galerien *siehe* Museen & Galerien
Gangaroo-Tierpark 219
Gaza-Stadt 314
Gazastreifen 309, **310**
  An- & Weiterreise 311
Geburtskirche (Bethlehem) 233, 282
Gefahren & Ärgernisse 261, 265, 273, 277, 362, 436, 442
  Eilat 362
  Wandern & Trekken 362
Geführte Touren 455
Geier 268
Geld 18, 19, 442
  Ermäßigungen 441
Geldanweisungen 442
Geldautomaten 442
Geldwechsel 442
Gepäck 443
Geschichte 382
  Britisches Mandatsgebiet 389, 391, 392
  Bücher 384, 387, 391
  Byzantinisches Reich 386
  Erster Libanonkrieg 394
  Hamas-Machtübernahme 397
  Hasmonäer 384
  Hellenistische Zeit 383
  Holocaust 385, 390
  Intifada, Erste 395, 396
  Intifada, Zweite 397
  Islam 387
  Israelischer Unabhängigkeitskrieg 391, 392
  Jom-Kippur-Krieg 393, 395
  Kreuzzüge 388
  Oslo-Friedensprozess 395, 417
  Osmanisches Reich 388, 390
  Römisches Reich 384, 385
  Schlacht von Ain Djalut 221
  Sechstagekrieg 393, 394
  Teilung Palästinas 391, 392
  Vorgeschichte 382
  Zionismus 388, 390, 391
  Zweite Intifada 397
Gesundheit 458
  Bücher 459
  Versicherung 448

472

REGISTER G–J

Gisch 255
Golanhöhen 10, 242, **244**, 264
  Highlights 244
  Reiseplanung 242
Grab der Patriarchen 233, **233**, 302
Gräber & Grabstätten
  Bahje-Haus 198
  Ben-Gurion-Gräber 343
  Davidsgrab 70
  Gartengrab 79
  Grab der Patriarchen 233, **233**, 302
  Grab der Prinzessin Tunshuq 68
  Grab der Turkan Khatun 68
  Grab des Jassir Arafat 291
  Grab des Joschafat 74
  Grab des Rabbi Akiba 223
  Grab des Rabbi Jochanan ben Sakkai 223
  Grab des Rabbi Meir Ba'al HaNess 223
  Grab des Rambam 223
  Grab des Raschbi 257
  Gräber der Kabbalisten 250
  Gräber der Propheten 75
  Gräber von Schemaija und Avtalion 255
  Grab Oskar Schindlers 71
  Grab von Sacharja 74
  Kinneret-Friedhof 238
  Königsgräber 367
  Mariengrab 76
  Straße der Fassaden 366
Grabeskirche 11, **11**, 59, **60**, **88**, **232**, 233
Grenzübergänge 32
Großer Jüdischer Krieg 384
Grossman, David 424

H

Haaretz 437
Ha'ari-Synagoge der Aschkenasim 233
Hadrian 384, 386

Haifa 162, 163, **163**, **165**, **166**
  Aktivitäten 173
  An- & Weiterreise 180
  Ausgehen & Nachtleben 177
  Essen 162, 175
  Feste & Events 173
  Highlights 163
  Klima 162
  Kurse 173
  Reisezeit 162
  Sehenswertes 164
  Shoppen 179
  Touristeninformation 179
  Unterhaltung 178
  Unterkunft 162, 173
  Unterwegs vor Ort 181
Halacha 421
Hamas 380, 396, 397, 398, 418
Hamat Gader 241
Hamdallah, Rami 380
Handys 18, 446
Har Avital 269
Har Hermon 274
Har Meron 254
Har Shlomo 363
Hasmonäer 384
Hebräisch 134, 461
Hebräische Universität von Jerusalem 391
Hebron 301
Herodes der Große 384, 385
Herodestor 58
Herodium 288
Herzliya 158
Herzl, Theodor 388
Himmelfahrt Mohammeds *siehe* Nachtreise
Hirtenfeld 287
Hisbollah 398
Historische Gebäude
  Bet Gabriel 239
  Khan al-Umdan 195
  Muqataa 291
Historische Stätten
  Antikes Boot 229
  Al-Anazia-Becken 160
  Alte Pioniersiedlung Rosch Pina 258
  Altstadt (Jaffa) 130, **145**
  Atlit „Illegal" Immigrant Detention Camp 183
  Cardo 190
  Cardo Maximus 66
  Herodianisches Amphitheater & Badehaus 190

Kappalast 190
Mauerweg 59
Muristan 62
Nabi Musa 297, **298**
Rittersäle (Akko) 193
Römisches Theater 190
Shouting Hill 273
Stadtmauern (Akko) 193
Unabhängigkeitshalle (Bet ha-'Azma'ut) 125
Wadi Qilt 297
Weißer Turm 161
Yerushalayim-Straße 250
Hitzeschäden 459
Hitzschlag 459
Hoher Opferplatz 366
Höhle des Elija 172
Höhlen
  Berg Sodom 332
  Bet-Guvrin 113
  Dodim-Höhle 320
  Höhle der 40 Heiligen Mönche 206
  Höhle des Elija 172
  Marissa 113
  Mehlhöhle 333
  Rosh-Hanikra-Grotten 199
  Sorek-Höhle 112
Holocaust 90, 198, 385, 390, 420
Hügeljugend 381
Hummus 406

I

Infos im Internet 19, 458
  Film 429
  Radfahren 439
  Umwelt 434
  Wandern & Trekken 440
Insektenbisse 459
International Centre of Bethlehem (Dar Annadwa) 284, 428
Internetzugang 443
Intifada, Erste 395, 396
Intifada, Zweite 397
Islam 422
  Schiiten 423
  Sunniten 423
Islamischer Dschihad 396
Israelischer Unabhängigkeitskrieg 392
Israelische Verteidigungsstreitkräfte 412
Israel Museum 16, **17**, 86, **88**, 428

J

Jaffa (Jafo) *siehe* Tel Aviv-Jaffa (Jafo)
Jalameh 289
Janco, Marcel 428
Jeeptouren 350
Jehoshua, Abraham B. 424
Jericho , 294, 231
Jerusalem 44, **46**, **76**
  Altstadt 50, **52**, **88**, 94, 100, 104, 107
  An- & Weiterreise 110
  Armenisches Viertel 69
  Ausgehen & Nachtleben 105
  Christliches Viertel 59
  Deutsche Kolonie 85, 99, 104, 107
  En Kerem 91
  Essen 44, 100
  Feste & Events 93
  Gefahren & Ärgernisse 109
  Geführte Touren 92
  Geschichte 45
  Givat Ram 86, 104
  Großraum 111, **112**
  Har Hazikaron 87
  Highlights 46
  Infos im Internet 109
  Jaffator 55
  Jüdisches Viertel 64
  Kidrontal 72
  Kindern, Reisen mit 95
  King David (David Ha-Melekh) Street 83
  Klima 44
  Kurse 91
  Mamilla 98, 104
  Me'a Sche'arim 80
  Mekor Baruch 100
  Museumsviertel 86, 104
  Muslimisches Viertel 67
  Nahla'ot 81
  Neustadt 108
  Ölberg 74
  Ostjerusalem 77, 96, 101, 108
  Rehavia 85, 99
  Reiseplanung 44
  Reiserouten 49
  Reisezeit 44
  Romema 100
  Sehenswertes 50
  Shoppen 107
  Stadtspaziergang 62, **63**
  Talbiyeh 85
  Talpiot 85

Verweise auf Karten **000**
Verweise auf Fotos **000**

473

REGISTER J–M

Touristeninformation 109
Unterhaltung 58, 107
Unterkunft 44, 94
Unterwegs vor Ort 111
Yemin Moshe 98, 104
Zentrum 79, **82**, 97, 101, 105
Jerusalem Hills 110
Jerusalem-Syndrom 65
Jesreelebene 217
Eisenbahn 240
Jesus von Nazareth 384, 385, 421, 422
Jesusweg 206
Jisr az-Zarka 187
Jom Kippur 26
Jom-Kippur-Krieg 395
Jordan (Fluss) 263
Jordanien 366
Grenzübergänge 33
Juden
Aschkenasim 401
Beta Israel 402
Mizrachim 401
Sephardim 400
Judentum 412, 420
Bräuche 421
ultraorthodoxes 412, 413, 421
Jüdische Siedlungen 279

K

Kabbala 389
Kafr Kanna 213
Kajakfahren *siehe* Kanu- & Kajakfahren
Kalender 24
Kalif Umar 387
Kamelreiten 341, 347, 358, 370
Kanafani, Ghassan 425
Kanu- & Kajakfahren 263
Kapellen *siehe* Kirchen & Kathedralen
Kapernaum 235
Karmeliterkoster St. Elija 183
Karo-Synagoge 245
Karten & Stadtpläne 443
Käse 247, 343, 409
Katharinenkirche **232**, 283
Kathedralen *siehe* Kirchen & Kathedralen
Katzrin 265
Keramik 70
Kfar Kama 216
Kfar Kisch 216

Kfar Tabor 215
Khalifeh, Sahar 425
Khalil Sakakini Centre 428
Kibbuzim 352, 411, 448
En Harod 220
En Ziwan 269
Kibbuz En Gedi 319, 321
Kibbuz Ketura 351
Kibbuz Lotan 351
Kibbuz Neot Semadar 350
Kibbuz Sede Boker 341
Merom Golan 270
Kindern, Reisen mit 37
Kino 428
Kinos 178
Kippa 421
Kirche aller Nationen 75, **231**
Kirchen & Kathedralen *siehe auch* Klöster
Andreaskirche 84
Auferstehungskirche 112
Basilika zum Jugendlichen Jesus 207
Besuchskirche 91
Brotvermehrungskirche **233**, 234
Christuskirche (Jerusalem) 58
Dormitio-Kirche & -Kloster 71
Engelskapelle 288
Erlöserkirche (Jerusalem) 62
Evangelisch-lutherische Weihnachtskirche 282
Geburtsaltar 283
Geburtskirche (Bethlehem) 233, 282
Georgskathedrale 79
Grabeskirche 11, **11**, 59, **60**, **88**, **232**, 233
Griechisch-orthodoxe Hochzeitskirche 214
Griechisch-orthodoxe Kirche St. Georg 307
Griechisch-orthodoxe Verkündigungskirche 206
Himmelfahrtskapelle 74
Himmelfahrtskirche 74
Jakobsbrunnen 305
Jakobuskathedrale 69
Johanneskirche (Christliches Viertel) 62
Johanneskirche (En Kerem) 91
Josephskirche 205

Katharinenkirche (Bethlehem) **232**, 283
Katholische Hochzeitskirche 213
Kirche aller Nationen 75
Kirche der hl. Nikodemus & Josef von Arimathäa 161
Kirche & Kloster der Apostel 223
Kirche von Khadr 289
Kloster der Zwölf Apostel 235
Maria-Magdalena-Kirche 75
Markuskapelle 70
Milchgrotte (Bethlehem) 283
Notre-Dame de l'Arche d'Alliance 112
Paternosterkirche 74
Pfarrkirche St. Peter 222
Primatskapelle 234
Russisches Areal 80
Russisch-orthodoxe Himmelfahrtskapelle 74
St.-Anna-Kirche 69
St. Peter in Gallicantu 71
Synagogenkirche 206
Syrisch-orthodoxe Marienkirche 282
Verklärungsbasilika 215
Verkündigungskirche 203
Kirche von Khadr 289
Kirjat Schmona 260
Kishon, Ephraim 428
Klagemauer 10, **11**, **57**, 64, **230**, 231
Klima 18, 217, *siehe auch einzelne Regionen*
Klöster *siehe auch* Kirchen & Kathedralen
Äthiopisches Kloster 61
Karmeliterkloster Stella Maris 172
Karmeliterkoster St. Elija 183
Kloster Mar Saba 290
Kloster Quarantal 296
Kloster St. Georg 297
Kreuzkloster 87
Latrun 113
Knesset 87, 415
Köche, prominente 143
Konstantin der Große 386
Kontrollpunkte 288
Kopfbedeckungen 421
Koran 423
Kosten 19

Kraniche 260
Kreuzfahrerburgen
Nimrodburg **10**, 271
Kreuzzüge 387
Krippenplatz 281
Kultur 411
Kunst 424
Künstlerdorf Ani'am 269
Kurse
Kochen 187, 371
Sprache 91, 133
Sprachkurse 173

L

Lag BaOmer 257
Lakiya 341
Latrun 113
Leishmaniose 458
Lesbische Reisende 411, 445
Jerusalem 106
Tel Aviv-Jaffa (Jafo) 135, 150
Libanonkrieg, Erster 394
Libanonkrieg, Zweiter 398
Lights in Jerusalem 93
Literatur 424
Lots Frau 332
Lyrik 424

M

Ma'alot Olei HaGardom 250
Majdal Shams 272
Makhtesh Gadol 345
Makhteshim 345
Makhtesh Katan 345
Makhtesh Ramon 16, **16**, 345
Makkabäus, Judas 384
Märkte 17, **17**, 153
Bauernmarkt am alten Hafen (Tel Aviv-Jaffa) 128
Beduinenmarkt 339
Carmel-Markt 120
Flohmarkt 130
Flohmarkt (Haifa) 179
Levinsky-Gewürzmarkt 128
Mahane-Yehuda-Markt 79, **88**
Suk (Akko) 195
Suk al-Qattanin 69
Türkischer Markt (Haifa) 179
Mar Saba Kloster 290
Masada 12, **12**, 324, 384, 386

Me'a Sche'arim 80
Medien 301, 437
Medizinische Versorgung 458, 460
Megiddo 191
Meir, Golda 394, 415
Mer-Khamis, Juliano 427
Merom Golan 270
Metulla 261
Metzukei Dragot 323
Mey Kedem 186
Middle East Respiratory Syndrome (MERS) 458
Midreshet Ben-Gurion 342
Minenfelder 265, 438
Mineral Beach 324
Mini Israel 114
Mi'radsch 387
Mitzpe Ramon 345, **346**
Mizrachim 402
Mohammed 387, 422
Montfort 200
Moschaw Amirim 254
Moscheen
 Al-Amari-Moschee 224
 Al-Aqsa-Moschee 53, **57**
 Al-Bahri-Moschee 223
 Al-Jarina-Moschee 171
 Al-Jazzar-Moschee 195
 Al-Kebir-Moschee 304
 Felsendom 9, **9**, 53, **57**, **230**, 231
 Große Moschee 161
 Hassan-Bek-Moschee 128
 Himmelfahrtsmoschee 74
 Ibrahim-Moschee **233**, 302
 Istiqlal-Moschee 171
 Masjid Jenin al-Kabir 307
 Umar-Moschee (Bethlehem) 284
 Weiße Moschee 207
Motorrad, Reisen mit dem 452
Mountainbiken *siehe* Radfahren
Museen & Galerien 121, 249
 Aaronsohn-Haus-NILI-Museum 185
 Acre-Museum der inhaftierten Untergrundkämpfer 195

Alone on the Walls Museum 66
Alter Bahnhof 128
Antikenmuseum im Kibbuz Sdot Yam 190
Archäologisches Museum des Golan 265
Archäologisches Museum Wohl 67
Äthiopischer Kunst-Workshop 339
Be'er Avraham 338
Beit Lohamei HaGeta'ot 198
Ben-Gurion-Museum 128
Ben-Gurion-Wüstenhaus 342
Bialik-Museum 120
Bible Lands Museum 87
Chelouche Gallery 125
Circassian Heritage Center 217
Clore-Wissenschaftsgarten 157
Designmuseum Cholon 137
Ein-Hod-Galerie 184
Eretz-Israel-Museum 131
First-Aliya-Museum 186
Galil Nature Center 263
General Exhibition 248
Geschichtsmuseum (Rishon LeZion) 155
Gewürzrouten-Viertel 346
Hagana-Museum 121
HaMeiri-Museum 247
Hammam al-Pasha 193
Hecht-Museum 171
Heichal-Shlomo-Museum 83
Helena-Rubenstein-Pavillon 121
Herzliya Museum of Modern Art 158
Herzl-Museum 90
Ilana-Goor-Museum 131
Israel Children's Museum 136
Israel Museum 16, **17**, 86, **88**, 428
Jabotinsky-Institut 121
Janco-Dada Museum 184
Kindergedenkmuseum Yad Layeled 198
Kunstmuseum Haifa 169
L.-A.-Mayer-Museum für Islamische Kunst 85
MadaTech 170

Maine Friendship House 124
Mané-Katz-Museum 167
Masada Museum 325
Mauerschatzmuseum 195
Museum Alt-Bethlehem 284
Museum der Geschichte der Israelischen Verteidigungsstreitkräfte 121
Museum der Israelischen Luftwaffe 341
Museum der ungarisch sprechenden Juden 250
Museum für Beduinenkultur 339
Museum für heimliche Einwanderung & Marinemuseum 172
Museum für italienischjüdische Kunst 83
Museum ohne Wände 169
Museum on the Seam 78, 428
Nationales Seefahrtsmuseum 172
Negev-Künstlerhaus 338
Negev-Kunstmuseum 338
Nisco Museum 185
Offenes Museum für Fotografie 260
Okashi-Kunstmuseum 195
Palmach-Museum 121
Ramla-Museum 160
Ramon-Besucherzentrum 345
Rockefeller-Museum 79
Rubin-Museum 120
Stadtmuseum Haifa 169
Studio Magal 185
Tel Aviv Museum of Art 121, 428
Tiberias Open Air Museum 221
Tikotin-Museum für japanische Kunst 168
Verbranntes Haus 67
Weizmann-Haus 157
Yad Gertrude Kraus 185
Yitzhak Rabin Centre 131
Zitadelle (Davidsturm) 55

Musik 425
 Feste & Events 94, 235
Muslime 402

N

Nabatäer 340, 365, 384
Nabi Musa 297, **298**
Nablus 17, **17**, **298**, 303, **304**
Nachtreise, Die 387, 423
Nahariya 199
Nahostkonflikt 380
Nalaga'at Centre 427
Napoleon Bonaparte 389
Nasser, Gamal Abdel 393
Nationalparks & Naturschutzgebiete 433
 Akhziv-Nationalpark 200
 Apollonia-Nationalpark 158
 Arbel-Nationalpark 229
 Bio Ramon 346
 Caesarea-Nationalpark 189
 En-Awdat-Nationalpark 343
 Hai-Bar Yotvata-Tierreservat 351
 Har Bental 270
 International Birding & Research Center Eilat Park 354
 Korazim-Nationalpark 235
 Kursi-Nationalpark 239
 Majrase-Naturschutzgebiet 239
 Megiddo-Nationalpark 191
 Nationalpark Bet She'an 217
 Nationalpark Sepphoris 214
 Nationalpark Tel Arad 337
 Naturschutzgebiet Banyas 271
 Naturschutzgebiet En Gedi 319
 Naturschutzgebiet Gamla 268
 Naturschutzgebiet HaChula 260
 Naturschutzgebiet Har Meron 254
 Naturschutzgebiet Nahal Iyyun 261
 Naturschutzgebiet Tel Dan 262

Verweise auf Karten **000**
Verweise auf Fotos **000**

475

Naturschutzgebiet
Yehudiya 267
Qumran-Nationalpark
322
Natur & Umwelt 430
Nazareth 14, **14**, 202, **204**
Nebukadnezar II. 383
Negev 16, **16**, 42, 335, **336**
Highlights 336
Klima 335
Reiseplanung 335
Reisezeit 335
Neot HaKikar 333
Netanjahu, Benjamin 380
Netanya 159
Neve Ativ 272
Nimrod 272
Nimrodburg 10, **10**, 271
Nordküste 162, **163**
Notfall 19
Sprache 461, 463

O

Obergaliläa 242, 243, **244**
Highlights 244
Odem 270
Öffnungs- & Geschäfts-
zeiten 19, 443
Westjordanland 285
Ölberg 231
Oslo-Abkommen 395
Osmanisches Reich 388,
390
Ottolenghi, Yotam 103,
143
Oz, Amos 424

P

Palast der Prinzessin
Tunshuq 68
Palästinensische Autono-
miebehörde 395
Palästinensische Be-
freiungsorganisation
(PLO) 395
Palestinian National
Theatre 427
Parks & Gärten
Agamon HaChula 259
Bahai-Gärten (Haifa) 12,
12, 165
Botanischer Garten
Eilat 354
Botanischer Garten En
Gedi 319
Gan Ha'Em 168
Gan-Meir-Park 136
Garten Gethsemane 75
Israel-Museum (Kunst-
garten) 87

Majrase-Naturschutz-
gebiet 239
Nationalpark Tiberias-
Hammat 224
Neot-Kedumim-Park 114
Park HaYarkon 132
Timna-Park 351
Vulkanpark Avital 270
Zitadellenpark 250
Pelikane 260
Pessach (Passah) 23
Petra 13, **13**, 364, **365**,
368, 374, **374**
Antikes Petra 366
An- & Weiterreise 365
Essen 364
Geschichte 365
Klima 364
Reiseplanung 364, 367
Reiserouten 367
Reisezeit 364
Sehenswertes 366
Unterkunft 364
Petra by Night 371
Pilatus, Pontius 384
Politik 415
Bücher 419
Palästinensische Autono-
miebehörde 417
Post 444
Preisschild-Angriffe 381
Proteste 438

Q

Qalandia 289
Qalqilya Park 308
Qasr al-Bint 367
Quellen 262, 271
En-Gedi-Quelle 320
Marienbrunnen 206
Mikwe des Ari 248
Shulamit-Quelle 320
Untergaliläa 241
Qumran-Nationalpark 322
Quneitra, Aussichtspunkt
269

R

Rabattkarten 433
Rabin, Jitzchak 395, 397
Radfahren 133, 224, 439,
456
Arava, die 350, 352
Coexistence Trail 255
Cycling Tel Aviv 135
Infos im Internet 439
Mifgash HaOfanayim
264
Mitzpe Ramon 347

Neot HaKikar 333
Sede Boker 344
Unterwegs vor Ort 455
Wadi Sodom 332
Radio 437
Rafah 314
Rafting 263
Rahels Grab 284
Raketen 261, 398, 437
Ramadan 25, 285
Ramallah 290, **291**
Ramat Dalton 256
Ramla 159, **160**
Rav-Kav Smart Card 111
Rechtsfragen 444
Regierung 415
Reisehinweise 436
Reisepässe 449
Einreisestempel, israeli-
sche 35
Reiseplanung siehe auch
einzelne Regionen
Grundlagen 18
Infos im Internet 19
Kindern, Reisen mit 37
Kosten 19
Reiserouten 28
Reisezeit 18
Überblick 40
Reiserouten 28
Reisechecks 442
Reiten 237, 270, 370
Religion 381, 411, 412, 420
Bücher 422
Religiöse Kalender 24
Religiöse Stätten **230**
siehe auch einzelne
Stätten
Berg der Versuchung
296
Gasthaus des Barmher-
zigen Samariters 297
Mikwe des Ari 248
Qasr al-Yahud 297
Rahels Grab 284
Yardenit 238
Rishon LeZion 155
Rittersäle (Akko) 193
Rivlin, Reuven 416
Römisches Reich 384
Rosch ha-Schana 26
Rosch Pina 258
Rosh-HaNikra-
Grotten 199
Rückkehrgesetz 401
Rudern 225
Ruinen 15, **15** siehe auch
Archäologische Stätten;
Forts & Festungen
Al-Beidha 377

Hisham-Palast 296
Klein-Petra Siq 377
Tel es-Sultan (Alt-
Jericho) 296

S

Sabbat 99, 135, 140, 174,
408, 420, 444, 453
Safed 13, **13**, 243, **246**
An- & Weiterreise 254
Essen 252
Feste & Events 251
Geführte Touren 251
Kurse 251
Sehenswertes 243
Unterhaltung 253
Unterkunft 251
Saladin 388
Salomo, König 382, 383
Samaritaner 405
Sammeltaxis 456
Sarona 130
Saul, König 382
Schatzhaus (Petra) 13,
13, 366
Schauplätze des Neuen
Testaments 21
Schiff, Reisen mit dem 452
Schindler, Oskar 71
Schlangen 460
Schokolade 269
Schriftrollen vom Toten
Meer 16, **17**, 86, 322
Schwimmen 254
Ein Feshka (Einot
Tsukim) 323
Gordon-Schwimmbad
132
Meschuschim-Becken
(Hexagon-Becken)
268
Tiberias 225
Schwule Reisende 411, 445
Jerusalem 106
Tel Aviv-Jaffa (Jafo)
135, 150
Sechstagekrieg 393, 394
Sede Boker 341
See Genezareth 15, **15**,
201, **202**, **211**, 227,
228, 229
Highlights 202, **202**
Kenneret Trail 237
Radfahren 224
Strände 236
Wasserstand 229
Sephardim 385
Sepphoris 214
shakshuka 148
Shawuot 25

REGISTER S–V

sheruts 456
Shouting Hill 273
Sicherheit *siehe* Gefahren & Ärgernisse
Siq 366
Siq Al-Barid (Klein-Petra) 377
Skifahren & Snowboarden 274
Sodom 331
Sorek-Höhle 112
Sozialismus 411
Spas
En Gedi Spa 321
Tiberias Hot Springs 224
Sperranlagen 295, **299**
Sport
Cycling Tel Aviv 135
Tel Aviv Marathon 135
Sprachen 18, 461
Hebräisch 134, 461
Kurse 91, 133, 173
Stadtspaziergänge
Jerusalem, Via Dolorosa 62, **63**
Steinböcke 16, **16**
Stephanstor (Löwentor) 58, 69
Störche 260
Strände **2**, **10**, 20, 184, 236
Alma 132
Bat-Galim-Strand 173
Beach Bar 190
Bograshov 132
Dolphinarium 135
Eilat 355
En Boqeq 330
En Gedi Beach 319
Frischmann 132
Gordon 132
HaDekel (Palm) Beach 357
Hilton 132
Hof-HaCarmel-Strand 173
Metzitzim 132
Mineral Beach 324
Naturschutzgebiet Coral Beach 355
North Beach 356
Tel Aviv-Jaffa (Jafo) 132
Village Beach 357
Straßenkunst 283
Sukkot 26

Verweise auf Karten **000**
Verweise auf Fotos **000**

Sumpfgebiete 433
Sykes-Picot-Abkommen 390
Synagogen 20
Aboab-Synagoge 245
Ades-Synagoge 81
Alte Synagoge (Gisch) 255
Beit She'arim 181
Bet-Alfa-Synagoge 219
Eliahu-Hanavi-Talmud-Torah-Kongregation 66
Emtza'i-(Mittel)-Synagoge 67
Grab der Patriarchen **233**, 302
Große Synagoge (Rishon LeZion) 155
Ha'ari-Synagoge der Aschkenasim 245
Ha'ari-Synagoge der Sephardim 247
Hadassah Medical Centre (En Kerem) 91
Har El 93
Hurva-Synagoge 67
Istanbuli-Synagoge 67
Karo-Synagoge 245
Kol HaNeshama 93
Moreshet Yisrael 93
Qahal Qadosh Gadol 66
Rabban-Jochanan-Ben-Zakai-Synagogen 66
Shira Hadasha 93
Synagoge von Kapernaum 235

T

Tabgha 233, **233**, 234
tag mechir 381
Tanz 426
Tauchen & Schnorcheln 439
Caesarea 190
Eilat 358
Naturschutzgebiet Coral Beach 355
Taxis 456
Taybeh 294
Teiche Salomos 289
Teilung Palästinas 391, 392
Tel Aviv-Jaffa (Jafo) **5**, **10**, 15, **15**, **21**, 115, **116**, **122**, **129**, **158**
An- & Weiterreise 155
Ausgehen & Nachtleben 149
Essen 115, 140
Feste & Events 135

Gefahren & Ärgernisse 154
Geführte Touren 133
Geschichte 117
HaYarkon-Park & Ramat Aviv 131
Highlights 116
Jaffa (Jafo) 128, 139, 148, 151, 153
Kindern, Reisen mit 136
Klima 115
Kurse 133
Reiseplanung 115
Reiserouten 119
Reisezeit 115
Sehenswertes 120
Shoppen 152
Touristeninformation 154
Unterkunft 115, 135
Unterwegs vor Ort 133
Tel Aviv Museum of Art 121
Tel Chai 260
Telefon 446
Telefonkarten 446
Telefonnummern 19
Tel es-Sultan (Alt-Jericho) 296
Tel Hazor 259
Tempelberg 50, 56, **56**
Tempel, Erster 45, 383
Tempel, Zweiter 45, 383, 384, 385
Terrorismus 395, 396
Theater 427
Themen- & Vergnügungsparks *siehe auch* Wasserparks
Kfar Blum Kayaks 263
King's City & Funtasia 355
Mini Israel 114
Ya'ar HaAyalim 271
Thora 420
Tiberias **211**, 221, **222**
Tiere 430, 431, *siehe auch einzelne Tierarten*
Titusbogen 384
Toleranzedikt von Mailand 386
Tollwut 459
Totes Meer **2**, 9, 315, **316**, **326**, 433
An- & Weiterreise 318
Feste & Events 334
Gefahren & Ärgernisse 330
Geschichte 317
Highlights 316

Schwimmen 329, 330
Wandern & Trekken 320
Touristeninformation 446
Trampen 456
Trinkgelder 443
Trommeln 135
Tröpfchenbewässerung 432
Tscherkessen 216, 403
Tu biSchevat 23
Tunnel 413
Tzimmerim 447

U

Umm el-Fahem Art Gallery 428
Umweltprobleme 433
UNESCO-Welterbestätten
Akko (Altstadt) 193
Bahai-Gärten 165, 198
Geburtskirche 16, 233, 282
Gewürzroute – Wüstenstädte im Negev 340
Höhlen von Marissa & Bet-Guvrin 113
Masada 12, **12**, 324, 384, 386
Petra 13, **13**, 364, **365**, **368**, 374, **374**
Tel Aviv (Weiße Stadt) 15, **15**, 118
Tel Be'er Scheva 341
Tel Hazor 259
Tel Megiddo 191
Untergaliläa 41, 201, **202**
Highlights 202, **202**
Klima 201
Reiseplanung 201
Reisezeit 201
Unterhaltung 22
Unterkunft 446, 448, 462, 464, *siehe auch einzelne Reiseziele*
Unterwegs vor Ort 452

V

Vegetarisches Essen 407
Verklärungsbasilika **21**, 215
Verkündigungskirche 203, **211**
Versicherung 448
Via Dolorosa 62, **62**, **230**, 231
Visa 18
Israel 448
Jordanien 449
Vögel 432

Vogelbeobachtung 260, 432
Volksmusik 426
Vorwahlen 446

W

Wadi Arugot 321
Wadi Darja 324
Wadi David 320
Wadi Meschuschim 267
Wadi Musa 371, **372**
Wadi Pratzim 333
Wadi Sodom 332
Wadi Yehudiya 267
Wadi Zavitan 267
Währung 18
Wandern & Trekken 229, 267, 273, 439
  Berg Sodom 332
  Berg Tabor 215
  Berg Zefahot 358
  Bethsaida 236
  Coexistence Trail 255
  En-Awdat-Nationalpark 343
  Gefahren & Ärgernisse 267, 362
  Golanhöhen 267
  Infos im Internet 440
  Israel National Trail 264
  Jesusweg 206
  Kinneret Trail 237
  Masada 328

Meschuschim-Becken (Hexagon-Becken) 268
Mitzpe Ramon 347
Nakhal Gishron 363
Naturschutzgebiet Banyas 271
Naturschutzgebiet Har Meron 254
Naturschutzgebiet Nahal Iyyun 261
Negev 350
Neot HaKikar 333
Neuer oberer Yehudiya Canyon Trail 267
Oberer Zavitan Canyon Trail 267
Petra 369
Swamp Trail 260
Totes Meer 320
Wadi Arugot 321
Wadi Boqeq 330
Wadi Darja 324
Wadi David 320
Wüstenplateau 321
Wasser 431
  Leitungswasser 460
Wasserfälle 267, 269, 271
Wasserparks
  Dolphin Reef 356
  Meymadion-Wasserpark 136
Wassersport 224, 357
Wechselkurse 19

Wehrdienst 412
Weihnachten 23, 27
Wein 20, 409
  Feste & Events 93
Weingüter 256, 342
  Bahat Winery 269
  Boker Valley Vineyards Farm 342
  Carmel 186
  Dalton Winery 256
  Golan Heights Winery 265
  Jerusalem Hills 110
  Tishbi 186
  Weingut Carmey Avdat 342
  WeingutSede Boker 342
  Weingut Tabor 215
Weizmann-Institut für Wissenschaften 157
Westjordanland 275, **276**, **287**
  An- & Weiterreise 279
  Essen 275
  Gefahren & Ärgernisse 277
  Geführte Touren 278
  Geschichte 277
  Highlights 276
  Klima 275, 278
  Reiseplanung 275
  Reiserouten 282
  Reisezeit 275

  Sicher reisen 437
  Unterkunft 275
  Unterwegs vor Ort 279
Wetter 18, *siehe auch einzelne Regionen*
Wildblumen 268, 431
Windsurfen 440

Y

Yad Vashem 90
Yiddishpiel 427

Z

Zehn verlorene Stämme 383
Zeit 450
Zeitungen 437
Ziad, Tawfiq 425
Zichron Ya'acov 185
Ziegen 343
Zionismus 390, 391
Zionstor 58
Zoll 450
Zoos 308
  Gangaroo-Tierpark 219
  Haifa Educational Zoo 168
  Hamat Gader 241
Zug, Reisen mit dem 457
  Jesreelebene 240
Zweistaatenlösung 380
Zweiter Tempel 420

Kartenlegende

Sehenswertes

- Strand
- Vogelschutzgebiet
- Buddhistisch
- Burg/Schloss
- Christlich
- Konfuzianisch
- Hinduistisch
- Islamisch
- Jainistisch
- Jüdisch
- Denkmal
- Museum/Galerie/Histor. Gebäude
- Ruine
- Sento/Onsen
- Shintoistisch
- Sikhistisch
- Taoistisch
- Weingut/Weinberg
- Zoo/Tierschutzgebiet
- Sonstige Sehenswürdigkeit

Aktivitäten, Kurse & Touren

- Bodysurfen
- Tauchen
- Kanu- & Kajakfahren
- Kurs/Tour
- Skifahren
- Schnorcheln
- Surfen
- Schwimmen/Swimmingpool
- Wandern
- Windsurfen
- Sonstige Aktivität

Schlafen

- Hotel/Hostel
- Camping

Essen

- Restaurant

Ausgehen & Nachtleben

- Bar/Kneipe/Club
- Café

Unterhaltung

- Unterhaltung

Shoppen

- Shoppen

Praktisches

- Bank
- Botschaft/Konsulat
- Krankenhaus/Arzt
- Internetzugang
- Polizei
- Post
- Telefon
- Toilette
- Touristeninformation
- Sonstiges

Geografie

- Strand
- Hütte/Unterstand
- Leuchtturm
- Aussichtspunkt
- Berg/Vulkan
- Oase
- Park
- Pass
- Rastplatz
- Wasserfall

Bevölkerung

- Hauptstadt (National)
- Hauptstadt (Gliedstaat/Provinz)
- Stadt/Großstadt
- Ortschaft/Dorf

Transport

- Flughafen
- Grenzübergang
- Bus
- Seilbahn/Standseilbahn
- Radfahren
- Fähre
- Metrostation
- Einschienenbahn
- Parkplatz
- Tankstelle
- S-Bahn/S-Bahn-Station
- Taxi
- T-bane/Tunnelbana-Station
- Bahnhof/Eisenbahn
- Tram/Straßenbahn
- Tube-Station
- U-Bahn/U-Bahn-Station
- Sonstiges

Hinweis: Nicht alle hier aufgeführten Symbole werden in den Karten verwendet.

Verkehrswege

- Mautstraße
- Autobahn
- Hauptstraße
- Landstraße
- Verbindungsstraße
- Sonstige Straße
- Unbefestigte Straße
- Straße im Bau
- Platz/Promenade
- Treppe
- Tunnel
- Fußgängerbrücke
- Spaziergang
- Abstecher vom Spaziergang
- Pfad/Wanderweg

Grenzen

- Staatsgrenze
- Gliedstaats-/Provinzgrenze
- Umstrittene Grenze
- Bezirksgrenze
- Meeresschutzgebiet
- Klippen
- Mauer

Gewässer

- Fluss, Bach
- Periodischer Fluss
- Kanal
- Gewässer
- Salzsee/trockener/ periodischer See
- Riff

Gebietsform

- Flughafen/Piste
- Strand/Wüste
- Friedhof (christlicher)
- Friedhof (sonstiger)
- Gletscher
- Watt
- Park/Wald
- Sehenswürdigkeit (Gebäude)
- Sportplatz
- Sumpf/Mangroven

DIE AUTOREN

Daniel Robinson
Hauptautor, Haifa & Nordküste, Untergaliläa & See Genezareth, Obergaliläa & Golanhöhen, Totes Meer David wuchs in der Nähe von San Francisco und in Chicago auf. Einen Teil seiner Kindheit verbrachte er in Jerusalem, ein Stück seiner Jugend im Kibbuz Lotan und viele Jahre in Tel Aviv. Hier arbeitete er an seiner Doktorarbeit über Spätosmanische Geschichte, berichtete für die Associated Press über Selbstmord-Attentate und setzte sich bei der Critical-Mass-Kampagne für Radwege ein. Für Lonely Planet schreibt er seit 1989. Seinen Bachelor für Nahoststudien hat er in Princeton erworben, den Master für Jüdische Geschichte an der Universität von Tel Aviv. Seine Lieblingsbeschäftigung in Israel ist es durch Tel Avivs historische Straßenzüge zu radeln, in En Gedi zu wandern und Vögel im Hula- und Arava-Tal zu beobachten.

Mehr über Daniel gibt's hier: https://auth.lonelyplanet.com/profiles/daniel_robinson

Orlando Crowcroft
Westjordanland, Gazastreifen Während seiner bisherigen Karriere war Orlando Crowcroft hauptsächlich als Reporter im Nahen Osten (u. a. Ägypten, Golfregion, irakisches Kurdengebiet) unterwegs. Seine erste Reise ins Westjordanland (2012) diente dem Besuch eines Fußballturniers in Hebron, bei dem das palästinensische Team überraschend gegen Tunesien gewann. Danach stürmten begeisterte Fans das Spielfeld, während sich Orlando ins Westjordanland verliebte. Während Israels Sommerkrieg gegen die Hamas arbeitete er 2014 als freier Korrespondent für The Guardian und The National. Von Jerusalem und Tel Aviv aus berichtete er dabei über die Geschehnisse in der Region.

Virginia Maxwell
Jerusalem, Tel Aviv-Jaffa (Jafo), Negev Virginia lebt zwar in Australien, recherchiert aber den Großteil des Jahres über im Mittelmeerraum für Reiseführer. Als Autorin hat sie so bereits Italien, Spanien, die Türkei, Marokko, Ägypten, Syrien, den Libanon, den Iran und die Vereinigten Arabischen Emirate besucht. Daher kennt Virginia die europäische Mittelmeerregion und den Nahen Osten sehr gut. Sie schätzt beide Gebiete gleichermaßen für ihre Kultur, Geschichte, Architektur, Kunst und Küche. Im Rahmen dieses Buchs hat sie zum ersten Mal für Lonely Planet über Israel und Palästina geschrieben. Auch das Kapitel „Sicher reisen" stammt aus ihrer Feder.

Jenny Walker
Petra Als Mitglied der British Guild of Travel Writers hat Jenny Walker bereits für viele Lonely Planet Bände umfassend über den Nahen Osten geschrieben. Ihre langjährigen wissenschaftlichen Studien in der Region haben u. a. zu einer Dissertation über Doughty und Lawrence sowie zu einem Master-Abschluss (Universität Oxford) über die Wahrnehmung des arabischen Orients geführt. Momentan promoviert Jenny an der NTU und ist Associate Dean am Caledonian University College of Engineering in Oman. Von Panama bis hin zur Mongolei hat sie bislang 110 Länder bereist.

DIE LONELY PLANET STORY

Ein ziemlich mitgenommenes, altes Auto, ein paar Dollar in der Tasche und eine Vorliebe für Abenteuer – 1972 war das alles, was Tony und Maureen Wheeler für die Reise ihres Lebens brauchten, die sie durch Europa und Asien bis nach Australien führte. Die Tour dauerte einige Monate, und am Ende saßen die beiden – pleite, aber voller Inspiration – an ihrem Küchentisch und schrieben ihren ersten Reiseführer *Across Asia on the Cheap*. Innerhalb einer Woche hatten sie 1500 Exemplare verkauft. Lonely Planet war geboren.

Heute hat der Verlag Büros in Melbourne, London und Oakland und mehr als 600 Mitarbeiter und Autoren. Und alle teilen Tonys Überzeugung: „Ein guter Reiseführer sollte drei Dinge tun: informieren, bilden und unterhalten."

Lonely Planet Publications,
Locked Bag 1, Footscray,
Melbourne, Victoria 3011,
Australia

Verlag der deutschen Ausgabe:
MAIRDUMONT, Marco-Polo-Str. 1, 73760 Ostfildern,
www.lonelyplanet.de, www.mairdumont.com
info@lonelyplanet.de

Chefredakteurin deutsche Ausgabe: Birgit Borowski

Übersetzung: Julie Bacher, Berna Ercan, Tobias Ewert, Marion Gref-Timm, Laura Leibold, Britt Maaß, Marion Matthäus, Dr. Christian Rochow

An früheren Auflagen haben außerdem mitgewirkt: Anne Cappel, Dorothee Büttgen, Derek H. Frey, Eva-Maria Hilble, Jürgen Kucklinski, Ute Perchtold, Frauke Sonnabend, Katja Weber

Redaktion: Frank J. Müller, Olaf Rappold, Julia Wilhelm
(red.sign, Stuttgart)

Redaktionsassistenz: Adriana Popescu, Sylvia Scheider-Schopf, Stephanie Ziegler

Satz: Sylvia Scheider-Schopf (red.sign, Stuttgart)

Israel & Palästina

3. deutsche Auflage November 2015, übersetzt von *Israel & the Palestinian Territories, 8th edition*, Juli 2015, Lonely Planet Publications Pty

Deutsche Ausgabe © Lonely Planet Publications Pty, November 2015

Fotos © wie angegeben 2015

Printed in China

Obwohl die Autoren und Lonely Planet alle Anstrengungen bei der Recherche und bei der Produktion dieses Reiseführers unternommen haben, können wir keine Garantie für die Richtigkeit und Vollständigkeit dieses Inhalts geben. Deswegen können wir auch keine Haftung für eventuell entstandenen Schaden übernehmen.

MIX
Paper from
responsible sources
FSC® C124385

Alle Rechte vorbehalten. Das Werk einschließlich all seiner Teile ist urheberrechtlich geschützt und darf weder kopiert, vervielfältigt, nachgeahmt oder in anderen Medien gespeichert werden, noch darf es in irgendeiner Form oder mit irgendwelchen Mitteln – elektronisch, mechanisch oder in irgendeiner anderen Weise – weiterverarbeitet werden. Es ist nicht gestattet, auch nur Teile dieser Publikation zu verkaufen oder zu vermitteln, ohne schriftliche Genehmigung des Herausgebers. Lonely Planet und das Lonely Planet Logo sind eingetragene Marken von Lonely Planet und sind im US-Patentamt sowie in Markenbüros in anderen Ländern registriert. Lonely Planet gestattet den Gebrauch seines Namens oder seines Logos durch kommerzielle Unternehmen wie Einzelhändler, Restaurants oder Hotels nicht. Informieren Sie uns im Fall von Missbrauch: www.lonelyplanet.com/ip.